운전직

전과목 총정리

사회, 자동차구조원리 및 도로교통법규

KB275434

교통안전시설 일람표

주의표지

번호	명칭
101	+자형교차로
102	T자형교차로
103	Y자형교차로
104	ㅏ자형교차로
105	ㅓ자형교차로
106	우선도로
107	우합류도로
108	좌합류도로
109	회전형교차로
110	철길건널목
110의2	노면전차
111	우로굽은도로
112	좌로굽은도로
113	우좌로 이중굽은도로
114	좌우로 이중굽은도로
115	2방향통행
116	오르막경사
117	내리막경사
118	도로폭이 좁아짐
119	우측차로없어짐
120	좌측차로없어짐
121	우측방통행
122	양측방통행
123	중앙분리대시작
124	중앙분리대끝남
125	신호기
126	미끄러운도로
127	강변도로
128	노면고르지못함
129	과속방지턱
130	낙석도로
132	횡단보도
133	어린이보호
134	자전거
135	도로공사중
136	비행기
137	황풍
138	터널
138의2	교량
139	야생동물보호
140	위험 (DANGER)
141	상습정체구간

규제표지

번호	명칭
201	통행금지
202	자동차통행금지
203	화물자동차통행금지
204	승합자동차통행금지
205	이륜자동차및원동기장치자전거통행금지
205의2	개인형이동장치통행금지
206	자동차·이륜자동차및원동기장치자전거통행금지
206의2	이륜자동차·원동기장치자전거및개인형이동장치통행금지
207	경운기·트랙터및손수레통행금지
210	자전거통행금지
211	진입금지
212	직진금지
213	우회전금지
214	좌회전금지
216	유턴금지
217	앞지르기 금지
218	정차·주차금지
219	주차금지
220	차중량제한
221	차높이제한
222	차폭제한
223	차간거리확보
224	최고속도제한
225	최저속도제한
226	서행 (천천히 SLOW)
227	일시정지 (정지 STOP)
228	양보 (양보 YIELD)
230	보행자보행금지
231	위험물적재차량통행금지

지시표지

번호	명칭
301	자동차전용도로
302	자전거전용도로
303	자전거 및 보행자 겸용도로
303의2	노면전차 전용도로
304	회전교차로
305	직진
306	우회전
307	좌회전
308	직진 및 우회전
309	직진 및 좌회전
309의2	좌회전 및 유턴
310	좌우회전
311	유턴
312	양측방통행
313	우측면통행
314	좌측면통행
315	진행방향별통행구분
316	우회로
317	자전거 및 보행자 통행구분
318	자전거전용차로
319	주차장
320	자전거주차장
320의2	개인형이동장치 주차장
320의3	어린이통학버스 승하차
320의4	어린이 승하차
321	보행자전용도로
321의2	보행자우선도로
322	횡단보도
323	노인보호(노인보호구역안)
324	어린이보호(어린이보호구역안)
324의2	장애인보호(장애인보호구역안)
325	자전거횡단도
326	일방통행
327	일방통행
328	일방통행
329	비보호좌회전
330	버스전용차로
331	다인승차량 전용차로
331의2	노면전차 전용차로
332	통행우선
333	자전거나란히 통행허용
334	도시부

보조표지

번호	명칭	내용
401	거리	100m 앞 부터
402	거리	여기부터 500m
403	구역	시내전역
404	일자	일요일·공휴일제외
405	시간	08:00~20:00
406	시간	1시간 이내 차둘 수있음
407	신호등화상태	적신호시
407의2	우회전 신호등	우회전 신호등
407의3	신호등 방향	버스 전용 / 서울역 방향
407의4	신호등 보조장치	보행신호연장시스템 / 보행자 작동신호기
408	전방우선도로	앞에 우선도로
409	안전속도	안전속도 30
410	기상상태	안개지역
411	노면상태	
412	교통규제	차로엄수
413	통행규제	건너가지 마시오
414	차량한정	승용차에 한함
415	통행주의	속도를 줄이시오
415의2	충돌주의	충 돌 주 의
416	표지설명	터널길이 258m
417	구간시작	구간시작 ← 200m
418	구간내	구간내 ← 400m
419	구간끝	구간끝 → 600m
420	우방향	→
421	좌방향	←
422	전방	↑ 전방 50M
423	중량	3.5t
424	노폭	3.5m
425	거리	100m
427	해제	해제
428	견인지역	견인지역

표지판 종류

주의	규제	지시	보조
100~210	100~210	R 1000㎜	R 1000㎜

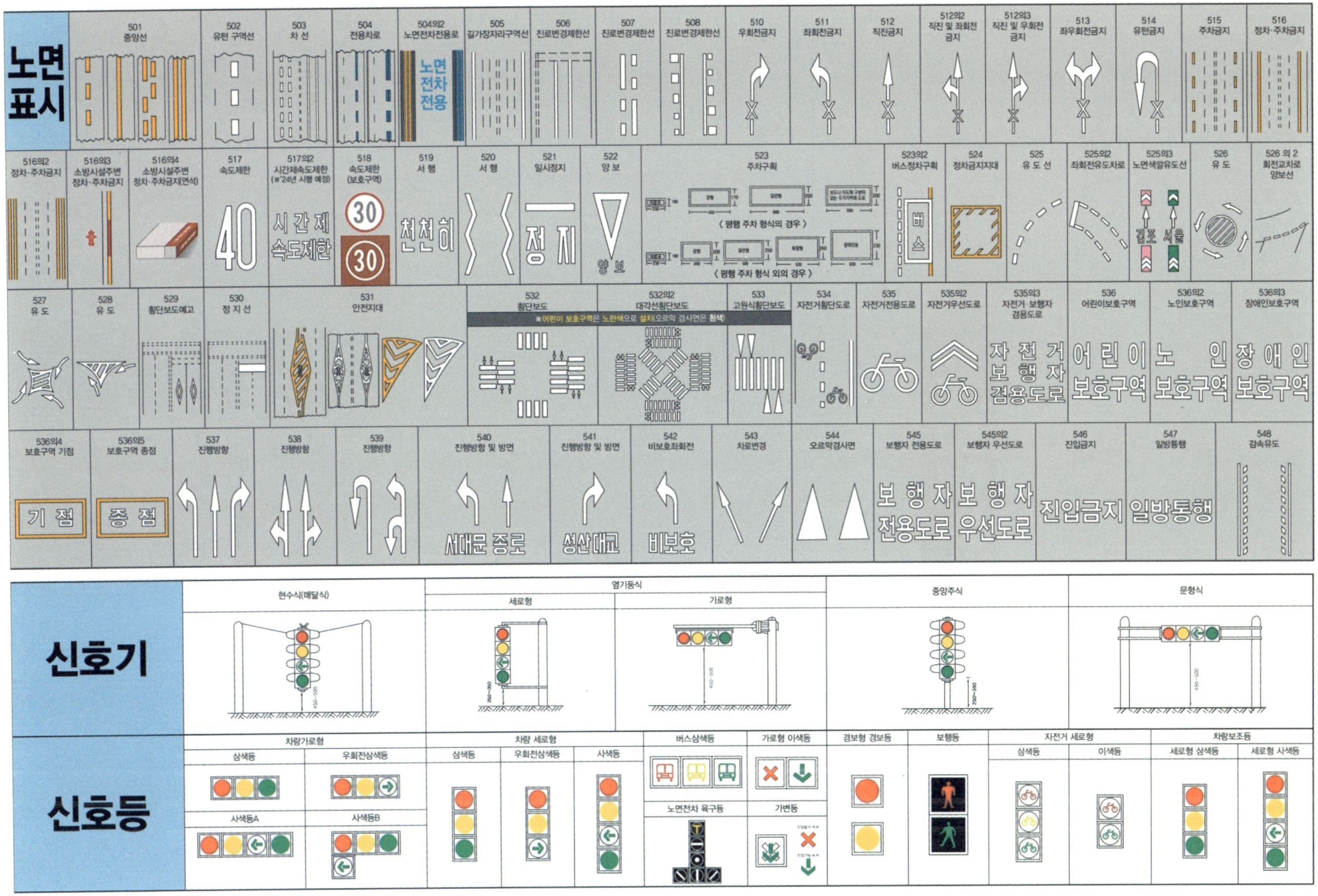

노면표시

번호	명칭
501	중앙선
502	유턴 구역선
503	차 선
504	전용차로
504의2	노면전차전용로
505	길가장자리구역선
506	진로변경제한선
507	진로변경제한선
508	진로변경제한선
510	우회전금지
511	좌회전금지
512	직진금지
512의2	직진 및 좌회전 금지
512의3	직진 및 우회전 금지
513	좌우회전금지
514	유턴금지
515	주차금지
516	정차·주차금지
516의2	정차·주차금지
516의3	소방시설주변 정차·주차금지
516의4	소방시설주변 정차·주차금지(연석)
517	속도제한
517의2	시간제속도제한 (※'24년 시행 예정)
518	속도제한 (보호구역)
519	서 행
520	서 행
521	일시정지
522	양 보
523	주차구획
523의2	버스정차구획
524	정차금지지대
525	유 도 선
525의2	좌회전유도차로
525의3	노면색깔유도선
526	유 도
526 의 2	회전교차로 양보선
527	유 도
528	유 도
529	횡단보도예고
530	정 지 선
531	안전지대
532	횡단보도
532의2	대각선횡단보도
533	고원식횡단보도
534	자전거횡단도로
535	자전거전용도로
535의2	자전거우선도로
535의3	자전거·보행자 겸용도로
536	어린이보호구역
536의2	노인보호구역
536의3	장애인보호구역
536의4	보호구역 기점
536의5	보호구역 종점
537	진행방향
538	진행방향
539	진행방향
540	진행방향 및 방면
541	진행방향 및 방면
542	비보호좌회전
543	차로변경
544	오르막경사면
545	보행자 전용도로
545의2	보행자 우선도로
546	진입금지
547	일방통행
548	감속유도

신호기

현수식(매달식)	열기둥식		중앙주식	문형식
	세로형	가로형		

신호등

차량가로형		차량 세로형			버스삼색등	가로형 이색등	경보형 경보등	보행등	자전거 세로형		차량보조등	
삼색등	우회전삼색등	삼색등	우회전삼색등	사색등					삼색등	이색등	세로형 삼색등	세로형 사색등
사색등A	사색등B				노면전차 육구등	가변등						

경찰청 도로교통공단 ※시행 2023. 12.

운전직
사회, 자동차구조원리 및 도로교통법규

개정3판 발행   2025년 01월 15일
개정4판 발행   2026년 01월 09일

편 저 자   정장만, 허용, 공무원시험연구소
발 행 처   ㈜서원각
등록번호   1999-1A-107호
주   소   경기도 고양시 일산서구 덕산로 88-45(가좌동)
교재주문   031-923-2051
팩   스   031-923-3815
교재문의   카카오톡 플러스 친구[서원각]
홈페이지   goseowon.com

▷ 이 책은 저작권법에 따라 보호받는 저작물로 무단 전재, 복제, 전송 행위를 금지합니다.

▷ 내용의 전부 또는 일부를 사용하려면 저작권자와 (주)서원각의 서면 동의를 반드시 받아야 합니다.

▷ ISBN과 가격은 표지 뒷면에 있습니다.

▷ 파본은 구입하신 곳에서 교환해드립니다.

운전직 공무원은 각급기관의 차량운행관리 및 각종 공문서 수발업무 및 기타업무를 수행하는 직책으로서, 과거 소수의 인원모집과 10급 기능직 공무원 편성으로 비인기 직렬이었던 것에 반해, 현재는 9급 공무원으로 전환 및 통합되면서 그 관심이 날로 증대되고 있습니다.

특히 서울시를 비롯한 각 지역의 지방직 공무원 및 교육청의 운전직 공무원 채용인원이 늘어남에 따라 9급 운전직 공무원의 역할과 활동영역 또한 더욱 확대되는 추세입니다. 9급 운전직 공무원의 시험과목은 지역별로 조금씩 다르지만 서울시 같은 경우 기본적으로 [사회]와 [자동차구조원리 및 도로교통법규]를 치르고 있습니다. 두 과목 모두 대다수의 수험생이 고득점을 목표로 하는 과목이기 때문에 한 문제 한 문제가 당락에 영향을 미칠 뿐만 아니라 방대한 양으로 인해 학습에 부담이 있을 수 있지만, 시험의 난도 자체는 높은 편이 아니므로 효율적인 학습전략이 요구됩니다.

본서는 9급 운전직 공무원 채용시험 대비를 위한 기본서로서 [사회]와 [자동차구조원리 및 도로교통법규]의 광범위한 내용을 체계적으로 정리하여 수험생으로 하여금 보다 효율적인 학습이 가능하도록 구성하였으며, 핵심이론과 더불어 해당 이론에서 출제될 수 있는 최근기출문제, 출제예상문제를 수록하여 실제 출제경향 파악 및 중요 내용에 대한 점검이 가능하도록 하였습니다.

신념을 가지고 도전하는 사람은 반드시 그 꿈을 이룰 수 있습니다.
본서가 수험생 여러분의 꿈을 이루는 디딤돌이 되기를 바랍니다.

STRUCTURE

❶ 핵심이론정리

운전직 경력경쟁 채용시험 2과목에 대해 체계적으로 편장을 구분한 후 해당 단원에서 필수적으로 알아야 할 내용을 정리하여 수록했습니다. 출제가 예상되는 핵심적인 내용만을 학습함으로써 단기간에 학습 효율을 높일 수 있습니다.

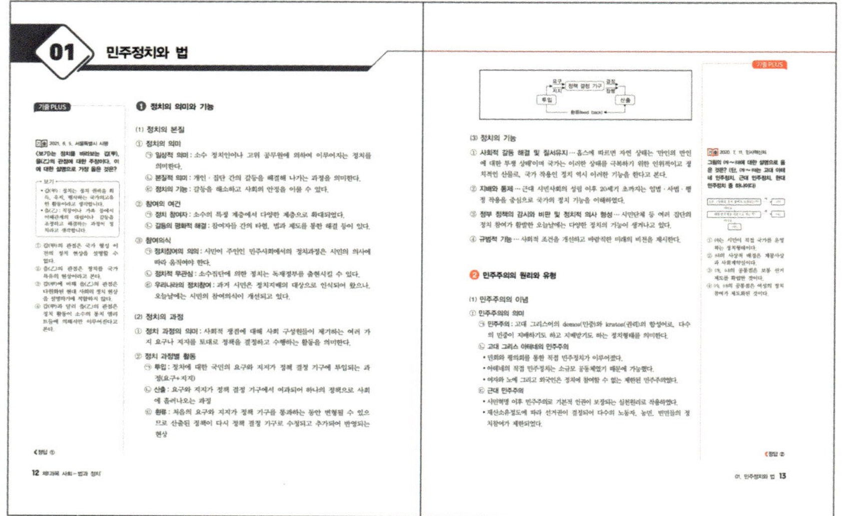

❷ 이론팁

과년도 기출문제를 분석하여 반드시 알아야 할 내용을 한 눈에 파악할 수 있도록 Tip으로 정리하였습니다. 문제 출제의 포인트가 될 수 있는 사항이므로 반드시 암기하는 것이 좋습니다.

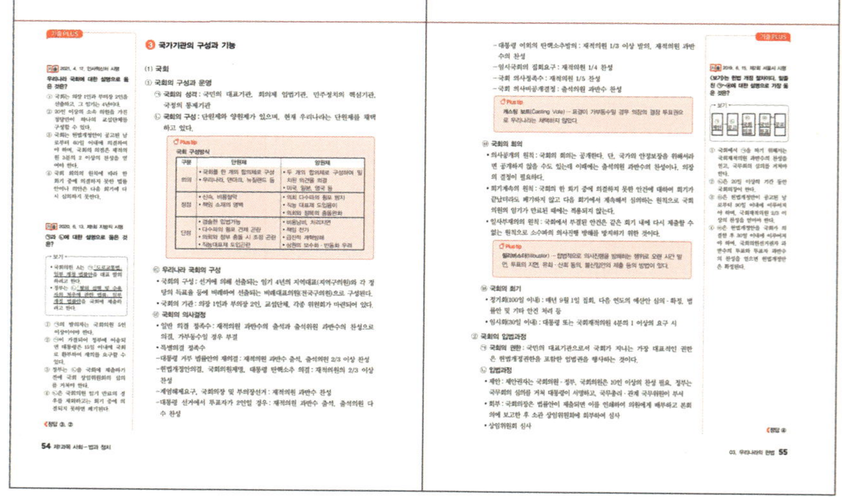

❸ 기출문제 분석

실제로 시험에 출제된 문제를 수록하여 기출경향 파악에 도움이 되도록 구성하였습니다. 이론 학습이 바로 기출문제 풀이로 이어져 학습의 효율을 높일 수 있습니다.

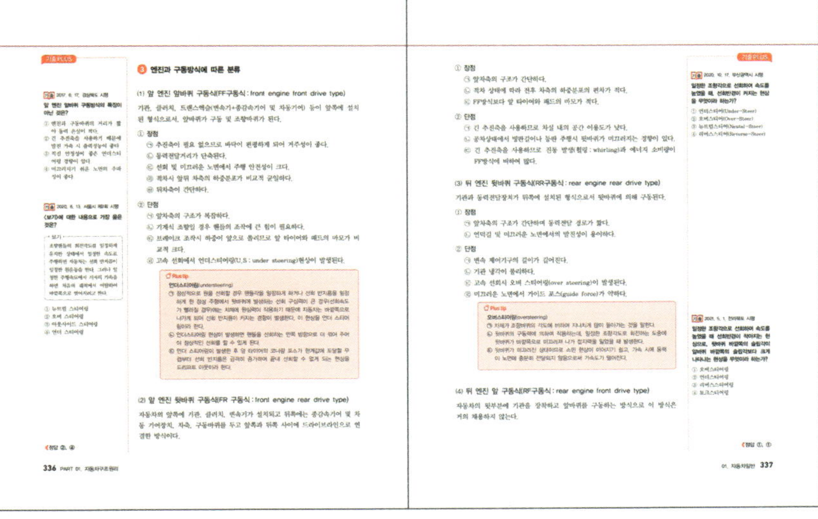

❹ 출제 예상 문제

출제가 예상되는 문제만을 엄선하여 수록하였습니다. 다양한 난도와 유형의 문제들로 연습하여 확실하게 대비할 수 있습니다.

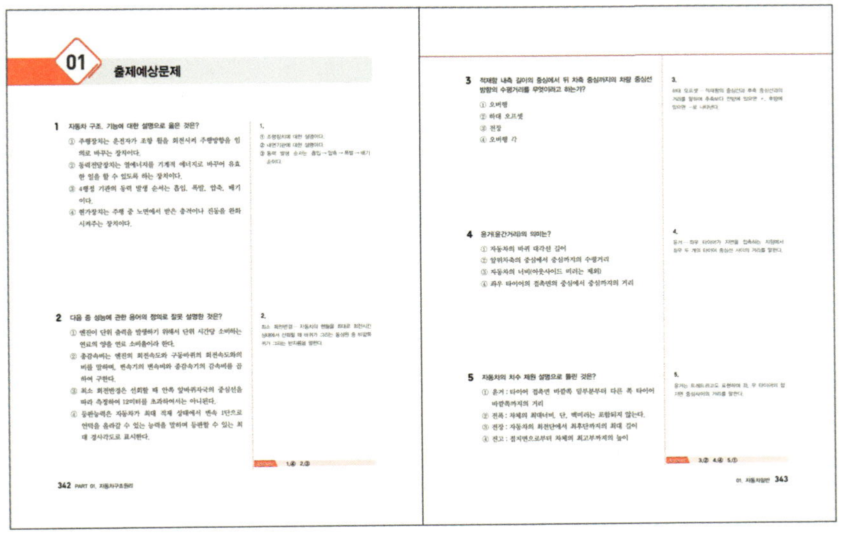

CONTENTS

제2과목　자동차구조원리 및 도로교통법규

PART 01 자동차구조원리

PART 02 도로교통법규

PART
I
사회

법과 정치

기출PLUS

기출 2021. 6. 5. 서울특별시 시행

〈보기〉는 정치를 바라보는 갑(甲), 을(乙)의 관점에 대한 주장이다. 이에 대한 설명으로 가장 옳은 것은?

> ─ 보기 ─
> • 갑(甲) : 정치는 정치 권력을 획득, 유지, 행사하는 국가의고유한 활동이라고 생각합니다.
> • 을(乙) : 직장이나 가족 등에서 이해관계의 대립이나 갈등을 조정하고 해결하는 과정이 정치라고 생각합니다.

① 갑(甲)의 관점은 국가 형성 이전의 정치 현상을 설명할 수 없다.
② 을(乙)의 관점은 정치를 국가 특유의 현상이라고 본다.
③ 갑(甲)에 비해 을(乙)의 관점은 다원화된 현대 사회의 정치 현상을 설명하기에 적합하지 않다.
④ 갑(甲)과 달리 을(乙)의 관점은 정치 활동이 소수의 통치 엘리트들에 의해서만 이루어진다고 본다.

〈정답 ①

❶ 정치의 의미와 기능

(1) 정치의 본질

① 정치의 의미
  ㉠ 일상적 의미 : 소수 정치인이나 고위 공무원에 의하여 이루어지는 정치를 의미한다.
  ㉡ 본질적 의미 : 개인·집단 간의 갈등을 해결해 나가는 과정을 의미한다.
  ㉢ 정치의 기능 : 갈등을 해소하고 사회의 안정을 이룰 수 있다.

② 참여의 여건
  ㉠ 정치 참여자 : 소수의 특정 계층에서 다양한 계층으로 확대되었다.
  ㉡ 갈등의 평화적 해결 : 참여자들 간의 타협, 법과 제도를 통한 해결 등이 있다.

③ 참여의식
  ㉠ 정치참여의 의의 : 시민이 주인인 민주사회에서의 정치과정은 시민의 의사에 따라 움직여야 한다.
  ㉡ 정치적 무관심 : 소수집단에 의한 정치는 독재정부를 출현시킬 수 있다.
  ㉢ 우리나라의 정치참여 : 과거 시민은 정치지배의 대상으로 인식되어 왔으나, 오늘날에는 시민의 참여의식이 개선되고 있다.

(2) 정치의 과정

① 정치 과정의 의미 : 사회적 쟁점에 대해 사회 구성원들이 제기하는 여러 가지 요구나 지지를 토대로 정책을 결정하고 수행하는 활동을 의미한다.

② 정치 과정별 활동
  ㉠ 투입 : 정치에 대한 국민의 요구와 지지가 정책 결정 기구에 투입되는 과정(요구+지지)
  ㉡ 산출 : 요구와 지지가 정책 결정 기구에서 여과되어 하나의 정책으로 사회에 흘러나오는 과정
  ㉢ 환류 : 처음의 요구와 지지가 정책 기구를 통과하는 동안 변형될 수 있으므로 산출된 정책이 다시 정책 결정 기구로 수정되고 추가되어 반영되는 현상

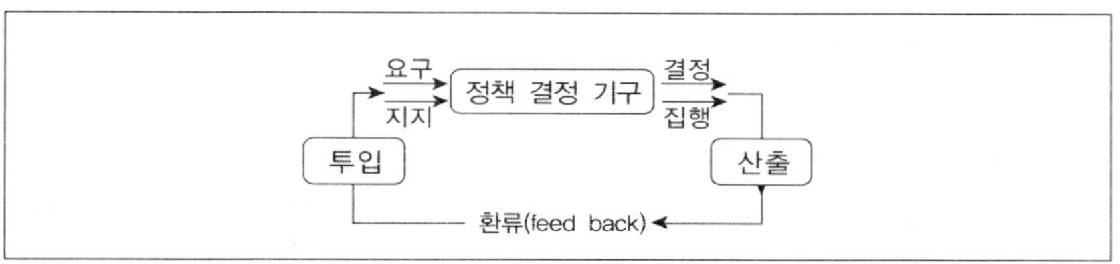

(3) 정치의 기능

① **사회적 갈등 해결 및 질서유지** … 홉스에 따르면 자연 상태는 '만인의 만인에 대한 투쟁 상태'이며 국가는 이러한 상태를 극복하기 위한 인위적이고 정치적인 산물로, 국가 작용인 정치 역시 이러한 기능을 한다고 본다.

② **지배와 통제** … 근대 시민사회의 성립 이후 20세기 초까지는 입법·사법·행정 작용을 중심으로 국가의 정치 기능을 이해하였다.

③ **정부 정책의 감시와 비판 및 정치적 의사 형성** … 시민단체 등 여러 집단의 정치 참여가 활발한 오늘날에는 다양한 정치의 기능이 생겨나고 있다.

④ **규범적 기능** … 사회적 조건을 개선하고 바람직한 미래의 비전을 제시한다.

② 민주주의의 원리와 유형

(1) 민주주의의 이념

① 민주주의의 의미

  ㉠ 민주주의 : 고대 그리스어의 demos(민중)와 kratos(권력)의 합성어로, 다수의 민중이 지배하기도 하고 지배받기도 하는 정치형태를 의미한다.

  ㉡ 고대 그리스 아테네의 민주주의

  • 민회와 평의회를 통한 직접 민주정치가 이루어졌다.

  • 아테네의 직접 민주정치는 소규모 공동체였기 때문에 가능했다.

  • 여자와 노예 그리고 외국인은 정치에 참여할 수 없는 제한된 민주주의였다.

  ㉢ 근대 민주주의

  • 시민혁명 이후 민주주의로 기본적 인권이 보장되는 실천원리로 작용하였다.

  • 재산소유정도에 따라 선거권이 결정되어 다수의 노동자, 농민, 빈민들의 정치참여가 제한되었다.

기출 2020. 7. 11. 인사혁신처

그림의 (개)~(대)에 대한 설명으로 옳은 것은? (단, (개)~(대)는 고대 아테네 민주정치, 근대 민주정치, 현대 민주정치 중 하나이다)

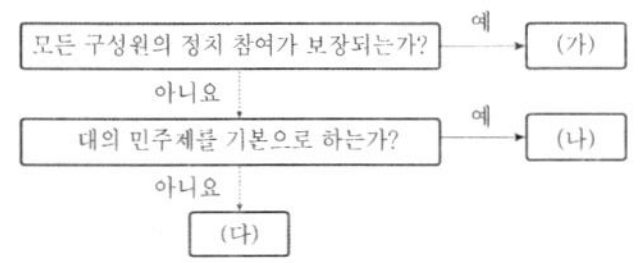

① (개)는 시민이 직접 국가를 운영하는 정치형태이다.
② (나)의 사상적 배경은 계몽사상과 사회계약설이다.
③ (개), (나)의 공통점은 보통 선거제도를 확립한 것이다.
④ (개), (다)의 공통점은 여성의 정치참여가 제도화된 것이다.

‹정답 ②

② 오늘날의 민주주의
  - 국가 의사결정을 국민의 합의에 두는 특정한 정치형태라는 의미(정치형태로서의 의미)
  - 자유, 평등과 같은 기본이념을 민주적 방식으로 실현시킨다는 의미(이념실현으로서의 의미)
  - 국민의 정신적 자세, 생활태도, 행동양식 등을 민주적으로 수행하는 생활양식이라는 의미(생활양식으로서의 의미)

② 자유와 평등
  ㉠ 사회계약설 : 자연법론자들에 의하여 주장된 것으로 국가가 결성되기 이전의 상태에서 개인은 아무런 제약이나 차별 없이 평등했으며, 국가의 결성은 자유·평등한 사람들 간의 계약에 의해 이루어졌다는 것으로, 권력보다 자유를 우선시했다.
  - 홉스 : 인간본성은 이기적이어서 '만인에 대한 만인의 투쟁' 상태이므로, 자기보전을 위해 동의를 하고 권리를 국가에 양도하는 것이다.
  - 로크 : 시민의 권리가 탐욕스런 사람에 의해 침해당하는 것을 방지하기 위해 계약을 맺고 국가를 구성하는 것이다.
  - 루소 : 자신의 잠재력을 최대한 발휘하기 위해 자발적으로 정치공동체에 참여하며, 시민은 양도하거나 나눌 수 없는 주권을 행사한다.

구분	홉스	로크	루소
인간의 본성	이기적이고 악한 존재(성악설)	환경과 선택에 따라 결정(성무 선악설)	선한 성품을 가진 존재(성선설)
자연상태	만인의 만인에 대한 투쟁 상태	극단적 투쟁은 없으나 갈등 상존	자유와 평등 존재
사회계약의 형태	전부 양도 포기설	부분(일부) 양도설	양도 불가설
주권이론	군주 주권론	국민주권론(대의제)	국민주권론 (직접 민주주의)
국가형태	절대 군주국 (전제 군주정치)	입헌 군주국 (대의 민주주의)	민주 공화국 (직접 민주주의)
저항권	인정하지 않음	인정	언급 없음

  ㉡ 자유권의 발달 : 자연권을 근거로 신앙, 양심의 자유가 요구되었다.
  ㉢ 자유권의 변천 : 소극적 자유에서 적극적 자유로 변화하였다.
  ㉣ 평등권의 변천 : 신 앞에서의 평등에서 법 앞에서의 평등으로 변화하였다.
  ㉤ 실질적 평등 : 기회의 균등, 능력에 따른 평등을 의미한다.

기출 2019. 6. 15. 제2회 서울시 시행

〈보기〉와 같은 글을 쓴 근대 사상가에 대한 설명으로 가장 옳은 것은?

- 보기 -

인간은 자연 상태에서는 자유롭고 행복하고 선량하지만, 스스로 만든 사회 제도나 문화에 의해 억압당하는 불행한 삶을 살고 있다. …… 다른 사람과 더불어 살면서 자신의 신체와 재산을 지키고 자신에게만 복종하는, 마치 자연 상태와 같이 자유로우려면 사회 계약을 통해 국가를 만들어야 한다. …… 국가는 국민의 자유의사로 만들어진다. 주권자인 국민의 ㉠ 에 의해 형성된 국가는 특수한 개인이나 집단의 의지를 초월하는 보편적 가치를 지닌다.
  − 「인간 불평등 기원론」中 −

① ㉠에는 '보통선거'가 적절하다.
② 프랑스 혁명의 영향을 받은 사상가이다.
③ 자연 상태를 '만인에 대한 만인의 투쟁'으로 보았다.
④ 국가는 개인의 자유로운 계약으로 형성된다고 보았다.

《정답 ④

(2) 민주주의와 기본권

① 기본권

- ㉠ 인간존중 : 인간이라는 그 자체만으로도 존중되어야 한다.
- ㉡ 기본적 인권 : 프랑스인권선언, 세계인권선언 등이 대표적이다.

② 기본권의 변천

- ㉠ 자유권적 기본권 : 프랑스인권선언의 영향을 받아 국가권력으로부터 개인의 자유를 보장하고자 한 것으로 신체의 자유, 종교의 자유, 재산권의 보장 등이 그 핵심이다.
- ㉡ 사회권적 기본권 : 산업혁명 이후 인간적인 삶을 누리지 못하는 노동자가 생겨나면서 관심을 갖게 되었으며, 사회 혼란을 막고, 사회적 약자를 보호하고자 한 것이다. 독일의 바이마르 헌법에서 최초 규정되었으며, 교육의 권리, 근로의 권리, 사회보장을 받을 권리 등을 그 기본으로 한다.
- ㉢ 참정권 : 정치적으로 소외되었던 시민들의 지속적인 선거권 획득을 위한 운동의 결과로 20세기에는 보통선거가 확립되었다.

(3) 민주주의의 운영원리

① 다수결의 원리

- ㉠ 소수의 판단보다 다수의 판단에 따르는 것이 보다 합리적이라는 가정 아래 다수결의 원리가 채택되고 있다.
- ㉡ 중우정치나 다수의 횡포가 될 수 있으므로 소수의견을 존중해야 한다.

② 비판, 타협, 관용

- ㉠ 비판 : 보다 창조적인 것을 낳기 위한 인고의 과정으로서, 민주사회에서는 빼놓을 수 없는 생활태도이다.
- ㉡ 타협 : 구체적인 목적에 대한 각자의 처지를 서로 조정함으로써 대립관계를 해소하는 기술이다.
- ㉢ 관용 : 타인과의 공존을 인정하고, 다른 사람의 의견을 수용하는 등 능동적이고 개방적인 자세를 말한다.

기출PLUS

(4) 민주주의의 유형

① **직접 민주주의와 대의 민주주의**

    ㉠ **직접 민주주의** : 공동체의 정치적 의사를 토론을 통해 시민이 직접 결정하는 방식으로 고대 그리스의 아테네가 그 기원이다. 모든 국민에게 참정권을 부여하는 오늘날과 달리 여자, 노예, 외국인 등에게는 시민권을 부여하지 않아 제한된 민주주의라는 평가를 받는다.

    ㉡ **대의 민주주의** : 국민의 대표를 선출하여 입법부를 구성하고 입법부에서 국가 정책에 관한 주요 사항을 결정하는 방식으로, 국민의 대표인 의회를 통해 주권을 행사한다는 점에서 의회 민주주의 또는 간접 민주주의라고도 한다.

② **참여 민주주의** … 오늘날에는 시민단체 등 비정부 기구의 정치와 현상 및 개인 또는 소집단 차원에서 자발적으로 정치에 참여하여 정치적 의사결정에 영향을 미치기도 한다.

③ **전자 민주주의** … 인터넷 등 전자매체를 이용하여 정치과정에 직접 참여하는 민주주의로, 사이버 민주주의, 정보 민주주의, 원격 민주주의 등의 개념이 포함된다.

기출 2017. 6. 17. 제1회 지방직 시행

다음 표는 시대별 민주 정치의 일반적인 특징을 나타낸 것이다. (가)~(다)에 대한 설명으로 옳은 것은? (단, (가)~(다)는 각각 고대 아테네, 근대, 현대 민주 정치 중 하나이다)

질문	답변		
	(가)	(나)	(다)
보통선거권이 보장되는가?	아니요	아니요	예
대의제를 바탕으로 정치가 이루어지는가?	예	아니요	예

① (가)에서는 공직자를 추첨이나 윤번제 등으로 충원하였다.
② (나)에서는 입헌주의와 직접 민주주의가 시행되었다.
③ 영국의 차티스트 운동은 (나)에서 (가)로 발전하는 데 기여하였다.
④ (다)에서는 (가)에서와 달리 여성의 참정권을 인정하였다.

◀ 정답 ④

❸ 민주정치의 발전

(1) 아테네의 민주정치

① **직접 민주정치**

    ㉠ **민회** : 아테네 최고의 주권기구로, 법제정 및 정책의 심의 결정을 담당하였다.

    ㉡ 추첨제, 수당제, 중임제한 등을 통해 아테네의 시민들은 가문, 재산 등에 관계없이 모든 시민이 국정에 참여할 수 있었다.

    ㉢ **도편추방제** : 오늘날 국민소환방식에 해당하는 도편추방제를 실시하여 독재정치의 출현을 막고 시민들이 직접 정치를 통제할 수 있는 수단으로 활용하였다. 하지만 점차 정적제거의 수단으로 악용되는 폐해가 발생하기도 하였다.

② **제한 민주정치** … 일정한 연령(만18세)에 도달한 성인 남자만이 정치에 참여할 수 있었으며, 여자와 노예, 외국인은 정치에 참여할 수 없었다.

(2) 시민혁명의 의미와 배경

① **의미** … 봉건 사회 내부에서 성장한 신흥 시민 계급인 부르주아가 중심이 되어 절대왕정을 타도하고 국가 권력을 장악한 역사적 변혁으로, 이를 통해 시민사회가 성립되었다.

② **자본주의적 경제의 발전** … 자본주의의 발달로 부르주아의 영향력이 커지면서 자유와 평등을 보장하는 제도를 요구하였다.

③ **계몽사상** … 절대군주제에 대한 비판과 과거의 폐단을 극복하기 위한 합리적인 국가 건설의 사상적 바탕을 이루었다.

④ **로크의 사회계약설** … 권력의 원천을 국민의 동의에 두고 국민과 정부의 계약에 의해 국가권력이 구성된다고 주장하였다.

⑤ **천부인권설** … 인간은 태어나면서부터 불가침의 자연법상의 권리를 갖고 있다는 관점이다.

⑥ **입헌주의** … 기본적 인권을 보장하고 국가 권력의 분립을 규정한 헌법을 제정하여 국가를 운영하자는 이념이다.

(3) 근대 민주정치의 특징과 한계

① 특징
  ㉠ 간접 민주정치의 지향
  ㉡ 정치형태로서의 의미만 가지고 있었던 기존의 민주주의 이념에 자유와 평등과 같은 기본적 인권이 보장되는 새로운 실천원리라는 의미가 추가
  ㉢ 법치주의 확립 및 국민주권 구현
  ㉣ 개인주의와 자유주의의 확산

② 한계
  ㉠ 여전히 시민권은 부르주아들로 한정
  ㉡ 경제적 부에 따라 선거권을 차등 분배→19세기 노동자와 농민에 의한 선거권 확대운동에 영향

> ♻ **Plus tip**
>
> 세계 3대 시민혁명과 3대 인권선언
> ㉠ 영국의 명예혁명 & 권리장전(1689)
> ㉡ 미국 독립혁명 & 독립선언서(1776)
> ㉢ 프랑스 대혁명 & 인권선언문(1789)

그림의 (가)~(다)에 대한 설명으로 옳은 것은? (단, (가)~(다)는 고대 아테네 민주정치, 근대 민주정치, 현대 민주정치 중 하나이다)

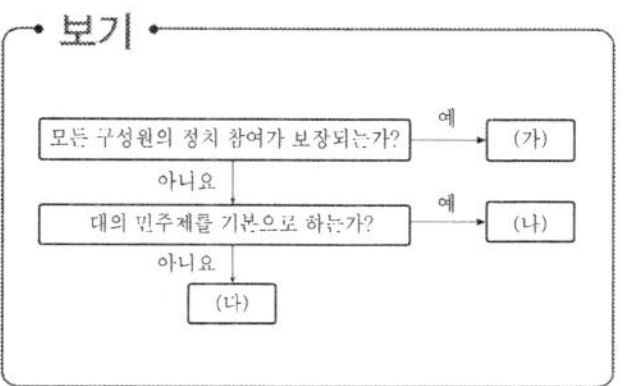

① (가)는 시민이 직접 국가를 운영하는 정치형태이다.
② (나)의 사상적 배경은 계몽사상과 사회계약설이다.
③ (가), (나)의 공통점은 보통 선거제도를 확립한 것이다.
④ (가), (다)의 공통점은 여성의 정치 참여가 제도화된 것이다.

◁ 정답 ②

❹ 정치권력과 법치주의

(1) 정치권력의 의미와 성격

① **의미** : 공동체의 목적을 실현하기 위해 국가가 행사할 수 있는 강제력으로, 사회에서 발생하는 이해관계의 대립을 조정한다.

② **정치권력의 성격**
 ㉠ **포괄성** : 사회 구성원 전체에게 적용
 ㉡ **강제성** : 개인의 의사와 관계없이 행사
 ㉢ **지속성** : 권력의 소재와 관련 없이 지속됨
 ㉣ **정당성** : 국민들로부터 위임된 정당한 권력

(2) 정치권력의 정당성

① **의미** … 정부의 결정이 시민이 합당한 것으로 수용하는 것으로 국민의 자발적 동의와 지지를 통해 형성한다. 정당성이 없는 정치권력은 진정한 정치권력으로 볼 수 없다.

② **정당성 확보 요건**
 ㉠ 실질적으로 합법적이고 도덕적인 권력획득 및 행사 · 유지가 이루어져야 한다.
 ㉡ 권력에 대한 국민의 지속적 감시와 비판이 필요하다.

③ **정당성과 도덕성의 관계** … 정치권력이 도덕성을 확립하면 국민의 동의와 지지를 얻게 되고, 이 때 정당성 확보가 가능하다.

④ **정당성과 합법성의 관계** … 정당성을 확보하지 못하고 법적 근거만을 가진 채 국민을 지배하면 형식적 합법성만을 가진 권력이 된다. 실질적 합법성을 가진 권력이 되기 위해서는 법적 근거가 요구된다.

⑤ **정치권력에 대한 저항권 행사**
 ㉠ **저항권** : 정당하지 못한 정치권력이나 정부정책에 대해 주권자로서의 시민이 불신임하고 거부할 수 있는 권리
 ㉡ **유래** : 로크의 사회계약설에서 유래하며 미국의 독립전쟁이나 프랑스 시민혁명의 사상적 배경을 둔다.

📖 2025. 6. 21. 제1회 서울시 시행

〈보기〉는 미국 독립 선언의 일부이다. 이 선언이 로크(Locke)의 영향을 많이 받았다고 할 때, 그 근거로 가장 옳은 것은?

> 우리는 다음을 자명한 진리로 생각한다. 모든 사람은 평등하게 태어났으며 신은 그들에게 누구도 빼앗을 수 없는 몇 가지 권리를 부여했다. 여기에는 생명과 자유와 행복 추구의 권리가 포함된다. 이 권리를 확보하기 위해 인민은 정부를 만들었으며, 정부의 정당한 권력은 인민의 동의에서 나온다. 정부가 이런 목적을 파괴할 때에는 인민은 언제든지 이를 변혁 내지 폐지하고, 인민의 행복과 안전을 가장 효과적으로 가져다주어야 한다는 원칙에 기초하고 이를 위한 기구를 갖춘 정부를 새로이 조직할 수 있는 권리가 있다.

① 견제와 균형의 원리를 강조하여 사법권의 독립을 추구하였다.
② 국가를 생명, 자유, 행복 추구와 같은 자연권을 보장하기 위한 수단이 아닌 목적으로 보았다.
③ 자연권은 하늘로부터 부여받았기 때문에 위임될 수 없으며 변경될 수도 없다고 주장하였다.
④ 정부가 신탁에 근거한 통치를 위반할 경우에 지지를 철회할 수 있다는 저항권을 인정하고 있다.

❮정답 ④

(3) 법치주의의 의미와 기능

① **법치주의의 의미** … 국가가 국민의 자유와 권리를 제한하거나 국민에게 새로운 의무를 부과할 때, 객관적인 기준으로서 법에 의하거나 법에 근거가 있어야 한다는 원리로, 권력 통제를 통해 국민의 자유와 권리를 보장하는 것이 목적이다.

② **기능** … 국가 권력의 발동 및 국가 권력의 제한과 통제의 근거가 된다.

③ **법치주의의 유형**

    ⊙ 형식적 법치주의 : 법치주의의 속성 중 형식적 측면만을 고려하여 법의 형식에 따라 통치가 이루어지면 법의 목적이나 내용은 문제 삼지 않는 경우로 "악법도 법"이라는 논리가 도출된다. 통치의 정당성을 무시하여 합법적인 독재를 가능하게 하며 법에 의한 지배(rule by law)로 표현한다.

    ⊙ 실질적 법치주의 : 법의 형식뿐만 아니라 그 목적과 내용도 정의에 합치되어야 한다는 것으로 "악법은 법이 아니다"는 논리가 도출된다. 이러한 실질적 법치주의는 헌법재판제도, 행정재판제도, 사법권의 독립 등으로 구체화된다. 이는 통치자를 비롯한 모든 사람이 법에 종속되는 것을 나타내며 법의 지배(rule of law)로 표현한다.

📢 **법치주의의 비교**

구분	형식적 법치주의	실질적 법치주의
등장배경	기본권 보장의 제도적 장치 필요	국민의 기본권 침해 증대
원리	• 의회가 제정한 법률에 의한 지배 • 법을 도구로 한 합법적 독재 • 법률 만능주의	인간존엄, 실질적 평등 등의 정의 실천을 내용으로 하는 통치원리
내용	• 통치의 합법성 중시 • 정당성 무시 • 히틀러의 수권법 • 박정희의 유신헌법 • 형식적 법치주의는 의회가 제정한 법률의 목적이나 내용을 문제 삼지 않으며, 법률만능주의, 법실증주의와 관련이 있고 자연법의 한계를 극복하고자 함	• 합법성 및 정당성의 강조 －권력 분립 제도, 헌법 재판 제도 －행정 재판 제도, 탄핵 제도 －선거 제도, 의회제도 －사법권의 독립, 복수 정당제도 －언론, 출판, 집회, 결사의 자유, 저항권 • 실질적 법치주의에서 헌법에 위배되는 법률은 그 효력이 인정되지 않음

〈보기〉의 법치주의를 바라보는 관점 A, B에 대한 설명으로 가장 옳은 것은?

• 보기 •

A는 입법에 필요한 모든 합법적인 절차를 거쳐 제정된 법률이라면 그 법률에 의한 국가 권력 행사는 정당화된다고 본다. 반면, B는 법률이 절차적 합법성을 갖추어야 할 뿐만 아니라 실질적 정의에도 부합해야 한다고 본다.

① A는 통치의 합법성보다 실질적 정당성을 중시한다.
② B는 합법적 절차를 거쳐 제정된 법률일지라도 국민의 권리를 침해할 수 있다는 점을 간과한다.
③ A는 B와 달리 위헌법률심사제의 필요성을 강조한다.
④ A와 B 모두 국가 권력으로부터 국민의 기본권을 보장하는 것을 목적으로 한다.

다음 중 (가), (나)에 대한 설명으로 옳지 않은 것은?

• 보기 •

(가) '법에 의한 지배(rule by law)'는 법을 통치자의 의사를 실현하는 도구나 수단으로 사용하는 것을 정당화한다.
(나) '법의 지배(rule of law)'는 누구도 법과 동등한 권위를 지닐 수 없고, 통치자를 비롯한 모든 사람이 법에 종속된다는 것이다.

① (가)는 법치주의를 형식적인 의미로 이해하고 있다.
② (나)는 법의 내용과 목적을 중시하여 통치의 정당성을 강조한다.
③ (나)에 따르면 법치주의와 민주주의는 상호 보완적 관계이다.
④ 전체주의 국가는 (가)보다 (나)로 법치주의를 받아들이고 있다.

‹정답 ④, ④

1 〈보기〉의 근대 사회 계약론자 갑(甲), 을(乙)에 대한 설명으로 가장 옳은 것은?

> ─── 보기 ───
>
> • 갑(甲) : 자연 상태는 강제할 수 있는 선악의 기준이 전혀 없는 상태이다. 따라서 자연 상태는 일종의 전쟁 상태이고, 인간이 자기 보존을 위해 자연권을 갖고 있다고 해도 오히려 생명의 위험에 처하는 상태가 발생한다. 그러므로 인간은 계약을 맺어 자연권을 포기하고 각 사람이 가지는 힘을 모아 좀 더 큰 집단적 힘을 가지는 정치 사회를 만든다.
> • 을(乙) : 사람들이 계약에 따라 사회를 이룩한 것은 자연 상태에 대한 절망에서가 아니라 불편함 때문이다. 즉 자연 상태에서는 누구나 자연법의 집행권을 갖고 있으므로 자기 소유물을 지키는 데 불안을 느끼게 된다. 따라서 계약의 절차를 밟아 통치자를 세우는 데 동의하고, 또 통치자에게 자연권을 위임하는 동시에 자연권의 보호를 맡긴다. 통치자와 국민의 관계는 동의와 신탁 위에서만 성립한다.

① 갑(甲)은 국가가 사회 계약을 위반한다면 국민은 국가를 부정할 권리를 가진다고 본다.

② 을(乙)은 국가 권력은 위임 목적에 맞게 행사되도록 분립되어야 한다고 본다.

③ 갑(甲)과 달리 을(乙)은 일반의지에 의한 통치를 강조한다.

④ 갑(甲), 을(乙) 모두 국가를 수단이 아닌 목적으로 간주한다.

1.

갑은 자연 상태는 일종의 전생 상태이고 인간은 계약을 맺어 자연권을 포기하고 국가를 만들었다고 본다. 이는 홉스의 사회계약론이다. 을은 자연 상태에서 누구나 집행권을 갖고 있다고 보는데, 계약을 통해 통치권을 위임했다는 입장이다. 이는 로크의 사회계약론이다. 로크는 이권분립론을 제시하여 권력을 입법권과 집행권으로 구분하였다.

① 국가가 사회 계약을 위반한다면 국민은 국가를 부정할 권리를 저항권이라고 하는데 이는 로크가 제시하였다.

③ 일반의지에 의한 통치는 루소가 강조하였다.

④ 사회계약론은 공통적으로 국가를 목적이 아닌 수단으로 간주한다.

※ 루소의 일반의지 … 루소의 저서 「사회계약론」에 나타나 있는 공익의 핵심적 개념으로 보편의지 또는 총의라고도 한다. 이기적인 개인으로서의 독립성과 사익성을 버리고 공동의 힘을 통해 자신과 재산을 지키고 옹호하는 결합 형식에 기반한다. 이 속에서 자유로운 계약으로 성립하는 국가가 가지는 단일한 의지를 일반의지라 불렀다.

Answer 1.②

2 〈보기〉의 ㈎와 ㈏는 민주정치의 참여방식이다. 이에 대한 설명으로 가장 옳지 않은 것은?

보기

㈎ 주권자인 국민은 선거를 통해 그들이 선출한 대표에게 국가 의사 및 정책의 결정권을 전적으로 위임한다.

㈏ 대의제하에서는 국민의 다양한 의1사를 정치과정에 투입하는 데 한계가 있다. 그러므로 국민투표, 국민발안, 국민 소환 제도를 도입하여 대의제를 보완한다.

① ㈎의 정치방식은 민주주의에 부합하지 않는다.

② ㈏는 ㈎에 비해 정책결정의 정당성이 증진될 수 있다.

③ ㈎는 모든 국민이 국가의 의사결정에 참여하는 것은 비현실적이라고 생각한다.

④ ㈏의 정치방식은 시민의 정치적 무관심을 극복하려고 한다.

3 다음은 근대 정치사상가 갑과 을의 주장이다. 이들의 견해에 대한 진술로 옳은 것은?

갑 : 인간은 자유롭게 태어났지만 어디에서나 쇠사슬에 얽매여 있다. 따라서 인간은 자유와 평등을 제도적으로 보장받기 위하여 계약을 통해 일반의지에 입각한 국가를 구성한다.

을 : 자연상태에서 인간은 만인에 대한 만인의 투쟁으로 인하여 야수적이며 단명하는 삶을 영위한다. 이러한 상태에서 벗어나기 위하여 인간은 자신의 권리를 양도하는 계약을 맺고 국가를 수립한다.

① 갑 : 일반의지는 소수의 이익을 대변한다.

② 갑 : 이상적인 정치형태는 입헌군주정이다.

③ 을 : 국가는 수단이 아니라 목적이다.

④ 을 : 정치권력의 정당성은 구성원의 동의에 근거한다.

2.

㈎는 주권자인 국민이 선거를 통해 그들이 선출한 대표에게 국가 의사 및 정책의 결정권을 위임하는 간접 민주 정치(대의제)다. ㈏는 대의제의 한계를 보완하기 위해 국민투표, 국민발안, 국민소환 등의 직접 민주 정치 제도를 도입하자는 주장이다.

① 대의제와 직접 민주 정치는 주권 행사의 방법이 다를 뿐 모두 민주주의에 해당한다.

② 직접 민주 정치는 국민의 의사를 정치과정에 투입할 수 있으므로 대의제에 비해 정책결정의 정당성이 증진될 수 있다.

③ 인구의 증가와 넓은 영토 등 지리적 한계에 따라 모든 국민이 국가의 의사결정에 참여하는 데 한계가 있다. 이에 대다수 국가는 대의제를 도입하고 있다.

④ 선거 참여의 저조 및 투표율의 하락 등 대의제에서는 정치적 무관심이 나타날 수 있다. 국민투표, 국민발안, 국민 소환 제도와 같은 직접 민주 정치적 제도를 통해 이를 극복하고자 한다.

3.

갑 : 루소, 을 : 홉스

① 일반의지는 공익의 핵심적 개념으로 공공의 이익을 추구한다.

② 루소는 직접 민주주의를 이상적인 정치형태로 보았다. 입헌군주정을 이상적인 정치형태로 본 사람은 로크이다.

③ 사회계약설에서 국가는 개인들이 자신의 권리를 보장받기 위해 계약을 통해 국가를 구성하였다고 본다. 따라서 국가는 목적이 아니라 수단이다.

4 다음과 같이 주장한 근대 사상가의 사회계약론에 대한 설명으로 옳은 것은?

> 자연상태에서 인간은 자유롭고 평화롭다. 그러나 옳고 그름을 구별하는 법이 없고, 다툼을 해결해주는 재판관도 없으며, 법을 집행할 수 있는 합법적인 권력도 없다. 그래서 모두가 스스로 옳다고 판단하는 자연상태는 불안정하다. 이러한 불안정한 상태를 예방하고 자유와 평등을 안전하게 보장하기 위해 사회 구성원이 계약을 통해 정부를 만든다.

① 개인들은 통치자에게 자신의 자연권을 모두 양도하는 사회계약을 체결한다.

② 계약으로 탄생한 정부는 개인의 이익이 아니라 공동선과 공공 이익을 추구해야 한다.

③ 사유재산제도가 사회경제적 불평등을 심화시키므로 정부가 불평등 해소를 위해 노력해야 한다.

④ 정부가 위임 목적을 위배하여 부당한 권력을 행사하면 국민들은 정당하게 저항권을 행사할 수 있다.

5 다음 글의 (A)(B)(C)에 대한 설명으로 옳은 것을〈보기〉에서 모두 고르면?

> (A) 고대 그리스 아테네의 민주정치
> (B) 근대 민주정치
> (C) 현대 민주정치

> 〈보기〉
> (가) (A)는 제한된 민주 정치였다.
> (나) 사회구성의 원리로서의 민주주의가 추구된 것은 (A)이다.
> (다) (B)에서는 재산권의 공공성이 강조되기 시작하였다.
> (라) 입헌주의와 국민주권 사상에 바탕을 둔 민주주의가 실현된 것은 (B)이다.
> (마) 국가에의 자유가 전면 보장된 것은 (B)이다.

① (가)(나) 　　② (가)(라)
③ (나)(다) 　　④ (라)(마)

4.

제시문과 같이 주장한 근대 사상가는 로크이다.
① 홉스의 견해이다.
② 로크는 계약으로 탄생한 정부는 개인의 이익을 추구해야 한다고 주장한다.
③ 로크는 정부기 사유재산을 보호해야 한다고 주장한다.

5.

(가) (A)에서는 국가 정책을 결정할 수 있는 시민을 성인 남자로 한정되고 여자와 노예, 외국인은 제외되었다.
(라) 입헌주의와 국민주권 사상에 바탕을 둔 민주주의가 실현된 것은 (B)이다.
(나) 근대 시민 혁명 이후 사회구성의 원리로서의 민주주의가 실현된 것은 (B)이다.
(다) (B)에서는 재산권을 절대적 기본권으로 보장하고 있었다. 재산권의 공공성이 강조되어 제한되기 시작한 것은 (C)이다.
(마) (B)에서는 재산이 많은 부르주아에게만 국가에의 자유 즉 참정권이 주어졌다. 보통선거 실시로 일정한 연령 이상 모든 계층의 정치 참여가 보장된 것은 (C)이다.

Answer　　4.④　5.②

6 다음은 정치를 바라보는 갑, 을의 주장이다. 이에 대한 설명으로 옳지 않은 것은?

> 갑 : 정치라는 단어는 도시 국가를 의미하는 폴리스(Polis)로부터 유래하였습니다. 따라서 정치는 국가의 통치 기구를 중심으로 행사되는 국가의 기본적인 활동입니다.
>
> 을 : 인간이 집단생활을 하는 곳은 어디에나 정치가 있습니다. 정치는 생활 속에서 나타나는 지배와 복종 관계 내지는 이익 조정을 둘러싼 갈등 해결 과정입니다.

① 갑은 정치를 국가에만 있는 고유한 현상으로 인식한다.

② 갑의 견해는 다원화된 사회의 정치 현상을 설명하기에 적합하다.

③ 을은 정치를 사회 집단의 의사 결정 과정으로 인식한다.

④ 을은 근무 조건 개선을 위한 노사 간의 교섭 활동도 정치로 본다.

7 다음의 주장이 비판하고 있는 사항을 보완하기 위해 가장 적절한 방안은?

> • 의사는 대표될 수 없다.
> • 투표하기 전에는 자유로우나 투표가 끝나면 노예가 된다.

① 중요한 국가정책은 국민투표를 실시한다.

② 진정한 자유를 위해서는 정부가 존재하지 않아야 한다.

③ 인간존중을 위하여 권력분립제도를 채택한다.

④ 선거제도를 적극적으로 활용한다.

6.

갑은 국가현상설을, 을은 집단현상설을 나타낸다. 따라서 다원화된 사회의 정치 현상을 설명하기에 적합한 것은 집단현상설이 된다.

7.

제시된 내용은 루소의 간접 민주정치에 대한 비판으로 현대 민주정치는 이를 보완하기 위하여 직접 민주정치제도를 보충적으로 채택하고 있다. 종류로는 국민투표, 국민소환, 국민발안 등이 있는데 우리나라는 국민투표제만을 실시하고 있다.

Answer 6.② 7.①

8 고대 그리스 아테네의 민주정치에 대한 설명으로 옳은 것은?

① 고대 그리스의 민주정치는 이미 주어진 것으로서의 공동체를 전제하는 것이 아니고, 사회를 새로이 구성하는 원리로서의 성격이 두드러진다.

② 고대 그리스에서는 선거에 의해 공직자를 결정하였으며, 우연에 의한 추첨제, 윤번제 등은 비민주적으로 간주되어 널리 이용되지 못하였다.

③ 소크라테스를 죽게 한 민주정치의 실패를 경험한 플라톤은 철인정치를 주장하면서 민주정치에 부정적이었다.

④ 고대 그리스에는 많은 폴리스가 존재했고 민주정치란 여러 정치형태 중의 하나에 불과하였지만, 민주주의의 이념인 자유와 평등은 보편적 원리로 그리스 전체를 지배하였다.

9 다음에서 제시한 민주주의의 원리와 관련 깊은 내용을 〈보기〉에서 고른 것은?

> 국가 권력을 여러 기관에 분산시켜 서로 견제와 균형을 이루게 한다.

〈보기〉
㉠ 헌법을 통해 국가의 권력을 제한하고 법에 따라 권한을 행사하게 한다.
㉡ 권력의 남용을 막고 국민의 자유와 권리를 보장하려는 목적을 갖는다.
㉢ 법을 만드는 입법부, 집행하는 행정부, 적용하는 사법부로 나누어 운영한다.
㉣ 권력의 정당성이 국민의 뜻에 있으며 국민이 스스로를 다스리고 다스림을 받는다.

① ㉠㉡ ② ㉠㉢
③ ㉡㉢ ④ ㉢㉣

Answer 8.③ 9.③

10 "의사는 대표될 수 없다."라고 하여 간접 민주정치를 비판하고 직접 민주정치를 옹호한 철학자는?

① 로크

② 루소

③ 홉스

④ 몽테스키외

10.

홉스, 로크, 루소의 비교

구분	홉스	로크	루소
인간의 본성	성악설 (이기적, 충동적)	백지설(자연 빛으로서의 이성)	성선설 (이성, 박애)
자연 상태	투쟁, 고독	자유, 평등→자연 권유지 불완전	자유, 평화 →불평등관계
옹호 체제	절대 군주제	제한군주체제, 입헌군주제	국민주권주의, 직접 민주정치
사회 계약	• 전부 양도설 • 자연권의 전면적 양도 • 각 개인의 자연권 포기	• 일부양도설 • 자연권을 국가나 국왕에게 신탁 • 자연권의 보장	• 모든 사람의 의지를 종합·통일 • 공동합의로 자연권 위임, 시민적 자유 획득(교환설) • 모든 사람들의 자연에의 복귀

① 로크는 간접 민주정치와 2권분립을 주장했다.

③ 홉스는 군주주권설을 주장했다.

④ 몽테스키외는 3권분립을 주장했다.

11 다음 중 대의정치에 대한 설명으로 거리가 먼 것은?

① 국민의 대표자가 국가를 운영한다.

② 국민의 정치적 무관심을 초래할 수 있다.

③ 국민자치의 원리를 가장 충실히 반영한다.

④ 국민의 의사가 정확히 전달되기 어렵다.

11.

대의정치(간접 민주정치) … 국민이 선출한 대표자가 국가를 운영하는 방식으로, 민주정치를 효율적으로 실현하는 방법의 하나이다. 단점으로 국민의 의사가 정확히 전달되기 어려운 점이 있고, 직접 국정에 참여하지 못하므로 국민의 정치적 무관심을 초래할 수도 있다. 단점의 보완방법으로는 직접 민주정치방법의 도입, 지방자치제도의 병행 등이 있다.

12 다음 중 민주정치제도의 원리로 그 설명이 옳지 않은 것은?

① 권력분립의 원리 – 견제와 균형의 관계를 유지한다.

② 대표의 원리 – 선거구민의 의사를 그대로 전달한다.

③ 입헌주의의 원리 – 헌법에 따라 정치를 한다.

④ 지방자치의 원리 – 중앙정부와 지방자치의 상호견제로 권력을 분산한다.

12.

대표와 대리의 구분

㉠ 대표 : 선거구민을 대표해서 국정에 참가하는 사람으로, 국민 전체의 이익을 위해 스스로의 양심에 따라 판단하며 선거구민의 이해관계에 의해서 구속받지 아니한다.

㉡ 대리 : 선거구민의 의사를 그대로 전달하는 사람이다

Answer　10.② 11.③ 12.②

13 아테네에서 직접 민주정치가 탄생할 수 있었던 요건으로서 관계가 적은 것은?

① 민회가 통치기구의 중심이었다.
② 다른 도시국가보다 영토가 크고 인구가 많았다.
③ 여자, 노예, 어린이, 외국인 등은 참정권이 없었다.
④ 시민은 독립적 농민으로 보통은 경작을 하였다.

14 다음 글을 읽고 내용과 관계가 있는 것을 모두 고르면?

> 사회가 발전해감에 따라 국민의 활동은 정치, 경제, 사회문화, 교육 등 많은 분야로 세분화되고 기능이 전문화되어 가고 있다. 다원주의는 이들 각 활동분야가 각각 자율성을 유지해 가면서 다른 분야에 예속되지 않을 것을 보장하자는 원리이다. 따라서 민주정치이념을 제대로 실현하려는 사회는 제도적으로 다원주의를 보장하여야 한다.

> ㉠ 경제적 부는 민주주의의 중요한 토대이다.
> ㉡ 다원주의의 인정은 권력의 집중화를 막는다.
> ㉢ 다양한 이익들의 사회적 조화는 가능하다.
> ㉣ 모든 개인은 사회적 기본권을 가진다.
> ㉤ 민주주의는 올바른 상대주의에 입각하고 있다.

① ㉠㉡㉢
② ㉠㉢㉤
③ ㉡㉢㉤
④ ㉢㉣㉤

15 홉스, 로크, 루소 등 사회계약론자들이 주장한 사회계약설의 공통점은?

① 인간의 본성이 악하다는 점을 인정하였다.
② 자연상태에서는 천부인권의 보장이 불가능했다.
③ 국가의 권력이 시민과의 계약에서 유래하였다.
④ 시민들의 주권은 주거나 빼앗을 수 없다는 것을 인정하였다.

13.
② 인구가 많거나 국가의 영토가 크면 국민의 직접참여가 현실적으로 불가능하다.

14.
다원주의는 철학상의 다원론에서 나온 것으로, 사회를 구성하는 여러 요소들은 서로 독립적이어서 다른 것으로 환원될 수 없다는 사상이다.

15.
사회계약론자의 공통점은 자연상태와 사회상태를 분류한 점과 국가권력이 시민과의 계약으로 유래했다고 보는 점 등이다.

Answer   13.② 14.③ 15.③

16 다음 중 자치원리에 대한 설명으로 옳은 것은?

① 국민자치원리에 가장 충실한 것은 직접 민주정치제도이다.
② 인구가 적고 영토가 비교적 큰 나라에서는 간접 민주정치의 가능성이 크다.
③ 자치원리는 시민이 직접 주권을 행사하는 경우만 해당된다.
④ 최근 정보통신과 대중매체의 발달로 간접 민주정치제도가 생겨났다.

17 근대 민주주의국가의 정치권력을 정당화하는 주장을 내용에서 바르게 묶은 것은?

> ㉠ 국가의 최고 권력인 주권은 법률이 아니라 도덕에 의해서 제약된다.
> ㉡ 시민에게서는 공공복지를 증진시키지 못하는 정권을 지지할 의무가 없다.
> ㉢ 대부분의 정치변화는 소수에 의하여 이루어지며 시민들은 이에 대해 합리적 판단을 하지 못한다.
> ㉣ 모든 사람은 생명, 자유 및 재산에 대한 권리를 갖는다.
> ㉤ 많은 사람들이 정치에 관심을 갖고 참여할 때 가장 좋은 정부가 된다.

① ㉠㉡㉢
② ㉠㉢㉣
③ ㉡㉢㉣
④ ㉡㉣㉤

16.

자치원리는 직접 민주정치제도와 간접 민주정치제도가 있으며 자치의 원리에 충실한 것은 직접 민주정치이다.

17.

근대 이전의 시민은 참정권이 제한된 지배의 대상이 되어 자유롭게 정치생활을 하지 못했지만 근대의 시민은 적극적으로 사회의 주도권을 장악할 만큼 정치 · 사회생활의 주체로 등장하여 경제적으로는 자유방임을, 사회적으로 자유와 평등을 요구하게 되었다(로크의 사회계약설).

Answer　16.①　17.④

기출PLUS

기출 2025 6. 21. 제1회 서울시 시행

〈보기〉의 정부 형태 ㈎, ㈏에 대한 설명으로 가장 옳은 것은? (단, ㈎와 ㈏는 각각 전형적인 대통령제와 의원내각제 중 하나이다.)

보기

정부 형태는 권력 분배 방식과 운영 방식에서 큰 차이를 보이며, 각국의 역사적 배경과 정치적 상황에 따라 선택된다. ㈎는 의회에서 다수당을 차지한 정당의 대표가 총리가 되어 행정부를 구성하며, 입법부와 행정부가 긴밀하게 연계되어 운영된다. 반면, ㈏는 국가 원수이자 행정부 수반이 국민에 의해 직접 선출되며, 행정부와 입법부가 독립적으로 운영되는 정부 형태이다.

① ㈎는 ㈏와 달리 행정부 수반의 임기가 엄격하게 보장된다.
② ㈏는 ㈎와 달리 연립 내각이 구성되기도 한다.
③ ㈎의 입법부는 내각 불신임권, 행정부는 의회 해산권을 통해 서로를 견제한다.
④ ㈏의 행정부 수반은 법률안 거부권과 법률안 제출권을 가지고 있다.

❮정답 ③

① 정부 형태와 정치 제도

(1) 의원내각제

① **의미** … 행정권을 담당하는 내각이 입법부인 의회의 신임에 의해 구성되고 존립되는 정부 형태로, 입법부와 행정부가 밀접한 관계를 가지고 국정을 운영한다.

② **특징** … 의회 다수당의 대표가 수상이 되어 내각을 구성하고 내각은 행정권을 담당한다. 내각과 의회는 법률안제출권 및 의회발언권에 대한 권리가 있으며 서로 연대책임을 지는 등 기능상 협동관계이다.

③ **의원내각제의 장·단점**
  ㉠ 장점
  • 내각이 국민의 대표 기관인 의회에 그 존립과 존속을 의존하게 되므로 민주적 요청에 가장 적합하다.
  • 내각이 의회에 연대 책임을 지므로 책임정치를 시행할 수 있다.
  • 의회와 내각이 대립하는 경우 불신임 결의와 의회해산으로 정치적 대립을 신속하게 해결할 수 있다.
  ㉡ 단점
  • 군소정당의 난립 또는 정치인의 타협적 태도가 결여된 상황에서는 연립정권의 수립과 내각에 대한 빈번한 불신임 결의로 정국의 불안정이 초래될 수 있다.
  • 의회가 정권획득을 위한 투쟁의 장소가 될 수 있다.
  • 정부가 의회의 의중을 살펴서 연명을 도모하려 하므로, 국민을 위한 강력하고 계속적인 정치가 어렵다.

(2) 대통령 중심제

① **의미** … 국민이 선출한 대통령이 일정한 임기동안 책임지고, 행정권을 담당하는 제도로, 대통령이 국가의 대표인 동시에 행정부의 수반으로 그 권한을 행사한다.

② **목적** … 권력 집중으로 인한 자의적 전제를 방지하고 국민의 자유와 권리를 최대한 보장한다.

③ 대통령제의 일반적인 특징(우리나라 대통령제와는 다름)

  ㉠ 대통령의 지위는 국가 원수이자 행정부의 수반이다.

  ㉡ 내각 또는 각료는 대통령에 의하여 임명되며, 대통령에게 책임을 져야한다.

  ㉢ 권력분립의 원칙상 입법부와 행정부가 서로 다른 부를 제압하는 일을 방지하기 위해 각료는 의원을 겸직할 수 없다.

  ㉣ 입법, 행정, 사법의 3권이 완전히 독립된 동격의 기관으로 분리되어 있다.

④ 대통령 중심제의 장 · 단점

  ㉠ 장점

   • 대통령이 임기 중에 국회로부터 책임 추궁을 당하지 않기 때문에 대통령의 임기 동안에는 정국의 안정성을 유지한다.

   • 소수당의 후보가 대통령으로 당선될 수 있기 때문에, 의회 다수당의 횡포를 방지할 수 있다.

  ㉡ 단점

   • 행정부와 입법부의 마찰시 원만한 해결을 위한 제도적 장치가 없다.

   • 대통령 권한의 비대화로 인하여 독재의 위험성이 있다.

(3) 이원집정부제(이원정부제)

① 개념 : 대통령제와 의원내각제적 요소를 혼합한 정부형태로 현대적 의미에서는 프랑스의 5공화국 정부형태를 예로 들 수 있다.

② 운영상의 특징

  ㉠ 대통령과 의회 의원을 국민이 직접 선출

  ㉡ 대통령과 총리의 권한이 법적으로 구분되어 두 개의 중심부가 존재

  ㉢ 평상시 : 수상(총리) 중심으로 운영되며 대통령은 외교, 국방 문제 등 대외적 상징성을 표상

  ㉣ 비상시 : 대통령의 비상 권한에 따라 실질적 영향력 행사

  ㉤ 대통령은 수상임명권과 의회 해산권을 보유하고 의회는 내각불신임권은 있지만 대통령에 대한 불신임은 불인정

  ㉥ 대통령이 소수당에서 소속돼 있을 경우 다수당 소속의 총리를 임명함으로써 동거정부 수립 가능

(4) 우리나라의 정부 형태

① 대통령 중심제 … 입법부와 행정부의 구성이 엄격히 분립되어 있다.

  ㉠ 행정권은 대통령을 수반으로 하는 정부에 속한다〈헌법 제66조 제4항〉.

기출PLUS

기출 2023. 6. 10. 서울시 보훈청 시행

〈보기〉의 표는 정부형태 A, B를 구분한 것이다 이에 대한 설명으로 가장 옳은 것은? (단, A, B는 각각 전형적인 대통령제와 의원 내각제 중 하나이다.)

• 보기 •

질문＼정부형태	A	B
입법부와 행정부가 별도의 선거로 구성되는가?	예	아니오
(가)	아니오	예

① A에서는 입법부가 탄핵 소추권을 통해 행정부를 견제한다.

② B에서는 의회 의원이 각료를 겸직할 수 없다.

③ A는 B와 달리 내각의 존립이 의회의 신임에 의존한다.

④ (가)에는 '국가 원수와 행정부 수반이 동일인인가?'가 들어갈 수 있다.

기출 2018. 4. 7. 인사혁신처 시행

우리나라 대통령제에서 나타나는 의원내각제적 특징으로 볼 수 없는 것은?

① 행정 각부를 관장하는 국무총리를 두고 있다.

② 국회의원은 국무위원을 겸직할 수 있다.

③ 대통령은 국회에서 의결된 법률안의 공포를 거부할 수 있다.

④ 국회가 국무위원에 대한 해임을 건의할 수 있다.

❮정답 ①, ③

기출PLUS

기출 2024. 6. 22. 제2회 서울시(보훈청) 시행

〈보기〉는 우리나라 헌법 기관 A의 어느 해 주요 업무 계획의 목차이다. A에 대한 설명으로 가장 옳은 것은?

┌─ 보기 ─
□ 과제별 세부 추진 계획
과제I. 유권자 중심의 완벽한 선거 사무 구현
　1. 대통령 선거의 정확한 관리 .... p. 5
　2. 재외 선거의 안정적 관리로 재외 국민 참여 확대 .... p. 10
　3. 재·보궐 선거 관리 및 전국 동시 지방 선거 준비 .... p. 13

① 선거구를 법률로 확정한다.
② 선거 관련 법률을 제정한다.
③ 정당 사무에 관한 규칙을 제정할 수 있다.
④ 위헌 정당 해산 심판권을 갖는다.

‹정답 ③

ⓒ 법률안에 이의가 있을 때에는 대통령은 15일 이내에 이의서를 붙여 국회로 환부하고, 그 재의를 요구할 수 있다〈헌법 제53조 제2항〉.

ⓒ 입법권은 국회에 속한다〈헌법 제40조〉.

② **의원내각제적 요소 가미**

　㉠ 국무총리제

　ⓒ 행정부의 법률안 제출권

　ⓒ 국회의원의 각료 겸직 가능

　㉢ 국무위원의 국회 출석 발언권

　㉤ 국무회의에서 국정 심의

　㉥ 국회의 동의에 의한 국무총리 임명

　㉦ 국회의 국무총리와 국무위원 해임 건의권

❷ 선거

(1) 민주정치와 선거

① **선거**

　㉠ **대의민주제** : 국민이 직접 국정에 참여하는 것이 아니라, 선거를 통해 선출된 대표자가 국정을 담당하는 것을 말한다.

　ⓒ **민주정치와 선거** : 선거는 국민이 정책결정과정에 참여하는 기본적인 행위이며, 주권을 행사하는 기본적인 수단이 된다.

　ⓒ **선거권의 행사**

　　• 국정참여의 기회 : 선거는 국민이 국가 정책결정과정에 참여할 수 있는 중요한 기회이다.

　　• 국민의 권리와 의무 : 선거권의 행사는 국민으로서의 권리인 동시에 의무이다.

② **선거의 기능** … 대표자 선출 기능, 정당성 부여 기능, 대표자 통제 기능, 주권의식 향상 기능 등이 있다.

③ **공명선거의 필요성**

　㉠ **민주선거의 4원칙**

　　• 보통선거 : 일정한 연령에 달하면 어떤 조건에 따른 제한이 없이 선거권을 주는 제도로 제한선거와 대비된다.

　　• 평등선거 : 투표의 가치에 차등을 두지 않는 제도로 차등선거와 대비된다.

- 직접선거 : 선거권자가 대리인을 거치지 않고 자신이 직접 투표소에 나가 투표하는 제도로 대리선거와 대비된다.
- 비밀선거 : 투표자가 누구에게 투표했는지 알 수 없게 하는 제도로 공개선거와 대비된다.

ⓛ 공명선거의 필요성 : 민주정치의 정착을 위해서 반드시 요구된다.

(2) 우리나라의 선거제도

① 선거방식

㉠ 대통령 선거제도 : 제6공화국 이후 국민의 직접선거로 선출한다.

㉡ 국회의원 선거제도 : 제6공화국 이후 소선거구제를 채택하였다.

구분			특징
대통령 선거			전국을 선거구로 하여 상대 다수 대표제에 따라 선출
총선거 (국회의원 선거)	지역구 선거		소신기구제, 상대 다수 대표제
	전국구 선거		정당 명부식 비례대표제
지방선거	지방 자치 단체장 선거	광역 자치 단체장	특별시, 광역시, 도에서 상대 다수 대표제에 따라 선출
		기초 자치 단체장	시, 군, 구에서 상대 다수 대표제에 따라 선출
	지방의회 의원 선거	광역의원	지역 대표 : 소선거기구제, 상대 다수 대표제
			비례 대표 : 광역 단위 정당 득표율 적용
		기초의원	지역 대표 : 중선거구제, 소수 대표제
			비례 대표 : 기초 단위 정당 득표율 적용
	특별 자치제 선거		교육감 선거, 교육의원 선거

② 선거관리위원회 … 정치적으로 중립적인 국가기관의 기능을 담당하며 선거, 국민투표의 공정한 관리 및 정치자금의 사무 등을 처리한다.

③ 선거공영제

㉠ 개념 : 선거 과정을 국가가 관리하고, 선거 비용의 일부를 국가 또는 지방 자치 단체가 부담하는 제도

㉡ 목적 : 선거 과열을 방지하고 선거 운동의 기회 균등보장

기출 2025. 6. 21. 제1회 서울시(보훈청) 시행

〈보기 1〉은 질문을 통해 우리나라의 선거 A~C를 구분한 것이다. 이에 대한 설명으로 옳은 것을 〈보기 2〉에서 모두 고른 것은? (단, A~C는 각각 대통령 선거, 국회의원 선거, 기초 의회 의원 선거 중 하나이다.)

— 보기1 —

질문	A	B	C
4년마다 실시하는 선거인가?	아니요	예	예
법률 제정 및 개정에 관한 권한을 가지는 대표자를 선출하는가?	아니요	아니요	예

— 보기2 —

㉠ A는 절대 다수 대표제를 채택하고 있다.
㉡ B는 지역구 의원 선거에서 중·대선거구제를 채택하고 있다.
㉢ B는 C와 달리 전국을 하나의 선거구로 하여 실시하고 있다.
㉣ B와 C 모두 비례 대표 의원 선거에서 정당 명부식 비례대표제를 채택하고 있다.

① ㉠, ㉡ ② ㉠, ㉢
③ ㉡, ㉣ ④ ㉢, ㉣

❮정답 ③

기출 2021. 4. 17. 인사혁신처 시행

다음은 갑국의 선거구제 변화를 나타낸 것이다. 이러한 변화의 결과에 대한 옳은 추론만을 〈보기〉에서 모두 고르면?

〈전〉

A	B	C
D	E	F
G	H	I

↓

〈후〉

a_1	a_2	b_1	b_2	c_1	c_2
a_3	a_4	b_3	b_4	c_3	c_4
d_1	d_2	e_1	e_2	f_1	f_2
d_3	d_4	e_3	e_4	f_3	f_4
g_1	g_2	h_1	h_2	i_1	i_2
g_3	g_4	h_3	h_4	i_3	i_4

※ 갑국은 시기별 하나의 선거구제를 채택하고 있으며, 지역구만 존재한다. 또한 선거구제 변화 전후의 총의원수는 36명으로 같다.

• 보기 •
㉠ 유권자와 대표 간 유대 관계 형성이 어려워진다.
㉡ 군소 정당의 난립으로 정국이 불안해질 수 있다.
㉢ 유권자가 후보자에 대한 상세한 정보를 얻기 유리하다.
㉣ 사표 발생 증가로 정당 득표율과 의석률의 격차가 커진다.

① ㉠, ㉡　　② ㉠, ㉢
③ ㉡, ㉣　　④ ㉢, ㉣

〈정답 ④

④ 선거구제

㉠ 선거구 법정주의 : 특정 정당이나 인물에게 유리하도록 선거구를 획정하는 게리맨더링을 방지하고, 유권자의 의사를 공정하게 반영하기 위해 선거구를 국회에서 법률로 확정하도록 하는 것을 의미한다.

> ☞ Plus tip
>
> 게리맨더링(gerrymandering) … 특정 정당이나 후보자에게 유리하도록 선거구를 인위적으로 재조정하는 것으로 1812년 매사추세츠 주지사 게리(Gerry)가 선거구를 재조정했는데, 그 모양이 마치 샐러맨더(salamander)와 유사하다고 한 데에서 유래하였다.

㉡ 선거구제의 종류

구분	소선거구제	중·대선거구제
개념	• 한 선거구에서 한명의 대표자 선출 • 다수대표제와 결합	• 한 선거구에서 두 명 이상의 대표자 선출 • 소수대표제와 결합
장점	• 다수당 출현용이 → 정국 안정 • 지역적으로 협소하여 선거비용 절감 • 선거단속 용이 • 유권자는 인물 파악용이(인물중심의 선거로 투표율이 상대적으로 높아짐) • 투표결과 집계 용이	• 전국적 인물 당선 용이 • 신인의 진출 가능 • 사표 감소 • 군소정당 진출 용이 • 지역주의 완화
단점	• 지방세력가에 유리, 전국적 인물에 불리 • 신인 진출 곤란 • 사표 증가 • 연고주의 폐단 • 대정당에만 유리 • 선거인의 후보자 선택 범위 제한	• 선거비용의 증가 • 후보자의 난립으로 인물 파악 곤란 • 선거단속 어려움 • 전국적 지명도만으로 당선 가능 • 당선자 간의 득표 격차 발생

⑤ 대표결정 방식

㉠ 다수대표제 : 최다 득표자 한 명을 대표로 선출하는 제도로 소선구제와 결합

㉡ 소수대표제 : 소수 득표자에게도 당선의 기회가 부여되며 대선거구제와 결합

㉢ 비례대표제 : 득표수에 따라 각 정당의 의석을 배정하는 제도로 정당 득표율에 비례해서 대표자를 배분

(3) 선거문화와 민주정치

① 우리나라의 선거 실상
   ㉠ 과거의 선거 : 국민의 정부 선택보다 정치적 정당성에 더 큰 의의를 부여하였으며, 선거풍토의 타락 등이 문제점이었다.
   ㉡ 현재의 선거 : 국민의 의식수준과 정부의 개혁의지가 향상되었다.

② 바람직한 선거문화
   ㉠ 국민의식의 중요성
   • 올바른 선거문화풍토의 조성 : 선거문화는 입후보자와 유권자의 의식이나 행동방식에 의해 결정된다.
   • 입후보자의 선거의식 : 법 준수, 국민의 선거에 대한 관심과 합리적 판단이 요구된다.
   • 유권자의 선거의식 : 유권자가 행사하는 표는 국가의 운명을 좌우하는 중요한 정치적 의사표시이므로 소중하게 행사하고, 선거 후에도 계속해서 국정활동을 감시해야 한다.
   ㉡ 공명한 선거와 정치발전
   • 민주정치의 발전과 선거 : 공명한 선거의 실시는 어느 국가든 민주정치 발전을 위하여 반드시 거쳐야 하는 과정이다.
   • 국가권력의 정당성과 선거 : 국민의 자유로운 의사결정과 후보자들의 공정한 경쟁을 통해서 대표가 선출되고 정부가 구성될 때, 국가권력의 정당성이 확립되고 민주정치는 발전하게 된다.
   • 민주정치의 확립과 선거 : 선거기능이 제대로 발휘될 때, 참다운 의미의 민주정치가 확립되었다고 할 수 있다.

❸ 정당 · 이익집단과 시민단체

(1) 민주정치와 정당

① 정당의 의의와 역할
   ㉠ 정당 : 정치적 견해를 같이하는 사람들이 정권을 획득함으로써 자신들의 정강을 실현하는 것을 목적으로 조직한 단체를 말한다.
   ㉡ 정당의 기능 : 대표자 선출, 여론 형성, 정부와 의회의 매개역할을 담당한다.

② 민주국가의 정당제도
   ㉠ 원칙 : 일반적으로 복수정당제를 채택한다.
   ㉡ 분류 : 일당제, 양당제, 다수정당제 등이 있다.

기출 2021. 6. 5. 서울특별시 시행

〈보기〉는 갑(甲)국의 현행 선거법과 선거법 개정안의 일부이다. 현행 선거법과 비교하여 개정안에 대한 설명으로 가장 옳은 것은? (단, 지역구 의원 총수는 200명으로 변동이 없다.)

┌─ 보기 ─

현행	제21조 하나의 의회 의원 지역 선거구에서 선출할의회 의원의 정수는 1인으로 한다.
개정안	제21조 하나의 의회 의원 지역 선거구에서 선출할의회 의원의 정수는 2~4인으로 한다.

① 총 선거구 수가 증가한다.
② 사표가 과다하게 발생할 수 있다.
③ 다양한 국민의 의사를 의회 구성에 반영할 수 있다.
④ 다수당의 출현 가능성이 커져 정국 안정에 유리하다.

기출 2021. 4. 17. 인사혁신처 시행

다음은 복수 정당제 유형 (가)와 (나)의 일반적 특성을 비교한 것이다. 이에 대한 설명으로 옳은 것은?

질문	(가)	(나)
국정 운영의 책임 소재가 명확한가?	아니요	예
다양한 의견을 반영하기에 유리한가?	예	아니요

① (가)이면서 의원내각제를 채택한 국가의 경우 연립 정부가 구성되는 일이 흔히 발생한다.
② (가)에서는 정당 간 대립이 발생할 때 중재가 비교적 어렵다.
③ (나)인 국가에는 2개의 정당만 존재한다.
④ (나)가 (가)보다 민주적이다.

‹정답 ②, ①

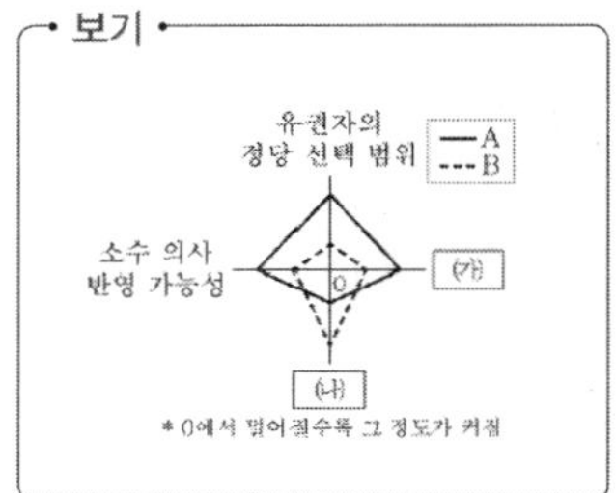

기출 2022. 6. 18. 서울특별시 시행

〈보기〉는 정당 제도의 일반적인 특징을 비교하여 나타낸 것이다. 이에 대한 설명으로 가장 옳지 않은 것은? (단, A, B는 각각 양당제와 다당제 중 하나이다.)

─ 보기 ─

① (가)에는 '다양한 국민의 의견이 정부 정책에 반영'이 들어갈 수 있다.
② (나)에는 '정국이 안정되고 책임정치를 실현하기 유리한 형태'가 들어갈 수 있다.
③ 의원 내각제에서 A는 B보다 연립 내각을 구성할 가능성이 높다.
④ B는 A보다 정당이 서로 대립할 때 중재할 수 있는 정당이 존재해 갈등의 해결이 수월하다는 장점이 있다.

⟨ 정답 ④

☆ Plus tip

양대정당제와 다수정당제의 비교

구분	양대정당제	다수정당제
장점	• 정국이 안정됨 • 책임정치가 가능 • 정권의 평화적 교체가 원활	• 국민 c각층의 의견 반영 가능 • 소수자의 이익도 보장 • 정당 간 대립 시 제3자가 중재
단점	• 국민 각층의 의견 반영 곤란 • 다수당 횡포 → 소수 이익의 보장 곤란 • 양당 충돌 시 해결 곤란	• 정국 불안 가능성(프랑스 제3 · 4 공화국) • 강력한 정책 실현 곤란

③ **정당정치와 정치자금** … 정치자금의 공개 및 양성화로 돈 안 드는 선거풍토 정착, 정치자금의 자발적 지원 등이 요구된다.

④ **한국 정당정치의 발전과제**
  ㉠ 한국 정당정치의 특성 : 짧은 정당의 수명, 국민의사의 불충분한 반영, 비민주적 구조 등
  ㉡ 발전과제 : 이념과 정책을 중시하는 정치풍토가 조성되어야 한다.

(2) 민주정치와 이익집단

① **이익집단과 정치과정**
  ㉠ 이익집단(압력단체) : 이해관계를 공유하는 사람들이 공동의 이익을 실현하기 위하여 정부의 정책에 영향력을 행사하려는 집단이다.
  ㉡ 정당과의 관련성 : 이익집단은 그들이 추구하는 이익을 실현하기 위해 정당을 이용하며, 정당은 지지기반을 확보하기 위해 이익집단과 결합한다.

② **이익집단의 출현원인과 종류**
  ㉠ 출현원인 : 이익의 다원화, 지역대표의 결함보완, 민주정치의 발달, 정부기능의 통제필요 등이 있다.
  ㉡ 종류
    • 친목을 목적으로 하는 집단 : 정치성 정도가 낮으며, 스포츠클럽, 친목회, 동호회 등이 있다.
    • 특정한 신분의 이익을 목적으로 하는 집단 : 정치적으로 압력을 행사하며 노동자조합, 농민조합, 전문가집단 등이 있다.
    • 특정한 이익을 목적으로 하는 집단 : 정치적으로 압력을 행사하며 환경단체 등 각종 시민단체가 있다.

③ 이익집단의 이익실현

  ㉠ 이익집단의 목표달성 : 구성원들의 적극적인 활동과 지도력이 요구된다.

  ㉡ 이익실현의 방법 : 정부에 직접적으로 압력을 행사하거나 여론을 형성하여 정부가 이익집단의 요구를 인식하고 받아들이게 하는 간접적 방법이 있으며, 개인적 친분을 활용하거나 대표단을 파견하는 등 여러 가지 방법을 이용한다.

④ 공익과 이익집단

  ㉠ 공익을 위한 이익집단 : 정치과정에서 경제적, 사회적, 직업적으로 나타나는 특수한 이익들을 그 성격에 따라 골고루 대표하는 역할을 수행한다.

  ㉡ 공익을 저해하는 이익집단 : 소수의 이익을 보호하기 위한 집단이다.

(3) 시민단체의 특징과 과제

① 등장 ⋯ 참여 민주주의가 등장하면서 시민의 정치참여가 활성화되고, 이에 따라 정치뿐만 아니라 경제, 환경, 인권, 복지 등 다양한 분야에 대한 요구가 증가하였다. 그러나 이처럼 다양한 요구를 수용하기 위해서는 정부와 정치권의 능력에 한계가 있었고, 이에 시민은 자발적으로 단체를 만들어 정치과정에 참여하였다.

② 특징 ⋯ 시민 단체는 공공선과 공익 추구를 목적으로 한다는 점에서 단체 구성원의 이익 추구를 목적으로 하는 이익집단과 구별되는 특징을 가진다.

구분	정당	이익집단	시민단체
정권 획득을 목적으로 하는가?	○	×	×
정치적 책임을 지는가?	○	×	×
공익을 추구하는가?	○	×	○
정부의 정책결정에 영향력을 행사하는가?	○	○	○

③ 영향력과 과제

  ㉠ 시민 단체는 정치권력의 집중과 남용을 감시하고, 부정부패 척결, 깨끗한 선거문화 조성 등 정치 민주화에 이바지 하였으며, 그린피스, 유니세프 등 국제 연대 활동에 적극 참여한다.

  ㉡ 그러나 최근에는 시민의 자발적인 참여가 점점 줄어들어 시민 단체의 활동이 위축되는 경향이 있다. 또한 단체 운영에 필요한 회비와 후원금도 부족한 상황이다.

기출PLUS

기출 2024. 6. 22. 제2회 서울특별시(보훈청) 시행

〈보기〉의 정치 참여 집단 A, B에 대한 설명으로 가장 옳지 않은 것은? (단, A , B는 각각 이익 집단과 시민 단체 중 하나이다.)

┌ 보기 ┐

경제학에는 '이로운 외부 효과'라는 용어가 있다. 이는 어떤 경제 주체의 행동이 제3자에게 의도하지 않은 혜택을 가져다 주지만 이에 대한 대가를 받지 않을 때 생기는 효과를 말한다. 이러한 '이로운 외부 효과'와 유사한 현상이 정치 분야에서도 발생할 수 있다. 즉, 어떤 정치 주체의 행동이 제3자에게 혜택을 주지만 제3자는 그에 대한 대가를 지불하지 않는 것이다. 이를, 정권 획득을 목표로 하지 않는 정치 참여 집단 A, B와 관련하여 살펴보자. A는 활동에 따라 얻은 것들을 자신들만 주로 누린다. 이에 반해 B는 활동에 따라 얻은 것들을 그 구성원만이 아닌 사회의 다른 구성원들도 누리지만 다른 구성원들이 그에 대한 대가를 B에게 지불하는 경우는 많지 않다.

① A는 의회와 정부의 매개 역할을 하고, 정치적 책임을 진다.
② B는 시민들이 자발적으로 결성한 비영리 집단이다.
③ A는 특수 이익의 실현, B는 공익의 실현을 중시한다.
④ A, B 모두 대의 정치의 한계를 보완한다.

〈정답 ①

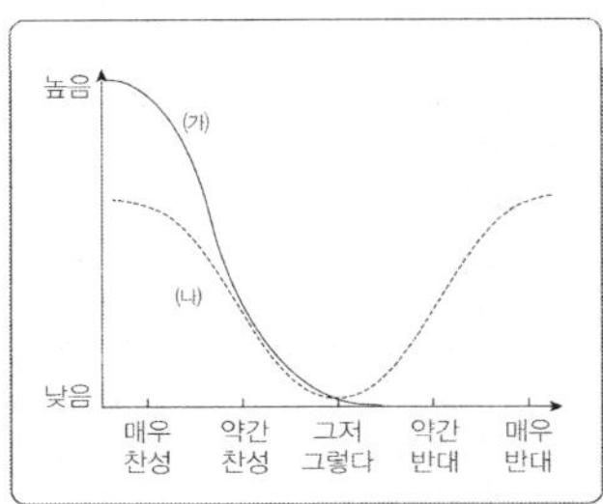

기출 2015. 6. 27. 지방직 시행

(개)와 (내) 여론 분포의 유형에 대한 비교 설명으로 옳지 않은 것은?

① (개)는 (내)보다 국민적 합의가 이루어져 지배적인 여론이 형성된다.
② (개)는 (내)보다 대다수가 공통된 의견을 갖고 있어 정책 추진이 원만하게 이루어질 가능성이 높다.
③ (내)는 (개)보다 찬성과 반대의 의견이 균형을 이루어 정책 결정이 신속히 이루어진다.
④ (내)는 (개)보다 국민적 일체감이 형성되기 어렵고 사회 갈등이 증가할 수 있다.

《정답 ③

❹ 여론

(1) 여론과 여론정치

① **여론** … 쟁점에 대해 다수의 사회구성원들이 가지는 공통된 의견을 말한다.

② **여론의 중요성과 기능**
- ㉠ **여론의 중요성**: 민주주의가 발전하면서 대중매체의 발달에 따라 점차 그 중요성이 확대되고 있다.
- ㉡ **여론의 기능**: 정치의 방향을 제시하는 정치적 기능, 문화적 기능, 집단행동의 통일성을 확보하는 통일적 기능 그리고 구성원들이 느끼는 심리적 안정감의 기능이 있다.

③ **여론과 사회 안정**
- ㉠ **사회구성에 관련된 본질적인 문제**: 기본권 보장, 언론의 자유 등이 있다.
- ㉡ **민주사회의 다양한 의견**: 대화와 타협으로 해결한다.
- ㉢ **이익집단과 정당의 활동**: 대화와 타협을 주도하고, 국민을 설득하고자 노력한다.

④ **여론정치**
- ㉠ 정당, 언론 등의 의견집단이 여론 형성을 주도한다.
- ㉡ **여론정치**: 국민의 여론을 파악하여 정책에 반영하는 정치를 뜻한다.
- ㉢ **여론의 문제점**: 여론은 조작가능성 등 내재적 취약성을 가지며, 소수의 의견이 여론이 될 수 있으며, 선전에 의해 왜곡될 수 있다.

(2) 여론과 언론

① **민주정치와 언론의 자유**
- ㉠ **언론의 여론 형성에의 역할**: 사회적 사실을 신속·정확하게 전달하고 사회적 쟁점을 규정하며 해설과 비판 등을 제공한다.
- ㉡ **언론의 국민여론 조작**: 정치세력의 선전도구로 전락하거나 허위사실을 유포하기도 한다.
- ㉢ **언론의 자유**: 정치권력에 대한 비판 기능(감시역할 수행), 엄밀하고 정확한 보도로 사건이 재발하지 않도록 감시하는 역할을 수행한다.

② **언론의 책임** … 언론은 공정성·정확성·신속성을 확보하고 공익을 위해 기능해야 하며, 시민은 언론에 대해 비판과 감시를 해야 한다.

❺ 정치참여와 정치문화

(1) 데이비드 이스턴의 정치과정 모델

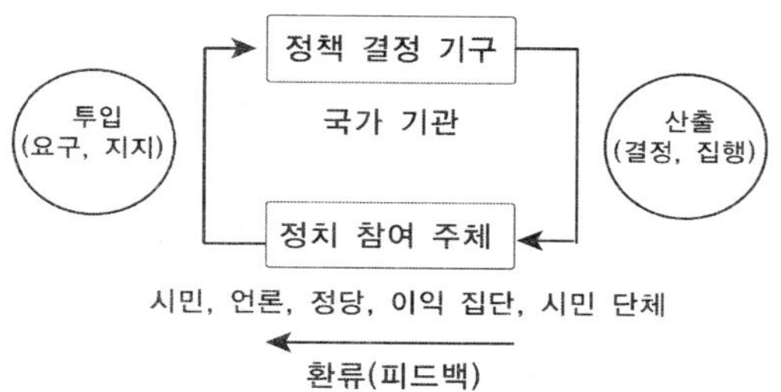

① **투입** … 국민의 정책에 대한 지지를 의미한다. 정책에 대한 지지란 정책의 산출 결과가 국민에게 만족감을 주었을 때 국민이 정치 체제에 대한 호의적 태도를 보이는 것이다.

   ㉠ **정치 참여 주체**: 노동조합, 시민단체, 정당, 언론, 이익집단, 일반 시민 등 개인 혹은 집단을 의미하며 정책 결정 기구와 대비되는 존재다.

   ㉡ 정책의 결정은 정부에 의해 이루어지나, 정부의 자의성에 의한 것이 아닌 국민의 요구와 지지를 기반으로 한다.

   ㉢ **투입의 예**: 공청회, 청문회, 선거, 정당의 당론 결정 등

② **산출** … 정치는 가치의 권위적 배분 과정으로, 정책은 정치를 표출하는 과정이다.

   ㉠ **정책 결정 기구**: 정책을 표출하는 기관으로 입법부, 행정부, 사법부가 이에 속한다.

   ㉡ 정책의 결정은 정부와 같은 권위를 부여받은 기관에 의해 이루어지며, 투입에 의한 반응, 즉 산출로 나타난다.

   ㉢ **산출의 예**: 법제화, 제정, 법 시행 등

③ **환류** … 투입되어 산출된 정책에 한 정책의 평가이자, 평가에 기반하여 수정 · 보완하는 과정이다.

   ㉠ 정책은 국민의 지지와 요구에 부응하는 정도에 따라 새로운 요구를 만들 수 있다.

   ㉡ **환류의 예**: 공청회, 청문회 등

④ **환경** … 투입–산출–환류 정치 과정에 영향을 주는 외부 환경을 말한다.
  ㉠ 정치과정은 투입–산출–환류와 환경으로 이루어지는 포괄적 시스템이며, 정치과정의 안정성은 투입과 산출 사이의 균형과 피드백에 의해 조절된다.
  ㉡ 환경의 예: 경제, 사회, 문화, 생태, 교육, 인구 등

(2) 정치과정에의 참여

① 정치참여의 중요성

㉠ **정치참여**: 국민은 선거, 언론매체, 정당, 단체 등을 통해 정치에 참여할 수 있다.
㉡ 정치참여는 민주정치를 위한 전제조건이 된다.
㉢ 시민 스스로가 다스림과 동시에 다스림을 받는다는 원리에 근거한다.

② 정치참여의 방법과 요건

㉠ **투표**: 가장 보편적·적극적·기본적인 정치참여의 방법으로 거의 모든 국가에서 실시하고 있다.
㉡ **기타 정치참여방법**: 정치에 대한 토론, 선거운동에 직접 참여, 정당활동, 여론 형성, 청원, 집회나 시위 등이 있다.
㉢ **진정한 정치참여의 요건**
  • 개인의 이익뿐만 아니라 정치 공동체의 이익에 기여하여야 한다.
  • 정당한 절차를 거쳐 확정된 법이나 정책을 준수하면서 참여한다. 자신의 의사와 다르거나 자신의 이익에 배치된다는 이유로 법을 지키지 않거나 따르지 않는 것은 민주정치에 역행하는 행위이다.

③ 정치 참여의 긍정적 기능과 부정적 기능

긍정적 기능	부정적 기능
• 대의정치의 보완	• 과도한 참여로 사회 안정 파괴
• 시민의 이익 증대	• 비전문가에 의한 비합리적 결정
• 시민의 주체 의식 신장	

기출 2025. 6. 21. 제1회 서울시 시행

〈보기〉의 밑줄 친 ㉠~㉣에 대한 설명으로 가장 옳은 것은?

─ 보기 ─

• 정부는 정책 집행의 효율성을 높이기 위해 ㉠정책 참여 플랫폼을 운영하여 국민의 의견을 수렴하고 있다. 이를 통해 시민들은 특정 정책에 대한 제안을 하거나 피드백을 제공할 수 있다.
• ㉡정부 혁신 어워드는 공공기관에서 추진한 혁신 사례를 평가하여 우수한 사례를 선정하고, 이를 홍보하는 제도이다.
• ㉢국민 정책 제안은 국민이 특정 사회 문제 해결을 위한 정책 아이디어를 온라인 플랫폼을 통해 제출하는 제도로, 일정 수 이상의 공감을 받으면 정부가 공식 검토 절차를 진행한다.
• ㉣국회 청원 심사는 국민이 국회에 청원을 제출하면 관련 상임위원회에서 검토하여 법안 발의 여부를 결정하는 절차이다.

① ㉠은 정치 과정에서 투입, ㉡은 산출에 해당한다.
② ㉡은 ㉢과 달리 정책 결정 과정에서 시민 참여를 직접적으로 요구하는 제도이다.
③ ㉢과 ㉣ 모두 국민이 입법 과정에 영향을 미칠 수 있는 참여 방식이다.
④ ㉢과 달리 ㉣은 시·공간의 제약을 완화하여 정치 참여의 접근성을 높일 수 있다.

◀정답③

(3) 참여와 정치발전

① 대의 민주정치와 참여

- ㉠ **시민참여의 한계**: 시민은 대표선출이나 투표 이외에는 영향력을 행사하기 어려우며, 그 표현방식에도 한계가 있다.
- ㉡ **대의 민주정치의 위기**: 시민의 대표로서 공공의사결정을 책임져야 할 입법부가 사회문제를 직접 해결하지 못하고, 행정부가 공공의사결정을 실질적으로 좌우하게 되는 현상이 발생하였다.
- ㉢ **시민참여의 증가**: 민주주의 사회의 위기의식이 확산되면서 정치참여가 확산되었다.

② 정치적 무관심

- ㉠ **정치적 무관심의 원인**: 현대 정치과정의 거대화 복잡화로 인한 대중의 소외감, 물질적 소비문화, 업무의 과중으로 인한 무력감 등
- ㉡ **정치적 무관심의 유형**

무(無)정치적 무관심	• 전통형 무관심: 정치는 모든 국민이 하는 행위가 아니라 일부 특권층만 하는 행위라고 체념하는데서 오는 무관심 • 현대형 무관심: 보통선거의 실시로 대중이 정치의 주체가 되었고 대중 매체를 통해 많은 정치적 정보를 가지고 있음에도 불구하고 정치에 무관심한 경우로써 정치 참여로 얻어지는 결과가 다른 활동으로 얻어지는 결과에 비해 낮다고 판단되므로, 정치에 관심을 보이지 않는 것
탈(脫)정치적 무관심	• 지난 날 정치에 큰 기대를 가졌거나 참여했는데, 그 기대나 욕구가 좌절되어 심한 환멸과 무력감으로 나타나는 무관심 • "정치인은 다 도둑놈이야! 그 놈이 그놈이야! 투표는 해서 뭘해, 다 뻔한데!" 등의 냉소적 반응
반(反)정치적 무관심	• 개인의 사상, 신념이 추구하는 가치가 정치와 반대된다고 판단함으로써 생기는 무관심 • 극단적이고 소수적 사상을 가진 사람들, 개인주의적 무정부주의자나 종교적 신비주의자 • "이번엔 나의 사상과 맞지 않는 정당이 집권했어. 관심 끌래.", "조금 있으면 신의 심판이 오는데 정치가 무슨 필요가 있어?"

기출PLUS

기출 2021. 6. 5. 서울특별시 시행

〈보기〉의 정치 참여 집단 A, B에 대한 설명으로 가장 옳지 않은 것은?

> **보기**
>
> 현대 민주 정치의 중요한 정치 행위자로 A와 B가 있다. A는 그들의 이익을 정치 현장에서 실현시키기 위해 B를 매개체로 이용하고, B도 정치권력의 획득을 위한 지지기반을 넓히기 위해 A와 밀접한 상호 관계를 맺는다. B는 A로부터 정책 쟁점에 대한 전문적 지식과 견해를 획득하고, 다원적 사회에 분산돼 경쟁 관계에 있는 여러 A는 B와 연계해 자신들에게 유리한 정책을 형성하도록 정부에 압력을 행사한다.

① B는 의회와 정부를 매개한다.
② A는 집단의 특수 이익을 실현하고자 한다.
③ B는 A와 달리 자신의 활동에 대해 정치적 책임을 진다.
④ A는 B와 달리 정치 사회화를 담당한다.

〈정답 ④

기출 PLUS

기출 2015. 3. 14. 사회복지직

알몬드(Gabriel Almond)와 버바 (Sidney Verba)의 정치문화에 대한 설명으로 옳은 것은?

① 향리형 혹은 신민형 정치문화에서는 시민들이 정책결정과정에 참여하려는 의지가 약하다.
② 향리형 정치문화에서는 시민들이 지역뿐만 아니라, 지역을 초월한 국가의 정치체제를 인식할 수 있다.
③ 신민형 정치문화에서는 시민들이 정부의 권위에 쉽게 복종하지 않는 새로운 유형의 민주적 정치문화가 나타난다.
④ 참여형 정치문화에서는 시민들이 정치과정의 투입에 활발하게 참여하지만, 정치적 대상에 대한 비판과 지지가 불분명한 경우가 많다.

© 정치적 무관심의 결과
- 정당정치와 의회 정치의 침체 현상을 가져오게 할 위험성이 있다.
- 정치적 부패를 가져오게 할 위험성이 있다.
- 자의적인 지배와 권력 남용이 심화되어 독재권력이 등장할 수 있다.

③ 참여와 정치발전
㉠ 정치발전 : 사회의 공공문제를 해결할 수 있는 정치체제의 능력이 신장되는 것을 말한다.
㉡ 정치발전의 조건 : 정부의 정책결정능력의 강화, 정부 조직구조와 기능의 분화, 국민통합, 참여의 활성화 등이 있다.
㉢ 정치발전과 참여 : 정치참여가 활성화되어야 정치가 발전할 수 있다.

④ 참여의 한계와 안정
㉠ 참여의 궁극적 목표 : 다수 시민의 이익, 즉 공익증진에 기여하는 것이다.
㉡ 과도한 참여의 부작용 : 참여는 공익증진을 위한 바람직한 수단이지만, 대중의 과도한 참여는 사회 및 정치의 갈등을 가져오기도 한다. 따라서 참여와 안정의 조화가 필요하다.

(4) 정치문화

① 정치문화
㉠ 정치문화 : 시민들의 정치생활양식, 정치와 정부에 대하여 시민들이 지니고 있는 태도 및 가치관을 의미한다.
㉡ 정치문화의 유형
- 향리형 정치문화 : 정치적 역할이 미분화된 전근대적 전통사회에서 보이는 정치문화로, 정치적 의식과 참여정도가 모두 낮다.
- 신민형 정치문화 : 중앙집권적 권위주의사회에서 두드러진 정치문화로 정치적 의식은 높으나 참여정도가 낮다.
- 참여형 정치문화 : 민주사회의 특징적인 정치문화로, 정치적 의식과 참여정도가 모두 높다.

‹ 정답 ①

② 정치문화와 정치발전

　　㉠ 정치문화와 정치발전과의 관계 : 정치발전을 이루기 위해서는 정치제도와 그 나라의 독특한 정치문화가 서로 조화를 이루어야 한다.

　　㉡ 우리나라의 정치발전 : 권위주의적 요소가 혼재되어 있으나 점차 참여형 정치문화로 개선되고 있다.

1 그림의 ㈎～㈐에 대한 설명으로 옳지 않은 것은? (단, ㈎～㈐는 각각 정당, 시민단체, 이익집단 중 하나이다)

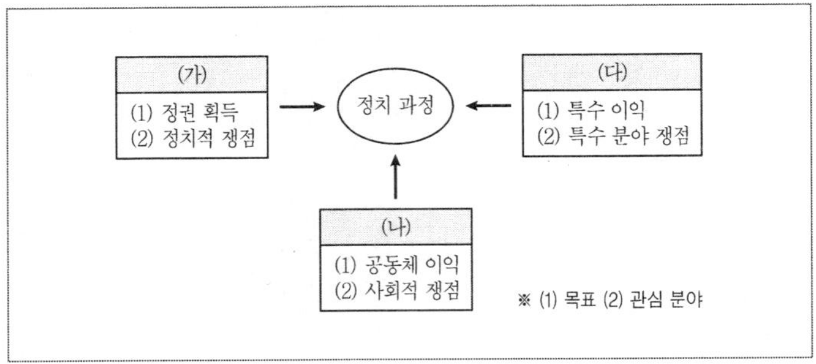

① ㈎는 정치적 충원과 여론 형성 및 조직화 기능을 수행한다.

② ㈏는 시민들에 의해 자발적으로 구성되는 집단이다.

③ ㈐는 사회 전체의 보편적 이익과 충돌하는 활동을 할 우려가 있다.

④ ㈎와 ㈐는 정치적 책임을 진다는 공통점이 있다.

2 다음 중 정치문화의 유형에 대한 설명으로 옳은 것은?

① 정치문화는 나라마다 전통에 의해 뚜렷이 나타난다.

② 선진국은 일반적으로 참여형 정치문화의 속성이 강하게 나타난다.

③ 민주정치의 발전을 위해서는 정치문화가 신민형으로 변화하는 것이 바람직하다.

④ 정치에 관심을 가지고 적극적으로 참여하는 태도를 지니는 정치문화를 향리형 정치문화라 한다.

1.

㈎는 정권 획득과 정치적 쟁점을 다루는 정당에 해당한다. ㈏는 공동체의 이익과 사회적 쟁점과 관련된 분야에서 활동하는 시민단체다. ㈐는 단체의 특수이익과 특수 분야의 쟁점에서 활동하는 이익집단이다. 정당은 선거에 후보자 및 당선자를 배출하므로 선거과정을 통해 정치적 책임을 부담하게 된다. 이는 정당만의 고유한 특징이다.

① 정당은 정치적 충원과 여론 형성 및 조직화 기능을 수행한다.

② 시민단체는 시민들에 의해 자발적으로 구성된 집단이다.

③ 이익집단은 소속집단의 특수이익을 과도하게 추구할 경우 사회 전체의 보편적 이익과 충돌하는 활동을 할 우려가 있다.

2.

대부분 선진국일수록 참여형 정치문화의 속성이 강하고 후진국일수록 신민형이나 향리형 정치문화의 속성이 강하다.

※ 정치문화의 유형

㉠ 향리형 : 전근대적 전통사회에 나타나며 후진국형이다. 스스로 정치에 참여할 수 있다고 기대하지 않으며, 참여에도 소극적인 유형이다.

㉡ 신민형 : 중앙집권적 권위주의 사회에 나타나며 후진국형이다. 공동체에 대한 의식은 있으나 능동적으로 참여하지는 않는 유형이다.

㉢ 참여형 : 민주사회에 나타나며 선진국형이다. 공동체에 대한 명확한 인식과 정치 참여에도 능동적인 유형이다.

Answer   1.④   2.②

3 〈보기〉 표의 A～C는 정치참여집단이다. 이에 대한 설명으로 가장 옳은 것은? (단, A～C는 시민단체, 이익집단, 정당 중 하나이다)

보기

질문내용	A	B	C
정치적 책임을 지는가?	예	아니오	아니오
공익을 사익보다 우선시하는가?	예	예	아니오
(가)	예	예	예

① A는 정권 획득을 목표로 하며 B, C와 달리 사회 구성원에 대한 정치 사회화 기능을 수행한다.
② B는 A와 달리 자발적으로 결성된 집단으로, 정치과정에서 투입 기능을 한다.
③ C는 B와 달리 대의제의 한계를 보완하기 위해 등장한 집단이다.
④ (가)에는 '정책 결정 과정에 영향력을 행사하는가?'가 들어갈 수 있다.

4 민주국가에서의 정당의 성격으로 옳지 않은 것은?

① 정권획득의 목표를 공개적으로 내세운다.
② 여론을 형성·조직화함으로써 국정을 지지·통제한다.
③ 전국적 조직과 함께 활동이 상의하달방식을 취한다.
④ 국민적 이익을 추구하며 정부구성능력을 보유해야 한다.

3.

A는 정치적 책임을 지는 정치참여집단으로 정당이다. B는 공익을 사익보다 우선시하는 시민 단체고 C는 이익 집단이다.

① 정치 사회화란 사회구성원들이 정치적 태도와 신념, 가치관, 규범을 습득해 나가는 과정을 의미한다. 정치 사회화 기능은 시민 단체, 이익 집단, 정당 모두가 수행한다.
② 시민 단체, 이익 집단, 정당 모두는 자발적으로 결성된 집단이며 정치과정에서 투입 기능을 한다.
③ B(시민 단체)와 C(이익 집단) 모두 대의제의 한계를 보완하여 국민의 다양한 의견과 이해관계를 대변하기 위해 등장한 집단이다.
④ 정당, 시민 단체, 이익 집단은 정책을 결정할 권한은 없으나 정책 결정 과정에 영향력을 행사한다.

4.
정당
㉠ 정의 : 정당은 정치적 견해를 같이 하는 사람들이 정권을 획득함으로써 자신의 정강을 실현할 것을 목적으로 모인 단체이다.
㉡ 정당정치 : 현대민주정치는 대의정치이며, 대의정치는 정당을 통하여 이루어지므로 민주정치를 정당정치라고도 한다.
㉢ 정당의 성격 및 기능
• 정권획득을 목표로 하고 그것을 공개적으로 내세움
• 조직이 민주적이며 국민전체의 이익을 도모한다는 정강을 가짐
• 국민여론을 형성하고 조직화하여 정부에 전달함
• 정부와 의회 간의 매개역할

Answer　3.④　4.③

5 다음 자료에 대한 분석으로 옳은 것은? (단, A~C는 각각 정당, 이익집단, 시민단체 중 하나이다)

질문 ＼ 정치 참여 집단	A	B	C
공익(公益)실현을 추구합니까?	㉠	예	㉡
(가)	예	㉢	아니요

① (가)에는 '정치 사회화 기능을 합니까?'가 들어갈 수 있다.

② ㉠이 '아니요'라면 (가)에는 '정권 획득을 목적으로 합니까?'가 들어갈 수 있다.

③ (가)에 '선거에 후보자를 공천합니까?'가 들어간다면 ㉡은 '아니요'이다.

④ ㉢이 '예'라면 (가)에는 '정치 과정에 영향력을 행사합니까?'가 들어갈 수 있다.

6 다음 중 의원내각제의 장점과 단점을 바르게 연결한 것은?

> ㉠ 능률적이고 적극적인 정책 수행
> ㉡ 군소 정당의 난립 시 정국이 불안
> ㉢ 정책의 지속적인 추진 가능
> ㉣ 다수당의 횡포 우려
> ㉤ 정치적 책임과 국민적 요구에 민감
> ㉥ 강력한 수상의 권한으로 독재 우려

	장점	단점
①	㉠㉤	㉡㉣
②	㉠㉢	㉡㉥
③	㉢㉤	㉣㉥
④	㉢㉤	㉡㉥

5.

③ (가)에 '선거에 후보자를 공천합니까?'가 들어간다면 '예'라고 대답한 A는 정당이다. '공익실현을 추구합니까?'에 '예'라고 대답한 B는 시민단체이며, C는 이익집단이 되므로, ㉡은 '아니요'가 들어가야 한다.

① '정치 사회화 기능'은 정당, 이익집단, 시민단체 모두에 해당한다. 따라서 (가)에는 '정치 사회화 기능을 합니까?'가 들어갈 수 없다.

② ㉠이 '아니요'라면 A는 이익집단이다. 따라서 (가)에는 '정권 획득을 목적으로 합니까?'가 들어갈 수 없다. '정권 획득'은 정당의 목적이다.

④ 정당, 이익집단, 시민단체는 모두 정치 과정에 영향력을 행사하는 비공식적 참여이다. 따라서 ㉢이 '예'라도 C가 '아니요'이므로 (가)에는 '정치 과정에 영향력을 행사합니까?'가 들어갈 수 없다.

6.

㉢ 대통령제의 장점
㉥ 대통령제의 단점
㉠㉤ 의원내각제의 장점
㉡㉣ 의원내각제의 단점

Answer　　5.③　6.①

7 다음 중 정당과 압력단체의 내용으로 옳지 않은 것은?

① 압력단체는 입법이나 정책결정에 혼란을 가중시키는 단점이 있다.

② 정당은 특수이익을 목적으로 하나 압력단체는 정권획득을 목표로 한다.

③ 정당은 정책에 대해 정치적 책임을 지지만 압력단체는 책임을 지지 않는다.

④ 정당은 국민전체의 이익을 추구하나 압력단체는 특정한 직업적 이익을 추구한다.

8 다음 글과 같은 상황에서 나타날 수 있는 국민의 정치적 행동을 가장 적절하게 추론한 것은?

> 민주국가의 헌법은 사람에 의한 지배가 아닌 법에 의한 지배를 규정함으로써 권력의 절대화를 막아 국민의 기본적 인권을 보장하려 하고 있다. 그러나 만일 국민의 자유와 권리를 지켜주기보다는 침해하고 제한하는 것으로만 일관한다면 그러한 법 집행은 불신의 대상이 되며 나아가 국민은 법으로부터 멀어지고 정치적 불만이 점점 커지게 되는 것이다.

① 입법활동의 공정성을 촉구한다.

② 사법부의 조직개편을 요구한다.

③ 행정체계의 형평성을 비판한다.

④ 정치권력의 정당성을 문제 삼는다.

7.

② 정당은 정권획득을 위하여 국민전체의 이익을 추구하지만 압력단체는 특정한 이익을 추구한다.

※ 압력단체(이익집단)와 정당

⑦ 공통점 : 정부의 정책결정에 영향력을 행사한다.

⑥ 차이점

- 압력단체 : 자신들의 특수한 이익을 추구하는 것이 목표이다.
- 정당 : 선거에 승리하여 정권을 획득하는 것이 목표이며, 사회 구성원 모두에게 영향을 주는 광범위한 영역에 관심을 둔다.

⑤ 관련성 : 압력단체는 정당을 이용해 자신들의 이익추구를 실현하고 정당은 지지기반을 넓히기 위해 이익집단을 활용한다.

8.

정부권력의 정당성이 부족하다는 것은 국민들의 지지와 동의가 부족하다는 것이다.

Answer　7.② 8.④

9 〈보기 1〉의 A, B 선거구제의 특징에 대한 설명 중 옳은 것을 〈보기 2〉에서 모두 고르면?

보기1

구분	A	B
내용	한 선거구에서 1명의 대표자를 선출	한 선거구에서 2명 이상의 대표자를 선충

보기2

⊙ A 방식에 비해 B 방식에서 국민의 다양한 의사가 선거에 반영된다.
ⓛ 일반적으로 A 방식에 비해 B 방식에서 사표(死票)가 많이 발생한다.
ⓒ B 방식보다 A 방식이 양당제를 촉진하는 경향이 있다.
ⓔ B 방식이 A 방식에 비해 선거 비용이 적게 든다.

① ⊙ⓛ   ② ⊙ⓒ
③ ⓛⓔ   ④ ⓒⓔ

10 다음의 내용들이 추구하는 공통적인 목적은?

- 선거공영제
- 보통선거, 평등선거, 직접선거, 비밀선거
- 선거구법정주의

① 후보자의 난립예방
② 기회권의 평등
③ 공정한 선거관리
④ 돈 안 드는 선거풍토로 개선

9.

한 선거구에서 1명의 대표자를 선출하는 A는 소선거구제에 해당하고, 한 선거구에서 2명 이상의 대표자를 선출하는 B는 중·대 선거구제에 해당한다.

⊙ 중·대 선거구제에서는 최다 득표를 하지 않은 후보자에게도 당선의 기회가 부여되므로 국민의 다양한 의사가 선거에 반영될 수 있다.

ⓛ 소선구제의 경우 당선된 1명을 제외하고 사표가 되므로 사표가 많이 발생한다.

ⓒ 소선구거제는 최다 득표자 1명만이 당선되므로 거대 정당 후보에게 유리하다. 즉, 군소 정당이나 신인보다는 다수당에 유리하므로 양당제를 촉진하는 경향이 있다.

ⓔ 중·대 선거구제는 한 선거구에서 두 명 이상의 대표자를 선출하므로 선거 비용이 증가한다.

10.

③ 제시된 내용들은 선거과정의 공정성을 확보하기 위해서 필요한 것들이다.

11 다음 자료는 정치과정에서의 참여자의 영향력에 대한 국민들의 의견을 나타내고 있다. 이 자료를 통해 볼 때, "민주주의가 점차 신장되고 있다."는 주장을 뒷받침할 수 있는 근거로 가장 적절한 것은?

참가자 \ 연도	1980년	1990년	참가자 \ 연도	1980년	1990년
군부	32.3(%)	12.6(%)	재벌	3.7(%)	14.3(%)
학생	28.5(%)	18.0(%)	중산층	3.3(%)	4.4(%)
국회의원	13.1(%)	23.1(%)	종교인	1.1(%)	1.5(%)
언론인	6.3(%)	6.2(%)	노동조합	0.3(%)	1.8(%)
지식인	4.8(%)	4.1(%)	기타	2.7(%)	2.8(%)
재야세력	3.9(%)	11.2(%)	계	100.0(%)	100.0(%)

응답자 수(명) 1980년 – 1,497 / 1990년 – 1,523

① 재벌들의 로비활동 영향력이 줄어들고 있다.
② 국회의원의 정치적 영향력이 가장 크게 증가되었다.
③ 노동자와 여성들의 정치참여욕구가 증가하고 있다.
④ 정치적 영향력을 갖는 참여집단들이 다양화되고 있다.

12 현재 우리나라가 채택하고 있는 국회의원선거방법으로 옳지 않은 것은?

① 지역대표제
② 선거구법정주의
③ 소수대표제
④ 소선거구제

11.

자료에서 보면 정치참여자의 영향력이 1980년에는 군부, 학생 등에 편중되어 있었으나 1990년에는 그 두 집단의 영향력은 줄어들고 다른 집단들의 영향력이 늘어나는 것을 볼 수 있다. 따라서 정치과정에 참여하는 집단들이 다양해지고 있고, 이는 그만큼 민주주의가 신장되고 있음을 알 수 있는 근거가 되는 것이다.

12.

① 지역적 구성을 표준으로 하여 선거구를 설정하고 그 안에서 대표자를 선출하는 선거방법으로 지역구의원이 선출된다.
② 선거구를 특정한 정당이나 후보자에게 유리한 일이 없도록 하기 위해, 선거구를 국회가 법률로써 정하는 제도이다.
③ 득표순위에 따라 대표자를 선출할 수 있는 제도로 대선거구제를 전제로 한다.
④ 한 선거구에서 다수표를 얻은 한 사람의 대표를 선출하는 제도로 다수대표제와 결합되며 우리나라에서 사용되는 선거방법이다.

Answer　11.④　12.③

13 대중 민주주의에 기여하게 된 선거제도로 옳은 것은?

> 근대에는 중소상공업자들이 정치세력의 주체였다. 현대는 정
> 치세력의 주체가 표면적으로 대중으로 옮아갔다. 그래서 각
> 종 정책결정에 대중의 의사가 중요한 결정요소가 되었다.

① 직접선거 ② 평등선거
③ 보통선거 ④ 비밀선거

14 헌법재판소가 다음과 같은 결정을 내린 것은 민주선거의 4대 원칙 중 어떤 원칙에 위배되기 때문인가?

> '경기 안양시 동안구 선거구'의 경우 전국 선거구의 평균인구
> 수로부터 +57%의 편차를 보이고 있으므로, 그 선거구의 획
> 정은 국회의 재량의 범위를 일탈한 것으로서 청구인의 헌법
> 상 보장된 선거권 및 평등권을 침해하는 것임이 분명하다.

① 비밀선거 ② 평등선거
③ 직접선거 ④ 보통선거

13.

보통선거 … 일정 연령에 도달한 사람은 성별 · 재산 · 종교 · 교육에 관계없이 누구나 선거를 할 수 있는 제도이다. 이것 때문에 정치인은 뭇사람들(대중)을 정치적 계산에 넣을 수밖에 없게 되었다. 반면, 대중은 특정세력이나 권력집단에 의해 의사결정을 쉽게 바꾸는 경향이 있어 언론 등 여론형성매체의 힘을 기하급수적으로 키우는 결과를 낳았다.
※ 신문이나 방송매체를 입법부, 사법부, 행정부와 견주어 제4부라고 부르기도 한다.

14.

선거구 획정에 관하여 국회의 광범한 재량이 인정되지만 그 재량에는 평등선거의 실현이라는 헌법적 요청에 의하여 일정한 한계가 있을 수밖에 없는 바, 선거구 획정에 있어서 인구비례원칙에 의한 투표가치의 평등은 헌법적 요청으로서 다른 요소에 비하여 기본적이고 일차적인 기준이기 때문에, 합리적 이유 없이 투표가치의 평등을 침해하는 선거구 획정은 자의적인 것으로서 헌법에 위반된다 [헌재 2001.10.25, 2000헌마92 · 240(병합)].
① 투표자가 누구에게 투표했는지 알 수 없게 하는 제도이다.
② 투표의 가치에 차등을 두지 않는 제도이다.
③ 선거권자가 대리인을 거치지 않고 자신이 직접 투표 장소에 나가 투표하는 제도이다.
④ 일정 연령에 도달한 사람은 어떤 조건에 따른 제한 없이 누구나 선거를 할 수 있는 제도이다.

Answer　13.③　14.②

15 선거에 대한 다음 내용 중 옳지 않은 것은?

① 오늘날 다원화된 사회의 요구에 부응하여, 지역대표제 외에 직능대표제를 병용하기도 한다.

② 오늘날 대중민주주의의 실현에 기여한 선거원칙으로는 평등선거를 들 수 있다.

③ 국회의원 선거소송은 3심제의 예외로 대법원 1심 판결로 한다.

④ 선거공영제는 선거운동의 기회균등과 선거비용의 국가부담을 원칙으로 한다.

16 다음 중 현재 우리나라 국회의원선거에서 채택되고 있는 제도를 모두 고르면?

㉠ 소선거구제	㉡ 중선거구제
㉢ 소수대표제	㉣ 다수대표제
㉤ 비례대표제	㉥ 선거공영제
㉦ 직능대표제	

① ㉠㉢㉤㉥

② ㉠㉣㉤㉥

③ ㉠㉣㉥㉦

④ ㉡㉣㉤㉥

17 다음 중 선거구법정주의를 채택하는 근본적인 이유는?

① 선거비용을 국가가 부담하여 선거의 공정을 기하기 위해

② 투표 등 선거절차를 간편화하기 위해

③ 군소정당의 난립을 방지하기 위해

④ 특정한 정당에게 유리한 일이 없도록 하기 위해

15.

② 보통선거는 선거민의 사회적 신분이나 재산·지위에 관계없이 모든 사람(19세 이상)에게 선거권 및 피선거권을 인정하는 제도로 현대대중민주주의의 실현에 기여하였다.

16.

지역구의원은 지역대표제 다수대표제(소선거구제)를, 전국구의원은 비례대표제를 채택하고 있고, 선거공영제는 국가 또는 지방자치단체가 선거를 관리하는 제도이다.

17.

선거구법정주의 ⋯ 선거구가 특정한 정당이나 후보자에게 유리한 일이 없도록 하기 위해 선거구를 국회가 법률로써 정하는 것으로, 대부분의 국가가 이 제도를 채택하고 있다.

Answer　　15.②　16.②　17.④

❶ 우리나라 헌법의 기초 이해

(1) 헌법의 의미와 특징

① **고유한 의미의 헌법** … 국가의 최고 기관을 조직·구성하는 근본이 되고, 하고 이들 기관의 행위 및 상호관계를 규정한다.

② **근대적·입헌주의적 의미의 헌법** … 근대적 의미의 헌법이 국가 권력을 조직하는 측면보다는 국가 권력을 제한하는 면에 더욱 중점을 둔다면 입헌주의적 의미의 헌법은 국민주권의 원칙, 기본권보장의 원칙, 권력분립의 원칙에 초점을 맞춘다.

③ **현대적 의미의 헌법** … 국민에게 인간다운 생활을 보장하고 나아가 국민의 복지 향상에 치중하며 실질적 평등의 보장을 중시하고 있다.

④ **헌법의 의의**

구분		내용
정치적 의의		• 헌법의 내용과 목적이 국가의 청설이라는 정치적 성격을 지님 • 정치활동을 주도하며 사회 통합을 실현
법적 의의	최고 규범	• 모든 법령의 제정 근거 • 법령의 정당성 평가
	조직 수권규범	국가 통치 조직에 권한을 부여
	권력 제한 규범	• 국가 권력의 분립과 상호 견제 • 국민의 기본권을 실질적으로 보장

⑤ **특징** … 현행 헌법은 1948년 7월 17일 제정 이후 1987년 6월 민주 항쟁을 계기로 9차 개정이 이루어졌으며, 대통령 국민 직선제, 국회 권한 강화, 헌법재판소 신설, 사생활의 비밀과 자유, 연좌제 금지, 형사 피고인의 무죄 추정, 구속적부심사청구권의 확대, 환경권, 평생 교육권 등을 명시하여 보장하고 있다.

(2) 헌법의 개정

① 개념 … 헌법의 개정이란 헌법에 규정된 개정절차에 따라 헌법의 기본적 동일성을 유지하면서 의식적으로 수정, 삭제, 증보함으로써 헌법에 변경을 가하는 작용이다.

② 대한민국 헌법의 개정 절차
   ㉠ **제안** : 국회 재적 의원 과반수 또는 대통령의 발의로 제안
   ㉡ **공고** : 제안된 헌법 개정안은 대통령이 20일 이상의 기간 동안 공고
   ㉢ **의결** : 국회는 헌법 개정안이 공고된 날로부터 60일 이내에 의결하여야 하며, 국회의 의결은 재적의원 3분의 2 이상의 찬성 필요
   ㉣ **국민투표** : 국회가 의결한 후 30일 이내에 국민투표에 붙여 국회의원 선거권자 과반수의 투표와 투표자 과반수의 찬성 필요
   ㉤ **공포** : 국민투표에 의하여 찬성을 얻은 때에는 헌법 개정은 확정되며, 대통령은 즉시 공포

(3) 우리나라 헌법 기본 원리

① **국민주권주의** … 국가의 의사를 결정하는 최고 권력인 주권이 국민에게 있다.
   ㉠ **국민자치** : 대의 민주주의, 간접 민주주의의 채택
   ㉡ **공정한 선거제도** : 국민주권주의의 확립을 위한 가장 기초적인 제도
   ㉢ **수평적인 권력 분립** : 입법, 사법, 행정의 3권 분립
   ㉣ **수직적인 권력 분립** : 지방자치제도의 실시
   ㉤ **복수정당제도의 도입** : 국민들의 다양한 정치적 견해가 반영
   ㉥ **근거조항**
     • 대한민국은 민주 공화국이다〈제1조 제1항〉.
     • 대한민국의 주권은 국민에게 있고 모든 권력은 국민으로부터 나온다〈헌법 제1조 제2항〉.

② **자유 민주주의** … 개인의 자유를 옹호하고 존중하는 '자유주의'와 국가 권력 창출과 권력의 정당성이 국민의 합의에 의해 이루어진다는 '민주주의'가 결합된 원리이다.
   ㉠ **기본적 인권의 보장** : 인간의 존엄성과 인격의 존중
   ㉡ **권력분립의 원리, 책임정치의 원리**
   ㉢ **법치행정** : 행정은 법률에 근거가 있는 경우에 법률에 규정된 절차에 따라 행해야 한다.

기출PLUS

기출 2021. 6. 5. 제1회 지방직 시행

그림은 헌법 개정 절차이다. ㈎~㈐에 대한 설명으로 옳지 않은 것은?

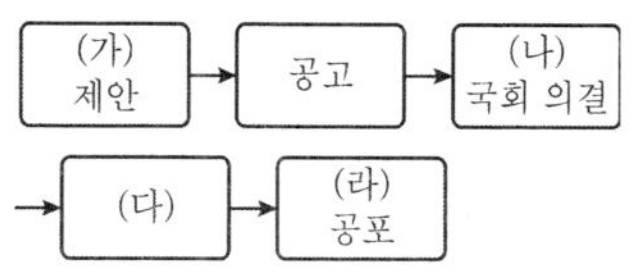

① ㈎는 대통령 또는 헌법재판소의 발의로 이루어진다.
② ㈏는 제안된 헌법개정안에 대해 국회 재적 의원 3분의 2이상의 찬성을 얻어야 한다.
③ ㈐는 국민 투표에 해당한다.
④ ㈑는 ㈐에서 헌법개정이 확정되면 대통령이 즉시 하여야 한다.

기출 2021. 6. 5. 제1회 지방직 시행

다음 헌법 조항이 공통적으로 추구하는 헌법의 기본 원리에 대한 설명으로 옳지 않은 것은?

> 제34조
> ① 모든 국민은 인간다운 생활을 할 권리를 가진다.
> 제119조
> ② 국가는 균형있는 국민경제의 성장 및 안정과 적정한 소득의 분배를 유지하고, 시장의 지배와 경제력의 남용을 방지하며, 경제주체간의 조화를 통한 경제의 민주화를 위하여 경제에 관한 규제와 조정을 할 수 있다.

① 권력분립과 적법절차 원리에 의해 실현된다.
② 근로자에 대한 적정임금보장과 관련 있다.
③ 자유와 평등의 실질적 보장을 추구한다.
④ 공공 부조, 사회 보험 제도와 관련 있다.

◀정답 ①, ①

기출 2025. 6. 21. 제1회 서울시 시행

〈보기〉의 법의 이념과 관련된 설명으로 가장 옳은 것은?

---- 보기 ----
법의 이념 중 A는 법이 실현하고자 하는 궁극적 목표로 본질적인 내용은 평등이다. 이와 관련된 사례를 찾아보면 우리나라에서는 1948년 5월 10일, 역사상 최초의 ㉠보통선거가 실시됐다. 이 선거를 통해 모든 성인 남녀가 동등한 투표권을 행사할 수 있게 되었고, 해방 후 새롭게 출범한 대한민국 정부는 이를 통해 민주주의 국가로서의 정체성을 확립했다. 그리고 1949년 제정된 소득세법을 통해 공식적인 ㉡누진세 구조가 도입되었는데, 이 제도는 경제적 형평성을 높이고 조세 부담을 공정하게 배분하기 위한 중요한 장치로 평가받고 있다.

① A는 개인의 사회생활이 보호되어 안정된 상태를 의미한다.
② ㉠은 평균적 정의의 대표적인 사례이다.
③ ㉡은 절대적 평등을 추구하는 사례에 해당한다.
④ A를 구현하기 위한 제도로 법률 불소급의 원칙이 있다.

◀정답 ②

㉣ **정당 활동의 자유의 보장** : 우리 헌법은 복수 정당제와 더불어 정당의 설립과 활동의 자유를 보장

㉤ **자유 민주주의 실현을 위한 제도** : 소극적인 방법으로 표현의 자유와 언론의 자유 보장, 정치과정의 공개, 민주적 정당제도의 보장 등이 있으며, 적극적인 방법으로 탄핵제도, 위헌법률심사제도, 헌법소원제도, 위헌 정당 강제 해산제도, 저항권의 행사 등이 있다.

㉥ **근거조항**

• 헌법 전문 : 자율과 조화를 바탕으로 자유 민주적 기본 질서를 더욱 확고히 하여…….

• 정당은 그 목적, 조직과 활동이 민주적이어야 하며……〈헌법 제8조 제2항〉.

• 정당의 목적이나 활동이 민주적 기본 질서에 위배될 때에는 정부는 헌법재판소에 그 해산을 제소할 수 있고, 정당은 헌법 재판소의 심판에 의하여 해산된다〈헌법 제8조 제4항〉.

• 누구든지 법률에 의하지 아니하고는 체포, 구속, 압수, 수색 또는 심문을 받지 아니하며, 법률과 적법한 절차에 의하지 아니하고는 처벌, 보안 처분 또는 강제 노력을 받지 아니한다〈헌법 제12조 제1항〉.

③ **복지국가의 원리** … 인간의 존엄성을 유지할 수 있는 기본적 생활을 보장하고, 국민의 생활여건을 개선하는 것이 국가의 책임이며, 그것에 대한 요구가 국민의 정당한 권리로 인정된다는 원리이다.

㉠ **사회적 기본권의 규정** : 인간다운 생활을 할 권리, 사회 보장 제도를 통해 실질적 구현

㉡ **재산권의 제한** : 재산권이 무제한적으로 보장되는 권리가 아니라 사회적 구속성을 가지고 있음을 명시

㉢ 시장경제질서의 원리를 원칙으로 하되, 경제의 민주화를 위한 국가의 규제와 조정을 정당화

㉣ **근거조항**

• 헌법 전문 : …정치·경제·사회·문화의 모든 영역에서 각인(各人)의 기회를 균등히 하고, 능력을 최고도로 발휘하게 하며, 자유와 권리에 따르는 책임과 의무를 완수하여 안으로는 국민 생활의 균등한 향상을 기하고…….

• 모든 국민은 인간다운 생활을 할 권리를 가진다〈헌법 제34조 제1항〉.

• 국가는 사회보장, 사회복지의 증진에 노력할 의무를 진다〈헌법 제34조 제2항〉.

• 재산권의 행사는 공공복리에 적합해야 한다〈헌법 제23조 제2항〉.

• 국가는 균형 있는 국민 경제의 성장 및 안정과 적정한 소득의 분배를 유지하고 시장의 지배와 경제력의 남용을 방지하며 경제 주체 간의 조화를 통한 경제의 민주화를 위하여 경제에 관한 규제와 조정을 할 수 있다〈헌법 제119조 제2항〉.

④ **문화국가의 원리** … 국가가 국민의 교육, 과학 및 생활을 보장하여 사회와 문화 발전을 적극 도모한다는 원리이다.

  ㉠ 의의 : 국가로부터 문화의 자율성을 보장하면서 국가가 문화를 형성하고 보호하는 이중적인 의미를 갖는다.

  ㉡ 문화국가를 실현하기 위한 원칙

- 문화의 자율성을 보장 : 국가는 문화에 대하여 중립성을 지켜야 하며 간섭해서는 안 된다.
- 국가는 문화를 보호 · 육성하기 위한 경제적 지원을 책임진다.
- 문화적 기본권을 보장한다.

⑤ **국제 평화주의** … 국제 협조와 국제평화의 지향을 이념적 기반으로 하려는 원리이다.

  ㉠ **국제평화주의와 침략전쟁의 부인** : 적의 직접적 공격을 격퇴하기 위한 방위전쟁(자위전쟁)은 인용

  ㉡ **국제법 존중주의** : 우리나라가 가입한 조약과 일반적으로 승인된 국제법규가 국내법과 같은 효력을 가진다는 의미

  ㉢ **외국인의 법적 지위 보장** : 상호주의(상대국의 자국민 보호 정도에 맞추어 상대국 국민의 보호 수준을 결정하려는 입장)의 원리에 따라 규정

  ㉣ 근거조항

- 헌법 전문 : …밖으로는 항구적인 세계평화와 인류 공영에 이바지함으로써…….
- 대한민국은 국제 평화의 유지에 노력하고 침략적 전쟁을 부인한다〈헌법 제5조 제1항〉.
- 헌법에 의하여 체결 · 공포된 조약과 일반적으로 승인된 국제법규는 국내법과 같은 효력을 가진다〈헌법 제6조 제1항〉.
- 외국인은 국제법과 조약이 정하는 바에 의하여 그 지위가 보장된다〈헌법 제6조 제2항〉.

⑥ **평화통일의 원리** … 자유민주적 기본질서에 입각하여 평화적 통일을 추구한다는 원리이다.

  ㉠ 우리나라의 국가적 목표인 동시에 헌법의 기본원리이다.

  ㉡ 근거조항

- 자유민주적 기본 질서에 입각한 평화적 통일 정책을 수립하고 이를 추진한다〈헌법 제4조〉.
- 대통령은 조국의 평화적 통일을 위한 성실한 의무를 진다〈헌법 제66조 제3항〉.

기출 **PLUS**

기출 2020. 6. 13. 제2회 서울시 시행

〈보기 1〉과 관련된 우리나라 헌법의 기본원리를 실현하기 위한 내용으로 옳은 것을 〈보기 2〉에서 모두 고른 것은?

> **보기1**
>
> 헌법재판소는 공연장, 박물관, 미술관, 문화재 등의 시설을 관람하거나 이용하는 사람에게 특별 부담금을 부과하도록 한 구(舊) 「문화 예술 진흥법」의 해당 조항을 위헌으로 결정하였다.

> **보기2**
>
> ㉠ 국가는 평생 교육을 진흥하여야 한다.
> ㉡ 국가는 문화의 보호 및 발전을 위해 노력해야 한다.
> ㉢ 국가는 균형 있는 국민 경제의 성장 및 안정과 적정한 소득의 분배를 유지해야 한다.
> ㉣ 의료, 교육, 고용 등의 분야에서 국가가 적극적으로 나서야 한다.

① ㉠㉡   ② ㉠㉢
③ ㉡㉣   ④ ㉢㉣

기출 2019. 6. 15. 제1회 지방직 시행

우리나라 헌법의 기본원리 중 국제평화주의에 대한 설명으로 옳지 않은 것은?

① 국민은 항구적인 세계평화와 인류공영에 이바지한다.
② 대한민국은 국제평화의 유지에 노력하고 일체의 전쟁을 부인한다.
③ 외국인은 국제법과 조약이 정하는 바에 의하여 그 지위가 보장된다.
④ 헌법에 의하여 체결 · 공포된 조약과 일반적으로 승인된 국제법규는 국내법과 같은 효력을 가진다.

❮정답 ①, ②

• 대통령은 필요하다고 인정할 때에는 외교·국방·통일 기타 국가 안위에 관한 중요 정책을 국민투표에 붙일 수 있다〈헌법 제72조〉.
• 평화통일 정책의 수립에 관한 대통령의 자문에 응하기 위하여 민주 평화 통일 자문회의를 둘 수 있다〈헌법 제92조 제1항〉.

❷ 기본권의 보장과 제한

(1) 국민의 기본권

① **기본권** … 우리 헌법은 천부인권 사상을 표현한 헌법 제10조와 실정법 사상을 표현한 헌법 제37조 제2항을 두어 둘 간의 조화를 이루고 있다.

② **기본권의 내용**

㉠ **일반적이고 원칙적 규정**〈헌법 제10조〉
  • 인간으로서의 존엄과 가치 존중
  • 행복추구권

㉡ **평등의 권리** : 본질적으로 기본권으로 "모든 국민은 법 앞에서 평등하다〈헌법 제11조 제1항〉."의 평등은 누구든지 성별, 종교, 사회적 신분 등에 의해 차별받지 않는 상대적·비례적·실질적 평등을 의미한다.

㉢ **자유권적 기본권** : 평등권과 더불어 본질적인 기본권으로 국가권력으로부터의 개인의 자유를 보장하며, 핵심적이고 소극적이며 포괄적인 권리이다. 종류로는 신체의 자유, 거주·이전의 자유, 직업선택의 자유, 주거의 자유, 사생활 비밀과 자유의 불가침, 통신의 자유, 양심의 자유, 종교의 자유, 언론·출판·집회·결사의 자유, 학문과 예술의 자유, 재산권보장 등이 있다.

㉣ **참정권** : 민주국가에 있어서 국민이 국가의 정치에 참여할 수 있는 능동적 권리로 공무원 선거권, 공무 담임권, 국민 투표권 등이 있다.

㉤ **사회적 기본권** : 인간다운 생활을 위해 국가에 대하여 어떤 보호나 생활수단의 제공을 요구할 수 있는 적극적 권리이며 열거적 권리(개별적 권리)로 인간다운 생활을 할 권리, 교육을 받을 권리, 근로의 권리, 근로자의 노동 3권, 환경권, 혼인·가족·모성·보건에 관한 권리 등이 있다.

㉥ **청구권적 기본권** : 국민의 침해당한 기본권의 구제를 국가에 대해 청구하는 적극적 권리이며 기본권을 보장하기 위한 수단적 기본권으로 청원권, 재판청구권, 형사보상청구권, 국가배상청구권, 범죄피해자의 국가구조청구권 등이 있다.

기출 2023. 6. 10. 제1회 서울특별시 시행

〈보기〉의 기본권의 유형 A~C에 대한 설명으로 가장 옳은 것은? (단, A~C는 각각 자유권, 사회권, 청구권 중 하나이다.)

─ 보기 ─

질문	예	아니오
소극적·방어적 성격의 권리인가?	A	B, C
(가)	B	A, C

① (가)에는 '다른 기본권 보장의 전제 조건이 되는 권리인가?'가 들어갈 수 있다.
② (가)가 '기본권 보장을 위한 수단적 성격의 권리인가?'라면, B는 C와 달리 국가의 존재를 전제로 하는 권리이다.
③ B가 교육을 받을 권리를 포함한다면, (가)에 '실질적 평등의 실현을 위해 등장한 현대적 권리인가?'가 들어갈 수 있다.
④ A는 B, C와 달리 헌법에 열거되어야 보장되는 권리이다.

◀정답 ③

(2) 기본권 보장을 위한 제도와 기본권의 제한

① 기본권 침해의 법적 구제

구분		내용
청원제도		• 국민이 국가기관에 대해서 의견을 표명하거나 희망을 요구하는 것 • 청원의 대상 : 행정기관, 입법기관, 법원 등
위헌법률 심판제도		• 헌법재판기관이 법률이 헌법에 위반되는지의 여부를 심사하여 헌법에 위반되는 것으로 인정되는 경우 그 법률의 효력을 상실하게 하는 제도 • 위헌법률심판제청권자는 법원으로, 법원이 위헌법률심사제청권을 행사하려면 현재 재판 중인 구체적인 사건에서 판단기준이 되는 법률의 위헌여부가 재판의 결과에 영향을 끼치는 경우여야 한다. • 위헌결정 시 즉시 효력이 상실되지만, 헌법불합치결정 시에는 법이 개정 될 때까지 한시적 효력이 있음
행정 쟁송제도		행정청의 위법, 부당한 처분으로 인해 권리를 침해당한 사람이 이의 시정을 구하는 제도로 행정심판과 행정소송 등이 있다.
헌법 소원	권리구제형 헌법소원	공권력의 행사 또는 불행사로 인하여 헌법에 보장된 기본권을 침해당한 국민이 그 권리를 구제 받기 위하여 헌법재판소에 직접 심판을 청구하는 헌법소원
	위헌법률 심사형 헌법소원	위헌적 법률로 인하여 기본권을 침해당한 국민이 법원에 위헌법률심판제청을 해줄 것을 신청하였으나 법원이 이를 기각한 경우 직접 헌법재판소에 심판을 청구하는 헌법소원

② 기본권의 제한

구분	내용
목적상	• 국가안전보장, 질서유지, 공공복리를 위한 경우에만 기본권을 제한할 수 있다. – 국가안전보장 : 외부로부터 국가의 독립, 영토의 보전, 헌법에 의해 설치된 국가 기관의 유지 – 질서유지 : 타인의 권리 유지, 도덕질서 유지, 사회 공공질서 유지를 포함한 공공의 질서 유지 – 공공복리 : 국가 구성원 전체를 위한 행복과 이익
형식상	• 원칙 : 기본권 제한은 국회가 제정한 법률에 의해야만 한다. • 예외 : 대통령의 긴급명령, 긴급 재정 경제 명령으로도 기본권을 제한할 수 있으며, 비상계엄 시에는 영장제도나 언론 · 출판 · 집회 · 결사의 자유에 대한 특별조치가 가능하다.
방법상	• 과잉금지의 원칙 : 국가의 권력은 무제한적으로 행사되어서는 안 되며, 이는 반드시 정당한 목적을 위하여 필요한 범위 내에서만 행사되어야 한다. • 국가 권력이 기본권을 제한할 때에는 목적의 정당성, 방법의 적정성, 피해의 최소성, 법익균형성을 지켜야 한다. • 기본권을 제한할 때 기본권의 본질적인 내용은 침해할 수 없다.

〈보기〉의 ㈎, ㈏는 **법률이 헌법에 위반되는지 여부가 재판의 전제가 되는 경우에 이용할 수 있는 헌법재판의 유형**이다. 이에 대한 설명으로 가장 옳은 것은?

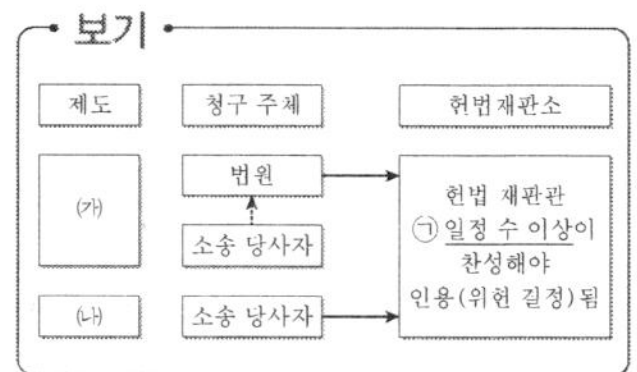

① ㈎는 소송 당사자의 신청이 없더라도 당해 사건을 담당하는 법원이 제청할 수 있다.
② ㈏는 소송 당사자가 헌법재판소에 ㈎를 제청하였으나 그 신청이 기각된 경우에 직접 청구할 수 있다.
③ ㉠은 ㈎, ㈏ 모두 참여 재판관 과반수의 찬성이다.
④ ㈏는 국회가 당연히 입법해야 할 사항을 입법하지 않음으로써 기본권을 침해하고 있는 경우에도 청구할 수 있다.

❮정답 ①

기출PLUS

기출 2021. 4. 17. 인사혁신처 시행

우리나라 국회에 대한 설명으로 옳은 것은?

① 국회는 의장 1인과 부의장 2인을 선출하고, 그 임기는 4년이다.
② 20인 이상의 소속 의원을 가진 정당만이 하나의 교섭단체를 구성할 수 있다.
③ 국회는 헌법개정안이 공고된 날로부터 60일 이내에 의결하여야 하며, 국회의 의결은 재적의원 3분의 2 이상의 찬성을 얻어야 한다.
④ 국회 회의의 원칙에 따라 한 회기 중에 의결하지 못한 법률안이나 의안은 다음 회기에 다시 심의하지 못한다.

기출 2020. 6. 13. 제1회 지방직 시행

㉠과 ㉡에 대한 설명으로 옳은 것은?

- 보기 -
• 국회의원 A는 ㉠「도로교통법」 일부 개정 법률안을 대표 발의하려고 한다.
• 정부는 ㉡「형의 집행 및 수용자의 처우에 관한 법률」 일부 개정 법률안을 국회에 제출하려고 한다.

① ㉠의 발의자는 국회의원 5인 이상이어야 한다.
② ㉠이 가결되어 정부에 이송되면 대통령은 15일 이내에 국회로 환부하여 재의를 요구할 수 있다.
③ 정부는 ㉡을 국회에 제출하기 전에 국회 상임위원회의 심의를 거쳐야 한다.
④ ㉡은 국회의원 임기 만료의 경우를 제외하고는 회기 중에 의결되지 못하면 폐기된다.

◀ 정답 ③, ②

③ 국가기관의 구성과 기능

(1) 국회

① **국회의 구성과 운영**

㉠ **국회의 성격** : 국민의 대표기관, 회의제 입법기관, 민주정치의 핵심기관, 국정의 통제기관

㉡ **국회의 구성** : 단원제와 양원제가 있으며, 현재 우리나라는 단원제를 채택하고 있다.

> 🌠 **Plus tip**
>
> **국회 구성방식**
>
> | 구분 | 단원제 | 양원제 |
> |---|---|---|
> | 의의 | • 국회를 한 개의 합의체로 구성
• 우리나라, 덴마크, 뉴질랜드 등 | • 두 개의 합의체로 구성하여 일치된 의견을 의결
• 미국, 일본, 영국 등 |
> | 장점 | • 신속, 비용절약
• 책임 소재의 명백 | • 의회 다수파의 횡포 방지
• 직능 대표제 도입용이
• 의회와 정복의 충돌완화 |
> | 단점 | • 경솔한 입법가능
• 다수파의 횡포 견제 곤란
• 의회와 정부 충돌 시 조정 곤란
• 직능대표제 도입곤란 | • 비용낭비, 처리지연
• 책임 전가
• 급진적 개혁방해
• 상원의 보수화·반동화 우려 |

㉢ **우리나라 국회의 구성**

• 국회의 구성 : 선거에 의해 선출되는 임기 4년의 지역대표(지역구의원)와 각 정당의 득표율 등에 비례하여 선출되는 비례대표의원(전국구의원)으로 구성된다.
• 국회의 기관 : 의장 1인과 부의장 2인, 교섭단체, 각종 위원회가 마련되어 있다.

㉣ **국회의 의사결정**

• 일반 의결 정족수 : 재적의원 과반수의 출석과 출석위원 과반수의 찬성으로 의결, 가부동수일 경우 부결
• 특별의결 정족수
－대통령 거부 법률안의 재의결 : 재적의원 과반수 출석, 출석의원 2/3 이상 찬성
－헌법개정안의결, 국회의원제명, 대통령 탄핵소추 의결 : 재적의원의 2/3 이상 찬성
－계엄해제요구, 국회의장 및 부의장선거 : 재적의원 과반수 찬성
－대통령 선거에서 투표자가 2인일 경우 : 재적의원 과반수 출석, 출석의원 다수 찬성

- 대통령 이외의 탄핵소추발의 : 재적의원 1/3 이상 발의, 재적의원 과반수의 찬성
- 임시국회의 집회요구 : 재적의원 1/4 찬성
- 국회 의사정족수 : 재적의원 1/5 찬성
- 국회 의사비공개결정 : 출석의원 과반수 찬성

> **🖐 Plus tip**
>
> **캐스팅 보트**(Casting Vote) … 표결이 가부동수일 경우 의장의 결정 투표권으로 우리나라는 채택하지 않았다.

ⓜ **국회의 회의**

- 의사공개의 원칙 : 국회의 회의는 공개한다. 단, 국가의 안정보장을 위해서라면 공개하지 않을 수도 있는데 이때에는 출석의원 과반수의 찬성이나, 의장의 결정이 필요하다.
- 회기계속의 원칙 : 국회의 한 회기 중에 의결하지 못한 안건에 대하여 회기가 끝났더라도 폐기하지 않고 다음 회기에서 계속해서 심의하는 원칙으로 국회의원의 임기가 만료된 때에는 적용되지 않는다.
- 일사부재의의 원칙 : 국회에서 부결된 안건은 같은 회기 내에 다시 제출할 수 없는 원칙으로 소수파의 의사진행 방해를 방지하기 위한 것이다.

> **🖐 Plus tip**
>
> **필리버스터**(filibuster) … 합법적으로 의사진행을 방해하는 행위로 오랜 시간 발언, 투표의 지연, 유회·산회 동의, 불신임안의 제출 등의 방법이 있다.

ⓗ **국회의 회기**

- 정기회(100일 이내) : 매년 9월 1일 집회, 다음 연도의 예산안 심의·확정, 법률안 및 기타 안건 처리 등
- 임시회(30일 이내) : 대통령 또는 국회재적의원 4분의 1 이상의 요구 시

② **국회의 입법과정**

㉠ **국회의 권한** : 국민의 대표기관으로서 국회가 지니는 가장 대표적인 권한은 헌법개정권한을 포함한 입법권을 행사하는 것이다.

㉡ **입법과정**

- 제안 : 제안권자는 국회의원·정부, 국회의원은 10인 이상의 찬성 필요, 정부는 국무회의 심의를 거쳐 대통령이 서명하고, 국무총리·관계 국무위원이 부서
- 회부 : 국회의장은 법률안이 제출되면 이를 인쇄하여 의원에게 배부하고 본회의에 보고한 후 소관 상임위원회에 회부하여 심사
- 상임위원회 심사

기출PLUS

📖 2019. 6. 15. 제2회 서울시 시행

〈보기〉는 헌법 개정 절차이다. 밑줄 친 ㉠~㉣에 대한 설명으로 가장 옳은 것은?

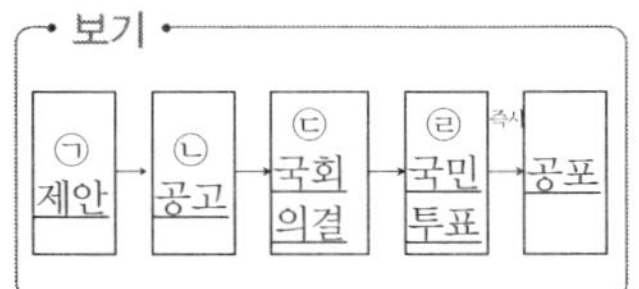

① 국회에서 ㉠을 하기 위해서는 국회재적의원 과반수의 찬성을 얻고, 국무회의 심의를 거쳐야 한다.
② ㉡은 20일 이상의 기간 동안 국회의장이 한다.
③ ㉢은 헌법개정안이 공고된 날로부터 90일 이내에 이루어져야 하며, 국회재적의원 2/3 이상의 찬성을 얻어야 한다.
④ ㉣은 헌법개정안을 국회가 의결한 후 30일 이내에 이루어져야 하며, 국회의원선거권자 과반수의 투표와 투표자 과반수의 찬성을 얻으면 헌법개정안은 확정된다.

〈정답 ④

기출PLUS

기출 2020. 7. 11. 인사혁신처 시행

국회의 권한에 대한 설명으로 옳은 것은?

① 국회는 헌법 또는 법률에 특별한 규정이 없는 한 재적의원 3분의 1 이상의 출석과 출석의원 과반수의 찬성으로 의결한다.

② 국회는 국가 기관 구성과 관련하여 헌법재판소장 임명권 및 중앙선거관리위원회 위원장 선출권을 가진다.

③ 국회는 정부의 동의 없이 정부가 제출한 지출예산 각 항의 금액을 증가하거나 새 비목을 설치할 수 있다.

④ 국회는 국정을 감사하거나 특정한 국정사안에 대하여 조사할 수 있으며, 이에 필요한 서류의 제출 또는 증인의 출석과 증언이나 의견의 진술을 요구할 수 있다.

＜정답 ④

- 법제사법위원회의 체계·자구 심사
- 전원위원회 심사
- 본회의 심의·의결
- 정부이송 : 국회에서 의결된 법률안은 정부에 이송되어 15일 이내에 대통령이 공포
- 대통령의 거부권 행사 : 법률안에 이의가 있을 때에는 대통령은 정부 이송 후 15일 이내에 이의서를 붙여 국회로 환부하고, 그 재의를 요구할 수 있음. 재의 요구된 법률안에 대하여 국회가 재적의원 과반수의 출석과 출석 의원 3분의 2 이상의 찬성으로 전과 같은 의결을 하면 그 법률안은 법률로서 확정. 정부이송 후 15일 이내에 대통령이 공포하지 않거나 재의요구를 하지 않은 경우 그 법률안은 법률로서 확정
- 공포 : 대통령은 법률안이 정부에 이송된 지 15일 이내에 공포하여야 함. 재의결에 의해 법률로 확정된 후 5일 이내에 대통령이 이를 공포하지 않을경우 국회의장이 공포. 법률은 특별한규정이 없으면 공포한 날로부터 20일을 경과함으로써 효력 발생
- ⓒ **거부권** : 대통령은 이송된 날로부터 15일 이내에 국회에 보내어 재의결을 요구할 수 있으며, 재의결한 법률은 다시 거부할 수 없으며, 5일 이내에 공포하여야 한다.

③ **국회의 권한과 기능**

ㄱ **국회의 권한**

- 입법에 관한 권한 : 법률안 제안·의결·공포권, 헌법개정안의 제안·의결권, 조약 체결·비준에 대한 동의권 등을 갖는다.
- 재정에 관한 권한 : 조세법률제정권, 예산안의 심의·확정권, 결산심사권 등을 갖는다.
- 일반 국무에 관한 권한 : 중요 공무원 임명에 대한 동의권, 중요 헌법기관의 구성권, 국정조사·감사권, 계엄해제요구권, 탄핵소추의결권 등을 갖는다.

ㄴ **국회의원의 특권** : 면책특권, 불체포특권 등이 있다.

(2) **행정부**

① **행정과 법치행정**

ㄱ **행정** : 법률을 집행하고 국가목적이나 공익을 적극적으로 실현하기 위해서 여러 가지 정책을 세우고, 실현하는 국가작용을 의미한다.

ㄴ **현대복지국가의 정부업무** : 효율성이 강조되며 전문적 행정 관료가 주도한다.

ㄷ **법치행정** : 행정권도 법의 구속을 받고, 법을 준수해야 한다는 것을 의미한다.

• 필요성 : 적법성, 타당성, 정당성을 갖춘 행정을 도모한다.
• 한계점 : 법치행정이 단순히 규칙에 의한 행정 또는 행정에 의한 지배로 타락되어서는 안 된다.

② 행정부와 대통령

㉠ 행정부의 조직과 권한

• 행정부 : 법률과 정책의 내용을 구체적으로 집행하는 국가기관이다.
• 국무총리 : 국회의 동의를 얻어 대통령이 임명한다.
• 국무회의 : 국정의 최고 심의기관으로, 대통령의 신중한 권한행사와 국정통일을 위해 주요 정책을 심의한다.
• 감사원 : 합의제 기관으로서, 대통령에 소속된 헌법상의 필수기관이다.
  - 권한 : 국가의 세입·세출의 결산, 국가 및 법률이 정한 단체에 대한 회계검사권과 행정기관 및 공무원에 대한 직무감찰권이 있다.
  - 특징 : 형식상 대통령에 소속되어 있지만, 직무에 관해서는 독립적인 지위를 갖는 기관이다.

㉡ 대통령의 지위와 권한

• 대통령의 지위 : 행정부수반으로서의 지위와 국가원수로서의 지위가 있다.
• 대통령의 권한
  - 행정부수반으로서의 권한 : 행정의 최고지휘감독권, 국군통수권, 공무원임면권, 대통령령발포권, 법령집행권 등
  - 국가원수로서의 권한
    · 대외적 국가대표권 : 조약체결·비준권, 외교사절의 신임·접수·파견권, 선전포고와 강화권 등
    · 국가·헌법수호권 : 긴급재정·경제처분 및 명령권, 계엄선포권, 위헌정당해산제소권 등
    · 국정조정권 : 국민투표부의권, 헌법개정안제안권, 임시국회소집요구권 등
    · 헌법기관구성권 : 일정한 헌법기관의 구성

㉢ 대통령의 의무와 특권

• 대통령의 권한수행 : 대통령은 국가의 원수로서, 개별적인 행정업무를 넘어서 국가적 차원의 정치적 판단을 기초로 헌법적 권한을 수행하게 된다.
• 대통령의 권한행사방식 : 국무회의의 심의, 국회의 동의와 승인, 문서와 부서, 자문기관의 자문 등을 통해서 행해진다.
• 대통령의 신분상 특권 : 중죄가 아닌 경우 대통령 지위를 보장하여 책임을 완수하게 하기 위해 주어진다.
  - 형사상의 소추 : 대통령은 내란 또는 외환의 죄를 범한 경우를 제외하고는 재직 중 형사상의 소추를 받지 아니한다.

기출 2022. 6. 18. 서울특별시 시행

〈보기〉는 우리나라 국가 기관 A~D의 권한을 나타낸 것이다. 이에 대한 설명으로 가장 옳은 것은?

구분	권한
A	국무 회의의 의장으로서 국무 회의를 주재함
B	위헌 법률 심판, 탄핵 심판 등을 담당함
C	상고심, 명령·규칙·처분의 최종 심사권을 가짐
D	공무원의 직무 감찰, 국가의 세입·세출의 결산 등을 함

① A는 임시 국회 소집을 요구할 수 있다.
② B는 C의 장(長)이 임명한 9인의 재판관으로 구성된다.
③ C는 고위 공직자에 대한 탄핵 소추권을 가진다.
④ D는 국가의 예산안을 편성하고 심의하여 확정한다.

❮정답 ①

　　　　－민사상의 소추 : 재직 중에 민사상의 소추는 받을 수 있으며, 재직 중에 범한 범죄에 대해서 퇴직 후에 소추할 수 있다.

　　② 행정의 견제와 통제
　　　• 현대복지국가 : 행정권력의 비대화현상이 초래된다.
　　　• 행정권력 비대화의 통제 : 민주적 통제의 필요성이 요청된다.

(3) 법원과 헌법재판소

① 사법권

　　㉠ 사법의 의의
　　　• 사법 : 국가통치기능의 하나로서, 무엇이 법인가를 판단하고 선언하는 작용을 일컫는 말이다.
　　　• 법원 : 사법권을 가지며, 삼권분립의 기초 위에서 국민의 권익과 자유를 보호하려는 국가작용을 실천하는 국가기관이다.
　　　• 심급제도의 운용 : 공정하고 정확한 재판을 하기 위해 심급제도를 두어 여러 번 재판을 받을 수 있도록 하고 있다.

　　㉡ 사법권의 독립
　　　• 사법권 독립 : 재판의 독립을 의미한다.
　　　• 사법권 독립의 의의 : 행정권의 영향을 배제하고 독립된 법원이 법과 양심에 따라 공정하고 정당한 재판을 하는 것을 의미한다.
　　　• 사법권 독립의 내용 : 헌법적 규정(독립의 원칙), 법의 독자성 요구(기본권의 실현), 법 적용의 공평성(정의 구현) 등이 있다.

② 법원의 조직과 재판

　　㉠ 법관의 자격과 지위
　　　• 재판의 독립 : 구체적인 재판에서 법관의 독립으로 발현된다.
　　　• 재판의 독립 내용
　　　－법관의 임기 : 헌법으로 규정한다.
　　　－법관의 자격 : 법률로 정하도록 규정한다.
　　　• 법관의 독립 : 법관은 헌법, 법률, 양심에 따라 심판할 의무를 지닌다.
　　　• 법관의 임명절차 : 헌법으로 규정한다.

　　㉡ 법원의 조직 : 대법원, 고등법원, 지방법원 및 지방법원지원, 가정법원, 특별법원 등이 있다.

　　㉢ 재판의 종류
　　　• 재판의 종류 : 민사재판, 형사재판, 행정재판, 선거재판
　　　• 민주재판제도의 2대 원칙 : 공개재판주의, 증거재판주의

• 법원의 권한 : 재판에 관한 권한, 명령 · 규칙 · 처분심사권, 위헌법률심사제청권, 법원의 자율권(규칙 제정권, 법원 행정권)

③ 헌법재판소의 기능과 구성

㉠ 헌법재판의 기능

• 헌법의 보호
• 국민의 자유와 권리를 보장 : 통치권 행사의 합헌성과 정당성의 확보
• 권력 통제 기능 : 통치권의 행사가 헌법 질서와 조화를 이룰 수 있도록 권력을 견제하도록 하는 기능

㉡ 헌법재판소의 구성

• 헌법재판소의 재판관 : 9명 (대통령, 대법원장 3명 지명, 국회에서 3명 선출)
• 헌법재판소의 재판관은 정치적 중립성을 지키기 위하여 정당 가입과 정치 활동이 금지
• 헌법재판소 임기는 6년이며, 연임제한이 없으며, 신분 보장을 위해 탄핵 또는 금고 이상의 형의 선고에 의하지 않고는 파면되지 않는다.

④ 헌법재판소의 권한

㉠ **위헌법률심판권** : 헌법 재판 기관이 법률이 헌법에 위반되는지의 여부를 심사하여 헌법에 위반되는 것으로 인정되는 경우 그 법률의 효력을 상실하게 하는 제도이다.

㉡ **헌법소원심판권** : 국가 기관의 공권력의 행사로 인하여 헌법상 보장된 국민의 기본권이 침해된 경우 헌법 재판소에 재판 청구를 하여 그 침해의 원인이 된 공권력의 행사를 취소할 수 있는 제도이다.

㉢ **탄핵심판권** : 국회가 탄핵 소추를 결의하면 헌법재판소가 그 공무원의 탄핵 여부를 심판하는 제도를 말한다.

㉣ **기관 간 권한 쟁의 심판권** : 국가기관 상호 간, 국가기관과 지방자치단체, 지방자치단체상호 간에 다툼이 있는 경우 이를 조정하고 권한과 의무의 한계를 확인하는 것이다.

㉤ **위헌 정당 해산 심판권** : 정당의 목적이나 활동이 민주적 기본질서에 위배되는지를 심판하여 해산시킬 수 있는 권한→위헌 정당 해산 절차를 헌법 재판소의 판결을 거쳐야만 할 수 있도록 한 것은 오히려 정당 활동의 자유를 보장하기 위한 방편

기출PLUS

기출 2024. 6. 22. 제2회 서울특별시 시행

〈보기〉의 ㈎에 해당하는 국가 기관에 대한 설명으로 가장 옳은 것은?

┌ 보기 ┐

___㈎___ 는 A당 의원 19명이 다수당의 일방적 법안 처리를 제한하기 위해 개정된 국회법이 국회의원의 심의 · 의결권을 침해한다며 국회 의장과 국회 기획 재정 위원장을 상대로 낸 권한 쟁의 심판 청구를 각하 결정했다. 해당 조항은 국회의원들의 표결심의권을 침해하지 않으며 국회의 자율성과 권한을 존중하기 위한 것이라는 점이 각하 이유이다. 즉, 국회법 개정 행위에 대해 법률의 제 · 개정 행위를 다투는 권한 쟁의 심판의 피청구인은 '국회'가 되어야 한다는 것이다. 이 결정에 대한 재판관 의견은 각하(5명), 기각(2명), 인용(2명) 로 나뉘었다.

① 장은 대통령의 동의를 얻어 재판관 중에서 국회의장이 임명한다.
② 대통령에 대해 탄핵 소추 의결을 한다.
③ 민주적 기본 질서에 위배되는 정당의 해산 여부를 심판한다.
④ 명령 · 규칙 또는 처분이 헌법이나 법률에 위반되는 여부가 재판의 전제가 된 경우에 이를 최종적으로 심사할 권한을 가진다.

〈정답 ③

기출PLUS

기출 2023. 6. 10. 제1회 서울특별시 시행

〈보기〉는 우리나라 지방자치단체의 종류와 기관을 구분한 것이다. 이에 대한 설명으로 가장 옳은 것은?

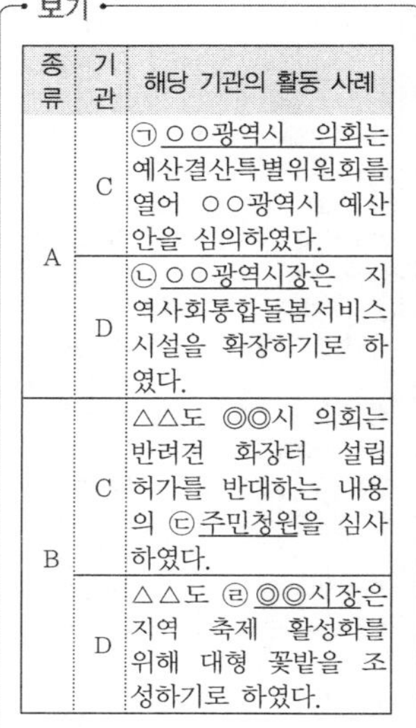

종류	기관	해당 기관의 활동 사례
A	C	㉠○○광역시 의회는 예산결산특별위원회를 열어 ○○광역시 예산안을 심의하였다.
A	D	㉡○○광역시장은 지역사회통합돌봄서비스 시설을 확장하기로 하였다.
B	C	△△도 ◎◎시 의회는 반려견 화장터 설립 허가를 반대하는 내용의 ㉢주민청원을 심사하였다.
B	D	△△도 ㉣◎◎시장은 지역 축제 활성화를 위해 대형 꽃밭을 조성하기로 하였다.

① A 지방자치단체장은 B 지방자치단체장과 달리 주민의 선거를 통해 선출된다.
② C는 집행 기관, D는 의결 기관이다.
③ ㉢은 주민의 청구권을 보장하기 위한 제도이다.
④ ㉠은 지방자치단체 사무의 관리 및 집행권, ㉣은 조례안 제출권을 가진다.

정답 ③

4 지방자치

(1) 지방자치의 개념

① **지방자치** … 일정한 지역의 주민이 그 지역 내 사무를 자주재원으로 자기책임 하에 스스로 또는 그 대표자를 통해 처리하는 것을 말한다.

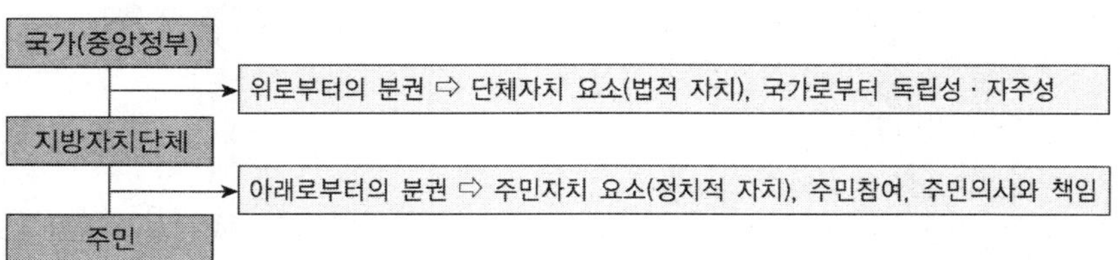

② **지방자치의 3대 구성요소** … 지역(구역), 주민, 자치권
 * 4대요소로 지방사무 추가

(2) 지방자치의 필요성

① **정치적 필요성**
 ㉠ 독재정치의 방파제 역할을 한다.
 ㉡ 민주주의 이념의 실현 수단이 된다.
 ㉢ 정국혼란의 지방확산 방지의 효과가 있다.
 ㉣ 민주주의 훈련장(주민의 정치교육)이 된다.

② **행정적·기술적 필요성**
 ㉠ 행정의 민주성을 제고한다.
 ㉡ 정책의 지역적 실험이 용이하다.
 ㉢ 지역실정에 맞는 행정수행이 요구된다.
 ㉣ 중앙과 지방의 능률적 업무분담이 요구된다.

(3) 지방자치단체의 종류

① **보통(일반)지방자치단체** … 존립목적, 조직, 권능, 구성 등이 일반적·보편적·종합적 성격을 가진 자치단체

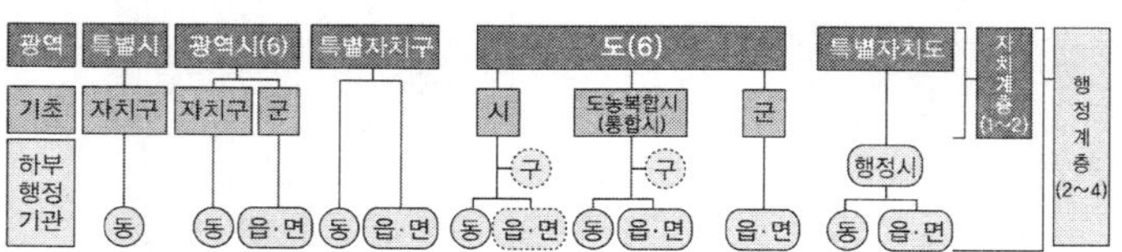

※ 인구 50만 이상 시에 구(행정구)를 둔 경우 구에 읍·면을 둘 수 있음. 도농복합형태의 시에는 행정구 설치와 상관없이 읍·면을 둘 수 있음.

※ 동 밑에 통, 읍·면 밑에 리를 둘 수 있으나 통·리는 하부행정기관이 아니므로 행정계층에 포함시키지 않음. 통장·이장은 명예직(공무원 아님)

㉠ **광역지방자치단체**(제2차적·상급·중간 자치단체) : 17개－특별시, 광역시 (6), 도(6), 특별자치도(강원, 전북, 제주), 특별자치시(세종)

정부의 직할 하에 둠. 법적 지위는 동일하나 서울특별시·세종특별자치시·강원특별자치도·전북특별자치도·제주특별자치도는 지위·조직·운영상 특례를 인정한다.

㉡ **기초지방자치단체** : 시, 군, 자치구

② **특별지방자치단체** … 자치행정상의 정책적 관점에서 특정한 목적을 수행하거나 특수한 행정사무를 처리하기 위하여, 또는 행정사무의 공동처리를 위하여 설치되는 지방자치단체이다.

예 지방자치법상 지방자치단체조합, 지방공기업법상 지방공기업 조합

> 헌법 제117조 1항 : 지방자치단체는 주민의 복리에 관한 사무를 처리하고 재산을 관리하며, 법령의 범위 안에서 자치에 관한 규정을 제정할 수 있다.
> 헌법 제117조 2항 : 지방자치단체의 종류는 법률로 정한다.
> 헌법 제118조 1항 : 지방자치단체에 의회를 둔다.
> 헌법 제118조 2항 : 지방의회의 조직·권한·의원선거와 지방자치단체의 장의 선임방법 기타 지방자치단체의 조직과 운영에 관한 사항은 법률로 정한다.

(4) 지방자치단체의 의결기관 – 지방의회

① 의의 및 지위

㉠ **성격** … 지방자치단체의 최고 의사결정기관이다. 주민에 의하여 선출된 지방의회의원을 구성원으로 하는 합의제 의사결정기관이다. 지방이익을 추구하는 점에서 국가이익을 추구하는 국회와 다르다. 지방의회는 단원제로 운영한다.

㉡ **지위**

- 주민의 대표기관 : 주민이 선출한 의원으로 구성되어 있다. 선출된 선거구 주민이 아닌 전체 주민을 대표하는 기관이다.
- 의결기관(의사기관) : 지방자치단체의 의사를 최종적으로 확정하는 권한을 지닌다.
- 입법기관 : 자치법규인 조례 제정권은 지방의회의 전속적 권한이다.

㉢ **행정감시기관** : 의회의 결정사항이 집행기관에 의해 실현되는지 감시·확인한다.

㉣ **헌법기관** : 헌법 118조는 지방자치단체에 의회를 두도록 한다(지방의회의 조직·권한·의원선거에 대한 사항은 법률로 정함)

기출PLUS

기출 2025. 6. 21. 제1회 서울시(보훈청) 시행

〈보기〉는 우리나라 「지방자치법」 중 일부이다. 이에 대한 설명으로 가장 옳은 것은?

> 보기
>
> 〈보기〉
> 제29조 A는 법령 또는 조례의 범위에서 그 권한에 속하는 사무에 관하여 규칙을 제정할 수 있다.
> 제47조 ① B는 다음 각 호의 사항을 의결한다.
> 1. 조례의 제정·개정 및 폐지

① A는 주민 소환의 대상이 될 수 없다.
② B는 지방 자치 단체의 행정 사무를 감사하는 권한을 가진다.
③ A는 중앙 정부에서 위임한 사무를 담당하지 않는다.
④ A는 B가 편성한 지방 자치 단체의 예산을 심의하고 확정한다.

정답 ②

② 지방의회의원

  ⊙ 지방의회의원의 선출

- 주민의 보통 · 평등 · 직접 · 비밀선거로 선출한다.
- 지역구 의원 : 광역의회의원 선거는 소선거구제(1인 선출), 기초의회의원 선거는 중선거구제(2~4인 선출)
- 비례대표 의원 : 비례대표 의원 정수는 지역구 지방의회의원 정수의 10%. 정당이 비례대표 후보자 추천시 50% 이상을 여성으로 추천해야 한다(명부 순위 매 홀수에 여성 추천). 다른 선출직과 달리 주민소환투표 대상이 아니다.
- 정당참여 : 지방의원 선거에서의 정당참여 · 정당공천을 허용한다

  ⊙ 지방의회의원의 지위와 신분

- 지위 : 임기 4년, 정무직 지방공무원, 연임 제한 없고 명예직 규정은 삭제되었다(전문성이 요구되는 직무로 보기 때문에).
- 면책특권 · 불체포특권 없음 : 지방의회의원은 국회의원과 달리 면책특권 · 불체포특권은 없으며 체포 · 구금이나 형사사건 판결이 확정된 때 의장에게 알려야 한다.
- 지방의회의원에게 지급되는 비용 : 의정활동비, 여비 월정수당
- 겸직 금지 : 국회의원, 다른 지방의회의 의원, 헌법재판소재판관, 각급 선거관리위원회 위원, 국가 · 지방공무원, 「공공기관의 운영에 관한 법률」상 공공기관(KBS, EBS, 한국은행 포함) 및 지방공사 · 지방공단의 임직원, 농업협동조합 · 수산업협동조합 · 산림조합 · 엽연초생산협동조합 · 신용협동조합 · 새마을금고의 임직원과 이들 조합 · 금고의 중앙회장이나 연합회장, 정당의 당원이 될 수 없는 교원, 다른 법령에 따라 공무원의 신분을 가지는 직을 겸할 수 없다.
- 영리목적의 거래 및 직무관련 영리행위 제한 : 지방의회의원은 해당 지방자치단체 및 공공단체와 영리를 목적으로 하는 거래를 할 수 없으며, 이와 관련된 시설이나 재산의 양수인 또는 관리인이 될 수 없다. 지방의회의원은 소관 상임위원회의 직무와 관련된 영리행위를 하지 못하며, 그 범위는 해당 지방자치단체의 조례로 정한다.

③ 지방의회의 권한

  ⊙ 의결권 : 지방의회는 다음 사항을 의결한다.

- 조례의 제정 · 개정 및 폐지
- 예산의 심의 · 확정
- 결산의 승인
- 법령에 규정된 것을 제외한 사용료 · 수수료 · 분담금 · 지방세 또는 가입금의 부과와 징수

- 기금의 설치 · 운용
- 대통령령으로 정하는 중요 재산의 취득 · 처분
- 대통령령으로 정하는 공공시설의 설치 · 처분
- 법령과 조례에 규정된 것을 제외한 예산 외의 의무부담이나 권리의 포기
- 청원의 수리와 처리
- 외국 지방자치단체와의 교류협력에 관한 사항
- 그 밖에 법령에 따라 그 권한에 속하는 사항
- ⓒ 행정감시권
  - 행정사무 감사 및 조사권

구분	행정사무감사	행정사무조사
대상	행정사무 전반	특정 사안(구체적 · 한정적)
시기 · 요건	매년 1회 정기적(정례회 회기 내에 실시)(광역 14일, 기초 9일 범위)	재적의원 1/3 이상 연서로 발의, 본회의 의결로 조사. 실시 시기 제한 없음
대상기관	상임위원회 소관의 전체기관	특정 사안 관련기관
주체	본회의, 위원회(소관 상임위원회, 특별위원회)	
공개원칙	공개(위원회 의결로 비공개 가능)	

- 자치단체장에 대한 서류제출요구권 : 본회의나 위원회는 그 의결로 안건의 심의와 직접 관련된 서류의 제출을 해당 지방자치단체장에게 요구할 수 있다(폐회 중에 의원으로부터 서류제출요구가 있을 때에는 의장은 이를 요구할 수 있음).
- 행정사무 처리상황 보고 및 출석 · 답변 요구권
- 의견표시권 : 자치단체 폐치 · 분합이나 명칭 · 구역 변경시 주민투표를 거치지 않은 경우, 지방의회의 의견을 들어야 한다. 의견서가 제출되면 자치단체는 그것을 수리할 의무가 있지만 반드시 그 의견에 구속되는 것은 아니다.

(5) 지방자치단체의 집행기관 – 지방자치단체장

① 의의
  - ㉠ 의결기관인 지방의회의 결정에 따라 지방자치단체의 목적을 구체적 · 적극적으로 실현해 나가는 최고집행기관이다.
  - ㉡ 해당 지방자치단체를 대표하며 교육 · 학예사무를 제외한 지방자치단체의 일반적인 집행업무를 총괄한다.

② 지위
  - ㉠ 주민의 대표기관 : 주민이 선출한 주민의 대표기관이다.

㈎, ㈏에 대한 설명으로 옳지 않은 것은?

• 보기 •

㈎ 이것은 지방자치단체의 예산 편성 권한을 주민과 공유하여 공공 서비스나 행정 활동에 대한 주민의 다양한 의견을 예산에 반영하는 것이다.

㈏ 이것은 지방자치단체와 그 장의 권한에 속하는 사무의 처리가 법령에 위반되거나 공익을 현저히 해친다고 인정되면 일정 수 이상의 주민이 연대 서명하여 직접 감사를 청구하는 것이다.

① ㈎는 재정 운영의 투명성과 재원 배분의 공정성을 높인다.
② ㈏가 이루어지면 지방자치단체장의 권한이 정지된다.
③ ㈎와 ㈏ 모두 지방자치 활성화에 기여한다.
④ ㈎와 ㈏ 모두 지방자치단체의 민주적인 의사 결정을 강화한다.

❰정답 ②

ⓛ **지방자치단체의 대표기관**: 외부에 대해 지방자치단체를 대표하는 기관이다.
ⓒ **지방자치단체의 행정수반**: 지방자치단체의 사무(고유사무·단체위임사무)를 실질적으로 집행하는 최고책임자이다.
ⓡ **국가(또는 상급자치단체)의 하급행정기관**: 국가의 사무를 수임·처리(기관위임사무)할 경우 하급행정기관의 지위를 지닌다.
ⓜ 정치지도자로서의 지위, 지방의회 견제기관이다.

③ **신분**

㉠ **선거·임기**: 주민의 보통·평등·직접·비밀선거로 선출(정당공천 허용)한다. 정무직 지방공무원. 임기 4년, 계속 재임(연임)은 3기에 한한다.
㉡ **겸임 금지**: 대통령, 국회의원, 헌법재판관, 각급 선관위 위원, 지방의회의원, 국가·지방공무원, 다른 법령의 규정에 따라 공무원 신분을 가지는 직, 「공공기관의 운영에 관한 법률」상 공공기관(KBS, EBS, 한국은행 포함) 및 지방공사·지방공단 임직원, 농협동조합·수산업협동조합·산림조합·엽연초생산협동조합·신용협동조합·새마을금고의 임직원, 교원을 겸임할 수 없음. 겸임할 수 없는 직에 취임시 당연퇴직 사유가 된다.
㉢ **영리목적 거래 및 영리사업 종사 금지**: 재임 중 그 지방자치단체와 영리 목적의 거래를 하거나 그 지방자치단체와 관계있는 영리사업에 종사할 수 없다.

④ **권한**

㉠ **통할·대표권**: 지방자치단체를 대표하고 사무를 통할한다(단, 교육·학예사무 통할권은 교육감이 지님).
㉡ **사무의 관리·집행권**: 지방자치단체장은 해당 지방자치단체의 사무(자치사무와 단체위임사무)와 법령에 의하여 그 지방자치단체장에게 위임된 사무(기관위임사무)를 관리·집행한다.
㉢ **사무위임권**: 권한의 수직적 위임, 권한의 수평적 위탁, 권한의 민간위탁, 권한의 재위임 등을 수행한다.
㉣ **소속직원 임면 및 지휘·감독권**: 소속 직원을 지휘·감독하고 법령과 조례·규칙으로 정하는 바에 따라 그 임면·교육훈련·복무·징계 등에 관한 사항을 처리한다.
㉤ **지도·감독권**: 자치단체장은 소속 각급 행정관청을 지도·감독하며, 상급자치단체는 하급자치단체를 지도·감독한다.
㉥ **규칙제정권**: 법령이나 조례가 위임한 범위에서 그 권한에 속하는 사무에 관하여 규칙 제정 가능하다.

　　ⓢ 재정에 관한 권한 : 예산편성권과 집행권 및 지방채 발행권 등.
　ⓞ 기관 · 시설 설치권
　ⓩ 지방의회에 대한 권한 : 의회 출석 · 진술권, 임시회 소집 요구권, 의안 발의권, 예산안 발의권, 의회 부의 안건의 공고권, 조례공포권(이송 20일 이내에 공포), 재의요구 및 제소권, 선결처분권, 지방의회 사무직원의 임명권

(6) 부단체장

① 신분 · 선임방식

자치단체		부단체장 정수	부단체장의 공직분류	
광역	특별시	3명	행정부시장 (2인)	정무직 국가공무원
			정무부시장 (1인)	정무직 지방공무원
	광역시 · 특별자치시 도 · 특별자치도	2명 (인구 800만 이상 광역시 · 도는 3명)	행정부시장 · 부지사	일반직 국가공무원 (고위공무원단 가 등급)
			정무부시장 · 부지사	별정직 1급 상당 지방공무원이나 지방관리관
기초	시 · 군 · 자치구	1명	일반직 지방공무원(직급은 인구규모에 따라 지방 서기관 · 부이사관 · 이사관)	
	인구 100만 이상 대도시	2명	일반직(지방이사관), 별정직(2급 상당) 또는 임기제 지방공무원	

② 권한대행과 직무대리

권한대행	법과 조례 · 규칙에서 정하는 바에 따라 부단체장이 자치단체장의 권한에 속하는 사무를 처리 • 지방자치단체장이 ⓐ 궐위된 경우, ⓑ 공소 제기된 후 구금상태에 있는 경우, ⓒ 「의료법」에 따른 의료기관에 60일 이상 계속하여 입원한 경우 부단체장이 그 권한을 대행 • 지방자치단체장이 그 직을 가지고 그 지방자치단체장 선거에 입후보하면 예비후보자 또는 후보자로 등록한 날부터 선거일까지 부단체장이 그 지방자치단체장의 권한을 대행
직무대리	지방자치단체장이 출장 · 휴가 등 일시적 사유로 직무를 수행할 수 없으면 부단체장이 그 직무를 대리함

1 〈보기〉의 밑줄 친 ㉠과 관련하여 우리 헌법에서 규정하고 있는 제도는?

> ── 보기 ──
>
> 헌법은 법 위의 법이다. 헌법의 목적은 법을 만들고 실행하는 정치가나 관료들이 자신들에게 주어진 권한을 남용하거나 기본 원칙들을 위반하는 것을 막는 것이다. 그러므로 ㉠의회에서 어떤 특정한 법안을 통과시킬 때는 그 법안이 헌법이 정한 테두리를 벗어나지 않는지를 먼저 확인하여야 한다. 또한 정부가 함부로 헌법을 바꾸지 못하도록 여러 가지 제도적 장치들을 마련해 놓고 있다. 헌법은 정권이 바뀔 때마다 제정되는 것이 아니며, 가장 기본적이고 신성한 영역으로 간주되어야 한다.

① 탄핵 심판
② 권한 쟁의 심판
③ 위헌 법률 심판
④ 위헌 정당 해산 심판

1.

의회에서 어떤 특정한 법안을 통과시킬 때는 그 법안이 헌법이 정한 테두리를 벗어나지 않는지를 먼저 확인하여야 하는데 이는 위헌 법률 심판과 관련 있다. 헌법 제107조 제1항에 따라 법률이 헌법에 위반되는 여부가 재판의 전제가 된 경우에는 법원은 헌법재판소에 제청하여 그 심판에 의하여 재판한다는 규정을 두고 있다.

① 탄핵 심판이란 고위 공무원의 직무집행에 있어서 헌법이나 법률을 위반한 이유로 국회의 탄핵 소추 의결을 거쳐 헌법재판소에서 심판하는 절차다.

② 권한 쟁의 심판은 국가기관 상호 간, 국가기관과 지방자치단체 간 및 지방자치단체 상호 간에 권한의 유무 또는 범위에 관하여 다툼이 있을 때에 청구하는 심판이다.

④ 정당 해산 심판은 정당의 목적이나 활동이 민주적 기본질서에 위배될 경우 정부는 국무회의의 심의를 거쳐 헌법재판소에 정당해산심판을 청구하면 그 해산여부를 심판한다.

※ 위헌 법률 심판의 요건과 효과

구분		개념 요소
심판의 대상		법률이 헌법에 위반되는 여부
제청 권자		국민이 아닌 법원이 헌법재판소에 제청하며 위헌 여부 심판의 제청에 관한 결정에 대하여는 항고할 수 없음
재판의 전제성		침해하고 있는 법률이 재판 중에 적용되는 법률이어야 하고, 그러한 법률 때문에 다른 내용의 재판을 하게 될 수 있는 경우
결정 유형	각하 결정	청구의 요건을 갖추지 못하여 심사를 하지 않는 경우
	합헌 결정	헌법재판소 재판관의 위헌의견이 6인을 넘지 못하는 경우
	위헌 결정	헌법재판소 재판관 6인 이상의 위헌이라고 판단한 경우
	헌법 불합치 결정	국회의 입법권을 존중하고 법적 공백상태를 방지하기 위해 특정시기까지만 효력이 있고 이후에 새로운 법을 제정 또는 개정하라는 입법촉구결정을 함께 함
위헌 결정 효력		헌법재판소법 제47조에 따라 위헌으로 결정된 법률 또는 법률조항은 결정이 있는 날로부터 효력을 상실함

Answer 1.③

2 〈보기〉는 우리나라 헌법 개정 과정을 나타낸 것이다. 〈보기〉의 (개)~(래)의 내용으로 가장 옳지 않은 것은?

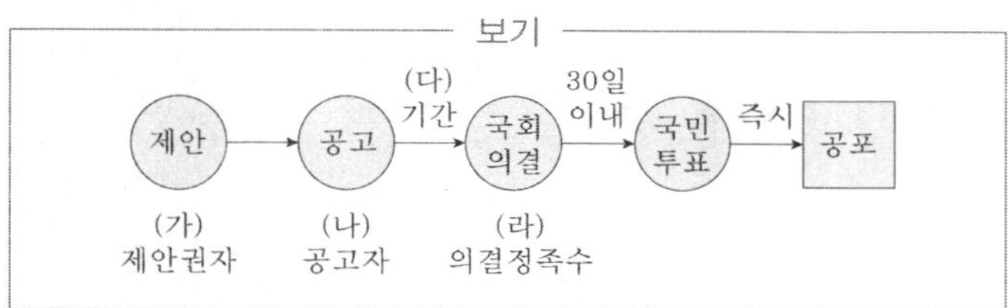

① (개) 국회 재적 의원 3분의 1 이상 또는 대통령
② (내) 대통령
③ (대) 60일 이내
④ (래) 국회 재적 의원 3분의 2 이상 찬성

2.

우리나라 헌법 개정 과정은 제안, 공고, 국회의결, 국민투표, 공포의 과정을 거친다. 헌법 개정안은 헌법 제128조 제1항에 따라 국회 재적 의원 과반수 또는 대통령의 발의로 제안된다.

② 헌법 제129조에 따라 헌법 개정안은 대통령이 20일 이상의 기간 동안 이를 공고하여야 한다.

③④ 헌법 제130조 제1항에 따라 국회는 헌법 개정안이 공고된 날로부터 60일 이내에 의결하여야 하며, 국회의 의결은 재적의원 3분의 2 이상의 찬성을 얻어야 한다.

※ 헌법 개정 절차

구분	헌법 조항	내용
제안	제128조 제1항	국회 재적의원 과반수 또는 대통령의 발의로 제안된다.
공고	제129조	제안된 헌법 개정안은 대통령이 20일 이상의 기간 동안 이를 공고하여야 한다.
의결	제130조 제1항	국회는 헌법 개정안이 공고된 날로부터 60일 이내에 의결하여야 하며, 국회의 의결은 재적의원 3분의 2 이상의 찬성을 얻어야 한다.
국민투표	제130조 제2항	국회가 의결한 후 30일 이내에 국민투표에 붙여 국회의원 선거권자 과반수의 투표와 투표자 과반수의 찬성을 얻어야 한다.
공포	제130조 제3항	국민투표에 의하여 찬성을 얻을 때에는 헌법 개정은 확정되며, 대통령은 즉시 공포하여야 한다.

Answer　2.①

3 연령기준과 관련된 법 규정으로 옳지 않은 것은?

① 「민법」은 '만 18세가 된 사람은 혼인할 수 있다'고 규정하고 있다.

② 헌법은 '대통령으로 선거될 수 있는 자는 선거일 현재 25세에 달하여야 한다'고 규정하고 있다.

③ 「민법」은 '사람은 19세로 성년에 이르게 된다'고 규정하고 있다.

④ 「공직선거법」은 '18세 이상의 국민은 대통령 및 국회의원의 선거권이 있다'고 규정하고 있다.

4 국민의 의무를 헌법에 규정하고 있는 근본적인 목적은?

① 국가의 목적달성을 위하여

② 헌법에 규정이 없는 새로운 의무를 부과하지 못하도록 하기 위해서

③ 국민 모두가 국민된 도리를 다하게 하기 위하여

④ 국민에게 의무의 중요성을 인식시키기 위하여

3.

피선거권은 선거에 출마하여 당선되어 선거직 공무원이 될 수 있는 권리다. 대통령의 피선거권은 만 40세 이상이어야 하고, 국회의원, 지방의회 의원 및 지방자치단체 장의 피선거권은 25세 이상의 국민에게 인정된다.

① 민법 제807조에 따라 만 18세가 된 사람은 혼인할 수 있다.

③ 민법 제4조에 따라 사름은 19세로 성년에 이르게 된다.

④ 공직선거법 제15조 제1항에 따라 국민은 대통령 및 국회의원의 선거권이 있다.

※ 외국인의 참정권

인정 여부	법령	내용
권리 인정 ○	주민투표법 (제5조 제1항 제2호)	출입국관리 관계 법령에 따라 대한민국에 계속 거주할 수 있는 자격(체류자격변경허가 또는 체류기간연장허가를 통하여 계속 거주할 수 있는 경우를 포함한다)을 갖춘 외국인으로서 지방자치단체의 조례를 정한 사람은 주민투표권이 인정됨
권리 인정 ×	정당법 (제22조 제2항)	대한민국 국민이 아닌 자는 당원이 될 수 없음
	정치자금법 (제31조 제1항)	외국인, 국내·외의 법인 또는 단체는 정치자금을 기부할 수 없음
	공직선거법 (제16조 제3항)	"주민으로서 25세 이상의 국민은 그 지방의회의원 및 지방자치단체의 장의 피선거권이 있다."고 명시하여 국민에게만 피선거권이 인정하고 있음

4.

국민의 기본적 의무를 헌법에 규정하고 있는 것은 국민에게 의무를 강조하자는 데에 그 뜻이 있는 것이 아니라 헌법에 규정된 경우와 헌법이 정하는 방법과 절차에 의하지 아니하고는 새로운 의무를 부과하지 못하게 하려는 데 원래의 목적이 있다.

5 우리 헌법상의 국제평화주의와 국제법에 대한 설명으로 옳지 않은 것은?

① 국회는 주권의 제약에 관한 조약의 체결·비준에 대한 동의권을 가진다.

② 국제연합은 침략에 대한 정의를 세계인권선언을 통하여 천명하고 있으며, 세계인권선언은 법적 규범력을 가진다는 것이 헌법재판소의 판례이다.

③ 국제평화주의는 모든 국가들이 국제적인 협조와 국제평화의 지향을 이념으로 삼고 이에 따라 국제질서를 존중하는 원리를 말한다.

④ 우리 헌법 제5조 제1항은 "대한민국은 국제평화의 유지에 노력하고 침략적 전쟁을 부인한다."라고 규정함으로써, 국제평화주의를 지향하고 있으나 자위권 행사까지 부인하는 것은 아니다.

6 다음 국회의 권한 중 바른 설명만을 고르면?

㉮ 국회는 재적의원 3분의 1로 헌법 개정안을 발의한다.
㉯ 헌법재판소 재판관 3인을 선출할 수 있다.
㉰ 중앙선거관리위원회 위원 3인을 선출할 수 있다.
㉱ 장관임명에 대한 동의권을 행사한다.
㉲ 국무총리와 국무위원에 대한 해임을 건의할 수 있다.

---

① ㉮㉯
② ㉮㉯㉰
③ ㉯㉰㉲
④ ㉮㉰㉱

5.

② 세계인권선언 : 1948년 12월 10일 국제연합 총회에서 당시 가입국 58개국 중 50개국이 찬성하여 채택된 인권에 관한 세계 선언문으로 360개 언어로 번역되어 가장 많이 번역된 유엔 총회 문건이며 비록 세계 인권선언은 국제연합의 결의로써 법적 구속력은 없지만 오늘 날 많은 국가의 헌법이나 기본법에 그 내용이 반영되어 있어 실효성이 크다.

6.

헌법 개정안은 국회의원 재적 과반수로 발의되며 장관임명에 대해서 국회의 동의절차는 필요 없고 대통령이 임명한다. 이외에도 국무총리, 대법원장, 대법관, 감사원장, 헌법재판소장 임명에 대한 동의권을 보유한다.

Answer　　5.② 6.③

7 다음 헌법조항에서 공통으로 나타나는 기본권에 대한 설명으로 옳지 않은 것은?

> 제31조 ① 모든 국민은 능력에 따라 균등하게 교육을 받을 권리를 가진다.
>
> 제32조 ① 모든 국민은 근로의 권리를 가진다. 국가는 사회적 · 경제적 방법으로 근로자의 고용의 증진과 적정임금의 보장에 노력하여야 하며, 법률이 정하는 바에 의하여 최저임금제를 시행하여야 한다.
>
> 제34조 ① 모든 국민은 인간다운 생활을 할 권리를 가진다. ② 국가는 사회보장 · 사회복지의 증진에 노력할 의무를 진다.
>
> 제35조 ① 모든 국민은 건강하고 쾌적한 환경에서 생활할 권리를 가지며, 국가와 국민은 환경보전을 위하여 노력하여야 한다.

① 복지국가 · 사회국가 원리에 기초하고 있다.

② 주로 국회의 입법권 행사에 의해 실현되는 권리이다.

③ 원칙적으로 국민만이 누리는 권리이나, 기본권의 성질에 따라서는 외국인에게도 보장된다.

④ 국가권력으로부터의 침해를 배제하는 소극적 · 방어적 성격의 권리이다.

8 기본권 침해시 국가기관에 취할 수 있는 행동에 관한 설명 중 옳은 것은?

① 청원 – 국가기관에 문서로 한다.

② 헌법소원 – 대법원에 청구한다.

③ 행정소송 – 행정기관에 청구한다.

④ 행정상 손해배상 – 적법한 행정행위에 의해 가해진 손해를 전보하여 주는 것이다.

7.

제시된 헌법조항에서 공통으로 나타나는 기본권은 사회적 기본권이다.
④ 자유권적 기본권에 대한 설명이다.

8.

② 헌법소원은 헌법재판소에 구제를 청구한다.
③ 행정소송은 법원에 구제를 청구한다.
④ 행정상 손해배상은 위법한 행정행위에 의해 가해진 손해를 전보하여 주는 것이다.

Answer 7.④ 8.①

9 성문법을 설명한 ㈎와 ㈏에 대한 분석으로 잘못된 것을 고르면?

> ㈎ 기본권과 국민의 의무를 규정한 법규범이다.
> ㈏ 국회의 의결을 거쳐 제정된 법규범이다.

> ㉠ 헌법에 의하여 체결·공포된 조약은 ㈎와 같은 효력을 갖는다.
> ㉡ ㈎는 입법부, 행정부, 사법부 등 국가 통치조직을 규정하고 있다.
> ㉢ 일반적으로 승인된 국제법규는 ㈏보다 상위의 효력을 갖는다.
> ㉣ ㈏는 국회가 의결하면 정부에 이송되어 대통령이 공포함으로써 효력이 발생한다.

① ㉠㉡   ② ㉠㉢
③ ㉢㉣   ④ ㉡㉣

10 법의 이념에 대한 내용으로 옳지 않은 것은?

① 자연법의 정신은 실정법을 통해 구체화되고 실정법의 내용은 헌법에 근거하여 그 타당성을 인정받을 수 있다.
② 정의는 오늘날의 평등·공정 및 기본적 인권의 존중 등으로 파악되는 것이 일반적인 경향이다.
③ 합목적성이란 그 국가와 사회가 추구하는 법적 가치와 목표를 말한다.
④ 법적 안정성을 위해서는 법의 내용이 명확하고 자주 변경되어서는 안되며, 국민의 법의식에 합당해야 한다.

9.

㈎는 헌법을, ㈏는 법률을 나타낸다.
㉠ 헌법에 의하여 체결·공포된 조약은 법률인 ㈏와 같은 효력을 갖는다.
㉢ 일반적으로 승인된 국제법규는 법률인 ㈏의 효력을 보유하므로 ㈎보다는 하위의 효력을 갖는다.

10.

① 자연법의 정신은 실정법을 통해서 구체화되고 실정법의 내용은 자연법에 근거하여 그 타당성을 인정받는다.
※ 법의 이념(법의 목적)
  ㉠ 정의
    • 사회의 평화·번영·안정의 필요조건
    • 오늘날에는 평등·공정 및 기본적 인권의 존중 등으로 파악
    • 사회구성원 개개인의 인간으로서의 존엄과 가치를 최대한 보장, 사회공동체의 조화와 복리증진을 실현
  ㉡ 합목적성: 국가와 사회가 전체적으로 어떤 가치를 추구하는 것이 이상적인가를 예상하고 그것에 맞추어 방향을 설정
  ㉢ 법적 안정성
    • 국민들이 법에 따라 안심하고 생활할 수 있는 것
    • 법의 내용이 명확하고, 함부로 변경되지 않으며, 국민의 의식에 합당해야 함

Answer   9.②   10.①

11 다음의 기본권을 설명한 (가)~(다)를 보고 추론한 사실로 〈보기〉에서 옳은 설명만을 고르면?

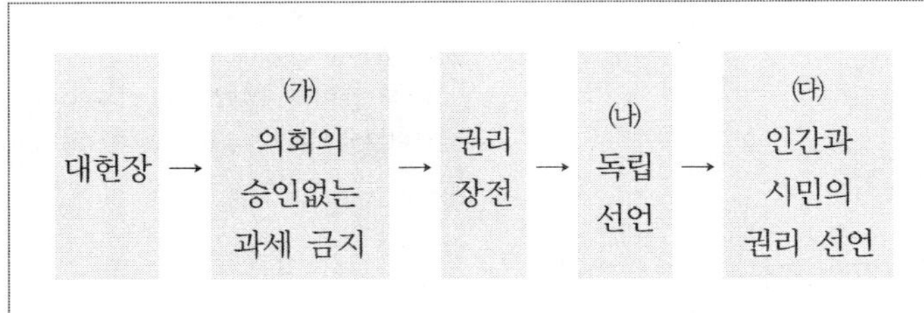

─ 보기 ─

㉠ (가)는 영국의 인신보호법을 말한다.
㉡ (나)는 천부인권을 인정한 측면에서 (가)와 구분된다.
㉢ (나)는 저항권을 규정한 측면에서 (가)와 구분된다.
㉣ (다)는 (나)와 함께 유럽 최초의 근대적 인권 선언이라는 점에서 역사적 가치를 찾을 수 있다.

① ㉠
② ㉡
③ ㉠㉢
④ ㉢㉣

12 헌법재판소에 대한 설명으로 옳지 않은 것은?

① 헌법재판소는 법관의 자격을 가진 9인의 재판관으로 구성하며, 재판관은 대통령이 임명한다.
② 명령·규칙 또는 처분이 헌법이나 법률에 위반되는 여부가 재판의 전제가 된 경우에는 헌법재판소는 이를 최종적으로 심사할 권한을 가진다.
③ 탄핵소추의 의결을 받은 사람은 헌법재판소의 심판이 있을 때까지 그 권한 행사가 정지된다.
④ 헌법재판소에서 법률의 위헌결정, 탄핵의 결정, 정당해산의 결정 또는 헌법소원에 관한 인용결정을 할 때에는 재판관 6인 이상의 찬성이 있어야 한다.

11.

(가)는 영국의 권리청원, (나)는 미국의 독립선언, (다)는 프랑스 인권선언이다.
㉠ (가)는 영국의 권리청원임으로 틀린 설명이다.
㉡ (나)는 생명, 자유, 행복추구권을 천부적 권리로 선언하였기 때문에 옳은 설명이다.
㉢ 저항권은 독립선언 바로 직전인 버지니아 권리장전에 명시되었으므로 틀린 설명이다.
㉣ (나)는 미국, (다)는 프랑스와 관련이 있으므로 틀린 설명이다.

12.

② 헌법 제107조 제2항에 따르면 명령·규칙 또는 처분이 헌법이나 법률에 위반되는 여부가 재판의 전제가 된 경우에는 대법원은 이를 최종적으로 심사할 권한을 가진다.

Answer　11.② 12.②

13 다음 사례를 분석한 것으로 가장 적절한 것은?

> 출판사를 경영하는 A씨는 최근 출간한 책이 정치인을 비방했다는 이유로 정부의 검열을 받게 되었다. 이에 A씨는 직업수행의 자유, 출판의 자유가 침해되었음을 이유로 시정을 요구하였다.

① 방송보도가 개인의 사생활을 침해하는 경우와 유사하다.
② 일반법과 특별법에 모두 해당할 경우 일반법을 우선 적용한다.
③ 사례는 특정 주체와 또 다른 주체의 기본권이 충돌하는 경우에 해당한다.
④ 침해된 사건과 가장 밀접한 관계에 있는 기본권을 우선 적용하여 해결한다.

14 다음 법 규정들이 공통적으로 추구하는 법이념으로 가장 적절한 것은?

> • 민법 제162조 제1항 : 채권은 10년간 행사하지 아니하면 소멸 시효가 완성된다.
> • 헌법 제13조 제1항 : 모든 국민은 행위 시의 법률에 의하여 범죄를 구성하지 아니하는 행위로 소추되지 아니하며, 동일한 범죄로 거듭 처벌받지 아니한다.

① 정의
② 정당성
③ 합목적성
④ 법적 안정성

13.

사례는 기본권의 경합에 해당한다. 이는 개인이 둘 또는 그 이상의 기본권 침해를 주장하는 경우이다. 예로서, 종교단체의 간행물 발간에 대해 국가가 검열의 형태로 방해하는 경우, 헌법 제20조의 종교의 자유와, 헌법 제21조의 출판의 자유를 동시에 주장하는 경우를 볼 수 있다. 기본권 경합 시 특별법 우선 적용, 직접 관련되는 기본권 우선 적용에 따라 해결한다.

14.

법적 안정성 … 법에 의하여 보호 또는 보장되는 사회생활의 안정성을 의미하며 법이 자주 변경되면 사회 안정을 해치게 되므로 법의 제정은 신중하게 이루어져야 한다.
① 정의란 같은 것은 같게, 다른 것은 다르게 취급한다는 추상적 이념이다.
③ 합목적성은 같은 것과 같지 않은 것을 구별하게 해 주는 구체적 기준이 된다.

Answer 13.④ 14.④

기출PLUS

1 민법의 기초 이해

(1) 민법의 의미

① **공법**(公法)**과 사법**(私法)**의 구분**
  - ㉠ **공법** : 국가와 같은 공적 기관이 개입하여 사회질서 및 공공의 생활을 규율하는 법으로, 헌법, 형법, 행정법 등이 이에 해당한다.
  - ㉡ **사법** : 개인 간의 법적 관계를 규율하는 법으로, 민법, 상법 등이 이에 해당한다.

② **민법** … 개인 간의 법적 관계를 규율함에 있어 일반적으로 적용되는 법으로, 로마 제국 시대의 시민법이 유럽으로 보급되고, 시민 혁명을 거치면서 형성되었다.

(2) 민법의 원칙

① **근대 민법의 3대 원칙**
  - ㉠ **소유권 절대의 원칙(사유 재산권 존중의 원칙)** : 개인의 사유 재산에 대한 절대적 지배를 인정하며, 국가나 타인의 간섭을 배제한다.
  - ㉡ **사적 자치의 원칙(계약 자유의 원칙)** : 계약 체결 여부, 상대방 선택, 계약 내용 형성 등 개인은 자신의 자유로운 의사에 기초하여 법률관계를 형성할 수 있다.
  - ㉢ **과실 책임의 원칙(자기 책임의 원칙)** : 개인이 타인에게 끼친 손해에 대해서는 고의 또는 과실이 있을 때만 책임을 지며, 타인의 행위에 대해서는 책임을 지지 않는다.

② **근대 민법의 3대 원칙의 실천에 따른 제약**
  - ㉠ 법률행위나 계약이 강행 법규, 선량한 풍속, 그 밖의 사회 질서에 반하면 무효이다.
  - ㉡ 채무의 이행에는 신의와 성실이 요구된다.
  - ㉢ 소유권의 행사에는 법률의 제한이 따르며, 소유권을 타인에게 해를 끼칠 목적으로 행사할 수 없다.

기출 2024. 6. 22. 제2회 서울시 보훈청 시행

〈보기〉의 민법 기본 원칙 (가), (나)에 대한 설명으로 가장 옳지 않은 것은?

┌─ 보기 ─┐

(가)	(나)
개인은 각자의 자율적인 판단에 기초하여 자유롭게 법률관계를 형성해 나갈 수 있다.	계약내용이 사회 질서에 위반되거나 공정하지 못한 경우에는 법적효력이 발생하지 않는다.

① (가)는 계약의 자유를 핵심으로 한다.
② (가)는 (나)에 대한 수정 원칙에 해당한다.
③ (나)는 계약이 공정해야 함을 강조한다.
④ (나)는 경제적 강자가 경제적 약자를 지배하는 수단으로 (가)가 악용되는 것을 막고자 한다.

◀정답 ②

③ 현대 민법의 3대 기본 원리

구분	내용
소유권 공공의 원칙	• 개인의 재산권은 법에 의해 보장되지만, 사회 전체의 이익을 위해 그 권리의 행사가 제한될 수 있음 • 근거조항 : 재산권의 행사는 공공복리에 적합하도록 하여야 한다〈헌법 제23조 제2항〉.
계약 공정의 원칙	• 공정성을 잃은 계약은 법의 보호를 받을 수 없음 • 근거조항 : 당사자의 궁박(窮迫), 경솔 또는 무경험으로 인하여 현저하게 공정을 잃은 법률행위는 무효로 한다〈민법 제104조〉.
무과실 책임의 원칙	과실이 없는 경우에도 일정한 상황에 대해서는 관계있는 자에게 책임을 물을 수 있음

❷ 법률상 각종 능력

(1) 권리 능력의 발생과 소멸

① 권리 능력 … 권리와 의무의 주체가 될 수 있는 지위 또는 자격으로써, 권리 능력자는 자연인과 법인이 있다.

② 자연인의 권리 능력 발생

　ㄱ 발생 : 모든 자연인은 출생과 더불어 사법상의 권리 능력을 갖게 된다.

　ㄴ 사람으로 출생한 것으로 족하고 가족관계등록법에 따른 출생 신고와 무관하다.

③ 자연인의 권리 능력 소멸

　ㄱ 발생 : 사망과 더불어 자연인의 권리 능력이 소멸된다.

　ㄴ 사망 시점 : 의학적인 사망 진단에 의해 이루어진다.

④ 법인(法人)의 권리능력

　ㄱ 의미 : 법에 의하여 권리 능력이 부여되어 있는 사단(社團)과 재단(財團)

　ㄴ 종류 : 공법인, 사법인, 사단법인, 재단법인, 영리법인, 비영리법인

　ㄷ 권리능력의 발생 : 설립 등기와 함께 권리 능력을 갖게 됨

　ㄹ 권리능력의 범위 : 정관(定款)의 범위에서 권리 능력을 가짐 → 자연인 보다는 좁은 범위

　ㅁ 권리능력의 소멸 : 해산등기

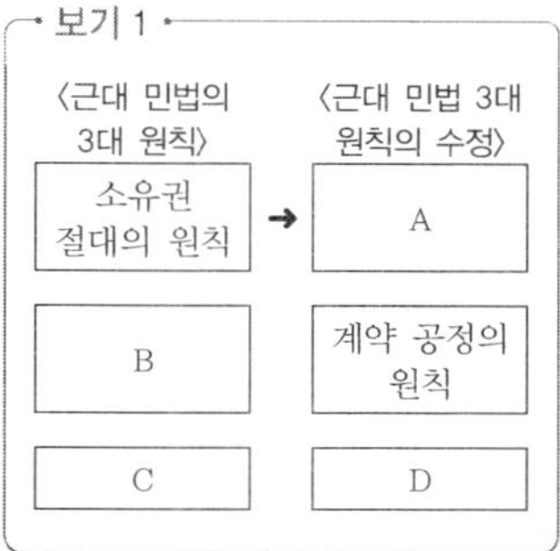

기출 2020. 6. 13. 제1회 지방직 시행

상점 절도를 저지른 갑~ 정에 대한 판단으로 옳은 것만을 〈보기〉에서 모두 고르면?

구분	갑	을	병	정
10세 이상의 '소년'인가요?	아니요	아니요	예	예
기소할 수 있는 연령인가요?	예	아니요	아니요	예

┌ 보기 ┐

㉠ 갑과 정은 모두 선도조건부 기소유예 처분을 받을 수 있다.
㉡ 정의 연령은 을, 병보다 높지만 갑보다는 낮다.
㉢ 을, 병은 모두 형사 미성년자이다.
㉣ 검사는 정에 대한 피의사건 수사 결과, 보호처분에 해당하는 사유가 있다고 인정한 경우에는 사건을 관할 법원 소년부에 송치하여야 한다.

① ㉠㉢   ② ㉡㉣
③ ㉠㉡㉢   ④ ㉡㉢㉣

〈정답 ④

(2) 의사 능력

① **의미** … 법률행위를 함에 있어서 행위의 의미와 결과를 합리적으로 판단하여 정상적인 의사결정을 할 수 있는 정신적 능력 또는 지능을 말한다.

② **의사무능력자의 법률행위** … 젖먹이, 정신병자, 술에 만취한 자 등 → 원칙적으로 무효이다.

③ **문제점** … 의사능력은 법률행위를 할 개별적인 경우의 실질적 판단 능력을 의미하므로 어느 특정인이 어떤 행위를 할 때에 의사능력을 갖고 있는지 판단하기 어렵다.

(3) 행위 능력

① **의미** … 단독으로 완전히 유효한 법률행위를 할 수 있는 지위 또는 자격을 말한다.

② **필요성** … 법률 행위의 효과를 무효화하려면 행위 당시 의사 능력이 없음을 매번 증명해야 한다.

③ **행위능력제도** … 객관적 · 획일적 기준에 의해 의사 능력을 객관적으로 획일화한 제도이다.

(4) 행위무능력자(無能力者) 제도

① **행위무능력자 제도의 의미**

㉠ **목적** : 행위무능력자가 단독으로 행한 법률 행위를 취소할 수 있게 합으로써 행위무능력자를 보호하고자 위함이다.

㉡ **적용 범위** : 재산상의 행위에만 적용되고 특별 규정이 있는 경우를 제외하고 가족법상의 행위에는 전혀 적용되지 않는다.

㉢ **민법상 행위무능력자** : 연령, 법원의 선고에 의해 확정한다.

② **미성년자**

㉠ **요건** : 만 19세 미만인 자(혼인의 경우에는 사법상의 법률관계에 있어서 성년으로 간주)

㉡ **법률 행위** : 원칙적으로 법정 대리인의 동의를 얻어 법률행위를 할 수 있음

㉢ **단독으로 한 법률 행위** : 미성년자 본인이나 법정 대리인이 취소할 수 있다.

㉣ **미성년자의 법정대리인이 갖는 권리** : 동의권, 취소권, 대리권 등이 있다.

> ☆ Plus tip
>
> **미성년자 단독 가능 행위**
> ㉠ 단순히 권리만을 얻거나 의무만을 면하는 행위
> ㉡ 처분이 허락된 재산의 처분행위
> ㉢ 영업이 허락된 미성년자의 영업에 관한 행위
> ㉣ 혼인을 한 미성년자의 행위 (성년의제)
> ㉤ 유언행위(만 17세 이상)
> ㉥ 미성년자의 노동에 대한 자신의 임금 청구 행위
> ㉦ 자신이 행한 법률행위의 취소

② **성년후견인제도**

  ㉠ 성년자의 인간으로서의 존엄성에 비추어 재산보호, 의료행위, 거주지 결정 (요양) 등 실질적이고 효율적인 보호를 제공할 수 있는 제도로 도입되었다.

  ㉡ 성년후견인제도는 성년후견, 한정후견, 특정후견, 임의후견으로 분류된다.

③ **행위무능력자와 거래한 상대방 보호 – 2차적 목적**

  ㉠ **최고권** : 행위무능력자의 상대방이 행위무능력자 측에 대하여 그 법률행위를 취소할 것인지 말 것인지 여부를 묻는 것을 말한다.

  ㉡ **철회권** : 무능력자와 체결한 계약은 추인이 있을 때까지 상대방이 그 의사표시를 철회할 수 있다.

  ㉢ **거절권** : 무능력자의 단독행위는 추인이 있을 때까지 상대방이 거절할 수 있다.

  ㉣ **취소권 제한** : 행위무능력자가 사술(거짓)로써 상대방으로 하여금 자신을 행위 능력자로 믿게 하거나 법정대리인의 동의가 있는 것으로 믿게 한 경우→취소 불가

❸ 계약과 불법 행위

(1) 계약의 의미와 과정

① **계약의 개념** … 계약이란 법률 효과의 발생을 목적으로 2인 이상의 당사자의 합의하에 성립하는 법률행위를 의미한다.

② **계약의 효력**

  ㉠ 계약을 체결한 당사자에게 일정한 권리와 의무가 발생한다.

  ㉡ 계약에 따른 의무를 제대로 이행하지 않을 경우, 채무자는 채무불이행에 따른 손해배상 책임을 지게 된다.

〈보기〉의 사례에 대한 법적 판단으로 가장 옳은 것은?

┌ 보기 ┐
- 갑(甲, 만 16세)은 법정 대리인의 동의 없이 고가의 스마트폰을 매매하는 계약을 판매자 을(乙, 만 35세)과 체결하였다. 을(乙)은 다음날 갑(甲)이 미성년자임을 알게 되었다.
- 병(丙, 만 17세)은 법정 대리인의 동의 없이 자신의 용돈으로 참고서를 구매하는 계약을 서점 운영자인 정(丁, 만 43세)과 체결하였다.

① 갑의 법정 대리인은 갑의 동의를 얻어야 계약을 취소할 수 있다.
② 을은 갑에게 계약의 취소 여부에 대한 확답을 촉구할 수 있다.
③ 갑과 달리 병은 미성년자임을 이유로 계약을 취소할 수 없다.
④ 병이 정과 체결한 계약은 단순히 권리만을 얻거나 의무만을 면하는 행위에 해당한다.

다음은 판결문의 일부이다. 밑줄 친 '이 사건'에 해당하는 경우로 옳은 것은?

┌ 보기 ┐
이 사건의 경우, 갑이 을에게 백만 원을 빌려주면서 맺은 계약은 무효이다.

① 갑은 을에게 속아서 돈을 빌려주었다.
② 갑과 을은 계약서를 쓰지 않고 구두로 계약하였다.
③ 미성년자 갑이 부모의 허락 없이 친구인 을에게 돈을 빌려주었다.
④ 갑은 약속기일 내에 채무를 변제하지 않으면 을의 손목을 자르기로 하였다.

❮ 정답 ③, ④

기출PLUS

기출 2016. 6. 25. 서울특별시 시행

계약의 효력 발생 요건에 대한 설명으로 가장 옳지 않은 것은?

① 계약 당사자가 권리 능력 및 행위 능력을 갖추고 있어야 한다.

② 계약은 당사자가 합의한 것이므로 그 내용이 강행 법규에 반하더라도 효력이 있다.

③ 계약의 내용은 사회적으로 타당해야 하며, 실현 가능성이 있어야 한다.

④ 계약 당사자의 의사와 표시된 내용이 일치해야 하며, 의사표시에 하자가 없어야 한다.

기출 2020. 6. 13. 제2회 서울시 시행

〈보기〉의 사례에 대한 「민법」상 판단으로 가장 옳은 것은?

— 보기 —

갑(甲, 만 17세)은 법정 대리인인 부모의 동의 없이 신형 스마트폰 판매자인 을(乙, 만 40세)과 고가의 스마트폰 매매 계약을 체결하였다. 갑(甲)은 을(乙)과 이에 대한 계약서를 작성하였지만 아직 매매 대금을 지불하지 않았다.

① 갑(甲)과 을(乙)의 계약은 당연히 처음부터 효력이 발생하지 않는다.

② 을(乙)은 갑(甲) 본인에게 계약을 취소할 것인지에 대한 확답을 촉구할 권리를 갖는다.

③ 을(乙)은 갑(甲)과 계약을 체결할 당시에 갑(甲)이 미성년자임을 몰랐을 경우에만 철회권을 행사할 수 있다.

④ 매매 계약이 성립되는 시기는 매매 대금이 완납되는 시점부터이다.

〈 정답 ②, ③

③ **계약의 성립과 효력 발생**

　㉠ **계약의 성립 시점**: 계약을 체결하고 싶다는 의사 표시인 청약과 이를 받아들이겠다는 의사 표시인 승낙이 합치된 때에 계약이 성립한다.

　㉡ **계약서 작성**: 계약은 구두로도 성립하므로 계약서 작성이 필수적 요건은 아니나, 계약의 내용을 명확히 하고, 당사자 간의 특약 사항, 계약 체결 일시 및 장소를 기재한다.

④ **미성년자**(제한능력자)**와의 계약**

　㉠ 제한능력자 측은 법률행위 시 취소권을 갖고 있으므로 거래한 상대방은 불리한 지위에 놓이게 된다.

　㉡ 민법은 제한능력자를 보호함과 동시에 거래 상대방을 보호하기 위하여 상대방에게 확답을 촉구할 권리, 철회권과 거절권, 속임수에 따른 취소권의 배제를 규정하고 있다.

(2) 불법행위의 이해

① **의미** … 고의 또는 과실로 위법하게 타인에게 손해를 입힌 가해자의 행위

② **성립 요건** … 가해행위, 위법성, 고의 또는 과실, 손해의 발생, 가해행위와 손해 간의 인과관계, 책임 능력

③ **특수한 불법행위** … 일반적인 불법행위의 성립 요건과 달리 책임의 성립 요건이 경감되거나 타인의 가해 행위에 대해서도 책임을 지는 경우

책임무능력자의 감독자의 책임	다른 자에게 손해를 가한 사람이 미성년자, 심신상실자의 책임능력에 따라 책임이 없는 경우에는 그를 감독할 법정 의무가 있는 자가 그 손해를 배상할 책임이 있다. 다만, 감독의무를 게을리 하지 아니한 경우에는 그러하지 아니하다〈민법 제755조 제1항〉.
사용자의 배상책임	타인을 사용하여 어느 사무에 종사하게 한 자는 피용자가 그 사무 집행에 관하여 제삼자에게 가한 손해를 배상할 책임이 있다. 그러나 사용자가 피용자의 선임 및 그 사무 감독에 상당한 주의를 한 때 또는 상당한 주의를 하여도 손해가 있을 경우에는 그러하지 아니하다〈민법 제756조 제1항〉.
공작물 등의 점유자 · 소유자 책임	• 공작물의 설치 또는 보존의 하자로 인하여 타인에게 손해를 가한 때에는 공작물점유자가 손해를 배상할 책임이 있다. 그러나 점유자가 손해의 방지에 필요한 주의를 해태하지 아니한 때에는 그 소유자가 손해를 배상할 책임이 있다〈민법 제758조 제1항〉. • 동물의 점유자는 그 동물이 타인에게 가한 손해를 배상할 책임이 있다. 그러나 동물의 종류와 성질에 따라 그 보관에 상당한 주의를 해태하지 아니한 때에는 그러하지 아니하다〈민법 제759조 제1항〉.

공동불법 행위자의 책임	• 수인이 공동의 불법행위로 타인에게 손해를 가한 때에는 연대하 여 그 손해를 배상할 책임이 있다〈민법 제760조 제1항〉. • 공동 아닌 수인의 행위 중 어느 자의 행위가 그 손해를 가한 것 인지를 알 수 없는 때에도 전항과 같다〈민법 제760조 제2항〉.

(3) 손해배상

① **의미** … 타인에게 입힌 손해를 전보(塡補)하고, 손해 발생 이전과 똑같은 상태로 회복시키는 것

② **손해배상의 범위**
　ㄱ 채무불이행으로 인한 손해배상은 통상의 손해를 그 한도로 한다.
　ㄴ 특별한 사정으로 인한 손해는 채무자가 그 사정을 알았거나 알 수 있었을 때에 한하여 배상의 책임이 있다.

③ **손해배상의 방법** … 금전 배상이 원칙이며, 명예훼손의 경우에는 손해 배상과 함께 사죄 광고 등과 같은 명예회복에 필요한 처분을 명할 수 있다.

④ 개인 간의 분쟁 해결

(1) 개인 간의 분쟁 해결을 위한 간편한 절차

① **내용증명우편** … 우체국에서 발송인이 언제, 누구에게, 어떤 내용의 문서를 발송했는지 증명해주는 제도

② **민사조정제도** … 소송 이전에 법관이나 조정 위원회에서 타협안을 제시하여 당사자들이 수용하도록 하는 제도

③ **소액사건심판** … 2천만 원 이하의 작은 액수를 빌려 준 경우

(2) 민사소송의 이해

① **민사소송** … 개인 간의 문제에 대해 법원이 개입하여 분쟁을 해결·조정해주는 정식 절차로 가장 강제적인 분쟁 해결 수단이다.

기출 2024. 6. 22. 제2회 서울시시행

〈보기〉의 A~F 중에서 손해 배상 책임을 질 수 있는 사람을 모두 고른 것은?

┌ 보기 ┐
• 유치원에 다니는 A(6세)는 엄마 B(35세)가 청소하는 틈을 타 아파트 10층 자신의 집 베란다에 있던 화분을 창밖으로 던졌다. 이 화분이 아파트 화단에서 텃밭을 가꾸고 있던 C의 머리에 맞아 C는 6주간 치료를 받았다.
• D(34세)는 E(46세)가 운영하는 전자 제품 대리점의 배달 사원으로 고객 F가 구매한 텔레비전을 배달하였다. 설치하는 과정에서 실수로 텔레비전을 넘어뜨렸고, 옆에 서 있던 F의 발 위로 떨어지면서 발가락이 골절 되어 F는 4주간 치료를 받았다.

① B, D
② A, B, D
③ A, D, E
④ B, D, E

《정답 ④

② 절차

단계	내용
재산 확보	가압류 신청 등과 같이 채무자의 재산을 미리 확인하고 확보해 주는 조치
재판 및 판결	• 돈을 받을 권리가 있음을 법원으로부터 확인 • 객관적으로 증명할 수 있는 자료 제시 • 변호사의 도움을 받을 수 있음
강제 집행	• 국가의 힘을 빌려 권리를 실현 • 가압류된 재산을 매각하거나 채무자가 타인에 대해 가지고 있는 채권을 대신 행사 • 미리 공증을 받은 경우, 재판 절차 없이 바로 강제 집행 가능

(3) 분쟁을 해결하는 다른 방법

① 대안적 분쟁 해결 방법

　㉠ 협상 : 분쟁 당사자들이 대화를 나누어 자율적으로 해결책 모색

　㉡ 조정 : 분쟁과 관련이 없는 타인이 개입하여 당사자 간의 대화를 주선하는 경우로 주로 민사 사건에 활용

　㉢ 중재 : 제3자에게 결정을 맡기는 해결 방식으로 법적 구속력이 있으며, 주로 언론 문제나 노동 문제의 해결에 활용

② 법률 구조 기관

　㉠ 대한법률구조공단 : 민사 사건과 형사 사건에 모두 관여하며 무료 법률 상담 등을 제공하는 비영리 공익 법인이다.

　㉡ 한국가정법률상담소 : 가정 문제를 비롯하여 법률문제 전반에 대한 상담 및 교육을 담당한다.

　㉢ 대한변호사협회 : 현직 변호사들이 법률 상담을 제공하고 법률 구조 대상자를 선정하여 변호사 선임 및 소송에 필요한 각종 비용을 지원한다.

❺ 생활 속의 법 – (1) 가족관계와 법

(1) 출생

① 출생시점 … 민법은 태아가 살아 있는 상태로 완전히 어머니의 몸 밖으로 나온 때를 출생시점으로 보는 완전 노출설의 입장을 취한다. 태아의 경우 상속, 불법 행위로 인한 손해 배상 청구 등의 경우에 예외적으로 권리 능력을 인정한다.

기출 2018. 5. 19. 제1회 지방직 시행

다음에서 민사분쟁 해결제도에 대한 설명으로 옳은 것만을 모두 고르면?

• 보기 •

㉠ 내용증명우편에는 우편에 기재된 내용 그대로 사실 관계가 법적으로 확정되는 효력이 있다.
㉡ 민사조정제도는 민사소송을 제기하기 위한 전심절차로서 반드시 거쳐야 한다.
㉢ 대한법률구조공단은 법률구조사업을 효율적으로 추진하기 위해 설립된 공공기관이다.
㉣ 소액사건 심판제도는 제소한 때의 소송목적의 값이 3,000만 원을 초과하지 아니하는 금전 기타 대체물이나 유가증권의 일정한 수량의 지급을 목적으로 하는 간편하고 신속한 심판절차이다.

① ㉠㉡　　② ㉠㉢
③ ㉡㉣　　④ ㉢㉣

‹정답 ④

② **이름 짓기** … 한글 또는 한자 사용이 가능하며, 성을 제외하고 5자 이내로 제한한다.

③ **출생신고** … 출생증명서를 갖추고 주민 센터에서 신고하며, 출생 후 1개월 내에 신고하지 않으면 과태료가 부과된다.

④ **인지** … 혼인 외의 관계에서 태어난 자녀에 대해서는 아버지나 어머니가 자신의 자녀라고 인정하는 절차를 거쳐야 부모와 관련된 법적 권리를 보장받을 수 있다.

⑤ 입양의 경우 양자는 친자녀와 동등한 법적 권리를 가진다.

(2) 결혼과 이혼

① **결혼**

　㉠ **결혼(법률혼)의 성립요건**

구분	내용
실질적 요건	• 혼인하겠다는 의사의 합치가 있어야 함 • 법적으로 혼인이 제한되는 친족 관계가 없어야 함 • 혼인 가능 연령(만 18세, 미성년자의 경우 부모의 동의 필요)에 도달해야 함
형식적 요건	혼인 신고

　㉡ **사실혼과 동거** : 혼인 신고 없이 결혼 생활을 하는 사실혼의 경우 제한적 범위에서만 법적 보호를 받으며, 동거의 경우 법적 보호를 받지 못한다.

　㉢ **결혼의 효력**

　• 친족 관계의 발생

　• 성년의제 : 만 18~19세의 미성년자가 혼인하면 민법상 성인으로 간주되어 단독으로 법률 행위가 가능하다.

　• 부부 간의 계약 취소권 : 부부 사이에서 혼인 중에 맺은 계약은 언제든지 부부의 일방이 이를 취소할 수 있다.

　• 부부 간의 일상 가사 대리권 : 가정생활에 필요로 하는 통상적 사무의 수행은 부부 서로가 상대방을 대리할 수 있다.

② **이혼**

　㉠ **협의상 이혼**

　• 부부의 의사 합치에 의한 이혼으로 이유나 원인을 묻지 않는다.

　• 이혼 의사 확인 후 자녀 양육 문제를 결정하고 법원에 서류를 제출하면, 이혼숙려기간 거쳐 가정 법원에서 이혼 의사 여부를 공적으로 확인한다.

기출 2025. 6. 21. 제1회 서울시(보훈청) 시행

〈보기1〉의 이혼의 유형 A, B에 대한 옳은 설명을 〈보기2〉에서 모두 고른 것은?

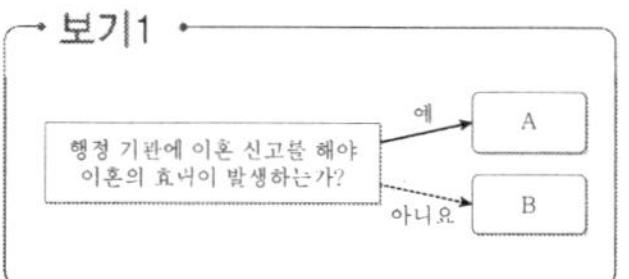

보기2
㉠ A는 원칙적으로 민법이 정한 이혼 사유에 해당해야만 가능하다.
㉡ B는 법원의 이혼 조정 절차를 거쳐야 한다.
㉢ B는 A와 달리 원칙적으로 이혼 숙려 기간을 거쳐야 한다.
㉣ A, B 모두 혼인 중 공동으로 마련한 재산에 대해 분할을 청구할 수 있다.

① ㉠, ㉡　　　② ㉠, ㉢
③ ㉡, ㉣　　　④ ㉢, ㉣

◀정답 ③

- • 3개월 이내에 등록기준지 또는 주소지 관할 구청에 신고하면 이혼의 과정이 완료된다.
  - ㉡ **재판상 이혼** : 부부관계가 파탄의 상태에 이르러 부부관계를 더 이상 유지할 수 없지만, 협의를 통한 이혼이 불가능 할 때 주소지 관할 법원에 이혼소송을 청구하여 판결로써 부부관계를 해소할 수 있다.
  - ㉢ **이혼의 효력**
    - • 혼인에 의해 성립한 부부 사이의 모든 권리와 의무, 친족관계 소멸
    - • 부부 공동 재산에 대한 분할 청구권
    - • 유책 배우자에 대한 위자료 청구 및 손해배상청구권 발생

(3) 사망과 상속

① **사망시점** … 사망시점에 대해서는 심장과 폐의 기능이 다하는 시점인 심폐 기능 정지설(민법에서의 일반설)과 뇌의 기능이 돌이킬 수 없는 손상으로 정지되는 시점인 뇌사설(제한적 인정)이 인정된다.

② **유언** … 유언자의 사망과 동시에 일정한 법률 효과를 발생시키기 위한 것으로 자필 증서, 녹음, 공정 증서, 비밀 증서 등과 같은 법에서 정한 형식이나 절차에 맞게 한 유언만 효력을 인정한다.

③ **상속** … 고인의 재산에 관한 권리와 의무가 배우자 및 일정한 범위의 친족에게 승계되는 것으로 재산뿐만 아니라 빚도 상속된다.

ㄱ **종류**
  - • 유언 상속 : 피상속인의 유언이 있을 경우 유류분을 제외하고 유언에 따름
  - • 법정 상속 : 피상속인의 유언이 없을 경우 법에 정해진 대로 상속이 이루어짐

ㄴ **상속인 보호**
  - • 상속포기 : 법정 상속을 받지 않겠다는 표시
  - • 한정승인 : 상속받을 재산 범위 내에서만 빚을 갚겠다는 표시
  - • 상속 여부의 재결정 : 뒤늦게 피상속인의 빚이 재산보다 더 많다는 것을 알게 된 경우, 일정 기간 내에 상속 여부를 재결정 할 수 있다.

ㄷ **상속 순위**

구분	상속인	비고
제1순위	직계 비속, 배우자	배우자의 경우 직계 비속이나 직계 존속이 있으면 공동으로 상속하며, 그렇지 않을 경우 단독 상속한다.
제2순위	직계 존속, 배우자	
제3순위	형제자매	
제4순위	4촌 이내의 방계 혈족	

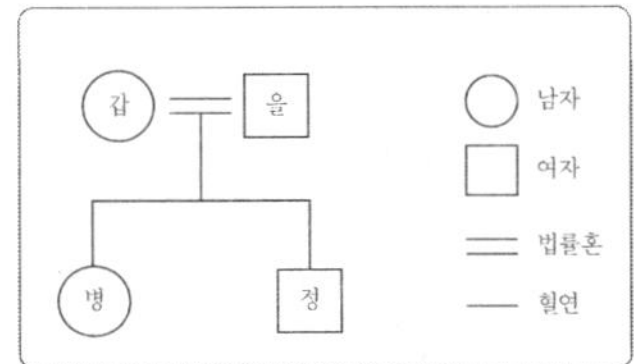

보기

갑과 을은 혼인 신고 후 자녀 병과 정을 낳고 살고 있었다. 어느 날 갑과 병이 큰 교통사고를 당하여 시차를 두고 두 사람 모두 사망하였다. 사망 당시 갑과 병의 전 재산은 각각 14억 원이었으며, 별도의 유언은 없었다.

① 갑이 먼저 사망한 경우 정은 갑 사망 시 갑의 재산 중 4억 원을 상속받는다.

② 병이 먼저 사망한 경우 을은 병 사망 시 병의 재산 중 7억 원을 상속받는다.

③ 갑이 먼저 사망하고 나서 병이 나중에 사망한 경우 을은 최종적으로 24억 원을 상속받는다.

④ 병이 먼저 사망하고 나서 갑이 나중에 사망한 경우 정은 최종적으로 10억 5천만 원을 상속받는다.

‹ 정답 ④

ⓔ **상속분과 기여상속분** : 성별, 결혼 여부 등에 관계없이 모두 균등하게 상속받으며, 배우자는 상속분의 50%를 더 받는다. 고인을 특별히 부양하였거나 고인의 재산 형성에 이바지한 공로가 인정되는 상속인에 대해서는 법에 정한 상속분보다 일정액을 더 상속받도록 기여상속분을 인정한다.

⑥ 생활 속의 법 – (2) 부동산 관련 법

(1) 부동산 물권

① 물권법정주의

구분	내용
점유권	물건을 사실상 지배하고 있을 때, 그 상태를 보호해 주기 위한 권리
소유권	대표적 물권으로 물건을 직접적 및 배타적으로 사용, 수익, 처분하거나 그 밖의 방법으로 지배할 수 있는 권리
제한물권	• 물건의 한정된 면만 지배할 수 있는 권리 • 용익물권 : 타인의 물건(토지 또는 건물)을 일정 범위 내에서 사용, 수익할 수 있는 물권으로 지상권, 지역권, 전세권 등이 해당 • 담보물권 : 목적물을 자기 채권의 담보에 제공함을 목적으로 하는 물권으로, 유치권, 저당권 등이 해당

② 물권의 효력

ⓐ **상호간의 우선적 효력** : 시간적으로 앞서서 성립한 물권은 뒤에 성립한 물권에 우선한다.

ⓑ **물권과 채권간의 우선적 효력** : 동일물에 대하여 물권과 채권이 병존하는 경우에는 그 성립 시기에 관계없이 항상 물권이 우선한다.

③ 공시

ⓐ **의미** : 물권의 변동은 거래의 안전을 위하여 당사자는 물론 제3자도 쉽게 그 변동관계를 알 수 있도록 해주는 것으로 언제나 외부에서 인식할 수 있는 방법을 수반해야 한다.

ⓑ **공시의 방법**

구분	물권의 공시	물권변동의 공시
동산	점유	인도
부동산	등기	등기

다음 사례에 대한 설명으로 옳지 않은 것은?

┌ 보기 ┐

갑은 자기 소유의 A아파트를 을에게 2억 3천만 원에 매도하는 매매 계약을 체결하면서 계약금으로 3천만 원을 받았다. 갑은 10일 후 을에게서 중도금 1억 원을 받았으며, 한 달 뒤 잔금 1억 원을 받으면서 을에게 등기에 필요한 모든 서류를 넘겨주었다.

① 을은 등기에 필요한 서류를 받은 시점에 A아파트에 대한 소유권을 취득하였다.
② 을은 계약을 체결하기 전에 A아파트의 등기부를 열람할 법적 의무가 없다.
③ 을은 계약금을 지불한 후에도 중도금을 지급하기 전에는 다른 약정이 없는 한 갑의 동의 없이 계약을 해제할 수 있다.
④ 갑과 을은 각각 대리인을 통해서 매매 계약을 체결할 수도 있다.

◂정답 ①

(2) 부동산 매매와 등기

① **등기** … 등기부라는 공적 장부에 부동산과 관련된 권리를 기재하는 것으로, 필요한 경우 다른 사람이 열람할 수 있으며 부동산의 거래는 등기부상에 내용이 기재되어야만 법적 효력이 발생한다.

② **등기부등본의 구성** … 갑구와 을구에 관계없이 먼저 등기가 된 권리가 우선 보호된다.

구분	내용
표제부	소재지, 면적, 용도, 구조 등이 변경된 순서대로 기재
갑구	소유권에 관한 사항이 접수된 날짜순으로 기재
을구	저당권, 전세권 등 같은 소유권 이외의 권리에 관한 사항 기재

③ **부동산 거래의 절차**

㉠ **탐색** : 위치, 가격 등을 탐색

㉡ **등기부 열람** : 토지나 건물의 소유자 확인, 권리설정관계의 유무 파악

㉢ **토지대장 열람** : 등기부와 다른 점 확인, 해당 구청에서 열람

㉣ **매매계약 체결** : 매도인이 실소유자가 맞는지 반드시 확인

㉤ **계약금 지불** : 계약서 작성 후 통상 매매가의 10%

㉥ **중도금 지급** : 계약일과 잔금일의 중간쯤 매매가의 40%

㉦ **잔금 지급** : 매매대상물을 인도하는 날, 등기서류 및 부동산 인수

㉧ **등기** : 신청서, 등기원인을 증명하는 서면, 매도인의 등기필증(집문서, 땅문서), 매매용 인감증명서 등을 첨부하여 지방법원관할 등기소에 신청

④ **계약 해제**

㉠ **중도금 지급 전** : 계약의 일방 당사자는 상대방의 합의를 구하지 않아도 매수인은 계약금을 포기, 매도인은 계약금의 배액을 지급하고 계약 해제가 가능하다.

㉡ **중도금 지급 후** : 중도금이 지급되면 이행의 착수로 보아 계약은 확정되며 원칙적으로 해제가 불가능하나 예외적으로 양 당사자가 합의한 경우, 약정에 의한 경우, 법에 규정된 사유가 있는 경우는 해제 가능하다.

(3) 부동산 임대차

① **의미** … 임대인이 임차인에게 건물이나 토지 등을 빌려 주고 임차인이 그 대가를 지급하기로 하는 계약으로, 통상적인 전월세 계약을 임대차 계약으로 볼 수 있다.

기출 2018. 5. 19. 제1회 지방직 시행

다음 그림은 부동산 매매 절차를 나타낸 것이다. (가)~(라)에 대한 설명으로 옳은 것은?

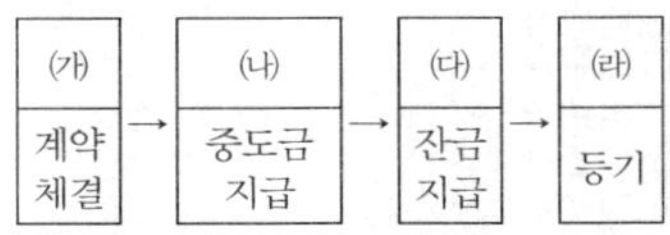

① (가) 단계에서 계약금을 지급해야만 계약이 성립한다.

② (가) 단계 이후 (나) 단계 이전까지 매수인은 계약금만 포기하면 계약을 일방적으로 해제할 수 있다.

③ (다) 단계에서 매수인은 잔금 지급과 동시에 부동산 및 관련 서류를 매도인으로부터 인수하면 소유권이 이전된다.

④ (라)를 통해 등기부 을구의 내용이 변경된다.

◀ 정답 ②

② 임대차 계약 시 주의사항

　　㉠ 등기부등본을 열람하거나 발급받아 계약 해지 시에 보증금을 안전하게 돌려받을 수 있는지를 확인

　　㉡ 등기부등본에 기재가 안 된 선순위의 임차권자의 보증금이 얼마나 되는지, 해당 부동산이 경매될 경우 매각금액 예측

　　㉢ 잔금 지급 시에 주민 등록 전입신고를 하면서 임대차 계약서에 확정일자를 받음

　　㉣ 주택임대차보호법상의 대항력을 인정받으려면 현실로 주택을 인도받아야 함

③ 주택임대차보호법

　　㉠ 목적 : 세입자의 주거 및 보증금의 회수를 보장하고, 과도한 집세 인상 등에서 세입자를 보호하기 위하여 제정

　　㉡ 대항력 : 계약기간까지 그 주택에 거주할 수 있고, 계약기간이 지났더라도 임차 보증금을 돌려 줄때 까지 계속 거주할 수 있는 권리

　　㉢ 우선변제권 : 임차 주택이 경매 처분될 경우 자신의 임대차 보증금을 후순위 저당권에 우선하여 우선 돌려받을 수 있는 권리

　　㉣ 계약기간특례 : 계약기간이 없거나 2년 미만으로 정한 임대차는 그 기간을 2년으로 본다. 또 임대인이 기간 만료 전 갱신 거절이나 조건 변경의 통지를 하지 않았을 경우 이전과 같은 조건으로 다시 계약한 것으로 본다.

　　㉤ 임차권 승계 : 임차인의 사실혼 배우자도 임차인이 사망한 경우 임차권을 승계할 수 있다.

　　㉥ 소액보증금 최우선 변제권 : 일정 범위의 소액 보증금은 다른 담보물권자보다도 우선하여 최우선으로 변제받을 수 있다.

기출 2015. 6. 27. 제1회 지방직 시행

밑줄 친 ㉠~㉣에 대한 설명으로 옳은 것은?

> ▸ 보기 ◂
>
> 주택임대차계약을 체결하기 위해서는 ㉠부동산등기부를 사전에 확인해야 한다. 계약을 체결할 때 집주인이 맞는지를 확인하고 ㉡주택임대차계약서를 작성해야 한다. 잔금을 지급하고 ㉢입주하며 전입신고와 ㉣확정일자를 받는 것을 잊지 말아야 한다.

① ㉠은 집주인의 동의를 얻어야 확인할 수 있다.

② ㉡은 반드시 부동산 중개업자의 입회하에 진행되어야 한다.

③ ㉢을 하지 않더라도 보증금 우선변제권을 행사할 수 있다.

④ ㉣은 주택소재지의 읍·면사무소, 동 주민센터에서 주택임대차계약서에 표시하는 방법으로 부여 받을 수 있다.

◀정답 ④

1 〈보기〉의 밑줄 친 ㉠~㉣ 중 혼인의 효력에 대한 설명으로 가장 옳지 <u>않은</u> 것은?

― 보기 ―

혼인한 부부는 원칙적으로 함께 살며 서로 부양하고 협조해야 할 법률상의 의무를 진다. 「민법」은 혼인하였더라도 ㉠부부가 각자의 재산을 따로 소유·관리·처분하는 부부 별산제를 원칙으로 한다. ㉡혼인 중 부부가 협력하여 취득한 재산은 명의가 어느 쪽으로 되어 있는지에 따라 부부 각자의 재산으로 본다. 부부는 공동생활에 필요한 비용을 함께 부담해야 하므로 이를 위하여 ㉢일상의 가사에 대해 상대방을 대리할 수 있다. ㉣일상의 가사에 대해 부부 중 어느 한쪽이 지는 채무는 별도의 의사 표시가 없는 한 부부에게 연대 책임이 있다.

① ㉠
② ㉡
③ ㉢
④ ㉣

2 〈보기〉의 사례에 대한 법적 판단으로 가장 옳은 것은?

― 보기 ―

갑(甲)과 을(乙)은 결혼한 후 아이가 생기지 않자, 병(丙)이 홀로 키우던 자녀 A와 B 중에서 A를 적법한 절차를 거쳐 친양자로 입양하였다. 이후 A를 키우던 중 갑과 을은 불화로 재판상 이혼을 하였고, 미성년 자녀인 A에 대한 양육권은 갑이 갖기로 하였다. 1년 뒤, 갑은 교통사고로 3억 원의 재산과 1억 원의 빚을 남기고 사망하였다.

① 갑과 을은 이혼할 때, 이혼 숙려 기간을 거쳤을 것이다.
② A가 받을 수 있는 갑의 상속액은 8천만 원이다.
③ 병이 사망한 경우, 병의 법정 상속인은 B이다.
④ A는 갑과 을의 가족 관계 등록부에 양자로 기재된다.

1.

혼인은 가족을 구성하고 사회 질서 속에 편입되는 사회적 제도로써 적법한 혼인은 법이 규율하는 법률관계를 구성하며 법의 보호를 받는다. 민법 제830조 제1항에 따라 부부의 일방이 혼인 중 자기의 명의로 취득한 재산을 그 특유재산으로 한다. 따라서, 혼인 중 부부가 협력하여 취득한 재산은 명의가 어느 쪽으로 되어 있는지에 따라 부부 각자의 재산으로 한다. 즉, 간주의 의미로써 '본다'가 아니라 추정의 의미로써 '한다'가 옳은 설명이다.

① 민법 제830조 제1항에 따라 부부가 각자의 재산을 따로 소유·관리·처분하는 부부 별산제를 원칙으로 한다.
③ 민법 제827조 제1항의 일상가사 대리권에 따라 부부는 일상의 가사에 대해 상대방을 대리할 수 있다.
④ 민법 제832조에 따라 일상의 가사에 대해 부부 중 어느 한쪽이 지는 채무는 별도의 의사 표시가 없는 한 부부에게 연대 책임이 있다.

2.

① 갑과 을은 재판상 이혼을 하였으므로, 협의 이혼 시 적용되는 숙려 기간은 거치지 않는다.
② A는 갑의 직계 비속으로 3억 원의 재산(적극 재산)과 1억 원의 빚(소극 재산)을 단독 상속받으므로 2억 원이 된다.
③ 갑과 을은 A를 친양자로 입양하였으므로 A와 병과의 친족 관계는 소멸한다. 따라서 병이 사망할 경우 법정 상속인은 B만 해당된다.
④ 친양자는 법률상 양부모의 친생자이므로 입양 사실이 공개되지 않는다.

Answer　　1.② 2.③

3 민법의 기본원리인 (가)~(다)에 대한 설명으로 옳은 것만을 〈보기〉에서 모두 고른 것은?

구분	관련 내용
(가)	개인의 재산권은 공공복리에 적합하도록 행사되어야 한다.
(나)	개인은 자유로운 의사에 기초하여 타인과 법률관계를 형성할 수 있다.
(다)	가해자는 직접적인 고의나 과실이 없는 경우에도 일정한 요건에 따라 손해 배상 책임을 질 수 있다.

― 보기 ―

㉠ (가)는 개인 소유의 재산에 대해 사적 지배를 인정하지 않는다.
㉡ (나)에 의해 사회적 이익에 반하거나 불공정한 계약은 법적 효력이 없다.
㉢ (다)는 제조물 책임에 대해서 적용되는 원칙이다.
㉣ (가)와 (다)는 개인이나 기업의 사회적 책임을 강조한다.

① ㉠㉡ ② ㉠㉢
③ ㉡㉣ ④ ㉢㉣

3.

(가)는 소유권 공공의 원칙(소유권 행사의 공공복리 적합의무)으로 개인의 재산권은 공공복리에 적합하도록 행사되어야 한다는 현대 민법의 원칙이다. (나)는 사적 자치의 원칙(계약 자유의 원칙)으로 개인의 자유로운 의사에 기초하여 타인과 법률관계를 형성할 수 있는 근대민법의 원칙이다. (다)는 무과실 책임의 원칙으로 가해자의 직접적인 고의나 과실이 없는 경우에도 일정한 요건에 따라 손해 배상 책임을 질 수 있다는 현대 민법의 원칙이다.

㉢ 현대 과학기술의 발달에 따라 소비자가 제조업자의 과실을 입증하는 것이 쉽지 않으므로 제조물 책임법이 제정되었다. 입증책임을 전환시킴으로써 소비자가 제조업자의 과실을 입증하지 않고도 피해를 보상받을 수 있도록 함으로써 무과실책임의 원칙을 실현하고자 한다.

㉣ 소유권 공공의 원칙에 따라 소유권의 행사는 사회 전체의 이익(공공복리)을 위해서 그 권리의 행사가 제한될 수 있다. 또한 무과실책임의 원칙은 고의 혹은 과실이 없는 데도 일정한 상황에서는 관련자에게 책임을 물을 수 있도록 한다. 두 원칙은 모두 개인이나 기업의 사회적 책임을 강조하는 것과 관련된다.

㉠ 소유권 공공의 원칙은 개인 소유의 재산에 대한 사적 지배를 인정하지 않는 게 아니라 일정한 경우 제한을 가할 수 있다는 의미다.

㉡ 사적 자체의 원칙은 개인의 자유로운 의사에 기초하여 계약 체결, 상대방 선택, 계약 내용 결정, 방식의 자유를 인정한다.

※ 근대민법의 원칙과 현대 민법의 수정 원칙

구분	소유권 절대 원칙	계약 자유 원칙	과실 책임 원칙
폐단	경제적 약자에 대한 유산계급의 지배와 횡포	경제적 강자에게 유리한 계약을 약자에게 일방적 강요	기술과 자본을 통해 고의·과실 없음을 증명하여 책임 회피
수정 (현대 민법 원리)	소유권 행사의 공공복리 적합의무 (원칙)	계약 공정의 원칙	무과실 책임의 원칙

4 다음 사례와 관련된 설명 중 옳지 않은 것은?

> 갑과 을은 서로 사랑하는 사이로 5년의 연애 끝에 결혼하였다. 외동딸이었던 을은 늙은 어머니가 혼자 남게 될 것을 걱정하여 혼인한 후에 어머니를 모시고 함께 살기로 갑과 약속하였다. 그러나 혼인 신고 후 갑은 함께 사는 장모와 불화가 발생하자 을을 구타하고 장모에게 자주 폭언을 퍼부었다. 그 후 갑은 다른 여자와 밀회하더니 집을 나가 버렸다. 이에 을은 갑과의 이혼을 결심하였다. 갑과 을 사이에는 생후 1년 된 딸이 있다.

① 갑과 을은 원인이나 이유에 관계없이 협의하여 이혼할 수 있다.
② 협의하여 이혼을 하는 경우에 갑과 을은 법원에서 이혼 의사의 확인을 받아야 한다.
③ 을이 재판으로 이혼을 청구할 경우 정신적인 고통에 대해서는 배상을 청구할 수 없다.
④ 을은 혼인 중 갑과 공동으로 마련한 재산에 대하여 그 분할을 청구할 수 있다.

5 다음 밑줄 친 내용이 담고 있는 의미는?

> 민법 제2조는 "권리행사와 의무이행은 신의에 좇아 성실히 하여야 한다.", "권리는 남용하지 못한다."라고 규정하여 <u>신의성실</u>과 권리남용 금지의 원칙을 규정하고 있다.

① 정의와 형평
② 도덕적 양심
③ 국가안전보장
④ 법률

4.

협의 이혼의 경우는 원인이나 이유를 불문하고 이혼 의사의 합치만 있으면 가능하다. 재판상 이혼으로 갈 경우 정신적 고통에 대해서는 위자료 청구가 가능하다.

5.

신의성실은 원래 사람의 행위나 태도에 대한 윤리적·도덕적 평가를 나타내는 말이지만, 민법 제2조의 신의성실은 구체적인 사건에서 객관적인 법률을 무차별적으로 적용함으로써 발생하는 부작용을 회피하기 위한, 즉 정의와 형평을 의미한다.

Answer　4.③ 5.①

6 다음의 '권리내용' 진술에서 공통적인 성격으로 옳은 것은?

> • 타인소유 토지를 통행도로로 이용할 때 그 토지를 대상으로 생긴 권리
> • 타인의 토지를 빌려 건물을 신축할 때 빌린 토지에 대해서 건축주가 갖는 권리
> • 채무불이행으로 채무자의 집을 매각하여 충당키로 한 계약에서 채권자가 채무자의 집에 대해 갖는 권리

① 지역권, 청구권
② 채권, 소유권
③ 용익물권, 담보물권
④ 제한물권, 용익물권

7 다음 중 우리 민법상 민사에 관하여 법률에 규정이 없으면 제1차로 어느 것이 적용되는가?

① 관습법
② 명령
③ 조례
④ 조리

6.

용익물권과 담보물권
㉠ 용익물권 : 타인의 물건을 일정한 목적을 위하여 사용, 수익하는 것을 내용으로 하는 물권이다.
• 지상권 : 건물이나 수목을 소유하기 위하여 다른 사람의 토지를 이용하는 권리
• 지역권 : 자기 집에 드나들기 위하여 다른 사람의 토지를 통행하는 경우와 같이 서로 인접한 토지에서 자기 편익을 위하여 다른 사람의 토지를 이용할 수 있는 권리
• 전세권 : 전세금을 지불하고 다른 사람의 부동산을 그 용도에 따라 사용, 수익할 수 있는 권리
㉡ 담보물권 : 자기 채권을 확보하기 위해 다른 사람 소유의 물건에 제한을 가하는 물권이다.
• 유치권 : 다른 사람의 동산을 점유한 자가 그 물건 때문에 생긴 채권을 변제받을 때까지 그 물건을 자기의 지배하에 두는 권리
• 질권 : 채권의 담보로 받은 동산을 채권자가 가지고 있다가 채권의 변제가 없을 때에는 그 물건을 처분하여 우선변제를 받을 수 있는 권리
• 저당권 : 가옥을 담보로 하여 은행 등에서 돈을 빌려주는 경우와 같이 채권의 담보로 내놓은 부동산을 그 제공자의 사용·수익에 맡겨두면서 채권의 변제가 없을 때, 그 물건에서 다른 채권자보다 우선적으로 변제를 받을 수 있는 권리

7.

민법은 개인 상호 간의 사적 생활관계를 규율하는 일반사법으로, 민사에 관하여 법률에 규정이 없는 경우에는 관습법의 적용을 받는다.

8 개인 간의 생활관계를 규율하는 법의 내용으로 설명이 옳은 것은?

① 물권이 변동될 때는 공시의 원칙에 따라 모두 등기해야 한다.
② 민사상의 분쟁해결은 자력구제의 원칙을 적용한다.
③ 전세권, 질권, 유치권 등은 모두 제한물권이다.
④ 채권의 발생은 계약으로 성립되고, 인도로써 소멸된다.

9 다음 사례에 대한 법적 판단으로 옳은 것은?

> 갑은 사실혼 배우자 을과 을 사이에 출생한 아들 병에게 전 재산의 50%씩을 주도록 유언장을 작성하고 사망하였으나 유언장이 제대로 작성되었는지 논란이 되고 있다. 유족으로는 병과 이혼한 전부인 사이에서 낳은 아들 정, 딸 무가 있다. 갑은 생전에 병을 인지하는 법적 절차를 남겼다.

① 유언의 법적 효력과 관계없이 을은 상속의 1순위이다.
② 유언의 법적 효력과 관계없이 정이 받을 금액은 무보다 많다.
③ 유언의 법적 효력이 인정되지 않아도 병은 상속인이 된다.
④ 유언의 법적 효력이 인정되면 병과 달리 을은 유류분 반환을 청구할 수 있다.

8.

③ 제한물권 : 물권의 한정된 면만 지배할 수 있는 권리로서 용익물권(지상권, 지역권, 전세권), 담보물권(유치권, 질권, 저당권)이 있다.
① 물권변동 : 공시의 원칙에 따라 부동산은 등기, 동산은 인도한다.
② 민사상 분쟁해결 : 자력구제금지의 원칙이 적용된다.
④ 채권발생은 계약, 채권소멸은 변제로써 소멸된다.

9.

위의 사례에서 유언이 유효하다면, 정과 무는 유류분 반환을 청구할 수 있다. 정과 무의 유류분액은 법정 상속 시는 상속액의 1/20이다. 유언이 유효하지 않다면 사실혼 배우자인 을은 상속권자가 아니므로 상속받을 수 없고, 병, 정, 무가 직계 비속으로 1순위 상속권자가 되며, 1:1:1의 비율로 상속받는다. 이때 병은 유언의 법적 효력이 인정되지 않아 법정 상속으로 진행되더라도 1순위 상속권자이다.
① 유언의 법적 효력이 없을 경우 을은 사실혼 배우자이므로 상속권자가 아니며 법률혼의 배우자에게만 상속권이 인정된다. 유언의 법적 효력이 인정된다면 을은 상속권자가 아니라 유증자로부터 재산을 받는 수종자가 된다.
② 유언의 법적 효력과 관계없이 정이 받을 금액은 무가 받을 금액과 동일하다.
④ 유언의 법적 효력이 인정되면 을과 병은 유류분 반환 청구가 아닌 유언장의 내용대로 재산을 받을 수 있다.

Answer　　8.③　9.③

10 다음 중 민법에 있어서 권리의 주체, 객체 및 법률행위에 대한 내용으로 옳은 것은?

① 물건이라 함은 유체물 및 전기, 기타 관리할 수 있는 자연물을 말한다.

② 법률행위는 누구나 자신의 창의와 책임하에 자유의사에 따라 행동하는 것을 원칙으로 한다.

③ 권리능력을 가진 자는 누구나 단독으로 법률행위를 할 수 있다.

④ 민법상 권리의 주체는 모든 자연인에 한한다.

11 다음은 부동산의 일반적인 거래 순서이다. (개)~(대)에 대한 옳은 설명을 〈보기〉에서 고른 것은?

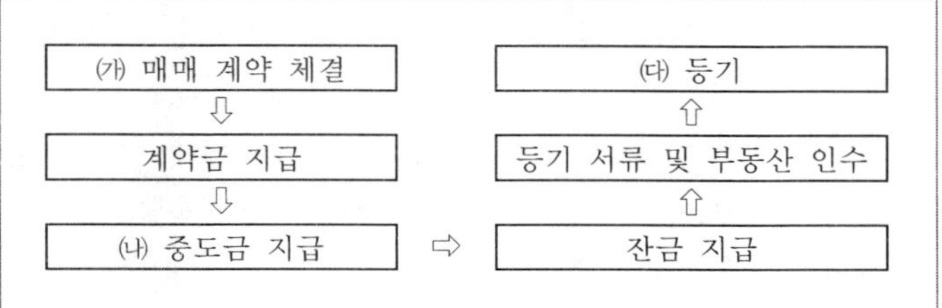

―― 보기 ――

㉠ (개)에서 거래 당사자가 아닌 대리인은 계약을 체결할 수 없다.

㉡ (내) 이후 원칙적으로 계약 당사자 모두 일방적인 계약 해제가 어렵다.

㉢ (대) 이후 새로운 소유자가 등기부 을구에 기재된다.

㉣ (대) 이후 계약 기간이 만료되지 않은 대항력 있는 임차인이 있다면 매수인은 부동산을 바로 점유하지 못할 수도 있다.

① ㉠㉡   ② ㉠㉢

③ ㉡㉢   ④ ㉡㉣

10.

① 민법에서 물건이라 함은 유체물 및 전기, 기타 관리할 수 있는 자연력을 말한다〈민법 제98조〉.
③ 법률행위는 당사자가 의사능력 및 행위능력을 가지고 있어야 한다.
④ 민법상 권리의 주체는 자연인과 법인이다.

11.

㉠ 매매 계약 체결 시 거래 당사자가 아닌 대리인도 계약을 체결할 수 있다.
㉡ 중도금 지급 이후에는 원칙적으로 일방적인 계약 해제가 어렵다.
㉢ 부동산 등기를 마치면 새로운 소유자는 등기사항 전부 증명서(등기부) 갑구에 기재된다.
㉣ 등기 이후에도 계약이 만료되지 않은 대항력 있는 임차인이 있다면 임대차 계약 만료 이후에 매수인은 해당 부동산을 점유할 수 있다.

Answer 10.② 11.④

기출PLUS

① 범죄의 성립과 형사 절차

(1) 형법의 의의

① **범죄와 형벌** … 범죄란 법률로 정해진 공권력을 동원해서라도 금지해야 하는 행동이며, 범죄가 저질러졌을 때 동원되는 공권력을 형벌이라고 한다.

② **죄형법정주의**

  ㉠ **의미** : 어떤 행위가 범죄가 되고 그 범죄에 대하여 어떤 처벌을 할 것인가는 미리 성문의 법률로 규정되어 있어야 한다는 근대 형법의 최고 원칙으로, "법률이 없으면 범죄도 없고 형벌도 없다."라는 말로 요약될 수 있다.

  ㉡ **목적** : 국가 형벌권의 확장과 남용 방지하여 국민의 자유와 인권 보장하기 위함이다.

  ㉢ **원칙**

- **관습 형법 금지의 원칙** : 법관이 적용할 형벌에 관한 법은 반드시 성문의 법률이어야 하고, 관습법이나 불문법을 적용할 수 없다.
- **명확성의 원칙** : 형법에 의하여 금지되는 행위가 무엇인지, 또 그 행위로 부과될 형벌의 종류와 형기가 명확하여 누구나 알 수 있어야 한다.
- **유추 해석 금지의 원칙** : 법률에 규정되지 않은 사항에 대해 그것과 유사한 성질을 가지는 사항에 관한 법률을 자의적으로 해석하여 적용할 수 없다. 단, 행위자에게 유리한 우추해석은 가능하다.
- **형벌 효력 불소급의 원칙** : 형벌 법규는 그 시행 이후에 이루어진 행위에 대해서만 적용되고, 이전의 행위에까지 소급하여 적용할 수 없다. 단, 행위자에게 신법이 유리한 경우에는 신법을 적용한다.
- **적정성의 원칙** : 법률 자체가 적정해야 하고 범죄와 형벌 간에 균형이 이루어져야 한다.

③ **범죄 성립의 3요소**

  ㉠ **구성 요건 해당성** : 구성 요건이란 형법의 규정에 범죄로 규정한 행위로, 즉 형벌 법규에 규정되어 있는 위법 행위의 정형을 말한다. 구성 요건에 해당하면 위법성이 추정된다.

- 객관적 요소(행위, 인과관계, 결과 등)와 주관적 요소(고의, 과실)가 필요하다.
- 살해행위, 재물절취 등이 해당한다.

[기출] 2025. 6. 21. 제1회 서울시 시행

〈보기〉에 대한 설명으로 가장 옳은 것은? (단, A, B는 각각 죄형법정주의의 파생원칙 중 하나이다.)

┌ 보기 ┐

□□법은 산업현장에서의 안전사고 예방과 기업의 사회적 책임 강화를 위하여 도입된 법이지만, '경영책임자 등'과 '안전 및 보건 확보 의무'의 개념이 모호하여 A에 위반되며, □□법에서 규정하고 있는 형벌이 과도하여 B에 위배된다는 등 보완점이 제기되었다.

① A가 강조될수록 입법권이 사법권보다 우위에 있음을 인정하는 것이다.
② B는 범죄가 되는 행위와 그에 따른 형벌의 수준은 비례하여야 한다는 것이다.
③ A와 달리 B는 입법자의 자의로부터 국민의 자유를 보호하는 기능을 한다.
④ B는 행위 후에 법률을 제정하여 그 법으로 이전의 행위를 처벌하는 것은 금지한다는 것이다.

◀ 정답 ②

ⓒ **위법성** : 구성 요건에 해당하는 행위가 전체 법질서로부터 부정적 가치판단이 내려지면 위법성이 인정된다. 단 구성 요건에 해당하는 행위 중 예외적으로 위법성이 인정되지 않는 위법성 조각 사유가 있으면 범죄가 성립하지 않는다.

위법성 조각 사유	근거조항
정당방위	자기 또는 타인의 법익에 대한 현재의 부당한 침해를 방위하기 위한 행위는 상당한 이유가 있는 때에는 벌하지 아니한다〈형법 제21조〉.
긴급피난	자기 또는 타인의 법익에 대한 현재의 위난을 피하기 위한 행위는 상당한 이유가 있는 때에는 벌하지 아니한다〈형법 제22조〉.
정당행위	법령에 의한 행위 또는 업무로 인한 행위 기타 사회상규에 위배되지 아니하는 행위는 벌하지 아니한다〈형법 제20조〉.
자구행위	법정 절차에 의하여 청구권을 보전하기 불능한 경우 그 청구권의 실행 불능 또는 현저한 실행 곤란을 피하기 위한 행위는 상당한 이유가 있는 때에는 벌하지 아니한다〈형법 제23조〉.
피해자 승락	처분할 수 있는 자의 승낙에 의하여 그 법익을 훼손한 행위는 법률에 특별한 규정이 없는 한 벌하지 아니한다〈형법 제24조〉.

ⓒ **책임성** : 어떠한 행위를 이유로 그 행위자가 사회적으로 비난받을 만한 책임이 있어야 하며, 행위자가 법 규범의 의미 및 내용을 이해하여 당해 행위를 법률이 금지하고 있다는 것을 인식할 수 있는 통찰능력이 없는 경우나 행위 시의 구체적인 사정으로 보아 행위자가 범죄 행위를 하지 않고 적법행위를 할 것을 기대할 수 있는 가능성이 없는 경우에는 책임성 조각 사유가 된다. 심신미약자, 농아자 등은 책임성 감경 사유에 해당한다.

④ **형벌과 보안 처분**

ⓒ 형벌의 종류

종류		내용
생명형	사형	범죄자의 생명을 박탈하는 형벌로, 형법 중에서 최고형
자유형	징역	범죄자를 교도소 내에 가두어 노역을 하게 하는 형벌
	금고	징역형과 마찬가지로 구금형에 해당하지만 교도소에서 노역을 시키지 않는다는 점에서 구별됨
	구류	1일 이상 30일 미만의 기간 동안 교도소 등의 수용 시설에 구금시키는 형벌

기출 PLUS

기출 2025. 6. 21. 제1회 서울시(보훈청) 시행

〈보기 1〉의 범죄의 성립 요건 A~C에 대한 옳은 설명을 〈보기 2〉에서 모두 고른 것은?

┌ 보기1 ┐

어떤 행위가 범죄로 성립하려면 형법에서 범죄로 정해 놓은 일정한 행위에 해당해야 함을 의미하는 A가 인정되어야 한다. 어떤 행위에 A가 인정되면 B가 있다고 추정된다. 그 행위가 법질서 전체의 관점에서 볼 때 부정적이라는 가치 판단이 불가능하다면 B가 인정되지 않을 수도 있다. A, B가 모두 인정되는 행위라도 그 행위를 한 사람에게 행위에 대한 C가 인정되어야 한다.

┌ 보기2 ┐

㉠ 12세인 자가 타인의 재물을 절취한 경우는 절도죄의 A가 인정되지 않는다.
㉡ C는 행위자에 대한 법적 비난 가능성을 의미한다.
㉢ A가 인정되는 행위라도 현재의 부당한 침해로부터 자기의 법익을 방위하기 위한 상당한 이유가 있다면, 자구 행위에 해당하여 B가 조각된다.
㉣ 자신의 생명에 대한 저항할 수 없는 폭력에 의해 강요된 행위로 타인에게 상해를 입힌 경우에는 B가 인정되나 C가 조각된다.

① ㉠, ㉡   ② ㉠, ㉢
③ ㉡, ㉣   ④ ㉢, ㉣

❮정답 ③

명예형	자격상실	• 법원으로부터 사형·무기징역·무기금고의 형의 선고가 있을 때에는 그 효력으로서 당연히 일정한 자격을 상실시키는 형벌 • 공무원이 되는 자격, 공법상의 선거권과 피선거권, 법률로 요건을 정한 공법상의 업무에 관한 자격, 법인의 이사, 감사 또는 기타 법인의 업무에 관한 검사역이나 재산 관리인이 되는 자격 등
	자격정지	일정 자격을 일정 기간 정지시키는 형벌
재산형	벌금	금전으로 과해진 형벌(5만 원 이상)
	과료	일정한 액수를 기준으로 벌금보다 상대적으로 가벼운 재산형(2천 원~5만 원 미만)
	몰수	유죄판결을 선고할 때 범죄 행위에 제공하였거나, 제공하려고 한 물건, 또는 범죄로 말미암아 생겼거나 범죄로 인해 취득한 물건, 그 밖에 이러한 물건의 대가로 취득한 물건을 범죄자의 수중으로부터 국가에 귀속시키는 형벌

ⓒ **보안처분**: 범죄로부터 사회를 방위하고 범죄자를 사회로 복귀시키기 위해 형벌과 함께 혹은 형벌을 대신하여 부과하는 예방적 조치이다. 책임을 전제로 하는 형벌과는 달리 장래의 범죄적 위험성을 기초로 하며, 보호 관찰, 사회봉사, 수강명령, 치료 감호 등이 있다.

(2) 형사 절차의 이해

① 수사 절차와 피해자의 권리

ㄱ **수사의 의미와 절차**: 수사란 범죄가 저질러졌을 가능성이 있는 경우에 실제 범죄 행위 여부를 확인하는 활동으로, 피해자의 고소 또는 제3자의 고발로 수사가 개시되면, 입건→구속과 불구속→송치→구속 적부 심사를 거쳐 기소여부가 결정된다.

ㄴ **피의자의 권리 보호**

• 무죄 추정의 원칙: 피의자는 유죄 판결이 확정될 때까지 무죄로 추정한다.

• 진술 거부권(묵비권): 피의자는 진술을 강요당하지 않을 권리가 있다.

• 변호인의 도움을 받을 권리: 누구든지 변호인의 도움을 받을 권리가 있다.

• 구속 적부 심사 제도: 체포, 구속된 피의자는 절차의 적법성을 심사해 줄 것을 법원에 신청할 수 있다.

• 미란다 원칙: 체포 또는 신문 시 피의자에게 체포 및 구속 이유, 변호인의 도움을 받을 권리, 묵비권 행사의 권리 등을 고지해야 한다.

〈보기〉의 형사 절차 ㈎~㈕에 대한 설명으로 가장 옳은 것은?

> ── 보기 ──
> ㈎ 수사 ⇨ ㈏ 구속 ⇨ ㈐ 기소
> ⇨ ㈑ 선고 ⇨ ㈒ 집행

① ㈎에는 피해자의 고소를 통해서만 개시된다.
② ㈏ 이후 피의자는 검사에게 구속 적부 심사를 청구할 수 있다.
③ ㈐ 이후 공판 과정에서 피고인의 유죄는 판사가 증명해야 한다.
④ ㈑는 판사에 의해, ㈒는 검사의 지휘로 이루어진다.

〈정답 ④

② 형사 재판 절차

　　㉠ 기소와 불기소 : 기소란 피의자에게 혐의가 있어 유죄 판결을 기대하며 검사가 재판을 청구하는 것을 말한다. 불기소란 기소하지 않고 사건을 종결하는 것으로, 무혐의 처분이나 기소 유예 등이 이에 해당한다.

　　㉡ 형사 재판의 절차 : 기소→법원 구성→재판의 시작→검사의 논거→피고인의 반박→심증 형성→법원의 선고

③ 형의 선고와 집행

　　㉠ 형의 선고 : 피고인의 죄가 인정되는 경우 실형을 선고하거나 집행 유예, 선고 유예 등의 유죄 선고를 할 수 있으며, 기소한 사건에 대해 죄를 인정할 만한 증거가 없는 경우 무죄를 선고한다.

　　㉡ 상소 : 제1심 판결 선고에 대한 이의 제기는 항소, 제2심 판결에 대한 이의 제기는 상고라고 한다.

　　㉢ 형의 집행 : 징역형 또는 금고형의 경우 교도소에 수감한다. 교도소에 갇힌 수형자가 잘못을 뉘우치고 모범적으로 수감 생활을 하는 경우, 법원이 선고한 기간이 지나기 전에 임시로 석방하는 가석방 제도가 있다.

④ 즉결 심판과 국민 참여 재판

　　㉠ 즉결 심판

　　　• 20만 원 이하의 벌금형, 30일 이내의 구류형 등이 예상되는 경미한 범죄에 대하여 정식 재판 절차를 거치지 않고 판사가 그 자리에서 바로 형을 선고하는 절차로 즉결 심판 또는 줄여서 즉심이라고 한다.

　　　• 즉결 심판 절차는 약식 절차와 달리 반드시 검사가 청구하지 않아도 되고 경찰서장의 청구에 의해 이루어질 수 도 있다.

　　　• 피고인은 즉결 심판에 이의가 있다면 정식 재판을 청구할 수 있다.

　　㉡ 국민 참여 재판

　　　• 일반 시민이 배심원으로 참여하여 유무죄에 관한 평결을 내리고, 유죄로 평결이 내려진 피고인에 대해 선고할 적정한 형벌을 담당 재판관과 토의하는 제도이다.

　　　• 배심원은 만 20세 이상의 국민이면 누구나 가능하며(단, 전과자나 변호사·경찰관 등의 직업을 가진 사람은 예외), 배심원 평결의 효력은 재판부에 권고의 효력만 있다.

기출PLUS

기출 2025. 6. 21. 제1회 서울시(보훈청) 시행

〈보기 1〉의 밑줄 친 ㉠~㉤에 대한 옳은 설명을 〈보기 2〉에서 모두 고른 것은?

─ 보기1 ─

갑(甲)은 눈이 쌓인 도로에서 승용차를 몰고 과속으로 운행하다 중앙선을 넘어 마주오던 승용차를 들이받아 상대 차량 운전자에게 전치 10주의 상해를 입혀 ㉠「교통사고처리 특례법」상 치상 혐의로 기소되었다. ○○ 지방법원은 갑에게 ㉡금고 6월에 ㉢집행 유예 2년을 선고하고, 80시간의 ㉣사회 봉사 명령과 40시간의 준법 운전 강의 ㉤수강 명령을 부과하였다.

─ 보기2 ─

㉠ ㉠은 실질적 의미의 형법이다.
㉡ ㉡은 징역과 달리 정해진 노역을 부과하지 않는다.
㉢ ㉢은 유예 기간 동안 범죄를 저지르지 않으면 면소된 것으로 간주하는 것이다.
㉣ ㉣은 ㉤과 달리 대안적 제재 수단이다.

① ㉠, ㉡　　　　② ㉠, ㉢
③ ㉡, ㉣　　　　④ ㉢, ㉣

◀정답 ①

(3) 범죄 피해자의 보호와 형사 보상

① 범죄 피해자 구조와 보호
  - ⑦ 범죄 피해자 구조 제도 : 범죄로 인해 사망, 상해 또는 재산상의 피해를 보고도 가해자를 알 수 없거나 가해자가 가난하여 피해를 보상받지 못하는 경우, 국가가 피해자 또는 유족에게 구조금을 지급한다. 단, 피해자와 가해자가 친족 관계이거나 범죄를 유발한 경우에는 제외한다.
  - ⓒ 범죄 피해자 보호법 : 피해자 상담, 긴급 구호, 의료 및 경제적 지원 등의 정책 시행
  - ⓒ 피해자 지원 센터 : 민간 주도로 범죄 피해자를 지원

② 형사 보상 및 명예 회복 제도
  - ⑦ 형사 보상 제도 : 불기소 처분을 받거나 무죄 판결을 받은 사람에게 국가가 그에 대한 보상을 해주는 제도
  - ⓒ 보상 청구
    • 피고인 : 재판이 확정된 사실을 안 날로부터 3년, 재판이 확정된 날로부터 5년 이내에 무죄 판결을 한 법원에 청구
    • 피의자 : 불기소 처분 통지를 받은 날로부터 3년 이내에 그 처분을 한 검사가 소속된 지검의 피의자 보상 심의회에 청구
  - ⓒ 명예 회복 제도 : 형사 보상 제도에 대한 보완책으로 무죄 판결이 확정된 때로부터 3년 이내에 자신을 기소한 검사가 소속된 지검에 무죄판결 관련 재판서를 법무부 홈페이지에 게시해 줄 것을 청구할 수 있다.

③ 배상 명령 제도
  - ⑦ 피해자가 형사 재판 과정에서 간단한 신청만으로 민사상 손해 배상 명령까지 받아낼 수 있는 제도이다.
  - ⓒ 피고인의 재판이 진행 중인 법원에 2심 변론이 끝나기 전까지 배상 명령 신청서를 제출(형사 재판의 증인으로 출석하고 있는 경우에는 구두로도 신청 가능)하면 가능하다.
  - ⓒ 배상명령을 신청할 수 있는 형사사건은 상해, 폭행, 과실치상, 강간·추행, 사기·공갈, 횡령·배임, 손괴 등 '소송촉진 등에 관한 특례법'에 규정된 사건과 가정보호사건 등 '가정폭력범죄의 처벌 등에 관한 특례법'에 규정된 범죄 등이 해당한다.
  - ⓒ 배상명령에서 인정되지 못한 부분은 별도로 민사소송을 제기할 수 있다.

❷ 법치 행정과 행정 구제

(1) 법치 행정과 시민 참여

① 행정의 원리
- ㉠ **민주행정의 원리** : 국민 주권의 원리에 따라 행정은 국민 모두의 이익과 의사가 반영되는 방향으로 진행되어야 한다.
- ㉡ **법치행정의 원리** : 행정기관의 행정 작용이 법에 위배되어서는 안 되며, 미리 정해진 법률에 의거하여 행정권이 발동되어야 한다.
- ㉢ **복지 행정의 원리** : 행정은 국민의 소극적인 자유권 보호 작용에 머무르는 것이 아니라, 적극적으로 국민의 인간다운 생활을 보장해야 한다. 우리 헌법의 관련 규정으로, 인간다운 생활을 할 권리, 행복추구권, 사회권적 기본권의 보장, 국가의 사회 보장 의무 등이 있다.
- ㉣ **사법 국가주의** : 국민의 권리 보호에 중점을 둔 것으로, 행정에 대한 재판을 행정 재판소에서 하는 행정 국가주의를 지양하고 행정에 대한 개괄적 사법심사를 인정한다.
- ㉤ **지방 분권주의** : 지방자치단체는 주민의 복리에 관한 사무를 처리하고, 재산을 관리하며 법령의 범위 안에서 자치에 관한 규정을 제정할 수 있다〈헌법 제117조〉.

> 🏠 **Plus tip**
> 우리나라의 지방 자치 단체
> ㉠ **광역자치단체** : 1개의 특별시, 6개의 광역시, 8개의 도, 1개의 특별자치도, 1개의 특별자치시
> ㉡ **기초자치단체** : 광역자치단체의 아래에 있는 시·군·자치구의 자치단체
> ※ **지방정부** : 시·도청, 시·군·구청
> ※ **지방의회** : 시·도 의회, 시·군·구 의회

② 행정에의 시민 참여
- ㉠ **거버넌스(governance)** : 행정에 시민의 참여가 일반화되는 것으로 전통적인 통치인 거번먼트(government)와 구별하여 부르는 용어
- ㉡ **장점** : 분쟁의 예방, 효율적이고 합리적인 행정 작용 도모, 행정에 대한 민주적 통제
- ㉢ **참여 방법** : 청문, 공청회, 의견 제출 등

③ 행정 정보 공개 제도
- ㉠ **의의** : 국민의 알 권리 보장, 행정의 민주화 및 공정화 실현
- ㉡ **한계** : 일반 회사가 아닌 공공 기관에만 청구가 가능하다.

기출 2022. 6. 18. 서울시 보훈청 시행

〈보기〉는 우리나라 지방자치단체의 종류를 나타낸 것이다. 이에 대한 설명으로 가장 옳은 것은?

— 보기 —

구분		의결 기관	집행 기관	
			일반 업무	교육·학예 업무
광역 자치 단체	특별시, 광역시, 특별자치시, 도, 특별자치도	㉠	㉡	㉢
기초 자치 단체	시·군·구(자치구)	㉣	㉤	—

① 서울특별시 시장은 ㉠에 해당한다.
② 전라남도 여수시장은 ㉡에 해당한다.
③ ㉠과 ㉣은 조례, ㉡과 ㉢은 규칙을 제정할 수 있다.
④ ㉤은 ㉣의 업무에 대해 감사와 조사를 할 수 있다.

◀ 정답 ③

(2) 다양한 행정 구제 제도

① **행정상 손해배상제도** … 국가 또는 공공단체의 위법한 행정작용으로 인하여 발생한 개인의 손해를 국가 등의 행정기관이 배상하여 주는 제도이다.

　㉠ **공무원의 위법한 직무행위로 인한 손해배상** : 국가나 지방자치단체는 공무원 또는 공무를 위탁받은 사인(이하 공무원)이 직무를 집행하면서 고의 또는 과실로 법령을 위반하여 타인에게 손해를 입히거나, 「자동차손해배상 보장법」에 따라 손해배상의 책임이 있을 때에는 이 법에 따라 그 손해를 배상하여야 한다. 다만, 군인·군무원·경찰공무원 또는 예비군대원이 전투·훈련 등 직무 집행과 관련하여 전사·순직하거나 공상을 입은 경우에 본인이나 그 유족이 다른 법령에 따라 재해보상금·유족연금·상이연금 등의 보상을 지급받을 수 있을 때에는 이 법 및 「민법」에 따른 손해배상을 청구할 수 없다〈국가배상법 제2조〉.

　㉡ **영조물의 설치·관리상의 하자로 인한 손해배상** : 도로·하천, 그 밖의 공공의 영조물의 설치나 관리에 하자가 있기 때문에 타인에게 손해를 발생하게 하였을 때에는 국가나 지방자치단체는 그 손해를 배상하여야 한다〈국가배상법 제5조〉.

② **행정상 손실보상제도** … 공공필요에 의한 적법한 공권력 행사에 의하여 개인의 재산에 가하여진 특별한 손해에 대하여 전체적인 평등부담의 견지에서 행하여지는 재산적 보상을 말한다.

　㉠ **손실보상의 요건** : 손실보상을 받기 위해서는 공공필요를 위해 재산권에 대해 적법한 공권력의 침해가 있고 이로 인한 개인이 특별한 희생이 있어야 한다.

　㉡ **손실보상의 기준** : 학설은 헌법 제23조 제3항에서 규정하고 있는 정당한 보상에 대하여 완전보상설과 상당보상설이 대립하고 있는데, 현재는 완전보상설이 다수설이라고 할 수 있다.

　㉢ **손실보상의 절차 및 방법** : 손실보상의 절차에 대해서는 일반법이 없고 각 단행법에서 당사자 간의 협의, 행정청의 재결, 또는 행정 소송에 의하는 경우 등을 개별적으로 규정하고 있다. 손실보상의 지급방법은 금전보상을 원칙으로 한다.

　㉣ **손실보상에 대한 구제** : 재산권 수용 자체에 불복이 있는 경우 행정심판을 제기하여 이의신청을 하거나 행정소송을 제기할 수 있으며, 보상금의 액수에 대해서만 불만이 있는 경우, 공법상 당사자소송에 의해 토지소유자와 사업시행자가 대등한 관계에서 증액 또는 감액을 다툴 수 있다.

③ 행정쟁송 … 행정상 법률관계에 있어서의 다툼을 심리·판정하는 절차이다.
  ㉠ 행정심판 : 행정기관이 행정법상의 분쟁에 대하여 심리·판정하는 절차이다.
  ㉡ 행정소송 : 법원이 행정법상의 분쟁에 대하여 심리·판정하는 절차이다.
  ㉢ 행정심판과 행정소송

구분	행정심판	행정소송
공통점	소송대상의 개괄주의, 불고불리의 원칙, 불이익변경금지의 원칙, 직권증거조사주의, 단기제소기간, 집행부정지원칙, 사정재결·사정판결	
본질	행정통제적 성격	행정구제적 성격
대상	위법·부당한 처분, 부작위	위법한 처분, 부작위
판정기관	재결청	법원
절차	약식쟁송	정식쟁송
제소기간	처분이 있음을 안 날로부터 90일, 처분이 있은 날로부터 180일 이내	• 행정심판을 거치는 경우 : 재 결서의 정본을 송달받은 날로부터 90일, 재결이 있은 날로부터 1년 이내 • 행정심판을 거치지 않는 경우 : 처분 등이 있음을 안 날로부터 90일, 처분 등이 있은 날로부터 1년 이내
심리	구술·서면심리	구두변론
공개	비공개원칙	공개원칙
내용	적극적 변경 가능	소극적 변경(일부 취소)만 가능
종류	취소심판, 무효등확인심판, 의무이행심판, 당사자심판, 민중심판, 기관심판	취소소송, 무효등확인소송, 부작위위법확인소송, 당사자소송, 민중소송, 기관소송

❸ 청소년의 법적 지위와 권리

(1) 청소년의 권리 보호

① 청소년 보호법상의 보호
  ㉠ 목적 : 보편적 인권의 주체인 청소년이 경험과 판단 능력의 부족으로 유해환경에 노출되거나 범죄의 피해자가 되는 것을 방지하기 위함
  ㉡ 주요내용
    • 만 19세 미만의 청소년에게 술과 담배의 판매 금지
    • 선량한 풍속을 해칠 우려가 있는 장소 출입 금지 및 풍기 문란 행위 규제
    • 음란물(도서 및 음반) 등 소지, 제작, 판매, 대여, 관람금지

기출 2015. 6. 27. 제1회 지방직 시행

다음 보기에서 옳은 것만을 모두 고른 것은?

┌─ 보기 ─
㉠ 부모의 동의를 얻어 결혼한 18세의 A는 국회의원선거권이 있다.
㉡ 편의점에서 하루 4시간씩 1개월간 근로를 제공하고 있는 17세의 B는 단독으로 임금을 청구할 수 있다.
㉢ 14세인 C는 고용노동부장관이 발급하는 취직인허증이 있어야 근로가 가능하다.
㉣ 대학교에 입학한 17세인 D는 입학한 날부터 편의점에서 술을 구매할 수 있다.

① ㉠㉡　　　② ㉠㉣
③ ㉡㉢　　　④ ㉢㉣

◀ 정답 ③

② **청소년 근로의 보호**

  ㉠ **고용 가능 연령**: 만 15세 이상, 단 15세 미만이라도 고용노동부장관이 발급한 취직 인허증이 있으면 고용 가능

  ㉡ **근로기준법에서 보호대상이 되는 연소자(15세 이상~18세 미만의 미성년자)의 근로계약**

    • 근로계약 체결: 18세 미만의 미성년자는 법정대리인의 동의가 있어야 근로계약이 유효(18세 이상의 미성년자의 경우 법정대리인의 동의 없이 근로계약의 단독 체결이 가능)

    • 법정대리인의 대리권: 법정대리인이 미성년자를 대리하여 근로계약의 체결 불가능

    • 18세 미만의 미성년자의 근로시간: 1일 7시간, 1주일에 40시간을 초과하지 못한다. 다만, 당사자 간의 합의에 의하여 1일에 1시간, 1주일에 6시간을 한도로 연장이 가능하다.

    • 사용자는 임산부와 18세 미만자를 오후 10시부터 오전 6시까지의 사이 및 휴일에 근로시키지 못한다. 다만, 본인의 동의와 고용노동부장관의 인가를 받은 경우에는 가능하다.

(2) 청소년 범죄 사건의 처리

① **의의** … 청소년의 건전한 육성을 위해 성인보다 완화된 절차를 밟는다는 것이 특징으로, 형사 처분에 관한 특별 조치를 적용, 가정법원 소년부에서 재판을 받는다.

② **결정 전 조사 제도** … 검사가 사건의 처분을 결정하기에 앞서 피의자의 주거지 또는 검찰청 소재지를 담당하는 보호관찰소의 장, 소년분류심사원장, 소년원장 등에게 피의자의 품행, 경력, 생활환경 등에 대해 조사하는 제도

③ **선도 조건부 기소유예** … 사건의 죄질 및 범법 의도를 살펴 재범 가능성이 희박하다고 여겨지는 19세 미만의 청소년 범죄자에 예방 위원의 선도를 조건으로 기소를 유예하는 제도

(3) 학생의 징계와 처벌

① **징계의 사유**

  ㉠ 품행이 불량하여 개전의 가망이 없다고 인정된 자

  ㉡ 정당한 이유 없이 결석이 잦은 자오 학칙을 위반한 자

  ㉢ 교육상 필요하다고 인정할 때

② **징계의 종류** … 교내 봉사 < 사회 봉사 < 특별 교육 이수 < 퇴학처분

기출 2022. 6. 18. 서울특별시 시행

〈보기〉에 대한 법적 판단으로 가장 옳은 것은?

┌─ 보기 ─
• 갑(甲, 40세)과 A(32세)는 사소한 시비가 붙었는데 갑(甲)이 A에게 폭행을 가해 고소되었다.
• 을(乙, 17세)과 병(丙, 12세)은 편의점에서 강도 행각을 벌이다 경찰에 현행범으로 체포되었다.

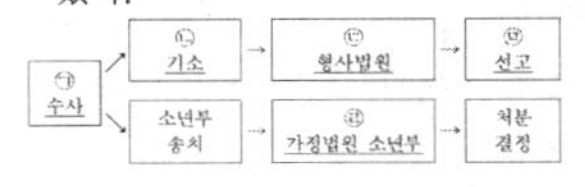

① ㉠단계에서 병(丙)이 구속되었다면 보석 제도를 통해 구속 상태에서 벗어날 수 있다.
② 검사가 ㉡을 결정할 경우, 을(乙)은 형벌과 보호처분을 동시에 받을 수 있다.
③ ㉢은 을(乙)에 대한 보호처분이 필요하다고 판단할 경우, ㉣로 사건을 보낼 수 있다.
④ ㉤단계에서 갑(甲)이 집행유예 판결을 받았다면 일정 기간이 경과한 때 면소된 것으로 간주된다.

정답 ③

❹ 소비자의 권리와 법

(1) 소비자의 권리

① **소비자기본법상의 소비자 권리**
- ㉠ **안전할 권리** : 물품 또는 용역으로 인한 생명·신체 또는 재산에 대한 위해로부터 보호받을 권리
- ㉡ **알권리** : 물품 등을 선택함에 있어 필요한 지식 및 정보를 제공받을 권리
- ㉢ **선택할 권리** : 물품 등을 사용함에 있어서 거래의 상대방, 구입 장소, 가격, 거래조건 등을 자유로이 선택할 권리
- ㉣ **의견을 반영할 권리** : 소비생활에 영향을 주는 국가 및 지방자치단체의 정책과 사업자의 사업 활동 등에 대하여 의견을 반영시킬 권리
- ㉤ **피해를 보상받을 권리** : 물품 등의 사용으로 인하여 입은 피해에 대하여 신속·공정한 절차에 따라 적절한 보상을 받을 권리
- ㉥ **교육을 받을 권리** : 합리적인 소비 생활을 위하여 필요한 교육을 받을 권리
- ㉦ **단체를 조직·활동할 권리** : 소비자 스스로의 권익을 증진하기 위하여 단체를 조직하고 이를 통하여 활동할 수 있는 권리
- ㉧ 안전하고 쾌적한 소비생활 환경에서 소비할 권리

② **국가 및 지방자치단체와 사업자의 의무**
- ㉠ **국가 및 지방자치단체** : 소비자 관계 법령 마련 및 필요한 행정 조직을 정비하고, 소비자의 자주적 조직 활동을 지원해야 한다.
- ㉡ **사업자** : 국가 정책에 적극적으로 협조하고 소비자의 의견을 수렴하며 소비자 피해 발생 시 신속하고 정당한 피해 보상이 될 수 있도록 노력해야 한다.

③ **한국 소비자원** … 소비자의 권익을 증진하고 소비 생활의 향상을 도모하며 국민 경제의 발전에 이바지하고자 국가가 설립한 전문 기관으로 소비자 상담 및 분쟁의 조정, 소비자 관련 정책 연구 및 건의, 소비자에 대한 교육 등을 담당한다.

(2) 소비자 권리의 보호

① **공정거래와 소비자 보호**
- ㉠ **필요성** : 경제발전과 산업 구조 고도화, 기업 간의 과열 경쟁으로 인한 상품의 허위·과장 광고 등으로 인한 소비자의 피해가 증가하는 추세이다.

기출 2018. 5. 19. 제1회 지방직 시행

다음 보기에서 소비자의 권리 보호에 대한 설명으로 옳은 것만을 모두 고르면?

┌ 보기 ┐
㉠ 우리 헌법은 국가가 건전한 소비 행위를 계도하고 생산품의 품질 향상을 촉구하기 위한 소비자의 보호 운동을 법률이 정하는 바에 의하여 보장하도록 하고 있다.
㉡ 소비자분쟁조정위원회의 위원장으로부터 분쟁조정의 내용을 통지받은 당사자는 그 통지를 받은 날부터 15일 이내에 분쟁조정의 내용에 대한 수락 여부를 소비자분쟁조정위원회에 통보하여야 하며, 이 경우 15일 이내에 의사표시가 없는 때에는 수락을 거부한 것으로 본다.
㉢ 제조물의 결함으로 생명·신체 또는 재산에 손해를 입은 사람이 구제를 받으려면 제조물의 제조과정에서 제조업자의 과실이 있었고, 그 과실로 인한 제조물의 결함으로 피해가 발생하였음을 입증하여야 한다.
㉣ 국가는 소비자의 합리적인 선택을 방해하고 소비자에게 손해를 끼칠 우려가 있다고 인정되는 사업자의 부당한 행위를 지정·고시할 수 있다.

① ㉠㉡   ② ㉠㉣
③ ㉡㉢   ④ ㉢㉣

◀ 정답 ②

ⓛ **독점 규제 및 공정거래에 관한 법률** : 부당한 공동 행위 및 불공정 거래 행위 규제하여 자유롭고 공정한 경쟁을 촉진하고, 국민 경제의 균형 있는 발전 및 창의적 기업 활동의 보장, 소비자 보호 등의 근거가 된다.

② **소비자 피해의 구제**

ㄱ 품질 보증 기간 또는 유효 기간 이내의 제조, 유통 과정이나 용역의 이용 과정에서 발생한 소비자의 피해에 대하여 사업자가 행하는 수리나 교환, 환불이나 배상, 해약 등

ㄴ 당사자 간의 합의

ㄷ 민간 소비자단체를 통한 조정과 소비자 분쟁 조정위원회에 조정신청

ㄹ 한국소비자보호원에 피해구제신청

ㅁ 국가기관에 있는 소비자보호를 위한 기구를 통한 조정신청

ㅂ **민사소송** : 민사조정제도, 소액사건심판제도

③ **제조물 책임법과 리콜제도**

ㄱ **제조물 책임법** : 상품의 대량 생산 및 복잡한 유통 구조로 발생한 제조물의 결함으로 인한 피해에 대해 제조자나 유통 관여자에게 배상 책임을 강제하는 법으로, 사후적 구제방법의 성격을 가진다.

ㄴ **리콜제도** : 결함 있는 제품을 회수하여 무상으로 수리해 주거나, 유통을 막는 제도로, 소비자 보호를 위한 사전적 예방 조치이다.

❺ 근로자의 권리와 법

(1) 근로의 권리와 노동3권

① **근로권** … 근로의 능력과 의사를 가진 자가 사회적으로 근로할 수 있는 기회의 보장을 요구할 수 있는 권리

② **노동3권(근로3권)**

ㄱ **단결권** : 근로자들이 자주적으로 노동조합을 설립할 수 있는 권리

ㄴ **단체교섭권** : 근로자가 근로 조건을 유지, 개선하기 위하여 조합원이 단결하여 사용자와 교섭할 수 있는 권리로, 노동조합이 합리적인 조건으로 교섭을 요청할 때 사용자는 정당한 이유 없이 이를 거부 또는 회피할 수 없다.

ㄷ **단체행동권** : 근로자가 사용자에 대해서 근로 조건에 관한 자기 측의 주장을 관철하기 위하여 단결권을 배경으로 각종 쟁의 행위를 할 수 있는 권리

근로 3권에 대한 설명으로 옳지 않은 것은?

① 근로 3권은 근로자가 사용자와 대등한 지위에서 근로관계를 형성할 수 있도록 해준다.

② 사용자가 불공정한 방법으로 근로 3권을 침해하는 것은 부당 노동행위에 해당한다.

③ 근로자는 근로조건 이외에도 사용자의 경영 전반에 걸쳐 제약 없이 단체교섭권을 행사할 수 있다.

④ 단체행동권의 정당한 행사에 따른 사용자의 손해에 대해 근로자는 법적 책임이 없다.

◀ **정답** ③

(2) 근로자 권리의 보호

① 근로기준법

　　㉠ 의미 : 최저 근로 조건을 정하고 감독관청으로 하여금 근로 감독을 실시하게 하여 근로자를 보호하려는 법으로, 개별적 근로관계에 있어서 근로자의 근로 조건과 그 밖의 생활 조건을 일정한 수준 이상으로 유지하는 것을 목적으로 한다.

　　㉡ 기본원칙

　　　• 최저 근로 기준 : 근로기준법에서 정하는 근로 조건은 최저 수준으로, 당사자는 이 기준을 이유로 근로 조건을 저하시킬 수 없다.

　　　• 자유로운 합의 : 근로 조건은 근로자와 사용자가 동등한 지위에서 자유의사에 의해 결정해야 한다.

　　　• 계약의 성실 이행 의무 : 근로자와 사용자는 단체협약, 취업 규칙과 근로 계약을 준수해야 하며 성실하게 이행할 의무가 있다.

　　　• 차별 대우 금지 : 근로자에게 남녀 차별적 대우를 하지 못하며, 기타 국적, 신앙, 사회적 신분 등을 이유로 근로 조건에 대한 차별적 대우를 할 수 없다.

　　　• 강요, 폭행 금지 : 사용자는 폭행 등의 수단으로 근로자의 자유의사에 반하는 근로를 강요할 수 없으며, 어떠한 이유로도 근로자에 대한 폭행이나 구타 행위가 정당화되지 않는다.

② 근로자 권리의 보호 절차

　　㉠ 사용자가 근로자에게 부당노동행위 또는 부당해고 등을 하면 근로자는 지방노동위원회에 구제를 신청할 수 있다.

　　㉡ 지방노동위원회의 구제명령이나 기각결정에 불복하는 사용자나 근로자는 구제명령서나 기각결정서를 통지받은 날부터 10일 이내에 중앙노동위원회에 재심을 신청할 수 있다.

　　㉢ 중앙노동위원회의 재심판정에 대하여 사용자나 근로자는 재심판정서를 송달받은 날부터 15일 이내에 행정소송법의 규정에 따라 소송을 제기할 수 있다.

　　㉣ 구제명령서나 기각결정서를 통지받은 날부터 10일 이내에 재심을 신청하지 아니하거나 재심판정서를 송달받은 날부터 15일 이내에 행정소송을 제기하지 아니하면 그 구제명령, 기각결정 또는 재심판정은 확정된다.

　　㉤ 부당해고의 경우는 민사소송인 해고 무효 확인 소송을 통해서도 다툴 수 있다.

기출 2022. 6. 18. 서울특별시 시행

〈보기〉의 ㉠~㉣에 대한 설명으로 가장 옳은 것은?

┌─ 보기 ─

사용자 갑(甲, 53세)과 근로자 을(乙, 18세 고등학생)은 다음과 같이 근로 계약을 체결하였다.

1. 계약 기간 : 2022.1.1. ~ 2022.1.31. (1개월)
2. 근무 장소 : ○○편의점
3. 업무 내용 : 매장 내 물품 진열 및 청소
4. ㉠ 근로 시간 : 월~금 10:00 ~ 17:00
　㉡ 휴게 시간 : 12:30~12:50
5. 임금 : ㉢ 시간당 9,000원
　（㉣ ○○편의점 상품권으로 지급）

※ 2022년 최저 임금은 시간당 9,160원임

① ㉠은 연소 근로자의 1일 근로 시간을 초과하여 무효이다.
② ㉡은 근로기준법상의 휴게 시간 기준에 어긋나지 않는다.
③ ㉢은 을(乙)이 동의하였다면 최저 임금에 미달하여도 유효하다.
④ ㉣은 통화가 아니므로 통화의 형태로 바꾸어 을(乙)에게 직접 지급해야 한다.

◀ 정답 ④

1 「형법」상 죄형 법정주의를 실현하는 구체적인 원칙과 그에 대한 설명으로 가장 옳지 않은 것은?

① 관습 형법 금지의 원칙 – 불문법인 관습법을 근거로는 처벌할 수 없다.

② 유추 해석 금지의 원칙 – 범죄 행위가 형법에 명확히 규정되어 있지 않은 때에 유사한 규정을 적용해서는 안 된다.

③ 명확성의 원칙 – 무엇이 범죄이고 그 범죄에 어떤 형벌이 부과되는지 법률에 명확히 기재되어 있어야 한다.

④ 소급효 금지의 원칙 – 범죄 행위 당시 그 처벌 규정이 법률에 없었으나 범죄 행위 이후에 그 처벌 규정이 법률에 제정되었다면 반드시 소급하여 처벌해야 한다.

2 국회 인사청문회의 청문대상 공직이 아닌 것은?

① 대법원장

② 감사원 감사위원

③ 국무총리

④ 대법관

1.

죄형법정주의란 어떤 행위가 범죄가 되는지, 그러한 범죄를 저지르면 어떤 처벌을 받는지가 미리 성문의 법률에 규정되어 있어야 한다는 원칙이다. 파생원칙 또는 구체적 내용으로 관습 형법 금지의 원칙, 명확성의 원칙, 유추 해석 금지의 원칙, 형벌 불소급의 원칙, 적정성의 원칙이 있다. 이 중 소급효 금지의 원칙(형벌 불소급의 원칙)은 형법 법규는 그 시행 이후에 이루어진 행위에 대해서만 적용되고, 시행이전의 행위에까지 소급하여 적용할 수 없다는 원칙이다.

※ 죄형법정주의와 유리한 소급효 적용

> 형법 제1조
> ① 범죄의 성립과 처벌은 행위 시의 법률에 의한다.
> ② 범죄 후 법률의 변경에 의하여 그 행위가 범죄를 구성하지 아니하거나 형이 구법보다 경한 때에는 신법에 의한다.
> ③ 제3항 재판확정 후 법률의 변경에 의하여 그 행위가 범죄를 구성하지 아니하는 때에는 형의 집행을 면제한다.

2.

인사청문회 대상

국회의 임명 동의 필요	• 대법원장 및 대법관, 헌법재판소장, 국무총리, 감사원장 • 국회에서 선출하는 헌법재판소 재판관 및 중앙선거관리위원회 위원
국회 인준 절차 없음	• 대통령이 임명하는 직책의 후보자:헌법재판소 재판관, 중앙선거관리위원회 위원, 국무위원, 방송통신위원회 위원장, 국가정보원장, 공정거래위원회 위원장, 금융위원회 위원장, 국가인권위원회 위원장, 국세청장, 검찰총장, 경찰청장, 합동참모의장, 한국은행 총재, 특별감찰관 또는 한국방송공사 사장 • 대통령 당선인이 「대통령직 인수에 관한 법률」에 따라 지명하는 국무위원 후보자 • 대법원장이 지명하는 직책의 후보자: 헌법재판관 또는 중앙선거관리위원회 위원

Answer 1.④ 2.②

3 〈보기〉에서 밑줄 친 부분에 대한 사례 발표로 보기에 가장 어려운 것은?

보기

사회자 : <u>노동 관련법 위반과 관련한 피해 사례</u>를 발표해 주시기 바랍니다.

• 갑(甲) : 제가 다니는 회사는 임금을 주는 날짜가 정해져 있지 않습니다. 회사 매출이 많을 때 주다 보니 임금 3개월치를 한꺼번에 받기도 합니다.

• 을(乙) : 제대 후 PC방에서 아르바이트를 하는데, 하루에 12시간씩 일합니다. 일이 많아서 휴일도 없이 일주일 내내 일해야 합니다.

• 병(丙) : 최근 회사 경영이 어려워졌다면서 여자들을 중심으로 해고를 시작했습니다. 저도 여자라는 이유로 갑자기 해고를 당했습니다.

• 정(丁) : 회사가 엔터테인먼트 분야로 사업 영역을 확장하겠다고 합니다. 노동조합에서는 이러한 경영 계획에 반대하고 이 문제에 대한 협의를 위해 단체 교섭을 요청했지만 회사는 이를 거절했습니다.

① 갑(甲) ② 을(乙)
③ 병(丙) ④ 정(丁)

3.

단체교섭권은 근로자들이 단결권을 기초로 결성한 단체가 사용자 또는 사용자 단체와 자주적으로 교섭하는 권리다. 노동조합과 사용자 단체가 임금, 근로시간 등 근로조건에 관한 협약의 체결을 위하여 대표자를 통해 집단적으로 합의점을 찾아가게 된다. 사례에서 사업 영역을 확장하겠다는 회사의 경영 방침은 경영권에 관한 사항으로 근로조건과 직접적 연관성이 없으므로 노동 관련법 위반에 해당하지 않는다.

① 근로기준법 제43조에 제2항에 따라 임금은 매월 1회 이상 일정한 날짜를 정하여 지급해야 한다. 따라서 갑의 사례는 노동 관련법 위반에 해당한다.

② 근로기준법 제50조에 따라 1일의 근로 시간은 휴게시간을 제외하고 8시간을 초과할 수 없고, 동법 제53조에 따라 당사자 간에 합의하면 1주간에 12시간을 한도로 근로시간을 연장할 수 있다. 아울러 동법 제55조 제1항에 따라 사용자는 근로자에게 1주에 평균 1회 이상의 유급휴일을 보장해야 하므로 을의 사례는 동법 관련법 위반에 해당한다.

③ 근로기준법 제24조 제1항에 따라 경영상의 필요에 따라 해고를 하는 경우, 합리적이고 공정한 해고의 기준을 정하고 그 대상자를 선정하여야 한다. 동조 제2항에서는 그 대상자를 선정하는데 있어서 남녀의 성을 이유로 차별하여서는 안 됨을 규정하고 있다. 따라서 병의 사례는 노동 관련법 위반에 해당한다.

※ 노동법 … 노동법은 근로자의 생존권 확보와 사회적 지위 향상을 도모하고, 사용자와 근로자 간 대립과 이해관계를 조정하는 법의 총체다.

헌법규정	근로의 권리와 근로 3권
근로기준법	• 근로자 개인을 보호하기 위한 규정 • 근로조건의 최저기준, 사용자와 근로자 간 동등한 위치에서의 자유의사에 의한 계약, 근로 계약 준수와 성실 이행의무, 사용자의 차별금지, 사용자의 폭행 · 구타금지 등
노동조합 및 노동관계 조정법	노동조합을 조직하고, 단체교섭을 행하며 단체행동, 분쟁의 조정 등 단체로서의 권리 · 의무 관계를 규정

4 갑에 대한 법적 조언으로 옳은 것은?

> 만 18세인 갑은 친권자인 양부모의 동의를 얻어 을이 사장인 주유소에서 하루 8시간씩 근로를 하게 되었다. 사장인 을은 근무 기간이 3개월이 안 될 경우 유급 휴일이 인정되지 않는다고 하였고, 갑은 3개월간 쉬는 날 없이 성실하게 일하였다. 그 동안 학업을 병행하느라 월급에 대해 신경을 쓰지 못하고 있었는데 알고 보니 양부인 병이 근로 계약서를 작성하여 갑의 임금이 병에게 지급되고 있었다.

① 갑의 근로시간은 1일 7시간을 초과할 수 없다.
② 사용자는 근로자에게 1주에 평균 1회 이상의 유급휴일을 보장하여야 한다.
③ 민사상 미성년자이기 때문에 친권자인 양부모가 대리로 계약을 체결하는 것은 물론, 갑의 임금을 대리지급받는 것도 가능하다.
④ 사용자와의 합의에 따라 휴식시간은 1일 1시간 보장되고, 근로시간은 1일 30분 한도로 연장 가능하다.

4.

사례에서 갑은 만 18세로 민법상으로는 미성년자이나 근로기준법에서는 일반 근로자와 동일하다. 근로기준법은 만 18세 미만의 자를 연소자로 규정하고 있는데, 갑은 만 18세이기 때문이다. 유급휴일과 관련하여 근로기준법 제55조 제1항에서는 1주에 평균 1회 이상의 유급휴일을 보장할 것을 규정하고 있다.

① 갑이 연소자일 경우는 근로 시간은 1일 7시간을 초과할 수 없으나 연소자가 아니므로 해당되지 않는다.
③ 갑은 민사상 미성년자이나 대리계약 체결, 임금 강취를 막기 위해 법정대리인의 동의하에 직접 근로 계약을 체결하고 임금을 받을 수 있도록 하고 있다.
④ 근로기준법에는 근로시간이 4시간인 경우에는 30분 이상, 8시간인 경우에는 1시간 이상의 휴게시간을 근로시간 도중에 주어야 한다고만 규정하고 있다.

※ 연소자의 근로기준법상 보호
　㉠ 최저 고용 연령 : 고용할 수 있는 근로자의 최저 연령을 만15세로 정하고 있다.
　㉡ 근로 계약 체결권, 임금청구권
　㉢ 유해노동 사용 금지 : 만 18세 미만의 자는 도덕상 또는 보건상 유해, 위험한 노동을 시킬 수 없다.
　㉣ 근로시간 제한 : 1일 최대 7시간, 1주 최대 35시간까지로 제한한다. 합의하에 근로 시간을 연장하는 경우에도 1일 최대 1시간, 1주 최대 5시간으로 제한하고 있다.

Answer　　4.②

5 〈보기〉는 우리나라가 2008년에 도입하여 시행 중인 재판의 절차이다. 이와 관련한 설명으로 가장 옳은 것은?

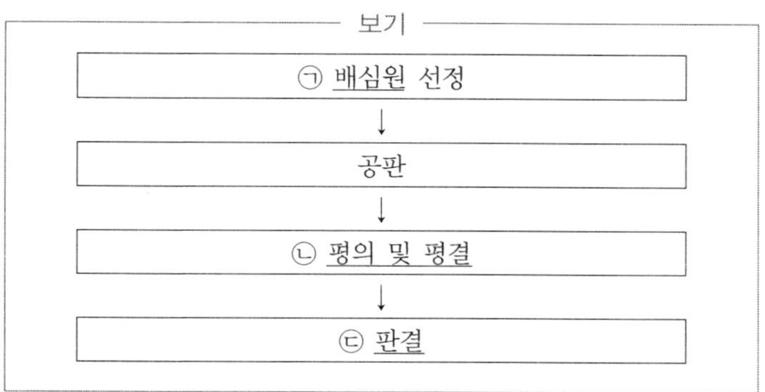

① ㉢에 불복하는 경우 검사와 피고인 모두 2심 법원에 항소할 수 있다.

② ㉠은 일정한 법적 지식이 있는 만 20세 이상의 국민 중에서 선정된다.

③ 국민의 의견을 반영해야 하므로 재판부는 반드시 ㉡에 따라 판결을 선고해야 한다.

④ 민사 재판과 형사 재판에서 피고인이 신청하는 경우에만 실시된다.

5.

〈보기〉는 국민참여재판의 절차이다.

① 국민참여재판은 특수공무집행방해치사, 뇌물, 특수강도강간, 살인사건 등 1심에 해당하는 형사 재판이다. 판결에 불복할 경우 2심 법원에 항소할 수 있다.

② 배심원 자격은 만 20세 이상의 국민이면 누구나 대상이 된다. 다만 일정한 전과자, 변호사, 경찰관 등 특정한 직업을 가진 사람은 제외된다.

③ 배심원은 사실 인정, 법령 적용 및 형의 양정에 관한 의견을 제시하며 배심원의 평결과 의견은 법원을 기속하지 않는다.

④ 국민참여재판은 형사 재판만을 대상으로 한다. 이때, 피고인이 원하지 않을 경우 또는 법원이 배제결정을 할 경우는 국민참여재판을 하지 않는다.

6 다음 사례에 대한 설명으로 옳은 것을 〈보기〉에서 모두 고른 것은?

> 단독주택 밀집지역에 사는 갑은 자신의 집 앞에 주차한 을과 주차 문제로 다투다가 감정이 격해져 을을 폭행하였다. 갑의 폭행으로 을은 전치 6주의 상해를 입었다.

보기

> ㉠ 갑과 을이 폭행에 대한 민사상 손해배상에 합의하면 갑의 형사책임이 면제된다.
> ㉡ 을은 폭행의 피해자이므로 형사재판의 원고가 될 수 있다.
> ㉢ 을은 갑에게 손해배상을 요구하는 민사소송을 제기할 수 있다.
> ㉣ 갑은 유죄의 판결이 확정될 때까지는 무죄로 추정된다.

① ㉠㉡
② ㉠㉢
③ ㉡㉢
④ ㉢㉣

7 다음 사례에 대한 법적 판단으로 옳은 것은?

> 갑은 ○○전자회사에서 근무하는 40대 회사원으로 두 아들이 있으며, 현재 회사 내 신기술 연구에 참여하고 있다. 그런데 얼마 전 경쟁업체 직원 을이 현재 연구 중인 ○○전자회사 신기술 관련 정보를 빼내어 자신에게 알려주지 않으면 두 아들을 살해하겠다고 협박했다. 갑이 이에 응하지 않자 을은 초등학생인 갑의 차남 병을 유인하여 데리고 있으며 언제든지 병에게 위해를 가할 수 있다는 메시지를 전달했다. 병의 생명에 대한 을의 위해를 방어할 방법이 없자 갑은 당해 신기술 관련 정보를 을에게 알려주었다.

① 갑의 행위는 위법성이 인정되므로 범죄가 성립된다.
② 갑의 행위는 구성요건에 해당하지만 책임이 조각된다.
③ 갑의 행위는 정당행위에 해당하여 책임이 없다.
④ 갑의 행위는 구성요건에 해당하지만 위법성이 인정되지 않는다.

6.

㉠ 민사상 손해배상에 합의하였다고 하여 폭행에 대한 형사책임이 면제되는 것은 아니다.
㉡ 형사재판의 당사자는 검사와 피고인이다. 따라서 형사재판의 원고는 검사이다.
㉢ 을은 폭행의 피해자이므로 갑에게 손해배상을 요구하는 민사소송을 제기할 수 있다.
㉣ 피고인은 무죄추정의 원칙에 따라 유죄의 판결이 확정될 때까지는 무죄로 추정된다.

7.

갑은 아들 병을 살해하겠다는 을의 협박에 방어할 방법이 없어 어쩔 수 없이 신기술 관련 정보를 빼내어 알려주었다. 이는 「형법」 제12조에 규정된 강요된 행위(저항할 수 없는 폭력이나 자기 또는 친족의 생명, 신체에 대한 위해를 방어할 방법이 없는 협박에 의하여 강요된 행위)로, 강요된 행위에 해당할 경우 책임이 조각되어 범죄가 성립하지 않는다.

Answer 6.④ 7.②

8 다음 ㈎와 ㈏의 행정구제 제도를 분석한 것으로 옳은 것만을 〈보기〉에서 고르면?

㈎ 행정작용으로 인한 분쟁 발생 시 다른 기관이 아닌 행정 기관이 해당 분쟁을 조사하고 조치를 취하기 위한 결정을 내리는 구제 방법이다.

㈏ 행정작용 또는 행정법 적용과 관련하여 위법하게 권리가 침해된 경우 법원이 심리, 판단하여 구제하는 제도를 의미한다.

─ 보기 ─

㉠ ㈎에서의 판결유형에는 각하판결, 기각판결, 인용판결, 사정판결이 있다.

㉡ ㈏에서 행정청의 처분에 대한 효력 유무 또는 존재 여부를 확인하는 소송은 부작위 위법 확인소송이다.

㉢ ㈏에서는 의무이행 소송이 인정되지 않지만 ㈎에서는 의무이행 심판이 인정된다.

㉣ ㈎와 ㈏는 원칙적으로 구두변론주의를 취하는 점에서 공통적이다.

㉤ ㈎와 ㈏는 같은 법률에 규정되어 있는 점에서 공통적이다.

① ㉠㉣㉤ 　　　　② ㉢

③ ㉡㉤ 　　　　④ ㉢㉣

8.

㈎는 행정심판을 ㈏는 행정소송을 나타낸다.

구분	행정심판	행정소송
판정기관	행정기관	법원
대상	위법행위, 부당행위	위법행위
심리방법 (절차)	서면심리, 구두(말)변론 병행	원칙적으로 구두변론주의
적용법률	행정심판법	행정소송법

㉠ ㈎는 행정심판이므로 판결이라 하지 않고 재결이라 한다. 따라서 틀린 진술이다.

㉡ ㈏에서 행정청의 처분에 대한 효력 유무 또는 존재 여부를 확인하는 소송은 무효 등 확인소송이므로 틀린 진술이다.

㉣ ㈏만 원칙적으로 구두변론주의를 취하므로 틀린 진술이다.

㉤ ㈎는 행정심판법, ㈏는 행정소송법이 근거법률이므로 틀린 진술이다.

Answer　8.②

9 다음 중 ㈎, ㈏, ㈐, ㈑의 사례를 가장 바르게 분석한 것은?

> ㈎ 만 10세 미만으로 남의 물건을 훔친 경우
> ㈏ 만 10세 ~ 만 14세 미만으로 타인을 폭행한 경우
> ㈐ 만 14세 ~ 만 19세 미만으로 성폭행범죄를 저지른 경우
> ㈑ 만 10세 ~ 만 19세 미만으로 단체로 몰려다니며 소란을
> 피우는 경우

① ㈎는 형사처벌이 가능하다.
② ㈏는 촉법소년이라 하며 형사처벌이 불가능하다.
③ ㈐는 보호처분만 가능하며 형사처벌이 불가능하다.
④ ㈑는 우범소년이라 하며 형사처벌이 가능하다.

9.

구분	유형	처벌
만 10세 미만	보호처분 및 형벌 대상 아님.	일체의 처벌불가 (형사처벌, 보안처분)
만 10세 ~ 만 14세 미만	촉법소년 : 형벌 법령에 저촉되는 행위를 한 10세 이상 14세 미만의 소년	형사처벌 불가, 보호 처분만 가능
만 14세 ~ 만 19세 미만	범죄소년 : 범죄를 행한 14세 이상 19세 미만의 소년	형사처벌, 보호처분 가능
기타	우범소년 : 만 10세 이상 만 19세 미만인 범죄 우려자	형사처벌 불가, 보호 처분만 가능

10 다음 사례에서 갑과 을이 행사한 권리 구제 방법을 바르게 짝지은 것은?

> 갑은 청소년에게 술과 담배를 판매했다는 이유로 과징금 부과처분을 받자, 그 처분의 취소를 행정기관에 청구하였다.
> 을은 법령이 정한 요건을 갖추어 관할 행정기관에 인가신청을 하였으나 아무런 의사 표시를 하지 않고 계속 방치하자, 법원에 소송을 제기하였다.

	<u>(갑)</u>	<u>(을)</u>
①	취소심판	무효 등 확인심판
②	취소소송	무효 등 확인심판
③	취소소송	부작위 위법 확인소송
④	취소심판	부작위 위법 확인소송

10.

갑은 처분의 취소를 행정기관에 청구하였다고 했기 때문에 취소심판이 된다. 을의 경우는 인가 신청에 대해 아무런 의사 표시를 하지 않고 계속 방치하였기 때문에 부작위 위법 확인 소송의 대상이 된다.

<u>Answer</u> 9.② 10.④

11 다음 사례를 읽고 관련되는 사항을 바르게 연결한 것은?

> (개) 갑은 자신의 돈을 빌려서 외국으로 이민 가려는 채무자를 추격하여 붙잡는 과정에서 몸싸움이 있었다.
>
> (내) 을은 좁은 인도로 돌진하는 자동차로부터 자신의 생명을 보호하기 위하여 어쩔 수 없이 길 옆 가게로 피하던 중 진열장을 깨뜨렸다.
>
> (대) 교도관 병은 수형자들을 인도하는 과정에서 신체적 물리력이 가해졌다.

	<ins>(개)</ins>	<ins>(내)</ins>	<ins>(대)</ins>
①	자구행위	긴급피난	정당행위
②	정당방위	정당행위	피해자의 승낙
③	자구행위	피해자의 승낙	정당행위
④	정당행위	자구행위	정당방위

12 다음 보기의 상황에서 적용되는 행정구제제도는?

> 지방자치단체가 건설한 교량이 시공자의 흠으로 붕괴되어 지역주민들에게 상해를 입혔을 때 지방자치단체가 상해를 입은 주민들의 피해를 구제해 주었다.

① 흠 있는 직무행위로 인한 손해배상
② 적법한 행정작용으로 인한 손실보상
③ 손해전보제도는 국민의 재산성에 국한함
④ 흠 있는 행정작용으로 인한 행정쟁송

11.

갑이 한 행동은 자구행위이다. 개인의 신체·재산 등이 타인에 의해 문제가 발생하면 법적인 수단을 이용하여 해결해야 하나, 법적인 수단을 이용하는 시간이 부족하거나 특정한 상황일 경우에는 본인을 위하여 행동할 수 있다.

을의 경우 위급한 상황을 피하기 위해 다른 이익 또는 가치를 침해하지 않고는 달리 피할 방법이 없을 때 인정되는 정당화 사유이다.

병의 경우 법령에 의한 행위 또는 업무로 인한 행위가 사회의 보편적인 규칙에 위배되지 않는 경우로 모두 위법성이 조각된다.

12.

행정구제제도
㉠ 행정구제 : 행정작용으로 권리나 이익을 침해당한 국민이 행정기관이나 법원에 대하여 그것의 취소·변경, 손해배상, 손실보상을 요구하는 절차(국민의 기본권을 보장)이다.
㉡ 손해전보제도
  • 손해배상제도 : 공무원의 위법한 직무행위, 국가 또는 단체가 관리·경영하는 사업 또는 설비의 설치·관리의 흠으로 인한 손해를 배상해주는 제도
  • 손실보상제도 : 적법한 행정작용으로 인한 희생을 보상하는 제도
㉢ 행정쟁송제도
  • 행정심판제도 : 위법하거나 부당한 행정처분으로 말미암아 권익을 침해당한 경우 시정을 구하는 절차
  • 행정소송제도 : 행정심판에 의하여 구제받지 못했을 때, 최종적으로 법원에 구제를 청구하는 제도

<ins>**Answer**</ins>　　11.①　12.①

13 다음 〈사례〉에 대한 법적 판단으로 옳은 것만을 〈보기〉에서 모두 고르면?

사례

- 14세인 갑은 배고픔을 참지 못하고 빵집에서 빵을 훔쳤다.
- 을은 빚을 갚지 않고 해외로 도망가는 채무자를 공항에서 강제로 붙잡았다.
- 병은 갑자기 나타나 달려드는 맹견을 피하기 위해 대문이 열린 남의 집으로 들어갔다.
- 정은 친구의 가방에서 돈을 훔쳤는데 친구는 그 사실을 알지 못했다.

보기

㉠ 갑은 책임능력이 없다.
㉡ 을의 행위는 자구행위에 해당하여 위법성이 조각될 수 있다.
㉢ 병의 행위는 긴급피난에 해당하여 위법성이 조각될 수 있다.
㉣ 정의 행위는 절도죄의 구성요건에 해당하지 않는다.

---

① ㉠, ㉡   ② ㉠, ㉣

③ ㉡, ㉢   ④ ㉢, ㉣

13.

㉠ 갑은 14세로 형사미성년자가 아니므로 책임능력이 있다.
㉣ 정의 행위는 절도죄의 구성요건에 해당한다.
※ 절도죄의 구성요건
 ㉠ 재물
 ㉡ 재물의 타인성
 ㉢ 절취행위

14 행정주체가 법의 절차에 따라 도시계획사업을 추진하는 경우, 어떤 절차에 따라 개인의 사유재산의 희생을 행정적으로 구제할 수 있는가?

① 손실보상
② 손해배상
③ 민사소송
④ 행정심판

14.

손실보상 … 적법한 공권력 행사에 의해 가하여진 사유재산상의 특별한 희생에 대하여 사유재산의 보장과 공평부담의 견지에서 행정주체가 이를 조정하기 위하여 행하는 재산적 보상이다.

Answer   13.③   14.①

15 다음의 법에서 규정하는 주요 내용을 〈보기〉에서 모두 고르면?

> 제1조(목적) 이 법은 헌법에 의하여 근로 조건의 기준을 정함으로써 근로자의 기본적 생활을 보장, 향상시키며 균형 있는 국민 경제의 발전을 도모함을 목적으로 한다.

> ㉠ 임금 및 퇴직금 제도
> ㉡ 성별, 국적, 신앙, 신분 등의 이유로 차별 대우 금지
> ㉢ 노동 쟁의의 조정 · 중재
> ㉣ 노동조합의 설립과 해산
> ㉤ 노동 3권 보장
> ㉥ 근무시간 중 각종 선거권 및 각종 공민권 보장

① ㉠㉢㉤　　　　　　　② ㉠㉡㉥
③ ㉡㉣㉤　　　　　　　④ ㉢㉣㉥

16 다음 형사소송단계에 대한 설명 중 옳은 것으로만 짝지어진 것은?

> ㉠ 피의자임의수사단계 : 현행범일 경우 체포 후에 사후영장을 발부한다.
> ㉡ 구속적부심사 : 판결 전까지 신청할 수 있다.
> ㉢ 보석제도 : 돈을 냄으로 해서 형이 감안되고 풀려난다.
> ㉣ 상소 : 미확정인 재판에 대하여 상급법원에 소를 제기한다.

① ㉠㉡　　　　　　　② ㉠㉡㉣
③ ㉡㉢㉣　　　　　　④ ㉢㉣

15.

제시된 법은 근로 기준법이다.
㉠㉡㉥는 근로 기준법의 내용이다.
- 근로기준법 : 근로조건의 기준을 정함으로써 근로자의 기본적 생활을 보장과 향상시키며 균형 있는 국민 경제의 발전을 도모할 목적으로, 근로자 개인의 임금. 근로시간 등 근로조건의 최소기준을 정한 법이다.
- 노동 조합 및 노동관계 조정법 : 근로자의 단결권 · 단체교섭권 및 단체행동권을 보장하여 근로조건의 유지 · 개선과 근로자의 경제적 · 사회적 지위의 향상을 도모하고, 노동관계를 공정하게 조정하여 노동쟁의를 예방 · 해결함으로써 산업평화의 유지와 국민경제의 발전에 이바지함을 목적으로 한다. 노동3권 즉 단결권(노동조합의 설립과 해산) · 단체교섭권(단체교섭 및 협약) 및 단체행동권(쟁의행위) 등 노동조합과 사용자 간의 관계를 규정한 것이다.

㉢㉣㉤는 노동 조합 및 노동 관계 조정법의 내용이다.
※ 노동 조합 및 노동 관계 조정법의 내용은 보통 '노동 ∼'으로 시작된다.

16.

㉢ 보석제도란 일정한 보증금의 납부를 전제로 구속의 집행을 정지하고, 구속된 피고인을 석방하는 제도를 말한다. 그러므로 단순히 구속만을 정지시킬 뿐 형이 감안되는 것은 아니다.

Answer　15.② 16.②

17 다음 사례에 해당되는 소송의 종류로 바르게 연결된 것은?

> (가) 갑은 구청 계약직 공무원으로 일을 했으나 퇴직금을 지급 받지 못했다. 갑은 밀린 퇴직금을 청구하려고 한다.
>
> (나) 을은 지방 경찰청장으로부터 운전 면허 취소 처분을 받았다. 을은 그 처분의 위법을 주장하는 소송을 제기하려고 한다.
>
> (다) 지방자치법의 규정에 따라 주민들이 시장의 처분이 헌법에 위반되는지에 대해 법원에 소송을 제기하려고 한다.

① (가) 민중소송   (나) 항고소송   (다) 민중소송
② (가) 민중소송   (나) 기관소송   (다) 항고소송
③ (가) 당사자소송   (나) 항고소송   (다) 민중소송
④ (가) 당사자소송   (나) 기관소송   (다) 항고소송

18 행위자가 만 14세 미만인 형사미성년자이거나, 저항할 수 없는 폭력에 의하여 강요된 경우의 행위는 범죄가 성립될 수 없는데, 그 이유는?

① 정당행위이기 때문에
② 구성요건에 해당하기 때문에
③ 위법성이 없기 때문에
④ 책임성이 없기 때문에

17.

(가) 공법상 권리관계(밀린 퇴직금을 청구) 또는 행정청의 처분을 원인으로 하는 법률관계에 관하여 그 법률관계의 한쪽 당사자를 피고로 하는 것이 당사자소송이다.

(나) 운전 면허 취소 처분의 위법을 주장하여 취소 처분에 대한 취소를 요구하는 취소 소송(항고소송)이다.

(다) 민중소송은 직접적인 이해관계인이 아닌 사람이 자기의 법률상의 이익과 관계없이 행정 관청의 위법한 행정행위 시정을 구하기 위해 제기하는 소송이다.

18.

④ 위법행위를 이유로 그 행위자가 사회적으로 비난받을 만한 책임이 있어야 범죄가 성립된다. 행위자가 형사미성년자(14세 미만)이거나, 저항할 수 없는 폭력에 의하여 강요된 경우 등이면 책임성이 없어진다.

※ 범죄의 성립요건

　㉠ 구성요건해당성 : 그 행위가 형법에서 범죄로 규정하고 있는 구성요건(폭행, 절도 등)에 해당해야 한다.

　㉡ 위법성 : 구성요건에 해당되는 것으로서 전체 법질서로부터 부정적인 행위라는 판단이 가능해야 하며, 정당방위 등 합당한 이유가 있을 경우에는 위법성이 없다고 본다.

　㉢ 위법성조각사유 : 어떤 행위가 범죄의 구성요건에는 해당되지만 그 행위의 위법성을 배제하여 적법으로 하는 사유를 말한다(정당행위, 정당방위, 긴급피난, 자구행위, 피해자의 승낙 등).

　㉣ 책임성조각사유 : 형사미성년자, 심신상실자, 강요된 행위 등인 경우 책임성이 없어지며, 심신장애자, 농아자의 행위는 경감한다.

Answer   17.③   18.④

19 다음 내용과 관계있는 소비자의 권리는?

> 1992년 미국 뉴멕시코에 있었던 세계적인 패스트푸드점에서
> 한 할머니가 뜨거운 커피를 주문했다가 그 커피를 떨어뜨려
> 허벅지부분에 3도 화상을 입었는데 이 할머니는 컵이 뜨거우
> 니 조심하라는 주의 경고를 하지 않은 제조업자의 잘못이라
> 며 손해배상 소송을 청구하였고 그 소송에서 승소한 할머니
> 는 64만 달러의 배상금을 받았다.

㉠ 안전할 권리	㉡ 정보를 제공받을 권리
㉢ 선택할 권리	㉣ 의견을 반영할 권리

① ㉠㉡

② ㉡㉢

③ ㉢㉣

④ ㉠㉣

20 다음 중 정당방위로 인하여 살인을 했을 경우 살인의 죄가 성립되지 않는 이유는 어느 것인가?

① 책임성이 없기 때문이다.

② 구성요건에 해당되지 않기 때문이다.

③ 위법성이 없기 때문이다.

④ 책임성조각사유에 해당되기 때문이다.

19.

뜨겁다는 경고 문구를 달아놓지 않아서 안전하게 커피를 마실 수 있는 권리를 보장하지 않았기 때문에 결국 소비자의 '알권리(정보를 제공받을 권리)'와 '안전할 권리'가 침해당한 것이라고 할 수 있다.

※ 소비자 8대 권리(소비자 보호법 제3조)
① 안전할 권리 : 모든 물품 등(물품, 용역)으로 인한 생명, 신체 및 재산상의 위해로부터 보호받을 권리
② 알권리(정보를 제공받을 권리) : 물품 등을 선택함에 있어서 필요한 지식 및 정보를 제공받을 권리
③ 선택할 권리 : 물품 등을 사용함에 있어서 거래상대방·구입장소·가격 및 거래조건 등을 자유로이 선택할 권리
④ 의견을 반영할 권리 : 소비생활에 영향을 주는 국가 및 지방자치단체의 정책과 사업자의 사업활동 등에 대하여 의견을 반영시킬 권리
⑤ 피해를 보상받을 권리 : 물품 등의 사용으로 인하여 입은 피해에 대하여 신속·공정한 절차에 따라 적절한 보상을 받을 권리
⑥ 교육을 받을 권리 : 합리적인 소비생활을 위하여 필요한 교육을 받을 권리
⑦ 단체를 조직, 활동할 권리 : 소비자 스스로의 권익을 증진하기 위하여 단체를 조직하고 이를 통하여 활동할 수 있는 권리
⑧ 안전하고 쾌적한 환경에서 생활할 권리

20.

위법성조각사유 … 어느 행위가 범죄의 구성요건에는 해당되지만 그 행위의 위법성을 배제하여 적법으로 하는 예외적인 특별사유로서 정당행위, 정당방위, 긴급피난, 자구행위, 피해자의 승낙에 의한 행위 등이다.

Answer 19.① 20.③

❶ 국제 사회의 이해

(1) 국제 사회와 국제 관계

① 국제 사회의 성격
   - ㉠ 국제 사회는 독립적 주권국가로 구성되며, 구성 국가 간에 연대감이 형성되어 있다.
   - ㉡ 국제 사회에는 중앙정부가 존재하지 않는다.
   - ㉢ 국제 사회의 구성 국가들은 자국의 이익을 추구한다.
   - ㉣ 구성 국가 간에는 공동의 이해관계와 규범이 존재한다.

② 국제 사회의 형성과정
   - ㉠ 베스트팔렌 조약과 국제 사회의 형성
     - 독일의 30년 종교전쟁을 끝마치기 위해 1648년 베스트팔렌 조약이 체결되면서 가톨릭 제국으로서의 신성로마제국이 붕괴되었다.
     - 주권 국가들을 단위로 하는 근대 유럽의 정치구조가 형성되는 계기가 되었다.
   - ㉡ 제국주의와 1차 세계대전
     - 19세기 서양 열강들의 식민지 확보를 위한 침략전쟁 전개로 1차 세계대전(1914 ~ 1918)이 발발하였다.
     - 1919년 1월부터 제1차 세계대전의 뒤처리를 위하여 전승국들의 강화회의가 파리에서 개최되었고 베르사유 조약이 체결되었다.
     - 1920년 승전국을 주축으로 국제 평화와 안전을 유지하고 경제적·사회적 국제협력을 증진시킨다는 목적으로 국제연맹을 창설하였다.
   - ㉢ 전체주의와 2차 세계대전
     - 세계 대공황에 따라 경제적 어려움을 극복한다는 명분으로 국민의 자유와 권리를 억압하고 타국을 침략하는 전체주의가 등장하였다.
     - 제2차 세계대전 중 연합국은 전후 국제평화와 안전을 유지하기 위한 국제기구의 설립의 필요성을 검토하였다.
     - 전쟁이 끝난 1945년 10월 국제 연합헌장이 발효됨으로써 국제 연합이 창설되었다.
   - ㉣ **양극체제**: 미국 중심의 자유주의 진영과 소련 중심의 공산주의 진영으로 냉전 체제가 성립되었다.
   - ㉤ **탈냉전**: 닉슨 독트린, 몰타 선언, 소련의 해체 등

기출PLUS

📖 2015. 4. 18. 인사혁신처 시행

1648년에 맺어진 베스트팔렌조약에 대한 설명으로 옳은 것을 모두 고른 것은?

┌ 보기 ┐
㉠ 교황권이 군주권보다 우위에 있음을 확인하였다.
㉡ 주권국가 개념이 확립되기 시작하였다.
㉢ 국제기구 설립과 다자협의를 통한 평화 유지에 합의하였다.
㉣ 30년 전쟁을 종결시켰다.

① ㉠㉢ ② ㉠㉣
③ ㉡㉢ ④ ㉡㉣

❮정답 ④

ⓗ 다극체제 : 이념대결 종식으로 자국의 경제적 실리에 초점을 둔 국제관계
가 형성되었다.

③ **국가와 주권**

ⓐ **주권의 성격** : 국내적으로 최고의 권위를 가지는 동시에 대외적으로 자국
의 독립을 뜻한다.

ⓑ **평등한 국가주권** : 주권국가는 국제법 앞의 평등한 주체이다.

ⓒ **국가별 주권행사능력의 격차** : 실질적으로 각 국가의 국력이나 주권행사능
력에는 차이가 있다.

(2) 국제행위와 행위주체

① **국제행위** … 상호이익을 추구하는 협조행위와 자기이익만을 추구하는 갈등행
위가 병존한다.

ⓐ **국제 관계에서의 협력과 갈등** : 국제 관계에서 행위주체들은 상호이익을 위해
협조하기도 하고, 눈앞의 이익을 위해 다른 행위자들을 배신하고 자기이익만
을 추구하여 갈등을 일으키기도 한다.

ⓑ **국제행위 처벌의 한계성**

• 국제행위의 특수성 : 상호방위조약, 환경관련협약 등을 맺어 상호이익을 추구
하기도 하고, 시대 변화에 따라 우방을 배신하고 다른 나라와 협력관계를 맺
기도 한다.

• 배신행위에 대한 처벌의 한계 : 국제 정치에서는 국내정치와는 달리 행위 자체
를 규율할 수 있는 정부가 없기 때문에 배신행위에 대한 처벌에 한계성이 있다.

② **행위 주체**

ⓐ **국가** : 일정 영토와 국민을 바탕으로 주권을 가진 독립적 주체이다.

ⓑ **초국가적 행위체**

• 정부간 기구(IGO) : 국가를 구성원으로 하여 창설된 국제적 조직으로 UN(국
제연합), IMF(국제통화기금), WTO(세계무역기구), 국제이주기구, 국제수로
기구 등이 대표적이다.

• 비정부간 기구(NGO) : 민간단체들이 자발적으로 결성한 기구로 봉사, 환경보
존, 빈민구제, 인권활동을 전개하며 국제적십자사가 대표적이다.

ⓒ **국가 내부적 행위체** : 한 국가의 일부분에 속하지만 독자적 영역을 보유하
고 국제적으로 활동하는 행위체로 소수 인종 연합, 지방자치단체 등을
들 수 있다.

ⓓ **개인** : UN사무총장이나 국가 원수처럼 개인이 국제사회에 영향력을 미칠
수 있다.

기출PLUS

기출 2021. 4. 17. 인사혁신처 시행

**우리나라의 시대별 국제 관계 변화
에 대한 설명으로 옳지 않은 것은?**

① 1970년대 냉전 체제의 강화로
공산 진영을 배제한 채 미국
중심의 자유 진영 국가와 우호
관계를 구축하였다.

② 1980년대 후반에는 북방 외교
정책을 펼쳐 구소련, 중국 등
공산권 국가와 관계 개선을 추
진하였다.

③ 1990년대 탈냉전 흐름 속에서
안보 외교를 유지하면서도 실
리를 중시하는 외교를 추구하
였다.

④ 2000년 이후 공적 개발 원조
(ODA) 지원 규모의 증가 추세
속에서 개발 원조 위원회(DAC)
회원국이 되었다.

〈정답 ①

기출PLUS

③ **국제레짐**(International regime) … 스태픈 크래스너(Stephen D. Krasner)는 국제관계상의 개발쟁점에 있어서 행위자들의 기대가 수렴되는 묵시적 또는 명시적인 일련의 원칙, 규범, 규칙, 정책결정절차를 포괄하는 개념으로 국제(개발)레짐을 제시하였다.

❷ 국제 관계와 국제법

(1) 국제 사회와 국제법

① **국제법** … 국제 사회의 법으로서 여러 국가 간의 합의에 의하여 성립되며 주로 국가 상호 간의 관계를 규율하지만 한정된 범위 내에서 국제기구와 개인과 관련된 문제도 규율한다.

② **국제법의 특징** … 국내법과 달리 강제성이 미약하다.

③ **국제법의 종류** … 조약, 관습, 법의 일반 원칙 등이 있다.

(2) 국제법의 성격과 역할

① **성격** … 세계평화라는 보편적 이익을 대변하려는 이상을 가지고 있으나, 실제로는 강대국들의 이해관계를 반영하고 강대국 중심의 국제질서를 유지하려는 경우가 많다.

② **역할**
  ㉠ 객관적인 규범으로서 확립되면 모든 국가에 구속력을 발휘하여 국제 관계의 협력을 증진시키고 갈등을 줄일 수 있다.
  ㉡ 국제 사회를 만들고 유지해 나가기 위한 상호협력의 방법을 제공할 수 있다.
  ㉢ 국가 간의 대립과 갈등을 제도적으로 해소할 수 있다.

(3) 국제법의 한계와 변화

① **한계**
  ㉠ 효율적인 법 제정의 권위체와 제정된 법의 강제집행을 추진할 기구가 없다.
  ㉡ 국가 간의 합의를 기초로 하기 때문에 무시되거나 유보될 수 있다.
  ㉢ 국가의 동의 없이 국제사법재판소는 국제분쟁을 관할할 수 없다.

② **변화** … 강제성이 미약하므로 이를 보완할 수 있는 효과적 장치가 필요하다.

❸ 국제연합

(1) 총회

① **지위 및 권한** … 국제연합 모든 가입국의 대표로 구성되며 모든 업무를 결정하는 최고의 의결기관이다.

② **주요 기능** … 평화유지, 국제협력, 보고 · 심의

③ **표결** … 1국 1표 원칙 적용

(2) 안전보장이사회

① **지위 및 권한** … 국제 평화와 안전 보장

② **주요 기능** … 평화에 대한 위협 · 파괴 또는 침략행위가 있을 시 군사력 사용을 포함하여 강제조치 가능

③ **표결** … 1국 1표 원칙이 적용되며 15개 이사국 중 9개의 이사국의 찬성으로 의결, 5개 상임이사국은 거부권 보유

(3) 국제사법재판소(ICJ)

① **지위** … 국가 간의 분쟁을 법적으로 해결하기 위해 설립한 국제연합의 사법기관이다.

② **역할** … 조약이나 국제 관습법 등의 국제법을 적용하고 심리하여 최종 판결을 한다. 또한 국제기구의 법적 문제와 관련된 자문에 대해 권고를 한다.

③ **한계** … 강제적 관할권이 없어 한쪽 당사자의 청구만으로는 재판이 불가능하며 재판 당사국이 판결에 불복할 경우 제재방법이 없다.

> ☆ **Plus tip**
>
> 국제사법재판소(ICJ)
> ㉠ 1945년에 창설되었으며, 본부는 네덜란드 헤이그에 있다.
> ㉡ 국제연합 총회 및 안전보장이사회에서 선출된 15명의 재판관으로 구성되며, 국제법을 적용하여 심리한다.
> ㉡ 판결은 구속력을 가지며, 당사국이 이를 이행하지 않을 때에는 안전보장이사회가 적당한 조치를 취하게 된다.
> ㉢ 재판 외에 총회, 안전보장이사회, 기타 총회에서 승인된 기관에 대하여 권고적 의견을 제공한다.

기출 2025. 6. 21. 제1회 서울시 시행

〈보기〉의 국제 연합의 주요 기관 A, B에 대한 설명으로 가장 옳지 않은 것은?

─ 보기 ─
- 러시아의 크림반도 · 세바스토폴 점령을 규탄하고 지체 없는 군사력 철수를 촉구하는 결의안이 A에서 채택됐다. 이번 결의안은 찬성 63표, 반대 19표로 가결 처리되었다. 전체 193개 회원국 가운데 66개국은 기권했고 45개국은 투표하지 않았다.
- 튀르키예에 시리아 쿠르드족 공격 중단을 요구하는 공동 성명 채택을 위한 B가 소집되었지만 공동 성명 채택에는 실패했다. 대부분의 이사국이 찬성하였지만 갑(甲)국만이 거부권을 행사하였기 때문이다.

① A에서의 의결은 1국 1표로 표결한다.
② 갑국은 B의 상임 이사국에 해당한다.
③ 국제 사법 재판소의 재판관은 A 및 B에서 선출한 서로 국적이 다른 15명의 재판관으로 구성된다.
④ B의 15개 이사국은 모두 A에서 2년에 한 번씩 선출된다.

❮ 정답 ④

1 국제사회의 변천 과정에 대한 설명으로 옳지 않은 것은?2

① 1648년 베스트팔렌 조약을 기점으로 영토, 국민, 주권을 지닌 국민국가가 국제사회의 주체로 등장하였다.

② 국제연맹은 미국의 참여와 주도에도 불구하고 일본과 독일, 이탈리아의 탈퇴로 실질적인 효과를 거두지 못하였다.

③ 미국은 1947년 트루먼 독트린을 통해 공산주의 세력의 위협을 받는 국가에 군사 및 경제 원조를 제공하였다.

④ 1990년대 들어 냉전이 종식되면서 민족, 종교, 영토, 자원 등으로 인한 분쟁은 오히려 증가했다.

2 국가의 구성요소인 주권에 대한 설명으로 옳은 것만을 모두 고르면?

> ㉠ 일반 사회 집단도 소유할 수 있다.
> ㉡ 국가 원수로서 대통령만이 갖는 권한이다.
> ㉢ 민주주의 국가에서는 그 소재가 국민에게 있다.
> ㉣ 주권은 대내적으로 최고성, 대외적으로 독립성을 갖는다.

① ㉠㉡ ② ㉠㉣

③ ㉡㉢ ④ ㉢㉣

1.

국제연맹은 승전국을 주축으로 국제 평화와 안전을 유지하고 경제적·사회적 국제협력을 증진시킨다는 목적으로 창설하였다. 그러나 미국의 불참과, 일본과 독일, 이탈리아의 탈퇴, 전쟁 방지 기능의 취약으로 실효를 거두지 못하였다.

① 독일의 30년 종교전쟁을 끝마치기 위해 1648년 베스트팔렌 조약이 체결되면서 교황 세력은 후퇴하게 되었다. 이를 배경으로 유럽 국가들은 영토, 국민, 주권을 지닌 국민국가로써 국제사회의 주체로 등장하는 계기가 되었다.

③ 미국 중심의 자유주의 진영과 소련 중심의 공산주의 진영으로 양극체제가 형성된 시점에 미국은 트루먼 독트린을 발표하였다. 이는 공산주의 세력의 위협을 받는 국가에 대한 군사 및 경제 원조를 담고 있다.

④ 닉슨 독트린과 데탕트 와해, 소련의 개혁과 개방으로 탈냉전의 분위기가 형성되었고, 냉전체제를 종식하는 몰타 선언이 이어졌다. 냉전이 종식되면서 1990년대에는 민족, 종교, 영토, 자원 등으로 인한 분쟁이 증가하고 있다.

※ 몰타선언 … 1898년 12월 2일과 3일 지중해의 몰타에서 미국 대통령 부시와 소련 서기장 고르바초프 사이에 이루어진 회담으로 제2차 세계대전 이후의 냉전체제를 종식하고 평화를 지향하는 새로운 세계질서를 수립한다는 역사적 선언을 의미한다.

2.

㉢ 민주국가의 구성 요소인 주권은 국민주권주의에 따라 그 소재가 국민에게 있다.

㉣ 주권은 대내적으로 최고성, 대외적으로는 독립성을 갖는다.

㉠ 주권은 국가를 구성하는 요소이므로 일반 사회 집단이 소유할 수 없다.

㉡ 국가 원수로서의 대통령은 삼권을 통할하고 국가를 대표하는 권한은 있다. 다만, 주권을 대통령이 독점하는 것은 아니다.

Answer 1.② 2.④

3 다음의 국제법에 대하여 옳은 설명을 〈보기〉에서 모두 고르면?

- 외교관의 면책 특권
- 정치범불인도의 원칙
- 전쟁 포로에 대한 인도적 대우
- 내정 불간섭

─ 보기 ─
㉠ 명시적 합의에 의해 성립한다.
㉡ 모든 국가에 일반적으로 적용된다.
㉢ 사회적 관행에 기초하여 성립한다.
㉣ 성문의 형태로 존재한다.
㉤ 가장 대표적인 국제법이다.

① ㉠㉡㉢ 　　　　② ㉡㉢
③ ㉢㉣ 　　　　　④ ㉡㉣㉤

4 국제연맹과 국제연합에 대한 설명으로 옳지 않은 것은?

① 국제연맹은 미국의 불참, 일본과 이탈리아의 탈퇴 등으로 인해 국제분쟁 해결에 무기력한 모습을 보였다.
② 국제연합은 강대국들의 거부권을 인정한 안전보장이사회를 설치하였다.
③ 국제연합은 전쟁 억제 이외에도 경제·사회·문화·인도적 차원에서 국가 간 협력을 추구하고 있다.
④ 국제연합은 사법기관으로 국제형사재판소를 운영하고 있다.

3.

본문의 자료는 모두 국제관습법이다.
㉡ 국제관습법은 모든 국가에 일반적으로 적용된다.
㉢ 국제 사회의 오래된 관행이 법 규범으로 승인된 것이다.
㉠ 묵시적 합의에 의해 성립한다. 명시적 합의에 의해 성립하는 것은 조약이다.
㉣ 국제관습법은 불문의 형태로 존재한다.
㉤ 가장 대표적인 국제법은 조약이다.

4.

④ 국제연합은 사법기관으로 국제사법재판소(ICJ ; International Court of Justice)를 운영하고 있다.

Answer　3.② 4.④

5 다음은 2차 세계 대전 이후 국제관계의 변화를 나타낸 것이다. ㈎~㈒시기에 대한 설명으로 가장 적절한 것은?

> ㈎ 냉전기(1950~60년대) → ㈏ 긴장완화기(1970년대) → ㈐ 신냉전기(1980년대 초) → ㈒ 탈냉전기(1980년대 중반 이후)

① ㈏는 ㈎에 비해 국제연합(UN)에서 제3세계 국가들의 영향력이 감소한 시기이다.

② ㈐는 ㈏에 비해 지역 블록의 형성으로 단극체제가 강화된 시기이다.

③ ㈒는 ㈎에 비해 정치·경제적 협력과 상호의존이 전세계적으로 확산된 시기이다.

④ ㈒는 ㈐에 비해 국제 분쟁의 해결과정에서 국제 비정부 기구(INGO)의 역할이 감소된 시기이다.

6 국제법의 법원(法源)에 대한 설명으로 옳지 않은 것은?

① 국제 관습법과 법의 일반원칙은 조약과 달리 별도의 체결 절차 없이 일반적으로 국제 사회에서 법적 구속력이 발생한다.

② 법의 일반원칙은 문명국들이 공통으로 승인하여 따르는 법의 보편적인 원칙을 말하며, 신의성실의 원칙, 권리남용금지의 원칙 등이 그 예이다.

③ 국제 관습법은 국제 사회의 반복적인 관행이 법규범으로 승인되어 효력을 갖는 것으로서, 외교관의 특권과 면제, 전쟁 포로에 대한 인도적 대우 등이 그 예이다.

④ 조약은 2개 이상의 국가 사이에 맺은 법적 구속력을 갖는 문서 형식의 합의로서, 우리나라의 경우 대통령이 안전보장에 관한 조약을 체결할 경우 국회의 동의를 필요로 하지 않는다.

5.

③ ㈒ 탈냉전기에는 이념적 대립과 갈등에서 벗어나 정치·경제적 협력과 상호의존이 전세계적으로 확산된 시기이다.

① ㈏ 긴장완화기에는 ㈎냉전기에 비해 국제연합(UN)에서 제3세계 국가들의 영향력이 증대된 시기이다.

② ㈐ 시기에는 지역 블록이 형성되면서 다극체제가 나타났다.

④ ㈒ 탈냉전기에는 국제 비정부 기구(INGO)의 역할이 증대되는 시기이다.

6.

④ 안전보장, 주권제약, 중대한 재정적 부담 등과 관련된 조약의 경우 국회의 동의를 필요로 한다.

Answer　　5.③　6.④

7 국제 사회를 바라보는 관점 ㈎, ㈏에 대한 설명으로 가장 옳은 것은?

> ㈎ 국제 사회란 보편적인 가치나 질서에 의해서 지배되는 것이 아닙니다. 오로지 권력과 같은 힘으로 주도될 뿐이지요. 각국은 각자 자국의 이익을 추구하기 위해 계산적으로 움직이기 때문에 배려나 양보를 기대하는 것은 불합리합니다.
>
> ㈏ 국제 사회란 보편적인 선이나 국제 규범에 의해 지배되고 있습니다. 마치 사람들이 모여 사회를 이루고 살듯이, 국제적으로 발생하는 다양한 문제들에 대응하기 위해 국가 간 연합과 협력이 이루어지는 공간이 국제 사회입니다.

① ㈎는 국제 관계에서 국가 간 상호 의존적 관계를 중시해야 한다고 본다.

② ㈏의 대표적인 사례로 북대서양 조약 기구(NATO), 바르샤바 조약 기구(WTO) 등이 있다.

③ ㈏는 집단 안보 체제의 구축이 국제 평화 유지의 방안이 될 수 있다고 본다.

④ ㈎는 ㈏보다 국제 관습법과 같은 국제법의 중요성을 강조한다.

8 우리 헌법이 국제 관계에 대해 규정하고 있는 내용이 아닌 것은?

① 국제법 존중

② 외국인의 지위보장

③ 침략전쟁의 부인

④ 국군의 해외파견 금지

7.

㈎는 현실주의, ㈏는 이상주의적 관점이다.

① 국제 관계에서 국가 간 상호 의존적 관계를 중시해야 한다고 보는 것은 ㈏이다.

② NATO, WTO 등은 ㈎의 대표적인 사례이다.

④ 국제 관습법과 같은 국제법의 중요성을 강조하는 것은 ㈏이다.

8.

우리나라의 국제 관계 … 국제법규의 준수, 침략전쟁의 부인, 국제법과 국내법의 동일시, 주한 외국인의 보호, 재외국민 보호 등 국제 간의 우호와 평화를 유지하고 증진시키기 위한 내용을 헌법에 규정하고 있다.

Answer   7.③ 8.④

9 다음은 국제 사회의 본질에 대한 두 사람의 대화이다. 을의 관점에 부합하는 진술만을 〈보기〉에서 있는 대로 고른 것은?

> 갑 : 국가들이 서로 신뢰하고 협력할 때 국제 질서와 평화가 달성될 수 있어.
>
> 을 : 국제 사회에서는 국가 간의 힘의 관계에 의해서 모든 것이 결정된다고 할 수 있어.

— 보기 —

⊙ 힘이 뒷받침되지 않는 평화란 허상에 불과하다.
ⓛ 국제 사회에 최선인 것이 자국에도 최선이 된다.
ⓒ 집단 안보 체제의 확립이 세계 평화의 안전판이 된다.
ⓔ 세력 균형을 유지하는 것이 국가 안보를 위해 중요하다.

① ⊙ⓛ
② ⊙ⓔ
③ ⓛⓒ
④ ⊙ⓒⓔ

10 다음 내용을 종합하여 내릴 수 있는 결론으로 적절한 것은?

> (가) 미국의 유명 식품 회사들을 포함한 6개의 다국적 기업들은 공동으로 협력 관계에 있는 공급 업체들에 대해 이산화탄소 배출량 감소 대책을 제출하도록 요구하기로 했다.
>
> (나) 유엔은 인권 이사회를 출범시키기로 의결하였다. 인권 이사회는 객관적이고 믿을만한 정보를 바탕으로 모든 회원국들의 인권 상황을 정기적으로 점검하도록 하고 있다.

① 다국적 기업이 세계 경제에 미치는 영향력이 확대되고 있다.
② 초국가적 행위체의 보편적 가치 추구 행위가 나타나고 있다.
③ 정부 간 국제기구의 활동으로 국가 간 갈등 행위가 감소하고 있다.
④ 인권과 환경 보호를 위한 국가 주도의 노력이 실효를 거두고 있다.

9.

갑은 이상주의, 을은 현실주의 관점을 갖고 있다. ⓛ의 국제사회를 중시하는 것은 이상주의적 입장이며 ⓒ의 집단안보를 중시하는 것도 이상주의의 입장이 된다.

10.

서문의 내용은 유엔과 다국적 기업은 초국가적 행위체로서, 인권과 환경 보호라는 인류의 보편적 가치를 추구하는 행태를 보여주고 있다.

국가	일정한 영토와 국민을 바탕으로 주권을 가진 독립적 주체
초국가적 행위체	국경을 넘어서 영향력을 행사하는 주체로 국제연합, 비정부 국제기구(NGO) 등
국가 내부적 행위체	한 국가의 일부분에 속하지만 독자적 영역을 보유하고 국제적으로 활동하는 행위체로 소수 인종 연합, 지방자치단체 등
개인	UN사무총장이나 국가 원수처럼 개인이 국제 사회에 영향력을 미칠 수 있음

Answer　9.②　10.②

11 다음과 같은 국제 사회의 특징에 비추어, 우리나라의 대응방안으로 옳지 <u>않은</u> 것은?

> 국가 간의 관계는 이익이 서로 조화를 이루는 동안에는 우호적인 관계가 유지되지만, 이해관계가 상충되면 적대관계로 변하기도 한다.

① 민족의 통일을 위해서는 우리 민족의 배타적 이익만을 위해 외교정책을 편다.
② 자주국방·안보에 힘써야 한다.
③ 미국을 비롯한 자유우방과의 협력관계를 강화한다.
④ 제3세계와 관계 개선 및 북방외교를 통해 러시아, 중국 등 공산권과 협력적 관계를 추구한다.

12 다음의 외교 사례를 유형별로 순서대로 바르게 묶은 것은?

> ㈎ 한국은 한국이 안보리 비상임 이사국에 진출하는 대신 일본이 거부권 없는 상임 이사국으로 진출하는 것을 반대하지 않기로 하였다.
> ㈏ 던켈 GATT 총장은 한국이 모든 농산물의 관세화 조치를 수용하지 않으면 한국은 UR에서 제외될 것이며 국제 무역에서 고립될 것이라고 말했다.
> ㈐ 한국은 UR에 참가한 각 국에 우리 농업의 특수성을 설명하고 농산물의 관세화 예외 조치를 인정해 줄 것을 요청하였다.

① 설득, 위협, 타협
② 위협, 타협, 설득
③ 설득, 설득, 타협
④ 타협, 위협, 설득

11.

국제 사회에서 국가 간의 갈등을 해결하는 수단
㉠ 국제기구를 통한 해결 : 국제 관계에는 중앙정부가 존재하지 않지만 국제연합 등의 국제기구가 갈등해결의 유력한 수단으로 기능하고 있다.
㉡ 국제조정의 방식을 통한 해결 : 제3국이나 민간단체의 개입을 통한 갈등해결이 가능하다.
㉢ 강제력의 행사 : 전쟁이나 무력위협 등을 통한 갈등해결방식이다.

12.

국가 간의 외교는 주로 협상을 통하여 이루어지는데, 이 과정에서 상대국에 대하여 자기의 요구를 제시하여 설득㈐하기도 하고, 보다 나은 조건을 위하여 타협㈎ 하기도 한다. 때로는 군사적·정치적·경제적 위협㈏이 가해지기도 한다.
※ 외교의 방법 : 설득, 타협, 위협
　㉠ 설득 : 자국의 입장을 설명함으로써 상대국으로 하여금 충분히 납득하게 하고, 더 나아가 자국의 요구를 받아들이도록 하는 것
　㉡ 타협 : 상호간의 양보를 통하여 문제를 해결하는 것
　㉢ 위협 : 경제적·군사적 실력을 행사하겠다고 선언함으로써 자국의 주장이나 요구를 관철시키는 것

Answer　　11.① 12.④

13 다음의 내용을 읽고 오늘날의 국제적 현실을 바르게 추론한 것은?

> • 국제 사회에는 강제적인 규범과 체계적인 권력조직체가 없다.
> • 세계는 생태계 파괴, 환경오염 등의 환경윤리적 과제를 안고 있다.
> • 교통과 통신수단의 발달, 무역의 증진은 국제 관계를 변화시키고 있다.

① 국제 관계는 이제 힘의 논리가 아닌 법의 지배를 통해 규율된다.
② 국제기구의 역할이 확대되면서 각국의 주권은 크게 제한되고 있다.
③ 국가 간의 상호의존성이 심화됨에 따라 전쟁의 가능성이 거의 사라졌다.
④ 국가들은 국제협력을 확대해 나가면서도 개별적 안보노력을 계속하고 있다.

14 국제법 (가), (나)에 대한 옳은 설명을 〈보기〉에서 고른 것은?

> • (가)는 외교관이나 정부의 위임을 받은 자가 문서로 서명하고, 의회의 동의를 거쳐 대통령이 비준을 하여 상호 교환함으로써 효력이 발생한다.
> • (나)는 국제 사회의 관행에 의하여 발생한 국제 사회 생활의 규범이 국제 사회에서 법으로 승인되고 준수된다.

─── 보기 ───
㉠ (가)는 체결 당사국만 구속한다.
㉡ (나)의 예로 신의 성실의 원칙을 들 수 있다.
㉢ (나)는 국제기구에 의해 강제적으로 집행되기 어렵다.
㉣ (가)는 (나)와 달리 국제법의 법원(法源)으로서의 역할을 한다.

① ㉠㉡　　　　② ㉠㉢
③ ㉡㉢　　　　④ ㉢㉣

13.

국제 사회는 힘에 의한 지배사회이지만, 지구촌의 공통적 관심사는 서로 협력해야 한다.

14.

(가)는 조약, (나)는 국제 관습법이다.
㉠ 조약은 체결 당사국만 구속한다.
㉡ 신의 성실의 원칙은 법의 일반 원칙의 사례이다.
㉢ 국제법은 국내법과 달리 국제기구에 의해 강제적으로 집행되기 어렵다.
㉣ 조약과 국제 관습법 모두 국제법의 법원으로서의 역할을 한다.

Answer　13.④　14.②

15 다음에서 제3세계에 대한 설명에 해당하는 것을 모두 고르면?

> ㉠ 반둥회의를 통해 비동맹운동을 추진하였다.
> ㉡ 국제 사회에서 발언권이 증대되고 있다.
> ㉢ 국제무대에서는 일관성 있는 외교정책을 전개한다.
> ㉣ 민족주의와 중립주의를 표방한다.
> ㉤ 친(親) 서구적 감정을 나타낸다.

① ㉠㉣
② ㉠㉡㉣
③ ㉠㉡㉢㉣
④ ㉡㉢㉣㉤

16 다음 자료에 대한 옳은 설명만을 〈보기〉에서 있는 대로 고른 것은?

> 토론진행자 : 국제연합의 주요 기관 A, B에 대해 발표해 보세요.
> 갑 : A는 모든 회원국이 참여하는 기관으로 국제 평화에 관한 권고, B의 비상임 이사국 선출 등의 기능을 해요.
> 을 : B는 국제 평화와 안전 유지에 관한 국제연합의 실질적 의사결정기관이에요.
> 병 : A는 ___________(가)___________
> 정 : B의 상임 이사국은 거부권 행사가 가능해요.
> 토론진행자 : 모두 옳게 답했어요.

─── 보기 ───

> ㉠ (가)에는 '1국 1표 원칙의 표결 방식을 적용해요.'가 들어갈 수 있다.
> ㉡ 정의 대답을 통해 국제 사회에 힘의 논리가 적용됨을 알 수 있다.
> ㉢ A는 국제 사회의 모든 국가가 회원국으로 참여하고 있다.
> ㉣ B는 침략국에 대한 군사적 개입이나 경제적 제재를 결의할 수 있다.

① ㉠㉢ 　　　　② ㉠㉣
③ ㉡㉢ 　　　　④ ㉠㉡㉣

15.

제3세계는 자유진영과 공산진영이 아닌 국가군을 뜻한다.

16.

국제연합의 주요 기구 중 A는 총회, B는 안전보장이사회이다.
㉠ 총회에서의 표결 방식은 1국 1표 원칙이 적용된다.
㉡ 안전보장이사회의 상임 이사국 중 1개국이라도 거부권을 행사하면 찬성국가 수에 상관없이 안건이 부결된다. 이를 통해 국제 사회에 힘의 논리가 적용됨을 알 수 있다.
㉢ 총회는 국제연합의 모든 회원국으로 구성된 것이지, 국제 사회의 모든 국가가 참여하고 있는 것은 아니다.
㉣ 안전보장이사회는 국제 분쟁 조정 절차나 방법 권고, 침략국에 대한 경제·외교적 제재나 군사적 개입을 하기도 한다.

Answer　　　15.② 16.④

PART
I
사회

02

경제

기출PLUS

기출 2017. 6. 24. 제2회 서울시 시행

(가), (나) 사례에 대한 〈보기〉의 진술 중 옳은 설명만을 고른 것은?

> (가) 태평양의 어느 섬에서는 망고보다 바나나가 더 많이 생산된다. 하지만 바나나가 망고보다 훨씬 높은 가격에 거래된다.
> (나) 물은 생존을 위해 반드시 필요한 재화이다. 하지만 물의 가격은 다이아몬드 가격보다 훨씬 낮다.

┌ 보기 ┐
> ㉠ (가)의 사례에서 바나나는 망고보다 희소성이 큰 재화이다.
> ㉡ (가)와 (나)의 사례에서 가격을 결정한 요인은 유용성보다는 존재량이다.
> ㉢ (나)에서 다이아몬드가 비싼 이유는 인간에게 더 유용한 재화이기 때문이다.
> ㉣ 희소성은 재화의 존재량과 인간의 욕구와의 관계에서 상대적으로 결정된다.

① ㉠㉡   ② ㉠㉣
③ ㉡㉢   ④ ㉢㉣

〈정답 ②

1 경제생활과 경제문제

(1) 경제활동의 이해

① 경제활동의 의미
- ㉠ 경제활동 : 인간에게 필요한 물품이나 서비스를 생산, 분배, 소비하는 사람의 모든 활동을 의미한다.
- ㉡ 경제원칙 : 최소의 비용으로 최대의 효과를 달성하려는 인간 활동의 원리이다.

② 경제활동의 과정
- ㉠ 생산 : 재화나 용역을 창출하는 일체의 활동을 의미한다.
- ㉡ 분배 : 생산 활동에 대한 기여를 시장가격으로 보상받는 것을 의미한다.
- ㉢ 소비 : 분배된 소득으로 필요한 재화와 서비스를 구입해서 사용·소모하는 것을 의미한다.

③ 경제활동의 주체와 객체
- ㉠ 경제주체 : 경제활동에 참여하는 경제단위로 가계(소비의 주체), 기업(생산의 주체), 정부(생산과 소비의 주체), 외국(교역의 주체)이 이에 해당한다.
- ㉡ 경제객체 : 경제주체의 경제활동대상이 되는 물적 단위로, 재화(생산된 물품)와 용역(서비스)을 의미한다.

(2) 희소성과 경제문제

① 희소성과 경제재
- ㉠ 경제문제 : 물질적 수단의 희소성 때문에 발생된다.
- ㉡ 희소성의 원칙 : 인간의 무한한 욕구에 비하여 이를 충족시킬 수 있는 자원이 상대적으로 부족한 현상을 의미한다.
- ㉢ 경제활동의 대상 : 경제적 가치가 있는 것(경제재)이다.

② 기본적 경제문제
- ㉠ 자원배분의 문제 : 무엇을, 얼마나 생산할 것인가 하는 문제로 최대 생산의 문제(효율성)와 관련된다.
- ㉡ 생산방법의 문제 : 어떻게 생산해야 할 것인지를 결정하는 문제로 최소 비용의 문제(효율성)와 관련된다.

ⓒ 소득분배의 문제 : 생산물을 누구에게 분배해야 할 것인지를 결정해야 하는 문제로 공평 분배의 문제(형평성)와 관련된다.

ⓐ 경제문제의 해결원칙 : 효율성, 형평성, 자주성 등이 있다.

③ 선택과 기회비용

㉠ 합리적 선택 : 자원배분이 효율적으로 이루어지도록 하는 선택이며, 만족을 극대화시킬 수 있는 선택을 의미한다.

㉡ 기회비용 : 어떤 재화나 용역을 선택하기 위하여 포기하거나 희생한 재화 또는 용역의 가치이다.

② 경제체제와 경제목표

(1) 경제체제

① 전통경제체제

㉠ 의의 : 전통과 관습에 의해서 경제문제를 해결한다.

㉡ 특징
- 경제활동의 변화가 크지 않고 구성원의 자발적 선택을 찾아보기 어렵다.
- 변화보다 전통의 연속성과 안정성을 중요하게 생각한다.

② 명령경제체제(계획경제체제)

㉠ 의의 : 중앙정부의 명령과 지시에 의해서 경제문제를 해결한다.

㉡ 특징
- 개인의 소유권이 제한되어 개인 및 기업이 생산수단을 소유할 수 없다.
- 개인의 선택의 자유가 제한되어 본인의 의사와 무관한 작업을 하게 된다.
- 개인의 이윤추구 동기를 약화시켜 경제성장 동력을 상실하는 한계가 있다.

③ 시장경제체제

㉠ 의의 : 개인이 자신의 이익을 추구하기 위해 의사결정을 내려 경제문제를 해결한다.

㉡ 특징
- 소비자는 시장가격에 의해 소비를 결정하고 만족의 극대화를 추구한다.
- 생산자는 소비자가 원하는 상품을 생산하여 이윤의 극대화를 추구한다.
- 정부는 외교, 국방, 치안, 경제적 약자 보호의 영역에서만 역할을 한다(작은 정부).

〈보기〉에 대한 설명으로 가장 옳은 것은? (단, ㈎, ㈏는 각각 계획 경제 체제, 시장 경제 체제 중 하나이다.)

구분	㈎	㈏
'정부의 계획'에 의한 자원 배분을 강조하는가?	아니요	예
㉠	A	예

① ㈎는 경제 활동의 형평성보다 효율성을 강조한다.
② ㈏는 민간 경제 주체의 자율적 의사 결정을 중시한다.
③ ㈏는 ㈎에 비해 경제 주체의 이윤 추구를 장려한다.
④ A가 '아니요'라면 ㉠에 '자원의 희소성으로 인한 경제 문제가 발생하는가?'가 들어갈 수 있다.

‹ 정답 ①

© 장점 : 소비자가 원하는 상품을 생산하게 하고, 개인의 창의력 발휘에 대한 동기부여로 기술혁신을 통한 경제성장이 촉진된다.

② 단점 : 빈부격차 확대, 시장 실패(불완전한 경쟁 등으로 시장에 의한 자원의 최적 배분 실패) 발생, 구성의 모순(개별적으로는 합리적이지만 전체적으로는 비합리적인 것이 되는 모순) 발생, 유효 수요의 부족으로 극심한 경기 침체(경제 대공황, 1929년) 발생

④ **혼합경제체제**

㉠ 의의 : 명령경제체제와 시장경제체제의 요소를 적절히 결합하여 경제문제를 해결한다.

㉡ 특징

- 시장경제체제에 바탕을 두고 공공부문의 생산이나 시장의 보완에 대해서 정부의 적극적 역할을 강조한다(큰 정부).

- 경제 대공황을 극복하기 위해 정부가 시장에 직접 개입한 것을 계기로 등장하였으며, 대부분의 나라가 채택하는 방식이다.

> **✿ Plus tip**
>
> **경제 대공황** … 자유방임주의에 의해 생산력이 증대되면서 총공급이 증가했으나 소득분배의 실패로 총수요가 감소하면서 발생한 디플레이션 현상으로 자유방임주의를 붕괴시켰다.

(2) 우리나라의 경제체제와 경제제도

① **선택의 자유 보장** … 경제적 자유를 통해 자신의 이익을 추구할 권리를 가진다.

② **시장경제체제를 유지하기 위해 필요한 경제제도**

㉠ **사유재산권** : 개인 또는 민간 기업이 재산을 소유하고 그것을 자유롭게 관리·사용·처분할 수 있는 권리를 말한다.

- 사람들은 자신의 재산을 축적하고, 보유 중인 재산을 더 가치 있게 만들려는 동기를 부여한다.

- 재산 가치를 증가시키기 위해 노력하는 과정에서 보유재산이 다른 사람에게 유익하게 사용된다.

- 사유재산의 보장으로 다른 사람과의 교환도 발생한다.

㉡ **경쟁** : 시장경제체제에서 개인의 이익추구는 경쟁을 전제로 한다.

- 기업의 생산성을 제고하며, 경쟁력이 떨어지는 기업을 시장에서 솎아내 희소한 자원이 낭비되지 않게 한다.

- 소비자의 만족도를 높이는 상품 개발, 생산방법 혁신을 통해 저렴한 상품을 생산한다.
- 재화의 가격에 타당한 가치를 느끼는 소비자만이 구입하게 하여 재화가 꼭 필요한 사람에게 배분된다.
- 우리나라는 공정한 경쟁을 촉진하기 위해 공정거래법을 제정하였다.

③ 정부의 시장참여

　㉠ 공공부문의 생산 : 국방, 치안, 교육, 사회간접자본 등

　㉡ 개인의 자유를 일부 제한 : 사회적으로 금기시되거나 유해한 상품의 거래와 소비 규제

　㉢ 국가경제를 이상적인 상태로 이끌기 위해 다양한 경제정책 시행

- 세금 징수, 재정 지출 통한 특정계층의 경제생활 지원
- 연구개발비 지원으로 민간부문의 기술개발 촉진, 환경보전을 위한 투자와 규제

(3) 다양한 경제목표

① 국가의 경제목표

　㉠ 효율성 : 주어진 자원으로 최대효과를 달성하거나 의도한 효과를 최소비용으로 달성하는 상태를 말한다.

　㉡ 형평성 : 구성원들이 공정한 대우를 받는 상태를 말한다.

　㉢ 물가안정

- 인플레이션 발생 : 가계 구매력 약화, 소비와 투자 억제
- 디플레이션 발생 : 장기간의 경기침체에 빠져 투자·고용 위축, 기업·금융기관 부실화

　㉣ 경제성장 : 일자리의 안정성과 질적 개선에 기여, 기업의 부실위험 감소, 삶의 풍요 제공

　㉤ 완전고용 : 실업자가 없는 상태(전직과 개인사정으로 쉬는 사람이 있으므로 현실성 없음)

② 경제목표 간의 충돌(상충관계)

　㉠ 효율성과 형평성 : 능력에 따른 보상은 효율성을 높이지만, 형평성의 달성에는 부적절하다.

　㉡ 완전고용과 물가안정 : 통화량을 늘리면 고용은 증대되나 물가안정을 이루기 어렵다.

❸ 경제 정보의 활용

(1) 경제 정보의 활용의 중요성

① 경제정보의 활용가치가 그 정보를 만드는데 들어간 비용과 시간보다 더 큼.

② 경제전반의 흐름을 파악하여 이를 토대로 미래를 예측하고 경제적 의사결정에 활용함.

③ 한 나라의 경제적 성과를 측정하는 지표(경제성장률, 실업률, 물가상승률, 국제수지 등)와 기타 정보(통화량, 이자율)등을 나타내는 지표 등 여러 가지가 있다.

(2) 전수조사와 표본조사

구분	전수 조사	표본 조사
방법	대상을 모두 조사	집단의 일부(모집단)를 골라 조사
특징	정확하지만 시간과 비용이 많이 소모됨	빠른 시간과 적은 비용으로 전체의 특성을 파악할 수 있어 많이 이용됨. 조사자의 오차
비교	두 변수의 상대적 크기 비교	절대 규모는 알 수 없음
예	인구 및 주택조사 등	소비행태의 변화, 가계소득 통계 등

(3) 경제 정보의 분석

① 경제 통계의 가공 및 표현

　㉠ 비율 : 특정 시점에 발생한 서로 다른 경제 활동을 비교하기 위해 상대적 비중으로 표시함.
　　• 저축률(저축액/국내 총생산×100)
　　• 투자율(투자액/국내 총생산×100)
　　• 실업률(실업자수/경제 활동 인구×100)
　㉡ 변화율 : 기준 연도의 경제활동에 대한 비교 연도의 경제 활동의 변화 정도 표시
　　• 비교 (연도 통계치−기준 연도 통계치)/기준 연도 통계치×100
　　• 경제 성장률, 소비자 물가 상승률, 도매 물가 상승률 등

② 표현 방법

　　㉠ **수표** : 숫자로 구성된 표로서 정보의 정확한 크기를 보여 줌.

　　㉡ **원도표** : 상대적 구성 비율을 한눈에 볼 수 있도록 함.

　㉢ **그래프** : 두 변수간의 관계나 시간의 흐름에 따른 변화 추세를 보여줌.

　　• 꺾은선 그래프, 막대 그래프 : 시간별 변화의 모습이나 국가별 비교가 용이함.

　　• 원 그래프 : 항목별, 또는 요인별 비교가 용이함.

❹ 경제문제의 합리적 해결

(1) 합리적 선택

① **비용과 편익**

　㉠ **기회비용** : 어떤 것을 선택하기 위해 포기한 것들 가운데 가장 가치 있는 것을 말한다.

　　• 암묵적 비용 : 어떤 것을 선택함으로써 포기한 다른 기회나 가치

　　• 명시적 비용 : 현금의 지출과 같이 직접 명시적으로 지불한 비용

　㉡ **매몰비용** : 지불하고 난 뒤 회수할 수 없는 비용을 말한다.

　㉢ **편익** : 경제행위를 통해 얻게 되는 이득이나 만족을 말한다.

　㉣ **순 편익** : 편익에서 비용을 뺀 것을 말한다.

　㉤ **합리적 선택** : 편익과 비용을 비교하여 편익이 비용보다 크면 선택하고 여러 대안 중에 가장 순 편익이 큰 것을 선택한다(매몰비용은 고려하지 말아야 한다).

② **합리적 의사결정**

　㉠ **문제 인식** : 직면한 희소성의 문제가 무엇이고, 추구하는 목적이 무엇인지 정확히 인식한다.

　㉡ **대안 나열** : 취할 수 있는 선택 대안들을 나열한다.

　㉢ **기준 설정** : 나열한 대안의 특성과 장단점을 평가하기 위한 기준을 마련한다.

　㉣ **대안 평가** : 자료와 정보를 수집해 각 선택 대안을 구체적으로 평가하여 의사결정표를 작성한다.

　㉤ **최종 선택** : 의사결정표에서 가장 높은 점수를 얻은 대안을 선택한다.

기출 PLUS

기출 2021. 6. 5. 제1회 지방직 시행

다음 자료에 대한 분석 및 추론으로 옳은 것은?

┌─ 보기 ─────────────

갑은 X재와 Y재만을 합리적으로 소비한다. 표는 각 재화 1개 추가 소비에 따른 편익 증가분을 화폐 단위로 나타낸다. 각 재화의 가격은 각각 5달러이고 갑의 현재 용돈은 25달러이다. 단, 갑은 용돈을 모두 사용한다.

(단위 : 달러)

구분	1개째	2개째	3개째	4개째	5개째
X재	10	9	7	4	0
Y재	12	10	6	0	−8

① X재 2개, Y재 3개 소비 시 총 편익이 가장 크다.
② X재 소비 증가에 따른 총편익은 지속적으로 감소한다.
③ Y재만을 소비하는 경우 총편익은 음(−)의 값을 가진다.
④ 용돈이 5달러 증가하면 현재보다 Y재 1개를 추가로 소비하게 될 것이다.

기출 2024. 6. 22. 제2회 서울시 시행

〈보기〉는 합리적 선택을 위한 비용에 대한 설명이다. 이에 대한 설명으로 가장 옳은 것은?

┌─ 보기 ─────────────

㉮ = ㉠ 명시적 비용 + ㉡ 암묵적 비용

① ㉮는 매몰비용이다.
② ㉠은 다른 대안을 선택했을 때 얻을 수 있었던 가치이다.
③ ㉡은 대안을 선택할 때 실제 지출하는 비용이다.
④ 순편익은 선택으로 얻게 되는 이득에 ㉮를 뺀 값이다.

❮정답 ④, ④

기출 2024. 6. 22. 제2회 서울시 시행

〈보기〉의 X재와 Y재만 생산하는 갑(甲)국과 을(乙)국의 생산 가능 곡선을 나타낸 것이다. 갑국과 을국이 비교우위 재화를 특화하여 양 국가 간에만 교역하고자 할 때 이에 대한 설명으로 가장 옳은 것은?

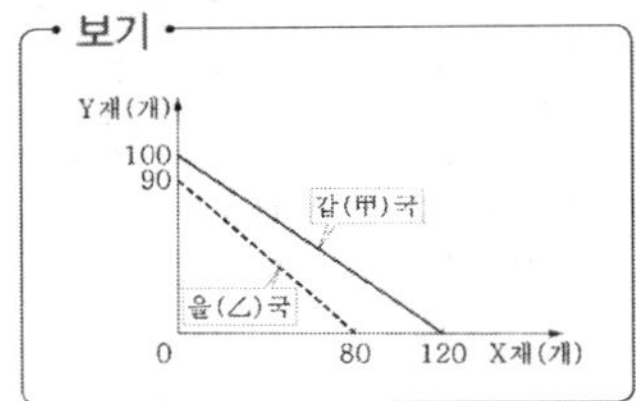

① 교역 전 갑국이 X재 1개 생산의 기회비용은 Y재 65개이다.
② 교역 전 Y재 1개 생산의 기회비용은 갑국이 을국보다 작다.
③ 을국은 X재 생산에 절대 열위를, Y재 생산에 절대 우위를 가진다.
④ 교역을 위해 갑국은 X재를 특화하고 을국은 Y재를 특화한다.

기출 2017. 6. 24. 제2회 서울시 시행

다음 표는 갑국과 을국이 동일한 생산요소를 투입하여 한 달간 최대로 생산할 수 있는 곡물과 육류의 양을 나타낸 것이다. 양국이 비교우위의 원리에 따라 교역을 할 경우 표에 대한 옳은 설명은? (단, 생산 요소는 노동 하나뿐이고, 양국에서 투입 가능한 노동의 양은 동일하다고 가정한다.)

(단위 : 톤)

	갑국	을국
곡물	10	20
육류	20	50

① 갑국은 육류 생산에 비교우위를 갖고 있다.
② 곡물 생산의 기회비용은 갑국이 을국보다 작다.
③ 을국의 육류 1톤 생산의 기회비용은 곡물 2.5톤이다.
④ 곡물과 육류를 1:1의 비율로 교환하면 양국 모두 이익이 발생한다.

◀ 정답 ④, ②

(2) 경제적 유인

① 경제적 유인

㉠ 의의 : 편익이나 비용에 변화를 주어 사람들의 행동 및 선택을 유도하거나 바꿀 수 있는 요인이 유인이며, 돈과 관련된 것을 경제적 유인이라 한다.
- 긍정적 유인 : 보상이나 이득처럼 편익이 증가하여 어떤 행위를 더하게 한다.
- 부정적 유인 : 벌금이나 손실처럼 비용이 증가하여 어떤 행위를 덜하게 한다.

㉡ 효과 : 경제적 유인은 사람들의 선택에 영향을 주므로 시장경제의 원동력으로 평가된다.

② 경제적 유인의 사례

㉠ 시장경제와 유인
- 유가 상승→소비자는 대중교통 이용, 연비 좋은 차 구매→버스 · 택시 운행 늘리고, 운전기사 채용 확대→자동차회사는 연비 개선된 차량 생산→에너지회사는 대체 에너지 개발에 박차
- 경제 주체들이 더 많은 이득을 얻기 위해 경제적 유인에 자발적으로 반응→경제 전체적으로 효율성이 높아진다.

㉡ 정부의 유인책 사례 : 과속 운전 범칙금 부과, 쓰레기종량제, 전력요금누진제, 환경오염세, 예방주사 접종비용 지불 등

㉢ 정책의 간접 효과 : 간접 효과가 가져온 손해가 긍정적인 직접 효과를 압도해서 전혀 다른 결과가 나타날 수 있어, 정부는 간접 효과까지 따져보고 정책을 채택해야 한다.

예 영국 정부의 창문세

(3) 비교우위와 거래의 이득

① 생산 가능 곡선

㉠ 의미 : 기업이 주어진 생산요소를 이용하여 최대로 생산할 수 있는 상품의 조합들을 연결한 선이다.

㉡ 형태 : 자원의 희소성으로 우하향 형태를 나타낸다(음의 기울기).

© 생산 가능 곡선의 이해

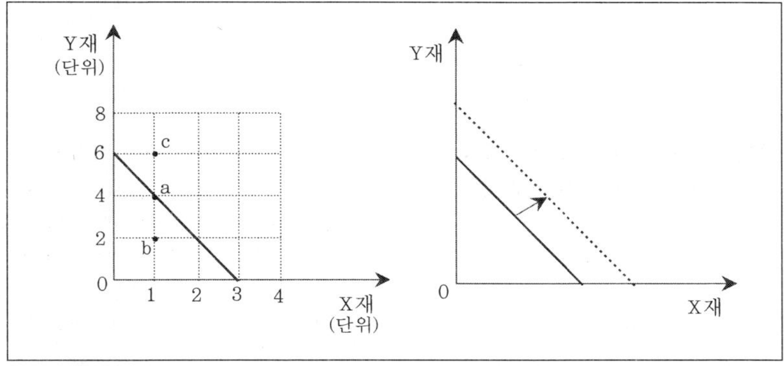

- a : 효율적인 생산 조합
- b : 비효율적인 생산 조합
- c : 불가능한 생산 조합
- 생산 가능 곡선의 기울기 : 기울기의 절댓값은 X재를 1단위 더 생산할 때 발생하는 기회비용
- X재를 1단위 더 생산하는 기회비용은 Y재 2단위
- 경제가 성장하게 되면 생산 가능 곡선이 바깥쪽으로 이동

② 분업과 특화

㉠ 분업 : 재화 또는 서비스를 생산하는 과정에서 작업자들이 각기 다른 공정을 담당하는 생산 방식을 말한다.

㉡ 특화 : 각자 잘하는 일 또는 자원을 가장 효율적으로 사용할 수 있는 일에 전념한다.

㉢ 교환(거래)의 이득 : 특화 생산하여 거래하면 자급자족하는 경우보다 다양한 재화와 서비스를 저렴한 가격으로 구입할 수 있다.

③ 절대 우위와 비교 우위

㉠ 절대 우위 : 동일한 자원을 이용하여 다른 생산자보다 더 많이 생산할 수 있는 능력이나 동일한 양을 생산하면서 자원을 더 적게 사용하는 능력을 말한다.

㉡ 비교 우위 : 다른 생산자보다 작은 기회비용으로 생산할 수 있는 능력을 말한다.

- X재의 생산을 늘리기 위해 발생하는 기회비용이 상대방보다 작은 경우에 X재 생산에 비교우위가 있다고 한다.
- 한 사람이 상대방에 비해 두 재화 모두에서 생산의 절대 우위를 가질 수는 있지만, 비교우위를 가질 수는 없다.

1 〈보기〉는 경제 체제 A와 B를 구분한 것이다. 이에 대한 설명으로 가장 옳은 것은? (단, A와 B는 각각 시장 경제 체제와 계획 경제 체제 중 하나이다.)

---보기---

질문	A	B
생산 수단의 사적 소유를 인정하는 경제 체제와 관련이 있는가?	예	아니요
개별 경제 주체들의 자유로운 경제 활동을 보장하는가?	㉠	㉡
(가)	아니요	예

① A는 기본적인 경제 문제의 해결에서 형평성을 더 강조한다.

② B보다 A에서 경제적 유인 체계를 더 중시한다.

③ ㉠에는 '아니요', ㉡에는 '예'가 들어간다.

④ (가)에는 '보이지 않는 손을 중시하는가?'가 들어갈 수 있다.

2 펜 1개의 값은 1,000원, 노트 1개의 값은 200원이다. '펜 6개와 노트 2개를 살까? 펜 4개와 노트 3개를 살까?' 고민하다가 펜 4개와 노트 3개를 사기로 했다면 노트 1개의 기회비용은 얼마인가?

① 펜 1자루

② 펜 2자루

③ 펜 3자루

④ 펜 4자루

1.

생산 수단의 사적 소유를 인정하는 경제체제인 A는 시장 경제 체제고, 그렇지 않은 B는 계획 경제 체제다. 시장 경제 체제는 사적 재산권과 이윤 추구 활동의 이익을 극대화하기 위해 최선을 다하게 된다. 따라서 계획 경제 체제와 비교하여 경제적 유인 체계가 중시된다.

① 시장 경제 체제는 기본적인 경제 문제의 해결에 있어서 효율적인 자원 배분을 강조한다. 형평성을 강조하는 것은 계획 경제 체제다.

③ "개별 경제 주체들의 자유로운 경제 활동을 보장하는가?"에 대한 응답으로 ㉠은 '예', ㉡은 '아니요'가 들어간다.

④ 보이지 않은 손을 중시하는 것은 시장 경제 체제로 A가 '예', B는 '아니요'가 되어야 한다.

2.

기회비용 … 경제활동에서 어떤 것을 선택함으로써 포기하게 되는 것의 가치를 말한다. 노트 2개를 사는 경우와 노트 3개를 사는 경우 전자는 펜 6개를 살 수 있고, 후자는 펜 4개를 살 수 있다. 따라서 노트 1개를 더 사기 위해서 포기한 펜이 2개이므로 펜 2개가 기회비용이다. 합리적 선택이 되기 위해서는 선택에서 오는 이득이 기회비용보다 커야 한다.

Answer　　1.②　2.②

3 〈보기〉에 대한 설명으로 가장 옳은 것은?

보기

아래의 표는 갑(甲)국과 을(乙)국이 X재 1개와 Y재 1개를 각
각 생산하는 데 필요한 노동자 수를 나타낸 것이다. (단, 양
국은 X재와 Y재만을 생산하고 노동만을 생산 요소로 사용하
며 양국이 보유한 노동자 수는 각각 100명이다.)

구분	갑(甲)국	을(乙)국
X재(1개)	4명	2명
Y재(1개)	5명	4명

---

① 갑(甲)국은 Y재를 최대 25개 생산할 수 있다.

② 갑(甲)국의 X재 1개 생산에 따른 기회비용은 Y재 5/4개이다.

③ 갑(甲)국은 X재에, 을(乙)국은 Y재에 비교우위를 가진다.

④ 을(乙)국은 X재 10개와 Y재 20개를 동시에 생산할 수 있다.

4 A재의 소비량이 8에서 9로 증가하고 한계효용이 0일 때 가장
적절한 설명은?

① A재를 9단위 소비할 때 총효용은 0이다.

② A재를 9단위 소비할 때의 총효용이 8단위 소비할 때보다
크다.

③ A재를 9단위 이상으로 소비량을 늘리면 총효용은 증가한다.

④ A재를 9단위 소비할 때 최대의 총효용을 얻는다.

3.

갑(甲)국과 을(乙)국의 X재와 Y재 생산에 필요한
노동량을 통해 을(乙)국에 두 재화 모두 절대 우위
가 있음을 알 수 있다. 기회비용을 통해 비교 우위
를 살펴보면 다음과 같다.

구 분	갑국	을국
X재 1개 생산의 기회비용	Y재 4/5개=0.8개	Y재 2/4개=0.5개
Y재 1개 생산의 기회비용	X재 5/4개=1.25개	X재 4/2개=2개

이때, 양국이 보유한 노동자 수는 각각 100명이므
로 을(乙)국은 X재 10개(20명)와 Y재 20개(80명)를
동시에 생산할 수 있다.

① 갑(甲)국은 Y재 1개를 생산하기 위해 5명이 필
요하므로 최대 20개를 생산할 수 있다.

② 갑(甲)국의 X재 1개 생산에 따른 기회비용은 Y
재 4/5개이다.

③ 갑(甲)국은 기회비용이 작은 Y재 생산에, 을(乙)
국은 기회비용이 작은 X재 생산에 비교우위를
가진다.

4.

한계효용 … 재화 1단위를 더 소비함으로써 얻어지는
총효용의 증가분으로 총효용의 증가분을 소비량의 증
가분으로 나눈 것과 같다. 한계효용이 0일 때 총효용
은 최대가 된다.

5 다음 자료에 대한 설명으로 옳은 것은?

갑은 ㉠연봉 6천만 원을 받으며 회사에 근무하고 있다. 그런데 갑은 평소 한식 요리에 관심이 있어 요리학원에 ㉡수강료 1백만 원을 내고 요리를 배워서 한식 조리사 자격증을 취득하였다. 이에 갑은 회사를 사직하고 한식 전문 요리점을 차리려고 한다. 갑이 알아본 결과 1년 간 한식 전문 요리점을 운영할 경우, 매출 1억 5천만 원, 인건비 3천만 원, 시설 보수비 1천만 원, 재료비 7천만 원이 발생한다.

① ㉠은 갑이 한식 전문 요리점을 운영하는 데 들어가는 명시적 비용이다.
② ㉡은 갑이 경제적으로 합리적 선택을 하기 위해 고려해야 하는 매몰비용이다.
③ 갑이 한식 전문 요리점을 운영하는 것에 대한 기회비용은 1억 1천만 원이다.
④ 갑이 한식 전문 요리점을 운영하지 않는 것이 경제적으로 합리적인 선택이다.

6 다음은 경제에 관련된 질문이다. 이 질문에 대한 응답 중 타당한 것은?

오늘은 경제학에 있어서 가치 문제에 대해 공부해 봅시다. 물은 모든 생명의 원천이면서도 값이 매우 싼 반면, 다이아몬드는 극히 제한적으로 쓰이는 데 비해 그 값이 아주 비쌉니다. 이것이 '물과 다이아몬드의 역설'이라고 하는 것입니다. 그렇다면 이러한 역설은 왜 생겨날까요?

① 재화의 가격은 희소성과 비례하기 때문입니다.
② 물보다 다이아몬드의 수요가 많기 때문입니다.
③ 재화의 가격과 유용성은 반비례하기 때문입니다.
④ 물은 자유재이고 다이아몬드는 경제재이기 때문입니다.

5.

③④ 갑이 한식 전문 요리점을 운영하는데 발생하는 기회비용은 연봉 6천만 원+인건비 3천만 원+시설 보수비 1천만 원+재료비 7천만 원으로 총 1억 7천만원으로 매출 1억 5천만원보다 크다. 따라서 운영하지 않는 것이 경제적으로 합리적인 선택이다.
① ㉠은 묵시적 비용이다.
② 합리적 선택을 하기 위해서는 매몰비용을 고려하지 않는다.

6.

시장에서는 다이아몬드가 유용성이 더 적은데도 비싸게 거래됨을 언급한다. 이는 가격을 결정하는 것은 유용성이 아닌 희소성에 있다는 것을 의미한다.

7 그림의 경제순환 과정에 대한 설명으로 가장 적절한 것은?

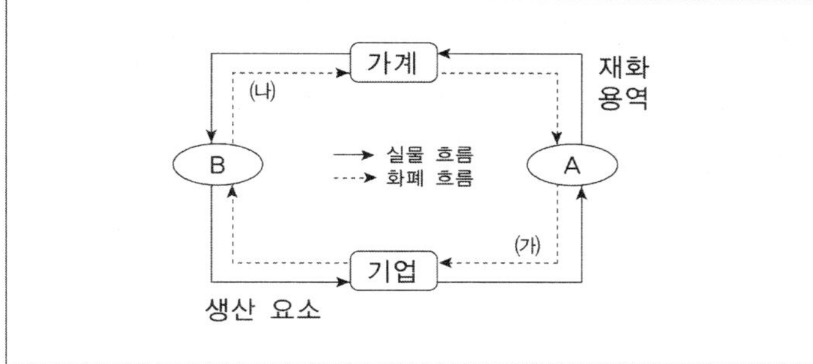

① 지대는 A에서 결정된다.

② 기업은 B에서 공급자의 역할을 한다.

③ 상품에 부과되는 세금인상은 (가)의 증가를 가져온다.

④ 임금이 인상되면 (나)의 크기는 증가할 것이다.

8 다음의 자본주의의 발달을 나타낸 표에서 자본주의 변화의 계기가 된 역사적 사실에 대한 설명으로 옳은 것을 보기에서 고르면?

상업 자본주의 → (A)산업 자본주의 → (B)독점 자본주의 → (C)수정 자본주의 → (D)신자유주의

(가) (A) - 아담 스미스(A. Smith)의 자유 방임주의. 산업 혁명
(나) (B) - 케인스(J.M. Keynes)의 이론
(다) (C) - 근로 문제 발생, 노동 운동 활발
(라) (D) - 스태그플레이션, 정부실패

① (가)(나)　　② (가)(다)

③ (가)(라)　　④ (다)(라)

7.

생산물 시장에서는 기업이 공급자가 되고 가계가 수요자가 된다. 생산 요소 시장은 이와 반대로 가계가 공급자가 되고 기업이 수요자가 된다. 이때 지대는 기업이 생산요소를 활용한 대가로 가계에 지급하는 것이므로 B에서 결정된다. 세금이 인상되면 가격이 인상되어 제품판매수입이 감소하기 때문에 (가)는 감소한다. 만약 임금이 인상될 경우는 기업이 가계에 지급하는 소득의 원천이 커지기 때문에 (나)는 증가한다.

8.

(가) (A)－아담 스미스(A. Smith)의 자유 방임주의적 경제 이론이 사상적 기초가 된 시기. 증기 기관과 방직기 등 기술 혁신에 의해 생산력이 비약적으로 증가한 산업 혁명. 시민혁명이 계기

(라) (D)－스태그플레이션이 계기가 되어 등장. 정부 실패에 대한 반성으로 작은 정부를 지향

(나) 케인스 (J.M. Keynes)의 경제 이론이 경제 정책의 이론적 기초가 된 시기는 (C)이다.

(다) 근로 문제가 발생하고 노동 운동이 활발한 시기는 (B)이다.

Answer　7.④　8.③

9 다음에서 밑줄 친 경제체제에 대한 설명으로 가장 적절한 것은?

> 경제체제는 크게 시장경제체제와 계획경제체제로 구분할 수 있습니다. 오늘은 이들 경제체제에 대해 알아보겠습니다. … (중략)… 경제체제에 따라 무역을 보는 관점이 달라질 수 있습니다. ○○경제체제에서 무역은 정부가 국내 경제를 원활하게 관리하기 위해 필요한 물품을 조달하는 수단일 뿐입니다. 따라서 무역의 대상이 되는 물품과 수량은 정부에 의해 정해지며, 교역 조건 또한 정부 사이의 협상을 통해 조정됩니다.

① 경제적 유인이 경제 운영의 원동력이다.
② 정부 개입으로 인해 시장 실패 현상이 나타난다.
③ 자원의 배분 과정에서 정부가 주도적 역할을 한다.
④ 보이지 않는 손에 의해 시장이 효율적으로 작동한다.

10 다음은 경제의 기본 문제와 관련된 글이다. (가) ~ (다)와 같은 유형의 문제를 바르게 짝지은 것은?

> (가) 갑 회사는 국내 공장의 중국 이전을 고려하고 있다.
> (나) 을 회사는 임금 인상에 관한 노사 협상을 진행 중이다.
> (다) 병 회사는 어떤 차세대 자동차를 생산할지 고민하고 있다.

― 보기 ―

> 정유년에 ㉠전선 7척을 새로 만들기로 하였다. 그런데 여러 읍진에 있는 조선소마다 공정이 들쭉날쭉하고 목수들의 솜씨도 차이가 났기 때문에 ㉡조선소들을 우수영으로 통합하여 목재와 연장을 나누어 쓰도록 하였다. 전선을 완공한 날에 ㉢돼지 5마리를 보내 먹게 하였다.

	(가)	(나)	(다)			(가)	(나)	(다)
①	㉠	㉡	㉢		②	㉠	㉢	㉡
③	㉡	㉠	㉢		④	㉡	㉢	㉠

9.

밑줄 친 경제체제는 무역의 대상이 되는 물품과 수량은 정부에 의해 정해진다는 것을 통해 계획경제임을 알 수 있다. 따라서 자원의 배분 과정에서 시장보다는 정부가 주도적인 역할을 하게 된다.

10.

(가)는 어떻게 생산할 것인가, (나)는 누구에게 분배할 것인가, (다)는 무엇을 얼마나 생산할 것인가의 문제이다.
㉠ 전선 7척 생산은 무엇을 얼마나 생산할 것인가의 문제로 (다)에 해당한다.
㉡ 조선소들을 통합하여 목재와 연장을 나누어 쓰도록 한 것은 어떻게 생산할 것인가의 문제로 (가)에 해당한다.
㉢ 돼지 5마리를 먹게 한 것은 누구에게 분배할 것인가의 문제로 (나)에 해당한다.

Answer 9.③ 10.④

11 경제체제에 대한 설명으로 옳지 않은 것은?

① 경제체제란 경제생활양식을 그 특질에 따라 통일적으로 파악한 것이다.

② 혼합경제체제는 자본주의체제와 사회주의체제의 단점을 서로 보완한 것으로 대부분의 국가들이 운영하고 있는 경제체제이다.

③ 시장경제체제는 시민사회의 형성과 산업혁명을 통해 성립되었으며, 그 주체가 개인이다.

④ 부의 불평등을 불러온다는 문제점이 있다.

12 다음의 그래프는 감자와 고구마의 생산조합을 나타낸 것이다. 이에 대한 설명으로 옳은 것은?

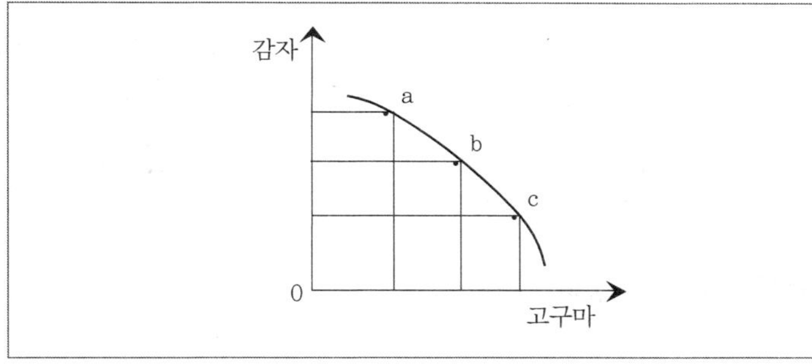

① 감자의 기회비용은 반비례한다.

② 고구마의 기회비용은 반비례한다.

③ c점에서 b점으로 이동하는 과정에서 고구마의 생산을 줄이지 않고도 감자의 생산을 늘릴 수 있다.

④ 일정한 양의 고구마 생산을 늘리기 위해서 포기해야 하는 감자의 양은 b점보다 c점에서 많아진다.

11.

④ 계획경제는 정부가 주체가 되어 공익과 형평성에 가치를 둔다는 장점이 있지만, 비효율적이라는 문제점이 있다. 부의 불평등은 시장경제의 단점이다.

12.

기회비용 … 제한된 자원과 재화의 이용은 다른 목적의 생산 또는 소비를 포기한다는 전제하에서만 이루어질 수 있다. 이때 포기되거나 희생된 재화 또는 용역을 선택된 재화와 용역의 기회비용이라 한다.

Answer　　11.④　12.④

13 다음은 아담 스미스의 말이다. 이러한 관점과 일치하는 내용을 〈보기〉에서 모두 고르면?

> "사람들은 단지 자신의 안전과 이익을 위하여 행동할 뿐입니다. 그런데 이렇게 행동하는 가운데 '보이지 않는 손'의 인도를 받아서 원래 의도하지도 않았던 목표를 달성하게 되는 것입니다. 이와 같이 사람들은 자신의 이익을 열심히 추구하는 가운데 흔히 국익을 증진하게 되는데, 이렇게 하는 것이 의도적으로 하는 경우보다, 공익을 오히려 더 증진하게 되는 것이다."

> ㉠ 효율성보다 형평성에 더 큰 비중을 둔다.
> ㉡ '보이지 않는 손'의 역할이 갖는 중요성을 강조한다.
> ㉢ 정부의 적극적인 시장 개입을 긍정적으로 평가한다.
> ㉣ 개인은 사회적 이익보다 자신의 이익에 더 많은 관심을 갖는다.

① ㉠㉡   ② ㉠㉢
③ ㉡㉣   ④ ㉢㉣

14 효율성만을 중시하는 성장 위주의 경제정책으로 나타난 결과로 보기 어려운 것은?

① 소득분배의 불공평
② 도시와 농촌의 불균형
③ 정부 내지 관(官)의 지도력 약화
④ 내수산업과 수출산업의 불균형

13.

아담 스미스는 시장 가격에 의해 사회가 조화를 이루면서 발전한다고 보았고 정부는 모든 경제 활동에 개입해서는 안된다고 주장하였다.
㉡ 시장 가격에 의한 조화 즉 '보이지 않는 손'의 역할을 강조한다.
㉣ 사람들은 단지 자신의 안전과 이익을 위하여 행동할 뿐이다.
㉠ 형평성보다 효율성에 더 큰 비중을 둔다. 자유경쟁하의 시장은 자원의 배분을 효율적으로 하게 된다고 하였다.
㉢ 정부의 시장 개입을 반대한다.

14.

효율성만을 중시하는 성장 위주의 경제정책으로 나타난 결과
㉠ 소득분배의 불공평(계층 간의 격차 심화)이 나타났다.
㉡ 도시와 농촌의 격차가 심화되었다.
㉢ 내수산업과 수출산업의 불균형이 이루어졌다.
㉣ 대기업과 중소기업의 격차가 심화되었다.
㉤ 기본적 수요충족에서의 불평등이 심화되었다.
㉥ 기업 간의 임금격차가 심화되었다.

Answer   13.③ 14.③

15 다음은 우리나라의 경제 운용에 관한 헌법 조항의 일부이다. 가장 거리가 먼 것은?

> 헌법 제 119조 제2항 : 국가는 균형 있는 국민 경제의 성장 및 인정과 적정한 소득의 분배를 유지하고, 시장의 지배와 경제력의 남용을 방지하며 경제 주체간의 조화를 통한 경제의 민주화를 위하여 경제에 관한 규제와 조정을 할 수 있다.

① 혼합 경제 체제
② 수정 자본주의
③ 복지 국가
④ 자본주의 부정

16 경제문제에 대한 설명으로 옳지 않은 것은?

① 모든 사회에는 생산량, 생산방법, 분배 등의 문제가 존재한다.
② 무엇을 얼마나 생산할 것인가의 문제에서는 선택한 재화의 생산경비가 기회비용이다.
③ 누구를 위하여 생산할 것인가의 문제는 효율성과 형평성의 문제이다.
④ 생산량과 생산방법에 대한 합리적 결정은 최소희생으로 최대효과를 얻으려는 것이다.

15.

대한민국 헌법은 시장경제체제를 근본으로 하면서, 정부의 개입을 인정하는 혼합경제체제(=수정 자본주의)를 받아들이고 있다.

④ 수정 자본주의는 자본주의 발달에 의해 발생한 모순을 극복하기 위하여 원칙적으로는 자본주의 체제를 유지하면서 자본주의 체제의 일부 원리를 수정한 자본주의로, 자본주의 체제 자체를 부정하는 것은 아니다.

①② 혼합경제체제(=수정 자본주의)는 정부가 적극적으로 민간경제에 관여함으로써 사적 경제와 함께 공적 경제가 병존하게 된 경제 체제이다.

③ 시장경제원리를 바탕으로 복지 분야에 정부의 적극적인 역할을 인정하며 복지국가, 행정국가를 지향하고 있다.

16.

② 얻을 수 있으나 다른 선택을 위해 포기하거나 희생된 재화 또는 용역이 기회비용이다.

Answer 15.④ 16.②

〈보기〉는 국민 경제 주체의 상호 관계를 나타낸다. 이에 대한 설명으로 가장 옳은 것은?

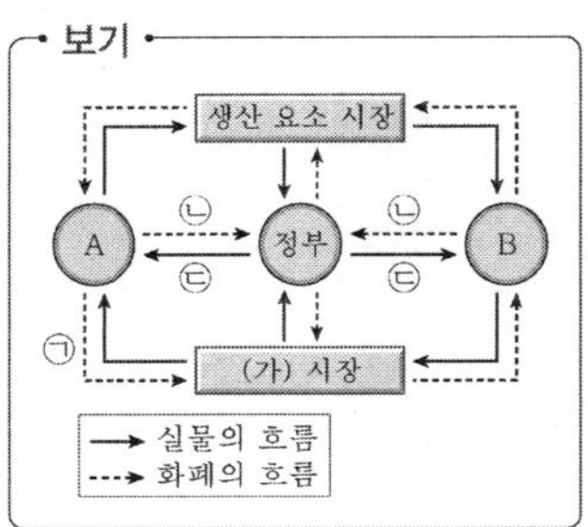

① ㉠의 예로는 임금, 이자, 지대 등이 있다.
② 경기가 불황일수록 ㉡의 크기가 커진다.
③ B는 ㈎ 시장의 공급자로 효용 극대화를 추구한다.
④ 정부의 흑자 재정 정책은 A의 소득을 감소시키는 요인이다.

❶ 가계의 역할과 의사 결정

(1) 가계의 소비활동

① 가계와 경제활동

㉠ **소비생활**: 욕구를 충족시키기 위하여 이루어지는 경제활동이다.

㉡ **소비지출의 원천**: 가계소득(임금·이자·지대·이윤)이 소비의 원천을 이룬다.

㉢ **가계소득의 차이**: 생산요소의 종류와 질에 따라 가계의 소득이 달라진다.

② 합리적 소비(소득배분의 합리적 선택)

㉠ **합리적 선택**: 한정된 소득으로 최대 만족을 보장하는 선택을 의미한다.

㉡ **합리적 소비**: 주어진 소득범위 내에서 시장에서 거래되는 상품을 적절하게 선택하고, 현재와 미래를 감안하여 가계의 만족을 극대화하는 소비행위이다.

㉢ **합리적 소비를 위한 고려사항**: 소비액과 저축액의 결정, 구매하고자 하는 상품의 가격, 품질, 만족감, 기회비용 등을 고려하여 선택해야 한다.

> **✿ Plus tip**
>
> **한계효용균등의 법칙** … 각 상품의 소비에 지출하는 비용 1원어치의 한계효용이 서로 같도록 소비할 때, 소비자는 가장 큰 총효용을 얻게 되어 합리적인 소비를 하게 된다(고센의 제2법칙).
>
> $$\frac{X재의\ 한계효용}{X재의\ 가격} = \frac{Y재의\ 한계효용}{Y재의\ 가격} (=화폐\ 1원어치의\ 한계효용)$$
>
> 즉, X재 1원어치의 한계효용=Y재 1원어치의 한계효용(=화폐 1원어치의 한계효용)이다.

(2) 소비와 국민경제

① 소비와 저축

㉠ **가계소득의 지출**: 생산요소를 제공하고 얻은 소득을 재화와 용역의 소비에 지출하고, 나머지는 저축한다.

㉡ **가계소득과 저축**: 가계소득이 증가하면 소비가 증가하게 된다. 따라서 장래의 예비를 위한 저축이 필요하다.

② 소비와 국민경제

　　㉠ 가계의 소비와 저축

　　　• 저축의 증가 : 대출 증가→기업 투자 증가→경제성장

　　　• 저축의 감소 : 대출 감소→기업 투자 감소→경제위축

　　㉡ 소비성향 : 소득 중에서 소비가 차지하는 비율(C / Y)

　　㉢ 저축성향 : 소득 중에서 저축이 차지하는 비율(S / Y)

　　㉣ 소비성향과 생산활동 : 소비성향이 확산되면 상품에 대한 수요가 증대되고 경제가 활성화되거나 물가가 상승된다.

❷ 기업의 역할과 의사 결정

(1) 기업의 생산활동

① 생산

　　㉠ 재화의 생산 : 인간생활에 유용한 유형의 재화를 직접 만들어내는 활동이다.

　　㉡ 용역의 생산 : 인간의 활동 즉, 무형재의 재산(보관·저장·운반·판매 등의 간접적 생산활동 포함)을 의미한다.

　　㉢ 생산요소의 구입 : 가계로부터 토지, 노동, 자본 등을 구입하고 그 대가로 지대, 임금, 이자 등을 지불한다.

　　㉣ 생산의 주체 : 기업(생산을 위한 조직체)

② 기업

　　㉠ 기업의 목적 : 이윤 추구

　　㉡ 극대 이윤을 위한 기업의 결정 : 총수입을 늘리고 총비용을 줄이는 방향에서 결정해야 총이윤을 극대화시킬 수 있다.

(2) 기업의 형태

① 민간기업과 정부기업(기업의 소유 및 운영 주체에 따른 분류)

　　㉠ 민간기업 : 민간이 소유, 운영하는 기업으로서 일반적으로 이윤 추구를 목적으로 한다.

　　㉡ 정부기업 : 정부가 소유, 운영하는 기업으로서 민간기업에 맡기는 것이 부적절한 재화와 서비스의 생산을 담당한다.

기출 PLUS

기출 2025. 6. 21. 제1회 서울시 시행

〈보기〉의 ㉠, ㉡에 들어갈 값을 옳게 짝지은 것은? (단, 주어진 조건 외에는 고려하지 않는다.)

── 보기 ──

이윤 극대화를 추구하는 A기업은 X재를 독점 생산하여 물류회사의 운송 서비스를 이용해 시장에 판매한다. 표는 X재 생산량에 따른 A기업의 총수입을 나타낸다. 단, 생산된 X재는 모두 판매된다.

X재 생산량(개)	1	2	3	4	5
총수입(만 원)	100	180	240	300	325

A기업의 총비용은 생산 비용과 운송 비용으로 구성된다. 생산 비용은 개당 40만 원으로 일정하고, 운송 서비스별 가격은 아래 표와 같다.

구분	내용	가격 (만 원)
서비스 Ⅰ	X재 1개 운송	24
서비스 Ⅱ	X재 2개 운송	36
서비스 Ⅲ	X재 3개 운송	50

A기업은 서비스 Ⅰ, Ⅱ, Ⅲ을 자유롭게 조합하여 이용할 수 있다. 예를 들어 X재 2개를 운송할 때는 서비스 Ⅰ을 2회 이용하거나 서비스 Ⅱ를 1회 이용할 수 있다. 현재 A기업은 생산량이 　㉠　 개일 때 이윤이 극대화된다. 만약 서비스 Ⅰ의 가격이 18만 원으로 낮아지면 A기업의 이윤 극대화 생산량은 　㉡　 개 증가할 것이다.

	㉠	㉡
①	2	1
②	2	2
③	3	1
④	3	2

◀정답 ③

② 민간기업의 종류

   ⊙ 개인기업 : 기업 운영에 필요한 자본 전액을 개인이 출자하고, 기업 운영에 따른 위험부담도 모두 개인이 지는 기업형태로 소규모 기업이 이에 속한다.

   ⓒ 회사기업 : 많은 사람이 자본을 출자하고 선정된 전문가에게 경영을 맡기는 기업형태이다. 위험부담이 분산될 수 있으며, 대규모 기업이 이에 속한다. 회사는 구성원의 회사 채권에 대한 책임 정도에 따라, 합명·합자·유한·주식회사로 나뉜다.

(3) 기업의 역할과 책임

① **사회적 역할** … 값싸고 품질 좋은 제품을 공급하며 생산설비를 확충하고 새로운 기술을 개발하고 고용기회를 늘리고 부가가치를 증대시킨다.

② **사회적 책임** … 사회구성원으로서의 책임, 근로자 및 소비자의 권리를 보호해야 할 책임, 문화활동 지원 및 공익활동에 대한 참여 등 기업의 사회적 책임이 확대되고 있다.

❸ 정부의 역할과 의사 결정

(1) 시장경제의 효율성

① **경쟁시장의 균형**

   ⊙ 경쟁시장 : 개별 기업이나 소비자가 시장가격에 영향을 줄 수 없는 시장이다.

   ⓒ 균형가격의 형성(시장의 균형) : 수요량과 공급량이 같아지면 균형가격이 형성된다.

② **경쟁시장의 효율성**

   ⊙ 경쟁시장의 원리 : 경쟁시장에서 생산자와 소비자는 모두 시장정보를 바탕으로 개인의 이익을 추구·지향하며 이를 통하여 사회적 이익을 실현하려고 한다. 생산자는 이윤을 극대화 하고자 하며, 소비자는 만족의 극대화를 추구한다.

   ⓒ 개인과 사회 이익의 실현 : 생산자와 소비자의 경쟁적 이익 추구 행위는 사회 전체적으로 희소한 재화와 용역의 효율적 배분을 실현시켜 준다.

(2) 정부의 경제적 역할

① **경쟁체제의 유지와 보호** … 정부는 공정한 경쟁 유지, 개인의 재산권 보호, 자유로운 경제활동 보장, 화폐의 공급 및 통화량을 조절하는 기능을 담당한다.

② **경제활동의 규제** … 정부는 독과점 기업의 담합, 불공정한 거래 활동, 공해 유발행위의 규제 등 바람직하지 않은 경제활동에 적절한 규제를 행한다.

③ **사회간접자본의 건설** … 철도, 도로, 항만, 댐 등과 같은 사회간접자본의 건설과 시설 유지 및 관리는 정부나 공기업이 수행하는 중요한 경제적 기능이다.

④ **정부에 의한 생산**
　㉠ 재화나 용역의 생산을 민간기업이 담당할 경우 나타날 수 있는 폐단을 막기 위하여 정부나 공기업이 사업자가 되어 직접 생산, 공급한다.
　㉡ 작은 기업들이 나누어 생산하는 것보다는 하나의 대기업이 도맡아 하는 것이 비용이 적게 든다.
　㉢ 민간기업이 규모의 경제가 존재하는 사업을 맡으면 이윤극대화를 위해 생산량을 제한하고 가격을 지나치게 올릴 수 있으므로, 이것을 방지하기 위하여 정부나 공기업이 직접 생산, 공급한다.

> **❤ Plus tip**
>
> **규모의 경제**(Economics to scale) … 생산요소의 투입량 증가 시 생산량이 그 이상으로 크게 증가하는 경우를 말한다. 단위당 생산비(평균비용)는 체감하게 되며, 독점이 발생한다. 이 경우의 독점을 자연독점(Ratural monopoly)이라고 한다.

⑤ **경제의 안정** … 정부는 물가를 안정시키고, 국민경제의 균형적 발전을 도모하는 역할을 수행한다.
　㉠ **긴축정책** : 경기가 과열되어 물가가 빠르게 오르는 인플레이션이 나타날 때 정부는 재정 및 금융활동에서 긴축정책을 채택한다.
　㉡ **확장정책** : 불경기가 심화되어 도산하는 기업이 많아지고 실업자가 증가할 경우, 정부는 기업의 생산을 원활하게 하고 근로자에게 일자리를 더 많이 만들어 주기 위해 재정 및 금융활동에서 확장정책을 채택한다.

⑥ **공정한 분배** … 누진소득세제도 채택, 생계비 보조, 사회보장제도 등 소득재분배정책을 실시하고 있다.

(3) **재정**

① **의미** : 정부의 경제 활동을 위한 살림살이로서 정부의 수입 및 지출과 관련된 행동이다.

② **구성**

세입	조세 수입	조세를 통한 수입
	조세 외 수입	입장료, 수수료, 벌과금 등
세출	기능별 (목적에 따라)	• 경제 개발비 : 산업지원 및 육성, 도로·항만 건설 등 경제 발전을 위해 지출되는 비용 • 사회 개발비 : 공해 방지, 문화시설 주택 건설, 사회 보장 등 국민의 복지증진과 생활 환경개선을 위해 지출되는 비용 • 일반 행정비 : 공무원의 봉급, 치안 유지비 등 일반 행정 업무 처리에 지출되는 비용 • 교육비 : 교육 환경개선을 위해 지출되는 비용 • 방위비 : 국토 방위를 위해 지출되는 비용 • 지방 재정 교부금 : 지방자치 단체의 재정 부족을 정부에서 지원하는 비용
	경제적 성질별	경상적 지출, 자본적 지출, 이전적 지출

③ **원칙**

　㉠ **공정성(공평성)** : 사회적 약자를 고려하여 자원과 소득을 공정하게 분배한다.

　㉡ **투명성** : 예산 편성 과정과 결과를 국민에게 공개한다.

　㉢ **효율성** : 가장 적은 예산으로, 우선 순위를 정하여 지출을 통해 목적을 달성한다.

④ **조세법률주의**

　㉠ 조세의 항목과 세율은 국회에서 법률로써 제정한다.

　㉡ 권력의 자의적 징세를 방지하고, 국민의 재산권을 보장한다.

⑤ **재정민주주의**

　㉠ 예산의 효율성과 공정성을 보장하고 민주성을 기하는 것이다.

　㉡ 국민이 재정 운용 과정에 참여할 수 있다.

　㉢ 국회의 예산 심의가 실질적으로 되어야한다.

　㉣ 납세자들이 정부의 재정활동에 관심을 갖고 감시·통제하는 제도적 장치와 노력이 필요하다.

(4) **조세**

① **의미**

　㉠ 정부가 개별적 대가 없이 법률에 의해 국민으로부터 거두어들이는 수입이다.

　㉡ 정부가 제공하는 재화와 서비스에 대한 대가이다.

② 특징

  ③ 납세의 강제성 : 시장에서의 물건 구입 여부는 자유이지만, 정부 서비스는 마음에 들지 않아도 세금을 납부해야 한다.

  ⓒ 세 부담액 결정의 일방성 : 정부 서비스로부터 혜택을 받은 수준과 상관없이 다른 기준에 의해 담세액이 결정된다.

  ⓒ 납세에 대한 대가의 불확실성 : 특정 항목의 세금을 제외하고는 납세의 목적이 불분명하다.

  ⓔ 세금 지출 용도의 불특정성 : 세금은 반드시 정부가 어떤 서비스를 생산하기 위하여 사용되는 것은 아니다.

(3) 조세의 구분

  ③ 징수 주체에 따른 분류 … 조세는 징수 주체가 누구냐에 따라 정부가 징수하는 국세와 지방 자치 단체가 징수, 관리하는 지방세로 구분한다.

  ⓒ 세율 기준에 따른 분류 … 과세 대상의 금액이 많을수록 높은 세율을 적용하는 누진세와 조세 부과 대상의 금액에 관계없이 같은 세율을 적용하는 비례세가 있다.

  ⓒ 조세 전가 여부에 따른 분류 … 세금을 내는 납세자와 세금을 부담하는 담세자의 일치여부에 따라 직접세와 간접세로 분류한다.

구분	직접세	간접세
특징	• 납세자와 담세자가 일치 • 소득의 원천(수입)에 부과 • 조세 전가성이 없음 • 행정의 편리성이 적음	• 납세자와 담세자의 불일치 • 소득의 지출(소비)에 부과 • 조세 전가성이 있음 • 행정의 편리성이 큼
장점	• 누진세 적용으로 소득 재분배 효과 있음 • 담세 능력에 따른 공평 과세 가능 • 세원이 확실하고 신축성이 있음	• 조세 저항이 적음 • 징수가 간편 • 소비 억제로 저축 효과 있음
단점	• 조세 저항이 나타남 • 과세 기술이 복잡함 • 가계, 기업에 세금 압박을 주게 됨	• 비례세 적용으로 저소득층에 불리 • 물가 상승의 자극 • 세원의 불확실성과 비신축성
종류	소득세, 법인세, 상속·증여세, 종합부동산세	부가가치세, 개별소비세, 주세, 인지세

  ⓔ 조세 부과의 목적에 따른 분류 … 조세 부과의 목적에 따라 특정지출 목적에 한정되어 있는 조세를 목적세라 하며, 이러한 구속 없이 일반적인 경비에 충당하기 위하여 설정된 조세를 일반세 또는 보통세라 한다.

〈보기〉의 A~C는 각각 조세부과 방식을 나타낸 것이다. 이에 대한 설명으로 가장 옳은 것은?

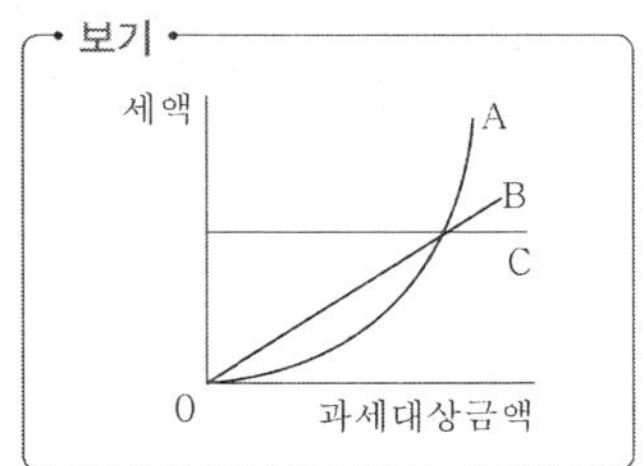

① C는 비례세이다.
② A와 B는 둘 다 누진세이다.
③ A와 B 중 A가 고소득층에 더 유리하다.
④ 우리나라의 부가가치세는 B형태로 부과된다.

〈보기〉의 밑줄 친 ③, ⓒ에 대한 설명으로 가장 옳은 것은?

> 보기
>
> 세금을 국가나 지방 자치 단체에 납부하는 사람을 '납세자'라고 하고, 부과된 세금을 실질적으로 부담하는 사람을 '담세자'라고 한다. 납세자와 담세자의 일치 여부에 따라 조세를 분류하면 ③ 간접세와 ⓒ 직접세로 나뉜다.

① ③은 납세자와 담세자가 일치하는 조세이다.
② ⓒ은 주로 소비 지출에 부과되는 조세이다.
③ ③이 ⓒ보다 조세에 대한 저항이 더 강하다.
④ ⓒ이 ③보다 소득 재분배 효과가 더 크다.

◀정답 ④, ④

1 다음 그림은 정부의 실효성 있는 가격 규제 정책을 나타낸다. 이에 대한 분석으로 옳지 않은 것은?(단, 수요와 공급 곡선은 현재 시장 상황을 나타낸다.)

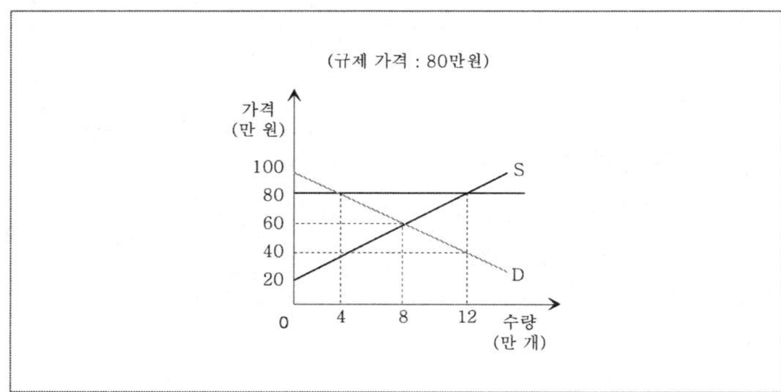

① 초과 공급이 발생한다.

② 정부가 최저 가격을 제한하고 있다.

③ 규제 이전에 비해 시장 거래량이 8만 개 감소하였다.

④ 모든 가격 수준에서 수요량이 8만 개씩 증가할 경우 규제의 실효성이 사라진다.

2 표는 한 기업의 X재 생산량 증가에 따른 추가 수입과 추가 비용을 나타낸 것이다. 이에 대한 분석으로 옳은 것은?

(단위 : 만 원)

생산량	1개	2개	3개	4개	5개	6개
추가 수입	10	10	10	10	10	10
추가 비용	7	6	6	7	11	13

① 총이윤은 생산량이 2개일 때와 3개일 때 같다.

② 생산량이 1개씩 증가할 때마다 평균 비용은 증가한다.

③ 평균 비용이 가장 작을 때 이윤은 최대가 된다.

④ 위의 사례에서 최대로 얻을 수 있는 총이윤은 14만 원이다.

1.

정부가 최저 가격을 제한하고 있다.

③ 규제 이전에 비해 시장 거래량이 8만개에서 4만개가 되었으므로 4만 개 감소하였다.

① 80만원의 가격 규제선에서 8만개 초과 공급이 발생한다.

② 규제 가격이 균형 가격보다 높게 책정되어 있으므로 최저가격제이다.

④ 모든 가격 수준에서 수요량이 8만 개씩 증가할 경우 균형가격이 80만원에 형성되어 규제의 실효성이 사라진다.

2.

생산량에 따른 총수입, 총비용, 총이윤을 구하면 다음과 같다.

생산량	1개	2개	3개	4개	5개	6개
총수입	10	20	30	40	50	60
총비용	7	13	19	26	37	50
총이윤	3	7	11	14	13	10

① 생산량이 2개일 때 총이윤은 7만 원, 3개일 때 총이윤은 11만 원이다.

② 평균 비용은 총비용을 생산량으로 나눈 값으로 다음과 같다.

생산량	1개	2개	3개	4개	5개	6개
평균 비용	7	6.5	6.333…	6.5	7.4	8.333…

③ 평균 비용이 가장 작을 때(3개) 총이윤은 11만 원으로 최대가 아니다.

3 〈보기〉는 서로 다른 과세 제도를 나타낸다. 이에 대한 설명으로 가장 옳지 않은 것은?

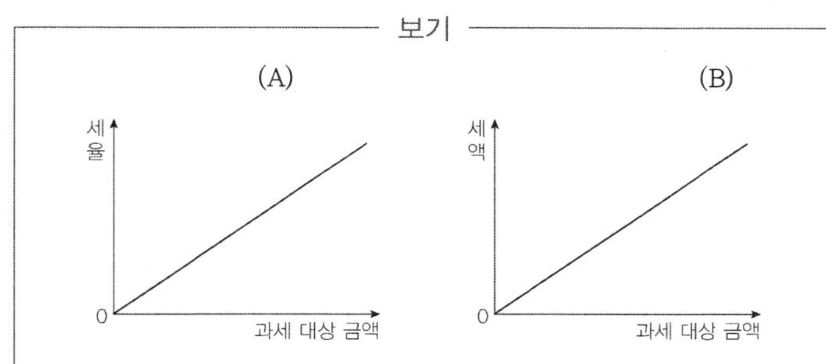

일반적으로 A는 조세 중 납세자와 담세자가 ㉠일치하는 조세에, B는 ㉡일치하지 않는 조세에 적용된다.

① B는 조세부담의 역진성이 나타나 저소득층에게 불리하다.
② A는 경기 자동 안정화 장치로서의 기능을 한다.
③ ㉠은 ㉡에 비해 조세 징수비용이 크다.
④ ㉡은 ㉠에 비해 소득 재분배 효과가 크다.

4 그림과 같은 조세제도에 대한 설명으로 옳은 것은?

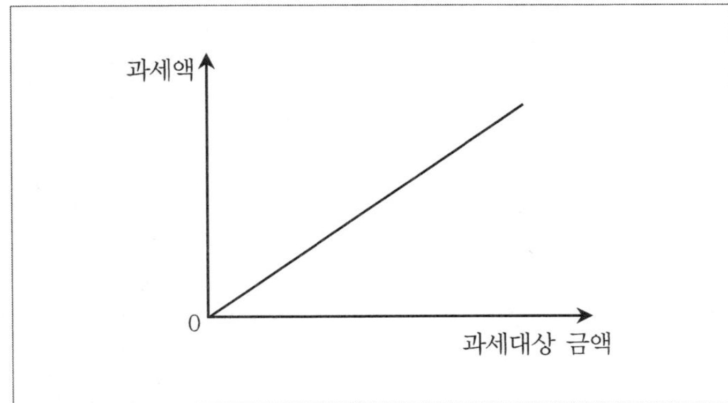

① 과세대상 금액에 관계없이 세율은 일정하다.
② 누진세 방식이다.
③ 우리나라의 소득세에 적용되는 과세방식이다.
④ 저소득 계층에 유리하게 작용한다.

3.

A는 과세 대상 금액에 따라 세율이 증가하는 누진세이고, B는 과세 대상 금액에 따라 세액이 증가하는 비례세다. ㉠은 납세자와 담세자가 일치하는 직접세. ㉡은 납세자와 담세자가 일치하지 않는 간접세다.
① 비례세는 조세 부담의 역진성으로 저소득층에게 불리하다.
② 누진세는 소득에 따라 세율이 결정된다. 경기 침체로 소득이 감소할 경우 낮은 세율이 적용되어(가처분 소득 증가) 경기 부양을 기대할 수 있다. 반대로 경기가 과열되어 소득이 증가할 경우 높은 세율이 적용되어(가처분 소득 감소) 경기 과열을 억제하는 효과를 기대할 수 있다.
③ 직접세는 간접세 징수에 비해 조세 저항이 크므로, 조세 징수비용이 크다.
④ 직접세는 누진세가 적용되므로 비례세가 적용되는 간접세보다 소득 재분배 효과가 크다.

4.

제시된 그림은 과세대상 금액이 증가함에 따라 과세액이 일정한 비율로 증가하는 비례세에 해당한다. 과세대상 금액 × 세율 = 과세액이라고 할 때, 과세대상 금액과 과세액이 일정한 비율로 증가한다는 것은 세율이 일정하다는 것이다.
③ 우리나라의 소득세는 누진세를 적용한다.
④ 저소득 계층에 유리하게 작용하는 것은 누진세이다.

5 다음 (가), (나), (다)에 순서대로 들어갈 말은?

> 기업은 생산 요소에 대한 수요자로서 노동에 대해서는 ((가))을/를 지급하고 자본에 대해서는 ((나))을/를 지급하며 토지에 대해서는 ((다))을/를 지불한다.

	(가)	(나)	(다)
①	지대	임금	이자
②	임금	이자	지대
③	이자	지대	임금
④	임금	지대	이자

5.

기업이 재화와 서비스를 생산하기 위해서는 생산을 담당할 사람(노동), 기계나 장비 및 시설(자본), 생산에 필요한 장소(토지)가 필수적으로 필요하다. 기업은 생산 요소에 대한 수요자로서 노동에 대해서는 임금을 지급하고 자본에 대해서는 이자를 지급하며 토지에 대해서는 지대를 지불한다.

6 각국의 조세비율이 다음과 같다고 할 때 다음 중 알맞은 것은?

구분	한국	미국	영국	일본
직접세	44.1	90.9	54.3	72.7
간접세	55.9	9.1	45.7	27.3

① 영국은 미국보다 소득재분배효과가 클 것이다.
② 미국의 저소득층이 가장 불리할 것이다.
③ 일본은 영국보다 조세저항이 적을 것이다.
④ 한국은 타국에 비해 조세징수가 간편할 것이다.

6.

조세
㉠ 직접세
 • 담세자와 납세자가 같으므로 조세의 전가성이 없다.
 • 누진율이 적용되어 소득재분배효과가 있다.
 • 조세저항이 크고 조세징수가 곤란하다.
 • 선진국은 직접세의 비중이 높다.
 • 종류 : 종합소득세, 법인세, 상속세, 재평가세, 이자소득세 등
㉡ 간접세
 • 담세자와 납세자가 달라 조세의 부담을 타인에게 전가시킨다.
 • 비례세율의 적용으로 빈부격차가 형성된다.
 • 조세저항이 작고 조세징수가 용이하다.
 • 후진국은 간접세의 비중이 높다.
 • 종류 : 부가가치세, 특별소비세, 주세 등
㉢ 우리나라 세입구조의 특징
 • 조세수입의 비중이 높다.
 • 간접세의 비중이 높다.
 • 조세징수가 간편하다.

Answer   5.② 6.④

7 정부에서는 2000년 1월 1일부터 다음 표에 나타난 물품들을 특별소비세의 과세대상에서 제외하기로 결정하였다. 이러한 정책의 시행에 따라 나타날 수 있는 경제적 효과를 알 수 있는 것을 모두 고르면?

구분	과세대상에서 제외되는 물품
식·음료품	청량·기호음료, 설탕, 커피, 코코아 등
생활용품	화장품, 크리스탈 유리제품, 피아노 등
가전제품	TV, 냉장고, VTR, 세탁기, 음향기기, 전자렌지 등
대중스포츠	스키, 볼링용품, 스키장 및 퍼블릭 골프장 이용료

> ㉠ 지방세의 수입이 증가할 것이다.
> ㉡ 조세부담의 역진성이 완화될 것이다.
> ㉢ 근로자의 일할 의욕이 감소할 것이다.
> ㉣ 특별소비세가 폐지된 상품의 가격이 인하될 것이다.

① ㉠㉡ ② ㉠㉢
③ ㉡㉢ ④ ㉡㉣

8 표는 어느 기업의 X재 생산과 관련된 자료이다. 이에 대한 분석으로 옳은 것은? (단, 생산량은 모두 판매된다)

생산 요소 투입량(단위)	1	2	3	4	5	6
생산 요소의 단위당 가격(만 원)	3	3	3	3	3	3
X재 생산량(개)	5	12	18	23	27	29
X재 시장 가격(만 원)	1	1	1	1	1	1

① 생산성은 계속 증가하고 있다.
② 얻을 수 있는 최대 이윤은 29만 원이다.
③ 생산 요소를 5단위 투입할 때 이윤이 가장 크다.
④ 생산 요소 투입량이 1단위씩 증가할 때 추가되는 생산 비용은 늘어난다.

7.

㉠ 특별소비세는 국세이므로 지방세의 증감과 관련이 없다.
㉡ 특별소비세는 부가가치세의 단일세율에서 오는 세부담의 역진성을 보완하는 것이므로 이를 과세대상에서 제외한다면 역진성이 완화될 것이다.
㉢ 특별소비세를 과세하지 않으면 오히려 지나친 조세부담에서 벗어난 근로자들이 좋아할 것이다.
㉣ 특별소비세의 과세대상에서 제외되는 물품은 그만큼 가격이 인하될 것이다.

8.

이윤 극대화 생산량은 총수입 - 총비용의 값이 가장 커지는 생산점이 된다. 이윤은 차례대로 2, 6, 9, 11, 12, 11만 원이다. 따라서 생산 요소 5단위 투입해서 27개를 만들 때 최대 이윤 12만 원이 된다.
① 생산성은 (생산량 ÷ 생산 요소 투입량)으로 계산할 수 있으므로 두 번째에만 증가하고 이후에는 감소한다.
② 최대 이윤은 27개를 생산할 때 12만 원이다.
④ 생산 요소의 단위당 가격이 항상 3만 원이므로 생산 요소를 1단위 증가시켜도 늘어나는 생산 비용은 일정하다.

Answer　　7.④ 8.③

9 다음 그래프는 어떤 세금의 특성을 나타낸 것이다. 이를 옳게 설명한 것은?

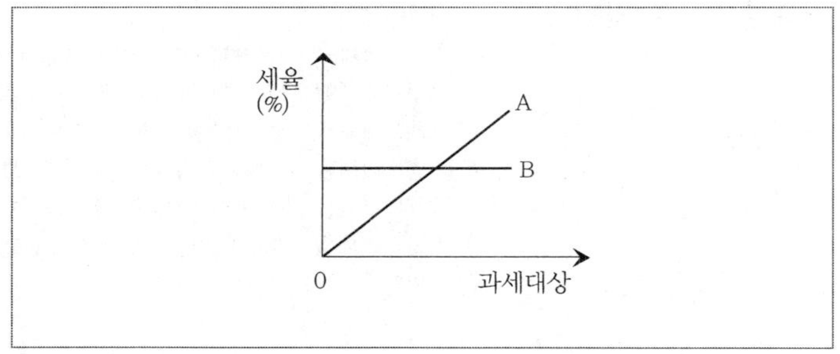

① A는 빈부격차를 완화시켜 소득재분배효과를 가져온다.

② A는 조세의 역진성을 초래할 수 있다.

③ B는 소득세, 특별소비세, 부가가치세 등이 해당된다.

④ B는 소득에 기준을 두고 부과하는 조세이다.

10 정부에서 고율의 세금부과로 사치품의 범람을 막으려는 재정정책을 실시할 때 기대되는 효과는?

① 소득재분배

② 경제안정

③ 효율적인 자원배분

④ 물가안정

9.

A는 누진세로서 과세대상이 커짐에 따라 세율 자체가 상승하며, 과세대상의 금액이 많을수록 높은 세율을 적용한다. 소득세(직접세) 등이 이에 해당한다. B는 비례세로서 세율이 일정하며 특별소비세, 부가가치세(간접세) 등이 이에 해당한다. 누진세는 소득의 재분배효과가 크기 때문에 빈부의 격차를 해소하는 등 사회정의의 실현에 도움을 줄 수 있다.

10.

재정정책의 기능

㉠ 경제안정화
 • 불황기 : 조세인하, 재정지출 증가
 • 호황기 : 조세인상, 재정지출 감소

㉡ 경제발전 : 정부의 재정 투자 · 융자를 통해 경제성장에 기여한다.

㉢ 소득재분배
 • 세입면 : 누진세 적용, 특별소비세 부과
 • 세출면 : 사회보장비 지급

㉣ 자원배분
 • 세입면 : 사치품에 대한 세율인상, 필수품에 대한 세율인하
 • 세출면 : 공공주택부문 등에 정부자금 사용

Answer   9.①   10.③

11 다음 중 재정에 관한 내용으로 옳은 것은?

① 우리나라 세출구조의 특징은 정부주도의 경제개발비의 비중이 점차 높아지고 있어 경직성을 띠고 있는 것이다.

② 간접세의 비율이 높아진 관계로 소득분배를 많이 개선시켰다.

③ 직접세 위주의 조세정책은 간접세에 비해 보다 많은 조세저항을 가져온다.

④ 국민경제가 불경기일 때 긴축재정은 물가를 안정시키고 경기를 회복시킨다.

12 다음은 두 종류의 세금을 대비시킨 것이다. 정부가 세금제도를 ⓛ 중심에서 ㉠ 중심으로 개편했을 때 예상되는 결과로 적절한 것은?

구분	부과기준	세율 적용	종류
㉠	소득원천	누진세율 적용	소득세, 상속세 등
ⓛ	소비지출	비례세율 적용	부가가치세, 특별소비세 등

① 물가상승이 우려된다.

② 조세저항이 줄어든다.

③ 소득의 불균형을 완화시킨다.

④ 상류층에게 유리하게 적용한다.

11.

① 경제개발비의 비중이 낮아지고 있는 것은 경제개발을 이끌어 나가는 데 있어서 민간부문의 역할이 증대되고 정부의 역할이 감소하는 추세에 있기 때문이다.

② 직접세의 비율이 높을수록 소득재분배효과가 있다(종합소득세, 법인세, 상속세, 재산세 등).

④ 불경기일 때 정부는 경기회복을 위해서 조세인하, 재정지출 증가 등의 팽창정책을 실시하여 경제안정화를 추구하고 호경기 때에는 반대로 조세인상, 재정지출 감소의 긴축재정을 펼친다.

※ 재정과 예산
　㉠ 재정 : 정부의 활동과 관련된 정부의 경제활동
　•세입(재정수입) : 정부의 수입
　•세출(재정지출) : 정부의 지출
　ⓛ 예산 : 일정기간(보통 1년)의 정부의 재정수입·지출에 대한 계획서

12.

제시된 표에서 ㉠은 직접세, ⓛ은 간접세를 각각 나타낸다. 직접세는 세금의 부담자와 납세자가 같은 세금으로 소득에 기준을 두어 부과하며, 소득이 높아질수록 세율이 높아지는 누진세율을 적용한다. 이에 따라 소득의 불균형을 완화시키는 효과가 있다. 그러나 납세자들이 세금을 덜 내기 위해 소득 규모를 축소하여 신고하거나 세원(稅源) 노출을 꺼리게 되는 등 조세저항이 강해진다.

Answer　　11.③　12.③

❶ 시장의 수요와 공급 · 가격 탄력성

(1) 시장의 형태

① 시장형태

㉠ 완전경쟁시장 : 다수의 거래자들이 참여하고 동질의 상품이 거래되며, 거래자들이 상품의 가격, 품질 등에 대한 완전한 정보를 지니고, 거래자들이 시장에 자유로이 들어가거나 나갈 수 있는 시장을 말한다(주식시장, 쌀시장).

㉡ 불완전 경쟁시장

• 독점시장 : 한 기업이 한 상품을 도맡아 시장에 공급하는 경우에 발생, 가격의 차별화가 가능하다(전력, 상 · 하수도, 담배).

• 독점적 경쟁시장 : 많은 기업들이 각기 질적인 측면에서 조금씩 다른 상품을 공급하는 시장형태로 상품의 차별화가 이루어진다(주유소, 약국).

• 과점시장 : 소수의 기업들이 공급에 참여하여 경쟁하는 시장형태로 과점기업들은 서로 담합하기도 하고, 독자적인 행동을 취하기도 한다(가전제품, 자동차).

② 시장형태의 결정요인 … 상품의 공급자와 수요자의 수, 상품의 동질성 정도, 신규 공급자의 시장진입 정도, 기존 기업들의 행동양태 등이 있다.

(2) 시장형태의 특징

① 완전경쟁시장

㉠ 완전경쟁시장의 특징

• 수요자와 공급자의 수가 많아야 한다.

• 완전경쟁시장에서 거래되는 같은 상품은 품질과 판매 조건 등이 모두 같아야 한다.

• 새로운 기업이 시장으로 들어오는 것과 비능률적인 기업이 시장에서 견디지 못하여 나가는 것 모두가 자유로워야 한다.

• 상품의 가격, 품질 등 시장정보에 대하여 수요자와 공급자가 모두 잘 알고 있어야 한다.

㉡ 완전경쟁시장의 의의 : 이상적인 시장형태이며, 합리적인 경제활동을 영위하는 길잡이가 된다.

그래프는 양배추 시장의 균형점 변동을 나타낸 것이다. 이러한 변동을 초래할 수 있는 조합을 〈보기〉에서 고르면? (단, 양배추는 모든 사람에게 열등재이고, 수요·공급 법칙을 따르며, 양배추 시장은 완전경쟁시장이다.)

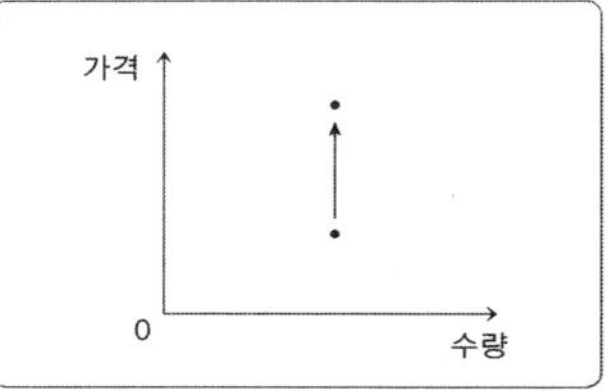

보기
㉠ 이상 고온 현상으로 양배추 수확이 급감하였다.
㉡ 사람들의 실질 소득이 증가하였다.
㉢ 채식 붐이 일어나 양배추를 끓는 물에 데쳐 쌈으로 먹는 사람이 늘었다.
㉣ 양배추가 갑상선 질환을 유발한다는 뉴스가 대대적으로 보도되었다.

① ㉠, ㉢   ② ㉠, ㉣
③ ㉡, ㉢   ④ ㉡, ㉣

< 정답 ①

② **독점시장** … 한 상품의 공급이 하나의 기업에 의해서만 이루어지는 시장형태로, 정부가 투자한 공기업, 경쟁 기업의 파산, 특허권과 판권에 의한 독점, 공익을 위한 정부의 독점 등에 의해 생성된다(전력·상수도·담배·철도사업 등).

③ **독점기업의 가격결정**

　㉠ **독점기업의 특징** : 독점기업은 한 상품의 유일한 공급자이므로 가격과 공급량을 마음대로 정할 수 있어 독점기업의 수요곡선은 우하향 형태를 띤다.

　㉡ **독점기업의 가격결정** : 최대 이윤을 보장하는 수준에서 생산량과 가격을 결정한다.

　　• 생산비가 드는 경우 : 한계수입과 한계비용이 일치하는 수준에서 최적 산출량이 결정, 수요곡선과 만나는 점에서 독점가격이 결정된다.

　　• 생산비가 들지 않는 경우 : 한계수입 = 한계비용 = 0이기 때문에 한계수입이 0일 때의 생산량이 최적 산출량이 된다.

④ **독점적 경쟁시장** … 상품의 특수성에 따른 차별화, 가격 변동에 민감한 반응, 단기적인 시장 지배력의 행사 등의 특징이 있다.

⑤ **과점시장** … 소수의 기업만이 서로 경쟁하면서 한 상품을 생산, 공급하는 시장형태로, 제조업의 주요 업종들이 과점시장의 형태를 이루고 있다. 과점기업 간의 행동 예측 곤란, 높은 가격과 적은 공급량, 과점기업 간의 담합 등 복잡성과 다양성이 나타난다.

구분	경쟁시장	불완전시장		
	완전경쟁시장	독점적경쟁시장	과점시장	독점시장
기업 수	다수	다수	소수(2~3개)	하나
상품의 질	동질	이질-차별화	동질, 이질	동질
가격 결정	시장	기업	기업	기업
진입 장벽	완전 자유(없음)	자유(거의 없음)	제한	차단
특징	가격 수용자, 가격결정	가격경쟁+비가격 경쟁(서비스)	비가격 경쟁(광고)	가격 결정자
사례	주식 시장	주유소, 미용실	이동통신, 정유사	담배, 전력

기출 PLUS

기출 2021. 6. 5. 서울특별시 시행

〈보기1〉의 밑줄 친 글에 대한 옳은 분석 및 추론만 을 〈보기2〉에서 모두 고른 것은?

┌ 보기1 ┐

『허생전(許生傳)』에서 허생은 물건을 사들여 쌓아두었다가 시장에 공급이 부족해져 시장 가격이 오르면 내다 파는 형식으로 많은 돈을 번다. 허생이 사들인 물건은 과일과 말총이었는데, 과일은 제사나 잔치에 꼭 필요한 물건이었고, 말총은 양반의 필수품인 갓을 만드는 재료였다. 따라서 과일과 말총은 아무리 가격이 비싸더라도 소비자 입장에서는 구매할 수밖에 없었던 것이다.

┌ 보기2 ┐

㉠ 가격의 변동에 따라 수요량이 민감하게 반응하고 있다.
㉡ 일반적으로 대체재가 적은 상품에서 나타나는 모습이다.
㉢ 과일과 말총의 수요의 가격 탄력성은 1보다는 작다.
㉣ 생산 기간이 길거나 저장의 어려움이 따르는 경우에 나타나는 모습이다.

① ㉠, ㉡　　　② ㉡, ㉢
③ ㉢, ㉣　　　④ ㉠, ㉡, ㉢

◀ 정답 ②

기출PLUS

기출 2023. 6. 10. 제1회 서울특별시 시행

〈보기〉의 ㉠, ㉡에 대한 분석으로 가장 옳은 것은? (단, X재는 수요법칙을 따르며, 성인과 청소년 간재판매는 불가능하다.)

> **보기**
>
> A기업은 최근 성인과 청소년에게 동일하게 받던 X재 가격을 ㉠성인에게는 5% 인상하고, ㉡청소년에게는 5% 인하하였다. 이후 X재의 판매 수입 변화를 살펴보니 성인과 청소년 각각에서 모두 증가한 것으로 나타났다.

① ㉠에게서 나타난 X재 수요의 가격 탄력성은 1이다.
② X재 수요의 가격 탄력성은 ㉡에 비해 ㉠이 더 크다.
③ 가격 변경 후 ㉠과 달리 ㉡의 소비량은 증가한다.
④ 가격 변경 전에 비해 가격 변경 후 X재의 판매량은 증가한다.

기출 2022. 6. 18. 서울특별시 시행

〈보기〉는 갑(甲) 국 정부의 X재 생산에 대한 보조금 정책 전후의 시장 상황을 나타낸 것이다. 이에 대한 설명으로 가장 옳은 것은?

> **보기**
>
> 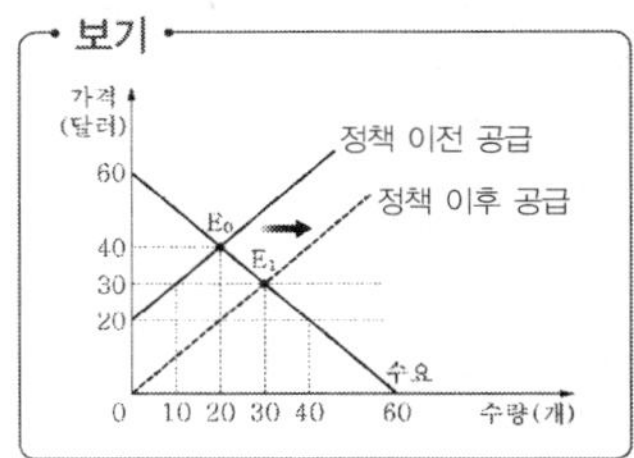
>

① 정책 이전 소비자 잉여는 400달러이다.
② 정책 이전 생산자 잉여는 소비자 잉여의 4배이다.
③ 정책 이후 생산자 잉여는 정책 이후 소비자 잉여보다 크다.
④ 정책 이후 소비자 잉여와 생산자 잉여의 합은 정책 이전보다 500달러 증가하였다.

〈정답 ③, ④

(3) 수요

① 수요계획 … 수요자의 구매계획을 의미한다.

② 수요법칙

　㉠ 수요법칙 : 상품 가격과 수요량 사이에 역의 관계(상품의 가격이 오르면 수요량을 줄이고, 가격이 내리면 수요량을 늘리는 것)가 성립하는 현상을 말한다.

　㉡ 수요곡선 : 동일한 가격수준에서 소비자의 수요량을 모아 합계한 것이다.

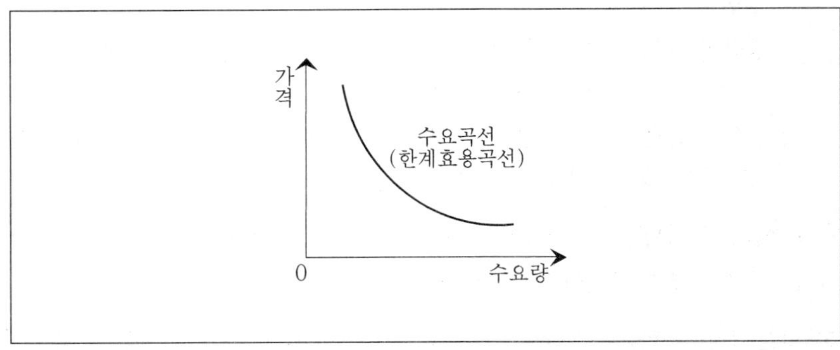

③ 수요의 변동과 수요량의 변동

　㉠ 수요의 변동 : 가격 이외의 요인(기호 변화, 소득 증감, 인구 증감, 대체재와 보완재 가격의 등락 등)이 변동함으로써 일어나는 변동을 뜻하며, 수요곡선의 이동으로 나타난다.

　• 수요의 증가요인 : 소비자의 기호상승, 소득증가, 인구증가, 대체재 가격상승, 보완재 가격하락, 재화의 용도확대 등

　㉡ 수요량의 변동 : 상품의 가격변동에 대응하는 수요량을 나타내는 수요곡선 상의 이동을 뜻한다.

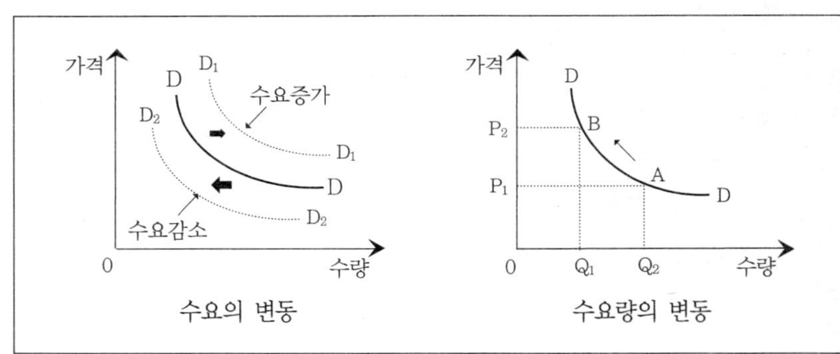

④ **수요의 가격탄력성** ··· 상품의 가격이 변동될 때 수요량이 변동되는 민감도를 나타낸다.

　ㄱ **탄력성의 크기**

　　• $eD = \infty$: 완전탄력적, 수요곡선은 수평

　　• $eD > 1$: 탄력적, 가격변동률 < 수용량의 변동률(사치품)

　　• $eD = 1$: 단위탄력적, 수요곡선은 직각쌍곡선

　　• $eD < 1$: 비탄력적, 가격변동률 > 수용량의 변동률(생활필수품)

　　• $eD = 0$: 완전비탄력적, 수요곡선은 수직

　ㄴ **수입과의 관계** : 탄력성이 1보다 큰 탄력적 상품의 경우 가격이 하락하면, 총수요가 늘어 판매수입이 증가하나, 탄력성이 1보다 작은 비탄력적 상품의 경우 가격이 하락해도 수요가 많이 늘지 않아 판매수입은 감소한다.

(4) 공급

① **공급계획** ··· 공급자의 판매계획을 의미한다.

② **공급법칙**

　ㄱ **공급법칙** : 한 상품의 가격이 오르면 그 상품의 공급량이 증가하고, 가격이 떨어지면 공급량이 감소하는 현상(정의 관계)을 말한다.

　ㄴ **공급곡선** : 동일한 가격수준에서 개별공급곡선을 합하여 나타낸다(개별공급곡선의 수평적 합계).

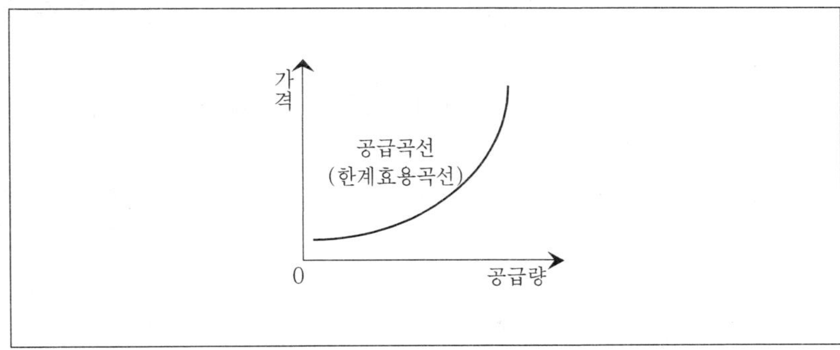

③ **공급의 변동과 공급량의 변동**

　ㄱ **공급의 변동** : 가격 외의 다른 요인(생산요소가격, 소비자 취향, 생산기술의 변화 등)이 변동함으로써 일어나는 공급량의 변동으로 공급곡선 자체의 이동을 표시된다.

　• 공급의 증가요인 : 생산요소가격 하락, 생산기술의 진보, 정부의 보조금 지급, 다른 재화의 가격하락 등

기출 PLUS

기출 2025. 6. 21. 제회 서울시 시행

〈보기〉는 어떤 제품의 수요와 공급의 변화에 따른 지난 4개월간의 영업실적을 나타낸다. 이에 대한 설명으로 옳은 것을 모두 고른 것은? (단, 〈보기〉의 제품은 수요법칙과 공급법칙을 따른다.)

─ 보기 ─

구분 \ 월	1월	2월	3월	4월
판매가격 (만 원)	3.5	4	4.5	5
판매량 (천 개)	20	24	24	22

　ㄱ 1월부터 2월까지의 변화는 수요가 증가하고 공급이 증가할 경우에 나타날 수 있다.

　ㄴ 2월부터 3월까지의 변화는 대체재의 가격 상승과 생산비 하락이 발생했을 경우에 나타날 수 있다.

　ㄷ 3월에 비해 4월의 판매수입이 감소하였다.

　ㄹ 3월부터 4월까지의 변화는 제품에 대한 선호도가 높아지고 생산비가 상승된 경우에 나타날 수 있다.

① ㄱ, ㄷ　　　② ㄱ, ㄹ
③ ㄴ, ㄷ　　　④ ㄷ, ㄹ

＜정답 ②

ⓛ **공급량의 변동**: 다른 조건이 일정할 때에 상품 자체의 가격이 변하면 공급량이 변하는데 이러한 변동은 공급곡선상의 움직임으로 표시된다.

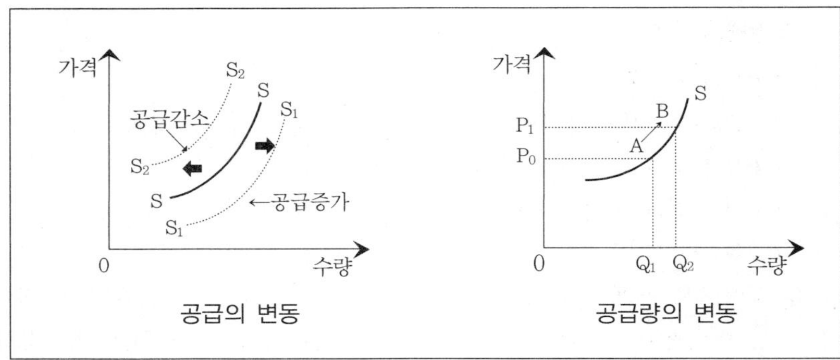

④ **공급의 가격탄력성** ··· 상품의 가격이 변동될 때 공급량이 변동되는 민감도를 나타내는 지표이다. 공급의 탄력성이 농산물은 작고 공산품은 크다. 또한 공급이 고정되어 있는 재화는 탄력성이 0이다.

2 시장 균형 가격의 결정과 변동

(1) 가격의 기능

① **시장** ··· 수요자와 공급자가 만나 거래가 이루어지는 장소 또는 범위를 말한다.

② **가격의 기능**

　㉠ **가격**: 시장에서 상품 한 단위와 교환되는 화폐단위

　㉡ **가격의 역할**

　　• 신호등 역할: 생산자와 소비자가 경제활동을 어떻게 조절할 것인지를 알려주는 역할을 한다.

　　• 생산물의 배분: 인위적인 간섭 없이 생산물 배분에 있어서 가장 가격을 높게 지불하려는 사람들의 순으로 공급해 주는 기능을 수행한다.

③ **시장가격의 결정**

　㉠ **초과공급과 가격**: 수요부족현상이 발생하여 가격이 하락한다.

　㉡ **초과수요와 가격**: 공급부족현상이 발생하여 가격이 상승한다.

　㉢ **균형가격의 결정**: 시장 공급량과 시장 수요량이 같은 상태에서 균형가격이 결정된다.

다음 자료에 대한 분석으로 옳은 것은?

─ 보기 ─
• A재와 B재는 대체 관계에 있는 재화이며, A재와 C재는 보완 관계에 있는 재화이다.
• 최근 A재의 부품 가격이 급격히 하락하였다.
• A재의 수요의 가격탄력성은 1보다 작고, B재와 C재의 수요의 가격탄력성은 1보다 크다.

① B재의 거래량은 증가한다.
② C재의 가격은 하락한다.
③ A재와 B재의 가격은 모두 상승한다.
④ A재의 판매수입은 감소한다.

〈정답 ④

(2) 시장 균형 가격의 변동

① 시장의 균형 가격의 변동

구분		공급		
		불변	증가	감소
수요	불변	균형 가격 불변 균형 거래량 불변	균형 가격 하락 균형 거래량 증가	균형 가격 상승 균형 거래량 감소
	증가	균형 가격 상승 균형 거래량 증가	균형 가격 불분명 균형 거래량 증가	균형 가격 상승 균형 거래량 불분명
	감소	균형 가격 하락 균형 거래량 감소	균형 가격 하락 균형 거래량 불분명	균형 가격 불분명 균형 거래량 감소

② **생산 요소 시장에서의 수요와 공급** … 생산 요소 시장에서의 가격은 생산 요소에 대한 수요와 공급에 의해 결정되며, 노동 시장의 가격은 임금, 자본 시장의 가격은 이자율, 토지 시장의 가격은 지대라고 한다.

③ **생산 요소 시장에서 가격 변동** … 수출 경기가 좋아져 기업의 신규 고용이 증가하면 기업의 노동에 대한 수요가 증가한다. 그러나 노동 공급 곡선은 경기의 영향을 받지 않으므로 변화하지 않는다. 노동의 수요곡선이 오른쪽으로 이동하면 균형 가격과 균형 거래량이 증가하고, 노동자들의 임금과 고용량도 동반 상승한다.

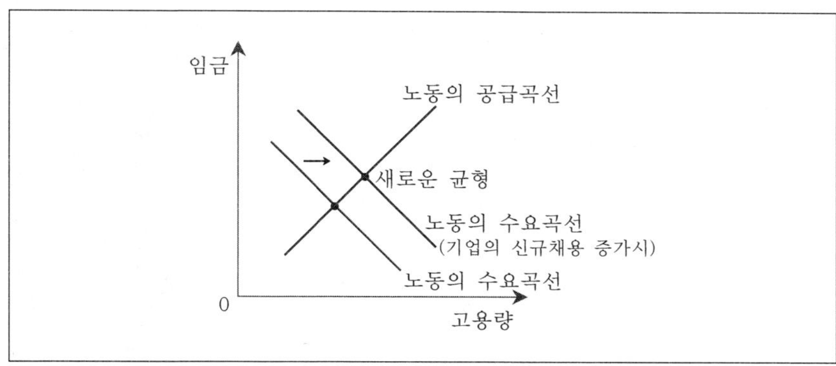

기출 2021. 4. 17. 인사혁신처 시행

다음은 X재의 수요곡선과 공급곡선을 함수로 나타낸 것이다. 이에 대한 설명으로 옳은 것은? (단, P는 가격, Q_D는 수요량, Q_S는 공급량을 나타낸다)

• 보기 •
수요함수 : $Q_D = 100 - 3P$
공급함수 : $Q_S = -20 + P$

① 시장 가격이 25일 경우, 초과 공급량은 20이다.
② 가격 상승에 따라 수요량이 증가하는 수요 함수이다.
③ X재의 시장 균형 가격은 30, 시장 균형 거래량은 10이다.
④ 최고 가격을 32 이상으로 설정해야 가격 상한제 정책의 목적을 달성할 수 있다.

기출 2021. 6. 5. 서울특별시 시행

정부가 각각 A와 B로 가격을 정한 X재 시장과 Y재 시장에 대한 설명으로 가장 옳은 것은?

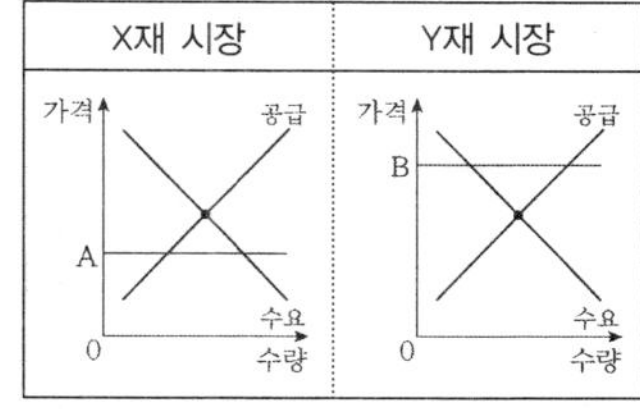

① A의 사례로 최저임금제를 들 수 있다.
② X재 시장에서는 생산자 잉여가 소비자 잉여보다 크다.
③ Y재 시장에서는 초과 수요가 발생한다.
④ B는 정부가 생산자(공급자) 보호를 위해 가격 하한선을 정한 것이다.

❮정답 ③, ④

기출PLUS

기출 2021. 6. 5. 제1회 지방직 시행

표는 재화 A~D를 소비와 관련된 특징에 따라 구분한 것이다. 이에 대한 설명으로 옳은 것은?

구분	배제성	비배제성
경합성	A	C
비경합성	B	D

① A는 공공재이다.
② B는 A와 달리 무임승차자의 문제가 발생한다.
③ C의 사례로 고갈되기 쉬운 공해상의 어족이 있다.
④ D는 재화의 속성상 시장에서 사회적 최적 수준만큼 충분히 거래된다.

기출 2022. 6. 18. 서울특별시 시행

〈보기〉는 외부효과의 유형 A, B를 구분하여 나타낸 것이다. 이에 대한 설명으로 가장 옳은 것은?

보기

유형	A	B
문제점	사회적 최적 수준보다 과소 생산·소비	사회적 최적 수준보다 과다 생산·소비

① A는 '부정적 외부효과'이다.
② B의 사례로 독감 백신 접종이 있다.
③ 소비 측면에서 B의 경우 사회적 편익이 사적 편익보다 작다.
④ 생산 측면에서 A의 경우 생산에 대한 세금 부과로 외부효과를 개선할 수 있다.

◀ 정답 ③, ③

③ 시장의 한계와 보완

(1) 시장의 실패

① **불완전한 경쟁시장** … 자원의 비효율적 배분, 공급의 제한과 가격의 상승, 품질의 하락과 비효율성을 증대시킨다.

② **사회적 비용의 발생**
　㉠ 외부효과
　　• 사회적 비용이 발생하는 경우(외부불경제) : 개인의 행위가 정당한 가격의 지불 없이 사회 또는 다른 개인에게 불리한 효과를 미치는 경우이다.
　　　예 환경오염, 공해
　　• 사회적 수익이 발생하는 경우(외부경제) : 어떤 개인의 행위가 정당한 가격의 지불 없이 사회 또는 다른 개인에게 이익을 주는 경우이다.
　　　예 과수원과 양봉업자, 공원의 조성으로 인한 쾌적성 증가
　㉡ 환경오염 : 외부효과로 인해 사회적 비용이 발생하는 대표적인 경우이다.

③ **공공재의 공급** … 교육, 국방, 치안, 도로 등과 같이 공익과 관련되어 있는 재화를 공공재라 하며, 공공재는 시장에 의해서 자율적으로 공급되기 어렵다.

④ **시장의 실패** … 시장의 가격기능이 경제의 기본 문제를 자연스럽게 해결하지 못하거나 최선의 답을 제시하지 못하는 경우를 말한다. 독과점 기업, 해로운 외부효과, 공공재공급 등에서 시장실패가 나타난다.

(2) 정부의 규제

① **정부규제의 필요성** … 시장의 실패가 나타나면서 정부의 규제가 필요(인·허가, 가격통제, 독과점 및 불공정 거래 규제 등)해졌다.

② **정부의 인·허가**
　㉠ 특정 업자에 대한 인·허가 : 정부의 규제 가운데 대표적인 것은 특정 산업 부문에서의 기업활동을 특정한 업자에게만 인·허가하는 방법이다.
　㉡ 인·허가 규제를 하는 이유 : 과당 경쟁의 방지, 공익 목적의 실현, 자원의 효율적 관리, 전략 산업의 육성 등을 위해 규제한다.
　㉢ 정부의 인·허가에 대한 문제점
　　• 독과점의 폐해로 인한 손실이 규제에 의한 이익보다 클 수 있다.
　　• 보호받는 기업과 보호받지 않는 기업 간의 공평성 문제가 발생할 수 있다.
　　• 육성·보호되는 기업이 타성에 젖어 기술개발이나 비용절감, 고객서비스에 대하여 소홀히 할 우려가 있다.

③ **가격통제** … 정부가 최고가격(소비자 보호) 또는 최저가격(생산자 보호)을 정해 가격을 규제하는 방식이다.

  ㉠ 가격규제가 필요한 경우 : 소비자의 보호, 독점기업의 규제, 근로자의 생활 보장, 경기변동의 조정 등을 위해 규제가 필요하다.

  ㉡ 가격규제의 부작용 : 많은 인력과 비용에 따른 비효율성, 수요와 공급의 불균형, 암시장 형성 등

  ㉢ 가격통제의 예 : 근로자 최저임금제 도입, 금융기관의 최고 이자율 설정 등

④ **불공정 거래 및 독과점 규제**

  ㉠ 자원배분의 비효율화 방지 : 기업 간의 담합행위를 금지하고 기업의 결합·합병을 규제한다.

  ㉡ 힘의 우위를 이용한 불공정 거래의 방지 : 정부는 시정명령을 내릴 수 있다.

(3) 공기업의 필요성과 민영화

① **공기업의 필요성**

  ㉠ 공기업 : 정부가 직접 기업활동을 하거나 출자하여 지배하는 기업을 의미한다.

  ㉡ 공기업 운영의 필요성 : 효율성과 공익성이 높으며 독점기업의 횡포 방지, 공공이익의 보호, 재화의 안정적 공급 등의 역할을 한다.

  ㉢ 공기업의 형태와 종류

  • 정부가 직접 수행하는 사업 : 철도, 우편, 상·하수도, 청소사업 등이 있다.

  • 정부가 주식을 보유하는 사업 : 전력, 가스, 전화, 도로사업, 토지 및 주택개발사업, 자원개발사업, 방송사업 등이 있다.

  • 수익을 주목적으로 하는 사업 : 담배, 인삼 등의 전매사업이 해당된다.

  • 정책목적을 위해 설립하는 사업 : 한국은행, 주택은행 등이 있다.

② **규제 완화의 필요성** … 규제의 현실적 곤란성, 정부 규제의 남발 경향, 경제적 여건과 구조의 변화, 정부기구의 비대화 현상에 따른 자원낭비 우려 등으로 인해 규제를 완화할 필요성이 대두되고 있다.

③ **공기업의 민영화**

  ㉠ 공기업의 부작용 : 경쟁이 배제된 경우가 많아 조직이 방만해지고 관료화되어 비효율적이 될 가능성이 높다.

  ㉡ 공기업의 민영화 효과 : 경쟁원리를 도입하여 서비스의 개선, 가격의 인하, 경영의 효율화에 많은 성과를 거두고 있다.

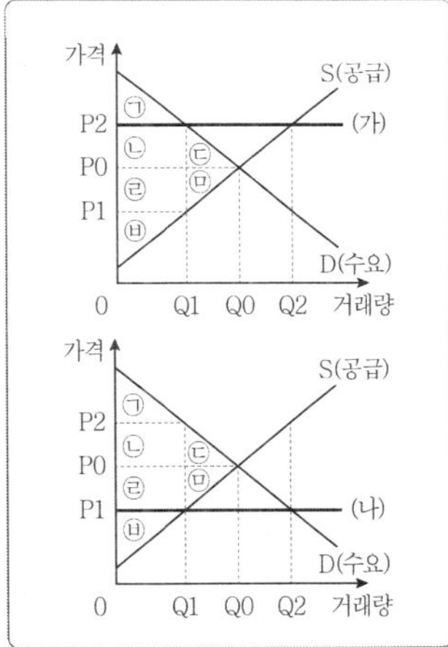

기출 2020. 6. 13. 서울특별시 시행

정부가 시장에 대해 두 가지 가격규제 정책 (가)와 (나)를 시행할 때 나타나는 변화에 대한 설명으로 옳은 것은?

① (가)를 시행하면 Q1 ~ Q2만큼 초과수요가 발생하고, 사회적 잉여 ㉢ + ㉤이 감소한다.

② (나)를 시행하면 생산자 잉여였던 ㉣ + ㉤은 소비자 잉여로 바뀐다.

③ (가)와 (나), 두 경우 모두 사회적 잉여 ㉢ + ㉤이 감소한다.

④ (가)를 시행하면 소비자 잉여가 증가하고, (나)를 시행하면 생산자 잉여가 증가한다.

❮ 정답 ③

1 〈보기〉의 ⑺는 X재 시장의 상황을 나타낸다. 〈보기〉 ⑼의 수요와 공급의 변동 요인을 통해 추론할 수 있는 X재 시장의 균형 가격과 균형 거래량의 변화로 가장 옳은 것은? (단, X재와 Y재는 모두 수요법칙과 공급법칙을 따른다.)

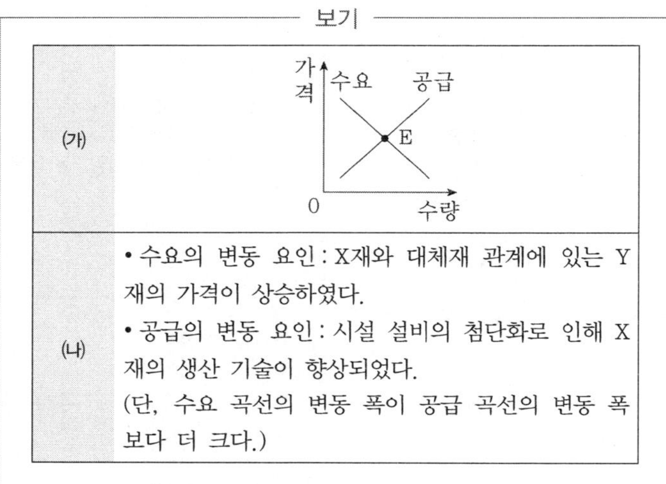

보기

⑺	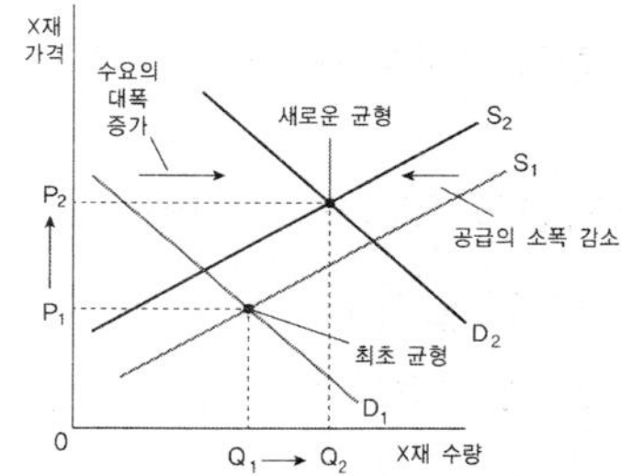
⑼	• 수요의 변동 요인 : X재와 대체재 관계에 있는 Y재의 가격이 상승하였다. • 공급의 변동 요인 : 시설 설비의 첨단화로 인해 X재의 생산 기술이 향상되었다. (단, 수요 곡선의 변동 폭이 공급 곡선의 변동 폭보다 더 크다.)

① 균형 가격은 상승하고, 균형 거래량은 증가한다.
② 균형 가격은 상승하고, 균형 거래량은 감소한다.
③ 균형 가격은 하락하고, 균형 거래량은 증가한다.
④ 균형 가격은 하락하고, 균형 거래량은 감소한다.

1.

X재와 대체재 관계에 있는 Y재의 가격이 상승하였으므로 X재의 수요는 증가하여 수요 곡선은 우측으로 이동한다. 시설 설비의 첨단화로 X재의 생산 기술이 향상되었으므로 공급 역시 증가하여 공급 곡선 또한 우측으로 이동한다. 한편, 수요 곡선이 더 크게 증가하였으므로 균형 가격과 균형 거래량 모두 증가한다.

※ 대체재와 보완재

구분	대체재	
의미	두 재화의 용도가 서로 비슷하여 한 재화 대신 다른 재화를 사용해도 만족감(효용)에 큰 차이가 없는 관계	
특징		한 재화의 가격이 상승(하락)할 때 다른 재화의 수요가 증가(감소)
사례	커피와 홍차, 쇠고기와 돼지고기, 밥과 빵 등	

구분	보완재	
의미	두 재화를 서로 함께 사용(소비)할 때 만족감(효용)이 커지는 관계	
특징		한 재화의 가격이 상승(하락)할 때 다른 재화의 수요가 감소(증가)
사례	피자와 콜라, 프린트와 잉크, 자동차와 휘발유 등	

Answer 1.①

2 다음은 외부 효과가 존재하는 경우에 대한 설명이다. 각 빈칸에 적절한 내용으로 옳은 것은? (단, 우하향하는 수요곡선, 우상향하는 공급곡선을 가정한다)

구분	생산 측면의 (가)	소비 측면의 (나)
영향	• 사회적 최적 가격보다 시장 균형 가격이 낮다. • 사회적 최적 거래량에서 사회적 비용이 사적 비용보다 (㉠)	• 사회적 최적 가격보다 시장 균형 가격이 낮다. • 사회적 최적 거래량에서 사회적 편익이 사적 편익보다 (㉡)
문제점	사회적 최적 수준보다 (㉢)	사회적 최적 수준보다 (㉣)
개선책	(㉤)	(㉥)

① (가)는 '외부 경제', (나)는 '외부 불경제'이다.
② ㉠과 ㉡ 모두 '작다'이다.
③ ㉢은 '과다 생산', ㉣은 '과소 소비'이다.
④ ㉤은 '소비자에게 보조금 지급', ㉥은 '소비자에게 세금 부과'이다.

2.

(가)는 사회적 최적 가격보다 시장 균형 가격이 낮은 생산 측면의 외부 불경제를 나타낸다.

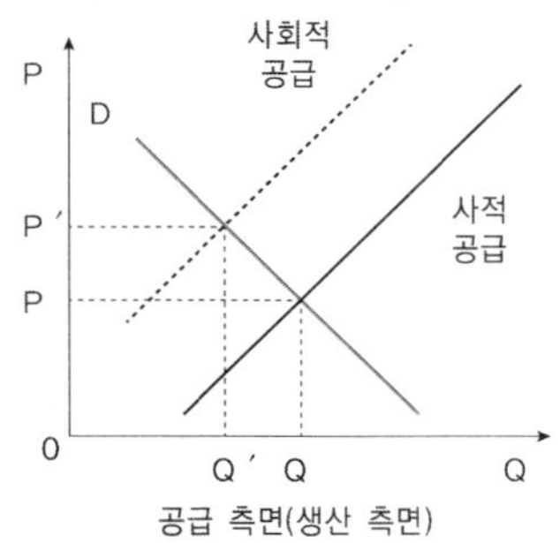

(나)는 사회적 최적 가격보다 시장 균형 가격이 낮은 소비 측면의 외부 경제를 나타낸다.

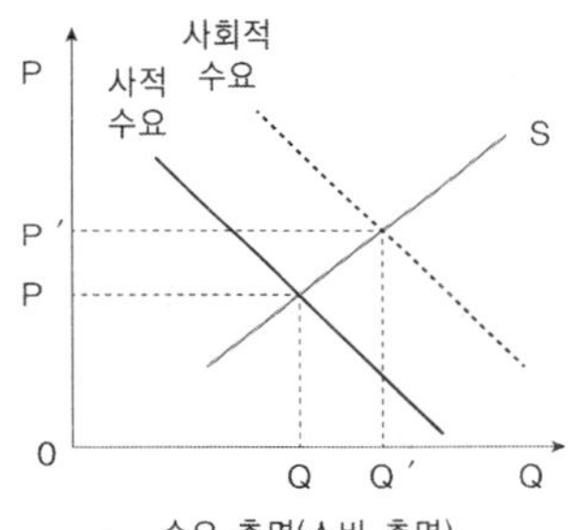

① (가)는 외부 불경제, (나)는 외부 경제를 나타낸다.
② 생산 측면의 외부 불경제는 사회적 최적 거래량에서 사회적 비용이 사적 비용보다 크다. 소비 측면의 외부 경제는 사회적 최적 거래량에서 사회적 편익이 사적 편익보다 크다. 즉 ㉠과 ㉡ 모두 크다.
③ 생산 측면의 외부 불경제는 사회적 최적 수준보다 과다하게 생산·소비된다. 소비 측면의 외부 경제는 사회적 최적 수준보다 과소하게 생산·소비된다.
④ ㉤은 외부 불경제이므로 세금 부과가 개선책이고, ㉥은 외부 경제이므로 보조금 지급이 개선책이다.

Answer 2.③

3 정부가 시장에 대해 두 가지 가격규제 정책 ㈎와 ㈏를 시행할 때 나타나는 변화에 대한 설명으로 옳은 것은?

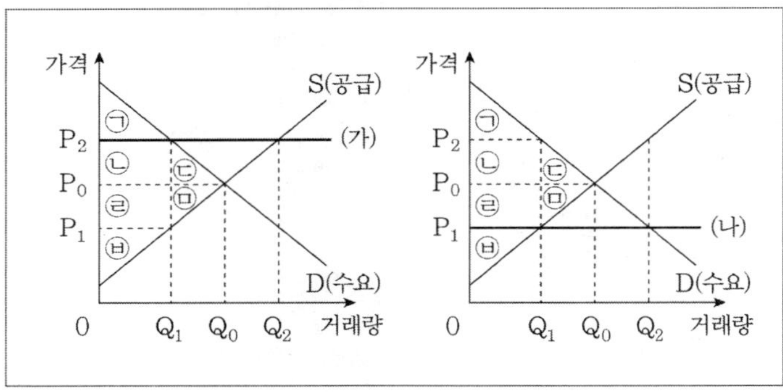

① ㈎를 시행하면 $Q_1 \sim Q_2$만큼 초과수요가 발생하고, 사회적 잉여 ㉢+㉤이 감소한다.

② ㈏를 시행하면 생산자 잉여였던 ㉣+㉤은 소비자 잉여로 바뀐다.

③ ㈎와 ㈏, 두 경우 모두 사회적 잉여 ㉢+㉤이 감소한다.

④ ㈎를 시행하면 소비자 잉여가 증가하고, ㈏를 시행하면 생산자 잉여가 증가한다.

4 다음 중 완전경쟁시장의 특징이 아닌 것은?

① 수요자와 공급자의 수가 많다.

② 거래되는 상품이 동질의 상품이다.

③ 새로운 기업의 시장 진입이 자유롭다.

④ 가격경쟁이나 비가격경쟁이 심하게 나타난다.

3.

정부의 가격 규제 정책이란 시장에서 거래되는 상품의 가격을 수요·공급의 원리에 맡기지 않고 정부가 일정한 수준에서 인위적으로 규제하는 것을 의미한다.

㈎는 최저 가격제로 균형 가격이 너무 낮다고 판단될 때, 정부가 균형 가격보다 높은 수준에서 가격 하한선을 정하는 것이다. ㈏는 최고 가격제로 균형 가격이 너무 높다고 판단될 때, 정부가 균형 가격보다 낮은 수준에서 가격 상한선을 정하는 것이다.

㈎와 ㈏, 두 경우 모두 거래량은 Q_1이므로 균형거래량보다 감소하게 된다. 따라서 사회적 잉여 ㉢+㉤이 감소한다.

① ㈎를 시행하면 $Q_1 \sim Q_2$만큼 초과공급이 발생한다.

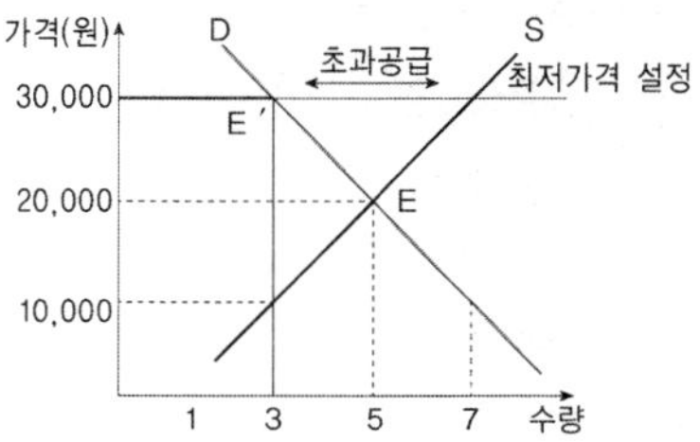

② ㈏를 시행하면 생산자 잉여였던 ㉣+㉤ 중에서 ㉣은 소비자 잉여가 되고 ㉤은 사회적 잉여 ㉢과 함께 감소한다.

④ ㈎를 시행하면 소비자 잉여는 ㉠+㉡+㉢에서 ㉠으로 감소한다. ㈏를 시행하면 생산자 잉여는 ㉣+㉤+㉥에서 ㉥으로 감소한다.

4.

④ 가격경쟁이나 비가격경쟁이 심하게 나타나는 것은 독점적 경쟁시장의 특징이다.

Answer　3.③　4.④

5 〈보기〉에 대한 분석으로 가장 옳은 것은?

보기

보일러를 독점 생산하는 K기업은 보일러 가격 10% 인상을 고려하고 있다. 아래의 표는 K기업의 사원 A ~ D가 예상한 보일러의 가격 인상에 따른 판매수입 변화율을 나타낸다.

구분	A	B	C	D
판매수입 변화율(%)	10	−10	5	0

① A는 보일러의 수요가 가격에 대해 완전비탄력적이라고 본다.

② B는 가격 인상 후 보일러의 수요량에 변화가 없을 것이라고 본다.

③ C는 가격상승률이 수요량 감소율보다 작다고 본다.

④ D는 보일러의 수요가 가격에 대해 탄력적이라고 본다.

6 X재의 수요와 공급이 균형을 이루고 있다. 다음에서 X재의 균형가격을 높이는 동시에 균형거래량을 줄이는 요인으로 옳은 것은? (단, 이 상품은 정상재이며, 수요와 공급의 법칙에 따른다)

① X재와 대체관계에 있는 상품의 가격 하락

② 소비자들의 소득수준 향상

③ X재 생산에 사용되는 원자재 가격의 상승

④ 해외로부터 X재 수입의 증가

5.

① A는 보일러 가격이 10% 인상될 때 판매 수입도 10% 증가할 것이라 예상하고 있다. 이 경우는 보일러 가격이 오름에도 수요량은 변하지 않는 것으로 보일러의 수요가 가격에 대해 완전비탄력적이라고 보는 것이다.

② B는 보일러 가격이 10% 인상될 때 판매 수입 변화율은 10% 감소할 것이라 예상하고 있다. 이 경우는 가격이 상승한 비율보다 수요량의 감소 비율이 더 큰 것으로, 보일러 수요의 가격 탄력성은 탄력적이다.

③ C는 보일러 가격이 10% 인상될 때 판매 수입 변화율은 5% 증가할 것이라 예상하고 있다. 이 경우는 가격이 상승한 비율보다 수요량의 감소 비율이 더 작은 것으로, 보일러 수요의 가격 탄력성은 비탄력적이다.

④ D는 보일러 가격이 10% 인상될 때 판매 수입 변화율은 변화가 없을 것이라고 예상한다. 이 경우는 가격이 오른 만큼 수요량이 감소하는 것으로 보일러 수요의 가격 탄력성은 단위탄력적이다.

6.

X재의 균형 가격을 높이는 동시에 균형 거래량을 줄이려면 공급 곡선이 왼쪽으로 이동해야 한다. 즉, X재의 공급이 감소해야 한다.

③ X재 생산에 사용되는 원자재 가격이 상승하면 X재의 공급이 감소한다.

① X재와 대체 관계에 있는 상품의 가격이 하락하면 X재의 수요가 감소한다.

② X재는 정상재이므로 소비자들의 소득 수준이 향상되면 소요가 증가한다.

④ 해외로부터 X재 수입이 증가하면 X재 공급이 증가한다.

Answer　　5.①　6.③

7 다음은 시장의 경쟁 정도에 따른 분류이다. ㈎~㈐에 대한 설명으로 옳지 않은 것은?

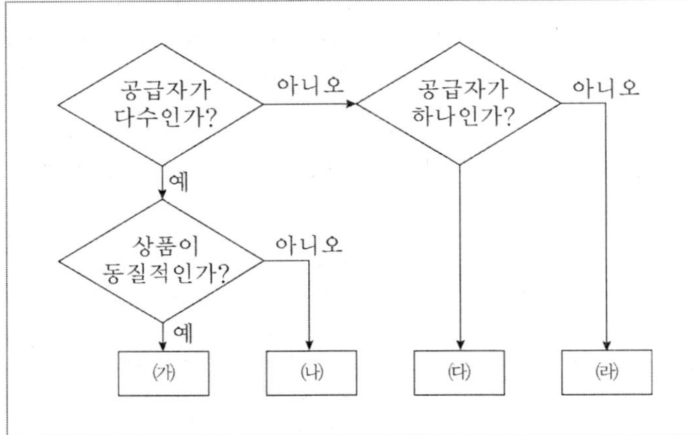

① ㈎는 진입 장벽이 존재하지 않는다.

② ㈏에서 개별 기업은 시장 가격에 전혀 영향을 미칠 수 없다.

③ ㈐에서 개별 재화에 좋은 대체재가 될 수 있는 재화가 존재하지 않는다.

④ ㈑에서는 기업들 간의 담합이 일어나기에 알맞은 상황이 조성되어 있다.

8 다음 상황으로 나타나는 결과는?

> • 주식상장하는 기업이 늘고 있다.
> • 외국자본의 주식투자가 늘고 있다.

① 주식거래량은 증가하고, 주가지수는 상승한다.

② 주식거래량은 감소하고, 주가지수는 상승한다.

③ 주식거래량은 증가하나, 주가지수는 알 수 없다.

④ 주식거래량은 감소하나, 주가지수는 알 수 없다.

7.

㈎ 완전 경쟁 시장, ㈏ 독점적 경쟁 시장, ㈐ 독점 시장, ㈑ 과점 시장

② 독점적 경쟁 시장에서 독점력을 가진 개별 기업은 시장 가격에 어느 정도 영향을 미칠 수 있다.

8.

설문의 상황은 주식의 수요와 공급이 모두 증가하고 있음을 나타낸다. 따라서 수요곡선과 공급곡선 모두 우측으로 이동하여 주식거래량은 증가하나, 수요량과 공급량의 변화는 알 수 없으므로 주가지수는 알 수 없다.

Answer 7.② 8.③

9 다음은 X재와 Y재 시장에서 각 재화의 가격에 대한 수요량과 공급량을 나타낸 것이다. 두 재화의 주어진 가격 하에서 X재와 Y재의 수요량이 각각 200개 증가할 때, 각 재화 시장에 일어나는 균형 변화에 대한 설명으로 옳은 것은?

재화(개) \ 가격(원)		80	90	100	110	120
X재	수요량	800	700	600	500	400
	공급량	400	500	600	700	800
Y재	수요량	800	700	600	500	400
	공급량	600	600	600	600	600

① Y재의 균형 가격이 X재의 균형 가격보다 높아진다.
② X재와 달리 Y재의 균형 거래량은 증가한다.
③ Y재의 판매 수입이 X재의 판매 수입보다 많아진다.
④ 각 재화의 균형 가격 상승률과 판매 수입 증가율은 동일하다.

10 수요의 가격탄력성이 탄력적인 경우 가격이 상승하면?

① 수요량이 감소하고, 그 상품의 소비에 지출되는 금액도 감소한다.
② 수요량이 감소하나, 그 상품의 소비에 지출되는 금액은 증가한다.
③ 수요량이 증가하고, 그 상품의 소비에 지출되는 금액도 증가한다.
④ 수요량이 증가하나, 그 상품의 소비에 지출되는 금액은 감소한다.

9.

두 재화의 주어진 가격 하에서 X재와 Y재의 수요량이 각각 200개 증가할 때, 각 재화 시장에서 일어나는 변화를 정리하면 아래와 같다.

재화(개) \ 가격(원)		80	90	100	110	120
X재	수요량	800	700	600	500	400
	변화된 수요량	1,000	900	800	700	600
	공급량	400	500	600	700	800
Y재	수요량	800	700	600	500	400
	변화된 수요량	1,000	900	800	700	600
	공급량	600	600	600	600	600

① 수요량이 증가한 후 Y재의 균형 가격은 120원으로 X재의 균형가격인 110원보다 높아진다.
② Y재와 달리 X재는 균형 거래량은 증가한다.
③ 수요량이 증가한 후 X재의 판매 수입은 110원 × 700개 = 77,000원이고, Y재의 판매 수입은 120원 × 600개 = 72,000원이다. 따라서 X재의 판매 수입이 Y재의 판매 수입보다 많아진다.
④ 균형 가격 상승률과 판매 수입 증가율이 동일한 것은 공급이 완전 비탄력적인 Y재이다.

10.

수요의 법칙에 의해 수요량은 감소하고, 가격의 상승효과보다는 수요량의 감소효과가 크므로 가계의 소비지출금액은 감소한다. 그러므로 사치품(탄력적인 재화)의 가격이 오르면 오히려 가계의 소비지출은 줄어들고, 농산물과 같은 생활필수품(비탄력적인 재화)의 가격이 오르면 가계의 소비지출이 증가하여 가계의 부담을 가중시킨다.
① 수요의 가격탄력성이 탄력적인 경우 가격이 상승하면 총판매수입이 감소하고 소비자 총지출액은 감소한다.

Answer　9.① 10.①

11 독점기업의 수요곡선이다. 그래프가 다음과 같이 주어져 있을 때, 이를 바르게 추론한 것은?

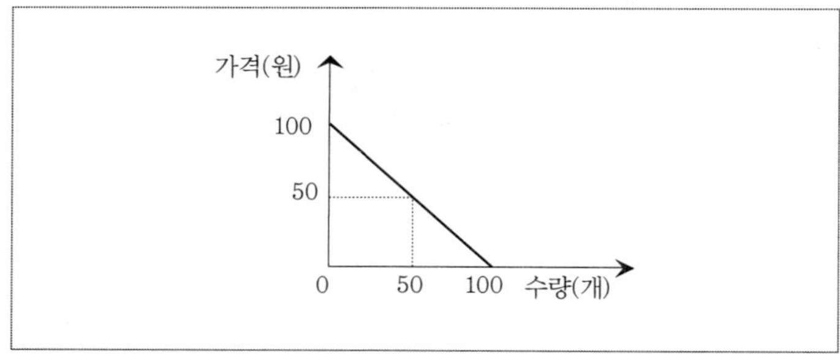

① 기업이 판매량을 늘리려면 가격을 내려야 한다.
② 가격이 100원일 때, 기업의 총수입이 최대가 된다.
③ 기업의 공급곡선은 우상향하는 형태가 될 것이다.
④ 가격을 50원에서 60원으로 올리면 총수입은 증가한다.

12 다음 그림에서 독점시장의 가격결정과 관련된 설명 중 옳지 않은 것은?

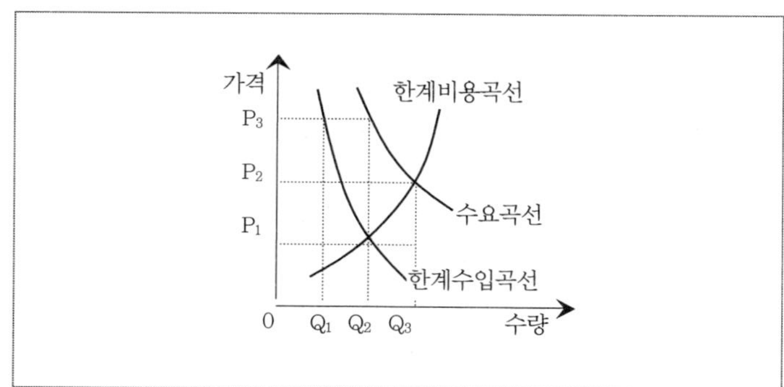

① 독점기업의 한계수입은 시장가격과 일치하지 않는다.
② 독점기업의 한계수입은 시장가격보다 낮다.
③ 독점기업의 공급량은 Q_2에서 결정된다.
④ 독점기업의 균형가격은 P_1에서 결정된다.

11.

① 독점기업이 가격을 내리면 수요가 늘어나 판매량이 증가한다.
② 가격이 100원일 경우 수요가 0이므로 기업의 수입이 없다.
③ 독점기업은 유일한 공급자이므로 시장 전체의 수요가 곧 그 기업의 상품에 대한 수요가 되어 생산량을 늘리면 가격이 내려가게 되고 생산량을 줄이면 가격이 오르게 된다. 따라서 기업의 공급곡선은 존재하지 않는다.
④ 기업의 총수입은 가격 × 판매량으로 그림에서 보면 가격이 50원일 때 수요량은 50개로 총수입은 50 × 50으로 최대가 된다. 따라서 생산량을 조절하여 가격이 50원보다 낮아지거나 높아지면 총수입은 가격이 50원인 경우보다는 감소하게 된다.

12.

독점기업은 이윤극대화를 위한 가격결정력이 있으므로 한계비용 = 한계수입인 곳에서 이윤극대 생산량을 결정한다(Q_2). 그러나 가격은 그 교차점인 P_1이 아니라 수요곡선상의 한 점인 P3에서 결정하여 독점이윤을 극대화한다. ①과 ②에서 이윤극대점(Q_2)에서 한계수입은 P_1이고, 시장가격은 P3이다.
※ 완전경쟁시장은 시장가격 = 한계수입 = 한계비용이 된다. 그러나 독점시장에서는 시장가격 > 한계수입 = 한계비용이 된다.

Answer   11.④ 12.④

13 다음 그림에서 커피의 수요곡선이 D에서 D₁으로 이동하였을 때 그 원인으로 보기 어려운 것은?

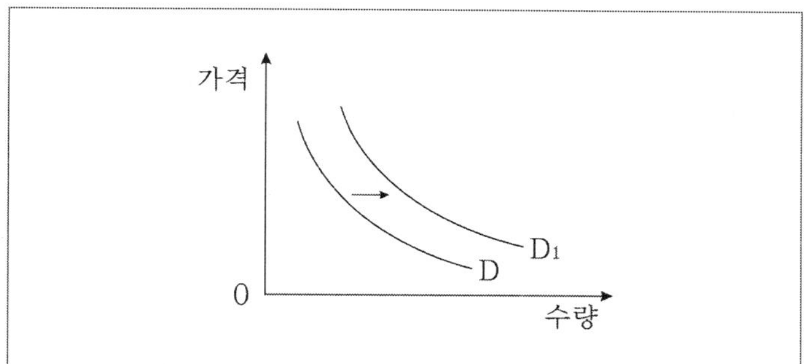

① 커피소비자들의 소득의 증가

② 커피소비인구의 증가

③ 홍차가격의 상승

④ 커피가격의 하락

14 효용의 개념에 대한 설명 중 옳지 않은 것은?

① 재화는 효용이 인정되나, 용역에는 효용이 인정되지 않는다.

② 효용은 수량적으로 측정할 수 없는 것이다.

③ 어떤 재화의 소비로부터 얻게 되는 효용의 총량을 총효용이라고 한다.

④ 소비자가 재화나 용역의 소비로부터 느끼는 만족도가 효용이다.

13.

수요의 증가요인 ⋯ 인구의 증가, 대체재의 가격하락, 보완재의 가격하락 등이 수요를 증가시키는 요인이다.

④ 가격의 하락은 생산비가 감소되어 공급이 증가할 경우이고, 반대로 공급이 감소할 경우 가격은 상승한다.

14.

효용의 종류와 개념

㉠ 효용 : 소비자가 재화나 용역의 소비로부터 느끼는 만족 또는 즐거움의 크기이다.

㉡ 총효용 : 어떤 재화의 소비로부터 얻게 되는 효용의 총량이다.

㉢ 한계효용 : 재화 1단위를 더 소비함으로써 얻어지는 총효용의 증가분이다.

$$한계효용 = \frac{총효용의\ 증가분}{소비량의\ 증가분}$$

㉣ 재화의 소비와 총효용 : 일반적으로 재화의 소비량이 늘면 총효용은 증가한다. 그러나 일정량 소비 후에는 오히려 감소한다(한계효용체감의 법칙).

Answer　　13.④　14.①

15 다음의 내용을 종합하여 개념정의를 한다면?

> • A는 집주변 공한지를 이용하여 지난해 작황소득이 좋았던 고구마를 심기로 했다.
> • B는 생산공장을 확장하면서 노동인력과 기계설비 양자를 놓고 선택의 고민을 하던 중 장기적으로 보아서 인건비 상승이 우려되어 당장은 투자비가 더 들지만 기계설비 쪽을 선택하였다.

① 시장지배
② 시장실패
③ 수요공급
④ 가격기능

16 다음 그림은 배추의 수요곡선이다. 배추생산량이 Q일 때 시장가격이 P에서 결정되었다. 그러나 배추의 생산이 풍년으로 Q_2만큼 생산되어 P_2로 가격이 폭락했다. 정부가 P_1의 가격을 유지하려면?

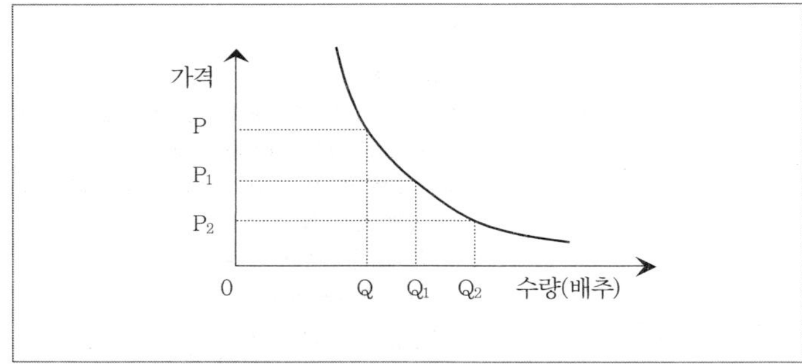

① $Q_2 - Q$만큼 수매한다.
② $Q_2 - Q_1$만큼 수매한다.
③ Q_1만큼 수매한다.
④ Q_2만큼 수매한다.

15.

가격과 경제문제
㉠ 가격의 기능 : 시장경제체제하에서 기본적인 경제문제를 해결, 가격의 자유로운 변동은 인위적인 계획이나 명령에 의하지 않고도 해결되도록 한다.
㉡ 경제문제해결
• 생산선택의 문제해결
• 생산방법의 문제해결
• 소득분배의 문제해결

16.

정부의 수매정책 … 풍년기근현상이 나타날 때 실시하는 정책으로, 정부가 Q_1, Q_2만큼의 배추를 사들이기로 한다면 배추의 일시적인 공급곡선은 Q_1점에서 위로 올라가는 수직선이 되는 셈이므로 배추가격은 OP_1으로 결정된다. 이때 정부의 농산물 수매가격 역시 P_1이라면 농민의 소득은 $P_1 \times Q_1$이 되어 풍년기근현상을 예방할 수 있다.

Answer   15.④ 16.②

17 일반적인 재화의 수요곡선이 다음 그림과 같은 형태로 나타나는 까닭이라고 보기 어려운 것은?

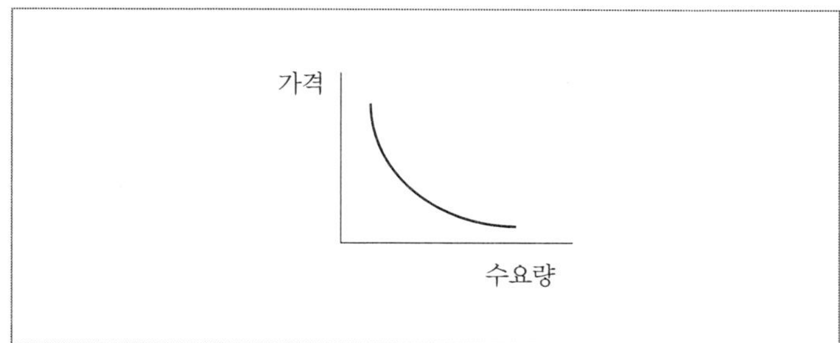

① 소득이 한정되어 있기 때문이다.
② 한계효용체감의 법칙이 작용하기 때문이다.
③ 한계비용체증의 법칙이 작용하기 때문이다.
④ 한계효용균등의 법칙에 따라 소비하기 때문이다.

18 다음의 조건하에 쌀시장에서 발생될 수 있는 경제현상으로 옳은 것은?

- 식생활의 개선으로 빵의 수요가 급증
- 쌀시장의 개방

① 가격 하락, 거래량 증가
② 가격 하락, 거래량 감소
③ 가격 상승, 거래량 증가
④ 가격 상승, 거래량 감소

17.

③ 한계비용체증의 법칙은 한계생산이 체감하기 때문에 생산량이 늘어남에 따라 한계비용이 점차 증가하는 현상으로 기업의 합리적 생산과 관련이 있다.

※ 합리적인 소비
　㉠ 수요곡선 : 한정된 소득으로 합리적인 소비를 하기 위해서는 가격이 오른 재화의 소비를 줄이고 가격이 내린 재화의 소비를 늘려야 한다. 이러한 이유는 한계효용체감의 법칙이 작용하며, 합리적인 소비자는 한계효용균등의 법칙에 따라 소비하기 때문이다.
　㉡ 한계효용체감의 법칙 : 재화의 소비가 증가할수록 어느 정도까지는 총효용은 증가하나 총효용의 증가분인 한계효용이 점점 줄어드는 경향을 말한다.
　㉢ 한계효용균등의 법칙 : 각 상품의 소비에 지출하는 비용 1원 어치의 한계효용이 서로 같도록 소비할 때 소비자는 가장 큰 효용을 얻게되어 합리적인 소비를 하게 된다는 것이다.

18.

식생활의 개선으로 빵의 수요가 급증하면 결국은 가격이 하락하게 되고, 쌀시장이 개방되면 거래량이 감소하게 된다.

Answer　17.③　18.②

19 가격이 1,000원인 어떤 상품을 생산함에 있어서 투입되는 가변비용과 그에 따른 생산량의 관계가 다음 도표와 같을 때 합리적인 생산량은 몇 단위인가?

가변비용(만 원)	8	9	10	11	12
생산량(단위)	177	189	200	210	219

① 177단위

② 189단위

③ 200단위

④ 210단위

20 상품 A, B, C의 가격은 각각 100원, 200원, 300원이고 상품 수입에 지출할 수 있는 금액은 2,000원이다. 아래의 한계효용표에서 소비자가 최대만족을 얻을 수 있는 각 상품의 구입량은 상품 A, B, C의 순서대로 보아 다음 중 어느 것인가?

단위 \ 상품명	A	B	C
1	10	14	21
2	8	10	15
3	7	6	9
4	5	4	6
5	3	2	3
6	2	1	2
7	1	0	0

① 3단위, 1단위, 1단위

② 4단위, 2단위, 2단위

③ 5단위, 3단위, 3단위

④ 6단위, 3단위, 2단위

19.

합리적인 생산 ⋯ 한계비용 = 생산물의 가격

$$한계비용 = \frac{가변비용의\ 증가분}{생산량의\ 증가분}$$

가변비용(만 원)	8	9	10	11	12
생산량(만 원)	177	189	200	210	219
한계비용		833	909	1,000	1,111

④ 가격이 1,000원이므로 한계비용이 1,000일 때, 즉 생산량 210단위에서 합리적인 생산량이 결정된다.

20.

합리적 소비는 한계효용균등의 법칙에 따라

$$\frac{A재\ 한계효용}{A재\ 가격} = \frac{B재의\ 한계효용}{B재\ 가격} = \frac{C재\ 한계효용}{C재\ 가격}$$

$$\therefore A재 = \frac{3}{100},\ B재 = \frac{6}{200},\ C재 = \frac{9}{300}$$

즉, A재 5단위, B재 3단위, C재 3단위일 때이다.

Answer 19.④ 20.③

21 다른 생산요소를 고정시켜 놓고 노동투입을 증가시키면 결국 한계비용은 체증하게 된다. 그 이유는?

① 고정비용이 증가해서

② 한계생산성이 체감해서

③ 생산기술이 향상되고 전문화되어서

④ 한계생산균등의 법칙이 적용되어서

22 토지 1단위의 비용이 1만 원이고 노동 1단위의 비용이 5만 원이라면, 양파생산자가 최소비용상태가 되는 합리적 행위는?

① 토지의 한계생산과 노동의 한계생산이 같도록 한다.

② 사용된 토지의 양이 사용된 노동의 양의 5배가 되도록 한다.

③ 노동의 한계생산이 토지의 한계생산의 5배가 되도록 한다.

④ 양파가격을 모르므로 알 수가 없다.

21.

한계생산체감의 법칙과 한계생산균등의 법칙

㉠ 한계생산체감의 법칙 : 다른 생산요소를 고정시키고 노동투입만을 계속 증가시키면 그 생산요소의 한계생산은 점점 감소하게 되는 현상이다. 모든 생산 활동에는 이 법칙이 적용되기 때문에 합리적인 생산 활동을 모색하게 된다.

㉡ 한계생산균등의 법칙 : 각 생산요소의 한계생산이 같아지도록 결합하는 것이 최적의 상태이다.

22.

생산자의 최소비용상태는 한계생산균등의 법칙에 따라 $\dfrac{\text{노동의 가격}}{\text{노동의 한계생산}} = \dfrac{\text{자본의 가격}}{\text{자본의 한계생산}}$ 의 수준에서 이루어진다.

Answer   21.②   22.③

기출 PLUS

기출 2021. 6. 5. 서울특별시 시행

〈보기〉의 자료에 대한 분석 및 추론으로 옳은 것은?

┌─ 보기 ─

표의 ㈎, ㈏는 각각 갑(甲)국의 명목 GDP와 실질 GDP 중 하나를 나타낸다. 단, 기준 연도는 2017년이며, 물가 수준은 GDP 디플레이터로 측정한다.

(단위: 억 달러)

구분	연도		
	2018년	2019년	2020년
㈎	80	100	120
㈏	120	100	80

① 2019년의 물가 수준은 2017년보다 낮다.
② ㈎가 실질 GDP라면 2018년의 GDP 디플레이터는 2017년보다 높다.
③ ㈎가 명목 GDP라면 2019년의 경제 성장률은 양(+)의 값을 가진다.
④ ㈏가 실질 GDP라면 2020년의 물가 상승률은 음(−)의 값을 가진다.

〈 정답 ②

1 국민 경제 순환과 경제 성장

(1) 국민 경제의 활동과 경제지표

① **국민경제지표** … 국민경제활동을 총량화한 수치로 국민경제의 상태 파악이 가능하다.

② **국내총생산(GDP)** … 한 나라의 국경 안에서 일정기간에 걸쳐 새로이 생산한 재화와 용역의 부가가치 또는 모든 최종재의 값을 화폐단위로 합산한 것을 의미한다.

  ㉠ 국민경제의 전체적인 생산수준을 나타내며, 국내에서 생산된 재화와 용역의 생산물 가치가 포함된다.

  ㉡ 국내총생산 = 각 생산단계의 부가가치의 합계 = 최종 생산물 가치의 합계 = 총생산물액 − 중간 생산물액

  ㉢ **삼면등가의 법칙**: 국내총생산은 생산, 분배, 지출의 어느 측면에서 측정하더라도 같은 금액이 된다.

  ㉣ **국내총생산의 한계**: 국내총생산은 계산상의 어려움으로 시장 외의 거래가 제외되며, 복지수준과 소득분배 파악이 불가능하다.

③ **국민총생산(GNP)** … 한 나라의 국민이 국내와 국외에서 생산한 것의 총합을 의미한다.

④ **국민소득의 기타 개념**

  ㉠ **국민순생산(NNP)**: 국민총생산에서 감가상각비를 제외한 금액으로 국민경제의 순생산액이다.

> ☆ **Plus tip**
>
> 국민순생산(NNP) = 국민총생산 − 감가상각비 = 소비 + 순투자
> = 순생산물의 합계 = 순부가가치의 합계

  ㉡ **국민소득(NI)**: 국민순생산에서 간접세를 빼고 정부보조금을 더한 합계액으로 요소소득의 합계액이다.

  ㉢ **개인소득(PI)**: 개인이 실제로 받는 소득이다.

  ㉣ **가처분소득(DI)**: 개인이 자유롭게 처분할 수 있는 소득이다.

ⓜ **1인당 국민총생산** : 국민총생산을 국민수로 나눈 것으로 그 나라 국민들의 생활수준을 알 수 있으며, 보통 국제비교를 위해 미 달러화로 표시한다.

(2) 경기 순환과 안정화 정책

① 경기순환과 경기의 네 측면

　ⓐ **경기** : 국민경제의 총체적인 활동수준을 의미한다.

　ⓑ **경기순환** : 국민경제에 있어서 어느 정도의 규칙성을 가지고 호황과 불황이 반복되는 과정을 뜻한다.

　ⓒ **경기순환의 네 국면**

- 호경기 : 생산, 고용, 판매 등의 경제활동이 가장 활발한 시기
- 후퇴기 : 전반적인 경제활동이 점차 위축되는 시기
- 불경기 : 전반적인 경제활동이 침체된 시기
- 회복기 : 생산, 고용, 판매 등의 경제활동이 점진적으로 활발해지는 시기

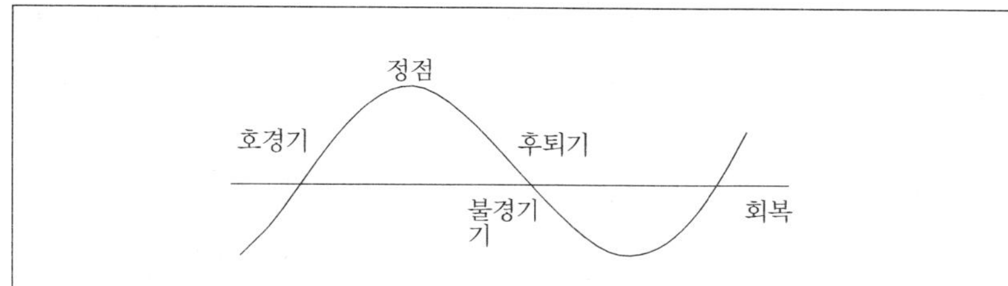

　ⓓ **경기순환의 유형**

종류	주기	원인
콘드라티예프 파동	약 50년(주기가 가장 김)	기술혁신, 전쟁, 혁명 등 사회변동
쿠즈네츠 파동	약 20년	인구증가율, 경제성장률의 변동
주글라 파동	10 ~ 20년(주순환)	기업의 설비투자 변동
키친 파동	3 ~ 4(소순환)	재고, 이자율의 변동

② 경기안정화 정책

　ⓐ **경기안정화 정책** : 국민경제의 지속적·안정적인 성장을 위한 일련의 정책으로 재정정책, 금융정책 등이 있다.

　ⓑ **경기안정화 정책의 수단**

- 경기 과열 시 : 재정지출 축소, 금리·세율 인상 → 민간투자와 소비 억제 → 경기 진정
- 경기 불황 시 : 정부투자 및 소비지출 확대, 금리·세율 인하 → 민간투자와 소비 증대 → 경기 회복

기출 2023. 6. 10. 제1회 서울특별시 시행

〈보기〉의 자료에 대한 분석 및 추론으로 가장 옳은 것은?

> ┌ 보기 ┐
> - 갑(甲)국은 무역 호황으로 인해 외화 유입이 크게 증가하였고, 이에 따라 국내의 물가 수준도 가파르게 상승하였다. 갑국의 중앙은행은 ㉠물가 안정을 위한 통화 정책을 시행하고자 한다.
> - 을(乙)국은 국제 정세 불안으로 인한 소비와 투자 심리 위축으로 실물 경제가 침체에 빠졌다. 이에 따라 을국 정부는 ㉡소비세 감면 등 각종 세제 혜택을 늘려 소비와 투자를 진작시키고 경기를 회복하고자 한다. 이에 을국 중앙은행도 ㉢이에 부응하는 정책을 준비 중이다.

① 국공채 매각은 ㉠에 해당하는 수단이다.

② ㉡은 긴축 재정 정책에 해당한다.

③ 지급 준비율 인상은 ㉢에 해당할 수 있다.

④ ㉠은 갑국의 실질 GDP 증가 요인, ㉡은 을국의 실질 GDP 감소 요인이다.

◀ 정답 ①

기출PLUS

[기출] 2015. 6. 27 제1회 지방직 시행

다음 표는 A국의 경제지표 변화를 나타낸 것이다. 2013년 대비 2014년의 경제지표 변화에 대한 설명으로 가장 적절한 것은?

구분	2013년	2014년
경제성장률	3.6	3.1
물가상승률	6.9	3.3
실업률	5.2	5.8
인구증가율	4.5	2.7

① 총수요가 감소했다.
② 화폐 가치가 높아졌다.
③ 실업자 수가 증가했다.
④ 1인당 실질 GDP가 증가했다.

[기출] 2025. 6. 21 제1회 서울시 시행

〈보기〉에 대한 추론으로 가장 옳은 것은? (단, 주어진 조건 외에는 고려하지 않는다.)

━ 보기 ━

아래의 표는 매년 2%의 물가 상승률과 3%의 경제 성장률 달성을 목표로 하는 갑(甲)국의 연도별 경제 상황을 나타낸 것이다. A는 목표 물가 상승률에서 실제 물가 상승률을 뺀 값이고, B는 목표 경제 성장률에서 실제 경제 성장률을 뺀 값이다.

구분	A	B
t년	-3	-5
t+1년	5	5

① t년에는 스태그플레이션이 나타났다.
② t년에는 실제 경제 성장률보다 실제 물가 상승률이 더 크다.
③ 중앙은행의 국·공채 매각은 t+1년보다 t년에 적합한 정책 수단이었을 것이다.
④ t+1년에는 긴축 재정 정책 실시가 요구되었을 것이다.

◀ 정답 ④, ③

ⓒ 미국의 뉴딜(New Deal) 정책

- 1929년 발생한 경제 불황을 타개하기 위해 미국의 루즈벨트 대통령이 실시한 경제회복정책이다.
- 적자재정을 실시하여 새로운 도로와 댐을 건설하고 구매력을 살려 다시 이 구매력을 수요로 연결했다.
- 케인즈(J. M. Keynes)의 수정자본주의에 이론적 기초를 두었다.

(3) 경제의 성장

① 경제성장과 성장률

- ㉠ 경제성장 : 국민경제 생산능력의 확대를 통한 성장을 의미한다.
- ㉡ 경제성장률 : 국내총생산의 증가율로, 이때의 성장률은 물가의 변동을 제외한 실질 성장률이어야 한다.

$$실질 경제성장률 = \frac{금년도\ 국내총생산 - 전년도\ 국내총생산}{전년도\ 국내총생산} \times 100$$

② 경제성장의 요인

- ㉠ 생산요인 : 토지, 자원, 인력, 자본, 기술 등이 있다.
  - 경제성장 초기단계 : 인력과 자본의 기여도가 기술보다 높다.
  - 산업구조의 고도화 단계 : 기술 진보의 중요성이 점차 커지고 있다.
- ㉡ 경제 외적인 요인 : 기업가정신, 정부의 정책과 법제·사회적 관행, 원만한 노사관계, 경제주체의 강한 의지 등이 있다.

③ 경제성장과 경제발전

- ㉠ 경제성장 : 국민경제의 생산이 양적으로 증가하는 것을 의미한다.
- ㉡ 경제발전 : 경제성장이 사회발전과 함께 이루어지는 경제의 질적 성장과정을 의미한다.
- ㉢ 성장과 발전의 관계
  - 발전은 성장의 궁극적 목표
  - 성장은 발전의 필요조건이자 토대
  - 발전 없는 성장은 지속되기 어려움

④ 명목 GDP와 실질 GDP

	명목 GDP	실질GDP
의미	해당년도의 시장 가격으로 계산	기준년도의 가격으로 계산
특징	물가에 의해 과도 또는 과소 표현됨	실제 생산력의 변화를 반영

❷ 실업과 인플레이션

(1) 총수요와 총공급

① **총수요** … 국민경제의 모든 경제주체들이 소비와 투자를 목적으로 사려고 하는 재화와 용역의 총량이다.

> 총수요 = 민간 소비 + 민간 투자 + 정부 지출 + 수출

② **총공급** … 한 나라의 모든 경제주체들이 공급하는 재화와 용역의 총량이다.

> 총공급 = 국내총생산 + 수입

③ **총수요와 총공급의 변동**
- ㉠ 총수요 > 총공급 : 인플레이션이 발생된다.
- ㉡ 총수요 < 총공급 : 실업이 증가하고 물가가 하락한다.

(2) 실업과 물가

① **고용과 실업**
- ㉠ 실업 : 노동자가 일자리를 가지고 있지 않은 상태를 뜻한다.
- ㉡ 실업의 종류
  - 자발적 실업 : 개인의 여가를 누리기 위해 스스로 일하지 않으려고 하는 상태
  - 비자발적 실업 : 개인이 일하려는 의지는 있으나 일자리를 찾지 못하는 상태
- ㉢ 실업의 폐해 : 장기간의 실업은 개인적으로는 경제적 곤란과 사회적으로는 인력의 낭비를 야기한다.
- ㉣ 고용 · 실업 관련 지표

구분	계산 공식
경제활동참가율(%)	$\dfrac{경제활동인구}{15세\ 이상의\ 인구} \times 100$
실업률(%)	$\dfrac{실업자\ 수}{경제활동인구} \times 100$
취업률(%)	$\dfrac{취업자\ 수}{경제활동인구} \times 100$
고용율(%)	$\dfrac{취업자\ 수}{15세\ 이상의\ 인구} \times 100$

〈보기〉의 ㉠~㉢에 들어갈 내용을 옳게 짝지은 것은?

┌ 보기 ┐

15세 이상 인구가 일정한 상태에서 인구 구성의 변화가 발생하였을 때 고용 지표의 변화를 정리하면 다음과 같다.

구분	실업률	고용률	경제활동참가율
취업자→ ㉠	상승	하락	불변
㉡ →비경제활동 인구	하락	불변	하락
비경제 활동 인구→실업자	상승	㉢	상승

① ㉠ 실업자
　㉡ 취업자
　㉢ 상승
② ㉠ 실업자
　㉡ 실업자
　㉢ 불변
③ ㉠ 비경제 활동 인구
　㉡ 실업자
　㉢ 불변
④ ㉠ 비경제 활동 인구
　㉡ 취업자
　㉢ 하락

◀ 정답 ②

② 물가와 물가지수

　ⓐ 물가 : 개별적인 상품의 가격을 종합하여 평균한 것이다.

　ⓑ 물가지수 : 물가수준을 나타내는 지표이다.

$$물가지수 = \frac{비교시의\ 물가지수}{기준시의\ 물가지수} \times 100$$

(3) 인플레이션의 원인과 영향

① 인플레이션의 의미와 종류

　ⓐ 인플레이션 : 물가수준이 상당히 높은 비율로 지속적으로 오르는 현상을 말한다.

　ⓑ 인플레이션의 원인

　　• 초과수요 : 총수요가 총공급을 웃도는 초과수요에서 비롯된다.

　　• 생산비의 상승 : 원자재 값, 임금 등의 상승으로 생산비가 높아짐에 따라 물가가 오르게 된다.

　　• 독과점기업의 시장 지배 : 독과점기업들이 시장을 지배하여 시장의 수요와 공급과는 관계없이 평균비용에 일정한 이윤율을 더하여 높은 가격을 결정함으로써 물가가 오르기도 한다.

　　• 해외 인플레이션의 국내 파급 : 해외 원자재 가격의 급격한 인상으로 인플레이션이 국내에 파급되는 경우도 있다.

② 인플레이션의 부정적 영향

　ⓐ 부와 소득의 불공평한 재분배 : 실물자산(부동산, 상품 재고 등) 소유자, 채무자가 유리하다.

　ⓑ 장래 가격에 대한 예측 곤란 : 저축 감소, 소비 증가, 금리 상승, 생산비 상승으로 예측이 곤란하다.

　ⓒ 국제수지의 악화 : 수출이 위축되고 수입이 증가한다.

　ⓓ 국민경제성장 저해 : 근로의욕이 상실되고 투자활동이 위축되는 등 국민경제성장에 악영향을 미친다.

③ 인플레이션 해결책

　ⓐ 소비 억제, 저축 장려, 대출 억제

　ⓑ 긴축재정 : 세입을 늘리고(세율 ↑), 세출(공공투자 등)을 줄인다.

　ⓒ 생산성 향상 : 공급 견인 인플레이션 발생 시 총공급을 증대한다.

　ⓓ 통화량 감축(금융긴축) : 국공채 매각, 지급준비율 인상, 재할인율을 인상한다.

　ⓔ 폭리 단속 : 독과점기업이 높은 가격을 설정하지 못하도록 규제한다.

기출 2020. 6. 13. 제2회 서울시 시행

그림 (가)와 (나)의 인플레이션 유형에 대한 설명으로 옳지 않은 것은? (단, 우하향하는 총수요곡선, 우상향하는 총공급곡선을 가정한다)

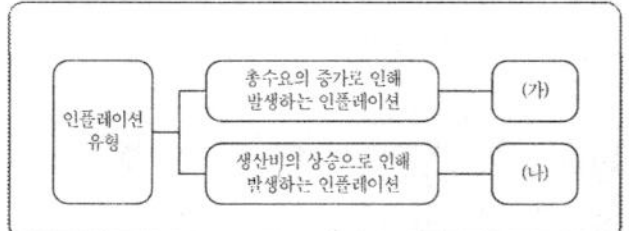

① (가)는 물가 상승과 경기 침체가 함께 발생하는 스태그플레이션(stagflation)을 발생시킬 수 있다.

② (나)의 원인은 임금 상승, 임대료 상승, 원자재 가격 상승 등이다.

③ (가)는 실질 GDP의 증가, (나)는 실질 GDP의 감소를 가져온다.

④ (가)는 총수요곡선의 우측 이동, (나)는 총공급곡선의 좌측 이동으로 나타난다.

◀정답 ①

(4) 디플레이션

① **의미** … 경기가 침체되고 물가가 지속적으로 하락하는 현상

② **원인** … 총수요 감소, 과도한 통화 긴축, 생산성 향상, 과잉 공급, 자산 가격 거품 붕괴

③ **사례** … 대공황 시기, IMF직후인 1999~2001년 → 소비와 생산 위축

④ **문제점**

　㉠ 실물 자산의 가치가 떨어지고, 화폐의 가치가 커짐

　㉡ 유리 : 화폐보유자, 임금생활자(실질 임금 상승), 채권자

　㉢ 불리 : 실물자산가(자산 거품 붕괴), 기업(실질 금리 상승), 채무자(실질적 채무 부담 증가), 대출이 많은 금융기관(채무불이행)

> **Plus tip**
>
> **스태그플레이션(stagflation)**
> ㉠ 물가상승과 경기침체가 동시에 일어나는 불황 속의 인플레이션을 말한다.
> ㉡ 생산요소 가격상승에 따른 비용인상 인플레이션은 스태그플레이션을 초래한다.
> ㉢ 1970년대 오일쇼크는 대표적인 스태그플레이션의 사례이다.

(5) 물가안정대책

① **물가안정의 필요성**

　㉠ 물가불안 : 경제주체들이 자신의 이해득실을 고려하여 제각기 행동하기 때문에 국민경제의 악순환을 초래한다.

　㉡ 물가안정정책 : 정부의 경제정책과 함께 각 경제주체들의 협조가 필요하다.

② **경제주체의 역할**

　㉠ 정부의 역할 : 정부가 직접 가격결정에 개입, 금융·재정정책을 통한 총수요 관리 및 안정적인 공급 기반 확충 등 경제안정화 정책을 실시한다.

　㉡ 기업의 역할 : 공정한 경쟁, 경영혁신 등을 통해 물가를 안정시킨다.

　㉢ 가계의 역할 : 건전한 소비풍조조성 등이 필요하다.

　㉣ 근로자의 역할 : 생산성의 범위를 벗어난 임금인상요구를 자제한다.

〈보기〉는 갑(甲)국의 경제 상황에 대한 기자와 전문가의 화상 인터뷰의 일부이다. 이를 바탕으로 전문가가 주장할 것으로 예상되는 통화 정책으로 가장 옳은 것은?

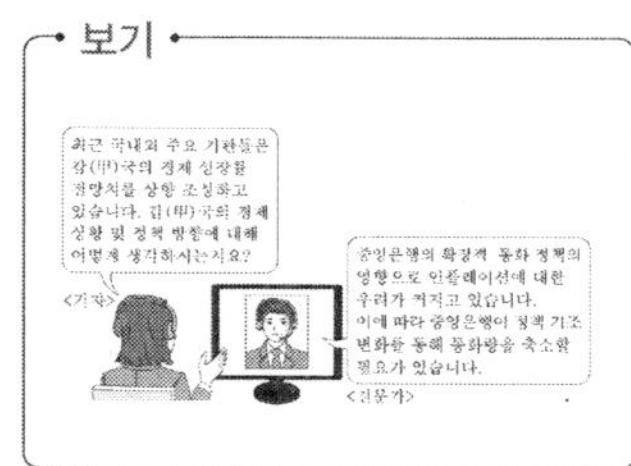

① 공개 시장 운영을 통한 국공채 매입
② 총수요 증대를 위한 지급 준비율 인하
③ 총수요 감소를 위한 기준 금리 인상
④ 총수요 감소를 위한 정부의 소득세율 인상

〈정답 ③

1 다음은 각 연도의 물가 상승률과 명목 GDP 증가율을 나타낸다. 표에 대한 분석으로 옳은 것은? (단, 물가는 GDP 디플레이터로 측정되며, 실질 GDP 측정의 기준년도는 T−1년이다)

구분	T년	T+1년	T+2년
물가 상승률(전년도 대비, %)	0	3	1
명목 GDP 증가율(전년도 대비, %)	0	3	−1

① T년의 GDP 디플레이터는 100보다 크다.

② T년에 비해 T+1년의 실질 GDP는 증가하였다.

③ 실질 GDP는 T+2년이 가장 크다.

④ GDP 디플레이터는 T+2년이 가장 크다.

1.

GDP 디플레이터는 물가 수준의 지표로서 명목 GDP를 실질 GDP로 나눈 수치에 100을 곱한 값이다.

$$GDP\ 디플레이터 = \frac{명목\ GDP}{실질\ GDP} \times 100$$

자료에서 T년 물가는 0, T+1년 물가는 3%, T+2년 물가는 1% 증가한 것으로 나타난다. 물가 상승은 누적의 개념으로 계속해서 증가하였으므로 T+2년의 GDP 디플레이터가 가장 큰 것이다.

① 단서에서 기준연도는 T−1로 주어졌으며 물가지수는 100이 기준이 된다. T년의 물가상승률은 0%이므로 GDP디플레이터 지수는 동일하게 100이다.

② 실질 GDP의 증가율은 주어진 표에 따라 명목 GDP 증가율에서 물가 상승률은 뺀 값이다. 이에 따라 T년과 T+1년 모두 0%이므로 실질 GDP 증가율은 변화가 없다.

③ 실질 GDP의 증가율은 T년과 T+1년은 0%이고, T+2년에는 −2%(−1−1)이므로 T+2년이 가장 작다.

2 〈보기〉의 밑줄 친 내용으로 가장 적절하지 않은 것은?

> ── 보기 ──
> 국내 총생산(GDP)은 한 나라의 경제 활동 수준을 측정하는 데 매우 유용하지만, 국민의 삶의 질이나 생활수준을 측정하는 데는 한계가 있다

① 지하 경제에서 거래되는 부분은 국내 총생산에 포함되지 않는다.

② 국내 총생산은 생산 활동으로 창출된 재화의 가치만 포함하며 서비스의 가치는 포함하지 못한다.

③ 국내 총생산은 총량의 개념이므로 소득 분배 상태를 정확하게 측정하지 못한다.

④ 국내 총생산의 증가가 반드시 국민의 복지 후생 수준의 향상을 의미하지는 않는다.

2.

① 국내 총생산은 시장 거래를 통한 경제 활동만을 반영하므로 지하 경제처럼 시장에서 거래되지 않는 활동은 포함되지 않는다.

② 국내 총생산은 생산 활동으로 창출된 재화와 서비스의 가치를 모두 포함한다.

③ 국내 총생산은 국내에서 생산된 모든 최종 생산물 가치의 합인 총량의 개념으로 개인별 소득 분배 상태를 정확하게 측정하지 못한다.

④ 국내 총생산은 물질적 생산만을 포함하고 있으므로 공해나 교통 체증 등의 부작용으로 인한 비용은 포함되지 않는다. 즉, 국내 총생산이 높다고 해서 복지 수준이 높은 것은 아니다.

Answer   1.④   2.②

3 〈보기〉의 (가), (나)의 상황 및 그로 인해 나타날 수 있는 변화에 대한 설명으로 가장 옳지 않은 것은? (단, 노동 가능 인구수의 변화는 없다)

—— 보기 ——

(가) 직장의 사정으로 인해 일자리가 없어진 갑(甲)은 일자리를 구하고 있는 중이다.

(나) 직장을 다니던 을(乙)이 학업을 위해 대학원에 진학하게 되면서 직장을 그만두게 되었다.

① 전체 인구		
③ 만 15세 미만 인구	② 노동 가능 인구(만 15세 이상 인구)	
	④ 비경제활동 인구	⑤ 경제활동 인구
		⑥ 취업자 ｜ ⑦ 실업자

*실업률 ⑦÷⑤×100

*취업률 ⑥÷⑤×100

*고용률 ⑥÷②×100

*경제활동참가율 ⑤÷②×100

① (가)의 경우 이전보다 실업률은 상승하고 고용률은 하락한다.

② (나)의 경우 실업률은 이전과 동일하고, 고용률은 이전보다 하락한다.

③ 갑은 취업자에서 실업자, 을은 취업자에서 비경제활동 인구가 되었다.

④ 경제활동참가율은 (가)의 경우 이전과 동일하지만, (나)의 경우 이전보다 하락한다.

3.

사례에서 갑(甲)은 취업자였지만 일자리가 없어져 일자리를 탐색하고 있는 실업자가 되었다. 을(乙)은 취업자였으나 대학원에 진학하면서 비경제활동 인구가 되었다.

① 실업률은 경제활동 인구에서 차지하는 실업자의 비율로 갑(甲)은 실업자가 되었으므로 실업률은 상승한다. 고용률은 경제활동 인구에서 차지하는 취업자의 비율로 고용률은 하락한다.

② 을(乙)은 취업자인 상태에서 비경제활동 인구가 되었으므로, 실업률은 증가하고, 고용률은 하락한다.

③ 갑(甲)은 취업자에서 실업자가 되었고, 을(乙)은 취업자에서 비경제활동 인구가 되었다.

④ (가)의 경우 갑(甲)은 취업자에서 실업자가 된 것으로 취업자와 실업자 모두 경제활동 인구에 속한다. 따라서 경제활동참가율은 변화가 없다. (나)의 경우 을(乙)은 경제활동 인구인 취업자에서 비경제활동 인구가 된 것으로 경제활동참가율은 하락한다.

4 스태그플레이션(stagflation)에 대한 설명으로 옳은 것만을 모두 고른 것은?

> ㉠ 1930년대 미국의 대공황은 대표적인 스태그플레이션의 사례이다.
> ㉡ 생산요소 가격상승에 따른 비용인상 인플레이션은 스태그플레이션을 초래한다.
> ㉢ 물가상승과 경기침체가 동시에 일어나는 불황 속의 인플레이션을 말한다.

① ㉠㉡
② ㉠㉢
③ ㉡㉢
④ ㉠㉡㉢

5 다음 ㉠~㉣에 들어갈 숫자 중 옳은 것으로만 묶은 것은?

> A국 : 생산가능인구(노동인구) 10,000명 중 비경제활동인구가 40%일 때, 실업자가 (㉠)명이면 고용률은 (㉡)%이다.
> B국 : 실업률이 2%이고 실업자가 300명일 때, 생산가능인구가 (㉢)명이면 경제활동참가율은 (㉣)%가 된다.

	㉠	㉡	㉢	㉣
①	200	58	30,000	55
②	300	57	25,000	60
③	300	63	25,000	60
④	200	62	30,000	55

4.

스태그플레이션은 스태그네이션(stagnation)과 인플레이션(inflation)을 합성한 신조어로, 경기 침체와 물가 상승이 동시에 일어나는 불황 속의 인플레이션을 말한다.
㉠ 1930년대 미국의 대공황은 인플레이션의 사례이다. 스태그플레이션의 대표적인 사례로는 1970년대 오일쇼크가 있다.

5.

• A국 : 생산가능인구 10,000명 중 비경제활동인구가 40%이면 4,000명이므로 경제활동인구는 6,000명이다.

㉠이 200일 때, ㉡은 $\frac{5,800}{10,000} \times 100 = 58\%$이고,

㉠이 300일 때, ㉡은 $\frac{5,700}{10,000} \times 100 = 57\%$이다.

• B국 : 실업자 수가 300명인데 실업률이 2%이므로 B국의 경제활동인구는 15,000명이다.

$$\left(\because \frac{300}{x} \times 100 = 2 \right)$$

㉢이 25,000일 때, ㉣은 $\frac{15,000}{25,000} \times 100 = 60\%$이고, ㉢이 30,000일 때, ㉣은 $\frac{15,000}{30,000} \times 100 = 50\%$이다.

Answer 4.③ 5.②

6 다음은 중앙은행이 이자율을 인하하는 경우, 총수요에 영향을 미치는 여러 경로를 나타낸 것이다. ㉠~㉢의 변화로 옳은 것은? (단, 유동성함정이 존재하지 않고, 각 경제주체는 경제를 낙관적으로 예상한다)

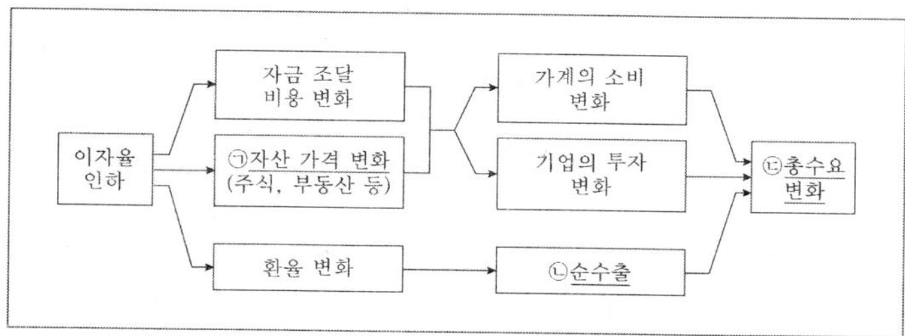

	㉠	㉡	㉢
①	상승	증가	증가
②	상승	감소	증가
③	하락	감소	감소
④	하락	증가	감소

7 다음 내용에 해당하는 경기 순환의 종류는?

> 18세기 말에서 1920년까지의 영국·프랑스·미국 등의 경제현상을 연구한 결과 약 50년 주기의 장기순환이 존재함이 발견되었다. 자본주의 경기순환에는 3차례 경기순환이 있었는데, 제1차 파동은 산업혁명과 그 침투과정, 제2차 파동은 철도의 건설을 기간으로 하는 증기·강철의 보급, 제3차 파동은 자동차·전기·화학의 각 산업발달과 같이 경제활동을 급속하게 신장시키는 기술진보나 신제품의 출현이 있었다고 주장한다.

① 콘드라티예프 파동

② 쿠즈네츠 파동

③ 주글라 파동

④ 키친 파동

6.

㉠ 중앙은행이 이자율을 인하하면 저축으로 얻을 수 있는 이자 수익이 줄어들게 되므로, 주식이나 부동산에 투자하려는 사람들이 늘어나 주식, 부동산 등의 자산 가격이 상승한다.

㉡ 중앙은행이 이자율을 인하하면 환율이 상승하여 수출이 증가하고 수입이 감소하므로, 순수출은 증가한다.

㉢ 중앙은행이 이자율을 인하하면 가계 소비와 기업 투자, 순수출이 증가하여 총수요가 증가한다.

7.

기술 혁신 등이 원인이 돼서 일어나는 약 50년 주기의 장기순환은 콘드라티예프 파동이다.

※ 파동의 종류

㉠ 콘드라티예프 파동
- 주기 : 약 50년(장기 파동)
- 원인 : 기술 혁신

㉡ 쿠즈네츠 파동
- 주기 : 약 20년
- 원인 : 인구 증가율의 변동과 이에 따른 경제 성장률의 변동

㉢ 주글라 파동
- 주기 : 10~12년(중기 파동)
- 원인 : 기업의 설비 투자 변동

㉣ 키친 파동
- 주기 : 3~4년(단기 파동)
- 원인 : 재고의 변화, 이자율의 변동

Answer   6.①   7.①

8 다음 주어진 표를 분석한 것으로 옳은 것만을 〈보기〉에서 고르면?

구분	15 ~ 19세	20 ~ 24세	25 ~ 29세	30 ~ 50세
생산가능인구	3,285	2,651	3,846	22,983
경제활동인구	203	1,305	2,797	17,356
취업자	178	1,181	2,598	16,859
실업자	25	124	199	497
비경제활동인구	3,082	1,346	1,049	5,627

─── 보기 ───

㉠ 경제활동참가율은 20대보다는 10대가 높다.

㉡ 30 ~ 50대 고용률이 가장 높다.

㉢ 20 ~ 24세보다는 25 ~ 29세에 고용되는 비율이 높다.

㉣ 15 ~ 19세의 실업률이 20 ~ 24세의 실업률보다 3% 가량 낮다.

① ㉠㉡ ② ㉡㉢

③ ㉢㉣ ④ ㉠㉣

9 GDP에 대한 설명으로 잘못된 것은?

① 한 나라의 국민이 국내와 국외에서 생산한 것의 총합을 의미한다.

② 국민경제 전체적인 생산수준을 나타낸다.

③ 국내에서 생산된 재화와 용역의 생산물 가치가 포함된다.

④ 각 생산단계의 부가가치의 합계 혹은 최종 생산물 가치의 합계로, 총 생산물액 – 중간 생산물액을 말한다.

8.

㉠ 경제활동참가율은 생산가능인구에서 차지하는 경제활동인구의 비율로 15 ~ 19세가 가장 낮으므로 틀린 설명이다.

㉡ 고용률은 생산가능인구에서 차지하는 취업자의 비율로 30 ~ 50세가 가장 높으므로 옳은 설명이다.

㉢ 20 ~ 24세 고용률은 44.5%, 25 ~ 29세의 고용률은 67.5%이므로 옳은 설명이다.

㉣ 실업률은 경제활동인구에서 차지하는 실업자의 비율로 15 ~ 19세는 12.3%, 20 ~ 24세의 실업률은 9.50이므로 틀린 설명이다.

9.

① 국민총생산인 GNP에 대한 설명이다. 국내총생산인 GDP는 한 나라의 국경 안에서 일정기간에 걸쳐 새로이 생산한 재화와 용역의 부가가치 또는 모든 최종재의 값을 화폐단위로 합산한 것을 의미한다.

Answer 8.② 9.①

10 다음은 물가 상승률과 실업률의 관계를 나타낸 것이다. 현재 e점에 위치하고 있는 국민경제 상태를 b점으로 유도하고자 할 때 취할 수 있는 정책으로 타당한 것은?

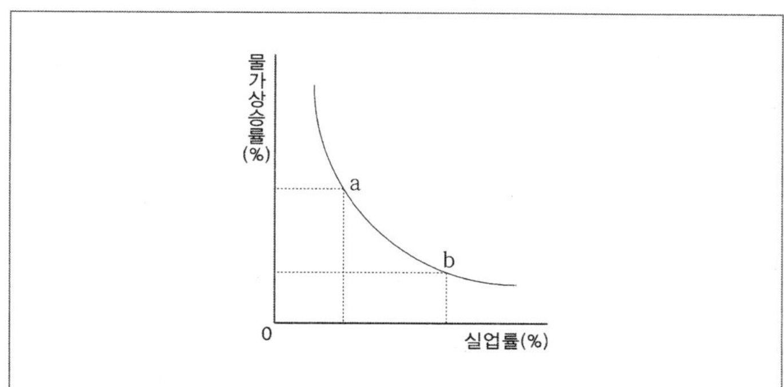

① 중앙은행이 재할인율을 인하한다.
② 일반은행의 지급 준비율을 인상한다.
③ 조세 수입을 줄이고 정부 지출을 늘린다.
④ 정부가 공공 투자 사업을 대규모로 실시한다.

11 소득수준과 그에 따른 소비생활에 대한 설명으로 옳지 않은 것은?

① 소득이 높아질수록 소비지출의 증가보다 저축의 증대가 상대적으로 커진다.
② 같은 소득수준일 경우에 가족원의 수가 많을수록 저축액이 상대적으로 많을 가능성이 크다.
③ 가족수가 적을수록 소비지출이 소득에서 차지하는 비중이 상대적으로 작아질 것이다.
④ 소득수준이 높아질수록 음식비의 비중이 상대적으로 작아질 것이다.

10.

- a점에서 b점으로 유도하면 실업률은 높아지지만 물가상승률을 낮출 수 있다.
- a점에서 b점으로 유도하고자 할 때 물가상승률을 낮추기 위해서는 통화량을 줄여야 한다. ②는 통화량을 줄이기 위한 정책이다.
①③④는 통화량을 늘리기 위한 정책이다.

11.

가족원의 수가 많을수록 지출액이 상대적으로 많아져서 저축액은 줄어들 것이다.

Answer　　10.② 11.④

12 다음 표에 대한 분석으로 옳은 것은?

구분	자국민 국내생산(소득)	해외수취요소소득	해외지급요소소득
2020년도	100	80	70
2021년도	90	60	50

① 2021년도에는 GDP가 GNP보다 더 크다.
② 2021년도에는 GDP가 전년도보다 감소하였다.
③ 2021년도에는 GDP의 증가율은 양(+)의 값을 갖는다.
④ 2021년도의 실질경제성장률은 양(+)의 값을 갖는다.

13 인플레이션이 국민경제에 미치는 영향으로 옳지 않은 것은?

① 사업가가 고정봉급자보다 유리하다.
② 임금과 부동산가격이 급격히 상승한다.
③ 수입은 감소하고 수출은 증가한다.
④ 물가가 상승하여 경제적 불안요소로 작용한다.

14 다음 중 십분위분배율에 대한 내용으로 적당한 것은?

① 십분위분배율이 클수록 소득분배의 불평등이 개선된다.
② 우리나라에서는 십분위분배율이 계속 높아지고 있다.
③ 십분위분배율이 높을수록 상위소득계층이 하위계층에 비해 상대적으로 많아진다.
④ 십분위분배율은 소득과는 무관하다.

12.

㉠ 2013년도
- GDP (국내 총생산) = 자국민의 국내생산 + 외국인의 국내생산(해외 지급 요소 소득) = 100 + 70 = 170
- GNP (국민 총생산) = 자국민의 국내생산 + 자국민의 해외생산(해외 수취 요소 소득) = 100 + 80 = 180

㉡ 2014년도
- GDP = 자국민의 국내생산 + 외국인의 국내생산(해외 지급 요소 소득) = 90 + 50 = 140
- GNP = 자국민의 국내생산 + 자국민의 해외생산(해외 수취 요소 소득) = 90 + 60 = 150

② 2014년도에는 GDP가 전년도보다 감소하였다.
① 2014년도에는 GDP가 GNP보다 더 작다.
③ 2014년도에는 GDP의 증가율은 음(−)의 값을 갖는다.
④ 2014년도의 실질경제성장률은 물가지수를 알 수 없어서 계산할 수 없다.

13.

인플레이션 … 물가가 상승하고 화폐가치는 하락하는 현상으로 수입은 증가하고 수출은 감소한다.

14.

십분위분배율 … 소득분배의 불평등 정도를 알아볼 수 있는 지표로서 이 계수가 높을수록 불평등의 정도가 개선된 것을 의미한다.
십분위분배율

$$= \frac{\text{하위 } 40\%\text{의 가구가 받은 소득의 합계}}{\text{상위 } 20\%\text{의 가구가 받은 소득의 합계}}$$

Answer　12.② 13.③ 14.①

15 경제상황이 ㈎에서 ㈏로 변화하였을 경우, 이에 대한 정책으로 옳은 것을 〈보기〉에서 고른 것은?

	물가상승율	실업율	고용
(가)	높음	낮음	높음
(나)	낮음	아주 높음	아주 낮음

㉠ 정부는 세율을 인하한다.
㉡ 정부는 국·공채를 매입한다.
㉢ 정부는 적자 재정정책을 실시한다.
㉣ 중앙은행은 지급준비율을 인상시킨다.
㉤ 정부는 소비를 억제하고 저축을 권장한다.

① ㉠㉡㉢　　　　② ㉠㉢㉣
③ ㉡㉢㉤　　　　④ ㉢㉣㉤

16 그림은 생산 가능 인구를 분류한 것이다. (A)~(D)에 대한 설명으로 옳은 것은?

실업률 통계를 위한 인구 분류도

생산가능인구	경제활동인구 (A)	취업자 (C)
		실업자 (D)
	비경제활동인구 (B)	

① 학생, 전업 주부는 (B)에 속한다.
② 일할 능력을 가지고 일자리를 구하려 노력한 사람은 (C)에 포함된다.
③ 여성의 경제 활동 참여가 증가할수록 (D)가 증가한다.
④ 실업률은 (A)에서 (C)가 차지하는 비율이다.

15.

㈎에서 ㈏로 변화 : 물가상승률 낮아짐. 실업율 높아짐(경기침체)
• 경기침체에 대한 정책
　㉠ 확대재정정책(적자재정정책 ; 조세감소, 정부지출증가)
　㉡ 확대금융정책(금융완화정책 ; 통화량확대)으로 총수요확대
• 총수요확대 : ㉠ 확대재정정책(조세감소), ㉡ 확대금융정책(통화량확대), ㉢ 적자 재정정책
• 총수요 축소 : ㉣ 긴축금융정책(통화량축소), ㉤ 총수요 축소

16.

① 학생, 전업 주부는 일할 의사가 없으므로 비경제활동인구(B)에 속한다.
② 일할 능력을 가지고 일자리를 구하려 노력한 사람은 실업자(D)에 포함된다.
③ 여성의 경제 활동 참여가 증가할수록 경제활동인구(A)가 증가한다.
④ 실업률은 경제활동인구(A)에서 실업자(D)가 차지하는 비율이다.

Answer　15.①　16.①

17 다음에 나타난 경제 행위가 A국의 2021년 국내 총생산에 직접적으로 미치는 영향으로 옳은 것은?

> A국에 거주하는 국민 갑은 2021년 12월 말에 직거래를 통해 자녀가 입을 의류를 B국으로부터 수입하였다.

① 소비가 감소했다.
② 투자가 감소했다.
③ 순수출이 증가했다.
④ 국내 총생산은 변하지 않았다.

18 국민총생산을 증가시킬 수 있는 방법 중 단기간에 할 수 있는 것은?

① 자본의 기간투자를 증대시킨다.
② 자연자원의 양적 공급을 증가시킨다.
③ 고용을 증가시켜 자본량을 늘린다.
④ 단기간의 생산기능을 향상시킨다.

19 밑줄 친 부분에 해당하는 사람들이 통계상 실업자로 분류된다면 고용 관련 지표에 나타날 변화로 옳은 것은?

> 어떤 사람들은 구직 활동에 적극적이지 않다는 이유로 경제 활동 인구에서 제외된다고 한다. 이들 중에는 <u>구직 활동을 포기하기는 하였으나 실제로는 일을 하고 싶어 하는 사람들</u>이 포함되어 있다.

① 실업률이 상승할 것이다.
② 고용률이 하락할 것이다.
③ 비경제 활동 인구가 증가할 것이다.
④ 경제 활동 인구는 변하지 않을 것이다.

17.

총수요=소비+투자+정부지출+순수출(수출−수입)
④ 수입품은 국내 총생산(GDP)에 포함되지 않는다.
① 수입 증가는 소비 증가로 나타난다.
② 투자에 영향을 주지 않는다.
③ 수입이 증가하면 순수출(수출−수입)은 감소한다.

18.

국민총생산을 증대시키기 위해서는 생산요소를 양적으로 늘리거나, 그것을 활용하는 기술을 향상시켜야 한다.

19.

현재 비경제 활동인구로 분류되어 있는 구직 단념자(실망 실업자)를 실업자로 분류된다면
① 실업률이 상승할 것이다.
▶ 생산활동 가능인구(만 15세 이상의 인구)
  = 경제활동인구 + 비경제활동인구
▶ 경제활동인구= 취업자 + 실업자

경제 활동 참가율(%)	경제활동 인구/노동 가능 인구 × 100 = 경제활동 인구/(경제활동 인구 + 비경제활동 인구) × 100
실업률(%)	실업자 수 / 경제활동 인구 × 100
고용률(%)	취업자 수 / 노동 가능 인구 × 100

② 취업자 수는 불변이므로 고용률은 변함없다.
③ 비경제 활동인구는 감소한다.
④ 경제 활동 인구(취업자 +실업자)는 증가할 것이다.

Answer　　17.④　18. ③　19.①

---

20 수정자본주의의 내용 중 유효수요의 증가를 통한 가장 중요한 정부정책은?

① 재정지출과 공공사업 추진
② 복지정책 실시
③ 주요 산업의 국유화
④ 경제계획의 수립

20.

재정정책과 공공투자정책 ··· 자본주의국가들이 공황 극복을 위하여 대규모의 재정지출로 공공사업을 일으켜 유효수요를 증대시킴으로써 실업자를 구제하려는 정책을 추진하는 것으로, 미국에서 실시한 뉴딜(New Deal)정책이 그 대표적인 예이다.

21 민간의 경제활동이 과열되어 물가상승 등의 문제가 발생할 경우 이를 억제하기 위한 정책으로 옳은 것은?

① 긴축재정과 흑자예산
② 팽창재정과 균형예산
③ 적극재정과 적자예산
④ 팽창재정과 흑자예산

21.

경기과열 시에는 총수요억제 및 소비억제를 위하여 정부지출보다 수입을 늘리는 흑자예산을 편성하고 긴축재정을 실시한다.

22 경기침체 시 경기회복을 위한 정책으로 가장 바람직한 방법은?

① 개인의 소득에 대한 추가적인 세금 부과
② 직접세율의 인상
③ 부가가치세 세율의 인상
④ 중앙은행으로부터의 정부차입금 증가

22.

경기회복을 위한 정책은 통화량 증대가 필요한 것이며, ①②③은 경기과열 시 필요한 정책이다.

23 경기침체 시 경제안정을 위한 정부의 경기조절대책으로 옳은 것은?

① 재할인율 인상
② 긴축재정
③ 확장재정
④ 유가증권 매각

23.

정부의 경기조절대책
㉠ 경기침체시 : 확장재정, 재할인율 인하, 지급준비율 인하, 유가증권 매입 등
㉡ 경기과열시 : 긴축재정, 재할인율 인상, 지급준비율 인상, 유가증권 매각 등

Answer 20.① 21.① 22.④ 23.③

24 국민경제에서 총수요가 총공급보다 지나치게 클 때 취해야 할 조치 중 옳지 않은 것은?

① 생산증대 ② 수입증대

③ 수출감소 ④ 정부지출증대

25 다음 그림은 경기순환의 네 국면을 나타낸 것이다. A국면에서 나타나는 현상은?

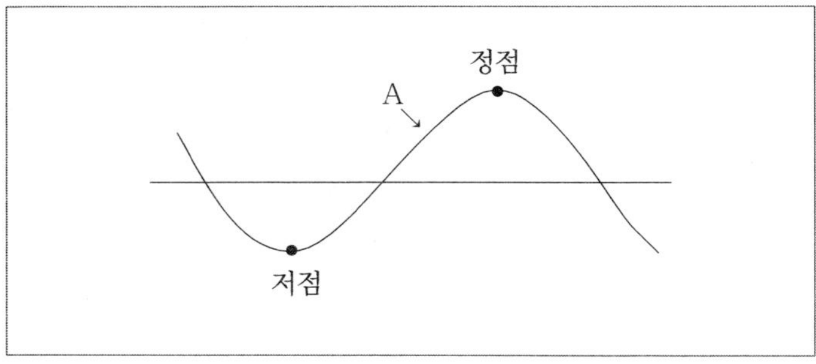

① 국민소득이 증가하고 기업의 이윤도 늘어나므로 설비투자도 활기를 띠게 된다.

② 경제활동이 둔화되고 생산과잉상태가 부분적으로 발생한다.

③ 기업이윤의 감소로 손해가 발생하게 되어 도산하는 기업이 생기고 실업자도 증가한다.

④ 경제활동이 활기를 띠기 시작하며 서서히 수요가 증가하고 생산량이 많아지므로, 실업자도 줄어들게 된다.

24.

총수요와 총공급의 관계

㉠ 총수요 = 총공급 : 공급된 재화와 용역은 결국 여러 목적으로 쓰인 것이므로 일정기간이 지나고 나면 총공급과 총수요가 일치하게 된다.
총공급(국민총생산 + 수입) = 총수요(민간소비 + 민간투자 + 정부지출 + 수출)

㉡ 공급부족 : 국내수요가 늘어나면 공급부족이 발생하는데, 이를 해결하기 위해서는 생산을 늘리거나 수입을 늘리고 수출을 줄인다.

㉢ 공급과잉 : 국내수요에 비하여 공급이 지나칠 때 발생하며, 생산을 줄이거나 수입을 줄이고 수출을 늘린다.

25.

A국면은 호경기이다.

② 후퇴기 ③ 불경기 ④ 회복기

※ 경기순환

㉠ 개념 : 한 나라의 경제는 장기적으로는 성장하는 추세를 보이지만, 단기적으로는 호경기와 불경기가 주기적으로 순환하는데, 국민경제의 이와 같은 단기적인 움직임을 경기순환이라 한다.

㉡ 경기순환의 네 국면

• 호경기 : 경제활동이 가장 활발, 수요·생산·고용 증가, 기업의 이윤 증가

• 후퇴기 : 경제활동 둔화, 부분적 생산과잉

• 불경기 : 경제활동 쇠퇴, 기업의 이윤감소, 생산 감소, 실업 증대

• 회복기 : 경제활동 회복, 점증적인 수요·생산 증가, 실업 감소

Answer　24.④　25.①

26 다음 〈보기〉를 통하여 알 수 있는 GNP는?

보기

> 나무꾼이 산에서 나무를 1단위 생산하여 종이생산자에게 팔고, 종이생산자는 나무를 가지고 종이를 3단위 생산하여 노트생산자에게 팔았다. 노트생산자는 노트를 5단위 생산하여 판매하였다(단, 나무꾼은 생산요소 중 노동력만 투입하였고, 그 외의 요소는 무시하기로 한다. 나무 1단위 20원, 종이 1단위 30원, 노트 1단위 50원).

① 150원

② 330원

③ 250원

④ 370원

27 경기가 침체되어 있을 때 수요가 급증하는 상황에서 채택할 수 있는 정책적 수단은?

① 중앙정부의 세율을 높인다.

② 지급준비율을 내린다.

③ 재할인율을 높인다.

④ 은행대출의 최고금액을 올린다.

28 다음에서 국민소득(NI)을 계산하면?

> • 총생산물 : 50만 원
> • 감가상각비 : 5만 원
> • 간접세 : 3만 원
> • 보조금 : 2만 원
> • 중간생산물 : 15만 원

① 20만 원

② 25만 원

③ 29만 원

④ 35만 원

26.

국민총생산 = 최종생산물의 합계 = 부가가치의 합계 = 총생산물 − 중간생산물
최종생산물이 노트 5단위이므로 5단위 × 50원은 250원이 된다.

27.

② 지급준비율을 조절할 경우 은행이 대출할 수 있는 자금량과 은행수지에 끼치는 영향이 매우 크다. 지급준비율을 인하하면 일반은행의 대출이 증가되어 통화량이 증가한다.

※ 경기대책

구분	경기과열시 (인플레이션)	경기침체시 (디플레이션)
재정정책	긴축재정, 세율인상	적극재정, 세율인하
금융정책	• 지급준비율 · 재할인율 인상 • 유가증권 매각	• 지급준비율 · 재할인율 인하 • 유가증권 매입
공공투자 정책	대규모 공공사업 억제	대규모 공공사업 추진

28.

국민소득(NI) … 국민들이 생산 활동에 종사함으로써 얻게 되는 요소소득의 합계이다.

㉠ 국민소득(NI) = 국민순생산(NNP) − 간접세 + 정부보조금 = 29만 원

㉡ 국민순생산(NNP) = 국민총생산(GNP) − 감가상각비 = 30만 원

㉢ 국민총생산(GNP) = 총생산물 − 중간생산물 = 35만 원

Answer   26.③ 27.② 28.③

기출 PLUS

[기출] 2021. 6. 5. 제1회 지방직 시행

다음은 갑, 을이 노동만을 투입하여 하루 동안 생산할 수 있는 각 재화의 최대량을 정리한 것이다. 이에 대한 분석으로 옳은 것은?

구분	갑	을
물고기	10마리	5마리
나무열매	3개	4개

① 갑은 두 재화의 생산 모두에서 절대 우위가 있다.
② 나무열매 1개 생산에 따른 기회 비용은 을이 갑보다 크다.
③ 갑은 나무열매에, 을은 물고기에 특화하여 재화를 서로 교환하는 것이 합리적이다.
④ 특화 후 나무열매 1개당 물고기 3마리로 교환하면 두 사람 모두 이익을 얻을 수 있다.

❮정답 ④

① 국제교역의 의의

(1) 국제교역의 필요성

① **국민경제** … 다른 나라와 상호교류 하는 개방경제를 지향한다.

② **국제경제** … 국가 상호 간의 인적 · 물적 교류에 의한 활발한 국제경제가 이루어지고 있다.

③ **국제거래의 특징**
  ㉠ 국가 간의 생산요소의 이동은 다른 나라의 법규에 따라야 하므로, 국내에서 만큼 자유롭지 못하다.
  ㉡ 국가 간에는 부존자원, 생산기술 등의 차이가 있으므로, 각국 상품의 생산비와 가격에도 차이가 생긴다.

(2) 국제교역의 대상

상품뿐만 아니라 생산요소, 서비스, 지적 소유권에 이르기까지 매우 다양하다.

(3) 국제교역의 발생

① **국제교역의 발생원인** … 자국의 이익 추구, 생산비와 가격의 차이 등으로 인하여 국가 간의 무역이 발생한다.

② **국제분업** … 생산비가 싼 비교우위상품을 중심으로 국제 분업이 발생하므로 각국이 상대적으로 생산비가 적게 드는 상품을 생산, 교환하면 양국이 모두 이익을 얻게 된다.

(4) 무역의 발생 이론

① **절대우위론**
  ㉠ 스미스가 주창한 것으로 어떤 기업이나 국가가 재화나 서비스를 생산할 때 다른 나라보다 낮은 생산비로 생산할 경우 절대 우위가 있다고 말한다.
  ㉡ 절대우위는 동일한 양의 생산물을 만들어낼 때 생산 요소의 투입량이 적은 것을 의미한다.
  ㉢ 절대우위 산업에 특화하여 이를 상호 교환함으로써 양국 모두 이익이 증가한다고 본다.

② 비교우위론
  ㉠ 비교우위란 한 국가에서 생산하는 상품의 기회비용이 다른 나라보다 낮은 것을 말한다.
  ㉡ 비교우위론은 리카도(David Ricardo)가 주창한 것으로 무역 이익은 양국이 서로 다른 재화에 절대우위가 있을 때에만 발생하는 것이 아니라 어느 한 나라의 두 재화가 모두 절대우위에 있을 때에도 발생하게 된다는 이론이다.
  ㉢ 비교 우위의 결정 요인 : 각 국의 부존 자원, 노동 · 자본 · 기술 수준, 특화의 역사로 인한 학습 효과 등이 있다.
  ㉣ 비교 우위의 효과 : 각 국의 자원이 효율적으로 이용되고 세계적으로는 국제 분업의 효과가 극대화되는 결과를 가져온다.
  ㉤ 비교 우위에 의한 무역의 이익

구분	상품	갑국	을국
특화 전	의류(1단위)	10명	9명
	기계(1단위)	12명	8명
특화 후	의류	22/10 = 2.2단위	
	기계	17/8 = 2.125단위	

(5) 무역마찰

① **무역마찰의 발생원인** … 각국의 이해관계가 서로 대립되어 국가 간에 무역마찰이 발생한다.

② **선 · 후진국 간의 무역마찰**
  ㉠ **후진국** : 자국 제품의 수출 기간산업과 수입대체산업을 보호, 육성하기 위하여 수입품에 관세를 부과한다.
  ㉡ **선진국** : 증대를 위해 무역장벽을 낮추어 달라는 협상을 요구한다.

③ **자유무역주의와 보호무역주의**
  ㉠ **자유무역주의** : 무역에 참가하는 모든 나라가 이익을 얻을 수 있으므로 무역거래를 자유롭게 해야 한다는 주장으로 영국의 스미스가 제창했다. 국내 상업, 생산향상, 기술개발 자극, 물가안정 등의 장점이 있으나, 장기적인 면에서의 국제수지 악화가능성, 국내산업의 기반약화 등의 단점이 있다.
  ㉡ **보호무역주의** : 국제경제력을 갖출 때까지 국내 산업을 보호 · 육성하고, 대외무역을 통제해야 한다는 주장으로 19세기 후반 독일의 리스트 등에 의해 체계화되었다. 국내 산업을 보호할 수는 있으나 국내기업의 독과점 초래, 국제경쟁력 약화 등의 단점이 있다.

기출 2018. 6. 23. 제2회 서울시 시행

〈보기〉는 갑(甲)국과 을(乙)국의 생산가능 곡선이다. 이에 대한 분석으로 가장 옳은 것은? (단, 양국의 생산요소 투입량은 동일하며, 교역 시 양국은 비교 우위에 있는 재화에 특화한다.)

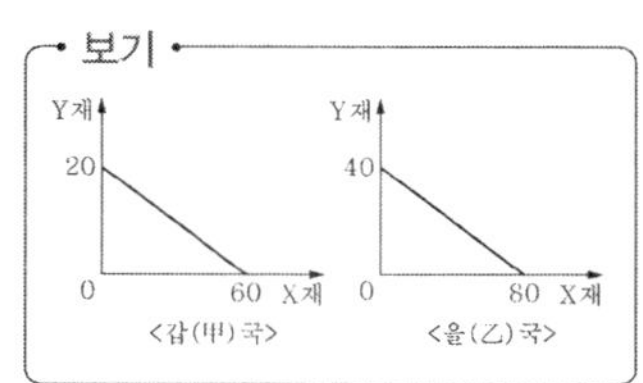

① 갑(甲)국은 X재 50개와 Y재 15개 생산이 가능하다.
② X재 교환비율은 Y재 1/3에서 Y재 1/2 사이에서 결정된다.
③ Y재 1개 생산의 기회비용은 을(乙)국이 갑(甲)국보다 크다.
④ 무역 발생 시 갑(甲)국은 X재를 수입하고, Y재를 수출한다.

◀ 정답 ②

〈보기〉는 우리나라의 경상 수지를 항목별로 나타낸 것이다. ㈎~㈒에 해당하는 사례로 가장 옳은 것은?

구분	외한 수취	외환 지급
상품 수지		㈎
서비스 수지	㈏	
본원 소득 수지	㈐	
이전 소득 수지		㈒

① ㈎ – 우리나라 기업이 외국에 휴대전화를 수출하고 받은 대금
② ㈏ – 우리나라 기업이 상표권을 외국 기업에 매각하여 받은 대금
③ ㈐ – 우리나라 사람이 외국의 주식에 투자하여 벌어들인 배당금
④ ㈒ – 우리나라 기업이 외국에 공장을 설립하기 위해 지급한 대금

ⓒ **보호무역정책**: 수입품에 대하여 일정 비율의 세금을 징수하는 관세부과조치나 국내 생산업체에 수출보조금과 수입보조금을 지불하는 방법을 사용하고 있다.

(6) 국제거래

① **경상거래**

　㈀ **무역거래**: 재화의 수출입을 말하며, 국제거래 중에서 가장 대표적이다.

　㈁ **무역외거래**: 운수, 통신, 보험, 관광 등 용역의 수출입이나 해외투자수익, 차관, 이자 등의 수입과 지급을 말한다.

　㈂ **이전거래**: 국가 간에 반대급부 없이 수취되거나 지급되는 증여, 무상원조, 이민송금 등의 일방적 거래를 말한다.

② **자본거래** … 기업의 해외 직접투자와 금융기관을 통한 간접투자로 구분된다.

　㈀ **장기자본거래**: 상환기간이 1년 이상인 자본의 이동이다.

　㈁ **단기자본거래**: 상환기간이 1년 미만인 일시적인 자본의 이동이다.

(7) 국제수지와 구성

① **국제수지** … 일정 기간 동안에 한 나라가 받은 외화와 지급한 외화의 차액을 국제수지라 한다.

② **국제수지의 구성**

　㈀ **경상수지**: 재화 및 서비스의 거래에 따른 외화의 수취와 지급을 말한다.

　㈁ **자본수지**: 차관, 해외투자 등 자본거래에 의한 외화의 수치와 지급을 말한다.

　㈂ **종합수지**: 경상수지와 자본수지의 합을 말한다.

　㈃ **기초수지**: 경상수지와 장기자본수지를 합하여 말한다.

③ **국제수지 불균형의 문제점**

　㈀ 대내적인 측면

　　• 국제수지 흑자: 통화량 증대를 가져와 경제안정을 저해한다.

　　• 국제수지 적자: 통화량 감소를 가져와 경제위축을 초래한다.

　㈁ 대외적인 측면: 만성적인 국제수지 흑자나 적자는 무역마찰을 가져오는 원인이 된다.

◀ 정답 ③

② 환율의 결정과 변동

(1) 국제거래 결제수단

① **결제수단** … 국제거래에서의 대금의 결제는 각국이 화폐제도를 달리 하고 있으므로 국제통화인 외화를 사용한다.

② **결제방법** … 외화로 표시된 수표나 어음(외국환, 외환)으로 결제한다.

③ **주사용 외화** … 미국의 달러($), 영국의 파운드(£), 독일의 마르크(DM), 일본의 엔(¥)

(2) 환율의 의미와 결정

① **환율** … 통화제도가 다른 나라와 거래를 위해 정해 놓은 자국 화폐와 외국 화폐와의 교환 비율을 뜻한다.

② **환율의 표시** … 외국 화폐 1단위와 교환되는 자국 화폐의 단위로 표시한다.

③ **환율의 결정** … 각국의 화폐가 가지는 구매력으로 결정되는 것이 바람직하다.

④ **환율제도**
　㉠ **고정환율제도** : 한 나라의 환율을 정부(중앙은행)가 결정, 고시하여 운영하는 제도이다. 수·출입 계획을 세우기가 쉽고 국제 거래가 촉진되며 국내 경제가 안정되나, 무역 분쟁의 원인이 될 수 있다.
　㉡ **변동환율제도** : 외환시장에서 수요·공급의 법칙에 따라 한 나라의 환율이 적정 수준으로 변동하는 제도이다. '보이지 않는 손'에 의한 자동적 균형 유지가 이루어지고 국제수지의 불균형이 조절되나 수·출입 계획을 세우기가 어렵고, 환율의 변동으로 인해 경제가 불안정하다는 단점이 있다.

(3) 환율의 변동(평가절하와 평가절상)

구분	환율인상(평가절하)	환율인하(평가절상)
의미	우리나라 원화 가치의 하락 (1달러 : 1,000원→1달러 : 1,200원)	우리나라 원화 가치의 상승 (1달러 : 1,200원→1달러 : 1,000원)
효과	• 수출↑, 수입↓(국제수지 개선) • 수입원자재의 가격상승으로 물가상승 • 외채상환 부담증가 • 통화량증가, 물가상승 • 해외여행 불리	• 수출↓, 수입↑ • 수입원자재의 가격하락으로 물가안정 • 외채상환 부담감소 • 통화량감소, 물가하락 • 해외여행 유리

기출 2021. 6. 5. 서울특별시 시행

〈보기〉는 미국 달러화 대비 각국 통화 가치의 변화율을 나타낸다. 이에 대한 설명으로 가장 옳은 것은? (단, 국제거래는 미국 달러화로만 이루어진다.)

┌ 보기 ┐

갑(甲)국	10%
을(乙)국	−5%
병(丙)국	−10%
정(丁)국	5%

① 미국에서 유학 중인 자녀에게 학비를 보내야 하는 갑(甲)국 학부모의 부담이 증가하였다.
② 병(丙)국 통화 대비 을(乙)국 통화의 가치는 하락하였다.
③ 미국에서 부품을 수입하는 병(丙)국 기업의 대금지급 부담이 증가하였다.
④ 정(丁)국 기업이 상환해야 하는 미국 달러화 표시채무 부담이 증가하였다.

기출 2021. 6. 5. 제1회 지방직 시행

표에 나타난 t년 대비 t＋1년 환율 변동에 대한 설명으로 가장 적절한 것은?

구분	t 년
원/달러	1,075

① 달러화 대비 원화 가치 상승으로 우리나라의 물가 상승 요인으로 작용할 것이다.
② 원/달러 환율 하락으로 우리나라에서 달러화 예금 자산가치가 상승할 것이다.
③ 원/달러 환율 상승으로 우리나라 사람의 미국 여행 경비 부담은 감소할 것이다.
④ 원화 대비 달러화 가치 상승으로 미국 시장에서 우리나라 수출품의 가격 경쟁력은 높아질 것이다.

❮정답 ③, ④

❸ 국제 경제 환경의 변화와 우리의 대응

(1) 국제 경제 질서의 변화

① **자유무역의 확대** … 국제 분업의 발달과 GATT체제 아래 자유무역이 확대되었다.

② **신보호주의의 등장**
  ㉠ **신보호주의** : 1970년대 중반 이래 점차 강화되는 무역 제한 조치를 통틀어서 신보호주의라 한다.
  ㉡ **신보호주의 등장 원인** : 선진국의 경기 침체, 선진국의 일부 산업에서의 경쟁력 상실, 선진국간의 무역마찰 심화 등이 원인이 되었다.
  ㉢ **신보호주의 정책** : 국가와 상품에 따라 선별적으로 취해지는데 신흥공업국의 수출품에 대한 수입 규제, 선진국의 제조업 보호를 위한 비관세 장벽, 신흥공업국에 대한 관세 장벽 등의 방식으로 행해진다.

③ **국제무역의 전개과정**
  ㉠ **남북문제의 대두**
  • 남북문제 : 선 · 후진국 간의 소득격차 문제가 생겼다.
  • 남북문제의 원인 : GATT체제하의 관세인하교섭이 선진국 상호 간에 이루어짐에 따라 후진국의 이익을 경시하여 소득격차가 크게 확대되었다.
  ㉡ **무역마찰의 발생**
  • 배경 : 세계무역의 다극화 현상이 생겼다.
  • 원인 : 각국 간의 무역 불균형현상이 두드러졌다.
  ㉢ **새로운 자유무역 질서의 성립** : 무역질서의 재편에 대한 노력으로 우르과이라운드협상이 타결됨에 따라 1995년 세계무역기구(WTO)체제가 구축되어 새로운 자유무역 질서가 성립되었다.

(2) 국제 경제 협력의 확대

① **지역적인 경제통합**
  ㉠ **경제통합** : 국가와 국가 간에 존재하는 무역 장벽을 헐어 버리고, 자유무역의 무차별 원칙을 지역적으로 적용하려는 국제관계를 뜻한다.
  ㉡ **경제통합의 형태**
  • 자유무역지역 : 가맹국 간에 관세가 완전히 철폐되어 자유무역이 실현되지만, 비가맹국에 대해서는 공동관세로 대처하지 않고 독자적인 관세정책을 인정하는 형태로 유럽자유무역지역(EFTA), 북미자유무역지역(NAFTA) 등이 있다.

- **관세동맹** : 가맹국 간에 자유무역이 실현되면서, 비가맹국에 대해서는 공동관세로 대처하는 형태로 중앙아메리카공동시장(CACM)이 있다.
- **공동시장** : 관세동맹에서 생산요소의 이동까지 자유로운 형태의 유럽공동시장(EC)이 있다.
- **경제동맹** : 공동시장에서 더 나아가 국가 간에 재정·금융정책까지 상호협조하게 되는 형태로 유럽연합(EU)이 있다.

② **국제경제협력 증대** … 경제통합의 형태는 아니지만 특정 지역 내의 국가들이 경제협력기구를 만들어, 국제경제관계를 더욱 긴밀히 하고 있다(OECD, ASEAN).

③ **우리의 경제협력** … 경제협력기구에 적극적으로 참여하여 협력, 국가 간 경제교류 증대, 저개발 국가에 대한 원조를 확대해야 한다.

(3) 국제 경제 환경의 변화와 우리의 대응자세

① **국제경쟁의 심화**
- ㉠ **국제 경제 환경의 변동** : 세계경제의 통합, 세계무역기구(WTO)의 출범, 지역주의의 대두 등
- ㉡ **세계경제질서의 과제** : 세계주의와 지역주의의 조화가 가장 중요한 과제
- ㉢ **국제경쟁의 심화** : 기업 활동의 국제화로 인한 국경 없는 경쟁의 심화, 선진국 중심의 신보호주의 경향 심화, 중진국의 경쟁력확보의 어려움, 후발 개발도상국과의 경쟁이 점차 심화

② **우리의 대응자세**
- ㉠ **우리 경제의 과제** : 대외적으로는 국제경제 질서의 변화에 능동적으로 대처해야 하며, 대내적으로는 남북통일에 대비하면서 우리 경제를 선진국 수준으로 계속 발전시켜야 한다.
- ㉡ **우리의 대응자세** : 국제경쟁력을 강화하고 세계일류의식을 함양하면서 자주적인 경쟁체제를 마련하고 각 경제주체가 자신의 역할을 충실히 수행해야 한다.

1 다음은 미국 달러화에 대한 각 국가 통화 가치의 변동을 나타낸다. 이에 대한 분석으로 옳은 것은?

구분	원화	엔화
미국 달러화 대비 통화 가치	상승	하락

① 한국 기업의 달러 표시 외채 상환 부담이 증가한다.

② 일본 유학 중인 자녀에게 송금하는 한국 학부모의 학비 부담이 감소한다.

③ 한국으로 여행을 오는 미국 사람들의 여행 경비 부담이 감소한다.

④ 미국 시장에서 일본산 제품과 경쟁하는 한국산 제품의 가격 경쟁력이 강화된다.

2 〈보기〉의 밑줄 친 ㉠, ㉡에 대한 설명 중 가장 옳은 것은?

— 보기 —

매달 A군은 1만 엔을, B군은 100달러를 구입한다. ㉠원/엔 환율 변동과 ㉡원/달러 환율 변동으로 인해 A군과 B군이 각각 엔화와 달러화를 구입하기 위해 매달 지불해야 하는 원화의 양이 아래의 표와 같이 변하였다.

구분	변동 전	변동 후
A군	9만 원	10만 원
B군	11만 원	10만 원

① 엔화의 수요 감소는 ㉠의 요인이다.

② 달러화의 공급 감소는 ㉡의 요인이다.

③ ㉠은 우리나라 대일상품 수지를 개선시키는 요인이다.

④ ㉡은 우리나라 국민의 미국 유학 경비 부담을 증가시키는 요인이다.

1.

미국 달러화 대비 통화 가치에 대하여 원화는 상승하였고 엔화는 하락하였다. 다시 말해, 원화의 가치는 상승하였고, 엔화의 가치는 하락하였으므로 일본 유학 중인 자녀에게 송금하는 한국 학부모의 학비 부담은 감소하게 된다.

① 미국 달러화 대비 원화의 통화 가치는 상승하였으므로 한국 기업의 달러 표시 외채 상환 부담은 감소한다.

③ 미국 달러화 대비 원화의 가치는 상승하였으므로 한국으로 여행을 오는 미국 사람들의 여행 경비 부담은 증가한다. 반대로 미국으로 여행가는 한국 사람의 경비 부담은 감소한다.

④ 미국 달러화 대비 원화의 가치가 상승하였으므로 한국 상품의 가격은 상승한 것이다. 반면, 엔화 가치는 하락하였으므로 일본 상품의 가격은 하락하게 된다. 따라서 미국 시장에서 일본산 제품과 경쟁하는 한국산 제품의 가격 경쟁력은 약화된다.

2.

〈보기〉에서 A군은 엔화를 구입하고 B군은 달러화를 구입한다. 표에 따라 A군은 변동 전보다 변동 후에 엔화를 구입하기 위해 지불해야 하는 원화의 양이 많아지고 있다. 이는 원/엔 환율이 상승한다는 것을 나타낸다. B군의 경우 변동 전보다 변동 후에 달러화를 구입하기 위해 지불해야 하는 원화의 양이 작아졌다. 이는 원/달러 환율이 하락함을 나타낸다.

① 원/엔 환율은 상승하고 있는데, 엔화의 수요 감소는 원/엔 환율을 하락시킨다.

② 원/달러 환율은 하락하고 있는데, 달러화의 공급 감소는 원/달러 환율을 상승시킨다.

③ 원/엔 환율이 상승하고 있으므로 우리나라 상품의 가격은 하락하여 일본으로의 수출이 증가된다. 반면, 일본 상품의 가격은 상승하여 일본 상품의 수입은 감소하게 된다. 이는 우리나라 대일상품 수지를 개선시키는 요인이다.

④ 원/달러 환율은 하락하고 있으므로 우리나라 국민의 미국 유학 경비 부담을 감소시키는 요인이다.

Answer 1.② 2.③

3 다음은 A국과 B국이 각각 신발과 전화기를 1단위씩 생산하는 데 투입한 노동량을 비교한 것이다. 이에 대한 설명으로 옳은 것만을 〈보기〉에서 모두 고른 것은? (단, 두 나라 간에 생산요소 이동은 없고, 생산비에는 노동량만 포함된다고 가정한다)

구분	A국	B국
신발(1단위)	7명	6명
전화기(1단위)	9명	5명

— 보기 —
㉠ 절대우위론에 따르면 두 국가 간의 무역은 이루어지지 않는다.
㉡ 신발 생산에 대한 절대우위와 비교우위는 B국에 있다.
㉢ B국은 신발 생산에 절대우위가, 전화기 생산에 절대우위와 비교우위가 있다.

① ㉠
② ㉡
③ ㉠㉡
④ ㉠㉢

4 2017년 A국의 경상거래 전부가 다음과 같을 때, A국의 국제수지에 대한 설명으로 옳은 것은? (단, 2016년 A국의 경상수지는 0이며, 모든 연도의 오차 및 누락은 0이다)

• A국 기업의 상품 수출 20억 달러
• A국 국민의 해외 직접 투자를 통한 배당 소득 50억 달러 수취
• A국 기업이 사용한 해외 저작권 사용료 50억 달러 지급
• B국 국민이 A국 여행에 150억 달러 지출
• C국의 지진 피해에 대한 응급 복구 비용 100억 달러 지원
• D국 기업으로부터 원자재 수입 30억 달러

① 서비스수지는 음(−) 값을 갖는다.
② 본원소득수지와 이전소득수지의 합은 0이다.
③ 상품수지는 2016년 대비 10억 달러 감소하였다.
④ 자본·금융계정은 2016년 대비 40억 달러 감소하였다.

3.

㉠ 절대우위론에 따르면 B국은 A국에 대해 신발과 전화기 모두에서 우위에 있다. 따라서 절대우위론에 따르면 두 국가 간의 무역은 이루어지지 않는다.
㉡ 신발 1단위를 생산하는 데 드는 기회비용은 A국 전화기 7/9단위, B국 전화기 6/5단위이다. 따라서 신발 생산의 절대우위는 B국에 있지만 비교 우위는 기회비용이 작은 A국에 있다.
㉢ 전화기 1단위를 생산하는 데 드는 기회비용은 A국 신발 9/7단위, B국 5/6단위이다. 따라서 전화기 생산의 절대우위와 비교우위 모두 B국에 있다.

4.

제시된 내용을 바탕으로 A국의 경상거래를 정리하면 다음과 같다.
• A국 기업의 상품 수출 20억 달러→상품 수지 20억 달러 흑자
• A국 국민의 해외 직접 투자를 통한 배당 소득 50억 달러 수취→본원소득수지 50억 달러 흑자
• A국 기업이 사용한 해외 저작권 사용료 50억 달러 지급→서비스수지 50억 달러 적자
• B국 국민이 A국 여행에 150억 달러 지출→서비스수지 150억 달러 흑자
• C국의 지진 피해에 대한 응급 복구 비용 100억 달러 지원→이전소득수지 100억 달러 적자
• D국 기업으로부터 원자재 수입 30억 달러→상품수지 30억 달러 적자
따라서 2017년 경상수지 합계는 20 + 50 − 50 + 150 − 100 − 30 = 40억 달러 흑자이다.
④ 국제수지에서 오차 및 누락이 0인 경우 경상수지와 자본·금융계정의 합은 0이다. 2016년 A국의 경상수지가 0으로 제시되었으므로 자본·금융계정 또한 0이 된다. 따라서 2017년 경상수지가 +40억 달러이면, 자본·금융계정은 −40억 달러가 되므로 2016년 대비 40억 달러가 감소하였다.
① 서비스수지는 +100억 달러로 양의 값을 갖는다.
② 본원소득수지와 이전소득수지의 합은 −50억 달러이다.
③ 제시된 자료로는 상품수지의 변화를 알 수 없다.

Answer　　3.④　4.④

5 그림은 중앙은행의 금리 정책의 파급 효과를 보여주는 모형이다. 이에 대한 설명으로 옳지 않은 것은?

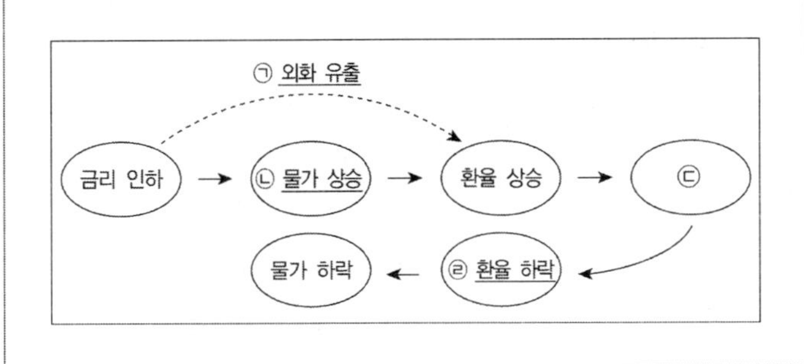

① ㉠은 국내 예금의 기회비용이 감소하기 때문이다.
② ㉡은 통화량 증가가 주요 요인이다.
③ ㉢에는 '수출 증가 및 수입 감소'가 적절하다.
④ ㉣은 외화의 초과 공급으로 발생한다.

6 우리나라의 국제거래가 다음과 같을 때, 국제수지에 대한 설명으로 옳은 것은?

- 미국에 자동차 10억 달러를 수출하였다.
- 일본에서 가전제품 5억 달러를 수입하였다.
- 중국에 4억 달러를 투자하여 공장을 설립하였다.
- 중국으로 여행을 가서 4억 달러 소비하였다.
- 칠레로부터 와인 2억 달러를 수입하였다.
- 영국으로부터 차관 6억 달러를 도입하였다.

① 경상수지는 1억 달러 흑자다.
② 금융 계정은 2억 달러 흑자다.
③ 상품수지는 5억 달러 적자다.
④ 이전소득수지는 1억 달러 적자다.

5.

① 예금의 편익은 이자이고 기회비용은 현금의 사용이다. 금리(이자율)가 낮아지면 은행에 맡기기보다 현금을 갖고 있는 것이 유리하기 때문에 외화가 빠져나간다. 결국 돈이 빠져나가는 것은 현금 보유의 가치(=예금의 기회비용)가 커지기 때문이다.
② 국내에서도 예금이 줄어들고 현금 보유가 늘면서 통화량이 늘어나 물가가 상승한다.
③ 외화 유출은 외화 수요 증가이고 거기에 물가 상승에 따른 원화 평가 절하로 환율이 상승한다. 그러면 수출이 증가하고 수입은 감소한다.
④ 외화의 공급이 늘어 환율이 다시 하락한다.

6.

미국에 자동차 10억 달러를 수출하였으므로 상품수지 +10억 달러다. 일본에서 가전제품 5억 달러를 수입하였으므로 상품수지 −5억 달러다. 중국에 4억 달러를 투자하여 공장을 설립하였으므로 금융 계정 −4억 달러다. 중국으로 여행을 가서 4억 달러 소비하였으므로 서비스 수지 −4억 달러다. 칠레로부터 와인 2억 달러를 수입하였으므로 상품수지 −2억 달러다. 영국으로부터 차관 6억 달러를 도입하였으므로 금융 계정 +6억 달러다.
① 경상수지는 상품수지 3억 달러 흑자, 서비스 수지 4억 달러 적자이므로 1억 달러 적자다.
③ 상품수지는 3억 달러 흑자다.
④ 이전소득수지는 해당이 없다.

Answer   5.① 6.②

7 환율상승(평가절하)했을 때의 내용으로 옳지 않은 것은?

① 물가의 상승
② 수입업체의 이윤 증가
③ 외채상환 비용부담 증가
④ 유학간 자녀의 해외송금비용 증가

8 환율이 인상되었을 때 나타나는 현상은?

① 수입원자재 가격의 상승으로 국내물가는 오른다.
② 수출품에 대한 해외수요의 감소로 수출은 줄어든다.
③ 수입품에 대한 국내수요의 증가로 수입은 늘어난다.
④ 이미 도입된 외국자본에 대한 상환부담은 감소한다.

9 다음에서 환율이 r에서 r'로 변동한 원인으로 옳은 것은?

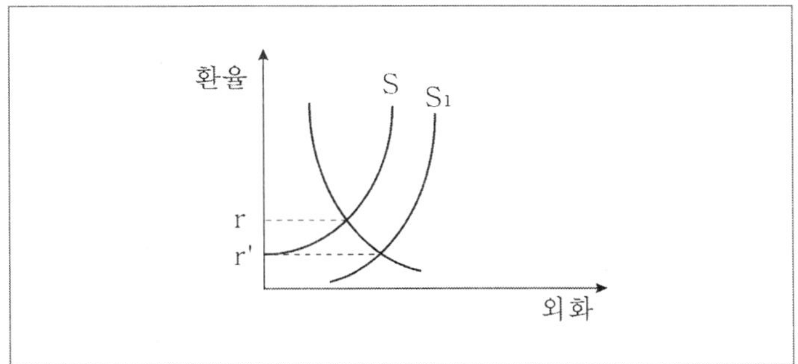

① 해외관광객의 감소   ② 수출의 증가
③ 해외투자의 증가   ④ 외자도입의 감소

7.

② 수입품의 국내가격 상승으로 수입업체의 이윤은 감소하게 된다.

※ 환율인상(평가절하) … 1달러가 500원에서 1,000원이 된 경우로 우리나라의 원화가치가 달러에 대해 하락한 것을 말한다.

ㄱ 수출 증가 : 국내에서 500원이던 재화의 국제가격이 1달러에서 0.5달러로, 달러화 표시가격이 하락하여 수출이 증가한다.

ㄴ 수입 감소 : 외국에서 2달러인 재화의 수입가격이 1,000원에서 2,000원으로, 원화표시가격이 상승하여 수입이 감소한다.

ㄷ 외채상환부담 증가 : 1달러를 상환할 경우 부담액이 500원에서 1,000원으로 상승한다.

ㄹ 해외여행 불리 : 100만원을 해외여행에 지출할 경우 해외에서 쓸 수 있는 돈이 2,000달러에서 1,000달러로 감소한다.

ㅁ 물가의 상승 : 수출 증가와 수입 감소로 통화량이 증가하여 물가가 오른다.

8.

환율인상(평가절하)이 되면 수입상품의 원화가격이 오르므로 수입이 감소되고, 수출상품의 외화가격을 내릴 수 있으므로 수출이 증가하게 되어 국제수지가 호전된다. 그러나 수입 가격이 오르면 국내물가도 따라서 오르게 되어 물가안정을 저해하기도 한다.

9.

② 수출의 증가, 수입의 감소, 외자도입의 증가는 균형환율이 하락하는 요인이다.

※ 환율의 변동요인

ㄱ 해외자본의 국내유입 : 외화의 공급증대 → 외화의 공급곡선 우향 이동 → 균형환율 하락

ㄴ 국내자본의 해외유출 : 외화의 수요증가 → 외화의 수요곡선 우향 이동 → 균형환율 상승

ㄷ 국내물가의 하락 : 수출의 증대 → 외화의 공급증대 → 균형환율 하락

Answer   7.② 8.① 9.②

10 다음 표는 우리나라의 주요 경제지표를 나타낸 것이다. 이 표와 관련된 설명으로 옳지 않은 것은?

(단위 : 100만 달러)

구분 연도	경상수지	무역수지	자본수지	외환보유액(말)
1985	−795	−20	1,633	7,749
1990	−2,003	−2,450	2,564	14,822
1995	−8,508	−4,444	16,786	32,712
1997	−8,618	−3,875	5,438	20,406

① 일종의 가공자료라고 할 수 있다.

② 전수조사(全數調査)를 하였을 것이다.

③ 1997년의 무역규모는 1995년보다 작아졌다.

④ 경상수지의 적자를 자본수지의 흑자로 메웠다.

11 甲, 乙 양국의 다음 상품의 생산에 있어 노동비용만이 생산비를 구성한다고 할 때 비교우위설에 대해 옳은 것은?

나라 상품	甲국	乙국
라디오(1단위)	100명	90명
옷감(1단위)	120명	80명

① 라디오, 옷감 둘 다 乙국에서 생산한다.

② 라디오, 옷감 둘 다 甲국에서 생산한다.

③ 甲국은 라디오만을 생산하고, 乙국은 옷감만을 생산한다.

④ 甲국은 옷감이 비교우위에 있고, 乙국은 라디오가 비교우위에 있다.

10.

③ 1995년에 비해 1997년의 무역수지의 적자폭이 감소되었으나, 1997년의 무역규모는 알 수 없다.

11.

비교우위설 … 무역이익은 양국이 서로 다른 재화에 절대우위가 있을 때에만 발생하는 것이 아니라, 어느 한 나라의 두 재화가 모두 절대우위에 있을 때에도 발생하게 된다는 리카도(D. Ricaedo)의 보완적인 무역이론이다.

③ 乙국이 두 재화에 대해 모두 절대우위에 있지만,

甲국 : 라디오는 $\frac{100}{90}$, 옷감은 $\frac{120}{80}$으로 라디오가 비교우위

乙국 : 라디오는 $\frac{90}{100}$, 옷감은 $\frac{80}{120}$으로 옷감이 비교우위

따라서 甲국은 상대적으로 생산비가 적게 드는 라디오를 특화하고, 乙국은 옷감을 특화하여 무역을 하면 양국 모두 무역상의 이익을 볼 수 있다.

Answer　　10.③　11.③

12 국제수지의 불균형을 조절하기 위해서 다음과 같은 방법을 썼을 때 국내물가를 상승시킬 우려가 가장 큰 것은?

① 균형환율정책　　　② 금융확장정책
③ 수입자유화정책　　④ 긴축재정정책

13 원/달러 환율이 1달러당 1,100원에서 1,300원으로 상승하는 경우의 경제적인 효과에 대한 설명으로 가장 적절하지 않은 것은?

① 국내 기업의 외채 상환 부담이 증가한다.
② 외국으로 갈 경우의 경비 부담이 증가하여 해외여행이나 외국으로의 유학이 감소한다.
③ 수입품의 원화 표시 가격이 하락하여 국산품의 상대 가격이 상승하고 수입이 감소한다.
④ 수출로 벌어들이는 외화가 수입으로 지출하는 외화에 비해 많아져 통화량이 증가하고 물가가 상승한다.

14 A, B국의 라디오와 옷감의 생산비가 도표와 같다. 양국이 비교우위에 따라 교역을 할 때, A국이 옷감 1단위를 얻는 데 드는 노동은? (단, 교역 조건은 1:1)

구분	라디오	옷감
A국	8	9
B국	12	10

① 8단위　　　　② 9단위
③ 10단위　　　④ 11단위

12.

금융확장정책
㉠ 정의 : 실업이 늘어나는 등 불황의 문제가 커질 경우에 중앙은행이 경기를 자극하기 위하여 시중의 자금사정을 풀어주는 금융정책이다.
㉡ 방법 : 국·공채나 통화안정증권의 매입, 지급준비율 인하, 재할인율 인하 등이 있다.

13.

환율 상승은 원화의 평가 절차 및 원화 가치 하락을 의미하며 수출 상품의 외화 표시 가격이 하락한다. 수출품의 가격 경쟁력이 상승함에 따라 수출이 증가하게 된다.
① 환율 상승 시 외채의 원화 표시 가격이 상승함에 따라 국내 기업의 외채 상환 부담이 증가한다.
② 환율 상승 시 내국인의 해외여행 경비 부담이 증가하므로 해외로의 여행이나 유학은 감소한다. 반대로 외국인의 국내 여행 경비 부담은 감소하여 국내 여행이 증가한다.
④ 수출 증가와 수입 감소에 따라 외화의 순유입액이 증가하면서 통화량은 증가하고 물가는 상승한다.

14.

주어진 도표에 따라 A국은 라디오, B국은 옷감이 비교우위이다. A국과 B국은 라디오와 옷감의 1:1 교역이 가능하므로, A국은 노동 8을 들여 라디오 1단위를 생산하여 B국이 노동 10을 들여 생산한 옷감 1단위와 교역하는 것이므로 A국은 옷감 1단위를 얻는 데 노동 8이 들어간 셈이다.

Answer　　12.②　13.③　14.①

15 우리나라 무역수지를 흑자로 되게 하는 요인으로 보기 어려운 것은?

① 재할인율의 중단　　　② 원화의 평가절상
③ 국제금리의 하락　　　④ 원유가격의 하락

16 우리나라가 미국에 대하여 원화의 평가절상을 꺼리는 근본이유는?

① 국내물가의 안정을 위하여
② 외채의 상환부담을 감소시키기 위하여
③ 수출증대를 지속하기 위하여
④ 국제경제의 협력을 강화하기 위하여

17 우리나라가 외국에 빌려준 돈에 대한 이자를 받아서 다른 나라에 직접 투자를 하였다. 이러한 경우에 국제수지표에서는 어떤 항목이 어떻게 변동되겠는가?

① 무역수지 수취↑, 자본수지 지급↑
② 무역외수지 수취↑, 자본수지 지급↑
③ 이전거래 수취↑, 무역외수지 지급↑
④ 자본수지 수취↑, 자본수지 지급↑

15.

② 원화의 평가절상(환율인하)은 수입을 촉진시켜 무역수지가 악화될 수 있다.

16.

평가절상(환율인하) … 자국화폐의 대외가치 상승 → 수출 감소 · 수입 증가 → 국제수지 악화, 수입원자재의 가격 하락 → 국내물가의 하락 → 물가안정, 원화가치의 상승 → 외채상환부담의 감소

17.

국제수지 … 1년간 한 나라가 수취한 외화와 지급한 외화의 차액을 말한다.
㉠ 무역외수지
• 무역외거래에서의 수취 : 우리 선박에 의한 해상운임, 해외공장 설립에 따른 투자수익, 외국에 빌려준 돈에 대한 이자
• 무역외거래에서의 지급 : 외국 선박에 의한 해상운임, 해외차관에 의한 이자
㉡ 자본수지
• 외화의 수취 : 차관을 도입
• 외화의 지급 : 차관에 대한 원금상환, 외국에 직접 투자

Answer　　15.②　16.③　17.②

18 국제수지가 흑자일 경우 나타나는 경제적 상황으로 옳은 것은?

① 한국은행의 외환보유고가 감소한다.
② 환율이 상승하여 가격경쟁력이 증대된다.
③ 국내물가가 하락한다.
④ 시중의 통화량이 증가하여 유효수요가 증가한다.

19 다음 중 평가절상에 관한 설명으로 옳은 것은?

① 수출이 증가한다.
② 국내 물가가 상승한다.
③ 유학생 자녀를 둔 경우 송금 부담이 증가한다.
④ 원자재를 수입해서 사업하는 회사의 경우 유리하다.

20 외환에 대한 수요가 증가하는 경우로 옳은 것은?

① 외국관광객의 국내관광 증가
② 국내기업에 의한 해외투자 증가
③ 외국으로부터의 차관도입 증가
④ 외국으로부터의 무상원조액 증가

18.

국제수지가 흑자이면 외환보유고가 증가하고 시중의 통화량이 증가하여 물가가 상승한다.

19.

①②③ 평가절하가 국내 경제에 미치는 영향에 대한 설명이다.

20.

수요증가는 수요곡선이 오른쪽으로 이동하는 경우로 외환이 밖으로 유출되는 경우이다.

Answer   18.④ 19.④ 20.②

기출PLUS

기출 2018. 5. 19. 제1회 지방직 시행

(개)와 (내)는 금융시장의 유형을 분류한 것이다. 이에 대한 설명으로 옳은 것은? (단, (개)와 (내)는 직접 금융시장, 또는 간접금융시장 중 하나이다)

─ 보기 ─

(가)	• 금융기관은 자금 수요자에게 정보 제공을 받아 자금 공급자에게 정보를 제공한다. • 자금 공급자는 자금 수요자에게 자금을 공급하고, 이에 대한 대가로 이자나 배당을 받는다.
(나)	• 금융기관은 자금 공급자에게 예금을 받고 이에 대한 대가로 이자를 준다. 또한, 금융기관은 자금 수요자에게 대출을 해주고 이에 대한 대가로 이자를 받는다. • 자금 공급자와 자금 수요자 간에는 직접적인 자금 거래는 없다.

① (개)에서 거래되는 대표적인 금융 상품으로 정기적금이 있다.
② (내)에서는 자금 공급자가 자금 거래로 인해 발생하는 위험을 전액 부담한다.
③ (개)에 비해 (내)에서 금융 상품이 일반적으로 안전성이 더 높다.
④ (개)에 비해 (내)에서 자금 공급자의 자금이 어느 기업으로 투자되었는지 알기 쉽다.

◀정답 ③

❶ 화폐와 금융 제도

(1) 교환과 화폐

① 화폐의 기원
    ㉠ 화폐의 발생 : 물물교환의 어려움을 해소하기 위해서 화폐가 발생하였다.
    ㉡ 화폐의 발달 : 물품화폐 → 금속화폐 → 주조 화폐 → 지폐 → 신용화폐 → 전자화폐

② 화폐의 기능 … 교환매개수단의 기능, 가치척도의 기능, 가치저장수단의 기능, 결제수단의 기능 등이 있다.

③ 화폐의 종류
    ㉠ 통화 : 현금통화(민간 보유 현금) + 예금통화(요구불 예금)
    ㉡ 총통화 : 현금 + 요구불 예금 및 저축성 예금 + 외화 예금

(2) 화폐의 수요와 공급

① 화폐의 수요 … 거래적 동기, 예비적 동기, 투기적 동기가 화폐의 수요를 창출한다.

② 화폐의 공급
    ㉠ 중앙은행 : 현금통화 공급
    ㉡ 일반은행 : 예금통화(신용 창조)

❷ 금융시장과 금융정책

(1) 금융시장과 금융기관

① 금융시장
    ㉠ 금융시장 : 자금의 수요자와 공급자가 만나 자금의 거래가 이루어지는 시장을 의미한다.
    ㉡ 금융시장의 역할 : 자금의 수요와 공급을 원활하게 하며, 이자율을 결정, 이자율이 자금의 수요와 공급을 조절하는 신호등의 역할을 한다.

② 중앙은행의 역할

　㉠ 발권은행의 역할 : 우리나라에서 통용되는 모든 지폐와 주화를 발행하고, 발행한 화폐가치의 안정적 유지의 책임이 있다.

　㉡ 은행의 은행으로서의 역할 : 중앙은행은 시중은행의 거래를 감독하며, 예금자에 대한 시중은행의 지급능력을 보장한다.

　㉢ 정부의 은행으로서의 역할 : 국고의 수납·지불업무, 국채의 발행·상환업무를 수행한다.

　㉣ 외환관리은행으로서의 역할 : 수출입 및 국제거래에 이용되는 외화 관리 업무를 수행한다.

③ 각종 은행과 금융기관

　㉠ 통화금융기관 : 특수은행, 일반은행, 한국은행이 해당된다.

　㉡ 비통화금융기관(제2금융권) : 증권회사, 보험회사, 투자신탁회사 등이 있다.

(2) 금융정책

① 금융정책 … 정부나 중앙은행이 화폐가치의 안정과 국민경제 발전을 꾀하기 위하여 통화량을 적절히 조절하는 정책이다.

　㉠ 금융정책의 담당기관 : 한국은행

　㉡ 금융정책의 목표 : 화폐가치의 안정, 경제안정, 경제성장 등을 목표로 한다.

② 일반적 정책수단

　㉠ 재할인율 정책 : 중앙은행이 시중은행에 자금을 대출할 때, 시중은행에 대한 대출이자율 또는 재할인율을 변동시킴으로써 통화량을 간접적으로 조절하는 정책이다.

　㉡ 공개시장조작 정책 : 중앙은행이 금융시장에서 공개적으로 국·공채를 매매함으로써 자금의 공급을 조절하는 정책이다.

　㉢ 지급준비율 정책 : 중앙은행이 지급준비율을 높이거나 낮춤으로써 은행의 대출금 조절을 통해 통화량을 조절하는 정책이다.

③ 선별적 정책수단 … 특정 산업을 지원하고, 특정 정책을 실현하기 위하여 자금의 흐름을 직접적이고 질적으로 규제하는 강력한 정책수단이다.

> **✿ Plus tip**
>
> **협의의 금융정책**
>
> ㉠ 협의의 금융정책은 통화당국이 통화량이나 이자율을 조절하여 경제의 안정과 성장을 도모하는 것으로 통화정책 또는 통화신용정책을 말한다.
>
> ㉡ 정부는 물가안정과 금융안정이라는 통화정책 최상의 목표를 달성하기 위하여 직·간접적인 조절수단을 이용한다.

기출 2021. 4. 17. 인사혁신처 시행

다음 자료에 대한 설명으로 옳지 않은 것은?

> ─ 보기 ─
>
> 갑국은 가계 소비와 기업 투자의 감소로 인하여 전년도에 비해 실질GDP가 감소하였다. 이에 경기회복을 위해 정부는 ㉠확대 재정 정책, 중앙은행은 ㉡확대 통화 정책을 시행하고자 한다. (단, 총수요 곡선은 우하향, 총공급 곡선은 우상향하며, 총공급의 변동은 없다)

① 갑국의 물가는 하락하였다.

② 갑국의 총수요는 감소하였다.

③ 정부의 소득세율 인하는 ㉠의 사례이다.

④ 중앙은행의 국공채 매각은 ㉡의 사례이다.

‹ 정답 ④

③ 자산관리와 금융수단

(1) 자산관리

① 위험관리와 위험의 유형

　㉠ 위험관리 : 수익을 기대하고 자산을 구입하는 투자 행위는 불확실성으로 인해 이익과 손해에 대한 정확한 예측이 불가능하므로 위험관리가 필요하다.

　　• 포트폴리오 : 금융기관이나 개인이 보유한 금융자산의 목록으로, 투자 위험을 줄이고 수익을 극대화하기 위한 자료로 활용된다. 한 종목에 투자하기보다는 여러 종목에 분산하여 투자하는 것이 위험을 줄이는 데 효과적이다.

　　• 레버리지(부채)를 활용한 투자 : 자산을 구입할 때 부채를 적절하게 이용하면 자기 자본의 수익률을 높일 수 있다. 그러나 자산의 가격이 하락할 때에는 그 위험이 가중될 수 있다.

　㉡ 위험의 유형

유형	내용
채무불이행 위험	• 거래 상대방이나 채무자가 계약상 지급해야 할 책임의 전부 또는 일부를 이행하지 않을 위험 • 주식, 채권 등의 채무 불이행 위험이 높음
시장가격 변동 위험	• 금융상품의 가격이 하락할 위험 • 주식, 채권, 외환 등의 시장 가격 변동 위험이 높음
유동성 위험	• 자산을 현금화하기 어려운 위험 • 부동산 등은 유동성 위험이 높은 편임
인플레이션 위험	• 물가가 상승할 때 보유 자산의 가치가 하락할 위험 • 현금, 예금 상품 등은 인플레이션 발생 시 가치가 하락함

② 자산관리의 기본원칙

　㉠ 안전성 : 금융상품의 원금과 이자가 안정적으로 보전될 수 있는 정도에 관한 것으로 모든 금융상품에는 정도의 차이가 있을 뿐 위험이 따르기 마련이다.

　㉡ 수익성 : 금융상품의 가격 상승이나 이자 수익을 기대할 수 있는 정도에 관한 것으로, 수익성이 높은 상품일수록 위험성이 높으므로, 안정성과 수익성을 적절히 고려해야 한다.

　㉢ 유동성 : 환금성이라고도 하며 돈이 필요할 때 현금화할 수 있는 정도에 관한 것으로, 매매 소요 시간 및 해약의 조건, 절차 등의 영향을 받는다.

(2) 다양한 금융상품

① 예금

- ㉠ **요구불 예금** : 입금과 출금이 자유로운 예금으로, 은행은 고객이 요구하면 언제라도 예금을 지불해야 한다. 이자가 적어 수익성 보다는 안전성과 유동성을 기대할 수 있다.
  - 보통예금 : 수시로 필요한 생활 자금을 금융기관에 안전하게 보관하는 예금
  - 당좌예금 : 기업의 운영 자금을 금융기관에 안전하게 보관하는 예금
- ㉡ **저축성 예금** : 이자 수입을 주된 목적으로 하는 예금이다.
  - 정기적금 : 매월 정기적으로 일정한 금액을 입금하고 만기일에 원금과 이자를 수령하는 예금
  - 정기예금 : 정해진 금리를 바탕으로 목돈을 일정 기간 금융 기관에 예치하는 예금
  - 주택청약종합저축 : 내 집 마련 상품 가입 후, 일정 기간이 지난 이후 새로 짓는 아파트를 분양받을 수 있는 자격을 줌

② 증권

- ㉠ **직접투자 상품** : 일반인이 금융상품에 직접 투자하는 상품
  - 주식 : 기업이 자금 조달을 위해 회사 소유권의 일부를 투자자에게 주는 증표로, 주식 투자자들은 배당이나 시세차익으로 투자 수익을 얻는다.
  - 채권 : 돈을 빌리면서 상환 일시, 이자액, 이자 지급 일시 등을 지급한 증서로, 채권은 주식에 비해 안전성이 높지만 수익성은 낮다.
    - 정부나 공공기관, 금융기관, 신용도가 높은 주식회사 등에서 주로 발행하므로 원금과 이자에 대한 안전성이 높은 편임
    - 만기일 전이라도 언제든지 팔아 현금화할 수 있어 유동성이 높음
- ㉡ **간접투자 상품** : 금융기관에 돈을 맡기고 대신 투자하는 상품으로, 수익성은 예금에 비해 높지만, 원금 손실의 책임이 고객에게 있고 수익과 관계 없이 수수료가 발생한다.
  - 수익 펀드 : 투자자가 자산 운용 회사에 맡긴 돈을 운영하여 발생한 이익을 돌려받을 수 있는 권리를 표시한 증서
  - 뮤추얼 펀드 : 자산 운용 회사가 펀드마다 하나의 서류상의 회사를 만들어 투자금을 운용한 후 투자 수익을 실적대로 돌려주는 펀드

③ 보험 … 보험은 수익성은 낮지만 손해를 막거나 줄이기 위한 자산 관리 방법이다.

- ㉠ **생명보험** : 가족의 사망 또는 상해 등의 인적 위험에 대비하는 보험
- ㉡ **손해보험** : 집의 화재, 자동차의 사고 등 재산의 위험과 배상 책임의 위험에 대비하는 보험

기출 2022. 6. 18. 서울특별시 시행

〈보기〉는 금융 상품 A~C를 구분한 것이다. 이에 대한 설명으로 가장 옳은 것은? (단, A~C는 각각 요구불 예금, 주식, 채권 중 하나이다.)

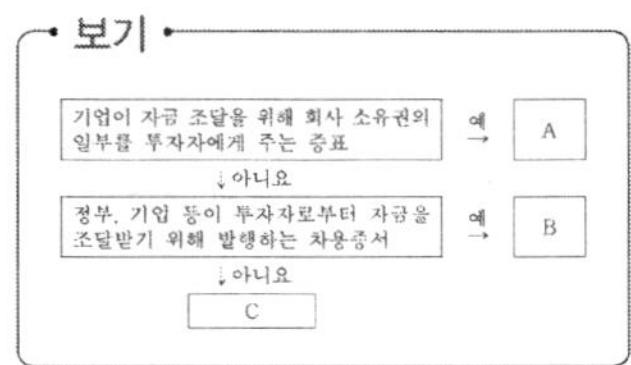

① A는 배당 수익을 얻을 수 있다.
② C의 사례로 정기 예금과 정기 적금이 있다.
③ B는 A와 달리 시세 차익을 얻을 수 있다.
④ C는 B와 달리 만기가 있다.

기출 2025. 6. 21. 제1회 서울시 시행

〈보기〉의 금융 상품 A~C의 일반적인 특징에 대한 설명으로 가장 옳은 것은? (단, A~C는 각각 예금, 주식, 채권 중 하나이다.)

> 보기
> - A와 C는 만기가 있다.
> - 금리가 오르면 C의 가격은 떨어진다.

① B에 투자한 자금은 발행 회사의 자본금이 된다.
② C 투자자들은 시세 차익을 통해 수익을 얻을 수 없다.
③ A는 B에 비해 수익성이 높은 편이다.
④ B와 달리 C는 투자 원금이 보장된다.

‹정답 ①, ①

다음 표는 우리나라의 사회보험과 공공부조의 특징을 비교한 것이다. 이에 대한 설명으로 옳은 것은?

질문	사회보험	공공부조
(가)	아니요	예
(나)	예	예
(다)	A	B
(라)	C	D

① (가)는 "소득 재분배 효과가 있는가?"라는 질문이 해당할 수 있다.
② (나)는 "수급자 선정 과정에서 낙인 문제가 발생하는가?"라는 질문이 해당할 수 있다.
③ (다)의 질문이 "기초연금제도가 해당되는가?"라면 A는 '아니요', B는 '예'이다.
④ (라)의 질문이 "강제가입을 원칙으로 하는가?"라면 C는 '아니요', D는 '예'이다.

④ 연금
  ㉠ 공적 연금 : 국가가 보장하는 연금제도로, 한국에서는 국민연금, 공무원연금, 군인연금, 사립학교교직원연금이 이에 해당한다.
  ㉡ 사적 연금 : 노후 생활 안정을 위해 개인이 가입하는 연금제도로, 개인연금, 퇴직연금 등이 있다.

⑤ 사회보험과 공공부조
  ㉠ 사회보험
  • 국민이 미래에 직면할 수 있는 사회적 위험에 대비하여, 국가나 국민의 건강과 생활 보전을 목적으로 보험방식에 의하여 사전에 대비하는 제도이다.
  • 우리나라는 산재보험, 고용보험, 국민연금, 사학연금, 공무원연금, 군인연금, 건강보험, 노인장기요양보험 등 8대 사회보험이 운영되고 있다.

> **Plus tip**
> **4대 사회보험**
> 우리나라에서는 산재보험, 고용보험, 국민연금, 건강보험을 가리켜 4대 사회보험이라고 한다.

  ㉡ 공공 부조
  • 국가와 지방자치단체가 생활이 어려운 국민의 최저생활을 보장하고 자립을 지원하는 제도이다.
  • 국가의 책임 하에 빈곤한 사람의 생존권을 보장하여 최후의 사회적 안전망 기능을 수행하는 것이 목적이다.
  • 생활능력이 없는 사람에게 직접 금품을 제공하거나 무료·감면 혜택을 주는 방식으로 시행된다.
  • 저소득 국민을 지원하는 기초생활보장제도·의료급여·주거급여 등이 대표적이다.

❹ 재무 계획과 재무 설계

(1) 재무 계획

① 재무 계획의 필요 … 제한된 수입을 현재와 장래의 생활에 어떻게 사용할지 사전에 검토하는 일인 재무 계획은 원하는 생활양식의 유지, 노후에 대한 대비, 미래의 불확실성에 대한 대비 등을 위해 필요하다.

❮정답 ③

② 생애 주기와 재무 계획

    ㉠ 생애 주기 : 시간의 흐름에 따라 개인 삶의 진행을 몇 단계로 구분한 것이다.

    ㉡ 생애 주기에 따른 소득과 지출 : 경제적 은퇴 전의 여유분 A로 경제적 은퇴 후의 부족분 B를 채울 수 있어야 한다.

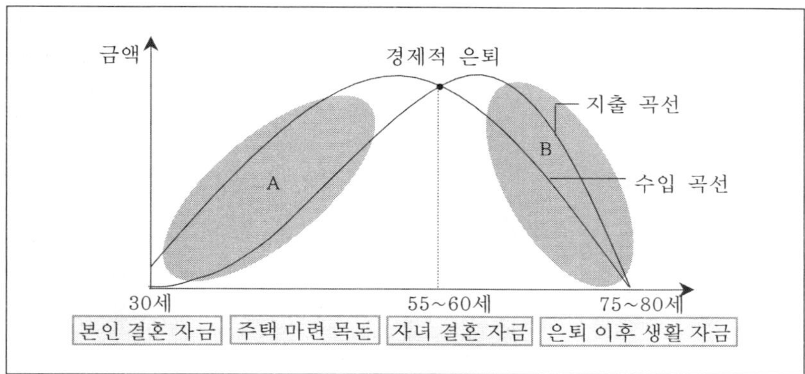

(2) 재무 설계

① **재무 설계의 과정** ⋯ 재무 목표 설정 → 재무 상태 파악 → 예산의 수립 및 실행 → 결산 및 평가

② **기간에 따른 재무 목표의 설정**

    ㉠ 단기 목표(1년 이내) **예** 옷 구입, 휴대전화 변경 등

    ㉡ 중기(1년~5년) **예** 대학 등록금 마련, 배낭여행 등

    ㉢ 장기(5년 이상) **예** 자동차 구매, 결혼 자금 마련, 내 집 마련 등

③ **재무 상태의 파악**

    ㉠ **자산 상태표** : 자산과 부채의 상태를 나타내는 표로 자산 상황을 왼쪽에, 오른쪽에는 부채와 순자산을 기록한다.

    ㉡ **수지 상태표** : 수입과 지출을 나타내는 표로, 왼쪽에는 수입을 오른쪽에는 지출을 기록하여 흑자와 적자를 파악한다.

④ **예산 수립 및 실행** ⋯ 일상적인 소비 지출, 재무 목표에 따른 지출 등을 토대로 예산을 수립하고 소득이 들어오는 기간에 따라 실행한다.

⑤ **결산 및 형가** ⋯ 정기적인 결산을 통해 재무 설계를 적절하게 수정하거나 목표를 재설정해 실행한다.

기출 PLUS

기출 2025. 6. 21. 제1회 서울시 시행

〈보기〉의 재무 설계 과정을 순서대로 바르게 나열한 것은?

• 보기 •

㉠ 수입 및 지출의 규모와 종류, 자산과 부채 현황 등 자신의 재무 상태를 정확히 파악함.

㉡ 자신의 가치관 및 기대하는 생활 양식에 적합한 단기, 중기, 장기재무 목표를 설정함.

㉢ 재무 목표 달성을 위해 필요한 자금을 언제까지, 어떻게 마련할 것인지에 관한 재무 행동 계획을 수립함.

㉣ 재무 목표 달성을 위한 계획을 실행함.

㉤ 정기적인 결산을 통해 결과를 평가하고, 조정이 필요한 부분을 반영하여 재무 계획을 수정하거나 재무 목표를 재설정함.

① ㉠ - ㉡ - ㉢ - ㉣ - ㉤
② ㉡ - ㉠ - ㉢ - ㉣ - ㉤
③ ㉢ - ㉠ - ㉡ - ㉣ - ㉤
④ ㉣ - ㉠ - ㉡ - ㉢ - ㉤

◀ 정답 ②

1 〈보기〉는 금융상품 A~C를 질문을 통해 구분한 것이다. 이에 대한 설명으로 가장 옳지 않은 것은? (단, A~C는 각각 요구불 예금, 주식, 채권 중 하나이다.)

질문	A	B	C
만기가 있는가?	아니요	예	아니요
배당 수익을 얻을 수 있는가?	아니요	아니요	예
(가)	예	예	아니요

① A는 예금자 보호 제도의 적용을 받는다.

② B의 발행 기관은 B를 발행할 경우 부채가 증가하게 된다.

③ B와 달리 C는 시세 차익을 얻을 수 있다.

④ (가)에는 '이자 수익을 얻을 수 있는가?'가 들어갈 수 있다.

1.

만기와 배당수익이 없는 A는 요구불 예금이다. 만기가 있고, 배당 수익을 얻을 수 없는 B는 채권이다. 만기가 없고, 만기가 없고, 배당 수익을 얻을 수 있는 C는 주식이다.

채권과 주식은 모두 시세 차익을 얻을 수 있다는 점에서 공통점이 있다.

① 요구불 예금은 재산 증식의 용도보다는 생활 자금이나 회사 운영 자금 등을 금융기관에 안전하게 보관하는 용도로 사용된다. 또한 예금자 보호 제도의 적용을 받는다.

② 채권은 정부나 기업이 투자자로부터 돈을 빌리면서 만기와 이자, 이자 지급일을 약속한 증서다. 자본의 성격은 타인 자본으로 이는 곧 부채다.

④ 요구불 예금과 채권은 이자수익을 받을 수 있고 주식은 해당 사항이 없다.

※ 채권과 주식

구분	채권	주식
개념	정부나 기업이 투자자로부터 돈을 빌리면서 만기와 이자 그리고 이자 지급일에 대해 약속한 증서	기업이 사업 자금 조달을 위해 투자자로부터 자금을 받고 그 대가로 회사 소유권의 일부를 주는 증표
수익	• 약속한 이자 수익 • 시세 차익(이자율과 회사의 신용 등급이 주된 가격 차이 요소)	• 배당 • 시세 차익(회사의 경영 실적이나 전망의 변화가 주된 가격 차이 요소)
투자 시 중시하는 부분	투자 대상의 안전성(파산하지 않는 한 원리금 상환 가능)	투자 대상의 성장 가능성(시세 차익 및 배당에 대한 기대와 일부의 경우 경영에 대한 참여)
위험성	상대적으로 낮음	높음
발행 주체	정부, 주식회사, 지방자치단체	주식회사
자본 성격 (발행자 입장)	타인 자본(부채)	자기자본
증권의 존속기간	만기 있음	만기 없음
원금 상환	만기 시 상환	의무 아님

Answer　1.③

2 다음 A 또는 B로 인해 인플레이션이 우려될 때, 이에 대한 설명으로 옳지 않은 것은? (단, 총수요곡선은 우하향하고, 총공급곡선은 우상향하며, 다른 조건은 불변)

> A : 원자재 가격의 급등
> B : 소비 및 투자 증가로 인한 경기 과열

① A로 인해 생산과 고용이 감소한다.

② A의 경우 총공급곡선이 좌측으로 이동한다.

③ B로 인해 생산과 고용이 증가한다.

④ B에 대한 대책으로 재할인율 인하를 들 수 있다.

2.

④ 소비 및 투자 증가로 인한 경기 과열은 총수요 증가 요인으로 총수요곡선을 오른쪽으로 이동시킨다. 이 경우 생산과 고용이 증대하지만, 물가도 상승하여 인플레이션을 초래하는데 이를 수요견인인플레이션이라 한다. 이에 대한 대책으로는 통화량 감소를 위한 재할인율 인상 정책이 필요하다.

• 원자재 가격의 급등 → 총공급 감소 → 총공급곡선 왼쪽으로 이동
• 소비 및 투자 증가로 인한 경기 과열 → 총수요 증가 → 총수요곡선 오른쪽 이동

3 다음은 A국이 직면하고 있는 경제 상황을 타개하기 위해 A국 정부가 제시한 정책들이다. A국의 당면과제로 가장 적절한 것은?

> • 정부의 국채매입 확대
> • 기준금리 인하
> • 기업의 투자 촉진을 위한 인센티브 확대
> • 사회간접자본 확충을 위한 정부지출의 조기집행

① 경기 활성화

② 인플레이션 억제

③ 기술개발여건 조성

④ 국제수지의 단기적 개선

3.

A국 정부가 제시한 정책들을 살펴보면 통화량을 증가시키는 정책임을 알 수 있다.

• 정부의 국채 매입 확대 → 예금은행이 증가한 지급준비금을 방출 → 통화량 증가
• 기준금리 인하 → 은행 대출 증가 → 통화량 증가
• 인센티브 확대 → 기업 투자 증가 → 통화량 증가
• 정부지출의 조기집행 → 정부 지출 증가 → 통화량 증가

따라서 A국은 경기 침체를 타개하기 위하여 시중 통화량을 증가시켜 경기 활성화를 시도하는 것으로 볼 수 있다.

Answer 2.④ 3.①

4 다음 사례에 대한 옳은 법적 판단을 〈보기〉에서 고른 것은?

> ㉠A는 B로부터 5천만원을 빌리면서 자기 소유의 아파트에 저당권을 설정해 주었다. 그로부터 한 달 후, C는 위 A 소유의 아파트를 보증금 1억 5천만원에 2년간 임차하는 계약을 체결하였고, ㉡다음 날 이사함과 동시에 바로 동주민센터에서 전입신고를 하고 임대차 계약서에 확정일자를 받았다.

> ─── 보기 ───
> ㈎ ㉠에서 B는 용익 물권을 갖게 된다.
> ㈏ ㉠에서 발생한 B의 권리는 등기부의 을구에 기재된다.
> ㈐ ㉠에서 발생한 B의 권리는 물건을 점유하지 않더라도 행사할 수 있다.
> ㈑ ㉡에서 C는 B보다 우선하여 보증금을 변제받을 권리를 취득하게 된다.

① ㈎, ㈏   ② ㈎, ㈐
③ ㈏, ㈐   ④ ㈏, ㈑

5 다음 중 어느 경우에 통화량이 늘어나는가?

① 일반은행의 대출이자율 인하
② 유가증권을 매각하여 민간자금 흡수
③ 중앙은행이 지급준비율을 인상할 때
④ 당좌예금이 줄고 저축성 예금이 늘어날 때

4.

㈎ 용익 물권은 타인의 토지 또는 건물을 일정한 목적을 위하여 사용·수익할 수 있는 물권으로 민법상의 용익 물권은 지상권, 지역권, 전세권의 세 가지가 있다.
㈑ C는 후순위자이다.

5.

금융정책의 양적 조절수단

㉠ 재할인율 정책 : 중앙은행이 은행에 대한 대출이자율을 조절함으로써 간접적으로 은행이 대출을 조절하려는 정책이다(재할인율 인상 → 통화량 감소, 재할인율 인하 → 통화량 증가).
㉡ 공개시장조작 정책 : 중앙은행이 국·공채를 매각하거나 매입하여 통화량을 조절하는 정책이다(매각 → 통화량 감소, 매입 → 통화량 증가).
㉢ 지급준비율 정책 : 은행은 예금에 대하여 일정한 비율의 지급준비금을 중앙은행에 예치하는데, 중앙은행이 이 지급준비율을 올리거나 낮춤으로써 은행의 자금량을 조절하는 정책이다(지급준비율 인상 → 통화량 감소, 지급준비율 인하 → 통화량 증가).

Answer   4.③   5.①

6 밑줄 친 '국민 경제적 의미에서의 활동'이 아닌 것은?

> 이익을 얻기 위하여 어떤 일이나 사업에 자본을 대거나 시간이나 정성을 쏟는 일을 말한다. 이는 <u>국민 경제적 의미나 개인적 의미에서의 활동</u>이 있다.

> ㉠ 수출품을 만드는 공장을 짓는 일
> ㉡ 정기 예금에 가입하는 일
> ㉢ 여유자금을 부동산투자로 돌리는 것
> ㉣ 생산요소인 기계 설비를 늘리는 일

① ㉠, ㉡ ② ㉠, ㉢
③ ㉡, ㉢ ④ ㉡, ㉣

7 다음과 같은 경제 조치가 가져올 영향은?

> A 은행은 상환 능력과 의지가 있는 신용 불량자에게 연 6~15%의 저금리 적용, 연체 이자의 1년 분할 상환 등과 같은 혜택을 주기로 했다. 그리고 B 은행은 이번 주부터 최장 8년 분할 상환, 최고 100% 연체 이자 감면 등과 같은 조치를 통해 신용 불량자의 채무 재조정을 본격화하기로 했다.

① 가계의 소비 지출이 큰 폭으로 증가할 것이다.
② 성실한 채무자는 더 열심히 상활 것이다.
③ 누구나 은행 대출을 쉽게 받을 수 있을 것이다.
④ 채무자들의 도덕적 해이를 유발할 수 있을 것이다.

7.

돈을 갚지 않은 사람을 구제해주려는 것이므로 도덕적 해이가 나타날 가능성이 높다.

Answer   6.③ 7.④

8 다음 자료에 대한 설명으로 옳은 것은?

갑이 현재 소득 200만 원을 모두 은행에 예금하면 5년 후에는 300만 원이 된다고 한다. 이러한 상황을 그림과 같이 나타낼 때, 갑은 현재 A수준에서 소비하기로 하였다.

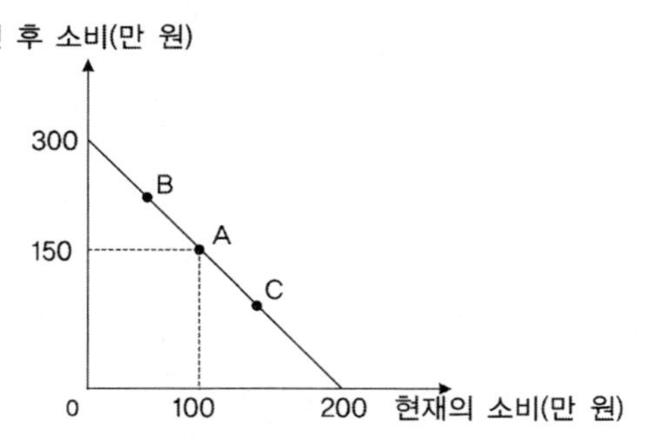

㉠ 갑의 선택은 합리적이다.
㉡ 갑은 현재 소득 중 150만 원을 저축하려 한다.
㉢ 갑이 A점 대신 C점을 선택하면 소비 성향이 높아진다.
㉣ 명목 이자율이 상승한다면 선의 기울기가 완만해진다.

① ㉠, ㉡   ② ㉠, ㉢
③ ㉡, ㉢   ④ ㉡, ㉣

9 저축성예금의 이자율을 올리고 요구불예금의 이자율을 내리면 국내통화량은 어떻게 변화하는가?

① 감소한다.
② 변함이 없다.
③ 1개월 후부터 증가한다.
④ 증가한다.

8.

갑은 현재의 소득 중 100만원을 저축하려고 하며, 150만원은 미래의 가치를 의미한다. 또한 명목이자율이 높아지면 5년 후 소비액이 커지게 되므로 선의 기울기는 급해지게 된다.

9.

통화량 = 현금통화 + 예금통화(요구불예금), 총통화량 = 현금통화 + 예금통화 + 저축성예금이므로 저축성예금의 이자율을 올리고 요구불예금의 이자율을 내리면 통화량은 감소한다.

10 외상대금 지불, 세금 납부, 채무의 변제 등과 관계가 깊은 화폐의 기능으로 옳은 것은?

① 일반적 교환수단
② 가치척도수단
③ 가치저장수단
④ 거래의 결제수단

11 다음에서 경제개념과 관련된 진술 중 그 개념이 바르게 사용된 것을 모두 고르면?

> ㉠ 요구불예금과 저축성예금의 합을 총통화라 한다.
> ㉡ 민간보유 현금과 예금통화의 합을 통화라 한다.
> ㉢ 중앙은행은 지급준비율 조정을 통하여 은행의 예금통화 공급에 영향을 미친다.
> ㉣ 중안은행의 통화 공급은 신용창조과정을 통하여 이루어진다.

① ㉠㉡
② ㉡㉢
③ ㉡㉣
④ ㉢㉣

10.

화폐의 기능
㉠ 교환매개수단 : 상품과 상품의 교환을 매개하는 기능을 말한다.
㉡ 가치척도의 수단 : 모든 재화와 용역의 가치 크기는 화폐금액으로 표시된다.
㉢ 가치저장의 수단 : 경제적 가치를 보장함으로써 화폐의 소유 또는 저축수단의 기능을 말한다.
㉣ 결제의 수단 : 신용사회에서 외상거래, 각종 납부금의 고지서가 발급되었을 때, 채무의 변제에 화폐가 그 수단으로 이용된다.

11.

총통화는 통화와 저축성예금 및 국내거주자의 외화예금의 합이며, 신용창조는 일반은행에 의해 이루어진다.

PART
I
사회

03

사회 · 문화

기출PLUS

기출 2023. 6. 10. 서울시 보훈청 시행

〈보기〉의 밑줄 친 ㉠~㉢과 같은 현상의 일반적인 특성에 대한 설명으로 가장 옳은 것은?

─ 보기 ─

설연휴 마지막 날인 24일 ㉠한파와 강풍으로 인해 일부 항공편과 배편이 결항 조치되면서 귀경하려는 시민들의 발걸음도 묶이게 됐다. 제주지방항공청과 공항공사는 제주공항 대설과 강풍에 따른 ㉡비상대응체계를 가동하고, 항공편 변경을 위해 공항에 방문하는 승객을 위한 ㉢안내요원을 추가 투입했다.

① ㉠과 같은 현상은 가치함축적, ㉢과 같은 현상은 몰가치적이다.
② ㉡과 같은 현상은 ㉠과 같은 현상과 달리 확률성의 원리가 적용된다.
③ ㉢과 같은 현상은 ㉡과 같은 현상과 달리 인과관계가 명확하다.
④ ㉠과 같은 현상은 ㉡, ㉢과 같은 현상과 달리 당위 법칙의 지배를 더 많이 받는다.

〈정답 ②

❶ 사회 · 문화현상의 이해

(1) 자연현상과 사회 · 문화현상의 의미와 특징

구분	자연현상	사회 · 문화현상
의미	인간의 의지는 무관한 보편적인 자연법칙에 따르는 자연계의 모든 현상	인간에 의해 인위적으로 창조되는 모든 현상
지배법칙의 내용과 성격	• 사실법칙 : 자연적 사실을 지배하는 법칙 • 인과법칙 : 원인과 그로 인한 결과가 존재한다는 법칙 • 필연법칙 : 우연이나 예외가 없는 법칙 • 존재법칙 : 사실상 그러함을 나타내는 법칙	• 규범법칙 : 인간의 행위의 기준이 되는 법칙 • 당위법칙 : 마땅히 행해야 하는 법칙 • 목적법칙 : 반대현상이 발생할 가능성이 있는 법칙 • 자유법칙 : 자유의지에 따라 예외가 존재할 수 있는 법칙
특징	• 몰가치적(가치중립적)이고 보편적이다. • 인간이 창조해낸 가치 기준과는 무관하게 존재한다. • 고정성과 불변성이 있다. • 규칙성의 발견 및 예측이 용이하다. • 관찰과 실험, 특히 통제된 실험을 통한 조사가 가능하다. • 확실성의 원리에 의해 이론화된다.	• 가치함축적이고 가치판단적이다. • 인간이 창조해낸 가치기준으로 특수성을 지닌다. • 유동성과 가변성이 있다. • 규칙성의 발견 및 예측이 곤란하다. • 통제된 실험이 불가능(조사 · 관찰 · 답사 · 사례연구 등)하다. • 확률의 원리에 의해 이론화된다.

(2) 사회 · 문화현상 연구의 특징

① **사회과학의 세분화 · 전문화** … 사회과학은 사회 · 문화 현상을 과학적으로 탐구하려는 학문이다.

사회 · 문화 현상이 점점 복잡해지고 다양해지자 그에 따라 세분화 되고 전문화 되었다.

㉠ **정치학** : 권력, 공공정책, 정치적 의사결정과정을 연구 대상으로 하는 학문이다.

㉡ **경제학** : 인간의 경제활동에 기초를 둔 사회적 질서를 연구 대상으로 하는 학문이다.

㉢ **사회학** : 인간의 사회적 공동생활을 연구하는 학문이다.

ⓔ 문화 인류학 : 인류의 생활 및 역사를 문화적인 면에서 비교하고 연구하는 학문이다.

② 간학문적 연구
　㉠ 전통적인 학문 영역간의 소통을 통해 특정한 현상을 통합적으로 이해하려는 방식이다.
　㉡ 사회현상은 매우 복잡하기 때문에 개별 학문만으로는 모든 것을 설명하기 어려우므로 사회·문화현상을 종합적으로 분석하기 위해 여러 학문들을 적용하여 통합적으로 연구할 필요성이 있다.

❷ 사회·문화현상을 보는 관점

(1) 거시적 관점과 미시적 관점

구분	거시적 관점	미시적 관점
내용	사회 체계 전체의 수준에서 탐구하려는 관점	개인 및 개인 간의 상호작용에 초점을 맞추어 탐구하려는 관점
관심대상	계층구조, 사회조직, 사회제도	개인의 태도나 행동, 개인 간의 상호작용
관련이론	기능론, 갈등론	교환이론, 상징적 상호작용론,

(2) 사회·문화현상을 이해하는 여러 관점

① 기능론
　㉠ 사회 구성요소들은 상호의존적인 관계에 있으며, 사회 전체의 유지와 통합에 기여한다.
　㉡ 각 요소들의 역할과 기능은 사회구성원들의 합의에 의해 결정된 것이다.
　㉢ 전체 사회는 유기체와 같이 부분들의 체계로 이루어져 있다.
　㉣ 통합과 균형을 강조하며, 안정성과 지속성을 기본으로 한다.
　㉤ 보수주의학자들의 지지를 받는다.
　㉥ 갈등과 변동의 중요성을 간과하고 현상유지만을 강조하여, 혁명과 같은 급격한 사회변동을 설명하지 못하는 한계를 가지고 있다.

② 갈등론
　㉠ 사회 구성요소들은 갈등적인 관계에 있으며, 사회 전체의 변동에 기여한다.
　㉡ 각 요소들의 역할과 기능은 강제와 탄압에 의한 것이다.
　㉢ 사회가 존속하는 한 희소가치를 둘러싼 갈등과 긴장은 끊임없이 존재한다.

기출 2023. 6. 10. 제1회 서울특별시 시행

〈보기〉에 나타난 사회·문화 현상을 보는 관점에 대한 설명으로 가장 옳은 것은?

보기

우리나라에서 중요한 시험을 앞두고 포크를 선물 받은 사람은 포크의 의미를 정답을 잘 찍으라는 의미로 이해하고 고맙게 생각한다. 그러나 우리나라 문화에 익숙하지 않은 외국인이 포크를 선물로 받는다면 포크의 상징을 제대로 이해하지 못할 것이다.

① 사회문제를 병리적 현상으로 본다.
② 상황에 대한 주관적 의미 부여를 강조한다.
③ 사회가 본질적으로 변동을 지향한다고 본다.
④ 사회문화 현상을 사회 구조적 측면에서 바라본다.

◀ 정답 ②

〈보기〉의 사회 문화 현상을 바라보는 갑(甲), 을(乙)의 관점에 대한 설명으로 가장 옳은 것은?

> **보기**
>
> 갑 : 요즘 취업을 위한 자격 조건이 점점 강화되고 있어. 이는 부와 권력을 가진 집단이 우위를 유지하기 위해 취업 조건을 통제하기 때문에 나타난 현상이야.
>
> 을 : 정보 사회가 진전됨에 따라 전문적인 지식과 기술을 가진 사람들의 필요성이 커지고 있어. 따라서 취업 조건이 강화되는 경향은 사회의 효율성을 위해 바람직한 거야.

① 갑의 관점은 사회가 스스로 균형을 유지하려는 속성을 지닌다고 본다.

② 을의 관점은 사회 변동보다 사회 안정을 강조한다.

③ 갑의 관점은 행위자의 주체적 능동성을 강조한다.

④ 을의 관점은 갈등을 사회의 본질적인 속성이라고 본다.

② 갈등과 강제를 중심으로 현상 파괴적 측면을 강조한다.

⑩ 진보주의 학자들의 지지를 받는다.

⑭ 갈등을 통한 변혁을 강조하며, 사회존속과 통합의 중요성을 경시하는 비관적, 부정적인 관점이라는 한계를 가지고 있다.

③ **상징적 상호작용론**

㉠ 사람들이 주고받는 언어와 문자, 기호 등 상호작용 속에 교환되는 상징과 그 의미의 중요성을 강조하는 이론이다.

㉡ 일상생활에서 사람들이 어떻게 행위하고 상호작용하는지에 관심을 둔다. 인간의 능동적 사고과정과 자율적 행위의 측면을 중시한다.

㉢ 사회는 사람들이 서로 주관적인 의미 규정과 해석을 주고받는 과정이며, 이를 통해 사회가 유지 또는 변동 된다.

㉣ 사회 · 문화현상을 개인들의 일상생활 속의 행동을 통해 상호 작용한 결과로 발생한 주관적인 의미가 담긴 것으로 본다.

㉤ 사회적 행위에는 스스로가 상대방의 주관적 동기와 의미를 해석하는 과정, 즉 상황 정의가 필요하다.

㉥ 개인은 상징적 상호작용을 통해 자아를 형성하게 되고 자신의 기대역할과 행동을 학습한다.

㉦ 사회구조의 힘이 개인의 상호작용에 미치는 영향을 과소평가하여 거시적 구조를 보지 못하는 한계를 가지고 있다.

④ **교환이론**

㉠ 인간의 행위를 비용과 그에 따른 보상과 연관지어 생각한다.

㉡ 인간은 교환을 통해 이익을 추구하는 합리적 존재이다.

㉢ 사회조직 속에서 흥정과 타협을 통하여 서로 주고받게 되어야 관계의 균형이 유지된다.

㉣ 교환되는 것은 물질적인 것뿐만 아니라 애정, 명예, 권력 등도 포함된다.

㉤ 개인이나 집단이 왜 그런 행동을 하는 가를 설명하는데 유용하다.

㉥ **교환관계** : 일대일로 이루어지기도 하고 세대 간 교환이 이루어지기도 하고, 순환적 교환이 일어나기도 한다.

㉦ 인간을 지나치게 단순하게 취급한다는 비판도 받고 있다.

〈정답 ②

(3) 사회 · 문화현상을 보는 관점들의 조화와 균형

① 거시적 관점과 미시적 관점의 비교

구분	거시적 관점(기능론과 갈등론)	미시적 관점(상징적 상호작용론과 교환 이론)
특징	개인을 구속하는 사회의 구조에 초점을 둔다.	개인의 능동적 사고 과정과 선택 그리고 타인과의 상호 작용과정에 초점을 둔다.
단점	개인의 주체적 능동성을 간과하였다.	개인을 구속하고 통제하는 거시적 구조를 설명하지 못하였다.

② 사회 · 문화현상을 보는 관점들의 조화와 균형 … 사회 · 문화현상에 대하여 종합적으로 인식하고, 균형 잡힌 시각을 가지고 개인과 사회의 관계를 보려면 거시적 관점과 미시적 관점을 종합하여 보아야 한다.

③ 사회 · 문화현상의 연구 방법

(1) 사회과학의 연구방법

① 실증적 연구방법(양적 접근법) … 자료를 계량화하여 분석하는 연구방법으로 사회현상에 관한 일반적인 법칙을 발견한다.

　㉠ 특징
　　• 객관적으로 관찰 가능한 인간행위를 분석대상으로 삼는다.
　　• 객관적 법칙발견이나 엄밀한 인과관계의 확인이 목적이다.
　　• 수량적으로 표현할 수 있는 양적인 자료를 중시한다.
　　• 통계적인 분석기법을 활용한다.
　　• 연구자가 관찰대상과 일정한 거리를 유지한 채 가치중립적으로 연구한다.
　㉡ 장점 : 객관적이고 정확 · 정밀한 연구, 법칙발견에 유리하다.
　㉢ 단점 : 계량화가 곤란한 인간의 정신적 영역 등에 관한 연구는 제약을 받는다.
　㉣ 전제
　　• 자연현상과 사회 · 문화현상은 본질적으로 다르지 않다.
　　• 자연과학적 연구방법을 사회 문화현상에 적용할 수 있다는 방법론적 일원론을 주장한다.
　㉤ 절차 : 문제인식 → 가설설정 → 연구 설계 → 자료수집 → 자료 분석 → 가설 검증 → 결론도출

기출PLUS

기출 2022. 6. 18. 서울특별시 시행

〈보기〉에서 사회 · 문화 현상을 바라보는 관점 (가)~(다)에 대한 설명으로 가장 옳은 것은?

· 보기 ·

관점	가족문제의 원인
(가)	가족 제도와 교육 제도의 본래 기능 상실
(나)	자녀 양육에 필요한 사회적 자원을 사회 기득권층에서 독점하는 구조
(다)	자녀의 행동에 대한 부모와 자녀 간의 서로 다른 상황 정의

① (가)는 행위 주체인 인간이 상황 속에서 능동적으로 대응하는 존재라고 본다.
② (다)와 달리 (가)는 사회 문제를 사회 병리적인 현상으로 인식한다.
③ (나)에 비해 (다)는 사회 제도 간의 상호 의존적인 관계에 주목한다.
④ (가)와 달리 (나)는 희소가치의 배분과 관련하여 각 계급의이익은 양립할 수 있다고 본다.

❮정답 ②

〈보기〉의 (가), (나)에 나타난 자료 수집 방법에 대한 설명으로 가장 옳은 것은?

┌─ 보기 ─────────────
(가) 갑(甲)은 인공지능을 활용한 교수학습 방법이 고등학교 학생들의 학업 능력 향상에 미치는 영향력을 연구하기 위해 □□고등학교 학생 300명을 대상으로 구조화된 문항에 응답하도록 하였다.
(나) 을(乙)은 핸드폰 등 전자기기 사용이 고등학교 학생들에게 미치는 영향력을 연구하기 위해 ○○고등학교 2학년 학생들의 학습 활동을 1학기 동안 참관하며 관찰하였다.
└────────────────

① (가)에 나타난 자료 수집 방법은 주로 양적 연구에서 활용된다.
② (가)에 나타난 자료 수집 방법은 문맹자를 대상으로 한 자료 수집이 용이하다.
③ (나)에 나타난 자료 수집 방법은 대량의 구조화된 자료를 수집하는 데 용이하다.
④ (가)와 달리 (나)에 나타난 자료 수집 방법은 경험적 자료의 수집에 적합하다.

《정답 ①

② **해석적 연구방법**(질적 접근법) … 연구자의 직관적인 통찰에 의해 사회현상의 의미를 해석하고 이해하려는 연구방법이다.

　㉠ 특징
　　• 인간의식의 심층적 영역에 관심을 가진다.
　　• 인간행동의 동기, 의도 등과 같은 의미의 파악이 목적이다.
　　• 비공식적 문서, 역사적 기록의 이면적 의미를 중시한다.
　　• 연구자의 직관적 통찰에 의거하여 연구한다.
　　• 연구자가 관찰대상의 입장이 되어 볼 것을 강조한다.
　㉡ 장점 : 행위자의 주관적 의식의 심층에 대한 이해가 가능하다.
　㉢ 단점 : 실증적 연구와 같은 객관성 확보가 쉽지 않다.
　㉣ 전제
　　• 자연현상과 사회·문화현상은 본질적으로 다르다고 생각한다. 그렇기 때문에 자연과학적 연구방법을 가치 함축적인 사회·문화현상에 적용할 수 없다는 방법론적 이원론을 주장한다.
　　• 사회는 행위자에 의해 구성되면 개인들은 지속적으로 상호작용을 한다.
　㉤ 절차 : 문제인식→연구 설계→자료수집→자료 처리 및 해석→결론 및 적용

(2) 자료수집방법

① **질문지법** … 조사하고자 하는 내용을 설문지로 만들어, 이를 조사 대상자가 직접 기입하게 하는 방법이다.
　㉠ 장점 : 시간과 비용 절약, 분석기준 명확, 자료 분석용이 등이 있다.
　㉡ 단점 : 회수율이 낮고 문맹자에게는 실시가 곤란하며 질문내용이 잘못 이해될 수 있다.
　㉢ 단점보완책 : 질문지를 이해하기 쉽게 작성하고, 사전검사를 통해 질문에 대한 반응을 관찰하고 그 결과를 분석하여 결함을 보완한다.

② **면접법** … 연구자와 조사대상자가 직접 만나 필요한 정보를 대화를 통해 수집하는 방법이다.
　㉠ 장점 : 문맹자에게도 실시가능하며 자세한 조사가 가능하다.
　㉡ 단점 : 시간과 비용이 많이 들고 표본을 많이 구하기 어려우며 조사자의 편견이 개입할 우려가 있다.

③ **참여관찰법** … 연구자가 사회현상을 직접 보고 듣고 느끼면서 자료를 수집하는 방법이다.

⊙ **장점** : 의사소통이 곤란한 경우에도 실시 할 수 있으며, 정보를 깊이 있게 관찰할 수 있다.

ⓛ **단점** : 원하는 현상이 나타날 때까지 기다려야 하는 경우가 발생하며 관찰자의 주관이 작용할 가능성이 높고 예상치 못한 변수가 발생할 우려가 있다.

④ **문헌연구법** … 역사적인 문헌을 수집하거나 이미 발표된 통계자료를 수집하는 방법이다.

　⊙ **장점** : 적은 비용으로 폭넓은 연구가 가능하며 주어진 연구문제에 대한 기존 연구동향을 효과적으로 파악할 수 있다.

　ⓛ **단점** : 문헌자료의 신뢰성 문제가 따르며 연구자의 주관적 문헌해석 가능성이 존재한다.

⑤ **실험법** … 인간행위에 일정한 자극을 주고 이에 대한 반응을 구함으로써 자료를 수집하는 방법이다.

　⊙ **장점** : 과학적인 연구가 가능하다.

　ⓛ **단점** : 인간에 대한 실험은 비윤리적이라는 비판이 있다.

❹ 사회 · 문화현상의 탐구 절차와 태도

(1) 사회 · 문화현상의 탐구 절차

① 연역적 방법과 귀납적 방법

　⊙ **연역적 방법** : 보편적인 원리에서 가설을 설정하고 출발하여 연구하고 일반적인 법칙이나 이론을 찾아내는 방법이다.

　ⓛ **귀납적 방법** : 개별사례에 대한 관찰을 총괄하여 그 공통된 성질을 일반적인 법칙으로 확립하는 방법이다.

② 양적 연구방법의 탐구절차

　⊙ **문제제기 및 연구 주제 선정** : 연구를 통하여 해결하고자 하는 문제가 무엇인지를 명확히 밝히는 단계이다.

　ⓛ **가설 설정**
　　• 기존의 연구 결과와 이론 등을 참고하여 가설을 설정하는 단계이다.
　　• 결론을 예측해 보는 것으로 원인에 해당하는 독립변수와 결과에 해당하는 종속변수 간의 관계를 구체적으로 나타낸다.

기출 2021. 4. 17. 인사혁신처 시행

다음 연구에 대한 설명으로 옳은 것만을 〈보기〉에서 모두 고르면?

- 연구 목적 : 청소년의 ⊙학교 적응 정도에 ⓛ이성교제 여부가 미치는 영향 분석
- 가설 : 이성교제 경험이 있는 학생이 그렇지 않은 학생보다 학교 적응 정도가 높을 것이다.
- 연구 방법
　－조사 대상 : ⓒ이성교제 경험이 있는 고등학생 300명, ⓔ이성교제 경험이 없는 고등학생 300명
　－조사 도구 : ⓜ학교 적응 정도를 학교 생활 적응 정도, 학교 친구 적응 정도, 학교 수업 적응 정도로 구체화하여 측정한 값을 얻기 위해 개발된 질문지

┌ 보기 ┐
ⓞ 방법론적 이원론에 기초한 연구 방법을 시행하였다.
ⓛ ⊙은 종속 변수, ⓛ은 독립 변수이다.
ⓒ ⓒ과 ⓔ을 합한 것이 모집단이다.
ⓔ ⓔ ⓜ은 개념의 조작적 정의에 해당한다.

① ⊙, ⓛ　　② ⊙, ⓒ
③ ⓛ, ⓔ　　④ ⓒ, ⓔ

《정답 ③

기출 2020. 6. 13. 제1회 지방직 시행

다음은 연구 단계를 순서 없이 나열한 것이다. 이에 대한 설명으로 옳은 것은?

┌ 보기 ┐

㈎ 수집한 자료를 통계 처리하여 변수 간의 인과관계 분석

㈏ 자기주도학습이 학업 성취도에 미치는 영향을 연구 주제로 선정

㈐ 자기주도학습 태도를 지닌 고등학생일수록 학업 성취도가 높을 것이라는 잠정적 결론 도출

㈑ ○○시 △△고교 학생 1,500명을 대상으로 연구주제에 대한 설문조사 실시

㈒ 학업 성취도는 1학기와 2학기의 지필평가 평균 점수를 비교하여 측정하기로 결정

① ㈎ 단계와 ㈐ 단계에서는 연구자의 가치 중립적 태도가 요구된다.

② ㈎ 단계에서는 ㈐ 단계와 달리 연구자의 직관적 통찰이 필요하다.

③ ㈏ 단계와 ㈒ 단계에서는 연구자의 가치가 개입된다.

④ 연구는 ㈏→㈑→㈎→㈒→㈐의 순서로 진행되어야 한다.

◀정답 ③

㉢ **연구 설계**: 조사대상과 범위, 조사 기간, 그리고 분석 도구에 대해 구체적으로 계획을 세우는 단계이다.

㉣ **자료수집 및 분석**: 연구 설계에서 계획된 자료수집 방법에 따라 자료를 수집하고 수치화된 자료를 통계 기법을 이용하여 분석하는 단계이다.

㉤ **가설 검증 및 일반화**: 자료를 분석한 결과를 바탕으로 가설을 수용할지 기각할 지 검증하고 가설이 입증된 경우에는 일반화를 시도하는 단계이다.

③ **질적 연구방법의 탐구 절차**

㉠ **문제제기 및 연구주제 선정**: 가설을 설정하지 않거나 설정하는 경우에도 추상적인 형태로 만드는 것이 일반적이다.

㉡ **연구 설계**: 자료수집 방법, 조사대상과 범위, 조사기간에 대해 구체적인 계획을 세우는 단계이다.

㉢ **자료 수집 및 분석**

• 주로 녹음, 메모, 촬영 등의 방법을 통해 자료 수집을 한다.

• 연구자의 직관적인 통찰에 의거하여 자료를 분석한다.

㉣ **결론**: 분석한 자료의 의미를 중심으로 결론을 도출하는 단계이다.

④ **실증적 탐구 방법의 연구과정**

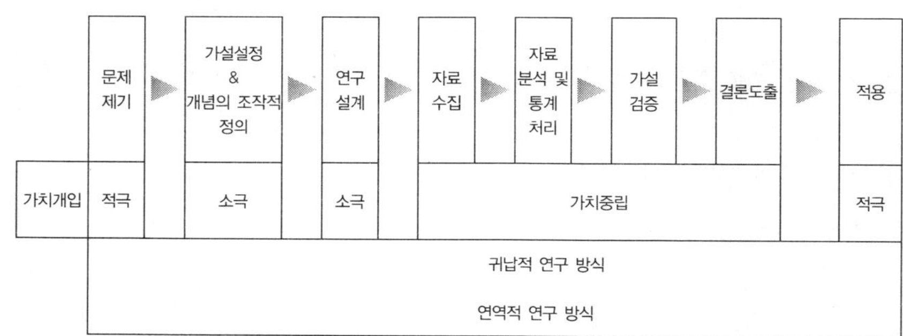

㉠ 가설 설정 & 개념의 조작적 정의는 실증적 연구방법의 대표적인 특징이다. → 가설 설정 & 개념의 조작적 정의 과정에서 소극적으로 가치가 개입되지만 가급적 배제하는 것이 좋다.

㉡ 실증적 연구의 전체적인 흐름은 연역적 연구이지만, 자료수집→가설 검증 과정은 귀납적인 방식을 가진다.

⑤ **해석적 탐구의 연구과정**

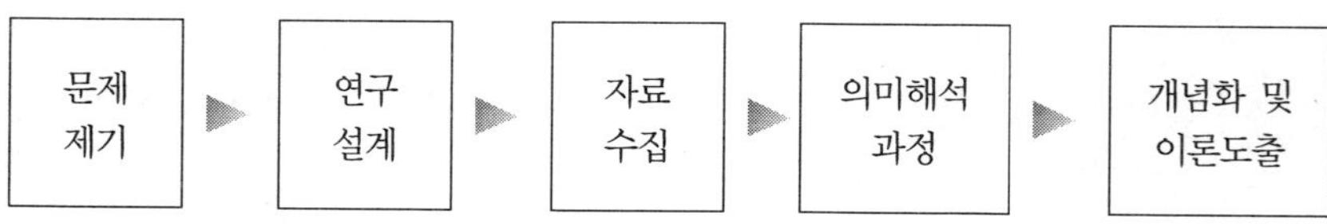

ⓐ 해석적 연구방법은 특수하고 예외적인 사례에 주목한다.

→ 따라서 각 사례에 따른 연구가 중요하다.(귀납적 연구 방식)

ⓑ 개인 내면의 동기를 파악 할 수 있는 '비공식적인 문서'에 주목한다.

ⓒ 해석적인 연구는 '가치 함축적'이며, 이는 연구자가 연구 대상자의 입장에서 연구대상자의 심리상태나 행동 방식 등을 판단해 보는 것을 의미한다.

(2) 사회 · 문화현상의 탐구 태도

① 사회 · 문화현상의 탐구에서 필요한 연구자의 태도

ⓐ 성찰적 태도 : 현상을 있는 그대로 받아들이지 않고 의문을 가지고 살펴보려하거나 자신의 연구과정에 대해서 제대로 탐구하고 있는지 되짚어 보려는 태도

ⓑ 객관적인 태도

  • 자신의 주관을 떠나 사실을 있는 그대로 관찰하고 인식하려는 태도
  • 자신의 선입관이나 감정적 요소를 배제한 제3자적 입장

ⓒ 개방적인 태도

  • 여러 가지 가능성이 동시에 공존할 수 있다고 인정하는 태도
  • 논리적으로 옳아 보이는 주장이나 이론도 경험적으로 실증될 때까지는 가설로 받아들이는 태도
  • 편견이나 편협한 가치관 배격, 무비판적 추종이나 무조건적 배격 탈피

ⓓ 상대주의적인 태도

  • 사회와 문화의 특수성을 이해하는 태도
  • 동일한 사회 · 문화현상이라 할지라도 해당 사회의 역사적 · 문화적 배경이나 현실적 여건에 따라 다르게 이해하려는 태도

ⓔ 조화의 중요성을 인식하는 태도

  • 사회는 조화를 이루는 가운데 발전하는 것임을 인식하는 태도
  • 협동과 대립, 갈등이 교차하고 반복되면서 사회가 발전한다고 생각하는 태도

② 사회 · 문화현상의 탐구에서 가치중립문제

ⓐ 사실과 가치

  • 사실 : 실재하는 어떤 것의 객관적 상태를 있는 그대로 설명해 주는 명제로, 경험적 증거를 바탕으로 하여 참과 거짓을 객관적으로 규명할 수 있다.
  • 가치 : 사물이나 사건, 행위나 사람, 관행, 제도 등에 대한 주관적 평가의식을 담고 있는 명제로, 평가적 용어가 사용된다.

기출 2021. 6. 5. 서울특별시 시행

〈보기〉에서 강조하는 사회 · 문화 현상의 탐구 태도로 가장 옳은 것은?

─ 보기 ─

사회 · 문화 현상의 발생 과정과 원인은 단순하지 않고 복잡하기 때문에 겉으로 드러나는 현상만을 보면 안 된다. 또한 자신이 연구 절차나 방법, 연구 윤리 등을 제대로 지키며 탐구하고 있는지 되짚어 보아야 한다.

① 사실을 있는 그대로 관찰하는 것을 말한다.
② 경험적인 근거를 통해 검증하기 전에는 하나의 가설로 받아들인다.
③ 사회 · 문화 현상은 그 현상이 발생한 맥락에 따라 다른 의미를 지닌다.
④ 현상의 이면에 담겨 있는 발생 원인이나 원리를 능동적으로 살펴본다.

❮정답 ④

ⓒ **가치중립**: 가치로부터 자유로운 상태, 즉 가치의 영향이 배제된 상태를 뜻한다.

ⓒ **가치개입**: 특정한 가치를 전제로 그것과의 연관성 속에서 의사결정에 임하는 것이다.

ⓔ **과학과 가치의 문제**

- **가치중립의 필요성**: 사회과학의 탐구목적은 사회·문화현상을 기술하고 그 속에서 법칙을 찾는 것이므로 연구자의 주관적인 가치가 배제되어야 한다(연구자의 주관적 가치 때문에 사실을 왜곡하여 자료를 수집해서는 안 된다).

- **가치중립성을 지키기 어려운 이유**: 사회현상 자체에 가치가 내포, 연구자 자신이 사회현상 내부에서 관찰, 연구 주제와 대상의 선택에서 연구자의 가치판단이 불가피할 수밖에 없기 때문이다.

(3) 사회·문화현상의 탐구에서 연구자가 지켜야 하는 윤리문제

① **연구 윤리의 필요성**

ㄱ 사회·문화현상의 탐구는 인간의 행위를 탐구의 기본으로 하므로 윤리적 원칙에 충실해야 한다.

ㄴ 연구의 대상이 사람이므로 연구 과정이나 결과가 인권을 침해하지 않도록 해야 한다.

② **연구 주제의 윤리성**

ㄱ 연구 주제가 윤리적으로 허용되는 범위 내의 것이어야 한다.

ㄴ 인간 생활에 해를 끼치거나 불이익을 주는 것은 허용되지 않는다.

③ **연구 대상자와 관련된 윤리문제**

ㄱ **연구 대상의 인권 보호 관련 문제**: 인간을 대상으로 하므로 탐구과정에서 조사 대상자에게 신체적, 정신적, 물질적, 법적으로 피해를 주지 않고 인권을 보호해야 한다.

ㄴ **연구 대상자의 자발적인 참여 문제**: 연구 대상자에게 연구의 성격과 목적, 내용 등에 대한 정보를 미리 제공하고 조사 참여에 대한 동의를 구해야 한다.

ㄷ **연구 대상자의 사생활 보호문제**: 연구대상자의 사생활보호를 위해 익명성을 보장해야 하며 연구 결과의 분석과 보고과정에서도 연구 대상자를 절대 공개해서는 안 된다.

④ 연구 과정 결과 보고와 활용에서의 윤리문제

　㉠ 연구 과정에서의 윤리문제 : 원하는 결과를 얻기 위해 자료를 편파적으로 수집하거나 자료를 조작해서는 안 된다.

　㉡ 결과 보고에서의 윤리문제 : 연구 결과의 확대 및 왜곡이나 타인의 연구 결과물을 도용하는 것은 범죄에 해당한다.

　㉢ 연구 결과 활용에서의 윤리 문제 : 결과가 다수에게 악영향을 미치거나 정부정책에 왜곡되어 반영될 수 있는지도 고려해야 한다.

1 〈보기〉는 사회·문화 현상의 연구 방법 A, B를 분류한 것이다. 이에 대한 설명으로 가장 옳은 것은?

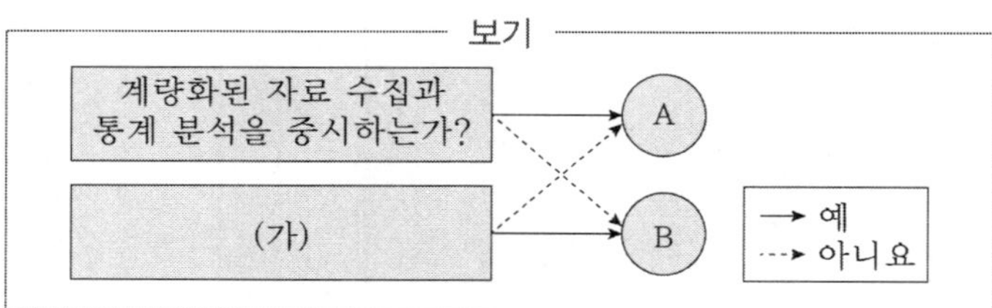

① A는 연구자의 직관적 통찰을 통한 이해를 강조한다.

② B는 변인 간 관계에 대한 법칙 발견을 목적으로 한다.

③ A는 방법론적 일원론, B는 방법론적 이원론에 기초한다.

④ (가)에는 '경험적 관찰을 통해 자료를 수집하는가?'가 들어갈 수 있다.

1.

사회·문화 현상의 연구 방법 중 계량화된 자료 수집과 통계 분석을 중시하는 A는 실증적 연구(양적 연구) 방법이다. 그렇지 않은 B는 해석적(질적) 연구 방법이다. 실증적 연구는 방법론적 일원론, 해석적 연구는 방법론적 이원론에 기초한다.

① 연구자의 직관적 통찰을 통한 이해를 강조하는 연구 방법은 해석적 연구(B)다.

② 변인 간 관계에 대한 법칙 발견을 목적으로 하는 연구 방법은 실증적 연구(A)다.

④ 두 연구 방법은 구체적 방법이 다를 뿐 모두 경험적 관찰을 통해 자료를 수집한다.

※ 방법론적 일원론과 이원론

구분	방법론적 일원론	방법론적 이원론
주장자	콩트(Comte, A)	베버(Weber, M)
의미	사회·문화 현상의 탐구와 자연현상의 탐구가 비슷하다고 보는 관점	사회·문화 현상의 탐구와 자연 현상의 탐구가 서로 다르다고 보는 관점
전제	사회·문화 현상에도 자연 현상과 마찬가지로 인과법칙이 존재하고 있어 본질적으로 측정이나 실험과 같은 실증적 방법을 통하여 법칙을 발견할 수 있다.	사회·문화 현상은 인간의 의식과 의지를 바탕으로 일어나고, 인간의 행위에는 주어진 환경과 조건, 자신의 행위에 대한 해석과 의미가 담겨 있기 때문에 자연과학적 방법과는 다른 방법으로 탐구해야 한다.
연구목적	인과관계 및 일반적 법칙 발견	인간 행동의 동기 및 의미 파악
특징	사회 현상은 연구자와 독립된 객체에 있기 때문에 분리가 가능하다.	사회 현상은 연구자 자신까지 포함하고 있어서 연구자의 가치와 관점이 개입될 수 있기 때문에 분리가 불가능하다.
연구방법	실증적 연구방법으로 발전	해석적 연구방법으로 발전

Answer 1.③

2 자료 수집 방법 (가)~(다)에 대한 설명으로 옳은 것은?

자료 수집 방법	특징
(가)	− 비교적 짧은 시간에 다수의 대상으로부터 자료를 얻는 데 용이함 − 통계처리가 용이하며 비교 분석 연구에 적합함
(나)	− 문맹자에게도 사용할 수 있음 − 응답자만이 알고 있는 심층적인 정보를 얻을 수 있음
(다)	− 의사소통이 어려운 집단을 조사할 때 유용함 − 생동감 있고 깊이 있는 정보를 직접 파악할 수 있음

① (가)는 양적 연구에서 주로 활용되는 자료 수집 방법이다.

② (나)는 시간과 비용 측면에서 효율적이라는 장점이 있다.

③ (다)는 인위적인 상황을 만들어 변수 간의 인과관계를 파악하는 방법이다.

④ (가), (나)와 달리 (다)는 질적 연구에서 주로 활용되는 자료 수집 방법이다.

3 우리가 무심코 사용하는 말 중에는 특정집단과 국가의 가치관이나 편견이 개입된 것들이 많이 있다. 다음 중 이러한 사례로 보기 어려운 것은?

① 대한민국의 주권은 국민에 있다.

② 중국인들은 우리 민족을 동이족이라 불렀다.

③ 대한민국은 극동지역에 위치한 반도국이다.

④ 콜럼버스는 1492년 아메리카대륙을 발견했다.

2.

(가)는 비교적 짧은 시간에 다수의 대상으로부터 자료를 얻는 데 용이한 질문지법이다. (나)는 문맹자에게도 사용할 수 있으며 심층적인 정보를 얻을 수 있는 면접법이다. (다)는 의사소통이 어려운 집단을 대상으로 생동감 있고 깊이 있는 정보를 직접 파악할 수 있는 참여관찰법이다.

질문지법은 질문 응답 결과를 분석하여 계량화, 수치화하는 양적 연구에서 주로 활용되는 자료 수집 방법이다.

② 시간과 비용 측면에서 효율적인 것은 질문지법(가)의 장점이다. 면접법은 시간과 비용이 많이 든다는 단점이 있다.

③ 인위적인 상황을 만들어 변수 간의 인과관계를 파악하는 방법은 실험법이다.

④ 질문지법(가)은 양적 연구에서 활용되며, 면접법(나), 참여관찰법(다)은 질적(해석적) 연구에서 활용된다.

3.

④ 역사적 사실에 대한 것으로 가치관이나 편견이 개입되었다고 할 수 없다. 물론 아메리카 대륙은 원주민 입장에서는 발견이 아니고, 유럽의 입장에서 보면 발견이 되나, 이는 가치관이나 편견의 문제는 아니다.

Answer　　2.① 3.④

4 〈보기〉의 (가)~(라)에 해당하는 자료수집방법에 대한 설명으로 가장 옳지 않은 것은?

보기

다음은 근로자들의 생활실태와 의식에 관한 자료를 수집하기 위한 활동이다.

(가) 근로자들의 수기 내용을 분석하여 근로자들의 의식을 파악한다.

(나) 근로자들과의 대화를 통해 그들이 생각하는 바를 깊이 있게 조사한다.

(다) 근로자들이 일하는 공장에서 함께 생활하면서 근로자들이 살아가는 모습을 관찰한다.

(라) 근로자들이 생각하는 바를 알아보기 위해 질문지를 만들어 그들에게 답을 하도록 한다.

① (가)는 양적 연구와 질적 연구 모두에 활용된다.

② (나)와 (다)는 문맹자에게 사용하기 어렵다.

③ (나)는 (라)에 비해 자료수집과정에서 연구자의 유연성이 높다.

④ (나)와 (라)는 언어를 매개로 한 상호작용이 필수적이다.

5 사회현상에 대한 탐구는 일반적 법칙을 발견하는 일 못지 않게 사회적 의미를 파악하는 일도 중요하다. 그 까닭으로 가장 적절한 것은?

① 사회현상에는 인과법칙이 존재할 수 없기 때문에

② 사회현상은 실증적 방법을 통하여서는 탐구할 수 없기 때문에

③ 사회현상은 가치와 목적이 개입되어 있기 때문에

④ 사회현상의 탐구과정에서 연구자의 관점을 배제할 수 있기 때문에

4.

(가)에서 수기 내용을 분석하는 것은 자료수집방법 중 문헌연구법에 해당한다. (나)에서 근로자들과의 대화를 통해 깊이 있게 조사한 것은 면접법이다. (다)에서 근로자들과 함께 생활하면서 관찰한 것은 참여관찰법에 해당한다. (라)의 질문지를 통한 조사는 질문지법이다.

질문지법은 질문지의 내용을 이해할 수 있어야 하므로 문맹자를 상대로 자료를 수집하기 어렵다. 면접법은 대화를 통해 자료를 수집하므로 문맹자에게 사용할 수 있다.

① 문헌연구법은 양적 자료와 질적 자료 모두를 분석대상으로 한다.

③ (나)의 면접법은 상황에 따라 질문의 순서 및 내용을 달리할 수 있고, 추가 질문을 하는 등 유연성을 높일 수 있다.

④ (나)의 면접법은 대화가 매개가 되며, (라)의 질문지법은 질문지가 매개가 된다. 두 방법 모두 언어의 의미 이해가 바탕이 된다.

5.

사회현상은 가치와 목적이 개입되어 있기 때문에 사회적 의미를 파악하는 일도 중요하다.

Answer   4.② 5.③

6 다음에서 밑줄 친 ㉠~㉾에 대한 설명으로 옳은 것은?

- 연구 주제 : 사원들의 ㉠직무 만족도에 ㉡사기 진작 프로그램이 미치는 영향
- 연구 가설 : ㉢사기 진작 프로그램의 시행은 직무 만족도를 높일 것이다.
- 변수 측정
  - 직무 만족도 : 표준화된 직무 만족 측정 도구(5점 척도, 5문항)
  - 사기 진작 프로그램 : 매주 수요일 오후 자율적 야외 체육활동
- 연구 과정 : ○○회사 전 직원 가운데 500명을 무작위 추출한 후, 다시 무작위로 250명씩 ㉣A집단과 ㉤B집단으로 나누었다. 두 집단을 대상으로 직무 만족도를 ㉥1차 측정한 결과 집단별 직무 만족도의 평균값은 통계적으로 의미 있는 차이를 보이지 않았다. 이후 A집단에는 매주 수요일 오후 자율적 야외 체육활동을 허락한 반면, B집단에는 아무런 변화도 주지 않았다. ㉦한 달 후 두 집단의 직무 만족도를 같은 문항을 통해 2차 측정한 결과, B집단의 2차 평균값은 1차 평균값과 동일하게 나타난 반면, A집단의 2차 평균값은 1차 평균값에 비해 통계적으로 의미 있는 수준에서 증가한 것으로 나타났다.
  ※ A집단 모두 자율적으로 야외 체육활동에 참여하였고, 사기 진작 프로그램 이외 다른 변수의 효과는 통제된 것으로 간주함

---

① ㉠은 독립 변수, ㉡은 종속 변수이다.

② ㉢의 경험적 검증을 위해서는 계량화된 자료의 획득이 중요하다.

③ ㉣은 통제 집단, ㉤은 실험 집단이다.

④ ㉥과 ㉦ 모두에서 두 집단 간 직무 만족도 평균값의 차이가 클수록 가설 채택의 가능성이 높아진다.

6.

① 독립 변수는 어떠한 효과를 관찰하기 위하여 실험적으로 조작되거나 혹은 통제된 변수이고, 종속 변수는 독립 변수의 조작·통제로 인하여 영향을 받는 변수를 말한다. 따라서 ㉠은 종속 변수, ㉡은 독립 변수이다.

③ 통제 집단은 실험설계에서 처치를 받은 실험 집단의 효과를 비교하기 위한 대상으로 설정하는 처치를 받지 않은 집단을 말한다. 따라서 ㉣은 실험 집단, ㉤은 통제 집단이다.

④ 가설 채택의 가능성이 높아지기 위해서는 ㉥에서 비슷했던 두 집단 간에 직무 만족도 평균값이 한 달 후인 ㉦에서는 A집단의 직무 만족도 평균값이 B집단의 직무 만족도 평균값에 비해 의미 있는 수준으로 증가해야 한다.

Answer　　6.②

7 그림은 사회·문화현상의 연구방법론 흐름도이다. 이에 대한 설명으로 가장 옳은 것은?

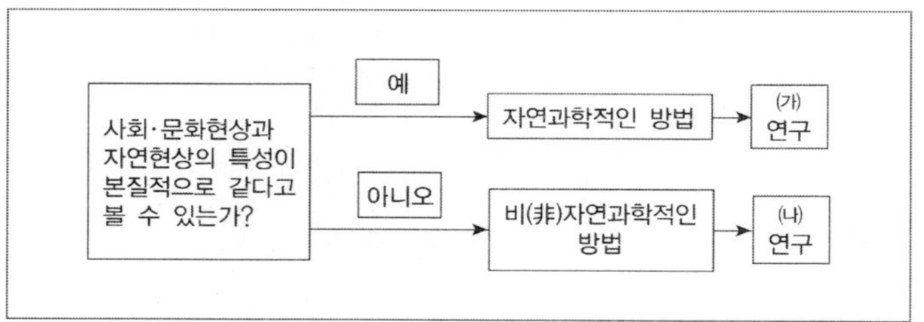

① 실증주의를 바탕으로 하는 연구 방법은 (가)이다.

② (가)는 질적 연구, (나)는 양적 연구에 해당한다.

③ 계량화를 바탕으로 한 통계적 분석이 가능한 것은 (가)보다 (나)이다.

④ (가)는 방법론적 이원론, (나)는 방법론적 일원론을 주장한다.

8 다음 (가)와 (나)의 입장에 대한 설명으로 옳지 않은 것은?

> (가) 기상청은 일기 예보의 정확도를 높이기 위해 고액의 연봉을 주고 기상학 전문가를 영입하였다. 그는 "첨단 컴퓨터와 보다 정교한 모델을 이용하면 날씨에 영향을 미치는 여러 가지 변수를 고려하여 일기 예보의 정확성을 높일 수 있다."라고 말했다.
>
> (나) 사회 과학자들은 객관적 데이터의 분석으로 인간의 의지와 가정이 개입되는 사회 현상을 법칙화하는 것은 불가능하다고 주장한다.

① (가)는 기상학의 연구 대상이 우연성보다는 필연성을 갖고 있다고 생각한다.

② (가)에서 일기 예보의 정확성을 높일 수 있다고 한 것은 연구 대상에 인과 법칙이 존재하기 때문이다.

③ (나)는 사회 현상에 특수성이 존재한다고 본다.

④ (나)는 연구 대상을 방법론적 일원론으로 설명할 수 있다고 본다.

7.

(가) 실증적 연구, (나) 해석적 연구

② (가)는 양적 연구, (나)는 질적 연구에 해당한다.

③ 계량화를 바탕으로 한 통계적 분석이 가능한 것은 (나)보다 (가)이다.

④ (가)는 방법적 일원론, (나)는 방법적 이원론을 주장한다.

8.

(가)에서 기상청의 일기 예보는 객관적인 자료로 증명할 수 있는 자연현상이다. 이에 필연성, 보편성, 인과법칙, 존재법칙, 몰가치성을 특징으로 한다. 이와 비교하여 (나)는 사회·문화현상으로 개연성, 특수성, 가치 함축성을 갖고 있다. 따라서 (나)는 자연현상과 사회·문화현상을 구별하는 방법론적 이원론에 해당하며 (가)는 방법론적 일원론에 해당한다.

Answer　7.① 8.④

9 다음 사회현상의 탐구과정 중 가치중립이 필요한 곳은?

> 문제제기 → 가설의 설정 → 자료수집 및 해석 → 결론도출 → 대안모색
>   ㉠   ㉡   ㉢   ㉣

① ㉠
② ㉡
③ ㉢
④ ㉣

10 다음의 사회 · 문화현상을 바라보는 관점에 부합하는 내용을 〈보기〉에서 고른 것은?

> 사회 · 문화현상은 인간과 인간이 일상생활에서 상징 행위를 통해 상호 작용을 한 결과 발생하는 것으로 주관적인 의미가 담겨 있는 것이다.

― 보기 ―

㉠ 빈곤 문제는 경기 불황이나 사회 제도가 미비하여 나타난다.
㉡ 구성원들의 비공식적 인간관계가 기업 생산성에 중요한 영향을 미친다.
㉢ 보육비를 지원하는 법률이 제정되면 여성 근로자의 육아 부담이 줄어든다.
㉣ 부모의 가부장적 태도는 자녀가 성 역할에 대한 고정 관념을 갖게 만든다.

① ㉠㉡
② ㉠㉢
③ ㉡㉢
④ ㉡㉣

9.

가치중립은 가치의 영향이 배제된 상태, 즉 가치로부터 자유로운 상태를 말한다. 사회현상의 탐구과정 중 자료의 수집 및 해석단계는 연구자의 가치가 개입될 경우 과학적 연구에 객관성이 결여되어 사실을 왜곡할 위험이 있다. 즉, 본인이 설정한 가치에 유리한 자료만을 증거로 채택하고 불리한 자료는 무시하여 잘못된 결론도출에 이를 수 있다. 따라서 연구자의 가치중립적 자세는 올바른 결론도출에 꼭 필요한 요소이다.

10.

사례는 일상생활에서의 상징 행위를 통해 사회문화 현상을 분석하는 미시적 관점에 속한다.
㉠㉢ 거시적 관점, ㉡㉣ 미시적 관점

Answer　9.④　10.④

11 사회현상을 바르게 인식하기 위해서는 새로운 사실 또는 다른 사람들의 주장을 편견없이 받아들이는 태도가 필요한데, 이와 관계 깊은 사회현상의 인식태도는?

① 객관적인 태도
② 개방적인 태도
③ 상대주의적인 태도
④ 특수성을 고려하는 태도

11.

개방적인 태도 … 여러 가지 가능성이 공존할 수 있다는 사실을 인정하는 태도이다. 즉, 사회현상은 다소의 공통성도 가지지만 모두가 다른 특성을 가지기 때문에 사회현상을 바르게 인식하기 위해서는 새로운 사실 또는 다른 사람의 주장을 편견 없이 받아들이고 경험적으로 실증될 때까지는 가설로서만 받아들이는 태도를 지녀야 한다.

12 다음 중 사회 · 문화현상을 탐구하는 태도로 옳지 않은 것은?

① 사회 · 문화현상의 특수성을 고려한다.
② 가능한 한 선입관이나 편견을 배제한다.
③ 부분적인 가치를 지닌 특정한 이론은 그대로 받아들인다.
④ 사회 · 문화현상 그 자체를 있는 그대로 정확하게 인식하는 단계에서는 냉정한 제3자의 입장에 서야 한다.

12.

③ 부분적인 가치를 지닌 어떤 특정한 이론을 무비판적으로 받아들이거나 다른 사람의 주장을 무조건 배격하는 일은 피해야 한다.
※ 사회 · 문화현상을 탐구하는 태도 … 객관적인 태도, 개방적인 태도, 상대주의적 태도, 조화의 중요성을 인식하는 태도가 요구된다.

13 사회현상의 탐구와 자연현상의 탐구가 서로 다르다고 보는 사람들이 중시하는 입장으로 가장 옳은 것은?

① 일반적인 법칙발견
② 행위의 의미파악
③ 탐구의 목적과 주제
④ 주어진 환경과 조건

13.

의미의 파악을 통한 연구 … 사회현상을 모두 자연과학과 똑같은 방법으로 탐구할 수 있는지와 그 방법이 과연 타당한지에 대해서는 의문을 제기하는 학자들이 있는데, 그들의 주장에 의하면 사회현상은 인간의 의식과 의지를 바탕으로 일어나며, 인간의 행위에는 주어진 환경과 조건, 그리고 자신의 행위에 대한 해석과 의미가 담겨 있기 때문에 자연 과학적 방법과는 다른 방법으로 탐구해야 한다는 것이다.

Answer   11.② 12.③ 13.②

14 사회현상의 탐구과정에 대한 진술로 옳지 않은 것은?

① 시대와 사회를 초월하는 보편적 가치를 지닌 사회현상도 있음을 인정한다.

② 연구의 결과 얼마나 사실과 일치하느냐의 문제는 연구가 얼마나 체계적이냐에 달려 있다.

③ 연구가 얼마나 정밀성이 있느냐의 문제는 측정의 단위가 얼마나 정확한가에 달려 있다.

④ '신은 있는가', '인생의 궁극적인 목적은 무엇인가' 등은 경험적으로 증명할 수 없으므로 연구의 대상으로 삼지 않는다.

15 다음 내용을 읽고 사회과학연구에서 연구자의 주관이나 가치관이 개입될 수도 있는 단계를 고르면?

> 모든 사회현상이 객관적 성격을 가지고 있지는 않지만 사회현상 중에서도 자연현상과 마찬가지로 객관화시킬 수 있는 분야가 있다. 인구의 수, 연령 및 성별로 구분된 분포형태라든가, 봉급과 물가의 현황, 생산구조, 노동조건 등은 객관성을 갖는다. 뿐만 아니라 역사학에서의 전쟁과정이나 동맹의 내용, 정치학에서의 선거제도 등도 객관적 사실로 파악된다. 이처럼 사회과학에서도 여러 현상들이 객관성을 가지며 관찰자의 편견을 배제시킬 수 있는 장점을 가지기 때문에 사회과학자들은 가능한 한 많은 사회현상을 객관적인 방법으로 연구하려 한다.

① 개념의 규정　　　② 가설의 설정
③ 대책의 수립　　　④ 자료의 수집

14.

사회현상 탐구의 객관성과 체계성
㉠ 객관성 : 연구자 자신의 단순한 감정이나 느낌을 배제한다.
㉡ 정확성 · 정밀성 : 연구결과와 사실과의 일치여부의 문제이다.
㉢ 체계성 : 부분적 지식과 전체와의 적절한 연계성이 문제이다.

15.

연구과정에서 중요한 것은 객관성이다. 그러나 연구결과를 어디에 어떻게 적용시키는가는 연구자의 주관에 의해 결정될 수도 있다.

Answer　　14.②　15.③

기출PLUS

기출 2020. 6. 13. 제1회 지방직 시행

사회화를 바라보는 갑과 을의 관점에 대한 설명으로 옳은 것은?

▸ 보기 ◂

갑 : 개인은 사회적 환경 속의 다른 대상자들처럼 자신을 대상으로 보는 과정을 통하여 자아를 형성해 간다. 또한 개인이 자아 관념을 형성하는 과정에서는 감정적으로 강한 애착을 느낄 수 있는 가족, 또래 집단 등이 중요하다.

을 : 어린아이들이 게임을 하는 과정에서 각기 다른 사람들의 역할을 배우고, 게임의 규칙에 따라 주어진 역할을 모방함으로써 사회 전반적으로 받아들여지는 태도와 역할을 배우게 된다.

① 한 사회의 보편적인 가치나 규범은 사회의 지배 집단에 의하여 규정된다.

② 사회화를 거시적 관점에서 바라보며, 사회화는 사회구조의 안정과 질서를 유지하는 데 반드시 필요한 과정이다.

③ 사회화는 언어나 몸짓, 기호와 같은 상징을 사용하여 다른 사회 구성원과 상호 작용하는 과정을 통하여 이루어진다.

④ 사회화는 기존의 불평등한 사회구조를 정당화하려는 것이며, 기득권층에 유리한 가치와 행동을 학습시키는 과정이다.

◂ 정답 ③

❶ 인간의 사회적 성장

(1) 사회화

① 사회화의 의미와 종류

  ㉠ 사회화의 의미 : 개인이 사회적 상호작용을 통해서 그 사회의 행동방식과 사고방식을 학습해가는 과정이다.

  ㉡ 사회화의 종류

구분	내용	예
탈사회화	새로운 문화나 환경에 적응하기 위해 이미 배웠던 것을 버리는 과정	군 생활
예기 사회화	지위 변화에 따른 역할을 미리 배우고 준비하는 과정	교육 실습, 신부 수업
재사회화	새로운 환경에 적응하고자 새로운 규범과 가치, 지식 등을 학습 하는 과정	교도소에서 복역할 경우

  ㉢ 사회화 과정

- 1차적 사회화 : 유아기에 가족과 주변의 가까운 사람들에 의해 이루어지며 이 시기에 습득되는 사회화 내용은 인성의 기본 틀을 형성한다.
- 2차적 사회화 : 아동기 이후부터 의도적인 교육과 훈련, 일상의 경험을 통해 평생 이루어진다.

② 사회화를 바라보는 관점

  ㉠ 거시적 관점

구분	기능론	갈등론
사회화의 의미	• 합의와 균형을 강조 • 다양한 개인들의 행동을 원만하게 조정, 통합하는 과정	지배 계급의 문화를 전수하여 지배층의 지배를 정당화 시키는 과정
사회화의 기능	• 개인을 사회에 적응 통합시켜 사회를 유지함 • 사회 구조의 안정과 질서를 유지시킴	기득권을 가진 집단의 이익이 지켜지는 상태를 유지, 강화하기 위한 내용을 전달함
사회화의 내용	사회의 안정과 질서유지 및 통합에 필수적으로 개인과 사회의 필요에 따라 합의된 것	기득권층의 이익이나 의사를 대변하여 기득권층에 유리한 이데올로기 전파

ⓛ 미시적 관점

- 사회화란 타인들의 반응에 따라 어떻게 생각하고 행동하는 것이 바람직한지 내면화하는 과정이다.
- 사회화에서 인간의 자아형성과 상징적 상호작용의 중요성을 강조한다.
- 사회화는 개인을 사회적 성원으로 성장시키고 사회적 소속감을 형성한다.

(2) 사회화 기관

① 사회화 기관의 의미와 종류

ㄱ 사회화 기관의 의미 : 개인의 사회화를 담당하는 기관이다.

ㄴ 주요 사회화 기관

사회화 기관	주요 사회화 내용	사회화 기관	주요 사회화 내용
가족	기본적인 욕구충족, 정서적 반응방식 습득	학교	지식과 기술 습득, 진로 및 직업 선택, 역할 규범 학습
또래집단	언어, 규칙과 가치관습득	대중매체	새로운 정보와 지식 및 생활 양식 습득

② 사회화 기관의 분류

ㄱ 1차적 사회화 기관과 2차적 사회화 기관

구분	1차적 사회화 기관	2차적 사회화 기관
특징	자연발생적으로 형성, 전인격적 관계	인위적으로 형성, 형식적 비인격적 관계
기능	• 기초적인 사회화 담당 • 기본적 인성과 정체성 형성	• 전문적, 고차원적인 사회화 담당 • 사회생활을 위한 지식과 기능 습득
종류	가족, 친족, 또래집단	학교, 정당, 직장, 대중매체 등

ㄴ 공식적 사회화 기관과 비공식적 사회화 기관

구분	공식적 사회화 기관	비공식적 사회화 기관
특징	사회화를 주목적	부수적으로 수행하는 사회화
종류	학교, 유치원 등	가족, 직장, 대중매체, 군대

(3) 지위와 역할, 역할 갈등

① 지위

ㄱ 지위 : 지위의 의미 한 개인이 집단이나 사회적 관계 속에서 차지하고 있는 위치이다.

기출 2025. 6. 21. 제1회 서울시(보훈청) 시행

〈보기 1〉은 사회화의 내용 및 설립 목적을 기준으로 사회화 기관을 유형화한 것이다. 이에 대한 설명으로 옳은 것을 〈보기 2〉에서 모두 고른 것은?

┌ 보기1 ┐

분류 기준		사회화의 내용	
		(개)	(내)
설립	(다)	A	B
목적	(라)	C	가족

┌ 보기2 ┐

ㄱ (개)는 1차적 사회화 기관이다.
ㄴ (다)는 공식적이고 체계적인 사회화를 담당한다.
ㄷ A에는 직업 훈련소, C에는 회사가 들어갈 수 있다.
ㄹ C는 기본적인 가치 및 규범 등 개인의 자아 정체성 형성에 큰 영향을 미친다.

① ㄱ, ㄴ   ② ㄱ, ㄹ
③ ㄴ, ㄷ   ④ ㄷ, ㄹ

◀ 정답 ③

ⓒ **지위의 종류**

구분	귀속 지위	성취 지위
의미	태어나면서부터 자연적으로 획득하는 지위	개인의 재능과 노력에 의해 후천적으로 획득하는 지위
특징	전통 사회에서 중요시	현대 사회에서 중요시

기출 2017. 3. 18. 제1회 서울시 시행

밑줄 친 ⓐ~ⓜ에 대한 설명으로 옳은 것은?

┌─ 보기 ─────────────┐
갑은 ⓐ아버지의 권유로 ⓑ경영대학에 진학하였다. 평소 연극을 좋아하여 ⓒ연극 동아리에 가입하였고, 동아리 활동을 하면서 연기에 소질이 있다는 평가를 받아 ⓓ동아리 부장을 하게 되었다. 그래서 '대학 연극 축제'에 참가하여 심사위원들로부터 최고점수를 받아 ⓔ'대상'을 수상하였다.
└───────────────────┘

① ⓐ은 귀속 지위이고, ⓓ은 성취 지위이다.
② ⓑ은 1차적 사회화 기관이면서 공식적 사회화 기관이다.
③ ⓒ은 이익 사회이며, 가입과 탈퇴가 자유로운 집단이다.
④ ⓔ은 갑의 역할에 대한 보상이다.

② **역할**

ⓐ **역할**: 지위에 따라 사회가 기대하는 일정한 행위 유형이다.
ⓑ **역할행동(역할 수행)**: 개인이 자신에게 부여된 역할을 실제로 행동에 옮기는 방식으로 개인의 성격, 습관, 나이 등에 따라 각기 다르게 나타난다.

③ **역할 갈등**

ⓐ **역할 갈등**: 한 사람이 수행해야 할 여러 가지 역할들이 서로 모순을 일으켜 역할 수행자가 갈등을 느끼게 되는 현상을 의미한다.

ⓑ **역할 갈등의 유형**

구분	역할긴장	역할모순
지위의 수	하나의 지위	여러 개의 지위
의미	한 개인이 가지고 있는 하나의 지위에서 서로 상반되는 역할이 요구될 때 발생하는 역할 갈등	한 개인이 가지고 있는 여러 가지 지위에 따라 기대되는 역할들이 서로 상충 될 경우에 발생하는 역할 갈등

ⓒ **역할 갈등의 해결**

• 사회적으로는 어느 것을 우선시 하는 것이 바람직한지에 대한 합의와 기타의 역할을 다른 방법으로 수행할 만한 제도적 뒷받침이 마련되어야 한다.
• 개인적으로는 역할의 우선순위를 정하여 중요한 것부터 처리해 나가거나, 여러 가지 역할 가운데 하나를 선택하여 수행해야 한다.

❷ 개인과 사회의 관계

(1) 사회적 상호작용

① **사회적 상호작용** … 사회생활을 하면서 사람들 간에 서로 영향을 주고받으면서 행동을 교환하는 것이다.

② **사회적 상호작용의 유형**

ⓐ **협동**: 공동의 목표를 달성하기 위해 구성원들이 서로 힘을 합치는 것이다. 평등한 참여 기회가 보장되며 목표 달성 시, 그 혜택을 공평하게 나눠야 잘 이루어진다.

◀정답 ③

ⓛ **경쟁** : 둘 이상의 행위자 혹은 집단이 공통의 규칙에 따라 동일한 목표를 서로 먼저 차지하기 위해 애쓰는 것이다. 심할 경우 갈등으로 발전할 수 있다.

ⓒ **갈등** : 목표나 이해관계가 충돌하여 상대방을 강제로 굴복시키거나 제거해서 목표를 달성하려는 것이다. 사회 분열과 혼란을 초래하기도 하지만 사회문제를 파악하고 해결방안을 모색함으로써 사회발전에 기여한다는 긍정적인 작용도 한다.

(2) 개인과 사회의 관계

① 개인과 사회를 보는 입장

구분	사회 실재론	사회 명목론
내용	• 사회는 실제로 존재 • 사회는 개인들의 행위 양식이나 특성들만으로는 설명 불가 • 개인은 사회를 구성하는 하나의 단위에 불과하며 사회가 개인보다 우선시 됨	• 사회는 명목상으로만 존재 • 사회는 개인의 행위와 동기에 근거하여 설명됨 • 실재하는 것은 개인뿐이고 사회는 개인들의 단순한 집합체에 붙여진 이름에 불과하며 개인이 사회보다 더 근원적임
특징	• 개인보다 사회가 중요 • 사회현상을 파악할 때 사회 조직이나 사회 집단을 탐구	• 사회보다 개인이 중요 • 사회현상을 파악할 때 개인들의 특성을 탐구
관점	사회유기체설, 전체주의의 토대	개인주의, 자유주의의 토대, 사회계약설, 공리주의
장점	사회 통합에 기여	민주주의 발전에 기여
문제점	• 전체를 위한 개인의 희생을 정당화함 • 인간의 주체적이고 능동적인 사고와 행위의 측면을 간과함	• 극단적인 개인주의로 빠질 우려 • 개인의 행위에 대한 사회구조나 사회제도의 영향력을 간과함

② 개인과 사회를 보는 바람직한 관점

㉠ 사회는 개인 없이 존재할 수 없고, 개인은 사회 없이 인간다운 삶을 누릴 수 없다.

ⓛ 사회명목론이나 사회 실재론 중 하나의 관점만을 적용할 경우, 현상을 바르게 이해할 수 없다.

ⓒ 개인과 사회의 밀접한 상호 연관성에 중점을 두고 개인과 사회의 관계를 이해해야 한다.

기출 2023. 6. 10. 제1회 서울특별시 시행

〈보기〉의 (가), (나)에 나타난 개인과 사회의 관계를 바라보는 관점과 일치하는 설명으로 가장 옳은 것은?

┌ 보기 ┐
(가) 사람들은 저마다 좋은 옷을 고르고 맛있는 음식을 찾아 다닌다. 단지 유행이란, 사람들에게 많이 선택된 옷과 음식에 붙여진 이름일 뿐이다.
(나) 세상에 같은 사람은 하나도 없지만, 집단의 선망은 유행이라는 형태로 나타나 사람들에게 같은 옷을 입게 하고 같은 음식을 먹게 한다.

① (가)는 사회는 하나의 유기체로서 개인의 행동을 구속한다고 본다.
② (가)는 개인의 자율성이 사회 규범의 구속성보다 우선한다고 본다.
③ (나)는 개인의 속성이 사회의 속성을 결정한다고 본다.
④ (나)는 사회는 개인들 간 자발적인 계약에 의해 형성된다고 본다.

❮정답 ②

밑줄 친 ⊙~⑩에 대한 설명으로 옳은 것은?

보기

〈운동선수 A 소개〉
• 소속 : □□⊙회사의 프로농구팀
• 직업 : ⓛ농구 선수
• 학력 : ○○ⓒ고등학교 졸업
• 경력 : ②2018년 아시안게임 국가대표
• 수상 : 2017년 올해의 ⑩최우수 선수상

① ⊙은 공식적 사회화 기관이다.
② ⓛ은 A의 귀속지위, ②은 A의 성취지위이다.
③ ⓒ은 이익사회이면서 2차적 사회화 기관이다.
④ ⑩은 ⓛ으로서 역할에 대한 보상이다.

〈보기〉는 사회 집단을 접촉 방식과 결합 의지에 따라 구분한 것이다. (개), (내)의 사례를 옳게 짝지은 것은?

보기

분류 기준		결합 의지	
		본질적 의지	선택적 의지
접촉 방식	직접적인 대면 접촉	(개)	
	간접적 접촉		(내)

	(개)	(내)
①	가족	정당
②	가족	전통 사회의 마을 공동체
③	학교	친족
④	회사	또래 집단

정답 ③, ①

③ 사회집단과 조직

(1) 사회집단

① 사회집단 … 두 사람 이상이 어느 정도의 소속감과 공동체 의식을 가지고 지속적인 상호작용을 하는 사람들의 집합체를 의미한다.

② 사회집단의 유형

⊙ 내집단, 외집단 : 구성원의 소속감을 기준으로 분류(섬너)

구분	내집단(공동체의식)	외집단(적대의식)
특성	• 강한 소속감과 공동체 의식, 유대감과 동료애, 애착심을 가진 집단 • 자아 정체감 형성, 판단과 행동의 기준을 배우게 함	• 이질감과 적대감을 가진 집단 • 적대의식이나 공격적 태도를 가지기도 하며, 집단결속의 필요성을 가져오기도 함
예	친족, 이웃, 학교	게임의 상대편, 적군

ⓛ 1차 집단, 2차 집단 : 접촉방식을 기준으로 분류(쿨리)

구분	1차 집단(원초집단)	2차 집단
형성방법	자연발생적 형성	특정 목적달성을 위한 인위적 형성
친밀도	친밀한 대면관계	친밀감이 낮은 형식적 관계
목적	관계 자체가 목적	목적 달성을 위한 수단
관계	자기 노출수준이 높고, 타인에 대한 지식과 관계가 포괄적	타인에 대한 지식과 관계가 부분적, 간접적
통제	관습 도덕 등 비공식적 관계	법 규칙 등 공식적 통제
실례	가족, 또래 집단, 이웃	학교, 회사, 군대, 국가 등

ⓒ 공동사회와 이익사회 결합의지에 따른 분류(퇴니스)

구분	공동사회(자연발생)	이익사회(인위적 형성)
형성방법	본질적, 자연적인 의지로 형성	의도적, 선택적으로 형성
결합목적	결합자체	특수목적달성
인간관계	• 서로 친밀함 • 정서적, 영구적인 인간관계 • 신뢰와 협동심이 강함	수단적, 형식적, 타산적, 목표지향적
특성	• 상호이해와 관습이 집단 구성의 바탕 • 가입과 탈퇴가 자유롭지 못함	• 효율성, 전문성 지향 • 구성원들의 이해관계에 따른 계약과 규칙이 집단구성의 바탕
실례	가족, 촌락	회사, 정당, 학교

ⓔ 준거집단

- 개인의 판단과 행동의 기준이 되는 집단이다.
- 준거집단은 그 개인이 소속하고 있는 집단일 수도 있고 그렇지 않을 수도 있다.

> 💠 Plus tip
>
> 준거 집단
>
> ㉠ 소속 집단과 준거 집단이 일치할 때 : 소속 집단에 대해 자부심과 만족감을 느끼고, 소속감이 커진다.
>
> ㉡ 소속 집단과 준거 집단이 불일치할 때 : 소속 집단에 대해 불만을 가지게 되며, 갈등을 겪기도 한다.

ⓜ 개인과 사회 집단

- 개인과 사회 집단의 상호 의존 : 개인은 집단 내에서 역할을 수행하며 사회적 존재로 성장해 가고, 집단은 개인의 의지와 역할 수행 결과에 따라 변화하고 발전하기도 한다.
- 바람직한 관계 형성을 위한 개인과 사회 집단의 역할
  - 개인의 역할 : 자신이 맡은 역할을 충실히 이행하고 집단의 일에 적극적으로 참여한다.
  - 집단의 역할 : 구성원들의 의견을 반영하여 목표를 정하고 개인의 자율성을 보장한다.

(2) 사회조직

① **사회조직** … 공식적인 목표와 과업의 효율적 달성이 1차적 관심이며 구성원의 지위와 역할이 명백하게 구별되고 절차와 규범에 따른 구성원들의 형식적·비인격적 관계가 형성되며 구성원의 개인적 행동을 상당히 제한하는 집단이다.

② **사회조직의 유형**

㉠ 공식 조직과 비공식 조직

구분	공식 조직	비공식 조직
특성	• 뚜렷한 목표달성을 위해 의도적으로 형성 • 구성원의 지위와 역할이 명확하게 구분되고 전문화됨 • 효율적인 과업수행을 위해 성원들의 활동제한	• 공식 조직 내에서 개인적인 관심이나 취미에 따라 형성 • 구성원의 만족감과 사기를 높여 조직의 효율성을 높임
예	학교, 회사, 정당, 정부	사내 동호회, 교내 동아리

기출 PLUS

기출 2022. 6. 18. 서울시 보훈청 시행

〈보기〉에서 밑줄 친 ㉠~㉮에 대한 설명으로 가장 옳은 것은?

• 보기 •

> 자동차 회사에 다니는 갑(甲)은 ㉠영업 실적이 뛰어나 ㉡최우수 사원으로 선정되었다. 그런데 실적을 올리려면 거의 매일 야근을 해야 해서 갑(甲)이 가장 소중하게 생각하는 ㉢가족과의 저녁 식사 시간이 사라지게 되었다. 이뿐만 아니라 휴일에는 피곤하여 유치원에 다니는 ㉣아들과 거의 놀아 주지 못하고 잠만 자다 보니 ㉤아내와 갈등이 발생하기도 하였다. 이에 ㉥갑(甲)은 야근이 없는 회사로 옮기고자 정보를 수집하고 있다.

① 직장에서 ㉠은 갑(甲)의 역할이고, ㉡은 갑(甲)의 역할에 대한 보상이다.
② ㉢은 일반적으로 공식적인 통제가 중심이 되는 사회 집단이다.
③ ㉣, ㉤은 모두 귀속 지위에 해당한다.
④ ㉥은 소속 집단과 준거 집단의 불일치로 설명된다.

기출 2025. 6. 21. 제1회 서울시 시행

〈보기〉의 밑줄 친 '이 집단'은?

• 보기 •

> 이 집단은 자기가 속하거나 속하고 싶어 하는 집단으로서 남들과의 비교에 평가 기준이 되는 집단을 말한다. 이 집단을 선택할 때에는 자신이 처해있는 상황, 사회적 배경 등이 영향을 미친다. 만약 이 집단과 자신의 소속 집단이 다를 경우에는 내면적으로 불안감과 욕구 불만이 생길 수 있다.

① 내집단
② 외집단
③ 준거 집단
④ 자발적 결사체

❮ 정답 ④, ③

〈보기〉의 A에 대한 설명으로 가장 옳지 않은 것은?

---보기---

A는 구체적인 사회 문제를 해결하거나 사회 체제를 근본적으로 변혁하기 위하여 대중이 자발적으로 하는 집단적이고 지속적인 행위를 의미한다. 예를 들어 싱크홀에 빠진 사람을 구하기 위한 군중들의 집단적인 행위는 A에 해당하지 않지만, 흑인 인권 신장을 위한 흑인들의 조직적인 행동은 A로 볼 수 있다.

① 다원화되고 복잡해진 오늘날에는 다양한 형태로 전개되고 있다.
② 사회 변동으로 촉발되기도 하지만 사회 변동을 유발하는 동력이 되기도 한다.
③ 다수의 사람이 사회 변동을 달성 또는 저지하려는 의도를 가지고 행하는 행위이다.
④ 기존의 사회 질서를 유지하는 행위가 아닌 새로운 사회 질서를 형성하기 위한 행위를 의미한다.

〈 정답 ④

ⓛ **자발적 결사체** : 공동의 이해나 목표를 추구하는 사람들이 스스로 만든 집단을 의미한다.
- **특징** : 자발적 가입·탈퇴, 신념과 목표 뚜렷, 토론과 합의중시 등이 있다.
- **형태** : 친교목적(취미동호회, 동창회), 특정이익을 위한 목적(한의사협회), 공익목적(시민단체, NGO) 등이 있다.
- **기능** : 정서적 만족, 사회의 다원화, 정보제공, 사회운동 등의 기능을 한다.
- **역기능** : 배타적 특권집단화 가능성, 공익과의 상충 등이 나타날 수 있다.

(3) 관료제와 탈관료제

① **관료제의 특징과 장점** … 대규모 조직을 합리적으로 운영하는 방식으로 가장 발달된 조직형태이다.
- ㉠ **특성** : 과업의 전문화, 권한과 책임에 따른 위계의 서열화, 문서화된 규약과 절차에 따른 업무수행, 지위획득 기회의 균등, 경력에 따른 보상 등이 있다.
- ㉡ **기능**
  - **효율성** : 거대한 집단적 과업을 안정된 속에서 효율적으로 처리할 수 있다.
  - **표준화** : 업무가 표준화되어서 구성원이 바뀌어도 과업수행에 차질이 없다.

② **관료제의 역기능** … 수단을 지나치게 강조하여 본래 목표보다 더 중시하는 현상이 나타난다.
- ㉠ **무사안일주의(비능률성)** : 구성원들은 자기에게 유리한 것은 과장하고, 불리한 것은 축소시켜 조직의 목표와 과업을 달성하는 데 지장을 초래할 수 있다.
- ㉡ **인간소외** : 인간을 주어진 규칙과 절차만을 지키는 객체로 전락시킬 수 있다.
- ㉢ **창의성 저하** : 규격화된 행동을 요구하며 진취적이고 독창적인 사고를 방해한다.

③ **탈관료제** … 변화에 빠르게 적응하며 조직의 구성과 해체가 자유롭다. 수평적 관계로 효율적인 의사소통 및 빠른 업무처리가 가능하며 개인과 조직의 경쟁력 강화, 창의력 증진, 구성원의 능력과 업적에 따른 보상이 가능하다.
- ㉠ **형태**
  - **팀제 조직** : 문제를 해결하기 위해 다양한 전문 인력들에 의해 임시적으로 조직되는 조직 형태이다.
  - **네트워크형 조직** : 실제 업무 담당자와 최고 경영층이 유기적인 관계를 맺어 신속하고 효율적인 의사 결정을 내릴 수 있는 조직 형태이다.

- 아메바형 조직 : 자율성과 유연성을 기본 원칙으로 하여 조직 편성의 변경, 분할, 증식이 수시로 일어난다.
- 오케스트라형 조직 : 구성원들이 협동하고 동등한 지위와 책임을 가진다.

　ⓒ **역기능** : 소속부서가 자주 바뀌어 심리적 불안감 가중, 공동 작업으로 인해 책임의 경계가 불분명하다.

❹ 사회 구조의 의미와 특징

(1) 사회 구조의 의미와 특징

① **사회적 관계** … 개인의 생존과 활동 과정에서 이루어지는 주변과의 상호작용이 지속적으로 일어나면서 형성된 관계를 말한다.

② **사회 구조** … 하나의 사회 내에서 개인들이나 집단들이 상호관계를 맺고 있는 방식이 정형화되어 안정된 틀을 이루고 있는 조직적인 총체를 말한다.

③ 사회 구조와 개인 및 집단 간의 상호작용

　㉠ **사회 구조는 구성원의 행동을 규정** : 사회 구조가 일상생활에서 개인의 사회적 행위에 대하여 영향력을 행사한다.

　㉡ **개인이 사회 구조를 변화** : 인간에게는 자율성과 독립적 의지가 있어서 사회 구조를 바꿀 수 있는 원동력이 되기도 한다.

④ 사회 구조에 대한 관점

기능론적 관점	갈등론적 관점
• 합의와 균형 강조 • 상호의존성 : 사회를 이루는 구성요소들은 상호 의존적 관계에 있으며, 사회의 유지와 통합에 기여하고 있다고 보는 입장 • 사회적 합의 : 각 사회적 요소들의 기능과 방식들은 이미 사회적으로 합의된 것이므로, 당연히 지켜져야 함 • 사회문제는 비정상적인 상태이므로 사회 구조는 이를 극복하고 안정적인 상태로 돌아가려는 속성을 가진다.	• 갈등과 강제 강조 • 사회구성요소의 대립 : 사회의 구성요소들이 서로 대립되거나 불일치한 상태로 존재, 이러한 갈등은 사회 전체의 변동에 기여함 • 강제와 억압을 통한 집단 이익의 추구 : 사회구성요소들 간의 이해관계의 상충은 기존 사회에 변동을 촉진시킴 • 서로 다른 이해관계를 지닌 집단들이 서로 투쟁하면서 사회변동이 일어난다.

기출 2023. 6. 10. 제1회 서울특별시 시행

일탈 현상에 대한 원인을 〈보기〉와 같이 분석한 이론에 대한 설명으로 가장 옳은 것은?

─── 보기 ───
급격한 사회 변동기에는 새로운 사회 규범 체계가 아직 자리 잡지 못해 가치와 규범의 혼란이 초래되고 그 결과 범죄가 많이 일어나게 된다. 또한, 사회 제도의 기능이 약화되면서 개인에 대한 사회 통제가 약화되고 사람들의 열망이 제한을 받지 않게 되면서 일탈과 범죄가 증가하게 된다.

① 일탈의 대책으로 사회 규범의 통제력 회복을 강조한다.
② 일탈 행동을 규정하는 기준은 존재하지 않는다고 본다.
③ 일탈 행동은 타인과의 상호 작용 과정을 통해 일탈 행동을 정당화하는 동기나 가치관을 내면화함으로써 학습된다고 본다.
④ 일탈 행동을 줄이기 위해서는 문화적 목표 달성을 위한 제도적 수단의 확대가 필요하다고 본다.

❮정답 ①

(2) 일탈행동의 원인과 대책

① 일탈행동의 의미와 특징
  - ㉠ 의미 : 한 사회의 구성원들이 인정하는 사회 규칙이나 사회적 규범에 어긋나는 행동을 말한다.
  - ㉡ 특징
    - 일탈행동의 여부는 역사적 조건, 시대적 상황과 지역에 따라 달라진다.
    - 개인적 긴장 야기, 사회문제로 확산될 수 있다
    - 일탈행동을 통해 사회문제 표면화가 일어나고 이를 해결함으로써 사회발전을 가능하게 한다.
    - 일탈 행동은 사회의 기본적인 질서와 규범을 파괴하므로, 사회 구성원의 불안을 초래하고 더 나아가 사회 결속을 약화시킬 수 있다.

② 일탈행동의 원인
  - ㉠ 거시적 측면 : 일탈의 원인을 사회구조의 틀에서 찾는다. (관련 이론 : 기능론, 갈등론)
  - ㉡ 미시적 측면 : 일탈의 원인을 개인들 간의 상호관계에서 찾는다. (관련 이론 : 상징적 상호작용론)

③ 일탈행동의 원인에 대한 이론
  - ㉠ 기능론

이론	일탈의 의미 및 원인	일탈에 대한 대책
아노미론	• 목표와 수단이 어긋나서 규범부재나 혼란의 상태에 있을 때, 일탈행동 발생 • 사회의 규범이 약화되거나 부재할 때, 또는 두 가지 이상의 규범이 동시에 존재할 때 행동지침을 잃게 되는 현상을 아노미로 규정	• 사회적 합의에 바탕을 둔 지배적 규범의 정립 필요 • 다양한 사회적 욕구를 공평하게 해소 시켜줄 수 있는 사회제도의 정립
사회병리론	사회를 하나의 유기체와 같이 보고, 어느 집단이나 제도 등이 제 역할을 해주지 못하는 것을 일탈 행위로 간주	도덕교육의 강화와 올바른 사회화
사회해체론	사회변동으로 인해 기존의 사회 구조가 해체되어 제 기능을 담당하지 못할 때 일탈행동 발생	사회체계의 불균형제거와 균형 상태를 회복하려는 제도적 노력 필요

ⓛ 갈등론

	일탈의 의미 및 원인	일탈에 대한 대책
집단갈등론	지배적인 사회집단 혹은 계층의 가치와 규범, 이해관계가 법과 같은 강제성 있는 사회 규범으로 만들어지기 때문에 지배 집단이 정해 놓은 규범에 상충되는 행위를 함으로써 일탈행동 발생	공정한 법 제정과 시행 및 사회 불평등 구조 해소
가치갈등론	지배집단이 갖고 있는 가치와 피지배집단이 갖고 있는 가치가 존재하며 지배집단의 가치에서 벗어난 행동을 일탈행동으로 봄	두 집단의 지배와 피지배의 역학관계 해소

ⓒ 상징적 상호작용론

이론	일탈의 의미 및 원인	일탈에 대한 대책
낙인이론	사회가 일탈행위자로 낙인찍을 경우, 스스로 체념하고 일탈행동을 반복하게 된다.	부정적 낙인에 대한 신중한 판단
차별적 교제이론	개인이 일탈유형과 지속적으로 접촉하면서 사회규범에 동조적인 행동유형과 멀어지고 일탈행동을 하게 됨	일탈행위자와의 접촉차단

④ 일탈행동의 기능

  ㉠ 역기능 : 사회의 기본 질서와 규범파괴, 혼란 야기, 사회결속 약화

  ⓛ 순기능 : 범죄자에 대한 낙인과 엄격한 제재로 다른 구성원에게 범죄 예방 효과가 나타난다. 사회문제를 표면화하여 발전에 기여한다.

기출PLUS

기출 2025. 6. 21. 제1회 서울시 시행

〈보기〉에서 설명하는 일탈 이론은?

• 보기 •

일탈과 같은 사람들의 행동은 일상적이고 자연스러운 환경 속에서 의식적 또는 무의식적으로 다른 사람의 행동을 모방하거나 학습한 결과라고 본다. 이 관점에서 보면 일탈 행동이나 범죄는 보편적인 사회 규범을 충분히 내면화하지 못한 결과인 '사회화 실패의 산물'이 아니라 특정한 규범이나 태도를 자연스럽게 학습한 결과, 즉 정상적인 사회화의 산물이 된다.

① 낙인 이론
② 차별 교제 이론
③ 머튼(Merton)의 아노미 이론
④ 뒤르켐(Durkheim)의 아노미 이론

〈정답 ②

1 다음에 제시된 A ~ C에 대한 설명으로 옳은 것은?

> A. 회사 내 노동조합
> B. 직장 내 등산 동호회
> C. 환경 정책을 감시하는 시민단체

① A는 자발적 결사체이자 비공식 조직이다.

② B는 공식 조직으로 2차 집단의 성격이 강하다.

③ C는 A와 달리 자연 발생적으로 형성된 집단이다.

④ A ~ C는 모두 사회의 다원화에 기여하는 이익 사회이다.

2 다음 중 관료제에 대한 설명으로 옳지 않은 것은?

① 업무의 분화와 전문화로 효율화를 추구한다.

② 조직 내의 모든 지위가 권한과 책임에 따라 위계서열화 되어 있다.

③ 공정한 경쟁을 통하여 귀속지위를 획득할 수 있다.

④ 승진과 보수는 근무경력과 능력에 의한다.

1.

퇴니스는 결합의지를 기준으로 사회집단으로 공동사회(게마인샤프트)와 이익사회(게젤샤프트)로 구분하였다. 회사 내 노동조합, 직장 내 등산 동호회, 환경 정책을 감시하는 시민단체는 모두 구성원의 이해관계에 따른 계약과 규칙에 따라 인위적으로 결합한 이익사회에 해당한다.

① 회사 내 노동조합은 자발적 결사체이면서 구성원들의 지위와 역할 분담 및 업무 수행의 절차가 명시적으로 규정되어 있는 공식 조직이다.

② 직장 내 등산 동호회는 비공식 조직이면서 친밀한 대면적 관계를 맺는 1차 집단의 성격이 강하다.

③ 회사 내 노동조합과 환경 정책을 감시하는 시민단체는 자발적 결사체로 이익 사회에 해당한다. 자연 발생적으로 형성된 집단은 공동 사회다.

※ 퇴니스의 사회집단

구분	공동사회	이익사회
결합의지	본질의지에 의한 결합	선택의지에 의한 결합
집단의 형성	구성원의 상호이해와 공동의 신념 및 관습에 의하여 자연적으로 발생	구성원의 이해관계에 따른 계약과 규칙에 따라 인위적으로 결합
집단의 목적	결합을 통한 집단의 존속 자체를 목적으로 함	특수한 목적 달성을 위한 하나의 수단임
인간관계	애정적, 인격적, 감정적, 영속적, 포괄적, 비공식적 관계	형식적, 계약적, 합리적, 공식적, 일시적, 현실적, 비인격적 관계
가입 · 탈퇴의 자유	가입과 탈퇴를 자유롭게 할 수 없음	자유의사에 따라 가입과 탈퇴를 마음대로 할 수 있음
사례	가족, 친족, 촌락공동체 등	회사, 정당, 조합, 협회 등

2.

③ 관료제에서의 지위는 공개경쟁을 통한 공평한 기회가 부여되며, 이때의 지위는 귀속지위가 아닌 성취지위이다.

Answer　　1.④　2.③

3 〈보기〉의 밑줄 친 ㉠과 ㉡의 특징에 대한 설명으로 가장 옳지 않은 것은? (단, ㉠과 ㉡은 각각 관료제와 탈관료제 중 하나이다)

보기

○○ 기업 경영 혁신 보고서

○○ 기업의 경우 구성원 간의 위계를 바탕으로 모든 업무에 있어 표준화된 업무 처리 지침을 갖추고 있는 등 ㉠안정적으로 관리되는 조직이지만, 다가올 4차 산업 혁명 시대에 발맞추어 보다 ㉡유연한 조직으로 개편하여 급변하는 기업 환경에 적극적으로 대처할 필요성이 있다.

① ㉠은 ㉡보다 중간 관리층의 역할이 크다.

② ㉠은 ㉡에 비해 구성원이 교체되어도 상대적으로 안정적인 과업 수행이 가능하다.

③ ㉡은 ㉠과 달리 과업 수행 과정에서 예측 가능성이 상대적으로 높다.

④ ㉡은 ㉠과 달리 승진에서 연공서열이 차지하는 비중이 상대적으로 낮다.

4 사회집단의 유형 중 2차 집단의 속성에 해당하는 것은

① 집단의 소규모성　　② 친밀한 대면접촉

③ 부분적 인간관계　　④ 비공식적 통제

5 갈등의 긍정적 측면으로서 거리가 먼 것은?

① 집단 내부의 결속과 연대의 강화

② 달성된 목표의 공정한 분배의 실시

③ 사회적 혁신을 촉진시키는 계기를 제공

④ 보다 확고한 협동을 이끌어내는 분위기 조성

3.

㉠은 위계를 바탕으로 표준화된 업무 처리 지침을 갖춘 관료제를, ㉡은 급변하는 기업 환경에 유연하게 대처할 수 있는 탈관료제를 나타낸다.

① 관료제는 위계적 구조를 갖추고 있으므로 중간 관리층의 역할이 크다. 반면, 탈관료제는 계층을 축소하거나 수평적 형태를 지향하므로 중간 관리층의 역할이 크지 않다.

② 관료제는 표준화된 업무 처리 지침에 따라 구성원이 교체되어도 상대적으로 안장적인 과업 수행이 가능하다.

③ 과업 수행 과정에서 예측 가능성이 상대적으로 높은 것은 관료제다.

④ 관료제는 승진에서 연공서열이 차지하는 비중이 높다. 반면 탈관료제는 구성원 각자의 역할과 책임을 중시하므로 연공서열보다는 성과와 능력이 차지하는 비중이 크다.

4.

쿨리의 사회집단분류

㉠ 1차 집단 : 집단의 소규모성, 직접적인 대면접촉과 친밀감, 관계의 지속성, 전인격적 인간관계

㉡ 2차 집단 : 형식적 관계, 간접적인 접촉, 공식적 통제, 목적달성을 위한 수단적·부분적 인간관계

5.

갈등에 대한 긍정적 측면

㉠ 집단 내부의 결속강화 : 갈등이 바로 혼란이나 파멸과 직결되는 것은 아니다. 그것은 오히려 집단 내부의 결속을 강화시키기도 한다.

㉡ 비합리적인 면의 폭로·개선 : 갈등은 인습에 가려 있어 당연시되던 비합리적인 면을 폭로하여 이를 개선시킬 수도 있다.

㉢ 확고하고 협동적인 상호작용의 유도 : 조정과 타협이 제대로 이루어지기만 하면, 갈등은 전보다는 더 확고하고 협동적인 상호작용을 이끌어낼 수도 있다.

Answer　3.③　4.③　5.②

6 다음 일탈이론 ㈎, ㈏에 적합한 표현을 〈보기〉에서 찾아 옳게 짝지은 것은?

> ㈎ 누구나 경제적 성공과 물질적 풍요를 누리고 싶어 하지만 모든 사람에게 합법적인 기회가 충분히 제공되지 않는다면 일탈자가 생길 수 있다.
>
> ㈏ 인간의 행동은 학습에서 기인한다. 따라서 타인과의 상호작용을 통하여 태도와 가치를 학습한 일탈행동이 나타나기도 한다.

— 보기 —

㉠ 먹을 가까이하면 검어진다.
㉡ 모로 가도 서울만 가면 된다.
㉢ 사흘 굶어 도둑질 아니 할 놈 없다.
㉣ 까마귀 노는 데 백로야 가지 마라.
㉤ 친구 따라 강남 간다.

	㈎	㈏
①	㉠㉡	㉢㉣㉤
②	㉠㉡㉢	㉣㉤
③	㉡㉢	㉠㉣㉤
④	㉡㉢㉣	㉠㉤

7 사회적 상호작용에 대한 설명으로 옳지 않은 것은?

① 협동은 달성된 목표나 혜택이 고루 분배된다는 조건이 보장될 때 잘 이루어진다.
② 경쟁은 모든 분야에서 무제한 허용되지는 않는다.
③ 타협과 공존은 갈등이 부분적일 때 일어난다.?
④ 집단 간에 갈등이 생기면 집단 내부의 갈등은 심화되는 경향이 있다.

6.

㈎ 아노미 이론 → ㉡㉢
㈏ 차별적 접촉이론 → ㉠㉣㉤

7.

갈등적 상호작용
㉠ 의의 : 목표나 이해관계가 달라서 상대를 적대시하거나 상대를 제거·파괴하려는 상태이다(전쟁, 노사분규).
㉡ 특징 : 집단 간에 갈등이 생기면 집단 내부의 갈등은 줄어드는 경향이 있다(조정과 타협, 강제를 통한 일시적 잠재화).

Answer　　6.③　7.④

8 다음 글에 나타난 개인과 사회의 관계를 바라보는 관점에 대한 설명으로 옳은 것은?

> 에밀 뒤르켐(Emile Durkheim)은 그의 저서 『자살론』에서 자살에 영향을 미치는 사회적 유형이 존재한다고 주장했다. 그의 분석에 따르면, 개신교 신자가 가톨릭 신자보다 자살률이 높다. 그는 가톨릭 신자의 자살률이 낮은 것은 가톨릭에는 개신교에 비해 상대적으로 강력한 공동체와 의례행위가 있으며 개인주의 성향을 피하려는 분위기가 있기 때문이라고 보았다.

① 사회는 개인들의 집합체를 의미한다.
② 인간 스스로가 희망하지 않으면 행동의 변화는 일어나지 않는다.
③ 사회제도의 구속성보다는 개인의 자율성이 행동에 미치는 영향이 더 크다.
④ 행위의 능동성보다 구조의 영향력을 강조한다.

9 다음 글에 나타난 개인과 사회의 관계를 바라보는 관점이 갖는 한계에 대한 설명으로 옳은 것은?

> 사회현상은 자유의지를 가진 개인들로부터 비롯되지만 사회현상에 대한 탐구는 개인의 행위나 사고로 환원될 수 없다. 사회에 대한 탐구는 사회적 사실에 대한 탐구이며 사회적 사실이란 행위자들의 외부에 존재하며 그들에게 강제적인 영향력을 행사하는 사회구조들과 문화적 규범 및 가치관들이다.

① 개인과 사회의 상호작용을 지나치게 강조한다.
② 사회를 구성하는 개인의 주체성과 능동성을 간과한다.
③ 개인의 행위에 대한 사회구조의 영향력을 과소평가한다.
④ 개인을 위한 전체의 희생을 합리화할 우려가 있다.

8.

제시된 설명에 나타나는 개인과 사회의 관계를 바라보는 관점은 사회 실재론이다. 사회 실재론은 행위의 능동성보다 구조의 영향력을 강조하여 개인이 사회로부터 자유로울 수 없다고 본다.
①②③ 사회 명목론에 대한 설명이다.

9.

제시된 내용은 사회적 사실이 행위자들의 외부에 존재하며 그들에게 강제적인 영향력을 행사한다고 보는 사회 실재론이다.
① 사회 실재론은 사회구조들과 문화적 규범 및 가치관들이 개인에게 미치는 영향을 지나치게 강조한다.
③④ 사회 명목론에 대한 설명이다.

Answer   8.④ 9.②

10 다음의 집단에 대한 설명으로 옳지 않은 것은?

> ㈎ 구성원 간 친목을 다지거나 취미 활동을 함께 하기 위해 모인 집단
> ㈏ 직업별로 특수한 이익을 추구하기 위하여 모인 집단
> ㈐ 각종 사회문제 해결이나 공익추구를 목적으로 하는 집단

① ㈎, ㈏, ㈐ 모두 자발적 결사체로서 이익사회에 해당한다.
② ㈎는 인간관계의 친밀성에 기초하여 형성된다.
③ ㈏는 사익을 추구한다.
④ ㈎와 ㈏는 공식 조직이고, ㈐는 비공식 조직이다.

11 다음은 선거에 출마한 어느 후보자의 홍보물이다. 설명으로 옳은 것은?

> 약력
> ㉠ ○○대학교 사회학과 졸업
> ㉡ ◇◇환경 시민 연대 대표
> ㉢ ○○대학교 동문회 회장
> ㉣ 재경 ▲▲ ▲씨 종친회 회장

① ㉠은 1차적 사회화 기관에 해당한다.
② ㉡은 공통의 관심사를 기초로 형성된 비공식 조직이다.
③ ㉢은 특정한 목적을 위해 조직된 자발적 결사체이다.
④ ㉣은 자연발생적으로 형성된 공동사회이다.

10.

제시문은 자발적 결사체 중에서 ㈎ 친목 집단, ㈏ 이익 집단, ㈐ 시민 단체(공익 집단)이다.

④ ㈏와 ㈐는 공식 조직이고, ㈎에는 공식 조직인 것(예 ○○대학교 총동창회)과 비공식 조직인 것(예 회사 내 동창회)도 있다.

① ㈎, ㈏, ㈐ 모두 자발적 결사체이고, 자발적 결사체는 공동의 이해관계나 목표를 추구하기 위해서 선택의지에 의해 형성된 것이므로 이익사회에 해당한다(예 시민단체 → 공식조직, 이익사회).

② ㈎는 인간관계의 친밀성에 기초하여 형성된다.

③ ㈏는 특수한 이익(사익)을 추구한다.

11.

③ ㉢학교 동문회는 자발적 결사체이다.

① ㉠ 학교는 2차적 사회화 기관이다.

② ㉡ 시민연대는 자발적 결사체이며, 공식 조직의 성격이 더 강하다.

④ ㉣ 종친회는 친목단체로서 이익사회이다.

Answer　10.④　11.③

12 다음은 일탈 행동이 일어나는 원인에 대한 이론들이다. 이에 대한 설명으로 옳지 않은 것은?

> (가) 사회를 생물유기체로 보고, 어느 집단이나 제도 등이 제 역할을 해주지 못하는 것을 일탈행동으로 본다.
>
> (나) 사회변동으로 인해 기존의 사회구조가 해체되면서 제 기능을 담당하지 못할 때 일탈행동이 발생한다.
>
> (다) 지배집단이 정해 놓은 법이나 규범에 상충되는 행위를 함으로써 일탈행동이 발생한다.
>
> (라) 지배집단이 갖고 있는 가치에서 벗어난 행동을 일탈행동으로 본다.

① (가)와 (나)는 기능론적 관점의 이론이다.

② (가), (나), (다), (라)는 거시적 관점의 이론이다.

③ (다)와 (라)는 갈등론적 관점의 이론이다.

④ (가), (나), (다), (라)는 일탈의 원인을 개인들 간의 상호작용에서 찾는다.

13 밑줄 친 ㉠~㉣에 대한 옳은 설명은?

> 갑은 ㉠음악 대학 진학을 꿈꾸었으나, 어려운 형편 때문에 포기하고 ㉡○○대학 경영학과에 입학하였다. 그러나 음악에 대한 열망을 버리지 못하고, ㉢대학 음악 동아리에 가입하여 전공보다는 노래 연습에 심취하였다. 졸업 후 ㉣방송사 주최 오디션 프로그램 출연을 계기로 가수가 되었다.

① ㉠과 ㉡은 갑의 내집단이다.

② ㉠과 ㉢은 갑의 준거 집단이다.

③ ㉡과 ㉣은 공식적 사회화 기관이다.

④ ㉢은 공동 사회, ㉣은 이익 사회이다.

12.

(가) 사회병리론(기능론적 관점)

(나) 사회해체론(기능론적 관점)

(다) 집단갈등론(갈등론적 관점)

(라) 가치갈등론(갈등론적 관점)

④ (가)(나)(다)(라)는 거시적 관점의 이론(기능론과 갈등론)이므로 일탈의 원인을 사회구조의 틀에서 찾는다. 미시적 관점의 이론(상징적 상호작용론)은 일탈의 원인을 개인들 간의 상호작용에서 찾는다.

① (가)와 (나)는 기능론적 관점

② (가), (나), (다), (라)는 거시적 관점

③ (다)와 (라)는 갈등론적 관점

13.

② 준거 집단은 자신의 판단과 행동의 기준으로 삼는 집단으로, ㉠과 ㉢은 갑의 준거 집단이 된다.

① ㉠은 갑이 소속되어 있지 않으므로 외집단이고, ㉡은 갑이 소속되어 있으므로 내집단이다.

③ ㉡은 공식적 사회화 기관이고, ㉣은 비공식적 사회화 기관이다.

④ ㉢과 ㉣ 모두 이익 사회이다.

14 밑줄 친 ㉠, ㉡에 대한 설명으로 옳지 않은 것은?

> 최근에는 ㉠기업에서 구성원 간 친목 도모를 위한 ㉡동호회 활동을 장려하는 경우가 많다. 조직 내에서 이루어지는 구성원 간 친목 도모 활동이 조직의 효율성을 높이는 데 기여하기 때문이다.

① ㉠은 공식 조직에, ㉡은 비공식 조직에 해당한다.
② ㉠과 ㉡은 모두 자발적 결사체로서 가입과 탈퇴가 자유롭다.
③ ㉡은 ㉠에서 나타나는 인간 소외의 문제를 완화시키는 데 기여한다.
④ ㉡은 ㉠과 달리 구성원 간 수단적인 관계보다는 정의적인 관계를 중시한다.

15 밑줄 친 ㉠~㉤에 대한 설명으로 옳은 것은?

> ㉠○○ 회사에 입사하여 25년 동안 근무한 갑은 내년에 퇴직을 앞두고 있다. 3개월 전부터 퇴직 이후 창업을 위해 ㉡△△ 요리 학원에서 요리를 배우고 있다. 또 창업을 준비하는 사람들이 모여 함께 정보를 공유하는 인터넷 카페에 가입하여 여러 가지 정보를 알아보고 있다. 하지만 ㉢심경이 복잡하다. ㉣막내아들이 아직 대학을 다니는 중이고 연로하신 ㉤어머니께서 병중에 계신 상황이기 때문이다.

① ㉠은 공식적 사회화 기관이다.
② ㉡은 갑의 재사회화이자 예기 사회화이다.
③ ㉢은 갑의 역할 갈등 상황을 나타낸다.
④ ㉣과 ㉤은 모두 귀속 지위이다.

14.

② 동호회는 자발적 결합체로 볼 수 있으나, 기업은 가입과 탈퇴가 자유롭지 못하므로 자발적 결합체로 볼 수 없다.
① 기업은 공식 조직에, 기업 내 동호회는 비공식 조직에 해당한다.
③④ 비공식 조직은 친밀한 인간관계를 바탕으로 형성되어 구성원들에게 소속감 및 정서적 안정감, 만족감과 사기를 높임으로써 공식 조직에서 나타나는 인간 소외의 문제 등을 완화시키는 데 기여한다.

15.

② ㉡은 성인이 되어 새로운 상황에 적응하기 위해 새로운 기술, 생활양식을 배우는 것이므로 재사회화이고, 앞으로 자신이 맡으려고 하는 지위에 부합되는 기술, 가치, 태도를 학습하는 것이므로 예기사회화이기도 하다.
① ㉠은 공식 조직이지만 비공식적 사회화 기관이다.
③ 역할 갈등은 지위에 따른 역할들이 갈등, 충돌이 있는 경우(예컨대 병중에 있는 어머니를 보살피기 위해 병원에 가야하나, 식당 일이 바빠서 가기 어려운 경우)이나, 제시문의 현 상황은 아직 그런 상황은 없고 단순히 심적 갈등을 겪고 있는 상황이다.
④ ㉣은 귀속지위 ㉤은 성취지위이다.

Answer　14.② 15.②

16 다음에서 개인과 사회를 바라보는 관점에 부합하는 진술로 적절하지 않은 것은?

> 갑: 연봉제를 도입한 기업이 늘어난 것을 보니 능력에 기초한 합리적 경쟁이 확대 되고 있군.
>
> 을: 연봉제는 사용자의 이익을 확대하고 근로자를 통제하기 위해 사용자가 도입한 거야.

① 갑은 직업별 기능 간에 중요성의 차이가 없다고 생각한다.

② 갑은 사회적 지위와 희소자원을 불균등하게 배분하는 것이 불합리하다고 본다.

③ 을은 임금의 차등적 지급은 개인이 최선을 발휘하도록 유도한다고 본다.

④ 을은 임금의 배분과정에서 특정집단의 이해관계가 중요하게 작용한다고 본다.

17 '다른 집 아이들은 어찌되던 우리 집 아이만 좋고 괜찮으면 그만이다'라고 생각하는 형태는 다음 중 어디에 해당하는가?

① 아노미

② 집단이기주의

③ 문화지체

④ 문화해체

16.

갑은 현실에 존재하고 있는 연봉제에 대한 긍정적인 부분을 강조하고 있으므로 기능론적 관점이 된다. 을은 연봉제는 합리적인 것이 아니라 사용자 측의 이익이 중요하다는 점을 부각함으로써 갈등론적 관점에서 바라보고 있다. ①은 기능론을 부정하는 것이며 ②는 갈등론, ③은 기능론이 된다.

17.

설문은 가족이기주의에 관한 설명으로 집단이기주의의 하나의 행태이다.
① 사회구성원들의 목표와 수단이 어긋나서 규범의 부재 또는 혼란의 상태를 보이는 것을 뜻한다.
③ 문화변동의 속도와 관련하여 비물질적인 제도나 가치의 변화가 물질적 측면의 변화를 따르지 못해 간격이 점점 커지는 현상이다.
④ 외래문화가 수용되어 종래의 문화체계까지 변동이 일어나 기존문화체계의 통합성마저 분리하게 되는 문화변용을 말한다.
※ 집단이기주의
　㉠ 의의: 한 집단이 전체 사회의 공동의 이익과 발전은 고려하지 않고, 자기 집단의 이익과 발전만을 추구하는 것을 말한다.
　㉡ 형태: 가족이기주의와 지역이기주의 등이 있다.

Answer 16.④ 17.②

18 다음 두 주장이 공통으로 근거하고 있는 관점에 대한 설명으로 가장 거리가 먼 것은?

> • '부(富)'라는 사회가치는 인정하지만 비합법적으로 부를 달성하려 할 때 일탈행위가 발생한다.
> • 사회계층화는 개인과 사회가 최선의 기능을 발휘하도록 하는 불가피한 사회적 장치이다.

① 사회는 갈등에 의해 발전한다.
② 사회적으로 합의된 가치가 존재한다.
③ 사회구성원은 사회통합에 기여한다.
④ 사회문제는 사회기능이 파괴될 때 발생한다.

19 다음 글은 甲공무원이 일탈행동을 하게 되는 과정을 나타낸 것이다. 이 과정을 설명해 줄 수 있는 이론을 순서대로 나열한 것은?

> 甲공무원이 돈을 벌기 위하여 공무원신분을 망각한 채 이권에 개입하여 징계를 받았다. 이후 그는 주위 사람들과 동료들의 차가운 시선 때문에 헤어나지 못하고 계속 범죄의 수렁에 빠지게 되었다.

① 상호작용론, 낙인론
② 낙인론, 아노미론
③ 아노미론, 낙인론
④ 상호작용론, 아노미론

18.

① 갈등론에 의한 사회발전인식이다. 기능론에서는 사회문제를 사회의 일정한 부문이 제기능을 발휘하지 못한 병리적인 현상으로 본다.

19.

일탈행동의 형성원인
㉠ 아노미현상: 사회적인 목표는 분명하지만 그것을 성취할 만한 적절한 수단들이 제공되지 못할 경우에 목표와 수단이 어긋나서 규범의 부재나 혼란상태를 보이게 되는 것을 의미한다.
㉡ 낙인론: 일탈행동을 한 사람은 다른 사람들이 일탈행위를 한다고 낙인찍는 경향이 있기 때문에 그와 같은 행동을 더 저지르게 된다는 것이다.

Answer　18.①　19.③

 사회계층화현상에 관한 보기의 내용을 통해 추론한 설명 중 옳지 않은 것은?

> 지금까지 인간사회에서는 어떤 형태로든 계층화현상이 전혀 없는 상태를 가져 본 일이 없다는 것이 사회학적 연구에서 얻은 결론이다. '계층이 없는 사회를 볼 수 없다'는 말에는 '계급 없는 사회(Classless Society)'를 표방하는 공산주의사회에서도 계층화현상은 여전히 존재한다는 뜻이 내포되어 있다. 사실, 지금 우리가 보는 공산주의사회에는 경제적 불평등은 감소되었는지 몰라도 정치적인 계층화의 정도, 즉 정치적 불평등과 그에 따르는 특권의 불균등한 배분은 역사상 보기 드물 만큼 심각하다.

① 마르크스는 생산수단의 소유여부에 따라 계급이 발생되었다고 한다.
② 베버는 계급, 지위, 권력에 의해 사회계층화현상이 발생한다고 보았다.
③ 전통적 사회에서는 서열화 된 위치가 엄격하며, 사회적 차별이 심했고, 그 위치가 세습되었다.
④ 근대사회에서는 사회적 희소가치가 다양화되고 서열화 된 위치를 구분하기 어렵게 되어 사회계층화현상은 점차 소멸되어 가고 있다.

21 다음에서 협동의 조건이 되는 것만을 옳게 골라 묶은 것은?

> ㉠ 목표달성을 위한 활동에 누구나 참여할 수 있다.
> ㉡ 달성된 목표나 혜택이 고루 분배된다.
> ㉢ 달성목표가 제한되어 있다.
> ㉣ 달성목표나 이해관계가 상충되어 있다.

① ㉠㉡　　　　② ㉠㉢
③ ㉡㉢　　　　④ ㉢㉣

20.

④ '계층이 없는 사회를 볼 수 없다'는 말에서 보듯이 근대사회 이후에는 전통적 사회에서와 같은 경직된 사회계층화현상은 사라졌으나, 계급·지위·권력에 의한 새로운 사회계층화 현상은 계속 유지되고 있다.

21.

협동의 성립조건 … 협동은 당사자들이 어떤 목표를 달성하기 위한 활동에 누구나 참여할 수 있고, 그 결과로 달성된 목표나 혜택이 고루 분배된다는 조건이 보장될 때에 잘 이루어진다.

Answer 20.④ 21.①

03 문화와 사회

❶ 문화의 의미와 특징

(1) 문화의 의미

① 좁은 의미 … 교양을 갖춘 혹은 개화되거나 세련된 상태를 말한다.

② 넓은 의미 … 한 사회 구성원들이 생각하고 행동하는 방식인 생활양식의 총체이다.

(2) 일상생활에 담긴 문화

① 일상생활과 문화
  ㉠ 반복되는 일상은 우리가 의식하지 못한 채 행하는 문화 활동의 연속 과정이다.
  ㉡ 객관적으로 일상을 바라보면 그 속에 숨겨진 문화 현상의 의미를 파악할 수 있다.

② 정치 및 경제생활과 문화
  ㉠ 정치나 경제현상도 사람들의 가치관이나 전통, 종교적 지향 등에 의해 복합적으로 영향을 받는다.
  ㉡ 정치 및 경제생활을 통해서 그 사회의 문화현상과 문화의 여러 가지 속성을 파악할 수 있다.

(3) 문화요소와 기능

① 문화요소
  ㉠ 문화요소 : 한 사회의 문화에서 총체적으로 나타나는 독특한 문화 복합체를 설명하는 기본요소이다. **예** 기술, 언어, 가치, 규범, 상징, 예술 등
  ㉡ 기술 : 인간의 욕구나 욕망에 적합하도록 주어진 대상을 변화시키는 모든 인간적 행위이다. 문화의 창조와 변동, 전승과 축적에 영향을 미친다.
  ㉢ 언어 : 생각이나 느낌을 나타내거나 전달하기 위하여 사용하는 음성, 문자 등의 수단이다. 사람간의 소통 수단이 될 뿐만 아니라 삶의 방식과 연관이 있다.
  ㉣ 가치 : 사회구성원의 신념이나 감정 체계, 사회의 다양한 문화 현상에 영향을 미치며, 한 사회집단의 성격을 규정한다.

ⓜ **규범** : 사람의 사회생활에 있어서 판단, 행위, 평가 등의 기준이나 규칙이다. 따르지 않으면 사회적 제재를 받는다. 종종 사회의 존립을 위해 금지 하는 금기로 나타난다.

ⓗ **상징** : 사물이나 의미를 나타내는 작용을 하는 것을 말한다. 문화마다 다르게 부여되고 사람들의 관념이나 가치에 영향을 미친다.

ⓢ **예술** : 인간의 창의력과 아름다움을 표현하는 활동과 그 결과물로서의 작품, 한 사회의 상징이나 일상을 담아내는 중요한 문화요소이다.

ⓞ **개별문화요소간의 연계성** : 개별문화요소들은 그 자체로도 다양한 문화 형태를 만들어내지만 이것들은 서로 영향을 미치면서 한 사회의 문화를 만들고 사회 구성원의 일상에 영향을 미친다. 그래서 개별적 혹은 유기적으로 연계된 문화요소 없이는 인간의 문화적 특성을 발휘하기가 어렵고 사회생활을 영위하기도 어려우므로 사회구성원으로서 이에 대한 이해가 요구된다.

② **문화의 기능**

㉠ 문화는 집단 간에 소속감을 주고 동질감을 높이는 긍정적인 기능을 한다.

㉡ 인간을 환경에 적응하게 하는 중요한 기제이다. 인간이 환경에 적응하는 과정에서 각각 다른 적응방식을 택함으로써 사회는 다른 문화를 발전시켜왔다.

㉢ 인간이 가진 지식을 축적하고 확장하게 해준다.

㉣ 인간의 기본 욕구를 충족시켜준다.

② 문화 이해의 관점과 태도

(1) 문화를 이해하는 태도

① 문화를 이해하는 잘못된 태도

구분	자문화 중심주의	문화 사대주의
의미	자신의 문화를 우월하게 생각하여 자기 기준으로 다른 문화를 평가하는 태도	자신의 문화를 무시하거나 낮게 평가하고 다른 문화만을 동경하거나 숭상하는 태도
장점	같은 문화를 공유하는 사람들끼리 소속감과 자부심 고무	외래문화에 개방적인 태도로 새로운 문화 수용이 용이
단점	• 다른 문화에 대한 편견 및 갈등 초래 • 국제적 고립으로 자문화의 발전 장애, 문화제국주의로 전락가능	• 문화에 대한 편협한 이해 초래 • 문화의 주체성과 정체성 상실, 전통문화의 발전 장애
사례	인디언보호구역 인디언문화퇴보	일본식 다도예찬, 서구인 체형에 맞춘 성형수술

기출PLUS

기출 2023. 6. 10. 제회 서울특별시 시행

〈보기〉의 문화를 이해하는 태도 ㈎, ㈏에 대한 설명으로 가장 옳은 것은?

— 보기 —

㈎ 오리엔탈리즘(Orientalism)이란 유럽이 동양과 서양을 문맹과 문명, 야만과 지성으로 나누는 이분법적 틀을 말한다. 이 틀에 따르면 서양의 관점에서 동양은 미지의 신비로운 곳이며, 문명화되지 않은 야만사회로 간주해서 더 합리적이고 이성적인 서구문명이 미개한 동양을 문명화시키고 지배하는 것이 정당화된다.

㈏ 같은 옷이라도 영어로 표기하면 더 비싸게 인식되는 것으로 나타났다. '편한 검정 면바지'보다는 '블랙 코튼이지 팬츠'를, 또 그보다는 'black cotton easy pants'의 가격을 더 높게 평가하였다.

① ㈎는 각 사회의 맥락에서 그 문화를 이해한다.

② ㈏는 자기 문화의 주체성을 상실하고 전통 문화를 잃어버리게 될 수 있다.

③ ㈏는 국수주의로 흐르거나 문화 제국주의로 변질될 수 있다.

④ ㈎와 달리 ㈏는 특정 문화에 대한 편견을 가지고 다른 문화를 평가한다.

◀ 정답 ②

기출PLUS

기출 2021. 6. 5. 제1회 지방직 시행

문화이해의 태도 (개)~(대)에 대한 설명으로 옳은 것은? (단, (개)~(대)는 각각 문화 사대주의, 문화 상대주의, 자문화 중심주의 중 하나이다)

┌─ 보기 ─
• (개) 는 (내) , (대) 와 달리 국수주의나 문화 제국주의로 변질될 수 있다는 비판을 받는다.
• (대) 는 (개) , (내) 와 달리 해당 사회의 맥락을 고려하여 그 사회의 문화를 이해하려 한다.

① (개)는 자문화의 객관적 이해에 기여한다.
② (내)는 자문화 정체성을 약화시킬 우려가 있다.
③ (대)는 다문화 사회에서 문화적 갈등을 초래한다.
④ (개)는 문화 사대주의, (내)는 자문화 중심주의, (대)는 문화 상대주의이다.

기출 2023. 6. 10 서울시 보훈청 시행

〈보기〉에 나타난 문화의 속성으로 가장 적절한 것은?

┌─ 보기 ─
우리나라에서 생활하는 외국인 중에는 처음에는 김치를 잘 먹지 못했지만, 점점 익숙해져서 김치를 좋아하게 된 사람이 많다. 더 나아가 김치를 담그는 법을 배워서 직접 담가 먹기도 한다.

① 축적성
② 변동성
③ 학습성
④ 공유성

◀정답 ②, ③

② **문화를 이해하는 바른 태도(문화상대주의)**

- ㉠ **전제**: 각 사회의 문화는 독특한 의미가 있기 때문에 문화 간 열등하거나 우월한 것을 평가할 수 없다.
- ㉡ **의미**: 한 문화를 바르게 이해하기 위해서는 그 사회의 맥락과 환경을 고려하여 이해해야하고 각각의 특수성과 다양성을 인정하여 문화를 이해하는 태도이다.
- ㉢ **극단적 문화상대주의**: 각 문화의 특수성을 지나치게 강조하여 인류의 보편적 가치마저 부정하는 태도를 말한다. 문화상대주의는 비인간적인 문화까지 용인하고 이해하자는 것은 아니다. 예를 들어 식솔을 함께 묻는 순장제도, 지참금이 적다는 이유로 결혼한 여자를 살해하는 관습 등과 같은 인류의 보편적인 가치인 인간존엄성, 자유, 평등 등을 침해하는 문화적 관습까지 상대론적 시각으로 이해해서는 안 된다.

(2) **문화를 바르게 이해하는 관점**

① **총체론적 관점** … 특정 문화를 사회 구성요소와 관련지어 이해하려는 관점, 문화현상을 부분적으로 바라본다면 편협하고 왜곡될 수 있다.

② **상대론적 관점** … 문화의 특수성을 인정하고 그 문화를 그 사회의 입장에서 이해하려는 관점이다.

③ **비교론적 관점** … 두 지역 이상의 문화를 비교하여 문화 간의 보편성과 특수성을 이해하려는 관점이다.

(3) **문화의 속성**

① **공유성**

- ㉠ **의미**: 한 사회의 구성원들이 공통적으로 가지고 있는 행동 및 사고 방식이다.
- ㉡ **특징**: 원활한 사회생활을 위한 공동의 장을 제공하고, 사회 질서를 유지하게 한다.
  → 구성원 간의 행동 및 사고를 예측할 수 있게 한다.
- ㉢ **사례**: 대문에 금줄이 있으면 아기가 태어난 집이라는 것을 알 수 있다.

② **학습성**

- ㉠ **의미**: 문화는 후천적인 사회화 과정 즉 학습을 통해 습득되며, 학습을 통해 다음 세대로 전달된다.
- ㉡ **특징**: 사회화의 내용 및 방법은 그 사회가 처한 환경에 따라 다양하다.

- 인간이 어떻게 행동하고 생각하는 지는 성장 과정에서 그가 어떠한 문화 속에서 생활하며, 그 문화를 어떻게 학습하느냐에 달려 있다.(사회적 상호작용을 통해 이루어짐)
  - 의의: 개인은 학습을 통해 그 사회의 문화를 수용하고, 각 사회는 새로운 사회 구성원에게 문화를 전수함으로써 문화가 유지·전승된다.
  - ⓒ 사례: 아기가 자라면서 말을 배우고 예절에 맞는 행동을 하는 것

③ 축적성

- ⑤ 의미: 문화는 한 세대에서 다음 세대로 전승되며, 이 과정에서 새로운 지식과 생활양식이 축적된다.
- ⑥ 특징
  - 인간의 학습 능력과 상징체계에 의해 가능하다.
  - 문화는 전승될 때 과거의 내용에 새로운 삶의 방식들이 더해져서 전승되기 때문에 문화는 계속 축적되고 그 내용이 점점 복잡하고 다양해짐→문화의 축적은 인류 문명의 발달을 가능하게 한다.
- ⓒ 사례: 집안 대대로 내려오는 요리 비법 책에 새로운 비법을 추가하여 자녀에게 물려주는 것

④ 전체성

- ⑤ 의미: 문화의 구성 요소들은 유기적으로 상호 밀접한 관련을 맺으면서 전체를 이루고 있다(= 총체성, 통합성, 체계성).
- ⑥ 특징: 문화는 한 부분의 변동이 생기면 연관되어 있는 다른 부분에도 영향을 끼쳐 연쇄적인 변동이 일어남→한 사회의 문화를 이해하기 위해서는 전체적인 관점에서 각 부분의 문화를 이해해야 한다.
- ⓒ 사례: 대학 입시 제도의 변화가 공교육뿐만 아니라 사교육 등 교육 문화 전반에 영향을 주는 것

⑤ 변동성

- ⑤ 의미: 문화는 고정 불변의 것이 아니라 시간이 흐르면서 발명, 발견 및 전파에 의해 새로운 것이 추가되거나 기존의 특성이 소멸되기도 하며 계속 변화한다.
- ⑥ 특징
  - 문화 변동은 인간이 새로운 환경에 적응하기 위해 노력한 결과이다.
  - 급격한 문화변동은 가치관 혼란과 사회 갈등을 유발하기도 한다.
- ⓒ 사례: 우리나라의 결혼식이 전통 혼례식과 서양의 결혼식을 융합한 형태로 변화한 것

기출PLUS

기출 2022. 6. 18. 서울특별시 시행

〈보기〉에서 부각되는 문화의 속성에 대한 진술로 가장 옳은 것은?

┌ 보기 ┐

집은 사람들이 사는 단순한 구조물 이상의 의미를 갖는다. 집은 누군가에게 중요한 재산이 되며, 그것은 경제적인 투자의 의미를 갖는다. 집이 위치한 지역은 그곳에 거주하는 사람들의 직업이나 지위 등 다양한 사회적 요인을 반영하며, 집을 짓는 방식은 그 사회의 생활 양식이나 기후 및 지형 조건, 부존자원의 영향을 받는다.

① 문화는 세대 간 전승 과정에서 점차 풍부하게 발전한다.
② 문화는 여러 요소들이 유기적으로 연관되어 이루어진 하나의 전체이다.
③ 문화는 다른 구성원과의 상호작용이 안정적으로 이루어지게 한다.
④ 문화는 계속적으로 변화하여 이전과 다른 모습을 갖는다.

기출 2019. 6. 15. 제2회 서울시 시행

〈보기〉에 나타난 문화의 속성에 대한 설명으로 가장 옳은 것은?

┌ 보기 ┐

한국인들은 김치 냄새만 맡아도 군침이 돌고 밥 생각이 간절해진다. 식당에서 라면을 주문할 때도 당연히 김치가 나올 것을 기대한다. 오랜 외국생활을 한 사람들은 매콤한 김치에 흰쌀밥을 가장 그리워한다는 의견이 많다. 이는 김치가 한국인들에게 특별한 의미를 가지기 때문이다.

① 문화는 환경에 적응하는 과정에서 끊임없이 변화한다.
② 문화는 상대방의 행동을 예측하고 대응할 수 있게 해준다.
③ 문화는 계승되면서 보다 풍부한 요소를 갖추게 된다.
④ 문화의 한 부분의 변동은 다른 부분에 영향을 주어 변동을 일으킨다.

❮정답 ②, ②

❸ 현대사회의 다양한 문화 양상

(1) 하위문화

① 하위문화

    ㉠ 하위문화 : 사회의 전통적인 문화에 대하여 어떤 특정한 집단만이 가지는 문화적 가치나 행동 양식이다.

    ㉡ 집단구성원에게 독특한 기능 수행 : 정신적인 지향점 제시, 하위 집단 나름의 욕구해소, 소속감을 느끼게 하고 다른 집단과의 차별성 부여한다.

    ㉢ 사회 전체에 대해서 일정한 역할 : 문화의 다양성과 역동성 제공, 전제문화의 유지와 존속에 영향을 준다.

② 지역문화

    ㉠ 한 나라를 구성하는 여러 지역에서 나타나는 고유한 생활양식이다.

    ㉡ 지역 공동체의 유지와 발전에 기여 한다.

    ㉢ 한 국가가 문화다양성을 지닐 수 있는 바탕을 제공한다.

    ㉣ 우리나라의 지역문화

      • 정부 주도의 근대화 과정으로 문화의 수용에서 수동적인 성향이 강하다

      • 지방자치시대의 개막과 함께 지역문화에 대한 관심이 증가하였다.

      • 지역적 특성을 반영한 문화축제나 문화 행사들을 많이 개발하고 있다.

③ 청소년문화

    ㉠ 기성세대의 문화에 대하여 비판적이고 새로운 것을 추구하여 미래지향적이고 저항적이다.

    ㉡ 대중매체나 대중문화의 영향을 받아 충동적이고 모방적인 성향이 강하다.

    ㉢ 청소년들은 감각적이고 쉽게 싫증을 느끼므로 또 다른 특징을 가진 형태로 변모하는 일시적 성향을 가진다.

④ 반문화 … 지배 집단에 대하여 적극적으로 도전하거나 상반되는 문화

    ㉠ 시대나 사회에 따라 반문화의 규정은 달라진다.

    ㉡ 보수사회에 대한 저항의 문화로 작동하면서 사회변화를 견인하는 역할을 한다.

    ㉢ 반문화의 대표적인 예로는, 종교적인 급진적 종파운동, 동성애의 자유화 운동자 집단 등이 반문화의 예가 될 수 있다.

(2) 대중문화

① 대중문화의 의미
  ㉠ 사회 다수 사람들이 소비하거나 누리는 문화
  ㉡ 한 사회의 지배집단이 오랫동안 누려온 고급문화에 대응하는 의미로도
    사용된다.

② 대중문화의 형성과정
  ㉠ 대중사회 : 대중이 정치·경제·사회·문화의 모든 분야에 진출하여, 큰
    영향을 발휘하는 사회
  ㉡ 대중사회 이전사회 : 여가나 오락 등의 문화는 귀족 등 지배계층이 누리는
    문화와 일반 사람들이 누리는 문화가 구분되었다.
  ㉢ 대중사회 형성 과정 : 대중매체의 발달, 여가문화의 발달, 대중들의 경제적
    인 여유가 생기면서 대중이 즐기는 문화가 형성되었다.
  ㉣ 대중문화 형성
    • 자본주의 발달과정에서 대량 생산과 대량 소비 가능하게 되었다.
    • 대중들에게 경제적인 여유가 생기면서 여가에 관심을 쏟게 되었다.
    • 대중 매체의 발달로 다양한 문화 상품이 생성되었다.
    • 근대 교육을 받은 대중이 확대되면서 대중의 지위상승, 문화적 역량이 증가
      하게 되었다.

③ 대중문화의 순기능 … 소식을 전하고 정보를 전달하는 교육적인 기능과 일상
  에서 오락 및 여가 문화로서의 기능을 제공하고, 삶의 활력소 역할을 하며
  계층 간 문화 차이를 줄이고 문화 민주주의 실현, 사회비판적인 역할도 수행
  한다.

④ 대중문화의 역기능 … 이윤을 추구하는 성격이 강해 문화를 상업화 시키고
  한순간에 유행되어 문화의 획일성과 몰개성을 가져오며, 사회의 퇴폐화와 저
  속화 및 문화의 질적 저하를 가중시킨다. 또한 대중 소외를 심화시키고 정치
  적 무관심과 배금주의적 가치를 양산하며 권위주의 정부가 대중조작을 일삼
  거나 대중들의 주체성을 잃게 만들 위험성이 크다.

〈보기〉의 대중문화에 관한 글에서 밑줄 친 ㉠~㉣에 대한 설명으로 가장 옳지 않은 것은?

┌ 보기 ┐
㉠ 산업화 과정에서 직장을 찾아 농촌에서 도시로 이동한 대규모 인구층을 대중이라 부른다. 미개발된 도시에서 살며 열악한 작업 환경에서 일하는 이들은 인간다운 삶을 살기 위한 최소한의 요구를 하게 되었으며, ㉡ 사회적 발언권의 확대와 함께 문화 향유에 대한 요구도 커졌다. 한편, 근대 기술의 발달로 등장한 ㉢ 대중 매체들이 이들의 문화적 욕구를 충족시킬 기반을 제공했으며, 이에 따라 문화·예술 생산자들은 대중을 주목하여 ㉣ 문화 상품 생산에 뛰어들었다.

① ㉠에서는 소품종 대량 생산이 주로 이루어졌다.
② ㉡은 대중 민주주의 형성의 토대가 되었다.
③ ㉢은 일방향 소통방식보다는 쌍방향 소통방식이 주로 이루어졌다.
④ ㉣에서는 예술성보다 상업성을 더 중요하게 생각하였다.

◀ 정답 ③

기출PLUS

4 문화변동과 한국 문화의 다양성

(1) 문화의 의미 및 양상

① 문화변동의 의미와 요인

　㉠ 문화의 변동 : 새로이 등장한 문화 요소로 인해 기존의 문화 요소들이 변화하는 현상이다.

　㉡ 문화의 변동의 원인

　　• 내부적 요인 : 발명과 발견(새로운 문화 요소 창조, 알려지지 않은 것을 알아내거나 찾아내는 행위)

　　• 외부적 요인 : 전파(한 사회의 문화 요소가 다른 사회로 전해져 그 사회의 문화 과정에 정착되는 현상)

② 문화변동의 과정과 양상

　㉠ 문화 접변 : 성격이 다른 문화 간의 접촉으로 한 문화가 다른 사회에 전파됨으로써 나타나는 문화를 말한다.

구분	내용
자발적 문화 접변	직접적인 접촉에 의해서나 간접적인 접촉에 의해서나 새로 접하게 된 문화체계가 기존의 것보다 효과적이라고 느끼고 자발적으로 일어나는 경우로 문화변동이 비교적 완만하며 문화통합정도가 강하다.
강제적 문화 접변	정복이나 식민통치와 같이 강제성을 지닌 외부의 압력에 의해 일어나는 경우로 복고운동이나 거부 운동이 일어날 수 있다.

　㉡ 문화 접변의 결과

구분	내용
문화공존	한 사회에 다른 문화요소가 나란히 존재하여 같이 발전하는 경우
문화동화	한 사회의 문화 요소는 사라지고 다른 사회의 문화 요소로 대체되는 경우
문화융합	서로 다른 두 문화 요소가 결합하여 기존의 문화와 다른 새로운 제3의 문화가 나타나는 경우

③ 문화변동과 사회문제

　㉠ 문화지체현상

　　• 문화 변동 과정에서 물질문화와 비물질문화의 속도 차이로 나타나는 부조화 현상을 말한다.

　　• 해결방안으로는 법 제도의 개선, 의식개선을 위한 캠페인 등이 있다.

기출 2025. 6. 21. 제1회 서울시 시행

〈보기〉에 나타난 문화 변동에 대한 설명으로 가장 옳은 것은?

─ 보기 ─

갑(甲)국의 사람들은 고유의 문자 체계를 사용하는 나라이다. 하지만 을(乙)국이 갑국을 식민 통치하면서 을국의 문자를 사용하도록 강요하고 갑국 고유의 문자를 사용하는 것을 금지했다. 갑국 사람들은 이를 받아들이지 않고 끝까지 저항하면서 오히려 식민 지배를 하던 을국 사람들이 갑국의 문자체계에 영향을 받게 되었다. 을국 사람들이 본국으로 귀국한 후, 갑국의 문자 체계를 자국의 문자 체계에 반영하여 변화시키고, 그것이 널리 퍼지게 되었다.

① 갑국에서는 자극 전파로 인한 문화 변동이 나타났다.
② 갑국에서는 직접 전파로 인한 문화 변동이 나타났다.
③ 을국에서는 갑국과 달리 문화 동화가 발생했다.
④ 을국에서는 갑국과 달리 자발적 문화 접변이 나타났다.

‹정답 ④

ⓛ 문화적 전통과 정체성 상실 : 외래문화의 급격한 수용으로 기존의 문화 정체성의 약화 및 사회구성원 간의 갈등이 유발되며 기존 사회 규범의 붕괴로 사회 혼란 현상이 발생할 수 있다.

(2) 세계화와 한국 문화의 다양성

① 세계화와 다문화 사회의 도래

㉠ 문화의 세계화 : 세계화로 서로 다른 문화들 간의 접촉이 활발해지고, 정보 통신 기술의 발달로 인적, 물적 교류 뿐 아니라 일상적인 문화까지 교류가 가능하게 되었다.

- 문화와 세계화의 영향
  - 긍정 : 새로운 문화의 유입으로 기존의 문화가 더욱 풍부해지게 되었다.
  - 부정 : 서구 중심의 문화에 일방적인 동화로 고유한 문화 소멸, 획일화가 이루어지고 있다.
- 문화의 다양성의 심화 : 세계화로 인한 노동력의 이동과 국제결혼의 증가로 다양한 인종, 종교, 문화를 가진 사람들이 공존하면서 다인종·다문화 사회로 변화중이다.

㉡ 다문화사회의 바람직한 자세 : 다른 문화에 대하여 개방적이고 서로 존중하는 태도, 문화적 다양성 인정 등이 있다.

② 우리 문화의 정체성과 세계화

㉠ 문화의 정체성

- 문화적 정체성 : 한 사회의 구성원이 그 사회에서 오랫동안 공유한 역사적 경험과 공동체로서의 의식, 구성원들 사이에 공유된 가치관·세계관·신념 등의 문화에 대해 갖는 일체감을 말한다.
- 문화적 정체성의 약화 : 기존과 다른 문화요소의 유입으로 인한 급격한 문화 변동으로 정체성이 약화되었다.
- 발전방향 : 타 문화의 좋은 점을 주체적으로 수용하여 전통문화를 발전시키면서도 창조적 계승이 필요하다.

㉡ 세계화 시대의 문화 발전 방안

- 문화의 세계화 : 우리 문화를 세계에 알릴 수 있는 기회 제공
- 영향 : 우리 문화의 정체성 확립, 국가 경쟁력 강화, 전 세계적인 문화 다양성에 기여
- 방법 : 대중매체를 이용한 우리 전통문화의 소개, 우리의 것을 세계적인 것으로 발전

〈보기〉와 같은 다문화 정책에 대한 설명으로 가장 옳은 것은?

┌ 보기 ┐

캐나다는 1971년 다문화주의를 선언하고 각각의 인종이나 민족이 자신의 특성을 유지하면서 모든 사람이 평등하게 캐나다 사회에 참여하는 정책을 실시하였다. 이러한 정책은 여러 개의 조각이 조화를 이루어 하나의 작품이 되는 '모자이크와 같다고 하여 모자이크 정책이라고 한다.

① 문화적 단일성을 유지하기 위한 정책이다.
② 이민자의 문화 정체성을 훼손할 우려가 있는 정책이다.
③ 문화 간 차이를 인정하는 관용의 자세를 중시하는 정책이다.
④ 인위적으로 문화를 하나로 통합하는 것을 목적으로 하는 정책이다.

❮정답 ③

1 보기〉에 나타난 문화의 속성에 대한 설명으로 가장 옳은 것은?

— 보기 —

한국인들은 김치 냄새만 맡아도 군침이 돌고 밥 생각이 간절해진다. 식당에서 라면을 주문할 때도 당연히 김치가 나올 것을 기대한다. 오랜 외국생활을 한 사람들은 매콤한 김치에 흰쌀밥을 가장 그리워한다는 의견이 많다. 이는 김치가 한국인들에게 특별한 의미를 가지기 때문이다.

① 문화는 환경에 적응하는 과정에서 끊임없이 변화한다.
② 문화는 상대방의 행동을 예측하고 대응할 수 있게 해준다.
③ 문화는 계승되면서 보다 풍부한 요소를 갖추게 된다.
④ 문화의 한 부분의 변동은 다른 부분에 영향을 주어 변동을 일으킨다.

2 (가), (나)에 나타난 문화의 속성으로 옳은 것은?

(가) 서유럽에서 발달한 목축업은 유럽인들의 식생활, 의복, 주거문화, 예술 활동 등 생활 전체에 영향을 미쳤다.
(나) 태어난 직후 서로 다른 환경에서 떨어져 살던 일란성 쌍둥이가 키와 얼굴, 운동 및 인지능력은 비슷했지만, 인성이나 규범적 행위에서는 큰 차이를 보였다.

	(가)	(나)
①	공유성	총체성
②	총체성	학습성
③	축적성	공유성
④	학습성	총체성

1.

제시된 사례는 문화의 속성 중 공유성을 나타낸다. 이는 사회구성원들의 언어, 예술, 식생활 등 여러 면에서 공통적인 경향으로 나타나는 행동 및 사고방식이다.
② 같은 문화를 공유하는 구성원들에게는 원활한 사회생활을 위한 공동의 장을 제공해 준다. 문화를 공유함에 따라 구성원들이 특정한 상황에서 상대방이 어떻게 행동할 것인지, 또 서로에게 무엇을 할 수 있는지를 예측할 수 있다.
① 문화의 변동성에 대한 설명이다.
③ 문화의 축적성에 대한 설명이다.
④ 문화의 총체성에 대한 설명이다.

2.

(가) 식생활, 의복, 주거 문화, 예술 활동 등 생활 전체에 영향을 미침→ 총체성
(나) 일란성 쌍둥이가 서로 다른 환경에 살면서 서로 다른 문화를 학습함→ 학습성
※ 문화의 속성
　㉠ 공유성 : 한 사회 구성원들에게는 공통적으로 나타나는 행동 및 사고방식
　㉡ 학습성 : 문화적 특성은 선천적인 것이 아니라, 후천적으로 학습을 통하여 생성
　㉢ 축적성 : 언어·문자 등을 통하여 다음 세대로 전승되면서 축적
　㉣ 총체성(전체성) : 문화의 각 요소는 서로 긴밀한 관계를 유지하면서 총체적 체계를 형성
　㉤ 변동성 : 문화는 고정 불변의 것이 아니라 시간이 지남에 따라 변화
　㉥ 다양성 : 문화는 인간이 환경에 적응하는 수단으로서 다양한 방식이 존재

Answer　1.② 2.②

3 다음 글에 나타난 (개)에 대한 설명으로 옳은 것은?

> 한때 팝 음악을 주로 듣는 이들이 근거 없는 자부심에 한껏 고취되던 시절이 있었다. 그들이 펼치던 것은 '내가 듣는 음악이 수준 높은 음악이다', '난 수준 낮은 한국 음악은 듣지 않는다'식의 논리로 이는 __________(개)__________의 대표적인 사례로 꼽힌다.
>
> (게임동아 2012.7.2. 김한준)

① 자기 문화의 정체성을 상실할 우려가 있다.
② 집단 내 일체감을 형성하는 데 기여한다.
③ 자기 문화를 기준으로 타 문화를 평가한다.
④ 상대적 기준으로 타 문화를 평가하는 태도이다.

4 다음 글에 대한 설명으로 가장 적절한 것은?

> A국에서는 시계를 볼 줄 모르는 사람들이 자랑이라도 하듯 정작 자신에게는 소용없는 손목시계를 차고 있는 모습을 자주 볼 수 있다. 내가 A국 사람들의 집에 초대받았을 때 그들은 즉석 라면이 다 떨어져 전통 음식인 보리빵을 내놓는 것에 대해 미안해하기도 했다. 자신이 서구화된 것으로 보이고 싶어하는 분위기가 A국에 확산되면서 이와 같은 현상이 두드러지게 나타나고 있다. 그러나 그들은 자신들이 원하는 많은 돈, 좋은 자동차 등을 얻기 위해 애쓰는 과정에서 가족, 이웃 등과 좋았던 관계가 깨지고 저마다 불안과 상실에 빠질 수도 있다는 것을 알지 못한다.

① A국에서 일어나고 있는 문화 융합 사례를 소개하고 있다.
② A국에서 문화 지체 현상이 나타나고 있음을 지적하고 있다.
③ A국 사람들의 시각에서 A국 문화 변동의 의의를 기술하고 있다.
④ A국 사람들의 문화 사대주의 경향과 아노미 가능성을 언급하고 있다.

3.

(개)에 들어갈 말은 '문화사대주의'이다.
②③ 자문화 중심주의에 대한 설명이다.
④ 상대적 기준으로 타 문화를 평가하는 것은 문화 상대주의이다. 문화사대주의는 절대적 기준(선진국의 문화)으로 타 문화를 평가한다.

4.

사례에서는 외래문화를 맹목적으로 추종하는 것을 지적하고 있다. 이는 문화 사대주의 경향으로 설명된다. 또한 마지막에 불안과 상실에 빠진다는 측면에서 이는 옳고, 그른 것을 구별하지 못하는 규범 부재 현상으로 아노미를 의미한다.

Answer　3.① 4.④

5 문화이해의 태도에 관한 다음 글에 대한 반론으로 적절한 것은?

> 어떠한 문화현상이든지 모두 나름대로의 의미와 가치를 가지고 있다. 따라서 자신의 가치와 다르다고 해서 나쁜 것으로 평가할 수는 없다. 예를 들면, 기형아를 물에 빠뜨려 죽이는 것이나 노인을 버리는 것도 그 사람 나름의 사정이 있기 때문에 어느 정도는 타당성을 인정해야 한다. 이렇게 보면, 인간이 하는 활동, 즉 문화는 어떠한 것이든지 나쁜 것이 없다고 인식해야 한다.

① 도덕성이 상실되었다.
② 그 사회의 맥락에서 해석해야 한다.
③ 어느 사회에서나 보편적으로 적용되는 가치는 있다.
④ 그런 문화를 가진 사회는 다 이유가 있으니까 비난하지 말아야 한다.

6 인터넷의 발달로 UCC 등을 통하여 한류 열풍이 일어나는 등의 문화현상을 가장 잘 나타낸 용어는?

① 문화전파　　　　　② 문화개혁
③ 문화지체　　　　　④ 문화공존

7 다음의 예가 해당하는 문화의 속성은?

> 피임약이 개발됨으로써 임신과 출산율이 감소하고 여성의 사회진출이 늘어났으며 가족의 구조가 핵가족화 되고 있다.

① 문화의 전체성
② 문화의 공유성
③ 문화의 학습성
④ 문화의 축적성

5.

제시된 내용은 보편적 가치를 무시하는 극단적인 문화상대주의이다. 문화상대주의는 한 사회의 문화를 그 사회의 입장에서 평가하고 이해하려는 태도이지, 인류의 보편적 가치에 반하는 문화도 모두 다 옳다는 것은 아니다. 아무리 각 문화에서의 고유한 가치를 인정하더라도 인류가 보편적으로 합의할 수 있는 가치는 있게 마련이고, 그에 위배되는 행위는 어느 사회에서나 용납될 수 없는 것이다. 제시된 내용에서는 기형아와 노인의 생명의 존엄성을 무시하고, 인간의 기본적 가치를 고려하지 않는 태도가 드러나 있다. 그러므로 반론으로는 보편적 가치에 대한 문제를 제기하는 것이 적절하다.

6.

문화의 전파…한 사회의 문화요소들이 다른 사회로 직·간접적으로 전해져서 그 사회의 문화과정에 통합, 정착되는 현상을 의미한다.

7.

문화의 전체성…문화의 각 부분들이 유기적 관련을 가지면서 전체로서 하나의 체계를 이루는 특성을 말한다. 즉, 문화를 구성하고 있는 어느 한 부분의 변화는 다른 부분에 연쇄적인 변동을 가져온다는 것이다.

Answer　　5.③　6.①　7.①

8 다음 중 문화의 상대성에 대한 설명으로 옳은 것은?

① 한 문화는 다른 사회의 기준에 의해 평가될 수 있다.
② 한 문화는 그 나라의 상황을 고려해서 평가해야 한다.
③ 문화는 인류 공통의 특성과 가치를 가지고 있다.
④ 문화 간의 우열은 상대적으로 가릴 수 있다.

9 기술혁신에 따른 문화변동의 결과에 대한 비판적 견해라 할 수 없는 것은?

① 사회가 기계화되고 물질만능주의와 개인주의가 확산될 것이다.
② 정보화사회의 진전으로 개인정보가 노출되어 사생활을 침해받을 수 있다.
③ 대량 생산과 소비를 가져와 지구의 한정된 자원을 급격히 소모시킬 것이다.
④ 대중매체에 따른 대중문화의 역기능으로 인해 문화의 전반적인 침체를 가져올 것이다.

10 다음에 제시된 내용과 관련된 가장 적절한 개념은?

> 중국의 우리 동포사회가 오랫동안 모국문화와 직접적인 접촉 없이 전개되면서, 현지의 문화요소들이 많이 추가되어 점차 민족문화의 양식들이 변해가고 있다.

① 문화지체
② 아노미
③ 문화접변
④ 문화의 내재적 변동

8.

문화의 상대성 인정
㉠ 한 사회의 문화특성은 그 사회성원들에게는 매우 가치 있고 의미 있는 것이므로 그 사회의 맥락에서 그 문화를 평가하고 이해하는 태도를 가져야 한다.
㉡ 어떤 나라의 생활양식도 그 나라의 상황을 고려하여 평가하고 이해하는 태도가 필요하다.

9.

정보화시대에서 기술의 발전은 일반대중의 참여와 선택의 범위를 넓혀, 문화적 다양성을 증가시키고 풍요로운 문화로 발전시키는 데 기여한다.

10.

문화접변 … 성격이 다른 두 개의 문화체계가 장기간에 걸쳐 전면적인 접촉을 함으로써 문화요소가 전파되어 일어나는 변동을 문화의 접촉적 변동 또는 문화접변이라 한다.

Answer　8.② 9.④ 10.③

11 다음 중 청소년 문화에 대한 설명으로 옳은 것은?

> ㉠ 세대문화 중의 하나이다.
> ㉡ 청소년 문화는 어떤 문화와의 관계에서도 하위문화가 된다.
> ㉢ 변화지향적이고 저항적이다.
> ㉣ 충동적, 모방적이며 소비 지향적이다.
> ㉤ 기성세대의 문화를 수용한다.

① ㉠㉡㉤
② ㉠㉢㉣
③ ㉡㉢㉣
④ ㉢㉣㉤

12 문화의 순기능으로 적절하지 않은 것은?

> ㉠ 인간의 물질적 정신적 욕구 충족
> ㉡ 사회 집단의 유지 발전
> ㉢ 지식 제공과 축적
> ㉣ 문화적 갈등 축소
> ㉤ 환경 오염 문제 해결

① ㉠㉢
② ㉡㉣
③ ㉢㉤
④ ㉣㉤

11.

청소년 문화 : 세대문화 중의 하나 – ㉠㉢㉣

의미	청소년 집단이 독자적으로 공유하는 문화
특징	• 현실 지향적인 기성세대의 문화를 거부하거나 기존의 틀에 얽매이지 않고 새로운 것을 추구하는 경향이 있어 변화지향적이고 저항적이다. • 대중 매체나 대중문화의 영향을 많이 받아서 충동적이고 모방적인 성향을 보인다. • 유행에 민감하여 소비 지향적이다. 한편 오늘날 청소년은 단순한 소비자가 아닌 프로슈머로서 적극적인 활동을 하기도 한다.

㉡ 청소년 문화는 한국사회 문화(전체문화)와의 관계에서는 하위문화이지만, 고등학생 문화(하위문화)에 대해서는 전체문화가 된다.
㉤ 기성세대의 문화에 대해 비판적이다.

12.

• 문화의 역기능(부정적 기능) : 혼란 유발, 사회 문제 발생(자원 고갈, 환경오염, 무기경쟁, 교통체증)
㉣ 문화의 다양성으로 인한 문화적 갈등이 유발할 수 있다.
㉤ 공업화, 산업화 등으로 자원 고갈, 환경오염의 문제가 등장하였다.
• 문화의 순기능 : 환경 적응의 수단, 사회 집단의 유지·발전, 지식 제공과 축적, 인간의 욕구 충족 – ㉠㉡㉢

Answer 11.② 12.④

13 다음 글을 토대로 진술한 문화의 특성으로 가장 적절한 것은?

현대 가옥은 난방 기술의 발달로 자연 환경의 영향을 덜 받지만, 전통 가옥에서는 자연 환경이 가옥의 위치와 방향뿐만 아니라 외부 형태와 내부 구조까지도 영향을 주는 매우중요한 조건이었다. 겹집은 대들보 아래 방을 두 줄로 배치한 전(田)자형 가옥으로, 겨울이 길고 추운 관북 지방과 태백·소백 산지 등 주로 산간 지역에 분포하였다. 홑집은대들보 아래 방을 한 줄로 배치한 일(一)자형 가옥으로, 주로 서부와 남부의 평야 지대에 분포하였다.

① 문화는 상징 체계의 학습과 이를 통한 축적을 통해 창조된다.

② 문화는 자연 환경의 차이에 따른 제약을 극복하는 과정에서 형성된다.

③ 문화는 세대 간 전승을 통해 새로운 문화가 창조되면서 발전한다.

④ 문화는 한 사회의 자연 환경보다 역사적 배경의 영향을 더 많이 받는다.

13.

제시문은 문화의 특수성에 대한 설명이다.
자연 환경이 가옥의 위치, 방향, 외부 형태, 내부 구조에 영향을 준 예이다. 즉 자연 환경에 적응, 극복하는 과정에서 가옥의 차이(문화의 특수성)를 가져왔다.
① 학습성, 축적성에 대한 설명이다.
③ 변동성, 축적성에 대한 설명이다.
④ 문화는 자연 환경보다 역사적 배경의 영향을 더 많이 받는다고 할 수 없다.

14 문화를 이해하는 갑과 을의 태도에 대한 적절한 설명을 〈보기〉에서 고른 것은?

> 갑 : 해외 여행은 즐거웠니?
>
> 을 : 글쎄, 즐겁긴 했는데. 그 나라에서는 누에와 메뚜기 튀긴걸 먹더라. 정말 징그럽고, 그 나라 사람들은 야만인 같다고 생각되었어.
>
> 갑 : 각 사회마다 독특한 음식 문화가 있을 수 있는 거지. 그건 그 나라가 가진 자연 환경과 사회적 상황에 따라 그들만의 생활양식이 만들어진 것이니, 그들 입장에서 그들의 음식 문화를 이해해야지.

> ㉠ 갑의 태도는 자기 문화의 주체성을 잃게 한다.
> ㉡ 갑은 각 문화의 고유한 특성과 가치를 인정하고 있다.
> ㉢ 을은 문화의 우열을 가릴 수 없다고 생각한다.
> ㉣ 을은 자기 문화를 기준으로 다른 문화를 평가하고 있다.

① ㉠㉡
② ㉠㉢
③ ㉡㉣
④ ㉢㉣

15 인간이 문화적 전통을 이룩할 수 있는 것은 한번 고안해낸 것을 다음 세대에 전달할 수 있는 수단, 즉 (   )와(과) 그것을 학습할 수 있는 능력을 가지고 있기 때문이다. (   )의 대표적인 것으로는 언어와 문자가 있다. (   ) 안에 알맞은 것은?

① 충동
② 본능
③ 상징체계
④ 반사작용

14.

갑은 문화상대주의, 을은 자문화 중심주의의 입장이다.

㉡ 갑은 모든 문화에는 절대적으로 우월하거나 열등한 문화가 없으며 유한 특성과 가치를 지닌다는 입장이다.

㉣ 을은 자문화의 가치와 습관에 기준하여 다른 문화를 바라보고 평가하는 태도로, 자기 문화의 우월성에 빠져 다른 문화를 부정적으로 비하하려고 한다.

㉠ 자기 문화의 주체성을 잃게 되는 것은 문화 사대주의이다.

㉢ 문화의 우열을 가릴 수 없다고 생각하는 것은 문화 상대주의(갑의 입장)이다.

자문화 중심주의, 문화 사대주의는 문화의 우열을 가릴 수 있다고 생각한다.

15.

인간이 문화적 전통을 이룩할 수 있는 것은 상징체계(언어, 문자)와 학습능력을 바탕으로 한다.

Answer   14.③ 15.③

16 다음 내용으로부터 추론할 때 인간의 문화에 대한 설명으로 옳지 않은 것은?

> 영국의 인류학자 타일러(E.B. Tyler)는 「원시문화」라는 책에서 문화의 개념정의를 이렇게 하였다. "문화란 사회성원으로서의 인간이 습득한 지식, 믿음, 예술, 도덕, 법, 관습 기타 모든 능력과 습관을 다 포함하는 복합적인 총체이다."

① 문화란 특정한 인간집단의 성원들이 생각하고 행동하는 방식의 총체로서의 생활양식을 뜻한다.

② 인간이 출생 후 성장과정에서 사회생활을 하고 학습을 통하여 얻은 것은 문화적인 특성이다.

③ 문명은 발달된 사회에만 존재하지만 문화는 어느 사회에서나 존재한다.

④ 문화와 문명을 구분할 때 '발전된 것', '개화된 것'으로 파악하는 것은 문화의 개념이다.

17 문화의 특성에 대한 설명으로 옳지 않은 것은?

> • 한 한국소녀의 가족이 온돌방에 상을 차려 놓고 둘러앉아 수저로 밥과 반찬을 먹고 있다.
> • 한 백인소녀의 가족이 식탁에 둘러앉아 포크와 나이프로 고기를 먹고 있다.

① 두 사람이 피부색, 얼굴형태, 머리색 등이 다른 것은 모두 문화적 특성이 다르기 때문이다.

② 그들의 이런 특성들은 출생 후 성장하면서 각기 그들의 문화를 학습한 결과이지 가지고 태어난 것이 아니다.

③ 어디서, 어떻게 앉아, 무슨 음식을, 어떤 식으로 먹는지는 그들의 생활양식의 한 부분으로서의 문화적 특성이다.

④ 문화는 특정한 사회집단의 성원들이 생각하고 행동하는 생활양식이다.

16.

문화의 개념을 협의로 파악할 때는 '발전된 것', '개화된 것'으로 파악하기도 하지만, 이는 문명의 개념으로서 오늘날은 대부분 문화와 문명의 개념을 분리하여 사용한다. 즉, 문명은 발달된 사회에만 존재하지만 문화는 생활양식이므로 소규모의 단순사회 및 미개사회에도 존재한다.

17.

① 피부색, 얼굴형태, 머리색 등은 부모로부터 유전적으로 물려받은 체질적 특성이다.

18 문화에 관한 설명 중 옳지 않은 것은?

① 모든 사회의 문화는 언어, 예술, 신화, 종교 등 서로 공통된 요소를 가진다.
② 문화는 각 사회마다 특수성이 있어 전체적으로 다양성을 가진다.
③ 각 문화는 고유의 가치를 가지고 있으므로 우열을 가려서는 안 된다.
④ 개개인의 특징적이고 독특한 버릇도 장기화되면 문화라 한다.

19 다음에서 문화의 공유성기능에 속하는 것만을 옳게 골라 묶은 것은?

> ㉠ 사회생활을 위한 공통의 장을 제공한다.
> ㉡ 사회구성원 간의 행동 및 사고를 예측하게 한다.
> ㉢ 그 나라의 사회생활을 전체적으로 파악하게 한다.

① ㉠
② ㉠㉡
③ ㉠㉢
④ ㉡㉢

20 다음의 내용은 문화의 속성 중 무엇을 말하는가?

> • 인간의 출생과 더불어 가지고 태어난 것은 아니다.
> • 성장과정에서 그가 어떠한 문화 속에 살았느냐에 달려 있다.
> • 어릴 때에는 주로 가정교육, 또래집단에서의 놀이, 친구들과의 담소 등을 통해서 익혀 나간다.

① 문화의 전체성
② 문화의 학습성
③ 문화의 변동성
④ 문화의 축적성

18.

문화의 특성
㉠ 한 사람만이 가지고 있는 개인특유의 행동이나 생각은 다른 사람에게 전파되고 공유되지 않는 한 문화를 구성하지 않는다. 따라서 문화는 집단적인 사회생활을 통해서만 유지·존속될 수 있다.
㉡ 문화는 사회구성원에게 공유되고 있는 공통의 사고 및 행동양식의 총체이기 때문에, 초개인적인 성격을 지니게 마련이다.

19.

문화의 공유성의 기능
㉠ 사회생활을 위한 공통의 장을 제공 : 문화를 공유하고 있는 구성원들에게 원활한 사회생활을 위한 공통의 장(場)을 제공한다.
㉡ 사회구성원 간의 행동 및 사고의 예측 가능 : 특정한 상황에서 상대방이 어떻게 행동할 것인지, 서로에게 무엇을 기대할 수 있는지를 예측할 수 있게 한다.

20.

인간이 어떤 문화를 학습하여 어떻게 행동하고 생각하는지는 부모로부터 물려받은 유전인자와는 상관없고, 성장과정에서 그가 어떠한 문화 속에서 살았느냐에 달려 있다.

Answer   18.④ 19.② 20.②

21 문화지체현상이 나타나는 이유는?

① 문화는 정태적인 성격을 갖고 있기 때문이다.
② 문화요소를 조합하여 새로운 문화요소를 만들어내기 때문이다.
③ 문화요소들 사이에 전파와 변화의 속도가 다르기 때문이다.
④ 아노미현상과 사회적 혼란 때문이다.

22 오늘날 대중매체를 통해 외국가요나 복장이 우리 청소년들에게 쉽게 접촉되면서 이로 인해 그들의 행동양식에도 변화가 나타나는데 이러한 현상을 가장 잘 나타내는 말은?

① 문화전파
② 문화개혁
③ 문화지체
④ 문화진화

23 다음과 관련된 문화현상은?

> ㉠ 쌀 + 햄버거 → 라이스 버거 ㉡ 피자 + 김치 → 김치피자

① 문화종속
② 문화융합
③ 문화수용
④ 문화정체성

21.

문화지체현상 … 문화요소 간의 변동속도가 달라서 일어나는 부조화현상으로, 미국의 사회학자 오그번 (W.F. Ogburn)이 처음 사용하였다.

22.

문화의 전파 … 한 사회의 문화요소들이 다른 사회로 전해져서 그 사회의 문화과정에 통합·정착되는 현상을 의미한다.

23.

문화융합
㉠ 전통적 문화특질들과 새로 도입된 문화특질들이 혼합되는 것이다.
㉡ 한 사회의 문화가 다른 사회로 전파될 때 상호 간에 영향을 미쳐 새로운 제3의 문화가 나타나는 현상이다.

Answer　　21.③　22.①　23.②

04 사회계층과 불평등

① 사회 불평등의 의미와 유형

(1) 사회 불평등의 의미와 유형

① **사회 불평등** … 어떤 사회속의 개인들이 평등한 사회적 지위를 갖지 못한 상태를 말한다.

- ㉠ 사회구성원 다수가 가치 있게 여기는 희소가치가 차등적으로 분배되면 사회 불평등이 발생한다.
- ㉡ 어느 시대 어느 사회에서나 사람들의 신체적 특징, 재능, 관심사 등의 차이를 바탕으로 사회적 지위가 부여되면서 사회적 분화가 일어나고 사회계층의 서열화가 발생한다.

② **사회 불평등의 유형**

- ㉠ **개인 간의 불평등** : 개인의 특성이나 하는 일의 기능적 중요성 또는 희소성 등의 이유로 급여 수준이 달라진다.
- ㉡ **집단 간의 불평등** : 백인종과 유색인종, 부유층과 중산층 및 빈곤층 등 다양한 사회 집단사이에 나타날 수 있다.

(2) 사회 불평등의 여러 형태

① **전통사회와 현대사회의 불평등**

- ㉠ **전통사회** : 신분제도에 따른 사회적 불평등이 핵심이다.
- ㉡ **현대사회** : 다양한 사회적 요인에 의해 여러 측면에서 불평이 발생한다.

② **사회적 불평등의 형태**

- ㉠ **경제적 불평등** : 경제적 자산이나 소득분배의 격차를 말한다.
- ㉡ **절대적 빈곤** : 기본적인 의식주의 해결이 불가능한 빈곤상태를 말한다.
- ㉢ **상대적 빈곤** : 생활 조건의 상대적 차이에서 느끼는 박탈감과 빈곤의식을 말한다.
- ㉣ **정치적 불평등** : 권력이 불평등하게 분배되는 상태를 말한다.
- ㉤ **사회·문화적 불평등** : 사회적 위신, 명예, 신뢰도, 교육수준 등 사회 문화적 자원의 불평등한 분배에서 비롯된 격차를 말한다.
- ㉥ **정보 격차로 발생하는 불평등** : 정보화의 혜택이 모든 사람에게 균등하게 분배되지 않아서 발생하는 것을 말한다.

기출 2015. 6. 27. 제1회 지방직 시행

다음 글의 사회적 불평등에 대한 관점과 부합하는 것만을 〈보기〉에서 모두 고른 것은?

> 오늘날 한국사회에서는 입시경쟁이 치열하다. 그런데 부유한 가정에서 태어나 더 많은 교육 혜택을 받고 자란 학생들은 경쟁력이 있기 때문에 입시경쟁의 출발점부터 유리한 위치에 서게 된다. 결국 입시경쟁은 사회불평등을 더욱 심화시키고 지배질서의 재생산에 기여하게 된다.

— 보기 —
- ㉠ 사회계층화는 보편적이며 필수 불가결한 현상이다.
- ㉡ 차등적인 보상체계는 경쟁을 유발하여 사회발전에 기여한다.
- ㉢ 자원 분배 과정에서 특정 집단의 이해관계가 중요하게 작용한다.
- ㉣ 사회의 희소자원이 불공평하게 분배되고 이러한 분배의 결과로 빈곤과 같은 사회문제가 발생한다.

① ㉠㉡ ② ㉠㉣
③ ㉡㉢ ④ ㉢㉣

◀정답 ④

❷ 사회계층 현상에 대한 이론적 설명

(1) 사회계층 현상의 의미

① 사회계층 현상

  ㉠ 한 사회 내에서 구성원들 간에 사회적 희소가치가 불평등하게 분배됨에 따라 개인과 집단이 서열화 되어 있는 현상을 말한다.

  ㉡ 사회적 희소가치가 개인의 능력 또는 가정적 배경 등에 따라 불평등하게 분배된다.

② 사회계층 제도

  ㉠ 사회적 업무와 지위 간의 불평등이 사회 전반에 받아들여져서 제도로 정착된 것을 말한다.

  ㉡ 사회계층 제도의 종류

   • 노예제도 : 주인의 재산이 되는 노예를 전제로 성립된 제도로 가장 오래된 불평등 형태

   • 카스트제도 : 인도사회 특유의 제도로 개인의 출생 시부터 계층의 위치가 정해지는 제도

   • 신분제도 : 개인의 사회적 지위가 혈연관계에 의해 세습되고 결정되는 계층 제도

   • 계급제도 : 자본주의와 더불어 등장한 사회 계층 제도

구분	근대 이전 사회	근대 이후 사회
특징	• 사회 계층의 서열화 및 사회적 차별이 엄격함 • 사회 계층의 세습화(지위의 세습화)→귀속지위 강조, 신분제 사회의 폐쇄적 계층 구조 형성	• 사회적 희소가치의 다양화→사회 계층의 구별이 불명확, 사회적 차별 약화 • 사회 계층의 세습이 보장되지 않음→개방적 계층 구조 형성, 성취 지위 강조
예	고대 노예제, 인도의 카스트 제도 등	사회 이동의 가능성이 큰 근대의 계층 제도

③ 계급과 계층

  ㉠ 계급 : 경제적 요인에 의해 서열화 된 위치의 집단(일원론적 관점)

  ㉡ 계층 : 사회적 희소가치에 따라 다양하게 서열화 되어있는 집단(다원론적 관점)

〈보기 1〉은 사회 계층화 현상에 대한 설명이다. A, B 이론에 대한 옳은 설명을 〈보기 2〉에서 모두 고른 것은? (단, A, B는 각각 계급 이론, 계층 이론 중 하나이다.)

┌ 보기1 ┐

A는 생산 수단의 소유 여부를 기준으로 자본을 소유한 지배층과 그렇지 못한 피지배층 간에 권력 관계가 형성된다고 본다. 반면 B는 경제적, 정치적, 사회적 요인을 종합하여 사회 계층을 상층, 중층, 하층 또는 그보다 다양한 계층으로 구분한다.

┌ 보기2 ┐

  ㉠ A는 생산 수단의 소유를 둘러싼 갈등을 사회 변동의 원동력으로 본다.

  ㉡ B는 경제적 지위에 따른 강한 귀속 의식을 중시한다.

  ㉢ B는 A와 달리 다양한 요인에 의한 희소가치의 불평등한 분배를 범주화하여 설명한다.

  ㉣ B는 A와 달리 사회 계층화 현상의 원인으로 경제적 요인만을 중시한다.

① ㉠㉡ 　　② ㉠㉢
③ ㉡㉢ 　　④ ㉢㉣

◀ 정답 ②

(2) 현대사회의 계층과 불평등 현상을 바라보는 관점

① 기능론적 관점과 갈등론적 관점

구분	기능론적 관점	갈등론적 관점
계층 발생원인	개인의 능력, 역할의 기여도에 따른 사회적 희소가치의 차등분배에 의한 필연적 결과	지배집단의 기득권 유지를 위한 노력의 결과
사회 불평등에 관한 입장	차등적 보상 체계, 사회의 기능이 원활히 작동	집단 간의 적대감과 불신을 조장하여 사회 갈등을 유발
자원배분의 기준과 절차	구성원들 간의 합의된 기준, 개인의 자질과 능력에 의해 합법적으로 배분	지배집단에 유리한 기준, 가정배경, 권력, 경제력 등에 의해 강제적으로 배분
사회계층 현상의 사회적 기능	• 개인과 사회가 최선의 기능을 하도록 하는 장치 • 동기를 부여하고 인재를 충원함으로써 사회 발전에 기여	• 개인과 사회가 최선의 기능을 하는 데 장애요소가 됨 • 상대적 박탈감과 집단 간 갈등을 유발하여 사회발전 저해
직업관	"중요하고 어려운 직업에 종사하는 개인에게 그에 합당한 지위와 높은 보상을 부여하는 것은 당연하다."	"직업의 중요도에는 차이가 없으며, 현존하는 직업 간 불평등 현상은 지배 집단의 이해관계가 반영된 결과이다."

② 기능론, 갈등론의 균형적 · 비판적 이해 … 기능론적 관점과 갈등론적 관점에서 각각 의미 있는 통찰력과 시사점을 찾아 사회 불평등 현상의 개선 방안을 모색해야 한다.

❸ 사회계층 구조의 유형과 특징

(1) 사회계층 구조의 유형과 특징

① 사회계층 구조의 의미

ㄱ 계층
• 재산, 지위 신분 등 객관적인 조건이 동일한 사람들의 모임이다.
• 존재는 한 사회 내에서 희소한 자원이 불평등하게 분배되어 있음을 의미한다.
• 계층을 구분하는 기준은 사회에 따라 다르며 같은 사회 내에서도 시대에 따라 각기 다르다.

ㄴ 계층 구조
• 사회적 불평등이 지속적으로 상층, 중층, 하층의 형태로 고정된 구조이다.
• 계층 구조는 한 사회의 희소한 자원의 분배 형태를 보여준다.

기출 2020. 6. 13. 제1회 지방직 시행

다음 표는 부모 세대와 자녀 세대의 계층적 위치를 나타내고 있다. 이에 대한 설명으로 옳은 것은?

(단위 : %)

구분	부모의 계층			
	상	중	하	계
자녀의 계층 상	2	8	10	20
자녀의 계층 중	6	14	40	60
자녀의 계층 하	2	8	10	20
자녀의 계층 계	10	30	60	100

① 자녀 세대의 계층 구조는 피라미드형이다.
② 부모 세대 상층의 경우 세대 간 이동은 일어나지 않았다.
③ 자녀 세대보다 부모 세대에서 세대 내 이동이 활발하게 일어났다.
④ 부모가 중층인 경우 세대 간 상승 이동 비율과 세대 간 하강 이동 비율은 같다.

◀ 정답 ④

- 어느 사회이든지 사회 계층의 모습이 일정한 정형화된 구조를 띠고 있다.
- 일반적으로 사회의 불평등 정도를 알아보는 척도로 쓰인다.

② 사회계층 구조의 유형

㉠ 평등 유형별 계층 구조

구분		평등유형	내용
수직형 계층구조		완전 불평등	• 모든 사회 구성원이 서로 다른 계층에 속해 있음 • 실제로 존재할 수 없는 극단적 형태의 구조
수평형 계층 구조		완전 평등	• 모든 사회 구성원이 같은 계층에 속해있음 • 실제로 존재할 수 없는 극단적 형태의 구조
피라미드형 계층 구조	상 중 하	부분 불평등	• 상층 < 중층 < 하층의 순으로 계층비율 구성 • 소수의 상층이 다수의 하층을 지배하고 통제함 • 전근대적인 폐쇄사회에서 나타남
다이아몬드형 계층 구조	상 중 하	부분 평등	• 중층의 구성원비율이 상하층의 합보다 높은 경우 • 중간계층의 비율이 높아짐에 따라 사회가 안정적임 • 현대 산업사회에서 관료·사무직 등의 증가로 인해 나타남

㉡ 피라미드형에서 다이아몬드형 계층 구조로 바뀐 계기 : 신분제도의 철폐, 의무 교육의 확대, 사회 복지제도의 확대, 산업화로 인한 중산층 확대 등

㉢ 새롭게 등장한 계층 구조

구분		내용
타원형 계층 구조	상 중 하	• 다이아몬드형 계층 구조에서 중상층과 중하층의 인구비율이 증가한 형태 • 중간계층의 비율이 가장 높음 • 가장 사회적 안전성이 높음
표주박형 계층 구조	상 중 하	• 다른 구조에 비해 중간 계층 비율이 상대적으로 낮은 형태 • 사회 양극화로 사회적 불안정이 매우 심각한 형태

(2) 사회 이동의 유형과 특징

① 사회 이동의 의미 … 개인 또는 집단의 계층 구조상 위치가 변하는 현상
  ㉠ 원인
    • 개인적 원인 : 개인의 능력, 교육의 정도, 지위 상승에 대한 열망 등
    • 사회 구조적 원인 : 산업 구조와 직업 구조의 변화, 과학 기술의 발달, 교육의
      보급 등
  ㉡ 경향 : 전근대 사회보다 근대 사회에서, 농촌보다 도시 사회에서 뚜렷이
      나타남

② 사회 이동의 유형

분류 기준	유형	내용
이동 방향	수평 이동	• 같은 계층 내에서의 위치변화 • 계층적 위치의 높낮이는 바뀌지 않은 상태에서 비슷한 위치의 다른 직업과 소속으로 옮겨가는 것
	수직 이동	• 계층적 위치가 상승 또는 하강하는 변화, 계층 간 이동 • 상승 이동과 하강 이동으로 구분
이동 기간	세대 내 이동	• 한 개인의 생애에 걸쳐 일어나는 계층적 위치의 변화 • 주로 직업 변동을 통해 알 수 있음
	세대 간 이동	• 세대를 가로질러 일어나는 계층적 위치의 변화 • 부모와 자식의 계층적 지위의 변화 • 세대 간 이동이 잘 이루어 지지 않으면 계층적 지위의 세습이 이루어질 가능성이 높음
이동 원인	개인적 이동	주어진 계층 구조 내에서의 개인의 능력이나 노력에 의한 사회적 지위의 변화
	구조적 이동	전쟁·혁명, 산업화, 도시화 등과 같은 급격한 사회 변동에 따라 기존의 계층구조가 변화하여 발생한 계층적 위치의 변화

③ 사회 이동과 계층 구조
  ㉠ 이동가능성에 따른 계층 구조

구분	내용
폐쇄형 계층 구조	• 수직 이동이 제한되어 있거나 불가능한 경우, 수평 이동은 가능 • 개인의 노력에 관계없이 수직 이동제한(귀속지위 강조) • 신분질서가 엄격했던 사회의 주요 계층 구조
개방형 계층 구조	• 수직이동과 수평이동이 모두 가능한 경우 • 상승이동과 하강 이동, 세대 내이동과 세대 간 이동이 자유로움 • 개인의 노력과 능력 중시(성취지위 강조) • 현대산업사회의 주요 계층 구조

기출 2021. 4. 17. 인사혁신처 시행

밑줄 친 ㉠~㉥에 대한 설명으로 옳은 것만을 〈보기〉에서 모두 고르면?

┌ 보기 ┐
빈농의 ㉠장남으로 태어난 갑은 고등학교를 졸업하고 대학 진학 대신 취업을 결심하였다. ㉡갑은 △△은행, ㅁㅁ회사 중 어디에 취업하는 것이 가족의 경제적 어려움을 해결하기 위해 더 좋을지를 고민하였다. 결국 부모님의 권유로 △△은행에 ㉢평사원으로 입사하였다. 갑은 35년 동안 성실히 근무하여 ㉣△△은행의 지점장으로 승진하고 중산층이 되었다. 갑은 고등학교 동창회에서 ㉤○○은행에 다니는 을을 만난 후 그가 ㉥은행장으로 승진한 사실을 알고 무척 부러워하였다.

┌ 보기 ┐
㉠ ㉠은 귀속지위에, ㉢과 ㉥은 성취지위에 해당한다.
㉡ ㉡은 갑의 역할 갈등에 해당한다.
㉢ ㉣은 갑의 세대 내 이동이면서 세대 간 이동이다.
㉣ ㉤과 ㉥은 모두 갑의 준거 집단이다.

① ㉠, ㉡   ② ㉠, ㉢
③ ㉠, ㉢, ㉣   ④ ㉡, ㉢, ㉣

◀정답 ②

ⓛ 사회 이동의 결과
  - 개인적 : 심리적 만족감 또는 좌절감을 경험하게 된다.
  - 사회적 : 정치적 · 사회적 통합에 이바지, 개방형 계층 구조는 사회 통합수준이 높다.

❹ 사회 불평등의 여러 형태

(1) 빈곤문제

① 빈곤의 의미와 유형
  ㉠ 빈곤 : 인간의 기본적 욕구가 충족되지 않은 상태
  ㉡ 절대적 빈곤 : 생존욕구 충족에 필요한 자원이 부족하여 최저 생계비를 확보하지 못하는 상태를 의미한다.
  ㉢ 상대적 빈곤 : 다른 사람이나 계층과 비교해서 상대적 박탈감을 느끼는 상태
  ㉣ 주관적 빈곤 : 개인의 주관적인 판단 수준에서 스스로가 가난하다고 느끼는 상태

② 빈곤의 원인
  ㉠ 기능론(개인적 요인) : 개인의 능력, 의욕부족으로 성공하지 못한 것, 빈곤층은 빈곤 문화를 형성하며 빈곤 문화는 자녀 세대에 전수되어 빈곤을 재생산시킨다.
  ㉡ 갈등론(사회구조적 요인) : 개인의 능력과는 무관한 사회 구조에 빈곤이 원인이 있다고 봄, 빈곤층은 모순된 사회 구조의 희생자임을 강조한다.

③ 빈곤문제의 해결방안
  ㉠ 개인적 측면
    - 빈곤에서 벗어나기 위한 개인의 의지와 노력(교육, 직업훈련) 필요
    - 빈곤층에 대한 편견과 인식을 버리고, 공존의 가치관과 공동체 의식 함양 필요
  ㉡ 사회적 측면
    - 직접지원 : 기초 생활비 및 자녀 양육비 보조, 최저 생계비 이상 소득보장, 조세의 형평성 실현
    - 간접지원 : 최저 임금제, 고용규모 확대, 고용 정보 시스템 강화, 교육 기회 확대, 기회의 평등

기출 PLUS

기출 2025. 6. 21. 제1회 서울시 보훈청 시행

〈보기〉의 ㈎, ㈏에 들어갈 용어로 가장 옳게 짝지은 것은?

┌ 보기 ┐
빈곤선은 빈곤한 상태와 빈곤하지 않은 상태를 구분하는 기준선이다. 빈곤의 유형은 빈곤선을 정하는 방식에 따라 절대적 빈곤과 상대적 빈곤으로 구분할 수 있다. 우리나라에서 절대적 빈곤은 __㈎__ (으)로 판단하며, __㈏__ 에 미달할 경우 상대적 빈곤에 속한다고 본다.

	㈎	㈏
①	중위 소득	최저 생계비
②	평균 소득	중위 소득의 50%
③	최저 생계비	중위 소득
④	최저 생계비	중위 소득의 50%

기출 2022. 6. 18. 서울시 보훈청 시행

〈보기〉에서 빈곤의 유형 ㈎, ㈏에 대한 설명으로 가장 옳은 것은?

┌ 보기 ┐
㈎ 한 사회의 사회적 평균보다 상대적으로 적게 가지고 있어 그 사회의 구성원 다수가 누리는 생활 수준에 미치지 못한 상태
㈏ 개인 및 가족이 인간으로서 최소한의 생활을 유지하는 데 필요한 의식주 및 기타 생활상 필요한 자원이 결핍되어 인간다운 생존이 위협을 받는 상태

① ㈎는 절대적 빈곤이다.
② 우리나라에서 ㈏를 판단하는 기준은 최저 임금 수준이다.
③ ㈎는 ㈏와 달리 한 사회의 소득 수준이 높아질수록 줄어드는 것이 일반적이다.
④ 우리나라에서는 ㈎, ㈏ 모두 객관화된 기준에 따라 분류한다.

❮정답 ④, ④

(2) 성 불평등 문제

① 성 불평등의 의미

　　㉠ 성 불평등 : 한 사회에서 남자와 여자가 차지하는 지위, 권력, 위신 등에서 나타나는 차이로 남자이거나 여자라는 이유만으로 다른 사람과 불평등한 대우를 받는 것을 말한다.

　　㉡ 성별 분업 : 성에 따른 사회적 역할의 구분, 전통적으로 남성의 역할이 여성의 역할보다 더 높은 평가와 보상을 받음으로써 성 불평등을 초래한다.

② 성 불평등의 양상

　　㉠ 경제적 측면 : 경제 활동 참가율, 임금 수준 및 승진 기회의 남녀 차, 취업의 기회의 남녀 차

　　㉡ 정치적 측면 : 여성의 정치적 영향력 및 참여 여건 저조(국회의원, 지방자치단체장 등의 여성 비율)

　　㉢ 사회·문화적 측면 : 교육 기회, 직업 선택에서의 차이, 남녀 차별적 자녀 양육 관행, 왜곡된 여성상을 표현하는 미디어

③ 성 불평등의 원인

　　㉠ 기능론 : 남자와 여자의 생물학적 특성이 반영된 자연스럽고 바람직한 역할 문화, 불평등문제는 남녀 간 역할 체계가 새롭게 정립되지 못해 나타나는 일시적 교란 상태

　　㉡ 갈등론 : 남성 중심적 사회 구조(남성 위주의 경제 구조, 가부장제) → 여성의 역할 경시, 사회 참여제한, 보조적 역할 강요

　　㉢ 차별적 사회화 : 고정관념에 따른 성 정체성과 성 역할을 사회화 과정을 통해 학습한다.

④ 성 불평등의 해결방안

　　㉠ 제도적 차원 : 성 차별적 제도 철폐, 여성의 권익 신장을 위한 정책, 여성 관련 사회복지 개선

　　㉡ 의식적 차원 : 성 차별적 고정 관념·편견 타파, 평등 의식 제고, 양성성 함양

(3) 사회적 소수자 차별 문제

① 사회적 소수자의 의미

　　㉠ 사회적 소수자 : 신체적·문화적 특징 때문에 사회의 다른 구성원들로부터 불평등한 처우를 받으며, 집단적 차별의 대상이 되는 사람

ⓛ **사회적 소수자 집단의 조건**

- **구별 가능성**: 소수자 집단은 신체 또는 문화적으로 다른 집단과 구별되는 뚜렷한 차이가 있거나 그럴 것으로 여겨진다.
- **권력의 열세**: 정치·경제·사회적 권력에서 열세에 있거나, 자원 동원 능력이 뒤처지는 사람들이 소수자 집단으로 간주된다.
- **사회적 차별**: 소수자 집단은 그 집단 구성원이라는 이유만으로 사회적 차별의 대상이 된다.
- **집합적 정체성**: 자기가 차별받는 집단의 구성원이라는 점을 느껴야 비로소 소수자가 된다.

ⓒ **발생 기준**: 국적, 민족, 언어, 지역, 나이, 종교, 장애, 성, 계급, 문화, 가치관 등

② **사회적 소수자 차별의 주요 형태**

㉠ **외국인 노동자와 결혼 이민자, 탈북자, 다문화 가정 자녀**: 취업, 교육 기회의 불평등

ⓛ **장애인**: 이동의 자유 제한, 취업 기회의 불평등, 동정의 시선

ⓒ **성적 소수자**: 정신 질환 또는 일탈 행위자로 인식, 혐오와 기피의 대상

③ **사회적 소수자 차별의 원인**

㉠ **기능론**: 급격한 사회 변동에 따라 사회 제도의 일시적 기능 장애 상태

ⓛ **갈등론**: 소수자에 대한 기득권층의 일방적 착취

④ **사회적 소수자 차별문제의 개선방안**

㉠ **제도적 차원**: 차별적 제도의 철폐, 소수 집단 우대 정책, 올바른 인식 개선 캠페인 주최

ⓛ **의식적 차원**: 배타적 민족주의·순혈주의 극복, 관용정신, 소수자에 대한 국민 의식 전환

❺ 사회복지와 복지제도

(1) 사회복지의 의미와 발달과정

① **사회복지의 의미와 등장배경**

㉠ 사회 구성원의 기본적 욕구를 충족시키기 위한 사회적 활동체계이다.

ⓛ 자유방임적 초기 자본주의 사회의 폐해에서 최소한의 인간다운 삶을 국가가 보장해야 한다는 인식이 발생하였다.

기출 **PLUS**

기출 2013. 8. 24. 제1회 지방직 시행

사회적 소수자에 대한 설명으로 옳지 않은 것은?

① 신체적 또는 문화적 특성으로 인해 자기가 사는 사회의 다른 구성원으로부터 구분되어 불평등한 처우와 차별을 받는다.
② 정치·경제·사회적 권력에서 열세에 있거나 자원 동원 능력이 뒤처진다.
③ 사회적 지위에 기초하여 결정되기보다는 사회에서의 수에 의해 결정된다.
④ 자신이 차별을 받는 소수자 집단에 속한다는 소속감을 가진다.

❮정답 ③

  ⓒ 현대복지국가는 국가에 의한 사회보장제도, 사회정책 시행(강제적, 포괄적 성격), 사회 구성원 전체를 대상으로 삶의 질 향상을 추구한다.

  ⓔ 인도주의, 평등주의, 보상주의가 기본이념이 된다.

② **사회복지의 발달 과정**

  ㉠ **영국** : 엘리자베스 여왕의 구빈법(1601년) → 베버리지 보고서(1942년)

  ㉡ **독일** : 비스마르크의 사회보험제도(1883년)

  ㉢ **미국** : 대공황 시기 루스벨트의 뉴딜정책과 사회보장법(1935년)

  ㉣ **석유파동 이후** : 정부역할 축소(1980년대) → 신자유주의

  ㉤ **제3의 길(영국)** : 신자유주의 폐해와 복지병의 동시 극복 → 생산적 복지 추구

(2) 복지제도의 유형

① **사회정책** ⋯ 복지 향상을 위해 국가가 시행하는 모든 정책

  ㉠ **여러 가지 사회복지정책**

   • 소득보장정책 : 질병, 재해, 노령, 실업 등으로 소득을 얻지 못하는 경우에 국가와 사회가 개입하여 최저 생계를 보장하려는 정책이다(각종 연금제도, 생활보호, 최저임금제 등).

   • 의료보장정책 : 의료보험(국민의 질병, 부상, 분만 시 보험 급여), 산업재해보상보험(업무상 재해 시 치료 및 생계 보장), 의료보호(생활보호대상자, 저소득층 대상) 등이 있다.

   • 교육정책 : 복지사회 건설을 위한 가장 적극적인 수단으로 사람답게 살 수 있는 능력을 배양해 준다.

   • 주택정책 : 주거안정과 안락한 주거환경을 제공하여 안정된 생활을 유지하도록 해 준다.

  ㉡ **사회복지정책의 과제** : 복지에 대한 국민의 인식이 제고되어야 하며, 성장과 분배가 조화된 복지정책이 추진되어야 한다.

② **사회보장제도** ⋯ 국민의 최저 생활을 보장하고, 높은 삶의 질을 영위할 수 있도록 국가가 정책적으로 지원하는 제도

구분	사회 보험	공공 부조
의미	노령, 질병, 사망, 실업, 산업 재해 등의 문제가 발생했을 때 급여를 행하는 제도	국가나 지방 자치 단체의 책임 하에 생활이 어려운 국민의 최저 생활 보장, 자립 지원
대상	보험료 부담 능력이 있는 사람	자산 상황, 건강 상태 등 조사 후 결정
비용	수혜자, 기업주 또는 국가가 부담	비용 전부를 국가, 지방 자치 단체가 부담
특징	강제 가입, 능력별 부담, 근로 의욕 고취, 상호 부조의 성격	소득 재분배 효과, 국가의 재정 부담 증가, 사회적 의타심 조장

㉠ 사회보장제도의 종류와 내용

유형	종류	내용
사회 보험	건강 보험	국민의 질병, 부상에 대한 예방·진단·치료·재활과 출산, 사망 및 건강 증진에 대한 보험 급여
	국민 연금	국민의 노령·폐질 또는 사망에 대한 연금 급여
	산업 재해 보상 보험	업무상 재해의 예방 및 보상, 재해 근로자의 재활 및 사회 복구 촉진 등
	고용 보험	실업의 예방, 고용의 촉진 및 근로자의 직업 능력의 개발, 근로자의 생활 안정과 구직 활동 촉진 등
	공무원·군인·사립학교 교직원 연금	공무원, 군무원, 사립학교 교직원 등의 퇴직 또는 사망과 공무로 인한 부상, 질병, 폐질에 대한 급여
공공 부조	국민 기초 생활 보장	생활이 어려운 자에 대한 최저 생활 보장, 자활 조성
	의료 급여	생활이 어려운 자에 대한 의료 급여
사회 복지 서비스	아동 복지, 노인 복지, 장애인 복지, 모·부자 복지	

㉡ 사회보장제도의 소득 재분배 효과

종류	소득 재분배 방향	
사회보험	연금보험	근로세대 → 노년세대
	기타 사회보험	위험 미발생 집단 → 위험 발생 집단
공공부조	납세자 집단 → 저소득 집단	

(3) 복지제도의 역할과 한계

① **복지제도의 역할** ⋯ 인간 존엄성의 실질적 보장, 사회 불평등 현상 극복, 사회 안정과 통합

② **복지제도의 한계와 발전 방향**

  ㉠ 한계 : 근로 의욕 저하 및 복지 의존, 생산성과 효율성 저하, 국가 재정 악화

  ㉡ 우리나라 : 사회보험 재정 악화, 보험 가입자간 비용부담 불균형, 미흡한 정보공유제도

  ㉢ 발전 방향 : 조건부 지원, 복지와 노동의 연계, 경제적 효율성과 복지 형평성의 조화

기출 2025. 6. 21. 제1회 서울시 시행

〈보기〉의 사회 보장 제도 A~C에 대한 설명으로 가장 옳은 것은? (단, A~C는 각각 공공 부조, 사회 보험, 사회 서비스 중 하나이다.)

— 보기 —
• A의 예시로 고령이나 노인성 질병 등의 사유로 일상생활을 혼자서 수행하기 어려운 노인 등에게 장기 요양 급여를 제공하는 제도가 있다.
• B의 예시로 65세 이상인 노인 중 가구의 소득 인정액이 선정 기준 이하인 노인에게 매월 연금을 지급하는 제도가 있다.
• C의 예시로 안정적인 노후 생활 보장, 노인의 건강 유지 및 악화 예방을 위해 일상생활 영위가 어려운 취약 노인에게 적절한 돌봄 서비스를 제공하는 제도가 있다.

① A는 보편적 복지 이념을 바탕으로 하지 않는 제도이다.
② B는 상호 부조의 원리를 원칙으로 하는 제도이다.
③ C와 달리 A는 금전적 지원을 원칙으로 하는 제도이다.
④ B와 달리 A는 정부 재정으로 비용을 전액 충당하는 제도이다.

❮정답 ③

1 〈보기〉의 올림픽을 바라보는 관점이 가지는 일반적인 특징에 대한 설명으로 가장 옳은 것은?

---보기---

올림픽은 전세계 모든 이들이 꿈과 희망을 품고 하나가 되기를 희망한다. 즉, 올림픽은 경제적 지위, 학력, 인종, 성별이 다른 개인들을 하나의 공동체로 응집해 사회적 연대의식을 고취하는 기능을 수행한다.

① 사회갈등은 사회존속에 필요한 기능적 요건이 충족되지 않았기에 발생한다.
② 행위자에게서 파악될 수 없는 사회적 속성을 경시한다는 비판을 받는다.
③ 사회적 관계가 기본적으로 지배, 피지배의 관계라고 전제한다.
④ 사람들이 주어진 상황에 어떤 의미를 부여하는지에 대한 상황정의를 중시한다.

2 사회구조에 대한 설명으로 옳지 않은 것은?

① 사회구조에 대한 기능론적 관점은 사회를 하나의 유기체로 보고 변화의 속성을 강조한다.
② 사회구조에 대한 갈등론적 관점은 갈등과 강제의 속성이 있다.
③ 사회구조는 구성원이 바뀌더라도 비교적 오랫동안 지속되는 특징을 지닌다.
④ 사회구조는 안정성과 변화의 가능성을 함께 지닌다.

1.

제시문은 올림픽이 개인들을 하나의 공동체로 응집해 사회적 연대의식을 고취하는 기능을 수행한다고 봄으로 기능론적 관점에 해당한다.
① 기능론은 사회는 살아 있는 유기체와 같이 각각의 구성요소들이 사회의 유지와 존속에 필요한 기능을 수행하고 있다고 보는 이론이다. 사회존속에 필요한 기능적 요건이 충족되지 않을 때 사회갈등이 발생한다고 본다.
② 행위자에게서 파악될 수 없는 사회적 속성을 경시한다는 비판을 받는 것은 미시적 관점이다. 기능론은 사회 구조나 제도와 같은 거시적 관점에서 사회·문화 현상을 바라본다.
③ 사회적 관계가 기본적으로, 지배, 피지배의 관계라고 전제하는 것은 갈등론이다.
④ 상징적 상호 작용론은 사람들이 주어진 상황에 어떤 의미를 부여하는지에 대한 상황정의를 중시한다.

2.

① 변화의 속성을 강조하는 것은 갈등론적 관점이다.
※ 사회구조
　㉠ 개념 : 인간의 사회관계가 통일적이고 조직적인 총체를 이루고 있는 상태를 말한다.
　㉡ 특징 : 지속성, 안정성, 변동의 가능성을 지닌다.
　㉢ 기능론적 관점
　　• 사회는 하나의 유기체
　　• 각 부분은 상호의존관계
　　• 전체적인 균형과 통합 유지(지속성과 안정성 추구)
　　• 합의에 의한 협동적 관계
　㉣ 갈등론적 관점
　　• 대립적 불균형 상태
　　• 갈등·강제·변동관계
　　• 긴장·마찰에 의한 변화
　　• 강제에 의한 종속관계

Answer 　1.① 2.①

3 〈보기〉는 우리나라 사회보장 제도를 구분한 것이다. A∼C에 대한 설명으로 가장 옳은 것은? (단, A∼C는 각각 사회보험, 공공부조, 사회 서비스 중 하나이다)

특성＼제도	A	B	C
소득 재분배 효과가 있는가?	아니오	예	예
상호부조의 성격이 강한가?	아니오	예	아니오

① A는 강제 가입을 원칙으로 한다.

② B는 수혜 정도에 따라 비용을 부담한다.

③ C는 대상자 선정 과정에서 부정적 낙인이 발생할 수 있다.

④ A, B는 C와 달리 비금전적 지원을 원칙으로 한다.

4 다음은 갑국과 을국의 계층별 비율을 나타낸 것이다. 이에 대한 분석으로 옳은 것은? (단, 계층은 상, 중, 하만 존재한다)

(단위 : %)

	갑국		을국	
	1980년	2010년	1980년	2010년
상층	20	20	20	30
하층	50	30	30	50

① 갑국은 안정적인 사회계층 구조로 변하였다.

② 을국은 2010년에 피라미드형 계층 구조로 변하였다.

③ 2010년 갑국은 을국에 비해 폐쇄적인 계층 구조를 갖고 있다.

④ 을국의 계층 구조 변화는 복지제도 확충의 결과이다.

3.

사회보험과 공공부조는 소득 재분배 효과가 있고 사회 서비스는 없으므로 '소득 재분배 효과가 있는가?'에 아니오로 답한 A는 사회 서비스다. '상호부조의 성격이 강한가?'에 예로 답한 B는 사회보험, 아니오로 답한 C는 공공부조다.

① 강제 가입을 원칙으로 하는 사회보장 제도는 사회보험이다.

② 사회보험은 수혜 정도가 아니라 소득 수준에 따라 부과된다.

③ 공공부조는 국가 및 지방 자치 단체의 책임하에 생활 유지 능력이 없거나 생활이 어려운 국민들을 대상으로 이들의 최저 생활을 보장하고 자립을 지원하는 제도다. 대상자 선정 과정에서 부정적 낙인이 발생할 수 있다.

④ 사회보장 제도 중 사회 서비스는 장애인 활동 지원, 실업 및 무직자 대상 직업 훈련 등 비금전적 지원을 원칙으로 한다.

4.

① 갑국은 하층의 비율이 줄어들고 중층이 증가하였다. 즉, 사회 계층 구조가 피라미드형에 서 다이아몬드형으로 변한 것으로, 안정적으로 변하였다고 볼 수 있다.

② 을국은 1980년에 비해 상층과 하층이 모두 증가하였으므로 중층이 감소하였음을 알 수 있다. 따라서 사회 계층 구조는 모래시계형으로 변하였다.

③ 제시된 자료만으로는 계층 간 이동을 알 수 없으므로 폐쇄성은 비교할 수 없다.

④ 복지제도가 확충되었다면 하층이 줄고 중층이 늘어날 것을 추론할 수 있다. 2010년 을국은 하층이 늘고 중층이 줄어들었으므로 복지제도가 확충되었다고 보기 어렵다.

Answer 3.③ 4.①

5 다음 A국의 세대 간 계층 이동을 나타낸 표에 대한 분석으로 옳은 것은?

(단위 : %)

자식＼부모	상층	중층	하층	계
상층	13	1	3	17
중층	2	28	28	58
하층	1	2	22	25
계	16	31	53	100

① A국은 폐쇄적 계층 구조 형태를 띠고 있다.

② 자식 세대에는 사회의 양극화 현상이 심화되고 있다.

③ 상승 이동에 비하여 하강 이동의 비율이 높게 나타난다.

④ 부모 세대에 비하여 자식 세대의 계층 구조가 안정적이다.

6 사회보장제도 ㈎, ㈏에 대한 설명으로 옳은 것은?

> ㈎ 65세 이상 노인들의 빈곤을 완화하기 위해 저소득층 노인
> 을 대상으로 일정 금액의 연금을 국가가 전액 지원하는
> 제도를 말한다.
> ㈏ 치매나 중풍을 앓고 있는 노인들에게 간병 등 재가 서비스
> 나 요양 시설 서비스 등의 이용을 지원하기 위한 제도로
> 가입자는 건강보험 가입자와 동일하며 건강보험료의 일정
> 비율을 보험료로 징수한다.

① ㈎는 ㈏보다 소득 재분배 효과가 크다.

② ㈏는 가입과 탈퇴가 자유롭다.

③ ㈎는 사회 보험의 성격을 가진 제도이다.

④ ㈏는 ㈎보다 복지병을 유발하기 쉽다.

5.

④ 부모 세대는 상층에서 하층으로 갈수록 구성원
이 더 많아지는 피라미드형 계층 구조이고, 자
식 세대는 상층과 하층에 비해 중층의 구성원
이 많은 다이아몬드형 계층 구조이다. 중층 구
성 비율이 높은 다이아몬드형 계층 구조가 더
안정적이다.

① A국은 세대 간 계층 이동이 나타나고 있으므로
폐쇄적 계층 구조 형태를 띠고 있다고 볼 수
없다.

② 자식 세대는 다이아몬드형 계층 구조로 부모
세대에 비해 양극화 현상이 덜하다.

③ 상승 이동과 하강 이동을 구분하면 다음과 같다.

상승 이동(32%)	하강 이동(5%)
• 부모 하층→자식 상층:3%	• 부모 상층→자식 중층:2%
• 부모 하층→자식 중층:28%	• 부모 상층→자식 하층:1%
• 부모 중층→자식 상층:1%	• 부모 중층→자식 하층:2%

6.

㈎는 기초연금으로 공공부조에 해당한다.
㈏는 노인장기요양보험으로 사회보험에 해당한다.
② 사회보험은 가입과 탈퇴가 제한된다.
③ 기초연금은 공공부조의 성격을 가진 제도이다.
④ 공공부조는 정부의 재정 부담 심화 및 근로 의
욕 저하 등 복지병을 유발할 수 있다.

Answer   5.④ 6.①

7 다음 중 상대적 빈곤에 해당되는 내용을 모두 고른 것은?

> ㉠ 최저 생활을 유지하는 데 필요한 자원이 부족한 상태이다.
> ㉡ 우리나라는 가구 소득이 최저 생계비에 미치지 못한 상태로 파악한다.
> ㉢ 우리나라는 가구 소득이 전체 가구 중위 소득의 50%에 미달하는 상태로 파악한다.
> ㉣ 객관적 기준이 아니라 개인의 주관적인 판단에 의해 빈곤의 기준이 결정된다.
> ㉤ 후진국과 선진국 모두 문제가 된다.
> ㉥ 상대적 박탈감에 따른 갈등이 증가한다.

① ㉠㉡㉢ ② ㉡㉢㉣

③ ㉢㉤㉥ ④ ㉣㉤㉥

7.

빈곤 문제의 유형

절대적 빈곤	• 절대적 기준 이하의 삶을 유지하는 상태를 의미한다. • 우리나라는 정부가 정한 최저 생계비에 미치지 못한 가구를 절대적 빈곤층(극빈층)으로 파악한다. • 생존에 필요한 음식, 의복, 주거 등 최저라고 생각되는 어떤 수준(절대적 빈곤선)에 미달하는 상태를 뜻한다. • 후진국에서 주로 문제가 된다. 예 분단과 전쟁을 겪고 난 직후의 우리나라, 기아에 허덕이는 아프리카 빈국
상대적 빈곤	• 개인의 생활수준이 다른 사람에 비해 미치지 못한 상태 • 우리나라는 전체 가구 중위 소득의 50%에 미달하는 가구를 상대적 빈곤층으로 파악한다. • 빈부격차가 큰 사회일수록 상대적 박탈감에 따른 갈등이 증가한다. • 후진국과 선진국 모두 문제가 된다. 예 외환위기 이후 양극화가 진행되고 있는 우리나라
주관적 빈곤	• 자신이 욕구 충족을 위한 경제적 능력을 충분히 갖고 있지 않다고 느끼는 상태를 의미한다. • 이는 제3자의 판단에 의한 객관적 기준이 아니라 개인의 주관적인 판단에 의해 빈곤의 기준이 결정된다. 즉 실제로는 빈곤하지 않음에도 불구하고 스스로 가난하다고 느끼는 경우이다.

㉢ 상대적 빈곤 : 우리나라는 전체 가구 중위 소득의 50%에 미달하는 가구를 상대적 빈곤층으로 파악한다.

㉤ 상대적 빈곤 : 상대적 빈곤은 주로 후진국에서 문제가 되나, 상대적 빈곤은 후진국과 선진국 모두 문제가 된다.

㉥ 상대적 빈곤 : 빈부격차가 클수록 상대적 박탈감에 따른 갈등이 증가하고 사회통합을 저해한다.

㉠㉡ 절대적 빈곤, ㉣ 주관적 빈곤

Answer 7.③

8 다음 표는 사회 불평등 현상을 설명하는 개념 A, B의 일반적 특징을 나타낸 것이다. 이에 대한 옳은 설명을 〈보기〉에서 고른 것은?(단, A와 B는 각각 계급과 계층 중 하나에 해당한다.)

구분	개념	
	A	B
지위 불일치 가능성이 인정되는가?	예	아니요
내부 구성원 간에 나타나는 강한 귀속 의식이 강조되는가?	아니요	예

— 보기 —

㉠ A는 정치 권력의 배분이 전적으로 경제적 능력에 의해 결정된다고 본다.
㉡ B는 사회적 희소 가치의 불평등한 분배를 다원론적인 관점에서 이해한다.
㉢ B는 A와 달리 집단 간의 서열이 불연속적이라고 본다.
㉣ A와 B는 모두 사회 불평등과 경제적 부(富)를 관련지어 파악한다.

① ㉠㉡   ② ㉠㉣
③ ㉡㉢   ④ ㉢㉣

9 피라미드형 계층구조와 비교하여 다이아몬드형 계층구조의 내용으로 옳지 않은 것은?

① 사회이동이 극히 제한되어 있어 불안정하다.
② 적극적인 복지정책을 추진하는 나라에 많이 보인다.
③ 분화된 산업사회의 계층구조이다.
④ 중간계층이 상·하층보다 상대적으로 많다.

8.

• A는 지위 불일치를 설명할 수 있는 계층이다.
• B는 강한 귀속 의식, 소속감을 강조하는 계급이다.
㉢ 집단 간의 서열이 불연속적이라고 보는 것은 계급(B)이다.
㉣ 계급은 경제적 요소만 강조하고, 계층은 경제적 요소(계급)뿐만이 아니라 그 외 정치적 요소(권력), 사회적 요소(위신) 다원론적으로 접근한다. A와 B는 모두 경제적 요소와 관련지어 사회 불평등을 파악한다.
㉠ 계급(B)에 대한 설명이다. 전적으로 경제적 능력에 의해 권력 배분이 결정된다고 보는 것은 계급론이다.
㉡ 계층(A)에 대한 설명이다. 다원론적인 관점은 계층론이다.

9.

다이아몬드형 계층구조
㉠ 중류계층의 구성원 비율이 상류나 하류계층에 비하여 높아서 상대적으로 발전되어 있고 안정된 기반을 갖추고 있는 경우이다.
㉡ 산업사회가 진행됨에 따라 전문직, 관료직, 사무직과 같은 직종이 크게 늘어남으로써 나타나게 되었다.
㉢ 국가가 국민의 복지수준을 높이고 계층 간의 격차를 줄이고자 하는 정책을 적극 추진함에 따라 나타나는 일반적 경향이다.

Answer   8.④ 9.①

10 현재 우리나라에서 실시하고 있는 사회보험의 내용으로만 묶인 것은?

> ㉠ 의료보호제도   ㉡ 생활보호제도
> ㉢ 공무원연금제도   ㉣ 산업재해보장보험제도
> ㉤ 의료보험제도   ㉥ 아동보호제도
> ㉦ 노인복지제도

① ㉠㉡㉢   ② ㉡㉢㉦
③ ㉢㉣㉤   ④ ㉣㉤㉥

11 갈등론적 관점에서의 계층화현상에 대해 옳지 않은 것은?

① 계층화현상은 필연성을 부정한다.
② 지배집단은 기득권 유지를 위해서 계층이 발생되었다고 생각한다.
③ 사회계층화는 집단 간의 갈등을 유발하고, 사회적 박탈감을 초래한다.
④ 희소가치의 균등한 분배에 의해 계층이 나타난다.

12 사회 불평등을 설명하기 위한 A와 B에 대한 설명으로 옳은 것은?

구분	개념	
	A	B
경제적 요인만을 고려하는가?	예	아니오
사회적 이동이 자유로운가?	아니오	예

① A는 계급 간의 지배와 피지배를 강조한다.
② A는 연속선상에 있는 지위의 서열화로 다원적 지표로 분류된다.
③ B는 마르크스(K. Marx)가 대표적인 인물이다.
④ B는 계급의식이 강하게 나타난다.

10.

사회보장의 방법
㉠ 사회보험
• 수혜자가 납부하여 마련된 기금에서 사고발생 시 급여하는 제도
• 비용은 보험에 가입한 개인, 고용주, 국가가 부담
• 국민건강보험제도(의료보험제도), 연금제도, 산업재해보상보험제도, 고용보험제도 등
㉡ 공공부조
• 일정 기준 이하의 빈곤자에게 국가가 제공하는 부조
• 비용은 국가가 세금으로 보조
• 국민기초생활보장제도(생활보호제도), 의료보호제도, 재해구호제도 등

11.

갈등론적 관점
㉠ 계층화가 보편적인 현상일지는 몰라도 필수불가결하지는 않다.
㉡ 계층제도가 사회체계를 형성한다.
㉢ 사회계층화는 집단 간의 대립·갈등에서 생긴다.
㉣ 사회계층화는 개인과 집단의 최선의 기능수행에 장애가 된다.
㉤ 사회계층화는 지배적 집단이 지향하는 가치의 반영이다.
㉥ 사회적 희소가치는 지배집단의 의사와 결정에 따라 분배된다.
㉦ 경제 분야가 사회를 지배한다.
㉧ 사회계층구조는 혁명적 과정을 통하여 변화한다.

12.

A는 경제적 요인만을 고려하며 사회적 이동이 자유롭지 않으므로 마르크스의 계급에 해당한다. B는 경제적 요인 외에도 정치적, 사회적 요인으로 고려한다. 또한 사회적 이동이 자유로우므로 막스 베버의 계층에 해당한다.
② 연속선상에 있는 지위의 서열화로 다원적 지표로 분류되는 것은 B다.
③ A는 마르크스(K. Marx), B는 막스 베버가 대표적인 인물이다.
④ 계급의식이 강하게 나타나는 것은 A다.

Answer   10.③   11.④   12.①

13 다음은 사회보장제도를 설명한 표다. 이를 설명한 것으로 옳은 것만을 〈보기〉에서 고르면?

구분	제도		
	A	B	C
근로 의욕을 고취시킨다.	○		
소득 재분배 효과가 크다.		○	
생활 능력을 높여 자립을 지원한다.			○

─ 보기 ─

㉠ A는 강제 가입을 원칙으로 한다.
㉡ B는 국가의 재정 부담을 가중시킨다.
㉢ C는 국민 기초 생활 보장 제도가 대표적이다.
㉣ B보다는 C가 도덕적 해이를 야기할 수 있다.

① ㉠㉡ ② ㉡㉢
③ ㉢㉣ ④ ㉠㉣

14 다음 글에서 추론할 수 있는 내용으로 옳은 것은?

> 인터넷이란 세계 각국의 수많은 통신망들이 서로 연결되어 각 망들이 보유하고 있는 정보들을 전세계 어느 곳에서든지 망이 연결된 사용자들에게 제공해 주는 지구촌 통신망(global network)이다.

① 사회이동의 감소로 계층간 격차가 심화될 것이다.
② 재택근무와 함께 소호(SOHO)산업이 등장할 것이다.
③ 원하는 정보를 얻기 위해 도시로의 인구이동이 가속화될 것이다.
④ 중간관리층의 역할이 증가할 것이다.

13.

A는 사회보험, B는 공공부조, C는 사회복지서비스를 나타낸다.

㉢ 국민 기초 생활 보장 제도, 의료 급여, 재해 구호 등은 공공부조에 해당한다.

㉣ 공공부조는 국가나 공공 기관이 비용을 전액 부담하여 저소득층에게 혜택을 주기 때문에 사회 보험에 비해 소득 재분배 효과가 크다. 반면 국가의 재정 부담을 가중시키고 수혜자의 사회적 의타심(도덕적 해이)을 조장하는 부작용이 생길 수 있다는 단점이 있다.

14.

① 무한경쟁, 완전개방화로 사회이동을 촉진시켜 계층 간 격차를 축소시킨다. 정보격차에 따른 문제는 발생할 수 있다.
② 고도의 정보화 사회에서는 초고속정보통신망이 구축되고 정보고속도로의 활용으로 공동 학습, 재택근무, 원격지 의료 활동 등을 할 수 있다.
③ 도시와 농촌의 구분이 없어진다.
④ 중간관리층의 역할이 퇴색하는 대신 어느 분야의 실무전문가가 곧 최고결정권자가 되어가는 현상이 심화되어 간다.

Answer 13.① 14.②

15 다음 중 사회보험제도에 대한 설명으로 적절한 것은?

① 생활무능력자에게 필요에 따라서 개별적으로 생활을 도와
준다.

② 세금을 재원으로 하기 때문에 소득재분배효과가 있다.

③ 대상자에 대하여 개별적으로 자산상황, 건강상태 등을 조
사한다.

④ 소요비용은 피보험자, 기업, 국가가 분담하게 된다.

16 다음 중, 대중사회를 출현시킨 배경으로 적절한 것을 고른 것
은?

㉠ 의무교육의 시행	㉡ 보통선거의 실시
㉢ 소수자의 권리 보장	㉣ 탈(脫)관료제의 정착

① ㉠㉡　　　　　　　　　　　② ㉠㉣

③ ㉡㉢　　　　　　　　　　　④ ㉡㉣

17 좁은 의미의 사회보장제도에 해당하는 것을 모두 고르면?

㉠ 최저임금제	㉡ 실업수당
㉢ 고용정책	㉣ 의료혜택
㉤ 주택보장	㉥ 의무교육

① ㉠㉡㉢　　　　　　　　　　② ㉠㉡㉢㉣

③ ㉠㉡㉢㉣㉤　　　　　　　　④ ㉠㉡㉢㉣㉤㉥

15.

사회보험제도 … 사회적 변화와 함께 발생이 예상
되는 불안요소에 대처하여 사회성원들의 생활을
보장하기 위한 제도로서 강제가입의 원칙과 피보
험자, 기업주, 국가가 보험료를 분담한다.

16.

대중사회 … 산업사회의 생산양식에 토대를 두고,
대중이 정치·경제·사회·문화의 모든 분야에 진
출하여 중심역할을 하는 사회로 불특정 다수의 사
람들로 이루어진 집합체이다. 대중사회는 자본주의
가 발달하고 자본의 집중으로 대량생산, 대량소비,
교통·통신의 발달, 대중매체의 발달, 보통선거제
도의 도입, 의무교육제도 도입 등으로 출현했다.
대중사회는 평등의 이념과 참여 민주주의를 실현
하고 대중의 지적 수준이 향상되나, 인간 소외와
주체성 상실, 대량 소비문화에 따른 정치적 무관심
을 초래한다.

17.

좁은 의미의 사회보장제도란 흔히 소득보장을 의
미한다.

Answer　　15.④　16.①　17.①

기출 PLUS

❶ 사회제도의 의미

(1) 사회제도

① 사회제도의 의미와 특징

　㉠ 사회제도의 의미

　　• 사회구성원들의 기본적인 요구와 사회적 기능을 충족시키려는 수단으로 만들어 낸 역할과 규범 체계

　　• 일상생활의 문제를 해결하기 위한 방식으로 관습화되고 공식화된 방법과 절차

　　• 사회구성원들 간의 조직화된 행동양식 : 결혼제도, 대학입시제도, 군 복무제도 등

　㉡ 사회제도의 특징

　　• 구속력·강제력 : 구성원의 행동을 규제하고 사회제도를 위반할 경우, 비난이나 처벌을 받는다.

　　• 지속적·안정적 : 사회제도가 형성되면 하나의 관습이 되어 쉽게 변하지 않는다.

　　• 보편성·특수성 : 사회제도는 어느 사회에나 존재하지만 문화권마다 제도의 형태는 다양하다.

② 기능과 중요성

　㉠ 기능 : 인간의 기본적 욕구 충족과 사회적 욕구 충족, 사회의 질서 유지 등이 있다.

　㉡ 사회제도의 중요성

　　• 개인적 차원 : 사회 구성원의 욕구 충족의 기반, 욕구충족의 범위와 방법에 대한 안내

　　• 사회적 차원 : 사회의 안정적 유지·발전에 기여, 사회의 기본 질서 유지 및 변화 추구

(2) 사회제도의 유형

① 다양한 사회제도

가족제도	의미	가족의 구성이나 기능 등에 관하여 국가·지역사회가 규정하고 있는 질서
	기능	사회구성원의 기본적 생존과 양육, 정서적 안정, 가족 구성원들의 행동 규제 및 사회화
정치제도	의미	권력의 획득 및 행사, 정부의 구성 및 역할 등과 관련된 사회 제도
	기능	사회 질서 유지, 사회 구성원의 안전 도모, 공공복리 증진
교육제도	의미	사회생활에 필요한 지식과 기술, 가치관 등을 사회구성원들이 체계적으로 습득하도록 하는 제도
	기능	한 사회의 지식과 가치를 다음세대에 전달하고 사회 구성원 개개인에게 삶의 방향을 제시
경제제도	의미	자원의 생산, 분배, 소비 등의 경제 활동과 관련된 제도
	기능	사회 구성원의 욕구 충족을 위해 희소한 자원을 생산·분배
종교제도	의미	초월한 존재와 세계, 삶의 의미와 본질, 믿음 등에 관련된 제도
	기능	삶의 의미와 방향 제시, 도덕과 윤리적 행위 강화, 정서적 안정

② 사회제도의 변화

   ㉠ 현대의 사회제도는 단순한 형태에서 복잡하고 다양한 형태로 분화되고 전문화 되는 경향을 띤다.

   ㉡ 사회 변동을 반영하여 사회제도의 기능 또한 강화되거나 약화하는 방향으로 변화된다.

❷ 가족제도

(1) 가족의 의미 및 기능

① 가족의 의미

   ㉠ 사회를 구성하는 가장 기본적인 사회 제도

   ㉡ 혼인, 출산 또는 입양을 통해 맺어진 사람들의 집단

   ㉢ 사회 변동에 따라 가족을 기준 짓는 범위가 확대되고 있다.

② **가족의 기능**

㉠ 가족의 기본적 기능

기본	내용
사회 구성원의 재생산	자녀의 출산으로 새로운 사회 구성원을 충원, 사회 영속성 보장
양육과 보호	어린이와 노인 등 도움이 필요한 가족 구성원을 양육하거나 보호
1차적 사회화	사회생활에 필요한 기본적 행동 양식 및 사회적 규범 습득
정서적 안정의 제공	정서적 안정과 심리적 만족감 제공, 가치관 형성
오락의 기능	가족이 단위가 되어 여가를 즐김, 가족원이 함께 모여 대화
소비의 기능	한정된 수입으로 온 가족원의 욕구 충족시킬 수 있는 능력 요구

㉡ 가족 기능의 변화

• 사회 변동 및 사회 제도의 분업과 전문화로 가족 기능이 축소·약화되고 있다.
• 재생산과 사회화 기능, 정서적 안정의 기능은 여전히 가족의 중요한 기능으로 남아있다.

(2) **가족의 다양한 형태**

① 확대가족과 핵가족

구분	확대가족(전통가족)	핵가족(현대가족)
정의	부부와 기혼 자녀로 구성된 가족	부부 또는 부부와 미혼 자녀로 구성
특징	전통 농경 사회의 일반적 가족 형태	산업화 이후 확대된 가족 형태
장점	• 세대에서 세대로 이어지는 삶의 지혜와 인생의 경륜이 형성된다. • 가정교육을 통해 가풍과 가치관을 이어준다. • 안정된 가족생활을 통해 심리적으로 안정감을 준다.	• 민주적, 평등한 가족관계 • 구성원들의 개성과 창의성 중시 • 여성의 지위가 상대적으로 향상
단점	• 가부장의 권위주의 때문에 개인의 개성과 창의성 발휘가 어렵다. • 가족을 위한 여성들의 희생이 많다	• 이혼율 증가 • 노인들 소외 • 자녀양육의 문제

② **가족 형태의 다양화** … 사회 변동, 의식의 변화(개인주의, 양성평등), 세계화 등이 배경이 되었다.

예 노인 단독 가구(고령화 현상), 한 부모 가족(이혼증가), 다문화 가족(세계화) 등

(3) 가족문제의 원인 및 해결 방안

① 가족문제의 의미와 양상

- ㉠ **가족문제의 의미** : 가족의 기능을 정상적으로 수행하지 못하여 발생하는 문제
- ㉡ **가족문제의 발생요인**
  - 가족 내적 요인 : 개인의 가치관·성격차이, 구성원 사이의 상호 작용 방식의 문제
  - 가족 외적 요인 : 산업화·경기 침체, 의식의 변화(양성평등), 기술 발전 등
- ㉢ **해결방안** : 개인의 의식 개선 + 사회제도 및 환경 개선

② 기능론적 관점

- ㉠ 가족문제는 가족 구성원 사이의 결속 약화, 가족 구성원의 일탈 행동이나 이혼 등의 가족의 기능이 원활하게 수행되지 못한 상태를 말한다.
- ㉡ 가족 구성원 사이의 역할 기대와 역할 수행 사이의 부조화, 가족 구성원의 가치관이나 태도의 결함 등이 원인이다.
- ㉢ 가족 갈등, 해체의 지속은 사회 전체적으로 바람직하지 않다.
- ㉣ **해결방안** : 올바른 가치관 및 태도에 대한 교육, 가족의 기능 상실 예방을 위한 복지 제도의 확충 등이 있다.

③ 갈등론적 관점

- ㉠ 가족문제는 가족 구성원 사이의 갈등이 표출된 상태를 말한다.
- ㉡ 희소한 자원을 둘러싼 가족 구성원 사이의 불평등한 관계가 원인이다.
- ㉢ 갈등을 드러내고 해결함으로써 더 나은 가족생활이 가능해진다.
- ㉣ **해결방안** : 가부장제와 같은 제도의 개선과 남녀 간의 평등 의식, 가족 내의 민주적 의사소통 도입과 같은 의식 개선 등 가족 구성원 사이의 불평등한 관계 개선 등이 있다.

④ 상징적 상호작용론

- ㉠ 가족문제는 가족 구성원의 상호 작용 가운데 특정 문제에 의미를 부여하는 방식에 따라 문제의 범위가 달라진다.
- ㉡ 상호 작용 및 의미부여 과정에서 문제가 발생할 경우 가족 간의 갈등이나 문제가 발생한다.
- ㉢ **해결방안** : 다양성의 관점에서 변화하는 가족의 형태와 가족 구성원의 특성을 이해하고 인정하는 방법으로 가족 구성원의 상호 작용 방식 수정, 특정 상황의 가족을 낙인찍지 않기 등이 있다.

⑤ 교환론
  - ㉠ 가족문제는 개인들의 합리적 계산에 의한 선택결과이다.
  - ㉡ 가족생활을 통한 기대 보상이 자신의 기대에 미치지 못할 경우 문제가 발생한다.
  - ㉢ 해결방안 : 사회적으로 바람직한 선택에 대한 보상을 높이고, 부정적 선택에 대한 제재를 강화한다.

❸ 교육제도

(1) 교육의 특성과 기능

① 교육의 의미와 특성
  - ㉠ 교육 : 내부적 능력을 개발시켜 사회생활에 필요한 사회 규범, 지식, 기술, 가치, 태도 등을 가르치는 활동
  - ㉡ 교육의 특성
    • 개인적 측면 : 개인의 성장과 사회 적응에 기여
    • 사회적 측면 : 한 사회의 문화 전승, 사회 질서 · 규범 준수는 사회의 유지 · 발전에 이바지

② 교육제도의 발달
  - ㉠ 전통사회 가족 내에서 교육기능 수행, 체계적 교육 기회는 특정 집단에만 한정되었다.
  - ㉡ 산업화 이후 학교를 중심으로 한 공교육 체제 확립, 정규 교육의 기회가 확대되었다.
  - ㉢ 교육기관의 전문화, 지식정보의 양 팽창 및 직업의 분화로 다양한 교육기관이 등장하였다.
  - ㉣ 급속한 사회 변동에 따른 성인들의 재사회화가 점차 부각되었다.

(2) 교육기능에 대한 다양한 관점

① 기능론
  - ㉠ 교육의 기능 : 교육은 인력양성 · 사회통합 · 질서유지 · 수직적 계층 이동을 가능케 하였다.

사회화	• 사회생활에 필요한 지식·기술을 습득하여 사회에 필요한 인력 양성 • 사회 질서 유지에 필요한 규범·가치를 습득하여 사회 통합, 사회 안정에 기여
문화전승	현 세대의 문화를 다음 세대로 전승하는 기능 수행
선발기능	사회 각 분야에서 역할을 수행할 수 있는 사람 선발, 개인의 능력 노력에 따라 수직적 계층이동이 가능, 개방적 계층 구조 유지

  ⓛ 한계점
- 모든 사람들에게 교육의 기회가 균등하지 않다.
- 지연·혈연 등 능력 이외 요인의 영향을 간과하였다.

② 갈등론

  ㉠ 교육의 기능 : 불평등한 사회 구조를 유지하고 재생산 하는 기능 수행, 교육에 의한 문화의 전승, 사회 통합·사회 통제 등은 결국 기존 질서를 정당화하고 재생산하는 교육의 기능을 보여 주는 것에 불과하다.

학교 교육	교육 내용이 지배 집단의 가치 반영, 지배집단의 이익 옹호, 지배계급의 지배 정당화, 불평등 심화
학교 교육에서의 성공	개인의 능력보다 학생의 사회·경제적 배경 반영하여 불공평한 평가
선발 기능	불공평한 선발로 계층의 지위 세습을 정당화, 폐쇄적 계층구조 유지

  ⓛ 한계점 : 사회 이동을 가능하게 한 학교 교육의 공헌을 무시하였다.

③ 바람직한 관점 … 기능론과 갈등론에 대한 균형 잡힌 이해가 필요하다.

(3) 교육의 기회균등 문제

① 교육의 기회균등 … 교육을 받을 수 있는 기회가 모든 사람에게 균등하게 보장되어야 한다.

  ㉠ 기회균등의 두 가지 측면

접근 기회의 평등	• 성별, 종교, 인종, 신체적 조건으로 차별받지 않고 동등한 교육 기회 보장 • 자신의 노력과 능력에 따라 고등교육을 받을 수 있음
교육결과의 평등	접근 기회의 평등에도 불구하고 환경의 차이로 학생의 학업 성취도 차이 발생→상대적으로 열악한 지역의 교육 여건 개선 추진

  ⓛ 공교육 강화와 의무교육 확대 : 교육이 사회 구성원의 권리로 인식됨에 따라 제도화 됨, 교육의 기회 균등 가능성 증대

다음은 교육의 기능에 대해 서로 다른 관점을 갖고 있는 갑과 을의 대화이다. 갑과 을에 대한 설명으로 가장 적절한 것은?

― 보기 ―

- 갑 : 학교에서 학생들에게 가르치는 내용은 주로 기득권층의 이익에 부합되는 것입니다. 교육 제도는 지배 계급의 지배를 정당화하기 위한 수단으로서의 기능을 수행하고 있습니다. 또한 교육 제도는 개인들의 사회적 지위를 고착화시키는 데 기여하고 있습니다.
- 을 : 그렇지 않습니다. 교육 제도는 개인들에게 사회 계층 이동의 기회를 제공하는 역할을 수행하고 있습니다. 또한 교육 제도는 구성원들로 하여금 사회적 규범과 가치관을 내면화하도록 하고, 사회적 역할에 필요한 지식과 기술을 습득하도록 합니다.

① 갑은 교육 제도가 기존의 사회적 불평등을 재생산하는 수단으로 작용한다고 본다.
② 을은 개인의 능력보다 가정의 배경을 중시하는 입장을 취한다.
③ 갑은 을에 비해 교육을 통해 사회 구성원이 적재적소에 재배치된다고 본다.
④ 갑과 을은 모두 미시적 관점에서 교육 제도를 바라보고 있다.

❮정답 ①

ⓒ 기회균등의 중요성

- 교육을 통하여 사회적 불평등을 해결할 수 있는 기회 부여, 수직적 사회 이동이 가능하다.
- 교육 기회의 불균등이 지속될 경우 사회 불평등 구조가 심화된다.
- 교육의 기회균등은 개개인의 삶의 질을 향상 시킬 뿐 아니라 국가의 발전과 번영에도 도움이 된다.

② 교육 기회의 불평등

- 지역적·경제적 요인에 따라 교육 기회의 불평등 문제가 발생한다.
- 인구가 많고 경제 수준이 높은 지역일수록 다양한 교육 기회가 존재한다.
- 경제적 지위에 따라 사교육을 차별적으로 받게 된다.

② 교육의 기회균등에 대한 관점

ⓐ 기능론과 갈등론의 비교

구분	기능론	갈등론
교육 수준	• 교육 수준은 개인의 능력반영 • 개인의 능력과 노력 강조	• 교육 수준은 능력 이외 요인이 반영됨 • 노력에도 불구하고 높은 성취도 달성 어려움
교육의 기능	교육 수준에 따라 직업, 소득 등 사회경제적 지위 차등(사회 이동 가능)	사회 불평등을 재생산함
교육 기회균등	• 교육기회 불평등은 이미 사회적으로 합의된 결과 • 교육기회균등이 오히려 사회의 효율을 떨어뜨릴 수 있음 • 구성원들의 최선의 노력을 기대하기 어려움 • 고교 평준화보다는 고교 다양화와 선택권의 확대 지지	• 교육기회 불평등은 이미 사회 구조에 내재되어있는 모습이 반영된 결과 • 교육은 지배층의 기득권 유지 수단으로 전락 • 교육기회 불평등으로 사회 전반의 불평등 현상이 고착화 되는 결과 • 교육의 기회균등 달성 어려움, 사회의 불평등 구조의 해결 필요
기회균등 달성방안	• 취학률·진학률 확대, 의무교육, 선택권 보장 등으로 교육의 기회균등 가능 • 개인의 노력과 능력에 따라 사회적 상승 이동 가능	• 적극적인 소외 계층 배려 정책 추구 • 소외 지역 학교 지원 정책

ⓛ 교육의 기회균등 문제 해결 방안
- 사회 경제적 배경이 개인의 교육수준에 영향을 미치는 현실을 부인하기 어렵다.
- 제도적 개선 : 방과 후 교육 프로그램 강화 등 공교육 수준 향상, 지역 균형 선발제, 농어촌 특별 전형제 등의 입학 전형 도입, 공교육 시설 개선, 사회 취약 계층 학비 지원, 고교 다양화 등

④ 대중매체

(1) 대중매체의 유형과 특징

① 대중매체의 의미

ㄱ 의미 : 불특정 다수인 대중에게 대량의 정보를 전달하는 매체나 수단을 말한다.

ㄴ 특성
- 시간과 공간의 한계를 극복하여 정보가 공개적으로 동시에 전달된다.
- 다양한 계층의 불특정 다수인 대중을 대상으로 한다.
- 대중의 행동과 사고방식에 커다란 영향력을 가진다.

ㄷ 발전과정
- 기술 개발을 바탕으로 새로운 소통 수단이 등장하였다.
- 인쇄술 발전(인쇄매체), 라디오 발명(음성매체), TV발명(영상매체), 인터넷 등장(뉴미디어)

ㄹ 대중 매체 발달의 영향
- 대중 사회 형성 및 대중문화의 생산과 쉽고 빠른 전달이 가능하게 되었다.
- 민주주의적 가치관의 확산되면서 대중들이 사회의 중심적인 역할을 담당하게 되었다.
- 시간 · 공간의 제약이 줄어들면서 국경을 넘어 세계적으로 영향을 미치게 되었다.

ㅁ 대중매체의 단점 : 지나치게 상업화되거나 선정적이고 편파적인 정보를 제공하여 대중들의 비판적 사고 능력을 약화시키거나 건전한 가치 판단을 어렵게 하는 경우도 발생한다, 획일화된 문화나 몰개성 등의 문제를 일으키기도 한다.

② 대중매체의 유형과 특징

유형		내용	특징
인쇄매체		• 시각적 이미지를 활용하여 • 메시지 전달 • 책, 잡지, 신문	• 제작과정으로 인해 전달속도가 가장 느림 • 반복활용이 가능, 상세한 정보전달 가능 • 시간과 공간의 제약이 비교적 적음
전자매체	음성매체	• 청각에 의존하는 전달매체 • 라디오, 음반, 녹음기	• 신속하고 휴대성 높음, 전달속도 빠름 • 비교적 낮은 비용으로 정보제공 가능 • 시각정보 처리 어려움
	영상매체	• 시청각 이미지 전달가능 • 공중파 텔레비전, 케이블 텔레비전	• 전달속도 빠름, 현장감 있는 정보제공 • 영향력이 가장 높은 매체, 오락기능이 뛰어남
	뉴미디어	• 인터넷 • 스마트폰 • 소셜 네트워크 서비스(SNS)	• 정보의 상호 작용성, 대중의 정보 생산자로서의 참여 • 정보의 복제 전송 용이로 대량의 정보유통이 가능

③ 인터넷의 발달과 사회변화

　㉠ 사회 전영역의 영향력 증가

　　• 경제 : 지식 정보 산업중심으로 산업 구조 개편, 일하는 방식의 변화
　　• 정치 : 온라인 공간을 통한 빠른 시간 내 여론 형성가능, 전자민주주의 가능성 증대
　　• 사회 : 사회구성원 사이의 상호작용 방식 변화, 사이버 공동체 형성

　㉡ 대중매체의 융합현상 증가

　　• 인터넷으로 신문, 잡지, 라디오, TV 등 다양한 대중 매체가 통합되었다.
　　• 정보기기의 발달로 대중 매체를 수용하는 시간이나 공간의 제약이 감소되었다.
　　• 쌍방향성 증대 : 정보의 생산자와 소비자의 경계가 모호해졌다.

(2) 대중매체의 기능

① 대중매체의 기능

기능	순기능	역기능
정보전달	다양한 정보를 수집 · 정리 · 분배	• 허위 정보 제공 시 부작용 발생 • 사생활침해 문제발생
해석평가 제공	• 사건과 정보에 대한 해석 · 평가 제공 • 여론형성, 정부 기업 감시와 견제	• 권력에 유리한 방향으로 편견 개입 가능 • 여론 조작 가능
사회화	• 사회구성원의 가치관 형성 • 사회 통합에 이바지 • 일탈행위 공개	• 지배적 규범이나 가치주입으로 인한 구성원의 가치와 사고방식 획일화 • 모방범죄 발생
오락	• 기분전환, 휴식기능 • 고급 예술접촉, 대중문화 형성에 기여	• 저질문화 양산, 정치적 무관심 증가 • 개성이 사라짐 • 게임중독문제 발생 • 가족 간 대화 단절
동원	• 특정 가치나 행동을 선택하도록 홍보 선동 • 국가 위기상황을 극복할 수 있는 원동력	• 무분별한 소비문화 조장 • 부당한 전쟁이나 권력투쟁에 악용 가능 • 폭력을 정당화 혹은 우상화함

② 대중매체의 역할과 기능에 대한 이론

㉠ 기능론

- 대중매체는 사회의 한 부분으로 사회의 유지와 통합을 위한 긍정적 기능을 수행한다.
- 질서 유지와 통합 기능 : 대중매체를 통해 공유할 수 있는 가치와 규범을 창출하여 참여민주주의를 가능하게 한다.
- 사회 통제기능 : 일탈행위의 부정적 결과를 보도한다.

㉡ 갈등론

- 대중매체는 지배 집단의 기득권을 유지시키고 정당화하는 역할을 수행한다.
- 기존 질서 순응 기능 : 지배 집단의 입장을 반영하는 대중매체를 대중은 진실로 받아들인다. 그로 인하여 사회의 민주화를 저해하고, 정치적 무관심을 유도한다.
- 개인주의적 성향 강화 : 대중매체를 통해 문화 상품을 개별적으로 소비하게 되면서 유대가 단절되고 고립되는 상황에 놓이게 될 것이다.

③ 대중매체의 비판적 수용자세
　㉠ 대중매체의 영향
　　• 일상적인 삶의 방식, 내면의 감정까지 통제하여 대중은 수동적 존재로 전락하였다.
　　• 대중매체에 대한 의존도와 신뢰도가 높아져 대중들의 인식·행동을 이끌어간다.
　　• 상업적 대중문화의 무분별한 모방과 추종을 만들어 문화의 획일화를 만든다.
　㉡ 비판적 수용자세의 중요성
　　• 대중매체가 언제나 객관적 진실만을 제공하지는 않는다.
　　• 올바른 인식과 판단을 위해서는 대중매체의 정보를 비판적으로 수용해야 한다.
　　• 수동적인 소비자에서 벗어나 대중문화를 생산하는 능동적인 주체가 되기 위한 노력이 대중문화의 획일성 극복방안이다.

❺ 종교제도

(1) 종교의 본질과 기능

① 종교의 본질
　㉠ **종교의 의미**: 성스러운 존재나 세계에 대한 믿음으로 인간의 불안·죽음의 문제, 심각한 고민 해결을 하려고 하는 것이다.
　㉡ **종교의 구성요소**: 믿음의 대상, 종교의례, 공동체, 경험

② 종교의 기능
　㉠ **개인적 차원**: 삶의 의미와 목적 제공, 심리적 안정과 만족감 제공
　㉡ **사회적 차원**
　　• 사회통합 기능: 구성원에게 공통의 가치와 규범을 제공하여 소속감을 고취하고, 결속력을 증진한다.
　　• 사회통제 기능: 종교적 가르침과 의례를 통해 사회 통제 및 질서를 유지한다.
　　• 사회변동 기능: 기존 질서의 모순을 지적하고 새로운 가치를 제시한다.

ⓒ 종교를 바라보는 관점

기능론	• 종교의 긍정적 기능과 역할에 대해 관심 • 정서적 안정 제공, 공동체의 결합과 소속감 고취, 사회적 결속력 증진, 사회통제와 질서 유지 등의 기능
갈등론	• 종교의 부정적인 측면을 부각 • 사회 문제의 원천, 전쟁이나 테러의 원인 • 기존 질서 순응 : 지배적 가치와 규범을 사회화, 사회 불평등 정당화
상징적 상호작용	• 미시적 관점에서 종교의 상징 부여적 기능을 역설 • 서로 다른 상징과 의미를 부여하고 서로 다른 역할 기대를 만듦

(2) 종교 갈등의 원인과 해결방안

① 종교 갈등의 양상과 원인

ㄱ 종교 갈등

- 종교에 대한 절대적 믿음이 다른 종교에 대한 배타적 태도를 보이게 한다.
- 종교의 차이가 계급, 인종, 민족, 국가 등 다른 요소와 연관되면 갈등이 확대된다.

ㄴ 부정적 측면 : 사회문제의 원천으로 작용, 폭력적 분쟁으로까지 발전

ㄷ 긍정적 측면 : 집단 내부의 결속력 증진, 사회 변동 촉진

② 갈등의 해결방안

ㄱ 개방적 자세 : 서로의 가치를 인정하고 존중, 타 종교도 존중하고 이해

ㄴ 다른 종교와의 공존 : 대화와 화합의 노력, 다양한 문화와 인종으로 중요성이 커짐

출제예상문제

1 표는 연도별 한부모 가구 수와 한부모 가구가 전체 가구에서 차지하는 비율을 나타낸 것이다. 표에 대한 옳은 분석은? (단, 전체 가구는 매년 증가하고 있으며, 한부모 가구는 표에 나타난 두 가지 유형만 있다)

(단위 : 1,000가구, %)

	200년		2005년		2010년	
	가구 수	비율	가구 수	비율	가구 수	비율
한부모 가구	871	6.09	1,042	6.56	1,181	6.81
부+미혼자녀	162	1.13	233	1.40	253	1.46
모+미혼자녀	709	4.96	819	5.16	928	5.35

* 비율은 전체 가구 수에서 차지하는 %를 의미함

① 한부모 가구에 속한 총인구는 계속 증가하고 있다.

② 2000년과 2010년을 비교했을 때, 전체 가구 수보다 한부모 가구 수가 더 큰 비율로 증가하였다.

③ 표의 모든 연도에서 '모+미혼자녀' 가구 수는 '부+미혼자녀' 가구 수의 4배 이상이다.

④ 2000년의 한부모 가구는 모두 2010년의 한부모 가구에 포함된다.

2 다음 중 현대사회의 가족제도가 가장 중요시하는 것은?

① 체계적인 사회화 기능

② 정서적인 안정 도모와 보호

③ 개인에게 삶의 의미와 방향 제시

④ 의미있는 삶을 위한 수단적 기반 제공

1.

② 전체 가구는 매년 증가하고 있는 상황에서 2000년과 2010년을 비교했을 때 한부모 가구가 차지하는 비율이 증가하였으므로 전체 가구 수보다 한부모 가구 수가 더 큰 비율로 증가하였다.

① 한부모 가구의 가구 수는 증가하였지만, 가구당 구성원 수를 알 수 없으므로 총인구의 증가 여부는 알 수 없다.

③ 모+미혼자녀 가구 수가 부+미혼자녀 가구 수의 4배 이상인 것은 2000년도뿐이다.

④ 2000년의 한부모 가구가 모두 2010년의 한부모 가구에 포함되는지는 알 수 없다.

2.

현대사회에서 특히 중요시되는 가족제도의 기능은 사회적 보호와 정서안정이다.

Answer   1.②   2.②

3 표는 갑국의 A ~ C 지역 가구 구성비를 나타낸 것이다. 이에 대한 분석으로 옳은 것은?

(단위 : %)

가구 구성 / 지역	부부 가구	2세대 가구		3세대 이상 가구	기타 가구	소계
		부모+ 미혼자녀	부모+ 기혼자녀			
A	5	65	16	2	12	100
B	16	55	10	6	13	100
C	12	40	25	20	3	100

* 기타 가구 : 1인 가구, 형제 가구, 비친족 가구

** 핵가족 : 부부 또는 (한)부모와 그들의 미혼 자녀로 이루어진 가족

*** 확대 가족 : (한)부모와 그들의 기혼 자녀로 이루어진 2세대 이상의 가족

① 핵가족 가구의 비중이 가장 높은 지역은 A이다.

② 1인 가구의 비중이 가장 높은 지역은 B이다.

③ 확대 가족 가구 수가 가장 많은 지역은 C이다.

④ A, B, C 모두 핵가족 가구 수가 확대 가족 가구 수보다 많다.

4 이혼과 독신의 증가, 핵가족화 등으로 가족의 기능이 약화되고 있는 추세에도 불구하고 여전히 필수적인 가족의 기능으로 인정되는 것은?

① 유아와 노인의 양육과 보호

② 개인에 대한 삶의 방향 제시

③ 새로운 성원의 재생산과 사회화

④ 조상숭배를 비롯한 종교적 기능

3.

핵가족은 부부가구와 2세대 가구 중 부모+미혼 자녀가 해당된다. 확대 가족은 2세대 가구 중 부모+기혼자녀 가구와 3세대 이상 가구가 해당된다.

① 핵가족 비중이 가장 높은 곳은 71%인 B지역이다.

② 1인 가구는 기타 가구의 일부이므로, 1인 가구만의 비중은 알 수 없다.

③ 확대 가족 비중이 가장 높은 곳은 C지역이지만 이 수치는 어디까지나 비중이므로 가구 수는 알 수가 없다.

④ 각 지역의 핵가족 수와 확대 가족 수 자체는 알 수 없지만 어느 가구 수가 많은지는 알 수 있다. 즉 A, B, C 모두 핵가족의 비중이 확대가족보다 높으므로 그 수도 많다고 할 수 있다.

4.

③ 사회의 유지와 존속을 위하여 가족이 최소한으로 담당하여야 한다.

※ 가족의 사회적 기능 … 사회성원의 재생산, 양육과 보호의 기능, 사회화 기능, 경제적 생산과 소비 기능, 성의 충족과 통제, 사회적 보호와 정서안정의 기능 등이 있다.

Answer　3.④　4.③

5 표는 노인 가구 형태의 변화 추이를 나타낸 것이다. 이에 대한 설명으로 옳지 않은 것은?

(단위 : %)

연도	가구 형태			
	노인 독신	노인 부부	자녀 동거	기타
1998	20.1	21.6	53.2	5.1
2004	24.6	26.6	43.5	5.3
2008	26.7	39.7	28.6	5.0

① 노인 복지에 대한 관심이 커질 수 있음을 보여 준다.
② 가족의 노인 부양 기능이 약화될 수 있음을 보여 준다.
③ 가구당 평균 가구원 수를 감소시키는 요인으로 작용한다.
④ 가구 내 구성원 간의 역할 갈등이 심화되고 있음을 알 수 있다.

5.

표는 노인 독신 및 노인 부부 가구의 비중이 증가하고 있음을 보여준다. 그러나 이러한 추세를 갖고서 가구 내 구성원 간의 역할 갈등이 심화되고 있는 것은 추론하기 어렵다.

6 다음의 내용에서 공통적으로 추출할 수 있는 일반화는?

- 티베트의 하층민들은 결혼지참금으로 인한 재산의 분산을 막기 위하여 여러 형제들이 한 아내와 공동생활을 한다.
- 북극의 에스키모인들은 사냥감을 찾아 넓은 지역으로 흩어져 독립적 생활을 영위할 수 있도록 핵가족형태를 보편적 가족형태로 갖는다.
- 농사는 협업을 통하여 생산성이 늘어나는 특징이 있기 때문에 농경민들은 확대가족의 형태를 유지한다.

① 경제적 요인은 가족의 형태를 결정하는 요인이 된다.
② 가족의 형태는 사회의 풍속에 따라 다르다.
③ 인류는 대개 확대 또는 대가족제도로 생활해 왔다.
④ 가족의 형태는 인종에 따라 달라진다.

6.

가족을 단위로 하는 가계는 경제적 생산과 소비의 기능을 수행하는데, 가족형태의 결정요인으로 경제적 요인이 중요한 변수로 작용하는 경우가 많다.

Answer   5.④ 6.①

7 다음의 내용과 가장 관계가 깊은 것은?

> • 개인적 욕구의 충족
> • 사회적 기능의 수행
> • 사회의 유지 및 발전
> • 관습화되고 공식화된 방법과 절차

① 계층구조　　　　② 사회구조
③ 사회제도　　　　④ 역할제도

8 다음은 어떤 사회제도에 대한 설명인가?

> • 사회구성원들의 기본적인 생존을 가능하게 하는 수단을 제공한다.
> • 현대사회로 올수록 분배의 형평을 중요시하고 있다.

① 가족제도　　　　② 교육제도
③ 종교제도　　　　④ 경제제도

9 다음에서 사회제도의 기능 가운데서 보다 중요한 두 가지로 짝지어진 것은?

> ㉠ 성원의 욕구 충족
> ㉡ 생존의 동기부여
> ㉢ 전체적 이익의 실현
> ㉣ 사회통제

① ㉠㉡　　　　② ㉠㉣
③ ㉡㉢　　　　④ ㉢㉣

7.

사회제도는 관습화되고 공식화된 방법과 절차이다.

8.

① 행동규제, 사회구성원의 재생산과 사회화, 의식주 제공과 귀속지위 부여
② 문화창조 · 전승, 삶의 수단을 제공
③ 삶의 위안 제공, 집단통합과 가치 전승

9.

사회제도의 기능
㉠ 개인적 차원 : 인간의 기본적 욕구의 총족
㉡ 사회적 차원 : 사회의 유지 · 존속 · 발전을 위한 사회적 통제

Answer　7.③　8.④　9.②

❶ 사회변동과 근대화

(1) 사회변동

① 사회변동의 의미와 요인
- ㉠ 일정한 시간동안 나타나는 사회의 구조적 변화
- ㉡ 사회변동의 요인으로는 제도적 요인, 기술적 요인, 의식적 요인 등이 있다.

② 사회변동의 방향에 대한 관점
- ㉠ 진화론
  - 사회는 일정한 방향으로 진보·발전한다고 보는 것이다.
  - 단순하고 미분화된 상태에서 복잡하고 분화된 상태로 진보한다고 본다.
  - 사회가 일정한 방향으로 진보한다는 전제의 오류와 제국주의 국가의 식민지 지배를 정당화 한다는 비판을 받고 있다.
- ㉡ 순환론
  - 사회변동은 시간의 흐름에 따라 사회가 탄생, 성장, 쇠퇴, 해체를 반복하는 것이라고 본다.
  - 문명의 노쇠나 소멸까지 생각, 사회변동을 다소 비관적으로 바라보는 측면이다.
  - 앞으로의 사회변동에 대해 예측하고 대응하기 적합하지 않다는 비판을 받고 있다.

③ 사회변동요인에 대한 관점
- ㉠ 기술결정론
  - 기술 발달로 생산능력이 향상되고 생산양식이 변화되면서 사회는 총체적으로 변화한다.
  - 기술의 발달로 인한 경제 영역의 변화가 정치 사회의 변화는 물론 인간의 의식 구조도 변화시킨다는 이론이다.
- ㉡ 문화결정론
  - 사고, 가치관과 같은 비물질 문화의 변화가 정치, 경제, 사회의 총체적 변화를 불러온다.
  - 인간의 의식과 정신생활이 사회구조의 전반적인 변동을 가져온다는 이론이다.

---

④ 사회변동에 대한 관점

  ㉠ 기능론

  • 사회가 전체적으로 균형을 유지하기 위해 각 부분이 조정되는 과정에서 나타나는 변화를 사회변동이라고 본다.

  • 사회는 수많은 부분이 각각의 기능을 원활히 수행할 때 균형을 이루고 안정을 유지할 수 있으며, 이 균형이 무너지는 것이 곧 사회변동이다.

  ㉡ 갈등론

  • 사회변동을 보편적이고 자연스러운 현상으로 받아들인다.

  • 사회의 여러 부분이 대립하는 과정에서 지배적인 위치에 있는 사람과 지배를 받는 사람들과의 불안과 갈등이 표출되면서 사회변동이 일어난다.

  • 사회 구조나 사회제도를 혁명과 같은 급진적인 수단을 통하여 근본적으로 고쳐야한다고 주장한다.

(2) 근대사회의 형성

① 근대화의 의미

  ㉠ 좁은 의미 : 기존의 농촌 중심의 사회에서 선진 공업 사회로 변화하는 과정
  ㉡ 넓은 의미 : 정치, 경제, 사회, 문화, 가치관 등 모든 영역에서 구조적인 변화가 나타나 총체적으로 더욱 개선된 생활양식으로 바뀌어 가는 과정

정치적 측면	국가의 권위와 합법성이 국민으로부터 나오며, 국민의 의사에 따라 정책이 이루어지는 것
경제적 측면	절대적 빈곤상태에서 벗어나 의식주 해결에 어려움이 없는 상태, 또는 공업 사회가 이룩되는 것으로 자본주의의 시작
사회문화적 측면	문맹퇴치, 교육 지위 획득과 같은 사회적 기회의 평등, 동·서양 문화교류가 활발해짐

② 근대사회의 형성배경

정치적 측면	• 시민혁명을 통해 절대왕정의 전제정치와 봉건적 잔재를 타파하고, 시민계급이 주도하는 새로운 사회건설 • 정치 체제와 권력의 민주화과정
경제적 측면	• 지리상의 발견과 산업혁명으로 전 세계를 하나의 거대한 자본주의로 편입 • 산업혁명을 통한 생산 능력과 생활수준 향상으로 자본주의적 생활양식의 확산 • 자족적 농촌공동체에서 도시중심의 상공업으로 발전
사회문화적 측면	• 과학혁명과 계몽주의의 확산에 따른 합리적 신념 확산 • 개별 주체들의 특성과 권리가 강조되며 개인주의와 다원주의 확산

기출 2022. 6. 18. 서울특별시 시행

〈보기〉에서 사회 변동 방향에 대한 관점 A, B에 대한 설명으로 가장 옳은 것은?

┌ 보기 ┐

A를 주장하는 학자들은 사회 변동이 일정한 방향을 가지고 있으며 그 변동은 긍정적이고 발전적인 것으로 간주한다. 반면, B를 주장하는 학자들은 사회가 발전만 하는 것이 아니라 쇠퇴하거나 소멸하기도 한다고 본다.

① A는 서구 제국주의를 정당화한다는 비판을 받는다.
② A는 B와 달리 모든 사회가 같은 방향으로 변화하는 것이 아니라고 본다.
③ B는 A와 달리 다양한 경로의 사회 발전 양상을 설명하기 어렵다.
④ A는 B에 비해 앞으로의 사회 변동 방향을 예측하기 어렵다는 비판을 받는다.

‹ 정답 ①

(3) 근대화를 설명하는 이론

① 서구 사회를 발전 모델로 제시한 이론

  ㉠ 근대화이론
- 근대화를 진보적 사회 변동으로 이해
- 선진국 모델의 근대화 과정을 통해 민주적 정치 제도, 합리주의적 생활양식 등의 확산으로 삶의 질 향상이 이루어진다고 본다.
- 서구 사회의 개인주의, 물질주의, 인간소외 등의 문제점이 나타난다.

  ㉡ 수렴이론
- 뒤따르는 사회들이 앞선 사회의 발전 경로를 모방하면서 결국 각 사회의 발전 양상이 대체로 유사해진다는 이론
- 궁극적으로 정치적 다원주의를 수용하게 된다고 본다.

② 서구 사회를 발전 모델로 보는 이론에 대한 반론과 수정

  ㉠ 종속이론
- 서구식 근대화 모델을 저개발 국가에 적용하는 것을 비판한다.
- 저개발 국가가 선진국에 종속되어 착취당하기 때문에 저발전 상태에 머무른다고 보고 자국 산업을 중심으로 독자적인 발전을 도모할 것을 주장한다.
- 신흥 공업국에는 적합하지 않아 동아시아의 상황을 설명할 수 없다.

  ㉡ 신근대화이론
- 전통과 근대의 공존 및 보완 관계 강조하며, 전통이 근대성과 조화를 이룰 수 있다고 본다.
- 근대화모델이 다양하게 존재할 수 있음을 인정한다.

❷ 사회변동과 사회문제

(1) 산업화와 노동 문제

① 산업화의 의미와 특성

  ㉠ 산업화
- 생산 활동의 분업화와 기계화로 2·3차 산업 중심으로 산업구조의 변화하였다.
- 공업이 차지하는 비율이 높아지고 그에 따라 생활양식이 변화하는 현상

  ㉡ 산업사회에서 나타나는 현상 : 과학 기술과 기계의 발달, 대량 생산과 대량 소비, 직업의 세분화와 전문성 증가, 관료제의 원리 확산, 자본주의적 원리 확산, 생산성 향상, 이촌 향도 등

  ㉢ 산업사회의 문제점 : 사회 불평등, 환경오염, 물질 만능주의, 노동자 소외, 지역 간 불균형, 도시 문제 등

② 산업화에 따른 노동 구조의 변화
  ㉠ 경공업에서 중화학공업으로 중화학공업에서 첨단 과학 산업, 정보 통신 산업, 서비스업 등으로 변화하였다.
  ㉡ 산업 구조의 변화에 따라 노동의 구조도 변화하였다.
  ㉢ 단순작업 노동 중심에서 창의적 노동중심으로 증가하였다.

③ 실업문제
  ㉠ 실업의 영향 : 개인의 자아실현 기회와 생계유지 수단 박탈로 인한 삶의 질 저하와 의욕저하, 사회적으로는 인력자원의 낭비
    • 사회가 요구하는 능력이나 직업이 변화하면서 전체적으로 일자리가 부족해진다.
    • 마찰적 실업, 구조적 실업, 경기적 실업, 계절적 실업 등이 있다.
  ㉡ 해결방안 : 정부의 공공사업 확대를 통한 일자리 마련, 구인, 구직정보 제공 시설 확충, 취업교육 및 생계지원, 근무제도 변경, 새로운 산업분야 개척, 동절기 공공근로사업 등

④ 임금문제
  ㉠ 임금문제의 발생원인과 유형
    • 저임금 문제와 임금 격차 문제 발생.
    • 기업의 고용 관행 변화 : 비용절감을 목적으로 비정규직 노동자 고용 증가
    • 노동자가 받아야할 임금을 받지 못한 임금체불 문제
    • 남녀 차별 및 인종 갈등으로 인한 여성 노동자와 외국인 노동자 문제
  ㉡ 해결방안 : 사회적 형평성 고려, 최저임금제 도입, 비정규직 노동자의 정규직 전환, 임금체불 관련 법적 규제 만들기 등

⑤ 노사문제
  ㉠ 더 많은 임금과 복지를 원하는 노동자와 적은 비용으로 많은 이윤을 얻고자 하는 사용자 간의 대립이다.
  ㉡ 노동자와 사용자는 근로 조건, 복지 등에 대해 대립한다.
    • 파업 : 노동자가 집단적으로 노동제공을 정지하는 행위
    • 태업 : 집단적으로 작업 능률을 저하시키고 소극적 작업으로 사용자에게 손해를 주는 행위
    • 직장 폐쇄 : 사용자가 자기의 요구를 관철하려고 공장이나 작업장을 폐쇄하는 행위
  ㉢ 해결방안
    • 서로의 의견을 존중하며 더 큰 이익을 공유하는 협상이 필요하다.
    • 법적 보장범위 내의 권리 행사와 그에 따라 책임을 지는 자세가 요구된다.

(2) 도시화로 인한 사회문제

① 도시화의 의미와 특성

㉠ 도시로 인구가 집중이 되면서 도시적 생활양식이 증가하고 확산되는 과정을 말한다.

㉡ 인구 집중으로 인한 높은 인구 밀도, 2·3차 산업 종사자 증가, 분업화·전문화, 주로 수단적·형식적 인간관계가 나타난다.

㉢ **우리나라의 도시화**: 1960년대 이후 산업화가 진행되면서 도시의 인구 집중과 도시 비율이 상당히 높아졌다.

② 도시화로 나타난 문제

㉠ 도시문제 주택문제(주택부족, 지가 상승), 교통문제(교통체증, 주차난, 교통혼잡), 환경오염, 각종 범죄 증가, 인간소외문제

㉡ 농촌문제 노동력 부족, 기반시설 부족, 상대적 박탈감 등

③ 도시문제에 대한 대책

㉠ 도시 인구분산이 가장 기본적인 문제 해결방법

㉡ **분야별 대책**

주택문제	낡은 주거지 재개발, 위성 도시 건설, 서민용 주택 공급 및 지원 등
교통문제	대중교통 수단의 확보, 도로 재정비, 주행세부과, 자동차 5부제 시행 등
환경문제	쓰레기 종량제 실시, 환경오염관련 규정 만들기, 청정에너지 사용, 환경오염 기준 제시, 환경운동 등
범죄와 인간소외	CCTV설치, 작은 공동체 중심으로 인격적 인간관계 강조, 시민의식과 규범 활용 등

㉢ **농촌문제의 해결**: 귀농 정착금지원, 농촌의 생활환경 개선, 농촌의 소득 증대 방안 모색

(3) 인구변천으로 인한 사회문제

① 인구의 변천과정

㉠ 인구의 증가와 감소를 의미한다.

㉡ 인구변천에 영향을 주는 요소는 출생, 사망, 인구 이동 등이 있다.

㉢ **인구변천**

- 1단계 : 출생률과 사망률이 모두 높아 총인구의 변화가 거의 없는 단계로, 산업혁명 이전의 모든 국가와 오늘날의 중부 아프리카들이 여기에 속한다.
- 2단계 : 출생률은 높으나 사망률이 감소하기 시작하여 인구증가율이 높아지는 단계로, 대부분의 아시아 국가들이 여기에 속한다.

- 3단계 : 의학의 발달로 사망률은 급감하는데 비해 출생률은 약간 감소하여 인구증가율이 가장 높은 단계로, 대부분의 중남미 국가들이 여기에 속한다.
- 4단계 : 가족계획과 생활수준의 향상으로 출생률이 급감하여 인구증가율이 낮아지는 단계로, 일부 남미 국가와 홍콩, 싱가포르 등이 여기에 속한다.
- 5단계 : 출생률과 사망률이 모두 낮은 단계에 이르고 인구증가율이 다시 낮아지는 단계로, 선진 공업국들이 여기에 속한다.

② 인구변화로 나타나는 문제 및 대책

문제점	내용	대책
자원부족	부존자원의 개발이나 자원의 재생속도보다 인구증가 속도가 빨라 자원 고갈	에너지 절약, 대체자원개발, 농업생산성 개선 등
저출산	• 여성들의 지위가 향상되고 사회활동 참여의 기회가 증대 • 이혼율 증가, 독신 증가, 자녀 양육비 및 교육비 증가 등이 원인 • 사회의 유지와 부양에 심각한 위협	출산장려금 지급, 사회의 복지수준 향상, 육아비용 시설, 휴직 등의 지원 확대, 교육비 부담 줄이기 위한 노력 필요
고령화	평균 수명 증대, 의학기술 및 보건 수준 향상, 경제수준 향상에 따른 식생활 개선으로 등장하였다. 산업인구 감소. 세대 간 갈등, 독거노인 증가. 노인부양비 증가	경로효친 사상 고양, 노령층의 취업 기회 강화, 노인 복지 지원 필요

❸ 현대사회의 변동과 대응

(1) 세계화

① 세계화의 의미와 요인
- ㉠ 세계화 : 삶의 범위가 민족과 국경의 범위를 넘어서 전 세계로 바뀌어 인적, 물적 교류가 활발하게 이루어지는 과정.
- ㉡ 세계화의 요인 : 과학 및 정보 기술과 교통·통신기술의 발달, 국가 간 교류의 폭 확대, 자본의 자유로운 이동

② 세계화 양상과 현황
- ㉠ 정치적 측면 : 민주주의의 확산
- ㉡ 경제적 측면 : 자본주의의 확산, 시장개방을 지향하는 세계 무역 기구(WTO) 체제, 자유무역 협정(FTA)
- ㉢ 사회 문화적 측면 : 세계 각 지역의 생활양식이 확산되면서 문화 간 접촉과 전파 증가로 인해 문화동화, 문화융합 등의 문화 변동이 일어나게 되었다.

표는 갑국의 인구 관련 자료이다. 이에 대한 분석으로 옳지 않은 것은?

구분	t 년	t + 50년
전체 인구에서 유소년 인구가 차지하는 비율(%)	28	20
노년 부양비(%)	20	60

※ 1) 유소년 부양비(%)
$$= \frac{\text{유소년 인구(0~14세 인구)}}{\text{부양 인구(15~64세 인구)}} \times 100$$

2) 노년 부양비(%)
$$= \frac{\text{노인 인구(65세 이상 인구)}}{\text{부양 인구(15~64세 인구)}} \times 100$$

3) 노령화 지수(%)
$$= \frac{\text{노인 인구(65세 이상 인구)}}{\text{유소년 인구(0~14세 인구)}} \times 100$$

4) 전체 인구에서 노인 인구가 차지하는 비율이 7 % 이상이면 고령화 사회, 14 % 이상이면 고령 사회, 20 % 이상이면 초고령 사회임.

① t 년의 유소년 부양비는 50이다.
② t + 50년의 노령화 지수는 100 이상이다.
③ 전체 인구에서 부양 인구가 차지하는 비율은 t년보다 t + 50년이 낮다.
④ t 년은 고령화 사회에, t + 50년은 초고령 사회에 해당한다.

〈정답 ①

③ **세계화의 특징** … 전 지구적 상호 의존성 증가, 물리적 공간과 시간의 제약이 줄어듦, 일부 특정한 문화권의 생활양식이 확산되며 상대적으로 약한 지역이나 문화가 소외된다.

④ **세계화에 대한 대응**

    ㉠ 세계화의 문제점: 한 국가의 상황이 전 세계적으로 경제상황에 영향을 미치고, 문화의 획일화 가능성이 크고, 경쟁력 약한 문화의 존립 기반과 정체성이 약화되며 지역·인종·민족·문화 등에 따른 불평등 심화 등의 문제점이 있다.

    ㉡ 세계화에 대한 대응: 다른 문화에 대한 열린 사고와 협력의 필요성을 인식하고 국제적 경쟁력을 확보하며, 세계 공통의 보편적 가치와 인류애 추구의 정신을 가진 세계 시민으로서의 자질이 필요하다.

(2) 정보화

① **정보사회의 형성과 특징**

    ㉠ 정보사회 정보의 지배가 사회적인 권력관계의 결정적 요소가 되는 사회

    ㉡ 형성배경

      • 기술적 기반: 새로운 기술이 등장하였다. 예 스마트폰, 트위터, 페이스 북

      • 경제적 기반: 정보 기술이 자본과 결합하여 이윤을 창출할 수 있는 산업으로 발전하였다.

      • 사회적 기반: 대중의 사회 참여 욕구 증대와 다원화 경향 등이 있다.

    ㉢ 특징: 가치 창출의 원천으로서 지식과 정보 중시, 다품종 소량 생산 방식 확대, 쌍방향적 정보 흐름에 의한 의사 결정의 분권화, 지적 창조적 활동을 통한 자아실현의 부각, 공간적 범위 확대와 새로운 관계양상 증가 등

② **정보사회의 긍정적인 면**

    ㉠ 정치적 측면: 대중의 정치 참여를 확대하여 직접 민주주의의 실현기반이 되었다.

    ㉡ 경제적 측면: 생산의 효율성을 증대시키고 소비자 중심의 시장을 만들었다.

    ㉢ 사회적 측면: 새로운 인간관계 형성에 도움을 주어 사회통합에 긍정적 영향을 미친다.

    ㉣ 문화적 측면: 다양성과 창의성을 중시하며 폭넓은 문화교류를 가능하게 했다.

③ **정보사회의 문제점** … 정보격차, 사생활 침해, 사회적 통제와 감시, 정보기기와 서비스에 대한 지나친 의존도, 정보의 오남용, 정보 윤리 미흡, 정보 유출, 인간 소외 등이 있다.

기출 2022. 6. 18. 서울특별시 시행

〈보기 1〉의 사회 참여 유형 A~D에서 〈보기 2〉의 갑(甲)과 을(乙)의 행위에 해당하는 사회 참여 유형을 옳게 짝지은 것은?

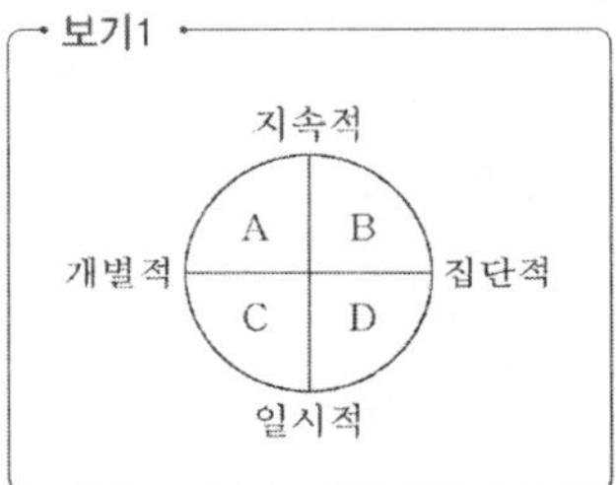

보기2
• 갑(甲)은 길을 가다가 보도블럭이 파손되어 있는 것을 보고 사진을 찍어 지역 구청 홈페이지의 민원에 수리를 요청하는 글을 올렸다.
• 을(乙)은 대기 환경 개선을 목표로 하는 시민 단체에 가입하여 시민 단체가 주최하는 '대기 환경 개선을 위한정책 제안 회의에 토론자로 참여하는 등 꾸준하게 활동하고 있다.

	갑(甲)	을(乙)
①	A	B
②	A	D
③	C	B
④	C	D

❮정답 ③

④ **정보사회의 문제에 대한 해결책**

　㉠ **개인적 차원** : 보안에 주의하고, 역기능을 인식하고, 정보·윤리를 실현하고, 올바른 정보 활용 능력을 갖추고 절제하는 습관을 기른다.

　㉡ **사회적 차원** : 인터넷 실명제 실시, 사이버 범죄 담당부서 설치, 통신비 지원정책, 정보·윤리 공익 광고방송, 공유 정보 공개, 개인 정보 보호에 관한 법과 제도 구축, 정보 소외 계층 교육 등이 있다.

(3) 전 지구적 차원의 문제

① **환경문제** … 산업화 이후로 인구가 증가하였고, 무분별한 개발과 자원의 낭비로 인해서 지구의 재생 능력의 한계에 도달하였다. 이로 인해 지구 온난화, 생물 멸종 위기, 열대 우림 감소, 사막화, 빙하 손실, 황사, 환경 재앙 사고 등의 환경문제들이 발생하고 있다.

② **자원문제** … 인구 증가 및 급속한 개발로 인하여 자원이 부족하다. 삶에 필요한 물과 식량의 부족, 기아로 인한 어린이 생명의 위협 그리고 에너지 자원 고갈 등으로 인해 자원은 무기화 또는 분쟁의 씨앗이 되기도 한다.

③ **전쟁과 테러문제** … 국가나 지역, 자원, 종교, 민족 등을 둘러싼 분쟁, 전략적 전쟁 및 테러가 발생한다. 무고한 인명 피해, 막대한 전쟁비용 소요, 테러발생으로 불특정 다수 피해, 인권문제와 환경문제를 야기한다.

④ **전 지구적 문제에 대한 대응**

　㉠ **세계인들의 관심과 노력**

　　• 그린피스(Green peace), 유엔 환경 계획(UNEP) 등의 국제 환경 NGO활동이 적극적으로 이루어져야 한다.

　　• 기후변화 협약, 생물 다양성 협약 등 지구 환경 보호 협약을 지키도록 노력한다.

　　• 지속 가능 한 개발에 대한 합의를 잘 지켜야한다.

　　• 국가 간 또는 지역 간 갈등과 분쟁에서의 국제 연합(UN)과 같은 국제기구의 중재와 지속적인 관심이 필요하다.

　㉡ **각 주체의 노력**

　　• 시민 : 일상생활의 작은 것부터 노력하고, 국제적 감시 및 지지 활동을 해야 한다.

　　• 정부 : 국제적 연대를 견고히 하고, 선진국의 큰 책임감과 양보하는 자세가 필요하다.

　　• 기업 : 환경과 인간을 고려하고 국제적 약속과 정의의 범위에서 경제적 이윤을 추구해야 한다.

기출PLUS

기출 2022. 6. 18. 서울시 보훈청 시행

〈보기〉와 같이 A~C를 분류할 때, 이에 대한 설명으로 가장 옳은 것은? (단, A~C는 각각 농업 사회, 산업 사회, 정보 사회 중 하나이다.)

— 보기 —

질문＼사회	A	B	C
부가가치 창출의 주요 수단이 정보인가?	(개)	(내)	(대)
㉠	아니요	(래)	(매)

① (개)가 '예'라면, 구성원 간 비대면 접촉 정도는 A〈C이다.

② (대)가 '예', ㉠이 '쌍방향 미디어가 보편화된 사회인가?'라면, (매)에는 '예'가 해당된다.

③ (개)가 '예', ㉠이 '직업의 동질성 정도가 큰가?'라면, (래), (매)에는 모두 '아니요'가 해당된다.

④ (내)가 '예'라면, 관료제적 사회 구조의 특성은 B가 가장 크다.

〈정답 ②

1 〈보기〉의 근대화를 설명하는 이론 중 밑줄 친 ㉠, ㉡에 대한 설명으로 가장 옳지 않은 것은?

보기

우리나라의 사회 과학계에 영향을 끼쳤던 사회학자 갑(甲)은 낙후된 국가의 빈곤 문제를 '종속에 의한 저발전의 심화'라고 설명하며, 근대화를 설명하는 ㉠또 다른 이론에 도전장을 던졌다. ㉡갑의 이론은 서구 선진국에 의해 주도된 이론에 대한 비판 이론으로 주목을 받으며 등장했다. 1970년대 한국에도 유입되어 최근까지 연구가 진행되고 있다

① ㉠은 사회 변동 방향에 대해 진화론을 기초로 한다.
② ㉡은 낙후된 국가의 저발전 원인을 외부에서 밝히고 있다.
③ ㉡은 ㉠과 비교하여 개별 국가의 주체적 발전을 더 강조한다.
④ ㉠은 ㉡과 달리 각 국가는 다양한 경로를 거쳐 발전할 수 있다고 본다.

2 농촌사회의 변동과 그 파생효과에 관한 다음 설명 중 옳지 않은 것은?

① 젊은 노동력의 부족현상으로 농업활동이 기계화되고, 기업농이 대두되었다.
② 인구의 노령화로 영농의 어려움이 가중되고, 생산성은 감소하여 생산연령층의 인구부양부담이 가중되었다.
③ 근교농업은 주로 채소재배에 치중하고, 오지에서는 목축업이나 고산작물을 재배하는 상업적 농업의 발달로 촌락 간의 이질성이 증대되었다.
④ 농촌의 전출인구는 대부분 경제적인 상층과 중간층이며, 주로 하층은 잔류한다.

1.

㉠은 낙후된 국가의 빈곤 문제를 종속에 의한 저발전의 심화로 설명하는 종속이론을 비판하는 것으로 근대화론이다. ㉡은 서구 선진국에 의해 주도된 이론(근대화론)에 대한 비판으로 주목을 받으며 등장했다. 이는 낙후된 빈곤 문제를 종속에 의한 저발전의 심화로 보는 종속이론에 해당한다.

④ 근대화론은 서구화를 이상적인 모습으로 제시함으로써 각 국가가 다양한 경로를 거쳐 발전할 수 있음을 부정한다.
① 근대화론은 사회 변동 방향과 관련하여 진화론을 기초로 한다.
② 종속이론은 낙후된 국가의 저발전의 원인을 중심부와 주변부라는 외부(국제)의 관점에서 밝히고 있다.
③ 종속이론은 중심부 국가인 선진국과의 종속 관계에서 벗어나 주체적 발전을 해야 함을 강조한다.

2.

④ 농업에 잔류하는 사람들은 주로 경제적으로 중간층이다.

3 다음은 사회변동 방향에 대한 하나의 관점이다. 이에 대한 설명으로 옳은 것만을 〈보기〉에서 모두 고른 것은?

> 이 관점은 사회를 살아있는 유기체에 비유하면서 사회 변동을 긍정적으로 인식한다. 그리고 사회를 복잡성이 증가하는 것으로 파악하고, 복잡해진 사회는 단순 사회에 비해 구성원들의 적응 능력이 더 높다고 본다.

─────── 보기 ───────

㉠ 서구 중심적이라는 비판을 받는다.
㉡ 사회 변동은 일정한 방향성이 있다고 본다.
㉢ 장기적인 역사적 관점에서 사회의 발전과 더불어 퇴보의 가능성도 잘 설명한다.
㉣ 사회 변동을 순환과정으로 설명하고 있다.

① ㉠㉡
② ㉠㉣
③ ㉡㉢
④ ㉢㉣

4 근대화를 바라보는 이론적 시각에 대한 설명으로 옳지 않은 것은?

① 근대화론은 모든 사회가 일정한 단계를 거쳐 발전한다고 전제한다.
② 근대화론은 서구 중심적이며 기능론적인 관점을 반영하고 있다.
③ 종속 이론은 세계 체계를 중심부와 주변부로 나눈다.
④ 종속 이론은 주변부가 미(未)발전 상태에 머물 수밖에 없다고 주장한다.

3.

제시된 내용에 해당하는 관점은 사회변동 이론 중 진화론이다.
㉢㉣ 순환론에 대한 설명이다.

4.

④ 종속 이론은 주변부가 중심부에 종속되어 있다고 보는 이론으로, 주변부는 미발전 상태(발전을 시도하지 않은 상태)가 아니라, 저발전 상태(발전을 시도했지만 낮은 수준에 머무르는 상태)에 머물 수밖에 없다고 주장한다.

Answer　3.①　4.④

5 다음 글은 정보 사회에서 나타날 수 있는 현상이다. 정보 사회의 특징으로 옳은 것만을 〈보기〉에서 모두 고른 것은?

> 오늘날 우리 사회에서는 디지털 기기의 사용이 보편화되고 다양한 정보가 폭발적으로 증가하고 있으며, 최근에는 빅데이터(big data)가 여러 영역에서 활용되고 있다. 예를 들면, 신용카드사는 고객들에게 주변 맛집 안내 서비스를 제공하여 카드 매출을 늘리거나, 카드의 도난이나 분실을 확인하는 부정사용방지시스템을 도입하여 고객의 피해를 줄이기도 한다. 빅데이터에 대한 업계의 반응은 대부분 긍정적이지만, 자율적인 활용에 앞서 개인 정보 활용 범위를 마련하고 데이터의 표준화 필요성도 제기되고 있다.

─ 보기 ─
㉠ 정보 전달 과정에서 시간과 공간의 제약이 커진다.
㉡ 부가가치 창출의 원천으로서 정보의 비중이 증대된다.
㉢ 특정 집단에 의한 사회적 통제와 감시 가능성이 높아진다.
㉣ 기업이 소비자의 행동을 예측하고 대응하는 경향이 강화된다.

① ㉠㉡　　　　　② ㉡㉢
③ ㉠㉡㉣　　　　④ ㉡㉢㉣

6 다음 중 후기 도시화의 과정에 해당하는 내용은?

① 공업도시의 형성
② 이촌향도 현상
③ 도시로의 인구 집중
④ 도시적 생활양식의 농촌 파급

5.

㉠ 정보 전달 과정에서 시간과 공간의 제약이 줄어든다.

6.

④ 도시화의 후기단계에서는 도시적 생활양식이 농촌으로 파급되어 농민의 생활양식도 도시적으로 바뀌게 되는 현상이 나타난다.

Answer　　5.④　6.④

7 다음은 사회 변동을 설명하는 네 가지 관점을 설명한 것이다. 이를 평가한 것으로 옳은 것은?

내용	관점
다윈의 생물학적 진화론을 인간사회에 적용	A
사회는 유기체의 일생과 같이 성장과 쇠퇴를 되풀이	B
사회 내부에 문제가 발생해도 자생적으로 균형 유지	C
사회는 본질적으로 불안정하며 갈등이 존재	D

① A는 산업형 사회에서 군사형 사회로 변화해 가는 것이 대표적 사례다.

② B는 사회가 질서 정연하게 움직인다고 전제한다.

③ C는 마찰이 발생할 경우 균형상태가 파괴되어 불균형을 초래한다.

④ D는 사회 변동을 자연스러운 현상으로 받아들이며 급진적인 변화를 선호한다.

7.

A는 사회진화론, B는 순환론, C는 균형론, D는 갈등론을 나타낸다.
① 사회진화론의 대표적 학자인 스펜서는 군사형 사회에서 산업형 사회로 변화해 갈 것이라 제시하였다.
② 순환론은 성장과 쇠퇴를 되풀이하는 데 초점을 맞추며 사회가 질서 정연하게 움직인다는 관점을 거부한다.
③ 균형론에 따르면 마찰이 발생하더라도 새로운 균형상태가 될 것이라 전망한다.

8 노인문제와 청소년문제의 발생배경이 근본적으로 같다고 보는 시각의 근거로 볼 수 있는 것을 고르면?

㉠ 개인주의의 강화
㉡ 노동력 상실로 인한 빈곤
㉢ 가족의 사회적 중요성 약화
㉣ 수명의 연장으로 인한 건강문제
㉤ 과학문명의 발달로 인한 인간소외 현상

① ㉠㉡㉢　　② ㉠㉢㉤

③ ㉡㉣㉤　　④ ㉡㉢㉣

8.

노인과 청소년문제는 노인과 청소년의 사회부적응 문제로 가족의 기능과 공동체의식의 강화 없이 근본적으로 해결될 수 없다.

Answer　　7.④　8.②

9 다음과 같은 원인으로 인하여 사회문제가 발생하게 된 것은?

> 사회문제는 반드시 사회변동의 결과로 나타난 새로운 현상들로만 이루어지는 것은 아니다. 어떤 것은 예전부터 있었던 것이, 또는 예전에는 바람직하다고 생각되던 것이, 사람들의 생각이 바뀌면서 심각한 사회적인 문제로 인식되기도 한다. 오히려 사회적으로 중요한 문제들 중에서 많은 것이 새로운 관념과 가치의 형성이나 도입으로 인해 나타난 것 등이다.

① 인권문제
② 환경오염문제
③ 자원고갈문제
④ 인구문제

10 다음 내용을 바탕으로 하여 사회운동에 관한 결론을 내릴 때 가장 적절한 것은?

> • 서구에서는 환경운동, 반핵운동, 녹색운동, 소비자운동, 인권운동, 여성해방운동 등이 다양하게 일어나고 있다.
> • 미국에서는 특징적으로 흑인민권운동이 발생한다.
> • 우리나라에서는 1970 ~ 1980년대에 빈민운동, 농민운동, 노동운동 등이 격렬하게 전개되었다.

① 사회운동은 사회발전에 긍정적인 영향을 끼친다.
② 사회운동을 보면 그 사회의 변동모습을 예측할 수 있다.
③ 사회운동은 사회변동의 주요 요인 중의 하나이다.
④ 사회운동의 내용을 보면 그 사회의 구조적 모순을 알 수 있다.

9.

②③④ 산업화와 경제발전에 따라 나타난 사회문제이다.

10.

사회운동은 그 사회의 가장 격렬한 이슈를 포함하며, 사회변동을 일으키거나 막기 위해 행하는 지속적이며 집단적인 노력이다.

Answer　9.① 10.③

11 다음 현상들을 일반화하여 진술할 수 있는 가설로 옳은 것은?

> • 1인당 국민소득이 증가함에 따라 자원소비량이 증가하고 이에 따라 자원고갈의 문제가 나타났다.
> • 산업화정책으로 인해 계층 간의 이해관계가 다양해지고 첨예하게 대립되는 현상이 나타났다.
> • 산업화정책으로 인해 농촌에는 일손부족현상과 이농현상이 나타나고 대도시에서는 주택난과 구직난이 발생한다.

① 사회문제의 해결을 위해 공업화는 필요하다.
② 가치변동은 사회의 변동을 가져온다.
③ 산업화정책으로 경제성장을 이루었지만 여러 문제가 동시에 발생했다.
④ 경제성장은 지속적인 공업화로 가능하다.

12 다음 내용과 관련된 사회변동에 관한 입장으로 옳은 것은?

> • 사회는 발전·퇴보·멸망하기도 한다는 비판을 받고 있다.
> • 서구의 선진사회가 후진사회를 식민지화하고 착취하는 것을 정당화하기 위한 것이라 비판받기도 한다.

① 종속이론
② 진화론
③ 갈등론
④ 균형론

13 다음 중 종속적 발전이론에 대한 내용으로 옳지 않은 것은?

① 동아시아의 신흥공업국의 발전과정을 설명하기 곤란하다.
② 제3세계 국가들은 저발전상태가 아니라 미발전상태에 있다.
③ 한 나라의 발전에 있어서 이념적인 문제를 부각시켰다.
④ 근대화론에 대한 반발로 등장하였다.

11.

제시된 내용은 산업화정책으로 생겨난 문제들이다.

12.

사회가 진보한다고 보는 전제조건이 잘못되었다는 비판을 받는 진화론은 후진사회를 식민화하는 것을 정당화시키며, 사회는 발전만 하는 것이 아니라 퇴보도 하며 멸망하기도 한다는 비판을 받고 있다.

13.

② 종속적 발전론에 따르면 제3세계 국가들은 발전을 시작하지 않은 '미(未)발전의 상태에 있는 것이 아니라, 발전을 하려고 해도 되지 않는 '저(低)발전'의 상태에 있다는 것으로, 제3세계의 국가들의 저발전은 그들의 전통이나 제도 때문이 아니라 선진 자본주의 국가들에게 종속되어 있기 때문이라고 한다.

Answer 11.③ 12.② 13.②

14 노인문제와 청소년문제의 발생배경이 근본적으로 같다고 보는 시각의 근거로 볼 수 있는 것을 고르면?

> ㉠ 개인주의의 강화
> ㉡ 노동력 상실로 인한 빈곤
> ㉢ 가족의 사회적 중요성 약화
> ㉣ 수명의 연장으로 인한 건강문제
> ㉤ 과학문명의 발달로 인하여 인간소외현상

① ㉠㉡㉢ ② ㉠㉢㉤
③ ㉡㉣㉤ ④ ㉡㉢㉣

14.

노인과 청소년문제는 노인과 청소년의 사회부적응문제로 가족의 기능과 공동체의식의 강화 없이 근본적으로 해결될 수 없다.
㉡㉣ 노인문제에만 해당하는 발생배경이다.

15 사회변동에 대한 균형론적 시각으로 옳은 것은?

① 사회 여러 부분의 사이에는 항상 갈등이 존재한다.
② 현재의 사회는 과거의 사회보다 더 나은 사회이다.
③ 혁명적 사회변동의 설명에 적합하다.
④ 사회 어떤 부분에 마찰·갈등이 발생해도 정상을 회복하여 통합된다.

15.

균형론적 마찰
㉠ 사회의 여러 부분들은 서로 균형을 이루면서 통합되어 있다고 보는 입장이다.
㉡ 사회변동을 긴장·갈등의 발생과 해소의 과정으로 이해하는 입장이다.
㉢ 항상성을 바탕으로 사회변동을 설명하려는 입장이다.
㉣ 사회변동의 근원을 균형지향성에서 찾고자 하는 입장이다.

16 다음 내용이 설명하는 사회변동의 이론으로 옳은 것은?

> 사회는 항상 현재의 상태를 파괴하려는 힘을 가지고 있으며, 바로 이러한 힘에 의해 혁명을 포함한 여러 가지 중요한 사회변동이 일어난다.

① 진화론
② 기능론
③ 균형론
④ 갈등론

16.

④ 마르크스와 베버의 이론에서 연유하였고 다렌도르프가 주장하였다.

Answer　14.②　15.④　16.④

17 소수집단 또는 불리한 위치에 있는 집단에 대한 사회적 차별과 관련되어 있으며 평등주의적 사상을 받아들일 때에만 의미를 지니는 사회문제는?

㉠ 청소년문제	㉡ 여성문제
㉢ 인종문제	㉣ 노인문제

① ㉠㉡ ② ㉠㉢

③ ㉡㉢ ④ ㉢㉣

18 농업에 인터넷을 사용하는 것에 관한 설명 중 옳지 않은 것은?

① 인터넷을 이용하여 농작물 재배에 대한 필요한 정보를 얻을 수 있다.

② 농산물 관련 홈페이지를 만들어 소비자에게 직접 농산물을 판매함으로써 높은 소득을 올릴 수 있다.

③ 소비자의 입장에서 볼 때 물건을 비싸게 구매하게 될 것이다.

④ 새로운 정보를 서로 교환할 수 있다.

17.

여성문제, 인종문제는 소수집단 또는 불리한 위치에 있는 집단에 대한 사회적 차별과 관련되어 있으며, 평등주의적 사상을 받아들일 때에만 의미를 갖는다. 청소년과 노인문제는 특정인구집단에만 해당되는 사회문제이다.

18.

③ 소비자는 물건을 판매하는 매장에 직접 나가지 않고도 인터넷을 통해 다양한 종류의 상품을 검색할 수 있어 원하는 상품을 저렴한 가격에 구매할 수 있다.

Answer 17.③ 18.③

II 자동차구조원리 및 도로교통법규

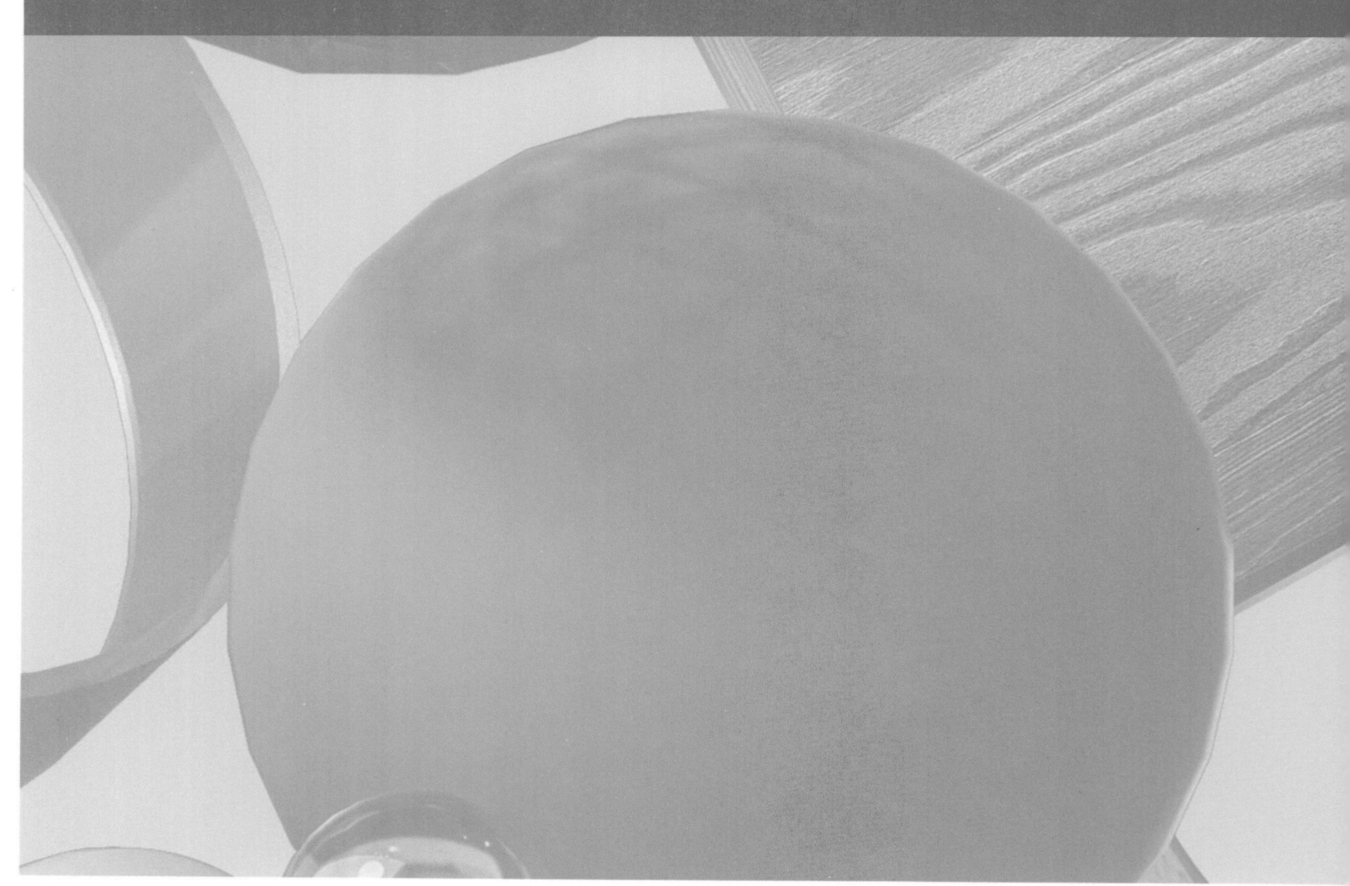

자동차 구조원리

기출 PLUS

01 자동차의 개념과 구조

❶ 자동차의 개념

(1) 자동차의 정의

자동차라 함은 차체에 설치된 기관(엔진)의 동력을 이용하여, 레일이나 가선에 의하지 않고, 노상을 자유로이 운전·주행할 수 있는 차량을 말한다.

(2) 자동차의 범위

자동차의 범주에 포함되는 것은 승용차, 승합자동차(버스), 화물자동차(트럭), 특수자동차, 이륜자동차를 비롯하여 견인차에 의해 견인되는 차량, 트레일러트럭, 트레일러버스 등이 있다.

> **✿ Plus tip**
> **자동차의 범위에 들지 않는 것**
> 궤도차와 같이 레일(Rail)을 사용하는 것. 예컨대 트롤리버스(Trolley bus)와 같이 트롤리 케이블(Trolley cable)을 사용하는 것은 포함되지 않는다.

❷ 자동차의 구조

(1) 보디(body)

① **개념** : 보디(차체)란 사람이나 화물을 싣는 객실과 적재함 부분 및 외피(外皮)를 말하는데, 용도에 따라 승용차·버스·화물차 등이 있다.

② **모노코크 보디** : 최근 중소형 승용차의 보디는 위, 아래, 옆면이 일체로 된 상자 모양의 모노코크 보디가 일반적으로 사용된다. 이 형식은 프레임을 따로 두고 있지 않으므로 가볍고 견고하며 실내의 유효공간을 넓게 할 수 있는 장점이 있다.

(2) 섀시

섀시(차대)는 자동차의 보디를 제외한 부분으로서 엔진, 동력전달장치, 조향장치, 현가장치, 프레임 등을 포함한 자동차의 주행에 필요한 일체의 장치를 말한다.

① 엔진 : 자동차를 주행시키는데 필요로 하는 동력발생장치로 가솔린엔진, 디젤엔진 등 주로 내연엔진이 사용된다. 엔진은 엔진본체, 윤활·연료·냉각·흡배기장치 등 여러 가지 부속장치로 구성된다.

> **✿ Plus tip**
> 엔진은 섀시의 한 부분에 해당하는 장치이지만 이론상 그 범위가 매우 광범위하기 때문에 엔진을 섀시장치에서 별도로 구분하는 것이 일반적이다.

② **동력전달장치** : 엔진에서 발생한 동력을 주행상태에 알맞도록 변화시켜 구동바퀴에 전달하는 장치로 클러치, 변속기, 드라이브 라인, 자동차기어, 종감속 기어, 차축 등으로 구성된다.

③ **조향장치** : 자동차의 진행방향을 임의로 바꾸기 위한 장치로, 일반적으로 핸들을 돌려서 앞바퀴를 조향한다.

④ **현가장치** : 프레임(또는 보디)과 차축 사이에 완충기구를 설치하여 노면으로부터의 진동이나 충격 등을 완화시킴으로서 승차감을 좋게 하며, 자동차 각 부분의 손상을 방지한다.

⑤ **제동장치** : 주행중인 자동차의 속도를 감속·정지시키거나 또는 언덕길 등에서 자동차의 주차상태를 유지하기 위한 장치이다.

⑥ **주행장치** : 섀시에서 동력발생, 동력전달, 조향, 현가, 제동장치를 제외한 것으로 프레임, 휠 등이 이에 해당한다.

> **✿ Plus tip**
> **휠 및 타이어, 프레임**
> ㉠ **휠 및 타이어** : 하중의 부담, 완충, 구동력과 제동력 등 주행시에 발생하는 여러 응력에 견디는 구조로 되어 있다.
> ㉡ **프레임** : 섀시를 구성하는 각 장치와 보디를 설치하는 뼈대이다. 따라서 프레임은 자동차가 주행중에 받는 충격 등에 충분히 견딜 수 있는 강도와 강성을 가져야 하고 가벼워야 한다.

⑦ **전기장치** : 엔진의 시동, 점화, 충전 등 지속적인 운전을 위한 전기장치와 안전을 위한 각종 등화 및 계기장치 등이 이에 해당한다.

※ 트렁크는 섀시에 해당되지 않는다.

기출 PLUS

기출 2021. 4. 10. 대구광역시 시행

엔진성능과 관련된 용어에 대한 설명으로 틀린 것은?

① 성능곡선도상에는 최대출력, 토크, 연료 소비율이 표시된다.
② 출력은 토크(힘) × 엔진회전수(rpm)이다.
③ 회전력은 회전축 혹은 바퀴가 돌아가는데 사용되는 회전하는 힘이다.
④ 엔진성능에서 견인력과 등판력, 경제성을 좌우하는 요소는 출력이다.

기출 2015. 8. 8. 전라남도 시행

다음 중 장치별 구성요소로 잘못 짝지어진 것은?

① 동력발생장치 : 엔진, 토크컨버터, 연료장치
② 동력전달장치 : 변속기, 클러치, 차출
③ 조향장치 : 조향기어, 조향축, 조향핸들
④ 현가장치 : 쇽업소버, 판스프링, 코일 스프링

❮정답 ④, ①

02 자동차의 분류

❶ 사용용도에 따른 분류

(1) 승용자동차

10인 이하를 운송하기에 적합하게 제작된 자동차를 말한다.

(2) 승합자동차(버스)

11인 이상을 운송하기에 적합하게 제작된 자동차를 말한다.

> **☆ Plus tip**
>
> **승합자동차로 보는 자동차**
> ㉠ 내부의 특수한 설비로 인하여 승차인원이 10인 이하로 된 자동차
> ㉡ 국토교통부령으로 정한 경형자동차로 승차인원이 10인 이하인 전방조종자동차

(3) 화물자동차(트럭)

화물을 운송하기에 적합한 화물적재공간을 갖추고, 화물적재공간의 총적재화물의 무게가 운전자를 제외한 승객이 승차공간에 모두 탑승했을 때의 승객의 무게보다 많은 자동차를 말한다.

(4) 특수자동차

다른 자동차를 견인하거나 구난작업 또는 특수한 용도로 사용하기에 적합하게 제작된 자동차로서 승용자동차나 승합자동차 또는 화물자동차가 아닌 자동차를 말한다.

(5) 이륜자동차

총배기량 또는 정격출력의 크기와 관계없이 1인 또는 2인의 사람을 운송하기에 적합하게 제작된 이륜의 자동차 및 그와 유사한 구조로 되어 있는 자동차를 말한다.

(6) 스포츠카

스포츠카는 운전을 일종의 스포츠로서 즐기는데 목적을 둔 자동차를 말한다.

기출 2016. 10. 29. 경기도 시행

다음 중 「자동차관리법」상 자동차의 종류에 대한 설명으로 틀린 것은?

① 10인 이하를 운송하기에 적합하게 제작된 자동차를 승용자동차라 한다.
② 캠핑용 자동차 또는 캠핑용 트레일러는 승합자동차로 분류한다.
③ 이륜 자동차는 총배기량으로 분류하기도 한다.
④ 특수 자동차는 특수한 작업을 수행하기에 적합하게 제작된 자동차로서 승용자동차, 승합자동차, 또는 화물자동차가 아닌 자동차를 말한다.

◀ 정답 ③

② 형태에 따른 분류

(1) 세단

좌석이 앞·뒤 2열로 설계되어 있으며 4~6인승으로 4도어, 3도어, 2도어로 구분되나 4도어가 주종을 이룬다.

(2) 쿠페

세단보다 단조롭고 2인승 2도어가 주종을 이루는데, 스포츠카가 이에 속한다.

(3) 리무진

보통승용차보다 고급용으로 쓰이고 운전석과 승객실 사이가 구분되어 있으며, 7~8인승이 주종을 이룬다.

(4) 스테이션 왜건

승객과 화물을 겸용할 수 있는 형태로서 뒷좌석 후미를 늘려서 화물을 적재할 수 있도록 화물실과 뒷문이 달려 있다.

(5) 컨버터블

지붕을 따로 떼어 내거나 접을 수 있도록 만든 자동차를 말한다. 지붕은 여닫을 수 있는 형태이고, 오픈카의 형태를 띠고 있다.

(6) SUV

SUV(sport utility vehicle)는 일반 승용 및 스포츠 등 여가생활에 맞게 다목적용으로 제작된 차량을 통칭하며 RV와 혼용해서 사용되기도 한다.

(7) MPV

MPV(Multi Purpose Vehicle)는 미니밴 자동차의 통칭이다. 승용, 승합 또는 화물차의 양분된 개념이 아닌 다용도로 이용 가능한 차를 뜻한다. 출퇴근용 및 레저, 쇼핑, 업무 등 다목적 용도로 사용된다.

(8) 코치·밴

적은 승객과 가벼운 화물을 나르는데 사용되며 뒷좌석은 의자를 접어서 화물실로 사용할 수 있도록 제작되어 있다.

앞 엔진 앞바퀴 구동방식의 특징이 아닌 것은?

① 엔진과 구동바퀴의 거리가 짧아 동력 손실이 적다.
② 긴 추진축을 사용하기 때문에 발진 가속 시 출력성능이 좋다
③ 직진 안정성이 좋은 언더스티어링 경향이 있다.
④ 미끄러지기 쉬운 노면의 주파성이 좋다.

〈보기〉에 대한 내용으로 가장 옳은 것은?

┌─ 보기 ─
조향핸들의 회전각도를 일정하게 유지한 상태에서 일정한 속도로 주행하면 자동차는 선회 반지름이 일정한 원운동을 한다. 그러나 일정한 주행속도에서 서서히 가속을 하면 처음의 궤적에서 이탈하여 바깥쪽으로 벌어지려고 한다.

① 뉴트럴 스티어링
② 오버 스티어링
③ 아웃사이드 스티어링
④ 언더 스티어링

정답 ②, ④

❸ 엔진과 구동방식에 따른 분류

(1) 앞 엔진 앞바퀴 구동식(FF구동식 : front engine front drive type)

기관, 클러치, 트랜스액슬(변속기+종감속기어 및 차동기어) 등이 앞쪽에 설치된 형식으로서, 앞바퀴가 구동 및 조향바퀴가 된다.

① 장점

ㄱ 추진축이 필요 없으므로 바닥이 편평하게 되어 거주성이 좋다.
ㄴ 동력전달거리가 단축된다.
ㄷ 선회 및 미끄러운 노면에서 주행 안전성이 크다.
ㄹ 적차시 앞뒤 차축의 하중분포가 비교적 균일하다.
ㅁ 뒤차축이 간단하다.

② 단점

ㄱ 앞차축의 구조가 복잡하다.
ㄴ 기계식 조향일 경우 핸들의 조작에 큰 힘이 필요하다.
ㄷ 브레이크 조작시 하중이 앞으로 쏠리므로 앞 타이어와 패드의 마모가 비교적 크다.
ㄹ 고속 선회에서 언더스티어링(U.S : under steering)현상이 발생된다.

> **Plus tip**
>
> **언더스티어링(understeering)**
> ㄱ 정상적으로 원을 선회할 경우 핸들각을 일정하게 하거나 선회 반지름을 일정하게 한 정상 주행에서 뒷바퀴에 발생하는 선회 구심력이 큰 경우(선회속도가 빨라질 경우)에는 차체에 원심력이 작용하기 때문에 자동차는 바깥쪽으로 나가게 되어 선회 반지름이 커지는 경향이 발생한다. 이 현상을 언더 스티어링이라 한다.
> ㄴ 언더스티어링 현상이 발생하면 핸들을 선회하는 안쪽 방향으로 더 꺾어 주어야 정상적인 선회를 할 수 있게 된다.
> ㄷ 언더 스티어링이 발생한 후 앞 타이어의 코너링 포스가 한계값에 도달할 무렵부터 선회 반지름은 급격히 증가하여 끝내 선회할 수 없게 되는 현상을 드리프트 아웃이라 한다.

(2) 앞 엔진 뒷바퀴 구동식(FR 구동식 : front engine rear drive type)

자동차의 앞쪽에 기관, 클러치, 변속기가 설치되고 뒤쪽에는 종감속기어 및 차동 기어장치, 차축, 구동바퀴를 두고 앞쪽과 뒤쪽 사이에 드라이브라인으로 연결한 방식이다.

① 장점

  ㉠ 앞차축의 구조가 간단하다.

  ㉡ 적차 상태에 따라 전후 차축의 하중분포의 편차가 적다.

  ㉢ FF방식보다 앞 타이어와 패드의 마모가 적다.

② 단점

  ㉠ 긴 추진축을 사용하므로 차실 내의 공간 이용도가 낮다.

  ㉡ 공차상태에서 빙판길이나 등판 주행시 뒷바퀴가 미끄러지는 경향이 있다.

  ㉢ 긴 추진축을 사용하므로 진동 발생(휠링 : whirling)과 에너지 소비량이 FF방식에 비하여 많다.

(3) 뒤 엔진 뒷바퀴 구동식(RR구동식 : rear engine rear drive type)

기관과 동력전달장치가 뒤쪽에 설치된 형식으로서 뒷바퀴에 의해 구동된다.

① 장점

  ㉠ 앞차축의 구조가 간단하며 동력전달 경로가 짧다.

  ㉡ 언덕길 및 미끄러운 노면에서의 발진성이 용이하다.

② 단점

  ㉠ 변속 제어기구의 길이가 길어진다.

  ㉡ 기관 냉각이 불리하다.

  ㉢ 고속 선회시 오버 스티어링(over steering)이 발생된다.

  ㉣ 미끄러운 노면에서 가이드 포스(guide force)가 약하다.

> **✿ Plus tip**
>
> **오버스티어링(oversteering)**
> ㉠ 차체가 조향바퀴의 각도에 비하여 지나치게 많이 돌아가는 것을 말한다.
> ㉡ 뒷바퀴의 구동력에 의하여 작용하는데, 일정한 조향각도로 회전하는 도중에 뒷바퀴가 바깥쪽으로 미끄러져 나가 접지력을 잃었을 때 발생한다.
> ㉢ 뒷바퀴가 미끄러진 상태이므로 스핀 현상이 이어지기 쉽고, 가속 시에 동력이 노면에 충분히 전달되지 않음으로써 가속도가 떨어진다.

(4) 뒤 엔진 앞 구동식(RF구동식 : rear engine front drive type)

자동차의 뒷부분에 기관을 장착하고 앞바퀴를 구동하는 방식으로 이 방식은 거의 채용하지 않는다.

기출PLUS

기출 2020. 10. 17. 부산광역시 시행

일정한 조향각으로 선회하여 속도를 높였을 때, 선회반경이 커지는 현상을 무엇이라 하는가?

① 언더스티어(Under-Steer)
② 오버스티어(Over-Steer)
③ 뉴트럴스티어(Neutal-Steer)
④ 리버스스티어(Reverse-Steer)

기출 2021. 5. 1. 전라북도 시행

일정한 조향각으로 선회하여 속도를 높였을 때 선회반경이 작아지는 현상으로, 뒷바퀴 바깥쪽의 슬립각이 앞바퀴 바깥쪽의 슬립각보다 크게 나타나는 현상을 무엇이라 하는가?

① 오버스티어링
② 언더스티어링
③ 리버스스티어링
④ 토크스티어링

❮정답 ①, ①

2WD(2 wheel drive)에 비해 4WD (4 wheel drive)가 가지는 특징에 대한 설명으로 가장 옳지 않은 것은?

① 등판성능 및 견인력이 우수하다.
② 험한 도로나 미끄러운 도로면을 주행할 때 효과적이다.
③ 연비가 우수하다.
④ 조향성능과 안정성이 향상된다.

제조원가가 싸고 차 내부 공간을 크게 만들 수 있는 구동방식은?

① FF(Front Engine Front Drive) 방식
② RR(Rear Engine Rear Drive) 방식
③ FR(Front Engine Rear Drive) 방식
④ 4WD(4 Wheel Drive) 방식

《정답 ③, ①

(5) 전륜 구동방식(4WD : 4-wheel drive type)

자동차의 앞부분에 기관과 변속기를 장착하고 앞, 뒷바퀴를 구동시키는 방식으로 그 특징은 구동력이 커서 산악로, 진흙길, 험로 주행시 탁월한 효과를 발휘한다.

> **☆ Plus tip**
>
> **사륜구동(4WD) 방식**
> 사륜구동(4WD) 방식은 주로 군용이나 험로 주행용 차량에 장착되었으나 최근에는 주행성 향상을 위하여 고급 승용차에도 채택되고 있다. 엔진에서 나오는 동력은 트랜스퍼케이스(transfer case)를 거쳐 앞뒤 바퀴에 배분 전달되며, 그 종류에 따라 일시 사륜구동과 상시 사륜구동(풀타임4WD)으로 구분된다.
> ⊙ 일시 사륜구동 방식 : 사륜구동의 기본방식으로, 한국산 사륜구동 자동차들은 모두 이 방식을 채택하고 있다. 보통 때는 두 바퀴만으로 구동하다가 험로를 만났을 때에 선택적으로 사륜구동을 하는 방식으로, 사륜구동에 따른 에너지의 손실과 소음을 감소시킬 수 있는 장점이 있다.
> ⊙ 상시 사륜구동 방식 : 언제나 사륜구동으로 달리는 방식으로, 에너지 소비 및 소음 등의 문제가 있으나, 구동력이 뛰어나 미끄러짐이 줄어들어 특히 굽은 길 등에서 차의 주행성이 향상된다.

📢 **자동차의 구동방식에 의한 구분**

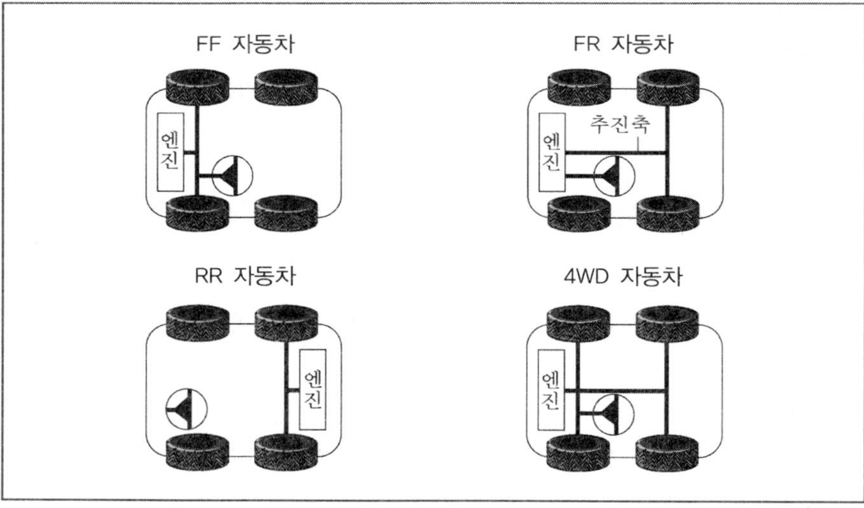

03 자동차의 제원 및 주요 용어

❶ 자동차의 제원

(1) 제원의 정의

제원이란 자동차에 대한 전반적인 치수, 무게, 기계적인 구조, 성능 등을 일정한 기준에 의거하여 수치로 나타낸 것을 말한다.

(2) 전장·전폭·전고

① **전장**(옆면) : 자동차의 중심과 접지면이 서로 평행하게 하여 측정한 치수로서 앞뒤범퍼 및 후미전등과 같은 부속물이 포함되는 차량의 최대길이를 말한다.

② **전폭**(앞면) : 자동차의 가장 넓은 폭의 수평거리로서 사이드미러는 포함되지 않는다.

③ **전고**(높이) : 자동차의 접지면에서 가장 높은 곳까지의 수직거리이다.

(3) 축거와 윤거

① **축거**(축간거리) : 자동차의 앞차축 중심과 뒤차축 중심간의 수평거리로서 자동차의 회전반경을 결정한다.

② **윤거**(바퀴간의 거리) : 윤거는 바퀴 간의 거리로 트레드라고도 표현하며 좌우 타이어의 접지면 중심 사이의 거리이다. 좌우 타이어가 지면을 접촉하는 지점에서 좌우 두 개의 타이어 중심선 사이의 거리라고 할 수 있다.

(4) 앞오버행과 뒤오버행

① **앞오버행** : 앞바퀴 중심에서 자동차 앞부분까지의 수평거리를 말한다.

② **뒤오버행** : 뒷바퀴 중심에서 자동차 뒷부분까지의 수평거리를 말한다.

(5) 차량 중량

① **정의** : 자동차의 공차상태에서 측정된 무게를 말한다.

② **공차상태** : 자동차가 정상적으로 수행할 수 있는 상태, 즉 연료·오일·냉각수 등 운행에 필요한 제 규정량을 다 갖춘 상태를 말한다.

※ 중량에는 운전자·화물·예비공구·예비타이어 등 부속물은 포함되지 않는다.

기출 2022. 6. 18. 경상북도 시행

자동차 제원에 대한 설명으로 틀린 것은?

① 앞 오버행은 앞차축 중심으로부터 범퍼 등 부품물을 결합한 수평거리를 말한다.
② 축거는 휠베이스를 뜻하며, 앞차축과 뒤차축의 중심과의 수평거리를 말한다.
③ 공차중량은 빈차 상태의 무게로 사람과 짐이 실려 있지 않으며, 규정량의 연료, 냉각수, 윤활유, 예비타이어 등 주행과 관련된 물품을 갖춘 중량을 말한다.
④ 최소회전반경은 최대 조향각상태에서 저속으로 회전 시 바깥바퀴의 접지면의 외각이 그리는 거리를 말한다.

기출 2021. 5. 1. 전라북도 시행

다음 중 자동차의 치수 제원에 대한 설명으로 틀린 것은?

① 전폭 : 사이드 미러를 개방한 상태를 포함한 자동차 중심선에서 좌우로 가장 바깥쪽의 최대 너비를 말한다.
② 전고 : 접지면으로부터 자동차의 최고부까지의 높이를 말한다.
③ 전장 : 자동차를 옆에서 보았을 때 범퍼를 포함한 자동차의 제일 앞쪽 끝에서 뒤쪽 끝까지의 최대길이를 말한다.
④ 축거 : 자동차를 옆에서 보았을 때 전·후 차축의 중심 간의 수평거리를 말한다.

〈정답 ④, ①

(6) **최대 적재량**

자동차의 공차상태에서 적재할 수 있는 최대 적재량의 무게를 말하며, 안전운행에 지장을 주지 않는 한도 내로 규정되어 있다.

(7) **차량 총 중량**

탑승자와 화물 등 최대 적재량을 실었을 때 자동차의 총 무게를 말한다. 이때 법령으로 총 중량이 20t을 초과하지 못하도록 규정하고 있다.

❷ 주요 용어

(1) 구동력과 주행저항

① **구동력** : 자동차를 추진시키는 힘을 말한다.

> ☆ **Plus tip**
>
> **토크**(torque)
> 내연기관의 크랭크축에 일어나는 회전력을 말한다. 토크는 엔진을 돌리는 힘(가속도)이고, 마력은 물체를 움직이는 힘(속도)인데, 그 관계는 토크에 회전수를 곱한 것이 마력이 된다. 즉, 고회전에 토크가 클수록 엔진의 마력은 커진다.

② **주행저항** : 자동차가 구동력을 받아서 주행할 때 주행을 방해하는 힘을 말한다.
　㉠ **구름저항**(rolling resistance) : 자동차가 수평 노면 위를 굴러 이동할 때, 받는 저항의 총합으로 타이어를 변형시키는 저항, 자동차 각부의 마찰, 노면을 변형시키는 저항 등으로 구성된다.
　㉡ **공기저항**(air resistance) : 공기유동 중에 노출된 물체가 운동할 때는 공기력의 영향을 받게 된다. 주행 중인 자동차의 진행방향에 반대방향으로 작용하는 공기력을 공기저항(Fair)이라 한다.
　㉢ **등판저항**(hill climbing resistance) : 자동차가 비탈길을 오를 때, 중력의 진행 반대방향 분력에 의해 자동차의 무게중심에 뒤 방향으로 작용하는 일종의 저항을 말한다. 구배저항 또는 기울기저항이라고도 한다.
　㉣ **가속저항**(acceleration resistance) : 주행 중인 자동차의 속도를 증가시키는 데 필요한 힘을 가속저항이라고 한다. 일반적으로 물체의 운동속도를 상승시키려면, 그 물체의 관성력을 극복해야 한다. 따라서 가속저항을 관성저항이라고도 한다.

(2) 제동거리와 공주거리

① **제동거리** : 자동차가 주행 중 제동장치의 제동력을 받아 감속이 시작되는 시점부터 정지할 때까지의 거리를 말한다.

② **공주거리** : 운전자가 자동차를 정지하려고 생각하고 브레이크를 걸려는 순간부터 실제로 브레이크가 걸리기 직전까지의 거리를 말한다.

③ **정지거리** : 제동거리에 공주거리를 합한 거리를 말하며, 운전자가 정지할 상황을 인식한 순간부터 차가 완전히 멈출 때까지 자동차가 진행한 거리이다.

(3) 배기량과 마력

① **배기량** : 엔진(기관)의 실린더 내에서 배출되는 용적을 말한다. 즉 실린더 내의 피스톤이 하사점에서 상사점까지 이동하면서 배출되는 동작을 말하며, 주로 엔진의 크기를 나타낸다.

> **Plus tip**
>
> 배기량을 알려 주는 실린더의 크기는 주로 CC나 ℓ(리터)로 표기하며 엔진 배기량의 산출은 각 기통의 '배기량 X 기통 수'로 계산한다. 배기량이 크면 클수록 엔진의 크기가 크고 그에 비례하여 힘이 강하다. 이는 기통 내의 실린더의 공간이 커 배기량이 큰 만큼 흡입되는 공기와 연료 또한 그 양이 많아 강한 폭발력(연료와 공기의 연소성)으로 피스톤을 밀어내기 때문이다.

② **마력** : 마력은 일의 크기를 표시하는 것으로 일정한 시간 내에 얼마의 일을 할 수 있는가를 나타낸 것이다. 1초 동안에 $75kg \cdot m$의 일을 1마력이라 한다.

③ **회전력** : 자동차의 핸들을 돌리거나 볼트를 조이거나 회전시킬 때 필요한 힘을 말한다.

> **Plus tip**
>
> **가속도** … 자동차가 주행을 시작한 후 계속 빨라지는 것과 같이 속도가 시간의 경과와 더불어 증가하는 비율을 말한다.

6실린더 기관의 연소실 체적 50cc, 압축비 11의 총 배기량은?

① 2,000cc   ② 2,500cc
③ 3,000cc   ④ 3,500cc

〈정답 ③

1 자동차 구조. 기능에 대한 설명으로 옳은 것은?

① 주행장치는 운전자가 조향 휠을 회전시켜 주행방향을 임의로 바꾸는 장치이다.

② 동력전달장치는 열에너지를 기계적 에너지로 바꾸어 유효한 일을 할 수 있도록 하는 장치이다.

③ 4행정 기관의 동력 발생 순서는 흡입, 폭발, 압축, 배기이다.

④ 현가장치는 주행 중 노면에서 받은 충격이나 진동을 완화시켜주는 장치이다.

1.

① 조향장치에 대한 설명이다.
② 내연기관에 대한 설명이다.
③ 동력 발생 순서는 흡입→압축→폭발→배기 순이다.

2 다음 중 성능에 관한 용어의 정의로 잘못 설명한 것은?

① 엔진이 단위 출력을 발생하기 위해서 단위 시간당 소비하는 연료의 양을 연료 소비율이라 한다.

② 총감속비는 엔진의 회전속도와 구동바퀴의 회전속도와의 비를 말하며, 변속기의 변속비와 종감속기의 감속비를 곱하여 구한다.

③ 최소 회전반경은 선회할 때 안쪽 앞바퀴자국의 중심선을 따라 측정하여 12미터를 초과하여서는 아니된다.

④ 등판능력은 자동차가 최대 적재 상태에서 변속 1단으로 언덕을 올라갈 수 있는 능력을 말하며 등판할 수 있는 최대 경사각도로 표시한다.

2.

최소 회전반경 ⋯ 자동차의 핸들을 최대로 회전시킨 상태에서 선회할 때 바퀴가 그리는 동심원 중 바깥쪽 퀴가 그리는 반지름을 말한다.

Answer　　1.④　2.③

3 적재함 내측 길이의 중심에서 뒤 차축 중심까지의 차량 중심선 방향의 수평거리를 무엇이라고 하는가?

① 오버행
② 하대 오프셋
③ 전장
④ 오버행 각

4 윤거(윤간거리)의 의미는?

① 자동차의 바퀴 대각선 길이
② 앞뒤차축의 중심에서 중심까지의 수평거리
③ 자동차의 너비(아웃사이드 미러는 제외)
④ 좌우 타이어의 접촉면의 중심에서 중심까지의 거리

5 자동차의 치수 제원 설명으로 틀린 것은?

① 윤거 : 타이어 접촉면 바깥쪽 밑부분부터 다른 쪽 타이어 바깥쪽까지의 거리
② 전폭 : 차체의 최대너비. 단, 백미러는 포함되지 않는다.
③ 전장 : 자동차의 최전단에서 최후단까지의 최대 길이
④ 전고 : 접지면으로부터 차체의 최고부까지의 높이

Answer   3.② 4.④ 5.①

6 차량중량에 포함되지 않는 것은 어느 것인가?

① 운전자 1인의 중량
② 냉각수의 중량
③ 연료의 중량
④ 윤활유의 중량

7 하대 오프셋의 설명으로 옳은 것은?

① 하대 내측 길이의 중심에서 후차축 중심까지의 차량 중심선 방향의 수평거리
② 하대 최전방 끝에서 앞바퀴 중심까지의 수평거리
③ 차량 전체의 길이에서 하대 내측 길이의 중심까지의 수평거리
④ 축거의 중심거리에서 적재함 끝부분까지의 수평거리

8 내연기관에서 크랭크축의 위상각도가 90도인 엔진은 어느 것인가?

① 4실린더 엔진
② V-6기통 실린더
③ V-8기통 실린더
④ V-12기통 실린더

6.

차량중량 … 빈 차 상태에서의 중량을 말하는데 공차(空車)중량이라고도 한다.
빈 차 상태란 연료, 윤활유 등을 정량대로 넣고 정상적으로 차를 운행할 수 있는 상태를 의미하는데 승객, 공구, 스페어 타이어 등은 포함되지 않는다.

7.

하대 오프셋 … 적재함의 중심선과 후축 중심선과의 거리를 말하며 추축보다 전방에 있으면 +, 후방에 있으면 −로 나타낸다.

8.

크랭크축의 2바퀴 회전각도는 720도 이며 8기통은 90도 마다 폭발이 일어난다.

Answer   6.① 7.① 8.③

9 다음 중 2사이클 기관의 장점이 아닌 것은?

① 구조가 간단하다,
② 크랭크축 1회전에 1사이클을 완성한다.
③ 연료 소비율이 적다
④ 고속 회전이 용이하다.

10 내연기관에 대한 설명으로 틀린 것은?

① 가솔린기관은 정적 사이클이다.
② 가솔린 불꽃점화기관은 정압 사이클이다.
③ 가스터빈은 브레이튼 사이클 기관이다.
④ 고속 디젤기관은 복합 사바테사이클 기관이다.

11 흡기다기관의 진공 시험으로 그 결함을 알아내기 어려운 것은?

① 점화시기 틀림
② 흡기계통의 가스킷 누설
③ 밸브 스프링의 직각도
④ 실린더 마모

9.

2사이클 기관은 연료 소비가 많다.

10.

가솔린기관은 정적 사이클이다.

11.

진공계의 눈금을 분석하여 다음과 같은 결함을 알아 낼 수 있다.
㉠ 기화기 조정의 불량
㉡ 점화 시기의 틀림
㉢ 밸브 작동의 불량
㉣ 배기 장치의 막힘
㉤ 실린더의 압축 압력의 누설

Answer　　9.③　10.②　11.③

기출PLUS

01 자동차의 개념과 구조

① 엔진의 형식

(1) 엔진의 구성

① **엔진본체** : 엔진본체는 동력을 발생하는 부분으로 크게 실린더 헤드, 실린더 블록, 크랭크 케이스로 구성된다.

② **실린더** : 실린더는 일반적으로 직렬 또는 V자형으로 나열한 것이 많다. 각 실린더 안에는 피스톤이 있으며 커넥팅 로드와 연결되어 있다. 피스톤이 왕복운동을 하면 크랭크축이 회전운동을 한다.

③ **실린더 헤드** : 실린더 블록의 위쪽에는 실린더 헤드가 설치되며, 내부는 연소실이 되고 이 부분에 흡기밸브와 배기밸브가 설치되어 있다.

④ **밸브** : 밸브는 캠축에 의해 작동되며, 흡입구와 배기구를 열고 닫아 혼합기를 실린더 내로 흡입되게 하고 연소가스를 배출한다.

(2) 열엔진

열엔진이란 동력의 모체를 열에너지로 하며, 이 열에너지를 기계적 에너지(일)로 변화시켜 동력을 발생시키는 기계적 장치를 말한다.

② 내연엔진과 외연엔진

(1) 내연엔진

내연엔진은 연료와 공기를 실린더 내에서 연소시켜 여기서 발생한 연소가스로부터 직접 기계적 에너지(일)를 얻는 엔진을 말한다.

> **☆ Plus tip**
>
> 내연엔진의 종류
> ㉠ **왕복형** : 가솔린엔진, 디젤엔진, 석유엔진, LPG엔진
> ㉡ **회전형** : 로터리엔진
> ㉢ **분사추진형** : 제트엔진

(2) 외연엔진

실린더 외부에 있는 연소장치에 연료가 공급되어 연소될 때 발생한 열에너지를 실린더 내부로 끌어들여 기계적 에너지를 얻는 엔진을 말한다.

> **☆ Plus tip**
>
> 외연엔진의 종류
> ㉠ 왕복형(증기엔진)
> ㉡ 회전형(증기터빈엔진)

❸ 내연엔진의 분류

(1) 사용연료에 따른 분류

① **가솔린엔진** : 가솔린과 공기를 기화기에서 혼합시켜 실린더 내로 흡입시킨 후 압축하여 점화플러그에서 전기적인 점화로 연소시켜 기계적 에너지를 얻는 엔진이다. 승용차에서는 대부분이 가솔린엔진을 사용하고 있다.

② **디젤엔진** : 순수한 공기만을 흡입시켜 고압축비로 압축하고 연소실 내의 온도가 400 ~ 700℃인 상태에서 분사노즐로 연료를 분사하여 자기착화 시키면서 기계적 에너지를 얻는 엔진이다.

③ **LPG엔진** : 부탄이나 프로판가스를 사용하는 엔진으로, 가솔린엔진과 거의 같으나 연료장치만 다르다.

(2) 기계적 사이클에 따른 분류

① **4행정 사이클엔진** : 피스톤의 4행정, 즉 크랭크축이 2회전하는 사이에 흡입, 압축, 동력(폭발), 배기의 1사이클을 완성하는 엔진이다.

② **2행정 사이클엔진** : 피스톤의 2행정, 즉 크랭크축이 1회전하는 사이에 흡입, 압축, 동력(폭발), 배기의 1사이클을 완성하는 엔진이다.

기출 2016. 10. 29. 경기도 시행

4행정 1사이클 기관의 크랭크축 회전수는?

① 1회전　　　② 2회전
③ 3회전　　　④ 4회전

◀ 정답 ②

연소실 체적 30cc, 행정 체적 180cc 일 때, 압축비를 구하면?

① 5 : 1 ② 6 : 1
③ 7 : 1 ④ 8 : 1

다음 중 압축비가 가장 큰 기관은?

① 연소실 체적 : 70cc
　행정체적 : 560cc
② 연소실 체적 : 75cc
　행정체적 : 525cc
③ 연소실 체적 : 60cc
　행정체적 : 360cc
④ 연소실 체적 : 55cc
　행정체적 : 385cc

내연기관의 사이클에 대한 설명으로 가장 옳지 않은 것은?

① 오토 사이클(Otto cycle)은 일반적으로 압축비가 증가할수록 효율이 낮아진다.
② 밀러 사이클(Miller cycle)은 흡기 밸브 타이밍을 조절하여 연비를 향상시키는 사이클이다.
③ 디젤 사이클(Diesel cycle)은 압축 착화 방식의 기관에 적용되며, 정압 연소 과정을 포함한다.
④ 이상적인 사이클과 달리, 실제 사이클에서는 흡입·배기 행정에서 추가적인 손실이 발생한다.

밸브배열에 의한 분류에서 L-Head 의 밸브 위치에 대한 설명으로 옳은 것은?

① 흡기 밸브와 배기 밸브 둘 다 실린더 헤드에 위치한다.
② 흡기 밸브와 배기 밸브 둘 다 실린더 블록에 위치한다.
③ 흡기 밸브는 실린더에 배기 밸브는 블록에 위치한다.
④ 연소실을 기준으로 흡기 밸브와 배기 밸브가 블록에 위치한다.

❮정답 ③, ①, ①, ②

(3) 밸브 배열에 따른 분류

① **I헤드형** : 흡·배기 밸브가 실린더 헤드에 설치되며 압축비를 높일 수 있어 열효율이 높다.

> 💡 **Plus tip**
>
> **압축비(壓縮比)**
> 내연 기관의 실린더 속에 빨아들인 혼합 가스나 공기가 피스톤에 의하여 압축되는 비율. 압축비가 높으면 엔진의 용적, 중량을 늘리지 않고 출력을 높일 수 있으나 노킹을 일으키기 쉽다.
> $$압축비 = 1 + \frac{행정실\ 체적}{연소실\ 체적}$$

② **L헤드형** : 흡·배기 밸브가 실린더 블록에 설치된 형식으로 구조가 간단하고 밸브소음이 적다.

③ **F헤드형** : 흡기밸브는 실린더 헤드에, 배기밸브는 실린더 블록에 설치된 형식으로 흡입밸브의 직경을 크게 할 수 있어 흡입효율이 좋다.

④ **T헤드형** : 흡기밸브, 배기밸브가 실린더의 양쪽에 배치된 형식이다.

(4) 연소방식에 따른 분류

① **정적 사이클** : 일정한 용적하에서 연소가 되는 것으로 가솔린엔진에 사용되며 오토 사이클이라 한다.

② **정압 사이클** : 일정한 압력하에서 연소가 되는 것으로 저속 디젤엔진에 사용되며 디젤 사이클이라 한다.

③ **합성 사이클** : 정적과 정압 사이클이 복합되어 일정한 용적과 일정한 압력하에서 연소가 되는 것으로 고속 디젤엔진에 사용되며 사바테 사이클이라 한다.

📣 내연엔진의 장점과 단점

장점	단점
• 출력에 비해 소형이고 가볍다.	• 왕복운동형의 경우에 진동과 소음이 많다.
• 열효율이 높다.	• 자체 시동을 할 수 없다.
• 운전 및 운반성이 좋다.	• 저렴하지 않다.
• 시동 및 정지가 우수하다.	• 저속회전이 어렵다.
• 부하의 변동에 따라 민감하게 작용한다.	• 왕복운동형의 경우에 대출력을 얻기가 용이하지 않다.
• 운전비용이 저렴하다.	
• 연료소비율이 낮다.	

02 엔진의 작동

❶ 엔진의 작동원리

(1) 4행정 사이클엔진의 작동원리

① **흡입행정** : 피스톤이 상사점에서 하사점으로 하강하는 행정으로 흡기밸브만 열려서 혼합기나 공기가 실린더 내에 흡입된다. 부분 진공으로 흡기 밸브를 통하여 카뷰레터에서 혼합된 혼합 가스를 실린더 내로 흡입하고 피스톤 1행정하며 크랭크축은 180° 회전한다.

② **압축행정** : 하사점에 도달한 피스톤은 곧바로 상승하며 흡·배기 밸브가 닫힌 상태에서 혼합기가 원래 부피의 1/7 또는 그 이하로 압축되어 압력과 온도가 상승한다.

③ **동력행정** : 폭발행정(연소행정)이라고도 하며 압축한 혼합기나 공기가 전기 스파크 또는 연료의 분사에 의하여 점화·연소되면서 실린더 내의 압력이 상승하여 피스톤을 내려 밀어 동력을 발생시키는 행정이다.

④ **배기행정** : 피스톤이 하사점에 이르기 전에 배기밸브가 열리고 하강한 피스톤이 상승하면서 연소한 후 발생한 가스를 배출시키며, 상사점에 도달한 피스톤이 하강하면 다시 흡입행정이 시작된다.

> ☆ Plus tip
>
> **상사점과 하사점**
> ㉠ 상사점 : 피스톤이 맨 위로 올라가서 다시 내려오려고 하는 점
> ㉡ 하사점 : 피스톤이 맨 아래로 내려온 점

(2) 2행정 사이클엔진의 작동원리

① **특징** : 2행정 사이클엔진에서는 피스톤의 상승행정은 혼합기를 압축하는 행정이며 하강행정은 폭발행정으로 흡입과 배기의 독립된 행정이 없다.

② **작동원리** : 2행정 사이클엔진에서는 흡·배기밸브없이 혼합가스를 흡입하고 연소된 가스를 배출하며, 밸브 대신에 실린더 내에 배기구와 흡입구가 있는데 이는 피스톤링에 의하여 개폐가 되고 연소가스의 역류방지를 위해 리드밸브가 있다.

내연기관의 작동 순서 중 〈보기〉에 해당하는 것은?

> ─ 보기 ─
> 피스톤이 상사점에 이르렀을 때, 점화플러그에서 전기적 불꽃을 일으키면 연료가 연소된다. 이후 연소실 내의 온도가 급상승하며 발생한 열에너지는 팽창하는 힘으로 피스톤에 작용하여 피스톤을 강제로 하강시킨다.

① 흡입 행정　　② 압축 행정
③ 폭발 행정　　④ 배기 행정

〈보기〉에서 설명하는 엔진과 행정 조합으로 가장 옳은 것은?

> ─ 보기 ─
> 피스톤이 하강하면 실린더 내부의 압력이 낮아져 혼합기가 흡입된다. 흡기밸브가 열리고 배기밸브는 닫힌다.

① 가솔린 엔진 – 흡기 행정
② 가솔린 엔진 – 연소·팽창 행정
③ 디젤 엔진 – 흡기 행정
④ 디젤 엔진 – 연소·팽창 행정

기관에서 흡기행정시 하는 일은 어느 것인가?

① 연소공기/가스가 유입된다.
② 연소가스가 흐른다.
③ 배기가스가 배출된다.
④ 배기가스가 저장된다.

❮정답 ③, ①, ①

③ 작동과정

   ㉠ **흡입·압축행정** : 피스톤이 상승하면서 배기구멍이 닫히고, 혼합가스가 압축된다. 이때 리드밸브가 열리며 혼합기가 크랭크실로 흡입된다.

   ㉡ **동력·배기행정** : 상사점 바로 직전에 점화되어 혼합기가 연소되며 고압가스가 피스톤을 밀어낸다. 이때 배기구멍을 통해서 연소된 가스가 배출되고 이어서 흡기구멍이 열리고 크랭크실 안의 압력이 올라가 혼합가스가 실린더 안으로 흡입된다.

② 4행정·2행정 사이클엔진의 특징

① 4행정 사이클엔진

   ㉠ 각 행정이 확실하게 독립적으로 이루어져 효율이 높다.

   ㉡ 기동이 쉽고 저속에서 고속까지 속도의 범위가 넓다.

   ㉢ 블로 바이와 실화가 적고 연료나 윤활유의 소비율이 낮다.

   ㉣ 실린더수가 적을 경우 회전이 원활하지 못하다.

   ㉤ 밸브기구가 복잡하고 밸브기구로 인한 소음이 생긴다.

   ㉥ 탄화수소의 배출은 적으나 질소산화물의 배출이 많다.

   ㉦ 가격이 비싸고 마력당 중력이 크다.

② 2행정 사이클엔진

   ㉠ 배기량에 대한 출력은 4행정 사이클보다 크지만 연료소비율은 2배이며 출력은 1.2 ~ 1.5배 정도가 된다.

   ㉡ 흡기와 배기가 불완전하여 열손실이 많으며 탄화수소의 배출이 많다.

   ㉢ 연료와 윤활유의 소모율이 많으며 역화가 일어날 우려가 있다.

   ㉣ 밸브기구가 간단하여 마력당 엔진의 중량이 적다.

   ㉤ 크랭크축의 매 회전마다 동력을 얻음으로 회전력의 변동이 크지 않다.

   ㉥ 배기가스 재순환 특성으로 질소산화물의 배출이 적다.

📢 4행정·2행정 사이클엔진의 비교

구 분	4행정 사이클엔진	4행정 사이클엔진
행정구분	각 행정이 확실하게 구분	행정의 구분이 모호함
흡입효율	높다	낮다
연료소모량	적다	많다
밸브장치	복잡하다	단순하다

기출 2022. 6. 18. 인천시 시행

다음 중 2행정 기관의 단점으로 맞는 것은?

① 평균유효압력이 높다.
② 피스톤과 링의 소손이 빠르다.
③ 유효행정이 짧고, 흡배기가 동시 열려서 흡입효율이 저하된다.
④ 폭발횟수가 4행정기관의 2배이며, 열부하가 커서 냉각효율이 저하된다.

기출 2022. 6. 18. 경상북도 시행

4행정 기관과 2행정 기관의 특징을 올바르게 설명한 것은?

① 2행정 기관은 윤활유 혼입이 쉬워 윤활유 소모량이 증가
② 4행정 기관은 크랭크축 1회전 시 1회 폭발
③ 2행정 기관은 밸브기구가 있어 구조가 복잡하고 마력당 중량이 높음
④ 4행정 기관은 배기행정 중 연료가 같이 배출됨에 따라 연료소모량이 높다.

❮정답 ②④, ①

03 엔진의 부품

❶ 실린더 블록의 구성

(1) 실린더

① **기능** : 실린더는 원통형이며 피스톤 행정의 약 2배 정도의 길이로 되어 있다. 피스톤이 압축된 혼합기나 연소가스가 새지 않도록 실린더와 기밀을 유지하며, 왕복운동을 하면서 열에너지를 기계적 에너지로 바꾸어 동력을 발생시키는 일을 한다.

② **종류** : 블록과 일체로 만든 일체식과 실린더를 별개로 제작하여 삽입하는 삽입식(라이너식)이 있다.

③ **재질** : 실린더의 내벽은 마멸을 작게 하기 위하여 크롬도금을 하는 것도 있으나 크롬도금한 실린더에는 크롬도금링을 사용하지 않는다.

④ **실린더의 냉각** : 실린더는 작동중에는 2,000℃ 이상의 고온에 노출되므로 기능이 저하되는 것을 방지하기 위해 실린더의 주위에 냉각장치를 갖추고 계속적으로 냉각시켜야 한다.

> 🐿 **Plus tip**
>
> **엔진의 구성** … 엔진은 실린더, 커넥팅 로드, 크랭크축, 캠축, 밸브, 피스톤, 플라이휠 등으로 구성된다.

(2) 실린더 라이너

① **재질** : 일반적으로는 주철제의 실린더 블록에 특수 주철의 라이너를 끼워 넣지만, 엔진에 따라 중량을 가볍게 하고 열전도율을 좋게 하기 위하여 실린더 블록을 알루미늄 합금(경합금)으로 주조하고 실린더의 내벽에 주철로 된 라이너를 끼워 넣는 것도 있다.

② **종류**
   ㉠ **건식 라이너** : 실린더에서 발생된 열을 식히는 냉각수가 라이너와 직접 접촉하지 않고 실린더 블록을 통해 냉각하며, 주로 가솔린엔진에 사용된다.

ⓒ 습식 라이너 : 냉각수가 직접 라이너에 접촉하여 라이너와 실린더 블록이 물재킷(물통로)을 이루어 직접 냉각수에 닿게 하는 형식이다. 습식 라이너는 라이너 상부에 플랜지가 있고, 하부에는 2～3개의 고무 시일링이 끼워져 있다. 일반적으로 디젤엔진에 주로 사용된다.

(3) 실린더 블록

① **구조** : 4～6개의 실린더가 일체를 이루고 있는 블록구조이며 내부에 물통로와 오일통로 등이 마련되어 있으며, 블록 위에는 실린더 헤드가 있다.

② **재질** : 내마모성과 내부식성이 좋고 가공이 용이한 주철을 주로 사용하고 있다. 2륜자동차, 경자동차 등에서는 알루미늄 합금을 사용하고 외국 자동차에서는 대부분 경합금 재질을 사용한다.

③ **종류** : 실린더의 내벽 재료가 실린더 블록과 동일한 일체형과 실린더의 내벽에 별도의 실린더 라이너를 끼워 넣은 라이너식이 있다.

④ **실린더의 냉각** : 실린더의 냉각방식에는 건식과 습식이 있다. 건식은 대체로 폭발력이 작은 엔진에서 사용하며 냉각수가 라이너에 직접 접촉하지 않으나, 습식은 냉각수가 실린더에 직접 작용한다.

> ☆ **Plus tip**
>
> **실린더 블록의 구비조건**
> ㉠ 충분한 강돠 있을 것
> ㉡ 내구성이 있을 것

(4) 크랭크 케이스

① **구조** : 크랭크축의 중심보다 조금 낮은 위치에서 상하로 나누어져 윗부분은 실린더 블록과 일체로 주조되어 있다.

② **재질** : 아랫부분은 강철판이나 경합금으로 만든 오일팬이 개스킷을 사이에 두고 결합되어 있다.

(5) 실린더행정 내경비

① **장행정 엔진** : 행정이 내경보다 크다(행정 / 내경 ≥ 1).

② **단행정 엔진** : 행정이 내경보다 작다(행정 / 내경 ≤ 1).

③ **정방행정 엔진** : 행정과 내경이 같다(행정 / 내경 = 1).

❷ 실린더 헤드 구성

(1) 구조 및 종류

① **구조** : 실린더 헤드는 실린더 블록 위에 실린더 헤드 개스킷을 사이에 두고 볼트로 고정·설치되며 실린더, 피스톤과 함께 연소실의 일부를 형성한다. 그 외부에는 밸브기구, 흡기 및 배기 다기관, 점화플러그 등이 장치되어 있다.

② **종류** : 실린더 헤드에는 수냉식과 공랭식이 있는데, 수냉식은 전기 실린더 헤드 또는 몇 개의 실린더 헤드가 일체로 주조되고 내부에 냉각수를 흐르게 하는 물통로를 두고 있다. 공랭식은 실린더 별로 주조가 되며 냉각핀이 있다.

③ **재질** : 주철과 알루미늄 합금이 많이 사용되는데 알루미늄 합금은 열전도성이 좋아 연소실의 온도를 낮게 할 수 있고 조기점화(과조착화)의 원인이 되는 열점이 잘 생기지 않는다. 그러나 열에 의한 팽창이 커서 변형되기 쉽고 부식이나 내구성에 결함이 있다.

(2) 밸브의 위치와 연소실

① **연소실의 조건**
   ㄱ 혼합기를 효율적으로 연소시키는 형상으로 해야 한다.
   ㄴ 화염전과 시간을 최소로 해야 한다.
   ㄷ 연소실의 표면적이 최소가 되게 하여 열손실을 적게 해야 한다.
   ㄹ 흡·배기밸브의 지름을 크게 하여 흡·배기작용을 신속하고 원활하게 해야 한다.
   ㅁ 압축행정시 혼합기 또는 공기가 와류를 일으킬 수 있는 형상이어야 한다.
   ㅂ 가열되기 쉬운 돌출부가 없어야 한다.

② **연소실의 종류**
   ㄱ 오버 헤드 밸브식 : 가장 이상적인 연소실이지만 실린더 헤드에 흡·배기밸브기구, 점화플러그 등과 흡·배기가스 통로, 냉각수 통로 등이 설치되어 있어 구조가 매우 복잡하다.
   • 반구형 : 지름이 큰 밸브를 사용할 수 있고 흡·배기구멍의 모양이 원활하여 고성능을 기대할 수 있는 반면, 밸브기구가 복잡해지는 결점을 갖고 있다.

피스톤이 상사점에 위치할 때, 피스톤 상면과 실린더 헤드 사이 공간의 구비 조건에 대한 설명으로 틀린 것은?

① 가열되기 쉬운 돌출부를 두지 말지 말아야 한다.
② 연소실 내의 표면적을 최소로 한다.
③ 밸브 면적을 크게 하여 흡·배기작용을 원활하게 한다.
④ 압축행정 시 혼합기 또는 공기에 와류가 일으켜 화염전파에 요하는 시간을 길게 한다.

기관 연소실의 구조와 기능에 대한 설명 중 틀린 것은?

① 화염 전파에 요하는 시간을 짧게 한다.
② 연소실이 차지하는 표면적이 최소가 되게 한다.
③ 압축행정시 혼합기 또는 공기에 와류가 있게 한다.
④ 가열된 돌출부가 있어야 한다.

❮정답 ④, ④

- 지붕형 : 밸브가 크랭크축 방향으로 배열되어 있어 밸브기구가 간단해지나, 압축비를 높이기 위하여 피스톤을 산 모양으로 하기 때문에 피스톤의 무게가 늘어 관성력이 커진다.
- 쐐기형 : 고압축비를 얻을 수 있어 열효율이 매우 높고, 혼합가스의 와류작용이 좋아서 혼합가스가 완전연소된다는 특징이 있다. 혼합가스의 연소 속도가 낮아 압력상승이 급격하지 않으므로 연소에 의한 운전의 거친 면이 없다는 특징이 있고, 연소가스의 스퀴시 에어리어에서 혼합가스가 냉각되기 때문에 노킹이 억제되어 저옥탄가의 연료를 사용할 수 없어 점화플러그가 연소실의 중앙부에 설치되므로 화염전파의 시간이 짧아 카본 퇴적물이 잘 쌓이지 않는다는 특징이 있다.
- 욕조형 : 반구형과 쐐기형의 중간형이라 할 수 있으며 모양이 간단하고 정밀한 가공이 가능하다.

ⓛ 사이드 밸브식(L헤드형, T헤드형) : 실린더 블록의 한쪽에 흡·배기밸브가 설치되어 있고 밸브시트가 블록 윗면에 설치되어 있다.

ⓒ F헤드형 : 흡기밸브는 실린더 헤드에 배기밸브는 실린더 블록에 설치되어 있어 밸브구조가 간단하다.

(3) 실린더 헤드 개스킷

① **기능** : 약 2mm 정도의 두께로 실린더 블록과 실린더 헤드를 밀착시켜 기밀을 유지하고 냉각수나 오일이 새는 것을 방지하는 것으로 내열성, 내압성 및 압축성을 필요로 한다.

② **재질**

ⓐ 내열성과 내압성을 필요로 하기 때문에 보통 구리판이나 강판으로 감싼 것을 사용한다.

ⓑ 고속회전 고출력에서는 스틸 베스토 개스킷을 사용하고 있는데, 이는 고부하 고압축에 강한 성질을 갖고 있고 두께가 1 ~ 2mm 정도로 얇다.

③ **종류**

ⓐ **보통 개스킷** : 동판이나 철판을 석면으로 싸서 만든 것으로 가장 많이 사용된다.

ⓑ **스틸 베스토 개스킷** : 강판의 양쪽 면에 돌출물을 만들어 여기에 흑연을 섞은 석면을 붙이고 흑연을 바른 것으로 주로 고속회전, 고출력엔진에 사용된다.

ⓒ **스틸 개스킷** : 얇은 강판에 물결 모양의 주름을 둔 것으로 주로 고급엔진에 사용된다.

④ 설치시 주의점

  ㉠ 석면이 헤드방향으로 향하게 해야 한다.

  ㉡ 접힌 부분이나 마크, 표식이 헤드방향으로 향하게 해야 한다.

  ㉢ 오일 구멍을 확인하고 조립해야 한다.

  ㉣ 접착제를 사용해야 한다.

  ㉤ 재사용은 하지 않는다.

(4) 피스톤

① **기능** : 피스톤은 실린더 내를 왕복운동하며 동력(폭발)행정에서 발생한 고온·고압의 팽창압력을 커넥팅 로드를 통해 크랭크축에 전달하여 회전력을 발생하게 하여 동력을 얻는다.

② **구조**

  ㉠ 피스톤은 헤드, 링지대, 보수부, 스커트부 등으로 이루어져 있다.

  ㉡ 피스톤 헤드는 연소실의 일부를 형성하며 고온에 노출되어 팽창하기 때문에 스커트부의 직경보다 약간 작다.

📢 피스톤의 구조

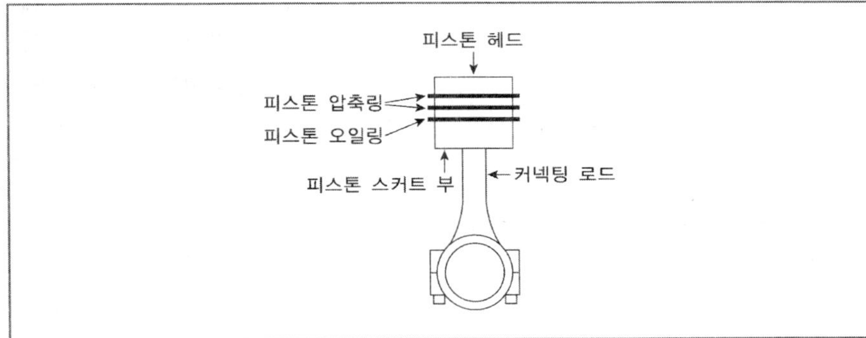

③ **구비조건**

  ㉠ 관성력이 적어야 하므로 가벼워야 한다.

  ㉡ 높은 온도와 폭발 압력에 강해야 한다.

  ㉢ 열전도성이 커서 방열효과가 우수해야 한다.

  ㉣ 마찰손실 등 기계적 손실을 최소로 해야 한다.

  ㉤ 열에 의한 재질, 강도의 변화와 열팽창성이 적어야 한다.

  ㉥ 가스 및 오일의 누출을 방지해야 한다.

기출 PLUS

기출 2021. 5. 1. 전라북도 시행

다음 중 피스톤의 구비조건으로 틀린 것은?

① 열전도성이 클 것
② 열팽창계수가 작을 것
③ 기계적 강도가 크고, 고온에서 견딜 것
④ 밀도가 클 것

기출 2019. 2. 16. 강원도 시행

다음 중 피스톤에 대한 설명 중 틀린 것은 어느 것인가?

① 각 피스톤 중량에 차이가 거의 없어야 한다.
② 내구성 향상을 위한 알루미늄 합금을 사용한다.
③ 무게가 무거워야 한다.
④ 동력행정시 얻은 동력을 커넥팅 로드를 통하여 크랭크축에 전달한다.

기출 2017. 5. 13. 전라북도 시행

다음 중 피스톤의 구비조건으로 틀린 것은?

① 열전도성이 작을 것
② 커넥팅로드와 피스톤의 중량차가 작을 것
③ 열팽창률이 작을 것
④ 기밀 유지가 용이하고, 관성력이 작을 것

❮**정답** ④, ③, ①

(5) 피스톤 링

① **3대 기능**
- ㉠ 기밀작용(밀봉작용) : 피스톤과 실린더의 틈새를 실링하여 가스가 새지 않도록 밀봉한다.
- ㉡ 열 전달작용(냉각작용) : 피스톤에서 실린더 벽으로의 열을 전달한다.
- ㉢ 오일 제어기능 : 실린더 벽면의 윤활유를 떨어뜨려 연소실에 유입되지 않도록 한다.

② **구조**
- ㉠ 주철이나 특수주철을 원심주조법으로 만든다.
- ㉡ 한 개의 피스톤에 피스톤링을 3~5개 정도 사용한다.

③ **종류**
- ㉠ 압축링 : 기밀유지, 열전도 작용 및 일부 오일제어 작용을 하는 링으로 이음에 따라 편평형인 버트 이음형과 앵글 이음형, 랩 이음형, 실 이음형으로 구분되고, 제1링(Top Ring)으로는 체임버형과 카운터 보어형, 테이퍼형이 사용되고, 제2링(Second Ring)으로는 플레인형, 스크레이퍼형, 홈형이 사용된다. 압축 링은 피스톤 위쪽에 끼워진다.
- ㉡ 오일링 : 실린더 벽을 윤활하고 남은 과잉의 오일을 긁어내려 연소실로 침입하지 못하도록 하는 링으로, 드릴형과 슬롯형, 레이디어스 슬롯형, 웨지 슬롯형, U플렉스형, 익스팬더 링이 사용되고 있는데, U플렉스형과 익스팬더 링이 주로 사용된다.

④ **구비조건**
- ㉠ 내열성 및 내마모성이 강해야 한다.
- ㉡ 피스톤링과 실린더 벽의 마모가 적어야 한다.
- ㉢ 실린더벽의 마모가 적어야 한다.
- ㉣ 열팽창률이 낮아야 한다.
- ㉤ 실린더 벽에 동일한 압력이 가해져야 한다.

⑤ **링의 장력**
- ㉠ 실린더 벽에 가하는 압력이다.
- ㉡ 링의 절개로 인한 탄력성을 말한다.
- ㉢ 피스톤 링의 장력이 너무 크면 실린더 벽과 링 사이의 마찰 저항이 증가하여 마멸이 촉진되며 실린더 내에서 가볍게 움직일 수 없다.
- ㉣ 피스톤 링의 장력이 너무 적으면 실린더 벽의 밀착이 정확하지 못하여 가스가 누설되기 쉽다.

> **☆ Plus tip**
>
> 피스톤 핀의 구비조건
> ㉠ 가벼워야 한다.
> ㉡ 내마멸성이 우수하여야 한다.
> ㉢ 맥동적인 하중에 견딜 강도가 있어야 한다.

⑥ 플러터 현상

  ㉠ **개념** : 피스톤링이 링 홈 속에서 진동하는 현상으로 가스 압력에 비해 피스톤링의 관성력이 커져서 링이 홈 내에서 떨리게 되어 링이 정상적으로 기밀을 유지하지 못하고 이로 인해서 블로바이 가스가 급증하게 되는 현상을 말한다.

  ㉡ **플러터 현상 방지대책**

- 피스톤링의 장력을 높여서 면압을 증가시킨다.
- 얇은 링을 사용하여 링의 무게를 줄여, 관성력을 감소시킨다.
- 링 이음부는 배압이 적으므로 링 이음부의 면압분포를 높게 한다.
- 실린더 벽에서 긁어내린 윤활유를 이동 시킬 수 있는 홈을 링 랜드에 둔다.
- 단면이 쐐기 형상으로 된 피스톤 링을 사용한다.
- 링 홈 상하간격을 너무 좁게 하지 않고, 링 홈을 너무 깊게 하지 않는다.

(6) 커넥팅 로드

① **기능** : 피스톤과 크랭크축을 연결하는 막대로서 피스톤핀에 지지되는 부분을 소단부, 크랭크축과 연결되는 부분을 대단부라고 하는데, 대단부는 상하로 분할되며 분할형 평면 베어링을 끼우고 크랭크핀을 감싸서 볼트로 죈다.

② **재질** : 커넥팅 로드는 압축력, 인장력, 굽힘 등의 하중을 반복해서 받게 되므로 경량이고 충분한 강도가 요구되는 니켈-크롬강, 크롬-몰리브덴강 등의 특수강을 사용한다. 최근에는 두랄루민과 같은 경합금을 사용하기도 한다.

③ **구성** : 커넥팅 로드는 크랭크축과 연결되는 대단부(big end)와 피스톤과 연결되는 소단부(small end), 그리고 본체(body)로 구성된다.

  ㉠ **대단부** : 주로 분할형 평 베어링을 사이에 두고 크랭크 핀에 장착되어있다.

  ㉡ **소단부** : 부싱을 사이에 두고 피스톤 핀으로 피스톤에 장착되어있다.

  ㉢ **본체** : 소단부와 대단부가 통하는 오일 통로가 뚫려 있는 것도 있다.

기관의 피스톤 링 플러터(piston ring flutter) 현상을 방지하는 방법으로 가장 옳지 않은 것은?

① 링 이음부는 배압이 적으므로 링 이음부의 면압분포를 높게 한다.

② 실린더 벽에서 긁어내린 윤활유를 배출시킬 수 있는 홈을 링 랜드에 둔다.

③ 피스톤 링의 지름방향 폭을 좁게 하여 링의 장력과 면압을 감소시킨다.

④ 얇은 링을 사용하여 링의 무게를 줄여 관성력을 감소시킨다.

◀ 정답 ③

④ 길이 : 소단부와 대단부의 중심 사이의 거리를 커넥팅 로드의 길이라 하며 보통 피스톤 행정의 1.5 ~ 2.3배 정도이다.

📢 커넥팅 로드

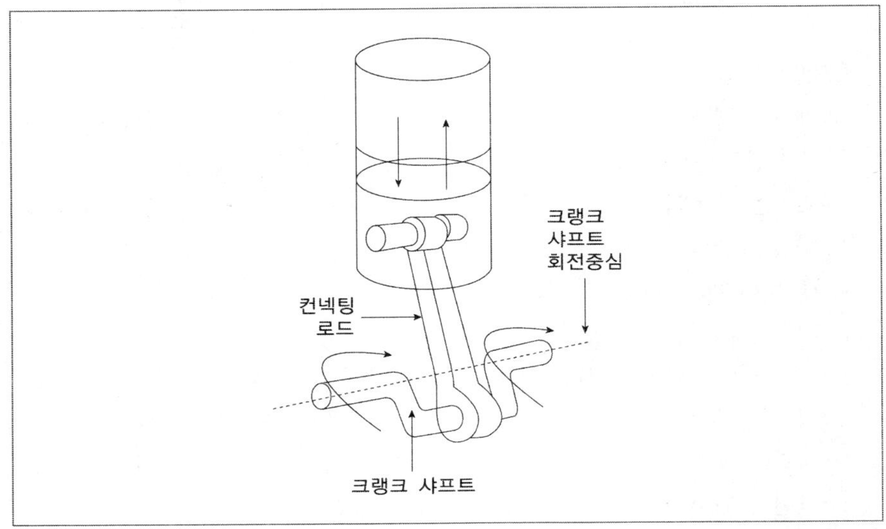

(7) 크랭크축

① **기능** : 크랭크 케이스 내에 설치된 메인 베어링으로 지지되며 각 실린더의 동력행정에서 얻어진 피스톤의 직선왕복운동을 커넥팅 로드를 통하여 전달받아 회전운동으로 바꾸고, 흡입·압축·배기행정에서는 피스톤의 운동을 도와주어 연속적인 동력이 발생하게 한다.

② **구조** : 크랭크핀, 크랭크암, 크랭크 저널 등은 일체로 되어 있고 크랭크축의 정적·동적 평형을 유지하기 위하여 밸런스 웨이트가 설치되어 있다.

③ **재질** : 크랭크축은 큰 하중을 받고 고속회전을 하기 때문에 강도나 강성이 충분해야 하며 내마모성이 크고 정적·동적 평형이 잡혀 있어서 맥동이 없어 원활하게 회전하여야 하므로 고탄소강, 크롬강, 크롬−몰리브덴강 등이 사용된다.

④ **점화조건**
　㉠ 연소의 시간 간격이 일정하여야 한다.
　㉡ 혼합기가 각 실린더에 균일하게 분배되어야 한다.
　㉢ 크랭크축에 진동이 일어나지 않아야 한다.

ⓔ 하나의 메인 베어링에 연속하여 하중이 걸리지 않아야 한다.

ⓜ 인접한 실린더에 연이어 점화되지 않아야 한다.

⑤ 크랭크축의 점화순서

형식	크랭크핀의 위상차	점화순서
4기통	180°	1→3→4→2, 또는 1→2→4→3
6기통	120°	1→5→3→6→2→4(우수식) / 1→4→2→6→3→5(좌수식)
8기통	90°	1→6→2→5→8→3→7→4(직렬형)

> 🐚 **Plus tip**
>
> 좌수식 · 우수식 … 1~6번 크랭크핀을 상사점의 위치로 하고 축을 앞에서 보았을 경우 3~4번 핀의 위치가 좌측에 있으면 좌수식, 우측에 있으면 우수식이 된다.

📢 크랭크축의 구성

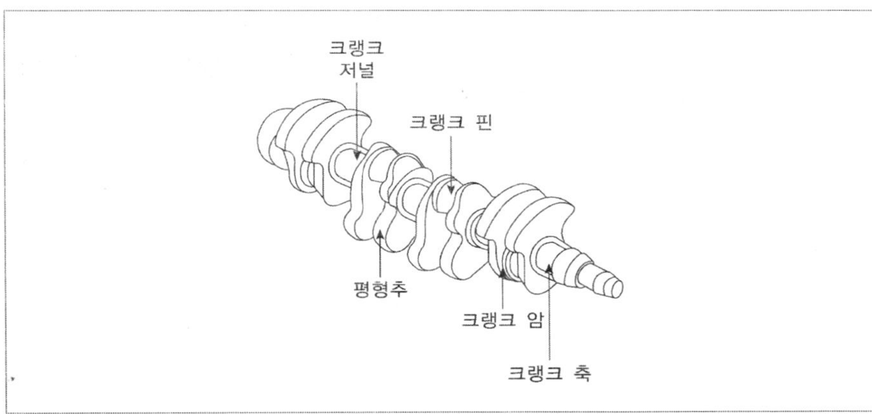

(8) 베어링

① 베어링의 사용 : 피스톤과 커넥팅 로드, 커넥팅 로드와 크랭크핀 및 크랭크축 메인저널 사이에는 상호관계운동을 하므로 이러한 곳에 베어링을 사용한다.

② 베어링의 구비조건

　ⓐ 내마멸성이 커야 한다.

　ⓑ 내부식성이 커야 한다.

　ⓒ 매몰성이 있어야 한다.

기출PLUS

📘 2020. 10. 17. 부산광역시 시행

어느 기관의 점화순서가 1-3-4-2일 때, 사이클 4기통 엔진에서 1번 실린더가 압축행정을 할 때 4번 실린더는 무슨 행정을 하는가?

① 흡입행정　　② 압축행정
③ 폭발행정　　④ 배기행정

📘 2025. 6. 21. 서울시 제1회 시행

직렬 6기통 좌수식 엔진의 점화순서로 가장 옳은 것은?

① 1-6-4-2-5-3
② 1-4-2-6-3-5
③ 1-3-5-2-6-4
④ 1-5-3-6-2-4

📘 2018. 4. 7. 경기도 시행

4행정 4기통기관의 점화순서가 1-3-4-2일 때 1번 실린더가 압축상사점일 때 크랭크축 방향으로 360도 회전했을 때 배기 상사점에 있는 실린더는?

① 1번 실린더　　② 2번 실린더
③ 3번 실린더　　④ 4번 실린더

📘 2016. 10. 10. 부산광역시 시행

4행정 4실린더 기관에서 6행정이 완료되었을 때 크랭크축이 회전한 각도는 몇 도인가?

① 120°　　② 480°
③ 720°　　④ 1,080°

❮정답 ④, ②, ①, ④

② ㉣ 열전도성이 우수해야 한다.

㉤ 길들임성이 우수해야 한다.

③ **재질**

㉠ **배빗메탈**(화이트메탈, 백메탈) : 주석(Sn) 80 ~ 90%, 안티몬(Sb) 3 ~ 12%, 구리(Cu) 3 ~ 7% 등

㉡ **켈밋메탈**(적메탈) : 구리(Cu) 60 ~ 70%, 납(Pb) 30 ~ 40%

㉢ **트리메탈** : 동합금의 셸 + 아연(Zn) 10%, 주석(Sn) 10%, 구리(Cu)의 합금층 80% + 배빗메탈 0.02 ~ 0.03mm

㉣ **알루미늄메탈** : 알루미늄(Al), 주석(Sn)의 합금

(9) **플라이휠(Fly wheel)**

① **기능** : 크랭크축의 주기적 파동을 막아 엔진의 회전속도를 고르게 하기 위해 플라이휠을 설치한다.

② **구조** : 회전 중 관성력이 크고 가벼워야 하므로 중심부의 두께는 얇게 하고 둘레는 두꺼운 원판으로 크랭크축의 후단에 플랜지 볼트로 고정되어 있다.

③ **재질** : 재질은 주철 또는 강이며 그 뒷면은 클러치의 마찰판으로 사용하며 실린더 수가 적고 계속 회전인 엔진일수록 플라이휠의 중량은 커야 한다.

(10) **밸브**

① **밸브** : 밸브는 혼합기를 실린더 안으로 들여보내고 연소가스를 외부로 내보내는 일을 한다. 자동차에서는 포핏 밸브가 주로 사용되며 캠축 등으로 이루어진 밸브기구에 의해 작동한다.

② **밸브 회전기구** : 밸브가 작동중에 카본의 쌓임과 편마모가 생기는 것을 방지하기 위해서는 밸브를 회전시켜야 한다. 릴리스 형식은 밸브가 열렸을 때 엔진의 진동으로 회전하고 포지티브 형식은 강제로 회전시키는 것이다.

③ **밸브 간극** : 엔진이 작동중에 열팽창을 고려하여 로커암과 밸브스템 사이에 간극을 두는 것을 말한다.

> ☆ **Plus tip**
>
> **밸브 간극**
>
> ㉠ **간극이 클 경우** : 밸브의 열림이 작아 흡배기의 효율이 저하되고 소음이 발생한다.
>
> ㉡ **간극이 작을 경우** : 기밀유지가 안되고 푸시로드가 휘며 각 부분에 이상 마모가 생긴다.

④ 밸브의 구비조건

　㉠ 고온과 고압에 잘 견딜 것

　㉡ 열전도율이 좋을 것

　㉢ 충격과 부하에 견딜 것

　㉣ 단조와 열처리가 쉽게 될 것

　㉤ 가열이 반복되어도 물리적 성질이 변하지 않은 것

　㉥ 부식되지 않으며 경량일 것

⑤ 밸브 오버랩(Valve Overlap)

　㉠ 4사이클 엔진에서 배기 행정이 끝나고 흡입 행정이 시작하는 상사점 부근에서 흡기 밸브와 배기 밸브가 동시에 열려 있는 현상을 말한다.

　㉡ 오버랩은 크랭크축의 회전각으로 나타낸다.

　㉢ 흡기의 흐름을 이용한 흡배기의 기술로, 오버랩이 크면 고회전에서는 좋지만 저회전이면 안정되지 않는다.

　㉣ 오버랩이 작은 것은 일반적으로 저속형이라고 할 수 있다.

　㉤ 밸브 오버랩을 두는 이유

　　•관성을 이용하여 흡입효율을 증대시킨다.

　　•잔류 배기가스를 배출시킨다.

　　•흡기 · 배기효율을 향상시킨다.

> 밸브 오버랩 각 = 흡기 밸브 열림각 + 배기 밸브 닫힘각

> ☆ **Plus tip**
>
> **흡기 · 배기 밸브 열림각** = 흡 · 배기밸브 열림각 + 180˚ + 흡 · 배기밸브 닫힘각

(11) 밸브기구

① **밸브 시트** : 밸브 시트는 밸브면과 밀착하는 실린더 블록이나 실린더 헤드의 면을 말하는 것으로 연소실의 기밀을 유지하는 역할을 하며 열을 냉각수의 통로로 방출한다.

② **밸브 스프링** : 밸브 스프링은 압축과 폭발행정시 밸브면이 시트에 밀착되게 하여 기밀을 유지하게 하고, 밸브가 운동할 때에는 캠의 형상에 따라 확실하게 작동되도록 하는 작용을 한다.

③ **캠(Cam)** : 캠축의 회전에 의하여 밸브 리프트나 로커암을 밀어서 밸브를 개폐시키며 배전기와 연료펌프를 가동시키는 역할을 한다.

④ **밸브기구의 종류** : 오버헤드 밸브식, 오버헤드 캠축식

어느 4행정 사이클 기관의 밸브 개폐시기가 다음과 같다. 밸브오버랩은 얼마인가?

┌─ 보기 ─

흡기 밸브 열림 : 상사점 전 10˚

흡기 밸브 닫힘 : 하사점 후 55˚

배기 밸브 열림 : 하사점 전 45˚

배기 밸브 닫힘 : 상사점 후 20˚

① 30˚　　② 55˚

③ 65˚　　④ 100˚

다음 중 밸브 오버랩의 설명으로 옳은 것은?

① 피스톤이 상사점에 있을 때 흡기 밸브가 열려 있는 현상

② 피스톤이 상사점에 있을 때 배기 밸브가 열려 있는 현상

③ 피스톤이 상사점에 있을 때 흡기 및 배기 밸브가 동시에 열려 있는 현상

④ 피스톤이 상사점에 있을 때 흡기 및 배기 밸브가 동시에 닫혀 있는 현상버랩은 32˚이다.

자동차용 엔진의 밸브 구동 장치에 해당하지 않는 것은?

① 캠축(camshaft)

② 타이밍체인(timing chain)

③ 커넥팅 로드(conneccting rod)

④ 로커 암(roker arm)

❮정답 ①, ③, ③

04 윤활장치

❶ 윤활작용과 윤활방식

(1) 윤활장치

윤활장치란 엔진의 섭동에서 금속간의 고체마찰에 의한 동력의 손실을 방지하고 부품의 마모와 마멸을 방지하기 위하여 섭동부에 오일을 주입하는 일련의 장치이다.

(2) 윤활작용

① **부식방지 작용** : 산화작용에 의해서 부식되는 것을 방지하는 작용을 한다.

② **방청 작용** : 수분이나 부식성 가스 침투를 방지하는 작용을 한다.

③ **응력분산 작용** : 국부압력을 액 전체에 분산시켜 평균화하는 작용을 한다.

④ **세척 작용** : 불순물을 유동과정에서 흡수하는 작용을 한다.

⑤ **냉각 작용** : 마찰열을 흡수하여 다른 곳에서 방열하는 작용을 한다.

⑥ **밀봉 작용** : 고압가스의 누출을 방지한다.

⑦ **마찰감소 및 마멸방지 작용** : 강인한 유막을 형성하여 표면마찰을 방지하는 작용을 한다.

(3) 윤활방식

① **혼합식** : 가솔린과 윤활유를 혼합하여 소기시 윤활하는 방식으로 농기구 등에 사용된다.

② **비산식** : 커넥팅 로드의 대단부에 부착되어 있는 주걱으로서 엔진회전시 오일을 베어링이나 실린더 벽 등 각 섭동부에 뿌려서 윤활하는 방식이다. 이 방식은 단기통이나 2기통의 소형엔진에서만 사용된다.

③ **압송식** : 오일팬에 있는 오일을 오일펌프를 구동시켜 엔진의 각 섭동부에 압송하여 윤활하는 방식이다.

④ **비산압송식** : 커넥팅 로드에 비산구멍을 설치하여 커넥팅 로드 끝에서 오일을 비산하고, 오일펌프에 의한 압송식과 병용하여 윤활하는 방식으로 가장 많이 사용된다.

② 윤활장치의 구성

(1) 오일펌프

① 기능 : 크랭크축이나 캠축에 의하여 구동되며 오일팬의 오일을 흡입·가압하여 윤활부로 보낸다.

② 종류 : 기어식 펌프, 로터리식 펌프, 플런저식 펌프, 베인식 펌프가 있다.

(2) 오일펌프 스트레이너

① 기능 : 오일펌프에 흡입되는 오일의 커다란 불순물을 여과한다.

② 구조 : 철망형태로 되어있다.

(3) 유압조절 밸브

① 기능 : 윤활회로 내의 압력이 과도하게 상승하는 것을 방지하여 일정한 유압이 유지되도록 하는 것으로, 유압이 스프링의 힘보다 커지면 유압조절밸브가 열려 과잉의 오일은 오일팬으로 되돌아가게 된다.

② 유압이 높아지는 원인
  ㉠ 엔진의 온도가 낮아 오일의 점도가 높을 때
  ㉡ 윤활회로 내의 막힘
  ㉢ 유압 조절 밸브(릴리프밸브)스프링의 장력 과다
  ㉣ 유압 조절 밸브가 막힌 채로 고착
  ㉤ 각 마찰부의 베어링 간극이 적을 때

> 🏠 **Plus tip**
>
> 유압이 낮아지는 원인
> ㉠ 엔진오일의 점도가 낮을 경우
> ㉡ 크랭크축 베어링의 과다 마멸로 오일 간극이 커진 경우
> ㉢ 오일펌프의 마멸 또는 윤활회로에서 오일 누출
> ㉣ 오일팬의 오일량이 부족할 경우
> ㉤ 유압 조절 밸브 스프링의 장력이 과소

(4) 오일 여과기

① 기능 : 오일 속의 수분이나 이물질 등의 불순물을 제거하고 분리한다.

② 여과기의 종류 : 여과지식, 적층 금속판식, 원심식

기출 PLUS

기출 2018. 4. 7. 경기도 시행

압송식 윤활방식에서 윤활유 공급 경로로 다음 중 맞는 것은?

① 오일펌프→오일여과기→오일스트레이너→윤활부
② 오일스트레이너→오일펌프→오일여과기→윤활부
③ 오일스트레이너→오일여과기→오일펌프→윤활부
④ 오일여과기→오일펌프→오일스트레이너→윤활부

기출 2017. 9. 23. 경상남도 시행

오일팬 섬프 내 오일을 오일펌프로 유도해주는 역할을 하며, 기관 오일 속에 포함된 비교적 큰 불순물을 여과하는 스크린이 있는 장치는?

① 오일 여과기
② 유압 조절 밸브
③ 오일펌프 스트레이너
④ 바이패스 밸브

기출 2025. 6. 21. 서울시(보훈청) 제1회 시행

자동차 기관 윤활회로 내의 유압이 높아지는 원인으로 가장 옳지 않은 것은?

① 오일 팬의 오일 양이 부족하다.
② 윤활회로 내의 어느 부분이 막혔다.
③ 기관의 온도가 낮아 오일의 점도가 높다.
④ 유압 조절 밸브 스프링의 장력이 과하다.

기출 2019. 6. 15. 서울시 제2회 시행

기관 윤활회로 내의 유압이 낮아지는 원인에 대한 설명으로 가장 옳지 않은 것은?

① 유압 조절 밸브스프링 장력이 과다하다.
② 크랭크축 베어링의 과다 마멸로 오일 간극이 커졌다.
③ 오일펌프의 마멸 또는 윤활회로에서 오일이 누출된다.
④ 오일팬의 오일량이 부족하다.

❰정답 ②, ③, ①, ①

③ **여과방식**: 분류식, 전류식, 샨트식

④ **유면 표시기**: 유면 표시기는 크랭크 케이스 내의 유면의 높이를 점검할 때 사용하는 금속막대이며, 그 끝부분에 풀(Full)과 로우(Low)의 표시가 새겨져 있다. 크랭크 케이스 내의 오일의 높이는 언제나 풀(Full) 눈금 가까이 있어야 한다.

❸ 윤활유

(1) 목적 및 구비조건

① **윤활유의 목적**
   - ㉠ 목적: 기계의 마찰면에 생기는 마찰력을 줄이거나 마찰면에서 발생하는 마찰열을 분산시킬 목적으로 사용하는 유상물질(油狀物質)이며, 내연엔진에는 주로 석유계 윤활유가 사용된다.
   - ㉡ 분류: 윤활유의 분류에는 SAE분류, API분류, MIL분류 등이 있었으나 요즘에는 SAE신분류가 제정되어 이것만을 사용하고 있다.

② **윤활유의 구비조건**
   - ㉠ 응고점이 낮고, 청정력이 좋아야 한다.
   - ㉡ 점도가 적당하고, 열전도성이 좋아야 한다.
   - ㉢ 적당한 비중이 있어야 하고, 산에 대한 안정성이 커야 한다.
   - ㉣ 카본 및 회분생성이 적어야 하고, 유막을 형성해야 한다.

> **✿ Plus tip**
>
> **카본이 엔진에 미치는 영향**
> | | |
> |---|---|
> | ㉠ 실린더 벽의 손상 | ㉡ 연소실 내의 열점 원인 |
> | ㉢ 블로바이 현상 발생 | ㉣ 오일계통에 슬러지 발생 |
> | ㉤ 오일 소비의 증대 | ㉥ 점화플러그 오염 |

(2) 점도와 점도지수

① **점도**: 유체가 흐를 때 나타나는 오일의 끈끈한 정도를 말한다.
   - ㉠ **점도의 표시방법**: 점도가 낮은 것을 작은 번호로, 높은 것을 큰 번호로 표시하며, 번호가 클수록 온도에 의한 점도의 변화가 적은 것이다.
   - ㉡ **점도가 너무 높은 경우**: 윤활유의 내부저항이 커서 동력의 손실이 많고 오일의 유동성이 저하되며, 유압이 증대된다.

ⓒ 점도가 너무 낮은 경우 : 유막형성이 불량하고 마찰작용이 이루어지지 않는다.

② **점도지수** : 온도가 상승함에 따라 점도가 저하되며 온도에 대한 점도의 변화
정도를 표시한 것을 말한다. 점도의 측정방법에는 레드우드, 엥글러, 세이
볼트 등이 있다.

> ☆ **Plus tip**
>
> 오일의 오염정도 점검
> ㉠ **검은색인 경우** : 심한 오염
> ㉡ **붉은색인 경우** : 가솔린의 유입
> ㉢ **회색인 경우** : 연소 생성물의 유입
> ㉣ **우유색인 경우** : 냉각수의 유입

05 냉각장치

① 냉각방식

(1) 냉각장치

① 냉각장치란 엔진의 과열 및 과냉을 방지하여 엔진의 손상을 예방하는 장치
를 말하며, 냉각장치에 의해 흡수되는 열량은 엔진에 공급된 총열량의 약
30 ~ 35%가 된다.

② 엔진이 과열되면 부품이 변형되고 오일의 유막이 파괴되어 윤활이 불완전
하게 되며, 엔진이 과냉하면 연료의 소비가 증대되고 액체상태의 가솔린
때문에 오일이 희석되어 베어링부의 마멸이 촉진된다.

(2) 냉각방식

① **공냉식** : 엔진을 직접 대기에 접촉시켜 냉각하는 방식이다.
  ㉠ **종류** : 실린더의 외부에 냉각핀을 설치, 냉각 면적을 크게 하여 주행시 접
  촉하는 바람을 이용하는 자연 냉각식과 냉각팬으로 강제 송풍하는 강제
  냉각식이 있다.

기출PLUS

기출 2022. 6. 18. 인천시 시행

다음 중 엔진오일이 회색일 때의 원인으로 알맞은 것은?

① 엔진오일의 오염
② 냉각수 유입
③ 연소생성물의 유입
④ 가솔린의 유입

기출 2020. 10. 17. 부산광역시 시행

기관에 냉각수가 혼입되었을 때 윤활유의 색으로 가장 적합한 것은?

① 검정색   ② 붉은색
③ 우유색   ④ 회색

기출 2019. 2. 16. 강원도 시행

자동차구조에서 냉각장치에 대한 설명 중 가장 관계가 먼 것은 어느 것인가?

① 공랭식과 수냉식이 현재 사용된다.
② 공랭식은 공기로 열전도하여 냉각된다.
③ 공랭식은 구조가 간단하나 열발산 능력이 떨어져서 고출력 차량에 부적합하다.
④ 수냉식은 냉각팬, 써모스텟, 라디에이터 등의 부품이 많이 필요하다.

❮정답 ③, ③, ②

기출PLUS

기출 2015. 6. 27. 경상북도교육청 시행

자동차의 냉각장치에 대한 설명으로 맞지 않는 것은?

① 냉각핀의 표면적이 클수록 공기의 접촉이 많아 냉각작용이 잘 된다.
② 부동액으로는 에탄올을 사용한다.
③ 펌프는 원심 펌프를 사용한다.
④ 라디에이터는 엔진에서 가열된 냉각수를 냉각하는 열교환 장치이다.

기출 2015. 10. 17. 부산광역시 시행

수냉식 냉각장치에 대한 설명 중 옳지 않은 것은?

① 냉각장치에 의해 흡수되는 열량은 엔진에 공급된 총열량의 30 ~ 35% 정도이다.
② 실린더 주위 냉각핀을 설치하여 냉각효율을 증대시키는 냉각방식으로 엔진의 출력이 큰 항공기용 엔진에 사용된다.
③ 방열기는 엔진에서 가열된 냉각수를 냉각한다.
④ 수온조절기는 냉각수 통로를 수온에 따라 개폐하여 냉각수의 온도를 적절히 유지하며, 일반적으로 65℃에서 열리기 시작하여 85℃에서 완전히 열린다.

❮정답 ②, ②

ⓒ 장·단점: 공랭식은 수냉식에 비해 구조가 간단하지만 온도의 제어가 곤란하며 소음이 크다.

ⓓ 이용: 일반적으로 실린더 수가 많지 않은 소형엔진과 항공기용 엔진에 주로 사용된다.

② **수냉식**: 라디에이터에서 냉각된 냉각수를 이용하여 엔진을 냉각하는 방법이다.

ⓐ **작동**: 물펌프로 냉각수를 실린더 블록과 실린더 헤드의 물재킷을 순환시키고, 가열된 냉각수를 라디에이터에서 방열하여 냉각한 후 다시 물펌프로 순환시키는 강제순환 방식이 이용된다.

ⓑ **이용**: 자동차는 대부분 수냉식을 채택하고 있다.

② 수냉식의 주요 부품 및 작용

(1) 수냉식의 주요 부품

① **물재킷**: 실린더 블록과 헤드에 설치된 냉각수 통로(최저 10mm)로 실린더 벽, 밸브시트, 밸브가이드, 연소실 등과 접촉되어 있다.

② **물펌프**: 라디에이터 하부 탱크에 냉각된 물을 순환시키는 작용을 하는 것으로, 밸브를 거쳐 크랭크축에 의해 구동되며 보통 원심력식이 사용된다.

③ **벨트**: 크랭크축의 회전력으로 발전기, 물펌프를 구동시키는 이음부가 없는 V자형의 벨트로, 섬유질과 고무로 짠 것이다. 장력은 10kg의 힘으로 눌러 그 휘어짐이 13 ~ 20mm 정도가 되도록 조정한다.

ⓐ **장력이 클 경우**: 물펌프나 발전기, 베어링의 소손이 크고 팬벨트의 마멸도 촉진된다.

ⓑ **장력이 작을 경우**: 펌프와 팬의 회전속도가 느려져 엔진이 과열되거나 충전이 불량하고 소음이 난다.

ⓒ **장력을 조정하려면**: 발전기 조정암 설치 볼트를 풀고 위치를 이동하거나 또는 물펌프나 아이들 풀리를 이동하면 된다.

④ **냉각팬**: 라디에이터가 냉각수를 식히는 것을 돕기 위해서 방열판으로 공기를 끌어들이는 장치이다. 자동차가 빠른 속도로 달릴 때는 자연적 바람에 의해서도 냉각이 이루어질 수 있지만, 느린 속도로 달릴 때나 멈춰 있을 때는 자연적으로 냉각되는 것이 어렵기 때문에 냉각 팬이 필요하다.

⑤ **시라우드** : 라디에이터와 팬을 감싸고 있는 관으로 공기의 흐름을 모아 냉각
효과를 높인다.

⑥ **방열기**(Radiator ; 라디에이터)

  ㉠ **기능** : 엔진에서 가열된 냉각수를 냉각하는 장치로 큰 방열면적을 가지고
있고, 다량의 물을 받아들이는 일종의 탱크이다.

> **🌱 Plus tip**
>
> 방열기의 요구조건
> ㉠ 단위 면적당 방열량이 클 것
> ㉡ 가볍고 작으며 강도가 클 것
> ㉢ 냉각수 및 공기 흐름 저항이 적어야 할 것

  ㉡ **코어** : 라디에이터의 냉각수를 냉각시키는 부분으로, 냉각수를 통과시키는
물 통로(튜브)와 냉각 효과를 크게 하기 위해 튜브와 튜브 사이에 설치
되는 냉각 핀으로 구성된다. 코어의 막힘률이 20% 이상이면 라디에이터
를 교환한다.

$$\text{코어의 막힘률(20\% 이내)} = \frac{\text{신품용량} - \text{구품용량}}{\text{신품용량}} \times 100$$

  ㉢ **방열기 캡** : 여압식으로 보통 고압밸브와 저압밸브가 각각 1개씩 들어있으
며, 압력 밸브와 진공(부압) 밸브가 일체로 결합된 형태이다.

> **🌱 Plus tip**
>
> 방열기 캡의 목적
> ㉠ 냉각 순환 압력을 상승시킨다.
> ㉡ 냉각수의 손실을 감소시킨다.
> ㉢ 냉각수의 비등점을 높인다.

⑦ **수온조절기**(정온기)

  ㉠ **기능** : 냉각수의 통로를 수온에 따라 개폐하여 냉각수의 온도를 조절하는
것으로 65℃에 열리기 시작하여 85℃에 완전히 열리게 된다.

  ㉡ **종류** : 벨로즈형과 펠릿형이 있으나, 현재는 펠릿형이 사용된다.

⑧ **수온계**

  ㉠ **기능** : 냉각수의 순환온도를 운전자가 확인할 수 있도록 운전석 계기판에
설치한다.

  ㉡ **종류** : 부어든 튜브식(압력팽창식)과 평일 코일식(밸런싱 코일식)이 있으
며, 현재 자동차에는 평일 코일식(밸런싱 코일식)을 많이 사용되고 있다.

기출PLUS

📖 2022. 6. 18. 서울시 보훈처 시행

**내연기관 자동차의 냉각장치 구성부
품 중 방열기(Radiator)의 요구조건
으로 가장 옳지 않은 것은?**

① 공기흐름 저항이 적을 것
② 가볍고 작으며 강도가 클 것
③ 냉각수 흐름 저항이 적을 것
④ 단위 면적당 방열량이 적을 것

📖 2022. 6. 18. 대전시 시행

**자동차의 냉각장치에서 라디에이터
의 구비조건이 아닌 것은?**

① 공기의 흐름저항이 작을 것
② 단위면적당 방열량이 작을 것
③ 가볍고 작으며 강도가 클 것
④ 냉각수의 흐름저항이 작을 것

📖 2022. 7. 16. 전라남도 시행

**라디에이터 신품 주수량이 10리터
라면 사용 후 8리터가 되었을 때
라디에이터 코어의 막힘률은?**

① 30%　　② 25%
③ 20%　　④ 15%

📖 2021. 5. 1. 전라북도 시행

**다음 중 방열기의 구비조건에 대한
설명으로 틀린 것은?**

① 단위 면적당 발열량이 커야 한다.
② 공기저항이 작아야 한다.
③ 냉각수의 저항이 커야 한다.
④ 가볍고 작으며, 강도가 커야 한다.

📖 2017. 9. 23. 경상남도 시행

**라디에이터 캡에 대한 설명으로 옳
은 것은?**

① 엔진의 열효율을 증대시킨다.
② 냉각수의 비점을 낮춘다.
③ 엔진이 식으면 냉각수가 보조 물
탱크로 유출된다.
④ 압력 밸브와 진공 밸브가 일체
로 결합된 형태이다.

❮정답 ④, ②, ③, ③, ④

기출PLUS

기출 2017. 6. 17. 강원도교육청 시행

아래의 〈보기〉에서 기관의 과열 원인으로 바르게 짝지어진 것은?

┌─ 보기 ─
│ ㉠ 냉각수 부족
│ ㉡ 팬벨트의 장력 과다
│ ㉢ 수온조절기가 열린 상태에 고착
│ ㉣ 수온조절기가 닫힌 상태에서 고착
└

① ㉡㉣   ② ㉠㉢
③ ㉠㉣   ④ ㉡㉢

기출 2016. 10. 1. 경상남도 시행

다음 중 기관의 과열 원인이 아닌 것은?

① 엔진오일의 부족
② 냉각수온 조절기가 열린 상태로 고장
③ 물 재킷 부위의 이물질 퇴적
④ 팬벨트 노후화로 인한 벨트 이완 또는 절손 및 장력 과소

기출 2022. 7. 16. 전라남도 시행

부동액의 구비조건이 아닌 것은?

① 물보다 비등점이 높고, 응고점이 높아야 함
② 내부식성이 크고 팽창계수가 낮아야 함
③ 휘발성이 없고 침전물이 없어야 함
④ 물과 잘 섞여야 함

기출 2015. 6. 13. 서울특별시 시행

엔진에 사용되는 냉각수가 아닌 것은?

① 지하수   ② 증류수
③ 수돗물   ④ 빗물

◀ 정답 ③, ②, ①, ①

📢 엔진의 과열 · 과냉

구분		원인
엔진 과열	원인	• 수온조절기가 닫힌 채 고장이거나 작동온도가 너무 높을 경우 • 라디에이터의 코어의 막힘이 과도하거나 오손 및 파손이 되었을 경우 • 팬벨트의 장력이 약하거나 이완 절손이 되었을 경우 • 물펌프의 작용이 불량할 경우 • 냉각수의 부족, 누출이 생길 경우 • 물재킷 내의 스케일이 과다할 경우 • 라디에이터 호스가 손상되었을 경우
	영향	• 각 부품의 변형이 생긴다. • 조기점화, 노킹이 일어난다. • 출력이 저하된다. • 윤활유의 유막파괴나 소비량이 증대된다.
엔진 과냉	원인	수온조절기가 열린 채 고장나거나 열리는 온도가 너무 낮을 경우
	영향	• 출력이 저하된다. • 연료 소비율이 증대된다. • 오일이 희석된다. • 베어링이나 각 부가 마멸된다.

(2) 냉각수와 부동액

① **냉각수** : 연수(증류수, 수돗물, 빗물 등)를 사용한다. 경수(지하수)를 사용하면 산과 염분이 포함되어 있으므로 물재킷 내의 스케일이 생겨 열전도를 저하시키고, 심하면 냉각수의 흐름 저항이 커지게 된다.

② **부동액** : 냉각수의 동결을 방지하는 역할을 하며 메탄올, 에틸렌글리콜, 글리세린 등이 있다.

> ☆ **Plus tip**
>
> **부동액의 구비조건**
> ㉠ 물보다 비등점이 높아야 하며, 빙점(응고점)은 낮을 것
> ㉡ 물과 혼합이 잘 될 것
> ㉢ 휘발성이 없고, 순환이 잘 될 것
> ㉣ 내 부식성이 크고, 팽창계수가 적을 것
> ㉤ 침전물이 없을 것

③ **냉각수와 부동액을 혼합할 경우** : 그 지방의 최저온도의 −5 ~ 10℃ 정도로 낮게 기준을 정한다.

④ 혼합비율(영구부동액)

동결온도	물(%)	부동액 원액(%)
−10℃	80	20
−20℃	65	35
−30℃	55	45
−40℃	50	50

> **☆ Plus tip**
>
> **부동액의 종류**
>
> ㉠ **메탄올**: 비점이 80℃, 응고점이 −30℃이며 낮은 온도에서 동결되지 않으나, 비점이 낮아 증발되기 쉽다.
>
> ㉡ **에틸렌글리콜**: 냄새가 없고 증발하지 않으며 비점이 높고(197.2℃) −30℃까지 동결되지 않으나, 금속을 부식시키므로 방청제를 첨가해야 여름에도 사용할 수 있다.
>
> ㉢ **글리세린**: 비중이 크므로 물과 혼합할 경우 골고루 저어주어야 한다. 또한 산이 포함되면 금속을 부식시키기 때문에 호스 연결부위 등에서 누출되지 않도록 조심해야 한다.

📢 수냉식 냉각장치

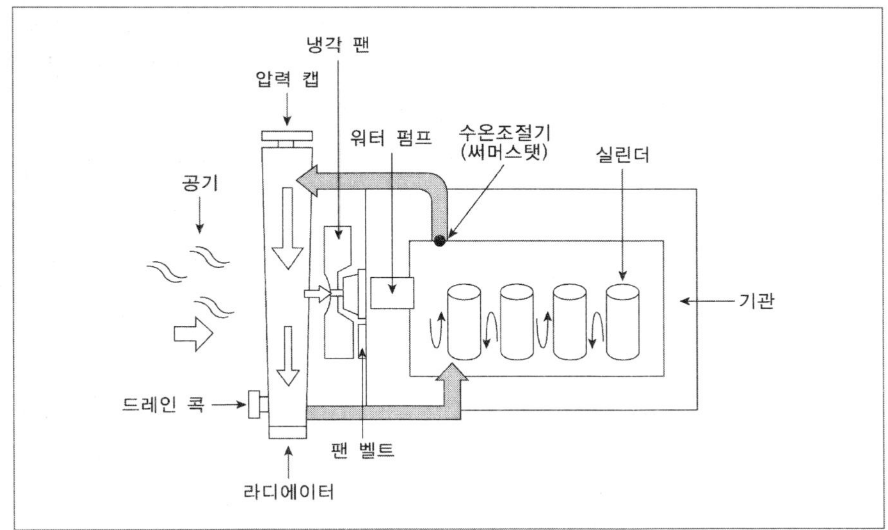

기출 2024. 2. 24. 서울시 제1회 시행

냉각수에 첨가하는 부동액의 종류에 해당하지 않는 것은?

① 에틸렌글리콜
② 아초산에틸
③ 글리세린
④ 메탄올

◀ 정답 ②

06 연료장치

❶ 연료장치

(1) 연료장치(가솔린)

엔진이 필요로 하는 연료와 공기를 적당한 비율로 혼합하여 공급하는 장치로서 엔진의 성능, 특히 출력이나 경제성을 좌우하는 장치이다.

(2) 연료장치의 구성

① **연료탱크** : 연료를 저장하는 용기로서 강판으로 되어있고, 탱크 내부는 부식방지를 위해 주석이나 아연으로 도금하여 방청처리를 하고 있다. 연료탱크는 몇 개의 칸막이를 두어 탱크의 강성을 높이고 주행 중 연료의 출렁거림을 방지한다.

② **연료파이프** : 연료탱크에서 기화기까지 각 장치를 연결하는 파이프이다.

③ **연료여과기** : 연료 속에 함유된 먼지나 수분 등의 불순물을 제거하는 것으로, 분해형과 비분해형이 있는데 대부분 비분해형을 사용한다. 연료여과기는 장시간 사용하면 여과성이 저하되므로 정기적으로 교환해야 한다.

④ **연료펌프** : 연료탱크 속의 연료를 기화기 또는 연료분사장치로 압송하는 장치이다.

⑤ **기화기**(Carburetor) : 엔진의 운전상태에 필요한 공기와 가솔린을 적당한 비율로 혼합하고 미립화하여 엔진에 공급하는 장치이다. 베르누이의 원리를 응용하여 벤추리관(Venturi tube)을 통과하는 공기의 속도가 빨라져 연료를 빨아올리도록 되어 있다.

⑥ **피드백 기화기**(Feed back carburetor) : 전자제어식 기화기라고도 한다. 피드백 기화기는 혼합비 제어용의 솔레노이드를 설치하고 이것을 컴퓨터(ECU)의 신호에 의해 작동시킨다.

❷ 연료와 연소

(1) 연료(가솔린)

탄화수소로 비중이 0.69 ~ 0.76, 발화점이 265 ~ 280℃, 저발열량이 11,000 ~ 11,500kcal/kg이다.

(2) 연소

① **정상연소** : 엔진이 원활하게 운전되는 경우의 연소로서 연소속도는 20 ~ 30m/s 정도이다(단, 대기압 속에서는 2 ~ 3m/s 정도).

② **이상연소** : 노킹과 조기점화가 있으면 연소속도는 200 ~ 300m/s 정도이다.

　㉠ **노킹이 엔진에 미치는 영향** : 열효율, 엔진의 출력이 저하되고 엔진이 과열되어 피스톤, 밸브, 베어링 등이 소손되거나 고착된다.

노킹의 원인	노킹 방지대책
• 압축비가 너무 높을 경우 • 점화가 빠를 경우 • 부하가 클 경우 • 엔진이 과열되었을 경우 • 연료의 옥탄가가 낮을 경우 • 혼합비가 맞지 않을 경우	• 높은 옥탄가의 가솔린(내폭성이 큰 가솔린)을 사용한다. • 점화시기를 늦추어 준다. • 혼합비를 농후하게 한다. • 압축비, 혼합가스 및 냉각수 온도를 낮춘다. • 화염전파속도를 빠르게 한다. • 혼합가스에 와류를 증대시킨다. • 연소실에 카본이 퇴적된 경우에는 카본을 제거한다.

　※ 노킹은 내연기관의 실린더 내에서의 이상연소(異常燃燒)에 의해 망치로 두드리는 것과 같은 소리가 점화 후에 일어나는 현상이다.

　㉡ **조기점화**(과조 착화) : 점화플러그에 의해 점화되기 전에 실린더 내의 돌출부, 열점 등 과열된 부분의 열로 인해 자연발화하는 현상이다.

(3) 옥탄가

연소의 억제성(안티노크성)의 정도를 수치로 나타낸 것이다.

① 옥탄가 : $\dfrac{\text{이소옥탄}}{\text{노말헵탄} + \text{이소옥탄}} \times 100$

② **이소옥탄** : 노킹을 잘 일으키지 않으려는 성질을 가진 물질이다.

③ **노킹 노말헵탄** : 정헵탄이라고도 하며, 노킹을 일으키기 쉬운 성질을 가진 물질이다.

가솔린 기관의 노크 방지법이 아닌 것은?

① 화염전파 거리를 길게 한다.
② 연료 착화 지연
③ 미연소 가스의 온도와 압력을 저하
④ 압축행정 중 와류발생

다음 중 노킹현상이 일어날 때 엔진에 미치는 영향으로 틀린 설명은?

① 압축압력과 평균유효압력이 동시에 증가한다.
② 엔진부품 각 부의 응력 증가에 따라 부품 손상이 촉진된다.
③ 배기가스 색이 황색에서 흑색으로 변한다.
④ 엔진의 타격음과 함께 출력이 저하된다.

가솔린 기관의 노킹을 방지하는 방법으로 거리가 먼 것은?

① 점화시기를 지연시킨다.
② 농후하게 해서 화염전파거리를 짧게 한다.
③ 세탄가가 높아야 한다.
④ 카본을 제거하여 열이 많이 모이는 열점을제거하여 조기연소를 방지한다.

가솔린 연소 말단가스의 자연 발화 현상에 직접 기인한 이상연소 현상은?

① 조기 점화　　② 점화지연
③ 럼블　　　　④ 스파크 노킹

◀ **정답** ①, ①, ③, ①

07 전자제어 연료분사 방식

❶ 개념 및 특징

(1) 개념

전자제어 연료분사 방식이란 각종 센서(sensor)를 부착하고 이 센서에 보내준 정보를 받아서 기관의 작동상태에 따라 연료 분사량을 컴퓨터(ECU : electronic control unit)로 제어하여 인젝터(injector : 분사기구)를 통하여 흡기다기관에 분사하는 방식이다.

(2) 특징

① 공기흐름에 따른 관성질량이 작아 응답성이 향상된다.

② 기관의 출력이 증대되고, 연료소비율이 감소한다.

③ 배출가스 감소로 인한 유해물질 배출감소 효과가 크다.

④ 연료의 베이퍼 록(vapor lock), 퍼컬레이션(percolation), 빙결 등의 고장이 적으므로 운전성능이 향상된다.

⑤ 이상적인 흡기다기관을 설계할 수 있어 기관의 효율이 향상된다.

⑥ 각 실린더에 동일한 양의 연료 공급이 가능하다.

⑦ 전자부품의 사용으로 구조가 복잡하고 값이 비싸다.

⑧ 흡입계통의 공기누설이 기관에 큰 영향을 준다.

❷ 전자제어 연료분사 방식의 분류

(1) 인젝터 설치 수에 따른 분류

① TBI(throttle body injection)방식 : SPI(single point injection)라고도 부르며 스로틀밸브 위의 한 중심점에 위치한 인젝터(1 ~ 2개를 설치)를 통하여 간헐적으로 연료를 분사하므로 기화기방식과 비슷하게 흡기다기관을 통하여 실린더로 들어간다.

② MPI(multi point injection)

    ㉠ 인젝터를 각 실린더마다 1개씩 설치하고, 흡입밸브 바로 앞에서 연료를 분사시킨다.

    ㉡ MPI(multi point injection)의 특징
- 월 웨팅(wall wetting)에 따른 냉간 시동, 과도 특성의 효과가 크다.
- 저속 또는 고속에서 회전력영역의 변경이 가능하다.
- 온·냉간 상태에서도 최적의 성능을 보장한다.
- 설계할 때 체적효율의 최적화에 집중하여 흡기다기관 설계가 가능하다.

③ **실린더 내 가솔린 직접 분사방식** : 디젤기관과 같이 실린더 내에 가솔린을 직접 분사하는 것으로 약 35 ~ 40 : 1의 매우 희박 공연비로도 연소가 가능하다. 연료 공급압력은 일반적인 전자제어 연료 분사방식의 경우 약 3 ~ 6kgf/cm^{2}인데 반해, 약 50 ~ 100kgf/cm^{2}로 매우 높으며, 실린더 내의 유동을 제어하는 직립형 흡입포트, 연소를 제어하는 접시형 피스톤(bowl type piston), 고압 연료펌프, 와류 인젝터(swirl injector) 등이 사용된다.

(2) 제어방식에 의한 분류

① **기계 제어방식**(mechanical control injection) : 연료 분사량을 흡입계통에 설치된 센서 플레이트(sensor plate)에 의해 연료 분배기(fuel distributor) 내의 제어 플런저(control plunger)를 움직여 인젝터로 통하는 통로의 면적을 변화시켜 제어하는 것이며, 기계적으로 연속 분사하는 방식이다. bosch사의 K-jetronic이 여기에 속한다.

② **전자 제어방식**(electronic control injection) : 각 사이클마다 흡입되는 공기량을 컴퓨터(ECU)가 센서를 이용하여 분사량을 제어하는 방식이며, D-jetronic, L-jetronic 등이 여기에 속한다.

(3) 분사방식에 의한 분류

① **연속 분사방식**(continuous injection type) : 기관이 시동되면서부터 가동이 정지될 때까지 지속적으로 연료를 분사시키는 것이며, K-jetronic, KE-jetronic 등이 여기에 속한다.

② **간헐 분사방식**(pulse timed injection type) : 일정한 시간간격으로 연료를 분사하는 것이며, L-jetronic, D-jetronic 등이 여기에 속한다.

(4) 흡입 공기량 계측방식에 의한 분류

① **매스플로방식**(mass flow type : 질량 유량방식) : 공기유량 센서가 직접 흡입 공기량을 계측하고 이것을 전기적 신호로 변화시켜 컴퓨터로 보내 분사량을 결정하는 방식이다. 공기유량 센서의 종류에는 베인방식, 칼만 와류방식, 열선방식, 열막방식 등이 있다.

② **스피드 덴시티방식**(speed density type : 속도 밀도방식) : 흡기다기관 내의 절대압력(대기압력+진공압력), 스로틀밸브의 열림 정도, 기관의 회전속도로부터 흡입 공기량을 간접 계측하는 것이며, D-jetronic이 여기에 속한다. 흡기다기관 내의 압력측정을 피에조(piezo : 압전소자) 반도체소자를 이용한 MAP 센서를 사용한다.

❸ 전자제어 연료분사장치의 구조와 작용

(1) 흡입계통(air intake system)

공기청정기로 들어온 공기가 공기유량 센서(airflow sensor)로 들어와 흡입 공기량이 계측되면, 스로틀보디의 스로틀밸브의 열림 정도에 따라 서지탱크(surge tank)로 유입된다. 서지탱크로 유입된 공기는 각 실린더의 흡기다기관으로 분배되어 인젝터에서 분사된 연료와 혼합되어 실린더로 들어간다.

① **공기유량 센서**(air flow sensor)
  ㉠ 실린더로 들어가는 흡입 공기량을 검출하여 컴퓨터로 전달하는 일을 한다. 컴퓨터(ECU)는 이 센서에서 보내준 신호를 연산하여 연료 분사량을 결정하고, 분사신호를 인젝터에 보내어 연료를 분사시킨다.
  ㉡ 공기유량 센서의 종류에는 흡입 공기량 계측방식인 베인 방식(에어플로미터 방식), 칼만와류 방식, 열선 방식(또는 열막 방식) 등이 주로 사용되고 있다. 그리고 전자제어 기관에서 흡입하는 공기량을 추정하는 방법은 스로틀밸브 열림 각도, 흡기다기관 부압, 기관 회전속도 등이다.

📢 흡입 공기량 센서

(a) MAP 센서

(b) 칼만 볼텍스타입

(c) 핫 필름타입

(d) 베인, 메저링 플레이트타입

- 베인 방식(Vane type) : L-제트로닉 방식에서 흡입 공기량을 계측하여 컴퓨터로 보낸다. 작동은 메저링 플레이트(measuring plate, 베인)의 열림 정도를 포텐셔미터(potentiometer)에 의하여 전압비율로 검출하며, 기관의 작동이 정지된 경우에는 메저링 플레이트가 리턴 스프링의 장력에 의해 닫혀 있다.
- 칼만와류(소용돌이) 방식(karman vortex type) : 공기청정기 내부에 설치되어 흡입 공기량을 칼만와류 현상을 이용하여 측정한 후 흡입 공기량을 디지털 신호로 바꾸어 컴퓨터로 보내면 컴퓨터는 흡입 공기량의 신호와 기관 회전속도 신호를 이용하여 기본 연료 분사시간을 계측하는 체적유량 검출방식이다.
- 열막 방식(hot film type) : 센서 저항 필름과 온도센서 브리지 트리밍 저항 및 히팅저항을 0.25mm의 세라믹 기판에 층 저항으로 집적시켜 열막 센서를 형성하며, 공기청정기와 스로틀 보디사이에 두고 있다. 열막 방식의 특징은 다음과 같다.
-고도 보상이 필요 없고, 응답성이 좋다.
-가동부분이 없으며 오염도가 적다.
-가볍고, 값이 싸다.

기출PLUS

기출 2024. 2. 24. 서울시 제1회 시행

〈보기〉의 공전속도 조절장치에 해당하는 방식은?

― 보기 ―

컴퓨터로부터의 작동 펄스신호에 의해 좌우 방향으로 15° 만큼씩 단계적으로 마그네틱 로터가 일정하게 회전하여 마그네틱 축과 나사(screw)로 연결된 밸브의 길이가 변화하여 바이패스 되는 공기량을 증감시켜 공전속도를 조절하는 장치

① ISC-서보 방식
  (idle speed control servo type)
② ISA 방식
  (idle speed actuator type)
③ 스텝 모터 방식
  (step motor type)
④ 전자제어 스로틀제어 방식
  (electronic throttle control type)

◀ 정답 ③

• MAP 센서(manifold pressure sensor : 흡기다기관 절대 압력 센서) 방식 : 흡기다기관에서 스로틀밸브를 기준으로 하여 스로틀밸브의 앞쪽에는 대기압력이 작용하고, 스로틀밸브를 지나 실린더 쪽으로 가면 압력이 낮아져 부압 상태로 되며 스로틀밸브의 뒤쪽은 밸브의 열림 정도에 따라 변화한다. 이때 대기압력과 흡기다기관 절대압력과의 차이가 기관이 흡입한 공기량을 계측하는 척도로 사용된다. MAP 센서는 피에조 저항형(piezo) 센서방식이다.

② 스로틀보디(throttle body) : 에어클리너와 서지탱크 사이에 설치되어 흡입공기 통로의 일부를 형성한다. 구조는 가속페달의 조작에 연동하여 흡입공기 통로의 단면적을 변화시켜 주는 스로틀밸브, 스로틀밸브 축 일부에는 스로틀밸브의 열림 정도를 검출하여 컴퓨터로 입력시키는 스로틀위치 센서가 있다.

㉠ 스로틀위치 센서(throttle position sensor) : 스로틀보디(throttle body)의 밸브 축과 함께 회전하는 가변저항기이며, 스로틀밸브의 열림 정도(개도량)와 열림 속도를 감지한다. 스로틀위치 센서는 가속페달에 의해 저항변화가 일어나는 것으로, 감지하는 상황은 공전, 가속, 감속 등이고 운전자가 가속페달을 얼마나 밟았는지 검출하며, 스로틀밸브의 열림 정도(회전량)에 따라 출력전압이 변화한다.

㉡ 공전속도 조절기구(idle speed controller) : 각종 센서들의 신호를 근거로 하여 기관 상태를 부하에 따라 안정된 공전속도를 유지시킨다. 기관이 공전할 때 회전속도 제어를 하기 위한 신호에는 수온센서 신호, 공전신호, 부하신호 등이다. 공전속도 조절기구에는 스텝 모터방식(step motor type), 공전 액추에이터(idle speed actuator : ISA) 방식이 있다.

㉢ 액셀러레이터 포지션 센서(APS : accelerator position sensor) : 액셀러레이터 포지션 센서는 가속페달의 밟힌 양을 감지하는 센서로 액셀러레이터와 일체로 구성되어 있다. 2개의 센서가 조합된 더블 포텐시오미터 형식으로 기관 ECU는 센서 1의 신호로 연료 분사량과 분사시기를 결정하는 주된 역할을 하며 센서 2의 신호는 센서 1의 이상 신호를 감지하는 역할을 한다. 액셀러레이터 포지션 센서(APS : accelerator position sensor)는 엑셀 페달 모듈에 장착되어 있으며, 운전자의 가속의지를 ECU에 전달하여, 가속 요구량에 따른 연료량을 결정하게 하는 가장 중요한 센서이다. 액셀러레이터 포지션 센서는 신뢰도가 중요한 센서로, 주신호인 센서 1과 센서 1을 감시하는 센서 2로 구성되어 있다. 센서 1과 2는 서로 독립된 전원과 접지로 구성되어 있으며, 센서 2는 센서 1 출력의 1/2 출력을 발생하여, 센서 1과 2의 전압 비율이 일정 이상 벗어날 경우 에러로 판정된다.

액셀러레이터 포지션 센서

ⓒ **전자제어 스로틀밸브**(ETC : electronic throttle control) : 기존의 가속페달과 스로틀밸브를 케이블에 의해 기계적으로 연결한 것과는 달리 스로틀밸브를 전자적으로 모터에 의해 제어하는 시스템이다. 액셀러레이터 포지션 센서(APS : accelerator position sensor)의 신호를 2계통으로 ECU에 송부하고 전자제어 스로틀 역시 스로틀밸브를 구동하는 스로틀 모터(ETC 모터) 및 기어기구, 스로틀밸브와 스로틀 개도를 검출하는 2계통의 스로틀센서로 구성되어 있다. 보조 공기량은 모두 전자제어 스로틀로 실시해 아이들 회전수를 제어하기 때문에 아이들 회전수 제어시스템이 필요 없다. 기관 공회전 속도제어, TCS 제어, 정속주행 등의 여러 가지 기능을 하나의 모터로 제어한다.

(2) 연료계통(fuel system)

연료탱크의 연료는 연료펌프에 의하여 송출되며 연료필터, 연료 분배기로 공급된다. 연료 분배기에는 인젝터가 장착되고, 한 쪽 끝에는 연료압력 조절기가 장착된다. 연료압력 조절기는 연료압력을 흡기관 부압에 대하여 일정하게 유지시키는 작용을 하는 일종의 연료압력 조절밸브이다. 기관에 분사하는 연료량은 인젝터의 통전시간에 의하여 제어된다.

① **연료탱크**(fuel tank) : 주행에 소요되는 연료를 저장하는 것이며, 주행 중 연료의 출렁거림을 방지하기 위하여 내부에는 칸막이가 있고 운전자에게 연료 보유 상태를 알려주는 연료계 유닛이 있다. 연료탱크 내부의 부식을 방지하기 위해 아연으로 도금이 되어 있다.

기출PLUS

기출 2022. 6. 18. 경상북도 시행

전자제어 가솔린 엔진 연료펌프의 체크밸브에 대한 설명으로 옳은 것은?

① 연료압력이 낮을 때 오픈하여 압력을 제어한다.
② 연료라인에 연료가 별로 없을 때 압력을 제어하여 재시동을 용이하게 하고, 높은 연료온도에서 베이퍼록을 방지한다.
③ 연료 필터 등으로 인한 연료의 공급 끊김을 방지한다.
④ 부포의 저항값으로 연료량을 측정한다.

② **연료 파이프**(fuel pipe) : 연료장치의 각 부품을 연결하는 통로이며, 안지름 5 ~ 8mm의 구리 또는 강철 파이프이다. 파이프 이음은 연료가 누출되지 않도록 원뿔모양이나 둥근 플레어(flare)로 하고 파이프가 끼워져 있는 피팅(fitting 또는 니플)으로 조이도록 되어 있다. 또 이 피팅은 반드시 오픈 엔드 렌치(open end wrench)로 풀거나 조여야 한다.

③ **연료펌프**(fuel pump) : 전자력으로 구동되는 전동기를 사용하며, 연료탱크 내에 들어 있다. 연료의 공급량은 기관이 최대로 요구하는 양보다 더 많은 양의 연료를 계속 공급해 주어 연료계통 내의 압력을 일정한 수준으로 유지시켜서 어떤 운전조건에서도 연료의 공급부족현상이 일어나지 않도록 한다. 그리고 연료펌프 내에는 펌프 내의 압력이 높을 때 작동하여 압력상승에 따른 연료의 누출 및 파손을 방지해주는 릴리프 밸브(relief valve)와 연료펌프에서 연료의 압송이 정지되었을 때 곧바로 닫혀 연료계통 내의 잔압을 유지시켜 높은 온도에서 베이퍼 록(vapor lock)을 방지하고, 재시동성을 높이기 위해 체크 밸브(check valve)를 두고 있다.

④ **연료 분배 파이프**(delivery pipe) : 각 인젝터에 동일한 분사압력이 되도록 하며, 연료저장 기능을 지니고 있다. 분배 파이프의 체적은 인젝터에서 분사되는 연료 공급량에 비례하므로 분사에 따른 파이프 내부 압력변동이 없도록 한다. 그리고 이 파이프에 각 인젝터들이 연결되어 있어 각각의 인젝터에 동일한 분사압력이 되게 할 수 있으며, 인젝터 설치도 쉽도록 해준다.

⑤ **연료 압력조절기**(fuel pressure regulator) : 흡기다기관의 부압을 이용하여 연료계통 내의 압력을 조절해주는 것으로 분배 파이프 앞 끝에 설치되어 있다. 즉 연료계통 내의 압력을 2 ~ 3kgf/cm^{2}로 유지시켜 주는 다이어프램 조절의 오버플로(over flow)형식이다. 연료계통 내의 압력이 규정값 이상 되면 다이어프램에 의해 조절되는 밸브가 열려 연료 출구 포트를 연다. 이에 따라 규정압력 이상의 연료는 밸브를 통하여 연료탱크로 되돌아간다.

⑥ **인젝터**(injector) : 각 실린더의 흡입밸브 앞쪽(흡기다기관)에 1개씩 설치되어 각 실린더에 연료를 분사하는 솔레노이드 밸브이다. 인젝터는 컴퓨터로부터의 전기적 신호에 의해 작동하며, 그 구조는 밸브 보디와 플런저(plunger)가 설치된 니들 밸브로 되어 있다. 솔레노이드 코일에 전류가 흐르지 않을 경우 니들 밸브는 스프링의 장력에 의해 밸브 시트에 밀착되어 연료의 분사를 차단하고, 솔레노이드 코일에 전류가 흐르면 솔레노이드 코일이 니들 밸브를 들어 올려 연료가 원통형의 분사구멍에서 분사된다. 인젝터의 분사각도는 10 ~ 40°정도이며, 분사시간은 1 ~ 1.5ms(ms = 1/1,000sec), 분사압력은 2 ~ 3kgf/cm^{2}이다.

정답 ①

(3) 제어계통(control system)

① **컴퓨터(ECU)의 구성** : 기억장치, 중앙처리장치, 입력 및 출력장치, A/D변환기, 연산부분으로 구성되어 있다.

　㉠ **기억장치**(memory)

　　• ROM(read only memory : 영구 기억장치) : 읽기 전용의 기억장치이며, 전원을 차단하더라도 기억 내용이 지워지지 않는다.

　　• RAM(random access memory : 일시 기억장치) : 각종 센서들로부터 입력되는 데이터를 일시 저장하는 기억장치이며, 전원을 차단하면 기억되어 있던 데이터가 소멸된다.

　㉡ **중앙처리장치**(CPU) : 연산장치, 주기억장치, 제어장치 등의 3가지로 구성되어 있으며, 기억장치에서 읽어 들인 프로그램 및 각종 센서들로부터의 입력된 데이터를 일시 저장하며, 산술연산이나 논리연산 및 판정을 실행하는 부분이다.

　㉢ **입력 및 출력장치** : 입력장치는 각종 센서들로부터 검출된 신호를 받아들이는 부분이며, 센서의 신호를 처리하여 컴퓨터로 입력시킨다. 그리고 출력장치는 산술 및 논리 연산된 데이터를 액추에이터(ISC-서보, 인젝터, 에어컨 릴레이 등)에 제어신호를 보낸다.

> 🐾 **Plus tip**
>
> 엔진 ECU로 입력되는 신호
> ㉠ 흡기온도센서 : 흡입된 공기의 온도를 측정하여 그 정보를 송출한다.
> ㉡ 수온센서 : 냉각 장치의 냉각수온도를 측정하여 엔진 온도가 연소에 영향을 끼치는 부분을 판단한다.
> ㉢ 노크센서 : 연소 후 이상연소를 알아채면서 연료 분사나 점화시기를 조정하는 정보를 준다.
> ㉣ 산소센서 : 배기가스 내 산소농도를 알아내어 엔진 연소상태를 판단한다.
> ㉤ 악세레타 포지션 센서 : 가속 페달의 밟기 각도에 따라 운전자의 요구속도를 판단한다.
> ㉥ 크랭크 포지션 센서 : 크랭크 축의 회전 각도를 측정하여 연료 분사시기나 점화시기의 정보를 판단한다.
> ㉦ 캠 포지션 센서 : 캠 축의 회전 각도를 측정하여 열료 분사시기와 점화시기의 정보를 판단한다.
> ㉧ 에어플로미터 : 공기유량을 파악하여 연료 분사량제어의 기본 정보를 입력한다.
> ㉨ 스로틀 포지션 센서 : 스로틀 밸브의 개도량을 엑셀러레이터 포지션 센서에 따라 결정하고 운전자의 의사 정보를 판단한다.

　㉣ **A/D변환기**(analog & digital convertor) : 아날로그 신호를 중앙처리장치에서 디지털 신호로 변환시키는 부분이다.

전자제어 엔진의 ECU에서 입력신호에 해당하지 않는 것은?

① 냉각수온 센서 신호
② 흡기 온도 센서 신호
③ 스로틀 포지션 센서 신호
④ 인젝터 신호

자동차의 전자제어 연료분사장치 ECU(Engine Control Unit)를 인지할 수 없는 것은?

① 냉각수 온도 신호를 모니터링
② 크랭크 각을 모니터링
③ 흡입 공기 온도를 모니터링
④ 인젝터를 모니터링

전자제어장치 ECU(Electronic Control Unit)에 대한 설명으로 틀린 것은?

① 엔진의 상태를 센서에 의하여 검출하고, 노킹으로부터 엔진을 보호하도록 점화 타이밍을 조절해 준다.
② 엔진의 파워, 토크, 연비에 영향을 미친다.
③ 차량의 평균속도를 제어하고, 차간거리 최소화에 영향을 미친다.
④ 운전자의 주행방식을 분석하고, 최적화된 운행에 도움을 준다.

📖 **정답** ④, ④, ③

기출PLUS

     ⓜ **연산부분** : 중앙처리장치 내에서 연산이 되는 가장 중요한 부분이며, 컴퓨터의 연산은 출력이 되는 다른 것과 비교하여 결론을 내리는 방식이다. 즉 스위치의 ON-OFF를 0 또는 1로 나타내는 2진법과, 0에서 9까지의 수치로 나타내는 10진법으로 계산한다.

② **기관 컴퓨터**(ECU ; Engine Control Unit)**의 제어** : 컴퓨터에 의한 제어는 분사시기 제어와 분사량 제어로 나누어진다. 분사시기 제어는 점화코일의 점화신호(또는 크랭크각 센서의 신호)와 흡입 공기량 신호를 자료로 기본 분사시간을 만들고 동시에 각 센서로부터의 신호를 자료로 분사시간을 보정하여 인젝터를 작동시키는 최종적인 분사시간을 결정한다.

    ⓐ **분사시기 제어**

- 동기분사(synchronized or sequential injection) : 점화순서에 따라 각 실린더의 흡입행정(배기행정 말)에 맞추어 연료를 분사하는 방식이다.
- 그룹분사(group injection) : 흡입행정이 서로 이웃하고 있는 실린더를 그룹별로 묶어서 연료를 분사하는 방식이다.
- 일반적으로 6실린더 기관에 적용하며 2실린더씩 묶어서 분사하면 3그룹 분사, 3실린더씩 묶어서 분사하면 2그룹 분사방식이 된다.
- 동시분사(simultaneous injection) : 전 실린더에 대하여 크랭크축 매 회전마다 1회씩 일제히 분사하는 것을 말하며 시동 시나 급가속 시에 동시분사를 행한다.

    ⓑ **연료 분사량 제어** : 크랭크 각 센서 또는 캠축 센서의 신호를 기초로 회전속도 신호를 만들고, 이 신호와 흡입 공기량 신호에 의해 기본 분사량 제어, 기관을 크랭킹할 때의 분사량 제어, 기관 시동 후 분사량 제어, 냉각수 온도에 따른 제어, 흡기온도에 따른 제어, 축전지 전압에 따른 제어, 가속할 때의 분사량 제어, 기관의 출력을 증가할 때의 분사량 제어, 감속할 때 연료분사 차단(대시포트 제어)제어를 한다.

    ⓒ **피드백 제어**(feed back control) : 촉매컨버터가 가장 양호한 정화능력을 발휘하는데 필요한 혼합비인 이론 혼합비(14.7 : 1) 부근으로 정확히 유지하여야 한다. 이를 위해서 배기다기관에 설치한 산소센서로 배기가스 중의 산소농도를 검출하고 이것을 컴퓨터로 피드백(feed back)시켜 연료 분사량을 증감해 항상 이론 혼합비가 되도록 제어한다. 피드백 보정은 운전성능, 안전성능을 확보하기 위해 다음과 같은 경우에는 제어를 정지한다.

- 냉각수 온도가 낮을 때
- 기관을 시동할 때
- 기관 시동 후 분사량을 증가시킬 때

기출 2016. 10. 1. 경상남도 시행

다음 중 대시포트의 기능을 설명한 것으로 맞는 것은?

① 연료의 비등을 방지하기 위해 여분의 가솔린을 연료계통에 되돌리는 파이프나 밸브를 말한다.
② 엔진이 정지하였을 때 연료가 탱크로 리턴 되는 것을 방지하여 잔압 유지 및 재시동성을 향상시킨다.
③ 급 감속 시 연료차단과 함께 스로틀 밸브가 급격하게 닫힘을 방지하여 회전속도저하를 완만히 하거나 급감속 시 충격을 완화한다.
④ 연료 펌프라인에 고압이 걸릴 경우 연료의 누출이나 연료배관이 파손되는 것을 방지하는 일종의 안전밸브이다.

‹ 정답 ③

- 기관의 출력을 증가시킬 때
- 연료공급을 일시 차단할 때(농후 신호가 길게 지속될 때)

② 점화시기 제어 : 파워 트랜지스터로 컴퓨터에서 공급되는 신호에 의해 점화코일 1차 전류를 ON-OFF시켜 제어한다.

⑩ 연료펌프 제어 : 점화스위치가 시동(St) 위치에 놓이면 축전지 전류는 컨트롤 릴레이를 통하여 연료펌프로 흐른다. 기관 작동 중에는 컴퓨터가 연료펌프 제어 트랜지스터를 ON으로 유지하여 컨트롤 릴레이 코일을 여자시켜 축전지 전원이 연료펌프로 공급된다.

⑭ 공전속도 제어 : 에어컨스위치가 ON이 되거나 자동변속기가 N레인지에서 D레인지로 변속될 때 등 부하에 따라 공전속도를 컴퓨터의 신호에 의해 공전속도 조절 기구를 확장위치로 회전시켜 규정 회전속도까지 증가시킨다.

⑭ 노크(knock) 제어장치 : 기관에서 발생하는 노크를 노크센서로 감지하여 점화시기를 늦추어 더 이상 노크가 일어나지 않도록 한다.

⑮ 자기진단 기능 : 컴퓨터는 기관의 여러 부분에 입·출력 신호를 보내게 되는데 비정상적인 신호가 처음 보내질 때부터 특정시간 이상이 지나면 컴퓨터는 비정상이 발생한 것으로 판단하고 고장코드를 기억한 후 신호를 자기진단 출력단자와 계기판의 기관 점검 등으로 보낸다.

(4) 기관 제어용 센서

기관의 기본적인 입력은 공기와 연료이며, 출력은 기계적 구동력과 배기가스의 배출이 된다. 센서는 기관에서 발생하는 물리변수를 측정하고, 그 값은 신호처리기를 통하여 제어기(ECU)에 전기적 신호로 보내진다.

① 온도 검출용 센서(temperature sensor)

ⓐ 흡입 공기 온도 센서(ATS ; air temperature sensor) : 기관에 흡입되는 공기의 질량은 온도에 따라 변하므로 흡기 온도 센서는 흡입되는 공기의 온도를 검출하는 것으로 부특성(NTC ; negative temperature coefficient) 서미스터(thermister)로 되어 있다. 흡입 공기 온도에 대한 분사량의 보정을 행한다.

ⓑ 냉각수온 센서(WTS ; water temperature sensor) : 실린더 블록 또는 써모스탯 입구의 냉각수 통로에 설치되며 냉각수의 온도를 검출하여 온도가 상승하면 저항값이 작아지고, 온도가 내려가면 저항값이 커지는 부특성 서미스터(NTC thermister)로 일종의 저항기이다. 기관의 냉각수온 변화에 따른 연료 분사량의 증감 및 점화시기를 보정하는데 사용한다.

② 압력 검출용 센서(pressure sensor)

- ㉠ 대기 압력 센서(BPS ; barometric pressure sensor) : 고도(高度)가 높아짐에 따라 공기밀도가 낮아지므로 피에조 압전효과(piezo electric effect)에 의해 스트레인 게이지(strain gauge)의 저항치가 압력에 비례해서 변화하므로 이 압력변화를 출력전압으로 절대압력을 측정하여 고도 또는 기후에 따라 변화하는 공기의 밀도를 보정하는데 사용한다.

- ㉡ 부스트 압력 센서(BPS ; boost pressure sensor) : 인터쿨러 출력 파이프 상단에 장착되어 있으며, 터보차저에서 과급된 흡입공기의 압력을 측정하는 역할을 한다.

- ㉢ 연료탱크 압력 센서(FTPS ; fuel tank pressure sensor) : 증발가스 제어시스템의 구성요소로서, 연료탱크, 연료펌프 또는 캐니스터 등에 장착되어 있으며, 퍼지 컨트롤 솔레노이드밸브(PCSV) 작동상태와 증발가스 제어시스템의 누기 여부를 점검하는 역할을 한다.

③ 위치 및 회전각 센서

- ㉠ 스로틀 포지션 센서(TPS ; throttle position sensor) : 스로틀밸브의 열림 정도를 검출하여 공회전, 가감속 등의 기관 운전조건을 판정하여 분사량을 결정한다.

- ㉡ 액셀러레이터 포지션 센서(APS ; accelerator position sensor) : 액셀러레이터 포지션 센서는 가속페달의 밟힌 양을 감지하는 센서로 액셀러레이터와 일체로 구성되어 있다. 2개의 센서가 조합된 더블 포텐시오미터 형식으로 기관 ECU는 센서 1의 신호로 연료 분사량과 분사시기를 결정하는 주된 역할을 하며 센서 2의 신호는 센서 1의 이상 신호를 감지하는 역할을 한다.

- ㉢ 크랭크각 센서(CAS ; crank angle sensor) : 기관의 점화시기를 제어하기 위해서는 피스톤의 위치를 알아야 하는데 크랭크각과 피스톤의 변위는 서로 상관관계가 있으므로 크랭크 각도를 검출하면 피스톤의 위치를 알 수 있다. 그리고 점화시기는 적어도 크랭크 각 $1°$ 단위의 정도를 요구한다. 일반적으로 CAS는 점화시기의 기준인 크랭크각과 함께 회전수의 검출도 병행하고 있다. 크랭크각 센서는 기관 회전속도 및 크랭크각의 위치를 감지하여 연료분사시기 및 연료분사시간과 점화시기 등의 기준 신호를 제공한다.

- ㉣ 캠축 포지션 센서(CMP ; cam shaft position sensor & No. 1 TDC sensor) : 1번 실린더의 압축행정 상사점을 감지하는 것으로 각 실린더를 판별하여 연료분사 및 점화순서를 결정하는데 사용한다.

단위 시간당 기관 회전수를 검출하여 1사이클당 흡입 공기량을 구할 수 있게 하는 센서는?

① 크랭크 각 센서
② 스로틀 위치 센서
③ 공기 유량 센서
④ 산소 센서

〈정답 ①

④ **산소 센서**(O_2 sensor, lambda sensor) : 혼합비를 이론 공연비($14.6 \sim 14.7$) 부근으로 정밀제어(공연비 feed back control : closed loop)하기 위해 배기가스 중의 산소농도를 감지하여 출력전압을 ECU로 전송한다. 이를 공연비 피드백제어 또는 람다제어(λ-control)라 한다. 산소 센서는 배기가스 중의 산소농도에 따라 전압이 발생하는 일종의 화학적 전압 발생 장치이다. 즉, 산소 센서는 배기가스 중의 산소농도와 대기 중의 산소농도 차이에 따라 출력전압이 급격히 변화하는 성질을 이용하여 피드백 기준신호를 컴퓨터로 공급해 준다. 이때 출력전압은 혼합비가 희박할 때는 약 0.1V, 혼합비가 농후하면 약 0.9V의 전압을 발생시킨다. 특히 이와 같은 변화가 이론 공연비를 중심으로 급격하게 나타나므로 산소 센서는 공연비 제어에 매우 유리한 점을 지니고 있다. 일반적으로 기관 제어장치에서 산소 센서가 갖추어야 할 조건은 다음과 같다.

㉠ 이론 공연비에서 전압의 급격한 변화가 있을 것

㉡ 배기가스 내 산소 변화에 따른 신속한 출력전압 변화가 있을 것

㉢ 농후·희박 사이의 큰 차이가 있을 것

㉣ 배기가스의 온도변화에 대하여 안정된 전압을 유지할 것 산소 센서가 정상적으로 작동하기 위해서는 센서 팁 부분의 온도가 일정온도(통상 370℃) 이상으로 유지되어야 하는데, 이를 위하여 센서 내부에는 듀티 제어형식의 히터가 내장되어 있다. 이는 배기가스 온도가 일정 온도보다 낮을 경우, 센서가 정상적으로 작동하도록 센서 팁 부분의 온도를 일정 온도 이상으로 가열하는 역할을 한다.

⑤ **노크 센서**(knock sensor)

㉠ 화염 면이 정상적으로 도달되기 전에 부분적으로 자기 착화(self ignition)에 의해 급격하게 연소가 이루어지는 경우가 있다. 이 비정상적인 연소에 의해 발생하는 급격한 압력상승 때문에 실린더 내의 가스가 진동하여 충격적인 타음을 발생시키게 되며 이 현상을 노크 또는 노킹(knock or knocking)이라 한다.

기출 2021. 4. 10. 대구광역시 시행

엔진에 흡입되는 공기량을 검출하기 위한 센서로 옳은 것은?

① O_2 센서
② TPS
③ ISC
④ AFS

◀ 정답 ④

ⓒ 노크 센서(KS ; knock sensor)는 실린더 블록 측면에 장착되어 있으며, 노킹 발생시 진동을 감지하여 ECU로 전달하는 역할을 한다.

⑥ **차속 센서**(speed sensor) : 변속기 하우징이나 계기판 내에 장착되어 차속을 검출하는 센서로 컴퓨터에 입력하여 연료 분사량 조절 및 계기판에 알려주는 기능을 하며 차속 센서에는 리드 스위치식 차속 센서, 광전식 차속 센서(전자미터 차량), 전자식 차속 센서가 있다.

08 LPG, LPI, CNG 연료장치

❶ 개념

(1) LPG(Liquefied Petroleum Gas)의 개요

① LPG란 가스전 또는 유전으로부터 분리 추출되거나 원유의 정제 과정에서 생산되는 기체상의 탄화수소를 액화시킨 혼합물로서, 프로판(Propane)과 부탄(Butane)제품으로 구분하여 사용한다.

> 🎗 **Plus tip**
>
> **프로판과 부탄**
> ⓐ 프로판 : 소량의 메탄, 에탄, 부탄 등이 혼합 되어 있으며, 주로 가정의 취사·난방, 석유화학 원료로 사용되며 도시가스 원료로도 공급된다.
> ⓑ 부탄 : 부탄성분이 대부분을 차지하며, 자동차 연료로 사용되며 난방용 연료 및 산업용으로도 사용된다.

② 주성분
   ⓐ 프로판(propane) : 47 ~ 50%
   ⓑ 부탄(butane) : 36 ~ 42%
   ⓒ 오리핀 : 8%

③ 성질
   ⓐ 순수한 LPG는 색깔과 냄새가 없으며 많은 양을 유입하면 마취되는 수가 있다.
   ⓑ 냉각이나 가압에 의해 쉽게 액화하고 반대로 가압이나 감압에 의해 기화하는 성질이 있다.

ⓒ 기화된 LPG는 공기보다 약 1.5~2.0배 정도 무겁고 액체상태에서는 물보다 0.5배 가볍다.

ⓔ 연소시 공기량이 부족하면 불완전연소로 일산화탄소를 발생시킨다.

ⓜ 저위발열량은 12,000kcal/kgf이다.

④ 자동차용 연료로 사용되는 LPG는 가스누출의 위험을 방지하기 위하여 착취제(유기황, 질소, 산소화합물 등)를 첨가하여 특이한 냄새가 나도록 하고 있다.

(2) LPG 연료장치

① **계절에 따른 혼합비율** : 최근에는 계절에 따라 LPG의 혼합비율을 조절한다.
  ㉠ 겨울철에는 기관의 시동성능을 향상시키기 위해 프로판 30%와 부탄 70%의 혼합가스를 사용한다.
  ㉡ 여름철에는 출력을 향상시키기 위하여 부탄 100%인 가스를 사용한다.

② LPG기관의 연료계통은 봄베(bombe : 연료탱크)에서 액체 LPG로 나와 여과기에서 여과된 후 솔레노이드 밸브를 거쳐 베이퍼라이저(vaporizer)로 들어간다. 여기서 압력이 감소된 후 기체 LPG(liquefied petroleum gas)로 되어 가스믹서(mixer)에서 공기와 혼합되어 실린더 내로 들어간다.

> ☆ **Plus tip**
> **LPG자동차의 연료공급 순서**
> LPG봄베 → 솔레노이드 밸브 → 여과기 → 프리히터 → 베이퍼라이저 → 믹서

(3) LPI 연료장치

① LPI(liquid petroleum injection)장치는 LPG를 고압의 액체상태(5~15bar)로 유지하면서 기관 ECU(컴퓨터)에 의해 제어되는 인젝터를 통하여 각 실린더로 분사하는 방식이다. 즉, LPG가 각각의 실린더에 독립적으로 공급 제어되는 방식이다.

② 가스믹서 형식의 LPG 연료장치에 비하여 성능, 연료소비율, 저온 시동성능, 역화, 타르발생 등을 개선할 수 있으며, 매우 정밀한 LPG 공급량 제어로 유해 배기가스를 감소시킬 수 있다.

③ 액체상태의 LPG를 분사하므로 가스믹서 형식의 구성부품인 베이퍼라이저나 믹서 등의 부품이 필요 없으며, 새롭게 사용되는 구성부품으로는 고압 인젝터, 봄베 내장형 연료펌프, 특수재질의 연료 파이프, LPI 전용 ECU, 연료압력 조절기(레귤레이터) 등이 필요하다.

기출PLUS

기출 2024. 6. 22. 서울시 제2회 시행

기존 LPG엔진에 비해 LPI엔진이 가지는 특징에 대한 설명으로 가장 옳지 않은 것은?

① 겨울철 고질적인 냉간시동문제를 개선하였다.
② 가솔린 엔진과 비슷한 수준의 동력성능을 발휘한다.
③ 정밀한 연료제어로 유해 배기가스의 배출이 적다.
④ 인젝터를 이용하여 연료를 고압기상 분사하여 연소특성을 개선하였다.

기출 2022. 6. 18. 대전시 시행

LPI 연료장치의 설명으로 옳지 않은 것은?

① 여름철에는 부탄을 30% 정도 함량한다.
② 안전을 위해 탱크용량의 85%가 넘지 않게 충전한다.
③ LPG가 과도하게 흐르면 밸브가 닫혀 유출을 방지하는 과류방지밸브가 설치되어 있다.
④ 기화잠열에 의한 수분의 빙결현상을 방지하는 아이싱 팁이 설치되어 있다.

〈 정답 ④, ①

2 LPG 기관

(1) LPG 기관의 장점 및 단점

① 장점

  ㉠ 연소 효율이 좋으며, 기관이 정숙하다.

  ㉡ 경제성이 좋다.

  ㉢ 기관 오일의 수명이 길다.

  ㉣ 대기 오염이 적고 위생적이다.

  ㉤ 퍼컬레이션이나 베이퍼 록 현상이 없다.

  ㉥ 연소실에 카본의 부착이 없어 점화플러그의 수명이 길다.

  ㉦ 황 성분이 적어 연소 후 배기가스에 의한 금속의 부식 및 기관, 머플러의 손상이 적다.

② 단점

  ㉠ 겨울철 기관의 시동이 어렵다.

  ㉡ 베이퍼라이저 내의 타르나 고무와 같은 물질을 수시로 배출해야 한다.

  ㉢ 연료의 취급과 절차가 번거롭다.

  ㉣ 장기간 정차 후 기관 시동이 어렵다.

(2) LPG 기관의 연료계통

① LPG 봄베(LPG bombe) : LPG를 보관할 수 있는 고압용기이다. 봄베는 충전밸브(녹색), 기체 송출밸브(황색), 액체 송출밸브(적색) 등 3가지의 밸브와 충전량 지시 장치인 액면 표시계와 플로트 게이지가 있다. 충전량은 안전을 위하여 봄베 용량의 85%까지만 충전하도록 한다.

② 솔레노이드 밸브(solenoid valve) : 기관의 온도(15℃)에 따라서 액체나 기체 상태의 연료를 공급 또는 차단하며, 전기적인 신호로 제어되는 일종의 전자석이다. LPG 여과기는 솔레노이드 밸브 아래에 장착되어 연료 내의 불순물을 제거한다.

③ 베이퍼라이저(vaporizer) : 액체를 기체로 변환하여 믹서로 공급하는 역할을 한다. 베이퍼라이저의 LPG는 액체에서 기체로 바뀔 때 주위에서 열을 빼앗아(증발 잠열) 온도가 낮아지기 때문에 베이퍼라이저의 밸브를 동결시켜 기관을 정지시킬 수 있다. 이를 방지하기 위해서 베이퍼라이저에는 냉각수 통로를 설치하여 냉각수의 순환으로 열을 공급시키고 봄베에 있는 높은 압력의 가스를 감압시켜 주도록 되어 있다.

○ **1차실의 기능**

- 고압의 LPG는 배출량이 커 공연비가 농후함으로 1차 압력 조정기구를 통해 0.3kgf/cm^2으로 압력을 낮추고 있다.
- 1차실에는 1차실의 압력을 0.3kgf/cm^2으로 일정하게 유지시키기 위한 밸런스 다이어프램과 밸런스 로드가 있으며 밸런스 다이어프램의 압력상승 시 밸런스 로드를 통해 1차 레버를 올려주면 1차 밸브는 닫히는 방향으로 작동하여 LPG 통로를 좁혀준다.

○ **2차실의 기능** : 1차실에서 낮아진 LPG의 압력을 2차 밸브와 밸브시트 사이에서 2차실로 유입시켜 대기압력으로 낮추는 작용을 하며, 기관 가동 시 진공에 의해 2차 다이어프램과 2차 밸브 레버가 상승하여 2차 밸브를 열어 LPG 가스가 유입된다.

④ **LPG 믹서(Mixer)** : 공기와 가스를 혼합시켜 주는 장치로서 전기장치나 에어컨 등을 사용하여 기관부하가 증가하면 이를 보상해주는 장치도 같이 장착된다.

❸ LPI 장치

(1) 장점

① 겨울철 시동성능이 향상된다.

② 정밀한 LPG 공급량의 제어로 배출가스 규제 대응에 유리하다.

③ 고압 액체상태로 연료가 인젝터에서 분사되므로 타르 생성 및 역화발생의 문제점을 개선할 수 있다.

④ 가솔린기관과 같은 수준의 출력성능을 발휘한다.

(2) LPI 연료공급장치의 구성과 작용

① **봄베(bombe)**

○ **봄베(연료탱크)** : LPG를 저장하는 탱크이며, 연료펌프를 내장하고 있다.

○ **연료펌프 드라이버** : IFB(인터페이스 박스)의 신호를 받아 펌프를 구동하기 위한 모듈이다.

○ **멀티 밸브** : 송출 밸브, 수동 밸브, 연료차단 솔레노이드 밸브, 과류 방지 밸브 등으로 구성되어 있다.

○ **충전 밸브** : LPG를 충전하기 위한 밸브이다.

○ **유량계** : 봄베 내의 LPG 보유량을 표시한다.

기출 PLUS

기출 2022. 6. 18. 울산시 시행

다음 중 LPI 기관의 연료압력조절 유닛의 구성으로 옳게 짝지어진 것은?

┌─ 보기 ─────────────┐
│ ○ 압력센서   ○ 유압센서 │
│ ○ 온도센서   ○ 차속센서 │
└────────────────────┘

① ○, ○   ② ○, ○
③ ○, ○   ④ ○, ○

◀정답 ②

② **연료펌프**

　㉠ 봄베 내에 들어있으며, 봄베 내의 액체상태의 LPG를 인젝터로 압송하는 작용을 한다. 연료펌프는 필터, 모터 및 양정형 펌프로 구성된 연료펌프 유닛과 연료차단 솔레노이드 밸브, 수동 밸브, 릴리프 밸브, 리턴 밸브 및 과류 방지 밸브로 구성된 멀티 밸브 유닛으로 구성되어 있다.

　㉡ 연료펌프는 모터 부분과 양정형 펌프 부분으로 구성되어 있으며, 체크 밸브, 릴리프 밸브 및 필터가 결합되어 있다. 그리고 봄베 내의 LPG에 잠겨져 있기 때문에 작동소음 및 베이퍼 록를 억제할 수 있다.

③ **연료차단 솔레노이드 밸브** : 멀티 밸브에 설치되어 있으며, 기관 시동을 ON/OFF할 때 작동하는 ON/OFF 방식이며, 시동을 OFF로 하면 봄베와 인젝터 사이의 연료라인을 차단하는 작용을 한다.

④ **과류 방지 밸브** : 자동차 사고 등으로 인하여 LPG 공급라인이 파손되었을 때 봄베로부터 LPG 송출을 차단하여 LPG 방출로 인한 위험을 방지하는 작용을 한다.

⑤ **수동 밸브**(액체상태 LPG 송출 밸브) : 장기간 동안 자동차를 운행하지 않을 경우 수동으로 LPG 공급라인을 차단할 수 있도록 한다.

⑥ **릴리프 밸브** : LPG 공급라인의 압력을 액체상태로 유지시켜, 열간 재시동 성능을 개선시키는 작용을 하며, 입구에 연결되는 판과 스프링장력에 의해 LPG 압력이 20 ± 2bar에 도달하면 봄베로 LPG를 복귀시킨다.

⑦ **인젝터**(injector)**와 아이싱 팁**(icing tip)

　㉠ **인젝터**(injector) : 인젝터 니들 밸브가 열리면 연료압력 조절기를 통하여 공급된 높은 압력의 LPG는 연료 파이프의 압력에 의해 분사된다. 이때 분사량 조절은 인젝터의 출구 면적이 일정하기 때문에 인젝터 통전시간 제어를 통하여 이루어지며, 이것은 LPG 공급압력을 감지한 IFB(인터페이스 박스)에 의해 제어된다.

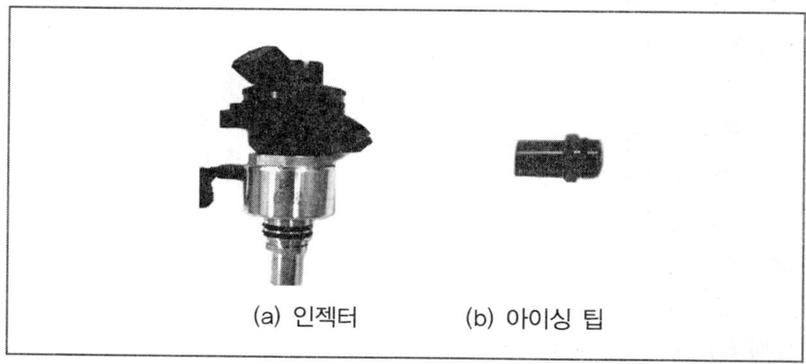

(a) 인젝터　　　(b) 아이싱 팁

   ⓛ **아이싱 팁**(icing tip) : LPG 분사 후 발생하는 기화 잠열로 인하여 주위 수분이 빙결을 형성하는데 이로 인한 기관 성능 저하를 방지하기 위해 아이싱 팁을 사용한다. 아이싱 팁은 열 전도성이 좋은 황동 재질을 사용한다. 재질의 차이를 이용하여 얼음의 결속력을 저하시켜 얼음의 생성을 방지하는 작용을 한다.

⑧ **연료압력 조절기** : 봄베에서 송출된 높은 압력의 LPG를 다이어프램과 스프링의 균형을 이용하여 LPG 공급라인 내의 압력을 항상 5bar로 유지시키는 작용을 한다. 또 연료압력 조절기 이외에 분사량을 보상하기 위한 가스 압력 측정 센서, 가스 온도 측정 센서 및 연료차단 솔레노이드 밸브를 내장하고 있어 LPG 공급라인의 공급 및 차단을 제어하는 작용을 한다.

   ㉠ **연료압력 조절기의 구성부품**
  - **연료압력 조절기** : LPG 공급압력을 조절하며, 펌프 압력보다 항상 5bar 이상이 되도록 한다.
  - **가스 온도 센서** : 온도에 따른 LPG 공급량 보정신호로 사용되며, LPG 성분 비율을 판정할 수 있는 신호로도 사용된다.
  - **가스 압력 센서** : LPG 공급압력 변화에 따른 LPG 공급량 보정 신호로 사용되며, 기관을 시동할 때 연료펌프 구동시간 제어에도 영향을 준다.
  - **연료차단 솔레노이드 밸브** : LPG 공급을 차단하기 위한 밸브이며, 점화스위치(key)를 OFF로 하면 LPG공급을 차단한다.

   ㉡ **연료압력 조절기의 작동원리** : 연료압력 조절기는 봄베 내의 압력 변화에 대하여 분사량을 일정하게 유지하는 작용을 하며, 인젝터 내에 걸리는 LPG의 공급압력을 봄베의 압력보다 항상 5bar 정도 높도록 조정한다. 연료압력 조절기의 스프링 실(spring chamber)은 출구 쪽 압력과 연결되어 있어 항상 봄베의 압력이 형성되며, LPG 공급압력이 규정값을 초과하면 다이어프램이 밀려 올라가게 되고, 이때 LPG는 리턴라인을 거쳐 봄베로 복귀한다.

⑨ **연료필터** : LPI 차량의 경우 LPG기관 시스템보다 흡기내 카본 슬러지가 많이 퇴적되며 인젝터의 오염도 상당히 심해지고 고장도 자주 발생되어 시동성 및 연비, 출력에 영향을 미치므로 연료중의 슬러지를 걸러 준다.

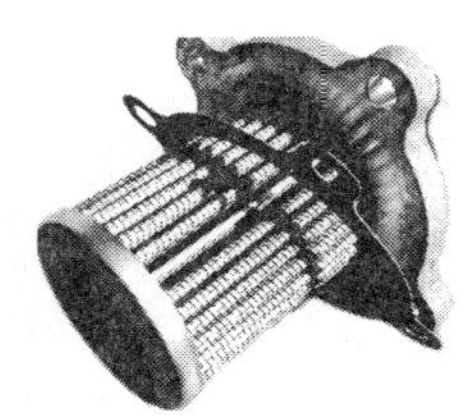

연료필터

④ CNG 연료장치

(1) 가스 충전 밸브(가스 주입구)

가스를 충전시 사용하는 밸브로 충전 밸브에는 체크 밸브가 연결되어 고압가스 충전시 역류를 방지하는 기능을 한다.

(2) 가스 압력계

가스탱크 내의 연료량을 압력으로 표시하며 탱크 잔류압력 1MPa 이하에서는 기관 출력부족 현상이 발생하며 3.0MPa 이하에서는 재충전을 실시하여야 한다. CNG 가스탱크 완충 압력은 약 207bar(= 3,000psi = 201kgf/cm^2 = 20.7MPa)이며 연료가 기체상태인 관계로 가스탱크의 온도에 따라 압력이 변화된다.

(3) 체크 밸브

가스 충전 밸브 연결부 뒤쪽에 설치되어 고압가스 충전시 역류를 방지한다.

(4) GFI 솔레노이드 밸브(용기 밸브)

시동 KEY ON/OFF 상태에 따라 가스용기에서 기관으로 공급되는 가스를 공급 및 차단하는 역할을 하며 시동 KEY "ON" 상태로 5초 내에 RPM 신호가 ECU에 입력되지 않으면 자동으로 밸브가 닫힌다.

(5) 기계식 수동 밸브(용기밸브)

가스용기에서 기관으로 공급되는 가스를 공급 및 차단하는 밸브로 각각의 용기에 설치되고, 수동으로 밸브를 열고 닫는다.

(6) PRD(pressure relief device) 밸브

화재로 인해 용기의 파열이 발생할 우려가 있을 경우 PRD 밸브의 가용전(연납)이 녹으면서 가스를 방출하여 용기의 파열을 예방한다.

(7) 수동 차단 밸브

기관 정비시 기관 배관에 남아있는 가스를 제거할 때 사용한다. 수동 차단 밸브를 잠그고 기관 시동을 걸어 기관 측 배관 내의 잔류가스가 제거되면 기관은 자동으로 정지된다.

⑻ 가스 필터

수동 차단 밸브의 파이프라인에 설치되며, 가스 내의 불순물을 여과하여 불순물이 기관에 공급되는 것을 방지한다. 가스 필터 점검 또는 교환 시에는 반드시 수동 차단 밸브를 잠그고 기관이 정지된 후 작업해야 하며, 가스 필터 관리 주기는 점검은 약 5,000km마다. 교환은 20,000km마다 한다.

⑼ CNG탱크 온도 센서(NGTTS : natural gas tank temperature sensor)

부특성 서미스터로 탱크 위에 설치되어 있으며 탱크 속의 연료 온도를 측정한다. 연료온도는 연료를 구동하기 위해 탱크 내의 압력 센서와 함께 사용된다.

⑽ 고압 차단 밸브(high pressure lock-off valve)

가스 필터와 가스 압력조정기 사이에 설치되며 가스탱크에서 기관에 공급되는 압축 천연가스를 과다한 압력 및 누기 발생시 차량과 기관을 보호하기 위하여 고압 가스라인을 차단하는 안전밸브이다. 시동키 "ON/OFF" 시 동시에 열리고 닫힌다(전원 공급시 플런저가 상향운동으로 밸브 개방 및 폐쇄). 밸브가 열리면 가스탱크로부터 고압의 가스가 연료라인을 따라 가스 압력 조정기로 공급된다. 연료공급압력은 3.0 ~ 20.7MPa로 매우 높은 압력이다.

⑾ 가스 압력 조정기(gas pressure regulator)

① 고압 차단 밸브로부터 공급되는 고압의 가스를 0.62MPa로 감압시켜 감압시 압력팽창에 의한 온도저하 및 동파방지를 위해서 기관의 냉각수가 유입된다. 가스 압력 조정기 바디에 가스탱크 압력 센서가 장착되어 있어 가스탱크의 가스 압력 검출이 가능하며, 이 검출된 값이 계기판의 연료게이지에 표시된다.

② 가스 압력 조정기의 가스 출구 측에는 과도압력조절장치(PRD)가 장착되어 있어 가스 출구압력이 1.1MPa 이상일 경우에는 가스를 대기로 방출시킨다. 또한 가스 압력 조정기에는 흡기관 압력보상 장치가 있어 흡기압력에 따라 가스의 토출압력이 변하게 되어 있다.

⑿ 가스열 교환기(heat exchanger)

가스 압력 조정기와 가스 온도 조절기 사이 프레임 상단에 설치되어 가스탱크에 압축된 가스는 가스 압력 조정기를 통과하면서 압력이 팽창하여 가스 온도 저하 및 동파방지를 위하여 상대적으로 따뜻한 냉각수를 공급하여 가스의 온도를 상승시키는 역할을 한다. 정확한 연료량 제어를 위하여 적정한 가스온도(-40 ~ 45℃)로 유지하는 기능을 한다. 가스의 온도가 과냉 또는 과열되면 연료 유동상태가 나빠진다.

⒀ **가스 온도 조절기(gas thermostat)**

① 열 교환기에서 나온 가스는 플렉시블 호스를 통해 고압 차단 밸브 우측에 설치된 온도 조절기로 공급된다. 기관 냉각수의 유입을 자동적으로 조절하여 가스의 과냉 및 과열을 방지한다.

② 최적의 작동 온도로 유지하기 위해 일정 온도에서 냉각수의 흐름을 제어한다. 개방온도는 10 ~ 16℃이고 시동시 에는 완전히 개방이 되며 닫힘 온도는 40 ~ 49℃이다.

⒁ **연료 미터링 밸브**

① 가스 온도 조절기를 거친 가스는 플렉시블 호스를 통해 기관의 좌측면에 설치된 연료 미터링 밸브로 공급되며, 디젤기관 인젝션 펌프와 유사하다.

② 8개의 인젝터가 개별적 또는 간헐적으로 유로를 개폐하여 연료의 압력을 조정해서 기관에 필요한 연료가스를 공급하며, 가속페달의 밟힘량 및 기관 회전수 신호 등을 ECU에서 펄스 신호로 제어하여 인젝터를 개방(인젝터의 개방시간으로 연료량을 제어)한다.

⒂ **가스 혼합기(gas mixer)**

연료 미터링 밸브에서 공급된 가스와 압축공기를 혼합시킨다.

⒃ **스로틀 밸브(throttle valve)**

기관 흡기 매니폴드 파이프에 장착되어 가스 혼합기를 통과한 혼합가스가 기관 실린더로 들어가는 양을 조절한다. 스로틀 밸브는 ECU에 의해 구동되는 모터와 스로틀 밸브의 위치를 파악하기 위한 스로틀 밸브 포지션 센서(TPS)가 일체로 구성되어 있다.

09 흡 · 배기장치 및 배출가스

❶ 개념

기관이 작동을 하기 위해서는 실린더 안으로 혼합가스(가솔린기관, LPI기관)나 공기(디젤기관)를 흡입한 후 연소시켜 그 연소가스를 밖으로 배출시켜야 하는데 이 작용을 하는 것이 흡 · 배기장치이다.

❷ 공기청정기(air cleaner)

(1) 개념

실린더 내로 흡입되는 공기와 함께 들어오는 먼지 등은 실린더 벽, 피스톤 링, 피스톤 및 흡 · 배기밸브 등에 마멸을 촉진시키며 또 기관오일에 유입되어 각 윤활부분의 마멸을 촉진시킨다. 공기청정기는 흡입공기의 먼지 등을 여과하는 작용 이외에 흡입공기의 소음을 감소시킨다.

(2) 공기청정기의 종류

건식 · 습식이 있으며 건식 공기청정기는 케이스와 여과 엘리먼트로 구성되며, 습식 공기청정기는 엘리먼트가 스틸 울(steel wool)이나 천(gauze)이며 기관오일이 케이스 속에 들어 있다.

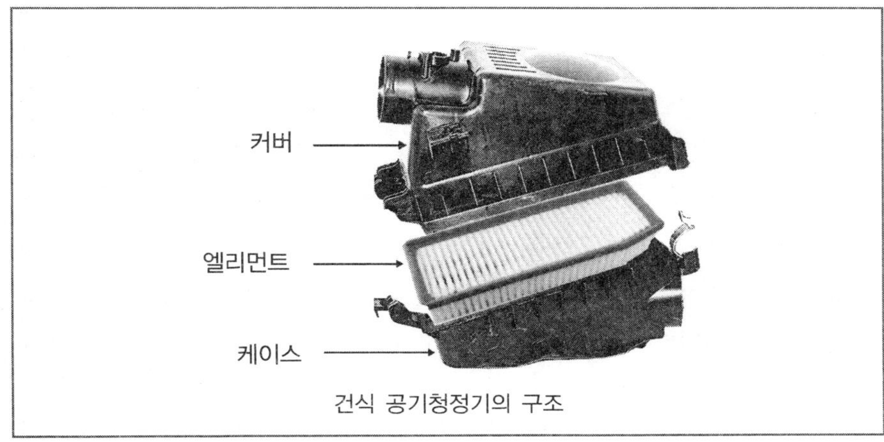

건식 공기청정기의 구조

❸ 흡기다기관(intake manifold)

(1) 설치 위치

혼합가스를 실린더 내로 안내하는 통로이며, 실린더헤드 측면에 설치되어 있다.

(2) 역할

흡기다기관은 각 실린더에 혼합가스가 균일하게 분배되도록 하여야 하며, 공기 충돌을 방지하여 흡입효율이 떨어지지 않도록 굴곡이 있어서는 안 되며 연소가 촉진되도록 혼합가스에 와류를 일으키도록 하여야 한다.

❹ 가변 흡입장치(VICS : variable induction control system)

(1) 개념

기관의 광범위한 회전영역에서 흡입효율을 향상시키기 위해 저속에서는 흡기다기관의 길이가 긴 것이 체적효율이 높지만, 반대로 고속에서는 흡기다기관의 길이가 짧을수록 체적효율이 높아진다. 이에 따라 저속과 고속에서 동시에 체적효율을 향상시키기 위해서는 흡기다기관의 길이나 체적을 기관 운전조건에 따라 가변시키는 것이 필요하며, 이러한 목적으로 사용되는 것이 가변 흡입장치이다.

(2) 제어 방식

① 기관 회전속도에 따라서 최대 회전력이 되도록 흡입공기의 흐름을 자동으로 제어하여 저속에서는 흡기다기관의 길이를 길게 하고, 고속에서는 짧게 한다. 흡입제어밸브의 구동은 직류전동기(DC motor) 또는 VICS 액추에이터로 하며, 컴퓨터(ECU)로 제어된다. 기관 회전속도에 따라 밸브의 목표위치를 미리 설정해두고 목표 값과 실제 값 사이의 차이가 발생하면 이 차이를 흡입 밸브 위치 센서에서 검출하고, 밸브구동을 작동시켜 목표 값과 실제 값이 일치하도록 제어한다.

② 밸브 위치 센서는 밸브를 개폐할 때 밸브의 위치를 정확히 파악하기 위해 밸브 축에 설치하며 홀 센서(hall sensor)방식으로 되어 있다. 점화스위치를 ON으로 한 상태에서 컴퓨터는 밸브구동 전동기를 작동하여 밸브가 충분히 닫히도록 하여 초기상태로 조정하고, 이후에는 펄스신호의 수에 따라 밸브 열림 정도를 계산하여 제어한다.

⑤ 배기다기관(exhaust manifold)

(1) 재료

고온·고압가스가 끊임없이 통과하므로 내열성이 큰 주철 등을 사용한다.

(2) 기능

실린더에서 배출되는 배기가스를 모아서 소음기로 보내는 것이다.

⑥ 촉매장치(catalytic converter)

(1) 개념

연소 후에 발생되는 배기가스의 유해물질을 산화 또는 환원반응을 통해 유해물질을 무해물질로 변환하는 장치를 말한다.

> 🔖 **Plus tip**
>
> **촉매장치**
> ㉠ 산화촉매 : 배기가스 속의 CO와 HC가 CO_2와 N_2O로 산화된다.
> ㉡ 환원촉매 : 배기가스 속의 NOx가 N_2와 O_2로 된다.
> ㉢ 삼원촉매 : 배기가스 속의 CO, HC, NOx가 동시에 하나의 촉매로 처리한다.

(2) 삼원 촉매장치

모양에 따라 펠릿형과 벌집형이 있는데, 펠릿형의 경우 알루미나 담체(substrate) 표면에 백금, 팔라듐이 부착되어 있고, 벌집형의 경우는 담체표면에 백금, 코지라이트가 부착되어 있다. 담체는 세라믹(Al_2O_3), 산화 실리콘(SiO_2), 산화마그네슘(MgO)을 주원료로 하여 합성한 것이며 그 단면은 cm^2당 60개 이상의 미세한 구멍으로 되어 있다.

(3) 촉매컨버터가 부착된 자동차의 주의사항

① 반드시 무연 가솔린을 사용할 것

② 기관의 파워 밸런스(power balance)시험은 실린더당 10초 이내로 할 것

③ 자동차를 밀거나 끌어서 기동하지 말 것

④ 잔디, 낙엽, 카페트 등 가연 물질 위에 주차시키지 말 것

(4) 삼원 촉매장치의 사용

① 현재 배기저항이 다소 낮은 벌집형 삼원 촉매장치를 가장 많이 사용하고 있다.

② 삼원 촉매장치의 작동온도는 약 250℃ 이상으로 가열되어야 촉매작용을 시작하게 되는데 이상적인 작동온도는 약 400 ~ 800℃ 사이의 범위이다.

❼ 소음기(muffler)

(1) 개념

배기가스는 매우 높은 온도(600 ~ 900℃)이고, 흐름속도가 거의 음속(340m/sec)에 달하므로 이것을 그대로 대기 중에 방출시키면 급격히 팽창하여 격렬한 폭음을 낸다. 이 폭음을 막아주는 장치가 소음기이며, 음압과 음파를 억제시키는 구조로 되어 있다.

(2) 구조

내부구조는 몇 개의 방으로 구분되어 있고 배기가스가 이 방들을 지나갈 때마다 음파의 간섭, 압력변화의 감소, 배기온도 등을 점차로 낮추어 소음시킨다.

❽ 자동차 배출가스

(1) 개념

자동차에서 배출되는 가스에는 배기 파이프로부터의 배기가스, 기관 크랭크 케이스(crank case)로부터의 블로바이가스 및 연료계통으로부터의 증발가스 등 3가지가 있다.

(2) 배출가스

① 배기가스(exhaust gas)

　㉠ 배기가스의 주성분은 수증기(H_2O)와 이산화탄소(CO_2)이며 그밖에 일산화탄소(CO), 탄화수소(HC), 질소산화물(NOx), 납 산화물, 탄소입자 등이 있으며 이 중에서 일산화탄소, 질소산화물, 탄화수소가 유해물질이다.

ⓛ 배기가스가 차지하는 비율은 60%이다.

② **블로바이가스(blow-by gas)**

㉠ 실린더와 피스톤 간극에서 크랭크 케이스로 빠져 나오는 가스를 말하며, 조성은 70 ~ 95% 정도가 미연소가스인 탄화수소이고 나머지가 연소가스 및 부분 산화된 혼합가스이다.

ⓛ 블로바이가스가 크랭크 케이스 내에 머물면 기관의 부식, 오일슬러지(oil sludge)발생 등을 촉진한다.

ⓒ 블로바이가스가 차지하는 비율은 25%이다.

③ **연료 증발가스**

㉠ 연료 공급계통에서 연료가 증발하여 대기 중으로 방출되는 가스이며, 주 성분은 탄화수소이다.

ⓛ 연료증발가스가 차지하는 비율은 15%이다.

> ☆ **Plus tip**
> **배출가스의 구분**
> ㉠ 배기가스
> • 무해물질 : 수증기(H_2O), 이산화탄소(CO_2)
> • 유해물질 : 탄화수소(HC), 일산화탄소(CO), 질소산화물(NOx)
> ⓛ 블로바이가스 : 수증기(H_2O), 이산화탄소(CO_2), 탄화수소(HC), 일산화탄소(CO), 질소산화물(NOx)
> ⓒ 연료 증발가스 : 탄화수소(HC)

(3) 배기가스의 특성

① **일산화탄소(CO)**

㉠ 일산화탄소는 연료가 불완전 연소하였을 때 발생되는 무색, 무취의 가스이다. 일산화탄소를 인체에 흡입하면 혈액 속에서 산소를 운반하는 세포인 헤모글로빈과 결합하여 신체 각부에 산소의 공급이 부족하게 되어 어느 한계에 도달하면 중독 증상을 일으킨다.

ⓛ 일반적으로 0.15%의 일산화탄소가 함유된 공기 중에서 1시간 정도 있으면 생명이 위험하다. 배출되는 일산화탄소의 양은 공급되는 혼합가스(공연비)의 비율에 좌우하므로 일산화탄소 발생을 감소시키려면 희박한 혼합가스를 공급하여야 한다. 그러나 혼합가스가 희박하면 기관의 출력 저하 및 실화의 원인이 된다.

② **탄화수소(HC)** : 농도가 낮은 탄화수소는 호흡기계통에 자극을 줄 정도이지만 심하면 점막이나 눈을 자극하게 된다. 연소실 내에서 혼합가스가 연소할

가솔린기관의 배출가스 특징으로 가장 옳은 것은?

① 농후한 공연비일 때 NOx의 배출량이 감소
② 매우 희박한 공연비일 때 HC의 배출량이 증가
③ 기관이 급감속시 NOx의 배출량이 감소
④ 기관의 온도가 낮을 경우 CO와 HC의 배출량이 감소

자동차에서 배출되는 배출가스는 크게 3가지로 분류한다. 이 중 배출가스에 속하지 않는 것은?

① 배기가스
② 배출가스
③ 블로바이 가스
④ 연료증발 가스

다음 중 가솔린 엔진의 배출가스 중 인체에 위해가 적은 것은?

① CO   ② HC
③ NO   ④ CO_2

❮정답 ①, ②, ④

때 연소실 안쪽 벽은 온도가 낮으므로 이 부분은 연소온도에 이르지 못하며, 불꽃은 안쪽 벽에 도달하기 전에 꺼지기 때문에 미연소가스가 탄화수소로 배출된다.

③ **질소산화물(NOx)**

㉠ 배기가스에 들어있는 질소화합물의 95%가 NO_2이고 NO는 3 ~ 4% 정도이다. 광화학스모그(smog)는 대기 중에서 강한 태양광선(자외선)을 받아 광화학반응을 반복하여 일어나며, 눈이나 호흡기계통에 자극을 주는 물질이 2차적으로 형성되어 스모그가 된다.

㉡ 광화학 반응으로 발생하는 물질은 오존, PAN(peroxyacyl nitrate), 알데히드(adlehyde) 등의 산화성 물질이며 이것을 총칭하여 옥시던트(oxidant)라 한다.

㉢ 질소는 잘 산화(酸化)하지 않으나 고온·고압 및 전기 불꽃 등이 존재하는 곳에서는 산화하여 질소산화물을 발생시킨다. 특히 연소온도가 2,000℃ 이상인 연소에서는 급증한다. 또 질소산화물은 이론 혼합비 부근에서 최댓값을 나타내며, 이론 혼합비보다 농후해지거나 희박해지면 발생률이 낮아지며, 배기가스를 적당히 혼합가스에 혼합하여 연소 온도를 낮추는 등의 대책이 필요하다.

> **💡 Plus tip**
>
> **SCR(선택적 촉매 환원 장치)**
> SCR는 질소산화물을 줄이는데 사용하며 요소수를 30% 농도로 물에 희석한 것으로 질소산화물을 환원시키는 역할을 한다. 요소수를 이용하여 질소산화물을 저감시키는 장치이다.

④ **입자상 물질(PM ; particulate matter)** : 입자상 물질은 우리가 눈으로 볼 수 있는 입자성을 띠고 있다. 이들은 주로 불완전 연소시 발생하며 나쁜 연료와 윤활유도 원인이다. 입자상 물질의 입자는 75% 이상이 직경 $1\mu m$ 이하의 미세입자이기 때문에 기관지 등에 침투하여 장기간 잠재하며 특히 폐암의 원인으로 판명되고 있어 위해성에 대한 논란이 가중되고 있다.

(4) 배출가스 제어장치

① **블로바이가스 제어장치**

㉠ 경부하 및 중부하에서의 블로바이가스는 PCV 밸브(positive crank case ventilation valve)의 열림 정도에 따라서 유량이 조절되어 서지탱크로 들어간다.

ㄴ 급가속 및 높은 부하운전에서는 흡기 부압이 감소하여 PCV 밸브의 열림 정도가 작아지므로 블로바이가스는 흡기 부압을 이용하여 블리더 호스를 통하여 서지탱크로 들어간다.

> **✏ Plus tip**
>
> **PCV 밸브(Positive Crankcase Ventilation Valve)**
> 강제환기밸브로 크랭크케이스 내의 배출 가스 제어 장치 중의 한 부품으로 사용 유량을 조정하는 밸브를 말한다. 실린더 헤드 커버 또는 크랭크케이스로부터 나오게 한 블로바이 가스를 에어 클리너와 흡입관 상류부로 환원한다.

② **연료증발가스 제어장치** : 연료계통에서 발생한 증발가스(탄화수소)를 캐니스터에 포집한 후 PCSV의 조절에 의하여 서지탱크 통하여 연소실로 보내어 연소시킨다.

ㄱ 캐니스터(canister) : 기관이 작동하지 않을 때 연료탱크에서 발생한 증발가스를 캐니스터 내에 흡수 저장(포집)하였다가 기관이 작동되면 PCSV를 통하여 서지탱크로 유입한다.

ㄴ PCSV(purge control solenoid valve) : 캐니스터에 포집된 연료 증발가스를 조절하는 장치이며, 컴퓨터에 의하여 작동된다.

③ **배기가스 재순환장치**(EGR ; exhaust gas recirculation)

ㄱ 질소산화물의 배출을 저감시키기 위하여 흡기 부압에 의하여 열려 배기가스 중의 일부(혼합가스의 약 15%)를 배기다기관에서 빼내어 흡기다기관으로 순환시켜 연소실로 다시 유입시킨다.

ㄴ 배기가스를 재순환시키면 새로운 혼합가스의 충전율은 낮아진다. 그리고 다시 공급된 배기가스는 질소에 비해 열용량이 큰 이산화탄소가 많이 함유되어 있다. 즉, 다시 공급된 배기가스는 더 이상 연소 작용을 할 수 없기 때문에 폭발행정에서 연소온도가 낮아져 온도의 함수인 질소산화물의 발생량이 약 60% 정도 감소한다.

ㄷ 기관에서 배기가스 재순환장치를 적용하면 질소산화물 발생률은 낮출 수 있으나 착화성 및 기관의 출력이 감소하며 일산화탄소 및 탄화수소 발생양은 증가하는 경향이 있다. 이에 따라 배기가스 재순환장치가 작동되는 것을 기관의 특정 운전구간(냉각수 온도가 65℃ 이상이고, 중속 이상)인 질소산화물이 다량 배출되는 운전영역에서만 작동하도록 하고 있다. 또 공전할 때, 난기운전을 할 때, 전부하 운전을 할 때, 농후한 혼합가스로 운전되어 출력을 증대시킬 경우에는 작용하지 않도록 한다. 그리고 EGR율은 다음과 같이 산출한다.

$$\text{EGR율} = \frac{\text{EGR가스량}}{\text{EGR가스량} + \text{흡입공기량}}$$

❾ 과급장치(charger)

(1) 터보차저(turbo charger)

현재 기관의 출력으로 보다 높은 출력을 얻고자 할 때 과급기를 설치한다. 그러므로 체적효율을 높이기 위해 많은 양의 공기를 연소실로 흡입할 필요성이 있다. 터보 과급기는 연소실에서 배출되는 배기가스를 이용하여 터빈 블레이드를 회전시켜 이를 거쳐 압축기를 회전시키게 된다. 따라서 흡입공기는 압축기에 의해 압축이 이루어지게 되고, 높은 밀도의 공기가 연소실로 흡입하게 되어 흡입공기의 밀도를 높여 충진율을 개선함에 따라 출력이 증가한다. 또한 소형 기관에 설치할 경우 동일 배기량의 기관에 비해 높은 출력을 얻을 수 있기 때문에 단위 출력당 기관의 중량을 가볍게 할 수 있다.

그러나 터빈 축은 약 10만~15만rpm으로 회전하기 때문에 내열성이 우수한 재질의 금속을 선택해야 되고, 부가적으로 냉각을 시키기 위한 윤활장치가 필요하게 된다.

(2) 인터쿨러(inter cooler)

① 터보차저에서 공기를 압축하면 흡입공기의 온도가 상승하는데 일반적으로 $100 \sim 150℃$ 정도의 범위이다. 기관에서 흡입공기의 온도가 상승하면 밀도 저하로 인하여 흡입효율이 저하됨과 동시에 혼합기의 온도가 상승하여 노크가 발생한다. 따라서 흡입공기를 냉각시켜 흡입효율 향상과 노크를 감소시키기 위하여 인터쿨러를 설치한다.

② 일반적으로 인터쿨러는 수냉식과 공랭식이 있으며, 수냉식 인터쿨러는 물 펌프, 냉각용 보조 라디에이터 등이 필요하며 냉각수와 주행 중 받는 바람으로 냉각된다. 공랭식 인터쿨러는 주행 중에 받는 바람이 직접 고온의 흡입공기를 냉각시키도록 바람을 쉽게 받을 수 있는 부분에 설치한다.

(3) 슈퍼차저(super charger)

① 슈퍼차저는 터보차저와는 달리 크랭크축의 동력으로 벨트에 의해 구동된다. 운전방법은 에어컨 압축기와 마찬가지로 슈퍼차저 구동 풀리에 마그네틱 클러치를 장착하여 ECU가 제어하는 방법을 주로 사용한다. 이외에도 기관이 여분의 추가적인 출력을 요구하지 않을 경우 ECU가 바이패스 밸브를 작동시켜 압축공기 일부를 슈퍼차저 입구로 되돌려 보내어 슈퍼차저의 부하를 경감시켜 주기도 한다.

② 이처럼 기관이 출력을 요구하는 시기와 정도에 따라 슈퍼차저를 정밀하게 제어하기 위해 슈퍼차저의 ON/OFF는 물론이고 연료량과 점화시기도 ECU가 제어한다. 이러한 방법은 기관의 부하상태와는 무관하게 항상 작동하는 상시 슈퍼차저(full time supercharger)에 비해서는 효율적이다.

1 가솔린 자동차의 공연비가 농후할 때의 영향으로 잘못 설명한 것은?

① 엔진의 출력이 저하된다.
② 일산화탄소(CO)가 증가한다.
③ 탄화수소(HC)가 증가한다.
④ 질소화합물(N_oX)이 증가한다.

1.

이론공연비보다 농후할 때 CO와 HC는 증가하고 N_oX는 감소한다. 이론공연비보다 약간 희박할 때 N_oX는 증가하고, CO와 HC는 감소한다.

2 가솔린 엔진에서 노킹이 일어나는 현상의 원인이 아닌 것은?

① 부하가 높을 때
② 점화시기가 느릴 때
③ 압축비가 높을 때
④ 혼합비가 맞지 않을 때

2.

노킹 발생 원인
㉠ 기관에 과부하가 걸렸을 때
㉡ 기관이 과열되었을 때
㉢ 점화시기가 너무 빠를 때
㉣ 혼합비가 희박할 때
㉤ 낮은 옥탄가의 가솔린을 사용했을 때

3 가솔린 노킹이 엔진에 미치는 영향이 아닌 것은?

① 실린더와 피스톤의 마멸 및 고착 발생
② 엔진 과열 및 출력 저하
③ 배기가스의 온도 상승
④ 기계 각부의 응력 증가

3.

노킹의 영향 … 기관 과열 및 출력 저하, 실린더와 피스톤의 마멸 및 고착 발생, 흡·배기 밸브 및 점화플러그의 손상, 배기가스 온도 저하, 기계 각 부의 응력이 증가한다.

Answer　　1.④　2.②　3.③

4 다음 중 연료가 연소실 내부에 직접 분사되는 기관은?

① SPI(Single Point Injection)
② MPI(Multi Point Injection)
③ GDI(Gasoline Direct Injection)
④ PFI(Port Fuel Injection)

5 전자제어기관에서 산소 센서의 설명으로 옳지 않은 것은?

① 흡기다기관에 설치되어 흡입공기를 측정한다.
② 배기 매니폴드에 설치되어 있다.
③ 산소 농도를 측정하여 피드백 제어한다.
④ 지르코니아 방식과 티타니아 방식이 있다.

6 다음 중 배출가스에 대한 설명으로 옳은 것은?

① 질소산화물은 햇빛 속의 자외선과 반응하여 광화학 스모그의 주원인이 되어 눈이나 호흡기에 자극을 준다.
② 탄화수소는 배출가스 중 그 양이 가장 많으며, 인체에 들어와 혈액 중의 헤모글로빈과 결합하면 혈액의 산소량 결핍을 가져오게 된다.
③ 일산화탄소는 광화학 스모그 형성으로 시계를 악화시키며 점막을 자극하고, 미각을 잃게 하며, 장시간 노출되면 뇌를 자극하여 환각을 일으키기도 한다.
④ 이산화탄소는 특이한 자극적인 냄새를 가진 적갈색의 기체이다. 질소산화물의 하나로서, 일산화질소에 산소를 섞으면 생성된다.

4.

GDI 시스템(Gasoline Direct Injection) … SI기관에서 연료(＝가솔린)를 실린더 내에 직접 분사하는 시스템을 표현한다.

5.

산소 센서 … 배기 매니폴드에 설치되어 배기가스 중의 산소 농도를 측정한다.

6.

② 일산화탄소
③ 탄화수소
④ 이산화질소

Answer　4.③　5.①　6.①

7 어느 4행정 사이클 기관의 밸브 개폐 시기가 다음과 같다. 설명 중 옳은 것은?

> - 흡기 밸브 열림 : 상사점 전 18°
> - 흡기 밸브 닫힘 : 하사점 후 48°
> - 배기 밸브 열림 : 하사점 전 45°
> - 배기 밸브 닫힘 : 상사점 14°

① 흡기행정 기간은 239°, 밸브오버랩은 63°이다.
② 흡기행정 기간은 246°, 밸브오버랩은 63°이다.
③ 배기행정 기간은 239°, 밸브오버랩은 32°이다.
④ 배기행정 기간은 246°, 밸브오버랩은 32°이다.

8 다음 중 가솔린 기관에서 노킹의 원인과 거리가 먼 것은?

① 부하가 클 때
② 점화시기가 느릴 때
③ 압축비가 클 때
④ 혼합비가 맞지 않을 때

9 다음 중 노크 발생 원인으로 틀린 것은?

① 압축비가 증가했을 때
② 화염 전파 거리가 길 때
③ 연료에 이물질이 있을 때
④ 흡기온도가 낮을 때

7.

배기행정은 180 + 45 + 14 = 239
밸브오버랩은 흡기밸브 열림각도이므로 18 + 14 = 32도

8.

점화시기가 너무 빠를 때 노킹의 발생이 된다.

9.

기관이 과부하가 걸렸을 때, 기관이 과열되거나 압축비가 급격히 증가할 때, 점화시기가 너무 빠를 때, 혼합비가 희박할 때, 낮은 옥탄가의 가솔린을 사용하였을 때 노크가 발생한다.

Answer 7.③ 8.② 9.④

10 다음 중 윤활유의 역할이 아닌 것은?

① 오일 막을 형성하여 금속 표면의 내부 부식과 녹을 방지한다.

② 외부의 공기나 수분의 금속 표면 침투를 막아 방청을 한다.

③ 엔진이 작동할 때 각 부에서 발생되는 열을 흡수하여 온도를 유지한다.

④ 마찰로 인하여 발생한 열을 다른 곳으로 방열하여 냉각시키는 일을 한다.

10.

윤활유의 기능은 감마작용, 밀봉작용, 냉각작용, 세척작용, 방청작용, 응력분산작용이 있다.

11 엔진의 정상 연소 시 실린더 벽의 온도로 적절한 것은?

① 60℃

② 80℃

③ 100℃

④ 120℃

11.

실린더 벽의 온도는 냉각수의 영향으로 약 150 이하를 유지한다.

12 다음 중 EF(Electronic Fuel Injection System) 전자제어 분사장치의 주요 특징으로 잘못된 것은?

① 배기가스 배출량 저감

② 시동 시 시동성능 향상

③ 조향능력 향상

④ 흡기효율 향상

12.

조향능력 향상은 전자제어 분사장치와는 전혀 별도의 장치이다.

Answer　　10.③　11.④　12.③

13 4행정 1사이클 기관에서 크랭크축이 10회전할 때, 캠축은 몇 회전하는가?

① 5회

② 10회

③ 20회

④ 30회

13.

4행정 1사이클 기관에서는 크랭크 축이 2회전할 때 캠축이 1회전하므로 크랭크축이 10회전하면 캠축은 5회전한다.

14 다음 중 회전하는 부품으로 연결된 것은?

① 피스톤 – 커넥팅로드

② 실린더 – 밸브

③ 밸브 – 플라이휠

④ 플라이휠 – 크랭크축

14.

왕복운동과 직선운동을 제외한 회전운동하는 부품을 구별해야 한다.

15 실린더 지름이 100mm, 피스톤 행정이 80mm인 4실린더 기관의 총배기량은?

① 628cc

② 1,004cc

③ 2,512cc

④ 10,048cc

15.

$0.785 \times D^2 L = 0.785 \times 10^2 \times 8 \times 4 = 2,512$

Answer   13.① 14.④ 15.③

16 어느 4행정 사이클 기관의 밸브개폐 시기가 다음과 같다. 설명 중 옳지 않은 것은?

> • 흡기 밸브 열림 : 상사점 18°
> • 흡기 밸브 닫힘 : 하사점 후 46°
> • 배기 밸브 열림 : 하사점 전 48°
> • 배기 밸브 닫힘 : 상사점 후 12°

① 흡입행정 기간은 244°이다.
② 배기행정 기간은 240°이다.
③ 밸브 오버랩 기간은 94°이다.
④ 밸브 오버랩 기간은 30°이다.

17 다음 중 대시포트의 기능을 설명한 것으로 맞는 것은?

① 연료의 비등을 방지하기 위해 여분의 가솔린을 연료계통에 되돌리는 파이프나 밸브를 말한다.
② 엔진이 정지하였을 때 연료가 탱크로 리턴 되는 것을 방지하여 잔압 유지 및 재시동성을 향상시킨다.
③ 급 감속 시 연료차단과 함께 스로틀 밸브가 급격하게 닫힘을 방지하여 회전속도저하를 완만히 하거나 급감속 시 충격을 완화한다.
④ 연료 펌프라인에 고압이 걸릴 경우 연료의 누출이나 연료배관이 파손되는 것을 방지하는 일종의 안전밸브이다.

16.

밸브 오버랩은 흡·배기 밸브가 동시에 열려있는 시기이다.

17.

대시포트는 급감속 시 연료차단과 스로틀 밸브가 급격하게 닫힘을 방지하여 스로틀 밸브의 닫힘속도를 제어하는 장치이다.

Answer　16.③　17.③

18 다음은 배출가스 제어장치에 대한 설명이다. 설명이 잘못된 것은?

① 배기가스 재순환장치(EGR장치)는 배기가스의 일부를 연소실로 재순환시켜 NOx(질소산화물) 발생을 억제시키는 장치이다.

② 실린더 헤드 커버에 모여진 블로바이 가스는 경·중부하 시에 PCV밸브로, 고부하 시에는 브리드 호스를 통해 흡기 쪽으로 환원되어진다.

③ 연료 탱크에서 증발된 HC 가스는 캐니스터에 일시적으로 저장되고 PCSV의 작동에 의해 흡기 쪽으로 환원되어 연소실로 유입된다

④ 기관 고온시 CO, HC는 배출량이 증가되고, NOx는 배출량이 줄어든다.

19 6기통 가솔린엔진의 점화순서가 1-2-5-6-4-3이다. 제5번 실린더가 동력행정을 시작하려는 순간 6번 실린더는 어떤 행정을 하는가?

① 흡기행정
② 압축행정
③ 폭발행정
④ 배기행정

20 흡입공기유량을 계측하는 공기유량센서 중에서 흡기관 내의 부압을 측정하여 공기량을 환산하는 방법으로 자연급기식 엔진에 많이 사용되는 것은?

① L 제트로닉식(L jetromic type)
② 칼만 와류식(Karman vortex type)
③ D 제트로닉식(D jetronic type)
④ 열선식(hot wire type)

18.

저온일 때 CO와 HC는 증가하며 NOx는 감소한다.

19.

행정순서는 시계방향, 점화순서는 반시계 방향으로 작성하면 압축행정을 한다.

20.

D 제트로닉 … 압력 센서를 사용하여 흡입관 압력과 엔진회전수로 흡입공기를 산출하는 Speed Density 방식을 쓰며, 분사 타이밍 검출을 디스트리뷰터 내의 전용트리거에 의한다.

Answer　　18.④　19.②　20.③

21 기관의 실린더 헤드볼트를 규정 토크로 조이지 않았을 경우에 발생되는 현상과 거리가 먼 것은?

① 피스톤 헤드 균열

② 실린더 벽 변형

③ 압축압력 저하

④ 냉각수 및 엔진오일 누출

22 연소실 체적 50cc, 행정체적 402cc인 6실린더 기관의 총배기량은?

① 2,412cc

② 2,712cc

③ 2,112cc

④ 1,608cc

23 다음 중 배기가스 정화장치가 아닌 것은 어느 것인가?

① EGR 밸브 장치

② 삼원촉매장치

③ 종감속기어 장치

④ 차콜 캐니스터

24 다음 중 피스톤 링에 대한 설명으로 옳지 않은 것은?

① 압축 링은 피스톤 윗부분에 설치한다.

② 오일 링은 기밀 유지가 주목적이다.

③ 오일 링은 실린더 벽에 남은 오일을 긁어내린다.

④ 피스톤 링의 재질은 일반적으로 특수주철을 사용한다.

21.

엔진의 과열이나 마찰과 측압으로 인한 피스톤 헤드의 균열이 실린더 내에서 발생한다.

22.

총배기량은 행정체적 × 총실린더 수를 곱한 값이다.

23.

종감속기어는 동력전달장치의 부속장치이다.

24.

기밀유지는 압축 링이 하는 역할이다.

Answer　21.① 22.① 23.③ 24.②

25 1사이클 4스트로크 엔진과 관계가 없는 것은?

① 흡기 행정
② 압축 행정
③ 배기 행정
④ 소기 행정

26 유면표시기에 오일색이 우유색으로 변하였다. 그 원인으로 옳은 것은?

① 교환 시기가 경과하여 심각하게 오염되었다.
② 가솔린이 유입되었다.
③ 냉각수가 유입되었다.
④ 연소생성물이 유입되었다.

27 다음 중 피스톤의 구비조건으로 옳지 않은 것은?

① 헤드부 폭발압력에 견딜 수 있어야 한다.
② 열전도성이 높아 발열 효과가 커야 한다.
③ 마찰 손실 및 기계적 손실이 적어야 한다.
④ 관성력이 커야하므로 무거워야 한다.

28 일반적으로 연료의 혼합비가 가장 높은 것은?

① 상온에서 시동할 때
② 경제적인 운전을 할 때
③ 스로틀 밸브가 완전히 열렸을 때
④ 가속할 때

25.

2사이클 기관의 폭발 행정 끝 무렵에서 소기구, 배기구가 열려 소기작용이 이루어지기까지의 행정을 소기 행정이라 한다. 때 생기는 기체. 대기의 약 0.04%를 차지한다.

26.

엔진오일에 냉각수가 유입되면 오일색은 우유색깔로 변한다.

27.

피스톤의 무게는 가벼워야 한다.

28.

시동 때보다 가속할 때 혼합비가 가장 농후하므로 스로틀 밸브가 완전 개방 되었을 때 연료의 혼합비가 가장 높다.

Answer   25.④   26.③   27.④   28.③

29 이상연소의 한 종류로 혼합기의 급격한 연소가 원인으로 비교적 빠른 회전속도에서 발생하는 저주파 굉음은?

① 스파크 노킹

② 런온

③ 표면착화

④ 서드

29.

서드 … 비교적 빠른 회전속도에서 발생하는 저주파의 굉음으로 혼합기의 급격한 연소가 원인이다.

30 흡입공기량 계측방식 중에서 흡입공기의 질량을 직접 계량하는 방식이 아닌 것은?

① 열막식

② MAP식

③ 칼만 와류식

④ 열선식

30.

간접계측방식을 사용하는 방식은 MAP센서 타입이다.

31 엔진오일에 대한 설명으로 옳은 것은?

① 재생 오일을 주로 사용하여 엔진의 냉각효율을 높이도록 한다.

② 엔진오일이 소모되는 주원인은 연소와 누설이다.

③ 점도가 서로 다른 오일을 혼합 사용하여 합성효율을 높이도록 한다.

④ 엔진오일이 심하게 오염되면 백색이나 회색을 띤다.

31.

엔진오일이 소모되는 주원인은 연소와 누설이다.

Answer 29.④ 30.② 31.②

32 피스톤 링에 관한 설명 중 옳지 않은 것은?

① 오일 링은 실린더 벽의 여분 오일을 긁어내린다.
② 압축 링은 피스톤 위쪽에 끼워진다.
③ 오일 링은 피스톤의 기밀을 유지하기 위한 것이다.
④ 압축 링의 재질은 일반적으로 특수 주철이다.

33 가변흡기장치(Variable induction control system)의 설치 목적으로 적당한 것은?

① 흡기관의 길이를 감속 시는 짧게 하고, 가속 시는 길게 한다.
② 저속과 고속에서 흡입효율을 증대시킨다.
③ 엔진 회전수를 증대시킨다.
④ 최고 속도 영역에서 최대 출력의 감소로 인한 엔진보호 역할을 한다.

34 다음 중 가솔린기관에서 연료펌프 내 연료압송이 정지될 때 닫혀 연료라인 내에 잔압을 유지시키고 고온 시 베이퍼 록 현상을 방지하고 재시동성을 향상시키는 장치는?

① 체크 밸브
② 연료압력조절기
③ 밸브 스프링
④ 유압조절기

35 냉각장치에서 냉각수의 비등점을 올리기 위한 방식으로 사용하는 것은?

① 진공캡식
② 압력캡식
③ 밀봉캡식
④ 순환캡식

32.

피스톤의 기밀을 유지하는 역할은 압축 링이 한다.

33.

엔진의 회전과 부하 상태에 따라 공기 흡입통로를 자동적으로 조절해, 저속에서 고속에 이르기까지 모든 운전 영역에서 엔진 출력을 높여 주는 장치를 가변흡기장치라 한다.

34.

한쪽 방향으로는 흐르지만 역방향으로는 자동적으로 폐쇄되어 흐르지 않게 되어 있는 밸브를 체크 밸브라 한다.

35.

압력캡식 … 압력식 캡 안쪽 면에는 공기 밸브와 진공 밸브가 설치되어, 냉각장치 내의 압력이 규정보다 낮으면 스프링의 장력에 의해 압력 및 진공 밸브가 닫힌다.

Answer 32.③ 33.② 34.① 35.②

36 자동차에서 엔진오일을 점검할 때 옳지 않은 것은?

① 계절 및 엔진에 알맞은 오일을 사용한다.
② 기관을 평지 상태에서 점검한다.
③ 오일교환 주기는 정기적으로 해야 한다.
④ 오일량은 시동상태에서 F눈금 위치에 가까이 있어야 한다.

36.

엔진오일은 정지 상태에서 엔진 가동 전에 측정하여 F눈금 위치에 가까이 있어야 정상이다.

37 자동차의 배출가스 중 유해가스 저감을 위한 장치가 아닌 것은?

① 차콜 캐니스터
② E.G.R 장치
③ 삼원 촉매장치
④ 소음기

37.

소음기는 배기가스의 폭발압력을 흡수하여 밖으로 배출하는 역할을 하는 부품이다.

38 다음 중 배기가스 재순환장치(EGR)에 대한 설명으로 맞는 것은?

① 질소산화물의 생성을 돕는다.
② 공회전시에도 주기적으로 작동한다.
③ 기관의 출력이 떨어진다.
④ 연소온도가 높아진다.

38.

EGR밸브는 배기가스가 흡기다기관 내로 유입되는 비율을 제어하기 위한 밸브를 말한다.

39 다음 중 MPI(multi point injection) 연료분사장치에서 연료분사 순서를 결정하는 입력신호를 주는 센서는?

① 크랭크각 센서
② 산소 센서
③ 맵센서
④ 공기흐름 센서

39.

크랭크각 센서 … 엔진의 크랭크축 회전각도 혹은 회전위치를 검출하는 센서. 크랭크 각은 엔진의 점화시기를 결정하기 위해서 중요한 역할을 한다.

Answer　　36.④　37.④　38.③　39.①

40 가솔린 전자제어기관에 사용되는 공기유량 센서의 종류가 아닌 것은?

① 메저링 플레이트 타입
② 핫필름 타입
③ 맵센서 타입
④ 열해리 타입

40.

공기량 센서 … 카르만와류, 열선식, 열막식, 맵센서, 매저링 플레이트 타입

41 노크(Knock) 센서에 관한 설명으로 옳은 것은 어느 것인가?

① 노크 발생을 검출하고 이에 대응하여 점화시기를 진각시킨다.
② 노크 발생을 검출하고 이에 대응하여 점화시기를 지연시킨다.
③ 노크 발생을 검출하고 이에 대응하여 기관 회전속도를 낮춘다.
④ 노크 발생을 검출하고 이에 대응하여 기관 회전속도를 높인다.

41.

노크 센서를 장착한 엔진에서는 노킹이 일어나면 노크 센서에서 노킹을 감지하고 이 신호를 받아서 배전기의 지각 제어를 함으로써 노킹의 발생을 억제한다.

42 연소실 체적이 72cc, 행정체적이 1,300cc인 디젤기관의 압축비는?

① 18 : 1
② 19 : 1
③ 20 : 1
④ 21 : 1

42.

$$압축비 = \frac{행정체적 + 간극체적}{간극체적} = \frac{실린더체적}{간극체적}$$

$$= 1 + \frac{행정체적}{간극체적} = 1 + \frac{1,300}{72} = 19$$

Answer   40.④ 41.② 42.②

43 다음 중 피스톤 링 이음 간극으로 인하여 기관에 미치는 영향과 관계가 없는 것은?

① 간극이 작으면 소결의 원인이 발생
② 간극이 크면 압축가스의 누설이 발생
③ 간극이 크면 측압이 발생
④ 간극이 크면 연소실에 오일 유입의 원인이 발생

44 6기통 우수식 기관에서 2번 실린더가 흡입행정 초일 때 5번 실린더는 무슨 행정을 하는가?

① 압축행정 말
② 폭발행정 초
③ 배기행정 초
④ 압축행정 초

45 차량에서 발생되는 배출가스 중 지구 온난화를 유발하는 가스는?

① CO_2
② NO_X
③ CO
④ HC

46 산소 센서의 기전력으로 농후한 상태일 때 몇 볼트인가?

① $0.1 \sim 0.4V$
② $0.4 \sim 0.6V$
③ $0.8 \sim 1.0V$
④ $0.6 \sim 0.8V$

43.

측압 … 앞바퀴의 좌우가 역위상(逆位相 ; 한쪽이 올라갈 때면 한쪽이 내려감)으로 되어 상하로 뒤흔들리는 것을 말한다.

44.

행정순서는 시계방향, 점화순서는 반시계방향이다.

45.

CO_2 … 탄소나 그 화합물이 완전 연소하거나, 생물이 호흡 또는 발효(醱酵)할 때 생기는 기체. 대기의 약 0.04%를 차지한다.

46.

산소 센서 … 배기가스 중에 섞여 있는 산소의 양을 감지하기 위해 에미션 제어 장치 내에서 사용되는 장치를 말한다.
따라서 이 센서는 정보를 전자제어모듈에 보내 이상적인 배기의 에미션 수준이 되게 하고 또 유닛이 공기/연료의 혼합 가스를 조정할 수 있게 한다.

Answer   43.③   44.②   45.①   46.③

47 압력을 저항으로 변화시키는 반도체 피에조 저항형 센서는?

① 산소 센서
② 대기압 센서
③ 공기흐름 센서
④ 크랭크각 센서

48 연료 탱크 내의 연료펌프에 설치된 릴리프 밸브가 하는 역할이 아닌 것은?

① 연료압력의 과다 상승을 방지한다.
② 모터의 과부하를 방지한다.
③ 체크밸브 고장 시 그 역할을 보조한다.
④ 과압의 연료를 연료탱크로 보내준다.

49 전자제어 연료분사장치에서 ECU로 입력되는 요소가 아닌 것은?

① 냉각수 온도 신호
② 흡입 공기온도 신호
③ 크랭크 각 신호
④ 인젝터 분사 신호

50 전자제어기관에서 크랭킹은 가능하나 시동이 되지 않을 경우 점검 방법으로 틀린 것은?

① 연료펌프 강제구동 시험을 해본다.
② 인히비터 스위치의 위치를 점검한다.
③ 계기판의 엔진경고등을 확인해 본다.
④ 인젝터에 연료가 분사되는 지 확인해 본다.

47.

대기압 센서 … 스트레인 게이지의 저항치가 압력에 비례해 변화하는 것을 이용해 압력을 전압으로 변화시키는 반도체 피에조 저항형 센서이다.

48.

릴리프 밸브 … 회로의 압력이 설정 압력에 도달하면 유체(流體)의 일부 또는 전량을 배출시켜 회로 내의 압력을 설정값 이하로 유지하는 압력제어 밸브이며, 1차 압력 설정용 밸브를 말한다. 안전밸브와 같은 역할을 하며 소정의 압력 이상으로 내부 압력이 올라가지 않도록 하는 것이다.

49.

ECU의 출력신호에 의하여 인젝터의 분사 신호가 결정된다.

50.

인히비터 스위치 … 자동변속기에서 P와 N의 위치를 파악하는 스위치

Answer   47.② 48.③ 49.④ 50.②

51 OBD-2 시스템에서 진단하는 항목이 아닌 것은?

① 산소센서 불량 감지
② 오일압력센서 불량 감지
③ 인젝터 작동불량 감지
④ 에어플로센서 불량 감지

51.

OBD는 기관제어시스템에 집적되어 있는 법적으로 규정된 하위 진단/감시 시스템이다. OBD는 전 운전영역에 걸쳐 배기가스 및 증발가스와 관련된 모든 시스템을 감시한다. 감시하고 있는 시스템들에 고장이 발생할 경우, 고장내역은 ECU에 저장되며, 표준화된 인터페이스(interface) – 16핀 진단 컨넥터 – 를 통해 이를 조회할 수 있다.

52 크랭크 각 센서가 고장이 나면 어떤 현상이 발생하는가?

① 엔진 키 ON시 시동이 가능하다.
② 시동과 무관하다.
③ 크랭킹 후 잠시 다시 시동 후 작동된다.
④ 시동이 불가능하다.

52.

크랭크 각 센서는 엔진의 크랭크 축 회전 각도 또는 회전 위치를 검출하는 센서이다.
크랭크 각은 엔진의 점화 시기를 결정하는 데 중요한 척도이다.

53 배기행정 초기에 배기 밸브가 열려 연소가스 자체의 압력에 의하여 배출되는 현상은?

① 블로바이 현상
② 밸브 오버랩 현상
③ 블로 백 현상
④ 블로다운 현상

53.

피스톤이 하사점에 도달하기 전에 미리 배기 밸브가 개방되어 실린더에 가득 찬 배기가스의 압력에 의해 일부 배기가스들이 미리 배출되는 현상을 블로다운이라 한다.

54 내연기관의 가솔린 기관의 특징이 아닌 것은?

① 적당한 혼합비
② 정확한 시기에 정확한 점화시기
③ 규정의 압축압력
④ 적당한 압축비

54.

가솔린 기관은 압축비가 높아야 한다.

Answer　51.② 　52.④ 　53.④ 　54.④

55 LPG 기관에서 냉각수 온도신호에 의하여 기체 또는 액체 연료를 공급하는 역할을 하는 부품은 어느 것인가?

① 압력 밸브

② 충전 밸브

③ 솔레노이드 밸브

④ 액송출밸브

56 LPG를 사용하는 자동차에서 안전밸브가 설치된 충전밸브의 역할이 아닌 것은?

① 과방전 방지

② 연료의 충전

③ 과충전 방지

④ 용기의 폭발방지

57 전자제어 LPG 차량에 장착되어 있지 않는 부품은 어느 것인가?

① 냉각수온 센서

② 솔레노이드 밸브

③ 차콜 캐니스터

④ 산소 센서

58 LPG 차량에서 베이퍼라이저의 주요 기능이 아닌 것은?

① 감압

② 기화량 조절

③ 액체의 연료를 기체로 변화시켜 주는 역할

④ 실린더에 연료를 분사

55.

솔레노이드 밸브 … 전자 밸브로서, 전기가 통하면 플랜지가 올라가 밸브가 열리고 전기가 차단되면 플랜지 무게에 의하여 자동적으로 밸브가 닫히게 된다.

56.

충전밸브 … LPG를 충전할 때 사용하는 밸브로서, 항상 열려 있고 내부에 안전밸브가 내장되어 있다. 안전밸브는 주변 온도 상승(화재) 등에 대비하여 내압이 $24kg/cm^2$ 이상이 되면 열려 LPG를 밖으로 방출시킨다. 봄베 내의 압력이 $16kg/cm^2$ 정도로 떨어지면, 스프링의 힘에 의해서 닫혀 외부로 누출되는 것을 차단시킨다. 이때, 봄베 내의 압력을 일정하게 유지하여 폭발물의 위험을 방지한다.

57.

차콜 캐니스터 … 연료 탱크나 기화기로부터 발생되는 가솔린 증기를 모아 정화시키기 위해 사용되는 활성 탄소를 채운 용기를 말한다.

58.

베이퍼라이저는 가솔린 기관의 카뷰레터에 해당되는데, 봄베에서 공급되는 액체 연료를 강제로 증발시켜서 엔진이 필요로 하는 기체 LPG를 공급하는 작용을 한다. LPG를 강제로 증발시키기 위하여 감압(減壓) 작용과 기화 작용 그리고 압력을 조정하는 작용을 한다.

Answer　　55.③　56.①　57.③　58.④

59 LPI 연료 시스템에 대한 설명 중 잘못된 것은 어느 것인가?

① LPG 연료압은 대략 4 ~ 16bar 정도이다.
② 믹서 방식의 LPG 엔진에 비해 유해 배출가스의 배출이 적다.
③ 고압의 액체 상태로 연료를 분사한다.
④ 베이퍼라이저에서 믹서가 이루어진다.

60 LPI 엔진의 장점이 아닌 것은 어느 것인가?

① 겨울철 냉간 시동성이 향상된다.
② 겨울철 워밍업이 충분하여 가속이 쉽다.
③ 역화가 적으며 타르의 배출이 필요 없다.
④ 정밀한 연료제어에 의해 유해 배기가스의 배출이 적다.

61 2행정 사이클 기관은 크랭크축 몇 회전에 1사이클을 완료하는가?

① 1회전
② 2회전
③ 3회전
④ 4회전

62 냉각방식에서 수냉식과 비교했을 때 공랭식의 장점이 아닌 것은?

① 구조가 간단하다
② 마력당 중량이 가볍다
③ 정상 작동온도에 도달하는 시간이 짧다.
④ 기관이 균일하게 냉각이 가능하다.

59.

베이퍼라이저는 LPG 기관에서 사용한다.

60.

LPI 엔진의 장점
㉠ 유류비가 저렴하다.
㉡ 친환경적이며, 엔진의 소음이 적다.
※ LPI의 단점
　㉠ 충전소가 주유소에 비해 적다.
　㉡ 마력 자체가 낮아 힘이 약하다.
　㉢ 트렁크 사용공간이 적다.
　㉣ 겨울철 워밍업이 충분치 않으면 가속이 어렵다.

61.

2행정 사이클 기관은 크랭크축 반바퀴 회전할 때 흡입과 압축 그리고 반바퀴 더 회전하면 폭발과 배기행정을 이룬다.

62.

공기로 냉각시키는 공랭식은 공기가 통과하는 부분(냉각핀)이 냉각효과가 뛰어나다.

Answer　　59.④　60.②　61.①　62.④

63 EGR 밸브로 개선되는 유해배기가스는?

① CO

② NO$_X$

③ H$_2$O

④ HC

64 윤활유의 윤활작용 외 다양하고 중요한 역할이 아닌 것은?

① 냉각작용

② 밀봉작용

③ 방수작용

④ 청정작용

65 다음 중 배기가스 색깔로 잘못 연결된 것은?

① 무색 : 정상

② 백색 : 엔진오일 연소실 유입

③ 흑색 : 유연휘발유 연소

④ 황색 또는 자색 : 희박

66 부동액 첨가제의 종류가 아닌 것은?

① 냉각제

② 방부제

③ 방청제

④ 안정제

63.

배기가스 재순환장치는 질소산화물 발생을 억제시키는 장치이다.

64.

윤활유의 역할 ⋯ 윤활작용, 냉각작용, 밀봉작용, 세정작용, 방청작용, 응력분산작용, 소음감쇄작용

65.

흑색 – 진한 혼합비(농후한 혼합기)

66.

부동액 첨가제의 종류 ⋯ 동결 방지제, 부식 방지제, 거품 방지제, 부품 안정성 향상제, 고온 안정성 향상제, 밀봉기능제

Answer   63.② 64.③ 65.③ 66.①

67 엔진오일 색깔에 따른 그 이유가 바르지 못한 것은?

① 노란색 : 디젤 유입

② 검은색 : 심하게 오염

③ 붉은색 : 착색제가 붉은색인 경우 가솔린 유입

④ 우유색 : 냉각수 혼입

67.

• 회색 – 4에틸납 연소생성물의 혼입
• 노란색 – 무연가솔린 유입

68 기관의 실린더 내경 75mm, 행정 75mm, 압축비가 8 : 1인 4실린더 기관의 총연소실 체적은?

① 239.38cc　　　② 159.76cc

③ 189.24cc　　　④ 318.54cc

68.

$$0.785 \times 7.5^2 \times 7.5 \times \frac{4}{8-1} = 189.24$$

69 4사이클 4기통 엔진에서 1번 실린더가 폭발행정을 할 때 4번 실린더는 무슨 행정을 하는가? (점화순서는 1–2–4–3)

① 흡입행정　　　② 압축행정

③ 폭발행정　　　④ 배기행정

69.

행정순서는 시계방향, 폭발순서는 반시계방향이다.

70 피스톤의 왕복운동을 크랭크축에 전달하여 회전운동으로 바꿔주는 연결 막대는?

① 피스톤

② 피스톤 핀

③ 크랭크축

④ 커넥팅 로드

70.

커넥팅 로드(Connecting Rod)는 피스톤과 크랭크샤프트를 연결하는 봉으로 피스톤의 왕복운동을 크랭크샤프트를 회전운동으로 바꾸는 기능을 한다.

Answer　67.①　68.③　69.①　70.④

71 윤활유가 갖추어야 할 조건으로 옳은 것은?

① 점도가 높을 것
② 인화점이 낮을 것
③ 발화점이 낮을 것
④ 청정력이 작을 것
⑤ 기포 발생이 작을 것

71.

윤활유의 역할 … 기계의 마찰면에 생기는 마찰력을 줄이거나 마찰면에서 발생하는 마찰열을 분산시킬 목적으로 사용하는 유상물질(油狀物質)로 주로 석탄계 광물유가 쓰인다.

72 주행 중인 자동차의 배출가스 색이 백색이었다면 그 이유로 옳은 것은?

① 정상 연소되고 있다.
② 노킹이 발생되고 있다.
③ 기관 오일이 연소되고 있다.
④ 혼합비가 농후하다.
⑤ 혼합비가 희박하다.

72.

배출가스 색이 백색인 것은 윤활유가 연소(엔진오일 연소실 유입)되는 상태에서 발생한다.

73 피스톤 링의 기능이 아닌 것은?

① 방청작용　　　　② 기밀작용
③ 방열작용　　　　④ 오일제어 기능

73.

피스톤 링의 3대 기능 … 기밀작용, 열전도작용, 오일제어작용

74 라디에이터(방열기)의 구비조건으로 틀린 것은?

① 단위 면적당 발열량이 커야 한다.
② 공기저항이 커야 한다.
③ 냉각수의 저항이 적어야 한다.
④ 가볍고, 소형이어야 한다

74.

라디에이터는 내연기관에서 발생한 열의 일부를 냉각수를 통해서 대기 속으로 방출하는 장치이며 공기저항이 작아야 한다.

Answer　　71.⑤　72.③　73.①　74.②

75 단행정 기관의 장·단점에 대한 설명으로 틀린 것은?

① 피스톤의 평균속도를 높이지 않고 회전속도를 높일 수 있다.
② 단위 체적당 출력을 크게 할 수 있다.
③ 흡·배기밸브의 지름을 크게 하여 효율을 증대시킬 수 있다.
④ 행정이 안지름보다 큰 엔진이다.

76 자동차 연료 분사량에 영향을 가장 많이 미치는 요소는?

① 공기 유량 센서 ② 크랭크 각 센서
③ 냉각수 온도 ④ 자동차 속도

77 2행정 사이클 기관과 4행정 사이클 기관의 특징이 아닌 것은?

① 2행정 사이클은 4행정 사이클에 비해 토크가 크므로 고속 기관에 적합하다.
② 2행정 사이클 기관은 밸브 기구 등의 구조가 덜 복잡하고 이로 인해 보다 경제적이다.
③ 2행정 사이클 기관은 주로 대형 유조선이나 대형 컨테이너선에 사용된다.
④ 4행정 사이클 기관은 기동이 쉽고, 행정이 확실하다.

78 다음 중 DOHC 엔진의 특징은 무엇인가?

① 연소실의 효율이 높다
② SOHC 엔진보다 소음이 적다.
③ 흡·배기효율이 좋고, 밸브 면적을 크게 할 수 있다
④ 저RPM 상태에서 SOHC보다 더 큰 힘이 생긴다.

75.

행정이 안지름보다 큰 엔진은 장행정 기관이다.

76.

공기 유량 센서는 실린더에 흡입되는 공기 흐름을 ECU에 신호로 보내 연료의 기본 분사량을 결정한다.

77.

2행정 기관은 토크가 높으나 고속 기관에는 적합하지 않으며, 4행정 기관은 고속 기관에 적합하나 반대로 대형 기관에는 적합하지 않다.

78.

흡기밸브와 배기밸브에 캠축이 2개 있는 엔진으로서 각각의 단위시간마다 더 많은 공기를 흡입하려고 엔진의 허용 최고 회전수와 흡입 회전율을 크게 하여 출력을 높인 것이 특징이다.

Answer   75.④ 76.① 77.① 78.③

79 4행정 기관의 엔진 회전수가 3,600rpm일 때 초당 폭발횟수는?

① 30회
② 60회
③ 90회
④ 120회

79.

1분에 3,600회전하므로 60초에 3,600회전
1초에 60회전 / 2 = 30회

80 희박한 혼합기를 효율적으로 연소시키기 위해 일부 짙은 혼합기를 동시에 흡입시키는 방식은?

① 성층급기법
② 서멀리액터
③ 삼원촉매장치
④ EGR 밸브

80.

성층급기법 … 희박한 혼합기를 효율적으로 연소시키기 위해 일부 농후한 혼합기를 동시에 공급하는 방식을 말한다.

81 SAE 신분류에 의할 때 가장 등급이 높은 것은?

① CF
② SJ
③ MS
④ DG

81.

운전조건에 따라 알파벳 순서가 뒤로 갈수록 고성능이며, 성능이 우수한 오일이다.

82 전자제어 연료분사장치의 장점이 아닌 것은?

① 연비 향상
② 고온에서 시동성 향상
③ 배출가스 감소
④ 신속 응답

82.

전자제어 연료분사장치 … 연소효율이 높아지고, 배출가스 중의 CO, HC 등을 소멸시킬 수 있고, 기화기에서 증발되는 휘발유를 절약하게 되는 등의 특징이 있다.

Answer　79.① 80.① 81.② 82.②

83 자동차용 LPG 연료의 특성이 아닌 것은?

① 연소효율이 좋고, 엔진이 정숙하다.
② 엔진 수명이 길고, 오일의 오염이 적다,
③ 대기오염이 적고, 위생적이다.
④ 옥탄가가 낮으므로 연소 속도가 빠르다.

83.

옥탄가가 높고 연소 속도가 느리기 때문에 속도가
늦다.

84 LPG 연료 차량의 주요 구성장치가 아닌 것은? (단, LPI는 제외한다.)

① 베이퍼라이저(vaporizer)
② 연료여과기(fuel filter)
③ 믹서(mixer)
④ 연료펌프(fuel pump)

84.

연료펌프는 연료탱크에서 연료를 흡입하여 각 실
린더로 공급하는 기계식과 전기식, 연료진공 조합
식 펌프를 주로 사용한다.

85 LP가스를 사용하는 자동차에서 차량전복으로 인하여 파이프가 손상시 용기 내 LP가스 연료를 차단하기 위한 역할을 하는 것은?

① 영구자석
② 과류방지밸브
③ 체크밸브
④ 감압밸브

85.

과류방지밸브는 배출밸브의 내측에 설치되어 있으
며 배관 등이 파손되어 연료가 과도하게 흐르면
밸브가 닫힌다. 송출압력에 의해 밸브가 닫혀 연료
의 유출을 방지한다.

86 LP가스를 사용하는 자동차의 봄베와 관련된 사항으로 틀린 것은?

① 용기의 도색은 회색으로 한다.
② 안전밸브에서 분출된 가스는 대기중으로 방출되는 구조로 되어 있다.
③ 안전밸브는 용기 내부의 기상부에 설치되어 있다.
④ 봄베 보디에 베이퍼라이저가 설치되어 있다.

86.

베이퍼라이저는 믹서와 전자밸브 사이에 설치되어
봄베에서 공급된 연료의 압력을 감압하고 일정한
압력으로 유지시켜 주는 역할을 한다.

Answer　　83.④　84.④　85.②　86.④

87 LPG 연료장치에서 베이퍼라이저의 역할이 아닌 것은?

① 기화
② 무화
③ 감압
④ 압력조절

88 LPG 기관을 시동하여 냉각수 온도가 낮은 상태에서 무부하 고속회전을 하였을 때 나타날 수 있는 현상으로 가장 부적합한 것은?

① 증발기(Vaporizer)의 동결현상이 생긴다.
② 가스의 유동 정지 현상이 발생한다.
③ 혼합가스가 과농 상태로 된다.
④ 기관의 시동이 정지될 수 있다.

89 CNG 기관의 분류에서 자동차에 연료를 저장하는 방법에 따른 분류가 아닌 것은?

① 압축 천연가스(CNG) 자동차
② 액화 천연가스(LNG) 자동차
③ 흡착 천연가스(ANG) 자동차
④ 부탄가스 자동차

90 CNG 기관의 장점에 속하지 않는 것은?

① 매연이 감소된다.
② 이산화탄소와 일산화탄소 배출량이 감소한다.
③ 낮은 온도에서의 시동성능이 좋지 못하다.
④ 기관 작동 소음을 낮출 수 있다.

87.

연료의 압력을 감압하여 기화시키며, 일정한 압력으로 유지시켜 엔진에서 변화되는 기화량을 조절한다.

88.

LPG기관은 겨울철 냉각수온이 낮은 상태에서 무부하 급가속회전을 하게 되면 희박한 상태의 혼합가스가 공급된다.

89.

자동차에 연료을 저장하는 방법에 따라 압축천연가스, 액화천연가스, 흡착천연가스 등으로 분류된다.

90.

CNG 기관의 장점은 낮은 온도에서의 시동성능이 좋다.

Answer　87.② 88.③ 89.④ 90.③

91 다음 중 천연가스에 대한 설명으로 틀린 것은?

① 상온에서 기체 상태로 가압 저장한 것을 CNG라고 한다.
② 천연적으로 채취한 상태에서 바로 사용할 수 있는 가스 연료를 말한다.
③ 연료를 저장하는 방법에 따라 압축천연가스 자동차, 액화 천연가스 자동차, 흡착천연가스 자동차 등으로 분류된다.
④ 천연가스의 주성분은 프로판이다.

91.
천연가스의 주성분은 메탄가스이다.

92 자동차 연료로 사용하는 천연가스에 관한 설명으로 맞는 것은?

① 약 200기압으로 압축시켜 액화한 상태로만 사용한다.
② 부탄이 주성분인 가스 상태의 연료이다.
③ 상온에서 높은 압력으로 가압하여도 기체 상태로 존재하는 가스이다.
④ 경유를 착화보조 연료로 사용하는 천연가스 자동차를 전소기관 자동차라 한다.

92.
상온에서 높은 압력으로 가압해도 기체 상태로 존재한다.

93 압축천연가스(CNG) 자동차에 대한 설명으로 틀린 것은?

① 연료라인 점검 시 항상 압력을 낮춰야 한다.
② 연료누출 시 공기보다 가벼워 가스는 위로 올라간다.
③ 시스템 점검 전 반드시 연료 실린더 밸브를 닫는다.
④ 연료 압력 조절기는 탱크의 압력보다 약 5bar가 더 높게 조절한다.

93.
연료 압력 조절기는 탱크의 압력보다 약 8bar로 감압 조절한다.

Answer   91.④   92.③   93.④

94 압축천연가스(CNG)의 특징으로 거리가 먼 것은?

① 전 세계적으로 매장량이 풍부하다.
② 옥탄가가 매우 낮아 압축비를 높일 수 없다.
③ 분진 유황이 거의 없다.
④ 기체 연료이므로 엔진 체적효율이 낮다.

낮은 온도에서의 시동성능이 좋으며, 옥탄가 130으로 가솔린의 100보다 높다.

95 전자제어 압축천연가스(CNG) 자동차의 기관에서 사용하지 않는 것은?

① 연료온도센서
② 연료펌프
③ 연료압력조절기
④ 습도센서

95.

연료펌프는 압축천연가스에서는 사용하지 않는다.

96 CNG 기관에서 사용하는 센서가 아닌 것은?

① 가스 압력 센서
② 베이퍼라이저 센서
③ CNG 탱크 압력 센서
④ 가스 온도 센서

96.

베이퍼라이저 센서는 CNG기관에서는 사용하지 않은 센서이다.

97 CNG(Compressed Natural Gas) 엔진에서 가스의 역류를 방지하기 위한 장치는?

① 체크밸브
② 에어조절기
③ 저압연료차단밸브
④ 고압연료차단밸브

97.

유체의 역류를 방지하는 밸브는 체크밸브이다.

Answer   94.②   95.②   96.②   97.①

98 자동차 연료 요구 조건이 아닌 것은?

① 가솔린엔진에서 안티노크가 클 것
② 디젤엔진에서 적정한 점도 있고 착화성이 좋아야 할 것
③ 가솔린엔진에서 옥탄가가 높고 자연 발화점이 높을 것
④ 디젤엔진에서 세탄가는 낮고 부식이 적을 것

99 자동차 배출가스 저감장치에 대한 설명으로 틀린 것은?

① 가솔린엔진에서 CO, HC는 삼원 촉매장치를 통해 CO_2, H_2O로 산화된다.
② 디젤엔진에서 DPF는 입자상물질을 저감한다.
③ 가솔린엔진에서 배출가스 NOx는 삼원 촉매장치를 통해 N_2와 O_2로 환원된다.
④ 디젤엔진에서 SCR은 입자상물질을 저감하기 위함이다.

98.

디젤 연료의 세탄성분은 착화점을 낮춰주는 역할을 한다. 실린더내의 공기를 압축시켜 온도를 높여 연료를 분사하는데 이는 연료의 세탄가를 올려 착화점을 낮추어 연료를 분사했을 때 착화가 잘 되도록 하기 위함이다.

99.

SCR(선택적 환원촉매장치)는 질소산화물을 줄이는 데 사용하며 요소수를 30% 농도로 물에 희석한 것으로 질소산화물을 환원시키는 역할을 한다.

Answer 98.④ 99.④

01 디젤엔진 일반

① 디젤엔진의 개념과 장단점

(1) 개념

디젤엔진은 실린더 내에 공기만을 흡입·압축하여 공기의 온도가 높아졌을 때 연료를 안개모양으로 분사시켜, 이 안개모양의 연료가 압축열에 의해 자기착화 및 연소하여 작동을 계속하는 압축착화 엔진이다.

※ 디젤기관은 독일의 기술자 디젤(R. Diesel)이 1892년에 발명한 내연기관의 한 종류이다.

(2) 디젤엔진의 장단점

① 디젤기관의 장점
- ㉠ 열효율이 높고 연료소비율이 낮다.
- ㉡ 연료의 적용성이 넓다.
- ㉢ 연료의 인화점이 높아 화재의 위험성이 적다.
- ㉣ 넓은 회전속도 영역에 걸쳐 회전토크가 크다.
- ㉤ 대형 엔진의 제작이 용이하다.
- ㉥ CO, HC 배출물이 적다.
- ㉦ 배기가스 온도가 낮다.
- ㉧ 수명이 길다.

② 디젤기관의 단점
- ㉠ 회전속도 범위가 좁다.
- ㉡ 시동에 소요되는 동력이 크다.
- ㉢ 리터 출력이 낮다.
- ㉣ 운전시 진동과 소음이 크다.
- ㉤ 엔진의 중량이 무겁고 제작비가 비싸다.
- ㉥ 정비와 보수가 고가이다.
- ㉦ 매연 및 질소산화물(NOx)의 발생이 많다.
- ㉧ 윤활유의 오염과 변질이 심하다.

❷ 가솔린엔진과의 비교

(1) 같은 점

디젤엔진은 본체와 이에 부속된 윤활, 냉각, 연료, 흡배기, 전기장치 등 기본적인 구조는 가솔린엔진과 거의 비슷하다.

(2) 다른 점

디젤엔진은 전기점화장치가 필요하지 않고 대신 연료분사장치가 필요하다. 그리고 연료는 자기착화가 잘되는 저유황경유를 사용한다.

📢 가솔린엔진과 디젤엔진의 비교

비교항목	가솔린엔진	디젤엔진
사용연료	휘발유	경유
연료주성분	옥탄가	세탄가
연료공급	기화기 및 연소실에서 혼합	노즐로 연료 분사
연료소비량	230 ~ 280g/ps-h	160 ~ 230g/ps-h
압축비	7 ~ 10 : 1	16 ~ 20 : 1
압축온도	120 ~ 140℃	500 ~ 550℃
공기와 연료의 혼합	균일혼합	불균일혼합
흡입물질	공기와 연료 흡입	공기만 흡입
점화방식	전기점화(점화플러그 필요)	자기착화(압축착화)
열효율	25 ~ 30%	32 ~ 38%
연소실	간단	복잡
연소형태	화염전파에 의한 연소	혼합연소 + 확산연소
부하제어원리	혼합기 양의 가감	연료분사기의 가감
부하제어방식	기화기의 스로틀 밸브의 개도	연료분사펌프의 제어
진동과 소음	작다	크다
이론 사이클	오토 사이클	디젤(사바테 사이클)
실린더 지름	60 ~ 110mm(160mm 이하)	70 ~ 185mm(제한 없음)
고장	점화장치 고장 많음	고장이 작음
가격	저렴	고가이며, 유지관리 비쌈

가솔린엔진과 디젤엔진에 대한 비교 설명 중 틀린 것은?

① 가솔린보다 디젤엔진이 압력이 더 높다.
② 가솔린보다 디젤엔진이 열효율이 더 높다.
③ 디젤은 전기점화방식이다.
④ 디젤은 압축착화방식이다.

디젤 기관을 가솔린 기관과 비교했을 때 설명으로 틀린 것은?

① 연료소비율이 적어 경제적이다.
② 중량이 무겁다.
③ 기화기가 필요하며 고장이 많다.
④ 진동, 소음이 크다.

◀정답 ③, ③

02 디젤엔진의 연소

1 연소실의 조건 및 연소과정

(1) 디젤엔진의 연소

① 디젤엔진은 압축된 고온의 공기에 경유 등의 연료를 미세하게 분사하여 착화시킨 다음에 연소과정으로 진행한다.

② 노즐에서 실린더 내에 분사된 연소의 입자는 고압의 공기에 의해서 가열되며, 표면온도가 올라가고 증발을 시작하며, 적당한 온도와 공기 혼합비가 된 상태에서 착화하여 연소가 일어난다.

③ 착화할 때는 가솔린엔진과 같이 극히 특정한 장소에서 발화하는 것이 아니다.

(2) 연소실의 구비조건

① 분사된 연료를 가능한 짧은 시간에 완전 연소를 시켜야 한다.

② 평균 유효압력이 높아야 한다.

③ 연료 소비율이 적어야 한다.

④ 고속회전에서 연소상태가 좋아야 한다.

⑤ 기둥이 쉬우며 디젤 노크가 적어야 한다.

⑥ 진동이나 소음이 적고 모양이 간단해야 한다.

> ☆ Plus tip
>
> 디젤기관의 노킹 방지책
> ㉠ 착화성이 좋은 (세탄가가 높은) 경유를 사용한다.
> ㉡ 압축비, 압축압력 및 압축온도를 높인다.
> ㉢ 기관의 온도와 회전속도를 낮춘다.
> ㉣ 분사 개시 때 분사량을 감소시켜 착화 지연을 짧게 한다.
> ㉤ 분사시기를 알맞게 조정한다.
> ㉥ 흡입 공기에 와류가 일어나도록 한다.

※ 노킹(knocking) … 내연기관의 실린더 내에서의 이상연소(異常燃燒)에 의해 망치로 두드리는 것과 같은 소리가 나는 현상을 말한다.

기출 2024. 6. 22. 서울시 제2회 시행

디젤기관의 노크 방지 방법에 대한 설명으로 가장 옳지 않은 것은?

① 착화성이 좋은 연료를 사용한다.
② 연소실 내 공기와류를 일으키게 한다.
③ 연료 분사 초기에 연료분사량을 많게 한다.
④ 압축비, 압축압력, 압축온도를 높인다.

기출 2021. 6. 5. 서울특별시 시행

자동차 연소실의 구비조건으로 가장 옳지 않은 것은?

① 엔진출력을 높일 수 있는 구조일 것
② 압축 초 행정에서 강한 와류를 일으키도록 할 것
③ 가열되기 쉬운 돌출부가 없을 것
④ 노킹을 일으키지 않는 형상일 것

기출 2022. 6. 18. 대전시 시행

다음 중 디젤 기관의 노킹 방지책으로 맞는 것은?

① 실린더벽의 온도를 낮춘다.
② 착화지연 기간을 길게 한다.
③ 압축비를 낮춘다.
④ 흡기온도를 높인다.

❮정답 ③, ②, ④

(3) 연소과정

① **착화지연기간(A → B)** : 연료분사 후 착화될 때까지의 기간(연소준비기간)

② **화염전파기간(B → C)** : 착화지연기간 동안 만들어진 혼합기가 착화되는 기간
(폭발적 연소기간)

③ **직접연소기간(C → D)** : 화염 속에서 연료가 분사되고 분사와 동시에 연소하
는 기간(제어연소기간)

④ **후기연소기간(D → E)** : 연료 분사가 끝난 후 미연소 가스가 연소되는 기간
(후연소기간)

📢 디젤 기관의 연소 과정

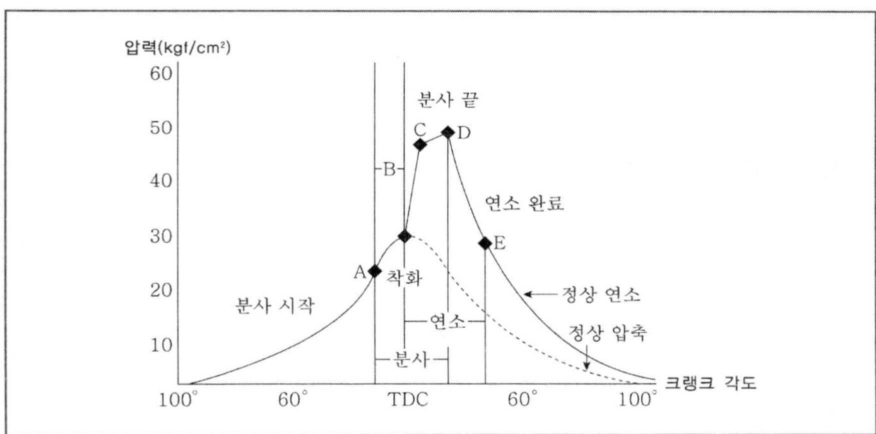

❷ 연소실의 종류

(1) 직접분사식

실린더 헤드와 피스톤 헤드부 사이에 형성되는 단일 연소실을 가지고 있으며,
그 속에 연료를 분사하여 연소시키는 방식이다. 직접분사식의 기본형은 하트
형, 반구형, 구형이 있다.

(2) 예연소실식

주연소실 상부에 예연소실이라는 부실이 있으며, 그곳에 연료를 분사하여 연
료의 일부를 연소시킨다. 이렇게 연소할 때 생긴 압력에 의해 나머지 연료를

기출 PLUS

기출 2022. 4. 23. 경기도 시행

디젤기관의 연소과정은 착화지연기
간, 화염전파기간, 직접연소기간, 후
기연소기간으로 나뉘는데 노킹과 관
련이 있는 구간은 ?

① 직접연소기간, 후기연소기간
② 착화지연기간, 화염전파기간
③ 화염전파기간, 직접연소기간
④ 후기연소기간, 착화지연기간

기출 2021. 6. 5. 서울특별시 시행

디젤엔진의 연소 과정 중 〈보기〉 B~
C에 해당하는 구간으로 가장 옳은
것은?

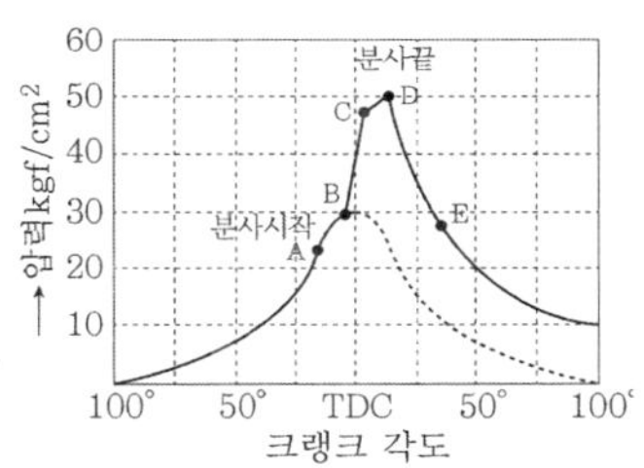

① 화염 전파기간(급격 연소기간)
② 직접 연소기간(제어 연소기간)
③ 착화 지연기간(연소 준비기간)
④ 후 연소기간

기출 2016. 10. 1. 경상남도 시행

디젤 기관의 연소실 형식에서 연료
소비율이 가장 적은 연소실 형식은?

① 예연소실식
② 공기실식
③ 직접분사실식
④ 와류실식

◀ 정답 ②, ①, ③

주연소실로 분출하고 와류에 의해 공기와 잘 혼합되어 완전 연소를 시킨다.

(3) 와류실식

실린더나 실린더 헤드에 와류실을 두어 압축행정시 강한 와류를 생성시키고, 이 와류중에 연료를 분사하여 완전 연소를 시킨다. 와류실식은 직접분사식과 예연소실식의 중간적 특성을 가지고 있다고 할 수 있다.

(4) 공기실식

주연소실 외에 공기실을 갖는다. 연료는 주연소실 내로 분사하며, 피스톤의 하강에 따라 공기실로부터 공기가 분출하여 산소를 공급하고, 소용돌이(와류)를 일으켜 연소시킨다.

03 엔진의 작동

❶ 4행정 사이클 디젤엔진

(1) 흡입행정

피스톤의 하강운동에 의해 공기가 실린더 안으로 들어오는 행정이다. 배기밸브는 닫혀있고, 흡기밸브만 열려있다.

(2) 압축행정

피스톤의 상승운동으로 흡입행정에서 흡입한 공기를 착화온도($500 \sim 550℃$) 이상으로 될 때까지 압축시키는 행정이다. 피스톤이 하사점에서 다시 상승하기 시작하면 흡기밸브를 닫아 공기의 출입문을 막는다.

(3) 폭발(동력)행정

이 행정에서는 압축행정의 끝 부근에서 분사노즐을 거쳐 $100 \sim 200\text{kg/cm}^2$의 압력으로 연료를 분사한다. 이때 분사된 연료가 공기의 압축열로 발화 연소되어 피스톤을 밀어내린다. 이 힘이 동력이 되어 크랭크축에 회전력이 발생한다.

(4) 배기행정

폭발행정에서 일을 한 연소가스를 피스톤이 올라감에 따라 배기밸브를 거쳐 밖으로 보내는 행정이다. 피스톤이 하사점까지 내려가면 배기밸브가 열린다.

> ☆ **Plus tip**
>
> 4행정 사이클 디젤엔진은 피스톤의 흡입, 압축, 동력 및 배기의 4행정, 즉 크랭크축의 2회전으로 1사이클이 완료된다. 디젤엔진에서는 공기만을 흡입, 압축하여 고온이 되게 한다.

📢 4행정 디젤엔진의 작동원리

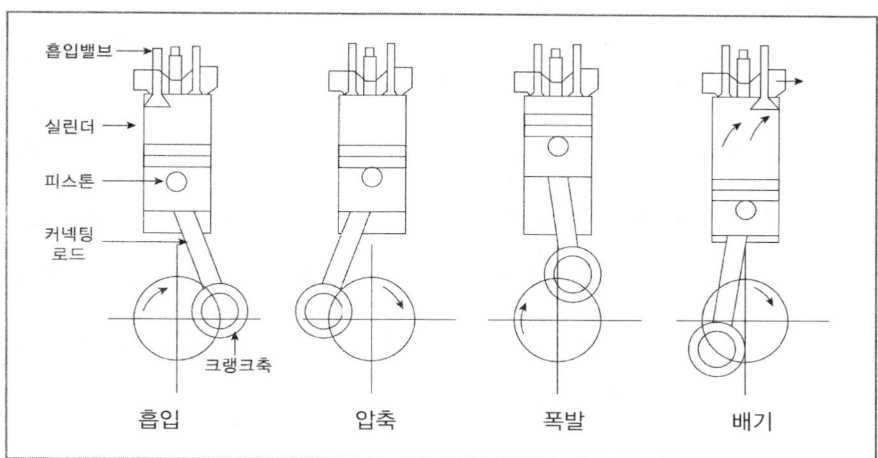

② 2행정 사이클 디젤엔진

(1) 소기행정

연소가스의 압력으로 피스톤이 하강하여 실린더 벽면에 있는 소기구멍이 열리면 과급기(루츠 블로어)에서 압송된 신선한 공기가 실린더 안으로 들어가 배기가스를 밀어냄과 동시에 다음 연소에 필요한 공기가 흡입된다. 이 소제(掃除) 공기는 피스톤이 하사점까지 내려갔다가 다시 상승하여 소기구멍을 닫을 때까지 계속된다.

(2) 압축행정

피스톤이 상승하여 소기구멍을 닫으면 바로 배기밸브도 닫혀 공기가 압축된다.

압축행정이 끝나는 시기에 실린더 안의 압축공기의 온도는 연료의 착화온도 이상이 된다(약 500℃ 정도).

(3) 동력행정

압축공기가 연료의 착화온도 이상으로 압축되면 분사노즐에서 연료를 무기분사한다. 이 연료는 공기의 압축열에 의해 착화연소하여 높은 압력이 생기는데, 이 연소압력에 의해 피스톤이 밀려 내려가 크랭크축에 회전력을 주는 동력이 발생한다.

(4) 배기행정

피스톤이 하강하여 소기구멍을 열기 전에 먼저 배기밸브가 열려서 연소가스는 자신의 압력으로 배기구멍을 통해 대기 속으로 배출된다.

> **Plus tip**
> 2행정 사이클 디젤엔진의 소기방식
> ㉠ **횡단 소기식(클로스식)** : 소기구멍과 배기구멍이 실린더 아래 부분에서 마주보게 되는 형식이다.
> ㉡ **루프 소기식** : 소기가 시작되면 그 흐름을 배기구멍의 반대쪽으로 흐르게 만든 형식이다.
> ㉢ **단류 소기식(유니플로식)** : 배기밸브를 두어 배기구멍이 소기구멍보다 먼저 닫히게 한 형식이다.

04 엔진의 연료

❶ 경유

(1) 경유의 일반

디젤엔진의 연료로는 원유를 정제하여 경유를 쓰게 된다.

(2) 발화점

발화점은 200 ~ 350℃, 1kg을 완전 연소시키는데 필요한 공기량은 14.4kg(약 11.2m^3) 정도이다.

❷ 경유의 규격과 구비조건

(1) 경유의 규격

경유의 규격은 ASTM 규격, SAE 규격이 있으며, SAE 규격은 다음과 같다.

① 1-D : 휘발성이 큰 증류유로 고속엔진에 적합하다.

② 2-D : 휘발성이 중간 정도로 고속엔진에 적합하다.

③ 3-D : 휘발성이 적은 증류유로 중속엔진에 적합하다.

④ 4-D : 보일러용으로 많이 사용되며 유황분이 2% 정도로 저속엔진에 적합하다.

(2) 경유의 구비조건

① 착화성이 양호하고, 적당한 점도를 가져야 한다.

② 인화점이 가솔린보다 높아야 한다.

③ 불순물이나 유황분이 없어야 한다.

④ 적당한 휘발성이 있어야 한다.

⑤ 잔류탄소가 없으며, 발열량이 높아야 한다.

⑥ 카본 생성이 작아야 한다.

⑦ 세탄가가 높아야 한다.

⑧ 연소속도가 빨라야 한다.

⑨ 불순물이 없어야 한다.

(3) 경유의 일반성향

① 색 : 흑갈색 ~ 담황색, 고급일수록 담황색이다.

② 냄새 : 진한 석유냄새

③ 비중 : 0.83 ~ 0.89

④ 인화점 : 40 ~ 90℃

⑤ 발화점 : 200 ~ 350℃

⑥ 발열량 : 10,700kcal/kg

⑦ 밀도 : 820~845g/L

기출PLUS

기출 2022. 6. 18. 경상북도 시행

다음 중 경유 연료의 구비조건이 아닌 것은?

① 착화점이 낮을 것
② 점도가 적당하고 점도 지수가 높을 것
③ 발열량이 높을 것
④ 이산화황 함유량이 높을 것

기출 2018. 4. 7. 경기도 시행

다음 중 디젤 연료의 구비조건이 아닌 것은?

① 세탄가가 높을 것
② 착화온도가 낮을 것
③ 온도에 따른 점도의 변화가 적을 것
④ 자연 발화점이 높을 것

기출 2016. 5. 21. 전라북도 시행

다음 중 디젤 연료인 경유의 구비조건으로 옳은 것은?

① 기화성이 클 것
② 발열량이 클 것
③ 점도가 적당할 것
④ 내폭성이 클 것

❮정답 ④, ④, ②

05 분사펌프

① 분사펌프(인젝션 펌프)

(1) 개념과 구조

① 개념 : 연료를 연소실 내로 분사하는데 필요한 압력을 줌과 동시에 엔진의 부하나 회전수의 변화에 따라 각 실린더에 적량의 균일하게, 또 최적인 분사시기에 분사하기 위한 장치이다.

② 구조 : 분사펌프는 펌프 몸체, 조속기(거버너), 분사시기 조정장치, 연료공급펌프 등으로 구성된다.

③ 종류 : 분사펌프에는 연료의 최대 분사량에 따라 A형, B형, P형이 있고, 대표적인 것은 보시(Bosch)형의 열형 인젝션 펌프(A형)이다.

② 연료분사펌프의 기능

(1) 펌프 하우징

펌프 하우징은 일반적으로 경합금으로 만들어져 있으며, 연료에 분사압력을 주는 기능을 하는 것이다.

(2) 캠축

캠축은 엔진 크랭크축으로부터 타이밍기어를 거쳐서 작동되며, 플런저를 작동시키는 캠과 연료공급펌프를 구동하는 편심 캠으로 구성된다.

> ☆ Plus tip
>
> **캠축에서 캠의 구성 관련 용어**
> ㉠ 노즈 : 밸브가 완전히 열리는 지점
> ㉡ 로브 : 밸브가 열려서 닫힐 때까지의 거리
> ㉢ 플랭크 : 로커암이 접촉되는 부분
> ㉣ 양정 : 밸브의 작동거리(열림)

기출 2021. 6. 5. 서울특별시 시행

캠축에서 캠의 구성 중 밸브가 열려서 닫힐 때까지의 거리를 뜻하는 용어는?

① 로브(lobe)
② 양정(lift)
③ 노즈(nose)
④ 플랭크(flank)

❰ 정답 ①

(3) 태핏

태핏은 캠과 접촉되는 부분에 롤러가 설치되어 있고, 펌프 하우징의 가이드 홈에 설치되어 있다. 태핏은 회전하지는 않으나 캠축에 의해 상하운동하며 이 운동을 플런저에 전달한다.

(4) 태핏 간극(톱 간극)

태핏 간극은 플런저가 캠에 의해 최고 위치까지 밀어 올려졌을 때 플런저 헤드부와 밸럴 윗면과의 간극을 말하며, 태핏 간극은 0.5mm 정도 둔다.

(5) 펌프 엘리먼트

펌프 엘리먼트는 플런저와 플런저 배럴로 구성되며, 펌프 하우징에 고정되어 있는 플런저 배럴 속을 플런저가 상하운동을 하여 연료를 압축하는 일을 한다.

06 조속기

1 조속기의 개요

(1) 조속기의 설치

디젤엔진에서는 최고 회전을 제어하고 엔진에 무리가 걸리는 것을 방지함과 동시에 저속시의 회전을 안정시키기 위하여 조속기를 설치하고 있다.

(2) 조속기의 필요성

운전사가 가속 페달을 조작하여 연료 분사량을 증감해서 엔진의 회전속도나 출력을 조정할 수 있으나, 특히 공회전 등을 할 때는 부하에 약간의 변동이 있어도 회전속도는 크게 변동한다. 그리고 엔진의 오버런을 방지하기 위해 일정한 회전속도 이상으로 되지 않도록 항상 조정하여야 하는데, 이와 같은 경우에 부하에 따라 분사량의 증감을 자동적으로 조정하여 제어 래크에 전달하는 장치가 필요하며 이것이 조속기이다.

❷ 조속기의 종류

(1) 공기식 조속기

① 공기식 조속기는 연료의 분사량을 스로틀 밸브의 개도(開度)와 엔진의 회전 속도에 따른 부압의 변화를 이용하여 자동적으로 조속(調速)하는 것이다.

② 구조는 제어래크가 다이어프램에 연결되어 있고, 다이어프램에 의하여 진공실과 대기실을 형성한다.

(2) 기계식 조속기

① 기계식 조속기는 분사펌프의 회전속도의 변화에 따른 플라이 웨이트(추)의 원심력을 이용한 것이다. 분사펌프 캠축의 뒤끝에 설치되어 있다.

② 구성은 캠축과 함께 회전하는 원심추, 원심추의 움직임을 제어래크로 전달하는 벨 크랭크, 가속페달과 원심추의 움직임을 제어래크로 전달하는 부동 레버 및 링크 등으로 되어 있다.

❸ 앵글라이히 장치와 타이머

(1) 앵글라이히 장치

엔진의 고속 회전시의 공기량(공기 과잉율이 큼)과 저속 회전시의 공기량(공기 과잉율이 적음)이 달라지는 모순을 해결하기 위해 운전시 모든 회전범위에 걸쳐 흡입공기를 유효하게 이용할 수 있게 분사량을 바꿔 공기와 연료의 비율이 일정하게 되도록 한 장치이다.

(2) 타이머(분사시기 조정장치)

① **기능** : 노즐에서 분사된 실린더 내의 연료는 착화지연기간을 거친 후 발화 연소한다. 이 착화지연기간은 거의 일정하다고 보아도 좋기 때문에 엔진의 부하 및 회전속도에 따라 분사시기를 변화시켜야 하는데, 이를 위한 것이 분사시기 조정장치이다.

② **종류** : 분사시기 조정장치에는 수동식과 자동식의 두 종류가 있으며, 자동차용으로는 자동식이 많이 사용되고 있다.

07　연료장치

❶ 연료분사장치

(1) 연료분사장치의 종류

① **독립식** : 펌프 제어식이라고도 하며, 독립식 열형분사펌프를 사용한 형식이다. 이 형식은 실린더 수와 같은 수의 플런저가 1열로 배열된 열형펌프를 사용한 것으로, 디젤엔진의 연료장치 중 가장 널리 사용되는 형식이다.

② **분배식** : 1개의 플런저로 각 실린더에 연료를 분배하는 펌프를 사용한 형식으로, 주로 소형차의 연료장치에 사용된다.

③ **유닛분사식** : 펌프와 노즐이 일체로 된 유닛인젝터를 각 실린더마다 설치하는 형식으로, 2사이클 디젤엔진이나 건설중기의 일부에 사용된다.

④ **공동식** : 1개의 펌프에서 만들어진 고압의 연료를 분배기를 통하여 각 실린더에 분배하는 형식이다.

(2) 독립식 연료분사장치

① **연료파이프** : 연료파이프는 연료통로로 사용되고 있으며, 탱크에서 공급펌프간, 공급펌프에서 필터간, 필터에서 분사펌프간의 연료통로가 되는 플레시블 호스와 분사펌프에서 노즐간의 연료통로가 되는 분사파이프가 있다.

② **연료여과기** : 연료여과기의 기능은 연료속의 먼지, 수분을 제거하는 기능을 한다.

③ **연료공급펌프**(피드펌프) : 연료공급펌프는 분사펌프의 측면에 장치되어 있으며, 분사펌프의 캠에 의해 구동되는 피스톤의 작동으로 연료탱크에서 연료를 빨아올리며, 연료필터를 경유하여 분사펌프에 연료를 압송하는 역할을 하고 있다.

> ☆ **Plus tip**
>
> **연료장치의 구성**
> | ㉠ 연료탱크 | ㉡ 연료공급펌프 | ㉢ 연료여과기 |
> | ㉣ 분사펌프 | ㉤ 분사파이프 | ㉥ 분사노즐 |

기출PLUS

❷ 분배형 연료분사펌프

(1) 작동원리

① 분배형 분사펌프는 소형 고속 디젤엔진의 발전과 함께 개발된 것이며, 하나의 펌프 엘리먼트로 각 실린더에 연료를 공급하게 되어 있다.

② 분배형 분사펌프의 작동은 플런저가 회전하면 흡입구멍이 닫혀, 분배구멍이 하나의 출구통로로서 개방된다.

③ 플런저가 더 회전하면 페이스 캠이 롤러 위에 올라가고, 플런저가 상승하여 연료를 압송하기 시작하며, 딜리버리 스프링을 밀어 올려 노즐에서 연료가 분사된다.

(2) 분배형 분사펌프의 특징

① 소형이고 경량이다.

② 부품수가 적다.

③ 캠의 양정이 아주 작기 때문에 엔진의 고속회전을 얻을 수 있다(엔진 회전수 6,000rpm까지).

④ 펌프 윤활을 위해 특별한 윤활유를 필요로 하지 않는다.

⑤ 플런저가 왕복운동과 함께 회전운동도 하므로 편마멸이 적다.

⑥ 플런저의 작동회수가 실린더 수에 비례해서 증가되므로 실린더 수와 최고 회전속도의 제한을 받는다.

⑦ 연료 분사량이 균일하고, 엔진 시동이 쉽다.

❸ 분사노즐과 노즐 홀더

(1) 분사노즐

① 기능

    ㉠ 분사노즐은 실린더 헤드에 설치되어 있으며 분사펌프에서 압송되는 고압의 연료를 분사노즐을 통하여 안개모양으로 무화하여 연소실 안으로 분사하는 역할을 하고 있다.

ⓛ 분사노즐은 연료분사펌프의 성능과도 직결되며 엔진의 성능을 발휘하기 위하여 매우 중요한 부분이다.

② **분사노즐의 분류**

㉠ **개방형 노즐** : 노즐의 끝부분이 니들밸브 없이 항상 열려있는 노즐이다.

ⓛ **폐지형 노즐** : 자동차용 디젤엔진에서는 폐지형 노즐이 사용되고 있으며, 분사형상에 따라 스로틀형, 핀틀형, 홀형이 있다. 현재 자동차용으로 사용되고 있는 노즐은 스로틀형 또는 홀형이다.

> ☆ **Plus tip**
>
> **분사노즐의 구비조건**
> ㉠ 고온 · 고압의 가혹한 조건에서 장시간 사용할 수 있어야 한다.
> ⓛ 연료의 분무는 연소실 전체에 고루 퍼져야 한다.
> ㉢ 연료의 미립자를 안개 모양으로 가장 가늘게 분사하여 엔진의 출력을 높여야 한다.
> ㉣ 연료의 분사 종료 시 연료를 완전히 차단하여 후적이 없어야 한다.

(2) 노즐 홀더

① **기능** : 노즐 홀더는 노즐을 실린더 헤드에 장치함과 동시에 노즐까지 연료를 보내는 통로의 역할을 하며, 또한 노즐의 분사개시 압력을 조정하는 것이다.

② **구조** : 노즐 홀더의 상단부에는 캡 너트가 있으며, 캡 너트에는 오버플로우 파이프가 장치되어 있다.

(3) 분사노즐의 점검

① 노즐의 고장은 주로 연료중의 불순물로 인해 발생하며 노즐의 과열, 취급불량 및 조립불량 등이 그 원인이 된다.

② 연료분무의 형상이 약 $40°$의 각도로 끝이 열린 정확한 원뿔형인지, 분사 전 · 후에 노즐구멍에 후적이 없는지, 분무의 안개입자가 균일한지를 점검한다.

> ☆ **Plus tip**
>
> **분사노즐의 점검항목**
> ㉠ 분사 개시의 압력   ⓛ 분사의 각도
> ㉢ 분무 상태   ㉣ 분사 후적의 유무

기출PLUS

08 예열장치

❶ 예열장치의 기능

(1) 필요성과 기능

① **필요성** : 디젤엔진은 압축착화 엔진이므로 한랭시에는 잘 착화되지 않는다. 따라서 시동을 걸기 전에 흡기 다기관 내의 공기를 미리 가열해 주는 장치가 필요하다.

② **기능** : 예열플러그는 겨울철에 외기의 기온이 낮거나, 엔진이 냉각되어 있을 때, 압축열이 실린더나 실린더 헤드 및 피스톤에 흡수되어 연료가 착화할 수 없을 때, 연소실 내의 공기를 미리 가열하여 시동이 용이하게 하는 장치이다.

(2) 예열장치의 구비조건

① 가열속도가 빠르고 수명이 길어야 한다.

② 전류의 소비량이 적어야 한다.

③ 기관의 요구에 적합한 가열성능을 가져야 한다.

④ 압축비가 낮은 기관에서는 예열온도가 유지되어야 한다.

⑤ 법규에 맞도록 유해가스가 배출되어야 한다.

❷ 종류

(1) 예열플러그식

예연소실식과 와류실식의 엔진에 사용하며, 연소실내의 압축공기를 직접 예열한다.

① **실드형** : 병렬로 결선되며 보호금속관 안에 있는 히트 코일을 결합한 것이다.

② **코일형** : 직렬로 결선되는 것으로 히트 코일 밖으로 노출되어 있다. 현재는 내구성이 좋은 실드형이 많이 사용된다.

기출 2024. 2. 24. 서울시 제1회 시행

디젤 엔진에 사용하는 예열 플러그의 종류 중 실드형 예열 플러그(shield glow plug)에 대한 설명으로 가장 옳지 않은 것은?

① 예열 플러그 저항기를 장착하여 코일 손상을 방지하여야 한다.
② 열선 코일과 보호 금속튜브 사이에는 내열성의 절연분말이 충전되어 있다.
③ 구조상 적열까지의 시간이 코일형 예열 플러그에 비해 조금 길다.
④ 코일형 예열 플러그에 비해 1개당의 발열량과 열용량이 크므로 시동성이 향상된다.

기출 2017. 6. 17. 대구광역시 시행

다음 중 디젤 기관 예열 플러그에 대한 설명으로 틀린 것은?

① 연소실에 분사된 연료를 가열하여 노킹을 줄 일 수 있다.
② 실드형 예열 플러그는 예열 시간이 코일형에 비해 조금 길지만 1개당 발열량과 열용량은 크다
③ 통상 예연소실식과 와류실식에 주로 사용한다.
④ 예열 플러그의 적열 상태를 운전석에서 점검할 수 있도록 하는 예열지시등이 설치되어 있다.

◀정답 ①, ①

(2) 흡기가열식

직접분사식 엔진에 사용하며 실린더에 흡입되는 공기를 가열한다. 흡기가열식의 종류로는 흡기히터식과 히트레인지가 있다

(3) 예열장치 점검

① 정격에 맞지 않는 용량의 플러그를 혼용할 때

② 엔진의 진동, 과열, 연소가스의 블로바이현상이 발생할 때

③ 저항값이 작아졌을 때

④ 예열기간이 너무 길 때

> ☆ Plus tip
>
> **예열 중 매연이 발생하는 원인**
> 압축된 공기와 분무된 연료가 충분히 혼합되지 않아 일시적으로 불완전연소가 일어났을 때 발생한다. 검정색 연기는 탄소의 미립자에서 발생하는 그을음이다.
> ☞ 매연은 가속페달을 많이 밟거나 완전 연소할 때, 산소가 부족할 때 발생한다.

09 과급기

❶ 개요

(1) 개념 및 기능

① **개념** : 대기압보다 높은 압력으로 엔진에 공기를 압송하는 것을 과급이라 한다.

② **기능** : 과급을 하면 엔진의 충전효율을 높여 엔진의 축력, 회전력, 연료 소비율의 향상과 착화지연을 짧게 할 수 있다. 특히 2행정 사이클엔진은 소기작용을 하기 위해 과급이 반드시 필요하다.

(2) 과급기의 구조

① **펌프** : 공기를 실린더에 압력을 가하여 공급하는 역할을 하는 펌프는 흡입쪽에 설치한다.

② **터빈** : 배기가스가 통과하는 배기다기관 내에 설치되어 배기가스의 온도와 압력에 의해 날개가 회전하는 회전력으로 펌프측 임펠러를 회전시키는 역할을 한다.

(3) 과급기의 구비조건

① 엔진의 전 회전범위에 걸쳐 배출압력이 균일하고 효율이 높아야한다.

② 과급량에 대한 무게가 가벼워야 한다.

② 과급기의 종류

(1) 터보식 과급기

① **구조** : 배기가스에 의해 회전하는 터빈과 실린더에 공기를 압송하는 임펠러가 하나의 축에 회전자로 결합되어 이것이 터빈 케이스 안에 들어있다.

② **작동** : 엔진의 배기가스가 배기 다기관에서 터빈 케이스로 들어가 터빈을 고속회전(50,000rpm 이상)시킨다. 이때 터빈과 같은 층에 부착되어 있는 임펠러도 동시에 고속 회전하여 공기를 가압 실린더로 보낸다.

③ **효과** : 터보식 과급기를 설치하면 엔진의 중량은 10 ~ 15% 증가하는데 반해, 엔진의 출력은 35 ~ 45% 정도 증가한다.

(2) 송풍기

① **구조** : 회전하는 2개의 로우터가 하우징 안에 들어있고, 양 끝은 베어링으로 지지되어 있다.

② **작동** : 엔진 뒤쪽에 있는 크랭크축 기어의 회전이 아이들 기어를 통해 블로어 기어, 세레이션, 로우터 기어, 로우터의 순으로 구동된다.

과급기에서 속력에너지를 압력에너지로 바꿔주는 장치는?

① 디플렉터
② 디퓨져
③ 슈퍼차저
④ 터빈

◀ **정답** ②

🌸 **Plus tip**

디퓨저(diffuser)

㉠ 확산한다의 뜻으로 유체의 유로를 넓혀 흐름을 느리게 함으로써 유체의 속도 에너지를 압력에너지로 바꾸는 장치이며 감압확산장치라고도 한다.

㉡ 설치 위치는 터보차저의 압축기 하우징부에 장착되어 있으며 이 디퓨저의 역할은 임펠러에 공기가 주는 운동 에너지를 효율성 있는 압력으로 변환시켜 가는 것이다.

10 커먼레일방식의 연료장치

① 개념

(1) 커먼레일방식의 주요 구성부품

고압의 연료를 저장하는 어큐뮬레이터(accumulate : 축압기)인 커먼레일을 비롯하여 초고압 연료 공급장치, 인젝터(injector), 전기적인 입·출력요소, 컴퓨터(ECU) 등으로 되어 있다.

(2) 커먼레일방식의 장점

① 유해 배기가스의 배출을 감소시킬 수 있다.

② 연료 소비율을 향상시킬 수 있다.

③ 기관의 성능을 향상시킬 수 있다.

④ 운전성능을 향상시킬 수 있다.

⑤ 콤팩트(compact)한 설계와 경량화가 가능하다.

② 커먼레일방식의 연료분사장치

(1) 커먼레일방식의 개요

① 커먼레일방식에서는 연료 분사압력 발생과정과 분사과정이 서로 분리되어 있다.

② 연료분사 압력은 기관 회전속도와 분사된 연료량에 독립적으로 생성되고 각각의 분사과정에서 커먼레일에 저장된다.

③ 분사개시와 연료 분사량은 컴퓨터에서 계측되고, 분사유닛을 경유하여 인젝터를 통해 각 실린더에 공급된다.

(2) 연료장치의 전자제어

① 컴퓨터는 센서로부터의 입력신호를 기준으로 운전자의 요구(가속페달 설정)를 계측하고 기관과 자동차의 순간적인 작동성능을 총괄 제어한다.

기출 PLUS

기출 2021. 6. 5. 경상북도 시행

디젤엔진 커먼레일(common rail)에 관한 설명으로 가장 옳은 것은?

① 파일럿 분사가 배출가스를 줄인다.
② 분사압력의 속도에 따라 증가하면 분사량도 증가한다.
③ 저압 펌프는 1차 압력을 형성하는 것으로 고압의 연료를 형성하는 곳이다.
④ 고압 펌프는 캠축에 의해 구동된다.

기출 2025. 6. 21. 서울시 제1회 시행

커먼레일 디젤 엔진(CRDI)의 특성으로 가장 옳지 않은 것은?

① 고압 직접 분사 엔진이다.
② 저소음·저공해 엔진이다.
③ 1사이클당 연료를 1회만 분사한다.
④ ECU에 의한 정확한 연료제어가 가능하다.

기출 2016. 6. 18. 충청남도 시행

Common Rail Direct Injection System으로 옳지 않은 것은?

① 초고압 연료분사
② Multi-Injection 가능
③ ECU 제어
④ Turbo Charger와 Intercooler 적용

❮정답 ④, ③, ④

② 컴퓨터는 센서들의 신호를 데이터 라인을 통하여 입력받고 이 정보를 기초로 하여 공연비를 효율적으로 제어한다.

③ 기관 회전속도는 크랭크축 위치 센서에 의하여 측정되며, 캠축 위치 센서는 분사순서를 결정하고, 컴퓨터는 가속페달 센서에서 가변저항의 변화로 발생한 전기적 신호를 받아 운전자가 가속페달을 밟은 양을 감지한다.

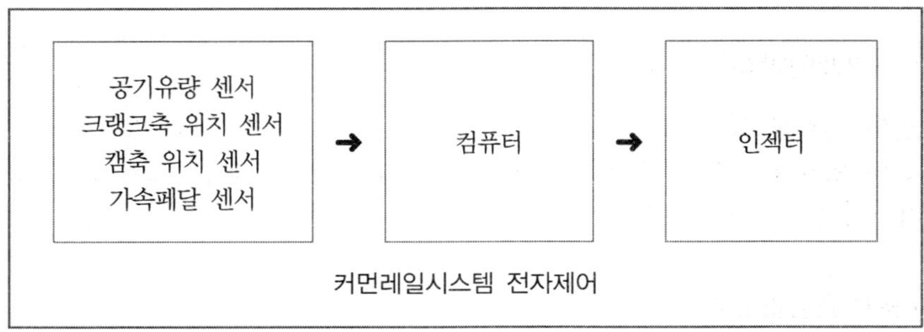

④ 공기유량 센서(열막방식 사용)는 흡입공기량을 검출하여 컴퓨터로 입력한다. 컴퓨터는 공기유량 센서로부터 순간적인 공기 변화량을 감지하여 공연비를 제어하여 유해 배기가스 배출을 감소시킨다. 또 컴퓨터는 분사개시와 사후분사에 대한 설정 값 및 다양한 작동과 변수에 대처하기 위해 냉각수 온도와 흡기온도 센서의 신호를 입력받아 보정 신호로 사용한다.

③ 연료장치의 구성

(1) 연료장치의 구성

① 연료장치의 구성요소들은 높은 압력의 연료를 형성 분배할 수 있도록 되어 있으며, 컴퓨터에 의해 제어된다.

② 연료장치는 기존의 분사펌프에 의한 연료 공급방식과는 완전히 다르다.

(2) 커먼레일방식의 구성요소 및 연료공급과정

① 커먼레일방식은 저압 연료라인, 고압 연료라인, 컴퓨터 등으로 구성된다.

② 연료 공급과정은 저압 연료펌프 → 연료여과기 → 고압 연료펌프 → 커먼레일 → 인젝터이다.

❹ 커먼레일방식의 연료분사

(1) 연료분사(fuel injection)

커먼레일방식에서는 3단계로 연료를 분사한다. 제1단계 : 착화분사(pilot injection), 제2단계 : 주 분사(main injection), 제3단계 : 사후분사(post injection)로 연료의 압력과 온도에 따라서 분사량과 분사시기가 보정된다.

(2) 연료분사의 단계

① **착화분사**(pilot injection) : 주 분사가 이루어지기 전에 적은 양의 연료를 분사하여 연소가 잘 이루어지도록 하기 위한 것이다. 착화분사 실시 여부에 따라 기관의 소음과 진동을 감소시키기 위한 목적을 두고 있다.

② **주 분사**(main injection) : 기관의 출력에 대한 에너지는 주 분사로부터 나온다. 주 분사는 착화분사가 실행되었는지를 고려하여 연료량을 계측한다. 주 분사의 기본값으로 사용되는 것은 기관 회전력(가속페달 위치 센서의 값), 기관 회전속도, 냉각수 온도, 대기압력 등이다.

③ **사후분사**(post injection) : 사후분사는 연료(탄화수소)를 촉매컨버터에 공급하기 위한 것이며, 이것은 배기가스에서 질소산화물을 감소시키기 위한 것이다. 사후분사의 계측은 20ms 간격으로 동시에 실행되며, 최소 연료량과 작동시간을 계산한다.

1 디젤 승용자동차의 시동장치 회로 구성요소가 아닌 것은?

① 축전지
② 기동전동기
③ 점화장치
④ 예열장치 및 시동스위치

1.

가솔린 기관은 불꽃점화기관이므로 점화장치가 필요하며 디젤 기관에는 필요치 않다.

2 다음은 4행정 사이클 디젤 분사 펌프 제어 레크를 전부하 상태로 하고, 최대 회전수를 2,000rpm으로 하였을 때 시험결과이다. 결과에 대한 설명으로 맞는 것은? (단, 전부하 시 불균율 한도 3%로 계산한다)

실린더 번호	1	2	3	4
분사량(cc)	107	115	105	93

① 분사량 불균율 허용 범위를 벗어난 실린더는 2번, 3번, 4번이다
② 평균 분사량은 110cc이다
③ 허용범위를 벗어나 조정해야 할 실린더는 2번, 4번이다
④ 계산결과 2번, 3번 실린더는 허용 범위 안에 있으므로 정상이다.

2.

평균분사량을 구하면 105cc, 수정치의 한계값은 3.15cc이며, 최대분사량은 108.15cc, 최소분사량은 101.85cc이므로 1번과 3번 실린더가 정상이다.

3 다음 중 디젤 노크 방지책으로 옳은 것은?

① 착화 지연을 길게 한다.
② 분사 개시 때 분사량을 많게 한다.
③ 와류 발생을 적게 한다.
④ 압축비를 크게 한다.

3.

디젤 노크를 방지하려면 압축비를 크게 해야 한다. 와류 발생을 많게 해야 한다.

Answer 1.③ 2.③ 3.④

4 디젤 기관에서 노킹이 발생하지 않는 범위 내에서 압축비를 올리면 나타나는 현상은?

① 출력이 증가하고, 연료소비율이 적다.
② 연료비가 많다.
③ 질소산화물과 탄화수소의 발생농도가 낮다.
④ 후기 연소기간이 길어져 열효율이 저하되고, 배기의 온도가 상승한다.

4.

디젤 기관에서 압축비를 증가하면 열효율이 향상됨과 동시에 연료소비율이 적어진다.

5 디젤 기관의 노크 방지책을 바르게 설명한 것은?

① 압축압력을 낮춘다.
② 흡기온도를 낮춘다.
③ 세탄가가 낮은 연료를 사용한다.
④ 착화 지연 기간을 짧게 한다.

5.

디젤 노크 방지 대책
㉠ 세탄가가 높고 착화성이 좋은 연료 사용
㉡ 착화기간 중 분사량을 적게 함
㉢ 압축비를 크게 하고 압축온도, 압축압력을 높임
㉣ 흡기공기에 와류가 발생하여 많은 양의 공기가 흡입되도록 함
㉤ 분사시기를 느리게 조정
㉥ 엔진온도 상승

6 디젤 기관의 연료장치에 기포가 발생하여 기관시동이 불량하다. 이 때 공기빼기 작업을 하는 순서가 맞는 것은?

① 연료공급펌프 – 연료여과기 – 분사펌프
② 연료여과기 – 분사펌프 – 연료공급펌프
③ 분사펌프 – 연료공급펌프 – 연료여과기
④ 연료공급펌프 – 분사펌프 – 연료여과기

6.

연료의 공급을 원활하게 하기 위해 연료계통에 유입된 공기를 빼주는 작업을 순차적으로 해주어야 한다.
※ 디젤기관 공기 빼기 순서 … 공급펌프 → 연료여과기 → 분사펌프

Answer   4.①   5.④   6.①

7 디젤 기관의 배기가스 중 입자의 형태를 갖고 있는 물질은 어느 것인가?

① CO   ② PM

③ CO_2 ④ NO_X

8 디젤 기관에 과급기를 설치했을 때 얻어지는 장점은?

① 동일 배기량에서 출력의 차이는 없다.

② 연료소비율이 향상된다.

③ 질소산화물이 배출되지 않는다.

④ 착화지연기간이 길어지므로 출력이 향상된다.

9 다음 중 직접분사식의 단점이 아닌 것은?

① 분사펌프 · 노즐의 수명이 짧다.

② 부하변동에 민감하다.

③ 디젤 노크를 일으키기 쉽다.

④ 열변형이 적다.

10 다음 중 플런저 스프링이 약해졌을 때 일어나는 현상으로 가장 옳은 것은?

① 캠 작용이 끝난 후 플런저의 복귀가 나쁘다.

② 태핏 간격이 넓어진다.

③ 연료의 분사량이 감소한다.

④ 연료 분사개시 압력이 높아진다.

7.

미세먼지(PM)란 우리 눈에 보이지 않을 정도로 아주 가늘고 작은 직경 $10\mu m$ 이하의 먼지 입자를 말한다.

8.

과급기 설치시 장점
㉠ 출력 50% 이상 증가
㉡ 마력당 연료소비율 감소
㉢ 연료 완전 연소
㉣ 불완전 연소로 인한 장해 방지
㉤ 설치면적이 작아짐
㉥ 무게 감소

9.

직접분사식의 장 · 단점
㉠ 장점
 • 구조가 간단하고 열효율이 높다.
 • 시동이 용이하다.
 • 실린더가 간단하여 열변형이 적다.
㉡ 단점
 • 분사압력이 높아 분사펌프나 노즐의 수명이 짧다.
 • 사용연료의 변화에 민감하여 노크를 일으키기 쉽다.
 • 엔진의 회전수 및 부하변동에 민감하다.

10.

플런저 스프링 … 캠의 작용에 따라 플런저가 작동되는데 캠의 작동이 끝난 후에 플런저를 복귀시키는 장치이다.

Answer   7.②   8.②   9.④   10.①

11 다음 중 디젤 연료장치에서 펌프는 1개이나 어큐뮬레이터가 있어 고압의 연료를 저장하였다가 분배기로 각 실린더에 분배하는 형식은?

① 분사식

② 독립식

③ 공동식

④ 분배식

12 디젤 노크를 방지하는 대책으로 가장 옳은 것은?

① 착화성이 좋은 연료를 사용한다.

② 압축비를 낮게 한다.

③ 흡입공기의 온도를 낮춘다.

④ 회전속도를 빠르게 한다.

13 다음 중 디젤엔진의 장점으로 가장 옳은 것은?

① 고회전수를 얻을 수 있다.

② 엔진의 단위 출력당 중량이 가볍다.

③ 시동이 용이하다.

④ 열효율이 높고 연료 소비량이 적다.

11.

연료분사장치의 종류

㉠ 독립식 : 독립식 열형 분사펌프를 사용한 형식으로 실린더 수와 같은 수의 플런저가 1열로 배열된 열형펌프를 사용하며 디젤엔진의 연료장치 중 가장 많이 사용하는 형식이다.

㉡ 분배식 : 1개의 플런저로 각 실린더에 분배하는 펌프를 사용하는 형식으로 주로 소형차에 사용된다.

㉢ 유닛분사식 : 펌프와 노즐이 하나로 된 유닛인젝터를 각 실린더마다 설치하는 형식으로 2사이클 디젤엔진이나 건설중기의 일부에 사용한다.

㉣ 공동식 : 1개의 펌프에서 만들어진 고압의 연료를 분배기를 통하여 각 실린더에 분배하는 형식이다.

12.

디젤 노크 방지책

㉠ 착화성이 좋은 연료(세탄가가 높은 연료)를 사용할 것

㉡ 압축비를 크게 하여 압축온도와 압력을 높일 것

㉢ 분사량을 줄일 것

㉣ 흡입공기에 와류를 줄 것

㉤ 분사시기를 조정할 것

㉥ 엔진, 흡기 냉각수의 온도를 높일 것

㉦ 회전속도를 느리게 할 것

13.

디젤엔진의 장점

㉠ 열효율이 높다.

㉡ 연료 소비율이 적다.

㉢ 배기가스의 유해가 적다.

㉣ 연료비가 저렴하다.

㉤ 전기점화장치가 없으므로 무선통신을 방해하지 않는다.

Answer　11.③　12.①　13.④

14 디젤엔진에서 실린더 내 연소압력이 최대가 되는 기간은?

① 착화 지연기간 ② 후기 연소기간

③ 직접 연소기간 ④ 화염 전파기간

15 다음 중 디젤엔진 연료 중 경유의 구비조건으로 적당하지 않은 것은?

① 착화성이 좋아야 한다.

② 적당한 점도이어야 한다.

③ 불순물이 없어야 한다.

④ 유황성분이 많아야 한다.

16 커먼레일 디젤엔진에서 연료압력 조절밸브의 장착 위치는? (단, 입구 제어 방식에 해당한다)

① 고압펌프와 인젝터 사이

② 저압펌프와 인젝터 사이

③ 저압펌프와 고압펌프 사이

④ 연료필터와 저압펌프 사이

17 전자제어 커먼레일 시스템(CRDI) 기관의 특징이다. 옳지 않은 것은?

① 연료소비율이 과거 기계식 분사펌프 기관보다 20% 정도 향상된다.

② 콤팩트한 설계와 경량화가 가능하다.

③ 파일럿 분사 방법을 도입하여 기존 디젤 기관의 단점인 진동과 소음을 획기적으로 감소시킬 수 있다.

④ 고속 주행시 흡입 공기의 유동성 문제로 유해 배출가스가 다소 증가한다.

14.

직접 연소기간 … 화염 속에 연료가 분사되어 분사와 동시에 연소하는 기간으로 최대 압력이 발생되고 압력의 변화는 거의 없다.

15.

경유의 구비조건
㉠ 착화성이 양호하고, 적당한 점도를 가져야 한다.
㉡ 인화점이 가솔린보다 높아야 한다.
㉢ 불순물이나 유황성분이 없어야 한다.
㉣ 적당한 휘발성이 있어야 한다.
㉤ 잔류탄소가 없으며, 발열량이 높아야 한다.

16.

연료압력 조절밸브의 위치는 저압펌프와 고압펌프 사이에 설치되어 있다.

17.

커먼레일 시스템의 특징은 운전상태에 맞게 연료를 분사해주는 엔진이며 매연 감소, 출력 상승, 연비 증대의 효과를 나타낸다.

Answer   14.③   15.④   16.③   17.④

18 전자제어 디젤 기관(CRDI)에서 커먼레일의 연료 압력을 측정하여 컴퓨터로 입력하며, 컴퓨터는 이 신호를 받아 연료량, 분사시기를 조정하는 신호로 사용하며 연료 압력 센서 내부는 반도체 피에조 저항을 사용한다. 무슨 센서인가?

① APS(Accelerator Position Sensor)

② 노킹센서(Knocking Sensor)

③ AFS(Air Flow Sensor)

④ RPS(Rail Pressure Sensor)

18.

레일압력센서는 커먼레일 내의 연료 압력을 측정하여 엔진 ECU로 출력하며, 이 ECU는 이 신호를 받아 연료량, 분사시기를 조정하는 신호로 사용된다.

19 다음은 경유를 사용하는 자동차의 무부하급가속모드를 이용한 매연 농도 검사값이다. 옳게 판정된 것은?

차량	승용자동차	2015년	과급기(터보) 적용
매연 측정값	1회 : 8.9%	2회 : 8.5%	3회 : 9.0%
배출 허용기준	(㉮)		
측정값 및 판정	측정값 : (㉯)		판정 : (㉰)

① ㉮항은 차량의 연식 기준에 따른 허용기준은 20% 이하이다.

② ㉯항은 3회 측정값 산술평균 값인 8.8%이다.

③ ㉰ 배출허용기준 20% 이하이므로 양호 또는 적합이다.

④ 3회 측정값이 각각 편차가 10% 이내이므로 측정은 3회로 종료한다.

19.

과급기를 사용하기 때문에 5%를 더한 농도를 합쳐야 하며, 최대치와 최소치의 차가 5%를 초과하거나 최종측정치가 배출허용기준에 맞지 아니한 경우에는 순차적으로 1회씩 더 측정하여 최대 5회까지 측정하면서 매회 측정시마다 마지막 3회의 측정치를 산출하여 마지막 3회의 최대치와 최소치가 5% 이내이고 측정치의 산술평균값도 배출허용기준 이내이면 측정을 마친다.

Answer　18.④　19.②

20 전자제어 디젤기관(CRDI) 기관에서 저압 라인에 기계식 저압 펌프를 사용하는 엔진의 경우에는 초기 연료공급 문제가 발생할 수 있다. 이를 방지하기 위하여 저압 연료라인 중간이나 연료 필터 상부에 부착되는 부품으로 연료라인 공기빼기에 사용되는 부품은?

① 연료압력조절 센서
② 프라이밍 펌프
③ 인젝션 펌프
④ 커먼레일

21 전자제어 디젤기관(CRDI)의 부스트 압력센서와 관련된 사항이다. 옳지 않은 것은?

① 흡기 매니폴드에 장착되어 있다.
② 터보차저에 의해 과급된 흡기관 내의 압력을 검출한다.
③ 가솔린 기관의 맵센서와 동일한 소자로 되어 있으며, 대기압보다 낮은 압력을 검출한다.
④ 터보차저 이상으로 인한 흡기관의 압력 과도시 엔진 출력을 제한하여 엔진을 보호하는 역할을 수행한다.

22 다음은 경유 사용자동차의 광투과식 무부하급가속 모드 검사법에 관한 사항이다. 옳지 않은 것은?

① 시험 차량의 변속기는 수동변속기 차량은 중립, 자동변속기 차량은 중립이나 주차를 선택한다.
② 기관은 충분한 예열을 실시하고, 전기적 · 기계적 부하는 모두 제거된 상태에서 실시한다.
③ 3회 연속 측정한 매연종도를 산술평균하여 소수점 이하는 버린 값을 최종 측정값으로 한다.
④ 측정 작업시 가속페달을 최고회전수보다 500~1000rpm 낮은 수준까지 가속하며 측정한다.

20.

프라이밍 펌프는 수동용 펌프로서, 엔진이 정지되었을 때 연료 탱크의 연료를 연료분사펌프까지 공급하거나 연료라인 내의 공기빼기 등에 사용한다.

21.

부스트 압력센서는 디젤의 공기흡입구 입구에 설치되어 흡입공기의 압력을 측정하는 센서이다.

22.

가속페달에 발을 올려놓고 예비무부하급가속과정에서 검출된 엔진의 최고회전수에 도달할 때까지 급속히 밟는다.

Answer 20.② 21.③ 22.④

23 전자제어 디젤기관에서 사용되는 센서 중 스로틀 위치 센서와 동일한 원리이며, 센서 1의 신호에 의해 연료량과 분사시기가 결정되며, 센서 2는 센서 1을 검사하는 것으로 자동차의 급출발을 방지한다. 이것은 무엇에 대한 설명인가?

① 악셀레이터위치센서

② 레일압력센서

③ 부스트압력센서

④ 연료온도센서

24 전자제어 기관에서 사용되는 산소센서 중 전자제어 디젤(CRDI), 천연가스자동차(CNG) 및 가솔린직접분사방식(GDI) 등의 기관에 사용되는 방식으로 희박연소 영역에 적용되며 광대역 센서라고도 불리우는 방식은?

① 리니어 타입

② 지르코니아 타입

③ 피에조 타입

④ 제너 다이오드 타입

25 전자제어 디젤기관 인젝터의 분사형태 중 연료를 촉매변환기에 공급하기 위한 것으로 디젤 후처리 필터의 재생이나 NOx 환원을 위한 LNT에 탄화수소(HC)가 필요할 때 실시한다. 이것은 무엇에 대한 설명인가?

① 파일럿 분사

② 메인 분사

③ 포스트 분사

④ 로우 분사

23.

액셀레이터포지션센서는 2중 구조로 되어 있으며 센서가 2개 설치되어 있다.
APS는 TPS와 동일한 원리를 가지고 있으며, 액셀레이터포지션센서의 1번 주 센서에 의해 연료량과 분사시기가 결정되며 센서 2는 센서 1의 정상동작 유무를 검사하는 센서로 차량의 급출발을 방지하기 위한 센서이다.

24.

지르코니아 센서는 급격하게 출력이 변화하는 특성 때문에 공연비 검출하는데 한계가 있으며 이를 보완하는 센서가 람다(리니어) 센서이다.
전류 흐름의 반대로 산소 이온이 이동하는 원리를 접목해 만든 센서이다.

25.

포스트 분사는 사후 분사라고 하며 배기가스 규제가 강화되면서 새로이 적용된 기술로, 연소가 끝나고 배기행정이 진행되는 과정에 연소실에 추가로 연료를 분사, 연료가 배기가스를 타고 촉매변환기로 전달되도록 하는 과정이다. 배기가스와 함께 넘어간 연료가 촉매변환기에서 연소되면서 질소산화물을 줄이는 역할을 한다.

Answer   23.① 24.① 25.③

26 경유를 사용하는 자동차의 배기가스 중 가장 많은 비중을 차지하고 있으며, 호흡기 질환(진폐증) 및 대기오염의 주요 원인으로 평가되는 물질은 다음 중 어느 것인가?

① 이산화탄소
② 탄화수소
③ 분진(PM)
④ 아황산가스

27 전자제어 디젤기관(CRDI) 인젝터의 연료분사 3단계에 대하여 맞는 것은?

① 예비분사 – 주분사 – 사후분사
② 착화지연기간 – 화염전파기간 – 직접연소기간 – 후기연소기간
③ 연료공급펌프 – 연료여과기 – 연료분사펌프
④ 저압연료펌프 – 고압연료펌프 – 커먼레일

28 전자제어 디젤기관(CRDI)에서 연료압력은 듀티 제어에 의해 최종적으로 레일 압력이 형성된다. 출구제어 방식의 경우 연료압력 조절밸브를 어느 위치에 설치하는가?

① 저압펌프와 고압펌프 사이
② 커먼레일 파이프 출구
③ 고압펌프와 커먼레일 사이
④ 연료필터와 고압펌프 사이

26.

디젤기관의 분진은 탄소 알갱이로 이뤄진 검은 알갱이로 실제 직접 흡입할 경우 폐 점막에 손상을 일으킬 수도 있으면 신체기관에 많은 악영향을 준다.

27.

디젤기관 인젝터의 연료분사는 예비분사 – 주분사 – 사후분사의 3단계로 진행된다.

28.

연료압력조절기 위치가 어디인가에 따라 입구제어식과 출구제어식으로 구성되는데 고압펌프로 들어가는 연료를 제어하는 것을 입구제어식, 커먼레일 끝부분에서 제어하는 것을 출구제어식이라고 한다.

Answer　　26.③　27.①　28.②

29 전자제어 디젤기관(CRDI)의 사후 분사와 관련된 사항이다. 다음 중 사후 분사 중단 조건과 관련 없는 것은?

① 공기유량센서 고장시

② 차압센서 고장시

③ 람다센서 고장시

④ 배기가스 재순환(EGR) 관련 계통 고장시

30 다음은 전자제어 디젤기관(CRDI)의 배기가스 재순환장치(EGR)와 관련된 사항이다. 다음 중 EGR 중지 명령 조건과 관련 없는 것은?

① AFS 및 EGR 밸브 고장시

② 냉각수온 37℃ 이하 또는 100℃ 이상시

③ 혼합기가 희박해지는 가속 직후

④ 배터리 전압이 8.99V 이하시

31 배출가스 중 질소산화물을 저감시키키 위해 사용하는 장치가 아닌 것은?

① 매연필터(DPF)

② 삼원촉매장치(TWC)

③ 선택적환원촉매(SCR)

④ 배기가스재순환장치(EGR)

29.

DPF 앞뒤로 차압센서가 설치되어 있는데 DPF는 디젤매연저감장치이며 DPF 내에 쌓인 찌거기를 차압센서가 앞뒤에서 측정하여 DPF막힘여부를 판단하여 재생여부를 판단하기 위한 센서이다.

30.

출력이 필요한 상황에는 ECU를 통해 밸브를 닫아 순수 연료만을 연소시키고, 출력이 필요하지 않을 경우에는 밸브를 열어 불연소가스를 주입시킨다. 밸브는 최적의 연소조건이 형성되어 연소온도가 높아지면 작동되는 반면 엔진의 온도가 떨어지거나, 높은 출력을 필요로 하거나, 냉각이나 공회전시에는 작동하지 않는다.

31.

DPF는 배기가스 후처리 장치를 일컫는 말로 배기가스의 입자상물질인 PM을 정화하는 장치이다. 미세 매연입자로 분출되는 매연을 포집(물질 속 미량 성분을 분리하여 모음)하고, 연소시켜 제거하는 역할을 한다.

Answer   29.② 30.③ 31.①

32 디젤엔진의 배출가스 특성에 대한 설명으로 틀린 것은?

① NOx 저감대책으로 연소 온도를 높인다.
② 가솔린 기관에 비해 CO, HC 배출량이 적다.
③ 입자상물질(PM)을 저감하기 위해 필터(DPF)를 사용한다.
④ NOx 배출을 줄이기 위해 배기가스 재순환장치를 사용한다.

33 디젤엔진에서 노킹에 가장 큰 영향을 미치는 구간은?

① 착화지연구간
② 급격연소구간
③ 제어연소구간
④ 후기연소구간

34 디젤 커먼레일 엔진의 구성품이 아닌 것은?

① 인젝터
② 커먼레일
③ 연료분사펌프
④ 연료압력조절기

35 디젤 커먼레일 엔진에서 예비분사는 주분사가 이루어지기 전 미세한 연료를 연소실에 분사하여 연소가 잘 이루어지게 한다. 이러한 예비분사를 실시하는 주목적은 무엇을 줄이기 위한 것인가?

① 매연과 소음
② 소음과 진동
③ 연료소비율과 진동
④ 매연과 배기압력

32.

NOx 저감대책으로는 연소 온도를 낮추어야 한다.

33.

디젤엔진에서 노킹에 가장 큰 영향을 미치는 구간은 연료분사 후 착화될 때까지의 기간을 말한다.

34.

연료분사펌프는 기계식 연료펌프이다.

35.

예비분사는 파일럿분사라고 하며 주분사가 이루어지기 전 미세한 연료를 연소실에 분사하여 연소가 잘 이루어지게 한다. 이러한 예비분사를 실시하는 주 이유는 엔진의 소음과 진동을 줄이기 위한 목적이다.

Answer 32.① 33.① 34.③ 35.②

36 다음 중 연료분사에 필요한 조건으로 옳지 않은 것은?

① 무화
② 관통
③ 조정
④ 분포

37 다음 중 디젤기관 해체 정비시기와 관련이 없는 것은?

① 연료소비량
② 윤활유 소비량
③ 압축비
④ 압축압력

36.

연료분사에 필요조건
㉠ 무화
㉡ 관통도
㉢ 분포
㉣ 분산도
㉤ 분사율
㉥ 노즐유량계수

37.

디젤기관의 해체 정비시기
㉠ 연료소비량이 표준값의 60% 이상인 경우
㉡ 윤활유 소비량이 표준값의 50% 이상인 경우
㉢ 압축압력이 규정값의 70% 이상인 경우

Answer　　36.③　37.③

기출PLUS

01 동력전달장치

① 개념 및 구성

(1) 개념

동력전달장치(Power train system)는 엔진에서 발생한 동력을 구동바퀴까지 전달하기 위한 장치를 말한다.

(2) 동력전달장치의 종류

① **FF구동식** : 앞 엔진 앞바퀴 구동 방식으로 중·소형승용차, SUV 및 RV차량에 많이 사용된다.

② **FR 구동식** : 앞 엔진 뒷바퀴 구동 방식으로 중형급 이상 고급자동차에 많이 사용한다.

③ **RR구동식** : 뒤 엔진 뒷바퀴 구동 방식으로 버스 등 대형자동차에 주로 사용한다.

④ **MR구동식** : 중앙 엔진 뒷바퀴 구동 방식으로 주로 스포츠카나 2인승 레이싱카 등에 주로 사용된다.

⑤ **4WD** : 전륜(4륜) 구동방식으로 군용차량이나 건설차량에 주로 사용되었으나 최근에는 고급 승용차에도 많이 사용되고 있다.

(2) 구성

① **클러치** : 엔진의 동력을 변속기에 전달하거나 차단하는 장치이다.

② **변속기** : 자동차의 주행상태에 따라 기어의 물림을 변환시켜 구동력을 증감시키고 전진과 후진 및 중립상태로 할 수 있는 장치이다.

③ **추진축** : 변속기로부터의 동력을 종감속 기어에 전달하는 장치이다.

④ **종감속 기어** : 추진축에서 전달되는 동력을 직각으로 뒤차축에 전달하여 일정한 감속(구동력 증대)을 얻어내기 위한 장치이다.

기출 2016. 10. 10. 부산광역시 시행

다음 중 동력 전달장치에 관한 설명으로 맞게 설명한 것은?

① 종감속비는 구동 피니언 잇수에 대한 링기어 잇수의 비율로 구할 수 있다.
② FR형식에서 변속기와 종감속장치 사이에 설치된 것은 추진축이다.
③ 차량선회 시 차동 사이드 기어의 회전수는 같고, 차동 피니언 기어의 회전수가 달라진다.
④ FF방식에서 변속기와 차동기어장치가 일체형으로 제작된 것을 트랜스퍼케이스라고 한다.

기출 2017. 10. 21. 경기도 시행

드라이브 라인에서 슬립이음이 작동하는 부분으로 알맞은 것은?

① 뒤차축   ② 십자축
③ 추진축   ④ 요크

❮정답 ②, ③

⑤ **차동장치** : 커브길 또는 굴곡 노면에서의 양쪽바퀴의 회전수 차이를 자동적으로 조절해주는 장치이다.

⑥ **액슬축** : 종감속 기어로부터의 동력을 좌우바퀴에 전달해주는 장치이다.

📢 동력전달장치의 구성

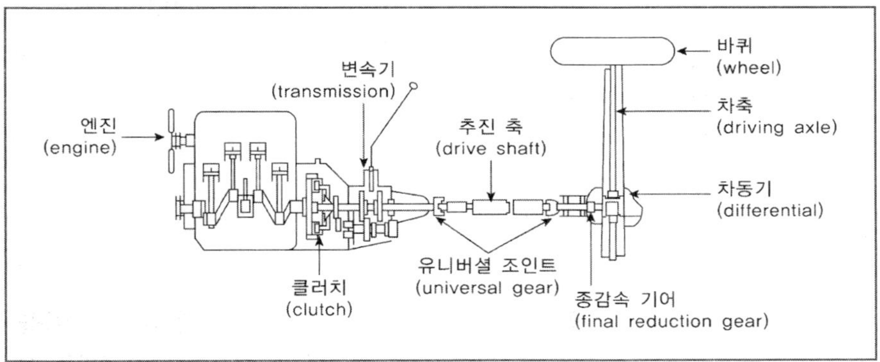

② 클러치

(1) 개념

클러치는 플라이휠과 변속기 사이에 설치되어 엔진의 동력을 변속기에 전달 또는 차단하는 장치이다.

(2) 클러치의 구비조건

① 동력차단이 신속하고 확실하게 이루어져야 한다.

② 동력 전달시 미끄러짐 없이 서서히 시작되어야 한다.

③ 접속 후에는 미끄러짐이 없어야 한다.

④ 회전부분의 평형이 좋아야 한다.

⑤ 구조가 간단하고 고장이 적어야 한다.

⑥ 회전관성이 적어야 한다.

⑦ 방열이 양호하여 과열되지 않아야 한다.

기출PLUS

기출 2024. 2. 24. 서울시 제1회 시행

자동변속기 유체 클러치 오일의 구비 조건으로 가장 옳지 않은 것은?

① 비중이 낮을 것
② 점도가 낮을 것
③ 비등점이 높을 것
④ 응고점이 낮을 것

기출 2021. 5. 1. 전라북도 시행

다음 중 유체클러치 오일의 구비조건에 대한 설명으로 틀린 것은?

① 점도는 낮고, 응고점은 높을 것
② 비중이 크고, 인화점, 착화점이 높을 것
③ 비중, 내산성이 클 것
④ 유성, 윤활성이 클 것

기출 2021. 4. 15. 경기도 시행

클러치판을 플라이휠에 압착시키는 것은?

① 클러치스프링
② 릴리스레버
③ 비틀림스프링
④ 클러치 커버

❰정답 ①, ①, ①

(3) 클러치의 종류

① **마찰 클러치** : 원판의 클러치 디스크를 접속시켜 발생하는 마찰력을 이용하여 회전력을 전달하는 클러치를 말한다.

② **유체클러치** : 엔진의 회전력을 전달하는 매체로서 오일을 사용하는 것으로, 자동 변속기에 많이 쓰인다. 최근에는 자동변속기 자동차가 많이 생산된다.

> **☆ Plus tip**
>
> 유체클러치 오일의 구비조건
> ㉠ 응고점이 낮고, 청정력이 좋은 것
> ㉡ 점도가 적당하고 열전도성이 좋을 것
> ㉢ 인화점, 착화점이 높을 것
> ㉣ 적당한 비중과 내산성이 커야하고 카본과 회분생성이 적을 것

③ **전자클러치** : 회전하는 2개의 철제 원판 한쪽에 전자석을 설치하여 전류를 흐르게 하면 다른 쪽 원판이 자력에 의해 당겨져 함께 회전하는 원리를 이용하여 전류가 켜졌다 커졌다 함으로써 작동되는 클러치를 말한다.

※ 클러치는 조작방법에 따라 페달식 클러치와 자동 클러치로 분류할 수 있다.

(4) 각 부의 구조 및 역할

① **클러치 본체** : 엔진의 플라이휠 한쪽 면에 클러치 커버가 조립되고, 그 안쪽에는 압력판, 클러치 스프링, 릴리스 레버 등이 설치되어 있다.

② **클러치 판** : 원형의 강판으로 되어 있으며 플라이휠과 압력판 사이에서 엔진의 동력을 변속기에 전달하는 장치이다.

③ **릴리스 베어링** : 릴리스 포크에 의해 릴리스 레버 또는 막판 스프링의 핑거를 밀어 동력을 차단하는 장치이다.

④ **클러치 스프링** : 압력판을 밀어 마찰력이 발생하게 하는 장치로 6 ~ 12개의 스프링이 설치되어 있다.

⑤ **압력판** : 클러치 스프링의 힘으로 클러치 판을 플라이휠에 밀착시키는 작용을 하는 장치이다.

⑥ **릴리스 레버** : 릴리스 베어링의 힘을 받아 압력판을 움직이는 작용을 하는 장치로, 강판을 프레스 가공하여 제작한다.

⑦ **클러치 축** : 클러치 축은 클러치 판이 받은 동력을 변속기에 전달하는 작용을 하는 장치이다.

(5) 단판 클러치와 다판 클러치

① **단판 클러치** : 단판 클러치는 1매의 클러치 판을 플라이휠과 압력판 사이에 설치하여 클러치 판을 여러 개의 스프링으로 밀어 붙여서 그 마찰력에 의하여 회전력을 전달하는 장치이다.

② **다판 클러치** : 몇 개의 클러치 판과 압력판을 차례로 조합한 것으로 작동원리는 단판 클러치와 같다. 다판 클러치는 대형차량이나 소형 이륜차에서 사용되고 있다.

(6) 클러치의 작동원리

① **동력의 전달** : 클러치 페달을 놓으면 클러치 스프링이 압력판을 강하게 밀게 되어 압력판과 디스크가 플라이휠에 밀착되고 엔진에서 발생한 동력이 변속기의 압력축에 전달된다.

② **동력의 차단** : 클러치 페달을 밟으면 연결된 릴리스 포크가 릴리스 베어링에 압력을 가하고 릴리스 베어링은 릴리스 레버를 밀어서 클러치 스프링에 의하여 플라이휠에 밀착되어 있는 압력판이 클러치 판으로부터 떨어져 차단된다.

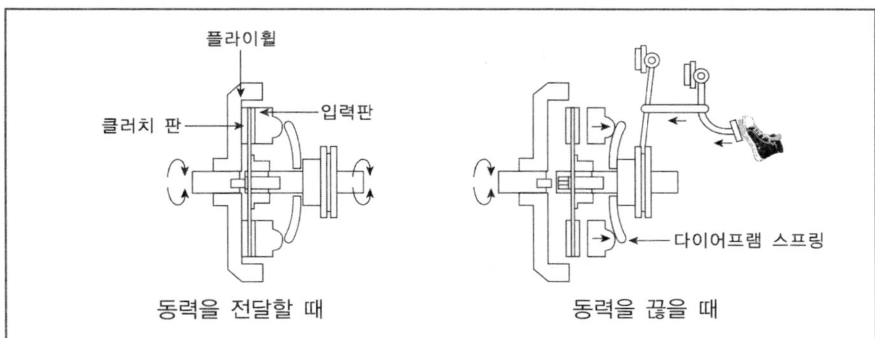

(7) 클러치의 조작 기구

① **기계식 클러치** : 로드나 와이어를 통하여 릴리스 포크를 움직이는 것으로 구조가 간단하고 작동이 확실하여 가장 많이 사용되고 있다.

② **유압식 클러치** : 페달을 밟으면 유압이 발생하여 릴리스 포크를 움직이는 것으로 마스터 실린더에서 발생되는 유압으로 릴리스 포크를 움직이게 하며, 그 사이에 오일파이프와 플렉시블 호스가 유압을 연결한다.

📢 **유압식 클러치의 장·단점**

장점	단점
• 마찰부분이 적어 페달을 밟는 힘이 적어도 된다. • 압력이 빠르게 전달되기 때문에 클러치 조작이 신속하다.	• 조작기구가 복잡하다. • 오일이 새거나 공기가 유입되면 조작이 잘 안 된다. • 기계식에 비하여 가격이 비싸다.

(8) 클러치 페달의 자유간극

① 페달이 움직이기 시작하여 릴리스 레버에 힘이 작용할 때까지 움직인 거리를 페달의 자유간극이라 한다.

② 자유간극이 너무 작으면 릴리스 베어링이 조기 마모되고 미끄럼 현상이 발생하며, 간극이 너무 크면 클러치의 단속이 불확실하여 클러치 변속이 잘 안 된다.

③ 일반적인 클러치 페달 자유간극은 20 ~ 30mm 정도이다. 자유간극을 두는 이유로는 클러치의 미끄럼 방지, 클러치 판과 릴리스 베어링의 마멸 감소 등에 있다.

(9) 클러치의 고장진단 및 점검

① 클러치가 미끄러지는 원인
  ㉠ 클러치 페달의 유격이 너무 작을 때
  ㉡ 페이싱의 마모나 오일이 부착되었을 때
  ㉢ 클러치 스프링이 불량일 때
  ㉣ 플라이휠이나 압력판이 불량일 때

② 클러치의 소음 원인
  ㉠ 플라이휠 볼트가 헐겁거나 클러치 하우징에 접촉되었을 때(페달을 밟았을 때)
  ㉡ 릴리스 레버의 스프링이 노후나 마모되었을 때(페달을 놓았을 때)
  ㉢ 릴리스 베어링의 과대마멸이나 급유부족이 되었을 때(클러치 차단시)
  ㉣ 릴리스 레버 상호간에 높이의 차이가 날 때

③ 클러치의 차단불량
  ㉠ 오일라인의 오일부족 및 공기 침입이 있을 때
  ㉡ 클러치 페달 자유 유격의 과다할 때
  ㉢ 클러치 각 부의 과도한 마모가 있을 때
  ㉣ 릴리스 실린더 및 마스터 실린더가 고장일 때

유압식 클러치에서 클러치 차단 불량의 원인이 아닌 것은?

① 릴리스 실린더 고장
② 마스터 실린더 고장
③ 오일라인에 공기침입
④ 클러치 유격이 없을 때

❮정답 ④

❸ 변속기

(1) 수동식 변속기

엔진과 추진축 사이에 설치되어 있으며 엔진의 동력을 주행상태에 알맞게 회전력과 회전속도를 바꾸어 구동바퀴에 전달하는 변속기이다.

① 변속기의 필요성
- ㉠ 회전력의 증대
- ㉡ 자동차의 후진
- ㉢ 엔진에 대한 무부하상태 유지

② 변속기의 구비조건
- ㉠ 연속적인 변속조작이 가능해야 한다.
- ㉡ 변속이 쉽고 확실하며 안정적이어야 한다.
- ㉢ 전달효율이 좋아야 한다.
- ㉣ 소형이고 경량이어야 한다.
- ㉤ 내구성이 좋아야 하고 정비가 쉬워야 한다.

③ 변속기의 종류
- ㉠ **섭동기어식** : 단기어를 단순히 밀어 움직이는 것으로 변속하는 방식으로 구조가 간단하고 다루기가 쉽다. 다루기 쉽고 구조가 간단하다. 기어에 손상이 많이 가고 변속 시 충돌음이 발생한다.
- ㉡ **상시물림식(상시치합식)** : 수동 변속기의 주축 기어와 부축 기어가 항상 맞물려 있고, 중립 상태에서 주축 기어는 주축 위에서 공전하는 구조로 되어, 도그 클러치가 주축과 기어를 물게 하여 동력을 전달하는 방식이다. 비교적 구조가 간단하고 변속 시 기어 충돌음이 발생한다.
- ㉢ **동기물림식** : 수동 변속기의 주축 기어와 부축 기어의 원주 속도를 일치시키게 하는 싱크로나이저 링을 통해 두 기어의 물림을 쉽게 하는 방식이다. 변속시 기어 충돌음이 없고 기계효율이 좋아 가장 많이 사용한다.

④ 수동 변속기의 소음 원인
- ㉠ 기어에 과도한 마모가 있을 때
- ㉡ 변속기 축 방향 유격이 클 때
- ㉢ 주축 스플라인부의 마모가 있을 때
- ㉣ 오일 유량이 부족할 때
- ㉤ 유질이나 점도가 불량할 때
- ㉥ 베어링의 마모가 있을 때

기출PLUS

📖 기출 2022. 6. 18. 대전시 시행

변속기가 필요한 이유로 옳지 않는 것은?

① 후진을 시키기 위해
② 회전속도를 증대하기 위해
③ 회전력을 증대하기 위해
④ 엔진을 무부하 상태로 유지하기 위해

📖 기출 2017. 7. 29. 전라남도 시행

다음 〈보기〉에서 변속기가 필요한 이유를 바르게 짝지은 것은?

┌─ 보기 ─
- ㉠ 엔진과 차축 사이에서 회전력을 증대시키기 위해
- ㉡ 엔진을 무부하 상태로 유지하기 위해
- ㉢ 후진을 시키기 위해
- ㉣ 관성운전하기 위해

① ㉠㉡
② ㉠㉡㉣
③ ㉡㉢㉣
④ ㉠㉡㉢

📖 기출 2016. 7. 30. 전라남도 시행

수동 변속기의 종류가 아닌 것은?

① 섭동기어식
② 상시물림식
③ 동기물림식
④ 유성기어식

📖 기출 2017. 6. 17. 경상북도 시행

다음 중 수동 변속기의 소음 원인이 아닌 것은?

① 기어의 과도한 마모
② 주축 스플라인부의 마모
③ 변속기 축 방향 유격이 클 때
④ 오일 유량이 과다할 때

❰정답 ②, ④, ④, ④

(2) 자동식 변속기

① 개요

㉠ 자동차의 주행상태에 따라 클러치 작용과 기어의 변속이 자동으로 이루어진다.

㉡ 유체 클러치 또는 토크 변환기 중 하나와 유성기어 유닛 및 제어장치의 3주요부로 구성된다.

📢 자동식 변속기의 장·단점

장점	단점
• 엔진이 멈추는 일이 적어 운전하기가 편리하다.	• 구조가 복잡하고 값이 비싸다.
• 발진·가속·감속이 원활하게 되어 승차감이 좋다.	• 연료소비가 10% 정도 많아진다.
• 유체가 댐퍼의 역할을 하여 충격을 흡수한다.	• 밀거나 끌어서 시동할 수 없다.

② 유체 클러치 : 동력을 유체운동 에너지로 바꾸고 이 에너지를 다시 동력으로 바꾸어서 변속기로 전달하는 클러치이다.

③ 토크 컨버터 : 토크 컨버터(변환기)는 유체 클러치와 근본적인 원리는 같으며 유체의 운동에너지를 이용하여 회전력(토크)을 자동으로 변환하는 동시에 유체 클러치의 역할을 한다.

④ 자동변속 기어부 : 토크 컨버터의 뒷부분에 있는 유성기어와 다판 클러치, 브레이크 밴드, 일방향 클러치 및 유압제어기구로 구성되어 있으며 유성기어 장치를 사용한다.

④ 댐퍼 클러치(Damper clutch) : 자동차의 주행속도가 일정 값에 도달하면 토크컨버터(변환기)의 펌프와 터빈을 기계적으로 직결시켜 미끄러짐에 의한 손실을 최소화하여 정숙성을 유지하는 장치이다.

> **☆ Plus tip**
>
> 댐퍼클러치 비작동 영역
> ㉠ 1속 후진 및 기관이 공회전할 때
> ㉡ 기관 브레이크가 작동될 때
> ㉢ 자동변속기 오일의 유온이 65도 이하일 때
> ㉣ 냉각수 온도가 50도 이하일 때
> ㉤ 3속에서 2속으로 시프트 다운될 때
> ㉥ 기관 회전속도가 800rpm 이하일 때
> ㉦ 기관의 회전속도가 2000rpm이하에서 스로틀 밸브의 열림이 클 때
> ㉧ 주행 중 변속할 때
> ㉨ 스로틀 밸브 개도가 급격히 감소할 때

기출 2016. 6. 25. 서울특별시 시행

자동변속기의 토크컨버터에 대한 설명으로 옳지 않은 것은?

① 발진이 쉽고 주행시 변속 조작이 필요 없다.
② 엔진의 동력을 싱크로메시를 통해 전달한다.
③ 저속토크가 크다.
④ 진동이나 충격이 적다.

기출 2022. 6. 18. 서울시보훈청 시행

자동변속기의 미끄러짐에 의한 손실을 최소화하는 기능을 하는 댐퍼클러치(Damper clutch)의 비작동 영역의 조건으로 가장 옳지 않은 것은?

① 냉각수 온도가 70℃에서 95℃ 사이로 안정적일 때
② 내연기관의 회전수가 800rpm 이하로 안정적일 때
③ 주행 중 정상적으로 변속하는 중일 때
④ 스로틀 밸브 개도가 급격히 감소할 때

❰정답 ②, ①

⑤ 유성기어 장치(planetary gear system) : 중심에 선 기어가 고정되어 있고, 선 기어와 링 기어 중간에 유성기어가 설치되어 있으며, 유성 기어를 동일한 간격으로 지지하는 유성 기어 캐리어, 외주에 있는 큰 내면 기어의 링 기어로 구성되어, 동력을 전달하는 장치를 말한다.

> ☆ **Plus tip**
> **유성기어의 작동**
> ㉠ 감속의 원리 : 선 기어 고정, 링 기어 구동 → 유성 기어 캐리어 감속
> ㉡ 증속의 원리 : 선 기어 고정, 유성 기어 캐리어 구동 → 링 기어 증속
> ㉢ 역회전 원리 : 유성 기어 캐리어 고정, 선 기어 구동 → 링 기어 역전 감속

④ 드라이브 라인(구동장치)

(1) 추진축

변속기의 회전력을 구동축에 전달하여 바퀴를 회전시키는 장치로 유연성이 있어야 하며 길이의 변화도 생기게 되므로 슬립 이음을 설치하여야 한다. 주행 중 변화되는 각도의 변화에 대해서는 자재 이음을 사용하고 길이의 변화는 슬립 이음을 사용하고 있다.

> ☆ **Plus tip**
> **추진축의 고장원인**
> ㉠ 축의 휨이나 마모, 베어링의 파손
> ㉡ 스플라인의 마모

① **추진축의 구조** : 축은 강한 비틀림 하중을 받으며 고속으로 회전을 하기 때문에 강도를 지닌 속이 비어있는 강관으로 되어 있다.

② **자재이음 요크** : 추진축의 양쪽 끝에 설치되고 어느 한쪽에 이음용의 스플라인축이 설치되어 있다.

③ **추진축의 길이** : 길이가 너무 길어지게 되면 비틀림 진동과 굽음 진동이 일어나 위험하게 되므로 축을 둘로 하고 중간에 베어링을 두고 프레임에 설치한다.

④ **평형추** : 기하학적 중심과 질량적 중심이 일치되지 않으면 진동을 일으키게 되므로 무게의 평형을 맞추어 주는 것이다.

기출 PLUS

기출 2021. 6. 5. 서울특별시 시행

자동변속기에 사용되는 유성기어에서 캐리어를 고정하고, 선기어를 회전시킬 때 링기어가 하는 동작은?

① 정회전 감속 ② 정회전 증속
③ 역회전 감속 ④ 역회전 증속

기출 2016. 10. 1. 경상남도 시행

자동변속기 유성기어장치에서 링 기어의 역전 상태를 바르게 설명한 것은?

① 유성 기어 캐리어를 고정하고 선 기어를 구동하면 링 기어는 역전 감속한다.
② 유성 기어 캐리어를 고정하고 선 기어를 구동하면 링 기어는 역전 증속한다.
③ 선 기어를 고정하고 유성 기어 캐리어를 구동하면 링 기어는 감속한다.
④ 선 기어를 고정하고 유성 기어 캐리어를 구동하면 링 기어는 역전 증속한다.

◀ 정답 ③, ①

자재이음, 슬립이음에 대한 설명으로 옳은 것은?

① 자재이음 – 각도 변화, 슬립이음 – 길이 변화
② 자재이음 – 길이 변화, 슬립이음 – 각도 변화
③ 자재이음 – 토크 변화, 슬립이음 – 길이 변화
④ 자재이음 – 길이 변화, 슬립이음 – 토크 변화

축이음 종류 중 두 축이 어떤 각도를 가지고 회전하는 경우에 사용되며, 경사각이 30° 이하를 두고 있는 축이음 방식은?

① 플렉시블 이음
② 십자축 이음
③ 자재이음
④ 슬립이음

다음 중 종감속 기어의 종류가 아닌 것은?

① 웜과 웜 기어
② 베벨 기어
③ 하이포이드 기어
④ 랙과 피니언 기어

❮정답 ①, ③, ④

(2) 자재 이음

각도를 가지고 동력을 전달하는 추진축이나 앞차축 등에 설치되어 자유로이 동력을 전달하기 위한 장치이다.

① **플렉시블 이음**: 요크와 요크 사이에 고무나 가죽을 겹친 가요성 원판이나 질긴 마직물을 여러 겹으로 겹쳐서 만든 커플링을 끼우고 볼트로 조인 구조로 주유가 필요 없다.

② **등속 이음(CV자재 이음)**: 피동축의 회전 각도가 일정하지 않아 발생하게 되는 진동을 방지하기 위해 제작된 이음이다.

③ **트러니언 이음**: 자재 이음과 슬립 이음을 결합한 것으로 원통형 보디의 내부면에 축방향으로 2개의 홈이 파여져 있으며, 상대축의 끝에는 핀이 들어가는 볼헤드가 있고, 핀에는 니들 롤러 베어링을 사이에 끼워 볼이 결합된 구조이다.

④ **십자형 이음**: 두 축이 일직선상에 있지 않고 어떤 각도를 가진 두 개의 축 사이에 동력을 전달할 때 사용하는 것으로 2개의 요크와 십자축으로 연결하는 방식이다.

❺ 종감속 기어 및 차동장치

(1) 종감속 기어

① **기능**
　㉠ 추진축의 동력을 직각으로 전환시켜 구동바퀴에 전달함과 동시에 회전력의 증대를 위하여 최종적인 감속작용을 하는 장치이다.
　㉡ 추진축을 통하여 전달된 회전력을 90°로 바꾸어 구동축에 전달한다.

② **종류**
　㉠ **웜과 웜 기어**: 큰 감속비를 얻을 수 있고 구동축의 높이를 낮출 수 있으나 전동효율이 낮고 열의 발생을 크게 할 수 있다.
　㉡ **스파이럴 베벨 기어**: 톱니의 형태가 매우 경사지며 구동피니언의 중심과 링기어의 중심을 일치시킨 구조이다.
　㉢ **하이포이드 기어**: 구동피니언과 스파이럴 베벨 기어를 편심시킨 것이다. 안전성 및 거주성이 향상되었고 회전이 정숙하지만 제작이 어렵다. 측압이 커서 하이포이드용 오일(극압오일)을 사용해야 한다.

> **🌟 Plus tip**
>
> 하이포이드 기어의 특징
> ㉠ 구동 피니언의 오프셋에 의해 추진축 높이를 낮출 수 있어 자동차의 중심이 낮아져 안정성이 증대된다.
> ㉡ 동일 감속비 동일 치수의 링 기어인 경우에 스파이럴 베벨기어에 의해 구동 피니언을 크게 할 수 있어 강도가 증대된다.
> ㉢ 기어 물림률이 커 회전이 정숙하다.
> ㉣ 측압이 커서 극압 오일(하이포이드용 오일)을 사용해야 한다.
> ㉤ 제작이 어렵다.

(2) 차동기어 장치

① 기능
  ㉠ 한 톱니바퀴가 다른 톱니바퀴의 주위를 돌면서 동력을 전달하는 장치이다.
  ㉡ 자동차가 회전시 서로 다른 바퀴의 회전수를 적절히 분배하여 원활하게 회전하도록 구동시킨다.

② 작용
  ㉠ 평탄로 주행 시 좌우 구동륜의 회전 저항이 같아 링 기어에 의해 차동 기어에 전달된 회전력은 좌우 사이드 기어에 동일하게 분배된다.
  ㉡ 회전 시나 노면 충격 등으로 좌우 구동 바퀴의 회전 저항의 차이가 발생하면, 차동 작용이 일어나 회전 저항이 큰 바퀴는 회전수가 감소되고, 회전 저항이 작은 바퀴는 반대쪽의 감소된 만큼 회전수가 증가된다.

(3) 자동제한 차동기어장치(LSD ; Limited Slip Differential)

① 기능
  ㉠ 미끄러운 길 또는 진흙 길 등에서 주행할 때 한쪽 바퀴가 헛돌며 빠져나오지 못할 경우, 쉽게 빠져나올 수 있도록 도와주는 장치로 차동제한장치라고도 한다.
  ㉡ 양쪽 바퀴의 회전수가 제한치 이상으로 벌어지면 적은 회전수 방향으로 구동력을 더 보내주어 양쪽의 회전수 차이를 제한 및 조절해 주는 역할을 한다.

② 특징
  ㉠ 미끄러운 노면에서 바퀴의 공회전을 방지할 수 있다.
  ㉡ 타이어의 미끄럼이 방지되어 타이어 수명을 연장할 수 있다.
  ㉢ 요철 노면을 주행할 때 뒷부분의 흔들림을 방지할 수 있다.

기출 2022. 6. 18. 인천시 시행

다음 중 하이포이드 기어의 장점을 바르게 설명한 것은?

① 기어 이의 폭 방향으로 미끄럼 접촉을 하므로 큰 압력을 받지 않는다.
② 추진축의 높이를 낮출 수 있어 자동차의 중심을 낮출 수 있다.
③ 기어의 물림률이 낮아 회전이 부드럽다.
④ 무게중심이 높아져 안정성이 우수하다.

기출 2022. 6. 18. 서울특별시 시행

자동제한 차동기어장치(LSD: Limited Slip Differential)가 작동할 때의 장점에 대한 설명으로 가장 옳지 않은 것은?

① 고속 곡선주행을 할 때 안정성이 좋다.
② 타이어의 미끄럼이 방지되어 타이어 수명을 연장할 수 있다.
③ 요철 노면을 주행할 때 뒷부분의 흔들림을 방지할 수 있다.
④ 미끄러운 노면에서 출발이 쉽다.

기출 2022. 6. 18. 울산시 시행

다음 중 LSD의 특징으로 맞는 것은?

① 모든 바퀴의 제동력을 독립적으로 제어한다.
② 슬립을 이용한 선회를 한다.
③ 미끄러운 노면 출발 시에 활용하며, 바퀴의 공회전을 방지한다.
④ 선회 가속시 구동력과 제동력을 제어하여 조향성능을 향상시킨다.

◀정답 ②, ①, ③

다음 중 차동장치에서 우측바퀴가 1/2 감속될 때, 후륜 차동장치에서 좌측바퀴의 회전수의 비율로 맞는 것은?

① 좌측바퀴의 회전수가 직진 때 보다 1/2 커져야 한다.
② 좌측바퀴의 회전수가 직진 때 보다 1/2 작아져야 한다.
③ 좌측바퀴의 회전수가 직진 때 보다 3/2 커져야 한다.
④ 좌측바퀴의 회전수가 직진 때 보다 3/2 작아져야 한다.

⟨ 정답 ③

ⓔ 미끄러운 노면에서 출발이 쉽다.

ⓜ 급가속으로 직진 주행시 안정성이 우수하다.

> **☆ Plus tip**
>
> **LSD(Limited Slip Differential)**
> 양쪽 바퀴의 회전수가 일정 수준 이상으로 차이가 나면 회전수가 적은 바퀴로 구동력의 일부를 보내어 회전수가 일정 수준 이상 차이나지 않도록 해 준다. LSD의 종류로는 토르센 LSD, 비스커스 LSD, 다판 클러치식 LSD 등이 있다.

> **☆ Plus tip**
>
> **차동장치의 작용**
> 좌우 구동바퀴의 회전 저항차이에 의해 발생하고, 바퀴를 통과하는 노면의 길이에 따라 회전하므로 우측바퀴가 1/2 감속되면 좌측 바퀴는 직진할 때 보다 3/2 커져야 한다.

⑥ 차축

(1) 구동륜 차축

① 엔진에서 변속기, 종감속 기어를 통하여 전달된 구동력을 바퀴에 전달하는 역할과 노면에서 받는 상하, 전후, 좌우방향의 힘을 지지하는 역할을 한다.

② 앞바퀴 구동차는 앞차축이, 뒷바퀴 구동차에서는 뒤차축이, 전륜(全輪) 구동차에서는 앞·뒤차축이 여기에 해당된다.

(2) 유동륜 차축

차의 무게만 지지하고 구동력을 전달하지 않는 관계로 구동륜 차축에 비하여 구조가 비교적 간단하고 뒷바퀴 구동차의 앞바퀴와 앞바퀴 구동차의 뒷바퀴가 이에 해당된다.

(3) 차축 하우징

① 차축 하우징은 종감속 기어, 차동기어 및 차축을 포함하는 튜브모양의 고정 축이다.

② 양 끝은 스프링의 지지부가 마련되어 있으며, 벤조형, 분할형, 빌드업형으로 나누어진다.

02 현가장치

❶ 개념 및 구성

(1) 개념

① 개념 : 차축과 프레임을 연결하여 주행 중 노면으로부터 받는 진동이나 충격을 흡수 또는 완화하여 차체나 승차자를 보호하고 화물의 손상을 방지하며 안정성을 향상시키는 장치를 말한다.

② 기능 : 구동력, 제동력, 원심력과 주행 중인 자동차에 영향을 주는 외부적 요인들을 흡수하여 차체를 항상 안정된 위치로 복원시키고 유지하는 기능을 한다.

(2) 현가장치의 구성

① 스프링
  - ㉠ 판 스프링 : 띠모양의 스프링 강판을 여러 장 겹쳐서 결합한 것으로 스프링 본래의 작용과 구동력을 전달하며 리어 앤드 토크를 흡수하는 작용을 한다.
  - ㉡ 코일 스프링 : 스프링강의 둥근 막대를 코일모양으로 감아서 만든 것으로 독립적으로 차체에 설치되지 않고 링크기구나 쇽업소버를 병용하여 설치한다.
  - ㉢ 토션바 스프링 : 스프링강의 막대모양 스프링으로 비틀렸을 때 탄성에 의해 제자리로 되돌아가려는 성질을 이용한 것이다.
  - ㉣ 공기 스프링 : 공기의 탄성을 이용한 것으로 비교적 유연한 탄성을 얻을 수 있고, 작은 진동의 흡수가 좋아서 승차감이 우수하고 차체의 높이를 항상 일정하게 한다.

> ✿ Plus tip
> **공기스프링의 특징**
> ㉠ 하중이 변화해도 차체 높이를 일정하게 유지할 수 있다.
> ㉡ 다른 스프링에 비해 비교적 유연하다.
> ㉢ 스프링의 강도를 하중에 비례하여 바꿀 수 있다.
> ㉣ 진동 흡수율이 좋아 승차감이 좋으며, 주로 버스 등에서 사용한다.
> ㉤ 구조가 복잡하고 제작비가 비싸다.

기출 2017. 6. 17. 경상북도 시행
다음 중 현가장치가 아닌 것은?
① 스테빌라이저
② 스프링
③ 쇼크업소버
④ 차동기어

기출 2015. 6. 27. 대구광역시 시행
현가장치에 사용하는 스프링 중 진동, 감쇠 작동이 없는 것은?
① 판 스프링
② 토션 바 스프링
③ 고무 스프링
④ 공기 스프링

기출 2021. 5. 1. 전라북도 시행
다음 중 공기스프링의 특징에 대한 설명으로 틀린 것은?
① 옆방향 작용력에 대한 저항력이 없어 로드나 링크가 필요하다.
② 하중이 변화해도 차체 높이를 일정하게 유지할 수 있다.
③ 스프링의 강도를 하중에 비례하여 바꿀 수 있다.
④ 진동 흡수율이 좋아 승차감이 좋으며, 주로 버스 등에서 사용한다.

❮정답 ④, ②, ①

〈보기〉를 참고하여, 현가장치 스프링 위 질량 진동의 명칭과 이에 대한 설명을 옳게 짝지은 것은?

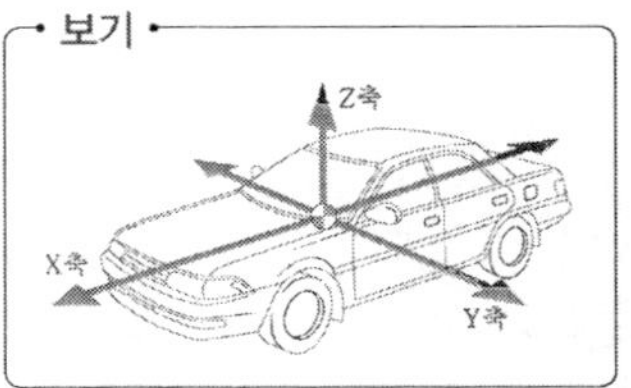

① 바운싱(bouncing) – 차체가 Z축 방향과 평행운동을 하는 고유진동
② 스키딩(skidding) – 차체가 X축을 중심으로 하여 회전운동을 하는 고유진동
③ 롤링(rolling) – 차체가 Y축을 중심으로 하여 회전운동을 하는 고유진동
④ 피칭(pitching) – 차체가 Z축을 중심으로 하여 회전운동을 하는 고유진동

다음 중 스프링 위 아래 진동에 대해 잘못 설명한 것은?

① 피칭 : 차체가 Y축을 중심으로 하여 회전운동을 하는 고유 진동
② 요잉 : 차체가 Z축을 중심으로 하여 회전운동을 하는 고유 진동
③ 휠홉 : 차축이 Z축을 중심으로 상하 평행운동을 하는 진동
④ 휠 트램프 : 차축의 Y축을 중심으로 하여 회전운동을 하는 진동

자동차가 선회할 때 롤링을 감소하고 차체의 평형을 유지하기 위해 사용되는 장치는?

① 판스프링
② 스테빌라이져
③ 공기스프링
④ 쇽업쇼버

〈정답 ①, ④, ②

ⓜ **고무 스프링** : 고무 고유의 탄성을 이용한 보조 스프링으로, 형태가 매우 다양하며, 옆 방향에 대한 강성도 있고, 내부 마찰에 의한 감쇠 작용도 있다.

> **🔖 Plus tip**
>
> **스프링의 진동**
> ㉠ **스프링 위 진동**
> • 바운싱(Bouncing) : 차체가 Z축 방향과 평행운동을 하는 고유 진동
> • 롤링(Rolling) : 차체가 X축을 중심으로 하여 회전운동을 하는 고유 진동
> • 피칭(Pitching) : 차체가 Y축을 중심으로 하여 회전운동을 하는 고유 진동
> • 요잉(Yawing) : 차체가 Z축을 중심으로 하여 회전운동을 하는 고유 진동
> ㉡ **스프링 아래 진동**
> • 휠흡(Wheel hop) : 차축이 Z방향의 상하 평행운동을 하는 진동, 즉 수직 방향의 진동
> • 휠 트램프(Wheel Tramp) : 차축이 X축을 중심으로 하여 회전운동을 하는 진동
> • 윈드 업(Wind up) : 차축 Y축을 중심으로 회전운동을 하는 진동

② **쇽업소버(shock absorber)**

㉠ **기능** : 노면에 의해 발생한 스프링의 충격을 흡수하여 스프링의 피로를 경감하고 승차감과 로드 홀딩을 향상시키며 스프링의 상하 운동에너지를 열에너지로 변환시키는 장치이다. 대체로 유압식 텔레스코픽 쇽업소버가 사용되며, 유압식과 가스식이 있다.

㉡ **역할**

• 승차감을 향상시킨다.
• 스프링의 피로를 줄여준다.
• 노면의 충격에서 발생된 노면의 자유진동을 흡수한다.
• 스피링의 상하운동에너지를 열에너지로 바꿔준다.
• 상하로 발생되는 작은 진동을 흡수하여 주행 안정성을 높여준다.

③ **스태빌라이저**

㉠ **기능**

• 좌우의 바퀴가 같이 상하운동을 할 때는 작용하지 않는다.
• 자동차가 선회시 또는 요철이 심한 도로를 주행시 좌우의 바퀴가 서로 다르게 상하운동을 할 때 작용하여 차의 평형과 롤링을 방지하는 장치이다.

㉡ **역할**

• 자동차의 평형을 유지시켜 준다.
• 자동차가 선회시 전복을 방지하여 준다.
• 자동차의 좌우 진동을 억제시켜 준다.
• 자동차의 평형과 롤링을 방지하여 준다.

❷ 현가장치의 종류

(1) 독립 현가장치

독립 현가장치는 승차감이나 안정성을 높이기 위하여 양쪽 바퀴를 분할하여 서로 관계없이 움직이는 구조로 되어 있어 승차감이 좋아야 하는 승용차에 많이 사용되고 있다.

① **위시본 형식** : 2개의 상·하 서스펜션암과 프레임 사이에 설치된 완충장치로서, 2개의 상·하 볼조인트와 연결된 조향너클 등으로 구성되어 있으며 가장 많이 사용되는 형식이다.

② **맥퍼슨 형식** : 현가장치와 조향장치가 하나로 되어 있으며 쇽업소버가 내장된 스트러트와 볼조인트, 컨트롤암, 스프링 등으로 구성된다. 스트러트의 윗부분은 서스펜션 서포트를 통해 차체에 결합되고 조향할 때는 너클과 함께 스트러트가 회전한다.

(2) 일체차축 현가장치

① **구조** : 일체로 된 차축에 양 바퀴가 설치되고 이 차축이 스프링을 거쳐 차체에 설치된 구조로 버스, 트럭의 앞뒤차축, 승용차의 뒤차축 등에 많이 사용된다.

② **종류** : 평행판 스프링 형식, 옆방향 스프링 형식, 코일 스프링 형식, 공기 스프링 형식이 있는데, 평행판 스프링 형식은 모든 차종에 많이 사용되고 승용차에 주로 사용되는 것은 코일 스프링 형식이다.

(3) 뒤 독립 현가장치

① **기능** : 뒤 현가장치를 독립 현가장치로 하면 승차감이 향상되고 차체의 밑판을 낮출 수 있으므로 실내의 유효면적이 넓어지기 때문에 승용차에 많이 사용되고 있다.

② **종류** : 스윙차축식, 데디온형, 다이어고널 링크형, 트레일링 암형, 세미 트레일링 암형 등이 있다.

(4) 구동형식

① **호치키스 구동** : 판 스프링을 사용할 때 이용되는 형식으로 구동력은 스프링의 끝을 거쳐 차체에 전달되며 리어 앤드 토크나 출발·정지할 때의 비틀림도 스프링에 의하여 흡수된다.

기출 2022. 6. 18. 경상북도 시행

다음 중 독립차축 현가방식의 특징이 아닌 것은?

① 바퀴가 시미를 잘 일으키지 않고 로드 홀딩이 좋다.
② 스프링 아래 질량이 커서 승차감이 떨어진다.
③ 스프링 정수가 작은 스프링을 사용할 수 있다.
④ 볼이음이 많아 마멸에 의한 휠 얼라인먼트가 틀어진다.

기출 2021. 6. 5. 서울특별시 시행

차축식 현가방식과 비교하였을 때 독립식 현가방식의 장점이 아닌 것은?

① 스프링 아래질량의 경감으로 차륜의 접지성이 향상된다.
② 전륜에서 좌우륜의 독립작용, 스티어링 링크의 간섭 감소 등에 의해 시미발생이 어렵다.
③ 일반적으로 차륜의 위치결정과 현가스프링이 분리되어 시미의 위험이 적으므로 유연한 스프링을 사용할 수 있으며 승차감이 향상된다.
④ 차륜의 상하진동에 의한 얼라이먼트 변화가 적으며 타이어의 마모가 적다.

기출 2021. 4. 10. 대구광역시 시행

현가장치의 맥퍼슨에 대한 설명으로 옳은 것은?

① 현가장치와 조향장치가 일체형으로 되어 있다.
② 대형차에 주로 사용한다.
③ 구조가 복잡하고 수리가 어렵다.
④ 엔진룸 공간 활용에 불리하다.

◀ 정답 ②, ④, ①

② **토크튜브 구동** : 코일 스프링을 사용할 때 이용하는 형식으로 토크튜브 안에 추진축을 설치하며, 구동력은 컨트롤암을 거쳐 차체에 전달되고 리어 앤드 토크튜브가 흡수한다.

③ **레이디어스암 구동** : 코일 스프링을 이용하는 형식으로 구동력은 차축과 차체를 연결한 레이디어스암이 전달되며 리어 앤드 토크도 레이디어스암이 흡수한다.

❸ 전자제어 현가장치(ECS : Electronic control suspension)

(1) ECS의 개요

① 개요

ㄱ 전자제어서스펜션 또는 전자제어현가장치라고도 한다.

ㄴ 노면이 울퉁불퉁한 도로에서는 차 높이를 높여 차체를 보호하고, 고속 주행이 가능한 도로에서는 차 높이를 낮추어 공기 저항을 줄여 줌으로써 주행 안정성을 높여 주는 첨단 시스템이다. 종류로는 유압식과 공기압식 등이 있다.

② 기능

ㄱ 노면으로부터의 차량높이를 조절하여 차체를 보호한다.

ㄴ 급선회 시 원심력에 의한 차량 기울어짐을 방지한다.

ㄷ 급제동시 노즈다운(Nose-Down)을 방지한다.

ㄹ 고속 주행 시 차체 높이를 낮추어 공기저항을 줄여 줌으로써 주행 안정성을 높여 준다.

(2) ECS의 특성

① **스프링의 상수와 완충력 선택**

ㄱ HARD : 조향성이 안정된다.

ㄴ SOFT : 승차감이 향상된다.

ㄷ AUTO : 주행조건에 따라 자동으로 HARD, SOFT를 스스로 선택한다.

② **조향휠의 감도 선택** : ECS 패널 스위치의 조작으로 조향휠의 감도를 선택할 수 있다.

③ **차고 조정** : AUTO모드에서는 노면과 주행조건에 따라 표준(NORMAL), 낮음(LOW), 높음(HIGH)이 자동 조정되며 운전자가 조정을 선택할 수도 있다.

급제동시 Nose-Down 및 급선회 시 원심력에 의한 차량 기울어짐을 방지하여 노면으로부터의 차량높이를 조정하는 시스템은?

① ECS(Electronic Controlled Suspension)
② EPS(Electronics Power Steering)
③ 4WD(4Wheel Drive)
④ E-EGR(Electric-Exhaust Gas Recirculation)

❮정답 ①

④ ECS 패널 스위치 램프 : 운전자의 선택모드가 컨트롤 유닛에 전달되는 동시에 차고상태 및 현가장치의 상태가 램프나 버저에 의해 표시된다.

⑤ 자가진단 : 입력신호나 출력신호가 비정상일 경우에 경고등이 점등되며 운전자에게 알리고 전자통제가 자동적으로 작동하며 비정상 기능의 형태에 따라 자기진단 점검 터미널로 고장출력 신호를 보낸다. 또한 이 신호는 기억이 되어 점화스위치가 OFF되더라도 소멸되지 않는다.

(3) 주요 부품의 구조 및 작동

① 정보 입력 장치

  ㉠ 헤드라이트 릴레이 : 헤드라이트의 점등 여부 신호를 컨트롤 유닛에 입력하여 차고의 조정에 이용된다.

  ㉡ 발전기 L단자 : 발전기 L단자에서 발생하는 신호에 따라서 시동 여부가 감지되고 차고의 조정에 이용된다.

  ㉢ 전조등 릴레이 : 차고의 조절을 위해 전조등의 ON, OFF를 조정한다.

  ㉣ 제동등 스위치 : 브레이크 작동 여부를 컨트롤 유닛에 입력하여 차고를 조정한다.

  ㉤ 도어 스위치 : 자동차 도어의 개폐여부를 컨트롤 유닛에 입력하여 차고를 조정한다.

  ㉥ 스로틀 위치 센서(TPS) : 가속페달의 작동속도를 감지하여 컨트롤 유닛에 입력하며 스프링 상수 또는 감쇠력 조정에 이용된다.

  ㉦ 차속 센서 : 변속기 출력측의 회전을 전기적 신호로 바꾸어 컨트롤 유닛에 입력하며 차고, 스프링 상수, 쇽업소버의 감쇠력 조정에 이용된다.

  ㉧ 조향휠 각속도 센서 : 조향휠의 작동 속도와 방향을 감지한다.

  ㉨ 차고 센서 : 차의 앞뒤에서 설치되어 차고의 변화에 의해 액셀과 차체의 위치를 감지한다.

② 제어장치(컨트롤 유닛) : 각종 센서에서 받은 신호를 감지 · 판단하여 차고와 스프링상수, 감쇠력 등을 제어한다.

  ㉠ 감쇠력 제어 : 도로 및 주행상태에 따라 적절하고 신속하게 제어해 부드러운 승차감을 유지하며, 고속 주행 혹은 선회, 제동시에 통로를 줄여 딱딱하게 함으로써 승차감과 주행안정성을 확보한다.

  ㉡ 차고제어 : 승차인원 및 화물의 하중변화 때 일정한 차고를 유지하기 위해 차고를 올리고 내리는 제어를 수행한다. 항상 일정한 높이를 유지하도록 앞, 뒤 바퀴를 독립적으로 제어할 수 있다.

다음 중 전자제어 현가장치의 입력 센서로 옳은 것은?

① 크랭크 각 센서
② 캠각 센서
③ 스로틀 위치 센서
④ 냉각수온 센서

정답 ③

기출PLUS

기출 2022. 6. 18. 인천시 시행

다음 중 ECS의 제어가 아닌 것은?

① 안티 롤링 제어
② 트랙션 제어
③ 안티 스쿼트 제어
④ 속도 감응 제어

기출 2020. 10. 17. 부산광역시 시행

자동차의 자세제어 기능 중 주행 중에 급제동을 하면 차체의 앞쪽은 낮아지고, 뒤쪽이 높아지는 다운(nose down) 현상을 제어하는 기능은?

① 안티 스쿼트(anti-squat) 제어
② 안티 다이브(anti-dive) 제어
③ 안티 스쿼트(anti-squat) 제어
④ 안티 바운싱(anti-bouncing) 제어

ⓒ **자세제어** : 자동차 주행 중 현가장치에서 진동, 롤, 피칭 등이 발생했을 때 감쇠력 가변과 동시에 네 바퀴에 설치되어 있는 공기 스프링의 압력을 독립적으로 제어하여 승차감과 주행 안정성을 향상시킨다.

- **안티 스쿼트(anti squat) 제어** : 자동차가 급출발하거나 주행 중 급가속할 경우 차체의 앞쪽은 들리고 뒤쪽은 낮아지는 노즈 업(nose-up) 현상을 제어한다.
- **안티 다이브(anti dive) 제어** : 자동차가 주행 중에 급제동을 하게 되면 앞쪽은 낮아지고 뒤쪽이 높아지는 노즈 다운(nose-down) 현상을 제어한다.
- **안티 피칭(anti pitching) 제어** : 자동차가 도로의 요철 노면을 주행할 때 속도와 차고의 변화를 고려하여 쇽업소버의 감쇠력을 증가시킨다.
- **안티 롤링(Anti rolling) 제어** : 자동차가 선회 시 좌우 방향으로 움직이는 횡가속도를 G센서(동작인식센서)로 감지하여 차체가 바깥쪽으로 쏠리지 않도록 제어한다.
- **안티 바운싱(anti bouncing) 제어** : 차체에 바운싱이 발생하면 G센서가 검출하여 쇽업소버의 감쇠력은 소프트에서 미디엄(Medium)이나 하드로 변환된다.

  ※ 바운싱(bouncing) … 차체가 위·아래로 진동하는 것으로, 피칭은 앞뒤가 교대로 위·아래로 움직이지만, 바운싱은 앞뒤가 동시에 같은 방향으로 진동하는 상태를 말한다.
- **안티 쉐이크(anti shake) 제어** : 자동차의 주행속도를 감속하여 규정 속도 이하가 되면 컴퓨터가 사람의 승하차에 대비하여 쇽업소버의 감쇠력을 하드(Hard)로 변환시킨다.

  ※ 쉐이크(shake) … 자동차에 사람이 승차할 때 하중의 변화에 따라서 차체가 흔들리는 것을 말한다.
- **자동차 속도 감응(vehicle speed) 제어** : 자동차가 고속으로 주행할 때에는 차체의 안정성이 결여되기 쉬운 상태이므로 쇽업소버의 감쇠력은 소프트에서 미디엄이나 하드로 변환된다.

③ **작동장치**

ⓐ **공기 액추에이터** : HARD 상태에서는 압축공기가 액추에이터에 유입되어 HARD 상태를 유지하고, SOFT 상태에서는 액추에이터 내부의 공기가 방출되어 SOFT 상태를 유지한다.

ⓑ **공기압축기와 공기압축기 릴레이** : 컨트롤 유닛에서 출력신호를 받은 공기압축기 릴레이가 자화(磁化)되면 공기압축기에 전원이 공급되어 공기압축기가 작동하여 저장탱크에 압축공기를 저장한다.

ⓒ **리저브 탱크** : 압축된 공기를 저장하는 것으로 체크밸브는 압축공기의 역류를 방지한다.

ⓓ **공기 공급 솔레노이드 밸브** : 차고 조정시 공기 공급 솔레노이드 밸브의 작동에 의해 저장 탱크로부터 앞·뒤 공기챔버로 압축공기가 유입된다.

ⓔ **앞·뒤 솔레노이드 밸브** : 차고 조정용 공기밸브와 HARD·SOFT 위치 선택용 공기밸브로 이루어져 있다.

❮정답 ②, ②

03 조향장치

① 개념과 원리

(1) 개념

조향장치는 자동차의 진행방향을 운전자가 의도하는 바에 따라서 임의로 조작할 수 있는 장치이며 조향핸들을 조작하면 조향 기어에 그 회전력이 전달되며 조향 기어에 의해 감속하여 앞바퀴의 방향을 바꿀 수 있도록 되어 있다.

(2) 애커먼-장토식(ackerman-jantoud type)

조향 각도를 최대로 하고 선회할 때 선회하는 안쪽 바퀴의 조향 각도가 바깥쪽 바퀴의 조향 각도보다 크게 되며, 뒷차축 연장선상의 한 점을 중심으로 동심원을 그리면서 선회하여 사이드슬립 방지와 조향핸들 조작에 따른 저항을 감소시킬 수 있는 방식이다.

(3) 최소 회전반지름

조향각도를 최대로 하고 선회하였을 때 그려지는 동심원 중에서 가장 바깥쪽 바퀴가 그리는 원의 반지름을 말하며 다음의 공식으로 산출된다.

$$R = \frac{L}{\sin a} + r$$

- R : 최소 회전반지름, L : 축간거리(축거 wheel base)
- $\sin\alpha$: 가장 바깥쪽 앞바퀴의 조향각도
- r : 바퀴 접지면 중심과 킹 핀과의 거리

(4) 조향장치의 구비조건

① 조향 조작이 주행 중의 충격에 영향을 받지 않을 것

② 조작이 쉽고, 방향 변환이 원활하게 행해질 것

③ 회전반지름이 작아서 좁은 곳에서도 방향 변환을 할 수 있을 것

④ 진행방향을 바꿀 때 섀시 및 보디 각 부에 무리한 힘이 작용되지 않을 것

기출 2017. 6. 17. 대구광역시 시행

다음 중 조향장치의 최소 회전반경에 대한 설명이 잘못된 것은?

① 좌우 조향차륜의 스핀들 연장선은 항상 후 차축 연장선의 한 점에서 만난다.

② 최소 회전반경은 각 회전의 중심점에서 바깥쪽 휠의 킹핀까지의 거리로 나타낸다.

③ 자동차가 직진 위치에 있을 때 앞차축과 스티어링 너클 암, 타이로드가 사다리 형상을 한다.

④ 선회시 바깥쪽 바퀴의 조향각이 안쪽 바퀴의 조향각보다 작으며 최소 회전반경을 구할 때는 바깥쪽 바퀴의 조향각이 필요하다.

❮정답 ②

기출PLUS

⑤ 고속주행에서도 조향핸들이 안정될 것

⑥ 조향핸들의 회전과 바퀴 선회 차이가 크지 않을 것

⑦ 수명이 길고 다루기나 정비하기가 쉬울 것

❷ 구조와 작용

(1) 일체 차축방식의 조향기구

① 일체 차축방식의 조향기구는 조향핸들, 조향축, 조향기어 박스, 피트먼 암, 드래그링크, 타이로드, 너클암 등으로 구성되어 있다. 작동은 조향핸들을 돌리면 그 조작력이 조향축을 거쳐 조향 기어 박스로 전달된다.

② 조향 기어 박스에서는 감속하여 섹터축을 회전시키며, 섹터축이 회전하면 피트먼 암이 원호운동을 하여 드래그링크를 앞 뒤 방향으로 이동시킨다. 이에 따라, 오른쪽이나 왼쪽 바퀴가 조향 너클에 의해 선회하게 되고, 또 타이로드를 통해 반대쪽 바퀴를 선회시켜 진행방향을 변환시킨다.

(2) 독립 차축방식의 조향기구

① 독립 차축방식 조향기구에는 드래그 링크가 없으며 타이로드가 둘로 나누어져 있다.

② 구성은 조향핸들, 조향축, 조향기어 박스, 피트먼 암, 센터 링크, 타이로드, 너클 암 등으로 구성되어 있다. 그러나 최근의 승용차에서는 래크와 피니언형식을 사용하므로 피트먼 암과 센터 링크 등을 사용하지 않는다.

(3) 조향기구

① **조향핸들(조향 휠)**

　㉠ 조향핸들은 림(rim), 스포크(spoke) 및 허브(hub)로 구성되어 있으며 스포크나 림 내부에는 강철이나 알루미늄 합금 심으로 보강되고, 바깥쪽은 합성수지로 성형되어 있다.

　㉡ 조향핸들은 조향축에 테이퍼(taper)나 세레이션(serration) 홈에 끼우고 너트로 고정시킨다.

② **조향축**(steering shaft) : 조향핸들의 회전을 조향 기어의 웜(worm)으로 전하는 축이며, 웜과 스플라인을 통하여 자재이음으로 연결되어 있다.

기출 2021. 5. 1. 전라북도 시행

다음 중 조향핸들이 한쪽으로 쏠리는 원인이 아닌 것은?

① 타이어 공기압력이 불균일할 때
② 브레이크 라이닝 간격 조정이 불량할 때
③ 캠버가 맞지 않았을 때
④ 타이어 공기압이 높을 때

❮정답 ④

③ **조향 기어 박스**(steering gear box) : 조향 기어는 조향 조작력을 증대시켜 앞바퀴로 전달하는 장치이며 종류에는 웜 섹터형, 웜 섹터 롤러형, 볼 너트형, 캠 레버형, 래크와 피니언형, 스크루 너트형, 스크루 볼형 등이 있으며 현재 주로 사용되고 있는 형식은 볼 너트 형식과 래크와 피니언 형식이므로 이들에 대해서만 설명하도록 한다.

  ㉠ **볼-너트 형식**(ball & nut type) : 스크루와 너트 사이에 많은 볼이 들어 있어 조향핸들의 회전을 볼의 동력전달 접촉으로 너트로 전달한다. 작동은 조향핸들이 회전하면 스크루 홈을 이동하여 너트의 한끝에서 밖으로 나와 안내 튜브를 지나서 다시 스크루 홈으로 들어간다. 볼은 2줄로 나누어 순환하며, 이 순환운동으로 너트는 직선운동을 하고 섹터는 원호운동을 한다.

  ㉡ **래크와 피니언 형식**(rack & pinion type)

- 이 형식은 조향핸들의 회전운동을 래크를 통해 직선운동으로 바꾸어 조향하도록 되어 있으며, 조향축 아랫부분에 피니언이 래크와 결합되어 있다. 따라서 래크는 피니언의 회전운동에 따라 조향 기어 박스 내에서 좌우로 직선운동을 하여 그 양끝의 타이로드를 거쳐 좌우의 너클암을 이동시켜 조향한다. 그리고 조향 기어 비율은 다음과 같이 나타낸다.

$$\text{조향 기어비} = \frac{\text{조향핸들이 움직인 각}}{\text{피트먼 암이 움직인 각}}$$

- 조향 기어비의 값이 작으면 조향핸들의 조작은 신속히 되지만 큰 조작력이 필요하게 된다. 이에 따라 조향 기어에는 가역식, 반가역식, 비가역식 등의 형식으로 하고 있다.

④ **피트먼 암**(pitman arm) : 조향핸들의 움직임을 일체 차축방식의 조향기구에서는 드래그 링크로, 독립 차축방식의 조향기구에서는 센터 링크로 전달한다.

⑤ **드래그 링크**(drag link) : 일체 차축방식 조향기구에서 피트먼 암과 너클 암(제3암)을 연결하는 로드이다.

⑥ **센터 링크**(center link) : 독립 차축방식 조향기구에서 피트먼 암과 볼 이음을 통하여 연결되며, 작동은 조향핸들을 회전시키면 피트먼 암으로부터의 힘을 타이로드로 전달한다. 그러나 래크와 피니언 형식의 조향 기어 박스를 사용하는 독립 차축방식에서는 센터 링크를 두지 않아도 된다.

⑦ **타이 로드**(tie-rod) : 볼-너트 형식의 조향 기어 박스를 사용하는 독립 차축방식 조향기구에서는 센터 링크의 운동을 양쪽 너클 암으로 전달하며, 래크

기출 2017. 4. 22. 경기도 시행

조향장치에서 사용되는 조향기어의 형식이 아닌 것은?

① 랙 앤 피니언 형식
② 웜 섹터 형식
③ 롤러 베어링 형식
④ 웜 섹터 롤러 형식

기출 2022. 7. 16. 전라남도 시행

조향 휠이 2바퀴 돌고 피트먼암이 80° 회전할 때 조향 기어비는?

① 4 : 1   ② 8 : 1
③ 9 : 1   ④ 12 : 1

기출 2017. 9. 23. 경상남도 시행

조향 기어비가 12인 차량에서, 조향핸들을 한 바퀴 회전하였을 때 피트먼 암이 움직인 각도는?

① 20°   ② 30°
③ 40°   ④ 60°

‹정답 ③, ③, ②

와 피니언 형식에서는 래크축에 2개로 나누어져 볼 이음으로 각각 연결되어 있다. 타이 로드의 길이를 조정하여 토인(toe-in)을 조정할 수 있다.

⑧ 너클 암(knuckle arm, 제3암) : 일체 차축방식 조향기구에서 드래그 링크의 운동을 조향 너클에 전달하는 기구이다.

⑨ 일체 차축방식 조향기구의 앞 차축과 조향 너클

　　㉠ 일체 차축방식(ridge axle)의 앞 차축은 강철을 단조한 Ⅰ 단면의 빔이며, 그 양쪽 끝에는 스프링 시트가 용접되어 있고, 킹핀 설치부분에는 킹핀을 통해 조향 너클이 설치된다.

　　㉡ 조향 너클은 킹핀을 통해 앞 차축과 연결되는 부분과 바퀴 허브가 설치되는 스핀들(spindle)로 되어 있어 킹핀을 중심으로 회전하여 조향작용을 한다. 그리고 앞 차축과 조향 너클의 설치방식에는 엘리옷형, 역엘리옷형, 마몬형, 르모앙형 등이 있다.

⑩ 킹핀(king pin) : 일체 차축방식 조향기구에서 앞 차축에 대해 규정의 각도(킹핀 경사각)를 두고 설치되어, 앞 차축과 조향 너클을 연결하며 고정볼트에 의해 앞 차축에 고정되어 있다.

(4) 핸들의 고장진단 및 점검

① 핸들이 흔들리는 원인
　　㉠ 앞바퀴 정렬 상태 불량
　　㉡ 타이어 공기압 불균형
　　㉢ 핸들 유격의 증가
　　㉣ 휠의 불량
　　㉤ 스테빌라이저의 불량
　　㉥ 쇽업소버의 불량

② 핸들이 한쪽으로 쏠리는 원인
　　㉠ 타이어 공기압의 불균형
　　㉡ 한쪽의 타이어 펑크
　　㉢ 앞바퀴 정렬 상태 불량
　　㉣ 현가스피링의 불량
　　㉤ 휠의 불량
　　㉥ 쇽업소버의 불량
　　㉦ 앞쪽 브레이크 조정 불량

③ 핸들이 무거운 원인
  ㉠ 앞쪽 타이어 공기압 부족
  ㉡ 조향기어 불량
  ㉢ 앞바퀴 정렬 상태 불량
  ㉣ 현가장치의 불량
  ㉤ 조향기어 오일부족

④ 핸들 유격이 큰 원인
  ㉠ 조향기어의 불량
  ㉡ 허브베어링 마모 또는 이완
  ㉢ 높은 타이어 공기압 상태
  ㉣ 조향장치의 불량

> **🐷 Plus tip**
>
> **핸들 유격(裕隔)**
> 조향핸들을 돌렸을 경우 조향바퀴가 움직이기 직전까지 조향핸들이 움직인 거리를 말한다. 조향핸들의 유격은 당해 자동차의 조향핸들 지름의 12.5%이내이어야 한다.

❸ 동력 조향장치(power steering system)

(1) 개요

자동차의 대형화 및 저압 타이어의 사용으로 앞바퀴의 접지압력과 면적이 증가하여 신속하고 경쾌한 조향이 어렵다. 이에 따라 가볍고 원활한 조향조작을 위해 기관의 동력으로 오일펌프를 구동하여 발생한 유압을 이용하는 동력 조향장치를 설치하여 조향핸들의 조작력을 경감시키는 장치이다. 이 장치는 다음과 같은 특징이 있다.

① **동력 조향장치의 장점**
  ㉠ 조향 조작력이 작아도 된다.
  ㉡ 조향 조작력에 관계없이 조향 기어비를 선정할 수 있다.
  ㉢ 노면으로부터의 충격 및 진동을 흡수한다.
  ㉣ 앞바퀴의 시미현상을 방지할 수 있다.
  ㉤ 조향 조작이 경쾌하고 신속하다.
  ㉥ 동력 조향의 고장시 수동 전환이 가능하다.

다음 중 핸들이 무거운 원인이 아닌 것은 어느 것인가?
① 타이어 공기압 부족
② 조향 기어 박스 오일 부족
③ 구동 피니언 기어의 백 래시가 클 때
④ 앞바퀴 정렬 상태 불량

다음 중 동력 조향 장치의 특성으로 맞지 않는 것은?
① 구조가 간단하다.
② 조향 조작력이 작아도 된다.
③ 노면으로부터의 충격 및 진동을 흡수한다.
④ 조향 조작을 경쾌하고 신속하게 한다.

〈정답 ③, ①

② **동력 조향장치의 단점**

    ㉠ 구조가 복잡하고 값이 비싸다.

    ㉡ 고장이 발생한 경우에는 정비가 어렵다.

    ㉢ 오일펌프 구동에 기관의 출력이 일부 소비된다.

(2) 동력 조향장치의 분류

① **링키지형**(linkage type) : 동력실린더를 조향 링키지 중간에 둔 것이며, 조합형과 분리형이 있다.

    ㉠ **조합형**(combined type) : 동력실린더와 제어밸브가 일체로 된 것이다.

    ㉡ **분리형**(separate type) : 동력실린더와 제어밸브가 분리된 것이다.

② **일체형** : 동력실린더를 조향 기어 박스 내에 설치한 형식이며, 인라인형과 오프셋형이 있다.

    ㉠ **인라인형**(in line type) : 조향 기어 박스와 볼 너트를 직접 동력기구로 사용하도록 한 것이며, 조향 기어 박스 상부와 하부를 동력실린더로 사용한다.

    ㉡ **오프셋 형**(off-set type) : 동력 발생기구를 별도로 설치한 형식이다.

(3) 동력 조향장치의 구조

동력 조향장치는 작동부분, 제어부분, 동력부분의 3주요부와 유량 제어밸브 및 유압 제어밸브와 안전 체크밸브 등으로 구성되어 있다.

① **오일펌프 – 동력부분**

    ㉠ 오일펌프는 유압을 발생하며 기관의 크랭크축에 의해 V벨트를 통하여 구동된다.

    ㉡ 오일펌프의 형식은 주로 베인펌프(vane pump)를 사용한다.

② **동력실린더 – 작동부분**

    ㉠ 동력실린더는 실린더 내에 피스톤과 피스톤 로드가 들어 있으며, 오일펌프에서 발생한 오일을 피스톤에 작용시켜서 조향방향 쪽으로 힘을 가해주는 장치이다.

    ㉡ 동력실린더는 피스톤에 의해 2개의 방(chamber)으로 분리되어 있으며 한쪽 방에 오일이 들어오면 반대쪽 방에서는 오일이 오일탱크로 복귀하는 복동식이다.

③ 제어밸브 – 제어부분

 ㉠ 제어밸브는 조향핸들의 조작력을 조절하는 기구이며, 조향핸들을 돌려 피트먼 암에 힘을 가하면 오일펌프에서 보내 준 오일을 조향방향으로 동력 실린더의 피스톤이 작동하도록 오일회로를 변환시킨다. 제어밸브는 밸브보디 안쪽에 3개의 홈과 오일펌프에서 보내 준 오일을 동력실린더 2개의 방으로 공급하기 위한 오일통로가 있다.

 ㉡ 밸브 스풀(valve spool)에는 밸브보디에 있는 3개의 홈에 대응하는 3개의 랜드(land)가 있어 밸브 스풀의 이동에 따라 밸브보디의 오일 통로가 개폐된다.

④ **안전 체크밸브**(safety check valve) : 제어밸브 속에 들어 있으며 기관이 정지된 경우 또는 오일펌프의 고장, 회로에서의 오일 누출 등의 원인으로 유압이 발생하지 못할 때 조향핸들의 조작을 수동으로 할 수 있도록 해주는 밸브이다.

❹ 전자제어 동력 조향장치(ECPS : electronic control power steering)

(1) 차속 감응형 유량 제어방식의 작동

① 차속 감응방법은 차속센서에 의해 주행속도를 검출하여 주행속도에 따라 동력실린더에 작용하는 유압을 변화시킨다. 즉, 저속에서는 유압을 정상값으로 하고 주행속도가 증가할수록 유압을 낮춘다. 이것은 차속센서가 주행속도를 컴퓨터로 입력시키면 컴퓨터에서는 동력실린더의 유압을 변화시킨다.

② 유압제어는 동력실린더 양쪽 체임버(chamber)를 연결하는 바이패스 회로에 솔레노이드밸브를 설치하여 솔레노이드밸브가 열리면 고압 쪽의 오일은 드레인에 연결된 저압쪽으로 들어가 유압을 저하시켜 배력작용을 감소시키므로 저항력이 커진다.

(2) 반력 제어방식의 작동

① 차속센서가 로터리형 유압모터로 되어 있으며 통과하는 유량을 주행속도에 따라 조절하고 제어밸브의 움직임을 변화시켜 적절한 조향력을 얻도록 하고 있다. 제어밸브 양끝에는 롤러가 부착되어 있으며 여기에 반동 플런저가 설치되어 있다.

기출 PLUS

기출 2022. 4. 23. 경기도 시행

전자제어식 동력조향장치(EPS)의 관련된 설명으로 맞는 것은?

① 저속주행에서는 조향력을 최대화하여, 조향운정성을 향상시킨다.
② 일반도로에서는 조향력을 최소화하여, 조향안정성을 향상시킨다.
③ 저속주행에서는 조향력을 무겁게, 고속주행에서는 가볍게 되도록 한다.
④ 고속주행에서는 조향력을 최대화하여, 조향안정성을 향상시킨다.

❮정답 ④

② 반동 플런저는 스프링의 장력과 반동실에 가해지는 유압을 받아 롤러를 가압한다. 이에 따라 제어밸브의 작동은 반동실에 가해지는 유압에 따라 변화하며 이 유압을 주행 속도에 대응시키면 적절한 조향력을 얻을 수 있다. 차속센서에 작용하는 유압 모터의 유로는 동력실린더와 병렬로 연결되며, 반동실의 유압 제어는 컷 오프 밸브(cut-off valve)가 한다.

❺ 전동형 동력 조향장치

(1) 구성

차속 센서, 회전력 센서, 제어기구, 조향 기어 박스, 3상 브러시 없는 전동기, 회전각도 센서, 감속기구 등으로 구성되어 있다.

① **제어기구**(controller) : 회전력의 신호에 의해 최적의 배력(assist)을 실행하기 위하여 전동기를 제어한다. 또한 각종 신호를 검출하고, 고장이 발생하였을 경우에는 수동상태로 하는 페일 세이프 기능을 지니고 있다. 직류전동기와는 다른 3상 전동기를 사용하며, 제어의 고속성능이 필요하므로 16bit 마이크로컴퓨터를 사용한다.

② **3상 브러시 없는 전동기**(중공 형식) : 전동기의 스테이터 쪽에 코일을, 로터 쪽에 영구자석을 배치한 3상 직류 브러시 없는 전동기와 로터 안쪽에 래크축(rack shaft)과 볼-너트를 배치하고, 너트의 회전(전동기의 회전)에 의해 래크축과 일체의 볼-너트가 직선운동을 한다. 제어기구에서의 전류에 의해 배력을 발생시킨다.

③ **전동기 회전각도 센서** : 전동기의 로터 위치를 검출한다. 이 신호에 의해 컴퓨터가 전류 출력의 위상을 결정한다.

④ **회전력 센서** : 비접촉형 센서이며, 운전자의 조향핸들 조작력을 검출한다.

⑤ **차속 센서** : 자동차의 주행속도를 검출한다.

⑥ **조향 기어 박스**
  ㉠ 조향 기어 박스는 바퀴를 노면 반발력에 대항해 조향 시키는 액추에이터이며, 전동기에서 발생한 회전력을 증대시킨다.
  ㉡ 조향력은 운전자로부터 기어의 입력 축으로 전달되고 토션 바에서 바퀴로 전달되며, 배력은 회전력 센서의 출력에 대한 제어 기구의 전류에 따라 전동기에서 발생시키는 힘이 볼-너트를 통해 증대되어 래크로 전달되고, 바퀴로 전달된다.

(2) 제어회로의 구성과 작동

① 전동방식 동력 조향장치는 입력부분, 제어부분, 출력부분으로 구성되어 있다.

② 입력부분은 입력센서 신호로부터 운전상황을 판단하는 역할을 하며, 제어부분은 입력센서의 정보를 바탕으로 ECU에 설정된 제어로직에 따라 출력부분을 제어한다. 출력부분은 ECU의 신호를 받아 전동기를 구동하며 경고등, 아이들 업(idle up), 자기진단 기능을 수행한다.

📢 출력 다이어그램

입력부		제어부		출력부
• 토크센서 • 차속센서 • 엔진회전수 • 전원	⇨	EPSCM	⇨	• 모터 • 경고등 • 아이들 업 • 자기진단

⑥ 4WS(4-wheel steering)

(1) 개념

① 4WS란 4바퀴 조향을 의미하며, 기존의 자동차에서는 앞바퀴로만 조향하는 데 비해 뒷바퀴도 조향하는 장치이다.

② 기존의 2WS 자동차는 고속에서 선회할 때 앞바퀴에는 조향핸들에 의한 회전으로 코너링 파워가 발생하지만, 뒷바퀴는 차체의 가로방향 미끄러짐이 발생해야만 코너링 파워가 발생하기 때문에 선회지연과 차체 뒤가 과도하게 흔들리는 문제점이 있었으나, 4WS는 고속에서의 차로를 변경할 때 안정성이 향상되고, 차고 진입이나 U턴과 같은 회전을 할 때 회전반지름이 작아져 운전이 용이해진다.

(2) 기능

① 차량 주행역학의 가장 중요한 목표는 능동적 안전도의 향상 즉, 조향성능(handling performance)과 승차감(driving comfort)의 향상이며, 4WS는 4바퀴를 모두 조향하여 조향성능을 시키는 장치이다.

기출 2022. 4. 23. 경기도 시행

4WS 차량이 좁은 주차장에 주차할 때 보다 안정적으로 회전이 가능한 조향 바퀴의 방향으로 바르게 설명한 것은?

① 앞바퀴 안쪽, 뒷바퀴 안쪽
② 앞바퀴 안쪽, 뒷바퀴 바깥쪽
③ 앞바퀴 바깥쪽, 뒷바퀴 바깥쪽
④ 앞바퀴 고정, 뒷바퀴 고정

❮정답 ②

② 운전자가 조향핸들을 조작함에 따라 앞 차축에서 생기는 코너링 포스에 대하여, 동시에 뒤 차축에서도 해당 코너링 포스가 발생하도록 뒷바퀴 조향각을 제어함으로서, 궁극적으로는 차체 무게중심에서의 "사이드슬립 각(side slip angle)"을 줄여서 안정된 조향을 하도록 하는 장치이다.

③ 원하는 자동차의 횡 방향 슬립각 및 요속도(yaw speed)를 얻기 위해 자동차의 앞바퀴 조향각 및 뒷바퀴 조향각을 능동적으로 제어하는 것이다. 자동차의 주행속도, 조향핸들 조향각, 요속도의 함수로서 뒷바퀴 조향각을 제어하는 방법과 뒷바퀴 조향각 제어를 통하여 저속주행의 조종성과 고속주행에서 직진 안정성을 대폭적으로 향상시켰다.

04 휠 얼라인먼트(wheel alignment)

① 개요

(1) 휠 얼라이먼트의 개념

자동차의 앞부분을 지지하는 앞바퀴는 어떤 기하학적인 관계를 두고 설치되어 있는데 이와 같은 앞바퀴의 기하학적인 각도 관계를 말한다.

(2) 휠 얼라인먼트의 역할

① 조향핸들의 조작을 확실하게 하고 안전성을 준다. - 캐스터의 작용

② 조향핸들에 복원성을 부여한다. - 캐스터와 조향축 경사각의 작용

③ 조향핸들의 조작력을 가볍게 한다. - 캠버와 조향축 경사각의 작용

④ 타이어 마멸을 최소로 한다. - 토인의 작용

> **☆ Plus tip**
>
> **휠 얼라인먼트의 종류**
> ㉠ 캠버(camber)
> ㉡ 캐스터(caster)
> ㉢ 토인(toe-in)
> ㉣ 조향축(킹핀) 경사각
> ㉤ 선회시 토아웃

앞바퀴 정렬에 관련한 설명으로 옳은 것은?

① 차량 정면에서 보았을 때 차량 위쪽이 안으로 기울어진 상태는 부의 캐스터라고 한다
② 킹핀 경사각이 클수록 조향범위는 증가한다.
③ 캐스터 각을 많이 줄수록 복원력이 줄어든다.
④ 토인은 타이어 마모방지 효과가 있다.

〈 정답 ④

② 휠 얼라인먼트 요소의 정의와 필요성

(1) 캠버(camber)

① 자동차를 앞에서 보면 그 앞바퀴가 수직선에 대해 어떤 각도를 두고 설치되어 있는 데 이를 캠버라 하며 그 각도를 캠버 각도라 한다.

② 캠버 각도 : 일반적으로 0.5～1.5° 정도이다.

③ 캠버의 구분
    ㉠ 정(+)의 캠버 : 앞바퀴의 윗부분이 바깥쪽으로 기울어진 상태
    ㉡ 부(-)의 캠버 : 앞바퀴의 윗부분이 안쪽으로 기울어진 상태
    ㉢ 0의 캠버 : 앞바퀴의 중심선이 수직일 때

④ 캠버의 역할
    ㉠ 수직방향 하중에 의한 앞차축의 휨을 방지한다.
    ㉡ 조향핸들의 조작을 가볍게 한다.
    ㉢ 하중을 받았을 때 앞바퀴의 아래쪽(부의 캠버)이 벌어지는 것을 방지한다.

(2) 캐스터(caster)

① 자동차의 앞바퀴를 옆에서 보면 조향 너클과 앞 차축을 고정하는 조향축(일체 차축방식에서는 킹핀)이 수직선과 어떤 각도를 두고 설치되는데 이를 캐스터라 하며 그 각도를 캐스터 각도라 한다.

② 캐스터 각도 : 일반적으로 1～3° 정도이다.

③ 캐스터의 구분
    ㉠ 정(+)의 캐스터 : 조향축 윗부분(또는 킹핀)이 자동차의 뒤쪽으로 기울어진 상태
    ㉡ 부(-)의 캐스터 : 조향축의 윗부분(또는 킹핀)이 앞쪽으로 기울어진 상태
    ㉢ 0의 캐스터 : 조향축의 중심선(또는 킹핀)이 수직선과 일치된 상태

④ 캐스터의 역할
    ㉠ 주행 중 조향바퀴에 방향성을 부여한다.
    ㉡ 조향하였을 때 직진방향으로의 복원력을 준다.

⑤ 캐스터 효과
    ㉠ 킹핀(또는 조향축)의 중심선과 바퀴 중심을 지나는 수직선이 노면과 만나는 거리를 리드(또는 트레일)[lead or trail]라고 하며, 이것이 캐스터 효과를 얻게 한다.

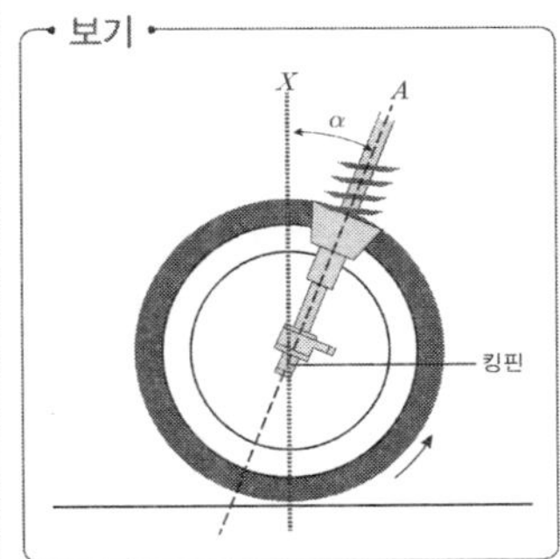

프런트 휠 얼라인먼트(Front wheel alignment)의 조향특성에 대한 설명으로 가장 옳은 것은?

① 언더 스티어링이란 조향각을 일정하게 하면서 선회 안쪽으로 말려 들어가서 선회 반지름이 작아지는 현상을 말한다.
② 프런트 휠 얼라인먼트는 조향 링키지 마멸이나 캠버에 의한 토인(toe-in) 경향을 방지한다.
③ 차량의 하중과 타이어의 접지 부분의 반작용으로 타이어의 아래쪽(폭)이 바깥쪽으로 벌어지는 정(+)의 캠버를 방지하기 위하여 역(−)의 캠버를 둔다.
④ 직진 방향으로의 복원력을 높이려면 정(+)의 캐스터를 둔다.

다음 중 앞바퀴 정렬에 대한 설명으로 옳은 것은?

① 캠버는 앞바퀴를 옆에서 보았을 때 킹핀의 수선에 대해 이룬 각으로 직진성, 복원성을 부여한다.
② 바퀴가 차체의 바깥쪽으로 기울어진 상태를 정의 캠버라고 한다.
③ 앞바퀴를 위에서 보았을 때 앞바퀴의 앞쪽이 뒤쪽보다 안으로 오무러진 상태를 토우 아웃(Toe-out)이라고 한다.
④ 자동차를 앞바퀴를 위에서 보았을 때 양쪽 타이어 앞뒤 중심선의 거리가 앞쪽이 뒤쪽보다 적은 것을 토인(Toe-in)이라고 한다.

〈정답 ④, ④

ㄴ 캐스터 효과는 정의 캐스터에서만 얻을 수 있으며 주행 중에 직진성이 없는 자동차는 더욱 정의 캐스터로 수정하여야 한다.

(3) 토인(toe-in)

① 자동차 앞바퀴를 위에서 내려다보면 바퀴 중심선 사이의 거리가 앞쪽이 뒤쪽보다 약간 작게 되어 있는데 이것을 토인이라고 한다.

② **토인 값**: 일반적으로 2 ~ 6mm 정도이다.

※ 승용차 2 ~ 3mm, 대형차 4 ~ 8mm 정도이다.

③ **토인의 역할**

ㄱ 앞바퀴를 평행하게 회전시킨다.
ㄴ 앞바퀴의 사이드슬립(side slip)과 타이어 마멸을 방지한다.
ㄷ 조향 링키지 마멸에 따라 토 아웃(toe-out)이 되는 것을 방지한다.
ㄹ 토인은 타이로드의 길이로 조정한다.

> **Plus tip**
>
> **토아웃**(toe-out)
> ㄱ 자동차의 차체 위에서 앞바퀴를 내려다 보았을 때 좌우 앞바퀴의 앞쪽이 뒤쪽보다 넓어진 것을 토아웃이라 한다.
> ㄴ 토아웃은 자동차가 진행 방향을 바꿀 때 앞바퀴의 회전축 방향을 바꾸는 조향반응이 빨라 일반적으로 운전에 능숙한 운전자에게 유리하지만 똑바로 나아가고자 할 때는 안정성이 떨어져 초보자에게는 불리하다.

(4) 조향축 경사각(킹핀 경사각)

① 자동차를 앞에서 보면 독립 차축방식에서의 위아래 볼 이음(또는 일체 차축방식의 킹핀)의 중심선이 수직에 대하여 어떤 각도를 두고 설치되는데 이를 조향축 경사(또는 킹핀 경사)라고 하며 이 각을 조향축 경사각이라 한다.

② **조향축 경사각**: 일반적으로 7 ~ 9° 정도 둔다.

② **조향축 경사각의 역할**

ㄱ 캠버와 함께 조향 핸들의 조작력을 가볍게 한다.
ㄴ 캐스터와 함께 앞바퀴에 복원성을 부여한다.
ㄷ 앞바퀴가 시미(shimmy)현상을 일으키지 않도록 한다.

05 제동장치

1 개요

(1) 제동장치의 기능

① 기능
  - ㉠ 제동장치는 주행 중인 자동차를 감속 또는 정지시키거나 주차상태를 유지하기 위한 장치이다.
  - ㉡ 마찰력을 이용하여 자동차의 운동에너지를 열에너지로 바꾸어 그것을 대기 속으로 방출시켜 제동 작용을 하는 마찰식 브레이크를 사용하고 있다.

② 구분
  - ㉠ 풋 브레이크 : 바퀴의 안쪽에 장치되어 있는 브레이크 드럼 또는 브레이크 디스크 등에 마찰재를 밀어 붙여 그 마찰력을 이용하여 제동력을 발생시키는 것을 풋 브레이크라 한다.
    - 기계식 브레이크 : 브레이크 조작력을 로드 또는 와이어를 사용하여 각 바퀴에 전달하는 형식으로 현재는 사용되지 않고 있다.
    - 유압식 브레이크 : 파스칼의 원리를 응용한 것으로 유압을 발생하는 마스터 실린더, 그 유압을 받아 브레이크 슈를 드럼에 밀어 붙여 제동력을 발생시키는 휠 실린더, 유로를 형성하는 오일 파이프, 호스 등으로 이루어져 있다.
    - 배력식(서보식) 브레이크 : 브레이크가 작용될 때 모든 슈에 자기작동이 일어나는 형식으로, 엔진의 흡입부압이나 압축공기를 이용하여 조작력을 증대시키는 배력장치를 장치한 것이 많다.
    - 공기식 브레이크 : 모든 바퀴의 브레이크슈를 압축공기의 압력을 이용하여 드럼에 밀어 붙여서 제동하는 형식이다.
    - ※ 풋 브레이크는 드럼 브레이크와 디스크 브레이크 타입이 있다.
  - ㉡ 주차브레이크(핸드 브레이크) : 차량을 주차할 때 차량의 밀림을 방지하기 위해 사용되며, 사이드 브레이크라고도 한다.
  - ㉢ 제3브레이크(감속 브레이크) : 마멸이 없이 제동에너지를 열에너지로 변환시키며, 자동차가 주행하는 동안에만 작동효력이 있다.

기출 PLUS

기출 2021. 4. 10. 대구광역시 시행

제동장치에 관한 설명으로 틀린 것은?
① 차량속도를 감속하거나 정지시키기 위한 장치이다.
② 운동하고 있는 기계의 속도를 감속하거나 정지시키는 장치이다.
③ 열에너지를 운동에너지로 바꾼다.
④ 전기차량은 정전되어도 제동이 작동하는 구조로 되어 있다.

기출 2017. 6. 17. 강원도교육청 시행

다음 중 유압식 브레이크는 무슨 원리를 이용한 것인가?
① 랙과 피니언의 원리
② 파스칼의 원리
③ 애커먼 장토식의 원리
④ 키르히호프의 법칙

❮정답 ③, ②

기출PLUS

② 제동장치가 갖추어야 할 구비조건

   ㉠ 차량의 중량과 최고속도에 대하여 제동력이 적당해야 한다.

   ㉡ 신뢰성과 내구력이 뛰어나야 한다.

   ㉢ 조작이 간단해야 한다.

   ㉣ 점검 및 수리가 쉬워야 한다.

   ㉤ 브레이크가 작동하지 않을 때는 각 바퀴의 회전을 방해하지 않아야 한다.

❷ 제동장치의 분류

(1) 유압식 브레이크

① 브레이크 페달

   ㉠ 브레이크 페달을 밟으면 : 마스터 실린더 내의 피스톤이 브레이크액을 휠 실린더로 압송하고, 휠 실린더는 그 유압을 받아 피스톤을 좌우로 벌려 브레이크슈를 드럼에 압축시켜 브레이크 작용을 한다.

   ㉡ 브레이크 페달을 놓으면 : 마스터 실린더 내의 유압이 저하하므로 브레이크 슈는 리턴스프링의 작용으로 원래의 위치로 되돌아가고 휠 실린더 내의 브레이크액은 마스터 실린더로 되돌아온다.

② 유압식 브레이크의 구성

   ㉠ 마스터 실린더 : 브레이크 페달을 밟는 것에 의해 유압을 발생시켜 각 파이프에 송출하는 작용을 하는 것이다. 내부에는 브레이크액과 피스톤이 들어 있어 발생된 유압을 브레이크 파이프를 통하여 휠 실린더에 전달한다. 휠 실린더 안에 있는 피스톤은 유압으로 밀려 브레이크슈나 브레이크 패드를 드럼이나 디스크에 밀어 붙여 제동력을 발생시킨다.

   ※ 몸체, 오일 탱크, 푸시로드, 피스톤, 피스톤 컵, 체크 밸브, 리턴 스프링 등으로 구성되어 있으며, 브레이크 마스터 실린더와 클러치 마스터 실린더가 있다.

> **Plus tip**
>
> 베이퍼 록 현상(vapor lock)
>
> ㉠ 발생 : 브레이크액에 기포가 발생하여 브레이크를 밟아도 스펀지를 밟듯이 푹 푹 꺼지면서 브레이크가 제대로 작동하지 않는 현상을 말한다.
>
> ㉡ 원인
> - 긴 내리막에서 과도한 브레이크 사용
> - 드럼과 라이닝의 끌림에 의한 과열
> - 브레이크 슈 리턴 스프링의 장력과 회로내 잔압의 저하

기출 2022. 7. 16. 전라남도 시행

열에 의해 액체가 증발되어 어떤 부분이 폐쇄되어 기능이 상실되는 현상은?

① 베이퍼록   ② 페일 세이프
③ 서징   ④ 노킹

기출 2024. 2. 24. 서울시 제1회 시행

브레이크 시스템에서 베이퍼 록(vapor lock) 현상이 발생하는 원인으로 가장 옳지 않은 것은?

① 긴 내리막길에서 과도하게 풋 브레이크를 사용할 때
② 브레이크 오일 변질에 의한 비등점의 저하 및 불량한 오일을 사용할 때
③ 마스터 실린더, 브레이크 슈 리턴 스프링 손상으로 전압이 저하되었을 때
④ 브레이크 드럼과 라이닝 사이 간격이 넓어 과냉될 때

기출 2022. 6. 18. 인천시 시행

다음 중 베이퍼 록의 원인이 아닌 것은?

① 긴 내리막에서 과도한 브레이크 사용
② 드럼과 라이닝의 끌림에 의한 과열
③ 브레이크라이닝과 드럼의 틈새가 과다한 경우
④ 브레이크 슈 리턴 스프링의 장력 저하

《정답 ①, ④, ③

ⓛ **휠 실린더** : 마스터 실린더에서 발생한 유압을 받아 브레이크슈를 드럼에 압착시키는 역할을 하는 것으로, 브레이크가 풀리면 브레이크슈에 결합된 리턴 스프링에 의해 되돌아온다.

ⓒ **브레이크슈** : 휠 실린더에서 힘을 받아 회전하는 드럼을 제압하는 것으로 드럼과의 접촉면에는 소모품인 라이닝이 부착되었으며, 휠 실린더에 가해지는 유압으로 브레이크 드럼에 밀어붙여져 제동력이 발생되었다가 유압이 개방되면 리턴 스프링의 힘에 의해 자동적으로 제자리에 돌아온다. 소형 자동차에는 강판을 용접하여 접합한 것을 주로 사용한다.

ⓔ **브레이크 라이닝** : 브레이크 드럼과 직접 접촉하여 브레이크 드럼의 회전을 정지하게 하고 운동 에너지를 열에너지로 바꾸는 마찰재이다. 브레이크 라이닝의 온도가 높아져도 타지 않으며 마찰 계수의 변화가 적은 라이닝이 좋다.

ⓜ **브레이크 파이프** : 마스터 실린더에서 휠 실린더로 브레이크 오일을 유도하는 관으로, 내부성 코팅이 되어 있는 일반 강파이프를 사용한다.

ⓗ **브레이크 드럼** : 허브와 휠 사이의 휠 허브에 볼트로 설치되어 바퀴와 함께 회전하며, 슈와의 마찰로 제동력을 발생시키는 역할을 한다.

> 🔖 **Plus tip**
>
> 브레이크 드럼의 구비조건
> ㉠ 정적 동적 평형이 잡혀 있어야 한다.
> ㉡ 브레이크가 확장되었을 때 변형되지 않을 만한 충분한 강성이 있어야 한다.
> ㉢ 슈와의 마찰면에 충분한 내마멸성이 있어야 한다.
> ㉣ 방열이 잘되고 가벼워야 한다.

ⓢ **브레이크 오일** : 자동차 제동 시 브레이크 패드와 디스크가 밀착되어 정지되도록 압력을 전달하는 오일입니다. 브레이크 오일은 식물성 피마자 기름에 알코올을 혼합하여 사용한다.

> 🔖 **Plus tip**
>
> 브레이크 오일의 구비 조건
> ㉠ 화학적으로 안전하며, 침전물을 만들지 않아야 한다.
> ㉡ 적절한 점도가 있어야 하고 윤활성이 있으며, 온도에 대한 점도변화가 적어야 한다.
> ㉢ 비점(비등점)이 높아야 한다.
> ㉣ 베이퍼 록을 잘 일으키지 않아야 한다.
> ㉤ 빙점(응고점)이 낮고, 인화점이 높아야 한다.
> ㉥ 금속, 고무에 대해서 부식, 연화, 팽창 등의 영향을 주지 않아야 한다.

기출 2017. 6. 17. 강원도 시행

브레이크 휠 실린더의 힘을 받아 회전하는 드럼을 압착하는 부품은?

① 마스터 실린더
② 휠 실린더
③ 브레이크 슈
④ 브레이크 드럼

기출 2015. 10. 17. 부산광역시 시행

브레이크 드럼의 조건으로 옳지 않은 것은?

① 정적 · 동적 평형이 맞아야 할 것
② 슈의 마찰면에 내마멸성이 있을 것
③ 방열이 안 될 것
④ 강성이 있을 것

❮정답 ③, ③

기출PLUS

기출 2021. 6. 5. 경상북도 시행

다음 중 제동장치와 관련된 설명으로 적절한 것은?

① 디스크 브레이크는 드럼식 브레이크에 비해 방열이 나쁘다.
② 드럼식 브레이크는 디스크 브레이크에 비해 고속에서 반복 사용하여도 제동력이 안정된다.
③ 디스크 브레이크는 배력장치가 없어 밟는 힘이 커야 한다.
④ 브레이크 드럼과 라이닝 사이에 과도한 마찰열이 발생하여 마찰계수가 떨어지고 브레이크가 잘 듣지 않는 현상을 베이퍼 록(vaper lock)이라 한다.

기출 2024. 6. 22. 서울시 제2회 시행

드럼 브레이크에 비해 디스크 브레이크가 가지는 특징에 대한 설명으로 가장 옳지 않은 것은?

① 냉각성능이 좋기 때문에 제동 성능을 안정적으로 낼 수 있다.
② 구조가 간단하고 부품 수가 적어서 정비가 쉽다.
③ 마찰면적이 적어 상대적으로 큰 패드 압착력을 필요로 한다.
④ 자기작동작용이 있기 때문에 고속에서 반복적으로 사용해도 제동력의 변화가 적다.

❮정답 ③, ④

③ 유압식 브레이크의 장단점
  ㉠ 장점 : 유압식 브레이크는 제동력이 모든 바퀴에 균등하게 전달되어 마찰 손실도 적고, 조작력도 적게 할 수 있다.
  ㉡ 단점 : 브레이크 파이프 등의 파손 때문에 브레이크액 누설이 발생하면 기능이 상실된다.

(2) 디스크 브레이크

① 기능
  ㉠ 드럼 대신에 바퀴와 함께 회전하는 강주철제 디스크를 설치하여 그 양쪽의 외주에 유압 피스톤으로 작용하는 브레이크 패드(Brake pad)를 밀어 붙여 그의 마찰력에 의하여 이루어지는 제동장치로 원판 브레이크라고도 한다.
  ㉡ 초기에는 주로 레이싱카에 사용되었으나 현재는 일반 승용차에 널리 보급되고 있다.

② 구성
  ㉠ 휠허브와 함께 회전하는 디스크, 디스크에 밀착되어 마찰력을 일으키는 패드(pad), 유압이 작용하는 휠실린더, 휠실린더가 들어 있는 캘리퍼 등으로 구성되었다.
  ㉡ 캘리퍼(calliper)
    • 고정식(fixed) : 디스크 양쪽에 모두 피스톤과 패드가 있는 방식으로, 제동이 정확하지만 구조가 복잡하고 생산비용이 비싸다는 단점이 있다.
    • 부동식(floating) : 가장 많이 쓰이는 방식으로, 슬라이딩(sliding) 방식이라고도 한다. 디스크의 한쪽에만 피스톤이 달려 있고, 피스톤 반대편의 패드는 캘리퍼에 물려 있다.

③ 디스크 브레이크의 특징
  ㉠ 방열효과가 뛰어나 브레이크 페이드현상을 방지할 수 있다.
  ㉡ 마찰계수의 변동에 따른 영향을 적게 받아 제동력이 안정적이다.
  ㉢ 구조가 간단하여 패드 교환 등 점검·정비가 쉽다.
  ㉣ 편제동 되는 경우가 적다.
  ㉤ 마찰면이 작으므로 패드의 압착력이 커야한다.
  ㉥ 자기 작동이 없어 페달 조작력이 커야한다.
  ㉦ 패드 면적이 작고 제한되어 있으므로 충분한 제동효과를 얻기 위해서는 높은 유압이 필요하다.
  ㉧ 외부에 노출되어 있어 빗물이나 진흙 등에 오염되기 쉬운 단점이 있다.

> ⭐ **Plus tip**
>
> **페이드현상(fade phenomenon)**
> ㉠ 주행 중 계속적인 브레이크 사용으로 드럼과 브레이크슈 또는 디스크와 패드
> 에 마찰열이 축적되어 드럼이나 라이닝이 경화됨에 따라 제동력이 감소되거
> 나 브레이크가 작동되지 않게 되는 현상을 말한다.
> ㉡ 페이드현상은 풋브레이크의 지나친 사용으로 대부분 발생하게 된다.
> ㉢ 페이드현상 응급조치는 작동을 중지하고 드럼과 라이닝의 열을 식혀야 한다.

(3) 배력식 브레이크 장치

① 기능

㉠ 자동차의 대형화·고속화에 따라 큰 제동력이 필요하지만 페달의 조작력
만으로는 제동의 한계가 있으므로 이에 대응하는 장치로 배력식 브레이
크가 있다.

㉡ 외력을 이용하여 운전자의 페달 답력을 배가(倍加)시켜 주는 장치로 제동
력 증대를 목적으로 유압계통에 보조장치를 설치해 적은 힘으로 큰 제동
력을 발생시키는 형식이다.

② 구분

㉠ 흡기다기관의 진공과 대기압의 압력차를 이용하는 방식 → 하이드로 백

㉡ 압축공기의 압력과 대기압의 압력차를 이용하는 방식 → 하이드로 에어백

③ 종류

㉠ 진공식 : 일반적인 유압 브레이크 장치에 엔진의 흡기 다기관이나 엔진에
의해 구동되는 진공 펌프를 이용해, 운전자의 페달 답력을 배가시키는
장치이다. 진공식은 다시 대형차에 주로 사용하는 분리형과 승용차에 주
로 사용하는 일체형으로 구분된다.

㉡ 공기식 : 일반 유압 브레이크 장치에 공기 압축기, 공기탱크, 하이드로 에
어팩을 두어 브레이크 페달을 밟으면 마스터 실린더에서 발생한 유압이
에어팩을 통해 탠덤 마스터 실린더를 작동시키고 라인을 통하여 각 휠
실린더로 오일을 공급한다. 이때 압축 공기와 대기압의 압력 차로 작동
하는 에어팩에서는 펌핑을 하듯 추가적이고 계속적인 유압을 압축 공기
압으로 동시에 발생시켜 주기 때문에 강력한 제동력을 얻을 수 있다. 대
형차에서 주로 사용한다.

④ 배력식 브레이크 장치의 특징

㉠ 고속주행 차량이나 중량이 큰 차량을 적은 조작력으로 확실히 제동할 수
있어 운전자의 피로를 경감시키고 안전성을 높여준다.

주행 중 과도한 제동장치 작동으로
인해 드럼과 라이닝 사이에 마찰열
이 축적되어 라이닝의 마찰계수가
저하하는 현상을 나타내는 용어는?

① 베이퍼 록(vaper lock)
② 하이드로플래닝(hydroplaning)
③ 페이드(fade)
④ 스탠딩웨이브(standing wave)

제동력 증대를 목적으로 유압계통에
보조장치를 설치해 적은 힘으로 큰
제동력을 발생시키는 형식은?

① 기계식 제동
② 배력식 제동
③ 공기식 제동
④ 유압식 제동

배력식 브레이크 장치에서 흡기다기
관의 진공과 대기압의 압력차를 이
용하는 방식은?

① 하이드로 백
② 하이들 에어백
③ 플런저 백
④ 마스터 에어백

❮정답 ③, ②, ①

ⓒ 경력한 제동력이 생성되고 차체 중량에 영향이 적게 발생한다.

ⓒ 가격이 고가이며, 구조가 복잡하므로 정비하는데 어려움이 있다.

(4) 공기 브레이크

① 기능

ⓐ 공기 브레이크는 유압이 아닌 브레이크 슈를 압축 공기의 압력을 이용하여 드럼에 밀어 붙여서 제동을 하는 장치이다.

ⓒ 브레이크 페달의 조작력이 작아도 되며 큰 제동력이 얻어지므로 대형트럭, 버스, 트레일러 등에 많이 사용되고 있다.

② 구성부품

ⓐ **공기압축 계통**

• 공기 압축기 : 엔진의 크랭크축 기어에 의해 작동되며 압축 공기를 만들어 공기탱크에 보낸다.

• 공기 압축탱크 : 공기 압축기에서 만들어진 압축 공기를 저장하는 곳이다.

• 압력조정기 : 압력탱크 내의 압력을 조절하는 장치이다.

• 언로더 밸브 : 기체가 압축되지 않도록 압축기의 부하를 경감하는 장치이다.

ⓒ **제동 계통**

• 브레이크 밸브 : 페달을 밟으면 공기탱크의 압축 공기가 앞 브레이크 챔버와 릴레이 밸브에 보내져 브레이크 작용을 한다.

• 릴레이 밸브 : 브레이크 밸브에서의 공기 압력이 작용되면 공기탱크의 압축공기를 브레이크 챔버에 보낸다.

• 브레이크 챔버 : 공기의 압력을 기계적 운동으로 바꾸어 주는 장치이며 각 바퀴마다 설치되어 있다.

• 퀵 릴리스 밸브 : 브레이크 밸브와 앞 브레이크 챔버 사이에 설치되어 있으며, 브레이크 페달을 놓았을 때 작용한 압축 공기를 신속히 배출하여 브레이크를 속히 푸는 작용을 한다.

③ 공기브레이크의 특징

ⓐ 압축공기의 압력을 높이면 더 큰 제동력을 얻을 수 있다.

ⓒ 차량 중량에 제한을 받지 않는다.

ⓒ 공기가 다소 누출되어도 제동 성능이 현저하게 저하되지 않는다.

ⓒ 베이퍼록 발생 염려가 없다.

ⓒ 페달 밟는 양에 따라 제동력이 조절된다.

ⓑ 공기 압축기 구동에 따른 엔진출력이 감소된다.

(5) 제3브레이크(감속 브레이크)

① 엔진 브레이크

　⊙ 원리 : 엔진 브레이크는 엔진의 회전저항을 이용한 것이다.

　ⓛ 작동 : 언덕길을 내려갈 경우 엔진 스위치를 켠 상태에서 가속페달을 놓으면 엔진이 구동바퀴로부터 반대로 회전되는데 이때의 회전저항에 의해 제동력이 발생되게 하는 브레이크이다.

② 배기 브레이크

　⊙ 기능 : 배기 브레이크는 엔진 브레이크의 효과를 높이기 위해 배기 다기관에 적당한 장치를 설치한 것이다.

　ⓛ 작동 : 배기 브레이크는 배기행정에서 배기 다기관 내에 배기가스 또는 공기를 압축하게 되어 있다.

③ 와전류 리타더

　⊙ 구조 : 와전류 리타더는 추진축과 함께 회전하는 로터 디스크(Rotor disc)와 축전지의 직류 전류에 의해 여자(勵磁)되는 전자석을 가진 스테이터로 되어 있다.

　ⓛ 작동 : 스테이터 코일에 전류가 흐르면 자장(磁場)이 생겨 이 속에서 디스크를 회전시키면 와전류가 흘러 자장과의 상호작용으로 제동력이 생긴다.

(6) 주차 브레이크(핸드 브레이크)

① 개요

　⊙ 자동차를 정차시켜 두거나 주차(駐車)시킬 때 사용하는 것으로, 손으로 레버를 당겨 조작하는 브레이크이다. 보통 주차 브레이크 또는 사이드브레이크라고도 한다.

　ⓛ 파킹 브레이크는 와이어나 링키지(linkage) 등을 써서 기계적으로 앞뒤 바퀴에만 작용하며, 풋브레이크가 고장 났을 때 대신 사용할 수도 있다.

② 설치 위치에 따른 분류

　⊙ 센터 브레이크식 : 센터 브레이크식은 추진축에 브레이크 장치를 장착해서 추진축을 돌지 못하게 하여 좌우의 구동바퀴를 제동하는 것으로 트럭이나 버스 등에 주로 사용된다.

　ⓛ 휠 브레이크식 : 휠 브레이크식은 풋 브레이크용의 슈를 기계적으로 확장시켜서 제동하는 형식이다.

기출PLUS

기출 2021. 6. 5. 경상북도 시행

ABS에 관한 설명으로 옳지 않은 것은?

① 차륜속도센서는 바퀴의 회전속
  도를 감지하는 장치이다.
② ECU는 유압조정장치에 신호를
  보낸다.
③ 동일 제원의 차량의 경우, ABS
  가 설치된 차량의 제동거리가
  더 길다.
④ ABS ECU는 각 바퀴마다 설치
  되어 있다.

기출 2016. 6. 18. 대구광역시 시행

**ABS가 설치된 차량에서 휠 스피드
센서의 설명으로 맞는 것은?**

① 휠의 회전속도를 검출하여 바
  퀴의 록업을 감지한다.
② ABC 제어를 위해 톤휠의 신호
  를 ECU로 보내어 이 신호만으
  로 슬립률을 연산한다.
③ 톤휠의 회전에 의해 검출된 신
  호를 바탕으로 슬립률을 '0'으
  로 제어한다.
④ 센서 종류는 패시브 센서방식,
  액티브 센서방식, 옵티컬 방식,
  이렇게 3종류로 구분된다.

기출 2015. 6. 27. 대구광역시 시행

**ABS에서 ECU 신호에 의하여 각
휠 실린더에 작용하는 유압을 조절
해 주는 장치로 옳은 것은?**

① 모듈레이터
② 페일 세이프 밸브
③ 셀렉트 로
④ 프로포셔닝 밸브

❮정답 ③, ①, ①

(7) ABS 브레이크

① 기능

㉠ ABS(Anti skid brake system)는 잠김 방지 브레이크 시스템이라고 하며 운동 마찰력보다 최대 정지 마찰력이 크다는 원리를 이용한 브레이크 시스템이다.

㉡ 일반 브레이크의 경우 페달을 밟고 있는 동안 계속해서 브레이크가 작동하지만 ABS는 1초 동안에 여러 번 브레이크를 조였다 놓았다 한다.

㉢ ABS가 장착된 자동차는 바퀴마다 달려 있는 스피드센서에서 감지되는 정보를 분석하여 다른 한쪽 바퀴가 잠기게 되더라도 네 바퀴의 균형을 유지시킨다. 따라서 자동차가 미끄러지는 스키드 현상이 일어나지 않아 조종력을 잃지 않으며 바퀴가 잠기지 않아 제동거리도 훨씬 짧아진다.

> **✿ Plus tip**
>
> **스키드 현상**
>
> ㉠ 주행 중인 자동차가 급제동을 하게 되면 바퀴는 회전을 멈추지만 자동차 자체는 정지하지 않고 타이어가 미끄러지는데 이를 스키드 현상이라고 한다.
> ㉡ 스키드 현상을 방지하기 위해서는 브레이크 페달을 밟았다가 놓는 동작을 반복하여야 하는데 ABS 브레이크 장치는 이런 동작을 자동으로 반복하게 하는 역할을 한다.

② ABS의 구성

㉠ 휠 스피드 센서(wheel speed sensors) : 바퀴의 잠김상태를 감지하며, 각 바퀴마다 설치된다. 각 센서는 차륜의 회전속도와 같은 속도로 회전하는 펄스 링과 짝을 이루고 있다.

㉡ ECU : 센서들로부터의 입력신호를 처리하여, 솔레노이드밸브의 필요한 절환위치를 결정하며, 솔레노이드밸브를 작동시키기 위한 신호를 출력한다.

㉢ 유압 모듈레이터(HCU) : ECU의 제어 신호에 의해 각 실린더에 작용하는 유압을 조절하며, 솔레노이드 밸브, 어큐뮬레이터, 체크 밸브, 프로포셔닝 밸브, 딜레이 밸브, 리미팅 밸브 등으로 구성되어 있다.

㉣ ABS 경고등 : 자동차 시동 시에 ABS의 기능이 정상일 경우 알려 주고 ABS관련 시스템이 고장일 경우에는 점등된다. ABS시스템이 고장이 생긴 경우에도 자동차 브레이크 시스템은 정상적으로 작동된다.

③ ABS의 종류

㉠ 3채널 방식 : 앞바퀴는 개별적으로 제어하고, 뒷바퀴는 하나의 유닛으로 제어한다. 3채널 방식은 뒷바퀴 중 하나의 타이어라도 잠김 현상이 발생하면 뒷바퀴 2개 모두 브레이크 압력이 감소하게 된다.

ⓛ **4채널 방식** : 모든 바퀴가 휠 센서에 의해 개별로 속도를 측정하게 되고, 4개의 바퀴가 잠김 현상에 대해 개별적으로 대응할 수 있다. 안정성과 조향력 컨트롤에 유리해 현재는 대부분 4채널 방식이 사용된다.

④ ABS의 장단점

　ⓐ 장점
  - 눈길이나 미끄러운 노면에서 제동거리를 단축시킨다.
  - 전륜 고착방지를 통한 조향 능력 상실을 방지한다.
  - 제동 시 미끄러짐 방지를 통한 차체의 안전성을 유지한다.
  - 후륜 조기 고착 방지로 옆 방향 미끄러짐을 방지한다.
  - 후륜 조기 고착 방지로 차체 스핀으로 인한 전복을 방지한다.
  - 타이어 미끄럼률이 마찰계수를 초과하지 않도록 방지한다.

　ⓑ 단점
  - 브레이크 조작시 페달이 떨리고 소음이 발생할 수가 있다.
  - 구조가 복잡하고 가격이 비싸다.

⑤ 고장진단 및 점검

　ⓐ **고장진단** : ABS는 이상이 발생하면 ABS경고등이 켜진다.

　ⓑ 점검
  - 모듈레이터의 작동음, 모터펌프의 소리, 솔레노이드의 작동음을 확인한다.
  - 자동차 시동장치 키로 ON한 후 ABS경고등을 확인하고 점검한다.
  - 자동차 축전지(배터리)의 전압을 검사한다.

(8) TCS와 EBD

① TCS(traction control system)

　ⓐ **개요** : 눈길이나 빗길 등 미끄러지기 쉬운 노면에서 차량을 출발하거나 가속할 때 과잉의 구동력이 발생하여 타이어가 공회전하지 않도록 차량의 구동력을 제어하는 시스템이다.

　ⓑ **작동** : 타이어가 미끄러졌을 때, 좌우 타이어의 회전수에 차이가 있을 때, 타이어가 펑크났을 때 작동한다.

② EBD(Electronic Brake force Distribution)

　ⓐ **개요** : 승차인원이나 적재하중에 맞추어 앞뒤 바퀴에 적절한 제동력을 자동으로 배분함으로써 안정된 브레이크 성능을 발휘할 수 있게 하는 전자식 제동력 분배 시스템이다.

　ⓑ **기능** : ABS와 함께 장착되며, ABS 성능을 향상시키고 안전성을 높이기 위한 안전장치이다. RV차량이나 미니밴 차량에 장착하면 효과적이다.

ABS(Anti Brake System) 장치의 장점이 아닌 것은?

① 제동거리 단축
② 차체의 안정성 증대
③ 급제동 시 바퀴 잠김(Lock) 방지
④ 주행 차량의 가속력 증대

ABS(Anti Skid Brake System)점검 시 내용으로 맞는 것은?

① 먼저 육안으로 시스템을 전반적으로 검사한다.
② 키 ON 후 모듈레이터 작동음을 들어본다.
③ 경고등이 들어오면 먼저 오류 코드를 삭제한다.
④ 진단기를 이용하여 ABS모터를 강제 구동하여 작동 여부를 점검할 수 있다.

TCS장치의 설명으로 맞는 것은?

① 파스칼의 원리를 이용하여 모든 타이어에 동일한 유압의 제동력을 발생시킨다. 구성은 마스터실린더, 브레이크슈, 휠 실린더, 브레이크 파이프, 호스 등이 있다.
② 빗길이나 눈길 등의 미끄러지기 쉬운 노면에서 차량을 출발하거나 급가속할 때 큰 구동력이 발생하여 타이어가 슬립하지 않도록 제동력 및 구동력을 제어한다.
③ 자동차가 급제동할 때 바퀴가 잠기지 않도록 제동 유압을 감압, 유지, 증압기능 등을 반복하여 운전자에게 최소한의 조향능력을 확보해 준다.
④ 승차인원이나 적재하중에 맞추어 앞·뒤바퀴에 적절한 제동력을 자동으로 배분하는 기능을 수행한다.

◀정답 ④, ②, ②

06 휠, 타이어

❶ 휠

(1) 기능과 구비요건

① **기능** : 휠은 자동차의 바퀴 중에서 타이어의 안쪽을 받쳐 주는 금속제 부품으로 타이어와 함께 자동차의 전 중량을 분담하여 지지한다.

② **구비요건** : 제동 및 구동시의 토크, 노면에서의 충격, 선회시의 원심력이나 자동차가 경사졌을 때 생기는 옆방향의 힘 등에 견디고, 또 경량인 것이 요구된다.

(2) 휠의 종류

① **강판제 디스크 휠** : 강판을 림과 디스크로 성형하여 용접에 의해 접합한 것으로 제작이 용이하고 견고하므로 승용차, 트럭, 버스 등에 주로 사용되고 있다.

② **경합금제 휠** : 휠의 경량화, 정밀도 향상 및 패션성 등을 목적으로 알루미늄이나 마그네슘 등의 경금속을 재료로 한 것이다.

③ **와이어 스포크 휠** : 림과 디스크부를 와이어 스포크로 결합한 것으로 외관이 보기 좋기 때문에 패션카나 고전카 등에만 사용되고 있다.

(3) 림의 종류

① **2분할 림** : 경제적이므로 타이어의 직경이 작은 경(經)자동차에서 주로 많이 사용된다.

② **드롭 센터 림** : 주로 승용차 및 소형트럭에서 사용된다.

③ **폭이 넓은 드롭 센터 림** : 림의 폭을 넓게 하고 타이어의 공기 용적이 많은 초저압 타이어를 사용하여 완충작용을 증가시킨 것이다.

④ **세미 드롭 센터 림** : 타이어의 플라이 수가 많은 소형 트럭 등에 주로 사용된다.

⑤ **플랫 베이스 림** : 트럭이나 버스용 고압 타이어에 주로 사용한다.

⑥ **인터 림** : 림의 폭이 넓기 때문에 타이어의 공기 용적도 크게 되므로 버스나 트럭용 고압 타이어에 주로 사용된다.

❷ 바퀴

(1) 개념과 기능

① **개념** : 바퀴는 휠(wheel)과 타이어(tire)로 구성되어 있다.

② **기능** : 바퀴는 차량의 하중을 지지하고, 제동 및 주행할 때의 회전력, 노면에서의 충격, 선회할 때의 원심력, 차량이 경사졌을 때의 옆방향 작용을 지지한다.

③ **휠** : 휠은 타이어를 지지하는 림(rim)과 휠을 허브에 지지하는 디스크(disc)로 되어 있으며 타이어는 림 베이스(rim base)에 끼워진다.

(2) 타이어(tire)

① 타이어의 분류

    ㉠ 타이어는 사용 공기압력에 따라 고압 타이어, 저압 타이어, 초저압 타이어 등이 있다.

    ㉡ 튜브(tube) 유무에 따라 튜브 타이어와 튜브리스 타이어가 있다.

    ㉢ 튜브리스 타이어의 특징

      • 튜브가 없어 조금 가벼우며, 못 등이 박혀도 공기누출이 적다.

      • 펑크수리가 간단하고, 고속주행을 할 때에도 발열이 적다.

      • 림이 변형되어 타이어와의 밀착이 불량하면 공기가 새기 쉽다.

      • 유리조각 등에 의해 손상되면 수리가 어렵다.

    ㉣ 형상에 따른 분류에는 바이어스(보통) 타이어, 레이디얼 타이어, 스노우 타이어, 편평 타이어 등이 있으며 그 특징은 다음과 같다.

      • 바이어스 타이어 : 카커스 코드(carcass cord)를 빗금방향으로 하고, 브레이커(breaker)를 원둘레 방향으로 넣어서 만든 것이다.

      • 레이디얼(radial) 타이어 : 카커스 코드를 단면방향으로 하고, 브레이커를 원둘레 방향으로 넣어서 만든 것이다. 따라서 반지름 방향의 공기압력은 카커스가 받고, 원둘레 방향의 압력은 브레이커가 지지한다.

      • 스노우(snow) 타이어 : 눈길에서 체인을 감지 않고 주행할 수 있도록 제작한 것이며, 중앙부분의 깊은 리브패턴이 방향성을 주고, 러그 및 블록패턴이 견인력을 확보해준다. 그리고 스노우 타이어를 사용할 때 주의할 사항은 다음과 같다.

        – 바퀴가 고정(lock)되면 제동거리가 길어지므로 급제동을 하지 말 것

        – 스핀(spin)을 일으키면 견인력이 급격히 감소하므로 출발을 천천히 할 것

        – 트레드 부분이 50% 이상 마멸되면 체인을 병용할 것

기출PLUS

기출 2024. 6. 22. 서울시 제2회 시행

〈보기〉의 타이어 패턴에 해당하는 것은?

┌─ 보기 ─┐

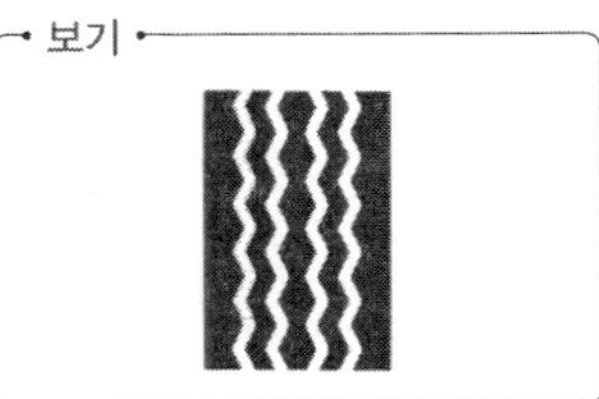

① 러그패턴
② 블록패턴
③ 리브패턴
④ 리브–러그 패턴

기출 2017. 6. 17. 강원도 시행

다음 중 카커스 코드를 빗금 방향으로 하고 브레이커를 원둘레 방향을 넣어서 만든 타이어는?

① 스노우 타이어
② 바이어스 타이어
③ 레이디얼 타이어
④ 편평 타이어

❮정답 ③, ②

타이어 편평비에 대한 설명으로 옳은 것은?

① 타이어 단면폭을 타이어 지름으로 나눈 값
② 타이어 단면높이를 타이어 단면폭으로 나눈 값
③ 타이어 단면폭을 타이어 단면높이로 나눈 값
④ 타이어 단면높이를 타이어 지름으로 나눈 값

자동차 타이어에서 자동차 휠의 림과 접촉하는 부분으로 공기압을 유지토록 하는 부분은?

① 트레드(tread)
② 브레이커(breaker)
③ 카커스(carcass)
④ 비드(bead)

타이어 제원표시가 다음과 같을 때 이에 대한 설명으로 틀린 것은?

> 보기
>
> 185/70R 15 85 H

① 타이어 단면폭이 185mm이다.
② 편평비 70%이다.
③ 레디얼 타이어이다.
④ 타이어 반경이 15인치이다.

정답 ②, ④, ④

- 구동바퀴에 걸리는 하중을 크게 할 것
- 편평 타이어
- 타이어 단면의 가로, 세로비율을 적게 한 것이며, 타이어 단면을 편평하게 하면 접지면적이 증가하여 옆방향 강도가 증가한다. 또 제동 출발 및 가속을 할 때 등에서 내 미끄럼 성능과 선회성능이 좋아진다.
- 승용차용 타이어 편평 비율은 $\dfrac{\text{타이어 단면높이}}{\text{타이어 단면폭}}$ 으로 나타내며, 0.96 → 0.86 → 0.82 순서로 내려갈수록 타이어 폭이 점차 넓어진다. 편평 비율이 0.6일 때 60시리즈(60series)라 하며 이것은 폭이 100일 때 높이가 60인 타이어를 말한다.

② **타이어의 구조**

㉠ 트레드(tread) : 노면과 직접 접촉하는 고무부분이며, 카커스와 브레이커를 보호하는 부분이다. 트레드 패턴의 필요성은 다음과 같다.
- 타이어의 사이드슬립이나 전진방향의 미끄럼을 방지한다.
- 타이어 내부에서 발생한 열을 방산한다.
- 트레드에서 발생한 절상의 확산을 방지한다.
- 구동력이나 선회성능을 향상시킨다.

㉡ 브레이커(breaker) : 트레드와 카커스 사이에 있으며, 몇 겹의 코드 층을 내열성의 고무로 싼 구조로 되어 있으며 트레드와 카커스의 분리를 방지하고 노면에서의 완충작용도 한다.

㉢ 카커스(carcass) : 타이어의 뼈대가 되는 부분이며, 공기압력을 견디어 일정한 체적을 유지하고 하중이나 충격에 따라 변형하여 완충작용을 한다. 카커스를 구성하는 코드 층의 수를 플라이 수(ply rating, PR)라 한다.

㉣ 비드부분(bead section) : 타이어가 림과 접촉하는 부분이며, 비드부분이 늘어나는 것을 방지하고 타이어가 림에서 빠지는 것을 방지하기 위해 내부에 몇 줄의 피아노선이 원둘레 방향으로 들어 있다.

㉤ 사이드 월(Side Wall) : 트레드에서 비드부까지의 카커스를 보호하기 위한 고무 층이며, 노면과는 직접 접촉하지 않는다. 그러나 하중이나 노면으로부터의 충격에 의하여 계속적인 굴곡운동을 하게 되므로 굴곡성 및 내피로성이 높은 고무이어야 하며, 규격, 하중, 공기압 등 타이어의 기본 정보가 문자로 각인된 부위이다.

③ **타이어의 규격표시** : 타이어의 규격 표시는 메트릭 표기법, 알파뉴메릭 표기법, 뉴메릭 표기법 등 여러 가지로 사용되어 왔으나, 최근에는 국제표준화기구(ISO)에서 정한 표기법을 사용하고 있다.

㉠ 고압 타이어의 호칭치수

> 타이어 외경(inch) × 타이어 단면폭(inch) - 플라이 수(PR : ply rating)

㉡ 저압 타이어의 호칭치수

> 타이어 단면폭(inch) - 타이어 내경(inch) - 플라이 수(PR : ply rating)

㉢ 레이디얼 타이어 호칭치수

$$\underline{225} \,/\, \underline{60} \; \underline{R} \; \underline{16} \; \underline{94} \; \underline{H}$$
$$㉠ \quad ㉡ \; ㉢ \; ㉣ \; ㉤ \; ㉥$$

㉠ 225 : 타이어 단면폭(mm)　　㉡ 60 : 편평비(%)
㉢ R : 레디알 구조　　㉣ 16 : 타이어 내경(림 직경)(inch)
㉤ 94 : 하중지수(허용 최대하중 kg)　　㉥ H : 속도기호(허용 최고속도 km/h)

📢 타이어 편평비 및 높이

㉠ 타이어 편평비 = $\dfrac{\text{타이어 단면높이}}{\text{타이어 단면폭}}$

㉡ 타이어 편평률 = $\dfrac{\text{편평비}}{100}$

㉢ 타이어 높이 = $\dfrac{\text{편평비} \times \text{타이어 단면폭}}{100}$

㉣ 타이어 외경(mm) = (타이어 단면폭 × $\dfrac{\text{편평비}}{100}$) × 2 + (휠인치수 × 25.4)

④ 타이어에서 발생하는 이상현상

㉠ 스탠딩웨이브 현상(standing wave)

- 타이어 공기압이 낮은 상태에서 자동차가 고속으로 달릴 때 일정속도 이상이 되면 타이어 접지부 바로 뒷부분이 부풀어 물결처럼 주름이 접히는 현상이다.
- 타이어 접지면에서의 찌그러짐이 생기게 되면 공기압력에 의해 곧 회복이 된다. 이 회복되는 힘은 저속에서는 공기압력에 의해 지배되지만, 고속에서는 트레드가 받는 원심력으로 말미암아 큰 영향을 준다. 또 타이어 내부의 고열로 인해 트레드부분이 원심력을 견디지 못하고 분리되며 파손된다.
- 스탠딩웨이브의 방지방법은 타이어 공기압력을 표준보다 15~20% 높여주거나 강성이 큰 타이어를 사용하면 된다.
- 타이어의 임계 온도는 120~130℃이다.

기출PLUS

기출 2022. 6. 18. 서울특별시 시행

〈보기〉의 규격을 갖는 타이어의 외경과 가장 유사한 값 [mm] 은? (단 1in = 25.4mm로 계산한다)

> ● 보기 ●
> 245/45 R 18 97 W

① 653　　② 678
③ 696　　④ 705

기출 2020. 6. 13. 서울시 제2회 시행

타이어 규격이 다음과 같을 때 타이어 높이에 가장 가까운 값은?

> ● 보기 ●
> 235/55 R 17 103 W

① 12cm　　② 13cm
③ 14cm　　④ 15cm

기출 2022. 6. 18. 서울시 보훈청 시행

타이어 공기압이 낮은 상태에서 고속으로 일정 속도 이상이 되면 타이어 접지부 뒷부분이 부풀어 물결처럼 주름이 접힌 뒤 타이어 파손이 발생한다. 이 현상으로 옳은 것은?

① 베이퍼 록(Vapor lock) 현상
② 스탠딩 웨이브(Standing wave) 현상
③ 하이드로플래닝(Hydro-planing) 현상
④ 롤링(Rolling) 현상

❰정답 ②, ②, ②

ⓒ 하이드로플래닝(hydro planing, 수막현상)

- 물이 고인 도로를 고속으로 주행할 때 일정 속도 이상이 되면 타이어의 트레드가 노면의 물을 완전히 밀어내지 못하고 타이어는 얇은 수막에 의해 노면으로부터 떨어져 제동력 및 조향력을 상실하는 현상이다.
- 수막현상 방지법
  - 트레드 마멸이 적은 타이어를 사용한다.
  - 타이어 공기압력을 높이고, 주행속도를 낮춘다.
  - 리브 패턴의 타이어를 사용한다. 러그 패턴의 경우는 하이드로 플래닝을 일으키기 쉽다.
  - 트레드 패턴을 카프(calf)형으로 세이빙(shaving) 가공한 것을 사용한다.

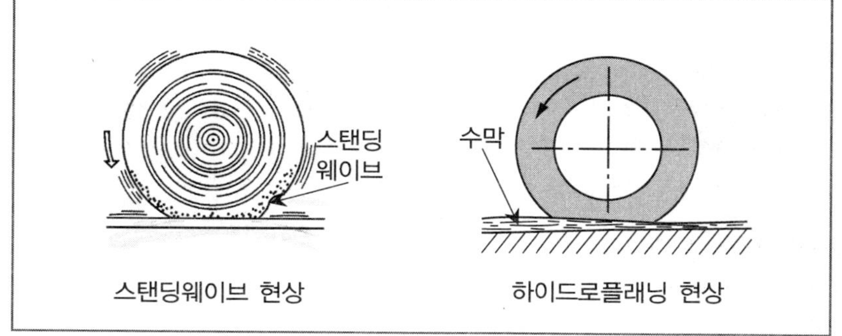

⑤ 바퀴평형(wheel balance)

ⓐ 정적 평형 : 타이어가 정지된 상태의 평형이며, 정적 불평형에서는 바퀴가 상하로 진동하는 트램핑(tramping)[바퀴의 상하 진동]현상을 일으킨다.

ⓑ 동적 평형 : 회전 중심축을 옆에서 보았을 때의 평형, 즉, 회전하고 있는 상태의 평형이다. 동적 불평형이 있으면 바퀴가 좌우로 흔들리는 시미(shimmy)[바퀴의 좌우 진동]현상이 발생한다.

⑥ 타이어 공기압(tire inflation pressure) : 자동차 타이어 속 공기의 압력을 말한다. 각 바퀴의 타이어에 알맞은 공기 압력을 유지시켜야 주행 시 타이어에 이상 마모나 발열 등을 예방할 수 있고 또 승차감 향상과 불필요한 연료 소모를 방지할 수 있다. 타이어 공기압은 타이어의 수명과 승차감, 연료 소모와 관계가 있으므로 항상 규정의 공기압을 유지해야 한다.

> **Plus tip**
> 타이어 공기압이 높으면 나타나는 현상
> ⓐ 운행 중 조향 핸들이 가벼워지고 브레이크 작동시 제동거리가 길어진다.
> ⓑ 주행 중 진동 증가로 승차감이 저하된다.
> ⓒ 타이어 트레드 중심주의 마모가 촉진된다.

07 프레임과 보디

① 프레임

(1) 개념

① 섀시를 구성하는 각종 장치나 차체(body)를 설치하는 부분으로, 차체에서 전달되는 하중 및 전후 차축의 반력 등을 지지하는 자동차의 뼈대를 말한다.

② 자동차를 구성하는 장치가 설치되고, 설치 부품을 지지하며, 가벼우면서 강도가 높은 형태를 가지고 있다.

(2) 프레임의 종류

① 보통 프레임

　㉠ H형 프레임 : H형 프레임은 사다리형 프레임이라고도 하며, 제작이 용이하며 굽힘에 강하므로 트럭, 버스, 승용차 등에 널리 사용되고 있다.

　㉡ X형 프레임 : X형 프레임에는 사이드 멤버 중앙부의 간격을 좁힌 모양으로 만든 것과 크로스 멤버를 X모양으로 장치한 것이 있다.

② 특수 프레임

　㉠ 백본형 : 1개의 굵은 강관을 등뼈로 하여 그것에 엔진이나 보디를 장치하기 위한 뼈대나 브래킷을 고정한 것이다.

　㉡ 플랫폼형 : 프레임과 보디 바닥면과를 일체로 형성한 것이다.

　㉢ 트러스형 : 대량생산에는 부적합하므로 스포츠카 등의 소비생산으로 고성능을 요구하는 자동차에 주로 사용된다.

③ 프레임 일체 구조(모노코크 보디)

　㉠ 자동차의 보디 자체를 견고하게 제작하여 하중·충격에 견딜 수 있는 구조로 하였으므로 프레임이 필요 없으며 경량화와 바닥을 낮게 했다.

　㉡ 보디를 상자모양으로 만들어 외력을 보디 전체로 분산시켜 보디 전체로 힘을 받을 수 있게 한 것으로, 곡면을 이용하여 강도를 증가하도록 조립되어 있다.

　㉢ 현가장치나 엔진의 장착부와 같이 외력을 집중하는 부분에는 작은 프레임을 파묻고 그것을 지나 보디에 힘을 분산시키도록 되어 있다.

기출 PLUS

다음 중 자동차 프레임의 설명으로 옳지 않은 것은?

① 엔진 및 섀시의 모든 부품을 장착할 수 있는 자동차의 뼈대이다.

② H형 프레임은 일명 사다리형 프레임이라고도 하며, 만들기 쉽고 휨에 강하기 때문에 버스나 트럭에 사용한다.

③ 트러스형 프레임은 스포츠카, 경주용차 등의 차량에 무게를 가볍게 하기 위하여 고안된 프레임으로 일체구조형이라고도 한다.

④ 플랫폼형 프레임은 주로 승용차에서 사용하며 한 개의 굵은 강관으로 구성 ㅁ형이나 ㅣ자형의 단면으로 되어 있다.

◀정답 ④

❷ 보디(body)

(1) 개념

보디(차체)란 사람이나 화물을 싣는 객실과 적재함 부분 및 외피를 말하며, 사람이나 화물을 보호하기 위한 장치이다.

(2) 구분

① **프런트 보디**

    ㉠ 프레임 붙이 구조의 보디에서는 프런트부의 각 부품의 전부가 볼트나 너트로 고정되어 있다.

    ㉡ 일체 구조의 보디는 대부분 프론트 펜더, 후드 등 외관 부품만을 분리할 수 있게 되어 있고 그 밖의 부품은 모두 용접되어 있다.

② **언더 보디** : 언더 보디의 모양은 차이에 따라 여러 가지가 있으나 프레임 붙이 구조의 경우는 플로어(Floor)의 아래위에 보강재를 용접한 것, 방음이나 방진을 위해 플로어가 특수한 용접구조로 되어 있는 것 등이 있다.

③ **사이드 보디** : 차체의 굽힘, 비틀림에 대한 강성을 유지하기 위해 필러의 구조는 거의 밀폐된 단면으로 되어 있다.

④ **루프** : 루프는 한 장의 패널로서 외부 패널 중 제일 큰 부분을 차지하는 것인데, 보통 루프의 중앙에 루프 패널의 강성을 높일 목적으로 전후 또는 좌우에 보강판을 고정시키고 있다.

⑤ **카울** : 카울은 좌우의 앞필러 사이를 연결하는 부재로서 보디의 비틀림 강성을 보강하기 위해 사용되는 것이다.

⑥ **엔진 후드** : 엔진 후드는 엔진룸의 커버(보닛)이며 한 장으로 된 판이 가장 많이 사용된다.

⑦ **트렁크 리드** : 힌지부에는 도어 패널을 열기 쉽도록 2개의 토션바가 조립되어 있으며 트렁크 리드의 잠금은 록이 스트라이커에 결합하여 잠기게 된다.

⑧ **도어** : 도어는 승용차 또는 트럭에 관계없이 같은 구조로 되어 있으며 바깥 패널과 안 패널이 주요 부분이다.

⑨ **시트** : 시트에는 앞좌석용과 뒷좌석용의 시트가 있으며, 앞좌석용 시트에는 세퍼레이트식과 벤치식이 있고, 뒷좌석용 시트에는 일반적으로 벤치식이 사용되고 있다.

08 안전 및 편의장치

① 에어백(air bag)

(1) 개념

① 차량 충돌 때 충격으로부터 자동차 승객을 보호하기 위한 장치로 안전벨트와 더불어 대표적인 탑승객 보호장치이다. 에어백 시스템은 검지 시스템과 에어백 모듈로 이루어져 있다.

② 에어백에 사용되는 가스는 고체의 급격한 연소로 발생되는 고압가스나 고압가스 용기에 저장된 기체를 사용한다. 충돌 때 승객 보호성능이 매우 우수하므로 사용이 증가하고 있다.

(2) 구성

① 에어백 커버(cover) : 에어백 커버는 에어백을 둘러싸고 있으며, 에어백을 전개할 때 에어백이 잘 전개되기 위해서 레이저나 열도(熱刀)로 전개 라인을 플라스틱 뒷면에 칼집이나 구멍(완전히 뚫리지는 않음)을 낸 커버의 티어 심(tear seam)이 갈라지면서 에어백이 부풀어 나올 수 있는 통로를 만드는 구조로 되어있다.

② 에어백(air bag)
  ㉠ 자동차가 충돌할 때 운전자와 직접 접촉하여 충격 에너지를 흡수해주는 역할을 한다.
  ㉡ 에어백의 구비조건은 높은 온도 및 낮은 온도에서 인장강도, 내열강도 및 파열강도를 지니고 내마모성, 유연성을 유지해야 한다.
  ㉢ 에어백은 안쪽에 고무로 코팅된 나일론제 면으로 되어 있으며 인플레이터와 함께 에어백이 전개할 때 팽창된다. 에어백은 충돌할 때 점화회로에서 발생한 질소가스에 의해 팽창되는데 충돌 후 운전자의 충격을 최소화시키기 위해 일반적으로 2개의 배기구멍을 두어 가스를 외부로 배출한다.

③ 인플레이터(inflater)
  ㉠ 인플레이터는 자동차가 충돌할 때 에어백 ECU(air bag control unit)로부터 충돌신호를 받아 에어백 팽창을 위한 가스를 발생시키는 장치이다.

ⓛ 단자의 연결부분에 단락 바를 설치하여 모듈을 떼어낸 상태에서 오작동이 발생되지 않도록 단자 사이를 항상 단락 상태로 유지한다.

④ **충돌검출 센서**

㉠ 충돌검출 센서는 자동차 내 특정지점의 가속도를 측정하여 자동차의 충돌 및 충격량을 검출하는 센서로 대표적으로 가속도센서가 이용되고 있다.

ⓛ 충돌검출 센서는 자동차의 종류에 따라 그 수량 및 설치위치가 달라진다. 일반적으로 에어백 ECU 내부에 1개, 정면 좌우 멤버에 전방 충돌센서 2개, 측면 충돌검출 센서는 좌우측 "B"필러 아래쪽에 1개씩 설치된다.

⑤ **클럭 스프링**(clock spring)

㉠ 운전석 에어백은 조향 휠에 설치되므로 운전석 에어백과 에어백 ECU 사이를 일반 배선을 사용하여 연결하면 좌우로 조향할 때 배선이 꼬여 단선되기 쉽다. 따라서 조향 휠과 조향칼럼 사이에 클럭 스프링을 설치한다.

ⓛ 클럭 스프링은 핸들에 있는 스위치의 작동을 위해 전기를 연결하는 역할부터 에어백 ECU와 운전석 에어백 모듈 사이의 배선을 연결하는 기능으로 내부에 감길 수 있는 종이 모양의 배선을 설치하여 시계의 태엽처럼 감겼다 풀렸다 할 수 있도록 작동한다.

ⓒ 클럭 스프링은 조향 휠과 같이 회전하기 때문에 반드시 중심점을 맞추어야 한다. 만일 중심이 맞지 않으면 클럭 스프링 내부 배선이 단선되어 에어백이 작동하지 않을 수 있다.

> **✿ Plus tip**
>
> **클럭 스프링 중심위치 정렬 방법**
> ㉠ 축전지 (−)단자 및 조향 휠을 떼어낸다.
> ⓛ 클럭 스프링을 시계방향으로 손가락으로 멈출 때가지 회전시킨다.
> ⓒ 반 시계방향으로 회전시켜 전체 회전수를 세고(약 5회전) 그 1/2를 시계방향으로 돌려(약 2.5회전) 클럭 스프링에 마킹된 ▶, ◀마크를 일치시킨다.
> ⓔ 조향 휠을 설치하고 축전지(−)단자를 연결한 다음 에어백 경고등 점등여부를 확인한다.

⑥ **승객유무 검출센서**(PPD : passenger presence detect)

㉠ 승객유무 검출센서는 승객석 시트 쿠션부분에 설치되어 있으며, 승객 탑승유무를 판단하여 에어백 ECU로 데이터를 송신한다. 즉, 승객석에 승객이 탑승하면 정상적으로 승객석 에어백을 전개시키고 탑승하지 않은 경우에는 전개하지 않는 제어를 하기 위해 설치된다.

ⓛ 이 센서는 압전소자로 이루어져 있으며 승객이 탑승하였을 경우와 탑승하지 않았을 경우의 하중변화에 따른 저항의 변화로 승객 탑승유무를 다음과 같이 판정한다.

- **승객 있음** : 15kgf 이상의 무게를 감지한 때
- **승객 없음** : 0.6kgf 이하의 무게를 감지한 때
- 0.6 ~ 15kgf 이하의 무게를 감지한 때(gray zone)
- PPD인터페이스 유닛은 PPD의 저항 변화를 가지고 승객의 탑승 여부를 감지한다.
- 승객 있음에서 승객 없음으로 변환될 때 오판을 방지하기 위해 9.6초 후 승객 없음으로 인정한다.

⑦ **안전벨트 프리텐셔너**(seat belt pretensioner) : 안전벨트 프리텐셔너는 자동차가 충돌할 때 에어백이 작동하기 전에 작동하여 안전벨트의 느슨한 부분을 되감아 주는 기능을 수행한다. 따라서 충돌할 때 승객을 시트에 고정시켜 에어백이 전개할 때 올바른 자세를 유지할 수 있도록 한다.

② 에탁스(ETACS)

(1) 개념

① 에탁스는 각종 시간 기능과 경보 기능을 마이크로컴퓨터로 제어하여 행하는 장치이다.

② ETACS는 전자(Electronic), 시간(Time), 정보(Alarm), 제어(Control), 시스템(System)의 영어 첫 머리글자로 만들어진 합성어이다.

(2) 기능

① 속도 감지 간헐 와이퍼, 와셔 연동 와이퍼, 라이팅 모니터, 디포거 타이머, 시동 키 삽입 상태에서의 도어 잠김 방지, 시동 키 홀 조명, 운전석 도어 키 실린더 조명, 잔광식 룸램프, 잔광식 후드램프, 시트 벨트 경고, 센터 도어로크, 반 도어 경보 등이 있다.

② 원격 제어 기능으로는 원격시동 제어, 트렁크 열림 닫힘 제어, 리모컨을 이용한 자동 도어 로크 등이 있다.

에탁스(ETACS)의 기능을 수행하는 데 필요 없는 요소는?

① 차속센서
② 차고 센서
③ 안전벨트 스위치
④ 도어 스위치

❮정답 ②

1 디스크형 제동장치의 특징이 아닌 것은?

① 자기 배력 작용이 일어나 제동력이 우수하다.
② 디스크가 대기 중에 노출되어 방열성이 우수하다.
③ 패드마모가 드럼식보다 빠르다.
④ 좌우 바퀴 제동력이 안정되어 편제동 현상이 적다.

2 조향 핸들이 쏠리는 원인이 아닌 것은?

① 타이어 공기압력 불균일
② 쇽업소버 작동 상태 불량
③ 조향 기어박스 오일 부족
④ 허브 베어링 마멸 과다

3 다음 중 베이퍼 록의 원인이 아닌 것은?

① 오일 불량 및 비점이 낮은 오일 사용
② 드럼과 라이닝의 끌림에 의한 과열
③ 실린더, 브레이크 슈 리턴 스프링 쇠손
④ 내리막에서 갑작스러운 브레이크 사용

4 클러치 구비조건에 대한 설명 중 잘못된 것은?

① 동력 전달이 확실하고 신속할 것
② 방열이 잘되어 과열되지 않을 것
③ 회전 부분의 평형이 좋을 것
④ 회전 관성이 클 것

1.
디스크 브레이크는 자기 배력 작용이 일어나지 않는다.

2.
조향 핸들이 쏠리는 원인과 조향 기어박스 오일 부족은 전혀 상관관계가 없다.

3.
브레이크액에 기포가 발생하여 브레이크가 제대로 작동하지 않는 현상을 베이퍼 록 현상이라 한다.

4.
클러치는 회전 관성이 작아야 한다.

Answer 1.① 2.③ 3.④ 4.④

5 독립현가식 장치에서 토션 바라고도 하며, 고속선회 시 차체의 롤링을 방지하는 것은?

① 스테빌라이저
② 차동 기어
③ 유니버설 조인트
④ 최종 감속장치

6 드라이브 라인에서 유니버설 조인트(자재이음)의 역할은?

① 각도 변화에 대응하여 피동축에 원활한 회전력을 전달한다.
② 추진축의 길이 변화를 가능하게 하기 위하여 사용된다.
③ 회전속도를 감속하여 회전력을 증대시킨다.
④ 동력을 구동바퀴에 전달하는 역할을 한다.

7 전자제어 자동 변속기의 TCU(컴퓨터)에 입력정보 센서가 아닌 것은?

① 수온 센서
② 스로틀 포지션 센서
③ 펄스 제네레이터
④ 압력조절 솔레노이드 밸브(PCSV)

8 변속비가 4.3, 종감속비가 2.5일 때 총감속비는?

① 1.72
② 6.8
③ 1.8
④ 10.75

Answer   5.① 6.① 7.④ 8.④

9 다음 중 클러치에 대한 설명 중 틀린 것은?

① 클러치가 미끄러지는 원인은 페달 자유 간극의 과대이다.
② 마찰 클러치는 케이블식과 유압식이 있는데, 주로 케이블식을 사용한다.
③ 클러치 디스크 런아웃이 클 때 클러치 단속이 불량해진다.
④ 다이어프램식 클러치는 구조가 간단하고 다루기가 쉽다.

10 파워스티어링에 관한 설명 중 맞는 것은?

① 비접촉 광학식 센서를 주로 사용하여 운전자의 조향휠 조작력을 검출하는 조향 토크 센서이다.
② 제어 밸브의 열림 정도를 직접 조절하는 방식이며, 동력 실린더에 유압은 제어밸브의 열림 정도로 결정된다.
③ 오일펌프 내부에 있는 플로우 컨트롤 밸브는 고속 회전 시 조향 기어박스로 가는 오일의 양을 많게 한다.
④ 동력 조향 유압계통에 고장이 발생한 경우 핸들을 수동으로 조작할 수 있도록 하는 부품은 릴리프 밸브이다.

11 자동변속기 장착 자동차에서 자동변속기 오일량은 오일 레벨 게이지로 점검하며, F와 L 사이에 있어야 하는데 엔진과 변속기는 어떤 상태에서 하는가?

① 엔진 공회전 상태에서 변속기 선택 레버를 D 위치에 두고 점검한다.
② 엔진 공회전 상태에서 변속기 선택 레버를 N 위치에 두고 점검한다.
③ 엔진 정지 상태에서 변속기 선택 레버를 D 위치에 두고 점검한다.
④ 엔진 정지 상태에서 변속기 선택 레버를 N 위치에 두고 점검한다.

9.

페달의 자유 간극이 적을 때 클러치가 미끄러진다.

10.

파워스티어링 … 자동차에서 동력에 따른 조향 장치이며 유압, 공기압 등을 이용하여 핸들 조작을 쉽게 해 준다.

11.

자동변속기 오일은 엔진 공회전 상태에서 변속레버를 중립에 놓고 점검한다.

Answer   9.① 10.① 11.②

12 조향장치가 갖추어야 할 조건으로 옳지 않은 것은?

① 조향 조작이 주행 중 발생되는 충격에 영향을 받지 않을 것

② 조작하기 쉽고 방향 변환이 원활하게 이루어질 것

③ 고속 주행에서도 조향 핸들이 안정될 것

④ 조향 핸들의 회전과 바퀴 선회 차가 클 것

12.

조향 핸들의 회전과 바퀴 선회 차가 작아야 한다.

13 동력 전달 장치 중 추진축의 각도 변화를 주기 위한 이음방식으로 옳은 것은?

① 자재이음

② 슬립이음

③ 스플라인이음

④ 새클이음

13.

• 길이 변화를 주기 위하여 필요한 방식 : 슬립이음
• 각도 변화를 주기 위하여 필요한 방식 : 자재이음

14 물에 젖은 노면을 고속으로 달릴 때 타이어가 노면과 접촉하지 않고 자동차가 수상스키를 타는 것과 같은 상태로 운전되는 현상은?

① 롤링　　　　　　② 스탠딩웨이브

③ 하이드로플래닝　④ 저더

14.

물에 젖은 노면을 고속으로 달릴 때 타이어가 노면과 접촉하지 않아 조종이 불가능한 상태를 하이드로플래닝(수막현상)이라 한다.

15 브레이크 오일의 구비조건으로 옳지 않은 것은?

① 비점이 놓아 베이퍼 록을 일으키지 말 것

② 윤활성능이 있을 것

③ 빙점이 높고 인화점이 낮을 것

④ 알맞은 점도를 가지고 있을 것

15.

브레이크 오일은 빙점이 낮고 비점이 높아야 한다.

Answer　　12.④　13.①　14.③　15.③

16 다음 중 조향바퀴에 복원력과 안정성을 주는 것은?

① 캠버   ② 토인
③ 킹핀   ④ 캐스터

16.

앞바퀴를 옆에서 보았을 때 킹핀의 수선에 대해 이룬 각을 캐스터라 하며 직진성과 복원성을 부여한다.

17 다음 중 베이퍼 록 현상의 원인이 아닌 것은?

① 연료 라인에 압력이 없을 때
② 대기온도가 높을 때
③ 드럼과 라이닝이 과열되었을 경우
④ 라이닝에 기름 또는 습기가 부착되었을 경우

17.

브레이크액에 기포가 발생하여 브레이크가 제대로 작동하지 않는 현상을 베이퍼 록 현상이라 한다.

18 다음 중 앞바퀴 정렬에 해당하지 않는 것은?

① 트레드   ② 토인
③ 캠버   ④ 캐스터

18.

트레드는 타이어의 노면에 닿는 바퀴의 접지면을 뜻한다.

19 클러치가 미끄러질 때의 원인으로 맞는 것은?

① 자유 유격이 적을 때
② 릴리스 베어링 소손 및 파손
③ 클러치판이 흔들리거나 비틀림
④ 디스크 런아웃 과대

19.

클러치가 미끄러질 때는 자유 유격이 작을 때 발생한다.

20 차축과 차체 사이에 스프링을 두고 연결하여 차체의 상하진동을 완화, 승차감을 좋게 하며, 구동바퀴로부터의 구동력과 제동력을 차체에 전달하는 것은?

① 조향 장치   ② 현가 장치
③ 제동 장치   ④ 동력 전달 장치

20.

주행 중 노면에서 받은 충격이나 진동을 완화시켜 주는 역할을 하는 것이 서스펜션 장치라 한다.

Answer   16.④ 17.④ 18.① 19.① 20.②

21 다음 중 자동차의 구동력 제어와 바퀴 회전수를 제어하는 장치는?

① 종감속 기어
② 유니버설 조인트
③ 변속기 기어 장치
④ 차동 기어(디퍼런셜)

22 다음 중 자동 변속기에 대한 설명으로 틀린 것은?

① 출발, 가속 및 감속이 원활하다.
② 자동차를 밀어서 시동 걸 수 있다.
③ 기관에서 동력 전달 장치나 바퀴 기타 부분으로 전달되는 진동이나 충격을 흡수한다.
④ 과부하가 걸려도 직접 기관에 가해지지 않아 기관을 보호하고 각 부분의 수명을 길게 한다.

23 타이어의 최고속도 표시 중 H가 나타내는 속도는?

① 180 　　② 190
③ 210 　　④ 230

24 디스크 브레이크의 장점이 아닌 것은?

① 이물질이 묻어도 쉽게 털어낼 수 있다.
② 방열작용이 좋다.
③ 자기 배력 작용이 있다.
④ 점검과 조정이 용이하다.

21.

직진할 때 작은 기어는 공전하는 기어케이스와 함께 회전하여 큰 기어를 회전시킨다. 자동차가 방향을 바꿀 때 작은 기어는 공전과 자전을 하고, 바깥쪽에 있는 큰 기어를 빠르게, 안쪽에 있는 큰 기어를 느리게 회전시켜 바퀴가 미끄러지지 않게 한다.

22.

자동변속기는 밀어서 시동을 걸 수가 없다.

23.

타이어에는 자동차의 속도기호를 구분하여 표시하는데 H는 210킬로를 나타낸다.

24.

디스크 브레이크는 자기 배력 작용이 없다.

Answer　　21.④　22.②　23.③　24.③

25 다음 중 클러치가 미끄러지는 원인은?

① 클러치 스프링의 약화 및 손상
② 릴리스 베어링의 소손 및 파손
③ 오일 라인에 공기 침입
④ 디스크 런아웃 과대

25.

클러치가 미끄러지는 원인은 클러치 라이닝의 마모, 클러치 라이닝의 오일 부착, 클러치 스프링의 장력 감소, 플라이휠의 변형 등이 있다.

26 클러치가 미끄러지는 원인 중 틀린 것은?

① 마찰면의 오일 부착
② 클러치 압력스프링 쇠약 및 절손
③ 클러치 페달의 자유간극 과대
④ 압력판 및 플라이휠 손상

26.

클러치가 미끄러지는 원인은 클러치 페달의 자유간극이 작아서 발생한다.

27 변속기의 역할이 아닌 것은?

① 기관의 회전수를 높여 바퀴의 회전력을 증가시킨다.
② 후진을 가능하게 한다.
③ 기관의 회전력을 변환시켜 바퀴에 전달한다.
④ 정차할 때 기간의 공전운전을 가능하게 한다.

27.

엔진에서 발생하는 동력을 속도에 따라 필요한 회전력으로 바꾸어 전달하는 변속장치를 변속기라 하며, 트랜스미션이라고도 한다.

28 기관의 회전력을 액체 운동에너지로 바꾸어 변속기에 동력을 전달하는 장치는?

① 시동전동기
② 추진축
③ 클러치
④ 토크컨버터

28.

유체를 사용하여 토크를 변환하여 동력을 전달하는 장치를 토크컨버터라 한다.

Answer   25.① 26.③ 27.① 28.④

29 자동변속기 내의 유압제어 밸브 종류 중에서 오일의 흐르는 방향을 변환시켜 작동하는 밸브는?

① 릴리프 밸브
② 거버너 밸브
③ 오리피스 밸브
④ 매뉴얼 밸브

30 전자제어 현가장치(ECS)에서 컨트롤 유닛의 제어기능이 아닌 것은?

① 휠 스피드 제어 기능
② 차고제어 기능
③ 감쇠력 제어 기능
④ 자세제어 기능

31 자동변속기를 제어하는 TCU에 입력되는 신호가 아닌 것은?

① 인히비터 스위치
② 펄스제너레이터
③ 엔진 회전수
④ 휠 스피드 센서

32 자동변속기 오일상태 점검방법 중 틀린 것은?

① 오일량 점검은 수평상태에서 실시한다.
② 오일이 부족한 경우에는 일반기어오일을 사용한다.
③ 오일량이 COLD와 HOT의 중간 부위에 있어야 한다.
④ 오일량 점검은 시동 후 적정 온도 후 오일량을 점검한다.

29.

매뉴얼 밸브 … 운전석에 설치되어 있는 시프트 레버(변속 레버)에 의해 작동되는 수동용 밸브로서, 오일 라인에 압력을 P. R. N. D. 2. L 레인 인에 따라 작동 부분에 유도된다.

30.

휠 스피드 제어 기능은 ABS의 시스템에서 작동되는 기능이다.

31.

휠 스피드 센서는 ABS의 구성품이다.

32.

자동변속기 오일이 부족할 때에는 자동변속기 전용오일을 사용하여 보충한다.

33 주행상태에서 변속할 경우 변속기 충돌음이 발생하는 원인으로 옳은 것은?

① 변속 링키지의 헐거움
② 드라이브 기어의 마모
③ 싱크로나이저 링의 고장
④ 엔진과 얼라인먼트 간의 유격

34 전륜(FF) 구동차의 종감속 장치로 연결된 구동차축에 설치되어 바퀴에 동력을 전달하는 것은?

① 플렉시블 자재이음
② 십자형 자재이음
③ 십자형 슬립이음
④ CV형 자재이음

35 좌우회전바퀴의 회전속도를 다르게 하여 커브길을 원활하게 주행하는 장치인 차동장치는 무슨 원리를 이용한 것인가?

① 파스칼의 원리
② 래크의 원리
③ 애커먼 장토의 원리
④ 플레밍의 오른손 법칙

36 전자제어 현가장치에서 조향 휠의 좌우 회전방향을 검출하여 차체의 롤링을 제어하기 위한 센서는?

① 차속 센서
② 차고 센서
③ G 센서
④ 조향각 센서

33.

수동변속기에서 싱크로나이저 링이 고장인 경우에는 주행시 소음이 없지만 기어 변속시 동기작용이 이루어지지 않아 기어의 충돌음이 발생한다.

34.

CV형 자재이음 … 자재이음 양단의 2축 간의 각속도 차이에 따라 부등속자재이음과 등속자재이음으로 구성된다.

35.

안쪽 바퀴가 바깥쪽 바퀴보다 회전이 작아져서 원활히 커브길을 주행하는 원리를 래크의 원리라 한다.

36.

스티어링의 회전각을 감지하여 차체의 롤링을 제어하는 센서는 조향각 센서이다.

Answer 33.③ 34.④ 35.② 36.④

37 동력조향 유압계통에 고장이 발생한 경우 핸들을 수동으로 조작할 수 있도록 하는 부품은?

① 안전 체크 밸브
② 유량제어 밸브
③ 릴리프 밸브
④ 토크컨버터

37.

안전 체크 밸브 … 동력조향장치의 체크 밸브로서 엔진의 정지, 오일펌프의 고장 및 유압 계통에 고장이 발생하였을 때 조향 핸들의 조작이 기계적으로 이루어지도록 하는 밸브를 말한다.

38 전자제어 현가장치(ECS)에서 차고조정이 정지되는 조건이 아닌 것은?

① 급정지 시
② 고속주행 시
③ 급가속 시
④ 커브길 급선회시

38.

고속주행 시에는 차고조정이 정지되는 조건이 해당되지 않는다.

39 조향핸들의 유격이 크게 되는 원인이 아닌 것은?

① 조향기어 백 래시의 과다
② 조향 너클의 헐거움
③ 앞바퀴 베어링의 마멸
④ 타이 로드의 휨

39.

타이 로드 … 래크 앤 피니언의 래크와 로크 암 사이, 리서큘레이팅일 때는 중간 링크와 너클 암 사이의 링크를 말하는데 좌우에 하나씩 있고, 토인(toe in) 교정을 위해 길이를 조절할 수 있게 되어 있다.

40 주행 중 조향 휠의 떨림 현상 발생 원인으로 틀린 것은?

① 휠 얼라인먼트 불량
② 타이로드 엔드의 손상
③ 브레이크 슈의 라이닝 간극 과다
④ 조향기어의 백 래시 과다

40.

브레이크 슈의 라이닝 간극 과다는 조향 핸들의 진동이나 떨림과는 전혀 상관이 없다.

Answer 37.① 38.② 39.④ 40.③

41 수동변속기에서 소음이 발생하는 원인으로 틀린 것은?

① 기어 오일이 부족할 경우
② 베어링이 마모되었을 경우
③ 주축의 스플라인이 마모된 경우
④ 주축의 부싱이 불량할 경우

42 다음 중 브레이크 오일이 갖추어야 할 조건이 아닌 것은?

① 비점이 높아 베이퍼 록을 일으키지 않을 것
② 빙점이 낮고, 인화점이 낮을 것
③ 알맞은 점도를 가지고 온도에 대한 점도 변화가 적을 것
④ 윤활성능을 가지고 있을 것

43 공기 브레이크 장치에서 공기압을 기계적 힘으로 바꾸어 라이닝을 움직이게 하는 것은?

① 캠
② 푸시로드
③ 휠 실린더
④ 체크 밸브

44 전자제어 제동장치(ABS)에서 휠 스피드 센서의 역할은?

① 휠의 회전속도 감지
② 휠의 속도차이 평가
③ 휠의 간극 감지
④ 휠의 감속과 가속의 감지

41.

주축의 부싱이 마모되었을 경우 소음이 발생하게 된다.

42.

빙점이 높고 인화점이 높아야 한다.

43.

공기 브레이크는 압축 공기의 압력을 이용한 브레이크의 총칭이다.

44.

휠 스피드 센서 … 앞뒤 4바퀴에 각각 설치되어 바퀴의 회전속도를 톤 휠(tone wheel)과 센서에서의 자력선 변화로 감지하여 컴퓨터에 입력하는 역할을 한다. 급제동할 때 또는 미끄러운 노면에서 제동할 때 컴퓨터는 브레이크 유압을 제어하여 조종성을 확보하고 정지 거리를 단축시킨다.

Answer   41.④   42.②   43.①   44.①

45 다음 중 타이어의 구조에 해당되지 않은 것은?

① 비드　　　　　② 카커스
③ 트레드　　　　④ 디스크

46 다음 중 주행 시 앞부분에 심한 진동이 생기는 현상인 트램프 (Tramp)의 원인은?

① 적재량 오버
② 바퀴의 동적 정적 불평형
③ 고무스프링 파손
④ 공기압의 과다

47 주행 중 타이어에서 열이 발생하는 원인이 아닌 것은?

① 저속으로 달릴 때
② 외기의 온도가 높을 때
③ 과다한 적재량으로 주행할 때
④ 타이어의 공기압이 적을 때

48 엔진과 직결되어 엔진 회전속도와 동일한 속도로 회전하는 토크컨버터의 부품은?

① 터빈 런너
② 펌프 임펠러
③ 가이드 링
④ 스테이터

45.

디스크는 허브에 설치되는 부분이다.

46.

트램프 … 앞바퀴의 좌우가 역위상(逆位相 ; 한쪽이 올라갈 때면 한쪽이 내려감)으로 되어 상하로 뒤흔들리는 것을 말한다.

47.

고속으로 달릴 때 타이어에서 열이 발생한다.

48.

펌프 임펠러 … 유체를 사용하여 토크를 변환하여 동력을 전달하는 장치를 말한다. 엔진 측에 연결된 펌프와 변속기 측에 연결되는 터빈 및 힘을 강하게 하는 스테이터와 오일로 구성된다.

Answer　　45.④　46.②　47.①　48.②

49 자동 트랜스 액슬에서 컴퓨터(TCU)의 입력신호에 해당되지 않는 것은?

① 냉각수온도 센서 신호
② 드로틀위치 센서 신호
③ 공기흐름 센서 신호
④ 인히비터 스위치 신호

50 자동변속기를 주행상태에서 시험할 때 점검해야 할 사항에 해당되지 않는 것은?

① 쇼크 및 슬립여부
② 엔진 브레이크 효과
③ 킥다운 작동여부
④ 오일의 양과 상태

51 추진축이 기하학적 중심과 운행 중 변형 등으로 인하여 중심이 일치하지 않을 때 일어나는 현상은 어느 것인가?

① 롤링(rolling)
② 피칭(pitching)
③ 휠링(whirling)
④ 요잉(yawing)

52 차동제한장치(LSD)의 특징에 대한 설명 중 틀린 것은?

① 미끄러운 노면에서의 출발이 용이하다.
② 타이어의 수명이 연장된다.
③ 요철노면 굴곡진 도로 주행 시 후부의 흔들림을 방지한다.
④ 고속 직진 주행 시 안정성이 부족하다.

49.

공기흐름 센서 … 흡입 공기량을 측정하는 센서로, 일부 자동차에 사용되는 공기흐름 센서를 말한다.

50.

자동변속기 오일의 양과 상태는 정지상태에서 점검해야 한다.

51.

추진축의 엔진 회전력을 받아 구동축에 전달 시 추진축의 변형, 굽음, 손상 등으로 기하학적 중심과 질량적 중심이 일치하지 않아 발생되는 굽음 진동을 휠링이라 한다.

52.

LSD … 보통의 차동장치에서는 한쪽 바퀴가 한 번 공회전을 하면 차를 주행시킬 수 없는데 대하여, 이것은 자동적으로 차동 작용을 정지 또는 제한하여 미끄러지기 쉬운 노면으로부터의 발진(發進)을 용이하게 하고, 한쪽 브레이크만의 작동으로 옆으로 미끄러지는 것을 방지한다.

Answer　　49.③　50.④　51.③　52.④

53 진동을 흡수하고 진동 시간을 단축시키며, 스프링의 부담을 감소시키기 위한 현가장치는?

① 공기 스프링
② 쇽업소버
③ 토션 바
④ 스테빌라이저

54 조향장치와 관계없는 것은?

① 스티어링 기어
② 타이로드
③ 쇽업소버
④ 피트먼 암

55 동력 조향장치의 기능을 설명한 것 중 맞는 것은?

① 기구학적 구조를 이용하여 작은 힘으로 큰 조작을 할 수 있다.
② 바퀴의 충격이 운전자에게 전달된다.
③ 작은 힘으로 조향 조작이 가능하다.
④ 구조가 간단하고 고장 시 기계식으로 환원하여 안전하다.

56 휠 얼라인먼트 시험기의 측정 항목이 아닌 것은?

① 토인
② 캐스터
③ 오버스티어링
④ 캠버

53.

쇽업소버 … 차량이 받는 충격을 흡수 및 완화해주는 장치이며 과속 방지턱을 넘거나 울퉁불퉁한 노면을 주행할 때 스프링이 늘어나거나 줄어드는 신축 작용을 통해 차량이 받는 충격을 완화해준다.

54.

쇽업소버는 현가장치이다.

55.

동력 조향장치 … 핸들의 조작력을 가볍게 하는 장치로, 대형 자동차나 저압 타이어를 사용한 차에서는 앞바퀴의 접지 저항이 크기 때문에 핸들 조작력이 커지고 신속한 조향 조작이 어려운데, 이를 원활하게 하기 위하여 엔진의 힘으로 오일펌프를 구동시켜 발생한 유압을 조향 장치 중간에 설치된 배력(倍力) 장치로 보내어 핸들의 조작력을 가볍게 한 것이다.

56.

차량이 코너를 돌 때 스티어링 휠을 돌린 각도보다 회전반경이 작아지는 현상을 오버스티어링이라 한다.

Answer 53.② 54.③ 55.③ 56.③

57 자동차 조향장치의 유격은 당해 자동차 조향핸들 지름의 몇 % 이하인가?

① 10.5%
② 12.5%
③ 13.5%
④ 15.5%

58 ABS에서 ECU 출력신호에 의해 각 휠 실린더 유압을 제어하는 것은?

① 페일 세이프
② 하이드롤릭 유닛
③ 휠 스피드 센서
④ 휠 실린더

59 노면과 직접 접촉은 하지 않으며, 주행 중 가장 많은 완충작용을 하는 부분으로서 타이어 규격과 기타 정보가 표시된 부분의 명칭은?

① 카커스
② 사이드 월
③ 비드
④ 트레드

60 트랙션 컨트롤 장치의 제어방법이 아닌 것은?

① 엔진토크 제어
② 제동 제어
③ 공회전수 제어
④ 트레이스 제어

57.

조향핸들의 유격은 당해 자동차의 조향핸들 지름의 12.5% 이내이어야 한다.

58.

휠 스피드 센서 … 앞뒤 4바퀴에 각각 설치되어 바퀴의 회전 속도를 톤 휠(tone wheel)과 센서에서의 자력선 변화로 감지하여 컴퓨터에 입력하는 역할을 한다.

59.

사이드 월 … 트레드와 비드(bead) 사이의 타이어 옆 부분을 말하는데, 카커스(carcass)를 보호하고 유연한 굴신 운동으로 승차감을 향상시킨다. 유연하고 내후성, 내노화성이 뛰어난 재료로 만들어져 있고, 험로 주행용 타이어에는 내외상성(內外傷性)을 중시한 재료를 쓴다.

60.

눈길, 빗길 따위의 미끄러지기 쉬운 노면에서 차량을 출발하거나 가속할 때 과잉의 구동력이 발생하여 타이어가 공회전하지 않도록 차량의 구동력을 제어하는 시스템을 트랙션 컨트롤 장치(TCS)라 한다.

Answer   57.② 58.③ 59.② 60.③

61 유압브레이크 마스터실린더에 작용하는 힘이 100N, 배력장치가 3개, 마스터실린더의 면적이 휠실린더의 면적보다 2배 클 때 이때 발생하는 힘은 얼마인가?

① 150N

② 200N

③ 300N

④ 600N

62 다음 중 현가장치로 제어하지 못하는 진동은?

① 롤링

② 피칭

③ 바운싱

④ 요잉

63 다음 중 승차감 향상과 관련된 것끼리 바르게 나열된 것은?

① 코일스프링, 토션빔, 타이앤로드

② 코일스프링, 쇽업쇼바, 토션빔

③ 코일스프링, 쇽업쇼바, 너클

④ 코일스프링, 타이앤로드, 스테빌라이저

64 자동차 베이퍼록에 대한 설명으로 바르지 않은 것은?

① 풋 브레이크를 과도하게 사용할 때 발생할 수 있다.

② 여름철 내리막 길에서 풋 브레이크를 지나치게 사용할 때 발생할 수 있다.

③ 엔진브레이크를 사용할 때 자주 발생한다.

④ 풋 브레이크를 사용하지 않고, 품질 우수한 브레이크액으로도 방지할 수 있다.

61.

100N ×3 = 300N

휠 실린더의 면적이 2배 큼 300N×2 = 600N

62.

요잉 … 자동차가 선회할 때 일어나는 움직임으로서, 차체에 대하여 수직인 축(Z)축 둘레에 발생하는 운동을 말한다.

63.

②는 현가장치 스프링을 나열한 것이다.

64.

베이퍼록 현상을 방지하기 위해 엔진브레이크를 자주 사용하며, 엔진브레이크는 엔진의 회전을 이용한 브레이크이다. 엑셀에서 발을 떼면 회전수가 떨어지면서 자연스럽게 제동이 걸리게 되고 차량의 속도가 떨어진다.

베이퍼록 현상은 브레이크 오일 노화에 따라 발생 확률이 올라가게 되므로 주행거리와 관계없이 브레이크오일을 정기적으로 교환해야 한다.

Answer 61.④ 62.④ 63.② 64.③

65 캠각(cam angle)이 크면 나타나는 현상으로 가장 옳지 않은 것은?

① 접점간극이 작아진다.
② 점화시가가 빨라진다.
③ 1차 전류가 커진다.
④ 점화코일이 발열한다.

66 자동차 전자제어현가장치(ECS : Electronic Controlled Suspension)의 차량제어에 대한 설명으로 가장 옳지 않은 것은?

① 앤티 스쿼트 제어(anti-squat control) : 급제동할 때 노스다운(nose down)을 방지
② 앤티 롤링 제어(anti-rolling control) : 급커브에서 원심력에 의한 차량 기울어짐을 방지
③ 앤티 바운싱 제어(anti-bouncing control) : 비포장도로를 운행할 때 쇽업소버(shock absorber)의 감쇠력을 제어하여 주행 안전성 확보
④ 차속감응 제어(vehicle speed control) : 고속주행 시 쇽업소버(shock absorber)의 감쇠력을 제어하여 주행 안정성 확보

67 자동변속기 차량에서 스톨 테스트(stall test)로 점검할 수 없는 것은?

① 토크컨버터의 동력전달 기능
② 타이어의 구동력
③ 클러치의 미끄러짐
④ 브레이크밴드의 미끄러짐

65.

캠각(cam angle)이 크면 나타나는 현상
㉠ 접점간극이 작게 된다.
㉡ 점화시기가 늦어진다.
㉢ 1차 전류가 커진다.
㉣ 점화코일이 발열한다.
㉤ 접점이 타게 된다.

66.

앤티 스쿼트 제어(anti-squat control) … 급출발 또는 급가속 할 경우 차체의 앞쪽은 흔들리고 뒤쪽이 낮아지는 노스 업(nose up) 현상을 제어하는 것을 말한다. 작동은 컴퓨터가 스로틀 위치센서의 신호와 초기의 주행속도를 검출하여 급출발 또는 급가속 여부를 판정하여 규정 속도 이하에서 급출발이나 급가속 상태로 판단되면 노스 업을 방지하기 위하여 쇽업소버의 감쇠력을 증가시킨다.

67.

스톨 테스트를 하는 이유는 자동차 출력 저하의 원인이 엔진 문제인지 변속기 문제인지를 판단하기 위하여 실행하는 방법이며 자동차의 정차상태에서 행하는 변속기 슬립시험으로 브레이크를 작동시킨 후 바퀴에 고임목을 괸 상태에서 선택레버를 L, D, R 등에 위치시킨 다음, 엔진을 가속시켰을 때의 rpm이 규정값에 있는가를 테스트한다. 보통 5초 이내로 작동한다.

Answer   65.② 66.① 67.②

68 자동차 앞바퀴 정렬의 요소에 대한 설명으로 가장 옳지 않은 것은?

① 캐스터는 앞바퀴을 평행하게 회전시킨다.
② 캠버는 조향휠의 조작을 가볍게 한다.
③ 킹핀경사각은 조향휠의 복원력을 준다.
④ 토인은 주행 시 캠버에 의해 토아웃이 되는 것을 방지한다.

69 주행 중인 자동차에서 롤링방지와 차체 평형을 유지하는 것은 어느 것인가?

① 쇽업쇼버　　　　② 코일 스프링
③ 스태빌라이저　　④ 타이로드

70 자동차의 변속 시 운전자의 의지대로 수동으로 변속할 수 있으며, +에서 −쪽으로 밀면 1단 하향 변속이 된다. 이때 이러한 모드를 무엇이라 하는가?

① 스포츠 모드
② 노멀 모드
③ 가속 모드
④ 감속 모드

71 차량이 주행 시에 한 쪽으로 쏠리게 하는 스러스트 앵글의 발생요인은?

① 캠버각이 정(+) 의 캠버 일 때
② 캐스터 경사각이 부(−) 의 캐스터 일때
③ 후륜의 좌우 토우가 같지 않을 때
④ 킹핀 경사각이 제로 스크러브 일 때

68.

캐스터의 역할은 고속에서의 안정성, 복원성, 코너링을 위해서 +값을 주고 있으며 토인은 앞바퀴를 평행하게 회전시키고 바퀴 옆 방향에 쏠림도 방지하여 타이어의 마모를 최소화하는 경제적인 역할도 담당하게 된다. 그리고 주행 저항 및 구동력의 반력으로 토아웃되는 것을 방지하기도 한다.

69.

스태빌라이저 … 선회시 롤링을 감소하고 차체의 평형을 유지하기 위해 설치된 부품으로 토션 바의 비틀림 작용을 이용하여 완충작용을 한다.

70.

운전자가 수동변속기의 기분을 느낄 수 있도록 임의 변속하는 기능을 스포츠 모드라 한다.

71.

후륜의 좌우 토우가 맞지 않을 때 차량이 주행 시에 한쪽으로 쏠리는 원인이 된다.

Answer　68.① 69.③ 70.① 71.③

72 다음 중 하이포이드 기어의 특징으로 틀린 설명은?

① 추진축의 높이를 낮게 할 수 있어 차실 바닥이 낮아진다.
② 구동 피니언 기어의 중심이 링 기어의 중심 아래에 위치한다.
③ 기어의 물림율이 크고, 회전이 정숙하다.
④ 낮은 압력으로 구동되기 때문에 오일에 제한을 받지 않는다.

73 다음 중 현가장치의 구성요소가 아닌 것은?

① 스프링   ② 스테빌라이저
③ 타이 로드   ④ 쇽업소버

74 다음 타이어 규격표시로 틀린 것은?

P	235 /	55ZR	17	103
승용차	㉠	㉡	㉢	㉣

① ㉠ – 타이어 길이를 mm로 표시
② ㉡ – 편평비
③ ㉢ – Rim 직경(inch)
④ ㉣ – 최대 하중지수

75 주행 시 핸들의 쏠림 원인으로 거리가 먼 것은?

① 타이어 공기압력의 불균일
② 허브 베어링의 마모
③ 현가장치의 작동 불량
④ 조향 링키지의 헐거움

72.

극압 윤활유를 사용하여야 한다.

73.

타이 로드는 조향장치의 토인 조정 장치이다.

74.

235 – 타이어의 단면폭을 mm로 나타낸 것이다.

75.

조향 링키지의 헐거움은 핸들의 유격이 클 경우에 해당한다.

Answer   72.④ 73.③ 74.① 75.④

76 타이어 공기압 과다 시 영향으로 거리가 먼 것은?

① 연료소비량이 증가한다.
② 타이어 트레드 중심주의 마모가 촉진된다.
③ 조향 핸들이 가벼워진다.
④ 주행 중 진동 증가로 승차감이 저하된다.

76.

공기압이 낮을수록 연료소비량이 증가한다..

77 ABS의 셀렉트 로(select low) 제어방식이란 무엇인가?

① 제동력을 독립적으로 조정하는 방식
② 좌우 차륜의 속도를 비교하여 속도가 느린 바퀴 쪽에 유압을 제어하는 방식
③ 좌우 차륜의 감속도를 비교하여 먼저 슬립되는 바퀴에 맞추어 유압을 동시에 제어하는 방식
④ 좌우 차륜의 속도를 비교하여 속도가 빠른 바퀴를 제동하고 속도가 늦는 바퀴는 증속시키는 방식

77.

셀렉트 로 제어 … 제동할 때 좌우 바퀴의 감속도를 비교하여 먼저 슬립되는 바퀴에 맞추어 좌우 바퀴의 유압을 동시에 제어하는 방법을 말한다.

78 핸들을 놓아도 직진 상태를 유지하게 하는 것은?

① 캠버　　　　② 캐스터
③ 토인　　　　④ 시미

78.

캐스터 … 킹핀의 중심선(또는 상/하 볼–조인트 중심을 연결한 직선)이 노면에 수직인 직선에 대하여 어느 한 쪽으로 기울어져 있는 상태를 말하고, 그 각도를 캐스터 각(caster angle)이라 한다.

79 다음 중 스탠딩 웨이브(standing wave) 현상의 방지책으로 틀린 것은?

① 타이어의 공기압을 표준 공기압보다 10 ~ 15% 높여준다.
② 레이디얼 타이어를 적용한다.
③ 주행 시 감속한다 .
④ 차륜 정렬 상태를 확인한다.

79.

자동차가 고속 주행할 때 타이어 접지부에 열이 축적되어 변형이 나타나는 현상을 스탠딩 웨이브 현상이라 한다.

Answer　　76.① 77.③ 78.② 79.④

80 VDC(Vehicle Dynamic Control)의 부가기능이 아닌 것은?

① Brake-LSD의 기능으로 한쪽만 미끄러운 노면을 출발할 때 발생되는 편슬립을 방지하여 차량의 출발이 원활하도록 돕는다.

② ESS(Emergency Stop Signal)의 기능은 급정지 시 비상등을 작동시켜 뒤차에 위험성을 알려주어 후방 추돌 확률을 줄여준다.

③ HSA(Hill Strt Assist)의 기능은 언덕길에서 차량이 정차했다 다시 출발할 때 뒤로 밀리는 것을 방지하기 위해 운전자가 브레이크에서 발을 떼더라도 브레이크 유압을 유지시켜 준다.

④ HDC(Hill Descent Control)의 스위치와 4WD 모드 스위치가 동시에 ON될 경우 가파른 경사의 내리막길에서 차량의 속도를 저속으로 유지하도록 도와준다.

81 오버드라이브 장치에 대한 설명으로 옳은 것은?

① 기어비가 입력축 속도보다 출력축 속도가 더 빠를 때를 뜻한다.

② 추진축과 종감속 장치 사이에 유성 기어 형식으로 설치된다.

③ 출력축의 토크가 부족하여 가속페달를 더 밟아야 하므로 연료소비량이 증대된다.

④ 일반적으로 링 기어를 고정시키고 유성 기어 캐리어를 구동시켜 증속시킨다.

80.

VDC(vehicle dynamic control)

㉠ 개요 : 차량을 미끄러짐으로부터 안전하게 보호하는 차량 안전 시스템으로 차체자세제어라고도 한다.

㉡ 기능 : 운전자가 별도로 제동을 가하지 않더라도, 차량 스스로 미끄럼을 감지해 각각의 바퀴 브레이크 압력과 엔진 출력을 제어하는 기능을 한다.

㉢ 구성 : 구동 중일 때 바퀴가 미끄러지는 것을 적절히 조절하는 TCS, ABS, EBD, 자동감속제어, 요모멘트제어(yaw-moment control:한쪽으로 쏠리는 것을 막는 자세제어) 등이 있다.

㉣ 역할 : 스핀 또는 언더 · 오버 스티어가 발생하는 것을 제어함으로써 사전에 일어날 수 있는 사고를 미연에 방지하는 것이다.

81.

톱기어보다 고능률과 고속도를 자동적으로 내는 장치. 즉 증속용 보조변속기를 사용하는 것을 오버드라이브라고 하며, 특히 톱기어의 상단에만 사용하는 것을 오버 톱이라고 하며, 연료의 소비와 소음을 줄이며, 수명을 길게 한다.

Answer　　80.② 81.①

82 타이어 측면에 다음과 같이 표기되어 있다. 이 표기에서 타이어의 단면 높이는 얼마인가?

> 205/60R 17 84H

① 123mm
② 254mm
③ 341mm
④ 352.9mm

83 다음 중 제동력 저하의 원인이 아닌 것은?

① 마스터 실린더 고장
② 휠 실린더 불량
③ 릴리스 포크 변형
④ 베이퍼 록 발생

84 전자제어 현가장치에서 자동차 전방에 있는 노면의 돌기 및 단자를 검출하는 제어는?

① 스카이훅 제어
② 안티 쉐이크 제어
③ 안티 다이브 제어
④ 프리뷰 제어

85 다음 중 차량의 승차감과 관계가 없는 것은?

① 차량 출력
② 쇽업소버
③ 코일 스프링
④ 타이어

82.

편평비 = 단면 높이/단면 폭

$$60\% = \frac{x}{205}$$

$$x = 205 \times 0.6 = 123\,\text{mm}$$

83.

릴리스 포크는 릴리스 베어링 칼라에 끼워져 릴리스 베어링에 페달의 조작력을 전달하는 작동을 한다.

84.

자동차가 노면의 돌기나 단자를 카메라 또는 초음파로 검출하여 현가장치를 최적의 상태로 하기 위한 승차감을 향상시키는 제어를 프리뷰 제어라 한다.

85.

승차감은 현가장치와 관련 있는 장치이어야 한다.

Answer   82.①   83.③   84.④   85.①

86 다음 중 토인(toe-in)에 대한 설명으로 옳은 것은?

① 앞에서 볼 때 앞바퀴 중심선과 노면의 수직선이 이루는 각
② 옆에서 볼 때 앞바퀴의 조향축이 뒤로 기울어진 각
③ 차량(타이어)의 진행 방향과 바퀴 중심선 사이의 각
④ 위에서 차륜을 보았을 때 앞쪽이 뒤쪽보다 좁게 되어 있는 상태

87 자동 변속기의 구성요소 중 변속비를 결정하는 부품은 무엇인가?

① 유성기어
② 토크컨버터
③ 댐퍼 클러치
④ 싱크로메시 기구

88 다음 중 파워스티어링의 구성요소가 아닌 것은?

① 볼륨 캐니스터
② 유체냉각기
③ 릴리프 밸브
④ 피트먼 샤프트

89 다음 중 앞바퀴 정렬요소인 캐스터의 기능으로 잘못된 설명은?

① 주행 중 조향바퀴에 방향성을 부여한다.
② 조향하였을 때 직진 방향으로 복원력을 준다.
③ 타이어의 마멸을 감소시킨다.
④ 조향핸들의 조작력을 가볍게 한다.

86.

토인은 2개의 앞바퀴를 마치 안짱다리처럼 앞쪽이 약간 좁아져 안으로 향하고 있는 것을 말한다. 이렇게 함으로써 주행 때 직진성(直進性)과 스티어링 휠을 돌린 뒤의 복원성(復元性)이 좋아진다.

87.

유성기어 … 변속기 주축의 구동축에 고정되어 회전력을 전달하는 선 기어와, 변속기 주축의 피동축에 연결되어 구동력을 추진축으로 전달하는 링 기어 사이에서, 캐리어에 의해 지지되어 있는 기어로, 오버드라이브 기구의 한 구성 부품이다.

88.

캐니스터는 연료증발가스를 포집하는 역할을 한다.

89.

조향핸들의 조작력을 감소시키는 특징은 캠버와 킹핀 경사각의 기능이다.

Answer　　86.④　87.①　88.①　89.④

90 자동차결함 교통사고의 원인 중 동력전달장치 결함사고가 아닌 것은?

① 클러치 결함
② 추진축 결함
③ 변속기 오일 부족 및 누적
④ 페이드 현상

90.

제동장치에서 나타나는 현상 중 하나가 페이드 현상이다.

91 타이어의 골격 역할을 하고 공기압력을 견디고 충격 완화 역할을 하는 것은?

① 트레드　　　　　② 브레이커
③ 카커스　　　　　④ 비드

91.

카커스 … 타이어의 골격을 이루는 플라이와 비드 부분의 총칭으로, 타이어에서 트레드와 사이드 월 그리고 벨트(브레이커)를 제외한 것을 말한다.

92 현가장치의 종류 중 일체차축 현가방식의 특징으로 올바른 설명은?

① 스프링 밑 질량이 작다.
② 앞바퀴 시미 현상이 적다.
③ 선회 시 차체 기울기가 작다.
④ 스프링 정수가 적은 것을 사용한다.

92.

①②④ 독립차축 현가방식에 해당한다.

93 ABS(Anti Skid Brake System) 제동장치의 특징으로 옳지 않은 것은?

① 급제동시, 전륜고착으로 인한 조향능력 상실 방지
② 눈길, 미끄러운 길에서 조향능력과 제동 안정성 유지
③ 급제동시 차륜이 고착되지 않아 제동거리가 길어짐
④ 구조가 복잡하고 가격이 비쌈

93.

ABS 제동장치의 특징은 제동거리가 짧아지는 특성이다.

Answer　　90.④　91.③　92.③　93.③

94 다음 중 추진축으로 받은 동력을 마지막으로 감속시켜 회전력을 크게 하는 동시에 회전 방향을 직각 또는 직각에 가까운 각도로 바꾸어주는 역할을 하는 것은?

① 차동기어
② 최종감속기어
③ 추진축
④ 자재이음

95 자동차에서 발생할 수 있는 ㉠, ㉡ 현상을 억제하기 위한 장치는?

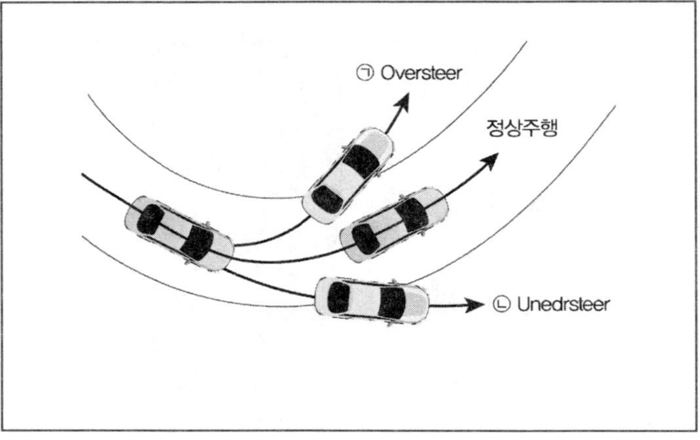

① EPS(Electronic Power Steering)
② ECS(Electronic Control Suspension)
③ VDCS(Vehicle Dynamic Control System)
④ SRS(Supplemental Restraint System)

94.

변속기에서 추진축을 거쳐서 전달된 동력을 감속한 후 직각에 가까운 각도로 바꾸어서 뒷차축에 전달하는 장치를 최종감속기어 장치라 한다.

95.

VDCS … 차량자세 제어시스템으로써 운전자의 스티어링 휠 조작과 차량의 주행상태를 감지하여 스핀이나 언더스티어(일정한 반지름이 원운동을 하고 있는 자동차가 속도를 빠르게 할 때 원의 반지름이 저절로 커지는 현상)가 발생하면, VDC는 이를 감지해 안쪽 또는 바깥쪽 바퀴에 제동을 가해 차량의 자세를 제어하는 시스템을 말한다.

Answer   94.② 95.③

96 자동차 휠 얼라인먼트 요소에서 다음 중 그 구성이 아닌 것은?

① 사이드 각(side-angle)　　② 토(toe)

③ 캠버(camber)　　④ 캐스터(caster)

97 ABS에서 고장이 발생하더라도 일반적인 브레이크는 작동이 되게 하는 기능은?

① 림프 홈 기능　　② 리커브 기능

③ 리졸브 기능　　④ 디스트리뷰트 기능

98 능동현가장치의 설명이 아닌 것은?

① 유압 액츄에이터는 압축된 유체의 에너지를 기계적인 운동으로 전환시킨다.

② 일정한 힘으로 각 타이어가 도로를 누르기 위해 유압을 사용한다.

③ 유압 액츄에이터는 유압을 한 방향으로만 움직이도록 한다.

④ 액츄에이터 센서는 타이어 힘의 변화를 감지한다.

96.

앞바퀴 정렬의 요소는 캠버, 캐스터, 킹핀경사각으로 구성되어 있다.

97.

림프 홈 기능 … 고장이 발생하여도 최저한도의 주행성능을 확보하는 것을 말한다.

98.

유압 액츄에이터는 유압을 양방향으로 움직일 수 있도록 작용한다.

Answer　96.①　97.①　98.③

기출PLUS

01 축전지

1 개요

(1) 개요

① 양과 음의 전극판과 전해액으로 구성되어 있어, 화학에너지를 전기에너지로 변환하여 전원으로 사용할 수 있는 장치이다.

② 자동차의 각 전기장치를 작동하게 하는 전원에는 축전지와 충전장치가 있다. 엔진이 운전 중일 때는 충전장치가 각 전기장치의 전원으로 작동하고 있으나, 엔진이 정지하고 있을 때나 기동할 경우에는 충전장치에서 전력을 공급받을 수 없고 필요한 전원은 축전지에서 얻어야 된다.

(2) 구분

① 1차전지

   ⊙ 방전되면 충전할 수 없으며, 1회만 사용할 수 있는 전지이다.

   ⓒ 대표적 1차전지에는 망가니즈 건전지가 있으며 최근에는 알카라인 전지가 많이 사용된다.

② 2차전지

   ⊙ 자동차에서 사용하는 전지로 여러 번 충전하여 재사용이 가능하다.

   ⓒ 화학적 에너지를 전기적 에너지로 변환하여 사용한 후 전기적 에너지를 화학적 에너지로 바꾸어 저장할 수 있다.

   ⓒ 2차 전지에는 납산 축전지와 알칼리 축전지가 있으며, 자동차용 축전지로는 납산 축전지가 사용되고 있다.

> **☆ Plus tip**
>
> **축전지의 구비조건**
> ⊙ 소형이며, 경량일 것
> ⓒ 내구성이 좋고 제작비가 적을 것
> ⓒ 저속충전이 가능하고 출력이 클 것

기출 2015. 10. 17. 경상남도 시행

자동차에 사용되는 축전지에 대한 설명으로 옳지 않은 것은?

① 축전지 셀의 음극판 수가 양극판 수보다 하나 더 많다.
② 충전 시 화학적 에너지가 전기적 에너지로 변환시켜 저장하고, 방전 시 전기적 에너지가 화학적 에너지로 바꾸어 저장된다.
③ 극판의 결리작용을 하는 격리판은 충분한 강성과 비전도성이어야 한다.
④ 축전지는 사용하지 않아도 스스로 방전을 한다. 이것을 자기 방전이라 한다.

기출 2015. 10. 17. 부산광역시 시행

축전지에 대한 설명 중 옳지 않은 것은?

① 격리판인 음극판의 개수가 양극판 개수보다 하나 더 많다.
② 충전 시 화학에너지를 전기적 에너지로 변환시켜 저장하고, 방전 시는 전기적 에너지가 화학에너지로 변환된다.
③ 사용을 하지 않아도 스스로 방전되는 것을 자기 방전이라 한다.
④ 격리판은 충분한 강성과 비전도성이어야 한다.

❮정답 ②, ②

② 축전지의 종류

(1) 알칼리 축전지

① 개요
- ㉠ 전해액으로 알칼리용액을 사용하는 축전지이다.
- ㉡ 양극에 수산화니켈을 사용하고 음극에 철을 사용한 에디슨전지와 음극에 카드뮴을 사용한 융그너전지가 있는데, 일반적으로 융그너전지가 널리 사용되고 있다.
- ㉢ 기전력은 1.35V 정도이다.

② 특징
- ㉠ 알칼리 축전지는 고율의 방전성능이 우수하고 과충전, 과방전 등 불리한 사용조건에서도 성능이 떨어지지 않으며 사용기간도 10 ~ 20년이나 된다.
- ㉡ 충전 · 방전 시 시간의 경과에 따라 전압이 급격히 변화하지 않아 시동성능이 우수하다.
- ㉢ 값이 비싸며 대량 공급이 곤란하여 일부 특수자동차에서만 사용된다.

(2) 납산 축전지

① 개요 : 납산 축전지는 제작이 쉽고 가격이 저렴하여 거의 모든 자동차가 사용하고 있으나, 중량이 무겁고 수명이 짧다.

② 구조 : 현재 가장 많이 사용되고 있는 납산 축전지의 경우 하나의 케이스 안은 여러 개의 작은 셀(Cell)로 나누어지고, 그 셀에 양극판과 음극판 및 전해액인 묽은 황산이 들어 있으며, 이들이 서로 화학반응을 일으켜 셀마다 약 2.1V의 기전력이 발생한다.

③ 구분
- ㉠ 건식 축전지
  - 건식 축전지는 완전히 충전된 상태에 있는 음극판이 산화되지 않도록 건조한 것과 양극판을 품질이 우수한 격리판으로 분리한 것이다.
  - 사용할 때까지 전해액을 넣어 두지 않는다.
  - 습기를 차단하고 밀봉해 장기간 보관할 수 있다.
  - 사용할 때는 제작회사가 지정한 비중의 묽은 황산을 넣고 잠시 충전한다.
- ㉡ 습식 축전지 : 제작회사에서 출고될 때 충전하고 전해액이 들어 있는 것과, 충전되지 않고 전해액이 들어 있지 않아 사용할 때 전해액을 넣고 오랜 시간 충전해야 하는 두 종류가 있다.

기출 PLUS

기출 2017. 6. 17. 경상북도 시행

다음 중 알칼리 축전지의 특징이 아닌 것은?

① 보수 및 취급이 용이하다.
② 수명이 매우 길다.
③ 충 · 방전 시 시간의 경과에 따라 전압이 급격히 변화하지 않아 시동성능이 우수하다.
④ 에너지 밀도가 약 25 ~ 35wh/kgf 정도로 높다.

기출 2024. 6. 22. 서울시 제2회 시행

내연기관에 사용하는 납산축전지의 구조에 대한 설명으로 가장 옳은 것은?

① 12V 축전지 케이스 속에는 6개의 셀(cell)이 병렬로 연결되어 있다.
② 양극판은 과산화납으로, 음극판은 해면상납으로 되어있다.
③ 양극판은 음극판과의 화학적 평형을 고려하여 1장 더 많다.
④ 납산축전지의 격리판은 전도성이어야 한다.

기출 2022. 7. 16. 전라남도 시행

납산축전지의 구조에 대한 설명으로 틀린 것은?

① 극판의 수가 많아지면 용량이 커진다.
② 격리판은 양극과 음극사이에 위치해야 하며 전해액이 통하지 않아야 한다.
③ 단자의 기둥은 음극보다 양극이 커야 한다.
④ 전해액으로는 묽은 황산을 사용한다.

◀ 정답 ④, ②, ②

자동차용 납산 축전지의 수명을 단축시키는 원인으로 가장 옳지 않은 것은?

① 전해액 부족으로 인한 극판의 노출
② 과다 방전으로 인한 극판의 영구 황산납화
③ 전해액의 비중이 낮은 경우
④ 방전 종지전압 이상의 충전

축전지 케이스에 균열이 일어나는 원인으로 가장 적절한 것은?

① 발전기 및 발전기 조정기 결함
② 양극단자 쪽 셀 커버 부풀어 오름
③ 축전지 케이블 연결 불량
④ 전해액 빙결

다음 중 납산 축전지의 구성에 대한 설명으로 틀린 것은?

① 양극판은 과산화납(PbO$_2$)로 구성되어 있다.
② 음극판은 해면상납(pb)로 구성되어 있다.
③ 격리판은 플라스틱으로 구성되어 있다.
④ 전해액은 순수한 황산으로 구성되어 있다.

다음 중 축전지 격리판의 구비조건으로 틀린 것은?

① 전도성일 것
② 다공성일 것
③ 전해액의 확산이 잘될 것
④ 전해액에 부식되지 않을 것

◀정답 ④, ④, ④, ①

---

③ 자동차용 납산 축전지의 수명을 단축시키는 원인
　ㄱ 충전 부족 및 과다 방전에 의한 극판의 영구 황산납화
　ㄴ 과다 충전에 의한 전해액 온도 상승
　ㄷ 격리판의 열화 및 양극판, 음극판의 균열
　ㄹ 전해액 부족으로 인한 극판의 노출 및 불순물 유입
　ㅁ 전해액 비중이 너무 높거나 낮음
　ㅂ 극판의 단락 및 탈락

❸ 축전지의 구성

(1) 케이스

① 극판군과 전해액을 넣는 상자로서 충격이나 산(酸)에 강하다.

② 전기적으로 절연체이어야 하기 때문에 에보나이트나 투명한 합성수지 등이 사용되고 있다.

(2) 극판

① 극판은 양극판과 음극판이 있으며 격자(Grid) 속에 산화납의 가루를 묽은 황산으로 개서 풀 모양으로 된 것을 충전·건조한 다음 전기 화학처리를 하면 양극판은 다갈색의 과산화납(PbO$_2$)으로, 음극판은 해면모양의 다공성이 풍부한 납(pb)의 작용물질로 변화한다.

② 극판의 두께는 2~3mm의 것이 사용되고 있다. 최근에는 1.5mm 정도의 극판이 생산된다.

(3) 격리판

① 양(+)극판과 음(−)극판 사이에 설치하며 양극판이 단락되는 것을 방지한다.

② 격리판의 구비조건
　ㄱ 전해액에 부식되지 않아야 한다.
　ㄴ 비전도성이어야 한다.
　ㄷ 다공성이어야 한다.
　ㄹ 기계적인 강도가 있어야 한다.
　ㅁ 전해액의 확산이 잘 이루어져야 한다.

(4) 극판군

① 극판군은 하나의 단전지(1셀)를 말한다.

② 음극판이 양극판보다 극판군이 1장 더 많다.

③ 셀당 기전력은 약 2.1V 정도이다. 그러므로 12V의 축전지라면 6개의 셀을 직렬로 연결한 것이다.

(5) 커넥터

① 셀을 직렬로 접속하기 위해 셀의 음극과 이웃한 셀의 양극을 커넥터로 접속한다.

② 커넥터는 큰 전류가 흘러도 파열되거나 전압이 강화되지 않도록 단면적이 큰 납합금으로 되어 있다.

(6) 단자

① 축전지의 단자는 양극단자와 음극단자가 있으며, 외부 회로와의 접속·분리가 쉽고 또 확실하게 접촉되도록 테이퍼로 되어, 아랫부분은 굵으며 끝부분은 가늘게 되어 있다.

② 단자는 납합금으로 되어 있다.

③ 양극단자는 직경이 크고 ⊕ 또는 P로 표시하며 붉은 색이다. 음극단자는 직경이 작으며 ⊖ 또는 N으로 표시하며 회색 또는 검은색이다.

(7) 전해액

① 전해액은 증류수에 황산을 회석시킨 무색, 무취의 묽은 황산이다.

② 전류를 저장, 발생시키는 작용을 하며 셀내부의 전류를 전도시킨다.

③ 전해액의 비중은 완전 충전상태(20℃)에서 1,240, 1,260, 1,280의 3종류를 사용하며, 전해액의 비중과 온도는 반비례한다.

④ 전해액의 비중은 온도 1℃당 0.0007씩 변한다.

> 🐾 **Plus tip**
> 전해액의 비중(표준온도 20℃ 기준)
> ㉠ 열대지방 : 1,240
> ㉡ 온대지방 : 1,260
> ㉢ 한랭지방 : 1,280

기출 2017. 6. 17. 강원도교육청 시행

다음 중 납산 축전지의 설명으로 잘못된 것은?

① 화학적 평형을 고려하여 셀당 음극판을 양극판보다 1장 더 둔다.

② 양극은 해면상납(Pb), 음극은 과산화납(PbO_2)으로 구성되어 있다

③ 배터리 단자의 굵기는 양극이 음극보다 더 굵다.

④ 축전지를 탈착할 때에는 접지 터미널을 먼저 풀고, 설치할 때에는 나중에 설치한다.

기출 2021. 5. 1. 전라북도 시행

다음 중 자동차 배터리에 대해 잘못 설명하고 있는 것은?

① 전해액의 비중이 낮아지면, 자기방전은 커진다.

② 전해액의 온도가 낮으면, 비중은 커진다.

③ MF 배터리는 사용하는 기간 동안 전해액을 보충할 필요가 없다.

④ 배터리는 사용하지 않고 방치하면 화학작용에 의해 자기방전을 일으킨다.

◀ 정답 ②, ①

📢 축전지의 구조

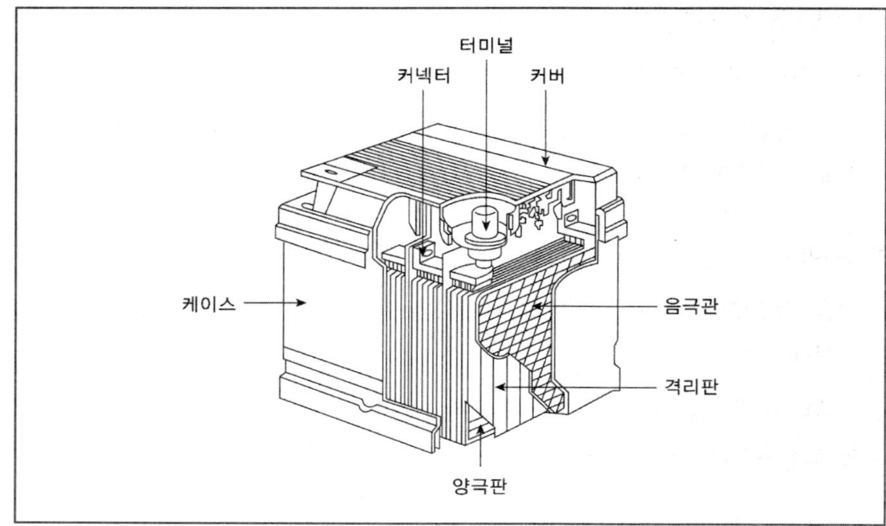

④ 축전지의 특성

(1) 축전지의 용량

① 충전한 축전지를 방전했을 때 규정 전압으로 내려갈 때까지 낼 수 있는 전기량으로, 보통 암페어시(Ah)로 나타낸다.

② 축전지의 용량은 극판의 크기, 극판의 수, 전해액의 양에 따라 정해진다.

③ 용량의 표준온도는 25℃이다.

④ 축전지의 용량은 비중(전해액 속에 들어 있는 황산의 양)에 따라 달라진다.

⑤ 축전지 연결에 따른 용량과 전압의 변화
   ㉠ **직렬연결**: 전압은 상승하나 용량은 변하지 않는다.
   ㉡ **병렬연결**: 전압은 변하지 않으나 용량은 증가한다.
   ㉢ **직·병렬연결**: 전압과 용량이 동시에 증가한다.

(2) 방전

① 방전종지전압

　　㉠ 축전지를 사용하는 경우단자 전압이 0으로 되기까지 방전시키지 않고, 어느 한도의 전압까지 강하하면 방전을 멈추게 한다. 이 때의 전압을 방전종지전압이라 한다.

　　㉡ 1셀당 1.75V이며 방전종지전압 이하로 내려가면 재충전을 할 수 없다.

② 자기방전

　　㉠ 개념 : 충전된 축전지를 방치하여 두면 사용하지 않아도 조금씩 자연 방전하여 용량이 감소된다. 이 현상을 자기방전이라 한다.

　　㉡ 자기방전의 원인

　　　• 구조상 부득이한 것 : 음극판의 작용물질인 해면모양의 납이 황산과의 화학작용으로 황산납이 되면서 수소가스를 발생시키고 자기방전 된다.

　　　• 불순물에 의한 것 : 전해액에 포함되어 있는 불순 금속에 의해 국부전지가 구성되어 자기방전 된다.

　　　• 누전에 의한 것 : 축전지 표면에 전기회로가 형성되어 전류가 흐르기 때문에 자기방전 된다.

　　　• 단락에 의한 것 : 극판의 탈락된 작용물질이 축전지 내부의 아래 부분이나 옆 부분에 퇴적되거나 격리판이 파손되면 양극판이 단락되어 자기방전 된다.

③ 자기방전량의 표시 : 방전량은 축전지 용량의 백분율(%)로 표시한다.

④ 방지책 : 자기방전을 감소시키기 위해서는 축전지를 되도록 어둡고 통풍이 잘 되는 찬 곳에 보관하는 것이 좋다.

⑤ 정기적 충전 : 축전지를 장기간 방치하여 두면 극판이 불활성 황산납으로 되어 다음에 충전하여도 원래의 상태로 되돌아가지 않는다.

(3) 설페이션(sulfation) 현상

① 개념

　　㉠ 설페이션은 축전지 극판이 황산납으로 결정체가 되는 것으로, 축전지를 방전 상태로 장기간 방치하면 극판이 불활성 물질로 덮이는 현상을 말한다.

　　㉡ 극판이 영구적으로 황산납으로 변화하게 되면 원래의 작용물질로 환원되지 않는다.

② 설페이션(sulfation) 현상의 원인

　㉠ 과방전하였을 경우

　㉡ 장기간 방전 상태로 방치하였을 경우

　㉢ 전해액의 비중이 너무 낮을 경우

　㉣ 전해액의 부족으로 극판이 노출되었을 경우

　㉤ 전해액에 불순물이 혼입되었을 경우

　㉥ 불충분한 충전을 반복하였을 경우

❺ 축전지의 충전

(1) 초충전

축전지를 만든 후 전해액을 넣고 처음으로 활성화하기 위한 충전을 말한다.

① **습식 축전지**: 제작회사가 지정한 비중의 전해액을 넣고 2시간 이상 12시간 이내에 축전지의 20시간률 또는 그 1/2 정도의 전류로 60 ~ 70시간 연속 충전한다.

② **건식 축전지**: 제작회사가 지정한 비중의 전해액을 넣어서 충전한다.

(2) 보충전

사용 중 소비된 용량을 보충하거나 자기방전에 의해 용량이 감소된 경우에 충전하는 것으로 보통 2주마다 한다.

① **보통 충전**

　㉠ **정전류 충전**: 충전할 때 처음부터 끝까지 일정한 전류로 충전하는 방법이며, 축전지 용량의 10% 정도의 전류로 충전한다.

　㉡ **단별전류 충전**: 충전중의 전류를 단계별로 감소시키며 충전한다. 충전말기에 충전전류를 감소시키기 때문에 가스 발생시의 전력손실과 위험을 방지한다.

　㉢ **정전압 충전**: 처음부터 끝까지 일정전압으로 충전하고 충전이 끝나면 정전류 충전으로 비중을 조정한다.

② **급속 충전**: 시간을 줄이기 위하여 대전류(용량의 50%)로 충전하나, 축전지의 수명을 단축시키므로 긴급한 때 이외에는 사용하지 않는다.

(3) 충전시 주의사항

① 충전장소는 환기장치를 하고 화기를 멀리한다.

② 축전지의 온도가 45℃ 이상이 되지 않게 한다.

③ 각 셀의 필러플러그를 열어 놓는다.

④ 원칙적으로 직렬접속으로 충전한다.

⑤ 과충전(열이 나고 케이스나 단자가 솟아오름)이 되지 않도록 한다.

⑥ 축전지를 떼어내지 않고 급속충전할 때는 양쪽 케이블을 분리한다.

02 점화장치

1 축전지식 점화장치

(1) 축전지

자동차에 사용되는 축전지는 납산 축전지이다.

> **Plus tip**
> 축전지 점화식 점화장치 점화순서
> 축전지 → 점화스위치 → 점화코일 → 로터 → 배전기 → 점화플러그 → 방전

(2) 점화스위치

① **개념** : 전기 점화 계통의 일부에 설치된 스위치를 말하며, 점화장치 회로의 전류를 단속하여 엔진을 기동시키거나 정지시키는 것으로 운전석에서 키로 여닫는다.

② **구조** : 자동차 엔진에서는 시동 스위치와 겸하고 있으며, 1단에는 점화스위치가 작동하고, 2단에서는 시동스위치가 작동하는 형식이 대부분이다.

(3) 점화코일

① **개념** : 점화플러그가 불꽃방전을 할 수 있도록 축전지나 발전기의 낮은 전압을 높은 전압으로 바꾸는 유도 코일로, 이그니션 코일이라고도 한다.

② **구조**

 ㉠ 1차코일은 중앙에 두께 0.3mm의 규소 강판을 겹친 철심(鐵心)을 놓고, 위에 지름 0.5~0.8mm의 에나멜선을 200~500회 감겨있다.

 ㉡ 2차 코일은 0.06~0.08mm의 에나멜선을 1,700~3,000회 감겨있다.

(4) 배전기

① **개념** : 점화코일에서 유도된 고압의 전류를 엔진의 점화순서에 따라 각 실린더의 점화플러그에 배분하는 역할을 하는 장치이다.

② **기능** : 점화코일의 단속기에서 발생한 고전압 펄스는 배전기 중앙에 있는 배전자의 회전에 의해서 그 주위에 배치된 점화플러그의 단자에 질서 있게 차례로 전달된다.

(5) 고압 케이블

① **개념** : 고압 케이블은 점화코일에서 발생된 고압전류를 점화코일의 2차 단자에서 배전기 캠의 중심단자에, 그리고 배전기 캡의 측방단자에서 점화플러그로 흐르게 하는 $10k\Omega$의 저항을 둔 고압선이다.

② **기능** : 고주파 전류를 막기 위한(라디오나 통신기의 잡음방지) 것이다.

(6) 점화플러그

① **개념** : 점화플러그는 실린더 헤드에 나사로 꽂혀 있으며 점화코일의 2차 코일에서 발생하는 고압전류를 중심 전극을 통하여 접지 전극과의 사이에서 불꽃방전을 일으켜 혼합기에 점화하는 역할을 하는 장치이다.

② **기능** : 내연기관의 실린더헤드에 장착되어 있다. 전지를 접속한 1차코일을 단속하고 2차코일에서 발생한 고압전류를 점화플러그의 중심전극에 유도하여 실린더에 나사맞춤된 접지 쪽 전극 사이에 불꽃을 튕겨서 점화한다.

④ **점화플러그의 구비조건**

 ㉠ 고온에 견딜 수 있어야 하고, 급격한 온도 변화에도 견딜 수 있어야 한다.

 ㉡ 엔진의 진동에 의한 충격뿐만 아니라, 급변하는 압력에도 견딜 수 있는 기계적 강도가 필요하다.

 ㉢ 화학적 침식에 견디어야 한다.

 ㉣ 고온 고압에 의해 가스가 블로바이 되지 않도록 기밀을 유지해야 한다.

 ㉤ 엔진운전 중 전극 부근은 400 ~ 800℃ 정도의 온도로 유지되어야 한다.

 ㉥ 절연성이 좋아야 한다.

기출 2016. 5. 21. 전라북도 시행

다음 중 점화플러그의 성능을 결정하는 데 가장 중요한 요소는?

① 점화플러그의 열방산 정도
② 점화플러그의 방전 전압
③ 점화플러그의 절연도
④ 점화플러그의 저항

기출 2016. 6. 25. 서울특별시 시행

점화플러그가 갖추어야 할 조건으로 옳지 않은 것은?

① 열의 발산(방산)이 느릴 것
② 기계적 충격에 잘 견딜 것
③ 기밀 유지가 가능 할 것
④ 열적 충격 및 고온에 견딜 것

《정답 ①, ①

③ 구조

 ㉠ 점화 플러그의 절연은 중요하며, 절연재료로서는 자기, 알루미늄규산염, 산화알루미늄, 운모 등이 사용된다.

 ㉡ 주요부분은 중심전극, 접지전극, 절연체, 동체로 이루어져 있다.

❷ 반도체 점화장치

(1) 반도체 점화장치의 특징

① 전류의 차단·저속성능 안정

② 고속성능 향상

③ 착화성 향상

④ 신뢰성 향상

⑤ 전자제어 가능

(2) 트랜지스터식 점화장치

① 저속이나 고속에서 엔진의 성능을 향상시키고 점화장치의 신뢰성이 향상되어 점화시기를 정확하게 제어할 수 있다.

② 2차 코일에서 안정된 고전압을 얻을 수 있는 점화장치로 접점식과 무접점식이 있다.

> 🛎 **Plus tip**
>
> **트랜지스터의 장점**
> ㉠ 소형·경량이며 기계적으로 강하다.
> ㉡ 내부의 전압강하가 매우 낮다.
> ㉢ 수명이 길고 내부에서 전력손실이 적다.
> ㉣ 예열하지 않고 곧 작동한다.

(3) 축전기식 점화장치(CDI ; Condenser Discharge Ignition)

① 개념 : 축전기에 400V 정도의 직류전압을 충전시켜 놓고, 점화시 점화코일에 1차 코일을 통하여 급격히 방전시켜 2차 코일에 고전압을 발생시키는 점화장치이다.

기출 PLUS

기출 2020. 10. 17. 부산광역시 시행

다음 중 트랜지스터의 특징으로 잘못된 설명은?

① 기계적으로 강하고, 수명이 길며 무겁다.
② 내부에서 전압강하가 매우 적다.
③ 내부에서 전력 손실이 적다.
④ 정격값 이상으로 사용하면 파손되기 쉽다.

기출 2019. 6. 15. 서울시 제2회 시행

축전기(condenser)의 정전용량에 대한 설명으로 가장 옳지 않은 것은?

① 금속판 사이의 거리에 비례한다.
② 상대하는 금속판의 면적에 비례한다.
③ 금속판 사이 절연체의 절연도에 비례한다.
④ 가해지는 전압에 비례한다.

◀ 정답 ①, ①

기출PLUS

② **구분**: CDI 점화장치에도 접점식과 무접점식이 있으며, 축전기를 충전하는 방식에는 축전지를 이용하는 방식과 고압 자석식 발전코일을 이용하는 방식이 있다.

③ **특징**

㉠ 전파 장애가 없어 전자제어장치에 유리하다.

㉡ 배전기에 의한 누전이 없다.

㉢ 고속 시엔 2차 고전압의 변화가 작고 저속에서 안전성이 크다

㉣ 점화플러그의 오손 등으로 2차회로의 누설이 많은 경우에도 2차전압의 강하가 적다.

(4) 전자제어식 점화장치

① **고강력 점화방식**(HEI ; High Energy Ignition)

㉠ **개념**: 엔진의 회전수, 부하, 온도의 상태를 각종 센서가 감지하여 전자제어유닛(ECU)에 입력하면, ECU가 점화시기를 연산하여 1차 전류를 차단하는 신호를 파워 트랜지스터로 보내 고압의 2차전류를 발생하게 하는 원리로 된 점화장치이다.

㉡ **특징**: 내열성이 우수하며, 성능이 안정되어 있고 점화 진각장치가 없다.

② **전자배전 점화시스템**(DLI ; Distributor Less Ignition)

㉠ **개념**: 진각장치와 2차 전류의 분배장치를 사용하지 않고 점화시기를 감지하는 센서의 전기신호를 컴퓨터로 보내 진각을 하고 이그니션 코일을 점화플러그의 바로 옆에 설치하여 고전압의 2차 전류를 발생시켜 점화하는 시스템이다.

㉡ **특징**

- 전파방해가 없어 다른 전자제어장치에도 유리하고 내구성과 신뢰성이 높다.
- 배전기로 고전압을 배전하지 않기 때문에 누전이 발생하지 않는다.
- 배전기 내의 에어갭이 없어 로터와 고압 단자사이의 전압 에너지 손실이 적다.
- 배전기 캡 내부로부터 발생하는 전파 잡음이 없다.
- 진각 폭에 제한을 받지 않는다.
- 점화시기가 정확하고 점화성능이 우수하다.

> **♧ Plus tip**
>
> 전자제어 점화장치의 점화시기 제어 순서
> 각종 센서 → ECU → 파워 트랜지스터 → 점화코일

기출 2022. 6. 18. 인천광역시 시행

다음 중 DLI 전자배전 점화방식의 특징으로 옳지 않은 것은?

① 배전기에 의한 누전이 없다.
② 배전기와 로터에 의한 고전압 에너지 손실이 없다.
③ 배전기식은 로터와 전극 사이로부터 진각폭의 제한을 받으나 DLI는 점화 진각폭의 제한을 받지 않는다.
④ 높은 전압의 출력을 감소시키면 방전 유효에너지가 감소된다.

기출 2015. 10. 17. 경상남도 시행

다음 중 DLI(전자배선 점화방식, Distributor Less Ignition)의 특징으로 옳지 않은 설명은?

① 로터와 배전기 캡 전극 사이의 높은 전압 에너지 손실이 없다.
② 배전기 누전이 없다.
③ 전파 장애가 없어 전자제어장치에 유리하다.
④ 고전압 출력을 작게 하면 방전 유효 에너지가 감소한다.

◁정답 ④, ④

03 기동장치

① 기동장치의 개요

(1) 개념과 구성

① **개념** : 자동차의 엔진은 자기 스스로 시동 능력이 없으므로 초기에 엔진을 회전시켜 폭발하게 해 주어야 하는데 이 때 엔진을 회전시키는 데 필요한 장치를 시동장치라고 한다.

② **구성** : 자동차기관의 기동장치는 기본적으로 기동전동기, 축전지, 시동스위치, 시동 릴레이 등으로 구성된다.

(2) 종류

① **직권식** : 짧은 시간에 큰 회전력이 요구되는 자동차에 가장 알맞은 형식으로, 계자 코일과 전기자 코일이 직렬로 연결되어 있는 장치이다.

② **분권식** : 계자 코일과 전기자 코일이 병렬로 연결되어 있는 장치로, 회전속도는 일정하나 토크가 비교적 적다.

③ **복권식** : 계자 코일과 전기자 코일이 직·병렬로 연결되어 있는 장치이다.

(3) 기동장치의 구비 요건

① 언제 어디서나 기온이나 환경에 관계없이 바로 기동할 수 있어야 한다.

② 견고하고 내구성이 있어야 한다.

③ 소형, 경량이어야 한다.

④ 기계적인 충격에 강해야하고 방수가 좋아야 한다.

> ☆ **Plus tip**
>
> **플레밍의 왼손 법칙**(Fleming's left hand rule)
> 전동기의 기본원리와 관계가 깊다. 자기장 속에 있는 도선에 전류가 흐를 때 자기장의 방향과 도선에 흐르는 전류의 방향으로 도선이 받는 힘의 방향을 결정하는 규칙으로 왼손의 검지를 자기장의 방향, 중지를 전류의 방향으로 했을 때, 엄지가 가리키는 방향이 도선이 받는 힘의 방향이 된다.

기출 2025. 6. 21. 서울시 제1회 시행

차량용 직류 직권식 스타터 모터의 특징으로 가장 옳은 것은?

① 구조가 복잡하고 회전속도 변화가 큰 것이 단점이다.
② 회전속도가 일정한 장점이 있으나, 회전력이 작은 단점이 있다.
③ 기동 시 회전력이 크고 기동 후 회전속도가 일정하다.
④ 부하를 크게 하면 회전속도가 느려지고, 흐르는 전류가 증가한다.

❮ **정답** ④

기출 2020. 6. 13. 서울시 제2회 시행

〈보기〉의 자동차용 기동전동기 구성 부품 중 회전하는 것을 가장 옳게 짝지은 것은?

┌ 보기 ┐
ㄱ 계철과 계자철심
ㄴ 브러시와 브러시 홀더
ㄷ 정류자
ㄹ 마그네틱 스위치
ㅁ 전기자
ㅂ 계자코일

① ㄱㄹ   ② ㄴㅁ
③ ㄷㅁ   ④ ㄷㅂ

기출 2024. 2. 24. 서울시 제1회 시행

〈보기〉에서 기동전동기의 주요 부분에 대한 설명으로 가장 옳은 것을 모두 고른 것은?

┌ 보기 ┐
ㄱ 계자는 전기자코일에 전류를 흐르게 하는 부분이다.
ㄴ 정류자는 자계를 발생시키는 부분이다.
ㄷ 전기자는 토크가 발생하는 부분이다.
ㄹ 솔레노이드 스위치는 축전지의 주 전류를 단속하는 부분이다.

① ㄱ, ㄷ   ② ㄱ, ㄹ
③ ㄴ, ㄷ   ④ ㄷ, ㄹ

기출 2022. 6. 18. 경상북도 시행

다음 축전지에서 시동전동기에 전류가 흐를 때 시동전동기의 큰 전류를 단속하고 구동 피니언이 링기어에 물리는 역할을 하는 부품은?

① 전기자
② 전자스위치
③ 정류자
④ 브러시와 브러시 홀더

◀정답 ③, ④, ②

❷ 기동 전동기의 구조와 기능

(1) 전동기부

① **전기자** : 전기자는 축, 철심, 전기자 코일, 정류자 등으로 구성된다.

② **정류자** : 정류자는 경동으로 만든 정류자편을 원형으로 조립한 것이다.

③ **계철과 계자 철심**
　㉠ **계철** : 자력선의 통로가 되며, 전동기의 틀이 되는 것이다. 안쪽 면에는 계자코일을 지지하고 자극이 되는 계자 철심이 나사로 고정되어 있다.
　㉡ **계자 철심** : 계자 코일을 감아서 전류가 흐르면 전자석이 된다. 계자 철심의 수에 따라 전자석의 수가 정해지며, 계자 철심이 4개이면 4극이라고 한다.

④ **계자 코일** : 계자 철심에 감겨져 자력을 일으키는 코일을 말하는 것이다.

⑤ **브러시와 브러시홀더** : 브러시는 브러시홀더에 지지되어 있으며 정류자를 통하여 전기자 코일에 전류를 출입시키는 장치로 보통 4개(절연된 홀더에 지지된 것 2개, 접지된 홀더에 지지된 것 2개)를 사용한다.

(2) 동력전달기구

전동기에서 발생한 회전력(토크)을 피니언 기어를 통하여 플라이휠에 전달하여 엔진을 회전시키는 장치이다.

① **벤딕스식(관성 섭동형)** : 피니언의 관성과 직권 전동기가 무부하상태에서 고속 회전하는 성질을 이용한 방식이다.

② **피니언 섭동식(전자식)** : 전자식 스위치인 솔레노이드를 사용해서 피니언의 섭동과 기동 전동기 스위치를 개폐하는 방식으로, 현재 가장 많이 사용된다.

③ **전기자 섭동식** : 피니언이 전기자축에 고정되어 있어 두 개가 동시에 링기어에 물리는 방식이다.

(3) 오버 러닝 클러치

① **기능** : 엔진이 기동된 다음 엔진에 의해 전동기가 고속으로 회전하는 것을 방지하는 것으로 전동기의 회전력은 엔진쪽으로 전달이 되지만 엔진쪽으로부터 전동기에는 회전력이 전달되지 않는다.

② **종류** : 오버 러닝 클러치는 롤러식, 스프래그식, 다판 클러치식이 있으며 피니언 섭동식과 전기자 섭동식에 사용된다.

> 💡 **Plus tip**
>
> **기동전동기의 회전이 느린 원인**
> ㉠ 축전지 과방전으로 전압이 낮을 때
> ㉡ 축전지 불량으로 전압이 낮을 때
> ㉢ 정류자가 소손되었을 때
> ㉣ 계자코일이 단락되었을 때
> ㉤ 브러시 스프링 장력이 약할 때
> ㉥ 전기자 코일이 접지되었을 때
> ㉦ 전기자축 부싱이 마모되었을 때
> ◎ 축전지 케이블이 접촉 불량일 때

04 충전장치

❶ 개념 및 구비조건

(1) 충전장치의 개념 및 구성

① **개념** : 충전장치는 주행중인 자동차의 전기장치에 전기를 공급하고 기동시 소모된 축전지를 충전하는 일련의 장치이다.

② **구성** : 충전장치는 발전기에 따라 직류(DC) 충전장치와 교류(AC) 충전장치가 있으며 교류(AC) 충전장치가 주로 사용되고 있다. 충전장치는 발전기, 발전기 조정기, 전류계와 충전경고등 등으로 구성된다.

(2) 충전장치의 구비조건

① 소형, 경량이어야 한다.

② 저속, 고속에 관계없이 충전이 가능해야 한다.

③ 출력이 크고 맥동없이 안정되어야 한다.

④ 전파장애나 불꽃이 발생하지 않아야 한다.

⑤ 정비, 점검이 쉽고 내구성이 좋아야 한다.

다음 중 기동전동기의 회전이 느린 원인이 아닌 것은?

① 솔레노이드 스위치 작동 불량
② 축전지 케이블 접촉 불량
③ 브러시 및 정류자 접촉 불량
④ 정류자 소손

◀ 정답 ①

📢 충전장치의 구조

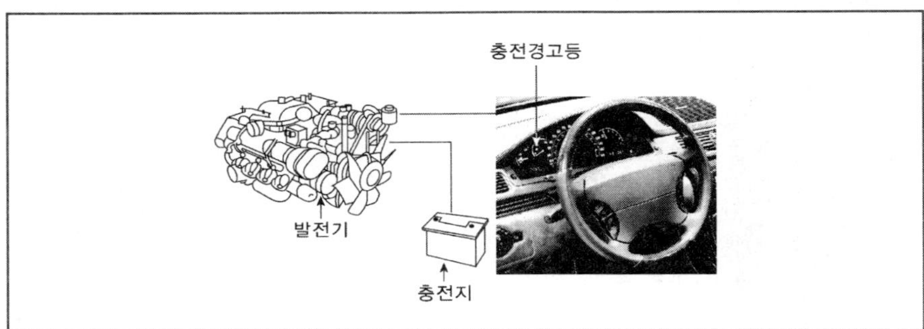

❷ 충전장치

(1) 직류(DC) 충전장치

① 직류 발전기는 전자유도작용에 의해 기전력이 발생하며, 전기자 코일에 발생한 교류를 정류자와 브러시로 정류하여 직류 전류를 얻는 것이다.

② 직류 발전기는 출력제어의 문제 때문에 자여식 분권방식이 사용되며, 처음에는 계자 철심에 남아있던 잔류 자기에 의해 발전된다.

③ 직류 발전기의 구조

　㉠ **전기자** : 계자 내에서 회전하여 전류를 발생시키며, 전기자 축과 정류자로 되어 있다.

　㉡ **계철과 계자 철심** : 계철은 자력선의 통로가 된다.

　㉢ **계자 코일** : 계자 철심 주위에 감겨있는 계자 코일에 전류가 흐를 때 계자 철심에 자화하도록 되어 있다.

　㉣ **브러시** : 브러시는 정류자에 스프링의 압력으로 접촉되어 전기자에서 발생한 전류를 정류하여 외부에 내보내는 일을 한다.

④ 직류 발전기의 조정기

　㉠ **전압 조정기** : 전압 조정기는 발전기의 전압을 일정하게 유지하는 역할을 하는 장치로, 발생 전압이 규정값보다 커지면 계자 코일에 직렬로 저항을 넣어 발생 전압을 저하시키고, 발생 전압이 낮아지면 저항을 빼내어 발생 전압이 높아지게 한다.

　㉡ **전류 조정기** : 전류 조정기는 발전기의 발생 전류를 조정하여 과대 전류에 의한 발전기의 소손을 방지하는 장치이다.

ⓒ 컷 아웃 릴레이 : 컷 아웃 릴레이는 발전기가 정지되어 있거나 발생 전압이 낮을 때 축전지에서 전류가 역류하는 것을 방지하는 역할을 하는 장치이다.

(2) 교류(AC) 충전장치

① 교류 발전기는 회전속도에 관계없이 양호한 충전을 할 수 있는 장치이다.

② 교류 발전기의 스테이터 코일에서 발생한 전류는 교류이므로 실리콘 다이오드로 정류하여 직류로 바꾸어 충전하거나 전장품의 전력으로 공급을 한다.

③ 회전자(로터), 고정자(스테이터), 조정기(레귤레이터), 정류기(렉티파이어) 등으로 구성되어 있다.

④ 교류 발전기의 특징
  ㉠ 소형, 경량이고 속도 변동에 따른 적응범위가 넓다.
  ㉡ 가동이 안정되어 있어서 브러시의 수명이 길다.
  ㉢ 역류가 없어서 컷 아웃 릴레이가 필요없다.
  ㉣ 브러시에는 계자 전류만 흐르기 때문에 불꽃 발생이 없고 점검 · 정비가 쉽다.
  ㉤ 다이오드를 사용하기 때문에 정류 특성이 좋다.
  ㉥ 저속에서도 충전성능이 우수하다.

⑤ 교류 발전기의 구조
  ㉠ 스테이터
  • 얇은 규소 강판을 여러 장 겹쳐 만든 철심(스테이터 코어)과 세 가닥의 독립된 스테이터 코일로 되어 있다.
  • 엔트 프레임에 고정되어 있다.
  ㉡ 로터
  • 발전기, 전동기, 터빈, 수차 등의 회전 기계에서 회전하는 부분을 통틀어 이르는 말이며, 회전자라고도 한다.
  • 로터는 로터 철심(코어), 로터 코일, 슬립링 및 로터축으로 구성되어 있다.
  • 점화 디스트뷰터에서 로터는 디스트리뷰터 축의 상단에 부착되고 캡의 중앙 단자와 접촉하고 있다.
  • 로터가 회전할 때 캡 둘레의 외부 단자에 높은 전압 펄스를 전도한다.
  • 알터네이터에서, 로터는 엔진 구동 벨트로 회전되는 전자석으로 도체(고정자)에 잘려 AC 전압을 유도하는 자력선을 일으킨다.

기출PLUS

기출 2019. 6. 15. 서울시 제2회 시행

자동차용 발전기 중 직류발전기에 비해 교류발전기가 가지는 특징에 대한 설명으로 가장 옳지 않은 것은?

① 소형, 경량이며 저속에서도 충전이 가능한 출력 전압이 발생한다.
② 회전부분에 정류자를 두지 않으므로 허용 회전속도 한계가 높다.
③ 전압조정기가 필요 없다.
④ 실리콘 다이오드로 정류하므로 대체로 전기적 용량이 크다.

기출 2022. 6. 18. 서울특별시 시행

자동차용 교류발전기 구성 부품 중 로터(Rotor)에 대한 설명으로 가장 옳지 않은 것은?

① 로터는 직류발전기의 전기자코일과 전기자철심에 상당하며 자속을 만든다.
② 로터는 로터철심, 로터코일, 슬립링, 로터축 등으로 구성되어 있다.
③ 로터는 크랭크 풀리와 벨트로 연결되어 회전하는 부분이다.
④ 로터코일은 브러시와 슬립링을 통해 들어온 여자전류로 자장을 발생시킨다.

기출 2025. 6. 21. 서울시 제1회 시행

차량용 교류발전기의 구성품으로 가장 옳지 않은 것은?

① 로터　　　② 정류자
③ 슬립링　　④ 스테이터

기출 2015. 8. 8. 전라남도 시행

발전기 V 벨트에 연결되어 자속이 발생하며, 직류발전기의 계자코일과 계자철심에 해당하는 것은?

① 로터　　　② 스테이터
③ 정류기　　④ 브래킷

◀정답 ③, ①, ②, ①

ⓒ 브러시
- 돌아가는 발전기나 전동기의 정류자(整流子)에 닿아서 밖으로 전류를 끌어내거나 밖으로부터 전류를 끌어들이는 장치이다.
- 로터축에 연결된 슬립링 위를 섭동하면서 로터 코일에 여자 전류를 공급한다.
- 교류 발전기에 사용되는 브러시는, 스프링 장력으로 슬립링에 접촉되어 하나는 전류를 로터 코일에 공급하고, 다른 하나는 전류를 유출한다.
- 브러시는 로터가 작동하는 동안 슬립링과 미끄럼 접촉을 하고 있으므로, 접촉 저항이 적고 내마멸성이 좋은 금·DC 발전기 브러시는 정류자와 경사지게 설치되어 전기자에서 발생된 전류를 외부에 보내는 역할을 한다.

ⓓ 다이오드
- 다이오드는 한 방향으로만 전류가 흐르도록 하는 부품으로 정류작용을 하며, 정류기(Rectifier Diode)라고도 부른다.
- 6개의 실리콘 다이오드가 케이스 속에 설치되며 이것에 리드 단자를 납땜하여 밀봉한 것으로 +쪽과 −쪽의 극성이 역으로 되어 있다.
- 축전지의 전기가 발전기로 역류 하는 것을 막아 준다.

> **☆ Plus tip**
>
> **주요 다이오드의 종류**
> ㉠ 제너 다이오드 : 역방향으로 전압을 가했을 경우에 어떤 전압에서 안정하는 성질을 이용하여, 일정한 전압을 얻기 위해 사용한다.
> ㉡ 발광 다이오드 : 전류를 순방향으로 흘렸을 때에 발광하며 광센서로 사용되며, LED(light-emitting diode)라고도 불린다.
> ㉢ 포토 다이오드 : 반도체 다이오드의 일종으로 빛에너지를 전기에너지로 변환되며, 광검출 특성을 응용하여 광센서로 사용한다. 광다이오드라고도 한다.
> ㉣ 정류 다이오드 : 실리콘 또는 게르마늄의 단결정 속에서 PN형을 접합하여 P형 쪽에 에노드, N형 쪽에 캐소드의 두 단자로 구성되는 다이오드를 말하며, 교류를 직류로 변환할 때 사용한다.
> ㉤ 에사키 다이오드 : 음저항 특성을 마이크로파 발진에 사용한다.

⑤ 교류 발전기 조정기
- ㉠ 교류 발전기는 실리콘 다이오드를 사용하기 때문에 역류하거나 과대 전류가 흐르지 않으므로, 전류 조정기나 컷 아웃 릴레이는 필요가 없고 전압 조정기만 있으면 된다.
- ㉡ 교류 발전기 조정기는 전압 조정기와 전압 릴레이로 구성된다.
- ㉢ 전압 조정기 : 발전기의 발생 전압을 규정 전압으로 유지시키는 일을 한다.
- ㉣ 전압 릴레이 : 충전 경고등을 점멸하는 동시에 전압 조정기의 코일 전류를 단속하는 작용을 한다.

05 등화장치

① 등화장치의 종류

(1) 조명용

① **전조등** : 야간운행을 위한 조명

② **안개등** : 안개 속에서의 운행을 위한 조명

③ **실내등** : 실내조명

④ **계기등** : 계기판의 각종 계기 조명

⑤ **후진등** : 후진 방향조명

(2) 표시용

① **차고등** : 차의 높이 표시

② **차폭등** : 차의 폭을 표시

③ **주차등** : 주차중임을 표시

④ **번호판등** : 번호판의 번호 조명

⑤ **후미등** : 차의 후미를 표시

(3) 신호용

① **방향지시등** : 차의 주행방향 신호

② **브레이크등** : 풋브레이크 작동 신호

(4) 경고용

① **유압등** : 윤활장치 내 유압이 규정 이하일 때 점등 경고

② **충전등** : 축전지에 충전되지 않을 때 점등 경고

③ **연료등** : 연료탱크의 연료량이 규정 이하일 때 점등 경고

기출PLUS

기출 2021. 4. 10. 대구광역시 시행

등화장치에 대한 설명으로 옳은 것은?

① 조명용 : 전조등, 번호등
② 신호용 : 방향지시등, 후미등
③ 표시용 : 차폭등, 브레이크등
④ 경고용 : 충전등, 연료등

❮정답 ④

기출 PLUS

2 배선방식 및 조명관련 용어

(1) 배선방식

① 단선식 : 부하의 한 끝을 자동차의 차체나 프레임에 접지하는 방식으로, 배선은 전원쪽의 선 하나만이 접속된다.

② 복선식 : 접지쪽에도 전선을 사용하며 접촉 불량 등이 생기지 않도록 정확하게 접지하는 방식이다.

(2) 빛과 조명에 관한 용어

① 광원(光源) : 빛(light)의 근원을 말한다. 자동차의 전조등, 태양, 전등, 반딧불 등을 광원이라고 할 수 있다.

② 광속(光束) : 광원에서 공간으로 발산되는 빛의 다발을 말한다. 광속의 단위는 루멘(Lumen)이며, 기호는 Lm를 사용한다.

③ 광도(光度) : 일정한 방향에 대한 광원의 밝기를 말한다. 광도의 단위는 칸델라(Candela)이며, 기호는 cd를 사용한다.

④ 조도(照度) : 조도는 피조면(조명을 받는 면)의 밝기를 말한다. 좁은 면적에 많은 양의 광속이 입사되면 피조면은 밝아진다. 단위는 룩스(Lux)이며, 기호는 Lx를 사용한다.

3 등화장치 및 경고등

(1) 등화장치

① 전조등

　㉠ 개요

- 전조등은 야간에 자동차가 안전하게 주행하기 위해 전방을 조명하는 등화로 주행전조등과 안개등이 있는데 크게 유닛가동형 전조등과 반사경가동형 전조등으로 나눌 수 있다.
- 초기에는 렌즈·전구·반사경이 각각 조립된 조립형이 대부분이었으나 습기나 먼지에 의해 조명 효율이 감소하여, 최근에는 일체식 구조로 된 실드빔형이 많이 사용된다.

기출 2016. 6. 18. 대구광역시 시행

다음은 전조등 조명에 관련한 용어의 정의이다. 아래 ( ) 안에 들어갈 단어를 바르게 나열한 것은?

보기

(㉠) 은(는) 광원으로부터 단위 입체각에 방사되는 빛의 에너지로서 빛의 다발을 말하며, (㉡)의 단위는 루멘(im)이고 (㉢)가(이) 많이 나오는 광원은 밝다고 한다.

① ㉠ 광속, ㉡ 조도, ㉢ 광속
② ㉠ 조도, ㉡ 광속, ㉢ 광속
③ ㉠ 광속, ㉡ 광속, ㉢ 조도
④ ㉠ 광속, ㉡ 광속, ㉢ 광속

◀정답 ④

ⓛ 전조등의 특징

- 전조등의 조도는 전조등의 밝기를 나타내는 척도이다.
- 조도의 단위는 럭스(Lux)이다.
- 조도는 광도에 비례하고 광원거리의 제곱에 반비례한다.
- 전도등은 안전을 고려해서 병렬로 연결한다.
- 전조등은 자주 점멸할 경우 수명이 단축될 수 있다.
- 자동차의 전조등을 지나치게 밝게 하거나 상향등을 사용하면 맞은편 차량 운전자의 시야를 방해할 수 있으므로 주의해야 한다.

ⓒ 전조등의 요건

- 어둠 속에서 전방 100m 거리에 있는 물체를 확인할 수 있는 밝기여야 한다.
- 광선을 아래쪽으로 비추는 하향등(가시거리 40m) 기능과 위쪽으로 비추는 상향등(가시거리 100m) 기능을 갖추고 있어야 한다.

ⓔ 전조등 램프의 종류 : 전조등에 사용되는 램프의 종류로 할로겐램프, HID램프, LED램프 등이 있다.

> 🐷 **Plus tip**
>
> **HID헤드램프(High Intensity Discharge Lamp) 전조등**
> ㉠ 투명한 유리처럼 램프 안쪽을 볼 수 있는 클리어 렌즈를 사용해 헤드램프의 조사거리와 밝기를 향상시킨 전조등이다.
> ㉡ 램프의 수명이 길고 점등 시간도 빠르며 기존의 할로겐램프보다 전력 소모량이 적다.
> ㉢ 백열등에 있는 필라멘트가 들어 있지 않고, 형광등과 같은 구조로 되어 있다.
> ㉣ 얇은 캡슐처럼 생긴 방전관에는 제논·수은 가스와 금속 할로겐 성분 등이 들어 있어, 전원이 공급될 경우 방전관 양쪽 끝에 달린 몰리브데넘 전극에서 플라즈마 방전이 일어나면서 빛을 낸다.
> ㉤ 방출된 빛은 다시 굴곡이 있는 반사경에 의해 밖으로 쏘아져 나오는데, 광도가 뛰어나고, 조사거리도 길다.
> ㉥ 필라멘트가 없어 전극이 손상될 염려가 없고, 전자제어장치가 있어 램프에 항상 안정된 전원이 공급된다.

② 후미등

㉠ 후미등은 야간에 주행하거나 정지하고 있을 경우에 자동차의 존재를 뒤차나 보행자에게 알리는 등화이다.

㉡ 전조등 회로에 접속되어 전조등과 함께 동시에 켜지도록 되어 있다.

③ 제동등

㉠ 제동등은 뒤차에 브레이크 작동을 알리는 등화이다.

㉡ 브레이크 페달에 스위치가 부착되어 브레이크 작동시 등이 켜진다.

㉢ 제동등은 후미등과 겸용하는 겸용식과 단독식이 있다.

다음 중 전조등에 대한 설명으로 옳지 않은 것은?

① 전조등의 조도는 전조등의 밝기를 나타내는 척도이다.
② 조도의 단위는 럭스(lux)이다.
③ 조도는 광도에 반비례하고, 광원거리의 2승에 비례한다.
④ 전도등은 안전을 고려해서 병렬로 연결한다.

〈보기〉에서 고휘도 방전 전조등(High Intensity Discharge Lamp)에 대한 설명으로 옳은 것을 모두 고른 것은?

> ┌ 보기 ┐
> ㉠ 할로겐전구에 비해 조사거리가 향상된다.
> ㉡ 할로겐전구에 비해 수명이 향상된다.
> ㉢ 할로겐전구에 비해 전력소비가 많다.
> ㉣ 플라즈마 방전에 의해 빛을 방출한다.

① ㉠, ㉡   ② ㉠, ㉢
③ ㉠, ㉡, ㉣   ④ ㉡, ㉢, ㉣

‹정답 ③, ③

④ 번호판등

　　㉠ 번호판등은 번호판의 위치나 자동차의 형상에 따라 번호판의 상하 또는 좌우의 방향에서 번호판을 조명하게 되어 있는 등화이다.

　　㉡ 번호등은 번호판을 잘 비추는 구조이어야 한다.

⑤ 후진등

　　㉠ 후진등은 뒤 범퍼 또는 프레임에 설치되거나 뒤 조합등 속에 포함되어 있는 등화이다.

　　㉡ 어느 것이나 변속기의 변속 레버를 후진 위치로 놓으면 점등되는 구조로 되어 있다.

⑥ 방향지시등

　　㉠ 방향지시등은 자동차의 회전 방향을 다른 차나 보행자에게 알리는 등화이다.

　　㉡ 방향지시등은 운행 안전상 중요한 등화다.

> **☆ Plus tip**
>
> 방향지시등 작동시 구비조건
> ㉠ 방향 지시 신호를 운전석에서 확인할 수 있어야 한다.
> ㉡ 방향 지시 회로에 이상이 있을 때는 운전석에서 확인할 수 있어야 한다.
> ㉢ 점멸식 방향 지시등일 때에는 점멸 주기에 변화가 없어야 한다.

(2) 계기판의 경고등

① 빨강색(경고신호)

　　㉠ 점등 : 차량고장이나 운전자 안전에 위험이 있을 수 있다는 경고등이다.

　　㉡ 종류 : 엔진오일 경고등, 브레이크 경고등, 수동브레이크 경고등, 배터리 경고등, 냉각수 경고등, 에어백 경고등, 문열림 경고등, 안전벨트미착용 경고등 등이 있다.

② 주황색(주의신호)

　　㉠ 점등 : 차량에 이상이 발견되니 주행 후 신속하게 점검하라는 경고등이다.

　　㉡ 종류 : 연료부족 경고등, ECS 경고등, 워셔액부족 경고등, 엔진체크 경고등, ABS 경고등, 타이어공기압 경고등, 이모빌라이저 경고등 등이 있다.

③ 녹색(상태신호)표시등

　　㉠ 점등 : 현재 차량에서 작동되고 있는 상태를 표시한다.

　　㉡ 종류 : 전조등, 상향등, 미등, 방향지시등, 오토홀드 등이 있다.

06 안전 · 계기장치

① 안전장치

(1) 경음기

① 경음기는 다른 자동차나 보행자에게 주의를 주고자 하는 장치로 전기식과 공기식이 있다.

② 전기식은 전자석에 의해 금속으로 만든 다이어프램을 진동시켜 소리를 나게 하는 방식으로 현재 가장 많이 사용되고 있다.

(2) 윈드 실드 와이퍼

① **개요** : 윈드 실드 와이퍼는 비가 오거나 눈이 올 경우에 운전자의 시계를 보호하기 위해 자동차의 앞면 유리를 닦아내는 장치로 배터리에서 공급되는 전원에 의해 전동 모터를 회전시키는 전기식이 주로 사용된다.

② **구성** : 동력을 발생하는 전동기부, 동력을 전달하는 링크부 및 앞면 유리를 닦는 와이퍼 블레이드부로 구성되어 있다.

> ☆ **Plus tip**
>
> **와이퍼의 구분**
> ㉠ 윈드실드 와이퍼(windshield wiper) : 앞창에 달린 와이퍼를 말한다.
> ㉡ 컨실드 와이퍼 : 앞 유리 아랫부분과 보닛 사이에 들어가 있다가 작동 시에만 외부에 나타나 유리 닦는 일을 하는 와이퍼를 말한다.

② 계기장치

(1) 개념

① 자동차용 계기는 자동차의 주행상태와 각종 장치의 작동에 대한 정보를 운전석에 전달 표시하는 장치이다.

② 바늘이나 액정 형태로 확인할 수 있는 것과 경고등과 표시등이 있다. 표시 방식에 따라 아날로그계기판(바늘식)과 디지털계기판(전자식)으로 나뉜다.

기출PLUS

📢 **계기장치의 구비조건**

> ㉠ 구조가 간단하고 내구성과 내진성이 있어야 한다.
> ㉡ 소형, 경량이어야 하고 가격이 저렴해야 한다.
> ㉢ 지시가 안정되어 있고 확실해야 한다.
> ㉣ 지시를 읽기 쉬워야 한다.

(2) 속도계

① 속도계는 자동차의 시간당 주행속도를 나타내는 일종의 속도지시계이다.

② 일반적으로 총주행거리를 나타내는 적산거리계와 수시로 0으로 되돌려 일정한 주행거리를 측정할 수 있는 구간거리계 등이 함께 조립되어 있다.

(3) 전류계

① 전류계는 축전지에서 방전되는 전류의 크기 또는 발전기에서 축전지에 충전되는 전류의 크기를 표시하는 계기이다.

② 전류계는 충·방전 전류의 양쪽을 측정하는 것이므로 0을 중심으로 좌우에 균등하게 눈금이 새겨져 있으며, 보통 0에서 오른쪽이 충전을 왼쪽이 방전을 나타낸다.

③ 충전과 방전의 구별은 지침의 흔들리는 방향으로, 또 전류의 크기는 흔들리는 양으로 표시된다.

(4) 유압계

① 유압계는 엔진의 윤활회로 내의 유압을 알려주는 계기이다.

② **종류** : 부어든 튜브식, 바이메탈식, 밸런싱 코일식, 유압 경고등식이 있다.

(5) 연료계

① 연료계는 연료탱크 내의 연료의 양을 표시하는 계기이다.

② **종류** : 밸런싱 코일식, 서모스탯 바이메탈식, 바이메탈 저항식이 있다.

(6) 온도계

① 온도계는 엔진의 물재킷 내 냉각수의 온도를 표시하는 계기이다.

② **종류** : 밸런싱 코일식, 서모스탯 바이메탈식, 바이메탈 서미스터식이 있다.

07   냉 · 난방장치

① 공기조화(air conditioning)

(1) 개념과 구성요소

① 공기조화

   ㉠ 공기조화 : 실내의 온도, 습도, 세균, 냄새, 기류 등의 조건을 사용 목적에 적합한 상태로 유지하는 일을 말하며, 공기조건 또는 공기조정이라고도 한다.

   ㉡ 공조장치 : 자동차 실내의 온도, 습도, 공기의 청정도와 흐름을 쾌적하게 유지하는 시스템의 총칭이다.

② 공기조화의 요소 및 종류

   ㉠ 공기조화의 4요소

     • 온도

     • 습도

     • 기류속도

     • 청정도

   ㉡ 공조의 구분

     • 보건용 공조 : 사람이 대상 → 학교, 사무실, 자동차 등

     • 산업용 공조 : 기계나 물품이 대상 → 공장, 창고, 컴퓨터실, 물류 등

(2) 냉 · 난방장치

① 개요

   ㉠ 온도, 습도 및 풍속을 쾌적 감각의 3요소라고 한다.

   ㉡ 쾌적 감각의 3요소를 제어하여 안전하고 쾌적한 자동차 운전을 확보하기 위해 설치한 장치를 냉 · 난방장치라고 한다.

② 자동차의 열 부하

   ㉠ 환기부하 : 실내공기를 환기할 때 받는 열 부하를 말한다.

   ㉡ 관류부하 : 차체 부근에서 대류에 의해 받는 열 부하를 말한다.

   ㉢ 복사부하 : 태양으로부터 복사되는 열 부하를 말한다.

   ㉣ 승원부하 : 사람의 인체에 의해 발생되는 열 부하를 말한다.

② 난방장치(heater)

(1) 개요

① 자동차에서 사용하는 난방장치는 실내를 따뜻하게 하고 동시에 앞면 창유리가 흐려지는 것을 방지하는 장치(디프로스터 : defroster)도 겸하게 되어 있다.

② 난방장치는 주로 온수(溫水)난방을 사용하며 이것은 기관의 냉각수를 이용하는 방식이다.

(2) 구조

① **구조** : 히터 유닛을 중심으로 하여 기관의 냉각수를 유입하고, 또 히터 유닛에서 기관으로 배출하기 위한 호스 및 냉각수 유통을 차단하기 위한 밸브 등으로 구성되어 있다.

② **설치** : 기관에서의 냉각수 출구는 수온 조절기의 작동과 관계없는 곳에 설치되며, 입구는 물 펌프의 입구 근처에 설치되어 있다. 온수식 회로는 라디에이터 회로와 병렬로 접속되어 있다.

③ 에어컨(냉방장치)

(1) 개요

① **개념** : 에어컨은 에어컨디셔너(air conditioner)의 줄임말이며, 공기 조화장치(냉·난방장치)를 의미한다. 이것은 "일정한 공간의 요구에 알맞은 온도·습도 및 청결도 등을 동시에 조절하기 위한 공기 취급과정"이라고 정의된다.

② 공기 조화장치를 작동시키는 장치
  ㉠ 온도 조절장치(냉·난방장치)
  ㉡ 습도 조절정치
  ㉢ 공기를 청정 및 정제시키는 여과장치
  ㉣ 공기를 이동 및 순환시키는 장치

※ 차량 에어컨 순환과정 … 압축기(컴프레셔) → 응축기(콘덴서) → 건조기(리시버드라이어) → 팽창밸브 → 증발기(에바포레이터)

(2) 냉동원리

① 물질의 상태(고체·액체 및 기체) 변화는 열의 변화와 밀접한 관계가 있으며, 열의 출입에 의해 그 상태가 변화한다. 일반적으로 냉동기구는 그 내부에서 상태가 변화하면서 주위의 열을 흡수하는 냉매에 의하여 냉각작용을 한다.

② 물질의 온도를 낮게 유지하는(냉각작용) 방법에는 여러 가지가 있는데 이를 열의 이용 측면에서 분류하면 증발열을 이용하는 방법, 용해열을 이용하는 방법, 승화열을 이용하는 방법, 기체의 단열팽창을 이용하는 방법, 펠티에 효과(peltier effect, 서로 다른 종류의 금속 접촉면에 약한 전류가 흘렀을 때 열이 발생 또는 흡수되는 현상)를 이용하는 방법 등이 있다.

(3) 에어컨의 종류

① 수동 에어컨(manual air con)
  ㉠ 냉방 유닛(cooling unit)이 독립적으로 가동된다.
  ㉡ 수동 에어컨은 바깥 공기의 유입이나 히트 믹싱(heat mixing)기능이 없는 방식과 대시보드 내부에 설치되어 바깥 공기의 유입이나 히트 믹싱은 가능하나 레버와 케이블에 의해 수동으로 조작되는 방식이 있다.

② 반자동 에어컨(semi auto air con)
  ㉠ 반자동 에어컨은 전자동 에어컨의 제어 중에서 공기의 흡입구와 배출구 제어를 수동으로 실행하는 것이다.
  ㉡ 배출 온도·풍량 및 압축기의 제어를 자동화한 것이다.

③ 전자동 에어컨(FATC : full auto air con)
  ㉠ 전자동 에어컨은 온도 제어 다이얼을 희망하는 온도에 맞추면 햇빛의 유무·차량 실내 온도 및 바깥 온도 등의 변화에 대해 자동적으로 실내온도를 설정온도에 일정하게 유지되도록 제어를 한다.
  ㉡ 공기의 흡입구, 배출온도, 풍량, 압축기 ON/OFF 등과 같은 자동제어는 전자제어로 컴퓨터에 의한 제어 또는 진공제어에 의해 항상 쾌적한 실내 환경을 유지한다.

(4) 냉매

① 개념
  ㉠ 냉매란 냉동 사이클 속을 순환하여 열을 이동시키는 매개체가 되는 물질이다. 냉매의 끓는점이 −40~0℃의 범위에 있어야 한다.

ⓛ 안정적이고 독성이 없고 불이 붙지 않고 부식도 되지 않고 값도 저렴한 화학물질인 냉매를 처음 만든 사람은 발명가 토머스 미즐리였다.

ⓒ 구냉매인 R-12는 남극 상공의 오존층에 구멍이 뚫린 것이 발견되었고, 온실 효과를 더욱 크게 일으키는 강력한 온실기체로 밝혀지면서 1987년 사용이 금지되었으며 1990년대부터는 신냉매인 R-134a로 대체되어 사용되고 있다.

② 냉매의 구비조건

ⓐ 무색·무미 및 무취일 것

ⓛ 가연성·폭발성 및 사람이나 동물에 피해가 없을 것

ⓒ 낮은 온도와 대기압력 이상에서 증발하고, 여름철 뜨거운 공기 중의 저압에서 액화가 쉬울 것

ⓔ 증발 잠열이 크고, 비체적이 적을 것

ⓜ 임계온도가 높고, 응고점이 낮을 것

ⓗ 화학적으로 안정이 되고, 금속에 대해 부식성이 없을 것

ⓢ 사용온도 범위가 넓을 것

ⓞ 가스누출 발견이 쉬울 것

③ 냉매(R-134a)의 장점

ⓐ 오존을 파괴하는 염소(Cl)가 없다.

ⓛ 다른 물질과 쉽게 반응하지 않는 안정된 분자 구조로 되어 있다.

ⓒ 열역학적 성질은 R-12와 비슷하다.

ⓔ 불연성이며, 독성이 없다.

④ 냉매(R-134a)의 단점

ⓐ R-12와 같은 응축 온도에서 냉동 능력이 떨어진다. 따라서 R-12와 동일한 냉방 성능을 얻기 위해서는 응축 온도를 낮추어야 한다.

ⓛ 고무 및 플라스틱 제품의 상용성에 문제점이 있다.

ⓒ 기존에 사용 중인 압축기 오일과 불용해성의 문제점이 있다.

ⓔ 온실 효과가 있으므로 회수 및 재생에 문제점이 있다.

ⓜ 냉동유의 흡수성에 문제점이 있다.

> ☆ Plus tip
>
> **R-12의 특징**
>
> ⓐ 화학적으로 매우 안정적
> ⓛ 냉동능력이 매우 우수
> ⓒ 소형 냉장고, 대형 냉장고, 냉온수기, 에어컨, 자동차 에어컨 등 사용
> ⓔ 오존층 파괴지수 1로 1996년부터 사용 금지됨

(5) 수동 에어컨의 구조와 작동

① **압축기**(compressor) : 압축기의 종류에는 크랭크방식, 사판방식, 베인 로터리방식 등이 있으며, 여기서는 현재 주로 사용하고 있는 사판방식 압축기에 대해 설명하도록 한다.

  ㉠ **사판방식**(swash plate type)**의 압축기의 구조** : 사판방식 압축기에는 6실린더형과 10실린더형이 있으며, 피스톤이 사판의 회전에 의하여 왕복 운동하는 구조이다. 6실린더형은 위상이 120°, 10실린더형은 72°이며, 10실린더형은 6실린더형에 비해 실린더 수가 많기 때문에 같은 용량이라면 소형·경량화 할 수 있으며, 작동할 때 회전력 변화의 감소 및 냉매의 배출 맥동을 감소시킬 수 있다.

  ㉡ **사판방식 압축기의 작동** : 축이 회전하면 사판도 일체로 회전하며, 축의 회전에 의해 사판에 슈와 볼을 끼워져 있으며, 피스톤은 사판에 의해 왕복 운동을 한다. 축이 1회전하면 흡입과 압축 1행정이 완료된다.

② **응축기**(콘덴서 : condenser) : 응축기는 압축기에서 압송되는 고온·고압가스는 상부의 입구에서 응축기로 들어가 바깥 공기에 의해 냉각되어 포화 증기로 되고 더욱 냉각되면 완전한 액체로 되어 출구에서 리시버 드라이어로 이동한다. 냉각 튜브에 냉각핀을 2mm 정도의 간격으로 설치한 것이며, 튜브는 알루미늄 또는 구리, 핀은 알루미늄을 사용한다.

③ **리시버드라이어**(receiver drier : 건조기)

  ㉠ 리시버 드라이어 탱크 내부에는 건조제와 스트레이너가 들어있으며, 냉매 속에 수분이 함유되어 있으면 부품을 부식시키거나 팽창밸브 내에서 동결하여 냉매 순환이 정지하게 된다.

  ㉡ 냉동사이클의 부하변화에 대응하여 냉매 순환량도 변동되어야 하므로 적절한 양의 냉매를 저장하며, 그 변동에 대응하도록 한다. 응축기로부터 토출된 액체냉매가 기포를 포함하고 있을 경우 냉방성능의 저하를 초래하므로 기포와 액체를 분리하여 액체냉매만 팽창밸브로 보낸다. 건조제와 필터를 사용하여 냉매 중의 수분 및 이물질을 제거한다.

④ **팽창밸브**(expansion valve) : 압축되어 고압이 된 냉매가스는 응축기에서 외부로 열을 발산하여 액체로 복귀된다. 액체 냉매는 증발기 내의 공간을 흐르며 급격하게 체적이 팽창하고 주위의 열을 흡수하여 다시 기체 냉매로 된다. 응축기에서 냉매를 무제한으로 증발기로 보내면 증발기 속은 곧바로 즉시 가득 차므로 기화를 할 수 없게 된다. 필요에 따라서 적당한 양의 냉매를 보내어 천천히 제어하는 부분이 팽창밸브이다.

기출PLUS

기출 2020. 10. 17. 부산광역시 시행

다음 중 자동차 냉방장치의 설명 중 틀린 것은?

① 압축기 : 증발기에서 저온, 저압 기체 상태로 된 냉매를 고온, 고압 기체 상태로 된 냉매로 하여 응축기로 보낸다.

② 팽창밸브 : 증발기 입구에 설치되어 응축기와 건조기를 거친 고온, 고압의 냉매를 증발하기 쉽게 저온, 저압의 냉매로 증발기에 공급하며, 동시에 냉매의 양을 조절한다.

③ 증발기 : 송풍기에 의해서 불어지는 공기에 의해 증발하여 기체가 되고, 공기로부터 열을 흡수하는 일을 한다.

④ 리시버드라이어 : 응축기에서 들어온 냉매를 저장하고, 냉매 속의 수분을 흡수 분리, 이물질 제거 등의 역할을 하며 고온, 고압의 기체 냉매를 팽창밸브로 보내는 역할을 한다.

기출 2015. 11. 21. 세종시 시행

에어컨 구성부품 중 고압 기체 냉매를 액체 냉매 상태로 변화시키는 부품은?

① 압축기 ② 증발기
③ 응축기 ④ 팽창 밸브

❮정답 ④, ③

기출 PLUS

⑤ **증발기**(evaporator : 이베퍼레이터)

　㉠ **증발기의 역할** : 증발기 내부를 통과하는 저온·저압의 냉매에 의해 표면에 접촉하고 있는 고온의 실내공기에서 열을 빼앗아 실내공기를 냉각시키는 열 교환기이다.

　㉡ **증발기의 구조와 원리** : 빈 상자가 진공인 상태라고 가정하고, 이 상자의 한 곳에 작은 구멍을 뚫고 파이프를 설치한다. 그 다음에 파이프로 액체 냉매를 보내면 액체 냉매는 진공상자 속에서 많은 열을 흡수하면서 기화한다. 액체 냉매가 흡수한 열은 상자 주위를 둘러싸고 있는 공기 중에서 구하기 때문에 상자에 바람을 부딪히도록 하면 공기의 온도가 낮아진다. 이것이 증발기의 원리이다.

⑥ **서미스터**(thermistor)

　㉠ 서미스터는 에바센서 또는 핀서모센서라고도 하며 이베퍼레이터 코어 평균온도가 검출되는 부위에 삽입되어있으며 이 부위의 온도를 감지해 자동으로 에어컨 ECU로 입력시키는 역할을 한다.

　㉡ NTC(negative temperature coefficient)으로 일정한 온도범위에서 온도의 상승에 대하여 저항값이 비교적 비례적으로 감소하는 부특성 서미스터이다.

　㉢ 자동 에어컨 ECU는 이베퍼레이터 온도가 0.5℃ 이하로 감지되면 컴프레서 구동 출력을 OFF 시키며 3℃ 이상이면 컴프레서를 구동시킨다.

⑦ **듀얼 압력 스위치**

　㉠ 듀얼 압력 스위치는 리시버 드라이어 위쪽에 설치되어 있으며, 안전장치로서 에어컨사이클 내의 냉매압력에 의해 작동되며, 2개의 압력 설정값(저압 및 고압)을 지니고 1개의 스위치로 저압 보호기능과 고압 보호기능을 수행한다.

　㉡ 작동은 송풍기 릴레이로부터 공급받은 전원을 서모 스위치가 연결시켜주면 에어컨 릴레이 쪽으로 전원을 공급한다.

　㉢ High Side 저압스위치는 에어컨장치 내에 냉매가 없거나 외부온도가 0℃ 이하인 경우 스위치를 열어(open) 압축기 마그네틱 클러치로의 전원 공급을 차단하여 압축기의 파손을 방지하고 고압 컷 아웃(high pressure cut out) 스위치는 고압쪽 냉매 압력을 검출하여 압력이 규정값 이상으로 올라가면 스위치 접점을 열어 전원공급을 차단하여 에어컨장치를 이상 고압으로부터 보호한다.

기출 2022. 6. 18. 경상북도 시행

다음 중 반도체 소자의 설명이 바른 것은?

① 발광다이오드는 감광소자이다.
② 사이니스터는 2개의 트랜지스터를 하나로 합쳐서 전류를 증폭한다.
③ 부특성 서미스터는 온도가 높아지면 저항이 떨어진다.
④ 트랜지스터는 PNPN 또는 NPNP결합으로 스위칭형이며 (+)에노드, (−)캐소드로 제어단자와 게이트로 구성된다.

◁정답 ③

⑧ 에어컨 릴레이(air con relay) : 에어컨 릴레이는 압축기에 전원을 공급하는 것이며, 작동 전원은 에어컨 스위치, 서모 스위치, 듀얼 압력 스위치를 통하여 공급된다. 만약, 릴레이가 작동하여 압축기가 갑자기 작동을 하게 되면 기관에 충격이 가해지거나, 기관의 회전속도가 낮은 경우에는 작동이 정지하게 된다. 이런 경우에 에어컨 릴레이의 작동을 기관 컴퓨터가 조절하여 아이들 업(idle up)시킨다. 즉 컴퓨터는 압력 스위치로부터의 전압신호를 기준으로 하여 에어컨 릴레이의 작동 여부를 결정한다.

(6) 전자동 에어컨(FATC)

① 개요

㉠ 냉방능력의 조절은 승차인원의 냉방 느낌에 따라 제어 패널이 설치되어 있는 온도조절 스위치를 사용하여 조절한다. 즉 전자동 에어컨은 희망하는 온도를 한번 지정하여 놓으면 외부조건의 변화에 관계없이 에어컨장치 자체가 냉방능력을 조절하여 항상 지정한 온도로 실내 온도를 유지한다. 자동적으로 조절하기 위하여 컴퓨터가 사용된다.

㉡ 전자동 에어컨의 구성은 컴퓨터를 비롯하여 파워 트랜지스터, 하이 블로워 릴레이, 블랜드 도어 액추에이터, 토출모드 도어 제어용 액추에이터, 흡입모드 제어용 액추에이터, 실내온도센서, 외기온도센서, 일사량센서, 습도센서, 핀서모센서, 에어컨 압축기 제어용 저압 및 고압스위치, 수온센서 등으로 되어 있다.

② 전자동 에어컨의 입력과 출력도

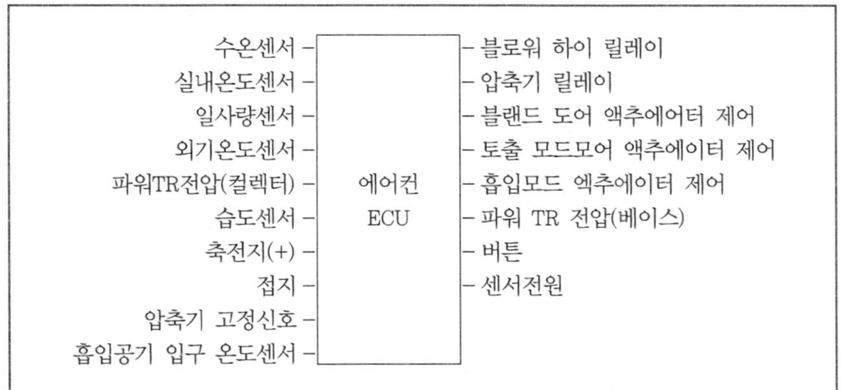

기출 2022. 6. 18. 서울시보훈청 시행

전자동 에어컨에서 증발기(Evaporator) 코어의 온도를 감지하여 과냉으로 증발기가 빙결되는 것을 방지하기 위하여 사용되는 센서로 가장 옳은 것은?

① 실내온도 센서(In car sensor)
② 핀 서모 센서(Fin thermo sensor)
③ 외기온도 센서(Ambient sensor)
④ 냉각수온 센서(Water temperature sensor)

정답 ②

③ 전자동 에어컨 센서(sensor)의 종류의 그 작용

ⓐ **일사량(일광)센서** : 일사량센서는 포토다이오드를 사용하며 포토다이오드는 빛의 양에 따른 일종의 가변 전원이다. 포토다이오드의 고유 저항이 클 때에는 전류의 흐름이 작아지기 때문에 저항값은 고정된 상태에서 전류의 변화는 전압 변화에 큰 영향을 미친다.

ⓑ **실내온도센서** : 자동차 실내의 온도를 검출하여 컴퓨터로 입력시키며, 이 값에 의해 블로워 모터의 회전속도를 제어한다. 실내온도센서는 부특성 서미스터를 이용한 것으로 온도가 상승하면 저항값이 감소하고, 온도가 낮으면 저항값이 증가한다.

ⓒ **외기온도센서** : 외기온도센서는 바깥 온도를 검출하여 컴퓨터로 입력시키며, 이 신호에 의해 컴퓨터는 부하량을 감지한다. 이 센서도 부특성 서미스터를 사용하며 온도 변화에 따른 저항 값의 변화는 실내온도센서와 약간의 차이는 있으나 원리는 같다.

ⓓ **습도센서** : 뒤 선반 트림에 설치된 습도센서는 자동차 실내의 습도를 검출하여 컴퓨터로 입력시키며, 컴퓨터는 실내의 습도, 실내온도 및 내부 공기순환, 외부 공기순환 모드 상태에 따라 자동차 실내의 습도를 조절한다.

ⓔ **핀 서모센서** : 핀 서모센서는 증발기(Evaporator) 코어에 장착되어 증발기 코어의 온도를 감지하여 과냉으로 인한 증발기가 빙결되는 것을 방지하는 역할을 한다.

ⓕ **냉각수온 센서** : 실린더 블록 또는 써모스탯 입구의 냉각수 통로에 장착되며 냉각수의 온도를 검출하여 온도가 상승하면 저항 값이 작아지고, 온도가 내려가면 저항 값이 커지는 부특성 서미스터(NTC thermister)로 일종의 저항기이다.

ⓖ **AQS 센서** : 공기 오염도가 높은 지역을 지나갈 경우 운전자가 별도의 스위치 조작을 하지 않더라도 외부 공기의 유입을 자동으로 차단하는 장치로 유해가스차단장치라고도 한다. 자동차가 오염도가 높은 지역으로 들어설 경우, 가스 감지센서가 공기 오염도를 검출해 에어컨 컴퓨터로 자료를 보내면 외부의 유해가스가 차단된다.

> **Plus tip**
>
> AQS 센서의 기능
> ⓐ 쾌적한 운전환경을 유지한다.
> ⓑ 운전 도중 유해가스로 인해 일어날 수 있는 두통, 졸음, 피로 등을 줄여 줌으로써 탑승자의 건강을 보호한다.

④ 전자동 에어컨의 제어기능
　ㄱ 배출 온도제어
　ㄴ 배출 모드제어
　ㄷ 배출 풍량제어
　ㄹ 내외기 제어
　ㅁ 압축기 ON/OFF 제어
　ㅂ 난방기동제어
　ㅅ 냉방기동제어
　ㅇ 일사량 보조제어
　ㅈ 최대 냉난방제어

1 축전지가 충전은 되지만 즉시 방전되는 원인이 아닌 것은?

① 축전지 내부에 침전물이 과대하게 축적
② 축전지가 방전 종지 전압이 된 상태에서 충전
③ 축전지 내부 격리판의 파손으로 극판이 단락
④ 과방전으로 음극판이 휘었다.

2 MF 축전지에 대한 설명 중 잘못된 것은?

① 양극은 납과 저안티몬 합금으로 구성된다.
② 음극은 납과 칼슘 합금으로 구성된다.
③ 반영구적이다.
④ 무정비 무보수 축전지이다.

3 AC 발전기 전기자에서 생성되는 전류는 어느 것인가?

① 교류
② 직류
③ 전압
④ 저항

4 부특성 서미스터를 이용한 것으로서 온도가 높으면 저항값이 낮아지고, 온도가 낮으면 저항값이 높아지는 장치는?

① 수온 센서
② 수온 조절기
③ 흡기온도 센서
④ 공기량 센서

1.
과방전으로 음극판이 휘는 것은 축전지의 수명이 단축되는 원인이 된다.

2.
MF 축전지는 증류수를 보충할 필요가 없고, 자기 방전이 적다.

3.
스테이터에서 발생되는 전류는 교류이다.

4.
수온이 낮을 때는 저항값이 커지고, 수온이 올라가면 저항값이 작아지는 부특성 서미스터를 이용한 것은 냉각 수온 센서(WTS)이다.

Answer 1.④ 2.③ 3.① 4.①

5 전기가 단선되는 이유가 아닌 것은?

① 용량이 큰 퓨즈 사용
② 회로의 합선에 의해 과도한 전류가 흘렀을 때
③ 퓨즈가 접촉 불량할 때
④ 퓨즈가 부식되었을 때

6 다음 중 자동차 에어컨디션의 설명 중 틀린 것은?

① 응축기는 고온 고압의 기체 냉매를 고온 고압의 액체 냉매로 만든다.
② 압축기는 저온 저압의 기체 냉매를 고온 고압의 기체 냉매로 만든다.
③ 리시버 드라이어(건조기)는 액체 냉매를 리시버 드라이어에 공급한다.
④ 증발기는 냉각팬의 작동으로 증발기 핀을 통과하는 공기 중의 열을 흡수한다. 기능과 수분제거 기능, 기포분리 기능이 있다.

7 조도에 관한 설명이다. 틀린 것은?

① 등화의 밝기를 나타내는 척도이다.
② 조도의 단위는 룩스(LUX)이다.
③ 조도는 광도에 비례한다.
④ 조도는 광원으로부터의 거리의 2승에 비례한다.

5.

전선이 끊어져서 전기적으로 접속되어 있지 않는 상태를 단선이라 한다.

6.

리시버 드라이어의 기능은 액체 냉매의 저장기능과 수분제거 기능, 기포분리 기능이 있다.

7.

조도는 광원으로부터의 거리의 제곱에 반비례한다.

Answer　　5.① 6.③ 7.④

8 전동기가 회전함과 동시에 마그네틱 스위치가 선단에 부착된 피니언을 밀어서 피니언이 플라이 휠 링 기어와 맞물려 엔진을 회전시키도록 제작된 것은?

① 오버러닝 클러치　　　　② 마찰 클러치

③ 유체 클러치　　　　　　④ 전자 클러치

9 교류를 직류로 바꾸는 장치는?

① 인버터　　　　　　　　② 컨버터

③ 실리콘 다이오드　　　　④ 컷 아웃 릴레이

10 다음 중 광도가 50cd이고 거리가 10m일 때 조도는 몇 lx인가?

① 500lx　　　　　　　　② 0.5lx

③ 5lx　　　　　　　　　④ 250lx

11 다음 그림에서 총합성저항은 얼마인가?

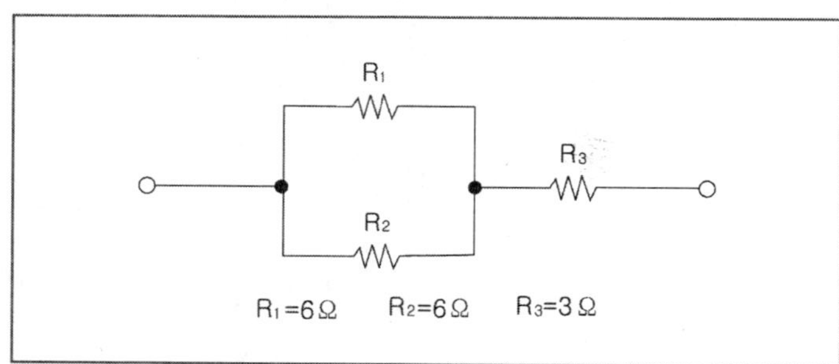

① 3Ω　　　　　　　　　② 6Ω

③ 9Ω　　　　　　　　　④ 8Ω

Answer　　8.① 9.② 10.② 11.②

12 다음 중 아날로그 신호를 사용하는 것은?

① 속도계
② 에어컨 스위치
③ 산소 센서
④ 변속기 입출력 센서

13 스위치가 시동 위치에 있는데 엔진이 회전하지 않을 때 가장 문제 있는 부품은?

① 시동 전동기   ② 점화코일
③ 인젝터   ④ 하우징

14 트랜지스터의 대표적 기능으로 릴레이와 같은 작용을 하는 것을 무엇이라 하는가?

① 채터링 작용
② 스위칭 작용
③ 정류 작용
④ 자기유도 작용

15 축전지 전해액 비중의 변화는 온도에 따라 어떻게 변하는가?

① 온도가 올라가면 비중도 올라간다.
② 온도와 상관없이 비중은 일정하다.
③ 온도가 올라가면 비중은 내려간다.
④ 일정온도 이상에서 비중이 올라간다.

12.

센서의 출력신호가 아날로그인 것은 노크센서, 산소센서, 모터위치센서, 냉각수온센서, 스로틀위치센서, MAP센서 등이 있다.

13.

시동 전동기의 역할은 엔진을 시동하는 전동기로서, 점화 스위치에 의하여 작동된다.

14.

스위칭 작용은 컬렉터 전류가 포화 이상 흐르도록 넉넉한 베이스 전류를 보내 주는 역할을 말한다.

15.

축전지 전해액의 비중은 온도가 올라가면 비중은 내려간다.

Answer   12.③ 13.① 14.② 15.③

16 축전지의 자기방전율은 온도가 높아지면 어떻게 되는가?

① 온도가 높아지면 낮아진다.
② 온도가 높아지면 높아진다.
③ 온도와는 상관없다.
④ 온도와는 관계없이 일정하다.

17 연료전지 자동차의 구성품이 아닌 것은?

① 전동기와 전동기 제어기구
② 연료공급 장치
③ 열교환기
④ 연료분사펌프

18 점화플러그의 자기청정온도로 가장 알맞은 온도는 어느 것인가?

① 250 ~ 350도
② 450 ~ 650도
③ 800 ~ 950도
④ 1,000 ~ 1,250도

19 다음 중 DLI(Distributor Less Ignition) 시스템의 구성요소와 관계없는 부품은?

① ECU
② 점화플러그
③ 점화코일
④ 배전기

16.

온도가 10도 상승함에 따라 자기방전율은 약 2배 증가, +15도에서는 4개월, +40도에서는 약 2개월의 수명을 유지한다.

17.

연료분사펌프는 디젤기관에 사용하는 연료분사 장치이다.

18.

자기청정온도 … 전극의 청정화를 유지하기 위한 온도와 적열해서 프리이그니션(조기 점화)을 일으키는 중간 온도를 말한다. 일반적으로 이 온도는 400 ~ 800℃ 사이라고 한다.

19.

DLI(Distributor Less Ignition) 시스템은 배전기가 없는 장치를 말한다.

Answer　　16.② 17.④ 18.② 19.④

20 연료장치에 대한 설명 중 틀린 것은?

① 연료계는 연료탱크의 연료량을 표시한다.

② 연료계의 연료량은 E에 위치하면 보충을 해야 한다.

③ 연료경고등이 켜질 때는 제조회사마다 틀리지만 대략 10L 정도 연료가 남았을 때 작동한다.

④ 연료계는 연료탱크의 연료압력을 나타내는 계기이다.

21 와셔 연동 와이퍼의 작동은 어떤 목적이 있는가?

① 와이퍼 스위치를 별도로 작동하여야 하는 번거로움을 없 앤다.

② 연료를 절약하기 위함이다.

③ 와이퍼를 빠르게 작동하기 위함이다.

④ 워셔액을 더 많이 배출하기 위해서 작동한다.

22 전조등의 광도가 약한 이유로 거리가 먼 것은 어느 것인가?

① 접촉 불량　　　　② 굵은 배선

③ 접촉저항 과다　　④ 전구의 열화

23 감광식 룸램프 제어에 대한 설명으로 틀린 것은?

① 자동차 문을 연 후 닫을 때 실내등이 즉시 소등되지 않고 서서히 소등될 수 있도록 한다.

② 모든 작동신호는 엔진 ECU로 입력된다.

③ 시동 및 출발준비를 할 수 있도록 편의장치이다.

④ 입력요소는 모든 도어 스위치이다.

20.

자동차 연료 탱크 속의 잔존 연료의 양을 지시하는 계기를 연료계라 한다.

21.

와셔 연동 와이퍼의 장점 … 운전자의 편의를 위하여 별도로 작동하는 번거로움을 없애는 역할을 한다.

22.

전조등의 광도가 약한 이유와 굵은 배선은 전혀 관계없다.

23.

감광식 룸램프는 에탁스 신호에 의하여 작동된다.

Answer　　20.④　21.①　22.②　23.②

24 사이드미러 열선 타이머 제어 시 입·출력 요소가 아닌 것은?

① 열선 스위치 신호

② 열선 릴레이 신호

③ IG 스위치 신호

④ 전조등 스위치 신호

24.

사이드미러와 전조등 스위치는 전혀 관계없는 요소이다.

25 이모빌라이저 장치에서 엔진시동을 제어하는 장치가 아닌 것은?

① 점화장치

② 연료장치

③ 충전장치

④ 시동장치

25.

이모빌라이저 … 도난방지 시스템의 하나로 암호가 다른 경우 시동을 걸 수 없다. 열쇠에 내장된 암호와 키박스에 연결된 전자유닛의 정보가 일치하는 경우에만 시동을 걸 수 있게 구성되어 있다.

26 자동차 문이 닫힐 때 실내가 어두워지는 것을 방지해 주는 램프는?

① 테일 램프

② 도어 램프

③ 감광식 룸램프

④ 패널 램프

26.

감광식 룸램프 … 자동차 문을 연 후 닫을 때 실내등이 즉시 소등되지 않고 서서히 소등될 수 있도록 한다.

27 자동차 에어컨 장치의 냉매 구비 조건으로 틀린 것은?

① 증발잠열이 클 것

② 비체적이 클 것

③ 사용온도 범위가 넓을 것

④ 화학적으로 안정이 될 것

27.

압축기 흡입증기의 비체적이 적을수록 피스톤 토출량은 적어도 되므로 장치를 소형화 할 수 있는 장점이 있다.

Answer   24.④   25.③   26.③   27.②

28 냉방장치에서 건조기와 증발기 사이에 있는 구성부품은 어느 것인가?

① 압축기
② 응축기
③ 팽창밸브
④ 콘덴서

29 자동차 에어컨 장치에서 리시버 드라이어의 기능으로 틀린 것은?

① 액체냉매의 저장기능
② 기포분리 기능
③ 수분제거 기능
④ 기체냉매의 저장기능

30 전자제어 에어컨 장치(FATC)에서 컨트롤 유닛(ECU)에서 컨트롤하지 않는 것은?

① 히터밸브
② 콤프레샤 클러치
③ 리시버 드라이어
④ 송풍기 속도

31 방향지시등은 차체너비의 몇 % 이상의 간격을 두고 설치되어야 하는가?

① 30%
② 40%
③ 50%
④ 60%

28.

냉매를 교축 작용에 의해 증발을 일으킬 수 있는 압력까지 감압해 주는 밸브를 팽창밸브라 한다.

29.

리시버 드라이어는 냉매를 저장하는 탱크이면서 냉매 속에 섞여 있는 습기를 제거하는 역할을 한다.

30.

리시버 드라이어는 에어컨에서 사용되는 부품이다.

31.

방향지시등은 현재 모든 차량(자동차 및 오토바이 등)이 사용하는 표준 기능이다. 방향지시등은 충돌 사고를 사전에 방지할 목적으로 운전자가 의도한 방향으로 운송수단을 이동하겠다는 사실을 알리는 필수 장치이다. 방향지시등은 차체너비의 50% 이상의 간격으로 설치하여야 한다.

Answer   28.③   29.④   30.③   31.③

32 다음 중 기동전동기가 갖추어야 할 조건이 아닌 것은?

① 기동 회전력이 커야 한다.
② 마력당 중량이 작아야 한다.
③ 기계적인 충격에 견딜 수 있는 내구성이 있어야 한다.
④ 전류 조정기가 필요하다.

33 조기 점화에 대한 설명 중 틀린 것은?

① 조기 점화가 일어나면 연료소비량이 적어진다.
② 조기 점화가 일어나면 출력이 떨어진다.
③ 과열된 배기밸브영향으로도 일어난다.
④ 점화플러그 전극에 카본이 부착되어도 일어난다.

34 전자제어 연료분사장치의 점화계통 회로와 관계가 없는 것은?

① 크랭크 각 센서
② 파워 TR
③ 릴리프 밸브
④ 점화코일

35 DLI(전자배전 점화장치) 시스템의 장점으로 틀린 것은 어느 것인가?

① 점화 에너지를 크게 할 수 있다.
② 고전압 에너지 손실이 작다.
③ 점화플러그의 성능이 뛰어나다.
④ 점화시기의 진각 폭의 제한이 길다.

32.

발전기에서 전류를 조정하는 부품은 전류 조정기이다.

33.

조기 점화가 되면 연소가 비정상적으로 진행되면서 최대압력이 상승하고 동시에 격렬한 압력변동을 수반한다. 이 압력 변동에 의해 피스톤이 실린더벽을 타격하게 되어 노크가 발생한다. 결과적으로 출력의 손실, 연료소비 증가, 유해배출물 증가, 기관 열부하 상승을 초래한다.

34.

릴리프 밸브 … 회로의 압력이 설정 압력에 도달하면 유체(流體)의 일부 또는 전량을 배출시켜 회로 내의 압력을 설정값 이하로 유지하는 압력제어 밸브이며, 1차 압력 설정용 밸브를 말한다.

35.

전자배선 점화시스템(Distributor-less Ignition System)은 진각장치와 2차 전류의 분배장치를 사용하지 않고 점화시기를 감지하는 센서의 전기신호를 컴퓨터로 보내 진각을 하고 이그니션 코일을 점화플러그의 바로 옆에 설치하여 고전압의 2차 전류를 발생시켜 점화하는 시스템이다.

Answer   32.④ 33.① 34.③ 35.③

36 다음에서 플레밍의 오른손 법칙을 이용한 것은?

① 축전지   ② 전동기

③ 발전기   ④ 다이오우드

37 13,000cd의 광원에서 10m 떨어진 위치의 조도는?

① 1,300Lux   ② 1,000Lux

③ 130Lux   ④ 300Lux

38 알칼리 축전지의 설명으로 틀린 것은?

① 극판은 납과 저안티몬으로 구성되어 있다.

② 과충전, 과방전 등 가혹한 조건에도 잘 견딘다.

③ 출력밀도가 크다.

④ 고율방전 성능이 매우 우수하다.

39 압축기로부터 들어오는 고온고압의 기체냉매를 고온고압의 액체냉매로 바꾸어주는 기능을 하는 것은?

① 증발기   ② 리시버 드라이어

③ 팽창 밸브   ④ 응축기

40 다음 중 주위의 밝기에 따라 미등 및 전조등을 자동으로 작동시키는 기능은?

① 레인 센서 기능

② 오토 와이퍼 기능

③ 램프 오토 컷 기능

④ 오토 라이트 기능

36.

플레밍의 오른손 법칙 … 자기장 속에서 도선이 움직일 때 자기장의 방향과 도선이 움직이는 방향으로 유도 기전력 또는 유도 전류의 방향을 결정하는 규칙이다. 오른손 엄지를 도선의 운동 방향, 검지를 자기장의 방향으로 했을 때, 중지가 가리키는 방향이 유도 기전력 또는 유도 전류의 방향이 된다. 이것은 발전기의 원리와 관계가 깊다.

37.

$$조도 = \frac{광원}{거리^2} = \frac{13,000}{10^2} = 130\,\text{lux}$$

38.

알칼리 축전지 … 전해액으로 알칼리성 용액을 사용한 2차 전지로서 에디슨전지, 융그너전지 등이 있으며, 양극은 니켈이나 철을 사용한다.

39.

응축기 … 압축기에서 보내온 고온 · 고압의 냉매를 응축 · 액화하는 장치, 냉장고나 에어컨에서 볼 수 있는 기관 중 하나이다.

40.

오토 라이트 기능 … 주위의 밝기를 조도 센서로 감지하여 오토 모드에서 헤드램프 등의 라이트를 자동으로 어두우면 점등시키고 밝으면 소등시키는 기능이다.

Answer   36.③   37.③   38.①   39.④   40.④

기출PLUS

01 하이브리드 전기자동차(hybrid vehicle)

❶ 개요

(1) 개념

하이브리드 자동차란 자동차를 구동하는 동력원이 2개가 있다는 뜻으로 대부분의 경우는 연료를 사용하여 동력을 얻는 엔진과 전기모터로 구동시키는 시스템을 말하며 HEV(hybrid electric system)이라고 한다.

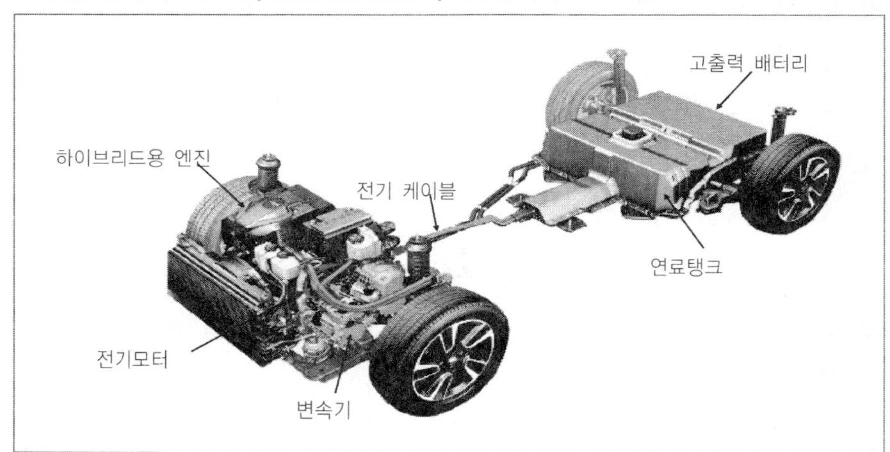

(2) 하이브리드 시스템의 장·단점

① 하이브리드 시스템의 장점

㉠ 연료소비율을 50%정도 감소시킬 수 있고 환경 친화적이다.

㉡ 탄화수소, 일산화탄소, 질소산화물의 배출량이 90% 정도 감소된다.

㉢ 이산화탄소 배출량이 50% 정도 감소된다.

② 하이브리드 시스템의 단점

㉠ 구조가 복잡해 정비가 어렵고 수리비용 높고, 가격이 비싸다.

㉡ 고전압 축전지의 수명이 짧고 비싸다.

㉢ 동력전달 계통이 복잡하고 무겁다.

기출 2019. 2. 16. 강원도 시행

내연기관과 전기를 이용하는 차량은 어느 것인가?

① 하이브리드 자동차
② 연료전지 자동차
③ 압축천연가스 자동차
④ 전기 자동차

기출 2021. 6. 5. 서울특별시 시행

하이브리드 모터 시동 금지 조건으로 가장 옳지 않은 것은?

① 고전압 배터리 온도가 약 -10도 이하인 경우
② 고전압 배터리 온도가 약 45도 이상인 경우
③ ECU/MCU/BMS/HCU의 고장이 감지된 경우
④ 고전압 배터리의 충전량이 35% 이하인 경우

❮정답 ①, ④

③ **하이브리드 시스템의 형식**: 하이브리드 시스템은 바퀴를 구동하기 위한 전동기, 전동기의 회전력을 바퀴에 전달하는 변속기, 전동기에 전기를 공급하는 축전지, 그리고 전기 또는 동력을 발생시키는 엔진으로 구성될 수 있는데 직렬과 병렬로 결합하는 방식이며 하이브리드 자동차는 전기 구동이 차량을 추진할 수 있는 정도에 따라 소프트방식과 하드방식으로 구분한다.

❷ HEV의 분류

엔진 및 하나 이상의 전기모터를 사용하는 하이브리드 구동시스템으로 구분한다.

① **직렬형**(series type) **하이브리드** : 전기 자동차에 엔진과 발전기를 추가한 것으로 동력은 모터로 얻어진다. 직렬형은 기관을 가동하여 얻은 전기를 축전지에 저장하고, 차체는 순수하게 전동기의 힘만으로 구동하는 방식이다. 전동기는 변속기를 통해 동력을 구동바퀴로 전달한다. 전동기로 공급하는 전기를 저장하는 축전지가 설치되어 있으며, 기관은 바퀴를 구동하기 위한 것이 아니라 축전지를 충전하기 위한 것이다. 따라서 기관에는 발전기가 연결되고, 이 발전기에서 발생되는 전기는 축전지에 저장한다. 동력전달 과정은 기관→발전기→축전지→전동기→변속기→구동바퀴

② **병렬형**(parallel type) **하이브리드** : 저속에서는 전기의 힘으로 차가 움직이도록 설계되어 있고, 주행 시에는 일정 속도를 넘을 경우 최저 연비가 이루어지는 구간에서 가솔린 또는 디젤 연료로 쓰는 엔진을 사용한다. 병렬형은 기관과 변속기가 직접 연결되어 바퀴를 구동한다. 따라서 발전기가 필요 없다. 병렬형의 동력전달은 축전지 → 전동기 → 변속기 → 바퀴로 이어지는 전기적 구성과 기관 → 변속기 → 바퀴의 내연기관 구성이 변속기를 중심으로 병렬적으로 연결 구동방식의 대표적으로는 소프트방식과 하드방식으로 구분한다.

하이브리드(hybrid) **자동차 동력전달 방식 중 직렬형**(series type)**의 동력전달 순서로 가장 옳은 것은?**

① 기관→발전기→축전지→전동기→변속기→구동바퀴
② 기관→축전지→발전기→전동기→변속기→구동바퀴
③ 기관→변속기→축전지→발전기→전동기→구동바퀴
④ 기관→전동기→축전지→변속기→발전기→구동바퀴

병렬형 하이브리드 자동차의 특징으로 옳지 않은 것은?

① 기존 자동차의 구조를 이용할 수 있어 제조비용 측면에서 직렬형에 비해 유리하다.
② 동력전달장치의 구조와 제어가 간단하다.
③ 기관과 전동기의 힘을 합한 큰 동력성능이 필요할 때에는 전동기를 가동한다.
④ 여유 동력으로 전동기를 구동시켜 전기를 축전지에 저장하는 기능이 있다.

◀정답 ①, ②

기출PLUS

기출 2022. 6. 18. 울산광역시 시행

다음 중 하이브리드 자동차 고전압 부품 작업 시 유의사항으로 틀린 것은?

① SOC 15% 이하로 방전시킨다.
② 고전압 안전플러그 탈착 후 작업한다.
③ 절연복, 장갑, 보안경 등 장비를 착용 후 작업에 임한다.
④ 분해한 부품은 절연매트 위에 배치한다.

기출 2024. 2. 24. 서울시 제1회 시행

하이브리드 자동차의 타입 중에서 엔진이 구동바퀴에 구동력을 직접 전달할 수 있는 타입을 〈보기〉에서 모두 고른 것은?

> 보기
> ㉠ 직렬형 타입
> ㉡ 병렬형 타입
> ㉢ 직·병렬형(복합형) 타입

① ㉠
② ㉠, ㉢
③ ㉡, ㉢
④ ㉠, ㉡, ㉢

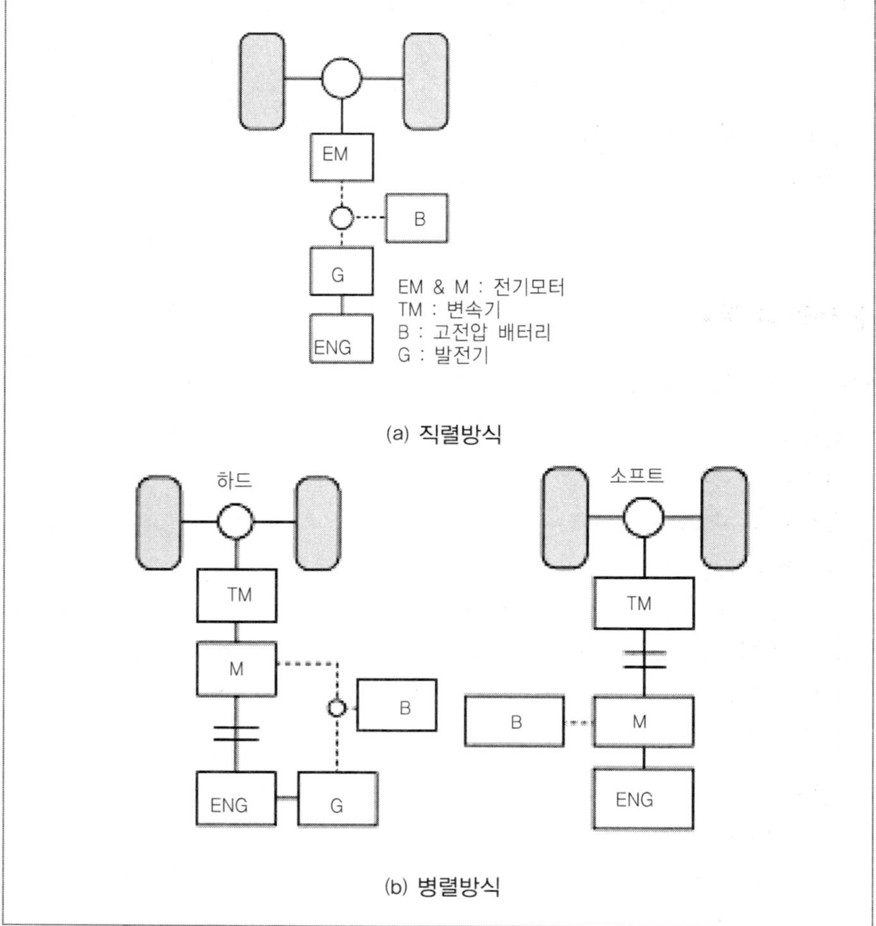

㉠ **소프트 방식**

• 개요 : 엔진과 변속기 사이에 모터를 삽입하여 모터가 엔진의 동력보조 역할
• 원리 : 소프트방식의 경우 모터는 엔진과 변속기 사이에 위치하며 엔진의 크랭크축과 모터의 회전축이 직결하고 있는 구조로 가속시 또는 등판 시에 엔진의 출력과 더불어 모터를 병렬로 동작시킴으로써 차량 동력을 보조한다. 한편 감속시 발전기로 동작하여 차량의 기계에너지를 전기에너지로 변화시켜 배터리에 충전함으로써 연비 향상을 꾀하는 시스템이다.

㉡ **하드 방식**

• 개요 : 엔진, 모터, 발전기의 동력을 분할·통합하는 기구를 채택(유성기어사용)하여 모터 단독적으로 바퀴를 구동하는 방식
• 원리 : 하드 방식의 경우, 현재까지 상용화된 파워트레인은 엔진과 2개의 모터, 유성 기어를 조합한 방식으로 업계 표준으로 자리 잡고 있다. 시스템의

〈정답 ①, ③

작동은 발진·저속시 연료공급을 중단시키고 모터로 주행하며, 후진시에는 모터를 역회전시켜 활용하는데 보통 주행시는 엔진 동력을 2경로로 분할하여 차륜을 직접 구동하거나 발전기를 구동하여 발생된 전력으로 모터를 구동하기도 한다. 가속 시에는 배터리에 저장된 전력을 활용하여 모터의 구동력에 엔진 동력을 추가하고 감속 및 제동 시에는 회생제동에 의한 발전을 실시하여 에너지를 배터리에 축적한다.

③ **직·병렬형**(series-parallel type) **하이브리드** : 직렬과 병렬이 혼합되어 사용되는 혼합형 하이브리드는 가솔린기관 1대, 2개의 모터로 구성한다. 2개의 모터가 각각 구동용과 발전용 혹은 구동과 발전이 모두 가능한 형태로 탑재되어 있다. 출발할 때와 경부하 영역에서는 축전지로부터의 전력으로 전동기를 구동하여 주행하고, 통상적인 주행에서는 기관의 직접구동과 전동기의 구동이 함께 사용된다. 그리고 가속, 앞 지르기, 등판할 때 등 큰 동력이 필요한 경우, 통상주행에 추가하여 축전지로부터 전력을 공급하여 전동기의 구동력을 증가시킨다. 2개의 모터가 탑재되는 덕분에 병렬하이브리드 방식의 치명적인 단점인 모터로 주행하고 있을 때에는 충전이 안되는 현상을 극복하고 모터를 사용해서 주행할 때에도 충전이 가능하다.

④ **플러그 인 하이브리드 전기 자동차**(PHEV : Plug-in Hybrid Electric Vehicle) : PHEV는 기본적으로 외부 전원으로 축전지를 충전할 수 있는 장치를 갖춘, 풀(full)-하이브리드이다. PHEV-기술의 주요 목표는 전기주행 거리의 연장이다. 이를 위해서는 에너지 용량이 아주 큰 축전지가 필요하다. 실제 전기주행 거리는 대부분 약 30~100km이며, 주행 형태 또는 테스트 사이클 및 주변 조건에 따라 크게 달라진다.

이론적 측면에서 보면, PHEV는 순수 내연기관 자동차와 순수 전기자동차 사이의 중간단계 기술이다. 따라서 두 시스템의 장점을 결합할 수 있다. 설치된 전기에너지 용량에 따라 전기주행 모드는 궁극적으로 100% 전기주행에 이를 때까지 전체 주행거리의 대부분을 차지할 수도 있다. PHEV는 특히 일상적으로 1일 주행거리가 짧은 운전자에게 적합하며 1일 주행거리가 50km 이하인 차량에 유리하다.

구동 축전지와 전동기는 전기주행에 필요한 주행출력을 충분히 감당할 수 있는 수준으로 설계된다.

PHEV는 풀-하이브리드와 마찬가지로 전기주행할 때에도 안락성과 안전성을 충분히 확보하기 위해서는, 다수의 보조 시스템들을 전기로 구동해야 한다. 추가되는 구성요소들은 용량 10~20kWh의 축전지, 파워-일렉트로닉스(AC/DC 컨버터), 충전 케이블 그리고 충전장치의 제어, 감시 및 통신에 필요한 전자제어장치 등이다.

기출 2020. 10. 17. 충청북도 시행

하이브리드 및 전기자동차에 사용되는 BMS의 역할이 아닌 것은?

① 배터리 온도를 모니터링해서 적정온도로 유지한다.
② 배터리 충전을 모니터링 한다.
③ 배터리 직류 전류를 교류로 변화하여 모터로 공급한다.
④ 배터리의 각 셀간 충·방전 상태를 모니터링 한다.

◀정답 ③

기출PLUS

㉠ 장점

- 순수전기차보다 긴 주행거리
- 회생제동충전으로 인해 연비가 높아짐
- 순수전기차 주행모드 가능하여 전기충전만으로 낮은 주행비용 가능
- 기존 내연기관에 비해 적은 연료사용으로 배기가스 최소화

㉡ 단점 : 현재로서는 가격이 비싸고, 큰 설치공간이 필요하며, 무게가 무겁고, 충전 여건(이용 가능한 설비 및 충전소요시간)이 만족스럽지 않다.

⑤ 마일드 하이브리드

㉠ 특징

- 일반적인 하이브리드 자동차와 48V 마일드 하이브리드 자동차의 가장 큰 차이는 전기모터로만 달릴 수 있는 EV 모드의 유무다. 마일드 하이브리드 자동차는 배터리 용량이 작아 EV 모드가 없다.
- 모터가 실제로는 보조 역할만 담당하는 마일드 하이브리드 방식도 존재한다. 마일드 하이브리드는 전기모터로만 주행하는 것은 불가능하고 엔진이 주행하는 것을 보조하기만 하기 때문에 내연기관에 비해서 15% 정도의 연비절감 효과만을 기대할 수 있다.
- 스탑 앤 고 기능(차량이 잠시 멈췄을 때 시동을 완전히 껐다가 다시 주행할 때 시동을 켜서 연료의 낭비를 줄이는 효과)도 마일드 하이브리드 기술을 사용한 대표적인 기능이다.

㉡ 구성

- 모터는 엔진 시동 외에 출발시나 가속시 구동력을 보조함으로써 엔진의 부하를 줄이는 한편, 감속시에는 그 에너지를 전기로 회수해 배터리에 저장한다. 물론 전기모터만으로 주행은 불가능하다. 현재 출시된 다양한 차량들은 12V, 24V, 36V 등의 전력을 사용한다.
- 하이브리드 차량이나 배터리 전기차도 기본적으로 전압이 높을수록 성능이 향상한다. 같은 전류값이라면 전압이 높을수록 모터는 고출력화(고회전화와 같은 의미로 볼 수 있다) 할 수 있으며, 같은 성능이라면 고전압을 사용하는 것이 전류도 작아지고 손실도 감소, 즉 효율이 높아지게 된다.
- 단, 전압이 높아질수록 전기사고로 인한 위험이 높아지기 때문에, 탑승객과 차량을 보호하기 위한 전기 시스템의 크기는 커질 수밖에 없다. 일반적으로 60V 이상의 직류 전원은 인체에 위험하므로 엄격한 안전 기준이 적용된다. 그만큼 비용증가도 피할 수 없다. 이러한 성능과 비용문제 사이에서 해결책으로 떠오른 것이 바로 48V이다. 안전 기준의 상한선으로 여겨지는 60V와는 차이가 크게 느껴지지만, 48V 시스템에서도 충전시 50V를 상회하는 때도 있어서 이러한 변수를 생각하면 48V라는 기준이 업계에서는 가장 제일 나은 선택으로 보인다.

❸ 하이브리드 전기자동차의 구성부품

① 하이브리드 자동차의 전체적인 구성을 살펴보면 첫 번째로 차량 앞쪽에 있는 기관부분을 들 수 있는데 이 부분은 기관과 자동변속기인 CVT의 결합으로 이루어져 있고 일반 차량과는 다르게 그 사이에 구동을 위한 하이브리드 모터가 들어가 있다.

② 다음으로 하이브리드 고전압 배터리부분을 들 수 있는데 고전압 배터리부분을 보면 고전압 배터리 외에도 배터리를 식혀 주는 쿨링시스템과 하이브리드 모터를 제어하는 모터 컨트롤유닛이 장착되어 있으며 모터 컨트롤유닛이 이쪽에 있는 이유는 모터 컨트롤유닛에서는 열이 많이 발생하기 때문에 쿨링시스템이 있는 이곳에 같이 장착이 된 것이다. 또한 저연비 고효율 자동차를 실현하기 위해 전기 모터방식의 파워스티어링의 적용과 차량 밀림 방지시스템이 추가적으로 적용된다.

③ **모터**(motor)

  ㉠ AC(교류)전압으로 동작하는 고출력 영구자석형 동기 모터(PMSM)로 모터 하우징과 스테이터, 스파이더, 로터 등으로 구성되어 있으며 스테이터는 코일이 감겨져 있고 모터의 고정자 기능을 하고 로터에는 영구자석이 내장되어 있어 모터 고정자에 형성된 회전자계에 의해 발생된 회전토크를 변속기 입력축으로 전달하는 회전자 기능을 하고 있다.

  ㉡ 기관 시동(이그니션 키 & 아이들 스탑 해제시 재시동) 제어와 발진 및 가속 시 기관의 동력을 보조하는 기능을 한다.

> 🖋 **Plus tip**
> 약 144V의 높은 전압의 교류(AC)로 작동하는 영구자석형 동기 모터이며, 시동 제어와 출발 및 가속할 때 기관의 출력을 보조한다.

(a) 하이브리드 모터

(b) 스파이더와 로터

(c) 하우징과 스테이터

④ **모터 컨트롤 유닛**(MCU : motor control unit) : 모터 컨트롤 유닛은 하이브리드 모터 제어를 위한 컨트롤 유닛이다. 모터 컨트롤 유닛은 HCU(hybrid control unit)의 토크 구동명령에 따라 모터로 공급되는 전류량을 제어하여 각 주행특성에 맞게 모터의 출력을 조절한다. 또한 MCU는 고전압 배터리의 DC(직류)전원을 AC(교류)전원으로 변환시키는 인버터의 기능과 배터리 충전을 위해 모터에서 발생된 AC(교류)전원을 DC(직류)로 변환시키는 컨버터의 기능도 동시에 수행한다.

⑤ **고전압 배터리**

㉠ Ni-MH(니켈-수소) 배터리를 사용하였으나 요즘은 Li-ion(리튬-이온) 배터리를 사용하며, 모터작동을 위한 전기 에너지를 공급하는 기능을 한다.

㉡ 고전압 배터리는 배터리 팩과 고전압 배터리를 제어하는 BMS가 위치하고 있으며, 그 주변으로 릴레이나 안전 플러그 등의 전장부품이 결합되어 있다.

> **Plus tip**
>
> 전동기 구동을 위한 전기적 에너지를 공급하는 DC 144V의 니켈-수소 (Ni-MH) 축전지이다. 최근에는 리튬계열을 축전지를 사용한다.

⑥ **고전압 배터리 시스템**(BMS, battery management system) : BMS는 고전압 배터리를 제어하는 것으로서 배터리 에너지 입·출력제어와 배터리 성능유지를 위한 전류, 전압, 온도, 사용시간 등 각종 정보를 모니터링하고, 종합적으로 연산된 배터리 에너지 상태정보를 HCU 또는 MCU로 송신하는 역할을 한다.

⑦ **통합 제어 유닛**(HCU, hybrid control unit) : 하이브리드 컨트롤 유닛은 전체 하이브리드 전기자동차시스템을 제어하므로 각 하부 시스템 및 제어기의 상태를 파악하며 그 상태에 따라 가능한 최적의 제어를 수행하고 각 하부 제어기의 정보사용 가능 여부와 요구(명령) 수용 가능여부를 적절히 판단한다.

> 🌀 **Plus tip**
>
> 하이브리드 고유의 시스템의 기능을 수행하기 위해 ECU(엔진 컴퓨터), BMS, MCU, TCU(변속기 컴퓨터) 등 CAN 통신을 통해 각종 작동 상태에 따른 제어 조건들을 판단하여 해당 컨트롤 유닛을 제어한다.

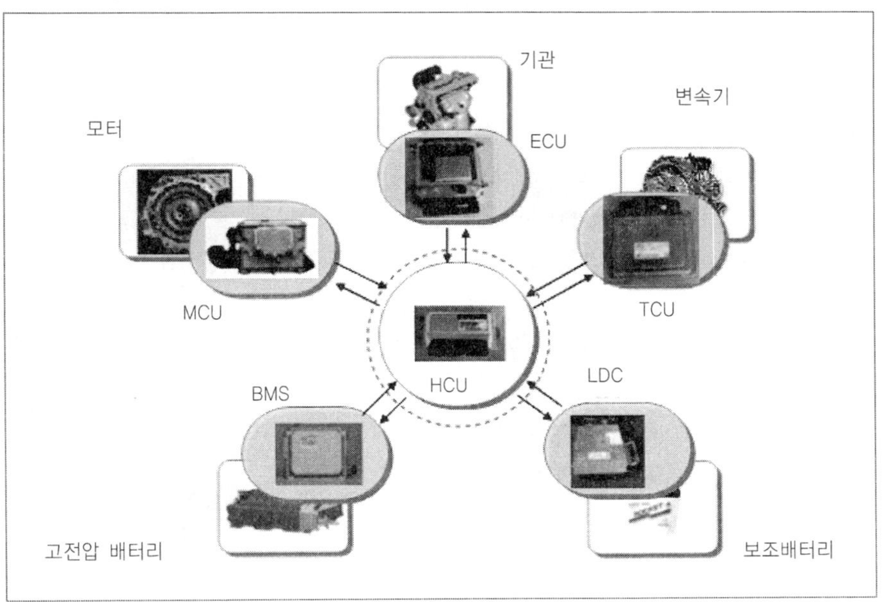

❹ 저전압 배터리

오디오나 에어컨, 자동차 내비게이션, 그 밖의 등화장치 등에 필요한 전력으로 보조 배터리 (12V 납산 배터리)가 별도로 탑재된다. 또한 하이브리드 모터로 시동이 불가능 할 때 엔진 시동 등에 사용된다.

⑤ HSG(기동 발전기 ; Hybrid Starter Generator)

HSG는 엔진의 크랭크축 풀리와 구동 벨트로 연결되어 있으며, 엔진의 시동과 발전 기능을 수행한다. 고전압 배터리 충전상태(SOC : state of charge)가 기준값 이하로 저하될 경우, 엔진을 강제로 시동하여 발전을 한다.

⑥ 오토 스톱

오토 스톱은 주행 중 자동차가 정지할 경우 연료 소비를 줄이고 유해 배기가스를 저감시키기 위하여 엔진을 자동으로 정지시키는 기능으로 공조 시스템은 일정시간 유지 후 정지된다.

① 엔진 정지 조건
 ㉠ 자동차를 9km/h 이상의 속도로 2초 이상 운행한 후 브레이크 페달을 밟은 상태로 차속 이 4km/h 이하가 되면 엔진을 자동으로 정지시킨다.
 ㉡ 정차 상태에서 3회까지 재진입이 가능하다.
 ㉢ 외기의 온도가 일정 온도 이상일 경우 재진입이 금지된다.

② 엔진 정지 금지 조건
 ㉠ 오토 스톱 스위치가 OFF 상태인 경우
 ㉡ 엔진의 냉각수 온도가 45℃ 이하인 경우
 ㉢ CVT 오일의 온도가 −5℃ 이하인 경우
 ㉣ 고전압 배터리의 온도가 50℃ 이상인 경우
 ㉤ 고전압 배터리의 충전율이 28% 이하인 경우
 ㉥ 브레이크 부스터 압력이 250mmHg 이하인 경우
 ㉦ 액셀러레이터 페달을 밟은 경우
 ㉧ 변속 레버가 P, R 레인지 또는 L 레인지에 있는 경우
 ㉨ 고전압 배터리 시스템 또는 하이브리드 모터 시스템이 고장인 경우
 ㉩ 급 감속시(기어비 추정 로직으로 계산)
 ㉪ ABS 작동시

③ 오토 스톱 해제 조건
 ㉠ 금지 조건이 발생된 경우
 ㉡ D, N 레인지 또는 E 레인지에서 브레이크 페달을 뗀 경우
 ㉢ N 레인지에서 브레이크 페달을 뗀 경우에는 오토 스톱 유지
 ㉣ 차속이 발생한 경우

❼ 하이브리드 전기자동차의 주행모드

차량의 주행상태는 시동이 걸리는 단계, 액셀러레이터를 밟아서 차량이 출발하고 가속되는 단계, 일정한 속도로 차가 나아가는 정속단계, 브레이크를 밟아서 속도를 줄이는 감속단계, 정지단계 하이브리드 자동차도 이와 같은 주행모드를 기본적으로 갖는데, 하이브리드 자동차는 좀 더 세분화해서 총 7가지 주행모드로 나눌 수 있다. 이는 자동차의 주행모드를 5가지에 아이들 & 클립모드와 발진 · 가속모드가 추가 된다고 보면 될 것이다.

❽ 하이브리드 자동차의 전기장치 정비 시 반드시 지켜야 할 내용

① 고전압 케이블의 커넥터 커버를 분리한 후 전압계를 이용하여 각 상 사이 (U, V, W)의 전압이 0V인지를 확인한다.

② 전원을 차단하고 일정시간이 경과 후 작업한다.

③ 절연장갑을 착용하고 작업한다.

④ 서비스 플러그(안전 플러그)를 제거한다.

⑤ 작업 전에 반드시 고전압을 차단하여 감전을 방지하도록 한다.

⑥ 전동기와 연결되는 고전압 케이블을 만져서는 안된다.

⑦ 이그니션 스위치를 OFF 한 후 안전 스위치를 분리하고 작업한다.

⑧ 12V 보조 배터리 케이블을 분리하고 작업한다.

02 연료전지 자동차

① 연료 전지 시스템 개요

(1) 정의

연료전지 자동차란 수소와 산소의 전기 화학반응으로 만들어진 전기를 이용하여 모터를 구동시키는 자동차를 말한다.

(2) 특징

① 연료전지 자동차는 연료전지로부터 생산된 전기로 구동되는 전기자동차의 일종으로, 모터에서부터 바퀴에 이르는 구조는 기존의 전기자동차와 같다.

② 기존의 전기자동차와는 달리 저장된 전기를 사용하는 것이 아니라 반응물이 외부에서 연속적으로 공급되어 전기를 생성시키면서 모터를 구동하여 자동차를 주행하게 하므로 일반적인 화학전지와는 달리 연료를 공급하는 한 충전할 필요가 없다.

③ 연속적인 전기 화학반응에 의하여 전력을 계속 공급할 수 있는 특징을 가지고 있다.

(3) 수소연료전지의 작동 원리

① 수소 연료전지의 작동원리는 먼저 압축된 수소가 연료전지의 음극(Anode)쪽 분리판으로 들어간다. 수소가 압력차에 의해 촉매쪽으로 이동하게 된다. 음극 촉매층에서 수소분자는 백금 촉매에 의해 이온과 전자로 분리되며 전자는 음극을 통과하여 전류가 발생하게 되며 다시 양극으로 들어간다. 반면에 전기의 양극쪽 분리판에는 산소 기체가 들어간다. 마찬가지로 압력 차이에 의해 가스 확산층을 지나 촉매쪽으로 이동하게 된다. 최종적으로 양극촉매층에서는 산소, 수소이온, 그리고 양극쪽으로 들어온 전자가 결합하여 물분자를 생성한다. 따라서 양극에서 음극으로 기전력이 발생하게 된다.

② 전기차배터리는 전기를 저장한 후 충·방전을 통해 수명을 소모해나가는 것이며 수소연료전지차는 수소와 산소가 에너지원으로 주입되어 돌아가는 작은 발전소형태이다.

기출 2022. 6. 18. 울산시 시행

수소연료전지 자동차에서 산소와 수소의 화학적 반응을 이끌어내 전기에너지로 변환시키는 역할을 하는 수소이온화 부품은?

① 분리막
② 단자판
③ 막전극접합체
④ 연료극

❮정답 ③

❷ 연료 전지 자동차의 구성

(1) 연료전지를 이용한 시스템

수소탱크, 연료전지(Full cell stack), 전력 변환 장치(inverter), 모터 및 감속기, 열관리시스템으로 구성한다.

① **수소 저장 탱크** : 부피가 큰 수소를 압축하여 저장하는 용기이며 수소 저장 용기는 700bar의 높은 압력과 수소가스 충방전 시 약 −40℃~80℃까지의 온도를 견뎌야 한다. 그리고 전기적 신호에 의한 수소가스 차단 및 공급 기술, 외부 충격에 터지지 않는 견고함 등이 요구된다. 1kg 수소로 100km 정도 주행이 가능하며, 현재 상용화된 FCEV에는 2개의 용기에 5~6kg의 압축 수소를 실어 500~600km의 주행이 가능하게 한다.

② **공기 공급 장치(APS)** : 스택 내에서 수소와 결합해 물(H_2O)을 생성한다. 순수 산소형태가 아니며 대기 공기를 스택으로 공급한다.

③ **스택(STACK)** : 보통 한 개의 셀이 생산하는 전기 약 0.7V수준으로 1Kw의 전기 생산을 위해 50여 개의 셀이 필요하며 그 50개의 cell을 직렬로 연결한 것이 스택이다. 스택의 구성요소는 막전극접합체, 기체확산층, 분리판, 가스켓, 인클로저 등이 있다.

　㉠ **막전극집합체** : 전해질막과 백금촉매로 구성스택 하나에 대략 400~500개의 막전극집합체가 필요하며 연료극과 공기극 사이에 위치하여 수소연료전지 원가의 43%를 차지하는 고가의 부품이며 백금은 수소를 이원화시키는데 필요한 촉매제이다.

　㉡ **가스 확산층** : 분리판으로부터 공급되는 가스(수소, 산소)를 촉매로 확산시키는 역할을 하며, 높은 가스 확산성과 높은 배수성 그리고 높은 도전성이 요구된다.

　㉢ **분리판** : 수소연료전지 원가의 18% 비중을 차지한다.

　㉣ **가스켓** : 수소연료전지의 원가의 10% 비중을 차지하는데 국산화 100% 가스켓은 수백개의 단위 셀들에 압축하중을 받기 때문에 탄성과 압축 변형 저항성이 높아야 한다.

　㉤ **열관리시스템** : 스택은 효율이 50% 정도로 출력만큼 에너지가 열로 많이 방출된다. 따라서 25℃(상온)에서 80℃ 이내의 온도범위 유지가 필수이다.

ⓑ 열관리시스템은 부동액 또는 증류수를 연료전지 스택으로 순환시켜 온도 (60~70℃)를 유지시키는 일종의 냉각장치이다.

- 고전압 배터리 : 스택에서 발생된 전기 저장, 회생제동 에너지(전기) 저장, 시스템 내 고전압 장치에 전원 공급
- 컨버터/인버터 : 스택에서 발생된 직류 전기를 모터가 필요한 3상 교류전기로 변환
- 모터 & 감속기 : 차량을 구동하기 위한 모터와 감속기
- 연료 전지 시스템 어셈블리 : 연료전지 룸 내부에는 스택을 중심으로 수소 공급 시스템과 고전압 회로 분배, 공기를 흡입하여 스택 내부로 불어 넣을 수 있는 공기 공급, 스택의 온도 조절을 위한 냉각

❸ 연료 전지 자동차의 수소연료

(1) 종류

① 그린수소, 그레이수소, 블루수소, 부생수소(추출수소)

② 그린수소 : 수소는 자연상태에서 물이나 메탄, 암모니아, 불화수소 등 여러 화합물로 존재한다. 결합력이 높아 분리하는 데 많은 에너지가 필요한데 재생에너지를 이용해 물을 전기분해(수전해)해 얻은 수소를 말한다. 수소 생산과정에서 이산화탄소 배출이 전혀 없는 깨끗한 수소라는 의미이다. 전기를 이용해 가스 형태의 수소를 만들기 때문에 수 전해를 'P2G(Power-to-Gas)'라고 칭한다.

③ 그레이수소 : 메탄이 주성분인 천연가스를 고온·고압의 수증기로 분해해 생산하는 '추출수소'나 석유화학, 철강 생산과정에서 부산물로 나오는 '부생수소'는 생산과정에서 이산화탄소가 다량 배출되기 때문에 깨끗하지 않다는 의미로 '그레이수소'라 한다.

④ 블루수소 : 그레이수소를 만드는 과정에서 이산화탄소를 포집·저장(CCS·Carbon Capture &Storage)'하는 기술을 적용해 이산화탄소 배출을 줄인다면 상당히 깨끗해졌다는 뜻에서 '블루수소'라고 말한다. 현재는 그레이수소가 수소 생산의 대부분을 차지한다.

　㉠ 수소를 에너지로 사용하려면 수소의 생산·운송·저장·충전·유틸리티(차량)등 인프라가 뒷받침 되어야 한다.

　㉡ 수소가스는 저장·운송기술이 뒷받침되어야 하지만 물리적 수소 저장(액화수소플랜트)과 화학적 수소 저장(암모니아 형태 등) 기술이 중요하다.

ⓒ 정부는 이 같은 어려움을 해소하기 위해 지역 특성에 맞춰 부생수소(정유·화학 공정에서 발생하는 수소), 추출수소(천연가스에서 추출한 수소), 수전해 수소(전기로 물을 분해해 만든 수소), 수입 수소 등으로 공급처를 다변화하기로 했다. 수소 가격 안정을 맡은 '수소유통센터' 설치도 추진한다.

(2) 수소연료의 장·단점

① 장점

㉠ **높은 에너지 효율**: 브러시리스(brushless)모터로 직결되어 변속기조차 필요 없어 에너지 효율이 매우 뛰어나며 시스템 크기에 비하여 내연기관시스템보다 훨씬 높다.

㉡ **저공해 자동차**: 순수한 수소를 고압수소 봄베에 충전하여 사용하는 연료전지 자동차는 배기가스가 없고 온실가스의 배출이 매우 적다.

㉢ 연료 고갈의 걱정이 없다. 수소연료전지 자동차는 공기 중에 떠돌아다니는 수소를 이용해서 만든 엔진이고, 연료전지를 이용한 뒤 남는 배출물도 수증기(H_2O)이며, 수증기를 다시 전기 분해하면 수소가 되기 때문에 연료의 제한이 없다.

② 단점

㉠ 고분자 전해질 연료전지의 경우에는 백금을 촉매제로 사용하기 때문에 비용이 많이 발생한다.

㉡ 화학적 에너지를 변환시키는 장치이기 때문에 부식 문제가 필연적으로 따라오게 되며, 순수한 수소를 사용하지 않으면 촉매와 전해질의 피독으로 연료전지의 성능이 감소하게 된다.

㉢ 화석연료로부터 수소를 생산하면 오염물질과 이산화탄소가 발생한다. 연료전지는 친환경이지만 연료전지에 들어가는 연료(수소)를 생산할 때 온실가스가 많이 배출되는 것이 문제이다.

㉣ 수소의 생산과 운송, 보관, 사용의 연결이 매끄러워야 하는데 인프라 건설에 국가적인 지원과 막대한 비용과 폭발성 및 화재의 우려가 있고 가장 가벼운 기체이며 끓는점은 영하 260°로 액화시켜서 보관하는 것도 위험을 수반한다.

기출 PLUS

03 천연가스 자동차

❶ 천연가스

① 개요 : 천연가스(NG: Natural Gas)는 해저, 유전지대 등의 지하에서 채취하는 메탄(CH4)이 주성분인 가연성 가스이며 공기보다 가벼워(비중 0.6) 누출시 쉽게 대기중으로 확산되고, 자연발화 온도가 높아 안전한 연료이다.

② 액화과정에서 미세먼지, 황 등 불순물을 제거한 청정연료로서 연소될 때 대기오염물질이 거의 발생하지 않아 자동차배출가스 저감, 대체에너지 활성화 및 지구온난화 방지를 위한 효과적인 에너지로 평가받고 있다.

❷ 천연가스 자동차의 종류

(1) 연료의 사용 형태에 따른 분류

① 압축천연가스(CNG) 자동차

② 천연가스 자동차는 연료의 사용형태에 따라 압축된 천연가스를 연료원으로 사용하는 자동차

③ 액화천연가스(LNG) 자동차

④ 액화상태의 천연가스를 사용하는 자동차

⑤ **흡착천연가스(ANG) 자동차** : 천연가스를 연료용기에 흡착, 저장하였다가 사용하는 자동차

(2) 엔진의 사용 형태에 따른 분류

① **천연가스-가솔린 겸용(bi-fuel) 자동차** : 가솔린(휘발유)엔진을 모체로 하여 휘발유와 천연가스를 교대로 사용할 수 있는 자동차

② **천연가스-경유 혼소(dual-fuel) 자동차** : 경유엔진을 모체로 경유를 점화원으로 사용하고 천연가스를 주 연료원으로 하여 동일 연소실에서 혼합·연소되는 자동차

③ **천연가스 전소(Dedicated or Single fuel) 자동차** : 천연가스만을 연료로 사용하는 자동차참고로 국내에 보급할 천연가스 버스 및 천연가스청소차는 압축천연가스 전소엔진을 장착한 자동차를 말한다.

❸ 천연가스 자동차의 구조

가솔린 자동차, 경유 자동차등 종래의 차와 기본구조는 같고, 연료계통만이 다르다. 연료인 천연가스는 고압(200kg/㎠)으로 압축되어 가스용기에 저장되며 압축된 가스는 용기로부터 연료 배관을 거쳐 감압밸브에서 사용압력으로 감압된 후, 공기와 혼합되어 엔진 내부로 공급된다.

특히, 천연가스 자동차의 가스용기는 자동차부품 중에서 가장 튼튼하게 제작되어 있어 700℃의 불 속에서도 파열되지 않으며 30m 높이에서 낙하시켜도 파열되지 않는다.

❹ 천연가스 자동차의 특징

(1) 장점

① 천연가스자동차는 기존 경유 차량에 비해 매연이 전혀 없고, 질소산화물등 오염물질 배출이 1/3 수준이고, CO_2 배출량도 기존 경유 차량보다 약 20% 적어 지구온난화 방지에도 기여할수 있으며, 기후변화협약에 따른 규제대응에 용이하다.

② 인화점이 높아 휘발유엔진과 LPG에 비해 화재 우려가 적다.

③ 천연가스자동차의 연료가 되는 천연가스는 공기보다 가벼워(비중 0.6) 누출됐을 경우에도 대기 중으로 빠르게 퍼지므로 폭발위험이 적고, 휘발유, LPG보다 자연발화 온도가 높아 화재위험이 적다.

④ 연료인 천연가스는 휘발유나 경유 등 다른 에너지에 비해 연소효율 및 열효율이 높고 가격이 저렴하다.

(2) 단점

① 도시가스 배관망 및 충전소가 없는 곳에서 충전이 불가능하다.

② 주행거리가 석유 연료에 비해 짧고 에너지 밀도가 낮아 체적효율이 감소한다.

③ 압축착화 기관에 사용할 때 CNG의 자발화 온도가 높기 때문에 착화를 도와주는 별도의 장치가 필요하다.

④ 고압용기를 탑재해야 하므로 차량 중량이 증가된다.

❺ 천연가스 자동차의 구성

(1) 가스충전밸브

① 가스를 충전시 사용하는 밸브

② 충전시 체크밸브가 연결되어 고압가스 충전시 역류를 방지하는 기능

(2) 가스압력계

① 연료량의 압력을 표시하며 1Mpa 이하에서는 출력부족 현상 발생

② 3Mpa 이하에서는 재충전 실시

③ CNG 가스상태 완충압력은 20.7Mpa

(3) 체크밸브

가스 충전밸브 연결부 뒤쪽에 설치되어 고압가스 충전시 역류를 방지한다.

(4) 용기밸브

① 가스용기에서 기관으로 공급되는 가스를 공급 및 차단하는 역할

② 시동 key on 상태로 5초 내에 rpm신호가 ECU에 입력되지 않으면 자동으로 밸브가 닫힌다.

(5) 용기용 밸브 안전장치(PRD-Pressure Relief Device)

화재로 인해 용기의 파열이 발생할 경우 용기용 밸브의 안전장치의 연납이 녹아 가스를 방출하여 용기의 파열을 예방한다.

(6) 수동차단밸브

기관 정비시 기관 배관에 남아있는 가스를 제거할 때 사용한다.

(7) 가스필터

가스내의 불순물을 여과하여 불순물이 기관에 공급되는 것을 방지한다.

⑻ 온도센서

탱크속의 연료온도를 측정하며 연료를 구동하기 위해 탱크내의 압력센서와 함께 사용한다.

⑼ 고압차단밸브

가스탱크에서 기관에 공급되는 압축 천연가스를 과다한 압력 및 누기 발생시 차량과 기관을 보호하기 위하여 고압가스라인을 차단하는 안전밸브이다.

⑽ 가스압력조정기

가스압력조정기 바디에 가스탱크 압력센서가 장착되어 가스탱크의 가스압력 검출을 하여 계기판의 연료게이지에 표시한다.

⑾ 가스열 교환기

① 가스압력조정기와 가스 온도절기사이 프레임 상단에 설치

② 가스탱크에 압축된 가스는 가스압력조정기를 통과하면서 압력이 팽창하여 가스 온도저하 및 동파방지를 위하여 상대적으로 따뜻한 냉각수를 공급하여 가스의 온도를 상승시키는 역할을 한다.

⑿ 가스온도 조절기

① 최적의 작동온도로 유지하기 위하여 일정 온도에서 냉각수의 흐름을 제어

② 개방온도는 10~16℃ 시동시에는 완전히 개방되며 40~49℃에서 닫힌다.

⒀ 연료 미터링 밸브

연료 미터링 밸브는 8개의 인젝터가 개별적 또는 간헐적으로 유로를 개폐하여 연료의 압력을 조정해서 기관에 필요한 연료가스를 공급한다.

⒁ 가스 혼합기

연료 미터링밸브에서 공급된 가스와 압축공기를 혼합시킨다.

⒂ 스로틀 밸브

가스 혼합기를 통과하는 혼합가스가 기관 실린더로 들어가는 양을 조절한다.

04 전기자동차(electric vehicle)

① 정의

전기자동차는 구동전동기를 기존 가솔린이나 경유 같은 화석연료의 연소로부터가 아닌 배터리에 축적된 전기를 동력원으로 모터를 회전시켜서 움직인다.

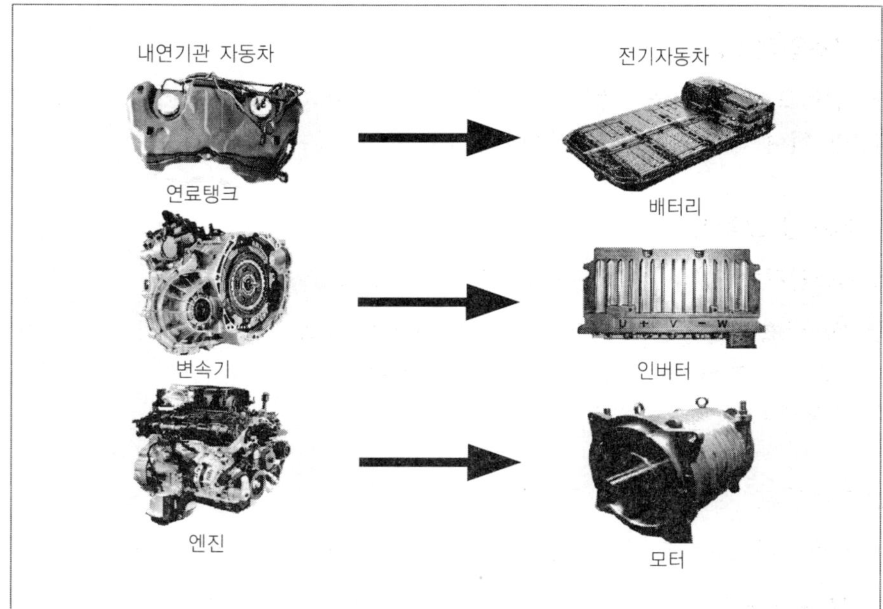

② 전기자동차(electric vehicle)의 구성

전기자동차는 모터에 에너지를 구동하는 배터리, 배터리에서 공급 받은 에너지로 바퀴를 구동하는 모터와 배터리와 모터사이에서 동력을 컨트롤하는 제어기로 구성되어 있다.

기출 2016. 6. 18. 대구광역시 시행

전기자동차의 설명으로 맞는 것은?

① 출발 시 무거운 축전지 무게 때문에 가솔린차보다 구름저항이 크다.
② 일반 내연기관 자동차보다 에너지 효율이 좋지 못하다.
③ 1회 충전 시 무제한 사용이 가능하다.
④ 운전조작이 어렵고 복잡하다.

기출 2022. 6. 18. 대전광역시 시행

다음 중 전기자동차의 구성부품이 아닌 것은?

① 차동기어
② 다단변속기
③ 인버터 및 컨버터
④ 회생제동장치

❮정답 ①, ②

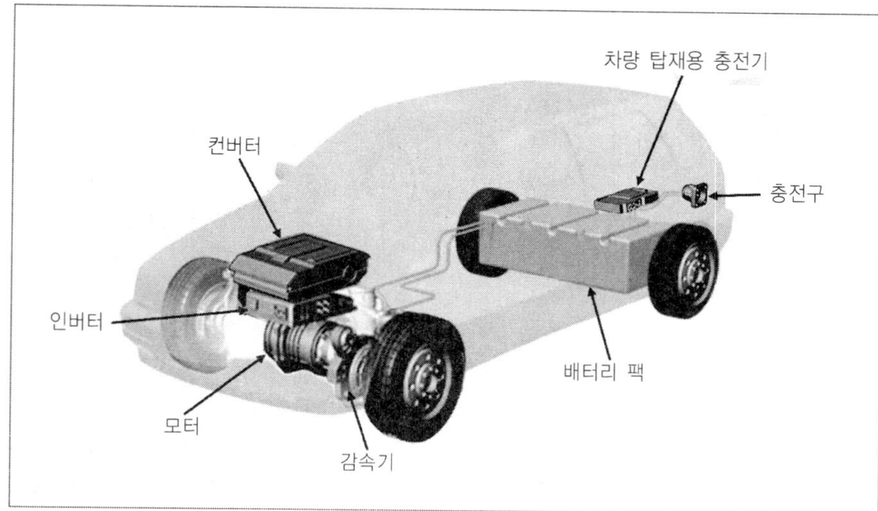

(1) 배터리팩(battery pack)

전기자동차의 배터리 성능을 결정하는 가장 중요한 부분으로는 에너지밀도와 출력을 들 수 있으며, 이외에도 안정성, 수명, 충전 용이성, 충전효율, 충전시간, 저온성능 등 다양한 요구를 만족하여야 한다.

에너지밀도는 1회 충전 시 주행할 수 있는 운행거리와 관계되며, 단일전지에 저장되는 에너지양으로 결정된다. 따라서 배터리는 에너지밀도가 높고 소형화와 경량화가 가장 중요한 요소이며 배터리의 출력은 가속력과 최고속도를 결정하는데 중요한 요소이다. 현재 배터리는 리튬 이온의 배터리를 사용하고 있으며, 납 배터리에 비해 대전류 방전특성이 우수하고, 저온에서도 특성이 크게 저하하지 않으며 출력밀도가 크고, 수명이 길며, 단시간 충전이 쉬운 장점이 있어 하이브리드와 전기자동차에 사용되고 있다.

전기자동차용 배터리는 각형 또는 원형 배터리 셀(cell) 여러 개를 모아 모듈 (module)을 이루고, 모듈은 다시 여러 개를 모아 하나의 팩(pack)을 만들어 팩 상태로 전기자동차에 들어가게 된다.

(2) 모터(motor)

전기자동차 모터의 역할은 전진주행, 후진주행, 제동, 제동시 발전을 통한 에너지 회수(회생 브레이크시스템) 역할을 한다. 회생 브레이크시스템이란 감속시나 제동시에 모터를 발전기로 작동시켜 운동 에너지를 전기 에너지로 변환시켜줌으로 써 이 에너지를 배터리에 충전할 수 있는 시스템이다. 전기자동차 모터는 고출력화를 추진하면서 고회전화 함에 따라 모터가 경량·소형화되어 탑재중량이나 용적도 크게 감소하였고 모터의 종류는 다음과 같다.

기출PLUS

기출 2024. 6. 22. 서울시 제2회 시행

전기자동차에 사용되는 리튬이온 배터리 1셀의 평균적인 전압의 값[V]은?

① 1.5
② 3.7
③ 9.0
④ 12.0

기출 2022. 4. 23. 경기도 시행

전기자동차 배터리에 대한 설명으로 틀린 것은?

① 리튬이온전지는 분리막 사이로 리튬금속산화물로 이뤄진 양극이 있다.
② 리튬이온전지는 보통 흑연 등이 주로 쓰이는 탄소계 화합물로 이뤄진 음극이 있다.
③ 리튬인산철은 리튬이온 배터리의 한 종류로, 리튬폴리머 전지보다 에너지 밀도가 낮다.
④ 전해액은 양극과 음극사이에서 리튬이온이 이동할 수 있도록 하는 역할을 하며, 이온들만 전극으로 이동 시킨 후 이때 냉각작용을 수행하여 온도를 낮추는 역할을 한다.

기출 2025. 6. 21. 서울시 제1회 시행

전기자동차에서 사용되는 리튬이온 배터리에 대한 설명으로 가장 옳은 것은?

① 배터리를 충전할 때, 리튬이온은 양극에서 음극으로 이동한다.
② 리튬이온 배터리의 전해액은 물(H_2O)에 리튬염($LiPF_6$ 등)을 녹여 만든다.
③ 리튬이온 배터리의 셀당 전압은 약 1.5V 수준이다.
④ 리튬이온 배터리의 분리막은 전극 간 단락을 방지하고, 전자의 이동이 가능하도록 다공성 구조를 가진다.

◀정답 ②, ④, ①

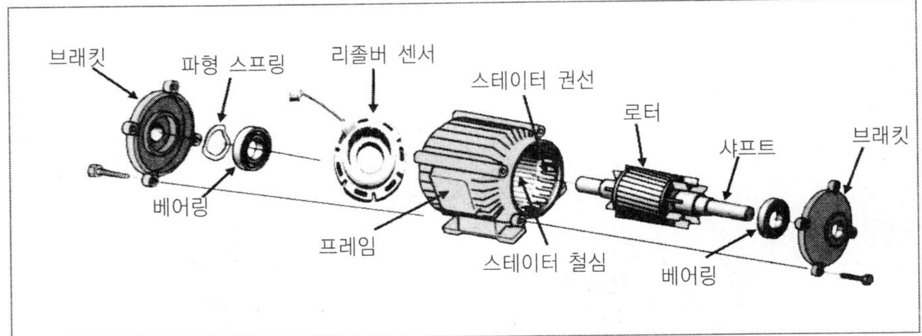

기출 2025. 6. 21. 서울시(보훈청) 제1회 시행

전기자동차의 구성요소 중 고전압 배터리의 직류 전원을 교류로 변환하여 모터에 공급하는 장치는?

① 차량 탑재형 충전기(on-board charger)
② 인버터(inverter)
③ 배터리 관리 시스템(battery management system)
④ 파워 릴레이 어셈블리(power relay assembly)

① **직류모터**(direct current motor) : 직류전기를 사용하는 모터로서 직류전류가 로터와 스테이터에 공급되어 자계를 형성하게 되면 로터를 회전시키는 원리이다. 브러시에 정류자가 면 접촉을 하면서 회전하기 때문에 브러시와 정류자의 마모 및 분진과 소음이 발생하게 되어 유지 보수비용이 발생되며, 교류모터에 비해 구조가 복잡하고 비싼 단점이 있다.

② **직류 브러시 리스 모터**(brush less current motor)

  ㉠ 브러시 리스 모터는 직류형과 교류형이 있으며, 직류형 방식의 모터 중에 브러시가 없는 타입을 BLDC(brush less direct current)라고 한다. 브러시가 없으므로 반영구적으로 사용 가능하며, 유지보수 및 발열과 소음 그리고 에너지 효율이 향상된 모터이다. 원리는 스테이터를 고정해서 전류를 흘려주고 로터를 회전시킨다.

  ㉡ 로터는 영구자석이므로 전류가 필요 없고 리졸버 센서를 모터에 내장하여 로터가 만드는 회전자계를 검출하고, 이 전기신호를 스테이터 코일에 전하여 모터의 회전을 제어할 수 있게 한 것으로 브러시가 닳을 걱정 없이 반영구적으로 사용하므로 전기자동차에 사용하기도 한다.

③ **교류모터**(three-phase alternating current : AC 유도모터의 삼상방식)

  ㉠ 교류모터는 전지에서 얻어진 직류전원을 인버터를 통해 교류로 변환시켜 모터를 구동하는 방식으로 교류전기로 인한 극성변화와 자기유도로 로터가 회전하는 원리이다. 냉각이 쉽고 코일을 제어함으로써 정밀한 제어가 가능한 모터이다.

  ㉡ 직류모터에 비하여 소형, 경량이며 효율이 높고 브러시가 없어 회전수를 높일 수 있다. 그리고 회생 제동장치로 사용할 수 있어 전기자동차에 주로 사용된다.

④ **스위치드 릴럭턴스 모터**(switched reluctance motors) : 스위치드 릴럭턴스 모터는 BLDC모터에서 로터에 영구자석을 사용하지 않고 철제 로터를 사용하는 방식으로 역기전력이 발생되지 않으며, 스테이터 코일에 전력을 스위칭하여 회전력을 얻는 방식이다. 스위칭이 정밀해야 하며 회전자의 위치센서가 필요하다. 대량생산이 가능하며 가격이 저렴한 장점이 있다.

〈정답 ②

(3) 모터 제어기(MCU : motor control unit, 인버터(inverter))

제어기의 경우 주로 모터제어를 위한 컴퓨터이며, 직류를 교류로 바꾸어 주는 인버터로 주파수를 바꾸어 모터에 공급되는 전류량을 제어함으로서 출력과 회전속도를 바꾸는 것으로 VCU의 명령에 의해 모터 출력을 제어한다. 자동차의 주행 중 제동 또는 감속 시에 발생하는 여유에너지를 모터에서 발전기로 전환하여 배터리로 충전을 하는 기능도 동시에 수행한다.

(4) LDC(low voltage DC-DC converter, DC-DC 변환기)

전기차량의 메인 배터리의 고전압을 저전압으로 낮추어 DC전압의 크기를 변화해 주는 것으로 전기자동차에서 DC-DC 컨버터는 기존의 내연기관에 있던 12V 납축전지가 차량의 전자부품에 전원을 공급하던 기능을 대신 보조배터리가 필요한 이유는 고전압 배터리 전원을 MCU나 제어기로 보내주기 위해서는 전기 스위치인 전기식 릴레이를 작동해야 한다.
각종 전원장치가 12V인데 전기를 많이 사용 시 전압레벨차이가 생기므로 전압의 균형을 유지하기 위한 완충장치 역할을 한다.

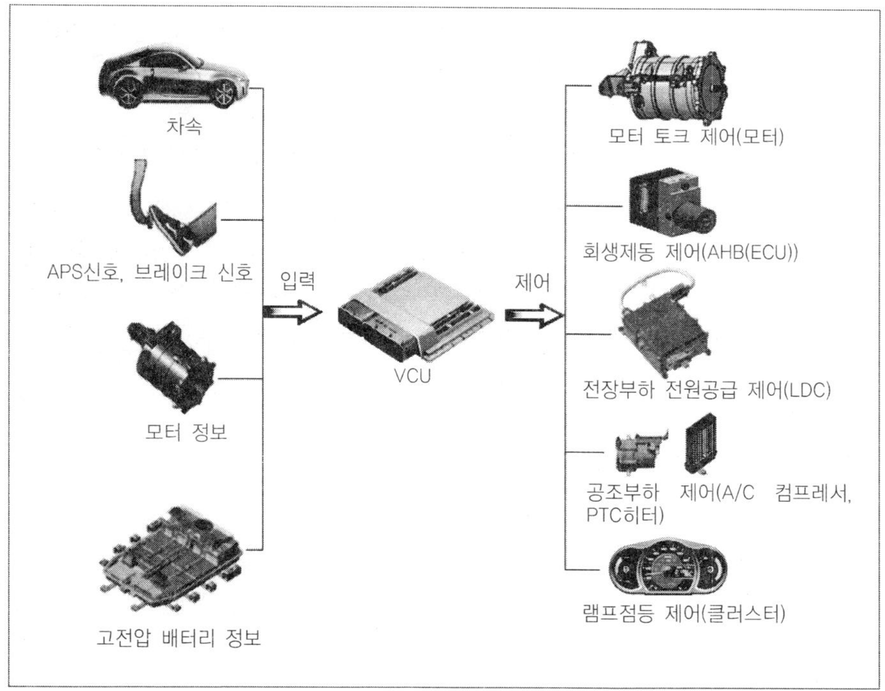

(5) BMS(Battery Management System, 배터리관리시스템)

BMS는 전기자동차의 핵심기술 중 하나로 배터리의 성능을 컨트롤하여 전류·전압 모니터링, 셀 밸런싱, 전하 상태 파악 및 팩 안정성 보장 등의 기능을 수행한다.

(6) VCU(vehicle control unit, 전기자동차 차량 통합 제어기)

① 가속·제동·변속 등 운전자 의지를 반영해 각종 제어장치와 협조해 차량 상태를 파악하면서 모터구동과 회생제동 등을 제어하여 가장 전기를 효과적으로 사용할 수 있도록 인버터 등에 명령을 내려 주행을 위한 최적의 상태로 유지한다.

② 배터리 충전량에 따라서 모터 토크, 에어컨 작동중지, 히터 작동 정지 등의 전력 배분을 모터 중심적으로 실시하며 배터리 충전량이 30% 이하이면 액셀러레이터를 밟아도 자동차는 서행을 한다.

(7) 완속 충전기(OBC : on board charger, 차량 탑재용 충전기)

OBC는 상용전원인 교류(AC)를 직류(DC)로 변환해 차량 내부 메인 배터리를 충전하는 기능을 한다. 입력전원인 AC전원의 노이즈를 제거하는 입력필터, 에너지 효율을 높여주는 PFC(power factor corrector)회로, 배터리에 전력을 안정적으로 정전압 및 정전류 충전을 하기 위한 DC/DC컨버터, 충전소 및 차량 내 다른 장치와 통신하며 OBC를 제어하는 제어회로 등으로 구성되어 있다. 충전이 완료되면 내부 완속 충전기에서 차단시킨다.

(8) VESS(virtual engine sound system, 가상 엔진 소음발생 시스템)

전기자동차는 소음이 거의 발생하지 않으므로 주행 중 보행자에게 전진, 후진 시 20km/h 이하에서 소리를 낸다. 전진 음은 0~20km/h에서 주행 중 소리를 발생하며 속도가 빨라질수록 소리 크기가 증가한다. 단, D단 정지 시에는 발생하지 않고 후진 음은 후진 시 소리가 발생하며 속도가 빨라질수록 소리 크기가 증가하며 정지 시에도 발생한다.

(9) EWP(electric water pump, 전기 워터펌프)

전기자동차의 전자 장비들의 일반적인 전력효율이 약 90% 정도이면 약 10% 만큼은 연료전환이 된다. 이때 발생하는 열로 인해서 어떤 문제가 발생하지 않도록 하기 위해 사용하는 것이 냉각시스템인데 전통적인 공랭식은 낮은 열 관리에는 용이하지만 높은 에너지 밀도를 가진 전자 장비와 장거리 주행에는 수랭식이 적합한데 EWP는 열이 가장 많이 발생하는 모터 및 OBC, LDC의 온도에 따라 효율적인 냉각을 위해 동작과 비 동작을 반복하며 냉각수를 순환시켜 냉각을 이루어주는 펌프이다.

> **🐾 Plus tip**
>
> 엔진 벨트의 에너지를 소모하는 모든 액세서리는 비용이 많이 드는 대신 전기 워터펌프는 벨트의 동력이 아닌 배터리의 전원으로 실행되며 모터 및 OBC, LDC의 온도에 따라 효율적인 냉각을 위해 동작과 비동작을 반복하며 냉각수를 순환시켜 냉각을 이루는 펌프이다.

⑽ 진공펌프(vacuum pump)

브레이크에서 진공펌프의 효과는 차량의 안전과 관련이 있으며 가솔린 내연기관 자동차처럼 유압으로 브레이크를 작동시키기 위해서 진공을 얻을 수 있어야 하지만 전기 자동차에서는 진공을 얻을 수 없으므로 브레이크의 부스터 효과를 얻기 위해서는 진공펌프에 의해 진공을 얻어야 한다.

⑾ 계기판(cluster)

계기판은 일반 소비자에게 현재 차량의 상태를 알려줌으로써 보다 안전한 운행을 하도록 유도하기 위함에 그 목적이 있다. 전기자동차는 배터리 변동에 따라 주행가능 거리가 달라지기 때문에 전기자동차를 운전하게 되면 운전자는 배터리 게이지, 주행가능거리에 가장 많이 신경을 쓰게 된다. 전기자동차 관련 운행정보는 다음과 같다.

① **모터작동 표시계**: 모터의 소비전력 및 회생제동 브레이크의 전기 에너지 충전·방전상태를 알려준다.

② **주행가능거리**: 현재 남아있는 구동용 배터리 잔량으로 주행 가능한 거리를 표시한다.

③ **구동용 배터리 충전량(SOC) 표시계**: 구동용 배터리 충전상태를 표시한다.

④ **충전 완료(잔여) 시간**: 완속 및 급속충전기를 접속하여 차량의 충전 완료시간 및 잔여시간을 표시한다.

⑤ **주행정보표시**: 시동스위치 "OFF"시 다음 주행에 필요한 배터리 잔량 및 주행가능 거리를 표시하고 배터리 잔량이 부족할 경우 충전해야 한다.

⑥ **에너지 흐름도**: 차량 주행상태에 따른 전기자동차의 동력전달 상태를 출발과 가속 시, 정속주행 시, 감속 시, 정지시의 각 영역별 모터 및 배터리시스템 상태를 표시한다.

기출PLUS

⑿ **세이프티 스위치(safety switch)**

① 고전압 배터리는 고전압 장치이기 때문에 취급 시 안전에 유의해야 한다. 세이프티 스위치는 고전압 배터리 전원을 임의로 차단시킬 수 있는 전원 분리장치로 과전류 방지용 퓨즈를 포함하고 있다.

② 고전압 전기 동력시스템과 관련된 부품 탈·부착이나 정비점검 시 세이프티 스위치 플러그를 탈거하면 고전압을 차단시킬 수 있으므로 이점 유의하여 작업을 해야 하고, 점화스위치 ON상태에서는 세이프티 스위치 플러그를 탈거하지 말아야 한다.

⒀ **전기자동차 메인 릴레이(EV-main relay)**

메인릴레이는 고전압 배터리의 DC전원을 MCU측으로 공급하는 역할을 하는 릴레이이다. 이그니션 키가 ON되고 고전압 전기 동력시스템이 정상일 경우 MCU는 메인 릴레이를 작동시켜 고전압 배터리 전원을 MCU 내부에 설치된 인버터로 공급하여 모터구동을 준비한다.

❸ 전기자동차 통신

(1) 통신의 개요

① **통신이란**(communication) : 사람 또는 기계들과의 여러 종류의 매체를 이용하여 정보를 전달하는 과정

② **통신의 형태**
- ㉠ **단방향통신** : 방송, 전자우편(E-mail)등 한쪽으로만 정보가 전달되는 형태 TV, 라디오
- ㉡ **양방향통신** : 서로 정보를 주고받는 교신형태(전화기, 무전기)

③ **통신의 분류**
- ㉠ 정보신호에 따라 아나로그 통신(전화)디지털 통신(데이터 통신)
- ㉡ 전송매체에 따라 유선통신 무선통신
  - 유선통신(2꼬임선, 동축케이블, 광섬유 케이블) : 전신, 전화, 자동차, 전기통신
  - 무선통신(전자기파, 광 및 초음파) : 휴대폰, 자동차리모컨, 스마트 키)

④ **유선통신 선로의 특징**
- ㉠ **적용속도** : 꼬임 2선로(늦다)동축케이블(저속)광섬유케이블(고속)
- ㉡ **비용** : 꼬임 2선로(양호)동축케이블(보통)광섬유케이블(고가)
- ㉢ **거리** : 꼬임 2선로(단거리)동축케이블(중거리)광섬유케이블(장거리)

(2) 통신 네크워크

① **네트워크**(Network) : 네트워크는 Net와 Work의 합성어로 컴퓨터와 같은 노드들이 통신 기술을 통해 그물망처럼 연결되어 통신을 하는 형태를 말한다.

② **통신 프로토콜**(Network Protocol) : 네트워크 통신을 위해 컴퓨터나 원거리 통신 장비 사이에서 메시지를 주고받는 양식과 규칙을 프로토콜(protocol)이라 한다.

③ **직렬통신**(serial) : 연속적으로 통신 채널이나 컴퓨터 버스를 거쳐 한번에 하나의 비트 단위로 데이터를 전송하는 방식하나의선을 이용하여 다수의 데이터를 직렬로 전송하는 방식

④ **병렬통신**(parallel)
  ㉠ 여러 개의 전송선을 사용하여 한순간에 여러 개의 비트씩 동시에 자료를 전송하고 수신하는 방법이며 병렬통신을 하려면 여러 개의 채널이 필요하다.
  ㉡ Sender(발송자)−Receiver(수화기)

⑤ 비동기 통신
  ㉠ 비동기 통신은 동시에 수행하지 않는다(요청을 보내더라도 응답을 언제 받아도 상관없음)데이터를 보낼 때 한번에 한 문자씩 전송하는 방식으로 전송하는 문자마다 스타트 비트와 스톱비트를 부가해 정확한 데이터를 전송
  ㉡ 단선이나 단락에 의한 고장이 발생해 시스템이 작동되지 않는 것을 방지하기 위해 2선으로 구성(1선이 고장 발생시 다른 1선이 작동가능)

⑥ **동기통신** : 동기식 통신은 문자나 비트(bit)들이 시작과 정지 코드 없이 전송되며, 각 비트의 정확한 전송과 응답 시간을 예측할 수 있다. 요청을 보내면 응답이 오기까지는 아무것도 하지 못하는 Block 상태가 되는 것이며 요청을 보내면 응답을 받을 때까지 기다리기 때문에 요청과 응답의 순서를 보장하게 되면 응답이 지연되면 요청을 보낸 쪽에서는 무작정 기다리는 상태가 된다는 단점이 발생

⑦ **자동차 통신 네트워크의 필요성**
  ㉠ 지능화되어지는 자동차에 전자시스템의 도입으로 카오디오, 내비게이션 시스템에서 크루즈 컨트롤 시스템 등 운전자 지원 시스템까지 다양
  ㉡ 자동차 전자 시스템은 이러한 지원시스템의 ECU간의 CAN통신 프로토콜을 통해 각 시스템의 센서 정보나 연산결과를 공유

(3) 자동차통신 네크워크

① **자동차 통신 네트워크의 작동**

　⊙ ACC는 ACC통합제어장치, 엔진제어장치, 브레이크 제어 장치로 구성

　⊙ 각 장치에는 여러개의 센서가 탑재되는데 대표적인 센서가 앞차와의 거리를 측정하는 레이더센서이다.

　⊙ 엔진 제어는 엔진 회전수와액셀개도 그리고 브레이크 제어는 타이어의 회전수와 브레이크 페달의 조작량 등의 센서에 의해 측정된다. 센서 정보는 CAN을 통해 각 장치간에 공유

　⊙ ACC통합제어장치는 CAN을 통해 송신되는 정보로 부터 최적의 차량 속도, 차간거리 등을 계산하고, 거기에 필요한 엔진 출력과 브레이크 작동을 계산한 후 다시 CAN을 통해 계산 결과를 근거로 엔진 제어장치와 브레이크 제어 장치에 전송

② **자동차 통신 네트워크의 장점**

　⊙ 통신모드를 여러 노드(node)를 공유하면서 다중 주인(MuitiMaster)통신 방식으로 언제든지 버스를 사용할 수 있다.

　⊙ CAN-High, CAN-Low 2개의 간단한 신호로 통신하므로 2개의 선 필요

　⊙ 전기적(noise)잡음에 강하게 Twist Pair2선으로 되어있다.

　⊙ 주소가 아닌 ID값으로 메시지 내용과 우선 순위가 결정되기 때문에 시스템 제어 속도와 안정성을 향상

　⊙ 통신 속도가 500Kbps~1Mbps 속도로 CAN통신을 하기 때문에 고속 및 1,000m까지 원거리 통신 가능

③ **다중전송시스템**(MUX-Multiplex)

　⊙ 자동차의 편의장치는 센서나 스위치를 통해 모터, 액츄에이터, 전구 등을 구동하는 회로로 되어 있으며 많은 배선이 필요하고 중량, 가격 및 정비에 어려운 문제점이 있다.

　⊙ MUX통신은 이러한 문제점을 해결하기 위하여 1라인의 전선구조로 다수의 신호를 전송, 통신하는 통신방식이다.

　⊙ 송신측에서 정해진 순서대로 0 또는 1 신호를 보내면 수신측은 이 순서대로 수신한다. MUX 송신측에서 MUX 수신측으로 OFF가 되면 0, ON이 되면 1

　⊙ 시리얼 순서대로 보내는 방식

④ **MUX데이터의 구조**(Data Frame)

　⊙ 전송되는 데이터는 데이터 프레임(16비트)구성

　⊙ 데이터 프레임에는 데이터 번지, 데이터 체크데이터로 이루어져 있다.

ⓒ 초기 H→L로 떨어져 200μs(마이크로 세컨드)(백만분의 200초) 유지되면 스타트비트 데이터비트가 출력 후 다시 L→H로 300μs가 되면 데이터 끝에 위치한 스톱비트, 이때 스톱비트와 스타트비트의 구분을 용이하게 하기 위하여 스톱비트 검출 후 200μs가 경과하면 다음 데이터 송신이 가능하다. 100μs를 유지하면 0을 인식, 50μs를 유지하면 1을 인식(데이타파형)

⑤ Data구조 : 처음의 0과 1은 데이터주소(번지), 2부터 11까지는 데이터 신호, 12, 13, 14, 154개는 체크데이터 H(12V), L(0V)로 구성

(4) CAN(ControlerArea Network) 통신

① 정의 : 자동차내의 서로 다른 전자장치(ECU)간의 통신을 위한 통신장치

② 1986년 보쉬(Bosch)가 개발한 자동차 전용 프로토콜인 CAN통신방식을 표준으로 사용

③ CAN통신은 시리얼 네트워크 통신 방식의 일종으로 여러가지 ECU들을 병렬로 연결하여 각각의 ECU들과 서로 정보를 교환한다.

④ CAN통신의 장점
- ㉠ 각각의 ECU들 간에 정보교환이 이루어진다.
- ㉡ 여러장치를 2개의 선(Twisted Pair wirse)으로 컨트롤 할 수 있다.
- ㉢ 통신이 되는 라인을 BUS-A(CAN-H), BUS-B(CAN-L)라고 한다.
- ㉣ BUS란 DATA전송라인을 말하며 1선에 고장이 발생하여도 또 다른 선에 의해 정상적인 통신이 가능하도록 구성되어 있다.

⑤ CAN 통신의 특징
- ㉠ 정의
  - Multi Master 방식 : 모든 CAN구성 모듈은 정보 메시지 전송에 자유 권한이 있으며 모든 제어기들은 통신주체 이므로 규칙에 따라 언제든지 데이터전송
  - 듀얼(Dual)와이어 접속 방식으로 통신선로 구성이 간편함
  - 고속통신이 가능함
  - 신뢰성/안전성-에러 검출 및 처리성능 우수
  - 통신방식-비동기식 직렬통신
  - Low speed CAN-125Kbps 이하, 바디 전장계통에 응용(125,000)
  - High speed CAN-125Kbps 이상, 실시간 엔진이나 미션(real time)제어에 응용
  - bps-bit per second(1초 동안 전송할 수 있는 비트수) 0, 1

(5) CAN 통신 속도에 따른 종류

① Class A

   ㉠ **통신속도** : 10Kbps 이하

   ㉡ 접지를 기준으로 1개의 와이어링으로 통신선 구성 가능

   ㉢ **응용분야** : 진단 통신, 바디전장(도어, 시트, 파워윈도우)등으로 구동신호&
   스위치 등의 입력신호

   ㉣ **적용사례** : LIN 통신

② Class B

   ㉠ **통신속도** : 40Kbps 이하

   ㉡ Class A보다 많은 정보의 전송이 필요한 경우에 사용

   ㉢ **응용분야** : 바디전장모듈간의정보 교환, 클로스터 등

   ㉣ **적용사례** : 저속 CAN 통신

③ Class C

   ㉠ **통신속도** : 1Mbps 이하

   ㉡ 실시간으로 중대한 정보 교환이 필요한 경우로서 1~10(ms) 간격으로 데
   이터 전송 주기가 필요한 경우 사용

   ㉢ **응용분야** : 엔진, A/T,섀시계통간의 정보 교환

   ㉣ **적용사례** : 고속 CAN 통신

④ Class D

   ㉠ **통신속도** : 수십 Mbps 이하

   ㉡ 수백~수천 bite의 블록 단위 데이터 전송이 필요한 경우

   ㉢ **응용분야** : AV, CD, DVD신호 등의 멀티미디어 통신

   ㉣ **적용사례** : MOST(멀티미디어 데이터전송을 위해 사용되는 자동차 통신 프
      로토콜이며 고속 데이터 전송과 다중 장치 통신을 지원)

(6) CAN BUS의 전압레벨

① High Speed CAN의 전압 레벨과 통신

㉠ High Speed CAN은 CAN-H와 CAN-L가 2.5V 전압을 기준으로 상승 또는 하강 하는 통신 방법

㉡ 데이터 전송속도가 매우 빠르나, 노이즈 발생으로 A/V및 오디오에 영향이 있음 CAN-H와 CAN-L가 2.5V전압을 기준으로 상승(3.5V~5V) 하강(1.5V)

② LOW Speed CAN의 전압 레벨과 통신

㉠ Low Speed CAN은 5V 전압이 데이터가 출력되면 약 1.4V로 하강

㉡ High Speed CAN은 0V전압이 데이터가 출력되면 약 3.5V로 상승

㉢ 속도와 데이터 처리가 느리지만 잡음 발생이 적어 자동차 컴퓨터들 간의 통신방법에 사용됨

③ CAN BUS의 전압레벨

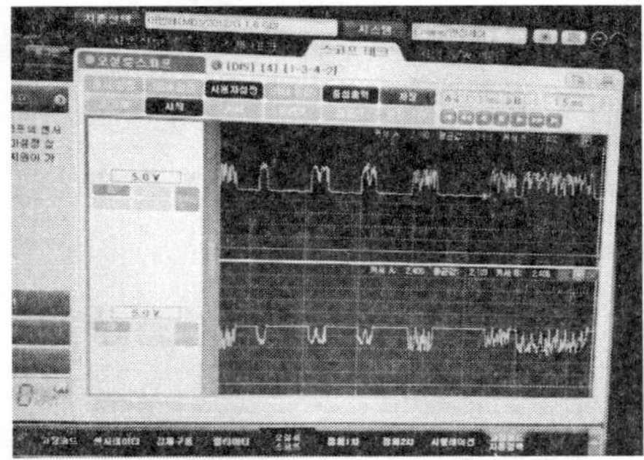

(7) CAN통신 파형과 종단저항

① **파형**(오실로스코프)

    ㉠ BUS-A파형은 CAN-H 파형으로 데이터 출력시 2.5V에서 전압 상승

    ㉡ BUS-B파형은 CAN-L 파형으로 데이터 출력시 2.5V에서 하강

    ㉢ CAN통신 파형은 통신속도가 빠르기 때문에 파형분석은 무의미

② **종단저항**(터미네이션저항)

    ㉠ 통신은 전압에 민감하므로, CAN통신을 하는 ECM내부에는 일정하게 전압을 유지하기 위해(배선의 끝부분에서 반사파를 없애기 위해서) 통신라인에 약 120Ω저항(60옴은 케이블 저항 세계표준)을 2개 설치하였다.

    ㉡ 종단저항에 의해 일정 전압레벨이 이루어져 정상적인 데이터 통신이 이루어진다.

(8) LIN(Local Interconnect Network) 통신

① **정의**

    ㉠ CAN은 비교적 빠른 통신 속도와 고대역 폭을 통해 효과적으로 통신이 가능하지만 이로 인해 전체 개발비용이 많이 소요되기 때문에 대체방법으로 LIN통신을 사용하며 Single Wire를 이용하기 때문에 데이터전송 최대속도가 20Kbps로 개발 비용 저렴

㉡ LIN은 Master/Slave의 통신방식을 적용하여 1개 Master와 1개 이상(최대16개)의 Slave로 구성

㉢ Master는 통신권한(전송시기와 전송할 프레임)을 결정하며 Slave는 Master의 통신 시작과 요구에 의해서만 응답할 수 있는 방식

㉣ CAN과 달리 LIN은 Master에서 모든 네트워크를 관리

㉤ LIN은 주로 CAN의 보조통신으로 저속통신을 위해 사용되며 조명시스템, 스위치 제어, 차량내부 통신 등에 사용(선루프, 미러, 좌석 시트 컨트롤 모터)

1 다음 중 환경오염으로 인해 발생하는 문제점으로 틀린 것은?

① 대기오염이 악화된다.
② 산성비가 내린다.
③ 지구온난화가 발생한다.
④ 지구의 오존층이 보호된다.

2 전기의 동력과 내연기관이나 그 밖의 다른 두 종류의 동력원을 조합하여 탑재하는 방식의 자동차를 무엇이라고 하는가?

① 연료전지 자동차
② 전기자동차
③ 하이브리드 자동차
④ 수소연료 자동차

3 직렬형 하이브리드 자동차에 관한 설명이다. 설명이 잘못된 것은?

① 기관, 발전기, 전동기가 직렬로 연결된 형식이다.
② 기관을 항상 최적시점에서 작동시키면서 발전기를 이용해 전력을 전동기에 공급한다.
③ 순수하게 기관의 구동력만으로 자동차를 주행시키는 형식이다.
④ 제어가 비교적 간단하고, 배기가스 특성이 우수하며, 별도의 변속장치가 필요 없다.

1.

환경오염으로 인하여 지구의 오존층이 파괴된다.

2.

하이브리드 자동차란 전기의 동력과 내연기관(가솔린, 디젤, LPG)이나 그 밖의 다른 두 종류의 동력원을 조합 하여 탑재하는 방식이며, 가솔린기관과 전동기, 수소기관과 연료전지, 디젤기관과 전동기 등 2가지의 동력원을 함께 이용하는 자동차이다.

3.

직렬형 하이브리드 자동차는 순수하게 전동기의 구동력만으로 자동차를 주행시키는 형식이며 기관은 축전지를 구동하기 위한 발전기를 구동하기 위한 것이다.

Answer　　1.④　2.③　3.③

4 병렬형 하이브리드 자동차의 특징이 아닌 것은?

① 동력전달 장치의 구조와 제어가 간단하다.
② 기관과 전동기의 힘을 합한 큰 동력성능이 필요할 때 전동기를 구동한다.
③ 기관의 출력이 운전자가 요구하는 이상으로 발휘될 때에는 여유동력으로 전동기를 구동시켜 전기를 축전지에 저장한다.
④ 기존 자동차의 구조를 이용할 수 있어 제조비용 측면에서 직렬형에 비해 유리하다.

5 하이브리드 전기 자동차와 일반 자동차와의 차이점에 대한 설명 중 틀린 것은?

① 하이브리드 차량은 주행 또는 정지 시 엔진의 시동을 끄는 기능을 수반한다.
② 하이브리드 차량은 정상적인 상태일 때 항상 엔진 기동 전동기를 이용하여 시동을 건다.
③ 차량의 출발이나 가속 시 하이브리드 모터를 이용하여 엔진의 동력을 보조하는 기능을 수반한다.
④ 차량 감속 시 하이브리드 모터가 발전기로 전환되어 배터리를 충전하게 된다.

6 하이브리드 자동차의 특징이 아닌 것은?

① 회생 제동
② 2개의 동력원으로 주행
③ 저전압 배터리와 고전압 배터리 사용
④ 고전압 배터리 충전을 위해 LDC 사용

4.

병렬형 하이브리드 자동차의 특징은 동력전달 장치의 구조와 제어가 복잡한 결점이 있다.

5.

하이브리드 자동차는 하이브리드 전동기를 이용하여 기관을 시동하는 방법과 내연기관의 시동시 사용하는 기동 전동기를 이용하여 시동하는 방법이 있으며, 시스템이 정상일 경우에는 하이브리드 전동기를 이용하여 기관을 시동한다.

6.

LDC(Low DC–DC Converter)는 고전압 배터리의 전압을 12V로 변환시키는 장치로 저전압 배터리를 충전시키는 장치이다.

Answer　　4.① 5.② 6.④

7 하이브리드 자동차 계기판에 있는 오토 스톱(Auto Stop)의 기능에 대한 설명으로 옳은 것은?

① 배출가스 저감
② 엔진 오일 온도 상승 방지
③ 냉각수 온도상승 방지
④ 엔진 재시동성 향상

8 전기자동차 정비 시 고전압 차단을 위해 안전 플러그(세이프티 플러그)를 제거한 후 고전압 부품을 취급하기 전 일정시간 이상 대기 시간을 갖는 이유로 가장 적절한 것은?

① 고전압 배터리 내의 셀의 안정화
② 제어 모듈 내부의 메모리 공간의 확보
③ 저전압(12V) 배터리에 서지 전압 차단
④ 인버터 내의 콘덴서에 충전되어 있는 고전압 방전

9 전기 자동차 고전압 배터리 충전상태(SOC)의 일반적인 제한영역은?

① 20~80%
② 55~86%
③ 86~110%
④ 110~140%

7.

오토 스톱(auto stop)모드는 연비와 배출가스 저감을 위해 자동차가 정지하여 일정한 조건을 만족할 때에는 엔진의 작동을 정지시킨다.
스톱 앤 고'는 자동차가 신호대기를 위해 정지하거나 기타 이유로 차량이 멈추게 되면 자동으로 엔진이 꺼지고, 출발할 때 브레이크에서 발을 떼거나 엑셀을 밟거나 또는 기어를 이동하게 되면 자동으로 시동이 걸리며 엔진이 구동되는 것을 말한다. 'ISG(Idle Stop &Go)', '스톱 앤 스타트(Stop &Start)'라고도 표현한다.

8.

세이프티 플러그를 제거 후 고전압 부품을 취급하기 전에 5분 이상 대기시간을 갖는 이유는 인버터 내의 콘덴서에 남아있는 고전압을 방전시키기 위함이다.

9.

고전압 배터리 충전상태(SOC)의 일반적인 영역범위는 20~80% 이다.

Answer   7.① 8.④ 9.①

10 전기자동차에서 고전압 배터리 또는 차량화재 발생 시 조치해야 할 사항이 아닌 것은?

① 차량의 시동키를 OFF하여 전기 동력 시스템 작동을 차단시킨다.
② 화재 초기상태라면 트렁크를 열고 신속히 세이프티 플러그를 탈거한다.
③ 메인 릴레이 (+)를 작동시켜 고전압 배터리 (+)전원을 인가한다.
④ 화재진압을 위해서는 액체 물질을 사용하지 말고 분말 소화기 또는 모래를 사용한다.

11 전기자동차의 동력제어 장치에서 모터의 회전속도와 회전력을 자유롭게 제어할 수 있도록 직류를 교류로 변환하는 장치는?

① 컨버터
② 리졸버
③ 인버터
④ 캐패시터

12 하이브리드 차량의 구동바퀴에서 발생하는 운동 에너지를 전기적 에너지로 변환시켜 고전압 배터리로 충전하는 모드는?

① ISG(Idle Stop & Go) 모드
② 회생 제동 모드
③ 언덕길 밀림 방지 모드
④ 변속기 발전 모드

10.

메인 릴레이를 탈거하여 고전압 배터리 (+)전원을 탈거한다.

11.

인버터 – 모터의 회전속도와 회전력을 자유롭게 제어할 수 있도록 직류를 교류로 변환하는 장치

12.

회생 재생 모드 – 감속할 때 전동기는 바퀴에 의해 구동되어 발전기의 역할을 한다. 즉 감속할 때 발생 하는 운동에너지를 전기에너지로 전환시켜 고전압 배터리를 충전한다.

Answer   10.③ 11.③ 12.②

13 수소 연료 자동차에 대한 설명으로 틀린 것은?

① 수소는 물을 원료로 제조하며, 사용한 후에는 다시 물로 재순환되는 무한 에너지원이다.

② 수소를 저장하는 방법에는 액체수소 저장 탱크와 금속수소 화합물을 이용한 수소흡장 합금 저장 탱크 등이 사용된다.

③ 액체수소를 사용하는 경우 수소를 액화시키는 방법과 저장이 매우 쉽다.

④ 수소를 연소시키면 약간의 질소산화물만 발생시키고 다른 유해가스는 발생하지 않는다.

13.

수소 연료 자동차의 연료인 액체수소를 사용하는 경우 수소를 액화시키는 것이 어려우며, 저장 도중에 수소가 손실될 수 있고, 저장탱크를 제작하는 것도 어렵다.

14 수소 연료의 저장방법을 설명한 것이다. 다음 중 틀린 것은?

① 동일한 연료 탱크의 크기로 가솔린 기관 자동차 이상의 장거리 주행도 가능하다.

② 수소의 고밀도 저장방법에는 고압용기, 액체수소 저장탱크, 수소흡장 합금 저장탱크 등 3가지가 있다.

③ 대체 연료 중 에너지 효율 면에서 가장 우수한 연료이다.

④ 수소는 상온에서 기체이므로 에너지 밀도가 낮아 고밀도화 시키는 것이 주요 관건이다.

14.

친환경자동차에서 경제성이나 종합적인 에너지 효율을 비교할 때 수소는 대체연료 중 가장 불리한 조건에 있다.

15 하이브리드 차량의 구동바퀴에서 발생하는 운동에너지를 전기적 에너지로 변환시켜 고전압 배터리로 충천하는 모드는?

① ISG(Idle Stop &Go) 모드

② 회생 제동 모드

③ 언덕길 밀림 방지 모드

④ 변속기 발전 모드

15.

친환경자동차가 주행중 감속할 때 발생하는 제동력을 전력으로 바꾸는 장치를 회생제동 시스템이라 하는데 브레이크를 밟으면 전기모터가 역방향으로 돌게 되고, 차량이 달리면서 발생된 운동에너지가 전기에너지로 변환된다.

Answer   13.③ 14.③ 15.②

16 전기자동차의 고전압 배터리에 사용되는 겔 형식의 전해물질을 무엇이라 하는가?

① 수소-알칼리

② 황산-물

③ 수산화칼륨

④ 리튬이온 폴리머

16.

에너지 밀도의 높이로 유기 전해액을 사용하는 전해물질은 리튬이온 폴리머를 사용한다.

17 하이브리드 자동차의 고전압배터리는 리튬이온 폴리머 배터리를 사용한다. 각 셀의 정격전압으로 적절한 것은?

① 1.75V

② 2.75V

③ 3.75V

④ 4.75V

17.

리튬이온 폴리머 배터리는 1셀당 3.7 ~ 3.8V의 전압을 나타낸다.

18 수소연료의 저장방법을 설명한 것 중 틀린 것은?

① 동일 연료탱크의 크기로 가솔린 기관 자동차 이상의 장거리 주행도 가능하다.

② 수소의 고밀도 저장방법에는 고압용기, 액체수소 저장탱크, 수소흡장합금 저장탱크 등 3가지가 있다.

③ 수소는 상온에서 기체이므로 에너지밀도가 낮아 고밀도화시키는 것이 중요하다.

④ 대체연료 중 에너지 효율 면에서 가장 우수한 연료이다.

18.

경제성이나 종합적인 에너지 효율을 비교할 때 수소는 대체연료 중 가장 불리한 여건이다.

Answer　　16.④　17.③　18.④

19 하이브리드 자동차에 설치된 부품 중 고전압과 관련된 것이 아닌 것은?

① HEV 모터
② HSG
③ EWP(전기 워터 펌프)
④ A/C 컴프레셔

20 다음은 하이브리드 자동차의 정비작업 실시하기 전 고전압을 차단하는 역할을 수행하는 부품은?

① 이모빌라이저
② 안전플러그
③ 광전도소자
④ BCM

21 하이브리드 자동차는 감속 시 전기에너지를 고전압 배터리로 회수(충전)한다. 이러한 발전기 역할을 하는 부품은?

① AC 발전기
② 스타팅 모터
③ 하이브리드 모터
④ 모터 컨트롤 유닛

22 배터리의 충전 상태를 표현한 것은?

① SOC(State Of Charge)
② SOH(State Of Health)
③ PRA(Power Relay Assembly)
④ BMS(Battery Management System)

19.

고전압과 무관하며 전기워터펌프는 하이브리드 자동차, 전기자동차 및 연료전지자동차에 적용되어 전장부품, 배터리, 연료전지스택 등의 냉각장치에 사용되어 저소음과 반영구적 내구성을 적용한다.

20.

안전플러그는 고전압배터리의 전기를 차단하는 안전장치로 안전플러그를 탈거하면 고전압배터리의 연결회로가 단선되어 차량에 공급되는 고전압 전원이 차단되는 장치이다.

21.

회생제동시스템으로 고전압 배터리로 전기에너지를 충전하는 역할은 하이브리드 모터이다.

22.

충전상태를 State Of Charge라고 표현한다. State Of Health— 건강상태 Power Relay Assembly(고전압 릴레이) Battery Management System(고전압 배터리 컨트롤 시스템)

Answer　　19.③　20.②　21.③　22.①

23 하이브리드 자동차에서 하이브리드 모터 작동을 위한 전기 에너지를 공급하는 부품은?

① 고전압배터리
② 안전스위치
③ 보조배터리
④ 인버터

23.

고전압 배터리에서 하이브리드 모터 작동을 위한 전기 에너지를 공급한 부품이다.

24 하이브리드 고전압장치 중 프리차저 릴레이 & 프리차저 저항의 기능 아닌 것은?

① 메인릴레이 보호
② 타 고전압 부품 보호
③ 메인 퓨즈, 버스바, 와이어 하네스 보호
④ 배터리 관리 시스템 입력 노이즈 저감

24.

배터리 관리 시스템 입력 노이즈 저감은 BMS의 기능이다.

25 병렬형 하이브리드 자동차의 특징 설명으로 틀린 것은?

① 모터는 동력 보조만 하므로 에너지 변환 손실이 적다.
② 기존 내연기관 차량을 구동장치의 변경 없이 활용 가능하다.
③ 소프트방식은 일반 주행 시에는 모터 구동만을 이용한다.
④ 하드 방식은 EV 주행 중 엔진 시동을 위해 별도의 장치가 필요하다.

25.

병렬하이브리드 차량의 경우 출발과 저속 주행 단계에서는 전기모터를 이용하고 일정속도 이상으로 올라가면 내연기관을 사용하여 주행하게 된다.

Answer   23.① 24.④ 25.③

26 CNG(Compressed Natural Gas) 엔진에서 가스의 역류를 방지하기 위한 장치는?

① 체크밸브
② 에어조절기
③ 저압연료차단밸브
④ 고압연료차단밸브

27 하이브리드 자동차의 고전압 배터리 관리 시스템에서 셀 밸런싱 제어의 목적은?

① 배터리의 적정온도 유지
② 상황별 입출력 에너지 제한
③ 배터리 수명 및 에너지 효율 증대
④ 고전압 계통 고장에 의한 안전사고 예방

28 주행 중인 하이브리드 자동차에서 제동 및 감속 시 충전 불량 현상이 발생하였을 때 점검이 필요한 곳은?

① 회생제동 장치
② LDC 제어장치
③ 발진제어 장치
④ 12V용 충전장치

29 하이브리드 자동차는 감속 시 전기 에너지를 고전압 배터리로 회수(충전)한다. 이러한 발전기 역할을 하는 부품은?

① AC 발전기
② 스타팅 모터
③ 하이브리드 모터
④ 모터 컨트롤 유닛

26.

가스의 역류를 방지하기 위한 장치는 체크밸브이다.

27.

셀 밸런싱의 최종목적은 배터리의 수명 및 에너지의 효율을 증대시키는데 있다.

28.

주행 중인 하이브리드 자동차에서 제동 및 감속을 할 때 충전 불량 현상이 발생하면 회생제동 장치를 점검하여야 한다.

29.

하이브리드 모터 – 감속 또는 제동할 때 모터가 바퀴에 의해 구동되어 발전기의 역할을 한다. 즉 감속 또는 제동할 때 발생하는 운동에너지를 전기 에너지로 전환시켜 고전압 축전지를 충전하는데 이를 회생 재생 모드라고 표현한다.

Answer   26.④   27.③   28.①   29.③

30 하이브리드 차량 정비 시 고전압 차단을 위해 안전 플러그(세이프티 플러그)를 제거한 후 고전압 부품을 취급하기 전 일정 시간 이상 대기시간을 갖는 이유로 가장 적절한 것은?

① 고전압 배터리 내의 셀의 안정화

② 제어모듈 내부의 메모리 공간의 확보

③ 저전압(12V) 배터리에 서지 전압 차단

④ 인버터 내의 콘덴서에 충전되어 있는 고전압 방전

30.

안전플러그를 제거 후 고전압 부품을 취급하기 전에 5분 이상 대기시간을 갖는 이유는 인버터 내의 콘덴서에 충전되어 있는 고전압을 방전시키기 위함이다.

31 리튬이온 배터리와 비교한 리튬폴리머 배터리의 장점이 아닌 것은?

① 폭발 가능성이 적어 안정성이 좋다.

② 패키지 설계에서 기계적 강성이 좋다.

③ 발열 특성이 우수하여 내구 수명이 좋다.

④ 대용량 설계가 유리하여 기술 확장성이 좋다.

31.

패키지 설계에서 기계적 강성이 좋지 않다.

32 BMS(Battery Management System)에서 제어하는 항목과 제어내용에 대한 설명으로 틀린 것은?

① 고장 진단 : 배터리 시스템 고장 진단

② 컨트롤 릴레이 제어 : 배터리 과열 시 컨트롤 릴레이 차단

③ 셀 밸런싱 : 전압 편차가 생긴 셀을 동일한 전압으로 매칭

④ SoC(state of charge) 관리 : 배터리의 전압, 전류, 온도를 측정하여 적정 SoC 영역관리

32.

고전압관리 시스템의 제어항목은 충전상태제어, 파워제한, 고장진단, 셀밸런싱제어, 냉각제어, 고전압 릴레이제어 등이 있다.

Answer   30.④ 31.② 32.②

33 리튬-이온 축전지의 일반적인 특징에 대한 설명으로 틀린 것은?

① 셀당 전압이 낮다.
② 높은 출력 밀도를 가진다.
③ 과충전 및 과방전에 민감하다.
④ 열관리 및 전압관리가 필요하다.

34 주행 중인 하이브리드 자동차에서 제동 시에 발생된 에너지를 회수(충전)하는 모드는?

① 가속 모드 　　② 발진 모드
③ 시동 모드 　　④ 회생 제동 모드

35 CNG(Compressed Natural Gas)엔진에서 스로틀 압력 센서의 기능으로 옳은 것은?

① 대기 압력을 검출하는 센서
② 스로틀의 위치를 감지하는 센서
③ 흡기다기관의 압력을 검출하는 센서
④ 배기 다기관 내의 압력을 측정하는 센서

36 병렬형 하드 타입의 하이브리드 자동차에서 HEV모터에 의한 엔진 시동 금지 조건인 경우, 엔진의 시동은 무엇으로 하는가?

① HEV 모터
② 블로워 모터
③ 기동 발전기(HSG)
④ 모터 컨트롤 유닛(MCU)

33.

발생 전압은 3.6~3.8V 정도로 높으며 에너지 밀도는 니켈-수소 전지의 2배 정도, 납산축전지의 3배 이상이다.

34.

감속 또는 제동할 때 발생하는 운동에너지를 전기에너지로 전환시켜 고전압 배터리를 충전할 때 에너지를 충전하는 모드를 회생 제동 모드라고 말한다.

35.

스로틀 압력센서의 하는 역할은 터보차저 직전의 배기다기관 내의 압력을 측정하고 측정한 압력은 기타 다른 데이터들과 함께 엔진으로 흡입되는 공기 흐름을 산출할 수 있으며, 또한 웨이스트 게이트를 제어하는 역할은 한다.

36.

아이들 스톱 조건의 정차 시 엔진의 작동을 정지시켜 불필요한 연료 소모를 방지하고 시동 시 스타팅 모터 대신 기동 발전기로 엔진을 시동한다.

Answer　　33.① 34.④ 35.④ 36.③

37 전기자동차에서 고전압 배터리 관리 시스템(BMS)의 주요 제어 기능으로 틀린 것은?

① 모터 제어
② 출력 제한
③ 냉각 제어
④ SOC 제어

37.

고전압 배터리 컨트롤 시스템은 고전압 배터리의 SOC(State Of Charge), 출력, 고장 진단, 배터리 밸런싱, 시스템 냉각, 전원 공급 및 차단을 제어하는 기능을 갖춘다.

38 메모리 효과가 발생하는 배터리는?

① 납산 배터리
② 니켈 배터리
③ 리튬-이온 배터리
④ 리튬-폴리머 배터리

38.

메모리 효과는 전지의 결정 구조 때문에 일어나는 현상으로 전지를 완전히 방전시키지 않은 상태에서 충전을 하게 되면 전지의 충전 가능 용량이 줄어드는 니켈 전지의 특성이다.

39 니켈수소(Ni-Mh)배터리에 대한 설명 중 틀린 것은 어느 것인가?

① 셀당 전압이 1.0~2.5V이다.
② 수명이 약 15년 정도이다.
③ 내부에 수소가스가 있다.
④ 자기 방전을 한다.

39.

니켈수소 배터리의 충전과 방전의 횟수가 500번이면 거의 방전상태에 다다른다.

40 하이브리드자동차의 종류 중 탑재된 엔진에 따라 분류 시 포함되지 않은 것은?

① 가솔린 엔진 탑재 하이브리드
② 디젤 엔진 탑재 하이브리드
③ LPG 엔진 탑재 하이브리드
④ 병렬형 하이브리드

40.

병렬형 하이브리드는 구동방식에 따라 분류된다.

Answer   37.① 38.② 39.② 40.④

기출PLUS

01 용어해설 및 자동차 안전기준

❶ 용어정의

(1) 용어정의〈제2조〉

① **차량상태관련 용어**

  ㉠ **공차상태** : 자동차에 사람이 승차하지 않고 물품(예비부분품 및 공구, 그 밖의 휴대물품을 포함)을 적재하지 않은 상태로서 연료·냉각수 및 윤활유를 가득 채우고 예비타이어(예비타이어를 장착한 자동차만 해당)를 설치하여 운행할 수 있는 상태를 말한다.

  ㉡ **적차상태** : 공차상태의 자동차에 승차정원의 인원이 승차하고 최대적재량의 물품이 적재된 상태를 말한다. 이 경우 승차정원 1인(13세 미만의 자는 1.5인을 승차정원 1인으로 본다)의 중량은 65킬로그램으로 계산하고, 좌석정원의 인원은 정위치에, 입석정원의 인원은 입석에 균등하게 승차시키며, 물품은 물품적재장치에 균등하게 적재시킨 상태이어야 한다.

② **중량관련 용어**

  ㉠ **축하중** : 자동차가 수평상태에 있을 때에 1개의 차축에 연결된 모든 바퀴의 윤중을 합한 것을 말한다.

  ㉡ **윤중** : 자동차가 수평상태에 있을 때에 1개의 바퀴가 수직으로 지면을 누르는 중량을 말한다.

  ㉢ **차량중량** : 공차상태의 자동차의 중량을 말하며, 미완성자동차의 경우에는 미완성자동차 제작자가 해당 자동차의 안전 및 성능에 관한 시험 등에 적용하기 위하여 제시하는 자동차의 중량을 말한다.

  ㉣ **차량총중량** : 적차상태의 자동차의 중량을 말하며, 미완성자동차의 경우에는 미완성자동차 제작자가 해당 자동차의 안전 및 성능을 고려하여 제시하는 중량으로서 단계제작자동차 제작자가 최대로 제작할 수 있는 최대허용총중량을 말한다.

  ㉤ **최대적재량** : 자동차에 적재할 수 있도록 허용된 물품의 최대중량을 말한다.

기출 2014. 8. 23. 강원도 시행

윤중이란?

① 모든 바퀴가 받는 하중을 합친 중량
② 1개 차축에 연결된 바퀴의 중량
③ 앞바퀴 2개가 받는 하중을 합친 중량
④ 1개의 바퀴가 수직으로 지면을 누르는 중량을 말한다.

❮정답 ④

③ 탑승자관련 용어

  ㉠ **승차정원**: 자동차에 승차할 수 있도록 허용된 최대인원(운전자를 포함한다)을 말한다.

  ㉡ **어린이보호용 좌석부착장치**: 어린이보호용 좌석을 부착구를 이용하여 자동차의 차체 또는 좌석 등에 고정시킬 수 있도록 되어 있는 장치를 말한다.

  ㉢ **착석기준점**: 좌석(좌석을 앞뒤로 조절할 수 있는 경우에는 가장 뒤의 위치의 좌석을, 좌석을 위·아래로 조절할 수 있는 경우에는 가장 낮은 위치의 좌석을, 좌석의 등받이를 조절할 수 있는 경우에는 표준설계각도로 조절한 상태의 좌석을 말한다)에 착석시킨 인체모형의 상체와 골반사이의 회전중심점 또는 제작자등이 정하는 이에 상당하는 표준설계위치를 말한다.

  ㉣ **공유구역**: 손조작식 조종장치 또는 표시장치의 식별표시가 표시되는 구역 중에서 2개 이상의 식별표시, 식별부호 또는 그 밖의 메시지를 표시하지만 동시에 표시하지 않는 구역을 말한다.

④ 비상탈출 관련 용어

  ㉠ **비상탈출구**: 비상시 승객이 자동차 바깥으로 탈출하는데 사용하는 천정 또는 바닥의 개구부를 말한다.

  ㉡ **비상탈출장치**: 승강구, 비상문, 비상창문 및 비상탈출구를 말한다.

⑤ 보행자 관련용어

  ㉠ **보행자머리모형**: 보행자보호를 위한 시험에 사용되는 성인머리모형 및 어린이머리모형을 말한다.

  ㉡ **보행자다리모형**: 보행자보호를 위한 시험에 사용되는 상부다리모형 및 하부다리모형을 말한다.

  ㉢ **보행자머리충격부위**: 횡단경계선 1,000밀리미터부터 1,700밀리미터까지와 좌·우 측면기준선이 경계가 되는 어린이머리모형충격부위 및 횡단경계선 1,700밀리미터부터 2,100밀리미터와 좌·우 측면기준선이 경계가 되는 성인머리모형충격부위로 구성된 자동차 앞면 구조물 표면(창유리는 제외한다)을 말한다.

  ㉣ **보행자다리충격부위**: 보행자의 다리가 충격하는 자동차앞면 영역을 말한다.

⑥ 경고장치 관련용어

  ㉠ **타이어공기압경고장치**: 자동차에 장착된 타이어 공기압의 저하를 감지하여 운전자에게 타이어 공기압의 상태를 알려주는 장치를 말한다.

  ㉡ **차로이탈경고장치**: 자동차가 주행하는 차로를 운전자의 의도와는 무관하게 벗어나는 것을 운전자에게 경고하는 장치를 말한다.

기출PLUS

⑦ **자동차의 종류 관련 용어**

　㉠ **어린이운송용 승합자동차** : 「도로교통법」에 따른 어린이통학버스(「여객자동차 운수사업법」에 따른 여객자동차운송사업의 한정면허를 받아 어린이를 여객대상으로 하여 운행되는 운송사업용 자동차는 제외한다)로서 「도로교통법 시행규칙」 제34조에 따른 승차정원 9인승 이상의 자동차를 말한다.

　㉡ **2층대형승합자동차** : 운전자 및 승객을 위하여 제공되는 차실의 전체 또는 일부분을 2층 구조로 하면서 위층에는 입석을 하지 아니하는 대형승합자동차를 말한다.

　㉢ **굴절버스** : 각각 독립적인 차실을 갖춘 견인자동차와 피견인자동차를 연결하여 굴절이 되는 자동차로서 승객이 차실 사이를 자유롭게 이동할 수 있고, 연결부분이 쉽게 분리되지 아니하도록 되어 있는 자동차를 말한다.

　㉣ **수륙양용(水陸兩用)자동차** : 수상에서 항행할 수 있는 구조와 장치 등을 갖춘 자동차를 말한다.

　㉤ **저속전기자동차** : 최고속도가 매시 60킬로미터를 초과하지 않고, 차량 총 중량이 1,361킬로그램을 초과하지 않는 전기자동차를 말한다.

　㉥ **연결자동차** : 견인자동차와 피견인자동차를 연결한 상태의 자동차를 말한다.

　㉦ **전방조종자동차** : 자동차의 가장 앞부분과 조향핸들중심점까지의 거리가 자동차길이의 4분의 1 이내인 자동차를 말한다.

　㉧ **전방착석자동차** : 다음의 어느 하나에 해당하는 자동차를 말한다.
　• 자동차의 앞차축의 중심선을 포함하는 수평면과 앞차축의 중심선과 운전석의 착석기준점(R-point)을 포함하는 면 사이의 예각(α)이 22도 이상인 경우
　• 운전석의 착석기준점을 포함하는 수직면에서 뒤차축의 중심선을 포함하는 수직면까지의 거리(L2)와 운전석의 착석기준점을 포함하는 수직면에서 앞차축의 중심선을 포함하는 수직면까지의 거리(L1)의 비율이 1.30 이상인 경우

　㉨ **전기자동차** : 전기 공급원으로부터 충전받은 전기에너지를 동력원(動力源)으로 사용하는 자동차를 말한다.

　㉩ **연료전지자동차** : 수소를 사용하여 발생시킨 전기에너지를 동력원으로 사용하는 자동차를 말한다.

⑧ **제동 관련 용어**

　㉠ **주제동장치** : 주행 중에 주로 사용하는 제동장치를 말한다.

　㉡ **비상제동장치** : 주행 중에 주제동장치의 계통 중 하나의 계통에서 고장이 발생하는 경우 운전자가 자동차를 정지시키기 위하여 사용할 수 있는 제동장치를 말한다.

　㉢ **자동제어제동** : 운전자의 제동장치 조작과는 관계 없이 전자제어시스템에 의하여 자동차의 속도를 감소시키는 제동을 말한다.

ㄹ 선택적 제동 : 운전자의 제동장치 조작과는 관계 없이 전자제어시스템에 의하여 각 바퀴의 제동장치를 작동하여 자동차의 자세를 변화시키는 제동을 말한다.

ㅁ 긴급제동신호장치 : 자동차의 주행 중 급제동 시 제동감속도에 따라 자동으로 경고를 주는 장치 또는 그러한 기능을 갖춘 것을 말한다.

ㅂ **자동차안정성제어장치** : 자동차의 주행 중 각 바퀴의 브레이크 압력과 원동기 출력 등을 자동으로 제어하여 자동차의 자세를 유지시킴으로써 안정된 주행성능을 확보할 수 있도록 하는 장치를 말한다.

ㅅ **제동력지원장치** : 급제동시 제동페달에 가하여지는 힘이나 속도를 감지하여 제동력을 최대로 증가시키는 장치를 말한다.

ㅇ **보조제동장치** : 주제동장치의 부하를 감소시키기 위한 장치로서 장시간에 걸쳐 제동의 효과를 유지할 수 있는 리타더 및 배기제동장치 등을 말한다.

ㅈ **연동제동장치** : 초소형승용자동차, 초소형화물자동차 및 초소형특수자동차와 이륜자동차의 모든 바퀴의 브레이크가 하나의 조종장치에 의하여 작동되는 주제동장치를 말한다.

ㅊ **분할제동장치** : 초소형자동차와 이륜자동차의 주제동장치 내의 둘 이상의 계통 중 하나의 계통에 고장이 발생하더라도 다른 계통의 작동에 영향을 주지 아니하는 주제동장치로서, 하나의 조종장치로 모든 바퀴의 브레이크를 작동시키는 주제동장치를 말한다.

ㅋ **전기회생제동장치** : 자동차를 감속시킬 때 발생하는 운동에너지를 전기에너지로 변환할 수 있는 제동장치를 말한다.

ㅌ **비상자동제동장치** : 주행 중 전방충돌 상황을 감지하여 충돌을 완화하거나 회피할 목적으로 자동차를 감속 또는 정지시키기 위하여 자동으로 제동장치를 작동시키는 장치를 말한다.

ㅍ **바퀴잠김방지식 제동장치** : 바퀴의 회전량을 감지·분석하여 바퀴의 제동력을 조절하여 줌으로써 제동시 바퀴의 미끄러짐량을 자동적으로 조절하여 주는 장치를 말한다.

⑨ **충격부위 관련 용어**

ㄱ **머리충격부위** : 좌석을 앞뒤로 조절할 수 있는 경우에는 착석기준점 및 착석기준점 앞 127밀리미터의 지점(조절범위가 127밀리미터 이하인 경우에는 그 최대치)에서 위로 19밀리미터지점에서, 좌석을 앞뒤로 조절할 수 없는 경우에는 착석기준점에서 지름이 165밀리미터인 구형의 머리모형을 지닌 측정장치의 머리모형의 가장 윗부분을 736밀리미터(제98조의 규정에 의한 좌석등받이 시험의 경우에는 600밀리미터)에서 838밀리미터까지 조절할 때에 그 머리모형이 정적으로 접할 수 있는 표면중 유리면외의 차실안의 표면을 말한다.

ⓛ **골반충격부위** : 착석기준점에서 위로 178밀리미터, 아래로 102밀리미터, 앞으로 204밀리미터, 뒤로 51밀리미터로 결정되는 지면과 수직인 직사각형을 좌우로 이동할 경우 포함되는 부분을 말한다.

⑩ **조향관련 용어**

ⓐ **조향기둥** : 조향핸들 축을 둘러싸고 있는 외장부분을 말한다.

ⓛ **조향비** : 조향핸들의 회전각도와 조향바퀴의 조향각도와의 비율을 말한다.

ⓒ **조향핸들 축** : 조향회전력을 조향핸들에서 조향기어로 전달하는 축을 말한다.

⑪ **전기관련 용어**

ⓐ **고전원전기장치** : 구동축전지, 전력변환장치, 구동전동기, 연료전지 등 자동차의 구동을 목적으로 하는 장치로서 작동전압이 직류 60볼트 초과 1,500볼트 이하이거나 교류(실효치를 말한다) 30볼트 초과 1,000볼트 이하의 전기장치를 말한다.

ⓛ **구동축전지** : 자동차의 구동을 목적으로 전기에너지를 저장하는 축전지 또는 이와 유사한 기능을 하는 전기에너지 저장매체를 말한다.

ⓒ **구동전동기** : 자동차의 구동을 목적으로 전기에너지를 회전운동하는 기계적 에너지로 변환하는 장치를 말한다.

ⓔ **활선도체부** : 통상 사용상태에서 전기적으로 통전(通電)되는 도체(導體) 또는 도전성(導電性)부위를 말한다.

ⓜ **연료전지** : 수소를 사용하여 전기에너지를 발생시키는 장치를 말한다.

⑫ **기준선 및 단면 관련용어**

ⓐ **차량중심선** : 차량좌표계에서 가장 앞의 차축의 중심점과 가장 뒤의 차축의 중심점을 통과하는 직선을 말한다.

ⓛ **수직종단면** : 차량좌표계에서 x축과 z축을 포함하는 단면(x-z)을 말한다.

ⓒ **수직횡단면** : 차량좌표계에서 y축과 z축을 포함하는 단면(y-z)을 말한다.

ⓔ **수평면** : 차량좌표계에서 x축과 y축을 포함는 단면(x-y)을 말한다.

ⓜ **측면기준선** : 직선자를 자동차의 너비방향면에 평행하고 지면에 수직하게 하여 자동차의 측면방향으로 45도 기울여서 자동차 측면표면과 접촉을 시킨 상태로 자동차의 측면을 따라 앞뒤로 움직일 때 직선자와 자동차구조물간의 가장 높은 접점의 연장선을 말한다.

ⓑ **횡단경계선** : 줄자의 한쪽 끝을 범퍼 앞면에서 수직한 지면에 놓고 다른 한쪽 끝을 자동차 앞면 구조물 표면에 놓은 상태로 후드와 범퍼를 따라 좌우로 움직일 때 앞면 구조물 표면에 발생하는 접점의 연장선을 말한다.

ⓐ **범퍼하부기준선높이** : 직선자를 자동차길이방향면에 평행하고 지면에 수직하게 하여 직선자를 자동차길이방향 뒤쪽으로 25도 기울여 지면 및 범퍼 표면과 접촉시킨 상태로 자동차의 앞면을 따라 좌우로 움직일 때 직선자와 범퍼간의 가장 낮은 접점의 연장선을 말한다.

⑬ **트레일러 관련용어**

 ㉠ **풀트레일러** : 자동차 및 적재물 중량의 대부분을 해당 자동차의 차축으로 지지하는 구조의 피견인자동차를 말한다.

 ㉡ **저상트레일러** : 중량물의 운송에 적합하고 세미트레일러의 구조를 갖춘 것으로서, 대부분의 상면지상고가 1,100밀리미터 이하이며 견인자동차의 커플러 상부높이보다 낮게 제작된 피견인자동차를 말한다.

 ㉢ **세미트레일러** : 그 일부가 견인자동차의 상부에 실리고, 해당 자동차 및 적재물 중량의 상당 부분을 견인자동차에 분담시키는 구조의 피견인자동차를 말한다.

 ㉣ **센터차축트레일러** : 균등하게 적재한 상태에서의 무게중심이 차량축 중심의 앞쪽에 있고, 견인자동차와의 연결장치가 수직방향으로 굴절되지 아니하며, 차량총중량의 10퍼센트 또는 1천 킬로그램보다 작은 하중을 견인자동차에 분담시키는 구조로서 1개 이상의 축을 가진 피견인자동차를 말한다.

 ㉤ **모듈트레일러** : 초대형 중량물의 운송을 위하여 단독으로 또는 2대 이상을 조합하여 운행할 수 있도록 되어 있는 구조로서 하중을 골고루 분산하기 위한 장치를 갖춘 피견인자동차를 말한다.

⑭ **기타 용어**

 ㉠ **자율주행시스템** : 운전자 또는 승객의 조작 없이 주변 상황과 도로 정보 등을 스스로 인지하고 판단하여 자동차를 운행할 수 있게 하는 자동화 장비, 소프트웨어 및 이와 관련한 일체의 장치를 말한다.

 ㉡ **카메라모니터 시스템** : 카메라와 모니터를 결합하여 간접시계확보를 하는 장치를 말한다.

 ㉢ **유효조광면적** : 등화렌즈의 바깥둘레를 기준으로 산정한 면적에서 반사기렌즈의 면적과 등화부착용 나사머리부의 면적등을 제외한 면적을 말한다.

 ㉣ **간접시계장치** : 거울 또는 카메라모니터 시스템을 이용하여 자동차의 앞면, 뒷면 또는 옆면의 시계(視界)범위를 확보하기 위한 장치를 말한다.

 ㉤ **접지부분** : 적정공기압의 상태에서 타이어가 지면과 접촉되는 부분을 말한다.

(2) 구조 및 장치의 안전성 확보 및 범위

① **구조 및 장치의 안전성 확보**〈제3조〉 : 자동차 및 이륜자동차의 구조 및 장치는 안전운행을 확보할 수 있도록 제작되거나 정비되어야 한다.

② **자동차의 안전운행에 필요한 장치의 범위**〈제3조의2〉 : 「자동차관리법 시행령」에 따른 자율주행시스템을 말한다.

❷ 자동차의 안전기준

(1) 길이 · 너비 및 높이〈제4조〉

① 자동차의 길이 · 너비 및 높이는 다음의 기준을 초과하여서는 아니된다.
  ㉠ 길이 : 13미터(연결자동차의 경우에는 16.7미터를 말한다)
  ㉡ 너비 : 2.5미터[간접시계장치 · 환기장치 또는 밖으로 열리는 창의 경우 이들 장치의 너비는 「자동차관리법」 제3조제 1항제1호에 따른 승용자동차(이하 "승용자동차"라 한다)에 있어서는 25센티미터, 기타의 자동차에 있어서는 30센티미터. 다만, 피견인자동차의 너비가 견인자동차의 너비보다 넓은 경우 그 견인자동차의 간접시계장치에 한하여 피견인자동차의 가장 바깥쪽으로 10센티미터를 초과할 수 없다]
  ㉢ 높이 : 4미터

② 제1항에 따라 자동차의 길이 · 너비 및 높이를 측정할 때 다음의 기준에 따라야 한다.
  ㉠ 공차상태일 것
  ㉡ 직진상태에서 수평면에 있는 상태일 것
  ㉢ 차체 밖에 부착하는 간접시계장치, 안테나, 밖으로 열리는 창, 긴급자동차의 경광등 및 환기장치 등의 바깥 돌출부분은 이를 제거하거나 닫은 상태일 것
  ㉣ 적재 물품을 고정하기 위한 장치 등 국토교통부장관이 고시하는 항목은 측정대상에서 제외할 것

③ **최저지상고**〈제5조〉 : 공차상태의 자동차에 있어서 접지부분외의 부분은 지면과의 사이에 10센티미터 이상의 간격이 있어야 한다. 다만, 특수작업용자동차, 경주용자동차등 국토교통부장관이 당해 자동차의 제작목적상 필요하다고 인정하는 자동차의 경우에는 그러하지 아니하다.

(2) 차량중량 및 중량분포

① 차량총중량등〈제6조〉

㉠ 자동차의 차량총중량은 20톤(승합자동차의 경우에는 30톤, 화물자동차 및 특수자동차의 경우에는 40톤), 축하중은 10톤, 윤중은 5톤을 초과하여서는 아니된다.

㉡ ㉠의 규정에 의한 차량총중량·축하중 및 윤중은 연결자동차의 경우에도 또한 같다.

㉢ 차량중량은 초소형승용자동차의 경우 600킬로그램을, 초소형화물자동차의 경우 750킬로그램, 초소형특수자동차의 경우 1천100킬로그램을 초과하여서는 아니 된다.

② 중량분포〈제7조〉

㉠ 자동차의 조향바퀴의 윤중의 합은 차량중량 및 차량총중량의 각각에 대하여 20퍼센트(3륜의 경형 및 소형자동차의 경우에는 18퍼센트)이상이어야 한다.

㉡ 견인자동차는 피견인자동차(폴트레일러를 제외한다)를 연결한 상태에서 제1항의 기준에 적합하여야 한다.

(3) 최대안전경사각도 및 최소회전반경

① 최대안전경사각도〈제8조〉

㉠ 자동차(연결자동차를 포함한다)는 다음에 따라 좌우로 기울인 상태에서 전복되지 아니하여야 한다.
- 승용자동차, 화물자동차, 특수자동차 및 승차정원 10명 이하인 승합자동차 : 공차상태에서 35도(차량총중량이 차량중량의 1.2배 이하인 경우에는 30도)
- 승차정원 11명 이상인 승합자동차 : 적차상태에서 28도

㉡ 다음의 자동차에 대해서는 ㉠에 따른 최대안전경사각도 기준을 적용하지 않는다.
- 진공흡입청소를 위한 구조·장치를 갖춘 특수용도형 화물자동차
- 고소작업·방송중계·교량점검·이삿짐운반을 위한 구조·장치를 갖춘 특수용도형 특수자동차 및 구난형 특수자동차

② 최소회전반경〈제9조〉

㉠ 자동차의 최소회전반경은 바깥쪽 앞바퀴자국의 중심선을 따라 측정할 때에 12미터를 초과하여서는 아니된다.

㉡ ㉠에도 불구하고 승합자동차의 경우에는 해당 자동차가 반지름 5.3미터와 12.5미터의 동심원 사이를 회전하였을 때 그 차체가 각 동심원에 모두 접촉되어서는 안 된다.

> ☆ **Plus tip**
>
> **접지부분 및 접지압력〈제10조〉**
> 적차상태의 자동차의 접지부분 및 접지압력은 다음의 기준에 적합하여야 한다.
> ㉠ 접지부분은 소음의 발생이 적고 도로를 파손할 위험이 없는 구조일 것
> ㉡ 무한궤도를 장착한 자동차의 접지압력은 무한궤도 1제곱센티미터당 3킬로그램을 초과하지 아니할 것

(4) 원동기 및 동력전달장치〈제11조〉

① 자동차의 원동기는 원동기 각부의 작동에 이상이 없어야 하며, 주시동장치 및 정지장치는 운전자의 좌석에서 원동기를 시동 또는 정지시킬 수 있는 구조이어야 한다.

② 자동차의 동력전달장치는 안전운행에 지장을 줄 수 있는 연결부의 손상 또는 오일의 누출등이 없어야 한다.

③ 경유를 연료로 사용하는 자동차의 조속기(연료 분사량 조정기를 말한다)는 연료의 분사량을 임의로 조작할 수 없도록 봉인을 해야 하며, 봉인을 임의로 제거하거나 조작 또는 훼손해서는 안 된다.

④ 초소형자동차의 최고속도가 매시 80킬로미터를 초과하지 않도록 원동기 및 동력전달장치를 설계 · 제작하여야 한다.

(5) 주행장치〈제12조〉

① 자동차의 공기압타이어는 별표 1의2 기준에 적합해야 한다.

② 자동차의 타이어 및 기타 주행장치의 각부는 견고하게 결합되어 있어야 하며, 갈라지거나 금이 가고 과도하게 부식되는 등의 손상이 없어야 한다.

③ 자동차(승용자동차를 제외한다)의 바퀴 뒤쪽에는 흙받이를 부착하여야 한다.

④ 승용자동차와 차량총중량 3.5톤 이하의 승합(피견인자동차로 한정한다) · 화물 · 특수자동차에 장착되는 휠은 제112조의11에 따른 기준에 적합하여야 하고, 브레이크라이닝 마모상태를 휠의 탈거(脫去) 없이 확인할 수 있는 구조이어야 한다. 다만, 초소형자동차는 제외한다.

(6) 타이어공기압경고장치〈제12조의2〉

① 승용자동차와 차량총중량이 3.5톤 이하인 승합·화물·특수자동차에는 타이어공기압경고장치를 설치하여야 한다. 다만, 복륜(複輪)인 자동차, 피견인자동차 및 초소형자동차는 제외한다.

② 타이어공기압경고장치는 다음의 기준에 적합해야 한다.
　㉠ 최소한 시속 40킬로미터부터 해당 자동차의 최고속도까지의 범위에서 작동될 것
　㉡ 경고등은 다음의 기준에 적합할 것
　　• 시동장치의 열쇠가 원동기 작동 위치에 있는 상태에서 점등되고 정상상태 시 소등될 것. 다만, 공유구역에 표시되는 식별표시에서는 그렇지 않다.
　　• 운전자가 낮에도 운전석에서 맨눈으로 쉽게 식별할 수 있을 것

(7) 조종장치등〈제13조〉

① 자동차에 설치된 다음의 조종장치 및 표시장치는 운전자가 좌석안전띠(이하 "안전띠"라 한다)를 착용한 상태에서 쉽게 조작 및 식별할 수 있도록 배치하여야 한다.
　㉠ 주시동장치·정지장치·가속제어장치 및 기타 원동기의 조작장치
　㉡ 제동장치 및 동력전달장치의 조작장치
　㉢ 변속장치·창닦이기·세정액분사장치·서리제거장치·안개제거장치·전조등·등화점등장치·비상경고신호등·방향지시등 및 경음기의 조작장치
　㉣ 속도계·방향지시등·주행빔·연료장치·원동기냉각수·윤활유·제동경고등·충전장치 및 경제운전의 표시장치

② 가속제어장치의 복귀장치는 가속페달에서 작용력을 제거할 때에 원동기의 가속제어장치를 가속위치에서 공회전위치로 복귀시킬 수 있는 장치가 최소한 2개 이상이어야 하며, 변속장치의 조종레버(변속레버에 표시가 곤란한 경우에는 운전자가 식별하기 쉬운 위치)에는 변속단수별 조작위치를 표시하여야 한다.

③ 자동변속장치는 다음의 기준에 적합하여야 한다.

　㉠ 중립위치는 전진위치와 후진위치 사이에 있을 것

　㉡ 조종레버가 조향기둥에 설치된 경우 조종레버의 조작방향은 중립위치에서 전진위치로 조작되는 방향이 시계방향일 것

　㉢ 주차위치가 있는 경우에는 후진위치에 가까운 끝부분에 있을 것. 다만, 순서대로 조작되지 아니하는 조종레버를 갖춘 경우에는 그러하지 아니하다.

　㉣ 조종레버가 전진 또는 후진위치에 있는 경우 원동기가 시동되지 아니할 것. 다만, 다음의 어느 하나에 해당하는 자동차의 경우에는 그러하지 아니하다.

　　• 하이브리드자동차

　　• 전기자동차

　　• 원동기의 구동이 모두 정지될 경우 변속기가 자동으로 중립위치로 변환되는 구조를 갖춘 자동차

　　• 주행하다가 정지하면 원동기의 시동을 자동으로 제어하는 장치를 갖춘 자동차

　㉤ 전진변속단수가 2단계 이상일 경우 매시 40킬로미터 이하의 속도에서 어느 하나의 변속단수의 원동기제동효과는 최고속변속단수에서의 원동기제동효과보다 클 것

④ 자동차에 별표 2에서 정하고 있는 손조작식 조종장치를 설치하는 경우에는 동표에서 정하는 조종장치의 식별단어 · 약어 또는 식별부호(이하 "식별표시"라 한다)를 표시하여야 하며, 조명기준에 적합하여야 한다. 다만, 조향기둥 좌우측에 위치한 방향지시등 · 비상점멸표시등 · 창닦이기 및 세정액분사장치 등의 레버식조종장치의 경우에는 그러하지 아니하다.

⑤ 자동차의 차실안에 별표 2에서 정하고 있는 표시장치를 설치하는 경우에는 동표에서 정하는 식별표시를 표시하여야 하며, 조명 및 색상기준에 적합하여야 한다. 다만, 자동차장치의 작동여부 및 상태의 정상여부를 나타내 주는 표시장치(이하 "자동표시기"라 한다)가 자동표시기외의 표시장치와 함께 사용되는 경우 당해자동표시기에 대하여는 그러하지 아니하다.

⑥ 자동차에 보조시동장치(전파등을 이용한 원격시동장치를 말한다)를 설치할 경우에는 조종레버가 전진 또는 후진위치에 있는 경우 원동기가 시동(크랭킹의 경우를 제외한다)되지 아니하는 구조로 설치하여야 한다.

⑦ 화물자동차 및 특수자동차에 상하로 움직일 수 있는 가변축을 설치하는 경우에는 가변축 인접축에 다음의 하중 중 작은 하중을 초과하는 하중이 가해지면 자동으로 가변축을 하향시키고 상승조작이 불가능하며 총중량의 하중을 받아 하향된 가변축이 받는 하중은 인접축이 받는 하중의 30퍼센트부터 100퍼센트까지의 하중을 분담하는 구조로 설치해야 한다.
　㉠ 제6조에 따른 축하중
　㉡ 「자동차관리법 시행규칙」 별지 제25호서식에 따른 자동차제원표에 적힌 축별설계허용하중(이하 "축별설계허용하중"이라 한다)

⑧ 험로(險路) 탈출 등을 위해 가변축의 일시적 조작이 필요한 경우에는 제7항에도 불구하고 다음의 기준에 적합한 가변축 수동조작장치를 설치할 수 있다.
　㉠ 각 축이 분담하는 하중은 15톤의 범위에서 축별설계허용하중의 130퍼센트를 초과하지 않을 것
　㉡ 수동조작장치를 사용하여 가변축을 상승조작할 때 자동차의 전방방향으로 가변축보다 앞쪽에 설치된 차축 중 최소 1개 이상의 차축은 지면에서 들리지 않을 것
　㉢ 자동차가 험로를 탈출한 후 매시 30킬로미터를 초과하기 전에 하중을 분담하기 위해 가변축이 자동으로 하강하기 시작하는 구조일 것

(8) 조향장치〈제14조〉

① 자동차의 조향장치의 구조는 다음의 기준에 적합해야 한다.
　㉠ 조향장치의 각부는 조작시에 차대 및 차체등 자동차의 다른 부분과 접촉되지 아니하고, 갈라지거나 금이 가고 파손되는 등의 손상이 없으며, 작동에 이상이 없을 것
　㉡ 조향장치는 조작시에 운전자의 옷이나 장신구등에 걸리지 아니할 것
　㉢ 다음의 자동차 구분에 따른 해당 속도로 반지름 50미터의 곡선에 접하여 주행할 때 자동차의 선회원(旋回圓)이 동일하거나 더 커지는 구조일 것
　• 승용자동차 : 시속 50킬로미터
　• 승용자동차 외의 자동차 : 시속 40킬로미터(최고속도가 시속 40킬로미터 미만인 경우에는 해당 자동차의 최고속도)
　㉣ 자동차를 최고속도(연결자동차의 경우에는 견인자동차의 최고속도를 말한다)까지 주행하는 동안 조향핸들이 비정상적으로 조작되거나 조향장치가 비정상적으로 진동되지 아니하고 직진 주행이 가능할 것. 다만, ㉥의 첫 번째 내용에 따른 조향장치에 의한 진동은 제외한다.

기출PLUS

  ⓜ 자동차(연결자동차를 포함한다)가 정상적인 주행을 하는 동안 발생되는 응력(변형력)에 견딜 것

  ⓗ 조향장치(피견인자동차를 조향하는 제어장치를 포함한다)는 자기장이나 전기장에 의하여 작동에 영향을 받지 아니할 것

  ⓢ 조향장치의 결합구조를 조절하는 장치는 잠금장치에 의하여 고정되도록 할 것

  ⓞ 조향바퀴는 뒷바퀴에만 있어서는 아니 될 것. 다만, 세미트레일러는 그러하지 아니하다.

  ⓙ 조향장치 중 기계적인 강성이 필요한 모든 관련 부품은 제동장치 등과 같은 필수부품과 동등한 안전특성으로 충분한 크기를 갖추어야 하고, 그 부품의 고장으로 자동차를 조종하지 못할 것으로 우려되는 부품은 금속 또는 이와 동등한 특성을 갖는 재질로 제작되어야 하며, 정상적인 작동 중일 때에는 해당 부품에 심각한 변형이 발생하지 아니할 것

  ⓩ 조향장치의 기능을 저해시키는 고장(기계적인 부품의 고장은 제외한다)이 발생한 경우에는 운전자가 고장을 명백하게 확인할 수 있는 경고장치를 갖출 것. 다만, 다음의 어느 하나에 해당하는 경우에는 경고장치를 갖춘 것으로 본다.

   • 고장 시 조향장치에 의도적으로 진동을 발생시키도록 하는 구조인 경우

   • 고장 시 자동차(피견인자동차는 제외한다)의 조향 조종력이 증가되는 구조인 경우

   • 피견인자동차의 경우 고장 시 기계적인 표시기를 갖춘 구조인 경우

② 조향핸들의 유격(조향바퀴가 움직이기 직전까지 조향핸들이 움직인 거리를 말한다)은 당해 자동차의 조향핸들지름의 12.5퍼센트 이내이어야 한다.

③ 조향바퀴의 옆으로 미끄러짐이 1미터 주행에 좌우방향으로 각각 5밀리미터 이내이어야 하며, 각 바퀴의 정렬상태가 안전운행에 지장이 없어야 한다.

(9) 차로이탈경고장치〈제14조의2〉

① 승합자동차(경형승합자동차는 제외한다) 및 차량총중량 3.5톤을 초과하는 화물 · 특수자동차에는 차로 이탈 경고 장치를 설치하여야 한다.

② 다만, 다음의 어느 하나에 해당하는 자동차는 차로 이탈 경고 장치를 설치하지 않아도 된다.

  ㉠ 피견인자동차

  ㉡ 「자동차관리법 시행규칙」 별표 1에 따른 덤프형 화물자동차

   ⓒ 「자동차관리법 시행규칙」 별지 제25호 서식에 따른 자동차제원표에 입석
     정원이 기재된 자동차

   ⓔ 그 밖에 국토교통부장관이 자동차의 구조나 운행여건 등으로 차로이탈경
     고장치를 설치하기가 곤란하거나 불필요하다고 인정하는 자동차

⑩ 제동장치〈제15조〉

① 자동차(초소형자동차 및 피견인자동차를 제외한다)에는 주제동장치와 주차
  중에 주로 사용하는 제동장치(이하 "주차제동장치"라 한다)를 갖추어야 하
  며, 그 구조와 제동능력은 다음의 기준에 적합해야 한다.

   ⓖ 주제동장치와 주차제동장치는 각각 독립적으로 작용할 수 있어야 하며,
     주제동장치는 모든 바퀴를 동시에 제동하는 구조일 것

   ⓛ 주제동장치의 계통 중 하나의 계통에 고장이 발생하였을 때에는 그 고장
     에 의하여 영향을 받지 아니하는 주제동장치의 다른 계통 등으로 자동차
     를 정지시킬 수 있고, 제동력을 단계적으로 조절할 수 있으며 계속적으
     로 제동될 수 있는 구조일 것

   ⓒ 제동액 저장장치에는 제동액에 대한 권장규격을 표시할 것

   ⓔ 주제동장치에는 라이닝 등의 마모를 자동으로 조정할 수 있는 장치를 갖
     출 것. 다만, 차량총중량이 3.5톤을 초과하는 화물자동차 및 특수자동차
     로서 모든 바퀴로 구동할 수 있는 자동차의 주제동장치와 차량총중량이
     3.5톤 이하인 화물자동차 및 특수자동차의 후축의 주제동장치의 경우에
     는 그러하지 아니하다.

   ⓜ 주제동장치의 라이닝 마모상태를 운전자가 확인할 수 있도록 경고장치
     (경고음 또는 황색경고등을 말한다)를 설치하거나 자동차의 외부에서 맨
     눈으로 확인할 수 있는 구조일 것.

   ⓗ 에너지저장장치에 의하여 작동되는 주제동장치에는 2개(에너지 저장장치
     에 의하지 아니하고 운전자의 힘으로만 기계적으로 주제동장치가 작동될
     수 있는 구조의 경우는 1개) 이상의 독립된 에너지저장장치를 설치하여
     야 하고, 각 에너지저장장치는 제4항의 기준에 적합한 경고장치를 설치
     할 것

ⓢ 주차제동장치는 기계적인 장치에 의하여 잠김상태가 유지되는 구조일 것

ⓞ 주차제동장치는 주행중에도 제동을 시킬 수 있는 구조일 것

ⓩ 공기식(공기배력유압식을 포함한다) 주제동장치를 설치한 자동차는 다음의 기준에 적합한 구조를 갖출 것

• 각 계통별 에너지저장장치의 공기압력을 나타내는 압력계는 운전자가 보기 쉬운 위치에 설치할 것

• 2개 이상의 독립된 계통을 갖춘 공기식 주제동장치는 제동조종장치와 제동바퀴 사이에서 공기누설이 발생할 경우 누설된 공기를 대기중으로 배출시키는 구조일 것

ⓒ 주제동장치의 급제동능력은 건조하고 평탄한 포장도로에서 주행중인 자동차를 급제동할 때 별표 3의 기준에 적합할 것

ⓚ 주제동장치의 제동능력과 조작력은 별표 4의 기준에 적합할 것

ⓣ 주차제동장치의 제동능력과 조작력은 별표 4의2의 기준에 적합할 것

② 초소형자동차에는 주제동장치와 주차제동장치를 갖추어야 하며, 그 구조와 제동능력은 다음의 기준에 적합해야 한다.

㉠ 주제동장치로 발조작식 분할제동장치 또는 발조작식 연동제동장치 및 보조제동장치를 갖출 것. 다만, 주차제동장치가 보조제동장치 성능에 적합할 경우 주차제동장치를 보조제동장치로 사용할 수 있다.

㉡ 주제동장치와 주차제동장치는 각각 독립적으로 작동할 수 있어야 하고, 주제동장치는 모든 바퀴를 동시에 제동하는 구조일 것

㉢ 제동력을 전달하기 위하여 유압유체를 사용하는 마스터실린더를 갖춘 경우에는 다음의 기준에 적합한 제동액 저장장치를 갖출 것

• 덮개로 밀봉하여 제동액을 외부와 격리시키는 구조일 것

• 브레이크 라이닝 간극(間隙)을 최대로 한 상태에서 새로운 라이닝이 완전히 마모될 때까지의 유체 소요량의 1.5배에 상당하는 저장장치 용량을 갖출 것

• 덮개를 열지 않고도 유량 수준을 확인할 수 있는 구조일 것

㉣ 주제동장치에는 라이닝 등의 마모를 자동으로 감지하여 조정할 수 있는 장치를 갖출 것

㉤ 주제동장치의 라이닝 마모상태를 운전자가 확인할 수 있도록 경고장치(경고음 또는 황색경고등을 말한다)를 설치하거나 자동차의 외부에서 맨눈으로 확인할 수 있는 구조일 것

㉥ 주차제동장치에는 기계적인 장치에 의하여 잠김상태가 유지되도록 하고, 주행 중에도 제동할 수 있는 구조일 것

ⓐ 바퀴잠김방지식 주제동장치를 갖춘 초소형자동차에는 황색경고등이 설치되어야 하며, 시동장치의 열쇠를 작동위치로 조작할 때 켜졌다가 고장이 없으면 꺼지고, 고장이 있으면 켜진 상태가 지속되도록 할 것

ⓞ 주제동장치의 급제동능력은 건조하고 평탄한 포장도로에서 주행 중인 자동차를 급제동할 때 별표 3의 기준에 적합할 것

ⓩ 주제동장치의 제동능력과 조작력은 별표 4의 기준에 적합할 것

ⓒ 주차제동장치의 제동능력과 조작력은 별표 4의2의 기준에 적합할 것

③ 피견인자동차(차량총중량이 0.75톤 이하인 피견인자동차를 제외한다)의 제동장치는 다음의 기준에 적합한 구조이어야 한다.

  ㉠ ①의 ㉠·㉣(차량총중량이 3.5톤 이하인 피견인자동차를 제외한다)·㉤·ⓐ 및 ⓒ 내지 ㉺의 기준에 적합할 것

  ㉡ 피견인자동차의 주제동장치는 견인자동차의 주제동장치와 연동하여 작동하는 구조일 것

  ㉢ 피견인자동차의 제동장치는 주행중 견인자동차와의 연결장치가 분리되는 경우 피견인자동차를 자동적으로 정지시키는 구조일 것. 다만, 차량총중량이 1.5톤 이하인 피견인자동차가 체인·와이어로프 등 보조연결장치에 의하여 조절되고 연결봉이 지면에 닿지 아니하는 경우에는 그러하지 아니하다.

  ㉣ 피견인자동차의 주차제동장치는 견인자동차에서 분리되어 있는 경우 독립적으로 작동시킬 수 있는 구조일 것

④ 자동차(초소형자동차 및 피견인자동차는 제외한다)의 주제동장치에는 제동액의 기준유량(공기식의 경우에는 기준공기압을 말한다)이 부족할 경우 등 제동기능의 결함을 운전자에게 알려주는 경고장치를 설치하여야 하고, 경고장치는 다음 중 ㉠ 및 ㉡ 또는 ㉠ 및 ㉢의 기준에 적합하여야 한다.

  ㉠ 경고장치에 사용되는 경고음 또는 경고등은 다른 경고장치의 경고음 또는 경고등과 구별이 될 수 있을 것. 다만, 주차제동장치의 표시장치와 겸용으로 사용하는 경우에는 그러하지 아니하다.

  ㉡ 경고장치의 경고등은 충분한 밝기를 갖춘 적색의 등화로서 운전자가 쉽게 확인할 수 있는 위치에 설치할 것

  ㉢ 경고장치의 경고음은 운전자의 귀의 위치에서 측정할 때에 승용자동차의 경우에는 65데시벨 이상, 그 밖의 자동차의 경우에는 75데시벨 이상일 것. 다만, 경유를 연료로 사용하는 승용자동차의 경우에는 70데시벨 이상이어야 한다.

기출PLUS

⑤ 차량총중량이 3.5톤 이하인 피견인자동차(세미트레일러형을 제외한다)는 다음의 기준에 적합한 관성제동구조의 주제동장치(이하 "관성제동장치"라 한다) 또는 ⑦의 기준에 적합한 전기식 주제동장치와 주차제동장치를 설치할 수 있다.

  ㉠ 주행중에 사용하는 관성제동장치와 주차중에 사용하는 주차제동장치를 모두 갖출 것

  ㉡ 관성제동장치와 주차제동장치는 각각 독립적으로 작용할 수 있어야 하며, 관성제동장치는 모든 바퀴를 동시에 제동할 수 있는 구조일 것

  ㉢ 연결자동차의 급제동능력이 ①의 ㉛ 기준에 적합할 것

  ㉣ 주차제동장치의 제동능력(견인자동차와 피견인자동차를 연결한 경우와 분리한 경우를 모두 포함한다)은 11도 30분의 경사면에서 정지상태를 유지할 수 있을 것

  ㉤ 관성제동장치의 구조는 별표 4의4의 기준에 적합할 것

  ㉥ 국토교통부장관이 정하여 고시하는 관성제동장치 세부기준 및 시험방법에 적합할 것

⑥ 자동차에는 다음의 기준에 적합한 바퀴잠김방지식 주제동장치를 설치하여야 한다. 다만, 초소형자동차와 차량총중량이 3.5톤 이하인 캠핑용트레일러·피견인자동차는 제외한다.

  ㉠ 바퀴잠김방지식 주제동장치가 고장이 발생하였을 때 운전자가 쉽게 확인할 수 있는 황색경고등을 설치할 것

  ㉡ 바퀴잠김방지식 주제동장치가 설치된 피견인자동차를 견인하는 견인자동차의 경우에는 피견인자동차의 바퀴잠김방지식 주제동장치가 고장이 발생하였을 때 견인자동차의 운전자가 쉽게 확인할 수 있는 별도의 황색경고등을 설치할 것

  ㉢ ㉠ 및 ㉡의 황색경고등은 시동장치의 열쇠를 작동위치로 조작한 때에 켜졌다가 고장이 없는 경우에는 꺼지고, 고장이 있는 경우에는 켜진 상태가 지속되는 구조일 것

  ㉣ 피견인자동차의 바퀴잠김방지식 주제동장치는 견인자동차의 바퀴잠김방지식 주제동장치와 연동하여 작동하는 구조일 것

⑦ 전기식(제동력 전달계통이 전기식인 경우를 말한다) 주제동장치가 설치된 차량총중량 3.5톤 이하인 피견인자동차를 견인하는 견인자동차는 다음의 기준에 적합한 구조를 갖추어야 한다.

　㉠ 전원공급장치(발전기와 축전지를 말한다)는 피견인자동차의 전기식 주제
　　동장치에 충분한 전류를 공급하는 용량을 갖출 것
　㉡ 제동장치의 전기회로는 과부하시에도 단락(斷絡)이 발생하지 않을 것
　㉢ 2개 이상의 독립된 계통을 갖춘 주제동장치의 경우에는 하나의 계통에서
　　고장이 발생하였을 때 다른 계통으로 피견인자동차를 부분적 또는 전체
　　적으로 제동시킬 수 있을 것
　㉣ 전기식 주제동장치를 작동시키기 위한 제동작동회로는 여유부하를 갖추
　　고 있는 경우에 한하여 견인자동차의 제동등과 병렬로 연결을 할 수 있
　　을 것

⑧ 연결자동차의 제동장치는 다음의 기준에 적합하여야 한다.
　㉠ ① 및 ③부터 ⑦까지의 기준에 적합할 것
　㉡ 공기식(공기배력유압식을 포함한다) 주제동장치가 설치된 견인자동차는
　　견인자동차와 피견인자동차 사이의 공기라인에 고장이 발생한 경우 자동
　　적으로 공기가 차단되는 구조일 것
　㉢ 견인자동차의 주제동장치는 피견인자동차의 제동장치에 고장이 발생하거
　　나 견인자동차와 피견인자동차 사이의 공기라인이 차단되는 경우에도 견
　　인자동차를 정지시킬 수 있는 구조일 것
　㉣ 차량총중량이 3.5톤을 초과하는 피견인자동차를 견인하는 견인자동차의
　　제동장치는 다음의 기준에 적합할 것
　　• 주제동장치의 계통 중 하나의 계통에 고장이 발생하였을 때에는 그 고장에
　　　의하여 영향을 받지 아니하는 주제동장치의 다른 계통 등으로 피견인자동차
　　　의 제동력을 조절하여 정지시킬 수 있을 것
　　• 피견인자동차와 연결된 공기라인 중 하나의 공기라인에 고장이 발생하였을
　　　때에 피견인자동차가 자동으로 제동되거나 견인자동차에서 피견인자동차를
　　　부분적 또는 전체적으로 제동시킬 수 있을 것
　　• 스프링제동장치가 설치된 경우에는 공기압력의 손실로 인하여 스프링제동장
　　　치가 자동적으로 작동될 때 피견인자동차도 자동적으로 제동될 것
　　• 차량총중량이 3.5톤을 초과하는 피견인자동차를 견인하는 견인자동차의 주제
　　　동장치·비상제동장치 또는 주차제동장치는 피견인자동차의 주제동장치와 동
　　　시에 연동하여 작동되는 구조일 것. 다만, 피견인자동차의 제동이 연결자동
　　　차의 안정성을 위하여 단독으로 자동작동하는 경우에는 그러하지 아니하다.

기출PLUS

ⓜ 견인자동차와 공기식(공기배력유압식을 포함한다. 이하 이 호에서 같다) 제동장치를 갖춘 피견인자동차가 연결된 상태에서의 주차제동능력은 피견인자동차의 공기식 제동장치와 연동되지 아니한 상태에서 견인자동차의 주차제동장치의 기계적인 작동만으로 주차제동이 가능할 것. 다만, 견인자동차의 주차제동장치의 기계적인 작동만으로 연결자동차의 주차제동이 가능하다는 사실을 운전자가 확인할 수 있는 구조를 갖추고 있는 경우에는 피견인자동차의 공기식 제동장치와 견인자동차의 주차제동장치를 연동하여 작동하게 할 수 있다.

⑨ 제동등은 다음의 경우에 점등되고, 제동력이 해제될 때까지 점등상태가 유지되어야 한다. 다만, 선택적 제동에 의한 경우에는 제동등이 점등되지 아니하여야 하며, 보조제동장치에 의한 제동의 경우에는 감가속도에 따라 점등되거나 점등되지 아니하도록 할 수 있다.

㉠ 운전자의 조작에 의하여 주제동장치가 작동된 경우

㉡ 자동제어제동에 의하여 주제동장치가 작동된 경우. 다만, 감가속도가 매 제곱초 0.7미터(0.7㎨) 미만인 경우 점등되지 아니할 수 있다.

⑩ ⑨에도 불구하고 긴급제동신호장치 또는 전기회생제동장치(승용자동차에 한정한다)를 갖춘 자동차의 제동등(보조제동등을 포함한다. 이하 이 항에서 같다) 또는 방향지시등은 다음의 작동기준에 적합하여야 한다.

㉠ 긴급제동신호장치를 갖춘 자동차의 제동등 또는 방향지시등은 급제동 시 별표 5의2 제1호의 긴급제동신호의 작동기준에 적합하게 작동될 것

㉡ 가속페달 해제에 의하여 감속도가 발생하는 전기회생제동장치를 갖춘 자동차의 제동등은 별표 5의2 제2호의 제동등 작동기준에 적합하게 작동될 것

⑪ 전기회생제동장치를 갖춘 승용자동차의 제동장치는 다음의 기준에 적합하여야 한다.

㉠ 전기회생제동장치가 바퀴잠김방지식 주제동장치의 작동에 영향을 주지 아니할 것

㉡ 전기회생제동장치가 주제동장치의 일부로 작동되는 경우에는 다음의 기준에 적합한 구조를 갖출 것

• 주제동장치 작동 시 전기회생제동장치가 독립적으로 제어될 수 있는 경우에는 자동차에 요구되는 제동력(이하 이 호에서 "요구제동력"이라 한다)을 전기회생제동력과 마찰제동력 간에 자동으로 보상하는 구조일 것

• 전기회생제동력이 해제되는 경우에는 마찰제동력이 작동하여 1초 내에 해제 당시 요구제동력의 75퍼센트 이상 도달하는 구조일 것
• 주제동장치는 하나의 조종장치에 의하여 작동되어야 하며, 그 외의 방법으로는 제동력의 전부 또는 일부가 해제되지 아니하는 구조일 것
• 주제동장치의 제동력은 동력 전달계통으로부터의 구동전동기 분리 또는 자동차의 변속비에 영향을 받지 아니하는 구조일 것

⑫ 자동차(초소형자동차는 제외한다)에 장착되는 브레이크호스와 브레이크라이닝은 각각 제112조의2와 제112조의10에 따른 기준에 적합하여야 한다.

⑬ 자동차에는 별표 4의3의 성능기준에 적합한 제동력지원장치를 설치하여야 한다. 다만, 초소형자동차, 피견인자동차 및 차량총중량이 3.5톤을 초과하는 승합·화물·특수자동차는 제외한다.

⑭ 제동력 제어계통이 전기식인 승용자동차의 주제동장치는 별표 4의5의 주제동장치의 구조 및 성능기준에 적합하여야 한다.

(11) 자동차안정성제어장치〈제15조의2〉

① 자동차에는 자동차안정성제어장치를 설치하여야 한다. 다만, 다음 자동차는 제외한다.
  ㉠ 4축 이상 자동차
  ㉡ 피견인자동차
  ㉢ 「자동차관리법 시행규칙」 별표 1에 따른 덤프형 화물자동차, 특수용도형 화물자동차, 구난형 특수자동차 및 특수용도형 특수자동차
  ㉣ 초소형자동차
  ㉤ 굴절버스
  ㉥ 그 밖에 국토교통부장관이 자동차의 구조나 운행여건 등을 고려하여 자동차안정성제어장치의 설치가 곤란하거나 필요하지 않다고 인정한 자동차

② 자동차안정성제어장치는 다음 기준에 적합하여야 한다.
  ㉠ 4개 바퀴(앞 차축 및 뒤 차축의 좌우 각각 한 개의 바퀴를 말한다)에 개별적으로 회전제동력(braking torque)을 발생시킬 수 있고, 이를 이용하여 제어하는 방식을 갖출 것
  ㉡ 주행 중 다음의 어느 하나에 해당하는 경우 외에는 항상 작동할 수 있을 것

- 운전자가 자동차안정성제어장치의 기능을 정지시킨 경우
- 자동차의 속도가 시속 20킬로미터 미만인 경우
- 시동 시 자가 진단하는 경우
- 자동차를 후진하는 경우
  ⓒ 바퀴잠김방지식 제동장치 또는 구동력 제어장치가 작동되더라도 지속적으로 작동될 것
  ⓔ 고장 발생 시 점등되는 경고등(警告燈)을 갖출 것

⑿ 비상자동제동장치〈제15조의3〉

① 자동차(경형승합자동차 및 초소형자동차는 제외한다)에는 비상자동제동장치를 설치해야 한다.

② 다음의 어느 하나에 해당하는 자동차의 경우에는 그렇지 않다.
  ㉠ 피견인자동차
  ㉡ 「자동차관리법 시행규칙」 별표 1에 따른 덤프형 화물자동차
  ㉢ 「자동차관리법 시행규칙」 별지 제25호 서식에 따른 자동차제원표에 입석 정원이 기재된 자동차
  ㉣ 그 밖에 국토교통부장관이 자동차의 구조나 운행여건 등으로 비상자동제동장치를 설치하기가 곤란하거나 불필요하다고 인정한 자동차

⒀ 완충장치〈제16조〉

① 자동차는 노면으로부터의 충격을 흡수할 수 있는 스프링 기타의 완충장치를 갖추어야 한다.

② ①의 규정에 의한 완충장치의 각부는 갈라지거나 금이 가고 탈락되는 등의 손상이 없어야 한다.

⑭ 연료장치〈제17조〉

① 자동차의 연료탱크 · 주입구 및 가스배출구는 다음의 기준에 적합하여야 한다.
  ㉠ 연료장치는 자동차의 움직임에 의하여 연료가 새지 아니하는 구조일 것
  ㉡ 배기관의 끝으로부터 30센티미터 이상 떨어져 있을 것(연료탱크를 제외한다)
  ㉢ 노출된 전기단자 및 전기개폐기로부터 20센티미터 이상 떨어져 있을 것(연료탱크를 제외한다)
  ㉣ 차실안에 설치하지 아니하여야 하며, 연료탱크는 차실과 벽 또는 보호판 등으로 격리되는 구조일 것

② 수소가스를 연료로 사용하는 자동차는 다음의 기준에 적합하여야 한다.
  ㉠ 자동차의 배기구에서 배출되는 가스의 수소농도는 평균 4%, 순간 최대 8%를 초과하지 아니할 것
  ㉡ 차단밸브(내압용기의 연료공급 자동 차단장치를 말한다. 이하 이 조에서 같다) 이후의 연료장치에서 수소가스 누출 시 승객거주 공간의 공기 중 수소농도는 1% 이하일 것
  ㉢ 차단밸브 이후의 연료장치에서 수소가스 누출 시 승객거주 공간, 수하물 공간, 후드 하부 등 밀폐 또는 반밀폐 공간의 공기 중 수소농도가 2±1% 초과 시 적색경고등이 점등되고, 3±1% 초과 시 차단밸브가 작동할 것

⑮ 전기장치 및 구동축전지

① **전기장치**〈제18조〉: 자동차의 전기장치는 다음의 기준에 적합하여야 한다.
  ㉠ 자동차의 전기배선은 모두 절연물질로 덮어씌우고, 차체에 고정시킬 것
  ㉡ 차실안의 전기단자 및 전기개폐기는 적절히 절연물질로 덮어씌울 것
  ㉢ 축전지는 자동차의 진동 또는 충격등에 의하여 이완되거나 손상되지 아니하도록 고정시키고, 차실안에 설치하는 축전지는 절연물질로 덮어씌울 것

② **고전원전기장치**〈제18조의2〉: 자동차의 고전원전기장치는 별표 5의 고전원전기장치 절연 안전성 등에 관한 기준에 적합하여야 한다.

③ **구동축전지**〈제18조의3〉: 자동차의 구동축전지는 다음 기준에 적합하여야 한다.
  ㉠ 차실과 벽 또는 보호판 등으로 격리되는 구조일 것
  ㉡ 설계된 범위를 초과하는 과충전을 방지하고 과전류를 차단할 수 있는 기능을 갖출 것
  ㉢ 국토교통부장관이 고시하는 물리적 · 화학적 · 전기적 및 열적 충격조건에서 발화 또는 폭발하지 아니할 것

기출 PLUS

⑯ **캠핑용자동차의 전기설비 및 캠핑설비의 안전기준〈제18조의6〉**

① 「자동차관리법」에 따른 캠핑용자동차의 전기설비는 다음 기준에 적합해야 한다.
  ㉠ 외부전원 인입구는 물의 유입을 방지할 수 있는 구조일 것
  ㉡ 충전기는 과부하 보호기능을 갖출 것
  ㉢ 직류(DC) 60볼트 또는 교류(AC) 30볼트 이상의 고전압 부품은 별표 5 제4호가목에 따른 경고표시를 부착할 것
  ㉣ 누전차단기 및 퓨즈 등 전원차단 기능을 갖출 것

② 법 제29조제3항에 따른 캠핑용자동차의 캠핑설비는 다음 기준에 적합해야 한다.
  ㉠ 승차정원의 3분의 1 이상인 취침인원이 사용할 수 있는 취침시설(변환형 소파를 포함한다)을 갖추고 있을 것. 이 경우 취침인원을 산정할 때는 소수점 이하는 올리며, 취침인원 1인당 취침시설은 가로 1,700밀리미터, 세로 500밀리미터 이상이거나 그 면적이 8,500제곱센티미터 이상이어야 한다.
  ㉡ 캠핑용자동차 안에는 다음의 어느 하나에 해당하는 비상 탈출 공간, 비상 탈출구 또는 창문을 갖출 것
    • 운전자가 있는 차실과 캠핑 공간 사이에 가로 450밀리미터 이상, 세로 550밀리미터 이상인 비상 탈출 공간
    • 캠핑 공간의 출입문과 멀리 떨어진 위치에 비상 탈출을 위한 가로 450밀리미터 이상, 세로 550밀리미터 이상인 비상 탈출구 또는 창문
    • 캠핑 공간 내 가로축 610밀리미터, 세로축 432밀리미터 크기의 타원체가 간섭 없이 통과할 수 있는 비상 탈출구 또는 창문
  ㉢ 캠핑 공간에 설치된 수납함은 주행 중 개폐되는 것을 방지하기 위한 장치나 구조를 갖출 것

⑰ **차대 및 차체〈제19조〉**

① 자동차의 차대 및 차체는 다음의 기준에 적합하여야 한다.
  ㉠ 차대(차대가 없는 구조의 자동차는 차체를 말한다)는 안전운행을 확보할 수 있는 견고한 구조이어야 하며, 차체는 차대에 견고하게 붙여져서 진동 또는 충격등에 의하여 이완되지 아니하도록 할 것
  ㉡ 차체의 가연성부분은 배기관과 접촉되지 아니하도록 할 것
  ㉢ 자동차의 가장 뒤의 차축 중심에서 차체의 뒷부분 끝(범퍼 및 견인용 장치를 제외한다)까지의 수평거리("뒤 오우버행"을 말한다)는 가장 앞의 차축중심에서 가장 뒤의 차축중심까지의 수평거리의 2분의 1 이하일 것. 다만, 다음의 경우에는 각 목에서 정하는 기준에 적합하여야 한다.

- 경형 및 소형자동차의 경우에는 20분의 11 이하일 것
- 승합자동차, 화물자동차(화물을 차체밖으로 나오게 적재할 우려가 없는 경우에 한정한다), 특수자동차의 경우에는 3분의 2 이하일 것. 다만, 차량총중량 3.5톤 이하인 센터차축트레일러의 경우에는 4미터 이내로 할 수 있다.

② 다음의 구분에 따른 자동차에는 해당 호에서 정하는 표시 기준 및 방법에 따라 차량총중량 등을 표시해야 한다.

  ㉠ **화물자동차** : 자동차의 뒷면에 제작자등이 정하는 차량총중량 및 최대적재량을 별표 32의3의 화물자동차의 적재량 표시방법에 따라 표시할 것. 다만, 차량총중량이 15톤 미만인 경우에는 차량총중량을 표시하지 않을 수 있다.

  ㉡ **견인형 특수자동차** : 자동차의 뒷면 또는 우측면에 차량중량에 승차정원의 중량을 합한 중량을 표시할 것

  ㉢ **구난형·특수용도형 특수자동차** : 자동차의 뒷면에 제작자등이 정하는 최대적재량을 표시할 것

③ 차량총중량이 8톤 이상이거나 최대적재량이 5톤 이상인 화물자동차·특수자동차 및 연결자동차는 포장노면위의 공차상태에서 다음의 기준에 적합한 측면보호대를 설치하여야 한다. 다만, 보행자 등이 뒷바퀴에 말려들 우려가 없는 구조의 자동차, 차체 등의 구조물과의 간섭으로 설치가 곤란한 자동차 및 조향축간 거리가 2,100밀리미터 이하인 자동차는 제외한다.

  ㉠ 측면보호대의 양쪽 끝과 앞·뒷바퀴와의 간격은 각각 400밀리미터 이내일 것. 다만, 측면보호대의 양쪽 끝과 앞·뒷바퀴와의 간격을 400밀리미터 이내로 설치하기가 곤란한 구조의 자동차의 경우 앞·뒷바퀴와 가장 가까운 위치에 설치한 때는 그러하지 아니하다.

  ㉡ 측면보호대의 가장 아랫 부분과 지상과의 간격은 550밀리미터 이하일 것

  ㉢ 측면보호대의 가장 윗부분과 지상과의 간격은 950밀리미터 이상일 것. 다만, 측면보호대 가장 윗부분과 차체 바닥면과의 간격이 350밀리미터 이하일 경우는 제외한다.

  ㉣ 측면보호대 가장 바깥쪽 면은 차체의 가장 바깥쪽 면보다 안쪽에 위치하여야 하며, 그 간격은 150밀리미터 이하일 것. 다만, 자동차의 길이방향으로 측면보호대의 뒷부분부터 최소한 250밀리미터에 해당하는 부분은 측면보호대의 가장 바깥쪽 면이 차체의 가장 바깥쪽 면부터 타이어의 가장 바깥쪽 면의 안쪽으로 30밀리미터까지에 해당하는 구간에 위치하도록 설치하여야 한다.

㉤ 측면보호대 각각의 단면 높이는 50밀리미터 이상이고, 측면보호대 사이의 높이 간격은 300밀리미터 이하이어야 한다.

㉥ 측면보호대에 1킬로뉴턴의 하중을 가할 때 자동차의 길이방향으로 측면보호대의 뒷부분부터 250밀리미터까지는 30밀리미터, 그 외 구간은 150밀리미터 이내로 변형되어야 한다.

④ 차량총중량이 3.5톤 이상인 화물자동차 및 특수자동차는 포장노면 위에서 공차상태로 측정하였을 때에 다음의 기준에 적합한 후부안전판을 설치하여야 한다. 다만, 다른 자동차가 추돌할 경우 그 자동차의 차체 앞부분이 들어올 우려가 없는 구조의 자동차, 세미트레일러를 견인할 목적으로 제작된 자동차, 목재·철재·기둥 등과 같이 길고 분리할 수 없는 화물운송용 특수트레일러 및 후부안전판이 차량용도에 전혀 적합하지 아니한 자동차의 경우에는 그러하지 아니하다.

㉠ 후부안전판의 양 끝 부분은 뒷차축 중 가장 넓은 차축의 좌·우 최외측 타이어 바깥면(지면과 접지되어 발생되는 타이어 부풀림양은 제외한다) 지점을 초과하여서는 아니 되며, 좌·우 최외측 타이어 바깥면 지점부터의 간격은 각각 100밀리미터 이내일 것

㉡ 가장 아랫 부분과 지상과의 간격은 550밀리미터 이내일 것

㉢ 차량 수직방향의 단면 최소높이는 100밀리미터 이상일 것

㉣ 좌·우 측면의 곡률반경은 2.5밀리미터 이상일 것

㉤ 지상부터 2미터 이하의 높이에 있는 차체 후단부터 차량길이 방향의 안쪽으로 400밀리미터 이내에 설치할 것. 다만, 자동차의 구조상 400밀리미터 이내에 설치가 곤란한 자동차의 경우는 제외한다.

㉥ 화물 하역장치 등이 설치되어 해당 작동부로 인하여 후부안전판이 양쪽으로 분리되어 설치되는 경우에는 다음의 기준에 적합하여야 한다.
• 화물 하역장치 등과 후부안전판 끝부분과의 간격은 각각 25밀리미터 이하일 것
• 분리된 후부안전판 각각의 면적은 최소 350제곱센티미터 이상일 것. 다만, 자동차의 너비가 2미터 미만인 경우는 제외한다.

⑤ 「고압가스 안전관리법 시행령」에 의한 고압가스를 운반하는 자동차의 고압가스운송용기는 그 용기의 뒤쪽 끝(가스충전구에 안전장치를 한 경우에는 그 장치의 뒤쪽 끝을 말한다)이 차체의 뒷범퍼 안쪽으로 300밀리미터 이상의 간격이 되어야 하며, 차대에 견고하게 고정시켜야 한다.

⑥ 차체의 외형은 예리하게 각이 지거나 돌출되어 안전운행에 위험을 줄 우려가 있어서는 아니된다. 다만, 특수자동차로서 기능상 부득이 할 때에는 그러하지 아니하다.

⑦ 어린이운송용 승합자동차의 색상은 황색이어야 한다.

⑧ 어린이운송용 승합자동차의 앞과 뒤에는 별표 5의3 제1호에 따른 어린이 보호표지를 붙이거나 뗄 수 있도록 하여야 한다.

⑨ 어린이운송용 승합자동차의 좌측 옆면 앞부분에는 별표 5의3 제2호에 따른 정지표시장치(이하 "정지표시장치"라 한다)를 설치하여야 한다. 이 경우 좌측 옆면 뒷부분에 1개를 추가로 설치할 수 있다.

⑩ 2층 전체 또는 일부분에 지붕이 없는 2층대형승합자동차(이하 "천정개방2층대형승합자동차"라 한다)의 위층에는 승객의 추락 등을 방지하기 위하여 다음의 기준에 적합한 보호 판넬 등을 설치하여야 한다.

    ㉠ 정면은 140센티미터 이상의 판넬을 설치할 것

    ㉡ 옆면은 110센티미터 이상, 뒷면은 120센티미터 이상의 판넬을 설치하거나 옆면과 뒷면에 70센티미터 이상의 판넬과 다음에 적합한 보호봉을 함께 설치할 것

      • 보호봉(비상구 부분은 보호봉의 일부로 본다)은 차체에 견고하게 부착된 구조이고 보호봉의 단면 크기 두께는 2센티미터 이상, 4.5센티미터 이하일 것

      • 인접한 판넬 또는 보호봉과의 간격은 20센티미터 이내의 구조일 것

⑱ 견인장치 및 연결장치〈제20조〉

① 자동차(피견인자동차를 제외한다)의 앞면 또는 뒷면에는 자동차의 길이방향으로 견인할 때에 해당 자동차 중량의 2분의 1 이상의 힘에 견딜 수 있고, 진동 및 충격 등에 의하여 분리되지 아니하는 구조의 견인장치를 갖추어야 한다.

② 자동차(초소형자동차는 제외한다)에 피견인자동차를 견인하기 위한 연결장치를 설치할 때에는 다음의 기준에 적합하게 설치하여야 한다.

    ㉠ 피견인자동차가 연결되지 아니한 상태에서 자동차의 연결장치는 등록번호판을 가리지 아니하여야 한다. 다만, 연결장치가 공구의 사용 없이 쉽게 분리되거나 등록번호판이 가리지 아니하도록 위치를 조정할 수 있는 구조인 경우는 제외한다.

    ㉡ 견인자동차와 피견인자동차의 등화장치가 연동될 수 있는 전기 커넥터를 설치하여야 한다.

ⓒ 차량총중량 0.75톤 이하인 피견인자동차(주행 중 견인자동차와의 연결장치가 분리될 경우에 자동적으로 정지시킬 수 있는 구조의 제동장치를 갖춘 피견인자동차는 제외한다)에는 주행 중 연결장치가 분리될 경우에 연결봉 등이 지면에 닿지 아니하는 구조의 보조연결장치(체인 · 와이어로프 등)를 설치하여야 한다.

② 연결장치의 설치 및 강도 등은 국토교통부장관이 고시하는 기준에 적합하여야 한다.

> **✿ Plus tip**
>
> **후드걸쇠장치〈제21조〉**
> 자동차의 후드에는 견고한 후드걸쇠장치를 설치하여야 하며, 앞 방향으로 개폐되는 후드가 운행 중에 열릴 경우 운전자의 시야를 방해할 수 있는 구조의 자동차는 2차 잠금 또는 2개소 잠금이 가능한 구조이어야 한다.

⑲ **도난방지장치〈제22조〉**

① 승용자동차와 차량총중량 4.5톤 이하의 승합 · 화물 · 특수자동차에는 다음 어느 하나 이상의 기능을 갖춘 도난방지장치를 설치하여야 한다.
  ㉠ 자동차의 조향기능을 억제하는 기능
  ㉡ 자동차의 변속기능을 억제하는 기능
  ㉢ 자동차 변속장치의 위치조작을 억제하는 기능
  ㉣ 자동차 차축 또는 바퀴에 제동력이 작동하여 자동차의 움직임을 억제하는 기능
  ㉤ 전자적으로 동력원의 시동을 방지하는 기능

② ①의 ㉠~㉤에 따른 기능이 갖추어야 하는 세부기능 및 그에 대한 확인방법은 국토교통부장관이 정하여 고시한다.

⑳ **승차장치〈제23조〉**

① 자동차의 승차장치는 승차인이 안전하게 승차할 수 있는 구조이어야 하고, 승차정원 16인 이상의 승합자동차의 승차장치는 다음의 기준에 적합하여야 한다.
  ㉠ 승강구 계단 부위에는 국토교통부장관이 정하여 고시하는 보호시설을 갖출 것
  ㉡ 2층대형승합자동차의 아래층과 위층을 연결하는 계단에는 국토교통부장관이 정하여 고시하는 보호시설을 갖출 것

　　ⓒ 2층대형승합자동차의 아래층과 위층을 연결하는 계단의 각 수직면은 막혀있을 것

　　ⓔ 2층대형승합자동차의 위층 앞면 창유리 방향으로 설치되는 1열 좌석 앞부분에는 국토교통부장관이 정하여 고시하는 보호시설을 갖출 것

　　ⓜ 승차장치에 손잡이대 및 손잡이를 설치하는 경우에는 별표 5의27에 따른 기준에 적합할 것

② 운전자 및 승객이 타는 자동차는 외부와 차단된 차실(이하 "차실"이라 한다)을 갖추어야 한다. 다만, 소방자동차등 국토교통부장관이 그 용도상 필요없다고 인정하는 자동차의 경우에는 그러하지 아니하다.

③ 자동차의 차실에는 조명시설 및 외기와 내기를 순환시키는 환기시설(초소형자동차, 컨버터블 및 무개자동차는 제외한다)을 갖추어야 하며, 원동기의 냉각수(난방용수를 제외한다) · 정류기 · 변환기 · 변압기 등 승객의 안전에 지장을 줄 우려가 있는 장치를 차실안에 설치하여서는 아니된다. 다만, 승합자동차의 차실에는 국토교통부장관이 별도로 정한 기준에 적합한 조명시설을 갖추어야 한다.

④ 천정개방2층대형승합자동차에는 위층 탑승객의 착석여부를 운전석에서 확인 및 통제할 수 있는 영상장치와 안내방송 장치를 설치하여야 한다.

(21) 운전자의 좌석〈제24조〉

① 운전자의 좌석은 다음의 기준에 적합하여야 한다.

　　㉠ 운전에 필요한 시야가 확보되고 승객 또는 화물 등에 의하여 운전조작에 방해가 되지 아니하는 구조일 것

　　㉡ 운전자가 제13조 ①에 따른 조종장치의 원활한 조작을 할 수 있는 공간이 확보될 것

　　㉢ 운전자의 좌석과 조향핸들의 중심과의 과도한 편차로 인하여 운전조작에 불편이 없을 것

② 운전자의 좌석 규격은 다음의 기준에 적합하여야 한다.

　　㉠ 승용자동차의 경우에는 별표 5의32 제1호에 따른 50퍼센트 성인남자 인체모형이 착석 가능할 것

　　㉡ 승합 · 화물 · 특수자동차의 경우에는 가로 · 세로 각각 40센터미터(23인승 이하의 승합자동차와 좌석의 수보다 입석의 수가 많은 23인승을 초과하는 승합자동차의 좌석의 세로는 35센터미터) 이상일 것

③ 승차정원 16인 이상의 승합자동차에 설치하는 운전자의 좌석은 별표 5의28의 기준에 적합하여야 한다.

(22) 승객좌석의 규격 등〈제25조〉

① 자동차(어린이운송용 승합자동차는 제외한다)의 승객좌석 규격은 다음의 기준에 적합하여야 한다. 다만, 구급자동차·소방자동차 및 특수구조의 자동차등 국토교통부장관이 해당 자동차의 제작목적상 좌석의 설치가 곤란하다고 인정하는 자동차의 경우에는 그러하지 아니하다.
  ㉠ 승용자동차의 경우에는 별표 5의32 제2호에 따른 5퍼센트 성인여자 인체모형이 착석 가능할 것
  ㉡ 승합·화물·특수자동차의 경우에는 가로·세로 각각 40센티미터(23인승 이하의 승합자동차와 좌석의 수 보다 입석의 수가 많은 23인승을 초과하는 승합자동차의 좌석의 세로는 35센티미터) 이상일 것
  ㉢ 승합·화물·특수자동차의 경우에는 앞좌석등받이의 뒷면과 뒷좌석등받이의 앞면간의 거리는 65센티미터(승합자동차에 설치되는 마주보는 좌석등받이의 앞면 간의 거리는 130센티미터) 이상일 것

② 어린이운송용 승합자동차의 좌석 규격 및 좌석간 거리는 다음의 기준에 적합해야 한다.
  ㉠ **좌석 규격** : 별표 5의32 제2호에 따른 5퍼센트 성인여자 인체모형이 착석할 수 있도록 하되, 좌석 등받이(머리지지대를 포함한다)의 높이는 71센티미터 이상일 것
  ㉡ **좌석간 거리** : 앞좌석등받이의 뒷면으로부터 뒷좌석등받이의 앞면까지의 거리는 별표 5의32 제2호에 따른 5퍼센트 성인여자 인체모형이 착석할 수 있는 거리 이상일 것

③ 승합자동차(15인승 이하의 승합자동차 및 어린이운송용 승합자동차를 제외한다)의 승객좌석의 높이는 40센티미터 이상 50센티미터 이하이어야 한다. 다만, 자동차의 원동기부분 및 바퀴부분의 좌석등 그 구조상 40센티미터 이상 50센티미터 이하로 좌석을 설치하기가 곤란한 부분의 좌석을 제외한다.

④ 승용자동차의 경우에는 제1열좌석(운전석을 포함한다) 외의 좌석에는 공구를 사용하지 아니하고도 탈부착이 가능한 좌석을 설치할 수 있다. 다만, 탈부착으로 인하여 「자동차관리법」에 의한 자동차의 종별 구분이 변경되어서는 아니된다.

⑤ 자동차에는 옆면을 향한 좌석을 설치해서는 안 된다. 다만, 다음의 자동차는 제외한다.

㉠ 승차정원이 16인 이상인 승합자동차

㉡ 긴급자동차

㉢ 제27조 ①의 단서에 따라 좌석안전띠를 설치하지 않는 자동차

> **♤ Plus tip**
>
> **접이식좌석 및 머리지지대의 설치**
>
> ㉠ **접이식좌석〈제25조의2〉**
> - 통로에 설치하는 접이식좌석은 30인승 이하의 승합자동차에 한하여 이를 설치할 수 있다. 다만, 안내원용 접이식좌석은 31인승 이상의 승합자동차에도 이를 설치할 수 있다.
> - 어린이운송용 승합자동차에 제1항 본문의 규정에 의하여 접이식좌석을 설치함에 있어서는 외부에서 이를 조작할 수 있도록 하여야 한다.
> ㉡ **머리지지대〈제26조〉**: 다음에 해당하는 자동차의 앞좌석(중간좌석을 제외한다)에는 추돌시 승차인의 머리부분의 충격을 감소시킬 수 있는 머리지지대를 설치하여야 한다.
> - 승용자동차(초소형승용자동차는 제외한다)
> - 차량총중량 4.5톤 이하의 승합자동차
> - 차량총중량 4.5톤 이하의 화물자동차(초소형화물자동차 및 피견인자동차는 제외한다)
> - 차량총중량 4.5톤 이하의 특수자동차(초소형특수자동차는 제외한다)

(23) 좌석안전띠장치등〈제27조〉

① 자동차의 좌석에는 안전띠를 설치하여야 한다. 다만, 다음의 어느 하나에 해당하는 좌석에는 이를 설치하지 아니할 수 있다.

  ㉠ 환자수송용 좌석 또는 특수구조자동차의 좌석 등 국토교통부장관이 안전띠의 설치가 필요하지 아니하다고 인정하는 좌석

  ㉡ 「여객자동차 운수사업법 시행령」제3조제1호의 규정에 의한 노선여객자동차운송사업에 사용되는 자동차로서 자동차전용도로 또는 고속국도를 운행하지 아니하는 시내버스·농어촌버스 및 마을버스의 승객용 좌석

② 승용자동차의 모든 좌석과 그 외의 자동차의 운전자좌석 및 운전자좌석 옆으로 나란히 되어있는 좌석에는 3점식 이상의 안전띠를 설치하여야 한다. 다만, 승용자동차 외의 자동차의 중간좌석과 좌석의 구조상 3점식 이상의 안전띠 설치가 곤란한 좌석의 경우에는 2점식 안전띠를 설치할 수 있다.

③ ①에 따른 안전띠는 제112조의3에 따른 기준에 적합하여야 한다.

④ ①에 따라 좌석안전띠를 설치한 자동차(초소형자동차는 제외한다)에는 다음에 따른 자동차의 좌석에 착석한 운전자 또는 승객이 좌석안전띠를 착용하지 아니하고 시동하거나 주행할 경우 운전자석에서 그 사실을 알 수 있도록 별표 5의24의 기준에 따른 경고장치를 설치하여야 한다. 다만, 접이식 좌석 등 국토교통부 장관이 정하여 고시하는 좌석은 그러하지 아니하다.
  ㉠ 승용자동차와 차량총중량 3.5톤 이하의 화물·특수자동차 : 모든 좌석
  ㉡ 승합자동차와 차량총중량 3.5톤 초과의 화물·특수자동차 : 운전자 및 운전자석과 옆으로 나란한 좌석

⑤ 어린이운송용 승합자동차의 승객석에 설치된 좌석안전띠의 구조는 어린이의 신체구조에 적합하게 조절될 수 있어야 한다.

> **☆ Plus tip**
>
> **어린이보호용 좌석부착장치〈제27조의2〉** : 승용자동차(초소형승용자동차는 제외한다)에는 다음 기준에 적합하게 어린이보호용 좌석부착장치를 설치해야 한다. 다만, 승객좌석이 1열뿐인 경우에는 그렇지 않다.
> ㉠ 어린이보호용 좌석부착장치는 2곳 이상의 좌석에 설치하되, 최소한 1곳은 제2열 좌석에 설치하여야 한다.
> ㉡ 어린이보호용 좌석부착장치는 다른 도구가 없이도 사용이 가능한 구조이어야 한다.
> ㉢ 어린이보호용 좌석부착장치의 설치 여부 및 설치위치를 쉽게 알아볼 수 있는 곳에 이를 표시해야 한다. 다만, 설치 여부를 맨눈으로 확인할 수 있는 상부부착구 및 부착구의 중심을 통과하는 자동차길이방향의 수평선으로부터 위로 30도의 방향에서 설치 여부를 확인할 수 있는 하부부착구의 경우에는 그렇지 않다.
> ㉣ 부착구를 통하여 차실 안으로 배기가스가 유입되지 아니하도록 하여야 한다.
> ㉤ 하부의 부착장치는 착석기준점으로부터 뒤쪽으로 120밀리미터 이상 떨어진 위치에 설치하여야 한다.
> ㉥ 좌석부착장치가 제1열에 설치되고 그 전면에 에어백이 장착된 경우에는 에어백 작동을 중지할 수 있는 장치를 설치하여야 한다.
> ㉦ 별표 5의4의 설치기준에 적합하게 상부부착구 1개와 하부부착구 2개를 설치하여야 한다. 다만, 컨버터블자동차의 경우에는 상부부착구를 설치하지 아니할 수 있으나, 상부부착구를 설치하는 경우에는 설치기준에 적합하게 설치하여야 한다.

(24) 입석〈제28조〉

① 승합자동차의 입석 공간은 별표 5의29에 따른 통로 측정장치가 통과할 수 있어야 한다.

② 1인의 입석 면적은 별표 5의27의 기준에 적합하여야 한다.

③ 입석을 할 수 있는 자동차에는 별표 5의27의 기준에 적합한 손잡이대 또는 손잡이를 설치하여야 한다.

④ 2층대형승합자동차의 위층에는 입석을 할 수 없다.

(25) 승강구〈제29조〉

① 자동차의 차실에는 다음의 기준에 적합한 승강구를 설치하여야 한다.

　㉠ 승차정원 16인 이상의 승합자동차에는 별표 5의30의 기준에 적합한 승강구(승강구를 열고 바로 탑승하도록 좌석이 설치된 구조의 승강구는 제외한다)를 설치할 것

　㉡ 승차정원 16인 이상의 승합자동차에는 승하차의 편의를 위한 별표 5의27의 기준에 적합한 승하차용손잡이를 설치할 것

　㉢ 어린이운송용 승합자동차의 어린이 승하차를 위한 승강구는 다음의 기준에 적합하여야 한다.

　　• 제1단의 발판 높이는 30센티미터 이하이고, 발판 윗면은 가로의 경우 승강구 유효너비(여닫이식 승강구에 보조발판을 설치하는 경우 해당 보조발판 바로 위 발판 윗면의 유효너비)의 80퍼센트 이상, 세로의 경우 20센티미터 이상일 것

　　• 제2단 이상 발판의 높이는 20센티미터 이하일 것. 다만, 15인승 이하의 자동차는 25센티미터 이하로 할 수 있으며, 각 단(제1단을 포함한다. 이하 같다)의 발판은 높이를 만족시키기 위하여 견고하게 설치된 구조의 보조발판 등을 사용할 수 있다.

　　• 승하차 시에만 돌출되도록 작동하는 보조발판은 위에서 보아 두 모서리가 만나는 꼭짓점 부분의 곡률반경이 20밀리미터 이상이고, 나머지 각 모서리 부분은 곡률반경이 2.5밀리미터 이상이 되도록 둥글게 처리하고 고무 등의 부드러운 재료로 마감할 것

　　• 보조발판은 자동 돌출 등 작동 시 어린이 등의 신체에 상해를 주지 아니하도록 작동되는 구조일 것

　　• 각 단의 발판은 표면을 거친 면으로 하거나 미끄러지지 아니하도록 마감할 것

② 중형승합자동차 및 대형승합자동차를 제외한 자동차의 승강구에는 다음 기준에 적합하게 잠금장치를 설치하여야 한다.

　㉠ 모든 승강구의 잠금장치는 그 조작장치를 차실 내에 설치할 것

기출PLUS

ⓛ 모든 승강구의 잠금장치는 잠김상태에서 바깥쪽 문걸쇠풀림장치에 의하여 승강구가 열리지 아니하도록 할 것

ⓒ 옆면 뒤쪽 승강구의 잠금장치는 다음의 기준에 적합할 것. 다만, 옆면 뒤쪽 승강구에 승강구의 잠금장치와 연동되지 아니하고 별도로 작동하는 어린이보호 잠금장치를 갖춘 경우에는 그러하지 아니하다.

- 잠김상태에서 안쪽 문걸쇠풀림장치에 의하여 승강구가 열리지 아니할 것
- 잠금장치의 조작장치와 안쪽 문걸쇠풀림장치는 구별될 것

ⓔ 뒷면 승강구에 안쪽 문걸쇠풀림장치를 설치한 경우 잠금장치의 조작장치는 안쪽 문걸쇠풀림장치와 구별될 것

(26) 비상탈출장치 및 통로

① **비상탈출장치**〈제30조〉: 승차정원 16인 이상의 승합자동차에는 별표 5의31에 적합한 비상탈출장치를 설치해야 한다.

② **통로**〈제31조〉: 승차정원 16인승 이상의 승합자동차에는 별표 5의29에 따른 통로 측정장치가 통과할 수 있는 통로를 갖추어야 한다. 다만, 승강구를 열고 바로 탑승하도록 좌석이 설치된 구조의 자동차는 제외한다.

(27) 물품적재장치〈제32조〉

① 자동차의 물품적재장치는 견고하고 안전하게 물품을 적재·운반할 수 있는 구조로서 다음의 기준에 적합해야 한다.

ⓒ 화물자동차의 적재함 및 그 밖의 물품적재장치는 폐쇄된 구조일 것. 다만, 일반형 화물자동차, 덤프형 화물자동차 및 적재물을 고정할 수 있는 장치를 설치한 화물자동차의 경우에는 그렇지 않다.

ⓛ 밴형 화물자동차는 다음의 기준에 적합할 것

- 물품적하구는 뒷쪽 또는 옆쪽으로 하되, 문은 좌우·상하로 열리는 구조이거나 미닫이식으로 할 것
- 승차장치와 물품적재장치 사이는 차체와 동일한 재질의 철판 또는 최대적재량의 50퍼센트의 하중을 가할 때 300밀리미터 이상 변형되지 않는 재질의 칸막이벽으로 폐쇄할 것. 다만, 통기구 등 제작공정상 불가피한 부분 및 화물의 탈락 등을 방지하기 위한 보호봉을 설치한 창유리 부분(칸막이벽면적의 20퍼센트 이내로 한정한다)은 그렇지 않다.

- 물품적재장치의 옆면벽과 뒷면벽 또는 뒷문은 차체와 동등한 성능의 재질로 하고 창유리 등을 설치하지 아니할 것. 다만, 화물의 탈락 등을 방지할 수 있도록 유리창을 지탱하는 창문틀 또는 차체에 2개 이상의 보호봉을 용접한 옆면벽과 보호봉을 설치한 뒷면벽 또는 뒷문의 경우에는 창유리를 설치할 수 있다.
- 물품적재장치의 바닥면적이 승차장치의 바닥면적보다 넓을 것

ⓒ 화물자동차의 물품적재장치는 「자동차관리법 시행규칙」 별지 제25호서식의 자동차제원표에 적힌 제작허용총중량 및 미완성자동차의 차량총중량의 범위에서 정한 최대적재량에 적합한 구조일 것. 다만, 「고압가스안전관리법 시행규칙」 등 다른 법령에 따라 적재용량을 산출하는 경우에는 해당 법령에 따른 기준에 적합한 구조여야 한다.

ⓔ 초소형화물자동차의 물품적재장치는 다음의 기준에 적합할 것
- 최대적재량은 100킬로그램 이상일 것
- 바닥면이 지면으로부터 1미터 이하이고, 길이는 윤간거리(「자동차관리법 시행규칙」 별지 제25호 서식에 따른 자동차제원표에 기재된 윤간거리를 말하며, 전륜 또는 후륜 중 큰 값을 적용한다)의 1.4배를 초과하지 아니할 것
- 물품적재장치 공간은 적재함의 길이×너비≥차량의 길이×너비×0.3을 충족할 것
- 한 변의 길이가 60센티미터인 정육면체를 실을 수 있을 것

② 사체·독극물·고압가스·화약류 기타 위험물을 적재하는 장치는 차실과 완전히 격리되어야 하며, 차체외부에서 적재물품을 적하할 수 있는 구조이어야 한다.

③ ①의 ㉠에 따른 폐쇄된 구조의 기준을 갖추기 위해 개폐형 덮개를 설치하는 경우에는 다음 각 호의 기준에 적합한 덮개를 설치해야 한다. 다만, 「건설폐기물의 재활용촉진에 관한 법률」 제13조제1항 등 다른 법령에서 덮개의 설치와 관련하여 특별한 규정이 있는 경우에는 그 법령에서 정하는 바에 따른다.

㉠ 덮개는 방수기능을 갖춘 재질로서 쉽게 파손되지 않는 구조일 것

㉡ 덮개의 형태는 운행 중 적재물이 유출되는 것을 방지할 수 있도록 적재함의 상부 전체를 완전히 덮을 수 있는 구조일 것

㉢ 덮개는 자동으로 작동되거나 사용자가 지면에서 도구 또는 조작장치 등을 통해 덮을 수 있는 구조일 것. 다만, 다음의 어느 하나에 해당하는 경우에는 그렇지 않다.

- 발판 등 사용자를 보호할 수 있는 설비를 갖춘 경우로서 사용자가 수동으로 덮개를 덮어야 하는 구조인 경우
- 곡물수송 등 특수한 목적으로 인해 사용자가 지면에서 도구 또는 조작장치 등을 통해 덮개를 덮을 수 없는 구조인 경우

> **Plus tip**
>
> **가스운송장치〈제33조〉**
> 가스를 운송하기 위해 자동차에 설치하는 가스운송장치는 다음 기준에 적합해야 한다.
> ㉠ 가스용기는 자동차의 움직임에 의하여 이완되지 아니하도록 차체에 견고하게 고정시킬 것
> ㉡ 가스용기는 누출된 가스 등이 차실내로 유입되지 아니하도록 차실과 벽 또는 보호판으로 격리되거나 가스가 누출되지 아니하도록 밸브주변이 견고한 재질로 밀폐되어 있고, 충격 등으로부터 용기를 보호할 수 있는 구조이어야 하며, 차체 밖으로부터 공기가 통하는 곳에 설치할 것.
> ㉢ 양끝이 고정된 도관(내유성고무관을 제외한다)은 완곡된 형태로 최소한 1미터마다 차체에 고정시킬 것
> ㉣ 가스충전밸브는 충전구 가까운 곳에 설치하고, 중간차단밸브를 작동하는 조작장치(시동장치로 작동되는 경우를 포함한다)는 운전자가 조작하기 쉬운 곳에 설치할 것

(28) 창유리 등〈제34조〉

① 자동차의 앞면창유리는 접합유리 또는 유리·플라스틱 조합유리로, 그 밖의 창유리는 강화유리, 접합유리, 복층유리, 플라스틱유리 또는 유리·플라스틱 조합유리 중 하나로 하여야 한다. 다만, 컨버터블자동차 및 캠핑용자동차 등 특수한 구조의 자동차의 앞면 외의 창유리와 피견인자동차의 창유리는 그러하지 아니하다.

② 승용자동차와 차량총중량이 4.5톤 이하인 승합자동차의 창유리·선루프 또는 격실문(이하 "창유리등"이라 한다)이 전동식장치에 의해 닫혀지는 창유리등의 경우에는 ③의 기준에 적합하여야 한다. 다만, 다음의 어느 하나에 해당하는 방식으로 닫히는 창유리등의 경우는 제외한다.
   ㉠ 시동장치의 열쇠가 원동기 작동 위치 또는 라디오 등 편의장치를 작동할 수 있는 위치에 있는 상태(기계식 외의 시동장치로서 위와 동등한 상태인 경우를 포함한다)에서 닫히는 경우
   ㉡ 자동차로부터 전원공급이 없이 완력에 의하여 닫히는 경우
   ㉢ 자동차 외부에서 창유리등을 자동으로 닫을 수 있는 장치(작동버튼을 계속 누르는 등 연속작동이 있어야 닫힘이 완료되는 것에 한한다)를 작동하여 닫히는 경우

기출 2017. 6. 17. 세종시 시행

다음 중 자동차의 앞면 창유리로 사용되는 유리로 맞는 것은?

① 안전유리
② 이중접합유리
③ 강화유리
④ 합성유리

❮정답 ②

㉣ 시동장치의 열쇠를 원동기 작동 위치에서 제거한 후 자동차 앞문(조수석 쪽의 앞문을 포함한다)을 열 때까지 닫히는 경우

㉤ 창유리등이 4밀리미터 이하로 열린 상태에서 닫히는 경우

㉥ 창문틀이 없는 문의 경우 창유리가 12밀리미터 이하로 열려있는 상태에서 자동차의 문을 닫을 때 자동으로 닫히는 경우

㉦ 원격조종장치에 의하여 창유리등을 닫을 수 있는 경우에는 자동차와 원격조종장치간의 거리가 11미터(장애물이 있는 경우 6미터) 이하에서 원격조종장치를 연속적으로 작동하여 닫히는 경우

㉧ 운전석 창유리 및 선루프가 다음의 경우에 1회의 조작으로 닫히는 경우
　가. 시동장치의 열쇠가 원동기 작동 위치에 있는 경우
　나. 1열 승강구가 승차인이 내릴 수 있을 정도로 충분히 열리지 아니한 상태로서 시동장치의 열쇠가 원동기 작동 위치에서 벗어나거나 제거된 경우 (기계식 외의 시동장치로서 위와 동등한 조건의 경우를 포함한다)

③ 창유리등이 닫힐 때 창유리등의 윗면에 지름 4밀리미터부터 200밀리미터까지의 반강체원통(탄성계수가 밀리미터당 1킬로그램인 것을 말한다)이 닿거나 100뉴턴 이상의 하중을 가하였을 때에 다음의 어느 하나에 해당하는 기능을 갖추어야 한다.

㉠ 창유리등이 닫히기 시작하기 전의 위치로 돌아갈 것

㉡ 창유리등이 반강체원통에 닿거나 하중을 가한 위치로부터 50밀리미터이상 열릴 것

㉢ 창유리등이 200밀리미터이상 열릴 것

㉣ 사선방향의 여닫이 방식으로 열리는 기능만 갖춘 선루프의 경우에는 최대 개방 가능한 상태로 열릴 것

(29) 배기관〈제37조〉

① 자동차 배기관의 열림방향은 자동차의 길이방향에 대해 왼쪽 또는 오른쪽으로 45도를 초과해 열려 있어서는 안 되며, 배기관의 끝은 차체 외측으로 돌출되지 않도록 설치해야 한다.

② 배기관은 자동차 또는 적재물을 발화시키거나 자동차의 다른 기능을 저해할 우려가 없어야 하며, 견고하게 설치하여야 한다.

02 등화장치

① 조명등

(1) 전조등〈제38조〉

① 자동차(피견인자동차를 제외한다)의 앞면에는 전방을 비출 수 있는 주행빔 전조등을 다음의 기준에 적합하게 설치하여야 한다.
  ㉠ 좌·우에 각각 1개 또는 2개를 설치할 것. 다만, 너비가 130센티미터 이하인 초소형자동차에는 1개를 설치할 수 있다.
  ㉡ 등광색은 백색일 것
  ㉢ 주행빔 전조등의 설치 및 광도기준은 별표 6의3에 적합할 것. 다만, 초소형자동차는 별표 35의 기준을 적용할 수 있다.

② 자동차(피견인자동차는 제외한다)의 앞면에는 마주오는 자동차 운전자의 눈부심을 감소시킬 수 있는 변환빔 전조등을 다음의 기준에 적합하게 설치하여야 한다.
  ㉠ 좌·우에 각각 1개를 설치할 것. 다만, 너비가 130센티미터 이하인 초소형자동차에는 1개를 설치할 수 있다.
  ㉡ 등광색은 백색일 것
  ㉢ 변환빔 전조등의 설치 및 광도기준은 별표 6의4에 적합할 것. 다만, 초소형자동차는 별표 36의 기준을 적용할 수 있다.

③ 자동차(피견인자동차는 제외한다)의 앞면에 전조등의 주행빔과 변환빔이 다양한 환경조건에 따라 자동으로 변환되는 적응형 전조등을 설치하는 경우에는 다음의 기준에 적합하게 설치하여야 한다.

㉠ 좌·우에 각각 1개를 설치할 것

㉡ 등광색은 백색일 것

㉢ 적응형 전조등의 설치 및 광도기준은 별표 6의5에 적합할 것

④ 주변환범 전조등의 광속(光束)이 2천루멘을 초과하는 전조등에는 다음의 기준에 적합한 전조등 닦이기를 설치하여야 한다.

㉠ 매시 130킬로미터 이하의 속도에서 작동될 것

㉡ 전조등 닦이기 작동 후 광도는 최초 광도값의 70퍼센트 이상일 것

(2) 안개등〈제38조의2〉

① 자동차(피견인자동차는 제외한다)의 앞면에 안개등을 설치할 경우에는 다음의 기준에 적합하게 설치하여야 한다.

㉠ 좌·우에 각각 1개를 설치할 것. 다만, 너비가 130센티미터 이하인 초소형자동차에는 1개를 설치할 수 있다.

㉡ 등광색은 백색 또는 황색일 것

㉢ 앞면안개등의 설치 및 광도기준은 별표 6의6에 적합할 것. 다만, 초소형자동차는 별표 37의 기준을 적용할 수 있다.

② 자동차의 뒷면에 안개등을 설치할 경우에는 다음의 기준에 적합하게 설치하여야 한다.

㉠ 2개 이하로 설치할 것

㉡ 등광색은 적색일 것

㉢ 뒷면안개등의 설치 및 광도기준은 별표 6의7에 적합할 것. 다만, 초소형자동차는 별표 38의 기준을 적용할 수 있다.

> ☆ Plus tip
> **승하차보조등**〈제38조의3〉
> 자동차의 외부에 별표 6의30의 기준에 적합한 승하차보조등을 설치할 수 있다.

(3) 주간주행등 및 코너링조명등

① **주간주행등**〈제38조의4〉: 주간운전 시 자동차(피견인자동차는 제외)를 쉽게 인지할 수 있도록 자동차의 앞면에 다음의 기준에 적합한 주간주행등을 설치해야 한다.

㉠ 좌·우에 각각 1개를 설치할 것. 다만, 너비가 130센티미터 이하인 초소형자동차에는 1개를 설치할 수 있다.

㉡ 등광색은 백색일 것

ⓒ 주간주행등의 설치 및 광도기준은 별표 6의8에 적합할 것. 다만, 초소형 자동차는 별표 39의 기준을 적용할 수 있다.

② **코너링조명등**〈제38조의5〉: 자동차의 앞면 또는 옆면의 앞쪽에 코너링조명등을 설치하는 경우에는 다음의 기준에 적합하게 설치하여야 한다.

ⓐ 좌·우에 각각 1개를 설치할 것

ⓑ 등광색은 백색일 것

ⓒ 코너링조명등의 설치 및 광도기준은 별표 6의9에 적합할 것

> ☆ **Plus tip**
>
> **후퇴등**〈제39조〉
> 자동차(차량총중량 0.75톤 이하인 피견인자동차는 제외한다)에는 다음의 기준에 적합한 후퇴등을 설치해야 한다.
> ⓐ 자동차의 뒷면에는 다음의 구분에 따른 개수를 설치할 것. 다만, 길이 6미터 초과 자동차의 경우에는 뒷면 후방에 2개 또는 양쪽 측면 후방에 각각 1개를 추가로 설치할 수 있다.
>   • 길이 6미터 이하 자동차: 1개 또는 2개
>   • 길이 6미터 초과 자동차: 2개
> ⓑ 등광색은 백색일 것
> ⓒ 후퇴등의 설치 및 광도기준은 별표 6의10에 적합할 것. 다만, 초소형자동차는 별표 40의 기준을 적용할 수 있다.

(4) 표시등

① **차폭등**〈제40조〉: 자동차(너비 160센티미터 이상인 피견인자동차를 포함한다)의 앞면에는 다음의 기준에 적합한 차폭등을 설치하여야 한다.

ⓐ 좌·우에 각각 1개를 설치할 것. 다만, 너비가 130센티미터 이하인 초소형자동차에는 1개를 설치할 수 있다.

ⓑ 등광색은 백색일 것

ⓒ 차폭등의 설치 및 광도기준은 별표 6의11에 적합할 것. 다만, 초소형자동차는 별표 41을 적용할 수 있다.

> ☆ **Plus tip**
>
> **옆면보조등**〈제39조의2〉
> 자동차(피견인자동차는 제외한다)에는 별표 6의31의 기준에 적합한 옆면보조등을 설치할 수 있다.

② **끝단표시등**〈제40조의2〉

ⓐ 너비가 210센티미터를 초과하는 자동차에는 다음의 기준에 적합한 끝단표시등을 설치해야 한다.

- 다음의 구분에 따른 자동차의 위치에 해당 구분에서 정하는 개수를 설치할 것. 다만, 자동차의 좌·우(앞면·뒷면 또는 옆면 중 어느 하나의 면에 해당하는 면의 좌·우를 말하며, 이하 이 항에서 같다)에 각각 1개를 추가로 설치할 수 있다. 이 경우 발광면은 해당 구분에서 정하는 방향을 향하도록 설치해야 하며, 옆면에 끝단표시등을 설치하는 경우에는 최소 1개 이상을 서로 다른 옆면에 설치해야 한다.
    - 자동차의 좌·우에 발광면이 전방을 향하도록 각각 1개를 설치할 것
    - 자동차(덤프형 화물자동차 등 적재함이 개방된 구조의 자동차와 일반형 화물자동차는 제외한다)의 좌·우에 발광면이 후방을 향하도록 각각 1개를 설치할 것
  - 등광색은 다음의 구분에 따를 것
    - 발광면이 전방을 향하는 끝단표시등 : 백색
    - 발광면이 후방을 향하는 끝단표시등 : 적색
  - 끝단표시등의 설치 및 광도 기준은 별표 6의12에 적합할 것
  - ⓛ 너비가 180센티미터 이상 210센티미터 이하인 자동차에 ⓙ의 각 기준에 적합한 끝단표시등을 설치할 수 있다.

③ **주차등**〈제40조의3〉: 자동차 길이가 600센티미터 이하, 너비가 200센티미터 이하인 자동차에 주차등을 설치하는 경우에는 별표 6의32의 기준에 적합하여야 한다.

④ **번호등**〈제41조〉: 자동차의 뒷면에는 다음의 기준에 적합한 번호등(番號燈)을 설치하여야 한다.
  - ⓙ 등광색은 백색일 것
  - ⓛ 번호등의 설치 및 휘도(輝度)기준은 별표 6의13에 적합할 것. 다만, 초소형자동차는 별표 42의 기준을 적용할 수 있다.
  - ⓒ 번호등은 등록번호판을 잘 비추는 구조일 것

⑤ **후미등**〈제42조〉: 자동차의 뒷면에는 다음의 기준에 적합한 후미등을 설치하여야 한다.
  - ⓙ 좌·우에 각각 1개를 설치할 것. 다만, 다음의 자동차에는 다음의 구분에 따른 기준에 따라 후미등을 설치할 수 있다.
    - 끝단표시등이 설치되지 않은 다음의 어느 하나에 해당하는 자동차 : 좌·우에 각각 1개의 후미등 추가 설치 가능
      - 승합자동차
      - 차량 총중량 3.5톤 초과 화물자동차 및 특수자동차(구난형 특수자동차는 제외한다)
    - 구난형 특수자동차: 좌·우에 각각 1개의 후미등 추가 설치 가능

다음 중 제동등에 대한 설명으로 틀린 것은?

① 제동등의 등광색은 적색이며 좌우 각각 1개씩 설치되어 있다.
② 1등당 유효조광면적은 22cm² 이상이어야 한다.
③ 다른 등화와 겸용하는 제동등의 경우에는 제동조작을 할 때에 그 광도가 6배 이상으로 증가하는 구조이어야 한다.
④ 1등당 광도는 40cd 이상 420cd 이하이어야 한다.

다음 중 방향지시등 유효조광면적으로 옳은 것은?

① 앞면 : 1등당 22cm² 이상
② 앞면 : 1등당 32.5cm² 이상
③ 뒷면 : 1등당 32.5cm² 이상
④ 뒷면 : 1등당 22cm² 이상

◀정답 ③, ①

- 너비가 130센티미터 이하인 초소형자동차: 1개의 후미등 설치 가능
- ⓛ 등광색은 적색일 것
- ⓒ 후미등의 설치 및 광도기준은 별표 6의14에 적합할 것. 다만, 초소형자동차는 별표 43의 기준을 적용할 수 있다.

(5) 신호용 조명

① 제동등〈제43조〉

ⓖ 자동차의 뒷면에는 다음의 기준에 적합한 제동등을 설치하여야 한다.
- 좌·우에 각각 1개를 설치할 것. 다만, 다음의 자동차는 다음의 구분에 따른 기준에 따라 제동등을 설치할 수 있다.
  - 너비가 130센티미터 이하인 초소형자동차 : 1개의 제동등 설치 가능
  - 구난형 특수자동차 : 좌·우에 각각 1개의 제동등 추가 설치 가능
- 등광색은 적색일 것
- 제동등의 설치 및 광도기준은 별표 6의15에 적합할 것. 다만, 초소형자동차는 별표 44의 기준을 적용할 수 있다.

ⓛ 승용자동차와 차량총중량 3.5톤 이하 화물자동차 및 특수자동차의 뒷면에는 다음의 기준에 적합한 보조제동등을 설치하여야 한다. 다만, 초소형자동차와 차체구조상 설치가 불가능하거나 개방형 적재함이 설치된 화물자동차는 제외한다.
- 자동차의 뒷면 수직중심선 상에 1개를 설치할 것. 다만, 차체 중심에 설치가 불가능한 경우에는 자동차의 양쪽에 대칭으로 2개를 설치할 수 있다.
- 등광색은 적색일 것
- 보조제동등의 설치 및 광도기준은 별표 6의16에 적합할 것

ⓒ 승합자동차와 차량총중량 3.5톤을 초과하는 화물자동차 및 특수자동차의 뒷면에는 ⓛ의 내용 중 기준에 적합한 보조제동등을 설치할 수 있다.

② 방향지시등〈제44조〉 : 자동차의 앞면·뒷면 및 옆면(피견인자동차의 경우에는 앞면을 제외한다)에는 다음의 기준에 적합한 방향지시등을 설치하여야 한다.

ⓖ 자동차 앞면·뒷면 및 옆면 좌·우에 각각 1개를 설치할 것. 다만, 승용자동차와 차량총중량 3.5톤 이하 화물자동차 및 특수자동차(구난형 특수자동차는 제외한다)를 제외한 자동차에는 2개의 뒷면 방향지시등을 추가로 설치할 수 있다.

ⓛ 등광색은 호박색일 것

ⓒ 방향지시등의 설치 및 광도기준은 별표 6의17에 적합할 것. 다만, 초소형자동차는 별표 45의 기준을 적용할 수 있다.

③ 옆면표시등〈제44조의2〉

　㉠ 길이가 6미터를 초과하는 자동차에는 다음 각 호의 기준에 적합한 옆면 표시등을 설치해야 한다.
　　• 등광색은 호박색(자동차의 가장 뒷부분 옆면에 설치된 경우에는 호박색 또는 적색)일 것
　　• 옆면표시등의 설치 및 광도기준은 별표 6의18에 적합할 것. 다만, 초소형자동차는 별표 46의 기준을 적용할 수 있다.

　㉡ 길이가 6미터 이하인 자동차에 ㉠의 기준에 적합한 옆면표시등을 설치할 수 있다.

④ 비상점멸표시등〈제45조〉 : 자동차에는 다음의 기준에 적합한 비상점멸표시등을 설치하여야 한다.

　㉠ 모든 비상점멸표시등은 동시에 작동하는 구조일 것

　㉡ 비상점멸표시등의 작동기준은 별표 6의19에 적합할 것. 다만, 초소형자동차는 별표 47의 기준을 적용할 수 있다.

> **✿ Plus tip**
>
> **후방추돌경고등**〈제45조의2〉
> 후행하는 자동차의 추돌을 방지하기 위하여 후방추돌경고등을 설치하는 경우에는 다음의 기준에 적합하게 설치하여야 한다.
> ㉠ 후방추돌경고신호의 발생과 동시에 후방추돌경고등이 작동될 것
> ㉡ 후방추돌경고등의 작동기준은 별표 6의20에 적합할 것

> **✿ Plus tip**
>
> **군용화 장치**〈제46조〉
> ㉠ 최대 적재량 8톤 이상 9톤 이하의 일반형 화물자동차로서 국토교통부장관이 정하여 고시하는 화물자동차에는 핀틀후크(pintle hook: 견인용 고리를 말한다. 이하 같다)를 설치해야 한다.
> ㉡ ㉠의 규정에 의한 핀틀후크의 규격 및 설치등에 관한 사항은 국토교통부장관이 따로 정한다.

② 등화의 제한 및 기준

(1) 그 밖의 등화의 제한〈제47조〉

① 자동차의 앞면에는 적색의 등화, 반사기 또는 방향지시등과 혼동하기 쉬운 점멸하는 등화를 설치하여서는 아니된다. 다만, 화약류를 운송하는 경우에

기출PLUS

사용하는 적색등화, 버스 및 어린이운송용 승합자동차의 윗부분에 설치하는 표시등 및 긴급자동차에 설치하는 등화의 경우에는 그러하지 아니하다.

② 자동차의 뒷면에는 끝단표시등, 제동등, 방향지시등 및 옆면표시등과 혼동하기 쉬운 등화나 점멸하는 등화를 설치하여서는 아니 된다. 다만, 어린이운송용 승합자동차에 설치하는 등화와 화약류를 운송할 때에 사용하는 적색등화의 경우에는 그러하지 아니하다.

③ 자동차에는 이 규칙에 규정되지 아니한 등화나 반사기 등을 설치하여서는 아니 된다. 다만, 다음의 경우는 제외한다.

　㉠ 승합자동차에 목적지 표시등을 설치하는 경우

　㉡ 승합자동차, 화물자동차 또는 특수자동차에 뒷바퀴 조명등을 다음의 기준에 맞게 설치하는 경우

　　• 백색의 등화로서 양쪽에 1개씩 설치할 것

　　• 광원이 직접 보이지 아니하는 구조일 것

　　• 화물자동차 또는 특수자동차에 작업등을 다음의 기준에 맞게 설치하는 경우

　　－ 매시 20킬로미터를 초과하여 전진방향으로 주행할 때 소등되는 구조일 것

　　－ 등광색은 백색일 것

(2) 등화에 대한 그 밖의 기준〈제48조〉

① 자동차에 설치된 각종 등화는 1개의 등화로 2 이상의 용도로 겸용할 수 있다. 다만, 화약류를 운송할 때에 사용되는 적색등화의 경우에는 그러하지 아니하다.

② 자동차의 등화장치에 사용하는 광원은 별표 6의21의 기준에 적합하여야 한다.

③ 어린이운송용 승합자동차에는 다음의 기준에 적합한 표시등을 설치하여야 한다.

　㉠ 앞면과 뒷면에는 분당 60회이상 120회이하로 점멸되는 각각 2개의 적색표시등과 2개의 황색표시등 또는 호박색표시등을 설치할 것

　㉡ 적색표시등은 바깥쪽에, 황색표시등은 안쪽에 설치하되, 차량중심선으로부터 좌·우대칭이 되도록 설치할 것

　㉢ 앞면표시등은 앞면창유리 위로 앞에서 가능한 한 높게 하고, 뒷면표시등의 렌즈하단부는 뒷면 옆창문 개구부의 상단선보다 높게 하되, 좌·우의 높이가 같게 설치할 것

　㉣ 각 표시등의 발광면적은 120제곱센티미터 이상일 것

　㉤ 도로에 정지하려고 하거나 출발하려고 하는 때에는 다음의 기준에 적합할 것

- 도로에 정지하려는 때에는 황색표시등 또는 호박색표시등이 점멸되도록 운전자가 조작할 수 있어야 할 것
- 위의 점멸 이후 어린이의 승하차를 위한 승강구가 열릴 때에는 자동으로 적색표시등이 점멸될 것
- 출발하기 위하여 승강구가 닫혔을 때에는 다시 자동으로 황색표시등 또는 호박색표시등이 점멸될 것
- 위의 점멸 시 적색표시등과 황색표시등 또는 호박색표시등이 동시에 점멸되지 아니할 것

  ㉆ 앞면과 뒷면에 설치하는 표시등은 별표 28의2의 광도기준에 적합할 것

④ 자동차 등화장치 및 반사장치의 색도기준은 별표 6의22에 적합하여야 한다.

(3) 후부반사기 등〈제49조〉

① 자동차의 뒷면에는 다음의 기준에 적합한 후부반사기를 설치하여야 한다.
  ㉠ 좌·우에 각각 1개를 설치할 것. 다만, 너비가 130센티미터 이하인 초소형자동차에는 1개를 설치할 있다.
  ㉡ 반사광은 적색일 것
  ㉢ 후부반사기의 설치기준은 별표 6의23에 적합할 것. 다만, 초소형자동차는 별표 48의 기준을 적용할 수 있다.

② 피견인자동차의 뒷면에는 다음의 기준에 적합한 피견인자동차용 삼각형 반사기를 설치하여야 한다.
  ㉠ 좌·우에 각각 1개를 설치할 것
  ㉡ 반사광은 적색일 것
  ㉢ 피견인자동차용 삼각형 반사기의 설치기준은 별표 6의24에 적합할 것

③ 피견인자동차의 앞면에는 다음의 기준에 적합한 앞면반사기를 설치하여야 한다.
  ㉠ 좌·우에 각각 1개를 설치할 것
  ㉡ 반사광은 백색 또는 무색일 것
  ㉢ 앞면반사기의 설치기준은 별표 6의25에 적합할 것

④ 피견인자동차와 자동차 길이 600센티미터 이상인 자동차에는 다음의 기준에 적합한 옆면반사기를 설치하여야 하고, 그 밖의 자동차에 옆면반사기를 설치하는 경우에는 다음의 기준에 적합하게 설치하여야 한다.
  ㉠ 옆면반사기의 색상은 호박색(자동차의 가장 뒷부분 옆면에 설치된 경우에는 호박색 또는 적색)일 것

      ⓛ 옆면반사기의 설치기준은 별표 6의26에 적합할 것. 다만, 초소형자동차는 별표 49의 기준을 적용할 수 있다.

⑤ ①부터 ④까지의 규정에 따른 반사기의 반사성능은 별표 6의27의 기준에 적합하여야 한다.

⑥ 차량총중량 7.5톤 이상인 화물자동차와 특수자동차의 뒷면에는 별표 6의28의 기준에 적합한 후부반사판 또는 후부반사지를 설치하여야 한다.

⑦ 최고속도가 시속 40킬로미터 이하인 자동차에는 제112조의13의 기준에 적합한 저속차량용 후부표시판을 설치하여야 한다.

⑧ 차량총중량 7.5톤 초과 화물·특수자동차(미완성자동차·견인자동차는 제외한다)와 차량총중량 3.5톤 초과 피견인자동차(미완성자동차는 제외한다)의 옆면(자동차의 길이가 6.0미터를 초과하는 경우에 한한다)과 뒷면(자동차 너비가 2.1미터를 초과하는 경우에 한한다)에는 다음의 기준에 적합한 반사띠를 설치해야 한다. 다만, 승용자동차 및 차량총중량 0.75톤 이하 피견인자동차를 제외한 자동차에도 반사띠를 설치할 수 있으며, 이 경우에도 다음의 기준에 적합해야 한다.
    ⓛ 반사띠의 반사광은 다음에 적합한 색상일 것
      • 앞면 : 백색
      • 옆면 : 황색 또는 백색
      • 뒷면 : 황색 또는 적색
    ⓛ 반사띠의 설치 및 반사성능 기준은 별표 32의2에 적합할 것

⑨ ⑥ 및 ⑧에도 불구하고 「소방장비관리법 시행령」 별표 1 제1호가목에 따른 소방자동차에는 「소방장비관리법」 제11조에 따른 도장 및 표지 기준에 따라 후부반사판·후부반사지 및 반사띠를 설치할 수 있다.

(4) 간접시계장치〈제50조〉

① 자동차에는 운전자가 교통상황을 확인할 수 있도록 다음의 어느 하나에 해당하는 간접시계장치를 설치하여야 한다.
    ⓛ 거울을 이용한 간접시계장치는 별표 5의6에 적합하게 설치하여야 하고, 별표 5의7 시계범위에 적합할 것. 다만, 초소형자동차의 경우 간접시계장치의 설치 및 시계범위는 별표 50의 기준에 적합하여야 한다.
    ⓛ 카메라모니터 시스템을 이용한 간접시계장치는 별표 5의6과 별표 5의8에 적합하게 설치하여야 하고, 별표 5의7 시계범위에 적합할 것

② 어린이운송용 승합자동차(원동기가 운전석으로부터 앞쪽에 위치해 있는 자
동차는 제외한다)에는 차체 바로 앞에 있는 장애물을 확인할 수 있는 간접
시계장치를 추가로 설치하여야 한다.

③ 어린이운송용 승합자동차의 좌우에 설치하는 간접시계장치는 승강구의 가장
늦게 닫히는 부분의 차체(승강구가 없는 차체 쪽의 경우는 승강구가 있는 차
체의 지점과 대칭인 지점을 말한다)로부터 자동차길이방향의 수직으로 300밀
리미터 떨어진 지점에 직경 30밀리미터 및 높이 1천 200밀리미터의 관측봉을
설치하고, 운전자의 착석기준점으로부터 위로 635밀리미터의 높이에서 관측
봉을 확인하였을 때 관측봉의 전부가 보일 수 있는 구조로 하여야 한다.

④ ①에 따른 간접시계장치에 추가로 평균곡률반경이 200밀리미터 이상이고
반사면이 1만제곱밀리미터 이상인 광각 실외후사경 또는 영상장치를 설치
하여 제3항에 따른 기준에 적합한 경우에는 어린이운송용 승합자동차에 적
합한 것으로 본다.

03 창닦기 장치, 경음기, 속도계, 부품의 안전기준 등

① 창닦기 장치 및 경음기

(1) 창닦이기 장치등〈제51조〉

① 자동차의 앞면창유리(천정개방2층대형승합자동차의 위층 앞면창유리는 제
외한다)에는 시야확보를 위한 자동식창닦이기 · 세정액분사장치 · 서리제거
장치 및 안개제거장치를 설치하여야 하며, 필요한 경우 뒷면 및 기타 창유
리의 경우에도 창닦이기 · 세정액분사장치 · 서리제거장치 또는 안개제거장
치 등을 설치할 수 있다.

② 자동차(초소형자동차는 제외한다)의 앞면창유리에 설치하는 창닦이기는 다
음의 기준에 적합하여야 한다.
　㉠ 작동주기의 종류는 2가지 이상일 것
　㉡ 최저작동주기는 매분당 20회 이상이고, 다른 하나의 작동주기는 매분당
　　45회 이상일 것
　㉢ 최고작동주기와 다른 하나의 작동주기의 차이는 매분당 15회 이상일 것

② 작동을 정지시킨 경우 자동적으로 최초의 위치로 복귀되는 구조일 것

③ 초소형자동차의 앞면창유리에 설치하는 창닦이기는 다음의 기준에 적합하여야 한다.
  ㉠ 분당 40회 이상 작동할 것
  ㉡ 작동 정지 시 최초의 위치로 자동으로 돌아오는 구조일 것

(2) 경고음 발생장치

① **경음기**〈제53조〉: 자동차의 경음기는 다음의 기준에 적합해야 한다.
  ㉠ 일정한 크기의 경적음을 동일한 음색으로 연속하여 낼 것
  ㉡ 자동차 전방으로 2미터 떨어진 지점으로서 지상높이가 1.2±0.05미터인 지점에서 측정한 경적음의 최소크기가 최소 90데시벨(C) 이상일 것

② **저소음자동차 경고음발생장치**〈제53조의3〉: 하이브리드자동차, 전기자동차, 연료전지자동차 등 동력발생장치가 전동기인 자동차(이하 "저소음자동차"라 한다)에는 별표 6의33의 기준에 따른 경고음발생장치를 설치하여야 한다.

(3) 후방보행자 안전장치〈제53조의2〉

① 자동차에는 다음 어느 하나 이상의 장치를 설치하여야 한다. 다만, 어린이 운송용 승합자동차에는 제1호 및 제3호의 장치를 모두 설치해야 한다.
  ㉠ 변속장치 조종레버(버튼식을 포함한다)가 후진위치인 경우 자동차의 차량중심선으로부터 ±y 방향으로 각각 1,000밀리미터인 지점에서 x축과 평행한 선을 각각 좌·우 한 변으로 하고, 자동차 후방 끝에서 차량중심선을 따라 300밀리미터부터 2,300밀리미터까지인 지점에서 y축과 평행한 선을 각각 다른 한 변으로 하는 수평면 상의 사각형 영역에 설치된 직경이 89밀리미터이고 높이가 500밀리미터인 관측봉을 볼 수 있는 후방영상장치
  ㉡ 자동차를 후진하는 경우 운전자에게 자동차의 후방에 있는 보행자의 접근상황을 알리는 접근경고음 발생장치
  ㉢ 보행자에게 자동차가 후진 중임을 알리는 후진경고음 발생장치

② ①의 ㉡에 따른 접근경고음 발생장치는 다음의 기준에 적합해야 한다.
  ㉠ 변속장치 조종레버(버튼식을 포함한다)가 후진위치인 경우 자동차 좌·우 최외측에서 x축과 평행한 선을 각각 좌·우 한 변으로 하고, 자동차 후방 끝에서 차량중심선을 따라 250밀리미터부터 1,000밀리미터까지인 지점에서 y축과 평행한 선을 각각 다른 한 변으로 하는 수평면상의 사각형 영역에 있는 직경이 76밀리미터이고 높이가 1,000밀리미터인 감지봉을 감지하여 운전자에게 경고음을 발생시킬 것

ⓒ ㉠에 따른 경고음은 다음의 기준에 적합할 것
- 경고음의 발생과 정지가 반복되도록 할 것. 다만, 보행자와 가장 근접한 위치에서는 경고음을 연속하여 발생시킬 수 있다.
- 차실 안에서 경고음의 크기는 55데시벨(A) 이상으로 하되, 원동기 소음보다 클 것

③ ①의 ㉢에 따른 후진경고음 발생장치는 다음의 기준에 적합해야 한다.
㉠ 경고음은 발생과 정지가 반복되도록 하고, 같은 음색의 소리를 일정한 간격으로 발생시킬 것
㉡ 경고음의 크기는 자동차 후방 끝으로부터 2미터 떨어진 위치에서 측정하였을 때 다음의 기준에 적합할 것
- 승용자동차와 승합자동차 및 경형·소형의 화물·특수자동차는 60데시벨(A) 이상 85데시벨(A) 이하일 것
- 가목 외의 자동차는 65데시벨(A) 이상 90데시벨(A) 이하일 것
㉢ 경고음의 음색은 1/3옥타브 중심주파수대역이 500헤르츠 이상 4,000헤르츠 이하인 구간에서 가장 큰 소리를 낼 것
㉣ 경고음의 발생 횟수는 매분 40회 이상 100회 이하일 것

> **⌂ Plus tip**
>
> **어린이 하차확인장치**〈제53조의4〉
> 어린이운송용 승합자동차에는 다음의 기준에 적합한 어린이 하차확인장치를 설치해야 한다.
> ㉠ 승합자동차의 원동기를 정지시키거나 시동장치의 열쇠를 작동 위치에서 제거한 후 3분 이내에 차실 가장 뒷열에 있는 좌석 부근에 설치된 확인버튼(근거리 무선통신 접촉을 포함한다)을 누르지 않으면 경고음 발생장치와 표시등(제45조에 따른 비상점멸표시등 또는 제48조의 ③에 따른 표시등을 말한다)이 작동하는 구조일 것
> ㉡ ㉠에 따른 경고음 발생장치와 표시등이 작동되면 확인버튼(근거리 무선통신 접촉을 포함한다)을 누르거나 승합자동차의 원동기를 다시 시동(제13조의 ⑥에 따른 보조시동장치에 의한 시동은 제외한다)하여 작동을 정지시킬 수 있는 구조일 것
> ㉢ ㉠에 따른 경고음 발생장치는 다음의 기준에 적합한 구조일 것
> - 경고음은 발생과 정지가 반복되도록 하고, 같은 음색의 경보음 또는 음성 메시지를 일정한 간격으로 발생시킬 것
> - 경고음은 자동차 전방 또는 후방 끝으로부터 2미터 떨어진 위치에서 측정하였을 때 60데시벨(A) 이상일 것

❷ 속도계 및 운행기록장치

(1) 속도계 및 주행거리계〈제54조〉

① 자동차에는 제110조에 따른 속도계와 통산 운행거리를 표시할 수 있는 구조의 주행거리계를 설치하여야 한다.

② 다음의 자동차(「도로교통법」에 따른 긴급자동차와 당해 자동차의 최고속도가 ③의 규정에서 정한 속도를 초과하지 아니하는 구조의 자동차를 제외한다)에는 최고속도제한장치를 설치하여야 한다.
  ㉠ 승합자동차(어린이운송용 승합자동차를 포함한다)
  ㉡ 차량총중량이 3.5톤을 초과하는 화물자동차·특수자동차(피견인자동차를 연결하는 견인자동차를 포함한다)
  ㉢ 「고압가스 안전관리법 시행령」 제2조의 규정에 의한 고압가스를 운송하기 위하여 필요한 탱크를 설치한 화물자동차(피견인자동차를 연결한 경우에는 이를 연결한 견인자동차를 포함한다)
  ㉣ 저속전기자동차

③ ②의 규정에 의한 최고속도제한장치는 자동차의 최고속도가 다음의 기준을 초과하지 아니하는 구조이어야 한다.
  ㉠ **승합자동차**: 매시 110킬로미터
  ㉡ **차량총중량이 3.5톤을 초과하는 화물자동차·특수자동차, 저속전기자동차**: 매시 90킬로미터
  ㉢ **저속전기자동차**: 매시 60킬로미터

☆ Plus tip

속도계〈제110조〉
㉠ 자동차에 설치한 속도계의 속도표시부는 다음의 기준에 적합하여야 한다.
• 속도표시부는 운전자의 직접시계의 범위내에 위치하고, 주·야간에 속도값을 명확히 읽을 수 있을 것
• 속도표시범위는 자동차의 최고속도가 포함되도록 할 것
• 눈금은 시속 1킬로미터·2킬로미터·5킬로미터 또는 10킬로미터 단위로 구분되고, 다음의 값들이 숫자로 표시될 것. 다만, 속도표시값의 간격은 균등하지 아니하여도 된다.
  – 속도표시부의 최고속도값이 시속 200킬로미터 이하인 경우 시속 20킬로미터 이하 간격의 속도값
  – 속도표시부의 최고속도값이 시속 200킬로미터를 초과하는 경우 시속 30킬로미터 이하 간격의 속도값
㉡ 자동차에 설치한 속도계의 지시오차는 평탄한 노면에서의 속도가 시속 25킬로미터 이상에서 다음 계산식에 적합하여야 한다.
  $0 \leq V_1 - V_2 \leq V_2/10 + 6$(킬로미터/시간)
  V_1 : 지시속도(킬로미터/시간)
  V_2 : 실제속도(킬로미터/시간)

(2) 운행 · 사고 기록장치

① **운행기록장치**〈제56조〉: 운행기록장치를 장착하여야 하는 운송사업용 자동차의 범위와 운행기록장치의 장착기준은 「교통안전법」 제55조제1항에 따른다.

② **사고기록장치**〈제56조의2〉

  ㉠ 「자동차관리법」에서 "자동차의 충돌 등 국토교통부령으로 정하는 사고"란 다음의 어느 하나에 해당하는 상황이 발생한 경우를 말한다.

  • 0.15초 이내에 진행방향의 속도 변화 누계가 시속 8킬로미터 이상에 도달하는 경우(측면방향의 속도 변화가 기록되는 자동차의 경우에는 측면방향 속도 변화 누계가 0.15초 이내에 시속 8킬로미터 이상에 도달하는 경우를 포함한다)

  • 에어백 또는 좌석안전띠 프리로딩 장치 등 비가역안전장치가 전개되는 경우

  ㉡ 「자동차관리법」에서 "차종, 용도, 승차인원 등 국토교통부령으로 정하는 기준에 따른 자동차"란 다음의 자동차를 말한다.

  • 승용자동차(초소형승용자동차는 제외한다)

  • 차량총중량 3.85톤 이하의 승합자동차

  • 차량총중량 3.85톤 이하의 화물자동차(초소형화물자동차 및 피견인자동차는 제외한다)

  ㉢ 「자동차관리법」에 따른 사고기록장치의 장착기준은 별표 5의25에 따른다.

❸ 소화설비 및 경광등

(1) 소화설비〈제57조〉

① 자동차에는 에이 · 비 · 씨 소화기를 다음의 기준에 따라 사용하기 쉬운 위치에 설치하여야 한다. 다만, 승차정원 11인 이상의 승합자동차의 경우에는 운전석 또는 운전석과 옆으로 나란한 좌석 주위에 1개 이상의 소화기를 설치하여야 한다.

  ㉠ **승차정원 7인 이상의 승용자동차 및 경형승합자동차**: 「소방시설 설치 및 관리에 관한 법률」에 의한 능력단위(이하 "능력단위"라 한다) 1 이상인 소화기 1개 이상

  ㉡ **승합자동차**(경형승합자동차를 제외한다)

  • 승차정원 15인 이하의 승합자동차 : 능력단위 2 이상인 소화기 1개 이상 또는 능력단위 1 이상인 소화기 2개 이상

  • 승차정원 16인 이상 35인 이하의 승합자동차 : 능력단위 2 이상인 소화기 2개 이상

- 승차정원 36인 이상의 승합자동차 : 능력단위 3 이상인 소화기 1개 이상 및 능력단위 2 이상인 소화기 1개 이상. 다만, 2층대형승합자동차의 경우에는 위층 차실에 능력단위 3 이상인 소화기 1개 이상을 추가로 설치하여야 한다.
- ⓒ 화물자동차(피견인자동차는 제외한다) 및 특수자동차
  - 중형 : 능력단위 1 이상인 소화기 1개 이상
  - 대형 : 능력단위 2 이상인 소화기 1개 이상 또는 능력단위 1 이상인 소화기 2개 이상
- ② 「위험물안전관리법 시행령」제3조의 규정에 의한 지정수량 이상의 위험물과 「고압가스 안전관리법 시행령」 제2조의 규정에 의한 고압가스를 운송하는 자동차(피견인자동차를 연결한 경우에는 이를 연결한 견인자동차를 포함한다) : 「위험물안전관리법 시행규칙」 제41조 및 별표 17 제3호나목중 이동탱크저장소란 및 비고란에 해당하는 능력단위와 수량

② 승차정원 23인을 초과하는 승합자동차로서 너비 2.3미터를 초과하는 경우에는 운전자의 좌석 부근에 소화기를 설치할 수 있도록 가로 600밀리미터, 세로 200밀리미터 이상의 공간을 확보하여야 한다.

(2) 경광등 및 사이렌〈제58조〉

① 「도로교통법」 제2조제22호에 따른 긴급자동차에는 다음의 기준에 적합한 경광등 및 사이렌을 설치할 수 있다.
  - ㉠ 경광등은 다음의 기준에 적합할 것
    - 1등당 광도는 135칸델라이상 2천5백칸델라이하일 것
    - 등광색은 다음 기준에 적합할 것

구분	등광색
㉮ 경찰용 자동차 중 범죄수사·교통단속 그 밖의 긴급한 경찰임무 수행에 사용되는 자동차 ㉯ 국군 및 주한국제연합군용 자동차 중 군내부의 질서유지 및 부대의 질서 있는 이동을 유도하는데 사용되는 자동차 ㉰ 수사기관의 자동차 중 범죄수사를 위하여 사용되는 자동차 ㉱ 교도소 또는 교도기관의 자동차 중 도주자의 체포 또는 피수용자의 호송·경비를 위하여 사용되는 자동차 ㉲ 소방용자동차	적색 또는 청색
㉮ 전신·전화의 수리공사 등 응급작업에 사용되는 자동차와 우편물의 운송에 사용되는 자동차 중 긴급배달우편물의 운송에 사용되는 자동차 ㉯ 전기사업·가스사업 그 밖의 공익사업 기관에서 위해방지를 위한 응급작업에 사용되는 자동차 ㉰ 민방위업무를 수행하는 기관에서 긴급예방 또는 복구를 위한 출동에 사용되는 자동차 ㉱ 도로의 관리를 위하여 사용되는 자동차 중 도로상의 위험을 방지하기 위하여 응급작업에 사용되는 자동차 ㉲ 전파감시업무에 사용되는 자동차 ㉳ 기타자동차	황색
구급차·혈액 공급차량	녹색

ⓛ 사이렌음의 크기는 자동차의 전방으로부터 20미터 떨어진 위치에서 90데시벨(C) 이상 120데시벨(C) 이하일 것

② 「자동차관리법」에 의한 구난형특수자동차와 도로의 청소를 위한 노면청소용자동차에는 다음의 기준에 적합한 경광등을 설치할 수 있다.
  ㉠ 경광등의 광도는 1등당 광도는 135칸델라이상 2천5백칸델라이하일 것
  ⓛ 등광색은 황색일 것

📢 **자율주행시스템의 안전기준**

① 자율주행시스템의 종류〈제111조〉: 자율주행시스템의 종류는 다음과 같이 구분한다.
  ㉠ 부분 자율주행시스템: 지정된 조건에서 자동차를 운행하되 작동한계상황 등 필요한 경우 운전자의 개입을 요구하는 자율주행시스템
  ⓛ 조건부 완전자율주행시스템: 지정된 조건에서 운전자의 개입 없이 자동차를 운행하는 자율주행시스템
  ㉢ 완전 자율주행시스템: 모든 영역에서 운전자의 개입 없이 자동차를 운행하는 자율주행시스템
② 자율주행시스템의 운행가능영역 지정〈제111조의2〉
  ㉠ 제작자는 자율주행시스템이 주어진 조건에서 정상적이고 안전하게 작동될 수 있는 작동영역(이하 "운행가능영역"이라 한다)을 지정해야 한다.
  ⓛ 운행가능영역에는 자율주행자동차의 운행과 관련된 다음의 사항이 포함되어야 한다.
    • 도로 · 기상 등 주행 환경
    • 자율주행시스템의 작동한계
    • 그 밖에 자동차의 안전한 운행과 관련된 조건

❹ 부품의 안전기준

(1) 브레이크호스〈제112조의2〉

자동차(초소형자동차는 제외한다)에 사용되는 브레이크호스는 별표 30의4의 기준에 적합하여야 하며, 공기압브레이크호스를 제외한 다른 브레이크호스는 분해되지 아니하는 일체형 구조이어야 한다.

(2) 좌석안전띠장치〈제112조의3〉

자동차에 사용되는 좌석안전띠는 별표 16의 기준에 적합하여야 한다.

기출 PLUS

(3) 등화장치〈제112조의4〉

자동차(초소형자동차는 제외한다)에 사용되는 전조등은 별표 6의3부터 별표 6의5까지의 광도기준 및 별표 6의22의 색도기준에 적합하여야 한다.

(4) 후부반사기〈제112조의5〉

자동차(초소형자동차는 제외한다)에 사용되는 후부반사기(보조반사기를 포함한다)는 다음의 기준에 적합하여야 한다.

① 후부반사기의 반사부 모양은 삼각형 모양 외의 것일 것. 다만, 피견인자동차에 사용되는 후부반사기는 그러하지 아니하다.

② 후부반사기에 의한 반사광은 적색이어야 할 것. 다만, 보조반사기의 경우에는 황색 또는 호박색으로 할 수 있다.

③ 후부반사기의 반사성능은 별표 6의27의 기준에 적합할 것

(5) 후부안전판〈제112조의6〉

자동차에 사용되는 후부안전판은 별표 13의 기준에 적합하여야 한다.

(6) 창유리〈제112조의7〉

자동차(초소형자동차는 제외한다)에 사용되는 창유리는 기준에 적합하여야 한다.

(7) 안전삼각대〈제112조의8〉

자동차(초소형자동차는 제외한다)에 사용되는 안전삼각대는 별표 30의5의 기준에 적합하여야 한다.

(8) 후부반사판 및 후부반사지〈제112조의9〉

자동차에 사용되는 후부반사판 및 후부반사지는 다음의 기준에 적합하여야 한다.

① 형상·반사성능 및 부착방법은 별표 6의28의 기준에 적합할 것

② 반사부의 반사광은 황색 또는 적색, 형광부의 반사광은 적색일 것

(9) 브레이크라이닝〈제112조의10〉

자동차(초소형자동차는 제외한다)에 사용되는 브레이크라이닝은 별표 30의6의 기준에 적합하여야 한다.

(10) 휠〈제112조의11〉

승용자동차와 차량총중량 3.5톤 이하의 승합(피견인자동차로 한정한다)·화물·특수자동차에 사용되는 휠은 별표 30의7의 기준에 적합하여야 한다. 다만, 초소형자동차는 제외한다.

(11) 반사띠〈제112조의12〉

자동차에 사용되는 반사띠는 별표 32의2의 기준에 적합하여야 한다.

(12) 저속차량용 후부표시판〈제112조의13〉

최고속도가 시속 40킬로미터 이하인 자동차에 설치되는 저속차량용 후부표시판의 형상 및 반사성능기준은 별표 30의8의 기준에 적합하여야 한다.

1 공차상태의 자동차에 있어서 접지부분이외의 부분은 지면과의 사이에 몇 cm 이상의 간격으로 이루어져 있는가?

① 10cm 이상

② 12cm 이상

③ 14cm 이상

④ 16cm 이상

1.

공차상태의 자동차에서 접지부분 이외의 부분은 지면과의 사이에서 10cm 이상의 간격이 있어야 한다〈제5조〉.

2 공차 상태의 자동차는 좌우 각각 몇 도를 기울인 상태에서도 전복되지 아니한가?

① 20도　　　　② 30도

③ 35도　　　　④ 40도

2.

승용자동차, 화물자동차, 특수자동차, 및 승차정원 10명 이하인 승합자동차는 공차상태에서 좌우 각각 35도를 기울인 상태에서 전복되지 않아야 한다〈제8조〉.

3 다음 중 타이어공기압 경고장치를 설치해야 하는 자동차는?

① 차량 총중량 5톤 화물자동차

② 승용자동차

③ 차량 총중량이 4톤 화물자동차

④ 피견인자동차

3.

승용자동차와 차량총중량이 3.5톤 이하인 승합·화물·특수자동차에는 타이어공기압경고장치를 설치하여야 한다. 다만, 복륜인 자동차, 피견인자동차 및 초소형자동차는 제외한다〈제12조의2〉.

4 화물자동차 및 특수자동차의 차량총중량은 몇 톤을 초과해서는 안 되는가?

① 20톤　　　　② 25톤

③ 30톤　　　　④ 40톤

4.

자동차의 차량총중량은 20톤(승합자동차의 경우에는 30톤, 화물자동차 및 특수자동차의 경우에는 40톤), 축중은 10톤, 윤중은 5톤을 초과하여서는 아니 된다〈제6조〉.

Answer　　1.① 2.③ 3.② 4.④

5 자동차의 조향바퀴 윤중의 합은 차량중량 및 차량총중량의 각각에 대하여 몇 % 이상이어야 하는가?

① 15% 이상

② 16% 이상

③ 18% 이상

④ 20% 이상

6 자동차의 최소회전반경은 바깥쪽 앞바퀴 자국의 중심선을 따라 측정할 때 몇 m 이내이어야 하는가?

① 8m 이내

② 10m 이내

③ 12m 이내

④ 14m 이내

7 운행 자동차 기준으로 최고속도가 80km/h 이상인 자동차는 주제동장치의 급제동 정지거리는 몇 m 이하인가?

① 5m 이내

② 14m 이내

③ 22m 이내

④ 30m 이내

5.

자동차의 조향바퀴의 윤하중의 값은 차량중량 및 차량총중량의 각각에 대하여 20% 이상이어야 한다〈제7조〉.

6.

자동차의 최소회전반경은 바깥쪽 앞바퀴자국의 중심선을 따라 측정할 때 12m를 초과하여서는 아니 된다〈제9조〉.

7.

주제동장치의 급제동정지거리 및 조작력 기준

구분	최고속도가 매시 80킬로미터 이상의 자동차	최고속도가 매시 35킬로미터 이상 80킬로미터 미만의 자동차	최고속도가 매시 35킬로미터 미만의 자동차
제동초속도 (킬로미터/시간)	50	35	당해 자동차의 최고속도
급제동정지 거리(미터)	22 이하	14 이하	5 이하
측정시조작력 (킬로그램)	발조작식의 경우 : 90 이하		
	손조작식의 경우 : 30 이하		
측정자동차의 상태	공차상태의 자동차에 운전자 1인이 승차한 상태		

Answer   5.④ 6.③ 7.③

8 어린이운송용 승합자동차의 어린이용 좌석의 규격 중 좌석등받이의 높이는 몇 cm 이상이어야 하는가?

① 35
② 50
③ 71
④ 82

8.

어린이운송용 승합자동차의 좌석 규격은 5퍼센트 성인여자 인체모형이 착석할 수 있도록 하되, 좌석등받이(머리지지대를 포함)의 높이는 71cm 이상이어야 한다〈제25조〉.

9 자동차에 비상탈출장치를 설치하여야 할 승차정원 기준으로 맞는 것은?

① 12인승 이상
② 15인승 이상
③ 16인승 이상
④ 25인승 이상

9.

승차정원 16인 이상의 승합자동차에는 비상탈출장치를 설치해야 한다〈제30조〉.

10 자동차 및 자동차부품의 성능과 기준에 관한 규칙에서 승차정원 23인승 이하 승합자동차에서 1인이 차지하는 입석의 면적은?

① $0.015m^2$ 이상
② $0.15m^2$ 이상
③ $0.125m^2$ 이상
④ $0.0125m^2$ 이상

10.

승차정원 23인승 이하 승합자동차의 1인당 입석면적은 $0.125m^2$ 이상이다〈제28조〉.

11 주제동력의 복원상태에 있어서 브레이크 페달을 놓을 때 제동력이 3초 이내에 당해 축중의 몇 % 이하로 감소되어야 하는가?

① 15% 이하
② 20% 이하
③ 25% 이하
④ 30% 이하

11.

주제동력의 복원상태에서 브레이크 페달을 놓을 때 제동력이 3초 이내에 당해 축중의 20% 이하로 감소되어야 한다〈제15조〉.

Answer   8.③ 9.③ 10.③ 11.②

12 전기자동차 충전 접속구의 활선도체부와 전기적 샤시 사이의 절연저항은 최소 몇 MΩ 이상이어야 하는가?

① 1MΩ
② 2MΩ
③ 5MΩ
④ 10MΩ

13 자동차 경음기의 경적음의 크기는 차체 전방에서 2m 떨어진 지상 1.2m 높이에서 측정한 음의 최소 크기가 얼마 이상이어야 하는가?

① 120db 이상
② 90db 이상
③ 95db 이상
④ 100db 이상

14 조종장치 설치기준에 적합한 것은?

① 자동변속장치 중립위치는 주차와 후진 사이
② 자동변속장치 주차위치는 후진위치에 가까운 끝부분
③ 가속제어장치의 복귀장치는 1개 이상
④ 가속제어장치의 복귀장치는 2개 이상

12.

전기자동차 충전 접속구의 활선도체부와 전기적 샤시 사이의 절연저항은 최소 1MΩ 이상이어야 한다〈제18조의2, 별표 5〉.

13.

경음기〈제3조〉

1. 일정한 크기의 경적음을 동일한 음색으로 연속하여 낼 것
2. 자동차 전방으로 2미터 떨어진 지점으로서 지상 높이가 1.2±0.05미터인 지점에서 측정한 경적음의 최소 크기가 최소 90데시벨 이상일 것

14.

자동변속장치는 다음의 기준에 적합하여야 한다〈제13조 제3항〉.

1. 중립위치는 전진위치와 후진위치 사이에 있을 것
2. 조종레버가 조향기둥에 설치된 경우 조종레버의 조작방향은 중립위치에서 전진위치로 조작되는 방향이 시계방향일 것
3. 주차위치가 있는 경우에는 후진위치에 가까운 끝부분에 있을 것. 다만, 순서대로 조작되지 아니하는 조종레버를 갖춘 경우에는 그러하지 아니하다.
4. 조종레버가 전진 또는 후진위치에 있는 경우 원동기가 시동되지 아니할 것. 다만, 다음의 어느 하나에 해당하는 자동차의 경우에는 그러하지 아니하다.
   가. 하이브리드자동차
   나. 전기자동차
   다. 원동기의 구동이 모두 정지될 경우 변속기가 자동으로 중립위치로 변환되는 구조를 갖춘 자동차
   라. 주행하다가 정지하면 원동기의 시동을 자동으로 제어하는 장치를 갖춘 자동차
5. 전진변속단수가 2단계 이상일 경우 매시 40킬로미터 이하의 속도에서 어느 하나의 변속단수의 원동기제동효과는 최고속변속단수에서의 원동기제동효과보다 클 것

Answer　12.①　13.②　14.②

15 좌석 안전띠를 설치하지 않아도 되는 자동차는?

① 고속버스
② 화물자동차
③ 전세버스
④ 시내버스

16 차량총중량이 얼마 이상인 화물자동차에 측면보호대를 설치하여야 하는가?

① 3톤 이상
② 4톤 이상
③ 5톤 이상
④ 8톤 이상

15.

자동차전용도로 또는 고속국도를 운행하지 아니하는 시내버스·농어촌버스 및 마을버스의 승객용 좌석에는 좌석안전띠를 설치하지 아니할 수 있다〈제27조〉.

16.

차량총중량이 8톤 이상이거나 최대적재량이 5톤 이상인 화물자동차·특수자동차 및 연결자동차는 포장노면위의 공차상태에서 다음의 기준에 적합한 측면보호대를 설치하여야 한다. 다만, 보행자 등이 뒷바퀴에 말려들 우려가 없는 구조의 자동차, 차체 등의 구조물과의 간섭으로 설치가 곤란한 자동차 및 조향축간 거리가 2,100밀리미터 이하인 자동차는 제외한다〈제19조 제3항〉.

1. 측면보호대의 양쪽 끝과 앞·뒷바퀴와의 간격은 각각 400밀리미터 이내일 것. 다만, 측면보호대의 양쪽 끝과 앞·뒷바퀴와의 간격을 400밀리미터 이내로 설치하기가 곤란한 구조의 자동차의 경우 앞·뒷바퀴와 가장 가까운 위치에 설치한 때는 그러하지 아니하다.
2. 측면보호대의 가장 아랫부분과 지상과의 간격은 550밀리미터 이하일 것
3. 측면보호대의 가장 윗부분과 지상과의 간격은 950밀리미터 이상일 것. 다만, 측면보호대 가장 윗부분과 차체 바닥면과의 간격이 350밀리미터 이하일 경우는 제외한다.
4. 측면보호대 가장 바깥쪽 면은 차체의 가장 바깥쪽 면보다 안쪽에 위치하여야 하며, 그 간격은 150밀리미터 이하일 것. 다만, 자동차의 길이방향으로 측면보호대의 뒷부분부터 최소한 250밀리미터에 해당하는 부분은 측면보호대의 가장 바깥쪽 면이 차체의 가장 바깥쪽 면부터 타이어의 가장 바깥쪽 면의 안쪽으로 30밀리미터까지에 해당하는 구간에 위치하도록 설치하여야 한다.
5. 측면보호대 각각의 단면 높이는 50밀리미터 이상이고, 측면보호대 사이의 높이 간격은 300밀리미터 이하이어야 한다.
6. 측면보호대에 1킬로뉴턴의 하중을 가할 때 자동차의 길이방향으로 측면보호대의 뒷부분부터 250밀리미터까지는 30밀리미터, 그 외 구간은 150밀리미터 이내로 변형되어야 한다.

Answer　15.④　16.④

17 후부안전판의 설치기준에 대한 설명으로 옳지 않은 것은?

① 지상부터 2미터 이하의 높이에 있는 차체 후단부터 차량 길이 방향의 안쪽으로 400밀리미터 이내에 설치하여야 한다.

② 좌·우 측면의 곡률반경은 2.5밀리미터 이상이어야 한다.

③ 차량 수직방향의 단면 최소높이는 550밀리미터 이상이어야 한다.

④ 후부안전판의 양 끝 부분은 뒷차축 중 가장 넓은 차축의 좌·우 최외측 타이어 바깥면 지점을 초과하여서는 아니 된다.

17.

차량총중량이 3.5톤 이상인 화물자동차 및 특수자동차는 포장노면 위에서 공차상태로 측정하였을 때에 다음의 기준에 적합한 후부안전판을 설치하여야 한다. 다만, 다른 자동차가 추돌할 경우 그 자동차의 차체 앞부분이 들어올 우려가 없는 구조의 자동차, 세미트레일러를 견인할 목적으로 제작된 자동차, 목재·철재·기둥 등과 같이 길고 분리할 수 없는 화물운송용 특수트레일러 및 후부안전판이 차량용도에 전혀 적합하지 아니한 자동차의 경우에는 그러하지 아니하다〈제19조 제4항〉.

1. 후부안전판의 양 끝 부분은 뒷차축 중 가장 넓은 차축의 좌·우 최외측 타이어 바깥면(지면과 접지되어 발생되는 타이어 부풀림양은 제외) 지점을 초과하여서는 아니 되며, 좌·우 최외측 타이어 바깥면 지점부터의 간격은 각각 100밀리미터 이내일 것

2. 가장 아랫 부분과 지상과의 간격은 550밀리미터 이내일 것

3. 차량 수직방향의 단면 최소높이는 100밀리미터 이상일 것

4. 좌·우 측면의 곡률반경은 2.5밀리미터 이상일 것

5. 지상부터 2미터 이하의 높이에 있는 차체 후단부터 차량길이 방향의 안쪽으로 400밀리미터 이내에 설치할 것. 다만, 자동차의 구조상 400밀리미터 이내에 설치가 곤란한 자동차의 경우는 제외한다.

6. 화물 하역장치 등이 설치되어 해당 작동부로 인하여 후부안전판이 양쪽으로 분리되어 설치되는 경우에는 다음의 기준에 적합하여야 한다.

　가. 화물 하역장치 등과 후부안전판 끝부분과의 간격은 각각 25밀리미터 이하일 것

　나. 분리된 후부안전판 각각의 면적은 최소 350제곱센티미터 이상일 것. 다만, 자동차의 너비가 2미터 미만인 경우는 제외한다.

18 다음 중 자동차의 등광색이 적색이 아닌 것은?

① 차폭등
② 후미등
③ 후부반사기(형광부)
④ 제동등

19 자동차의 방향지시등에 대한 설명으로 틀린 것은?

① 자동차 앞·뒷면 양측에 각각 1개의 방향지시등을 설치하여야 한다.
② 승용자동차와 차량총중량 3.5톤 이하 화물자동차 및 특수자동차의 보조방향지시등 투영면은 공차상태에서 지상 350밀리미터 이상 1,500밀리미터 이하이어야 한다.
③ 방향지시등은 1분간 60±30회로 점멸하는 구조이어야 한다.
④ 방향지시등의 발광면 외측 끝은 자동차 최외측으로부터 400밀리미터 이하이어야 한다.

18.

차폭등의 등광색은 백색이어야 한다〈제40조〉.

19.

방향지시등은 1분간 90±30회로 점멸하는 구조이어야 한다〈방향지시등의 설치 및 광도기준 별표 6의17〉.

Answer　18.① 19.③

20 자동차의 길이, 너비 및 높이를 측정할 때 따라야 하는 기준으로 적당하지 않은 것은?

① 적차상태

② 공차상태

③ 직진상태에서 수평면에 있는 상태

④ 차체 외부에 부착하는 간접시계장치, 안테나 등은 이를 제거하거나 닫은 상태

20.

자동차의 길이 · 너비 및 높이를 측정할 때 다음의 기준에 따라야 한다〈제4조 제2항〉.

1. 공차상태일 것
2. 직진상태에서 수평면에 있는 상태일 것
3. 차체 밖에 부착하는 간접시계장치, 안테나, 밖으로 열리는 창, 긴급자동차의 경광등 및 환기장치 등의 바깥 돌출부분은 이를 제거하거나 닫은 상태일 것
4. 적재 물품을 고정하기 위한 장치 등 국토교통부장관이 고시하는 항목은 측정대상에서 제외할 것

Answer 20.①

PART
II
자동차구조원리
및 도로교통법규

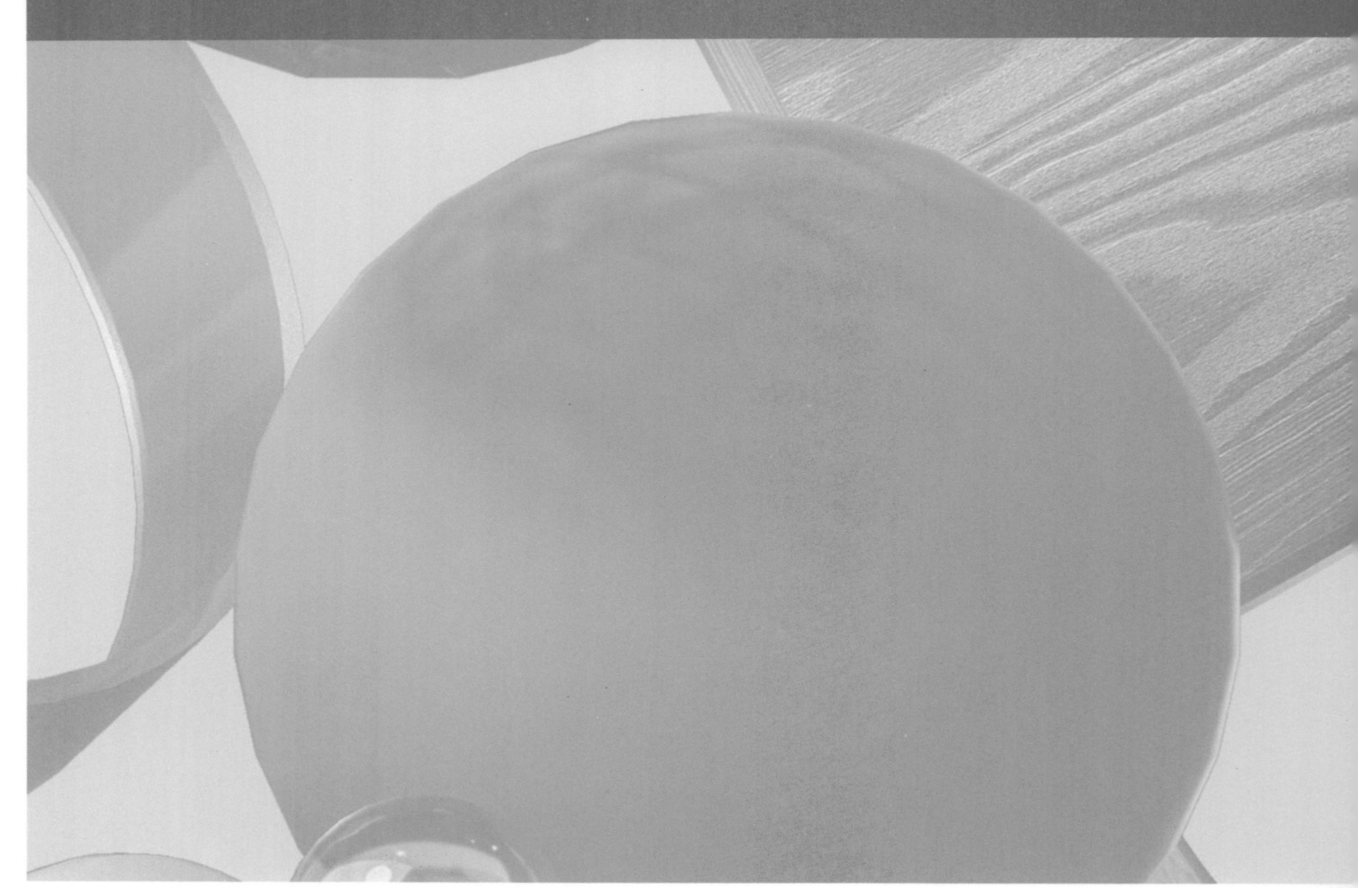

도로교통법규

01 도로교통법의 목적과 용어 정의

1 도로교통법

(1) 목적

도로에서 일어나는 교통상의 모든 위험과 장해를 방지하고 제거하여 안전하고 원활한 교통을 확보함을 목적으로 한다.

(2) 도로교통법의 법적지위

교통에 관한 일반법적 성격

(3) 교통관련 각종 법령

교통사고처리 특례법, 자동차관리법, 도로법, 유료도로법, 농어촌도로 정비법, 교통안전법, 특정범죄 가중처벌 등에 관한 법률 등

2 용어 정의

(1) 도로관련 용어

① 도로
- ㉠ 도로법에 의한 도로 : 고속국도, 일반국도, 특별시도, 광역시도, 지방도, 시도, 군도, 구도
- ㉡ 유료도로법에 의한 유료도로 : 통행료 또는 사용료를 징수하는 도로
- ㉢ 농어촌도로 정비법에 따른 농어촌도로 : 도로법에 규정되지 아니한 도로(읍 또는 면 지역의 도로만 해당)로서 농어촌지역 주민의 교통 편익과 생산·유통활동 등에 공용(共用)되는 공로(公路) 중 사권의 제한 및 도로기본계획의 수립 규정에 따라 고시된 도로를 말한다.
- ㉣ 그 밖에 현실적으로 불특정 다수의 사람 또는 차마(車馬)가 통행할 수 있도록 공개된 장소로서 안전하고 원활한 교통을 확보할 필요가 있는 장소 (예 : 유원지, 공원, 사도, 광장 등)

기출 2003. 3. 30. 인천시 소방직 시행

다음 중 도로교통법의 목적으로 옳은 것은?

① 국민생활의 편익율 증진
② 안전하고 원활한 교통의 확보
③ 자동차의 성능과 안전을 확보
④ 공공의 복리를 증진

기출 2021. 5. 1. 전라북도 시행

다음 중 「도로교통법」상 도로의 종류가 아닌 것은?

① 「유료도로법」에 따른 유료도로
② 「농어촌도로 정비법」에 따른 농어촌도로
③ 「해상법」에 따른 해상도로
④ 불특정 다수의 사람 또는 차마가 통행할 수 있도록 공개된 장소로서 안전하고 원활한 교통을 확보할 필요가 있는 장소

◀정답 ②, ③

② **자동차 전용도로** : 자동차만 다닐 수 있도록 설치된 도로를 말한다.

> 🐾 **Plus tip**
> **고속도로** … 자동차의 고속운행에만 사용하기 위하여 지정된 도로

③ **차도** : 연석선·안전표지 또는 그와 비슷한 인공구조물을 이용하여 경계(境界)를 표시하여 모든 차가 통행할 수 있도록 설치된 도로의 부분을 말한다.

> 🐾 **Plus tip**
> **연석선** … 차도와 보도를 구분하는 돌 등으로 이어진 선

④ **차선** : 차로와 차로를 구분하기 위하여 그 경계지점을 안전표지로 표시한 선을 말한다.

⑤ **차로** : 차마가 한 줄로 도로의 정하여진 부분을 통행하도록 차선(車線)으로 구분한 차도의 부분을 말한다.

> 🐾 **Plus tip**
> **자전거 도로** … 안전표지, 위험방지용 울타리나 그와 비슷한 인공구조물로 경계를 표시하여 자전거가 통행할 수 있도록 설치된 「자전거이용 활성화에 관한 법률」 제3조 각 호의 도로

⑥ **노면전차 전용로** : 도로에서 궤도를 설치하고, 안전표지 또는 인공구조물로 경계를 표시하여 설치한 「도시철도법」에 따른 도로 또는 차로를 말한다.

⑦ **중앙선** : 차마의 통행 방향을 명확하게 구분하기 위하여 도로에 황색 실선(實線)이나 황색 점선 등의 안전표지로 표시한 선 또는 중앙분리대나 울타리 등으로 설치한 시설물을 말한다. 다만, 제14조제1항 후단에 따라 가변차로(可變車路)가 설치된 경우에는 신호기가 지시하는 진행방향의 가장 왼쪽에 있는 황색 점선을 말한다.

⑧ **보도** : 연석선, 안전표지나 그와 비슷한 인공구조물로 경계를 표시하여 보행자(유모차, 보행보조용의자차, 노약자용 보행기 등 행정안전부령으로 정하는 기구, 장치를 이용하여 통행하는 사람을 포함한다)가 통행할 수 있도록 한 도로의 부분을 말한다.

> 🐾 **Plus tip**
> **보행자** … 유모차와 행정안전부령으로 정하는 보행보조용 의자차를 포함

⑨ **횡단보도** : 보행자가 도로를 횡단할 수 있도록 안전표지로 표시한 도로의 부분을 말한다.

기출 2020. 10. 17. 부산광역시 시행

다음 중 도로교통법상 차도의 정의로 옳은 것은?

① 연석선, 안전표지 또는 그와 비슷한 인공구조물을 이용하여 경계를 표시하여 모든 차가 통행할 수 있도록 설치된 부분을 말한다.
② 차마가 한 줄로 도로의 정하여진 부분을 통행하도록 차선으로 구분한 차도의 부분을 말한다.
③ 차마의 통행 방향을 명확하게 구분하기 위하여 도로에 황색 실선이나 황색 점선 등의 안전표지로 표시한 선 또는 중앙분리대나 울타리 등으로 설치한 시설물을 말한다.
④ 차선변경 및 이면도로(교차로) 또는 건물로의 진출·입을 위하여 일시적으로 진입할 수 있게 구분한 청색 점선 등의 안전표지로 표시한 선을 말한다.

기출 2020년 10월 17일 충청북도 시행

다음 중 도로교통법의 용어로 틀린 것은?

① 횡단보도 : 보행자가 도로를 횡단할 수 있도록 안전표지로 표시한 도로
② 보도 : 보행자가 통행할 수 있도록 한 도로
③ 차도 : 안전표지 또는 인공구조물을 이용하여 표시 모든 차가 통행할 수 있도록 설치된 도로
④ 자동차전용도로 : 원동기를 포함한 모든 고속차량이 다닐 수 있도록 설치된 도로

◁ 정답 ①, ④

⑩ **길 가장자리 구역** : 보도와 차도가 구분되지 아니한 도로에서 보행자의 안전을 확보하기 위하여 안전표지 등으로 경계를 표시한 도로의 가장자리 부분을 말한다.

⑪ **교차로** : '십'자로, 'T'자로나 그 밖에 둘 이상의 도로(보도와 차도가 구분되어 있는 도로에서는 차도를 말한다)가 교차하는 부분을 말한다.

⑫ **안전지대** : 도로를 횡단하는 보행자나 통행하는 차마의 안전을 위하여 안전표지나 이와 비슷한 인공구조물로 표시한 도로의 부분을 말한다.

⑬ **자전거도로** : 안전표지, 위험방지용 울타리나 그와 비슷한 인공구조물로 경계를 표시하여 자전거 및 개인형 이동장치가 통행할 수 있도록 설치된 도로를 말한다.

> **☆ Plus tip**
>
> **자전거도로의 구분**
> ㉠ 자전거 전용도로 : 자전거와 개인형이동장치(자전거등)만 통행할 수 있도록 분리대, 경계석(境界石), 그 밖에 이와 유사한 시설물에 의하여 차도 및 보도와 구분하여 설치한 자전거도로
> ㉡ 자전거·보행자 겸용도로 : 자전거등 외에 보행자도 통행할 수 있도록 분리대, 경계석, 그 밖에 이와 유사한 시설물에 의하여 차도와 구분하거나 별도로 설치한 자전거도로
> ㉢ 자전거 전용차로 : 차도의 일정 부분을 자전거등만 통행하도록 차선(車線) 및 안전표지나 노면표시로 다른 차가 통행하는 차로와 구분한 차로
> ㉣ 자전거 우선도로 : 자동차의 통행량이 대통령령으로 정하는 기준보다 적은 도로의 일부 구간 및 차로를 정하여 자전거등과 다른 차가 상호 안전하게 통행할 수 있도록 도로에 노면표시로 설치한 자전거도로

⑭ **자전거횡단도** : 자전거 및 개인형 이동장치가 일반도로를 횡단할 수 있도록 안전표지로 표시한 도로의 부분을 말한다.

⑮ **회전교차로** : 교차로 중 차마가 원형의 교통섬(차마의 안전하고 원활한 교통 처리나 보행자 도로횡단의 안전을 확보하기 위하여 교차로 또는 차도의 분기점 등에 설치하는 섬 모양의 시설을 말한다)을 중심으로 반시계방향으로 통행하도록 한 원형의 도로를 말한다.

⑯ **보행자우선도로** : 보행자우선 도로를 말한다.
  ㉠ 「보행안전법」 제2조 제3호에 따른 보행자우선도로를 말한다.
  ㉡ 「보행안전법」 제2조 제3호 '보행자우선도로'란 차도와 보도가 분리되지 아니한 도로로서 보행자의 안전과 편의를 보장하기 위하여 보행자 통행이 차마 통행에 우선하도록 지정한 도로를 말한다.
  ㉢ 시·도경찰청장이나 경찰서장은 보행자우선도로에서 보행자를 보호하기 위하여 필요하다고 인정하는 경우에는 차마의 통행속도를 시속 20킬로미터 이내로 제한할 수 있다.

⑰ **보행자전용도로** : 보행자만 다닐 수 있도록 안전표지나 그와 비슷한 인공구조물로 표시한 도로를 말한다.

(2) 자동차관련 용어

① **차마** : 차와 우마를 말한다.

　㉠ **차** : 자동차, 건설기계, 원동기장치자전거, 자전거, 사람 또는 가축의 힘이나 그 밖의 동력(動力)으로 도로에서 운전되는 것. 다만, 철길이나 가설(架設)된 선을 이용하여 운전되는 것, 유모차, 보행보조용 의자차, 노약자용 보행기, 실외이동로봇 등 행정안전부령으로 정하는 기구·장치는 제외한다.

　㉡ **우마** : 교통이나 운수에 사용되는 가축을 말한다.

　㉢ **차마에서 제외되는 기구장치**

　　• 너비 1미터 이하인 것으로서 다음의 기구, 장치를 말한다.
　　– 유모차
　　– 보행보조용의자차(의료기기의 기준 규칙에 따른 수동휠체어, 전동휠체어 및 의료용 스쿠터를 말한다.)
　　– 노약자용 보행기
　　– 놀이기구(어린이가 이용하는 것에 한정)
　　– 동력이 없는 손수레
　　– 이륜자동차, 원동기장치자전거 또는 자전거로서 운전자가 내려서 끌거나 들고 통행하는 것
　　– 도로의 보수, 유지, 도로상의 공사 등 작업에 사용되는 기구·장치(사람이 타거나 화물을 운송하지 않는 것에 한정한다)
　　• 실외이동로봇

② **노면전차** : 「도시철도법」에 따른 노면전차로서 도로에서 궤도를 이용하여 운행되는 차를 말한다.

③ **자동차** : 철길이나 가설된 선을 이용하지 아니하고 원동기를 사용하여 운전되는 차(견인되는 자동차도 자동차의 일부로 본다)로서 다음의 차를 말한다.

　㉠ **자동차관리법에 따른 자동차 (원동기장치자전거는 제외)**

　　• 승용자동차 : 10인 이하를 운송하기에 적합하게 제작된 자동차
　　• 승합자동차 : 11인 이상을 운송하기에 적합하게 제작된 자동차. 다만, 다음 어느 하나에 해당하는 자동차는 승차인원과 관계없이 승합자동차로 본다.
　　– 내부의 특수한 설비로 인하여 승차인원이 10인 이하로 된 자동차
　　– 국토교통부령으로 정하는 경형자동차로서 승차인원이 10인 이하인 전방조종자동차
　　• 화물자동차 : 화물을 운송하기에 적합한 화물적재공간을 갖추고, 화물적재공간의 총적재화물의 무게가 운전자를 제외한 승객이 승차공간에 모두 탑승했을 때의 승객의 무게보다 많은 자동차
　　• 특수자동차 : 다른 자동차를 견인하거나 구난작업 또는 특수한 용도로 사용하기에 적합하게 제작된 자동차로서 승용자동차·승합자동차 또는 화물자동차가 아닌 자동차

기출PLUS

기출 2022. 6. 18. 인천광역시 시행

다음 중 자동차의 종류에 대한 설명으로 바르지 못한 것은?

① 승합자동차 : 15인 이하의 자동차는 승합자동차에 해당된다.
② 이륜자동차 : 총배기량 또는 정격출력의 크기와 관계없이 1인 또는 2인의 사람을 운송하기에 적합하게 제작된 이륜의 자동차 및 그와 유사한 구조로 되어 있는 자동차를 말한다.
③ 화물자동차 : 화물을 운송하기에 적합한 화물적재공간을 갖추고, 화물적재공간의 총적재화물의 무게가 운전자와 승객이 승차공간에 모두 탑승했을 때의 승객의 무게보다 많은 자동차
④ 특수자동차 : 다른 자동차를 견인하거나 구난작업 또는 특수한 용도로 사용하기에 적합하게 제작된 자동차로서 승용자동차·승합자동차 또는 화물자동차가 아닌 자동차

기출 2024. 2. 24. 서울시 제1회 시행

「도로교통법 시행규칙」상 차마에서 제외하는 기구, 장치가 아닌 것은?

① 보행보조용 의자차
② 운전자가 내려서 끌거나 들고 통행하는 원동기장치자전거
③ 의료기기의 기준규격에 따른 전동휠체어
④ 전동이륜평행차

❮ 정답 ③, ④

기출 2022. 6. 18. 인천광역시 시행

다음 중 자율주행자동차의 대한 설명으로 틀린 것은?

① "자율주행자동차"란 운전자 또는 승객의 조작 없이 자동차 스스로 운행이 가능한 자동차를 말한다.
② "완전 자율주행시스템"은 모든 영역에서 운전자의 개입 없이 자동차를 운행하는 자율주행시스템을 갖춘 자동차를 말한다.
③ "부분 자율주행시스템"은 지정된 조건에서 운전자의 개입 없이 자동차를 운행하는 자율주행시스템을 갖춘 자동차를 말한다.
④ "완전 자율주행시스템"에 해당하지 않는 자동차를 운전하는 자율주행 운전자는 자율주행시스템의 직접 운전요구에 지체 없이 대응하여 조향장치, 제동장치 및 그 밖의 장치를 직접 조작하여 운전하여야 한다.

기출 2021. 6. 5. 서울특별시 시행

〈보기〉는 「도로교통법」상 "개인형 이동장치"에 대한 정의이다. (개와 (내)에 들어갈 내용으로 옳은 것은?

---- 보기 ----
"개인형 이동장치"란 원동기장치자전거 중 [(개)]으로 운행할 경우 전동기가 작동하지 아니하고 차체 중량이 [(내)]인 것으로서 행정안전부령으로 정하는 것을 말한다.

① (개) 시속 20킬로미터 이상
　(내) 30킬로그램 이하
② (개) 시속 25킬로미터 이상
　(내) 30킬로그램 미만
③ (개) 시속 20킬로미터 이상
　(내) 35킬로그램 이하
④ (개) 시속 25킬로미터 이상
　(내) 35킬로그램 미만

❮정답 ③, ②

- 이륜자동차 : 총배기량 또는 정격출력의 크기와 관계없이 1인 또는 2인의 사람을 운송하기에 적합하게 제작된 이륜의 자동차 및 그와 유사한 구조로 되어 있는 자동차

승합자동차의 차종 구분 (승차인원)	
소형승합차	11인승 이상~15인승 이하
중형승합차	16인승 이상~35인승 이하
대형승합차	36인승 이상

ⓒ 「건설기계관리법」에 따른 건설기계

> **Plus tip**
> 긴급자동차 … 소방차 · 구급차 · 혈액공급차량 · 그 밖에 대통령령으로 정하는 자동차로서 그 본래의 긴급한 용도로 사용되고 있는 자동차

④ **원동기장치자전거** : 자동차관리법에 따른 이륜자동차 가운데 배기량 125cc 이하(전기를 동력으로 하는 경우에는 최고정격출력 11킬로와트 이하)의 이륜자동차와 그 밖에 배기량 125시시 이하(전기를 동력으로 하는 경우에는 최고정격출력 11킬로와트 이하)의 원동기를 단 차(자전거 이용 활성화에 관한 법률에 따른 전기자전거는 제외)

⑤ **자율주행시스템** : 「자율주행자동차 상용화 촉진 및 지원에 관한 법률」에 따른 자율주행시스템을 말한다. 이 경우 그 종류는 완전자율주행시스템, 부분자율주행시스템 등 행정안전부령으로 정하는 바에 따라 세분할 수 있다.

> **Plus tip**
> 자율주행시스템의 종류
> ㉠ **부분 자율주행시스템** : 지정된 조건에서 자동차를 운행하되 작동한계상황 등 필요한 경우 운전자의 개입을 요구하는 자율주행시스템
> ㉡ **조건부 완전자율주행시스템** : 지정된 조건에서 운전자의 개입 없이 자동차를 운행하는 자율주행시스템
> ㉢ 완전 자율

⑥ **자율주행자동차** : 「자동차관리법」에 따른 자율주행자동차로서 자율주행시스템을 갖추고 있는 자동차를 말한다.

> **Plus tip**
> 자율주행자동차의 종류
> ㉠ **부분 자율주행자동차** : 제한된 조건에서 자율주행시스템으로 운행할 수 있으나 작동한계상황 등 필요한 경우 운전자의 개입을 요구하는 자율주행자동차
> ㉡ **완전 자율주행자동차** : 자율주행시스템만으로 운행할 수 있어 운전자가 없거나 운전자 또는 승객의 개입이 필요하지 아니한 자율주행자동차

⑦ **개인형 이동장치** : 원동기장치자전거 중 시속 25킬로미터 이상으로 운행할 경우 전동기가 작동하지 아니하고 차체 중량이 30킬로그램 미만인 것으로서 행정안전부령으로 정하는 것을 말한다.

> 🔖 **Plus tip**
> 개인형 이동장치의 기준
> ㉠ 전동킥보드
> ㉡ 전동이륜평행차
> ㉢ 전동기의 동력만으로 움직일 수 있는 자전거

⑧ **자동차등** : 자동차와 원동기장치자전거를 말한다.

⑨ **자전거등** : 자전거와 개인형 이동장치를 말한다.

⑩ **실외이동로봇** : 「지능형 로봇 개발 및 보급 촉진법」 제2조 제1호에 따른 지능형 로봇 중 행정안전부령으로 정하는 것을 말한다. 행정안전부령으로 정하는 것이란 배송 등을 위하여 자율주행(원격제어를 포함한다)으로 운행할 수 있는 지능형 로봇 중 운행안전인증을 받은 것을 말한다.

(3) 주 · 정차 및 운행관련 용어

① **주차** : 운전자가 승객을 기다리거나 화물을 싣거나 고장 등으로 인하여 계속하여 정지하거나 또는 그 차의 운전자가 그 차로부터 떠나서 즉시 운전할 수 없는 상태를 말한다.

② **정차** : 운전자가 5분을 초과하지 아니하고 차를 정지시키는 것으로서 주차 외의 정지 상태를 말한다.

③ **서행** : 운전자가 차 또는 노면전차를 즉시 정지시킬 수 있는 정도의 느린 속도로 진행하는 것을 말한다.

④ **앞지르기** : 앞서가는 다른 차의 옆을 지나서 그 차의 앞으로 나가는 것을 말한다.

⑤ **일시정지** : 차 또는 노면전차의 운전자가 그 차 또는 노면전차의 바퀴를 일시적으로 완전히 정지시키는 것을 말한다.

도로교통법에 따른 용어의 정의로 옳지 않은 것은?

① '차마'란 사람 또는 가축의 힘이나 그 밖의 동력으로 도로에서 운전되는 것과 교통운수에 사용되는 가축
② '정차'란 10분 이내 주행하지 않고 정지하는 것
③ '원동기장치자전거'란 「자동차관리법」 제3조에 따른 이륜자동차 가운데 배기량 125시시 이하(전기를 동력으로 하는 경우에는 최고정격출력 11킬로와트 이하)의 이륜자동차
④ '일시정지'란 차 또는 노면전차의 운전자가 그 차 또는 노면전차의 바퀴를 일시적으로 완전히 정지시키는 것

「도로교통법」상 용어에 대한 설명으로 가장 옳지 않은 것은?

① 자전거도로 : 안전표지 등 인공구조물로 경계를 표시하여 자전거 및 개인형 이동장치가 통행할 수 있도록 설치된 도로
② 신호기 : 문자, 기호, 등화를 사용하여 진행, 정지, 방향전환, 주의 등의 신호를 표시하는 장치
③ 긴급자동차 : 소방차, 구급차, 혈액 공급차량 등과 같이 긴급한 용도로 사용되고 있는 자동차
④ 정차 : 운전자가 승객을 기다리거나 화물을 싣거나 그 밖의 사유로 차를 계속 정지 상태에 두는 것

❮ 정답 ②, ④

다음 중 안전표지에 대한 설명으로 옳은 것은?

① 지시표지 : 도로상태가 위험하거나 도로 또는 그 부근에 위험물이 있는 경우에 필요한 안전 조치를 할 수 있도록 이를 도로사용자에게 알리는 표지
② 주의표지 : 도로의 통행방법·통행구분 등 도로교통의 안전을 위하여 필요한 경우에 도로사용자가 이에 따르도록 알리는 표지
③ 보조표지 : 도로교통의 안전을 위하여 각종 주의·규제·지시 등의 내용을 기호·문자 또는 선으로 도로사용자에게 알리는 표지
④ 규제표지 : 도로교통의 안전을 위하여 각종 제한·금지 등을 하는 경우에 이를 도로사용자에게 알리는 표지

「도로교통법」 제4조제1항에 따른 안전표지의 설명으로 가장 옳지 않은 것은?

① 주의표지 : 도로상태가 위험하거나 도로 또는 그 부근에 위험물이 있는 경우에 필요한 안전조치를 할 수 있도록 이를 도로사용자에게 알리는 표지
② 규제표지 : 도로교통의 안전을 위하여 각종 제한·금지 등의 규제를 하는 경우에 이를 도로사용자에게 알리는 표지
③ 지시표지 : 도로의 통행방법·통행구분 등 도로교통의 안전을 위하여 필요한 지시를 하는 경우에 도로사용자가 이에 따르도록 알리는 표지
④ 보조표지 : 도로교통의 안전을 위하여 각종 주의·규제·지시 등의 내용을 노면에 기호·문자 또는 선으로 도로사용자에게 알리는 표지

❮정답 ④, ④

(4) 운전관련 용어

① **운전** : 도로에서 차마 또는 노면전차를 그 본래의 사용방법에 따라 사용하는 것(조종 또는 자율주행시스템을 사용하는 것을 포함)을 말한다.

② **초보운전자** : 처음 운전면허를 받은 날(처음 운전면허를 받은 날부터 2년이 지나기 전에 운전면허의 취소처분을 받은 경우에는 그 후 다시 운전면허를 받은 날을 말한다)부터 2년이 지나지 아니한 사람을 말한다. 이 경우 원동기장치자전거면허만 받은 사람이 원동기장치자전거면허 외의 운전면허를 받은 경우에는 처음 운전면허를 받은 것으로 본다.

③ **모범운전자** : 무사고운전자 또는 유공운전자의 표시장을 받거나 2년 이상 사업용 자동차 운전에 종사하면서 교통사고를 일으킨 전력이 없는 사람으로서 경찰청장이 정하는 바에 따라 선발되어 교통안전 봉사활동에 종사하는 사람을 말한다.

④ **자동차운전학원** : 자동차등의 운전에 관한 지식·기능을 교육하는 시설을 말한다.

> **✿ Plus tip**
>
> **자동차운전학원이 아닌 시설**
> ㉠ 교육관계법령에 따른 학교에서 소속학생 및 교직원의 연수를 위하여 설치한 시설
> ㉡ 사업장 등의 시설로서 소속직원의 연수를 위한 시설
> ㉢ 전산장치에 의한 모의운전 연습시설
> ㉣ 지방자치단체 등이 신체장애인의 운전교육을 위하여 설치하는 시설 가운데 시·도경찰청장이 인정하는 시설
> ㉤ 대가(代價)를 받지 아니하고 운전교육을 하는 시설
> ㉥ 운전면허를 받은 사람을 대상으로 다양한 운전경험을 체험할 수 있도록 하기 위하여 도로가 아닌 장소에서 운전교육을 하는 시설

⑤ **음주운전 방지장치** : 술에 취한 상태에서 자동차등을 운전하려는 경우 시동이 걸리지 아니하도록 하는 것으로서 행정안전부령으로 정하는 것을 말한다.

02 안전표지 및 신호

❶ 안전표지

(1) 안전표지

안전표지란 교통안전에 필요한 주의·규제·지시 등을 표시하는 표지판이나 도로 바닥에 표시하는 문자·기호·선 등의 표지를 말한다.

(2) 안전표지의 종류

① **주의표지** : 도로상태가 위험하거나 도로 또는 그 부근에 위험물이 있는 경우에 필요한 안전조치를 할 수 있도록 이를 도로 사용자에게 알리는 표지를 말한다. (**예** 낙석주의 등)

② **규제표지** : 도로교통의 안전을 위하여 각종 제한·금지 등의 규제를 하는 경우에 이를 도로 사용자에게 알리는 표지를 말한다. (**예** 보행자 통행금지 등)

③ **지시표지** : 도로의 통행방법·통행구분 등 도로교통의 안전을 위하여 필요한 지시를 하는 경우에 도로 사용자가 이에 따르도록 알리는 표지를 말한다. (**예** 자동차전용도로 등)

④ **보조표지** : 주의표지·규제표지 또는 지시표지의 주기능을 보충하여 도로 사용자에게 알리는 표지를 말한다. (**예** 견인지역 등)

⑤ **노면표시** : 도로교통의 안전을 위하여 각종 주의·규제·지시 등의 내용을 노면에 기호·문자 또는 선으로 도로 사용자에게 알리는 표지를 말한다. (**예** 안전지대 등)

기출PLUS

(3) 고령운전자 표지

① 국가 또는 지방자치단체는 고령운전자의 안전운전 및 교통사고 예방을 위하여 행정안전부령으로 정하는 바에 따라 고령운전자가 운전하는 차임을 나타내는 표지를 제작하여 배부할 수 있다.

② 고령운전자는 다른 차의 운전자가 쉽게 식별할 수 있도록 차에 고령운전자 표지를 부착하고 운전할 수 있다.

③ 경찰청장은 운전면허를 받은 65세 이상인 사람이 운전하는 차임을 나타내는 고령운전자 표지를 제작하여 배부할 수 있다.

❷ 신호기

(1) 정의

신호기란 도로교통에 관하여 문자나 기호 또는 등화로써 진행·정지·방향전환·주의 등의 신호를 표시하기 위하여 사람이나 전기의 힘에 의하여 조작되는 장치를 말한다.

(2) 설치장소

기출 2022. 4. 23. 경기도 시행

다음 중 교통안전시설물을 설치·관리할 수 없는 자는?

① 서울특별시장
② 울산광역시장
③ 경기도지사
④ 수원시장

신호기는 시·도경찰청장 또는 경찰서장이 필요하다고 인정하는 교차로 그 밖의 도로에 설치하되, 그 앞쪽에서 잘 보이도록 설치하여야 한다.

(3) 신호등의 설치 및 관리

① 특별시장·광역시장·제주특별자치도지사 또는 시장·군수(광역시의 군수는 제외)는 도로에서의 위험을 방지하고 교통의 안전과 원활한 소통을 확보하기 위하여 필요하다고 인정하는 경우에는 신호기를 설치·관리하여야 한다. 다만, 유료도로에서는 시장등의 지시에 따라 그 도로관리자가 교통안전시설을 설치·관리하여야 한다.

② 시장등은 대통령령으로 정하는 사유로 도로에 설치된 교통안전시설을 철거하거나 원상회복이 필요한 경우에는 그 사유를 유발한 사람으로 하여금 해당 공사에 드는 비용의 전부 또는 일부를 부담하게 할 수 있다.

〈정답 ③

※ 시 · 도경찰청장, 경찰서장 또는 시장등은 이 법을 위반한 사실을 기록 · 증명하기 위하여 무인(無人) 교통단속용 장비를 설치 · 관리할 수 있다.

※ 교통안전시설의 설치 · 관리기준은 주 · 야간이나 기상상태 등에 관계없이 교통안전시설이 운전자 및 보행자의 눈에 잘 띄도록 정한다.

> ☆ Plus tip
>
> **신호등의 성능**
>
> ㉠ 등화의 밝기는 낮에 150미터 앞쪽에서 식별할 수 있도록 할 것
>
> ㉡ 등화의 빛의 발산각도는 사방으로 각각 45도 이상으로 할 것
>
> ㉢ 태양광선이나 주위의 다른 빛에 의하여 그 표시가 방해받지 아니하도록 할 것

(4) 신호기의 종류

신호기의 종류로는 현수식(매닮식), 옆기둥식(세로형), 옆기둥식(가로형), 중앙주식, 문형식이 있다.

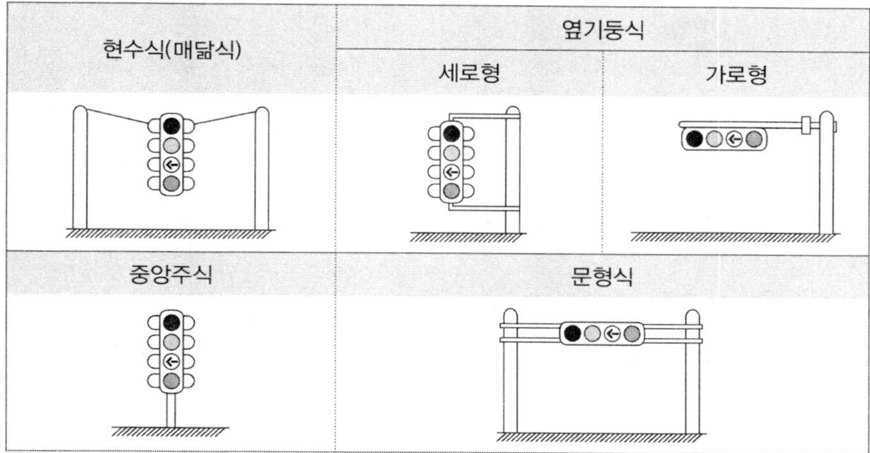

(5) 신호등의 배열과 신호순서

① 신호등의 등화 배열순서

등화 구분(신호등)		가로등 신호등(좌로부터)	세로형 신호등(위로부터)
4색		적색 | 황색 | 녹색화살표 | 녹색	적색 | 황색 | 녹색화살표 | 녹색
		적색 | 황색 | 녹색 녹색화살표	
3색	적색, 황색, 녹색(녹색화살표)	적색 | 황색 | 녹색(녹색화살표)	적색 | 황색 | 녹색(녹색화살표)
	적색화살표, 황색화살표, 녹색화살표	적색화살표 | 황색화살표 | 녹색화살표	적색화살표 | 황색화살표 | 녹색화살표
2색	적색 및 녹색	–	적색 | 녹색

② 신호등의 신호순서

등화 구분(신호등)		신호순서
4색		녹색 → 황색 → 적색 및 녹색화살표 → 적색 및 황색 → 적색
3색	적색, 황색, 녹색(녹색화살표)	녹색(적색 및 녹색화살표) → 황색 → 적색
	적색화살표, 황색화살표, 녹색화살표	녹색화살표 → 황색화살표 → 적색화살표
2색	적색 및 녹색	녹색 → 녹색점멸 → 적색

※ 교차로와 교통여건상 특별히 필요하다고 인정되는 장소는 신호의 순서를 달리하거나 녹색화살표 및 녹색등화를 동시에 표시할 수 있다.

03 신호에 따를 의무

❶ 신호 또는 지시에 따를 의무

(1) 신호나 지시가 있을 때

도로를 통행하는 보행자나 모든 차마 또는 노면전차의 운전자는 교통안전시설이 표시하는 신호 또는 지시와 교통정리를 하는 경찰공무원(의무경찰 포함)과 대통령령으로 정하는 경찰공무원을 보조하는 사람의 신호나 지시를 따라야 한다.

> 🐷 Plus tip
>
> **경찰을 보조하는 사람의 종류**
> ㉠ 모범운전자
> ㉡ 군사훈련 및 작전에 동원되는 부대의 이동을 유도하는 헌병
> ㉢ 본래의 긴급한 용도로 운행하는 소방차·구급차를 유도하는 소방공무원

(2) 신호기와 수신호가 다를 때

교통안전시설의 지시신호와 경찰공무원 등의 지시신호가 다른 경우는 경찰공무원 등의 수신호를 우선으로 한다.

기출PLUS

기출 2021. 5. 1. 전라북도 시행

다음 중 황색 원형등화의 신호의 뜻으로 잘못 설명하고 있는 것은?

① 차마는 정지선이 있거나 횡단보도가 있을 때에는 그 직전이나 교차로의 직전에 정지하여야 한다.
② 이미 교차로에 차마의 일부라도 진입한 경우에는 신속히 교차로 밖으로 진행하여야 한다.
③ 차마는 우회전 할 수 있고 우회전하는 경우에는 보행자의 횡단을 방해하지 못한다.
④ 신호에 따라 진행하는 다른 차마의 교통을 방해되지 않는다면 일시정지한 후 주의하면서 진행할 수 있다.

기출 2022. 6. 18. 서울특별시 시행

「도로교통법 시행규칙」상 차량신호등의 적색 등화의 점멸 신호가 뜻하는 바로 가장 옳은 것은?

① 차마는 정지선이나 횡단보도가 있을 때에는 그 직전이나 교차로의 직전에 일시정지한 후 다른 교통에 주의하면서 진행할 수 있다.
② 차마는 정지선, 횡단보도 및 교차로의 직전에서 정지해야 한다.
③ 차마는 우회전하려는 경우 정지선, 횡단보도 및 교차로의 직전에서 정지한 후 신호에 따라 진행하는 다른 차마의 교통을 방해하지 않고 우회전할 수 있다.
④ 교차로에서 차마가 우회전하려는 경우 차마는 우회전 삼색등이 적색의 등화인 경우 우회전할 수 없다.

◀정답 ④, ①

❷ 신호기가 표시하는 신호의 종류 및 신호의 뜻

(1) 차량신호등

① 원형 등화

구분	내용
녹색의 등화	• 차마는 직진 또는 우회전할 수 있다. • 비보호좌회전표지 또는 비보호좌회전표시가 있는 곳에서는 좌회전할 수 있다.
황색의 등화	• 차마는 정지선이 있거나 횡단보도가 있을 때에는 그 직전이나 교차로의 직전에 정지하여야 하며, 이미 교차로에 차마의 일부라도 진입한 경우에는 신속히 교차로 밖으로 진행하여야 한다. • 차마는 우회전할 수 있고 우회전하는 경우에는 보행자의 횡단을 방해하지 못한다.
적색의 등화	① 차마는 정지선, 횡단보도 및 교차로의 직전에서 정지하여야 한다. ② 차마는 우회전하려는 경우 정지선, 횡단보도 및 교차로의 직전에서 정지한 후 신호에 따라 진행하는 다른 차마의 교통을 방해하지 않고, 우회전 할 수 있다. ③ ②호에도 불구하고 차마는 우회전 삼색등이 적색의 등화인 경우 우회전 할 수 없다.
황색 등화의 점멸	차마는 다른 교통 또는 안전표지의 표시에 주의하면서 진행할 수 있다.
적색 등화의 점멸	차마는 정지선이나 횡단보도가 있을 때에는 그 직전이나 교차로의 직전에 일시정지한 후 다른 교통에 주의하면서 진행할 수 있다.

② 화살표 등화

구분	내용
녹색화살표의 등화	차마는 화살표시 방향으로 진행할 수 있다.
황색화살표의 등화	화살표시 방향으로 진행하려는 차마는 정지선이 있거나 횡단보도가 있을 때에는 그 직전이나 교차로의 직전에 정지하여야 하며, 이미 교차로에 차마의 일부라도 진입한 경우에는 신속히 교차로 밖으로 진행하여야 한다.
적색화살표의 등화	화살표시 방향으로 진행하려는 차마는 정지선, 횡단보도 및 교차로의 직전에서 정지하여야 한다.
황색화살표등화의 점멸	차마는 다른 교통 또는 안전표지의 표시에 주의하면서 화살표시 방향으로 진행할 수 있다.
적색화살표등화의 점멸	차마는 정지선이나 횡단보도가 있을 때에는 그 직전이나 교차로의 직전에 일시정지한 후 다른 교통에 주의하면서 화살표시 방향으로 진행할 수 있다.

③ 사각형 등화

구분	내용
녹색화살표의 등화(하향)	차마는 화살표로 지정한 차로로 진행할 수 있다.
적색×표 표시의 등화	차마는 ×표가 있는 차로로 진행할 수 없다.
적색×표 표시 등화의 점멸	차마는 ×표가 있는 차로로 진입할 수 없고, 이미 차마의 일부라도 진입한 경우에는 신속히 그 차로 밖으로 진로를 변경하여야 한다.

(2) 보행신호등

구분	내용
녹색의 등화	보행자는 횡단보도를 횡단할 수 있다.
녹색 등화의 점멸	보행자는 횡단을 시작하여서는 아니 되고, 횡단하고 있는 보행자는 신속하게 횡단을 완료하거나 그 횡단을 중지하고 보도로 되돌아와야 한다.
적색의 등화	보행자는 횡단보도를 횡단하여서는 아니 된다.

(3) 자전거신호등

① 자전거 주행 신호등

구분	내용
녹색의 등화	자전거 등은 직진 또는 우회전할 수 있다.
황색의 등화	• 자전거 등은 정지선이 있거나 횡단보도가 있을 때에는 그 직전이나 교차로의 직전에 정지하여야 하며, 이미 교차로에 차마의 일부라도 진입한 경우에는 신속히 교차로 밖으로 진행하여야 한다. • 자전거는 우회전할 수 있고 우회전하는 경우에는 보행자의 횡단을 방해하지 못한다.
적색의 등화	① 자전거등은 정지선, 횡단보도 및 교차로의 직전에서 정지해야 한다. ② 자전거등은 우회전하려는 경우 정지선, 횡단보도 및 교차로의 직전에서 정지한 후 신호에 따라 진행하는 다른 차마의 교통을 방해하지 않고 우회전할 수 있다. ③ ②에도 불구하고 자전거등은 우회전 삼색등이 적색의 등화인 경우 우회전할 수 없다.
황색등화의 점멸	자전거 등은 다른 교통 또는 안전표지의 표시에 주의하면서 진행할 수 있다.
적색등화의 점멸	자전거 등은 정지선이나 횡단보도가 있는 때에는 그 직전이나 교차로의 직전에 일시정지한 후 다른 교통에 주의하면서 진행할 수 있다.

② 자전거 횡단 신호등

구분	내용
녹색의 등화	자전거 등은 자전거횡단도를 횡단할 수 있다.
녹색등화의 점멸	자전거 등은 횡단을 시작해서는 안 되고, 횡단하고 있는 자전거 등은 신속하게 횡단을 종료하거나 그 횡단을 중지하고 진행하던 차도 또는 자전거도로로 되돌아와야 한다.
적색의 등화	자전거 등은 자전거횡단도를 횡단하여서는 아니 된다.

(4) 버스신호등

구분	내용
녹색의 등화	버스전용차로에 차마는 직진할 수 있다.
황색의 등화	버스전용차로에 있는 차마는 정지선이 있거나 횡단보도가 있을 때에는 그 직전이나 교차로의 직전에 정지하여야 하며, 이미 교차로에 차마의 일부라도 진입한 경우에는 신속히 교차로 밖으로 진행하여야 한다.
적색의 등화	버스전용차로에 있는 차마는 정지선, 횡단보도 및 교차로의 직전에서 정지하여야 한다.
황색 등화의 점멸	버스전용차로에 있는 차마는 다른 교통 또는 안전표지의 표시에 주의하면서 진행할 수 있다.
적색 등화의 점멸	버스전용차로에 있는 차마는 정지선이나 횡단보도가 있을 때에는 그 직전이나 교차로의 직전에 일시정지한 후 다른 교통에 주의하면서 진행할 수 있다.

(5) 비고

① 자전거 등을 주행하는 경우 자전거주행신호등이 설치되지 않은 장소에서는 차량신호등의 지시에 따른다.

② 자전거횡단도에 자전거횡단신호등이 설치되지 않은 경우 자전거 등은 보행신호등의 지시에 따른다. 이 경우 보행신호등란의 '보행자'는 '자전거 등'으로 본다.

③ 우회전하려는 차마는 우회전 삼색등이 있는 경우 다른 신호등에도 불구하고 이에 따라야 한다.

🔖 Plus tip

자동차운전학원별 비교 및 강사 배치기준

구분	자동차운전학원(일반학원)	자동차운전전문학원(전문학원)
운영기준		전문학원 지정 신청이 있는 날부터 6개월 동안 그 학원의 교육과정을 마친 교육생의 도로주행시험 합격률 60% 이상
자체시험	자체시험 불가 / 도로교통공단(면허시험장)	자체시험 가능
지정권자		시·도경찰청장
학과강사	• 1일 교육시간 7시간 초과 불가 • 강의실 1실당 1명 이상	1일 학과교육 8시간당 1명 이상
기능강사	• 1종 대형: 교육용 자동차 10대당 3명 이상 • 제1·2종 보통 및 보통연습면허: 다음에 따라 산정한 강사 정원을 합산 – 운전면허별 교육용 자동차가 10대 이상인 경우: 해당 운전면허별 교육용 자동차 대수의 합계 10대당 3명 이상 – 운전면허별 교육용 자동차가 10대 미만인 경우: 해당 운전면허별로 각 1명 이상 • 1종 특수: 교육용 자동차 2대당 1명 이상 • 2종 소형 및 원동기: 교육용 자동차등 10대당 1명 이상 • 1일 교육시간 4시간 초과 불가	• 1종 대형: 교육용 자동차 10대당 3명 이상 • 1·2종 보통 및 보통연습면허: 교육용 자동차 10대당 5명 이상 • 1종 특수: 교육용 자동차 2대당 1명 이상 • 2종 소형 및 원동기: 교육용 자동차 10대당 1명 이상
기능검정원 (감독관)	해당 없음	교육생 정원 200명당 1명 이상
학감	해당 없음	필요
부학감	해당 없음	설립·운영자가 학감을 겸임하는 경우 부학감을 두어야 한다.

기출 2024. 6. 22. 서울시 제2회 시행

「도로교통법령」상 자동차운전학원 기능교육 강사의 정원 및 배치기준이 바르게 연결된 것을 〈보기〉에서 모두 고른 것은?

┌─ 보기 ─

㉠ 제1종 대형면허 : 교육용 자동차 10대당 3명 이상

㉡ 제1종 특수면허 : 교육용 자동차 3대당 1명 이상

㉢ 제2종 보통연습면허 : 교육용 자동차 10대 당 2명 이상

㉣ 제2종 소형면허 : 교육용 자동차 10대당 1명 이상

① ㉠, ㉡   ② ㉠, ㉣
③ ㉡, ㉢   ④ ㉢, ㉣

기출 2021. 4. 17. 경기도 시행

다음 중 자동차운전 전문학원의 지정기준 등에 대한 설명으로 바르지 않은 것은?

① 학과교육강사는 1일 학과교육 8시간당 1명 이상이어야 한다.

② 자동차운전 전문학원으로 지정을 받으려면 일정 자격요건을 갖춘 학감을 두어야 한다. 다만, 학원을 설립·운영하는 자가 자격요건을 갖춘 경우에는 학감을 겸임할 수 있으며 이 경우에는 학감을 보좌하는 부학감을 두지 않아도 된다.

③ 학감이나 부학감은 도로교통에 관한 업무에 3년 이상 근무한 경력(관리직 경력만 해당한다)이 있는 사람 또는 학원 등의 운영·관리에 관한 업무에 3년 이상 근무한 경력이 있는 사람으로 파산선고를 받고 복권되지 아니한 사람은 될 수 없다.

④ 전문학원의 기능검정원은 교육생 정원 200명당 1명 이상이어야 한다.

❮정답 ②, ②

기출 2021. 4. 10. 대구광역시 시행

다음 중 「도로교통법」상 모범운전자 연합회 및 모범운전자의 지원에 대한 내용으로 가장 올바르지 않은 것은?

① 모범운전자들의 상호협력을 증진하고 교통안전 봉사활동을 효율적으로 운영하기 위하여 모범운전자연합회를 설립할 수 있다.
② 도로교통법에는 모범운전자연합회를 설립할 수 있는 근거가 존재한다.
③ 지방자치단체는 모범운전자에게 필요한 복장 및 장비를 지원할 수 있다.
④ 국가는 모범운전자가 교통정리 등의 업무를 수행하는 도중 부상을 입거나 사망한 경우에 이를 보상할 수 있도록 보험에 가입할 수 있다.

◀정답 ③

📢 [보충학습] 모범운전자연합회

모범운전자연합회(법 제5조의2 및 법 제5조의3)	
설립목적	모범운전자들의 상호협력 증진과 교통안전 봉사활동을 효율적 운영
지원사항	① 국가 예산의 범위에서 모범 운전자에게 대통령령으로 정하는 바에 따라 교통정리 등의 업무 수행에 필요한 복장 및 장비 지원 할 수 있다.(경적, 신호봉, 야광조끼 등) ② 국가는 모범운전자가 교통정리 등의 업무를 수행하는 도중 사망하거나 부상 등에 대비 보험에 가입 할 수 있다. ③ 지방자치단체는 예산의 범위 내에서 설립된 모범운전자연합회의 사업에 필요한 보조금을 지원할 수 있다.

모범운전자에 대한 복장 및 장비의 지원(시행령 제6조의 2)

① 경찰청장은 모범운전자에게 다음의 복장 및 장비를 지원할 수 있다.
  ㉠ 복장→모자, 근무복, 점퍼 등
  ㉡ 장비→경적, 신호봉, 야광조끼 등
② 복장 및 장비의 지급 기준 및 시기 등에 관하여 필요한 사항은 경찰청장이 정하여 고시한다.

출제예상문제

1 다음 중 도로교통법의 목적으로 옳은 것은?

① 교통의 안전과 원활한 소통을 목적으로 한다.
② 교통 위반자의 지도와 단속을 목적으로 한다.
③ 도로의 관리와 안전을 목적으로 한다.
④ 자동차의 원활한 소통을 목적으로 한다.

2 다음 중 차마로 볼 수 있는 것은 몇 개인가?

> ㉠ 노약자용 보행기
> ㉡ 동력이 없는 손수레
> ㉢ 실외이동로봇
> ㉣ 유모차
> ㉤ 자전거를 타고 횡단보도를 건너는 운전자
> ㉥ 의료용 스쿠터
> ㉦ 어린이가 이용하는 놀이기구

① 0개
② 1개
③ 3개
④ 4개

1.

도로교통법은 도로에서 일어나는 교통상의 모든 위험과 장해를 방지·제거하여 안전하고 원활한 교통을 확보함을 목적으로 한다.

2.

㉤ 만 제외하고 모두 차마가 아니다.
㉤은 횡단보도를 타고 건너는 자전거 운전자는 보행자로 보지 않고 차를 운전하는 차의 운전자로 본다. 따라서 이런 경우의 자전거는 차로 본다(끌고 가고 있는 경우는 차로 보지 않고 보행자로 본다).

Answer 1.① 2.②

3 중앙선을 설명한 것 중 옳지 않은 것은?

① 가변차로에서 신호기가 지시하는 진행방향의 제일 왼쪽의 황색점선은 중앙선이다.

② 황색점선으로 표시한 선은 중앙선이다.

③ 가변차로에서 신호기가 지시하는 진행방향의 제일 오른쪽 황색실선은 중앙선이다.

④ 중앙분리대는 중앙선이다.

4 다음 중 도로교통법상 용어 설명으로 틀린 설명은?

① '지능형로봇'이란 외부환경을 스스로 인지하고 상황을 스스로 판단하여 자율적으로 동작하는 기계장치를 말한다.

② '실외이동로봇'이란 배송 등을 위하여 자율주행(원격제어제외)으로 운행할 수 있는 지능형 로봇을 말한다.

③ '자율주행자동차'란 운전자 또는 승객의 조작 없이 자동차 스스로 운행이 가능한 자동차를 말한다.

④ '보행자우선도로'란 차도와 보도가 분리되지 아니한 도로로서 보행자의 안전과 편의를 보장하기 위하여 보행자통행이 차마 통행에 우선하도록 지정한 도로를 말한다.

3.

③ 가변차로가 설치된 경우에는 신호기가 지시하는 진행방향의 가장 왼쪽에 있는 황색 점선이 중앙선이다.

※ 중앙선 … 차마의 통행 방향을 명확하게 구분하기 위하여 도로에 황색실선이나 황색점선 등의 안전표지로 표시한 선 또는 중앙분리대·울타리 등으로 설치한 시설물을 말한다.

4.

원격제어 제외 X / 원격제어 포함 O

5 자율주행시스템과 관련된 내용으로 틀린 설명은?

① '완전자율주행시스템'이란 모든 영역에서 운전자의 개입 없이 자동차를 운행하는 시스템을 말한다.

② '자율주행자동차'란 운전자 또는 승객의 조작 없이 자동차 스스로 운행이 가능한 자동차를 말한다.

③ '조건부 완전자율주행시스템'이란 지정된 조건에서 운전자의 개입 없이 자동차를 운행하는 시스템을 말한다.

④ '부분 자율주행시스템'이란 지정된 조건에서 자동차를 운행하되 작동한계상황 등에 상관없이 운전자의 개입을 요구하는 시스템을 말한다.

6 보도에 관한 설명 중 옳은 것은?

① 도로의 부분 중 차도 외의 전부를 말한다.

② 도로의 구조상 구획이 되어있지 않아도 보행자의 편의에 의해 보행이 가능한 부분을 말한다.

③ 보행자의 통행을 위하여 연석선, 안전표지 기타 이와 유사한 인공구조물에 의하여 구획된 도로의 부분을 말한다.

④ 차로가 구분되지 않는 도로의 부분을 말한다.

5.

④ '부분 자율주행시스템'이란 지정된 조건에서 자동차를 운행하되 작동한계상황 등 필요한 경우 운전자의 개입을 요구하는 시스템을 말한다.

6.

보도 … 연석선, 안전표지나 그와 비슷한 인공구조물로 경계를 표시하여 보행자(유모차와 행정안전부령으로 정하는 보행보조용 의자차 포함)가 통행할 수 있도록 한 도로의 부분을 말한다.

Answer   5.④ 6.③

7 다음에서 설명하고 있는 용어로 옳은 것은?

> 술에 취한 상태에서 자동차등을 운전하려는 경우 시동이 걸리지 아니하도록 하는 것으로서 행정안전부령으로 정하는 것을 말한다.

① 음주운전 검사기계
② 음주운전 제한차량
③ 음주운전 시동정지장치
④ 음주운전 방지장치

8 다음 중 자율주행시스템의 종류로 옳지 않은 것은?

① 환경 자율주행시스템
② 부분 자율주행시스템
③ 조건부 완전자율주행시스템
④ 완전 자율주행시스템

7.

음주운전 방지장치 … 술에 취한 상태에서 자동차등을 운전하려는 경우 시동이 걸리지 아니하도록 하는 것으로서 행정안전부령으로 정하는 것을 말한다. 〈법 제2조 제34호〉

8.

자율주행시스템의 종류〈규칙 제2조의2〉
㉠ 부분 자율주행시스템 : 지정된 조건에서 자동차를 운행하되 작동한계상황 등 필요한 경우 운전자의 개입을 요구하는 자율주행시스템
㉡ 조건부 완전자율주행시스템 : 지정된 조건에서 운전자의 개입 없이 자동차를 운행하는 자율주행시스템
㉢ 완전 자율주행시스템 : 모든 영역에서 운전자의 개입 없이 자동차를 운행하는 자율주행시스템

Answer   7.④ 8.①

9 다음 개인형 이동장치의 기준으로 옳지 않은 것은?

① 전동킥보드
② 전동기의 동력만으로 움직일 수 있는 자전거
③ 차체중량이 30킬로그램 이상인 자전거
④ 전동이륜평행차

10 다음에서 설명하고 있는 용어로 옳은 것은?

> 교차로 중 차마의 안전하고 원활한 교통처리나 보행자 도로횡단의 안전을 확보하기 위하여 교차로 또는 차도의 분기점 등에 설치하는 섬 모양의 시설을 중심으로 반시계방향으로 통행하도록 한 원형의 도로를 말한다.

① 교차로
② 회전교차로
③ 자동차원형도로
④ 자전거전용도로

9.

개인형 이동장치 ··· 원동기장치자전거 중 시속 25킬로미터 이상으로 운행할 경우 전동기가 작동하지 아니하고 차체 중량이 30킬로그램 미만인 것으로서 행정안전부령으로 정하는 것을 말한다. 〈법 제2조 제19의2호〉
※ 개인형 이동장치의 기준
  ㉠ 전동킥보드
  ㉡ 전동이륜평행차
  ㉢ 전동기의 동력만으로 움직일 수 있는 자전거

10.

회전교차로 ··· 교차로 중 차마가 원형의 교통섬(차마의 안전하고 원활한 교통처리나 보행자 도로횡단의 안전을 확보하기 위하여 교차로 또는 차도의 분기점 등에 설치하는 섬 모양의 시설을 말한다)을 중심으로 반시계방향으로 통행하도록 한 원형의 도로를 말한다.

Answer   9.③ 10.②

11 자동차전용도로를 설명한 것 중 옳은 것은?

① 차도
② 횡단보도
③ 차마의 교통에 사용되는 도로
④ 오로지 자동차의 교통에 제공하는 것을 목적으로 설치된 도로

11.

자동차전용도로 … 자동차만이 다닐 수 있도록 설치된 도로를 말한다.

12 차로에 관한 다음 설명 중 옳은 것은?

① 차마의 통행을 위하여 연석선, 안전표지 기타 공작물에 의해 구획된 도로
② 차마가 한 줄로 도로의 정하여진 부분을 통행하도록 차선에 의하여 구분되는 차도의 부분
③ 자동차의 통행을 위하여 연석선, 안전표지 기타 공작물에 의해 구획된 도로
④ 안전표지, 위험방지용 울타리 그 밖의 공작물에 의해 구획된 도로

12.

차로 … 차마가 한 줄로 도로의 정하여진 부분을 통행하도록 차선으로 구분한 차도의 부분을 말한다.

13 안전지대에 관한 다음 설명 중 옳은 것은?

① 사고가 잦은 장소에 보행자의 안전을 위하여 설치된 부분이다.
② 버스정류장 표지가 있는 부분이다.
③ 도로를 횡단하는 보행자의 안전을 위하여 안전표지 등으로 표시한 도로의 부분이다.
④ 자동차가 안전하게 주차할 수 있는 부분이다.

13.

안전지대 … 도로를 횡단하는 보행자나 통행하는 차마의 안전을 위하여 안전표지나 이와 비슷한 인공구조물로 표시한 도로의 부분을 말한다.

Answer   11.④ 12.② 13.③

14 다음 중 차마의 유턴을 표시하는 신호기의 표시방법은 어느 것인가?

① 보행등의 녹색등화　　② 적색등화

③ 녹색등화　　　　　　④ 녹색화살표시

15 정차에 속하는 것은 어느 것인가?

① 화물을 내리기 위하여 10분을 정지하였다.

② 승객을 태우기 위하여 5분 이내 정지하였다.

③ 고장으로 견인차를 기다리고 있다.

④ 그 차의 운전자가 그 차로부터 떠나서 즉시 운전할 수 없다.

16 교통안전표지의 종류로만 바르게 묶인 것은?

① 주의표지, 규제표지. 지시표지, 노면표시

② 주의표지, 규제표지, 안내표지, 노면표시

③ 주의표지, 규제표지, 지시표지, 보조표시, 노면표시

④ 규제표지, 지시표지, 안내표지, 주의표지, 노면표시

17 다음 신호기가 표시하는 차량신호등에 있어서 적색의 원형 등화 및 점멸 시 내용으로 틀린 설명은?

① 적색의 등화 시 차마는, 정지선, 횡단보도 및 교차로의 직전에서 정지해야 한다.

② 적색의 등화 시 차마는 우회전하려는 경우는 정지선, 횡단보도, 및 교차로의 직전에서 정지한 후 신호에 따라 진행하는 다른 차마의 교통을 방해하지 않고 우회전 할 수 있다.

③ 적색의 등화 시 차마는 우회전 삼색등이 적색의 등화인 경우 우회전 할 수 있다.

④ 적색의 등화 점멸 시 차마는 정지선이나 횡단보도가 있을 때에는 그 직전이나 교차로의 직전에 일시정지한 후 다른 교통에 주의하면서 진행 할 수 있다.

14.

녹색화살표시의 등화가 켜지는 때에 차마는 화살표 방향으로 진행할 수 있다.

15.

정차 … 운전자가 5분을 초과하지 않고 차를 정지시키는 것으로 주차 외의 정지 상태를 말한다.

16.

안전표지 … 교통의 안전에 필요한 주의 · 규제 · 지시 등을 표시하는 표지판 또는 도로의 바닥에 표시하는 기호나 문자 또는 선 등을 말한다.

※ 안전표지의 종류 … 주의표지, 규제표지, 지시표지, 보조표지, 노면표시

17.

③ 차마는 우회전 삼색등이 적색의 등화인 경우 우회전 할 수 없다.

Answer　　14.④　15.②　16.③　17.③

18 도로교통에서 신호에 따를 의무에 관한 설명 중 옳은 것은?

① 신호기, 안전표지보다 경찰관의 신호를 우선으로 따라야 한다.

② 안전표지에만 따르고 경찰관의 신호는 무시해도 된다.

③ 경찰관의 신호보다 신호기, 안전표지를 우선으로 따라야 한다.

④ 신호기가 표시하는 신호와 안전표지에 따르면 된다.

19 다음 중 4색등화의 신호순서로 옳은 것은?

① 적색 → 녹색 → 녹색화살표 → 황색

② 적색 및 녹색화살표 → 황색 → 녹색 → 황색 → 적색

③ 녹색 및 녹색화살표 → 황색 → 적색 → 황색 → 녹색

④ 녹색 → 황색 → 적색 및 녹색화살표 → 적색 및 황색 → 적색

20 다음 안전표지는 무슨 표지인가?

① ㅏ자형 교차로가 있음

② 우선도로가 있음

③ 우측에서 좁은 도로와 합류됨

④ 좌측에서 좁은 도로와 합류됨

18.

도로를 통행하는 보행자와 모든 차마 또는 노면전차의 운전자는 교통안전시설이 표시하는 신호 또는 지시와 교통정리를 하는 경찰공무원 또는 경찰보조자의 신호 또는 지시가 서로 다른 경우에는 경찰공무원 등의 신호 또는 지시에 따라야 한다.

19.

4색등화

㉠ 배열순서 : 적색 → 황색 → 녹색화살표 → 녹색

㉡ 신호순서 : 녹색 → 황색 → 적색 및 녹색화살표 → 적색 및 황색 → 적색

20.

위의 안전표지는 주의표지로서 우측 합류도로가 있음을 나타낸다.

Answer   18.① 19.④ 20.③

21 다음 안전표지는 무슨 표지인가?

① 주차금지표지
② 정차금지표지
③ 진입금지표지
④ 주·정차금지표지

22 다음의 교통안전표지는?

① 좌측면통행표지
② 제차통행제한표지
③ 회전표지
④ 우측면통행표지

21.

규제표지로 쓰여있는 글씨에 따라 통행금지표지
또는 주·정차금지표지이다.

22.

지시표지로 좌측면통행표지이다.

Answer   21.④ 22.①

23 교차로 부근에서 녹색등화가 황색등화로 바뀌었을 때 차는 어떻게 해야 하는가?

① 속도를 높여 빠르게 직진한다.
② 속도를 낮추어 직진한다.
③ 서행으로 좌회전한다.
④ 정지선에 정지한다.

24 원동기장치자전거에 대한 설명으로 옳지 않은 것은?

① 배기량 125cc이하(전기를 동력으로 하는 경우 최고 정격출력 11킬로와트 미만)의 원동기를 단 차를 말한다.
② 자동차등이란 자동차와 원동기장치자전거를 말한다.
③ 원동기장치자전거에 전기자전거는 포함되지 않는다.
④ 1종 보통면허로 원동기장치 자전거를 운전할 수 있다.

25 개인형 이동장치에 대한 설명으로 틀린 설명은?

① 개인형 이동장치란 시속 30킬로미터 이상으로 운행할 경우 전동기가 작동하지 아니하고 자체중량이 25킬로그램 미만인 이동수단을 말한다.
② 개인형 이동장치는 16세 미만은 운전할 수 없고 원동기면허이상을 취득하여야 한다.
③ 도로에서 어린이가 개인형 이동장치를 운전하게 한 보호자는 처벌한다.
④ 자전거 등이란 자전거와 개인형 이동장치를 말한다.

23.

황색등화
㉠ 차마는 정지선이 있거나 횡단보도가 있을 때에는 그 직전이나 교차로의 직전에 정지하여야 한다.
㉡ 이미 교차로에 차마의 일부라도 진입한 경우에는 신속히 교차로 밖으로 진행하여야 한다.
㉢ 차마는 우회전할 수 있고 우회전하는 경우에는 보행자의 횡단을 방해하지 못한다.

24.

전기를 동력으로 하는 경우 11킬로와트 이하이다.
(미만 아님)

25.

개인형 이동장치 … 원동기장치자전거 중 시속 25킬로미터 이상으로 운행할 경우 전동기가 작동하지 아니하고 차체 중량이 30킬로그램 미만인 것으로서 행정안전부령으로 정하는 것을 말한다.

Answer　23.④　24.①　25.①

26 아래에 들어갈 숫자의 총합으로 옳은 것은?

> ⓐ 원동기장치자전거 중 시속 (㉠)킬로미터 이상으로 운행
> 할 경우 전동기가 작동하지 아니하고 차체 중량이 (㉡)
> 킬로그램 미만인 것으로서 행정안전부령으로 정하는 것
> ⓑ 「자동차관리법」 제3조에 따른 이륜자동차 가운데 배기
> 량 (㉢)cc 이하(전기를 동력으로 하는 경우에는 최고
> 정격출력 (㉣) 킬로와트 이하)의 이륜자동차 또는 원
> 동기를 단 차

① 191

② 190

③ 189

④ 192

27 다음 중 원동기장치자전거에 해당하는 것은?

① 배기량 125cc 이하의 이륜자동차

② 배기량 125cc 초과의 이륜자동차

③ 배기량 125cc 미만의 원동기를 단 차

④ 배기량 125cc이하(전기를 동력으로 하는 경우 최고정격출
력 20킬로와트 미만)의 원동기를 단 차

28 「도로교통법」상 용어의 정의로 틀린 설명은?

① 자동차에는 특수자동차, 이륜자동차가 포함되며, 건설기
계관리법에 의한 건설기계는 해당되지 않는다.

② 긴급자동차에는 소방차, 구급차, 혈액 공급차량 등이 포
함된다.

③ 정차란 운전자가 5분을 초과하지 아니하고 차를 정지시키
는 것으로서 주차 외의 정지상태를 말한다.

④ 자동차등이란 자동차와 원동기장치자전거를 말한다.

26.

ⓐ 원동기장치자전거 중 시속 (25)킬로미터 이상으
로 운행할 경우 전동기가 작동하지 아니하고
차체 중량이 (30)킬로그램 미만인 것으로서 행
정안전부령으로 정하는 것

ⓑ 「자동차관리법」 제3조에 따른 이륜자동차 가운
데 배기량 (125)시시 이하(전기를 동력으로 하는 경
우에는 최고정격출력 (11)킬로와트 이하)의 이륜자동
차 또는 원동기를 단 차 25+30+125+11=191

27.

원동기장치자전거란 다음의 어느 하나에 해당하는
차를 말한다.
㉠ 「자동차관리법」 제3조에 따른 이륜자동차 가운
데 배기량 125시시 이하(전기를 동력으로 하는
경우에는 최고정격출력 11킬로와트 이하)의 이
륜자동차
㉡ 그 밖에 배기량 125시시 이하(전기를 동력으로
하는 경우에는 최고정격출력 11킬로와트 이하)
의 원동기를 단 차(「자전거 이용 활성화에 관한
법률」에 따른 전기자전거는 제외한다)

28.

자동차란 철길이나 가설된 선을 이용하지 아니하고
원동기를 사용하여 운전되는 차(견인되는 자동차도
자동차의 일부로 본다)로서 다음의 차를 말한다.
㉠ 「자동차관리법」에 따른 다음의 자동차. 다만,
원동기장치자전거는 제외한다.
• 승용자동차
• 승합자동차
• 화물자동차
• 특수자동차
• 이륜자동차
㉡ 「건설기계관리법」에 따른 건설기계

Answer　26.① 27.① 28.①

29 다음 중 교통안전표지에 대한 설명으로 옳은 것은?

① 규제표지 : 도로의 통행방법·통행구분 등 도로교통의 안전을 위하여 필요한 지시를 하는 경우에 도로사용자가 이에 따르도록 알리는 표지

② 지시표지 : 도로교통의 안전을 위하여 각종 제한·금지 등의 규제를 하는 경우에 이를 도로사용자에게 알리는 표지

③ 주의표지 : 도로상태가 위험하거나 도로 또는 그 부근에 위험물이 있는 경우에 필요한 안전조치를 할 수 있도록 이를 도로사용자에게 알리는 표지

④ 보조표지 : 도로교통의 안전을 위하여 노면에 기호·문자 또는 선으로 도로사용자에게 알리는 표지

30 안전표지와 그에 대한 설명이 가장 바르게 연결된 것은?

①

승합자동차
통행금지표지

②

미끄러운 도로표지

③

양측방향통행표지

④

자전거주차장표지

29.

교통안전표지〈시행규칙 제8조〉

㉠ 주의표지 : 도로상태가 위험하거나 도로 또는 그 부근에 위험물이 있는 경우에 필요한 안전조치를 할 수 있도록 이를 도로사용자에게 알리는 표지

㉡ 규제표지 : 도로교통의 안전을 위하여 각종 제한·금지 등의 규제를 하는 경우에 이를 도로사용자에게 알리는 표지

㉢ 지시표지 : 도로의 통행방법·통행구분 등 도로교통의 안전을 위하여 필요한 지시를 하는 경우에 도로사용자가 이에 따르도록 알리는 표지

㉣ 보조표지 : 주의표지·규제표지 또는 지시표지의 주기능을 보충하여 도로사용자에게 알리는 표지

㉤ 노면표시 : 도로교통의 안전을 위하여 각종 주의·규제·지시 등의 내용을 노면에 기호·문자 또는 선으로 도로사용자에게 알리는 표지

30.

① 화물자동차통행금지표지
③ 중앙분리대시작표지
④ 자전거 나란히 통행 허용 표지

Answer 29.③ 30.②

31 「도로교통법」상 용어에 대한 설명으로 가장 옳지 않은 것은?

① "안전표지"란 교통안전에 필요한 주의 · 규제 · 지시등을 표시하는 표지판이나 도로의 바닥에 표시하는 기호 · 문자 또는 선 등을 말한다.

② "차선"이란 차로와 차로를 구분하기 위하여 그 경계지점을 안전표지로 표시한 선을 말한다.

③ "초보운전자"란 처음 운전면허를 받은 날로부터 3년이 지나지 아니한 사람을 말한다.

④ "정차"란 운전자가 5분을 초과하지 아니하고 차를 정지시키는 것으로서 주차 외의 정지 상태를 말한다.

32 아래의 노면표시가 뜻하는 것은?

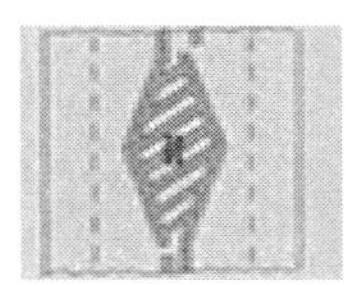

① 횡단보도예고
② 안전지대
③ 구간 내 정차 · 주차금지
④ 유턴구역선

31.

③ 초보운전자란 처음 운전면허를 받은 날(처음 운전면허를 받은 날부터 2년이 지나기 전에 운전면허의 취소처분을 받은 경우에는 그 후 다시 운전면허를 받은 날을 말한다)부터 2년이 지나지 아니한 사람을 말한다. 이 경우 원동기장치자전거면허만 받은 사람이 원동기장치자전거면허 외의 운전면허를 받은 경우에는 처음 운전면허를 받은 것으로 본다.

32.

안전지대의 표시이다.

Answer　　31.③　32.②

33 도로교통법상 자동차등이란?

① 자동차와 건설기계
② 자동차와 교통이나 운수에 사용되는 가축
③ 자동차와 원동기장치자전거
④ 자동차와 자전거

34 다음 중 신호기가 표시하는 신호의 뜻으로 잘못된 것은?

① 녹색의 등화 : 비보호좌회전표지 또는 비보호좌회전표시가 있는 곳에서는 좌회전할 수 있다.
② 적색의 등화 : 차마는 정지선, 횡단보도 및 교차로의 직전에서 정지하여야 한다. 다만, 신호에 따라 진행하는 다른 차 마의 교통을 방해 하지 아니 하고 우회전할 수 있다.
③ 황색의 등화 : 차마는 우회전할 수 있고 우회전하는 경우에는 보행자의 횡단을 방해하지 못한다.
④ 적색 등화의 점멸 : 차마는 다른 교통 또는 안전표지의 표시에 주의하면서 진행할 수 있다.

35 도로교통법 용어의 정의 중 "정차"에 관한 설명으로 가장 옳은 것은?

① 5분을 초과하지 않은 주차 외의 정지 상태
② 차의 고장으로 즉시 운전이 어려운 상태
③ 운전자가 차에서 떠나서 즉시 그 차를 운전할 수 없는 상태
④ 버스가 승객을 기다리고 있는 정지 상태

33.

③ 자동차 등이란 자동차와 원동기장치자전거를 말한다.

34.

차마는 정지선이나 횡단보도가 있을 때에는 그 직전이나 교차로의 직전에 일시정지한 후 다른 교통에 주의하면서 진행 할 수 있다.

35.

정차 … 운전자가 5분을 초과하지 아니하고 차를 정지시키는 것으로써 주차 외의 정지 상태를 말한다.

Answer   33.③ 34.④ 35.①

36 다음 중 교통경찰의 수신호를 대신할 수 있는 것이 아닌 것은?

① 의경의 수신호
② 헌병의 수신호
③ 무사고 운전자의 수신호
④ 외근경찰관의 수신호

37 다음 중 고령운전자 표지에 대한 설명으로 옳지 않은 것은?

① 고령운전자 표지란 고령운전자의 안전운전 및 교통사고 예방을 위하여 고령운전자가 운전하는 차임을 나타내는 표지를 말한다.
② 고령운전자 표지는 다른 차의 운전자가 쉽게 식별할 수 있도록 차량제작업체에서 제작하여 배부하여야 한다.
③ 고령운전자 표지의 제작방법은 바탕은 하늘색, 글씨는 흰색으로 한다.
④ 고령운전자 표지 부착장소는 차의 뒷면 중 안전운전에 지장을 주지 않고, 시인성을 확보할 수 있는 장소에 부착한다.

36.

③ 무사고 운전자가 아니라 모범운전자 표지 장을 수여받은 운전자이다.

37.

고령운전자 표지

㉠ 국가 또는 지방자치단체는 고령운전자의 안전운전 및 교통사고 예방을 위하여 행정안전부령으로 정하는 바에 따라 고령운전자가 운전하는 차임을 나타내는 표지(이하 "고령운전자 표지"라 한다)를 제작하여 배부할 수 있다.
㉡ 고령운전자는 다른 차의 운전자가 쉽게 식별할 수 있도록 차에 고령운전자 표지를 부착하고 운전할 수 있다.
※ 고령운전자 표지 및 제작방법〈규칙 제10조의2 별표 8의2〉

㉠ 제작방법
• 바탕은 하늘색, 글씨는 흰색으로 한다.
• 앞면은 반사지로 제작하고, 뒷면은 탈부착이 가능하도록 고무자석으로 제작한다.
• 글씨체는 문체부 제목 돋움체로 한다.
• 표지 규격 및 글씨 크기를 변경하지 않는 범위에서 필요한 문구 등을 삽입할 수 있다.
㉡ 부착장소
  차의 뒷면 중 안전운전에 지장을 주지 않고, 시인성을 확보할 수 있는 장소에 부착한다.

Answer　36.③　37.②

기출PLUS

기출 2022. 6. 18. 서울특별시 시행

「도로교통법」상 보행자의 통행에 대한 설명으로 가장 옳지 않은 것은?

① 보행자는 보도에서는 우측통행을 원칙으로 한다.
② 보행자는 보도와 차도가 구분되지 아니한 도로 중 중앙선이 있는 도로에서는 길 가장자리 또는 길가장자리구역으로 통행하여야 한다.
③ 보행자는 보도와 차도가 구분되지 아니한 도로 중 중앙선이 없는 도로에서는 도로의 전 부분으로 통행할 수 없다.
④ 보행자는 보도와 차도가 구분된 도로에서는 언제나 보도로 통행하여야 한다. 다만, 차도를 횡단하는 경우, 도로공사 등으로 보도의 통행이 금지된 경우나 그 밖의 부득이한 경우에는 그러하지 아니하다.

기출 2025. 6. 21. 서울시 제1회 시행

「도로교통법」상 보행자의 통행방법에 대한 설명 중 가장 옳지 않은 것은?

① 보행자는 보도와 차도가 구분된 도로에서는 보도로 통행하여야 한다.
② 보행자는 보도와 차도가 구분되지 아니한 도로 중 중앙선이 있는 도로에서는 우측으로 통행하여야 한다.
③ 보행자는 보행자우선도로에서 도로의 전 부분으로 통행할 수 있다.
④ 보행자는 보도에서 우측통행을 원칙으로 한다.

◁정답 ③, ②

01 보행자 및 행렬의 통행

1 보행자의 통행

(1) 보도와 차도

① **보도** : 연석선(보도와 차도를 구분하는 돌 등으로 이어진 선), 안전표지나 그와 비슷한 인공구조물로써 경계를 표시하여 보행자(유모차 및 행정안전부령으로 정하는 보행보조용 의자차를 포함)의 통행에 사용하도록 된 도로의 부분을 말한다.

② **차도** : 연석선, 안전표지나 그와 비슷한 인공구조물로써 경계를 표시하여 모든 차가 통행할 수 있도록 설치된 도로의 부분을 말한다.

(2) 보도의 통행과 우측통행의 원칙

① **보도와 차도가 구분된 도로** : 보행자는 차도를 횡단하는 경우, 도로공사 등으로 보도의 통행이 금지된 경우, 그 밖의 부득이한 경우를 제외하고 언제나 보도로 통행하여야 한다.

② **보행자는 보도와 차도가 구분되지 아니한 도로 중 중앙선이 있는 도로** : 보행자는 보도와 차도가 구분되지 아니한 도로 중 중앙선이 있는 도로(일방통행인 경우에는 차선으로 구분된 도로를 포함한다)에서는 길가장자리 또는 길가장자리구역으로 통행하여야 한다.

③ **보행자는 보도와 차도가 구분되지 아니한 도로 중 중앙선이 없는 도로** : 보행자는 보도와 차도가 구분되지 아니한 도로 중 중앙선이 없는 도로(일방통행인 경우에는 차선으로 구분되지 아니한 도로에 한정한다)에서는 도로의 전 부분으로 통행할 수 있다. 이 경우 보행자는 고의로 차마의 진행을 방해하여서는 아니 된다

④ 보행차우선도로에서도 도로의 전부분으로 통행할 수 있다.

⑤ **보행자의 보도 통행** : 보행자는 보도에서 우측통행을 원칙으로 한다.

(3) 실외이동로봇 운용자의 의무

① 실외이동로봇을 운용하는 사람(실외이동로봇을 조작, 관리하는 사람을 포함
하며, 이하 "실외이동로봇 운용자"라 한다)은 실외이동로봇의 운용 장치와
그 밖의 장치를 정확하게 조작하여야 한다.

② 실외이동로봇 운용자는 실외이동로봇의 운용 장치를 도로의 교통상황과 실
외이동 로봇의 구조 및 성능에 따라 차, 노면전차 또는 다른 사람에게 위험
과 장해를 주는 방법으로 운용하여서는 아니 된다.

❷ 행렬의 통행

(1) 행렬의 정의

학생의 대열이나 군부대 등 그 밖에 보행자의 통행에 지장을 줄 염려가 있는 대열
등을 말한다.

(2) 차도의 우측통행

학생의 대열과 보행자의 통행에 지장을 줄 염려가 있는 사람이나 행렬은 차도로
통행할 수 있으며 이때에는 그 차도의 우측으로 통행하여야 한다.

(3) 도로의 중앙통행

사회적으로 중요한 행사에 따른 시가행진인 경우에는 도로의 중앙을 통행할
수 있다.

(4) 학생의 대열 외에 차도를 통행할 수 있는 행렬 및 보행자

① 군부대 그 밖에 이에 준하는 단체의 행렬

② 기 또는 현수막 등을 휴대한 행렬

③ 말·소 등의 큰 동물을 몰고 가는 사람

④ 사다리·목재 그 밖에 보행자의 통행에 지장을 줄 염려가 있는 물건을 운
반 중인 사람

⑤ 도로의 청소·보수 등 도로에서 작업중인 사람

⑥ 장의(葬儀) 행렬

기출 2025. 6. 21. 서울시(보훈청) 제1회
시행

「도로교통법」상 보행자 및 행렬 등
의 통행방법으로 가장 옳지 않은 것
은?

① 보행자는 보도와 차도가 구분
된 도로에서는 보도로 통행하
여야 한다.

② 보행자는 보도에서는 우측통행
을 원칙으로 한다.

③ 학생의 대열과 그 밖에 보행자
의 통행에 지장을 줄 우려가
있다고 인정하여 대통령령으로
정하는 사람이나 행렬은 차도
로 통행할 수 있다.

④ 어떠한 경우라도 행렬은 도로
의 중앙을 통행할 수 없다.

기출 2022. 6. 18. 울산광역시 시행

다음 중 「도로교통법 시행령」 제7조
에 의거 차도의 우측으로 통행할 수
있는 경우가 아닌 것은?

① 장의 행렬
② 5인 이상 차도의 통행
③ 도로에서 청소나 보수 등의 작
업을 하고 있는 사람
④ 군부대의 행렬

기출 2022. 6. 18. 서울특별시 시행

「도로교통법 시행령」상 차도를 통행
할 수 있는 경우로 가장 옳지 않은
것은?

① 사다리, 목재, 그 밖에 보행자
의 통행에 지장을 줄 우려가
있는 물건을 운반 중인 사람
② 기(旗) 또는 현수막 등을 휴대
한 행렬
③ 말·소 등의 큰 동물을 몰고
가는 사람
④ 신체의 평형기능에 장애가 있
는 사람

‹정답 ④, ②, ④

❸ 도로의 횡단

(1) 보행자의 횡단

① **횡단보도의 통행** : 보행자는 횡단보도, 지하도·육교 그 밖의 도로 횡단시설이 설치되어 있는 도로에서는 그 곳으로 횡단하여야 한다.

② **도로를 횡단할 수 있는 경우** : 지하도·육교 등 도로 횡단시설을 이용할 수 없는 지체장애인의 경우에는 다른 교통에 방해되지 않는 방법으로 도로 횡단시설을 이용하지 않고 도로를 횡단할 수 있다.

③ **횡단보도가 없는 경우** : 보행자는 횡단보도가 설치되어 있지 않은 도로에서는 가장 짧은 거리로 횡단하여야 한다.

> **💬 Plus tip**
>
> **횡단보도의 설치기준**(시행규칙 제11조)
> ㉠ **횡단보도** : 횡단보도에는 횡단보도 표시와 횡단보도 표지판을 설치한다.
> ㉡ **신호기가 설치되어 있는 경우** : 횡단보도를 설치하고자 하는 장소에 횡단보행자용 신호기가 설치되어 있는 경우에는 횡단보도 표시를 설치한다.
> ㉢ **비포장도로인 경우** : 횡단보도를 설치하고자 하는 도로의 표면이 포장이 되지 아니하여 횡단보도 표시를 할 수 없는 때에는 횡단보도 표지판을 설치한다. 이 경우에는 그 횡단보도 표지판에 횡단보도의 너비를 표시하는 보조표지를 설치한다.
> ㉣ **200m 이내 설치 기준** : 횡단보도는 육교·지하도 및 다른 횡단보도로부터 200m(집산도로 및 국지도로는 100m) 이내에는 설치하지 않는다.

(2) 횡단의 금지

① **자동차의 앞·뒤로 횡단금지** : 보행자는 모든 차와 노면전차의 바로 앞이나 뒤로 횡단하여서는 안 된다.

> **💬 Plus tip**
>
> 횡단보도를 횡단하거나 신호기 또는 경찰공무원 등의 신호 또는 지시에 따라 도로를 횡단하는 경우를 제외한다.

② **안전표지에 의해 금지된 도로 횡단금지** : 보행자는 안전표지 등에 의하여 금지되어 있는 도로의 부분에서는 그 도로를 횡단하여서는 안 된다.

기출 2020. 10. 17. 충청북도 시행

다음 중 보행자 통행방법이 아닌 것은?

① 지하도나 육교 등의 도로 횡단시설을 이용할 수 없는 지체장애인의 경우 다른 교통에 방해가 되지 않는 방법으로 도로를 횡단할 수 있다.
② 횡단보도가 설치되어 있지 아니한 곳에서는 도로에서 가장 짧은 거리로 횡단하여야 한다.
③ 보행자는 차와 노면전차의 바로 앞이나 뒤로 횡단하면 안 된다.
④ 보행자는 안전표지 등에 의하여 횡단이 금지되어 있는 도로의 부분에서는 차량 통행이 없으면 빠르게 횡단하여야 한다.

《정답 ④

02 맹인 및 어린이 등의 보호

❶ 맹인

(1) 맹인(앞을 보지 못하는 사람)

앞을 보지 못하는 사람(이에 준하는 사람을 포함)의 보호자는 그 사람이 도로를 보행할 때에는 흰색 지팡이를 갖고 다니도록 하거나 앞을 보지 못하는 사람에게 길을 안내하는 개로서 행정안전부령으로 정하는 장애인보조견을 동반하도록 하여야 한다.

(2) 맹인에 준하는 자

① 듣지 못하는 사람

② 신체평형기능에 장애가 있는 사람

③ 의족 등을 사용하지 않고는 보행이 불가능한 사람

❷ 유아 및 어린이

(1) 유아 및 어린이의 보호

① 어린이의 보호자는 교통이 빈번한 도로에서 어린이를 놀게 하여서는 아니 되며, 영유아의 보호자는 교통이 빈번한 도로에서 영유아가 혼자 보행하게 하여서는 아니 된다.

② 어린이의 보호자는 도로에서 어린이가 자전거를 타거나 행정안전부령으로 정하는 위험성이 큰 움직이는 놀이기구를 타는 경우에는 어린이의 안전을 위하여 행정안전부령으로 정하는 인명보호 장구를 착용하도록 하여야 한다.

> ☆ Plus tip
>
> 행정안전부령이 정하는 위험성이 큰 놀이기구
> ㉠ 킥보드
> ㉡ 롤러스케이트
> ㉢ 인라인스케이트
> ㉣ 스케이트보드
> ㉤ 위 놀이기구와 비슷한 놀이기구

기출 2022. 6. 18. 서울시 보훈청 시행

「도로교통법」상 도로에서 어린이 또는 영유아를 보호하기 위한 보호자의 조치 내용으로 가장 옳지 않은 것은?

① 어린이의 보호자는 도로에서 어린이가 개인형 이동장치를 안전하게 운전하도록 하여야 한다.
② 어린이의 보호자는 교통이 빈번한 도로에서 어린이를 놀게 하여서는 아니 된다.
③ 영유아의 보호자는 교통이 빈번한 도로에서 영유아가 혼자 보행하게 하여서는 아니 된다.
④ 어린이의 보호자는 도로에서 어린이가 자전거를 타는 경우에는 인명 보호 장구를 착용하도록 하여야 한다.

기출 2022. 6. 18. 울산광역시 시행

다음 중 경찰공무원이 안전을 위하여 적절한 조치를 하여야 할 경우가 아닌 사람은?

① 교통이 빈번한 도로에서 놀고 있는 어린이
② 보호자 없이 도로를 보행하는 영유아
③ 앞을 보지 못하는 사람으로서 흰색 지팡이를 가지고 장애인 보조견을 동반하여 걷고 있는 사람
④ 횡단보도나 교통이 빈번한 도로에서 보행에 어려움을 겪고 있는 노인(65세 이상)

❮정답 ①, ③

③ 어린이의 보호자는 도로에서 어린이가 개인형 이동장치를 운전하게 하여서는 아니 된다.

④ 경찰공무원은 신체에 장애가 있는 사람이 도로를 통행하거나 횡단하기 위하여 도움을 요청하거나 도움이 필요하다고 인정하는 경우에는 그 사람이 안전하게 통행하거나 횡단할 수 있도록 필요한 조치를 하여야 한다.

⑤ 경찰공무원은 다음의 어느 하나에 해당하는 사람을 발견한 경우에는 그들의 안전을 위하여 적절한 조치를 하여야 한다.
　㉠ 교통이 빈번한 도로에서 놀고 있는 어린이
　㉡ 보호자 없이 도로를 보행하는 영유아
　㉢ 앞을 보지 못하는 사람으로서 흰색 지팡이를 가지지 아니하거나 장애인보조견을 동반하지 아니하는 등 필요한 조치를 하지 아니하고 다니는 사람
　㉣ 횡단보도나 교통이 빈번한 도로에서 보행에 어려움을 겪고 있는 노인(65세 이상인 사람)

⑥ 시장 등은 교통사고의 위험으로부터 어린이를 보호하기 위하여 필요하다고 인정하는 경우에는 다음의 어느 하나에 해당하는 시설이나 장소의 주변도로 가운데 일정구간을 어린이 보호구역으로 지정하여 자동차등과 노면전차의 통행속도를 시속 30킬로미터 이내로 제한 할 수 있다.
- 유치원(유아교육법)
- 초등학교 또는 특수학교(초, 중등교육법)
- 어린이집(영유아보육법)
- 학원(학원의 설립, 운영 및 과외교습에 관한 법률)
- 외국인학교, 대안학교(초중등교육법)
- 국제학교(제주, 특별자치도 설치 및 국제 자유도시 조성을 위한 특별법)
- 외국교육 기관 중 유치원 초등학교 교과과정이 있는 학교
- 그 밖에 어린이가 자주 왕래하는 곳으로서 조례로 정하는 시설 또는 장소

(2) 유아 및 어린이

① **영유아** : 6세 미만의 사람

② **어린이** : 13세 미만의 사람

(3) 노인 및 장애인 보호구역의 지정 및 관리

① 시장 등은 교통사고의 위험으로부터 노인 또는 장애인을 보호하기 위하여 필요하다고 인정하는 경우에는 제㉠호부터 제㉢호까지 및 제㉣호의2에 따른 시

설의 주변도로 가운데 일정 구간을 노인 보호구역으로, 제⑩호에 따른 시설의 주변도로 가운데 일정 구간을 장애인 보호구역으로 각각 지정하여 차마와 노면전차의 통행을 제한하거나 금지하는 등 필요한 조치를 할 수 있다.

ⓐ 「노인복지법」 제31조에 따른 노인복지시설

ⓑ 「자연공원법」 제2조 제1호에 따른 자연공원 또는 「도시공원 및 녹지 등에 관한 법률」 제2조 제3호에 따른 도시공원

ⓒ 「체육시설의 설치·이용에 관한 법률」 제6조에 따른 생활체육시설

ⓓ 그 밖에 노인이 자주 왕래하는 곳으로서 조례로 정하는 시설

ⓔ 「장애인복지법」 제58조에 따른 장애인복지시설

② ①에 따른 노인 보호구역 또는 장애인 보호구역의 지정·해제 절차 및 기준 등에 관하여 필요한 사항은 행정안전부, 보건복지부 및 국토교통부의 공동부령으로 정한다.

③ 차마 또는 노면전차의 운전자는 노인 보호구역 또는 장애인 보호구역에서 ①에 따른 조치를 준수하고 노인 또는 장애인의 안전에 유의하면서 운행하여야 한다.

📢 어린이 보호구역 지정 및 관리

지정 및 조치 등	지정(대상)
① 시장 등은 교통사고의 위험으로부터 어린이를 보호하기 위하여 필요하다고 인정하는 경우에는 다음에 해당하는 시설의 주변도로 가운데 일정 구간을 스쿨존 내 자동차 등의 통행속도를 시속 30킬로미터 이내로 제한할 수 있다. ② 어린이 보호구역의 지정절차 및 기준에 관한 사항은 교육부, 행정안전부 및 국토교통부의 공동부령으로 정한다. ③ 차마의 운전자는 어린이 보호구역에서 조치를 준수하고 어린이의 안전에 유의하면서 운행하여야 한다.	① 「유아교육법」 따른 유치원 ② 「영유아보육법」에 따른 어린이집 가운데 행정안전부령으로 정하는 어린이집(정원 100인 이상의 어린이집) (다만, 경찰서장이 교통여건을 고려하여 100인 미만의 보육시설 주변도로 등에 대해서도 지정이 가능하다.) ③ 「초·중등교육법」에 따른 초등학교 또는 특수학교 ④ 「학원의 설립·운영 및 과외교습에 관한 법률」에 따른 학원 가운데 행정안전부령으로 정하는 학원(수강생 100인 이상의 학원을 말한다.) (다만, 시장 등이 관할 경찰서장과 협의하여 교통여건 등을 고려하여 수강생 100인 미만의 학원 주변도로 등에 대해서도 지정이 가능) ⑤ 「초·중등교육법」에 따른 외국인학교 또는 대안학교 ⑥ 「제주특별자치도 설치 및 국제자유도시 조성을 위한 특별법」에 따른 국제학교 ⑦ 「경제자유구역 및 제주국제자유도시의 외국교육기관 설립·운영에 관한 특별법」에 따른 외국교육기관 중 유치원·초등학교 교과과정이 있는 학교

기출 PLUS

기출 2024. 6. 22. 서울시 제2회 시행

「도로교통법」 제12조에서 어린이 보호구역 지정에 대한 설명으로 가장 옳지 않은 것은?

① 「학원의 설립·운영 및 과외교습에 관한 법률」 제2조에 따른 학원 가운데 행정안전부령으로 정하는 학원의 주변도로 가운데 일정 구간을 어린이 보호구역으로 지정할 수 있다.

② 「유아교육법」 제2조에 따른 유치원의 주변도로 가운데 일정 구간을 어린이 보호구역으로 지정할 수 있다.

③ 「영유아보육법」 제10조에 따른 어린이집 가운데 보건복지부령으로 정하는 어린이집의 주변도로 가운데 일정 구간을 어린이 보호구역으로 지정할 수 있다.

④ 어린이 보호구역 지정시 자동차등과 노면전차의 통행속도를 시속 30킬로미터 이내로 제한할 수 있다.

◀정답 ③

어린이, 노인 및 장애인 보호구역의 지정 및 관리에 관한 규칙 제3조	
시장 등은 어린이 보호구역, 노인 보호구역 및 장애인 보호구역의 지정 신청을 받았을 때는 아래의 사항을 조사하여야 한다.	
보호구역 지정대상시설 또는 장소 주변	도로의 신호기, 안전표지 및 도로 부속물 설치현황
	도로에서의 연간 교통사고 발생현황
	도로의 자동차 통행량 및 주차수요
	도로를 통행하는 어린이, 노인 또는 장애인의 수와 통행로의 체계 등
시장 등은 보호구역으로 지정 관리할 필요가 인정되는 경우에는 관할 시, 도 경찰청장 또는 경찰서장과 협의하여 해당 보호구역 지정 대상 시설의 주(主)출입문을 중심으로 반경 300미터 이내의 도로 중 일정구간을 보호구역으로 지정한다. 다만 시장 등은 해당지역의 교통여건 등을 검토하여 필요한 경우 주(主)출입문을 중심으로 반경 500미터 이내의 도로에 대해서도 보호구역으로 지정할 수 있다	

기출 2025. 6. 21. 서울시 제1회 시행

「도로교통법 시행령」상 보호구역에 대한 실태조사가 필요한 경우 업무의 일부 위탁이 가능한 기관이나 단체로 가장 옳지 않은 것은?

① 「한국도로교통공단법」에 따른 한국도로교통공단
② 정관이나 규약 등에 교통안전에 대한 업무를 사업내용으로 정한 영리법인이나 단체
③ 「공공기관의 운영에 관한 법률」 제4조에 따른 공공기관 중 교통 관련 기관
④ 「지방공기업법」 제3조 제1항에 따른 지방공기업 중 교통 관련 기관

(4) 보호구역에 대한 실태조사

① 시장등은 어린이 보호구역과 노인 및 장애인 보호구역에서 발생한 교통사고 현황 등 교통환경에 대한 실태조사를 연 1회 이상 실시하고, 그 결과를 보호구역의 지정·해제 및 관리에 반영하여야 한다.

② ①항에 따른 실태조사의 대상 및 방법 등에 필요한 사항은 교육부, 행정안전부, 보건복지부 및 국토교통부의 공동부령으로 정한다.

③ 시장등은 ①항에 따른 실태조사 업무의 일부를 대통령령으로 정하는 바에 따라 「한국도로교통공단법」에 따른 한국도로교통공단 또는 교통 관련 전문기관에 위탁할 수 있다.

> ☆ Plus tip
>
> **보호구역에 대한 실태조사 업무의 위탁(시행령 제8조의2)**
> ㉠ 시장등은 다음의 어느 하나에 해당하는 기관에 어린이 보호구역 및 법 제12조의2에 따른 노인 및 장애인 보호구역에 대한 실태조사 업무의 일부를 위탁할 수 있다.
> • 「한국도로교통공단법」에 따른 한국도로교통공단
> • 「공공기관의 운영에 관한 법률」에 따른 공공기관 중 교통 관련 기관
> • 「지방공기업법」에 따른 지방공기업 중 교통 관련 기관
> • 「지방자치단체출연 연구원의 설립 및 운영에 관한 법률」에 따른 지방자치단체출연 연구원 중 교통 관련 기관
> • 정관이나 규약 등에 교통안전에 관한 업무를 사업 내용으로 정한 비영리법인이나 단체
> ㉡ 시장등은 ㉠에 따라 업무의 일부를 위탁한 경우에는 수탁기관 및 위탁업무의 내용을 해당 지방자치단체의 공보에 고시해야 한다.

◀ 정답 ②

1 보행자의 통행방법에 관한 설명 중 옳은 것은?

① 보행자는 보도와 차도의 구분이 없는 도로에서는 길가장자리구역으로 통행하여야 한다.

② 사회적으로 중요한 행사에 따른 시가행진의 경우에만 우측으로 통행할 수 있다.

③ 횡단보도가 설치되어 있는 도로에서는 가장 짧은 거리로 횡단하여야 한다.

④ 어떠한 경우라 할지라도 보행자는 우측통행을 하여야 한다.

2 차의 운전자가 보행자의 옆을 지나는 경우에 보행자의 안전과 통행에 방해를 주지 않기 위하여 서행 또는 일시정지 해야 하는 장소가 아닌 곳은?

① 도로 이외의 곳

② 보도와 차도가 구분되지 아니한 도로 중 중앙선이 없는 도로

③ 보행자 우선도로

④ 보도와 차도가 구분되지 아니한 도로 중 중앙선이 있는 도로

1.

보행자의 통행방법

㉠ 보행자는 보도와 차도가 구분된 도로에서는 차도를 횡단하는 경우, 도로공사 등으로 보도의 통행이 금지된 경우 그 밖의 부득이한 경우를 제외하고는 언제나 보도로 통행하여야 한다.

㉡ 보행자는 보도와 차도가 구분되지 아니한 도로에서는 차마와 마주보는 방향의 길가장자리 또는 길가장자리 구역으로 통행하여야 한다.

㉢ 행렬 등은 사회적으로 중요한 행사에 따라 시가를 행진하는 경우에는 도로의 중앙을 통행할 수 있다.

2.

보행자의 통행에 방해가 될 때 서행하거나 일시정지 하여야 하는 경우

① 보도와 차도가 구분되지 아니한 도로 중 중앙선이 없는 도로

② 보행자 우선도로

③ 도로이외의 곳

Answer 1.① 2.④

3 실외이동로봇 운용자에 대한 설명으로 옳지 않은 것은?

① 실외이동로봇을 운용하는 사람을 실외이동로봇 운용자라 한다.

② 실외이동로봇 운용자는 실외이동로봇의 운용장치를 정확하게 조작하여야 한다.

③ 실외이동로봇 운용자의 의무사항을 위반하면 100만원 이하의 벌금이나 구류 또는 과료에 처한다.

④ 실외이동로봇의 운용 장치를 도로의 교통상황과 차, 노면전차에게 위험과 장해를 주는 방법으로 운용하여서는 아니 된다.

4 보호구역 통합관리시스템 구축 · 운영 등에 필요한 사항을 정하는 기관으로 옳지 않은 곳은?

① 교육부
② 행정안전부
③ 국토교통부
④ 고용노동부

3.

③ 실외이동로봇 운용자의 의무를 위반한 사람은 20만 원 이하의 벌금이나 구류 또는 과료에 처한다.

※ 실외이동로봇 운용자의 의무

㉠ 실외이동로봇을 운용하는 사람(실외이동로봇을 조작 · 관리하는 사람을 포함하며, 이하 "실외이동로봇 운용자"라 한다)은 실외이동로봇의 운용 장치와 그 밖의 장치를 정확하게 조작하여야 한다.

㉡ 실외이동로봇 운용자는 실외이동로봇의 운용 장치를 도로의 교통상황과 실외이동로봇의 구조 및 성능에 따라 차, 노면전차 또는 다른 사람에게 위험과 장해를 주는 방법으로 운용하여서는 아니 된다.

4.

보호구역 통합관리시스템의 구축 · 운영, 정보 요청 등에 필요한 사항은 교육부, 행정안전부, 보건복지부 및 국토교통부의 공동부령으로 정한다.

Answer   3.③ 4.④

5 다음은 보호구역에 대한 실태조사에 대한 설명이다. (   ) 안에 알맞은 것은?

> 시장등은 어린이 보호구역과 노인 및 장애인 보호구역에서 발생한 교통사고 현황 등 교통환경에 대한 실태조사를 (   )회 이상 실시하고, 그 결과를 보호구역의 지정·해제 및 관리에 반영하여야 한다.

① 연 1회   ② 연 2회
③ 연 3회   ④ 연 5회

6 다음 중 시장등이 보호구역에 대한 실태조사 업무를 위탁할 수 있는 기관으로 옳지 않은 곳은?

① 한국도로교통공단
② 관할 경찰서
③ 지방공기업 중 교통관련기관
④ 공공기관 중 교통관련기관

5.

시장등은 어린이 보호구역과 노인 및 장애인 보호구역에서 발생한 교통사고 현황 등 교통환경에 대한 실태조사를 연 1회 이상 실시하고, 그 결과를 보호구역의 지정·해제 및 관리에 반영하여야 한다.

6.

보호구역에 대한 실태조사 업무를 위탁할 수 있는 기관〈영 제8조의2 제1항〉
㉠ 한국도로교통공단
㉡ 공공기관 중 교통 관련 기관
㉢ 지방공기업 중 교통 관련 기관
㉣ 지방자치단체출연 연구원 중 교통 관련 기관
㉤ 정관이나 규약 등에 교통안전에 관한 업무를 사업 내용으로 정한 비영리법인이나 단체

Answer   5.①   6.②

7

도로교통법상 보행자의 보호와 관련된 내용 중 틀린 것은 몇 개인가?

> ㉠ 시 · 도 경찰청장이나 경찰서장은 보행자우선도로에서 보행자를 보호하기 위하여 필요하다고 인정하는 경우에는 차마의 통행속도를 시속 30킬로미터 이내로 제한할 수 있다
>
> ㉡ 모든 차 또는 노면전차의 운전자는 어린이 보호구역 내에 설치된 횡단보도 중 신호기가 설치되지 아니한 횡단보도 앞 (정지선이 설치된 경우에는 그 정지선)에서는 보행자가 횡단 시에 일시정지 하여야 한다.
>
> ㉢ 시 · 도 경찰청장이나 경찰서장은 보행자의 통행을 보호하기 위하여 특히 필요한 경우에는 보행자 전용도로를 설치할 수 있다.
>
> ㉣ 차마 또는 노면전차의 운전자는 보행자 전용도로를 통행하여서는 아니 된다.

① 0개
② 1개
③ 2개
④ 3개

8

다음 중 횡단보도의 설치기준에 대한 설명으로 옳지 않은 것은?

① 비포장도로에 횡단보도를 설치할 경우 횡단보도 표지판을 설치한다.
② 어린이 보호구역에서는 횡단보도를 200m마다 설치하면 안 된다.
③ 횡단보도에는 횡단보도 표시와 횡단보도 표지판을 설치한다.
④ 횡단보도를 설치하고자 하는 장소에 횡단보행자용 신호기가 설치되어 있는 경우에는 횡단보도 표시를 설치한다.

7.

㉠ 30km(X) 20km(O)
㉡ 보행자의 횡단여부와 관계없이 일시 정지하여야 한다.

8.

횡단보도의 설치제한 : 횡단보도는 육교 · 지하도 및 다른 횡단보도로부터 200미터 이내에는 설치하지 아니한다. 다만, 어린 이 보호구역, 노인 보호구역 또는 장애인 보호구역으로 지정된 구간인 경우 또는 보행자의 안전이나 통행을 위하여 특히 필요하다고 인정되는 경우에는 그러하지 아니하다.

Answer 7.③ 8.②

9 다음 행렬 중에서 차도를 통행할 경우에는 그 우측을 통행해야 함에도 불구하고 차도의 중앙을 통행할 수 있는 경우에 해당되는 것은?

① 군대행렬
② 기 또는 현수막 등을 휴대한 행렬
③ 도로의 청소·보수 등 도로에서 작업 중인 사람
④ 사회적으로 중요한 행사에 따른 시가행진의 경우

10 보행자는 횡단보도가 설치되어 있지 않은 도로에서는 어떻게 횡단해야 옳은가?

① 최단선으로 횡단한다.
② 횡단보도를 찾아 횡단한다.
③ 사선으로 횡단한다.
④ 특별한 규정이 없다.

11 보도통행과 관련한 내용으로 틀린 설명은?

① 보행자는 보도에서 우측통행을 원칙으로 하며 보도와 차도가 구분된 도로에서는 보행자는 언제나 보도로 통행하여야 한다.
② 보행자는 보도와 차도가 구분되지 아니한 도로 중 중앙선이 있는 도로에서는 길가장자리 또는 길가장자리구역으로 통행하여야 한다.
③ 보행자는 보도와 차도가 구분된 도로에서도 도로공사 등으로 보도로 통행하기가 곤란한 경우에는 예외적으로 차도를 통행할 수 있다.
④ 보행자는 보행자 우선도로라 하더라도 도로의 전부분을 이용하여 통행할 수는 없다.

9.

행렬 등의 통행
㉠ 학생의 대열과 그 밖에 보행자의 통행에 지장을 줄 염려가 있다고 인정하여 대통령령이 정하는 사람이나 행렬은 규정에도 불구하고 차도로 통행할 수 있다. 이 경우 그 차도의 우측을 통행하여야 한다.
㉡ 사회적으로 중요한 행사에 따른 시가행진인 경우에는 도로의 중앙을 통행할 수 있다.

10.

도로의 횡단
㉠ 시·도경찰청장은 도로를 횡단하는 보행자의 안전을 위하여 행정안전부령으로 정하는 기준에 따라 횡단보도를 설치할 수 있다.
㉡ 보행자는 횡단보도가 설치되어 있지 아니한 도로에서는 가장 짧은 거리로 횡단하여야 한다.

11.

보행자가 도로의 전 부분으로 통행이 가능한 경우
① 보행자 우선도로
② 보도와 차도가 구분되지 아니한 도로 중 중앙선이 없는 도로(일방통행인 경우에는 차선으로 구분되지 아니한 도로에 한정)

12 보도와 차도가 구분된 도로에서 보행자가 차도로 통행할 수 있는 경우는?

① 신체장애인용 의자차를 타고 갈 때
② 유모차를 끌고 갈 때
③ 보도에 보행자가 지나치게 많을 때
④ 도로공사 등으로 보도의 통행이 금지된 때

13 맹인, 어린이 등의 보호에 관한 설명 중 옳지 않은 것은?

① 어린이의 보호자는 교통이 빈번한 도로에서 어린이를 놀게 하여서는 안 된다.
② 앞을 보지 못하는 사람은 도로를 보행할 경우에 흰색지팡이를 가지고 다니거나, 장애인보조견을 동반하여야 한다.
③ 노인들은 흰색지팡이를 가지고 도로를 통행하여야 한다.
④ 영유아의 보호자는 영유아만을 보행하게 하여서는 안 된다.

14 다음 중 어린이 보호구역과 관련한 내용 중 틀린 것은?

① 시·도경찰청장, 경찰서장 또는 시장 등은 어린이 보호구역상의 도로상에 우선적으로 무인 교통단속용 장비를 설치하여야 한다.
② 시장 등은 지정한 어린이 보호구역에 어린이의 안전을 위하여 시설 또는 장비를 우선적으로 설치하거나 도로관리청에 해당시설 또는 장비의 설치를 요청하여야 한다.
③ 어린이 보호구역내에서의 자동차등과 노면전차의 통행속도는 시속 30킬로미터 이내로 제한할 수 있다.
④ 어린이 보호구역의 지정절차 및 기준 등에 관하여 필요한 사항은 보건복지부, 행정안전부 및 국토교통부의 공동부령으로 정한다.

12.

보행자는 보도와 차도가 구분된 도로에서는 차도를 횡단하는 경우, 도로공사 등으로 보도의 통행이 금지된 경우 그 밖의 부득이한 경우를 제외하고는 언제나 보도로 통행하여야 한다.

13.

맹인 및 어린이 등의 보호
㉠ 어린이의 보호자는 교통이 빈번한 도로에서 어린이를 놀게 하여서는 아니 되며, 영유아(6세 미만)의 보호자는 교통이 빈번한 도로에서 영유아가 혼자 보행하게 하여서는 아니 된다.
㉡ 앞을 보지 못하는 사람(이에 준하는 사람 포함)의 보호자는 그 사람이 도로를 보행할 때에는 흰색 지팡이를 갖고 다니도록 하거나 앞을 보지 못하는 사람에게 길을 안내하는 개로서 행정안전부령으로 정하는 개(장애인보조견)를 동반하도록 하여야 한다.

14.

어린이 보호구역의 지정절차 및 기준 등에 관하여 필요한 사항은 교육부, 행정안전부 및 국토교통부의 공동부령으로 정한다.

Answer　12.④　13.③　14.④

15 어린이 보호구역의 지정 등 운전자의 의무와 관련한 내용으로 틀린 설명은?

① 어린이 보호구역의 지정, 해제 절차 및 기준 등에 관하여 필요한 사항은 교육부, 행정안전부 및 보건복지부의 공동부령으로 정한다.

② 시·도경찰청장, 경찰서장 또는 시장 등은 제한속도 및 안전운행에 위반하는 행위 등의 단속을 위하여 어린이 보호구역의 도로 중에서 행정안전부령에 정하는 곳에 우선적으로 무인 교통단속용 장비를 설치하여야 한다.

③ 차마 또는 노면전차의 운전자는 어린이 보호구역에서 통행속도를 30킬로미터 이내로 유지하면서 어린이의 안전에 유의하면서 운행하여야 한다.

④ 어린이보호구역의 지정권자는 시장 등이며 국가는 예산의 범위에서 지방자치단체에 대 하여 어린이 보호구역 및 노인 및 장애인 보호구역의 설치 및 관리에 필요한 비용의 전부 또는 일부를 보조 할 수 있다.

16 도로교통법에 규정된 보행자의 통행에 관한 사항이다. ㈎에 들어갈 내용으로 옳은 것은?

> 보행자는 보도와 차도가 구분되지 아니한 도로에서는 차마와 마주 보는 방향의 ㈎으로 통행하여야 한다.

① 길중앙자리 또는 길중앙자리구역
② 길가장자리 또는 길가장자리구역
③ 길가장자리 또는 길중앙자리구역
④ 길중앙자리 또는 길가장자리구역

15.

교육부, 행정안전부, 보건복지부령(X) 국토교통부령(O)

16.

② 보행자는 길 가장자리 또는 길가장자리구역으로 통행하여야 한다.

Answer 15.① 16.②

기출PLUS

기출 2022. 4. 23. 경기도 시행

다음 중 차마 및 노면전차의 통행방법에 대해 잘못된 설명은?

① 도로가 일방통행인 경우에는 도로의 중앙이나 좌측 부분을 통행할 수 있다.

② 도로의 파손, 도로공사나 그 밖의 장애 등으로 도로의 우측부분을 통행할 수 없는 경우에는 도로의 중앙이나 좌측 부분으로 통행할 수 있다.

③ 도로 우측 부분의 폭이 5미터가 되지 아니하는 도로에서 다른 차를 앞지르려는 경우에는 도로의 중앙이나 좌측 부분으로 통행할 수 있다.

④ 가파른 비탈길의 구부러진 곳에서 교통의 위험을 방지하기 위하여 시·도경찰청장이 필요하다고 인정하여 구간 및 통행방법을 지정하고 있는 경우에 그 지정에 따라 통행하는 경우에는 도로의 중앙이나 좌측 부분으로 통행할 수 있다.

기출 2020. 6. 13. 서울시 제2회 시행

「도로교통법」상 차마의 운전자가 도로의 중앙이나 좌측 부분으로 통행할 수 있는 경우로 가장 옳지 않은 것은?

① 도로가 일방통행인 경우

② 도로 우측 부분의 폭이 차마의 통행에 충분하지 아니한 경우

③ 안전표지 등으로 앞지르기를 금지하거나 제한하고 있는 경우

④ 도로의 파손, 도로공사나 그 밖의 장애 등으로 도로의 우측 부분을 통행할 수 없는 경우

◀정답 ③, ③

01 차마의 통행

❶ 통행구분

(1) 보도와 차도가 구분된 도로의 경우

① **차마의 통행** : 차마의 운전자는 보도와 차도가 구분된 도로에서는 차도로 통행하여야 한다. 다만, 도로 이외의 곳을 출입할 때는 보도를 횡단할 수 있다.

② **도로를 횡단하는 경우** : 도로 이외의 곳으로 출입할 때 보도를 횡단하여 통행하는 경우 차마의 운전자는 보도를 횡단하기 직전에 일시정지하여 좌측과 우측 부분 등을 살핀 후 보행자의 통행을 방해하지 아니하도록 횡단하여야 한다.

③ **차마의 우측통행** : 차마의 운전자는 도로(보도와 차도가 구분된 도로에서는 차도)의 중앙(중앙선이 설치되어 있는 경우에는 그 중앙선)으로부터 우측부분을 통행하여야 한다.

(2) 차마의 운전자가 도로의 중앙이나 좌측부분을 통행할 수 있는 경우

① **일방통행 도로일 경우** : 도로가 일방통행으로 된 때

② **장애물이 있는 경우** : 도로의 파손·도로공사 그 밖의 장애 등으로 도로의 우측부분을 통행할 수 없는 때

③ **앞지르기를 할 경우** : 도로 우측부분의 폭이 6m가 되지 않는 도로에서 다른 차를 앞지르고자 하는 때, 다만 그 도로의 좌측부분을 확인하여 반대 방향의 교통을 방해할 염려가 없고 앞지르기가 금지 또는 제한되지 않는 경우에 한한다.

④ **도로 폭이 좁을 경우** : 도로 우측부분의 폭이 차마의 통행에 충분하지 않은 때

⑤ **시·도경찰청장의 지정에 따를 경우** : 가파른 비탈길의 구부러진 곳에서 교통의 위험을 방지하기 위하여 시·도경찰청장이 필요하다고 인정하여 구간 및 통행방법을 지정하고 있는 경우에 그 지정에 따라 통행하는 때

(3) 자전거도로 및 길가장자리구역의 통행

차마(자전거등은 제외)의 운전자는 안전표지로 통행이 허용된 장소를 제외하고는 자전거도로 또는 길가장자리구역으로 통행하여서는 아니 된다. 다만, 「자전거 이용 활성화에 관한 법률」에 따른 자전거우선도로의 경우에는 그러하지 아니하다.

(4) 안전지대의 진입금지 및 자전거도로

① **안전지대 진입금지** : 차마의 운전자는 안전지대 등 안전표지에 의하여 진입이 금지된 장소에 들어가서는 안 된다.

② **자전거도로** : 자전거의 운전자는 자전거도로가 따로 있는 곳에서는 그 자전거도로로 통행하여야 한다.

(5) 자전거등의 통행방법의 특례

① 자전거등의 운전자는 자전거도로(자전거만 통행할 수 있도록 설치된 전용차로를 포함)가 따로 있는 곳에서는 그 자전거도로로 통행하여야 한다.

② 자전거등의 운전자는 자전거도로가 설치되지 아니한 곳에서는 도로 우측 가장자리에 붙어서 통행하여야 한다.

③ 자전거등의 운전자는 길가장자리구역(안전표지로 자전거등의 통행을 금지한 구간은 제외)을 통행할 수 있다. 이 경우 자전거등의 운전자는 보행자의 통행에 방해가 될 때에는 서행하거나 일시정지하여야 한다.

④ 자전거등의 운전자는 다음에 해당하는 경우에는 보도를 통행할 수 있다. 이 경우 자전거등의 운전자는 보도 중앙으로부터 차도 쪽 또는 안전표지로 지정된 곳으로 서행하여야 하며, 보행자의 통행에 방해가 될 때에는 일시정지하여야 한다.

   ⊙ 어린이, 노인, 그 밖에 행정안전부령으로 정하는 신체장애인이 자전거를 운전하는 경우. 다만, 「자전거 이용 활성화에 관한 법률」에 따른 전기자전거의 원동기를 끄지 아니하고 운전하는 경우는 제외한다.

   ⓒ 안전표지로 자전거등의 통행이 허용된 경우

   ⓒ 도로의 파손, 도로공사나 그 밖의 장애 등으로 도로를 통행할 수 없는 경우

⑤ 자전거등의 운전자는 안전표지로 통행이 허용된 경우를 제외하고는 2대 이상이 나란히 차도를 통행하여서는 아니 된다.

기출PLUS

기출 2022. 6. 18. 경상북도 시행

도로교통법에 차마의 통행방법으로 옳지 않은 것은?

① 도로 외의 곳으로 출입할 때에는 보도를 횡단하여 통행할 수 있다.

② 도로 우측 부분의 폭이 6미터가 되지 아니하는 도로에서 다른 차를 앞지르려는 경우에는 도로의 중앙이나 좌측 부분을 통행할 수 있다.

③ 규정 속도로 주행하는 것이 원칙이나, 교통이 밀리거나 그 밖의 부득이한 사유로 최저속도보다 느리게 운전할 수밖에 없는 경우에는 그러하지 아니하다.

④ 경사진 곳에서 차량을 마주쳤을 때에는 내려가는 차량이 도로 우측 가장자리로 양보한다.

기출 2025. 6. 21. 서울시(보훈청) 제1회 시행

「도로교통법」상 자전거의 통행방법에 대한 설명으로 가장 옳지 않은 것은?

① 자전거의 운전자는 보도와 차도가 구분된 도로에서는 차도로 통행하여야 한다.

② 자전거에 탑승한 상태로 횡단보도를 이용해 도로를 횡단해서는 안 된다.

③ 자전거로는 길가장자리구역을 통행할 수 없다.

④ 어린이나 노인이 자전거를 운전하는 경우, 보도를 통행할 수 있다.

◀ 정답 ④, ③

⑥ 자전거등의 운전자가 횡단보도를 이용하여 도로를 횡단할 때에는 자전거등에서 내려서 자전거등을 끌거나 들고 보행하여야 한다.

2 차로의 설치·통행

(1) 차로의 설치

① **설치**: 시·도경찰청장은 차마의 교통을 원활하게 하기 위하여 필요한 경우에는 도로에 행정안전부령이 정하는 차로를 설치할 수 있다.

② **가변차로의 설치**: 시간대에 따라 양방향의 통행량이 현저하게 다른 도로에는 교통량이 많은 쪽으로 차로의 수가 확대될 수 있도록 신호기에 의하여 차로의 진행방향을 지시하는 가변차로를 설치할 수 있다.

③ **차도에 노면표시**: 시·도경찰청장은 도로에 차로를 설치하고자 하는 때에는 노면표시로 표시하여야 한다.

④ **보도와 차도의 구분이 없는 도로에 차로를 설치하는 경우**: 보행자가 안전하게 통행할 수 있도록 그 도로의 양쪽에 길 가장자리 구역을 설치하여야 한다.

⑤ **차로의 너비**: 설치되는 차로의 너비는 3m 이상으로 하여야 한다. 다만, 좌회전전용차로의 설치 등 부득이하다고 인정되는 때에는 275㎝ 이상으로 할 수 있다.

⑥ **차로의 설치금지**: 차로는 횡단보도·교차로 및 철길 건널목에는 설치하지 못한다.

⑦ **설치금지구역**: 차로는 횡단보도·교차로 및 철길건널목에는 설치할 수 없다.

(2) 차로의 통행

① **항상 차로로 통행**: 차마의 운전자는 차로가 설치되어 있는 도로에서는 특별한 규정이 있는 경우를 제외하고는 차로를 따라 통행하여야 한다. 다만, 시·도경찰청장이 통행방법을 따로 지정한 때에는 그 방법으로 통행하여야 한다.

다음 괄호 안에 들어갈 숫자로 알맞은 것은?

> **보기**
>
> 차로의 너비는 (㉠)미터 이상으로 하여야 한다. 다만, (㉡) 설치 등 부득이하다고 인정되는 때에는 (㉢)센티미터 이상으로 할 수 있다.

	㉠	㉡	㉢
①	3	버스전용차로	265
②	3	일방통행차로	265
③	3	좌회전전용차로	275
④	3	우회전전용차로	275

〈보기〉는 「도로교통법 시행규칙」 제15조(차로의 설치)에 대한 내용이다. ⑺와 ⑷에 들어갈 내용으로 가장 옳은 것은?

> **보기**
>
> 제1항 시·도경찰청장은 법 제14조 제1항에 따라 도로에 차로를 설치하고자 하는 때에는 별표 6에 따른 노면표시로 표시하여야 한다.
> 제2항 제1항에 따라 설치되는 차로의 너비는 _⑺_ 미터 이상으로 하여야 한다. 다만, 좌회전전용차로의 설치 등 부득이하다고 인정되는 때에는 _⑷_ 센티미터 이상으로 할 수 있다.

	⑺	⑷
①	2	175
②	3	275
③	4	375
④	5	475

❮정답 ③, ②

② 차의 너비가 차로보다 넓은 경우

　㉠ **통행의 금지** : 차의 너비가 행정안전부령으로 정하는 차로의 너비보다 넓어 교통의 안전이나 원활한 소통에 지장을 줄 우려가 있는 경우 그 차의 운전자는 도로를 통행할 수 없다.

　㉡ **허가 후 통행** : 행정안전부령으로 정하는 바에 따라 그 차의 출발지를 관할하는 경찰서장의 허가를 받은 경우에는 통행할 수 있다.

③ **차로 변경 금지** : 차마의 운전자는 안전표지가 설치되어 특별히 진로 변경이 금지된 곳에서는 차마의 진로를 변경하여서는 아니 된다. 다만, 도로의 파손이나 도로공사 등으로 인하여 장애물이 있는 경우에는 진로를 변경할 수 있다.

📢 차로에 따른 통행차량

구분		통행할 수 있는 차량
고속도로 외의 도로	왼쪽 차로	승용, 경형, 소형, 중형 승합
	오른쪽 차로	대형승합, 화물, 특수, 건설기계, 이륜, 원동기장치자전거
고속 도로	편도 2차로 / 1차로	앞지르기 차로(다만 차량 통행량 증가 등 도로 상황으로 인하여 부득이 하게 시속 80KM 미만으로 통행할 수밖에 없는 경우에는 주행 가능)
	편도 2차로 / 2차로	모든 자동차
	편도 3차로 이상 / 1차로	왼쪽차로 통행 차량의 앞지르기 차로 (다만 차량 통행량 증가 등 도로 상황으로 인하여 부득이 하게 시속 80KM 미만으로 통행할 수밖에 없는 경우에는 주행 가능)
	편도 3차로 이상 / 왼쪽 차로	승용, 경형, 소형, 중형 승합
	편도 3차로 이상 / 오른쪽 차로	대형승합, 화물, 특수, 건설기계
차로 구분 방법		－ 왼쪽 차로는 1차로 가까운 쪽을 말하고 차로가 홀수인 경우에는 가운데 차로가 오른쪽 차로가 됨 예) 편도 2차로는 1차로가 왼쪽차로, 2차로가 오른쪽 차로가 되고 편도 3차로는 1차로가 왼쪽이고 2, 3차로가 오른쪽이 됨 － 차로가 짝수 경우는 예) 편도 4차로는 1차로와 2차로가 왼쪽차로가 되고 3차로와 4차로는 오른쪽 차로가 됨

(3) 차로 통행의 제한 및 진로변경 금지

① **통행의 제한** : 차로가 설치된 도로를 통행하고자 하는 경우 차의 너비가 행정안전부령이 정하는 차로의 너비보다 넓어 교통의 안전이나 원활한 소통

기출 PLUS

아래 (　)안의 들어갈 말로 올바른 것은?

　• 보기 •

　도로 폭 초과차에 대하여 (　)의 허가를 받으면 운행이 가능하다.

① 행정안전부장관
② 출발지를 관할하는 시도지사
③ 출발지를 관할하는 경찰서장
④ 도착지를 관할하는 경찰서장

❮정답 ③

에 지장을 줄 우려가 있는 경우 당해 차의 운전자는 그 도로를 통행하여서는 안 된다. 다만, 행정안전부령이 정하는 바에 의하여 출발지를 관할하는 경찰서장의 허가를 받은 경우에는 그렇지 않다.

② **진로변경 금지**: 차마의 운전자는 안전표지가 설치되어 특별히 진로변경이 금지된 곳에서는 차마의 진로를 변경하여서는 안 된다. 다만, 도로의 파손·도로공사 등으로 인하여 장애물이 있는 때에는 그렇지 않다.

❸ 전용차로

(1) 전용차로의 설치

① **전용차로**: 차의 종류나 승차 인원에 따라 지정된 차만 통행할 수 있는 차로를 말한다.

「도로교통법 시행령」상 전용차로통행차 외에 전용차로로 통행할 수 있는 경우에 대한 설명으로 가장 옳지 않은 것은?

① 긴급자동차가 그 본래의 긴급한 용도로 운행되고 있는 경우
② 화물차가 화물을 싣거나 내려주기 위하여 일시 통행하는 경우
③ 전용차로통행차의 통행에 장해를 주지 아니하는 범위에서 택시가 승객을 태우거나 내려주기 위하여 일시 통행하는 경우
④ 도로의 파손, 공사, 그 밖의 부득이한 장애로 인하여 전용차로가 아니면 통행할 수 없는 경우

② **전용차로의 설치**: 시장 등은 원활한 교통을 확보하기 위하여 특히 필요한 경우에는 시·도경찰청장이나 경찰서장과 협의하여 도로에 전용차로를 설치할 수 있다.

③ **통행의 금지**: 전용차로로 통행할 수 있는 차가 아니면 전용차로로 통행하여서는 아니 된다. 다만, 긴급자동차가 그 본래의 긴급한 용도로 운행되고 있는 경우처럼 다음에 해당하는 경우는 그러하지 아니하다.

  ㉠ 전용차로통행차의 통행에 장해를 주지 아니하는 범위에서 택시가 승객을 태우거나 내려주기 위하여 일시 통행하는 경우. 이 경우 택시 운전자는 승객이 타거나 내린 즉시 전용차로를 벗어나야 한다.

  ㉡ 도로의 파손, 공사, 그 밖의 부득이한 장애로 인하여 전용차로가 아니면 통행할 수 없는 경우

(2) 전용차로의 종류와 전용차로로 통행할 수 있는 차

① 버스전용차로

  ㉠ **고속도로**: 9인승 이상 승용자동차 및 승합자동차(승용자동차 또는 12인승 이하의 승합자동차는 6명 이상이 승차한 경우로 한정)는 고속도로의 버스전용차로를 이용할 수 있다.

  ㉡ **고속도로 이외의 도로**
  • 「자동차관리법」에 따른 36인승 이상의 대형승합자동차
  • 「여객자동차 운수사업법」에 따른 36인승 미만의 사업용 승합자동차

- 증명서를 발급받아 어린이를 운송할 목적으로 운행 중인 어린이통학버스
- 대중교통수단으로 이용하기 위한 자율주행자동차로서 「자동차관리법」에 따라 시험·연구 목적으로 운행하기 위하여 국토교통부장관의 임시운행허가를 받은 자율주행자동차
- 도로에서의 원활한 통행을 위하여 시·도경찰청장이 지정한 다음의 어느 하나에 해당하는 승합자동차
  - 노선을 지정하여 운행하는 통학·통근용 승합자동차 중 16인승 이상 승합자동차
  - 국제행사 참가인원 수송 등 특히 필요하다고 인정되는 승합자동차(시·도경찰청장이 정한 기간 이내로 한정)
  - 「관광진흥법」에 따른 관광숙박업자 또는 「여객자동차 운수사업법 시행령」에 따른 전세버스운송사업자가 운행하는 25인승 이상의 외국인 관광객 수송용 승합자동차(외국인 관광객이 승차한 경우만 해당)

② **다인승전용차로** : 3명 이상 승차한 승용·승합자동차(다인승전용차로와 버스전용차로가 동시에 설치되는 경우에는 버스전용차로를 통행할 수 있는 차는 제외)

③ **자전거 전용차로** : 자전거

(3) 노면전차 전용로

① 시장등은 교통을 원활하게 하기 위하여 노면전차 전용도로 또는 전용차로를 설치하려는 경우에는 「도시철도법」에 따른 도시철도사업계획의 승인 전에 다음의 사항에 대하여 시·도경찰청장과 협의하여야 한다. 사업 계획을 변경하려는 경우에도 또한 같다.
  ㉠ 노면전차의 설치 방법 및 구간
  ㉡ 노면전차 전용로 내 교통안전시설의 설치
  ㉢ 그 밖에 노면전차 전용로의 관리에 관한 사항

② 노면전차의 운전자는 노면전차 전용도로 또는 전용차로로 통행하여야 하며, 차마의 운전자는 노면전차 전용도로 또는 전용차로를 다음의 경우를 제외하고는 통행하여서는 아니 된다.
  ㉠ 좌회전, 우회전, 횡단 또는 회전하기 위하여 궤도부지를 가로지르는 경우
  ㉡ 도로, 교통안전시설, 도로의 부속물 등의 보수를 위하여 진입이 불가피한 경우
  ㉢ 노면전차 전용차로에서 긴급자동차가 그 본래의 긴급한 용도로 운행되고 있는 경우

다음 중 도로교통법에서 규정하고 있는 내용을 잘못 설명한 것은?

① 시장 등은 교통을 원활하게 하기 위하여 노면전차 전용도로 또는 전용차로를 설치하려는 경우에는 「도시철도법」 제7조 제1항에 따른 도시철도사업계획의 승인 후에 시·도경찰청장과 협의 하여야 한다.
② 차마의 운전자는 길가의 건물이나 주차장 등에서 도로에 들어갈 때에는 일단 정지한 후에 안전한지 확인하면서 서행하여야 한다.
③ 자동차 등의 운전자는 같은 방향으로 가고 있는 자전거 등의 운전자에 주의하여야 하며, 그 옆을 지날 때에는 자전거등과의 충돌을 피할 수 있는 필요한 거리를 확보하여야 한다.
④ 모든 차의 운전자는 차의 진로를 변경하려는 경우에 그 변경하려는 방향으로 오고 있는 다른 차의 정상적인 통행에 장애를 줄 우려가 있을 때에는 진로를 변경하여서는 아니 된다.

◀정답 ①

02 통행우선순위와 긴급자동차

1 긴급자동차

(1) 긴급자동차 정의

긴급자동차란 소방차, 구급차, 혈액공급차량, 그 밖에 대통령령으로 정하는 자동차들로 그 본래의 긴급한 용도로 사용되고 있는 자동차를 말한다.

(2) 대통령령으로 정한 긴급자동차

① 경찰용 자동차 중 범죄수사, 교통단속, 그 밖의 긴급한 경찰업무 수행에 사용되는 자동차

② 국군 및 주한 국제연합군용 자동차 중 군 내부의 질서 유지나 부대의 질서 있는 이동을 유도하는 데 사용되는 자동차

③ 수사기관의 자동차 중 범죄수사를 위하여 사용되는 자동차

④ 다음의 어느 하나에 해당하는 시설 또는 기관의 자동차 중 도주자의 체포 또는 수용자, 보호관찰 대상자의 호송·경비를 위하여 사용되는 자동차
  ㉠ 교도소·소년교도소 또는 구치소
  ㉡ 소년원 또는 소년분류심사원
  ㉢ 보호관찰소

⑤ 국내외 요인(要人)에 대한 경호업무 수행에 공무(公務)로 사용되는 자동차

(3) 신청에 의해 시·도경찰청장이 지정하는 긴급자동차

① 전기사업, 가스사업, 그 밖의 공익사업을 하는 기관에서 위험 방지를 위한 응급작업에 사용되는 자동차

② 민방위업무를 수행하는 기관에서 긴급예방 또는 복구를 위한 출동에 사용되는 자동차

③ 도로관리를 위하여 사용되는 자동차 중 도로상의 위험을 방지하기 위한 응급작업에 사용되거나 운행이 제한되는 자동차를 단속하기 위하여 사용되는 자동차

④ 전신ㆍ전화의 수리공사 등 응급작업에 사용되는 자동차

⑤ 긴급한 우편물의 운송에 사용되는 자동차

⑥ 전파감시업무에 사용되는 자동차

(4) 긴급자동차로 의제되는 자동차(준긴급자동차)

① 경찰용 긴급자동차에 의하여 유도되고 있는 자동차

② 국군 및 주한 국제연합군용의 긴급자동차에 의하여 유도되고 있는 국군 및 주한 국제연합군의 자동차

③ 생명이 위급한 환자 또는 부상자나 수혈을 위한 혈액을 운송 중인 자동차

❷ 긴급(緊急)자동차의 운행(運行)

(1) 긴급자동차의 운행

① 긴급자동차는 그 본래의 긴급한 용도로 이용 중이어야 한다.

② 긴급자동차 구조를 갖춰야 한다.

③ 운행 중 우선 및 특례의 적용을 받으려면 사이렌이나 경광등을 켠다.

④ 긴급자동차는 전조등 켜거나 그 밖의 적당한 방법으로 긴급차 임을 표시한다.

⑤ 긴급자동차는 전방 20M 떨어진 위치에서 90dbd 이상~120db 이하의 소리를 들을 수 있을 것

> **☆ Plus tip**
>
> **경광등, 사이렌이 없어도 긴급자동차로 인정되는 경우**
> ㉠ 과속단속차
> ㉡ 관례적인 긴급차(준 긴급자동차)
> ㉢ 요인경호업무 "공무" 사용 차

(2) 긴급자동차의 우선 통행권

① 긴급하고 부득이한 경우에는 도로의 중앙이나 좌측통행 가능

② 정지하여야 하는 경우에도 불구하고 긴급하고 부득이한 경우에는 정지하지 아니할 수 있다.

다음 중 긴급자동차의 우선 통행에 대한 설명으로 틀린 내용은?

① 긴급자동차는 긴급하고 부득이한 경우에는 도로의 중앙이나 좌측 부분을 통행할 수 있다.
② 긴급자동차는 도로교통법에 따른 명령에 따라 정지하여야 하는 경우에도 불구하고 긴급하고 부득이한 경우에는 정지하지 아니할 수 있다.
③ 교차로나 그 부근에서 긴급자동차가 접근하는 경우에는 차마와 노면전차의 운전자는 교차로를 피하여 서행하여야 한다.
④ 긴급자동차 운전자는 해당 자동차를 그 본래의 긴급한 용도로 운행하지 아니하는 경우에는 「자동차관리법」에 따라 설치된 경광등을 켜거나 사이렌을 작동하여서는 아니 된다.

◀정답 ③

기출PLUS

기출 2020. 6. 13. 서울시 제2회 시행

「도로교통법」상 긴급자동차의 우선 통행에 대한 설명으로 가장 옳지 않은 것은?

① 긴급하고 부득이한 경우에는 도로의 중앙이나 좌측 부분을 통행할 수 있다.
② 긴급자동차는 이 법에 따른 명령에 따라 정지해야 하는 경우에도 불구하고 부득이한 경우 정지하지 않을 수 있다.
③ 교차로나 그 부근에서 긴급자동차가 접근하는 경우에는 차마와 노면전차의 운전자는 교차로와 상관없이 일시정지 해야 한다.
④ 모든 차와 노면전차의 운전자는 교차로나 그 부근 외의 곳에서 긴급자동차가 접근하는 경우 우선 통행할 수 있도록 양보해야 한다.

기출 2024. 2. 24. 서울시 제1회 시행

「도로교통법 시행규칙」상 시·도경찰청장이 긴급자동차의 지정을 취소할 수 있는 경우에 해당하지 않는 것은?

① 자동차의 사이렌 또는 경광등이 긴급자동차에 관한 구조에 적합하지 않은 경우
② 자동차의 색칠이 긴급자동차에 관한 구조에 적합하지 않은 경우
③ 자동차의 고장으로 인하여 긴급자동차로 사용할 수 없게 된 경우
④ 자동차가 지정된 기간 내에 정기검사를 받지 않은 경우

〈정답 ③, ④

③ 교통의 안전에 특히 주의하면서 통행하여야 한다. (서행의 예외)

(3) 긴급자동차 특례

① 속도제한

② 앞지르기금지

③ 끼어들기금지

④ 신호위반

⑤ 보도침범

⑥ 중앙선침범

⑦ 횡단 등의 금지

⑧ 안전거리 확보

⑨ 앞지르기 방법

⑩ 정차 및 주차금지

⑪ 주차금지

⑫ 고장 등의 조치

※ ④부터 ⑫까지는 소방차, 구급차, 혈액공급차량, 경찰용자동차에 대해서만 적용하지 않는다.(다른 긴급차는 대상이 아니다)

(4) 지정 긴급자동차 취소사유

① 취소 권자는 시·도경찰청장이다.

② 취소사유
  ㉠ 목적 외 사용 시
  ㉡ 고장 등 부득이한 경우
  ㉢ 긴급자동차 구조로 적합하지 않은 경우

(5) 긴급자동차 접근시 피양방법

① 교차로나 그 부근 → 교차로를 피하여 일시정지

② 기타 → 긴급자동차가 우선 통행할 수 있도록 진로를 양보

03 자동차의 속도와 안전거리

❶ 자동차 등의 속도

(1) 속도의 준수

자동차 등과 노면전차의 운전자는 규정에 의한 최고속도를 초과하거나 최저속도에 미달하여 운전하여서는 안 된다. 다만, 교통이 밀리거나 그 밖의 부득이한 사유로 최저속도보다 느리게 운전할 수밖에 없는 경우에는 그러하지 아니하다.

(2) 정상적인 기후일 때

구분			운행속도	
			최고속도	최저속도
일반도로	「국토의 계획 및 이용에 관한 법률」의 규정에 따른 주거지역·상업지역 및 공업지역의 일반도로에서는 50Km/h. 다만, 시·도경찰청장이 원활한 소통을 위하여 특히 필요하다고 인정하여 지정한 노선 또는 구간		60km/h	제한없음
	편도 1차로		60km/h	제한없음
	편도 2차로 이상		80km/h	제한없음
자동차전용도로			90km/h	30km/h
고속도로	편도 1차로		80km/h	50km/h
	편도 2차로 이상	승용차, 승합차, 화물자동차(적재중량 1.5톤 이하)	100km/h	50km/h
		화물자동차(적재중량 1.5톤 초과), 특수자동차, 위험물운반자동차 및 건설기계	80km/h	50km/h
	경찰청장이 고속도로의 원활한 소통을 위하여 특히 필요하다고 인정하여 지정·고시한 노선 또는 구간	승용차, 승합차	120km/h	50km/h
		화물자동차, 특수자동차, 위험물운반자동차 및 건설기계	90km/h	50km/h

※ 규정 속도의 제한
   ㉠ 제한사유 : 도로에서 일어나는 위험을 방지하고 교통의 안전과 원활한 소통을 확보하기 위하여 필요하다고 인정하는 경우
   ㉡ 제한권자 및 구역·구간
     • 경찰청장 : 고속도로
     • 시·도경찰청장 : 고속도로를 제외한 도로

「도로교통법 시행규칙」상 일반도로와 고속도로에서의 자동차등(개인형 이동장치는 제외한다)과 노면전차 속도에 대한 설명으로 가장 옳은 것은?

① 눈이 20밀리미터 이상 쌓인 경우 최고속도의 100분의 50을 줄인 속도로 운행하여야 한다.
② 자동차전용도로에서의 최고속도는 매시 80킬로미터이다.
③ 편도 1차로 고속도로에서의 최고속도는 매시 100킬로미터이다.
④ 비가 내려 노면이 젖어있는 경우 최고속도의 100분의 50을 줄인 속도로 운행하여야 한다.

◀ 정답 ①

기출 PLUS

기출 2024. 6. 22. 서울시 제2회 시행

「도로교통법령」상 자동차의 속도 제한에 대한 설명으로 가장 옳은 것은? (단, 개인형 이동장치는 제외한다.)

① 고속도로와 자동차전용도로 외의 일반도로에서 자동차의 최고속도는 시속 90킬로미터까지 지정할 수 있다.
② 일반적인 자동차 전용도로에서의 최고속도는 시속 60킬로미터, 최저속도는 시속 40킬로미터이다.
③ 자동차의 통행 속도는 국토교통부령으로 정하나 경찰청장이나 시·도경찰청장이 필요하다고 인정하는 경우에는 구간을 지정하여 추가로 속도를 제한할 수 있다.
④ 비가 내려 노면이 젖어 있고, 가변형 속도제한표지가 없는 경우 최고속도의 100분의 20을 줄인 속도로 운행해야 한다.

기출 2024. 2. 24. 서울시 제1회 시행

「도로교통법 시행규칙」상 〈보기〉의 ㈎, ㈏에 들어갈 내용으로 가장 옳은 것은?

┌─ 보기 ─

견인자동차가 아닌 자동차로 다른 자동차를 견인하여 도로(고속도로를 제외한다)를 통행하는 때의 속도는 제19조에 불구하고 다음 각 호에서 정하는 바에 의한다.
1. 총중량 2천킬로그램 미만인 자동차를 총중량이 그의 3배 이상인 자동차로 견인하는 경우에는 매시 <u>㈎</u> 킬로미터 이내
2. 제1호 외의 경우 및 이륜자동차가 견인하는 경우에는 매시 <u>㈏</u> 킬로미터 이내(M)

	㈎	㈏
①	30	20
②	30	25
③	35	20
④	35	25

❰정답 ④, ②

(3) 이상기후(비·안개·눈 등으로 인한 악천후)일 때(감속운행)

① 최고속도의 100분의 20을 줄인 속도를 운행해야 할 경우

   ㉠ 비가 내려 노면이 젖어있는 경우

   ㉡ 눈이 20mm 미만 쌓인 경우

② 최고속도의 100분의 50을 줄인 속도로 운행해야 할 경우

   ㉠ 폭우·폭설·안개 등으로 가시거리가 100m 이내인 경우

   ㉡ 노면이 얼어붙은 경우

   ㉢ 눈이 20mm 이상 쌓인 경우

(4) 견인자동차가 아닌 자동차로 자동차를 견인할 때의 속도(고속도로 제외)

① 매시 30km 이내인 경우: 총 중량 2,000kg에 미달하는 자동차를 그의 3배 이상인 자동차로 견인하는 경우

② 매시 25km 이내인 경우: 위 ① 이외의 경우 및 이륜자동차가 견인하는 경우

❷ 안전거리 확보 및 진로변경 금지

(1) 안전거리 확보

같은 방향으로 가는 앞차의 뒤를 따를 때 앞차가 갑자기 정지하게 되는 경우에 앞차와의 충돌을 피할만한 필요한 거리를 확보하여야 한다.

> **♧ Plus tip**
>
> 공주거리와 제동거리 및 정지거리
> ㉠ **공주거리**: 차를 정지하기 위해 운전자가 브레이크를 밟아 브레이크가 실제로 작동을 시작할 때까지 차가 달려간 거리
> • 지각반응시간과 공주거리: 운전자가 주행중에 위험을 인지하고 행동에 옮기기까지에는 다소의 시간이 걸리므로 장애물과의 거리, 간격, 주행속도 등에 대한 운전자의 판단과 행동능력의 한계를 염두에 두고 운전해야 한다.
> • 운전자가 피로한 경우의 공주거리: 판단할 시간이 더 걸리므로 공주거리가 길어진다.
> ㉡ **제동거리**: 브레이크가 작동하여 정지할 때까지 자동차가 이동한 거리
> • 비가 올 경우의 제동거리: 비에 젖은 도로를 주행할 때와 무거운 화물을 실은 때에는 제동거리가 길어진다.
> ㉢ **정지거리**: 공주거리와 제동거리를 합친 거리
> • 타이어가 마모된 경우: 타이어가 양호한 상태의 경우보다 정지거리가 길어진다.

(2) 급제동 금지 및 진로변경 금지

① 위험방지·부득이한 경우가 아니면 차를 갑자기 정지시키거나 속도를 줄이는 등의 급제동을 하여서는 안 된다.

② 변경하고자 하는 방향으로 오고 있는 모든 차의 정상적인 통행에 장애를 줄 우려가 있을 때에는 진로를 변경하여서는 안 된다.

(3) 횡단 등의 금지

차마의 운전자는 보행자나 다른 차마의 정상적인 통행을 방해할 우려가 있는 경우에는 도로를 횡단하거나 유턴 또는 후진하여서는 안 된다.

(4) 도로에 진입시 일단정지

차마의 운전자는 길가의 건물이나 주차장 등에서 도로에 들어가려고 할 때에는 일단 정지한 후에 안전여부를 확인하면서 서행해야 한다.

❸ 진로 양보의 의무

(1) 서행하려는 차의 양보

모든 차(긴급자동차 제외)의 운전자는 뒤에서 따라오는 차보다 느린 속도로 가려는 경우에는 도로의 우측 가장자리로 피하여 진로를 양보하여야 한다. 다만, 통행구분이 설치된 도로의 경우에는 그러하지 아니하다.

(2) 비탈진 좁은 도로에서의 양보

좁은 도로에서 긴급자동차 외의 자동차가 서로 마주보고 진행할 때에는 다음의 구분에 따른 자동차가 도로의 우측 가장자리로 피하여 진로를 양보하여야 한다.

① 비탈진 좁은 도로에서 자동차가 서로 마주보고 진행하는 경우에는 올라가는 자동차

② 비탈진 좁은 도로 외의 좁은 도로에서 사람을 태웠거나 물건을 실은 자동차와 동승자(同乘子)가 없고 물건을 싣지 아니한 자동차가 서로 마주보고 진행하는 경우에는 동승자가 없고 물건을 싣지 아니한 자동차

기출PLUS

기출 2022. 6. 18. 서울시 보훈청 시행

「도로교통법」상 차량 운행 중 안전거리 확보에 대한 설명으로 가장 옳지 않은 것은?

① 모든 차의 운전자는 같은 방향으로 가고 있는 앞차의 뒤를 따르는 경우에는 앞차가 갑자기 정지하게 되는 경우 그 앞차와의 충돌을 피할 수 있는 필요한 거리를 확보하여야 한다.

② 자동차 등의 운전자는 같은 방향으로 가고 있는 자전거 등의 운전자에 주의하여야 하며, 그 옆을 지날 때에는 자전거 등과의 충돌을 피할 수 있는 필요한 거리를 확보하여야 한다.

③ 모든 차의 운전자는 차의 진로를 변경하려는 경우에 그 변경하려는 방향으로 오고 있는 다른 차의 정상적인 통행에 장애를 줄 우려가 있을 때에는 빠른 진로 변경을 통해 안전거리를 확보하여야 한다.

④ 모든 차의 운전자는 위험방지를 위한 경우와 그 밖의 부득이한 경우가 아니면 운전하는 차를 갑자기 정지시키거나 속도를 줄이는 등의 급제동을 하여서는 아니 된다.

❮정답 ③

04 앞지르기와 철길·교차로 통행

① 앞지르기

(1) 앞지르기 방법

① 모든 차의 운전자는 다른 차를 앞지르고자 할 때에는 앞차의 좌측을 통행하여야 한다.

② 자전거 등의 운전자는 서행하거나 정지한 다른 차를 앞지르려면 앞차의 우측으로 통행할 수 있다. 이 경우 자전거 등의 운전자는 승차하거나 하차하는 사람의 안전에 유의하여 서행하거나 필요한 경우 일시 정지하여야 한다.

③ 다른 차를 앞지르고자 하는 모든 차의 운전자는 반대방향의 교통 및 앞차의 전방교통에도 충분한 주의를 기울여야 한다.

④ 앞차의 속도나 진로 그 밖의 도로 상황에 따라 방향지시기·등화 또는 경음기를 사용한다.

> **☆ Plus tip**
>
> **앞지르기** … 차의 운전자가 앞서가는 다른 차의 옆을 지나서 그 차의 앞으로 나가는 것을 말한다.

(2) 앞지르기 방해금지

모든 차의 운전자는 앞지르기를 하려는 차가 위의 방법으로 앞지르기를 하는 때에는 속도를 높여 경쟁하거나 앞지르기하려는 차의 앞을 가로막는 등의 방해를 해서는 안 된다.

(3) 앞지르기 금지시기 및 금지장소

① 앞지르기 금지시기

  ㉠ 앞차의 좌측에 다른 차가 앞차와 나란히 가고 있는 경우

  ㉡ 앞차가 다른 차를 앞지르고 있거나 앞지르고자 하는 경우

  ㉢ 앞차가 도로교통법에 의한 명령 또는 경찰공무원의 지시를 따르거나 위험을 방지하기 위해 정지 또는 서행하고 있는 경우

도로교통법상 앞지르기가 금지 시기 및 장소에 대한 내용으로 틀린 것은?

① 도로가 구부러진 곳과 고갯마루 또는 비탈길 오르막은 앞지르기가 금지되는 장소이다.

② 교차로, 터널 안, 다리 위는 앞지르기가 금지 된다.

③ 앞차의 좌측에 다른 차가 앞차와 나란히 가고 있는 경우 앞지르기가 금지 된다.

④ 앞차가 다른 차를 앞지르고 있거나 앞지르려고 하는 경우 앞지르기가 금지 된다.

‹정답 ①

② 앞지르기 금지장소

　㉠ 교차로·터널 안 또는 다리 위

　㉡ 도로의 구부러진 곳, 비탈길의 고개마루 부근 또는 가파른 비탈길의 내리막 등, 시·도경찰청장이 도로에서의 위험을 방지하고 교통의 안전과 원활한 소통을 확보하기 위하여 필요하다고 인정하는 곳으로서 안전표지로 지정한 곳

❷ 철길 건널목 통과

(1) 건널목 통과 및 통과금지

① 철길 건널목을 통과하고자 하는 때에는 그 건널목 앞에서 일시정지하여 안전함을 확인한 후에 통과하여야 한다. 다만, 신호기 등이 표시하는 신호에 따르는 때에는 정지하지 아니하고 통과할 수 있다.

② 건널목을 통과하고자 하는 때에 그 건널목의 차단기가 내려져 있거나 내려지려고 하는 때 또는 건널목의 경보기가 울리고 있는 동안에는 그 건널목으로 들어가서는 안 된다.

(2) 건널목에서 운행할 수 없게 된 때의 조치

① 즉시 승객을 대피시켜야 한다.

② 비상신호기를 사용하거나 그 밖의 방법으로 즉시 철도공무원 또는 경찰공무원에게 알린다.

❸ 교차로의 통행방법

(1) 교차로 통과요령

① 우회전할 때

　㉠ 미리 도로의 우측 가장자리를 서행하면서 우회전하여야 한다. 이 경우 우회전하는 차의 운전자는 신호에 따라 정지하거나 진행하는 보행자 또는 자전거 등에 주의하여야 한다.

　㉡ 자전거 등의 운전자는 교차로에서 좌회전하려는 경우에는 미리 도로의 우측 가장자리로 붙어 서행하면서 교차로의 가장자리 부분을 이용하여 좌회전하여야 한다.

다음 중 앞지르기의 금지 시기 및 장소에 대한 내용이 잘못된 것은?

① 앞차가 다른 차를 앞지르고 있거나 앞지르려고 하는 경우
② 앞차의 좌측에 다른 차가 앞차와 나란히 가고 있는 경우
③ 경찰공무원의 지시에 따라 앞차가 서행하고 있을 경우
④ 왕복 4차선에서 앞차가 서행 중일 경우

〈정답 ④

기출PLUS

기출 2024. 6. 22. 서울시 제2회 시행

「도로교통법령」상 교통정리가 없는 교차로에서의 양보운전에 대한 설명으로 가장 옳지 않은 것은?

① 교차로에서의 양보운전 위반은 승용자동차등은 4만원, 승합자동차등은 5만원의 범칙금이 부과된다.
② 교통정리를 하고 있지 아니하는 교차로에 동시에 들어가려고 하는 차의 운전자는 좌측도로의 차에 진로를 양보하여야 한다.
③ 교통정리를 하고 있지 아니하는 교차로에 들어가려고 하는 차의 운전자는 이미 교차로에 들어가 있는 다른 차가 있을 때에는 그 차에 진로를 양보하여야 한다.
④ 교통정리를 하고 있지 아니하는 교차로에서 좌회전하려고 하는 차의 운전자는 그 교차로에서 직진하거나 우회전하려는 다른 차가 있을 때에는 그 차에 진로를 양보하여야 한다.

기출 2022. 6. 18. 인천광역시 시행

다음 교통정리가 없는 교차로에서 양보운전 중 올바르지 않은 것은?

① 이미 교차로에 들어가 있는 다른 차가 있을 때에는 그 차에 진로를 양보한다.
② 폭이 넓은 도로로부터 교차로에 들어가려고 하는 차에 진로를 양보한다.
③ 교차로에 동시에 들어가려고 하는 차의 운전자는 우측도로의 차에 진로를 양보한다.
④ 교차로에서 직진하려고 하는 차의 운전자는 좌회전하려는 차에 진로를 양보한다.

◀정답 ②, ④

② **좌회전할 때**: 미리 도로의 중앙선을 따라 서행하면서 교차로의 중심 안쪽을 이용하여 좌회전하여야 한다. 다만, 시·도경찰청장이 교차로의 상황에 따라 특히 필요하다고 인정하여 지정한 곳에서는 교차로의 중심 바깥쪽을 통과할 수 있다.

③ **신호하는 차의 진행 방해금지**: 우회전이나 좌회전을 하기 위하여 손이나 방향지시기 또는 등화로써 신호를 하는 차가 있는 경우에 그 뒤차의 운전자는 신호를 한 앞차의 진행을 방해하여서는 아니 된다.

④ **다른 차 또는 노면전차의 통행에 방해될 경우 교차로 진입금지**: 신호기로 교통정리를 하고 있는 교차로에 들어가려는 경우에는 진행하려는 진로의 앞쪽에 있는 차 또는 노면전차의 상황에 따라 교차로(정지선이 설치되어 있는 경우에는 그 정지선을 넘은 부분)에 정지하게 되어 다른 차 또는 노면전차의 통행에 방해가 될 우려가 있는 경우에는 그 교차로에 들어가서는 아니 된다.

⑤ 교통정리를 하고 있지 아니하고 일시정지나 양보를 표시하는 안전표지가 설치되어 있는 교차로에 들어가려고 할 때에는 다른 차의 진행을 방해하지 아니하도록 일시정지하거나 양보하여야 한다.

(2) **교통정리가 없는 교차로에서의 양보운전**

① 교통정리를 하고 있지 아니하는 교차로에 들어가려고 하는 차의 운전자는 이미 교차로에 들어가 있는 다른 차가 있을 때에는 그 차에 진로를 양보하여야 한다.

② 교통정리를 하고 있지 아니하는 교차로에 들어가려고 하는 차의 운전자는 그 차가 통행하고 있는 도로의 폭보다 교차하는 도로의 폭이 넓은 경우에는 서행하여야 하며, 폭이 넓은 도로로부터 교차로에 들어가려고 하는 다른 차가 있을 때에는 그 차에 진로를 양보하여야 한다.

③ 교통정리를 하고 있지 아니하는 교차로에 동시에 들어가려고 하는 차의 운전자는 우측도로의 차에 진로를 양보하여야 한다.

④ 교통정리를 하고 있지 아니하는 교차로에서 좌회전하려고 하는 차의 운전자는 그 교차로에서 직진하거나 우회전하려는 다른 차가 있을 때에는 그 차에 진로를 양보하여야 한다.

(3) 회전교차로 통행방법

① 모든 차의 운전자는 회전교차로에서는 반시계방향으로 통행하여야 한다.

② 모든 차의 운전자는 회전교차로에 진입하려는 경우에는 서행하거나 일시 정지하여야 하며, 이미 진행하고 있는 다른 차가 있는 때에는 그 차에 진로를 양보하여야 한다.

③ ① 및 ②에 따라 회전교차로 통행을 위하여 손이나 방향지시기 또는 등화로써 신호를 하는 차가 있는 경우 그 뒤차의 운전자는 신호를 한 앞차의 진행을 방해하여서는 아니 된다.

05 서행 · 일시정지

❶ 보행자의 보호

(1) 횡단보도 및 안전지대 · 좁은 도로에서의 보행자 보호

① 모든 차 또는 노면전차의 운전자는 보행자가 횡단보도를 통행하고 있거나 통행하려고 하는 때에는 보행자의 횡단을 방해하거나 위험을 주지 아니하도록 그 횡단보도 앞(정지선이 설치되어 있는 곳에서는 그 정지선)에서 일시 정지하여야 한다.

② 도로에 설치된 안전지대에 보행자가 있을 때와 차로가 설치되지 않은 좁은 도로에서 보행자의 옆을 지나는 때에는 안전한 거리를 두고 서행하여야 한다.

(2) 교통정리가 있거나 없는 곳에서의 보행자 보호

① 교통정리가 있는 곳 : 모든 차 또는 노면전차의 운전자는 교통정리가 행해지고 있는 교차로에서 좌회전 또는 우회전하려는 경우에 신호기 또는 경찰공무원 등의 신호나 지시에 따라 도로를 횡단하는 보행자의 통행을 방해해서는 안 된다.

② **교통정리가 없는 곳**: 운전자는 교통정리가 행하여지고 있지 않는 교차로 또는 그 부근의 도로를 횡단하는 보행자의 통행을 방해하여서는 안 된다.

(3) 보행자의 통행에 방해가 될 때 서행하거나 일시정지 하여야 하는 경우

모든 차의 운전자는 다음의 어느 하나에 해당하는 곳에서 보행자의 옆을 지나는 경우에는 안전한 거리를 두고 서행하여야 하며, 보행자의 통행에 방해가 될 때에는 서행하거나 일시 정지하여 보행자가 안전하게 통행할 수 있도록 하여야 한다.

① 보도와 차도가 구분되지 아니한 도로 중 중앙선이 없는 도로

② 보행자 우선도로

③ 도로 이외의 곳

> ☆ Plus tip
>
> **보행자 전용 · 우선도로의 설치**
> ㉠ 시행자: 시 · 도경찰청장이나 경찰서장
> ㉡ 보행자 전용도로의 설치: 보행자의 통행을 보호하기 위하여 특히 필요한 경우에 설치 → 차마 또는 노면전차의 운전자는 통행금지
> ㉢ 보행자 우선도로: 보행자를 보호를 위해 필요한 경우 차마의 통행속도를 시속 20킬로미터 이내로 제한

(4) 횡단보도가 없는 도로와 어린이 보호구역에서의 보행자 보호

① **횡단보도가 설치되어 있지 않은 도로**: 보행자가 횡단보도가 설치되어 있지 않아 가장 짧은 도로를 횡단하고 있는 경우에는 안전거리를 두고 일시정지하여 보행자가 안전하게 횡단할 수 있도록 하여야 한다.

② **어린이 보호구역 내의 횡단보도 중 신호기가 없는 횡단보도 앞**: 어린이 보호구역 내에 설치된 횡단보도 중 신호기가 설치되지 아니한 횡단보도 앞(정지선이 설치된 경우 정지선)에서는 보행자의 횡단 여부와 관계없이 일시정지하여야 한다.

기출 2021. 5. 1. 전라북도 시행

다음 중 서행을 해야 하는 경우에 대한 설명으로 틀린 것은?

① 차마의 운전자는 길가의 건물이나 주차장 등에서 도로에 들어갈 때에는 서행하여야 한다.
② 교통정리를 하고 있지 아니하는 교차로에 들어가려고 하는 차의 운전자는 그 차가 통행하고 있는 도로의 폭보다 교차하는 도로의 폭이 넓은 경우에는 서행하여야 한다.
③ 도로에 설치된 안전지대에 보행자가 있는 경우 서행하여야 한다.
④ 차로가 설치되지 아니한 좁은 도로에서 보행자의 옆을 지나는 경우에는 안전한 거리를 두고 서행하여야 한다.

‹ 정답 ①

② 서행 및 일시정지

(1) 서행해야 할 장소

① 교통정리를 하고 있지 않은 교차로

② 도로가 구부러진 부근

③ 비탈길의 고갯마루 부근

④ 가파른 비탈길의 내리막

⑤ 시·도경찰청장이 도로에서의 위험을 방지하고 교통의 안전과 원활한 소통을 확보하기 위하여 필요하다고 인정하여 안전표지로 지정한 곳

(2) 일시정지해야 할 장소

① 교통정리가 행하여지고 있지 아니하고 좌우를 확인할 수 없거나 교통이 빈번한 교차로

② 시·도경찰청장이 도로에서의 위험을 방지하고 교통의 안전과 원활한 소통을 확보하기 위하여 필요하다고 인정하여 안전표지로 지정한 곳

📢 주차 및 정차의 금지장소

정차 및 주차 금지장소	① 교차로·횡단보도·건널목이나 보도와 차도가 구분된 도로의 보도(「주차장법」에 따라 차도와 보도에 걸쳐서 설치된 노상주차장은 제외) ② 교차로의 가장자리나 도로의 모퉁이로부터 5미터 이내인 곳 ③ 안전지대가 설치된 도로에서는 그 안전지대 사방으로부터 각각 10미터 이내인 곳 ④ 버스여객자동차의 정류지(停留地)임을 표시하는 기둥이나 표지판 또는 선이 설치된 곳으로부터 10미터 이내인 곳. 다만, 버스여객자동차의 운전자가 그 버스여객자동차의 운행 시간 중에 운행노선에 따르는 정류장에서 승객을 태우거나 내리기 위하여 차를 정차하거나 주차하는 경우에는 그러하지 아니하다. ⑤ 건널목의 가장자리 또는 횡단보도로부터 10미터 이내인 곳 ⑥ 다음의 곳으로부터 5미터 이내인 곳 　가. 「소방기본법」에 따른 소방용수시설 또는 비상소화장치가 설치된 곳 　나. 「소방시설 설치, 유지 및 안전관리에 관한 법률」에 따른 소방시설로서 대통령령으로 정하는 시설이 설치된 곳 　※ 대통령령으로 정하는 시설 　　ⓐ 옥내소화전설비(호스릴 옥내소화전 설비를 포함) 　　　• 스프링클러 설비 등 　　　• 물 분무 등 소화설비의 송수구 　　ⓑ 소화용수설비 　　ⓒ 연결송수관설비·연결 살수설비·연소방지설비의 송수구 및 무선 통신보조설비의 무선기기접속단자 ⑦ 어린이보호구역 ⑧ 시·도경찰청장이 도로에서의 위험을 방지하고 교통의 안전과 원활한 소통을 확보하기 위하여 필요하다고 인정하여 지정한 곳
	※ 다만, 이 법이나 이 법에 따른 명령 또는 경찰공무원의 지시를 따르는 경우와 위험방지를 위하여 일시정지 하는 경우에는 그러하지 아니하다.
주차금지의 장소	① 터널 안 및 다리 위 ② 다음의 곳으로부터 5미터이내 인 곳 　가. 도로공사를 하고 있는 경우에는 그 공사 구역의 양쪽 가장자리 　나. 「다중이용업소의 안전관리에 관한 특별법」에 따른 다중이용업소의 영업장이 속한 건축물로 소방본부장의 요청에 의하여 시·도경찰청장이 지정한 곳 ③ 시·도경찰청장이 도로에서의 위험을 방지하고 교통의 안전과 원활한 소통을 확보하기 위하여 필요하다고 인정하여 지정한 곳

기출PLUS

기출 2022. 6. 18. 서울특별시 시행

「도로교통법」상 정차 및 주차 금지인 위치가 아닌 것은?

① 노상주차장을 제외하고, 보도와 차도가 구분된 도로의 보도
② 안전지대가 설치된 도로에서 그 안전지대의 사방으로부터 8미터 떨어진 곳
③ 횡단보도로부터 8미터 떨어진 곳
④ 「소방기본법」 제10조에 따른 소방용수시설로부터 8미터 떨어진 곳

기출 2022. 6. 18. 울산광역시 시행

다음 중 주차 및 정차의 금지장소가 아닌 곳은?

① 건널목의 가장자리 또는 횡단보도로부터 10m 이내인 곳
② 「주차장 법」에 따라 차도와 보도에 걸쳐서 설치된 노상주차장
③ 안전지대가 설치된 도로에서는 그 안전지대 사방으로부터 각각 10m 이내인 곳
④ 교차로의 가장자리나 도로의 모퉁이로부터 5m 이내인 곳

기출 2022. 6. 18. 인천광역시 시행

다음 중 정차 금지장소가 아닌 것은?

① 도로의 모퉁이로부터 5미터 이내인 곳
② 안전지대가 설치된 도로에서는 그 안전지대의 사방으로부터 각각 10미터 이내인 곳
③ 건널목의 가장자리 또는 횡단보도로부터 10미터 이내인 곳
④ 도로공사를 하고 있는 경우 그 공사 구역의 양쪽 가장자리로부터 5미터 이내인 곳

◀정답 ④, ②, ④

(3) 정차 및 주차의 방법과 시간

① 도로에서의 정차 : 차도의 우측 가장자리에 정차를 하여야 한다.

② 차도와 보도의 구별이 없는 도로에서의 정차 : 도로의 우측 가장자리로부터 중앙으로 50㎝ 이상의 거리를 두고 정차하여야 한다.

③ 정류소에서의 정차 : 정류소에서 정차하는 때에는 승객이 타거나 내린 즉시 출발하여야 하며 뒤따르는 다른 차의 정차를 방해해서는 안 된다.

④ 도로에서의 주차 : 시·도경찰청장이 정한 주차장소 및 시간과 방법에 따라야 한다.

⑤ 경사진 곳에서의 정차 또는 주차 : 자동차의 주차제동장치를 작동한 후에 다음의 어느 하나에 해당하는 조치를 취하여야 한다. 다만, 운전자가 운전석을 떠나지 아니하고 직접 제동장치를 작동하고 있는 경우는 제외한다.
  ㉠ 경사의 내리막 방향으로 바퀴에 고임목, 고임돌, 그 밖에 고무, 플라스틱 등 자동차의 미끄럼 사고를 방지할 수 있는 것을 설치할 것
  ㉡ 조향장치(操向裝置)를 도로의 가장자리(자동차에서 가까운 쪽을 말한다) 방향으로 돌려놓을 것
  ㉢ 그 밖에 ㉠ 또는 ㉡에 준하는 방법으로 미끄럼 사고의 발생 방지를 위한 조치를 취할 것

⑥ 정차 또는 주차를 금지하는 장소의 특례
  ㉠ 교차로, 횡단보도, 건널목이나 보도와 차도가 구분된 도로의 보도
  ㉡ 버스 정류 지임을 표시하는 곳으로부터 10미터 이내인 곳
  ㉢ 건널목의 가장자리 또는 횡단보도로부터 10미터이내인 곳
  ㉣ 시, 도 경찰청장이 필요하다고 인정하여 지정한 곳
  ㉤ 어린이 보호 구역

> **♧ Plus tip**
> 위 5개 지역은 주 정차 금지구역임에도 불구하고 아래의 어느 하나에 해당하는 경우에는 주·정차가 예외적으로 가능하다.
> • 「자전거법」에 따른 자전거 이용시설 중 전기자전거 충전소 및 자전거 주차 장치에 자전거를 정차 또는 주차하는 경우
> • 시장 등의 요청에 따라 시, 도 경찰청장이 안전표지로 자전거 등의 정차 또는 주차를 허용한 경우

(4) 정차ㆍ주차위반에 대한 조치

① 운전자 등이 현장에 있을 때
   ㉠ 경찰공무원 또는 시장ㆍ도지사 등이 임명하는 시ㆍ군 공무원은 불법으로 주ㆍ정차한 차의 운전자에게 주차방법의 변경 또는 그 곳으로부터의 이동을 명할 수 있다.
   ㉡ 시ㆍ군 공무원은 정차 및 주차 금지 의무를 위반한 운전자가 있으면 현장에서 위반행위의 요지와 경찰서장에게 출석할 기일 및 장소 등을 구체적으로 밝힌 고지서를 발급하고, 운전면허증의 제출을 요구하여 이를 보관할 수 있다.

② 운전자 등이 현장에 없을 때
   ㉠ 경찰서장이나 시장 등은 그 차의 주차방법을 직접 변경하거나 변경에 필요한 조치를 할 수 있으며 관할 경찰서 또는 경찰서장이나 시장 등이 지정하는 곳으로 이동하게 할 수 있다.
   ㉡ 경찰서장이나 시장 등은 주차위반 차를 관할 경찰서나 경찰서장 또는 시장 등이 지정하는 곳으로 이동시킨 경우에는 선량한 관리자로서의 주의의무를 다하여 보관하여야 하며 그 사실을 차의 사용자 또는 운전자에게 신속히 알리는 등 반환에 필요한 조치를 하여야 한다.

(5) 차의 견인ㆍ보관ㆍ반환을 위한 조치

① **과태료부과대상차표지 부착** : 경찰서장, 도지사 또는 시장 등은 차를 견인하려는 경우에는 행정안전부령으로 정하는 바에 따라 과태료 부과 대상차 표지를 보기 쉬운 곳에 부착하여야 한다.

② **견인 후 차량 소재지 표기** : 경찰서장, 도지사 또는 시장 등은 차를 견인한 경우에는 행정안전부령으로 정하는 바에 따라 그 차의 사용자 또는 운전자가 그 차의 소재를 쉽게 알 수 있도록 조치하여야 한다.

③ **미 인수 차량 관계자에게 통지** : 경찰서장, 도지사 또는 시장 등은 차를 견인하였을 때부터 24시간이 경과되어도 이를 인수하지 아니하는 때에는 해당 차의 보관장소 등 행정안전부령이 정하는 사항을 해당 차의 사용자 또는 운전자에게 등기우편으로 통지하여야 한다.

④ **공고내용 및 열람부 작성** : 경찰서장, 도지사 또는 시장 등은 견인하여 보관하고 있는 차의 사용자나 운전자를 알 수 없는 경우에는 차를 견인한 날부터 14일간 해당 기관의 게시판에 다음의 사항을 공고하고, 행정안전부령으로 정하는 바에 따라 열람부를 작성ㆍ비치하여 관계자가 열람할 수 있도록 하여야 한다.

차를 견인하였을 경우, 차의 사용자 등에게 고지할 사항이 아닌 것은?

① 차의 등록번호, 차종 및 형식
② 위반 장소
③ 견인 일시
④ 통지한 날로부터 1월이 지나도 반환을 요구하지 아니한 때에는 그 차를 매각 또는 폐차할 수 있다는 내용

❮정답 ③

기출PLUS

④ 보관하고 있는 차의 종류 및 형상
⑤ 보관하고 있는 차가 있던 장소 및 그 차를 견인한 일시
⑥ 차를 보관하고 있는 장소
⑦ 그 밖에 차를 보관하기 위하여 필요하다고 인정되는 사항

⑤ 공고
  ④ 경찰서장, 도지사 또는 시장 등은 공고기간이 지나도 차의 사용자나 운전자를 알 수 없는 경우에는 공고한 내용을 일간신문, 관보, 공보 중 하나 이상에 공고하고, 인터넷 홈페이지에도 공고해야 한다.
  ⑤ 일간신문 등에 공고할 만한 재산적 가치가 없다고 인정되는 경우에는 공고하지 않아도 된다.

06 차의 등화 및 신호

❶ 차의 등화

(1) 등화

① 밤(해가진 후부터 해가 뜨기 전까지)에 도로에 있는 때에는 전조등·차폭등·미등 그 밖의 등화를 켜야 한다.

> **✿ Plus tip**
>
> **등화를 켜야 하는 경우**
> ④ 도로에서 차 또는 노면전차를 운행하거나 고장 등 부득이한 사유로 정차 또는 주차하는 경우
> ⑤ 안개가 끼거나 비 또는 눈이 올 때에 도로에서 차 또는 노면전차를 운행하거나 고장 등 부득이한 사유로 정차 또는 주차하는 경우
> ⑥ 터널 안을 운행하거나 고장 등 부득이한 사유로 터널 안 도로에서 차 또는 노면전차를 정차 또는 주차하는 경우

② 밤에 서로 마주보고 진행하거나 앞차의 바로 뒤를 따라가는 경우에 운전자는 등화의 밝기를 줄이거나 또는 잠시 등화를 끄는 등의 필요한 조작을 하여야 한다.

기출 2025. 6. 21. 서울시 제1회 시행

「도로교통법 시행령」상 밤에 도로에서 자동차를 운행하는 경우 등의 등화 조작에 대한 설명으로 가장 옳지 않은 것은?

① 견인되는 차는 미등, 차폭등, 번호등을 켜야 한다.
② 서로 마주보고 진행할 때에는 전조등의 밝기를 줄이거나 불빛의 방향을 아래로 향하게 하거나 잠시 전조등을 꺼야 한다.
③ 교통이 빈번한 곳에서 운행할 때, 전조등 불빛의 방향을 계속 아래로 유지하여야 한다.
④ 도로에서 정차하거나 주차할 때 전조등, 차폭등, 미등, 번호등, 비상표시등을 켜야 한다.

‹ 정답 ④

(2) 도로를 통행하는 때의 등화

① **자동차** : 전조등 · 차폭등 · 미등 · 번호등 · 실내조명등(승합자동차와 여객자동차운송사업용 승용자동차에 한함)

② **원동기장치자전거** : 전조등 · 미등

③ **견인되는 차** : 미등 · 차폭등 · 번호 등

④ **노면전차** : 전조등 · 차폭등 · 미등 · 실내조명등

⑤ **자동차 외의 모든 차** : 시 · 도경찰청장이 정하여 고시하는 등화

(3) 정차 및 주차하는 때의 등화

① **자동차** : 미등 · 차폭등

② **이륜자동차**(원동기장치자전거 포함) : 미등(후부 반사기를 포함)

③ **노면전차** : 차폭등 · 미등

④ **자동차 등 외의 모든 차** : 시 · 도경찰청장이 정하여 고시하는 등화

(4) 밤에 준하여 등화를 켜야 하는 경우

① 안개가 끼거나 비 또는 눈이 올 때에 도로에서 차를 운행하거나 고장이나 그 밖의 부득이한 사유로 도로에서 차를 정차 또는 주차하는 경우

② 터널 안을 운행하거나 고장 또는 그 밖의 부득이한 사유로 터널 안 도로에서 차를 정차 또는 주차하는 경우

(5) 밤에 서로 마주보고 진행하는 경우 등의 등화

① **서로 마주보고 진행할 때** : 전조등의 밝기를 줄이거나 빛의 방향을 아래로 향하게 하거나 일시 등을 꺼야 한다(마주보고 진행하는 차 서로간의 교통에 방해가 없는 때에는 예외).

② **밤에 앞차의 바로 뒤를 따라가는 때** : 전조등 빛의 방향을 아래로 향하도록 하여야 하며, 함부로 전조등의 밝기를 조작하여 앞차의 운전을 방해해서는 안 된다.

③ **교통이 빈번한 곳에서 운행하는 때** : 전조등의 불빛을 계속 아래로 유지하여야 한다(시 · 도경찰청장이 지정한 지역은 예외).

「도로교통법 시행령」상 밤에 도로에서 차 또는 노면전차를 운행할 때 켜야 하는 등화(燈火)의 종류로 가장 옳지 않은 것은?

① 노면전차 : 전조등, 미등, 번호등 및 실내조명등
② 견인되는 차 : 미등 · 차폭등 및 번호등
③ 원동기장치자전거 : 전조등 및 미등
④ 승합자동차 : 자동차안전기준에서 정하는 전조등, 차폭등, 미등, 번호등과 실내조명등

다음 중 차 또는 노면전차의 운전자가 밤에 도로에서 차를 운행할 때 켜야 하는 등화의 내용으로 틀린 설명은?

① 자동차는 전조등, 차폭등, 미등, 번호등과 실내조명등을 켜야 하며, 이때 실내조명등은 승합자동차와 「여객자동차 운수사업법」에 따른 여객자동차운송사업용 승용자동차만 해당한다.
② 원동기장치자전거는 차폭등은 켜지 않아도 된다.
③ 견인되는 차는 전조등 · 차폭등 · 미등 및 번호등을 켜야 한다.
④ 노면전차는 전조등, 차폭등, 미등 및 실내조명등을 켜야 한다.

밤에 도로에서 견인되는 차가 켜야 하는 등화로 옳은 것은?

① 전조등, 차폭등, 미등, 번호등, 실내조명등
② 미등, 차폭등, 번호등
③ 미등, 차폭등
④ 전조등, 미등

◀정답 ①, ③, ②

❷ 차의 신호

(1) 방향전환시 신호

모든 차의 운전자는 좌회전·우회전·횡단·유턴·서행·정지 또는 후진을 하거나 같은 방향으로 진행하면서 진로를 바꾸려고 하는 경우와 회전교차로에 진입하거나 회전교차로에서 진출하는 경우에는 손이나 방향지시기 또는 등화로써 그 행위가 끝날 때까지 신호를 하여야 한다.

(2) 신호의 시기

① 좌회전·횡단·유턴 또는 같은 방향으로 진행하면서 진로를 왼쪽으로 바꾸려는 때 : 그 행위를 하려는 지점(좌회전할 경우에는 그 교차로의 가장자리)에 이르기 전 30m(고속도로에서는 100m) 이상의 지점에 이르렀을 때

② 우회전 또는 같은 방향으로 진행하면서 진로를 오른쪽으로 바꾸려는 때 : 그 행위를 하려는 지점(우회전할 경우에는 그 교차로의 가장자리)에 이르기 전 30m(고속도로에서는 100m) 이상의 지점에 이르렀을 때

③ 정지·후진·서행할 때 : 그 행위를 하려는 때

④ 뒤차에게 앞지르기를 시키려는 때 : 그 행위를 시키려는 때

(3) 신호의 방법

① 좌회전·횡단·유턴 또는 같은 방향으로 진행하면서 진로를 왼쪽으로 바꾸려는 때 : 왼팔을 수평으로 펴서 차체의 왼쪽 밖으로 내밀거나 오른팔을 차체의 오른쪽 밖으로 내어 팔꿈치를 굽혀 수직으로 올리거나 왼쪽의 방향지시기 또는 등화를 조작할 것

② 우회전 또는 같은 방향으로 진행하면서 진로를 오른쪽으로 바꾸려는 때 : 오른팔을 수평으로 펴서 차체의 오른쪽 밖으로 내밀거나 왼팔을 차체의 왼쪽 밖으로 내어 팔꿈치를 굽혀 수직으로 올리거나 오른쪽의 방향지시기 또는 등화를 조작할 것

③ 정지할 때 : 팔을 차체의 밖으로 내어 45도 밑으로 펴거나 자동차안전기준에 따라 장치된 제동등을 켤 것

④ 후진할 때 : 팔을 차체의 밖으로 내어 45도 밑으로 펴서 손바닥을 뒤로 향하게 하여 그 팔을 앞뒤로 흔들거나 자동차안전기준에 따라 장치된 후진등을 켤 것

⑤ 뒤차에게 앞지르기를 시키려는 때 : 오른팔 또는 왼팔을 차체의 왼쪽 또는 오른쪽 밖으로 수평으로 펴서 손을 앞뒤로 흔들 것

⑥ **서행할 때** : 팔을 차체의 밖으로 내어 45도 밑으로 펴서 위아래로 흔들거나 자동차안전기준에 따라 장치된 제동등을 깜박일 것

07 승차 및 적재 · 견인

① 승차 또는 적재의 방법과 제한

(1) 운행상의 안전기준

① **승차정원** : 자동차의 승차인원은 승차정원 이내이어야 한다.

② **화물자동차의 적재중량** : 구조 및 성능에 따르는 적재중량의 110% 이내이다.

③ **자동차**(화물자동차, 이륜자동차 및 소형 3륜자동차만 해당)**의 적재용량**
  ㉠ 길이 : 자동차 길이에 그 길이의 10분의 1의 길이를 더한 길이(이륜자동차는 그 승차장치의 길이 또는 적재장치의 길이에 30㎝를 더한 길이)
  ㉡ 너비 : 자동차의 후사경으로 후방을 확인할 수 있는 범위(후사경의 높이보다 낮게 적재한 경우에는 그 화물을, 후사경의 높이보다 높게 적재한 경우에는 후방을 확인할 수 있는 범위)의 너비
  ㉢ 높이 : 화물자동차는 지상으로부터 4m(도로구조의 보전과 통행의 안전에 지장이 없다고 인정하여 고시한 도로노선의 경우에는 4m 20cm), 소형 3륜자동차는 지상으로부터 2m 50cm, 이륜자동차는 지상으로부터 2m의 높이

(2) 승차 또는 적재의 제한 및 방법

① **승차 및 적재의 제한** : 운전자는 승차인원 · 적재중량 및 적재용량에 관하여 운행상의 안전기준을 넘어서 승차시키거나 적재하고 운행하여서는 안 된다. 다만, 출발지를 관할하는 경찰서장의 허가를 받을 때에는 그렇지 않다.

기출 2021. 6. 5. 서울특별시 시행

「도로교통법」상 승차 또는 적재의 방법과 제한으로 가장 옳지 않은 것은?

① 모든 차 또는 노면전차의 운전자는 운전 중 타고 있는 사람 또는 타고 내리는 사람이 떨어지지 아니하도록 하기 위하여 문을 정확히 여닫는 등 필요한 조치를 하여야 한다.

② 모든 차의 운전자는 운전 중 실은 화물이 떨어지지 아니하도록 덮개를 씌우거나 묶는 등 확실하게 고정될 수 있도록 필요한 조치를 하여야 한다.

③ 모든 차의 운전자는 영유아나 동물을 안고 운전 장치를 조작하거나 운전석 주위에 물건을 싣는 등 안전에 지장을 줄 우려가 있는 상태로 운전하여서는 아니 된다.

④ 모든 차의 운전자는 승차 인원, 적재중량 및 적재용량에 관하여 대통령령으로 정하는 운행상의 안전기준을 넘어서 승차시키거나 적재한 상태로 운전하여서는 아니 된다. 다만, 출발지를 관할하는 시장의 허가를 받은 경우에는 그러하지 아니하다.

◀정답 ④

② **문을 닫고 운행**: 운전자는 운전 중 타고 있는 사람이나 타고 내리는 사람이 떨어지지 않도록 하기 위하여 문을 정확히 여닫는 등 필요한 조치를 하여야 한다.

③ **화물 덮개 사용**: 운전자는 운전 중 실은 화물이 떨어지지 않도록 덮개를 씌우거나 묶는 등 확실하게 고정될 수 있도록 필요한 조치를 하여야 한다.

④ **운전석 주위 정리**: 운전자는 영유아나 동물을 안고 운전을 하거나 운전석 주위에 물건을 싣는 등 안전에 지장을 줄 우려가 있는 상태로 운전하여서는 안 된다.

(3) 안전기준을 넘는 승차 및 적재의 허가

① **경찰서장이 허가하는 경우**
ㄱ 전신 · 전화 · 전기공사 · 수도공사 · 제설작업, 그 밖에 공익을 위한 공사 또는 작업을 위하여 부득이 화물자동차의 승차정원을 넘어서 운행하고자 하는 경우
ㄴ 분할이 불가능한 적재중량 및 적재용량의 화물을 수송하고자 하는 경우

> **Plus tip**
>
> 예비군 훈련시 인원수송, 이삿짐, 모래, 자갈 등 건축자재를 운송시에는 경찰서장의 안전기준 초과 허가대상에 해당되지 않는다.

② **안전기준을 넘는 화물적재인 경우**
ㄱ 안전기준을 넘는 화물의 적재허가를 받은 사람은 그 길이 또는 폭의 양 끝에 너비 30cm, 길이 50cm 이상의 빨간 헝겊으로 된 표지를 달아야 한다.
ㄴ 밤에 운행하는 경우에는 반사체로 된 표지를 달아야 한다.

❷ 정비불량차의 조치 및 점검

(1) 정비불량차의 운전금지 및 운전정지

① **운전금지**: 모든 차의 사용자, 정비책임자 또는 운전자는 자동차관리법, 건설기계관리법 또는 그에 의한 명령에 따른 장치가 정비되어 있지 않은 차를 운전시키거나 운전하여서는 안 된다.

② 운전정지

　㉠ 경찰공무원은 정비불량으로 인하여 운전의 일시정지를 명하는 때에는 정비불량표지를 앞면 창유리에 붙이고 정비명령서를 교부하여야 한다.

　㉡ 누구든지 정비불량표지를 찢거나 훼손하여 못쓰게 하여서는 안 되며, 정비확인을 받지 않고는 이를 떼어내지 못한다.

(2) 사용정지의 통고

① **정비불량 상태에 따른 구분**: 경찰공무원은 점검한 결과 정비불량 사항이 발견된 경우에는 그 정비불량 상태의 정도에 따라 그 차의 운전자로 하여금 응급조치를 하게 한 후에 운전을 하도록 하거나 도로 또는 교통 상황을 고려하여 통행구간, 통행로와 위험방지를 위한 필요한 조건을 정한 후 그에 따라 운전을 계속하게 할 수 있다.

② **자동차사용정지통고서를 교부하는 경우**: 시·도경찰청장은 정비확인을 위하여 점검한 결과 필요한 정비가 행하여지지 아니하였다고 인정하여 자동차 등의 사용을 정지시키고자 하는 때에는 행정안전부령이 정하는 자동차사용정지통고서를 교부하여야 한다.

> **Plus tip**
>
> **정비불량차 사용정지기간**… 정비 상태가 매우 불량하여 위험발생의 우려가 있는 경우에는 그 차의 자동차등록증을 보관하고 운전의 일시정지를 명할 수 있다. 이 경우 필요하면 10일의 범위에서 정비기간을 정하여 그 차의 사용을 정지시킬 수 있다.

(3) 정비불량차의 정비확인 및 사용정지

① **시·도경찰청장의 정비확인**: 정비불량차를 운행하다 일시정지처분을 받은 자동차의 운전자 또는 관리자는 필요한 정비를 하여 관할 시·도경찰청장의 확인을 받아야 한다.

② **정비명령서 제출**: 정비확인을 받고자 하는 때에는 정비명령서를 제출하여야 한다.

1 다음 중 회전교차로 통행방법에 대한 설명으로 가장 적절한 것은?

① 회전교차로에서는 시계방향으로 주행한다.
② 회전교차로에 진입하고자 하는 경우 신속히 진입한다.
③ 회전교차로에서 이미 회전하고 있는 차량이 우선이다.
④ 회전교차로 진입 시 비상점멸등을 켜고 진입을 알린다.

2 보행자우선도로에 대한 설명으로 다음 (   ) 안에 알맞은 것은?

> 시·도경찰청장이나 경찰서장은 보행자우선도로에서 보행자를 보호하기 위하여 필요하다고 인정하는 경우에는 차마의 통행속도를 시속 (   ) 이내로 제한할 수 있다.

① 20킬로미터   ② 30킬로미터
③ 40킬로미터   ④ 50킬로미터

3 차마의 통행방법에 대한 설명 중 옳지 않은 것은?

① 비탈진 좁은 도로에서 서로 마주보고 진행하는 경우 올라가는 자동차가 양보하여야 한다.
② 통행이 구분된 도로이더라도 뒤에서 따라오는 차보다 느린 속도로 가려는 경우에는 도로의 우측 가장자리로 피하여 양보하여야 한다.
③ 다른 차를 앞지르려면 앞차의 좌측으로 통행하여야 한다.
④ 운행 중 위험방지와 같은 부득이한 경우가 아니면 급제동을 하여서는 안 된다.

1.

회전교차로 통행방법
㉠ 모든 차의 운전자는 회전교차로에서는 반시계 방향으로 통행하여야 한다.
㉡ 모든 차의 운전자는 회전교차로에 진입하려는 경우에는 서행하거나 일시정지하여야 하며, 이미 진행하고 있는 다른 차가 있는 때에는 그 차에 진로를 양보하여야 한다.
㉢ 회전교차로 통행을 위하여 손이나 방향지시기 또는 등화로써 신호를 하는 차가 있는 경우 그 뒤차의 운전자는 신호를 한 앞차의 진행을 방해하여서는 아니 된다.

2.

시·도경찰청장이나 경찰서장은 보행자우선도로에서 보행자를 보호하기 위하여 필요하다고 인정하는 경우에는 차마의 통행속도를 시속 20킬로미터 이내로 제한할 수 있다.

3.

진로 양보의 의무
긴급자동차를 제외한 모든 차의 운전자는 뒤에서 따라오는 차보다 느린 속도로 가려는 경우에는 도로의 우측 가장자리로 피하여 진로를 양보하여야 한다. 다만, 통행 구분이 설치된 도로의 경우에는 그러하지 아니하다.

Answer   1.③   2.①   3.②

4 다음의 긴급자동차의 우선 및 특례 중 옳지 않은 것은?

① 앞지르기 금지의 적용을 받지 아니하고 통행할 수 있다.
② 일시정지 장소에서 정지하지 않고 통행할 수 있다.
③ 항상 도로의 우측만을 통행할 수 있다.
④ 제한속도를 준수하지 아니하고 통행할 수 있다.

5 다음 중 서행하여야 할 곳이 아닌 곳은?

① 가파른 비탈길의 내리막
② 교통정리가 행하여지고 있지 아니하는 교차로
③ 교통정리가 행하여지고 교통이 한산한 교차로
④ 비탈길의 고갯마루 부근

6 다음 중 주, 정차를 금지하는 장소가 아닌 것은 몇 개있는가?

> ㉠ 교차로의 가장자리나 도로의 모퉁이로부터 5미터 이내
>   인 곳
> ㉡ 안전지대가 설치된 도로에서는 그 안전지대의 사방으
>   로부터 각각 10미터 이내인 곳
> ㉢ 어린이보호구역에 설치되어 있는 자전거 이용 시설 중
>   전기자전거 충전소 및 자전거 주차장
> ㉣ 터널 안 및 다리 위
> ㉤ 도로공사 양쪽 가장자리 5미터이내
> ㉥ 시장등의 요청에 따라 시, 도 경찰청장이 안전표지로
>   자전거 등의 정차 또는 주차를 허용한 경우

① 1개
② 2개
③ 3개
④ 4개

4.

③ 긴급하고 부득이한 경우에는 도로의 중앙이나 좌측부분을 통행할 수 있다.

5.

서행해야 할 장소
㉠ 교통정리를 하고 있지 아니하는 교차로
㉡ 도로가 구부러진 부근
㉢ 비탈길의 고갯마루 부근
㉣ 가파른 비탈길의 내리막
㉤ 시ㆍ도경찰청장이 도로에서의 위험을 방지하고
  교통의 안전과 원활한 소통을 확보하기 위하여
  필요하다고 인정하여 안전표지로 지정한 곳

6.

㉢㉣㉤㉥은 주정차 금지장소가 아니다.
㉣㉤은 주차금지장소(정차가능)
㉢㉥은 주, 정차가 허용되는 특례(도로교통제 34조
  의 2)

Answer　　4.③　5.③　6.④

7 다음 중 고속도로 상에 예외적으로 주, 정차가 허용되는 경우가 아닌 것은?

① 교통이 밀리거나 부득이한 사유로 움직일 수 없을 때에 고속도로 등의 차로에 일시정차 또는 주차시키는 경우
② 통행료를 내기 위하여 통행료를 받는 곳에서 정차하는 경우
③ 경찰용 긴급자동차가 고속도로 등에서 범죄수사, 교통단속이나 그 밖의 경찰임무를 수행하기 위하여 정차 또는 주차시키는 경우
④ 도로상에서 발생한 화재의 상황을 구경하기 위하여 갓길에 주차하는 경우

8 차의 견인 등 대행법인의 요건으로 옳지 않은 것은?

① 주차시설 및 부대시설
② 2대 이상의 견인차
③ 사무소, 차의 보관장소와 견인차 간에 서로 연락할 수 있는 통신장비
④ 대행업무의 수행에 필요하다고 인정되는 인력

7.

각종 상황 등을 구경하기 위한 주*정차는 허용되지 않는다.

8.

② 1대 이상의 견인차

Answer　　7.④ 8.②

9 다음의 수신호 방법 중 잘못 설명한 것은?

① 서행할 때는 팔을 차체 밖으로 내어 45도 밑으로 펴서 위아래로 흔든다.

② 정지할 때는 팔을 차체 밖으로 45도 밑으로 편다.

③ 뒤차에 앞지르기를 시키고자 할 때는 팔을 차체 밖으로 내어 45도 밑으로 펴서 상하로 흔든다.

④ 후진할 때는 팔을 차체 밖으로 내어 45도 밑으로 펴서 손바닥을 뒤로 향하게 하여 팔을 앞뒤로 흔든다.

10 차의 등화에 대한 설명으로 옳지 않은 것은?

① 앞차의 바로 뒤를 따라갈 때에는 전등 불빛의 방향을 아래로 향하게 한다.

② 밤에 서로 마주보고 진행할 때에는 전조등의 밝기를 크게 하여 최대한 밝게 해야 한다.

③ 안개가 끼거나 비 또는 눈이 올 때에 도로에서 차를 운행하는 경우 등화를 켜야 한다.

④ 교통이 빈번한 곳에서 운행할 때에는 전조등 불빛의 방향을 계속 아래로 유지하여야 한다.

11 야간에 도로를 통행할 경우 견인되는 차가 켜야 할 등화는 어느 것인가?

① 미등, 전조등, 차폭등, 번호등

② 미등, 번호등, 실내조명등

③ 미등, 차폭등, 번호등

④ 미등, 번호등, 차폭등, 실내조명등

9.

③ 뒤차에 앞지르기를 시키고자 할 때는 오른팔 또는 왼팔을 차체의 왼쪽 또는 오른쪽 밖으로 수평으로 펴서 손을 앞뒤로 흔든다.

10.

② 서로 마주보고 진행할 때에는 전조등의 밝기를 줄이거나 불빛의 방향을 아래로 향하게 하거나 잠시 전조등을 꺼야 한다.

11.

차가 밤에 켜야 할 등화
㉠ 자동차 : 전조등, 차폭등, 미등, 번호등, 실내조명등(승합자동차, 여객자동차운송사업용 승용자동차에 한함)
㉡ 원동기장치자전거 : 전조등, 미등
㉢ 견인되는 차 : 미등, 차폭등, 번호등
㉣ 자동차 등 외의 모든 차 : 시 · 도경찰청이 정하여 고시하는 등화

Answer　9.③　10.②　11.③

12 다음 중 운전자가 반드시 일단 정지하여야 할 경우로 적당하지 않은 것은?

① 연도의 건물이나 주차장에서 도로로 진입하고자 할 경우
② 교통정리가 이루어지고 있는 교차로를 통과하고자 할 경우
③ 도로 이외의 장소에 출입하고자 할 경우
④ 신호에 따라 횡단하는 보행자를 보호하고자 할 경우

13 전용차로통행차 외에 전용차로로 통행할 수 있는 경우가 아닌 것은?

① 긴급자동차가 그 본래의 긴급한 용도로 운행되고 있는 경우
② 택시가 승객을 태우거나 내려주기 위하여 일시 통행하는 경우
③ 도로의 파손, 공사, 그 밖의 부득이한 장애로 인하여 전용차로가 아니면 통행할 수 없는 경우
④ 비탈진 좁은 도로인 경우

14 다음에서 설명한 신호의 방법 중 옳지 않은 것은?

① 정지할 때에는 제동등을 켠다.
② 서행할 때에는 제동등을 깜박인다.
③ 우회전할 때는 오른쪽의 방향지시등을 조작한다.
④ 후진할 때는 제동등을 깜박인다.

12.

일시정지할 장소
㉠ 교통정리를 하고 있지 아니하고 좌우를 확인할 수 없거나 교통이 빈번한 교차로
㉡ 시·도경찰청장이 도로에서의 위험을 방지하고 교통의 안전과 원활한 소통을 확보하기 위하여 필요하다고 인정하여 안전표지에 의하여 지정한 곳

13.

전용차로통행차 외에 전용차로로 통행할 수 있는 경우
㉠ 긴급자동차가 그 본래의 긴급한 용도로 운행되고 있는 경우
㉡ 전용차로통행차의 통행에 장해를 주지 아니하는 범위에서 택시가 승객을 태우거나 내려주기 위하여 일시 통행하는 경우. 이 경우 택시 운전자는 승객이 타거나 내린 즉시 전용차로를 벗어나야 한다.
㉢ 도로의 파손, 공사, 그 밖의 부득이한 장애로 인하여 전용차로가 아니면 통행할 수 없는 경우

14.

④ 후진할 때는 후진등을 켠다.

Answer　　12.② 13.④ 14.④

15 다음 중 보통승합자동차를 운전하여 차단기가 설치되어 있는 건널목을 통과하게 될 때의 옳은 통과방법은?

① 서행으로 주위의 안전을 확인하고 통과
② 건널목 직전에서 일시정지하여 안전을 확인하고 통과
③ 차단기가 올라가 있으면 그대로 통과
④ 전조등을 켜고 통과

16 뒤따라오는 차가 앞지르기를 하려고 할 경우 운전방법으로서 옳지 않은 행위는?

① 뒤따라오는 차가 앞지르기를 하려고 할 때에는 우측으로 양보한다.
② 앞을 가로막지 않고 양보한다.
③ 속도를 낮추고 양보한다.
④ 속도를 높여 앞을 가로막는다.

17 앞지르기를 할 수 없는 곳으로 묶인 것은?

① 횡단보도 안, 교차로 부근
② 학교 앞, 가파른 비탈길의 내리막
③ 가파른 비탈길의 오르막, 교차로 부근
④ 도로의 구부러진 장소, 가파른 비탈길의 내리막

18 화물차가 짐을 싣고 비탈진 좁은 골목길을 통행하다가 반대 방향에서 빈차인 택시와 교행하게 되었을 경우 통행의 우선권은 누구에게 있는가?

① 내려가는 차
② 올라가는 차
③ 짐을 실은 화물차
④ 택시

15.

철길 건널목 통과 : 모든 차 또는 노면전차의 운전자는 철길 건널목을 통과하려는 경우에는 그 건널목 앞에서 일시정지하여 안전함을 확인한 후에 통과하여야 한다. 다만, 신호기 등이 표시하는 신호에 따르는 경우에는 정지하지 아니하고 통과할 수 있다.

16.

모든 차의 운전자는 앞지르기를 하는 차가 있을 때에는 속도를 높여 경쟁하거나 그 차의 앞을 가로막는 등의 방법으로 앞지르기를 방해하여서는 안 된다.

17.

앞지르기 금지장소
㉠ 교차로 · 터널 안 또는 다리 위
㉡ 도로의 구부러진 곳, 비탈길의 고갯마루 부근 또는 가파른 비탈길의 내리막 등 시 · 도경찰청장이 도로에서의 위험을 방지하고 교통의 안전과 원활한 소통을 확보하기 위하여 필요하다고 인정하는 곳으로서 안전표지로 지정한 곳

18.

교행시 자동차 서로간의 우선순위
㉠ 올라가는 차와 내려가는 차의 교행시 : 내려가는 차 우선
㉡ 화물 · 승객을 실은 차와 빈차의 교행시 : 화물을 실었거나 승객을 태운 차 우선

19 다음의 안전거리에 관한 설명 중 옳지 않은 것은?

① 안전거리는 노면이 미끄러우면 배로 확보하는 것이 안전하다.

② 안전거리는 길게 확보할수록 좋다.

③ 안전거리는 속도와 관계없이 항상 일정하다.

④ 안전거리는 속도가 빠를수록 길게 확보하여야 한다.

20 다음 중 분할할 수 없는 화물을 초과 적재할 때의 방법으로 옳지 않은 것은?

① 출발지 관할 경찰서장의 허가를 받아야 한다.

② 야간에는 반사체로 된 표지를 달아야 한다.

③ 적재물의 양 끝에 빨간 헝겊의 표지를 달아야 한다.

④ 차량 전·후면에 적재초과 중량 및 용량을 표시한다.

21 다음 중 최고속도의 100분의 50을 줄인 속도로 운행해야 하는 경우가 아닌 것은?

① 폭우·폭설·안개 등으로 가시거리가 100m 이내인 경우

② 비가 내려 노면이 젖어있는 경우

③ 노면이 얼어 붙은 경우

④ 눈이 20mm 이상 쌓인 경우

22 다음 승차정원에 대한 설명 중 옳지 않은 것은?

① 공익을 위한 작업을 위해 부득이 승차정원을 넘는 경우 허가가 필요하다.

② 운전자와 안내원도 승차정원에 포함된다.

③ 자동차의 승차인원은 승차정원 이내로 한다.

④ 고속도로에서의 승차인원은 승차정원의 110% 이내이다.

19.

모든 차의 운전자는 같은 방향으로 가고 있는 앞차의 뒤를 따르는 경우에는 앞차가 갑자기 정지하게 되는 경우 그 앞차와의 충돌을 피할 수 있는 필요한 거리를 확보하여야 한다.

20.

안전기준을 넘는 화물의 적재허가를 받은 사람은 그 길이 또는 폭의 양 끝에 너비 30㎝, 길이 50㎝ 이상의 빨간 헝겊으로 된 표지를 달아야 한다. 다만, 밤에 운행하는 경우에는 반사체로 된 표지를 달아야 한다.

21.

②의 경우 100분의 20을 줄인 속도로 운행하여야 한다.

22.

④ 모든 자동차는 승차정원을 넘어서 운행할 수 없다.

Answer   19.③ 20.④ 21.② 22.④

23 고속도로에서 우회전 또는 동일 방향으로 진행하면서 진로를 오른쪽으로 바꾸고자 할 때 신호를 행할 시기는?

① 그 행위를 하고자 하는 지점에 이르기 전 15m 이상의 지점

② 그 행위를 하고자 하는 지점에 이르기 전 30m 이상의 지점

③ 그 행위를 하고자 하는 지점에 이르기 전 50m 이상의 지점

④ 그 행위를 하고자 하는 지점에 이르기 전 100m 이상의 지점

24 교차로에서 긴급자동차가 접근하였을 때 양보하는 방법으로 옳은 것은?

① 교차로 우측 가장자리에 일시정지 한다.

② 교차로를 피하여 일시정지하여야 한다.

③ 서행하면서 앞지르기를 하라는 신호를 한다.

④ 교차로 우측 가장자리로 피하여 서행한다.

25 정비불량차의 운전금지 책임이 있는 사람은 누구인가?

① 모든 차의 사용자, 정비책임자, 운전자

② 모든 차의 운전자

③ 모든 차의 차주, 운전자, 정비책임자

④ 모든 차의 차주, 운전자

23.

신호의 시기

㉠ 좌회전·우회전할 때 : 교차로의 가장자리에 이르기 전 30m(고속도로에서는 100m) 이상의 이 점에 이르렀을 때

㉡ 횡단·유턴·진로 변경할 때 : 그 행위를 하려는 지점에 이르기 전 30m(고속도로에서는 100m) 이상의 지점에 이르렀을 때

㉢ 정지·후진·서행할 때 : 그 행위를 하려는 때

㉣ 뒤차에게 앞지르기를 시키려는 때 : 그 행위를 시키려는 때

24.

교차로 또는 그 부근에서 긴급자동차가 접근한 때 : 차마와 노면전차의 운전자는 교차로를 피하여 일시정지하여야 한다.

25.

정비불량차의 운전금지 책임은 모든 차의 사용자, 정비책임자, 운전자에게 있다.

Answer 23.④ 24.② 25.①

26 소형 화물차가 짐을 싣고 비탈진 좁은 골목길을 통행하다가 반대방향에서 빈차인 택시와 교행하게 되었을 때 통행의 우선권은?

① 택시가 우선 통행한다.
② 짐을 실은 소형 화물차가 우선 통행할 수 있다.
③ 올라가는 차가 우선 통행한다.
④ 내려가는 차가 우선 통행한다.

26.

교행 시 우선순위
㉠ 비탈진 좁은 도로 : 내려가는 차가 우선
㉡ 좁은 도로, 비탈진 좁은 도로 : 승차·화물적재 차가 우선

27 다음 중 정차 또는 주차의 방법으로 바르지 않는 설명은?

① 도로에서 정차할 때에는 차도의 오른쪽 가장자리에 정차하여야 한다.
② 여객자동차의 운전자는 승객을 태우거나 내려주기 위하여 정류소 또는 이에 준하는 장소에서 정차하였을 때에는 승객이 타거나 내린 즉시 출발하여야 하며 뒤따르는 다른 차의 정차를 방해하지 아니하여야 한다.
③ 경사진 곳에 정차하거나 주차하려는 경우에는 자동차의 주차제동장치를 작동한 후, 경사의 내리막 방향으로 바퀴에 고임목, 고임돌, 그 밖에 고무, 플라스틱 등 자동차의 미끄럼 사고를 방지할 수 있는 것을 설치하여야 한다.
④ 경사진 곳에 정차하거나 주차하려는 경우에는 조향장치를 도로의 중앙자리 방향으로 돌려놓아야 한다.

27.

조향장치는 도로의 가장자리 방향으로 돌려놓아야 한다.

28 다음 중 도로 운행시 서행해야 하는 곳이 아닌 곳은?

① 도로가 구부러진 부근
② 다리 위, 터널 안
③ 가파른 비탈길의 내리막길
④ 교통정리를 하지 아니하는 교차로

28.

② 앞지르기 금지장소이다.

Answer 26.② 27.④ 28.②

29 다음 중 앞지르기 금지 시기가 아닌 것은?

① 앞차와 나란히 가고 있을 경우 할 수 없다.
② 앞차가 다른 차를 앞지르고 있거나 앞지르려고 하는 경우 할 수 없다.
③ 교차로, 터널 구분이 있는 도로에서는 안 되고 다리 위에서는 앞지르기 할 수 있다.
④ 경찰 공무원의 지시에 따라 정지, 서행하고 있는 차량을 앞지르기 할 수 없다.

29.

터널 안, 다리 위는 앞지르기 금지장소이다.

30 「도로교통법」상 주차금지의 장소로 가장 옳지 않은 것은?

① 터널 안 및 다리 위
② 도로공사를 하고 있는 경우에는 그 공사 구역의 양쪽 가장자리로부터 10미터인 곳
③ 「다중이용업소의 안전관리에 관한 특별법」에 따른 다중이용업소의 영업장이 속한 건축물로 소방본부장의 요청에 의하여 시·도경찰청장이 지정한 곳으로부터 5미터 이내인 곳
④ 시·도경찰청장이 도로에서의 위험을 방지하고 교통의 안전과 원활한 소통을 확보하기 위하여 필요하다고 인정하여 지정한 곳

30.

주차금지의 장소〈법 제33조〉
㉠ 터널 안 및 다리 위
㉡ 다음의 곳으로부터 5미터 이내인 곳
　　가. 도로공사를 하고 있는 경우에는 그 공사 구역의 양쪽 가장자리
　　나. 「다중이용업소의 안전관리에 관한 특별법」에 따른 다중이용업소의 영업장이 속한 건축물로 소방본부장의 요청에 의하여 시·도경찰청장이 지정한 곳
㉢ 시·도경찰청장이 도로에서의 위험을 방지하고 교통의 안전과 원활한 소통을 확보하기 위하여 필요하다고 인정하여 지정한 곳

31 밤에 도로에서 차를 마주보고 진행하는 경우 운전자의 등화조작으로 틀린 설명은?

① 전조등의 밝기를 줄였다.
② 불빛 방향을 상향과 하향으로 반복하였다.
③ 불빛 방향을 아래로 향하였다.
④ 잠시 전조등을 꺼두었다.

31.

②와 같은 행위는 야간에 특히 위험한 운전조작이다

<table><tr><td>**Answer**</td><td>29.③　30.②　31.②</td></tr></table>

32 「도로교통법」상 정비 불량차의 점검 관련 사항 중 가장 옳지 않은 것은?

① 경찰공무원이 점검한 결과 정비불량 사항이 발견된 경우 장치의 점검 및 사용의 정지에 필요한 사항은 시·도경찰청장이 정한다.

② 경찰공무원은 정비불량차에 해당한다고 인정하는 차가 운행되고 있는 경우에는 우선 그 차를 정지시킨 후, 운전자에게 그 차의 자동차등록증 또는 자동차 운전면허증을 제시하도록 요구하고 그 차의 장치를 점검할 수 있다.

③ 시·도경찰청장은 정비 상태가 매우 불량하여 위험발생의 우려가 있는 경우에는 그 차의 자동차등록증을 보관하고 운전의 일시정지를 명할 수 있다. 이 경우 필요하면 10일의 범위에서 정비기간을 정하여 그 차의 사용을 정지시킬 수 있다.

④ 경찰공무원은 점검한 결과 정비불량 사항이 발견된 경우에는 그 정비불량 상태의 정도에 따라 그 차의 운전자로 하여금 응급조치를 하게 한 후에 운전을 하도록 하거나 도로 또는 교통 상황을 고려하여 통행구간, 통행로와 위험방지를 위한 필요한 조건을 정한 후 그에 따라 운전을 계속하게 할 수 있다.

33 「도로교통법 시행령」상 「자동차 운행상의 안전기준」에 대한 설명으로 가장 옳지 않은 것은?

① 자동차의 승차인원은 승차정원 이내일 것

② 화물자동차의 승차인원은 삭제되었다

③ 화물자동차의 적재중량은 구조 및 성능에 따르는 적재중량의 110퍼센트 이내이어야 한다.

④ 화물자동차의 적재용량높이는 지상으로부터 4.5m 이내이어야 한다.

32.

정비불량차의 점검〈법 제41조〉

㉠ 경찰공무원은 정비불량차에 해당한다고 인정하는 차가 운행되고 있는 경우에는 우선 그 차를 정지시킨 후, 운전자에게 그 차의 자동차등록증 또는 자동차 운전면허증을 제시하도록 요구하고 그 차의 장치를 점검할 수 있다.

㉡ 경찰공무원은 점검한 결과 정비불량 사항이 발견된 경우에는 그 정비불량 상태의 정도에 따라 그 차의 운전자로 하여금 응급조치를 하게 한 후에 운전을 하도록 하거나 도로 또는 교통 상황을 고려하여 통행구간, 통행로와 위험방지를 위한 필요한 조건을 정한 후 그에 따라 운전을 계속하게 할 수 있다.

㉢ 시·도경찰청장은 정비 상태가 매우 불량하여 위험발생의 우려가 있는 경우에는 그 차의 자동차등록증을 보관하고 운전의 일시정지를 명할 수 있다. 이 경우 필요하면 10일의 범위에서 정비기간을 정하여 그 차의 사용을 정지시킬 수 있다.

㉣ 장치의 점검 및 사용의 정지에 필요한 사항은 대통령령으로 정한다.

33.

화물자동차는 지상으로부터 4미터 이내이고 소형 3륜 자동차는 지상으로부터 2미터 50센티, 이륜자동차는 지상으로부터 2미터의 높이 이내이어야 한다.

Answer　32.① 33.④

34 다음 중 자전거의 운전자가 교차로에서 좌회전하는 경우 교차로 통행방법으로 맞는 것은?

① 미리 도로의 중앙선을 따라 서행하면서 교차로 중심안쪽을 이용하여 좌회전한다.

② 미리 도로의 우측 가장자리로 붙여 서행하면서 교차로 가장자리로 좌회전한다.

③ 미리 보도로 통행하고 있다가 교차로 30m전 도로로 진입한다.

④ 미리 도로의 중앙선을 따라 서행하면서 교차로 가장자리로 좌회전한다.

35 다음 중 차마가 좌측으로 통행할 수 없는 것은?

① 도로가 일방통행인 경우

② 도로의 좌측 부분을 확인할 수 없는 경우

③ 도로 우측 부분의 폭이 차마의 통행에 충분하지 아니한 경우

④ 도로의 파손·도로공사나 그 밖의 장애 등으로 도로의 우측 부분을 통행할 수 없는 경우

36 다음 중 자동차 전용도로에서의 최고속도와 최저속도는?

최고속도	최저속도
① 매시 70킬로미터	매시 20킬로미터
② 매시 80킬로미터	매시 25킬로미터
③ 매시 90킬로미터	매시 30킬로미터
④ 매시 100킬로미터	매시 40킬로미터

34.

미리 도로의 우측 가장자리로 붙여 서행하면서 교차로 가장자리로 좌회전한다.

35.

도로의 좌측 부분을 확인할 수 없는 경우 좌측으로 통행할 수 없다.

36.

자동차전용도로에서의 최고속도 90킬로 최저속도는 30킬로이다.

Answer　　34.②　35.②　36.③

37 눈이 20mm 이내로 쌓인 편도 2차로 일반도로의 1.5톤 화물차의 통행속도로 옳은 것은?

① 80km

② 72km

③ 64km

④ 56km

38 다음 중 차마간 통행순위에서 가장 우선권이 있는 차는?

① 긴급차

② 긴급차외의 차

③ 원동기장치자전거

④ 자동차 및 원동기장치자전거 외의 차마

39 다음 중 철길 건널목통과방법으로 잘못된 것은?

① 차단기가 내려지려고 하는 때에는 건널목 내에서 앞지르기를 하여 신속히 지나간다.

② 건널목 앞에서 일시 정지하여 안전함을 확인한 후에 통과하여야 한다.

③ 신호기 등이 표시하는 신호에 따르는 때에는 정지하지 아니하고 통과할 수 있다.

④ 건널목의 경보기가 울리고 있는 동안에는 그 건널목으로 들어가서는 아니 된다.

37.

③ 눈이 20mm 이내로 쌓인 경우는 100분의 20을 감속운행하는 경우이므로 80km × 0.8 = 64km/h

38.

① 긴급차가 통행순위에서는 가장 우선권이 있다.

39.

① 일단 일시 정지한다.

Answer   37.③ 38.① 39.①

40 다음 중 최고속도의 100분의 50을 감속 운행하여야 할 경우에 해당하지 않는 것은?

① 눈이 20mm 이상 쌓인 경우
② 노면이 얼어붙은 경우
③ 폭우, 폭설, 안개 등으로 가시거리가 100m 이내인 경우
④ 비가 내려 노면이 젖어있는 경우

41 차마의 통행방법에 대한 설명으로 옳은 것은?

① 차마는 안전지대 등 안전표지가 표시된 곳에서는 안전하게 정차할 수 있다.
② 차마는 도로의 중앙 우측부분을 통행하여야 한다.
③ 차마가 보도를 횡단하는 때에는 보도 직전에서 등화를 켜야 한다.
④ 차마는 어떤 경우에도 보도를 횡단할 수 없다.

42 다음 중 자동차가 야간에 주. 정차 할 때 켜야 할 등화로 맞는 것은?

① 실내조명등 및 전조등
② 번호 등 및 차폭등
③ 미등 및 차폭등
④ 전조등 및 미등

40.

④ 100분의 20을 감속 운행하는 경우이다

41.

② 옳은 설명이다.
① 안전지대에는 차를 정차할 수 없다.
③ 일시정지해야 한다.
④ 차마는 예외적으로 보도를 횡단할 수 있다.

42.

③ 미등과 차폭등을 등화한다.

Answer   40.④ 41.② 42.③

43 본래의 긴급한 용도로 사용하는 긴급자동차가 아닌 것은?

① 소방자동차
② 교통 단속 등 긴급한 경찰임무수행에 사용되는 경찰용자
동차
③ 우편물 운송에 사용되는 자동차
④ 구급자동차

44 주차금지장소로 잘못 설명한 것은?

① 터널 안
② 도로공사를 하고 있는 경우에 그 공사 구역의 양쪽 가장
자리로부터 5미터
③ 다중이용업소의 영업장이 속한 건축물로 소방본부장의 요
청에 의하여 시·도경찰청장이 지정한 곳
④ 안전지대가 설치된 도로에서는 그 안전지대 사방으로부터
각각 10M 이내인 곳

45 다음 중 서행하여야 하는 곳이 아닌 장소는?

① 교통정리가 행하여지고 있지 아니하는 교차로
② 도로가 구부러진 부근
③ 가파른 비탈길의 내리막
④ 터널 안 또는 다리 위

43.

③ 신청에 의하여 시·도경찰청장이 지정하는 긴급자동차이다.

44.

④ 주·정차 금지장소이다.

45.

④는 앞지르기 금지장소이다.

Answer   43.③ 44.④ 45.④

46 비, 안개, 눈 등에 따른 감속 운행 조건으로 옳은 것은?

① 비로 젖은 도로를 주행 시에는 최고속도의 100분의 10을 줄인 속도로 운행하여야 한다.

② 폭우, 눈, 안개로 가시거리가 100m 이하일 때 도로를 주행 시에는 최고속도의 100분의 30을 줄인 속도로 운행하여야 한다.

③ 빙판 도로를 주행 시에는 최고속도의 100분의 90을 줄인 속도로 운행하여야 한다.

④ 눈이 20mm 이상 쌓여있는 도로를 주행 시에는 최고속도의 100분의 50을 줄인 속도로 운행하여야 한다.

47 「도로교통법」상 차량 운행 시 통행방법에 대한 설명으로 가장 옳지 않은 것은?

① 모든 차(긴급자동차는 제외한다)의 운전자는 뒤에서 따라오는 차보다 느린 속도로 가려는 경우에는 도로의 우측 가장자리로 피하여 진로를 양보하여야 한다. 다만, 통행구분이 설치된 도로의 경우에는 그러하지 아니하다.

② 모든 차의 운전자는 다른 차를 앞지르려면 앞차의 좌측으로 통행하여야 한다.

③ 비탈진 좁은 도로에서 긴급자동차 외의 자동차가 서로 마주보고 진행하는 경우에는 내려가는 자동차가 우측 가장자리로 피하여 진로를 양보하여야 한다.

④ 모든 차의 운전자는 앞차의 좌측에 다른 차가 앞차와 나란히 가고 있는 경우 앞지르기를 하여서는 아니 된다.

46.

최고 속도의 20/100
• 비가 내려 노면이 젖어 있는 경우
• 눈이 20mm 미만 쌓인 경우
　최고 속도의 50/100
• 폭우·폭설·안개 등으로 가시거리가 100m 이내인 경우
• 노면이 얼어붙은 경우
• 눈이 20mm 이상 쌓인 경우

47.

③ 비탈진 좁은 도로에서 자동차가 서로 마주보고 진행하는 경우에는 올라가는 자동차가 도로의 우측 가장자리로 피하여 진로를 양보하여야 한다.

Answer　46.④　47.③

01   운전자

❶ 운전 및 운전행위의 금지사항

(1) 무면허운전 금지

누구든지 시·도경찰청장으로부터 운전면허를 받지 아니하거나 운전면허의 효력이 정지된 경우에는 자동차 등을 운전하여서는 안 된다.

> ☆ **Plus tip**
>
> **무면허운전에 해당하는 경우**
> ㉠ 면허를 받지 않고 운전하는 경우
> ㉡ 정기 적성검사기간(유효기간)이 지난 면허증으로 운전하는 경우
> ㉢ 면허의 취소처분을 받은 사람이 운전하는 경우
> ㉣ 면허의 정지기간 중에 운전하는 경우
> ㉤ 면허시험 합격 후 면허증 교부일 이전에 운전하는 경우
> ㉥ 법이 정한 면허 외의 자동차를 운전하는 경우(제2종 면허로 제1종 면허로 운전하여야 하는 자동차를 운전하는 경우)

(2) 주취 중 운전금지

① **음주운전 금지** : 술에 취한 상태에서는 자동차 등, 노면전차 또는 자전거를 운전하여서는 안 된다.

② **음주운전의 측정** : 경찰공무원은 술에 취한 상태에서 자동차 등, 노면전차 또는 자전거를 운전하였다고 인정할 만한 이유가 있는 때에는 운전자가 술에 취하였는지의 여부를 호흡조사로 측정할 수 있다. 이 경우 운전자는 경찰공무원의 측정에 응하여야 한다.

③ **측정결과 불복시** : 술에 취하였는지의 여부를 측정한 결과에 불복하는 운전자에 대하여는 동의를 얻어 혈액채취 등의 방법으로 다시 측정할 수 있다.

④ **주취의 기준** : 술에 취한 상태의 기준은 혈중알코올농도 0.03% 이상으로 한다.

기출 PLUS

기출 2021. 4. 10. 대구광역시 시행

다음 중 도로교통법상 운전자의 의무 등에 대한 설명으로 가장 올바르지 않은 것은?

① 경찰공무원은 술에 취한 상태에서 자동차등, 노면전차 또는 자전거를 운전하였다고 인정할 만한 상당한 이유가 있는 경우에는 운전자가 술에 취하였는지를 호흡조사와 혈액채취 등의 방법으로 측정할 수 있다. 이 경우 운전자는 경찰공무원의 측정에 응하여야 한다.

② 자동차등(개인형 이동장치는 제외한다)의 운전자는 도로에서 2명 이상이 공동으로 2대 이상의 자동차등을 정당한 사유 없이 앞뒤로 또는 좌우로 줄지어 통행하면서 다른 사람에게 위해를 끼치거나 교통상의 위험을 발생하게 하여서는 아니 된다.

③ 요인 경호용, 구급용 및 장의용 자동차를 제외하고는 자동차 앞면 창유리의 가시광선 투과율이 70% 미만보다 낮아 교통안전 등에 지장을 줄 수 있는 차를 운전하지 말아야 한다.

④ 운전자는 긴급자동차를 운전하는 경우 운전 중 휴대용 전화를 사용할 수 있다.

❮ **정답** ①

⑤ 음주운전의 형사처벌 및 행정처분기준

혈중알코올농도기준	형사처벌	행정처분(면허취소, 정지)
0.03% 이상 0.08% 미만	1년 이하의 징역이나 500만원 이하의 벌금	벌점 100점(면허정지 100일) 인피교통사고 : 면허 취소
0.08% 이상 0.2% 미만	1년 이상 2년 이하의 징역이나 500만원 이상 1천만원 이하의 벌금	면허 취소
0.2%이상	2년 이상 5년 이하의 징역이나 1천만원 이상 2천만원 이하의 벌금	
음주측정불응	1년 이상 5년 이하의 징역이나 500만원 이상 2천만원 이하의 벌금	

⑥ 음주운전의 형사처벌기준(2진 아웃)

음주운전, 음주측정불응을 위반하여 벌금이상의 형을 선고받고 그 형이 확정된 날로 부터 10년 이내에 다시 같은 내용을 위반한 사람(개인 형 이동장치는 제외)

혈중알코올농도기준	형사처벌
음주측정불응	1년 이상 6년 이하의 징역이나 500만원 이상 3천만원 이하의 벌금
0.2% 이상	2년 이상 6년 이하의 징역이나 1천만원 이상 3천만원 이하의 벌금
0.03%이상 0.2% 미만	1년 이상 5년 이하의 징역이나 500만원 이상 2천만원 이하의 벌금

(3) 과로운전 및 공동 위험행위의 금지

① **과로운전의 금지** : 운전자는 과로 · 질병 · 약물(마약 · 대마 · 향정신성의약품)의 영향과 그 밖의 사유로 정상적으로 운전하지 못할 우려가 있는 상태에서 자동차 등 또는 노면전차를 운전하여서는 안 된다.

② **공동 위험행위의 금지** : 자동차 등의 운전자는 도로에서 2인 이상이 공동으로 2대 이상의 자동차 등을 정당한 사유없이 앞뒤로 또는 좌우로 줄을 지어 통행하면서 다른 사람에게 위해를 주거나 교통상의 위험을 발생하게 하여서는 안 된다.

「도로교통법」상 명시된 자동차 등(개인형 이동장치는 제외한다)의 운전자의 난폭운전 행위가 아닌 것은?
① 횡단 · 유턴 · 후진 금지 위반
② 정당한 사유 없는 소음 발생
③ 고속도로에서의 앞지르기 방법 위반
④ 앞뒤로 줄지어 통행

다음 중 도로교통법상 난폭운전의 경우가 아닌 것은?
① 속도를 위반하는 경우
② 정당한 사유 없이 소음을 발생하는 경우
③ 신호를 위반하는 경우
④ 차선변경을 무리하게 하는 경우

‹정답 ④, ④

기출PLUS

기출 2022. 6. 18. 경상북도 시행

도로교통법에 따른 운전자의 준수사항으로 옳은 것은?

① 원동기 동력을 바퀴에 전달하지 않을 시 원동기 회전수를 증가할 수 있다.
② 차량이 정지 시 휴대폰을 사용하면 안 된다.
③ 운전 시 자동차 등 또는 노면전차의 좌우 또는 전후방을 볼 수 있도록 도움을 주는 영상 표시장치는 영상이 표시되도록 할 수 있다.
④ 화물적재함에 적재중량과 동일한 사람을 태울 수 있다.

기출 2021. 4. 17. 경기도 시행

다음 중 모든 운전자의 준수사항 등에 대한 내용으로 바르지 않은 것은?

① 모든 차 또는 노면전차의 운전자는 물이 고인 곳을 운행할 때에는 고인 물을 튀게 하여 다른 사람에게 피해를 주는 일이 없도록 하여야 한다.
② 어린이가 보호자 없이 도로를 횡단할 때, 어린이가 도로에서 앉아 있거나 서 있을 때 또는 어린이가 도로에서 놀이를 할 때 등 어린이에 대한 교통사고의 위험이 있는 것을 발견한 경우에는 일시정지 하여야 한다.
③ 앞을 보지 못하는 사람이 흰색 지팡이를 가지거나 장애인보조견을 동반하는 등의 조치를 하고 도로를 횡단하고 있는 경우에는 일시정지 하여야 한다.
④ 지하도나 육교 등 도로 횡단시설을 이용할 수 없는 지체장애인이나 노인 등이 도로를 횡단하고 있는 경우에는 서행하여야 한다.

◀ 정답 ③, ④

(4) 난폭운전 금지

운전자는 다른 사람에게 위협 또는 위해를 가하거나 교통상의 위험을 발생하게 하는 행위를 연달아 하거나, 하나의 행위를 지속 또는 반복하여서는 안 된다.

> **Plus tip**
>
> **난폭운전에 해당하는 기준**
> ㉠ 신호 또는 지시위반
> ㉡ 중앙선 침범
> ㉢ 속도위반
> ㉣ 횡단·유턴·후진 금지 위반
> ㉤ 안전거리 미확보, 진로변경 금지 위반, 급제동 금지 위반
> ㉥ 앞지르기 방법 또는 앞지르기의 방해금지 위반
> ㉦ 정당한 사유 없는 소음 발생
> ㉧ 고속도로에서의 앞지르기 방법 위반
> ㉨ 고속도로에서의 횡단·유턴·후진 금지 위반

(5) 위험방지 조치

① **운전면허증 제시요구**: 경찰공무원은 무면허운전 금지 및 음주운전, 과로운전 금지규정을 위반하여 자동차 등 또는 노면전차를 운전하고 있다고 인정되는 때에는 자동차 등 또는 노면전차를 일시 정지시키고 그 운전자에게 운전면허증의 제시를 요구할 수 있다.

② **운전금지 명령**: 경찰공무원은 음주운전 금지 및 과로운전 금지의 규정을 위반하여 자동차 등 또는 노면전차를 운전하는 사람이나 음주운전 금지규정을 위반하여 자전거등을 운전하는 사람에 대하여는 정상적으로 운전할 수 있는 상태가 될 때까지 운전금지를 명하고 차를 이동시키는 등 필요한 조치를 할 수 있다.

> **Plus tip**
>
> **안전운전의 의무**… 모든 차 또는 노면전차의 운전자는 조향장치·제동장치 그 밖의 장치를 정확히 조작하여야 하며, 도로의 교통상황과 차 또는 노면전차의 구조·성능에 따라 다른 사람에게 위험과 장해를 주는 속도나 방법으로 운전해서는 안 된다.

② 운전자의 준수사항

(1) 모든 운전자 준수사항

① 물이 고인 곳을 운행할 때에는 고인 물을 튀게 하여 다른 사람에게 피해를 주는 일이 없도록 하여야 한다.

② 다음에 해당하는 경우에는 일시정지를 하여야 한다.
  ㉠ 어린이가 보호자 없이 도로를 횡단할 때, 어린이가 도로에서 앉아 있거나 서 있을 때, 어린이가 도로에서 놀이를 할 때 등 어린이에 대한 교통사고의 위험이 있는 것을 발견한 경우
  ㉡ 앞을 보지 못하는 사람이 흰색 지팡이를 가지거나 장애인보조견을 동반하고 도로를 횡단하고 있는 경우
  ㉢ 지하도나 육교 등 도로 횡단시설을 이용할 수 없는 지체장애인이나 노인 등이 도로를 횡단하고 있는 경우

③ 자동차의 앞면 창유리와 운전석 좌우 옆면 창유리의 가시광선의 투과율이 대통령령으로 정하는 기준보다 낮아 교통안전 등에 지장을 줄 수 있는 차를 운전하지 않아야 한다[다만, 요인(要人)경호용, 구급용 및 장의용 자동차는 제외].

> **☆ Plus tip**
> 대통령령으로 정하는 자동차 창유리 가시광선 투과율의 기준
> ㉠ 앞면 창유리 : 70퍼센트
> ㉡ 운전석 좌우 옆면 창유리 : 40퍼센트

④ 교통단속용 장비의 기능을 방해하는 장치를 한 차나 그 밖에 안전운전에 지장을 줄 수 있는 것으로서 행정안전부령으로 정하는 기준에 적합하지 아니한 장치를 한 차를 운전하지 않아야 한다. 다만, 자율주행자동차의 신기술 개발을 위한 장치를 장착하는 경우에는 그러하지 아니하다.

> **☆ Plus tip**
> 안전운전에 지장을 줄 수 있는 것으로서 행정안전부령으로 정하는 불법부착장치
> ㉠ 경찰관서에서 사용하는 무전기와 동일한 주파수의 무전기
> ㉡ 긴급자동차가 아닌 자동차에 부착된 경광등, 사이렌 또는 비상등
> ㉢ 「자동차 및 자동차부품의 성능과 기준에 관한 규칙」에서 정하지 아니한 것으로서 안전운전에 현저히 장애가 될 정도의 장치

「도로교통법」 제49조의 모든 운전자의 준수사항을 이행한 것으로 가장 옳은 것은?

① 자동차의 앞면 창유리와 운전석 좌우 옆면 창유리의 가시광선의 투과율이 대통령령으로 정하는 기준보다 낮아 교통안전 등에 지장을 줄 수 있는 차를 운전한 경우
② 행정안전부령으로 정하는 기준에 적합하지 않은 장치이지만, 자율주행자동차의 신기술 개발을 위한 장치를 장착한 차를 운전한 경우
③ 도로 횡단시설을 이용할 수 없는 지체장애인이나 노인 등이 도로를 횡단하고 있어 서행운전 하는 경우
④ 도로에서 자동차를 세워둔 채 시비·다툼 등의 행위를 하여 다른 차마의 통행을 방해한 경우

「도로교통법 시행령」 제28조에서 자동차 운전석 좌우 옆면 창유리 가시광선 투과율의 기준으로 가장 옳은 것은?

① 30퍼센트 ② 40퍼센트
③ 60퍼센트 ④ 70퍼센트

다음 중 자동차 등 또는 노면전차의 운전 중에는 휴대용 전화(자동차용 전화를 포함한다)를 사용이 불가한 경우는?

① 자동차 등 또는 노면전차가 천천히 서행하면서 이동하는 경우
② 안전운전에 장애를 주지 아니하는 장치로서 대통령령으로 정하는 장치를 이용하는 경우
③ 긴급자동차를 운전하는 경우
④ 각종 범죄 및 재해 신고 등 긴급한 필요가 있는 경우

❮정답 ②, ②, ①

기출PLUS

⑤ 도로에서 자동차 등(개인형 이동장치는 제외) 또는 노면전차를 세워둔 채 시비·다툼 등의 행위를 하여 다른 차마의 통행을 방해하지 않아야 한다.

⑥ 운전자가 차 또는 노면전차를 떠나는 경우에는 교통사고를 방지하고 다른 사람이 함부로 운전하지 못하도록 필요한 조치를 해야 한다.

⑦ 운전자는 안전을 확인하지 아니하고 차 또는 노면전차의 문을 열거나 내려서는 안 되며, 동승자가 교통의 위험을 일으키지 아니하도록 필요한 조치를 해야 한다.

⑧ 운전자는 정당한 사유 없이 다음의 어느 하나에 해당하는 행위를 하여 다른 사람에게 피해를 주는 소음을 발생시키지 않아야 한다.
  ㉠ 자동차 등을 급히 출발시키거나 속도를 급격히 높이는 행위
  ㉡ 자동차 등의 원동기 동력을 차의 바퀴에 전달시키지 아니하고 원동기의 회전수를 증가시키는 행위
  ㉢ 반복적이거나 연속적으로 경음기를 울리는 행위

⑨ 운전자는 승객이 차 안에서 안전운전에 현저히 장해가 될 정도로 춤을 추는 등 소란행위를 하도록 내버려두고 차를 운행하지 않아야 한다.

⑩ 운전자는 자동차 등 또는 노면전차의 운전 중에는 휴대용 전화(자동차용 전화 포함)를 사용하지 않아야 한다(다만, 다음의 어느 하나에 해당하는 경우는 예외).
  ㉠ 자동차 등 또는 노면전차가 정지하고 있는 경우
  ㉡ 긴급자동차를 운전하는 경우
  ㉢ 각종 범죄 및 재해 신고 등 긴급한 필요가 있는 경우
  ㉣ 안전운전에 장애를 주지 아니하는 장치로서 대통령령으로 정하는 장치를 이용하는 경우

⑪ 자동차 등 또는 노면전차 운전 중에는 방송 등 영상물을 수신하거나 재생하는 장치를 통하여 운전자가 운전 중 볼 수 있는 위치에 영상이 표시되지 않도록 하여야 한다(다만, 다음의 어느 하나에 해당하는 경우에는 예외).
  ㉠ 자동차 등 또는 노면전차가 정지하고 있는 경우
  ㉡ 자동차 등 또는 노면전차에 장착하거나 거치하여 놓은 영상표시장치에 다음의 영상이 표시되는 경우

기출 2020. 6. 13. 서울시 제2회 시행

「도로교통법」상 모든 운전자의 준수사항으로 가장 옳지 않은 것은?

① 지하도나 육교 등 도로 횡단시설을 이용할 수 없는 지체장애인이나 노인 등이 도로를 횡단하고 있는 경우 일시정지해야 한다.
② 앞면 창유리의 가시광선 투과율이 대통령령으로 정하는 기준보다 낮은 장의용 자동차는 운전하지 않아야 한다.
③ 운전 중에도 각종 범죄 및 재해 신고 시에는 휴대전화를 사용할 수 있다.
④ 운전자가 운전 중 볼 수 있는 위치에 영상이 표시되지 않아야 한다. 다만, 자동차등 또는 노면전차의 좌우 또는 전후방을 볼 수 있도록 도움을 주는 영상의 경우에는 그러하지 아니하다.

《정답 ②

- 지리안내 영상 또는 교통정보안내 영상

- 국가비상사태 · 재난상황 등 긴급한 상황을 안내하는 영상

- 운전을 할 때 자동차 등 또는 노면전차의 좌우 또는 전후방을 볼 수 있도록 도움을 주는 영상

⑫ 자동차 등 또는 노면전차의 운전 중에는 영상표시장치를 조작하지 않아야 한다. (다만, 다음의 어느 하나에 해당하는 경우에는 제외)

㉠ 자동차 등과 노면전차가 정지하고 있는 경우

㉡ 노면전차 운전자가 운전에 필요한 영상표시장치를 조작하는 경우

⑬ 운전자는 자동차의 화물 적재함에 사람을 태우고 운행하지 않아야 한다.

⑭ 그 밖에 시 · 도경찰청장이 교통안전과 교통질서 유지에 필요하다고 인정하여 지정 · 공고한 사항에 따라야 한다.

> **🔖 Plus tip**
>
> **불법 부착물 현장 단속**
> ㉠ 경찰공무원은 자동차의 앞면 창유리와 운전석 좌우 옆면 창유리에 가시광선의 투과율이 대통령령으로 정하는 기준보다 낮아 교통안전 등에 지장을 줄 수 있는 경우나 교통단속용 장비의 기능을 방해하는 장치를 한 차나 안전운전에 지장을 줄 수 있는 장치를 한 자동차를 발견한 경우에는 현장에서 운전자에게 위반사항을 제거하게 하거나 필요한 조치를 명할 수 있다.
> ㉡ 운전자가 명령을 따르지 아니할 때에는 경찰공무원이 직접 위반사항을 제거하거나 필요한 조치를 할 수 있다.

(3) 자율주행자동차 운전자의 준수사항

① 완전 자율주행시스템에 해당하지 아니하는 자율주행시스템을 갖춘 자동차의 운전자는 자율주행시스템의 직접 운전 요구에 지체 없이 대응하여 조향장치, 제동장치 및 그 밖의 장치를 직접 조작하여 운전하여야 한다.

② 운전자가 자율주행시스템을 사용하여 운전하는 경우에는 다음 규정을 적용하지 아니한다.

㉠ 운전자는 자동차 등 또는 노면전차의 운전 중에는 휴대용 전화(자동차용 전화 포함)를 사용하지 아니할 것.(다만, 다음의 어느 하나에 해당하는 경우에는 제외)

좌석안전띠를 매지 아니하거나 승차자에게 좌석안전띠를 매지 않도록 하여도 되는 경우로 틀린 것은?

① 부상 · 질병 · 장애 또는 임신 등으로 인하여 좌석안전띠의 착용이 적당하지 아니하다고 인정되는 자가 자동차를 운전하거나 승차하는 때

② 자동차를 후진시키기 위하여 운전하는 때

③ 「국민투표법」 및 공직선거관계 법령에 의하여 국민투표운동 · 선거운동 및 국민투표 · 선거관리업무에 사용되는 자동차를 운전하거나 승차하는 때

④ 긴급자동차가 그 본래의 용도로 운행되고 있는 때

⑤ 올림픽 대표선수를 환송, 환영하는 자동차를 운전하거나 승차하는 때

◀정답 ⑤

- 자동차 등 또는 노면전차가 정지하고 있는 경우
- 긴급자동차를 운전하는 경우
- 각종 범죄 및 재해 신고 등 긴급한 필요가 있는 경우
- 안전운전에 장애를 주지 아니하는 장치로서 대통령령으로 정하는 장치를 이용하는 경우

ⓛ 자동차등 또는 노면전차의 운전 중에는 영상표시장치를 통하여 운전자가 운전 중 볼 수 있는 위치에 영상이 표시되지 아니하도록 할 것. (다만, 다음의 어느 하나에 해당하는 경우에는 제외)

- 자동차 등 또는 노면전차가 정지하고 있는 경우
- 자동차 등 또는 노면전차에 장착하거나 거치하여 놓은 영상표시장치에 다음의 영상이 표시되는 경우
  - 지리안내 영상 또는 교통정보안내 영상
  - 국가비상사태 · 재난상황 등 긴급한 상황을 안내하는 영상
  - 운전을 할 때 자동차 등 또는 노면전차의 좌우 또는 전후방을 볼 수 있도록 도움을 주는 영상

ⓒ 자동차 등 또는 노면전차의 운전 중에는 영상표시장치를 조작하지 아니할 것. (다만, 다음 의 어느 하나에 해당하는 경우에는 제외)

- 자동차등 과 노면전차가 정지하고 있는 경우
- 노면전차 운전자가 운전에 필요한 영상표시장치를 조작하는 경우

(3) 특정 운전자 준수사항

① 자동차 운전자는 자동차를 운전할 때에는 좌석안전띠를 매어야 하며, 모든 좌석의 동승자에게도 좌석안전띠를 매도록 하여야 한다.

② 영유아인 경우에는 유아보호용 장구를 장착한 후 좌석안전띠를 매어야 한다.

③ 이륜자동차와 원동기장치자전거(개인형 이동장치는 제외)의 운전자는 인명보호장구를 착용하고 운행하여야 하며, 동승자에게도 인명보호장구를 착용토록 하여야 한다.

④ 자전거등의 운전자는 자전거도로 및 「도로법」에 따른 도로를 운전할 때에는 인명보호 장구를 착용하여야 하며, 동승자에게도 이를 착용하도록 하여야 한다.

⑤ 자전거등의 운전자는 행정안전부령으로 정하는 크기와 구조를 갖추지 아니하여 교통안전에 위험을 초래할 수 있는 자전거를 운전하여서는 아니 된다.

⑥ 자전거등의 운전자는 약물의 영향과 그 밖의 사유로 정상적으로 운전하지 못할 우려가 있는 상태에서 자전거를 운전하여서는 아니 된다.

⑦ 자전거등의 운전자는 밤에 도로를 통행하는 때에는 전조등과 미등을 켜거나 야광띠 등 발광 장치를 착용하여야 한다.

⑧ 개인형 이동장치의 운전자는 행정안전부령으로 정하는 승차정원을 초과하여 등승자를 태우고 개인형 이동장치를 운전하여서는 아니 된다.

> 🐷 **Plus tip**
>
> 개인형 이동장치의 승차정원
>
> | | |
> |---|---|
> | 전동킥보드 및 전동이륜평행차 | 1명 |
> | 전동기의 동력만으로 움직일 수 있는 자전거 | 2명 |

> 🐷 **Plus tip**
>
> 좌석안전띠를 매지 않아도 되는 특별한 경우
>
> ㉠ 부상·질병·장애 또는 임신 등으로 인하여 좌석안전띠의 착용이 적당하지 아니하다고 인정되는 자가 자동차를 운전하거나 승차하는 때
> ㉡ 자동차를 후진시키기 위하여 운전하는 때
> ㉢ 신장·비만 기타 신체의 상태에 의하여 좌석안전띠의 착용이 적당하지 아니하다고 인정되는 자가 자동차를 운전하거나 승차하는 때
> ㉣ 긴급자동차가 그 본래의 용도로 운행되고 있는 때
> ㉤ 경호 등을 위한 경찰용 자동차에 의하여 호위되거나 유도되고 있는 자동차를 운전하거나 승차하는 때
> ㉥ 국민투표법 및 공직선거관계법령에 의하여 국민투표운동·선거운동 및 국민투표 선거관리업무에 사용되는 자동차를 운전하거나 승차하는 때
> ㉦ 우편물의 집배, 폐기물의 수집 기타 빈번히 승강하는 것을 필요로 하는 업무에 종사하는 자가 당해 업무를 위하여 자동차를 운전하거나 승차하는 때
> ㉧ 「여객자동차 운수사업법」에 의한 여객자동차운송사업용 자동차의 운전자가 승객의 주취·약물복용 등으로 좌석안전띠를 매도록 할 수 없거나 승객에게 좌석 안전띠 착용을 안내하였음에도 불구하고 승객이 착용하지 않는 때

기출 2022. 6. 18. 대전광역시 시행

도로교통법상 좌석안전띠를 매지 않아도 되는 경우가 아닌 것은?

① 자동차를 주차시키고 있을 때
② 긴급자동차가 그 본래의 용도로 운행되고 있는 때
③ 부상·질병·장애 또는 임신한 자가 자동차를 운전하거나 승차하는 때
④ 경호 등을 위한 경찰용 자동차에 의하여 호위되거나 유도되고 있는 자동차를 운전하거나 승차하는 때

기출 2019. 6. 15. 서울시 제2회 시행

「도로교통법 시행규칙」상 좌석안전띠를 매지 아니하거나 승차자에게 좌석안전띠를 매도록 하지 아니하여도 되는 경우가 아닌 것은?

① 경호 등을 위한 경찰용 자동차에 의하여 호위되거나 유도되고 있는 자동차를 운전하거나 승차하는 때
② 자동차를 후진시키기 위하여 운전하는 때
③ 긴급자동차가 그 본래의 용도로 운행되고 있는 때
④ 여객자동차운송사업용 자동차의 운전자가 운전하는 때

◀정답 ①, ④

❸ 음주운전 방지장치

(1) 음주운전 방지장치

자동차등의 시동을 걸기 전 운전자의 호흡을 측정하여 혈중알코올농도가 기준치 이상인 경우 시동이 걸리지 않도록 하는 장치를 말한다.

(2) 음주운전 방지장치 부착 조건부 운전면허를 받은 운전자등의 준수사항

① 음주운전 방지장치 부착 조건부 운전면허를 받은 사람이 자동차등을 운전하려는 경우 음주운전 방지장치를 설치하고, 시·도경찰청장에게 등록하여야 한다. 등록한 사항 중 행정안전부령으로 정하는 중요한 사항을 변경할 때에도 또한 같다. 다만, ②에 따라 음주운전 방지장치가 설치·등록된 자동차등을 운전하려는 경우에는 그러하지 아니하다.

② 「여객자동차 운수사업법」에 따른 여객자동차 운수사업자의 사업용 자동차, 「화물자동차 운수사업법」에 따른 화물자동차 운수사업자의 사업용 자동차 및 그 밖에 대통령령으로 정하는 자동차등에 음주운전 방지장치를 설치한 자는 시·도경찰청장에게 등록하여야 한다. 등록한 사항 중 행정안전부령으로 정하는 중요한 사항을 변경할 때에도 또한 같다.

③ 음주운전 방지장치 부착 조건부 운전면허를 받은 사람은 음주운전 방지장치가 설치되지 아니하거나 설치기준에 적합하지 아니한 음주운전 방지장치가 설치된 자동차등을 운전하여서는 아니 된다.

④ 누구든지 다음의 어느 하나에 해당하는 경우를 제외하고는 자동차등에 설치된 음주운전 방지장치를 해체하거나 조작 또는 그 밖의 방법으로 효용을 해치는 행위를 하여서는 아니 된다.
  ㉠ 음주운전 방지장치의 점검 또는 정비를 위한 경우
  ㉡ 폐차하는 경우
  ㉢ 교육·연구의 목적으로 사용하는 등 대통령령으로 정하는 사유에 해당하는 경우
  ㉣ 음주운전 방지장치의 부착 기간이 경과한 경우

⑤ 누구든지 음주운전 방지장치 부착 조건부 운전면허를 받은 사람을 대신하여 음주운전 방지장치가 설치된 자동차등을 운전할 수 있도록 해당 장치에 호흡을 불어넣거나 다른 부정한 방법으로 음주운전 방지장치가 설치된 자동차등에 시동을 거는 행위를 하여서는 아니 된다.

⑥ ① 및 ②에 따라 음주운전 방지장치의 설치 사항을 시·도경찰청장에게 등록한 자는 연 2회 이상 음주운전 방지장치 부착 자동차등의 운행기록을 시·도경찰청장에게 제출하여야 하며, 음주운전 방지장치의 정상 작동여부 등을 점검하는 검사를 받아야 한다.

⑦ ① 및 ②에 따른 음주운전 방지장치 설치 기준·방법 및 등록 기준·등록 절차, ⑥에 따른 운행기록 제출 및 검사의 시기·방법, 그 밖에 필요한 사항은 행정안전부령으로 정한다.

(3) 음주운전 방지장치 부착 조건부 운전면허

① 음주운전 금지를 위반(자동차등 또는 노면전차를 운전한 경우로 한정한다. 다만, 개인형 이동장치를 운전한 경우는 제외한다. 이하 같다)한 날부터 5년 이내에 다시 위반하여 운전면허 취소처분을 받은 사람이 자동차등을 운전하려는 경우에는 시·도경찰청장으로부터 음주운전 방지장치 부착 조건부 운전면허(이하 "조건부 운전면허"라 한다. 이하 같다)를 받아야 한다.

② 음주운전 방지장치는 조건부 운전면허 발급 대상에게 적용되는 운전면허 결격기간과 같은 기간 동안 부착하며, 운전면허 결격기간이 종료된 다음 날부터 부착기간을 산정한다.

③ ①에 따른 조건부 운전면허의 범위·발급·종류 등에 필요한 사항은 행정안전부령으로 정한다.

(4) 음주운전 방지장치의 설치기준

음주운전 방지장치를 설치하는 경우에는 다음의 기준에 적합하도록 해야 한다.

① 별표 13의2에서 정하는 기준을 갖출 것

② 음주운전 방지장치를 임의로 해체하거나 조작 또는 그 밖의 방법으로 효용을 해칠 수 없도록 할 것

③ 자동차등의 운행에 영향이 없도록 할 것

(5) 음주운전 방지장치의 등록 절차

① (2)의 ①에 따라 음주운전 방지장치를 등록하려는 사람은 음주운전 방지장치 등록(변경)신청서(개인용)를 한국도로교통공단에 제출하고 신분증명서를 제시해야 한다. 다만, 음주운전 방지장치를 등록하려는 사람이 원하는 경우에는 신분증명서 제시를 갈음하여 전자적 방법으로 지문정보를 대조하여 본인 확인을 할 수 있다.

② (2)의 ②에 따라 음주운전 방지장치를 등록하려는 사람은 음주운전 방지장치 등록(변경)신청서(사업자용)를 한국도로교통공단에 제출해야 한다.

③ ① 및 ②에 따라 음주운전 방지장치의 등록을 신청하는 경우 ㉠부터 ㉤까지의 서류를 첨부해야 한다. 다만, ㉤의 서류는 ②에 따라 등록을 신청하는 경우만 해당한다.
  ㉠ 음주운전 방지장치 설치확인서
  ㉡ 자동차등의 소유자 신분증 사본 및 음주운전 방지장치 등록동의서(자동차등의 소유자와 음주운전 방지장치의 등록 신청자가 다른 경우만 해당한다)
  ㉢ 다음의 어느 하나에 해당하는 서류
   • 이륜자동차의 경우 : 「자동차관리법」 제48조제1항에 따른 이륜자동차사용신고필증 사본
   • 건설기계의 경우 : 「건설기계관리법」 제3조제3항에 따른 건설기계등록증 사본
   • 자동차의 경우(이륜자동차 및 건설기계는 제외한다) : 자동차등록증 사본
  ㉣ 위임장 및 대리인 신분증명서(대리인이 신청하는 경우만 해당한다)
  ㉤ 「여객자동차 운수사업법」에 따른 여객자동차 운수사업 또는 「화물자동차 운수사업법」에 따른 화물자동차 운수사업에 관한 면허·허가·등록·인가 또는 신고를 증명하는 서류

④ ① 및 ②에 따른 신청서를 제출받은 한국도로교통공단은 행정정보의 공동이용을 통하여 신청인의 주민등록표 등본을 확인해야 한다. 다만, 신청인이 확인에 동의하지 않는 경우에는 해당 서류를 첨부하도록 해야 한다.

⑤ 한국도로교통공단은 ① 및 ②에 따른 등록신청이 등록기준에 적합하다고 인정되면 그 사실을 음주운전 방지장치 등록대장에 기재하고, 음주운전 방지장치 등록증을 발급해야 한다.

(6) 음주운전 방지장치의 변경등록

① (2)의 ①과 ② 후단에서 "행정안전부령으로 정하는 중요한 사항"이란 다음의 사항을 말한다. 다만, ㉢은 (2)의 ②에 따라 변경등록하는 경우만 해당한다.
  ㉠ 음주운전 방지장치의 형식모델 등 장치 표시에 관한 사항
  ㉡ 차종, 차대번호 등 음주운전 방지장치가 부착된 자동차등 표시에 관한 사항
  ㉢ 운수사업자의 상호 및 대표자 명의

② 음주운전 방지장치를 등록한 사람(이하 "음주운전 방지장치 등록자"라 한다)은 ①의 어느 하나에 해당하는 사항이 변경된 경우 사유가 발생한 날부터 14일 이내에 시·도경찰청장에게 변경등록을 신청해야 한다. 이 경우 변경

등록 신청 절차는 음주운전 방지장치의 등록 절차를 준용한다.

(7) 음주운전 방지장치의 등록 말소

① 음주운전 방지장치 등록자 및 음주운전 방지장치가 부착된 자동차등의 소유
자는 다음의 어느 하나에 해당하는 사유가 있는 경우 한국도로교통공단에 음
주운전 방지장치의 등록 말소를 신청할 수 있다. 다만, ⓒ에 해당하는 경우에
는 그 사유가 발생한 날부터 30일 이내에 등록 말소를 신청해야 한다.
  ㉠ 음주운전 방지장치 부착기간이 지난 경우
  ㉡ 해당 음주운전 방지장치를 사용하지 않는 경우
  ㉢ 고장·파손·분실 등으로 인해 음주운전 방지장치가 본래의 기능을 회복
    할 수 없게 되거나 멸실된 경우

② 한국도로교통공단은 다음의 어느 하나에 해당하는 경우에는 지체 없이 직
권으로 음주운전 방지장치의 등록을 말소해야 한다.
  ㉠ ①의 ⓒ에 따라 등록 말소를 신청해야 할 사람이 신청하지 않은 경우
  ㉡ 속임수나 그 밖의 부정한 방법으로 등록한 경우
  ㉢ 운행기록 제출과 음주운전 방지장치 정상 작동여부 검사를 이행하지 않
    은 기간이 30일을 초과하는 경우

③ 한국도로교통공단은 ②에 따라 직권으로 음주운전 방지장치의 등록을 말소
한 경우 음주운전 방지장치 등록자에게 이를 알려야 한다. 이 경우 음주운
전 방지장치 등록자와 음주운전 방지장치가 설치된 자동차등의 소유자가
다른 경우에는 소유자에게도 알려야 한다.

(8) 음주운전 방지장치의 검사 기간과 기준 및 방법

① 음주운전 방지장치 등록자는 다음의 어느 하나에 해당하는 날부터 6개월마
다 정기적으로 음주운전 방지장치의 정상 작동여부 등을 점검하는 검사(이
하 "정상 작동여부 검사"라 한다)를 받아야 한다.
  ㉠ 신규 등록한 경우 : 신규 등록한 날
  ㉡ 정상 작동여부 검사 기간 내에 정기검사를 받은 경우 : 정상 작동여부 검사 유효
    기간 만료일의 다음 날
  ㉢ 정상 작동여부 검사 기간을 지나 검사를 받은 경우 : 검사를 받은 날의 다음 날

② 정상 작동여부 검사 기간은 정상 작동여부 검사 유효기간 만료일 전후 각
각 31일 이내로 한다.

③ 정상 작동여부 검사는 한국도로교통공단에서 실시하며, 검사기준 및 방법

은 별표 13의2와 같다.

④ 음주운전 방지장치 등록자가 ①의 어느 하나에 해당하는 날부터 1년간 정상 작동여부 검사를 2회 받은 경우 연 2회 검사를 받은 것으로 본다.

⑤ ①의 ⓒ 및 ②에서 정상 작동여부 검사 유효기간 만료일은 ①의 어느 하나에 해당하는 날부터 6개월이 되는 날로 한다.

(9) 음주운전 방지장치의 운행기록 제출

① 음주운전 방지장치 등록자는 해당 장치에 기록된 운행기록을 검사 기간 말일의 다음 날부터 6개월마다 제출해야 한다. 이 경우 검사 기간 말일의 다음 날부터 1년간 운행기록을 2회 제출한 경우 연 2회 제출한 것으로 본다.

② ①에 따른 음주운전 방지장치 운행기록의 제출은 정상 작동여부 검사를 받을 때 운행기록이 저장된 음주운전 방지장치를 한국도로교통공단에 제시하는 방법으로 한다.

③ 한국도로교통공단은 ②에 따라 제출받은 운행기록을 3년간 보관·관리해야 한다.

(10) 음주운전 방지장치 검사의 신청

정상 작동여부 검사를 받으려는 음주운전 방지장치 등록자는 음주운전 방지장치 검사신청서를 한국도로교통공단에 제출해야 한다.

(11) 음주운전 방지장치 검사 기간 경과의 통지

한국도로교통공단은 등록된 음주운전 방지장치 중 정상 작동여부 검사 기간이 지난 장치를 조사하여 그 기간이 지난날부터 10일 이내에 음주운전 방지장치 등록자에게 다음의 사항을 우편, 전자우편 또는 휴대전화를 이용한 문자메시지 등으로 통지해야 한다.

① 정상 작동여부 검사 기간이 지난 사실

② 정상 작동여부 검사를 받지 않는 경우에 부과되는 과태료의 금액 및 근거 법규

(12) 음주운전 방지장치 검사의 실시

① 정상 작동여부 검사 신청을 받은 한국도로교통공단은 검사를 실시하고 그 결과를 음주운전 방지장치 검사표에 기록하여 그때부터 3년간 보관해야 한다.

② 한국도로교통공단은 ①에 따른 검사를 실시한 경우 음주운전 방지장치 검사결과 통지서를 발급해야 한다.

③ 한국도로교통공단은 ①에 따른 검사 결과 운전자의 음주운전을 방지하는 기능에 이상이 없는 범위에서 음주 측정 결과값이 정확하지 않는 등의 경미한 시정이 필요한 경우에는 음주운전 방지장치 등록자에게 그 시정을 권

고할 수 있다. 이 경우 음주운전 방지장치 검사결과 통지서와 음주운전 방지장치 시정 권고 통지서를 함께 발급해야 한다.

⒀ 음주운전 방지장치의 재검사

① 정상 작동여부 검사결과 부적합 판정을 받은 음주운전 방지장치 등록자는 음주운전 방지장치 검사결과 통지서를 받은 날부터 10일 이내에 재검사를 받아야 한다. 이 경우 재검사 신청은 정상 작동여부 검사의 신청을 준용한다.

② 한국도로교통공단은 ①에 따라 재검사 신청을 받은 경우 부적합한 항목에 대하여 다시 검사해야 한다.

③ ①에 따른 재검사기간 내에 적합판정을 받은 경우에는 음주운전 방지장치 검사결과 통지서를 받은 날에 검사를 받은 것으로 본다.

⒁ 음주운전 방지장치 부착 조건부 운전면허

① 음주운전금지를 위반(자동차등 또는 노면전차를 운전한 경우로 한정한다. 다만, 개인형 이동장치를 운전한 경우는 제외한다. 이하 같다)한 날부터 5년 이내에 다시 위반하여 운전면허 취소처분을 받은 사람이 자동차등을 운전하려는 경우에는 시·도경찰청장으로부터 음주운전 방지장치 부착 조건부 운전면허(이하 "조건부 운전면허"라 한다. 이하 같다)를 받아야 한다.

② 음주운전 방지장치는 조건부 운전면허 발급 대상에게 적용되는 운전면허 결격기간과 같은 기간 동안 부착하며, 운전면허 결격기간이 종료된 다음 날부터 부착기간을 산정한다.

③ ①에 따른 조건부 운전면허의 범위·발급·종류 등에 필요한 사항은 행정안전부령으로 정한다.

④ ①에 따른 음주운전 방지장치 부착 조건부 운전면허에 대한 조건의 부과기준은 별표 20과 같다.

⑤ 조건 부과의 통지 및 기재는 다음을 준용한다.
　㉠ 시·도경찰청장이 운전에 필요한 조건을 붙이거나 바꾼 때에는 그 내용을 한국도로교통공단에 통보하고, 그 통보를 받은 한국도로교통공단은 운전면허의 조건이 부과되거나 변경되는 사람에게 조건부과(변경)통지서에 따라 그 내용을 통지하여야 한다.
　㉡ 한국도로교통공단은 ㉠에 따라 시·도경찰청장으로부터 통보를 받은 때에는 그 사람의 운전면허증과 자동차운전면허대장, 정기적성검사대장 또는 수시적성검사대장에 그 내용을 기재하여야 한다.

기출 PLUS

기출 2022. 6. 18. 서울시 보훈청 시행

「도로교통법」상 어린이통학버스에 대한 설명으로 가장 옳지 않은 것은?

① 모든 차의 운전자는 어린이나 영유아를 태우고 있다는 표시를 한 상태로 도로를 통행하는 어린이통학버스를 앞지르지 못한다.
② 어린이통학버스로 사용할 수 있는 자동차는 관할시·도지사의 령으로 정하는 자동차로 한정한다.
③ 중앙선이 설치되지 아니한 도로와 편도 1차로인 도로에서는 반대방향에서 진행하는 차의 운전자도 어린이 통학버스에 이르기 전에 일시 정지하여 안전을 확인한 후 서행하여야 한다.
④ 어린이통학버스로 사용할 수 있는 자동차는 도색·표지, 보험가입, 소유 관계 등 대통령령으로 정하는 요건을 갖추어야 한다.

기출 2022. 4. 23. 경기도 시행

다음 중 어린이통학버스에 신고에 관한 사항으로 맞는 내용은?

① 시·도경찰청장은 신고서를 접수한 경우 구비요건을 확인한 후 기준에 적합한 때에는 어린이통학버스 신고증명서를 교부하여야 한다.
② 어린이통학버스 신고증명서는 그 자동차의 앞면 창유리 우측하단의 보기 쉬운 곳에 부착하여야 한다.
③ 어린이통학버스 신고증명서를 잃어버리거나 헐어 못쓰게 된 때에는 어린이통학버스 신고증명서 재교부신청서를 도로교통공단에 제출하여 다시 교부받아야 한다.
④ 어린이통학버스 신고증명서가 헐어 못쓰게 되어 다시 신청하는 때에는 어린이통학버스 신고증명서 재교부신청서에 헐어 못쓰게 된 신고증명서를 첨부하여 관할 경찰서장에게 제출하여야 한다.

❮정답 ②, ④

02 어린이통학버스

❶ 특별보호 및 신고

(1) 어린이통학버스의 특별보호

① 어린이통학버스가 도로에 정차하여 어린이나 영유아가 타고 내리는 중임을 표시하는 점멸등 등의 장치를 작동 중일 때에는 어린이통학버스가 정차한 차로와 그 차로의 바로 옆 차로로 통행하는 차의 운전자는 어린이통학버스에 이르기 전에 일시정지하여 안전을 확인한 후 서행하여야 한다.

② 중앙선이 설치되지 아니한 도로와 편도 1차로인 도로에서는 반대방향에서 진행하는 차의 운전자도 어린이통학버스에 이르기 전에 일시정지하여 안전을 확인한 후 서행하여야 한다.

③ 모든 차의 운전자는 어린이나 영유아를 태우고 있다는 표시를 한 상태로 도로를 통행하는 어린이통학버스를 앞지르지 못한다.

(2) 어린이통학버스의 신고 등

① 어린이통학버스를 운영하려는 자는 행정안전부령으로 정하는 바에 따라 미리 관할 경찰서장에게 신고하고 신고증명서를 발급받아야 한다.

　※ 「여객자동차 운수사업법」에 따른 한정면허를 받아 어린이를 여객대상으로 하여 운행되는 운송사업용 자동차는 제외한다)

② 어린이통학버스를 운영하는 자는 어린이통학버스 안에 제1항에 따라 발급받은 신고증명서를 항상 갖추어 두어야 한다.

③ 어린이통학버스로 사용할 수 있는 자동차는 행정안전부령으로 정하는 자동차로 한정한다. 이 경우 그 자동차는 도색·표지, 보험가입, 소유 관계 등 대통령령으로 정하는 요건을 갖추어야 한다.

④ 누구든지 신고를 하지 아니하거나 어린이를 여객대상으로 하는 한정면허를 받지 아니하고 어린이통학버스와 비슷한 도색 및 표지를 하거나 이러한 도색 및 표지를 한 자동차를 운전하여서는 아니 된다.

❷ 운전자 및 운영자의 의무

(1) 어린이통학버스를 운전하는 사람

① 어린이나 영유아가 타고 내리는 경우에만 점멸등 등의 장치를 작동해야 하며, 어린이나 영유아를 태우고 운행 중인 경우에만 어린이나 영유아를 태우고 있다는 표시를 하여야 한다.

② 어린이나 영유아가 어린이통학버스를 탈 때에는 승차한 모든 어린이나 영유아가 좌석안전띠를 매도록 한 후에 출발하여야 하며. 내릴 때에는 보도나 길가장자리구역 등 자동차로부터 안전한 장소에 도착한 것을 확인 후에 출발하여야 한다.(다만 좌석안전띠 착용과 관련하여 질병 등으로 인하여 좌석안전띠를 매는 것이 곤란하거나 행정안전부령으로 정하는 사유가 있는 경우에는 그러하지 아니하다.)

③ 어린이통학버스에 어린이나 영유아를 태울 때에는 성년인 사람 중 어린이통학버스를 운영하는 자가 지명한 보호자를 함께 태우고 운행하여야 한다.

④ 동승한 보호자는 어린이나 영유아가 승차 또는 하차하는 때에는 자동차에서 내려서 어린이나 영유아가 안전하게 승하차하는 것을 확인하고 운행 중에는 어린이나 영유아가 좌석에 앉아 좌석안전띠를 매고 있도록 하는 등 어린이 보호에 필요한 조치를 하여야 한다.

⑤ 어린이통학버스 운행을 마친 후 어린이나 영유아가 모두 하차하였는지를 확인하여야 한다.

⑥ 어린이통학버스를 운전하는 사람이 어린이나 영유아의 하차여부를 확인할 때에는 행정안전부령으로 정하는 어린이나 영유아의 하차를 확인할 수 있는 장치(이하 "어린이 하차 확인 장치")를 작동하여야 한다.

(2) 어린이통학버스를 운영하는 사람

① 어린이통학버스를 운영하는 자는 보호자를 함께 태우고 운행하는 경우에는 행정안전부령으로 정하는 보호자 동승을 표시하는 표지(보호자 동승표지)를 부착할 수 있으며, 누구든지 보호자를 함께 태우지 아니하고 운행하는 경우에는 보호자 동승표지를 부착하여서는 아니 된다.

② 어린이통학버스를 운영하는 자는 좌석안전띠 착용 및 보호자 동승 확인 기록(안전운행기록)을 작성, 보관하고 매 분기 어린이통학버스를 운영하는 시설을 감독하는 주무기관의 장에게 안전운행기록을 제출하여야 한다.

「도로교통법」상 어린이통학버스 운영자 등에 대한 안전교육 중 〈보기〉의 (가)에 들어갈 말로 가장 옳은 것은?

― 보기 ―

어린이통학버스를 운영하는 사람과 운전하는 사람은 어린이통학버스 안전교육을 받아야 한다. 어린이통학버스 안전교육 중 정기 안전교육은 어린이통학버스를 계속하여 운전하는 사람과 운전하는 사람 및 동승한 보호자를 대상으로 (가) 마다 정기적으로 실시하는 교육이다.

① 1년 ② 2년
③ 3년 ④ 5년

❷ 안전교육 및 위반정보 제공

(1) 어린이통학버스 운영자 등에 대한 안전교육

① 안전교육 : 어린이통학버스를 운영하는 사람·운전하는 사람·동승한 보호자는 어린이통학버스의 안전운행 등에 관한 교육을 받아야 한다.

② 어린이통학버스 안전교육의 실시

  ㉠ 신규 안전교육 : 어린이통학버스를 운영하려는 사람·운전하려는 사람·동승하는 보호자를 대상으로 그 운영, 운전 또는 동승을 하기 전에 실시하는 교육

  ㉡ 정기 안전교육 : 어린이통학버스를 계속하여 운영하는 사람·운전하는 사람·동승한 보호자를 대상으로 2년마다 정기적으로 실시하는 교육

③ 어린이통학버스를 운영하는 사람은 어린이통학버스 안전교육을 받지 아니한 사람에게 어린이통학버스를 운전하게 하거나 어린이통학버스에 동승하게 하여서는 아니 된다.

④ 그 밖에 어린이통학버스 안전교육의 방법·절차 등에 관하여 필요한 사항은 대통령령으로 정한다.

(2) 어린이통학버스의 위반 정보 등 제공

① 경찰서장은 어린이통학버스를 운영하는 사람이나 운전하는 사람이 법을 위반한 후 어린이를 사상(死傷)하는 사고를 유발한 때에는 어린이 교육시설을 감독하는 주무기관의 장에게 그 정보를 제공하여야 한다.

② 경찰서장 및 어린이 교육시설을 감독하는 주무기관의 장은 ①에 따른 정보를 해당 기관에서 운영하는 홈페이지에 각각 게재하여야 한다.

③ ①에 따른 정보 제공의 구체적 기준·방법 및 절차 등 필요한 사항은 행정안전부령으로 정한다.

> **🔖 Plus tip** 시험에 잘 출제되는 어린이통학버스
>
> | | |
> |---|---|
> | 인승 | 9인승 이상(11인승 ✕) |
> | 신고 | 경찰서장(시·도경찰청장 ✕) |
> | 행위 | 일시정지(서행 ✕) |
> | 안전교육 | 3시간(운행자, 운영자)(2시간 ✕) |
> | 재교육 | 2년마다(1년마다 ✕) |

❮ 정답 ②

03 사고발생 조치, 교통안전교육

1 교통사고

(1) 교통사고시의 조치

차 또는 노면전차의 운전 등 교통으로 인하여 사람을 사상하거나 물건을 손괴(이하 "교통사고")한 경우에는 그 차 또는 노면전차의 운전자나 그 밖의 승무원(이하 "운전자등")은 즉시 정차하여 다음의 조치를 하여야 한다.

① 사상자를 구호하는 등 필요한 조치

② 피해자에게 인적 사항(성명·전화번호·주소 등) 제공

(2) 신고사항

① 차 또는 노면전차의 운전자 등은 경찰공무원이 현장에 있을 때에는 그 경찰공무원에게 지체 없이 신고하여야 한다.

② 경찰공무원이 현장에 없을 때에는 가장 가까운 국가경찰관서(지구대, 파출소 및 출장소를 포함)에 다음의 사항을 지체 없이 신고하여야 한다. 다만, 차 또는 노면전차만 손괴된 것이 분명하고 도로에서의 위험방지와 원활한 소통을 위하여 필요한 조치를 한 경우에는 그러하지 아니하다.
  ㉠ 사고가 일어난 곳
  ㉡ 사상자 수 및 부상 정도
  ㉢ 손괴한 물건 및 손괴 정도
  ㉣ 그 밖의 조치사항 등

(3) 경찰공무원의 지시사항

① 신고를 받은 국가경찰관서의 경찰공무원은 부상자의 구호와 그 밖의 교통 위험 방지를 위하여 필요하다고 인정하면 경찰공무원(자치경찰공무원은 제외)이 현장에 도착할 때까지 신고한 운전자 등에게 현장에서 대기할 것을 명할 수 있다.

다음 중 사고발생 시의 조치에 대한 설명으로 틀린 것은?

① 차 또는 노면전차의 운전 등 교통으로 인하여 사람을 사상하거나 물건을 손괴한 경우에는 그 차 또는 노면전차의 운전자나 그 밖의 승무원은 즉시 정차하여 사상자를 구호하는 등 필요한 조치를 하여야 한다.

② 차 또는 노면전차의 운전자등은 경찰공무원이 현장에 있을 때에는 그 경찰공무원에게, 경찰공무원이 현장에 없을 때에는 가장 가까운 국가경찰관서에 지체 없이 신고하여야 한다.

③ 차 또는 노면전차만 손괴된 것이 분명하고 도로에서의 위험방지와 원활한 소통을 위하여 필요한 조치를 한 경우에는 신고하지 아니할 수 있다.

④ 경찰공무원 및 자치경찰공무원은 교통사고가 발생한 경우에는 대통령령으로 정하는 바에 따라 필요한 조사를 하여야 한다.

교통사고 발생 시 동승자 등으로 하여금 조치나 신고를 하게 하고 운전을 계속할 수 있는 차량으로 볼 수 없는 것은?

① 어린이통학버스
② 부상자를 운반 중인 차
③ 우편물자동차
④ 노면전차

◀정답 ④, ①

② 경찰공무원은 교통사고를 낸 차 또는 노면전차의 운전자 등에 대하여 그 현장에서 부상자의 구호와 교통안전을 위하여 필요한 지시를 명할 수 있다.

③ 경찰공무원(자치경찰공무원은 제외)은 교통사고가 발생한 경우에는 대통령령으로 정하는 바에 따라 필요한 조사를 하여야 한다.

(4) 사고시 운전계속 및 사고조치 방해금지

① 사고시 계속 운전할 수 있는 경우 : 다음에 해당하는 경우 운전자는 동승자 등으로 하여금 교통사고 조치나 신고하게 한 후 운전을 계속할 수 있다.
- ㉠ 긴급자동차
- ㉡ 부상자를 운반 중인 차
- ㉢ 우편물자동차 및 노면전차 등

② 사고발생 시 조치에 대한 방해의 금지 : 교통사고가 일어난 경우에는 누구든지 운전자등의 조치 또는 신고행위를 방해하여서는 아니 된다.

② 교통안전교육

(1) 교통안전교육

① 교육 내용
- ㉠ 운전자가 갖추어야 하는 기본예절
- ㉡ 도로교통에 관한 법령과 지식
- ㉢ 안전운전 능력
- ㉣ 교통사고의 예방과 처리에 관한 사항
- ㉤ 어린이 · 장애인 및 노인의 교통사고 예방에 관한 사항
- ㉥ 친환경 경제운전에 필요한 지식과 기능
- ㉦ 긴급자동차에 길터주기 요령
- ㉧ 그 밖에 교통안전의 확보를 위하여 필요한 사항

> **Plus tip**
>
> **운전면허를 받으려는 사람**
> ㉠ 운전면허를 받으려는 사람은 대통령령으로 정하는 바에 따라 자동차등 및 도로교통에 관한 법령에 대한 지식, 자동차등의 관리방법과 안전운전에 필요한 점검의 요령 시험에 응시하기 전에 다음 각 호의 사항에 관한 교통안전교육을 받아야 한다.
> ㉡ 운전면허를 다시 받으려고 특별교통안전 의무교육을 받은 사람과 자동차운전전문학원에서 학과교육을 수료한 사람은 교통안전교육을 받지 않아도 된다.
> ㉢ 운전면허를 신규로 받으려는 사람의 교육시간(시청각교육 방법) : 1시간

② **교통안전교육의 실시** : 교통안전교육은 운전면허 학과시험 전에 함께 실시할 수 있다. 교육과목, 교육내용 및 교육방법은 교통여건 등 변화에 따라 조정할 수 있다.

(2) 특별교통안전교육

① **특별교통안전 의무교육 대상**
  ㉠ 운전면허 취소처분을 받은 사람으로서 운전면허를 다시 받으려는 사람
  ㉡ 운전면허효력 정지처분을 받게 되거나 받은 사람으로서 그 정지기간이 끝나지 아니한 사람
  ㉢ 운전면허 취소처분 또는 운전면허효력 정지처분이 면제된 사람으로서 면제된 날부터 1개월이 지나지 아니한 사람
  ㉣ 운전면허효력 정지처분을 받게 되거나 받은 초보운전자로서 그 정지기간이 끝나지 아니한 사람
  ㉤ 어린이보호구역에서 운전 중 어린이를 사상하는 사고를 유발하여 벌점을 받은 날부터 1년 이내인 사람

② **특별교통안전 권장교육 대상** : 1년 이내에 해당 교육을 받지 아니한 사람에 한정한다.
  ㉠ 교통법규 위반 등의 사유로 인하여 운전면허효력 정지처분을 받게 되거나 받은 사람
  ㉡ 교통법규 위반 등으로 인하여 운전면허효력 정지처분을 받을 가능성이 있는 사람
  ㉢ 특별교통안전 의무교육을 받은 사람
  ㉣ 운전면허를 받은 사람 중 교육을 받으려는 날에 65세 이상인 사람

기출 2021. 4. 10. 대구광역시 시행

교통안전교육 등에 대한 설명으로 옳은 것은?

① 시·도경찰청장은 지정이 취소된 교통안전교육기관을 설립·운영한 자가 그 지정이 취소된 날로부터 4년 이내에 설립·운영하는 기관 또는 시설을 교통안전교육기관으로 지정하여서는 아니 된다.

② 교통안전교육강사는 도로교통 관련 행정 또는 교육 업무에 1년 이상 종사한 경력이 있는 사람으로서 대통령령으로 정하는 교통안전교육강사 자격교육을 받은 사람이 될 수 있다.

③ 시·도경찰청장은 교통안전교육기관이 시정명령을 받고 30일 이내에 시정하지 아니한 경우 2년 이내의 기간을 정하여 운영의 정지를 명할 수 있다

④ 교통안전교육기관의 장은 해당 교통안전교육기관의 운영을 1개월 이상 정지하거나 폐지하려면 정지 또는 폐지하려는 날의 7일 전까지 시·도경찰청장에게 신고하여야 한다.

기출 2022. 6. 18. 인천광역시 시행

다음 중 특별교통안전 권장교육의 종류가 아닌 것은?

① 벌점감경교육
② 배려운전교육
③ 현장참여교육
④ 고령운전교육

◀정답 ④, ②

기출 PLUS

③ 특별교통안전 의무교육 및 특별교통안전 권장교육 교육내용 및 시간

　ⓙ 교육내용

　• 교통질서

　• 교통사고와 그 예방

　• 안전운전의 기초

　• 교통법규와 안전

　• 운전면허 및 자동차관리

　• 그 밖에 교통안전의 확보를 위하여 필요한 사항

　ⓛ 강의방법 및 시간

　• 강의 방법 : 강의·시청각교육 또는 현장체험교육

　• 강의 시간 : 3시간 이상 48시간 이하로 각각 실시

　• 실시기관 : 한국도로교통공단

기출 2022. 6. 18. 대전광역시 시행

다음 중 교통안전교육관련 내용으로 옳지 않은 설명은?

① 75세 이상인 사람으로서 운전면허를 받으려는 사람은 교통안전교육을 받아야 한다.

② 교통안전교육 기관이나 시설은 대통령령으로 정하는 시설·설비 및 강사 등의 요건을 갖추어야 한다.

③ 도로교통 관련 행정 또는 교육업무에 2년 이상 종사한 경력이 있는 사람으로서 대통령령으로 정하는 교통안전교육강사 자격교육을 받은 사람은 20세 미만인 사람도 강사가 가능하다.

④ 교통안전교육기관의 장은 해당 교통안전교육기관의 운영을 1개월 이상 정지하거나 폐지하려면 정지 또는 폐지하려는 날의 7일 전까지 행정안전부령으로 정하는 바에 따라 시·도경찰청장에게 신고하여야 한다.

(3) 긴급자동차의 운전자의 교육

① **긴급자동차 교통안전교육** : 긴급자동차의 운전업무에 종사하는 사람은 대통령령으로 정하는 바에 따라 정기적으로 긴급자동차의 안전운전 등에 관한 교육을 받아야 한다.

② **긴급자동차 교통안전교육의 구분**

　ⓙ **신규 교통안전교육** : 최초로 긴급자동차를 운전하려는 사람을 대상으로 실시하는 교육

　ⓛ **정기 교통안전교육** : 긴급자동차를 운전하는 사람을 대상으로 3년마다 정기적으로 실시하는 교육. 이 경우 직전에 긴급자동차 교통안전교육을 받은 날부터 기산하여 3년이 되는 날이 속하는 해의 1월 1일부터 12월 31일 사이에 교육을 받아야 한다.

③ **교육기관** : 한국도로교통공단(다만, 긴급자동차 교통안전교육 대상자가 국가기관 및 지방자치단체에 소속된 사람인 경우에는 소속 기관에서 실시하는 교육훈련의 방법으로 실시할 수 있다.)

④ **교육내용**

　ⓙ 긴급자동차와 관련된 도로교통법령

　ⓛ 긴급자동차의 주요 특성

　ⓒ 긴급자동차 교통사고의 주요 사례

　ⓔ 교통사고 예방 및 방어운전

　ⓜ 긴급자동차 운전자의 마음가짐

〈정답 ③

⑤ 강의방법 및 시간

　　㉠ 강의 방법 : 강의·시청각교육 등의 방법

　　㉡ 강의 시간 : 신규 교통안전교육은 3시간 이상, 정기 교통안전교육은 2시간
　　　　이상 실시

> **Plus tip**
>
> **제73조 제5항** : 75세 이상인 사람으로서 운전면허를 받으려는 사람은 시험에 응시하기 전에, 운전면허증 갱신일에 75세 이상인 사람은 운전면허증 갱신기간 이내에 각각 다음 사항에 관한 교통안전교육을 받아야 한다.
> ㉠ 노화와 안전운전에 관한 사항
> ㉡ 약물과 운전에 관한 사항
> ㉢ 기억력과 판단능력 등 인지능력별 대처에 관한 사항
> ㉣ 교통관련 법령 이해에 관한 사항

(4) 음주운전 방지장치 부착 조건부 운전면허를 받으려는 사람의 교통안전교육

① 음주운전 방지장치 부착 조건부 운전면허를 받으려는 사람은 대통령령으로 정하는 바에 따라 운전면허시험에 응시하기 전에 음주운전 방지장치의 작동방법 및 음주운전 예방에 관한 교통안전교육을 받아야 한다.

② 대통령령으로 정하는 바에 따른 교통안전교육은 다음의 사항에 대하여 강의·시청각교육 등의 방법으로 1시간 실시한다.

　　㉠ 음주운전 방지장치가 설치된 자동차등의 운전자 준수사항

　　㉡ 음주운전 방지장치의 작동방법

　　㉢ 음주운전의 위험성 및 예방 필요성

③ ②에 따른 교통안전교육은 한국도로교통공단에서 실시한다.

④ ②에 따른 교통안전교육의 과목·내용·방법 및 실시 등에 필요한 사항은 행정안전부령으로 정한다.

1 다음 중 안전운전상 위반이 되는 운전행위에 해당되는 것은?

① 피로방지를 위해 휴식을 자주한 행위
② 주취 중이므로 차주의 운전명령을 거부한 행위
③ 약물중독 상태이기 때문에 타인에게 운전을 하게 한 행위
④ 피로를 극복하기 위해 각성제를 복용하고 계속 운전한 행위

2 다음 중 무면허운전이 되는 것은?

① 면허의 정지기간 중에 운전하는 행위
② 외국에서 발급받은 국제운전면허증으로 운전하는 행위
③ 면허증을 분실한 후 신고하지 아니하고 운전하는 행위
④ 운전연습지도 허가를 받은 사람으로부터 운전연습지도를 받은 행위

3 다음 중 운전자의 준수사항에 관한 설명 중 잘못된 것은?

① 승객을 태우고 운행 중 급유해도 된다.
② 어린이가 횡단보도로 횡단하고 있을 때에는 일시정지해야 한다.
③ 자동차의 화물 적재함에 사람을 태우고 운행하여서는 안 된다.
④ 도로에서 자동차를 세워두고 다툼을 해서는 안 된다.

1.

과로운전의 금지 : 자동차 등 또는 노면전차의 운전자는 과로 · 질병 · 약물(마약 · 대마 · 향정신성의약품)의 영향과 그 밖의 사유로 정상적으로 운전하지 못할 우려가 있는 상태에서 자동차 등 또는 노면전차를 운전하여서는 안 된다.

2.

무면허운전
㉠ 면허를 받지 않는 자가 운전하는 경우
㉡ 면허의 취소처분을 받은자 운전하는 경우
㉢ 시험은 합격했으나 면허증 교부 전에 운전하는 경우
㉣ 해당 면허 외의 운전(제2종 면허로 제1종 면허가 필요한 자동차를 운전하는 경우 등)

3.

① 운전자의 준수사항에 포함되지 않는다.

Answer 1.④ 2.① 3.①

4 도로교통법에서 정한 운전이 금지되는 술에 취한 상태의 기준으로 옳은 것은?

① 혈중알코올농도 0.03퍼센트 이상인 상태로 운전

② 혈중알코올농도 0.08퍼센트 이상인 상태로 운전

③ 혈중알코올농도 0.1퍼센트 이상인 상태로 운전

④ 혈중알코올농도 0.12퍼센트 이상인 상태로 운전

5 다음 중 음주운전에 대한 설명으로 옳은 것은?

① 호흡 측정에 의한 음주측정 결과에 불복하는 경우 다시 호흡측정을 할 수 있다.

② 이미 운전이 종료되고 귀가하여 교통안전과 위험 방지의 필요성이 소멸되었다면 음주측정 대상이 아니다.

③ 자동차가 아닌 건설기계관리법상 건설기계는 도로교통법상 음주운전 금지대상이다.

④ 술에 취한 상태에 있다고 인정할 만한 상당한 이유가 있음에도 경찰공무원의 음주 측정에 응하지 않은 사람은 운전면허가 취소된다.

6 조건부 운전면허를 받은 사람이 음주운전 방지장치를 설치한 후 이를 등록해야 하는 기관은?

① 시 · 도경찰청장

② 시 · 도지사

③ 한국도로교통공단

④ 시 · 군 · 구청

4.

운전이 금지되는 술에 취한 상태의 기준은 운전자의 혈중알코올농도가 0.03퍼센트 이상인 경우로 한다.

5.

① 혈액 채취 등의 방법으로 측정을 요구할 수 있다.
② 술에 취한 상태에서 자동차 등을 운전하였다고 인정할 만한 상당한 이유가 있는 때에는 사후에도 음주 측정을 할 수 있다.
③ 자동차가 아닌 건설기계관리법상 건설기계는 도로교통법상 음주운전금지대상으로 볼 수 없다.

6.

음주운전 방지장치 부착 조건부 운전면허를 받은 사람이 자동차등을 운전하려는 경우 음주운전 방지장치를 설치하고, 시 · 도경찰청장에게 등록하여야 한다. 등록한 사항 중 행정안전부령으로 정하는 중요한 사항을 변경할 때에도 또한 같다. 다만, 음주운전 방지장치가 설치 · 등록된 자동차등을 운전하려는 경우에는 그러하지 아니하다.

7 음주운전 방지장치를 해체하거나 효용을 해칠 수 있는 경우는?

① 음주운전 방지장치의 점검 또는 정비를 위한 경우

② 폐차하는 경우

③ 음주운전 방지장치의 부착 기간이 경과한 경우

④ 음주운전 방지장치가 부착된 자동차를 제3자가 운전하는 경우

8 자율주행자동차 운전자의 마음가짐으로 옳지 않은 것은?

① 자율주행자동차이므로 술에 취한 상태에서 운전해도 된다.

② 과로한 상태에서 자율주행자동차를 운전하면 아니 된다.

③ 자율주행자동차라 하더라도 향정신성의약품을 복용하고 운전하면 아니 된다.

④ 자율주행자동차의 운전 중에 휴대용 전화 사용이 가능하다.

7.

누구든지 다음의 어느 하나에 해당하는 경우를 제외하고는 자동차등에 설치된 음주운전 방지장치를 해체하거나 조작 또는 그 밖의 방법으로 효용을 해치는 행위를 하여서는 아니 된다〈법 제50조의3 제4항〉.
㉠ 음주운전 방지장치의 점검 또는 정비를 위한 경우
㉡ 폐차하는 경우
㉢ 교육 · 연구의 목적으로 사용하는 등 대통령령으로 정하는 사유에 해당하는 경우
㉣ 음주운전 방지장치의 부착 기간이 경과한 경우

8.

① 누구든지 술에 취한 상태에서 자동차등, 노면전차 또는 자전거를 운전하여서는 아니 된다.
※ 자율주행자동차 운전자의 준수사항 등〈법 제56조의2〉
㉠ 행정안전부령으로 정하는 완전 자율주행시스템에 해당하지 아니하는 자율주행시스템을 갖춘 자동차의 운전자는 자율주행시스템의 직접 운전 요구에 지체 없이 대응하여 조향장치, 제동장치 및 그 밖의 장치를 직접 조작하여 운전하여야 한다.
㉡ 운전자가 자율주행시스템을 사용하여 운전하는 경우에는 휴대용 전화사용금지, 영상표시장치 시청금지 및 영상표시장치 조작금지를 적용하지 아니한다.

Answer　7.④　8.①

9 연습운전면허를 받은 사람의 준수사항으로 옳지 않은 것은?

① 운전면허를 받은 날부터 2년이 경과된 사람과 함께 승차해야 한다.

② 주행연습 외의 목적으로 운전하여서는 안 된다.

③ 주행연습 중이라는 사실을 다른 차의 운전자가 알 수 있도록 해야 한다.

④ 주행연습이라는 표지는 운전석을 중심으로 하여 앞면유리 좌측 하단에 부착한다.

10 교통사고 발생시 동승자로 하여금 신고 및 구호 등에 필요한 조치를 하게 하고 계속 운전할 수 없는 경우는?

① 업무수행중인 특수자동차

② 부상자를 운반 중인 자동차

③ 화재현장으로 출동 중인 소방자동차

④ 긴급우편물을 운반 중인 자동차

11 특별교통안전 의무교육을 받아야 할 대상자가 아닌 것은?

① 모든 운전자와 적성검사 미필자

② 운전면허 취소자

③ 운전면허효력 정지처분을 받은 자

④ 어린이 보호구역에서 사고를 유발하여 벌점을 받은 자

9.

운전석을 중심으로 하며 앞면유리 우측 하단 및 뒷면유리 중앙상단(제1종 보통연습면허의 경우에는 뒤 적재함 중앙)에 각각 부착한다.

10.

긴급자동차, 부상자를 운반중인 차, 우편물자동차 및 노면전차 등의 운전자는 긴급한 경우에는 동승자 등으로 하여금 교통사고 신고와 구호 등에 필요한 조치를 하게 하고 운전을 계속할 수 있다.

11.

다음의 어느 하나에 해당하는 사람은 특별교통안전 의무교육을 받아야 한다. 이 경우 부득이한 사유가 있으면 대통령령으로 정하는 바에 따라 의무교육의 연기(延期)를 받을 수 있다〈법 제73조 제2항〉.

1. 운전면허 취소처분을 받은 사람으로서 운전면허를 다시 받으려는 사람
2. 운전면허효력 정지처분을 받게 되거나 받은 사람으로서 그 정지기간이 끝나지 아니한 사람
3. 운전면허 취소처분 또는 운전면허효력 정지처분이 면제된 사람으로서 면제된 날부터 1개월이 지나지 아니한 사람
4. 운전면허효력 정지처분을 받게 되거나 받은 초보운전자로서 그 정지기간이 끝나지 아니한 사람
5. 어린이 보호구역에서 운전 중 어린이를 사상하는 사고를 유발하여 벌점을 받은 날부터 1년 이내의 사람

Answer 9.④ 10.① 11.①

12 특별교통안전교육의 교육시간이 틀리게 연결된 것은?

① 배려운전교육– 6시간
② 법규준수교육– 6시간
③ 음주운전교육(최근 5년동안 1회)– 16시간
④ 음주운전교육(최근 5년동안 3회)– 48시간

13 75세 이상 교통안전교육에 대한 설명으로 틀린 내용은?

① 75세 이상인 사람이 운전면허증 갱신발급 신청일 전 1년 이내에 고령안전교육을 받은 경우에도 갱신기간 내에 반드시 받아야 하는 교통안전교육은 면제될 수 없다.
② 한국도로교통공단 이사장은 75세 이상인 사람에 대한 교통안전교육을 받은 사람에게 교통안전교육 확인증을 발급해야 한다.
③ 교육과목등 내용 및 방법에 관한 세부적인 사항은 한국도로교통공단이 정한다.
④ 75세 이상인 사람에 대한 교통안전교육은 한국도로교통공단에서 실시한다.

14 지체장애인이 도로를 횡단하고 있을 경우에 차량운전자의 올바른 조치는?

① 안전거리를 두고 일시 정지하여야 한다.
② 안전거리를 두고 서행하여야 한다.
③ 교통의 흐름을 방해하지 않게 신속히 통과한다.
④ 상황에 따라 일시 정지한다.

12.

음주운전교육
① 최근 5년동안 1회 음주운전 12시간(3회 회당 4시간)
② 최근 5년동안 2회 음주운전 16시간(4회 회당 4시간)
③ 최근 5년동안 3회 음주운전 48시간(12회 회당 4시간)

13.

75세 이상인 사람이 교통안전 교육과 고령운전교육은 내용이 중복되므로 75세 이상인 사람이 갱신발급 신청일 전 1년 이내에 고령운전교육을 받은 경우에는 갱신기간 내에 받아야 하는 75세 이상인 사람의 교통안전교육을 면제함

14.

앞을 보지 못하는 사람이 흰색 지팡이를 가지거나 장애인 보조견을 동반하는 등의 조치를 하고 도로를 횡단하고 있는 경우에는 일시 정지하여야 한

Answer   12.③ 13.① 14.①

15 다음 중 어린이통학버스에 관한 설명으로 틀린 것은 모두 몇 개인가?

> ㉠ 어린이통학버스를 운영하는 자는 어린이 통학버스에 어린이나 영유아를 태울 때에는 반드시 보육원 교직원, 학교직원, 학원 강사, 체육시설의 종사자 중 어린이 통학버스를 운영하는 자가 지명한 보호자를 함께 태우고 운행하여야 한다.
> ㉡ 어린이통학버스는 도색, 표지, 보험가입, 소유관계 등 행정안전부령으로 정하는 요건을 갖추어야 한다.
> ㉢ 어린이통학버스를 운영하는 자는 좌석안전띠 착용 및 보호자 동승 확인 기록을 작성·보관하고 월별로 어린이 통학버스를 운영하는 시설을 감독하는 주무기관의 장에게 안전운행기록을 제출하여야 한다.
> ㉣ 어린이통학버스를 운전하는 사람은 어린이 통학버스 운행을 마친 후 어린이나 영유아가 모두 하차하였는지를 확인하여야 한다.
> ㉤ 어린이통학버스에 동승한 보호자는 어린이나 영유아가 승차 또는 하차하는 때에는 자동차에서 내려서 어린이나 영유아가 안전하게 승하차하는 것을 확인하고 운행 중에는 어린이나 영유아가 좌석에 앉아 좌석안전띠를 매고 있도록 하는 등 어린이 보호에 필요한 조치를 하여야 한다.
> ㉥ 어린이통학버스를 운전하는 사람은 어린이나 영유아가 승, 하차하는 경우에만 점멸등 등의 장치를 작동하여야 하며, 어린이나 영유아를 태우고 운행 중인 경우에만 어린이나 영유아를 태우고 있다는 표시를 하여야 한다.

① 1개   ② 2개
③ 3개   ④ 4개

15.

㉠ 어린이통학버스를 운영하는 자는 어린이통학버스에 어린이나 영유아를 태울 때에는 성년인 사람 중 어린이통학버스를 운영하는 자가 지명한 보호자를 함께 태우고 운행하여야 하며, 동승한 보호자는 어린이나 영유아가 승차 또는 하차하는 때에는 자동차에서 내려서 어린이나 영유아가 안전하게 승하차하는 것을 확인하고 운행 중에는 어린이나 영유아가 좌석에 앉아 좌석안전띠를 매고 있도록 하는 등 어린이 보호에 필요한 조치를 하여야 한다.

㉡ 어린이통학버스로 사용할 수 있는 자동차는 행정안전부령으로 정하는 자동차로 한정한다. 이 경우 그 자동차는 도색·표지, 보험가입, 소유관계 등 대통령령으로 정하는 요건을 갖추어야 한다.

㉢ 어린이통학버스를 운영하는 자는 좌석안전띠 착용 및 보호자 동승 확인 기록(이하 "안전운행기록")을 작성·보관하고 매 분기 어린이통학버스를 운영하는 시설을 감독하는 주무기관의 장에게 안전운행기록을 제출하여야 한다.

Answer   15.③

16 다음 중 난폭운전의 대상 행위가 아닌 것은?

① 안전거리 미확보, 진로변경 금지 위반, 급제동 금지 위반
② 신호 또는 지시 위반
③ 중앙선이 설치되어 있는 일반도로에 중앙선 침범
④ 선행 차에 대한 지속적인 점멸

16.

선행 차에 대한 지속적인 점멸은 난폭운전의 유형에 들어가지 않는다.

17 「도로교통법」상 자동차 등의 운전 중 휴대용 전화를 사용할 수 없는 경우는?

① 자동차 등이 서행 운전하고 있는 경우
② 자동차 등이 정지하고 있는 경우
③ 재해신고 등 긴급한 필요가 있는 경우
④ 긴급자동차를 운전하고 있는 경우

17.

서행하고 있는 경우에는 휴대폰 등을 사용할 수 없다.

18 「도로교통법」에 운전면허시험 전 받아야만 하는 교통안전교육 사항이 아닌 것은?

① 도로교통에 관련 법령과 지식
② 안전운전 능력
③ 어린이 · 장애인 및 노인의 교통사고 예방에 관한 사항
④ 도로운전에 필요한 지식과 기능

18.

교통안전교육 사항
㉠ 운전자가 갖추어야 하는 기본예절
㉡ 도로교통에 관한 법령과 지식
㉢ 안전운전 능력
㉣ 교통사고의 예방과 처리에 관한 사항
㉤ 어린이 · 장애인 및 노인의 교통사고 예방에 관한 사항
㉥ 친환경 경제운전에 필요한 지식과 기능
㉦ 긴급자동차에 길터주기 요령
㉧ 그 밖에 교통안전의 확보를 위하여 필요한 사항

Answer　16.④　17.①　18.④

19 다음 중 좌석안전띠 미착용 사유가 아닌 것은?

① 부상·질병 등으로 안전띠의 착용이 적당하지 않다고 인정되는 경우

② 국민투표법에 의거 선거운동 및 국민투표에 사용되는 경우

③ 우편물의 집배 등 빈번히 승하차하는 것을 필요로 하는 경우

④ 화재진압 후 복귀하는 소방차를 운전하는 경우

20 어린이통학버스에 대한 설명으로 옳지 않은 것은?

① 어린이통학버스를 운전하는 사람은 어린이나 영유아가 타고 내리는 경우에만 어린이나 영유아가 타고 내리는 중임을 표시하는 점멸등 등의 장치를 작동하여야 한다.

② 어린이통학버스가 도로에 정차하여 점멸등 등의 장치를 작동 중일 때에는 어린이 통학버스가 정차한 차로와 그 차로의 옆 차로로 통행하는 차의 운전자는 어린이통학버스에 이르기 전에 일시 정지하여 안전을 확인한 후 서행하여야 한다.

③ 중앙선이 설치되지 아니한 도로와 편도 1차로인 도로에서는 반대방향에서 진행하는 차의 운전자는 어린이통학버스에 이르기 전에 일시정지할 필요 없이 그냥 진행해도 된다.

④ 모든 차의 운전자는 어린이나 영유아를 태우고 있다는 표시를 한 상태로 도로를 통행하는 어린이통학버스를 앞지르지 못한다.

19.

④ 진압 후 복귀하는 경우이기 때문에 안전띠를 착용해야 한다.

20.

③ 일시정지 하여야 한다.

01 고속도로의 통행방법

❶ 고속도로

(1) 개념

고속도로라 함은 자동차의 고속운행에만 사용하기 위하여 지정된 도로를 말한다.

(2) 고속도로의 특성

① 고속교통에 공용되는 유료도로

② 자동차 전용도로로서 2륜차 및 사람 출입제한

③ 인터체인지에서만 진·출입가능

④ 타 시설과의 연계 제한

⑤ 고속도로간, 또는 타 도로와 연결시 특별한 사유가 없는 한 입체교차

(3) 위험방지 조치 및 안전시설의 관리

① **위험방지 조치** : 경찰공무원은 도로의 손괴, 교통사고의 발생이나 그 밖의 사정으로 고속도로 등에서 교통이 위험 또는 혼잡하거나 그러할 우려가 있을 때에는 교통의 위험 또는 혼잡을 방지하고 교통의 안전 및 원활한 소통을 확보하기 위하여 필요한 범위에서 진행 중인 자동차의 통행을 일시 금지 또는 제한하거나 그 자동차의 운전자에게 필요한 조치를 명할 수 있다.

② **안전시설의 설치 및 관리**
   ㉠ 고속도로의 관리자는 고속도로에서 일어나는 위험을 방지하고 교통의 안전과 원활한 소통을 확보하기 위하여 교통안전시설을 설치·관리하여야 한다. 이 경우 고속도로의 관리자가 교통안전시설을 설치하려면 경찰청장과 협의하여야 한다.
   ㉡ 경찰청장은 고속도로의 관리자에게 교통안전시설의 관리에 필요한 사항을 지시할 수 있다.

기출 2022. 4. 23. 경기도 시행

다음 중 고속도로에서의 관리 및 조치 등에 대한 설명으로 틀린 설명은?

① 고속도로의 관리자는 고속도로에서 일어나는 위험을 방지하고 교통의 안전과 원활한 소통을 확보하기 위하여 교통안전시설을 설치·관리하여야 한다.
② 고속도로의 관리자가 교통안전시설을 설치하려면 경찰청장과 협의하여야 한다.
③ 경찰청장은 고속도로의 원활한 소통을 위하여 특히 필요한 경우에는 고속도로에 전용차로를 설치할 수 있다.
④ 자치경찰공무원은 도로의 손괴, 교통사고의 발생이나 그 밖의 사정으로 고속도로 등에서 교통이 위험 또는 혼잡하거나 그러할 우려가 있을 때에는 교통의 위험 또는 혼잡을 방지하고 교통의 안전 및 원활한 소통을 확보하기 위하여 필요한 범위에서 진행 중인 자동차의 통행을 일시 금지 또는 제한하거나 그 자동차의 운전자에게 필요한 조치를 명할 수 있다.

❮정답 ④

❷ 고속도로의 차로

(1) 차로에 따른 통행차량의 기준

① 편도 2차로

    ㉠ 1차로 : 앞지르기를 하려는 모든 자동차. 다만, 차량통행량 증가 등 도로
    상황으로 인하여 부득이하게 시속 80km 미만으로 통행할 수밖에 없는
    경우에는 앞지르기를 하는 경우가 아니라도 통행할 수 있다.

    ㉡ 2차로 : 모든 자동차

② 편도 3차로 이상

    ㉠ 1차로 : 앞지르기를 하려는 승용자동차 및 앞지르기를 하려는 경형·소
    형·중형 승합자동차. 다만, 차량통행량 증가 등 도로상황으로 인하여
    부득이하게 시속 80km 미만으로 통행할 수밖에 없는 경우에는 앞지르
    기를 하는 경우가 아니라도 통행할 수 있다.

    ㉡ 왼쪽 차로 : 승용자동차 및 경형·소형·중형 승합자동차

    ㉢ 오른쪽 차로 : 대형 승합자동차, 화물자동차, 특수자동차, 건설기계

> ✿ **Plus tip**
>
> **왼쪽 차로와 오른쪽 차로**
>
> ㉠ 왼쪽 차로
> - 고속도로의 경우 : 1차로를 제외한 차로를 반으로 나누어 그 중 1차로에 가까운 부분의 차로를 말한다. (다만, 1차로를 제외한 차로의 수가 홀수인 경우 그 중 가운데 차로는 제외한다)
> - 고속도로 외의 도로의 경우 : 차로를 반으로 나누어 1차로에 가까운 부분의 차로를 말한다. (다만, 차로수가 홀수인 경우 가운데 차로는 제외한다)
>
> ㉡ 오른쪽 차로
> - 고속도로의 경우 : 1차로와 왼쪽 차로를 제외한 나머지 차로를 말한다.
> - 고속도로 외의 도로의 경우 : 왼쪽 차로를 제외한 나머지 차로를 말한다.

③ 차로에 따른 통행기준의 예외

    ㉠ 모든 차는 지정된 차로보다 오른쪽에 있는 차로를 통행할 수 있다.

    ㉡ 앞지르기를 할 때에는 지정된 차로의 왼쪽 바로 옆 차로로 통행할 수 있다.

    ㉢ 도로의 진출입 부분에서 진출입하는 때와 정차 또는 주차한 후 출발하는
    때의 상당한 거리 동안은 이 기준에 따르지 아니할 수 있다.

다음 중 최고속도 100km/h 편도 2차선 고속도로에서 적제중량 2톤 화물 자동차의 최고속도로 알맞은 것은?

① 60km/h   ② 80km/h
③ 90km/h   ④ 100km/h

「도로교통법 시행규칙」상 편도 1차로 고속도로에서의 최고속도는?

① 매시 60킬로미터
② 매시 80킬로미터
③ 매시 100킬로미터
④ 매시 120킬로미터

❮정답 ②, ②

 ② 도로의 가장 오른쪽에 있는 차로로 통행하여야 하는 차마
- 자전거등 및 우마
- 건설기계 이외의 건설기계
- 지정수량 이상의 위험물, 화약류, 유독물질, 지정폐기물과 의료폐기물, 고압가스, 액화석유가스, 방사성물질 또는 그에 따라 오염된물질, 유해물질, 농약 원제, 그 밖에 사람 또는 가축의 힘이나 그 밖의 동력으로 도로에서 운행되는 것 등을 운반하는 자동차

 ⑩ 좌회전 차로가 2차로 이상 설치된 교차로에서 좌회전하려는 차는 그 설치된 좌회전 차로 내에서 '차로에 따른 통행차량의 기준' 중 고속도로 외의 도로에서의 차로 구분에 따라 좌회전하여야 한다.

(2) 고속도로에서의 속도

① 편도 1차로 고속도로에서의 최고속도는 80km/h, 최저속도는 50km/h

② 편도 2차로 이상 고속도로에서의 최고속도는 100km/h[화물자동차(적재중량 1.5톤을 초과하는 경우에 한함)·특수자동차·위험물운반자동차 및 건설기계의 최고속도는 80km/h], 최저속도는 50km/h

③ ②에도 불구하고 편도 2차로 이상의 고속도로로서 경찰청장이 고속도로의 원활한 소통을 위하여 특히 필요하다고 인정하여 지정·고시한 노선 또는 구간의 최고속도는 120km/h(화물자동차·특수자동차·위험물운반자동차 및 건설기계의 최고속도는 90km/h) 이내, 최저속도는 50km/h

④ 경찰청장이 고속도로의 원활한 소통을 위하여 특히 필요하다고 인정하여 지정·고시한 노선 또는 구간은 경부고속도로, 중부고속도로 등을 말하며 최고속도는 120km/h(화물차, 특수차, 위험물운반자동차 및 건설기계의 최고속도는 90km/h), 최저속도는 50km/h이다.

> **☆ Plus tip**
>
> 고속도로에서의 속도
> ㉠ **도로교통법 시행규칙 제19조 제1항 제3호 다목**: 편도 2차로 이상의 고속도로로에서 경찰청장이 고속도로의 원활한 소통을 위하여 특히 필요하다고 인정하여 지정·고시한 노선 또는 구간의 최고속도는 매시 120km(화물자동차·특수자동차·위험물운반자동차 및 건설기계의 최고속도는 매시 90킬로미터) 이내, 최저속도는 매시 50km 이내로 규정하고 있다.
> ㉡ **2010년 9월 1일 공표된 경찰청고시**: 매시 110km로 규정되어 있다.

02 금지 및 조치 · 준수사항

① 고속도로에서의 금지사항

(1) 갓길 통행금지

① **차로에 따른 통행** : 자동차는 고속도로에서 자동차의 고장 등 부득이한 사정이 있는 경우를 제외하고는 차로에 따라 통행하여야 하며, 갓길(도로법에 의한 길어깨)로 통행하여서는 안 된다.

② **앞지르기** : 고속도로에서 자동차가 앞지르기를 할 때에는 방향지시기 · 등화 또는 경음기를 사용하여 차로로 안전하게 통행해야 한다.

(2) 횡단 및 통행 등의 금지

① **횡단 · 유턴 · 후진의 금지** : 자동차 운전자는 고속도로 또는 자동차전용도로를 횡단 · 유턴 · 후진을 하여서는 안 된다.

> ☆ **Plus tip**
>
> **횡단 · 유턴 · 후진 금지의 예외**
> 긴급자동차 또는 도로의 보수 · 유지 등의 작업을 하는 자동차 가운데 고속도로 등에서의 위험을 방지 · 제거하거나 교통사고에 대한 응급조치작업을 위한 자동차로서 그 목적을 위하여 반드시 필요한 경우에는 가능하다.

② **통행 등의 금지** : 자동차(이륜자동차는 긴급자동차에 한함) 이외의 차마의 운전자 또는 보행자는 고속도로 등을 통행하거나 횡단하여서는 안 된다.

(3) 정차 및 주차의 금지 예외사항

① 법령의 규정 또는 경찰공무원(자치경찰공무원은 제외)의 지시에 따르거나 위험을 방지하기 위하여 일시 정차 또는 주차시키는 경우

② 정차 또는 주차할 수 있도록 안전표지를 설치한 곳이나 정류장에서 정차 또는 주차시키는 경우

③ 고장이나 그 밖의 부득이한 사유로 길가장자리구역(갓길을 포함)에 정차 또는 주차시키는 경우

④ 통행료를 내기 위하여 통행료를 받는 곳에서 정차하는 경우

기출 2024. 6. 22. 서울시 제2회 시행

「도로교통법」 제64조에서 자동차의 운전자는 고속도로 등에서 **차를 정차하거나 주차시켜서는 아니 되나, 예외가 되는 경우가 아닌 것은?**

① 통행료를 내기 위하여 통행료를 받는 곳에서 정차하는 경우
② 도로의 관리자가 고속도로 등을 보수 · 유지 또는 순회하기 위하여 정차 또는 주차시키는 경우
③ 자치경찰공무원의 지시에 따르거나 위험을 방지하기 위하여 일시 정차 또는 주차시키는 경우
④ 정차 또는 주차할 수 있도록 안전표지를 설치한 곳이나 정류장에서 정차 또는 주차시키는 경우

◀ **정답** ③

기출PLUS

⑤ 도로의 관리자가 고속도로 등을 보수·유지 또는 순회하기 위하여 정차 또는 주차시키는 경우

⑥ 경찰용 긴급자동차가 고속도로 등에서 범죄수사, 교통단속이나 그 밖의 경찰임무를 수행하기 위하여 정차 또는 주차시키는 경우

⑦ 소방차가 고속도로 등에서 화재진압 및 인명구조·구급 등 소방활동, 소방지원활동 및 생활안전활동을 수행하기 위하여 정차 또는 주차시키는 경우

⑧ 경찰용 긴급자동차 및 소방차를 제외한 긴급자동차가 사용 목적을 달성하기 위하여 정차 또는 주차시키는 경우

⑨ 교통이 밀리거나 그 밖의 부득이한 사유로 움직일 수 없을 때에 고속도로 등의 차로에 일시 정차 또는 주차시키는 경우

❷ 고속도로에서의 우선순위 및 준수사항

(1) 고속도로 진입시의 우선순위

① **고속도로 진입시**: 자동차(긴급자동차 제외)의 운전자는 고속도로에 진입하고자 할 때에 그 고속도로를 통행하고 있는 다른 자동차의 통행을 방해하여서는 안 된다.

② **긴급자동차 진입방해 금지**: 긴급자동차 이외의 자동차의 운전자는 긴급자동차가 고속도로에 들어가는 때에는 그 진입을 방해하여서는 안 된다.

(2) 운전자의 고속도로 등에서의 준수사항

① **고장자동차 표지 비치**: 고속도로 등을 운행하는 자동차의 운전자는 교통의 안전과 원활한 소통을 확보하기 위하여 고장자동차의 표지를 항상 비치하여야 한다.

② **자동차 고장시 도로의 우측에 정지**: 고장이나 그 밖의 부득이한 사유로 자동차를 운행할 수 없게 되었을 때에는 자동차를 도로의 우측 가장자리에 정지시켜야 한다.

③ **고장 표지의 설치**: 행정안전부령으로 정하는 바에 따라 고장 등 그 표지를 설치하여야 한다.

기출 2021. 4. 10. 대구광역시 시행

다음 중 「도로교통법」상 고속도로 등에 대한 내용으로 틀린 것은?

① 긴급자동차와 고속도로 등의 보수·유지 등의 작업을 하는 자동차를 운전하는 경우 고속도로 등에서 갓길을 통행할 수 있다.
② 고속도로 전용차로의 종류 등에 필요한 사항은 행정안전부령으로 정한다.
③ 고속도로 등에서 정차 또는 주차할 수 있도록 안전표지를 설치한 곳이나 정류장에서 정차 또는 주차시키는 경우 차를 정차 또는 주차할 수 있다.
④ 밤에 고장이나 그 밖의 사유로 고속도로 등에서 자동차를 운행할 수 없게 되었을 때에는 고장자동차의 표지와 사방 500미터 지점에서 식별할 수 있는 적색의 섬광신호·전기제등 또는 불꽃신호를 설치하여야 한다.

◀정답 ②

❸ 고장 등의 경우의 조치

(1) 고장시의 조치

① 고장차를 고속도로 등이 아닌 다른 곳으로 옮겨 놓는 조치를 하여야 한다.

② 고장차의 보닛이나 트렁크를 열어 고장차임을 표시한다.

③ 고장자동차의 표지을 설치하여야 한다.

(2) 고장자동차의 표지

① 자동차의 운전자는 고장이나 그 밖의 사유로 고속도로 또는 자동차전용도로에서 자동차를 운행할 수 없게 되었을 때에는 다음의 표지를 설치하여야 한다.
   ㉠ 「자동차관리법 시행령」, 「자동차 및 자동차부품의 성능과 기준에 관한 규칙」에 따른 안전삼각대
   ㉡ 사방 500미터 지점에서 식별할 수 있는 적색의 섬광신호·전기제등 또는 불꽃신호. 다만, 밤에 고장이나 그 밖의 사유로 고속도로 등에서 자동차를 운행할 수 없게 되었을 때로 한정한다.

② 자동차의 운전자는 ①에 따른 표지를 설치하는 경우 그 자동차의 후방에서 접근하는 자동차의 운전자가 확인할 수 있는 위치에 설치하여야 한다.

「도로교통법 시행규칙」상 자동차의 운전자는 밤에 고장이나 그 밖의 사유로 고속도로에서 자동차를 운행할 수 없게 되었을 때에 식별할 수 있는 적색의 섬광신호·전기제등 또는 불꽃신호 표지를 설치하여야 한다. 해당 표지를 설치해야 하는 지점으로 가장 옳은 것은?

① 사방 700미터 지점
② 사방 500미터 지점
③ 사방 300미터 지점
④ 사방 100미터 지점

❮정답 ②

1 고속도로에서의 속도규정으로 옳지 않은 것은?

① 편도 1차로 고속도로에서의 최저속도는 매시 50km이다.

② 편도 2차로 이상 고속도로에서의 최고속도는 매시 90km이다.

③ 편도 2차로 이상 고속도로에서 특수자동차의 최고속도는 매시 80km이다.

④ 편도 2차로 이상 고속도로에서의 최저속도는 매시 50km이다.

2 다음 중 고속도로를 통행할 수 있는 자동차는?

① 자전거

② 원동기장치자전거

③ 이륜자동차

④ 덤프트럭

3 다음 중 고속도로 진입의 우선순위가 최우선에 해당되는 자동차는?

① 긴급자동차

② 고속도로의 수리 · 관리를 위한 차

③ 고속도로를 순회중인 차

④ 위험물적재 화물자동차

1.

편도 2차로 이상 고속도로에서의 최고속도는 매시 100km이다.

2.

고속도로를 통행할 수 있는 차: 승용자동차, 승합자동차, 특수자동차, 화물자동차, 건설기계 등

3.

긴급자동차 외의 자동차의 운전자는 긴급자동차가 고속도로에 들어가는 경우에는 그 진입을 방해하여서는 아니 된다.

Answer   1.②   2.④   3.①

4 고속도로 관리자가 교통의 안전과 원활한 소통을 확보하기 위하여 교통안전시설을 설치하려면 누구와 협의하여야 하는가?

① 경찰공무원
② 경찰청장
③ 지방자치단체장
④ 관할 경찰서장

5 고속도로 통행방법을 설명한 것 중 옳은 것은?

① 고속도로 관리자가 순회하는 경우는 긴급회전로에서 회전할 수가 있다.
② 긴급자동차는 반드시 주행차로로 통행하여야 한다.
③ 편도 1차로 고속도로에서의 최고속도는 매시 80km이다.
④ 편도 4차로 고속도로에서 특수자동차는 2차로로 통행할 수 있다.

6 다음 중 고속도로에서 안전을 유지하기 위하여 절대 금지되고 있는 사항은?

① 유턴 · 횡단 · 후진 행위
② 편도 1차로에서 앞지르기를 하는 행위
③ 터널 통과시 실내조명등을 켜는 행위
④ 고장시 길 가장자리에 주차하는 행위

4.

고속도로의 관리자는 고속도로에서 일어나는 위험을 방지하고 교통의 안전과 원활한 소통을 확보하기 위하여 교통안전시설을 설치 · 관리하여야 한다. 이 경우 고속도로의 관리자가 교통안전시설을 설치하려면 경찰청장과 협의하여야 한다.

5.

① 긴급자동차 및 도로보수 · 유지 등의 응급작업차를 제외한 모든 차는 고속도로에서는 횡단, 후진, 유턴을 할 수 없다.
② 긴급자동차는 모든 차로를 통행할 수 있으며, 갓길도 통행할 수 있다.
④ 특수자동차는 3차로, 4차로로 통행할 수 있다.

6.

자동차의 운전자는 그 차를 운전하여 고속도로 등을 횡단하거나 유턴 또는 후진하여서는 아니 된다.

7 최고 시속 100km 속도로 지정되어 있는 편도 2차로 이상의
고속도로에서 트레일러를 운전할 때 최고속도는 얼마인가?

① 매시 50km

② 매시 80km

③ 매시 90km

④ 매시 100km

8 고속도로의 원활한 소통을 위하여 필요한 경우에 고속도로에
전용차로를 설치할 수 있는 자는?

① 시장 또는 도지사

② 관할 경찰서장

③ 고속도로 관리자

④ 경찰청장

9 고속도로에서 목적지인 인터체인지를 무심코 지나쳤을 경우는
어떻게 해야 하는가?

① 다른 차의 진행을 방해하지 않으면서 후진한다.

② 그대로 다음 인터체인지가 있는 곳까지 진행한다.

③ 적당한 장소에서 유턴한다.

④ 중앙분리대가 없는 도로에서 반대 차선에 차가 없을 경우
유턴한다.

7.

편도 2차로 이상 고속도로에서의 최고속도는 매시
100km이다. 단, 화물자동차(적재중량 1.5톤을 초
과) · 특수자동차 · 위험물운반자동차 및 건설기계의
최고속도는 매시 80km이다.

8.

경찰청장은 고속도로의 원활한 소통을 위하여 특
히 필요한 경우에는 고속도로에 전용차로를 설치
할 수 있다.

9.

자동차의 운전자는 고속도로에서 횡단, 유턴, 후진
을 할 수 없으므로 다음 인터체인지까지 그대로
진행해야 한다.

Answer　　7.② 8.④ 9.②

10 고속도로에서 자동차가 정차 또는 주차를 할 수 있는 경우로 알맞지 않은 것은?

① 고장이나 그 밖의 부득이한 사유로 갓길에 주차하는 경우
② 경찰공무원이 범죄수사를 위해 경찰용 긴급자동차를 주차하는 경우
③ 통행료를 내기 위해 톨게이트에서 정차하는 경우
④ 장시간 운전 중 휴식을 위해 갓길에 주차하는 경우

11 고속도로상에서 정차할 수 있는 장소로 옳지 않은 것은?

① 주행차로
② 도로의 유지 · 보수 장소
③ 통행료 징수 장소
④ 정류장

10.

고속도로 등에서의 정차 및 주차의 허용
㉠ 법령의 규정 또는 자치경찰공무원을 제외한 경찰공무원의 지시에 따르거나 위험을 방지하기 위하여 일시 정차 또는 주차시키는 경우
㉡ 정차 또는 주차할 수 있도록 안전표지를 설치한 곳이나 정류장에서 정차 또는 주차시키는 경우
㉢ 고장이나 그 밖의 부득이한 사유로 갓길을 포함한 길 가장자리 구역에 정차 또는 주차시키는 경우
㉣ 통행료를 내기 위하여 통행료를 받는 곳에서 정차하는 경우
㉤ 도로의 관리자가 고속도로 등을 보수 · 유지 또는 순회하기 위하여 정차 또는 주차시키는 경우
㉥ 경찰용 긴급자동차가 고속도로 등에서 범죄수사 · 교통단속이나 그 밖의 경찰임무를 수행하기 위하여 정차 또는 주차시키는 경우
㉦ 소방차가 고속도로 등에서 화재진압 및 인명구조 · 구급 등 소방활동, 소방지원활동 및 생활안전활동을 수행하기 위하여 정차 또는 주차시키는 경우
㉧ 경찰용 긴급자동차 및 소방차를 제외한 긴급자동차가 사용 목적을 달성하기 위하여 정차 또는 주차시키는 경우
㉨ 교통이 밀리거나 그 밖의 부득이한 사유로 움직일 수 없을 때에 고속도로 등의 차로에 일시 정차 또는 주차시키는 경우

11.

주차 및 정차할 수 있는 곳
㉠ 정차 또는 주차할 수 있도록 안전표지를 설치한 곳이나 정류장에서 정차 또는 주차시키는 경우
㉡ 고장이나 부득이한 사유로 길 가장자리(갓길 포함)에 정차 또는 주차시키는 경우
㉢ 통행료를 지불하기 위하여 통행료를 받는 곳에서 정차하는 경우
㉣ 도로의 관리자가 고속도로 등을 보수 · 유지 또는 는 순회하기 위하여 정차 또는 주차시키는 경우
㉤ 경찰용 긴급자동차가 고속도로 등에서의 범죄수사 · 교통단속 그 밖의 경찰임무수행을 위하여 정차 또는 주차시키는 경우

Answer　10.④　11.①

12 다음 중 고속도로상에서 경찰공무원이 자동차의 통행을 제한할 수 있는 경우에 해당하지 않는 것은?

① 도로 청소시
② 교통사고의 발생시
③ 위험 우려가 있을 시
④ 도로의 파손시

13 다음 중 좌석안전띠 미착용 사유가 아닌 것은?

① 임신으로 인하여 좌석안전띠 착용이 적당하지 않은 때
② 긴급자동차에 길을 터줄 때
③ 긴급자동차가 그 본래의 용도로 운행되고 있는 때
④ 비만으로 인하여 좌석안전띠 착용이 적당하지 않은 때

14 앞서가는 다른 차를 앞지르기 할 때 운전방법으로 옳은 것은?

① 앞차의 좌측으로 앞지르기를 하였다.
② 위험 방지를 위해 앞차가 정지 중일 때 하였다.
③ 위험 방지를 위해 앞차가 서행 중일 때 하였다.
④ 다리 위에서 앞지르기를 하였다.

12.

경찰공무원은 도로의 손괴, 교통사고의 발생이나 그 밖의 사정으로 인한 고속도로 등에서 교통이 위험 또는 혼잡하거나 그러할 우려가 있을 때에는 교통의 위험 또는 혼잡을 방치하고 교통의 안전 및 원활한 소통을 위하여 필요한 범위에서 진행중인 자동차의 통행을 일시 금지 또는 제한하거나 그 자동차의 운전자에게 필요한 조치를 명할 수 있다.

13.

좌석안전띠 미착용 사유에 긴급자동차가 그 본래의 용도로 운행되고 있는 때는 포함되지만 긴급자동차에 길을 터줄 때는 포함되지 않는다.

14.

모든 차의 운전자는 다른 차를 앞지르려면 앞차의 좌측으로 통행하여야 한다.

Answer   12.① 13.② 14.①

15 야간에 고속도로에서 자동차를 운행 중 고장이 발생하였을 경우 도로교통법상 고장자동차표지를 설치하여야 한다. 이 때 설치지점은?

① 전방 300미터 지점

② 후방 500미터 지점

③ 전후방 300미터 지점

④ 사방 500미터 지점

16 다음 중 고속도로에 전용차로를 설치할 수 있는 사람은?

① 국토교통부장관

② 시장 · 도지사

③ 경찰청장

④ 도로관리청장

15.

④ 자동차의 운전자는 고장이나 그 밖의 사유로 고속도로등에서 자동차를 운행할 수 없게 되었을 때에는 사방 500미터 지점에서 식별할 수 있는 적색의 섬광신호 · 전기제등 또는 불꽃신호 등을 설치하여야 한다. (다만, 밤에 고장이나 그 밖의 사유로 고속도로등에서 자동차를 운행할 수 없게 되었을 때로 한정한다)

16.

③ 경찰청장은 고속도로의 원활한 소통을 위하여 특히 필요한 경우에는 고속도로에 전용차로를 설치할 수 있다.

Answer　15.④　16.③

01 도로에서의 금지행위

❶ 금지행위

(1) 신호기 조작 및 교통장애물의 금지

① 신호기의 조작 및 교통안전시설의 철거·이전·손괴 등의 금지와 교통안전시설이나 이와 비슷한 인공구조물을 설치하여서는 안 된다.

② 누구든지 교통에 방해될 만한 물건을 함부로 도로에 방치하여서는 안 된다.

(2) 기타 금지행위

① 술에 취하여 도로에서 갈팡질팡하는 행위

② 도로에서 교통에 방해되는 방법으로 눕거나 앉거나 또는 서있는 행위

③ 교통이 빈번한 도로에서 공놀이, 썰매타기 등의 놀이를 하는 행위

④ 돌·유리병·쇳조각 그 밖에 도로상의 사람이나 차마를 손상시킬 염려가 있는 물건을 던지거나 발사하는 행위

⑤ 도로를 통행하고 있는 차마에서 밖으로 물건을 던지는 행위

⑥ 도로를 통행하고 있는 차마에 뛰어오르거나 매달리거나 차마에서 뛰어내리는 행위

⑦ 시·도경찰청장이 교통상의 위험을 방지하기 위하여 필요하다고 인정하여 지정·공고한 행위

기출 PLUS

기출 2020. 6. 13. 서울시 제2회 시행

「도로교통법」상 도로에서의 금지행위로 가장 옳지 않은 것은?

① 정차되어 있는 차마에서 뛰어내리는 행위
② 교통이 빈번한 도로에서 공놀이 또는 썰매타기 놀이를 하는 행위
③ 술에 취하여 도로에서 갈팡질팡하는 행위
④ 돌·유리병이나 그 밖에 도로에 있는 사람이나 차마를 손상시킬 우려가 있는 물건을 던지는 행위

❮정답 ①

② 도로공사 신고 및 안전조치

(1) 공사의 신고

① 공사시행자는 공사시행 3일 전에 그 일시·공사구간·공사기간·시행방법 그 밖의 필요한 사항을 관할 경찰서장에게 신고하여야 한다.

② 산사태·수도관 파열 등 긴급한 시공이 필요한 경우 안전조치를 하고 공사 시작 후 지체 없이 신고하여야 한다.

③ 관할 경찰서장은 공사장 주변의 교통정체가 예상하지 못한 수준까지 현저히 증가하고, 교통의 안전과 원활한 소통에 미치는 영향이 중대하다고 판단하면 해당 도로관리청과 사전 협의하여 공사시행자에 대하여 공사시간의 제한 등 필요한 조치를 할 수 있다.

(2) 교통안전시설 설치

① 공사시행자는 공사기간 중 차마의 통행을 유도하거나 지시 등을 할 필요가 있을 때에는 관할 경찰서장의 지시에 따라 교통안전시설을 설치하여야 한다.

② 공사시행자는 공사기간 중 공사의 규모, 주변 교통환경 등을 고려하여 필요한 경우 관할 경찰서장의 지시에 따라 안전요원 또는 안전유도 장비를 배치하여야 한다.

③ 교통안전시설 설치 및 안전요원 또는 안전유도 장비 배치에 필요한 사항은 행정안전부령으로 정한다.

④ **교통안전시설의 원상회복**
　㉠ 공사시행자는 공사로 인하여 교통안전시설을 훼손한 경우에는 그 결과를 관할 경찰서장에게 신고하여야 한다.
　㉡ 공사시행자는 공사로 인하여 교통안전시설을 훼손한 때에는 부득이한 사유가 없는 한 해당공사가 끝난 날부터 3일 이내에 이를 원상회복하고 그 결과를 관할경찰서장에게 신고하여야 한다.

02 도로의 점용

① 도로의 점용허가 등에 관한 통보

(1) 점용허가 및 차량운행 제한 통보

도로관리청이 도로에서 다음의 어느 하나에 해당하는 행위를 하였을 때에는 고속도로의 경우에는 경찰청장에게 그 내용을 즉시 통보하고, 고속도로 외의 도로의 경우에는 관할 경찰서장에게 그 내용을 즉시 통보하여야 한다.

① 「도로법」에 따른 도로의 점용허가

② 「도로법」에 따른 통행의 금지나 제한 또는 차량의 운행제한

(2) 필요한 조치의 요구

① 통보를 받은 경찰청장이나 관할 경찰서장은 교통의 안전과 원활한 소통을 확보하기 위하여 필요하다고 인정하면 도로관리청에 필요한 조치를 요구할 수 있다.

② 도로관리청은 정당한 사유가 없으면 필요한 조치를 하여야 한다.

② 위법 공작물에 대한 조치

(1) 도로의 위법 인공구조물에 대한 조치

① 경찰서장은 다음의 어느 하나에 해당하는 사람에 대하여 위반행위를 시정하도록 하거나 그 위반행위로 인하여 생긴 교통장해를 제거할 것을 명할 수 있다.

    ㉠ 교통안전시설이나 그 밖에 이와 비슷한 인공구조물을 함부로 설치한 사람

    ㉡ 물건을 도로에 내버려 둔 사람

    ㉢ 「도로법」을 위반하여 교통에 방해가 될 만한 인공구조물 등을 설치하거나 그 공사 등을 한 사람

② 도로의 위법 인공구조물의 보관 및 매각

　　㉠ 경찰서장은 위 행위에 해당하는 사람의 성명·주소를 알지 못하여 조치를 명할 수 없을 때에는 스스로 그 인공구조물 등을 제거하는 등 조치를 한 후 보관하여야 한다.

　　㉡ 인공구조물이 닳아 없어지거나 파괴될 우려가 있거나 보관하는 것이 매우 곤란한 인공구조물 등은 매각하여 그 대금을 보관할 수 있다.

(2) 도로의 지상 인공구조물 등에 대한 위험방지 조치

① **위험방지 조치** : 경찰서장은 도로의 지상 인공구조물이나 그 밖의 시설 또는 물건이 교통에 위험을 일으키게 하거나 교통에 뚜렷이 방해될 우려가 있으면 그 인공구조물 등의 소유자·점유자 또는 관리자에게 그것을 제거하도록 하거나 그 밖에 교통안전에 필요한 조치를 명할 수 있다.

② **도로의 지상 인공구조물의 보관 및 매각**

　　㉠ 경찰서장은 인공구조물 등의 소유자·점유자 또는 관리자의 성명·주소를 알지 못하여 조치를 명할 수 없을 때에는 스스로 그 인공구조물 등을 제거하는 등 조치를 한 후 보관하여야 한다.

　　㉡ 인공구조물이 닳아 없어지거나 파괴될 우려가 있거나 보관하는 것이 매우 곤란한 인공구조물 등은 매각하여 그 대금을 보관할 수 있다.

　　　※ 도로의 지상 인공구조물 등의 보관 및 매각 등에 필요한 사항은 대통령령으로 정한다.

(3) 인공구조물 등의 보관 등

① **공고 및 열람**

　　㉠ **공고** : 경찰서장은 스스로 제거한 인공구조물 등이나 매각대금을 보관하는 경우에는 보관한 날부터 14일간 그 경찰서의 게시판에 공고하여야 한다.

　　㉡ **열람** : 경찰서장은 행정안전부령으로 정하는 바에 따라 열람부를 작성·비치하여 관계자가 열람할 수 있도록 하여야 한다.

② **공고사항**

　　㉠ 해당 인공구조물 등의 명칭·종류·형상 및 수량

　　㉡ 해당 인공구조물 등이 설치되어 있던 장소 및 그 인공구조물 등을 제거한 일시

　　㉢ 해당 인공구조물 등 또는 그 매각대금을 보관한 장소

　　㉣ 그 밖에 해당 인공구조물 등 또는 그 매각대금을 보관하기 위하여 필요하다고 인정되는 사항

1 도로상에서의 금지행위에 대한 설명 중 옳지 않은 것은?

① 도로상에서 청소부가 청소하는 행위
② 도로에서 술에 취하여 갈팡질팡하는 행위
③ 교통에 방해될 만한 물건을 도로에 함부로 방치하는 행위
④ 시·도경찰청장이 교통상의 위험방지를 위하여 금지할 것으로 지정된 행위

2 도로공사 신고 등 교통안전시설의 설치와 관련된 규정으로 틀린 설명은?

① 도로공사 신고의무자는 공사시행 3일전에 그 일시, 공사구간, 공사기간 및 시행방법, 그 밖에 필요한 사항을 관할 경찰서장에게 신고하여야 한다.
② 공사시행자는 공사기간중 공사의 규모, 주변 교통 환경 등을 고려하여 필요한 경우 시도경찰청장의 지시에 따라 안전요원 또는 안전유도 장비를 배치하여야 한다.
③ 교통안전시설 설치 및 안전요원 또는 안전유도 장비 배치에 필요한 사항은 행정안전부령으로 정한다.
④ 공사시행자는 공사로 인하여 교통안전시설을 훼손한 때에는 부득이한 사유가 없는 한 해당공사가 끝난 날부터 3일 이내에 이를 원상회복하고 그 결과를 관할 경찰서장에게 신고하여야 한다.

1.
① 도로상에서 청소하는 행위는 도로상에서의 금지행위에 포함되지 않는다.

2.
② 시도경찰청장(X) 관할경찰서장(O)

Answer 1.① 2.②

3 도로공사로 인하여 신호기가 훼손된 경우 신호기를 원상회복
하여야 하는 시기는?

① 도로공사가 끝나는 즉시
② 도로공사가 끝난 후 3일 이내
③ 도로공사가 끝난 후 7일 이내
④ 도로공사가 끝난 후 10일 이내

4 시·도지사가 도로의 점용허가 또는 통행금지제한을 하고자
할 때 의견을 들어야 하는 사람은?

① 경찰청장
② 시·도경찰청장
③ 경찰서장
④ 시·도경찰청장 또는 경찰서장

5 도로관리청이 도로의 점용허가를 하였을 때에 고속도로의 경
우 누구에게 즉시 통보해야 하는가?

① 행정안전부장관
② 관할 경찰서장
③ 국토교통부장관
④ 경찰청장

3.

신호기 등의 원상회복 … 공사시행자는 공사로 인
하여 교통안전시설을 훼손한 때에는 부득이한 사
유가 없는 한 해당 공사가 끝나는 날부터 3일 이
내에 이를 원상회복하고 그 결과를 관할 경찰서장
에게 신고하여야 한다.

4.

③ 경찰서장의 의견을 들어야 한다.

5.

도로관리청이 도로에서 도로의 점용허가, 통행의
금지나 제한 또는 차량의 운행제한을 하였을 때에
는 고속도로의 경우에는 경찰청장에게 그 내용을
즉시 통보하고, 고속도로 외의 도로의 경우에는 관
할 경찰서장에게 그 내용을 즉시 통보하여야 한다.

Answer　3.② 4.③ 5.④

6 도로의 위법 인공구조물에 대한 경찰서장의 조치 중 적당하지 않은 것은?

① 인공구조물을 함부로 설치한 사람에게 그 설치물을 제거할 것을 명할 수 있다.
② 인공구조물을 보관한 경우에는 보관한 날부터 20일간 그 경찰서의 게시판에 공고하여야 한다.
③ 조치를 명할 수 없을 때에는 스스로 인공구조물을 제거한 후 보관하여야 한다.
④ 파괴될 우려가 있거나 보관하는 것이 매우 곤란한 인공구조물은 매각하여 그 대금을 보관할 수 있다.

7 도로관리청 그 밖의 공사시행청의 명령에 따라 도로를 파거나 뚫는 등 공사를 하고자 할 경우에 신고는 누구에게, 언제 해야 하는가?

① 3일 전에 관할 파출소장에게 신고한다.
② 5일 전에 읍 · 면 · 동장에게 신고한다.
③ 5일 전에 관할 구청장 및 군수에게 신고한다.
④ 3일 전에 관할 경찰서장에게 신고한다.

8 경찰서장이 스스로 제거한 위법 인공구조물이나 매각대금을 보관하는 경우 공고 게시 기간은?

① 보관한 날로부터 3일간
② 보관한 날로부터 7일간
③ 보관한 날로부터 14일간
④ 보관한 날로부터 21일간

6.

② 경찰서장은 스스로 제거한 인공구조물 등이나 그 매각대금을 보관하는 경우에는 이를 보관한 날부터 14일간 그 경찰서의 게시판에 공고하고, 행정안전부령으로 정하는 바에 따라 열람부를 작성 · 비치하여 관계자가 열람할 수 있도록 하여야 한다.

7.

도로공사신고 … 도로관리청 그 밖의 공사시행청의 명령에 따라 도로를 파거나 뚫는 등 공사를 하고자 하는 사람은 공사시행 3일 이전에 그 일시 · 구간 · 공사기간 · 시행방법, 그 밖의 필요한 사항을 관할 경찰서장에게 신고하여야 한다. 다만, 산사태 · 수도관 파열 등 긴급한 시공이 필요한 경우에는 그에 알맞은 안전조치를 하고 공사를 시작한 후에 지체없이 신고하여야 한다.

8.

③ 경찰서장은 스스로 제거한 인공구조물 등이나 매각대금을 보관하는 경우에는 보관한 날부터 14일간 그 경찰서의 게시판에 공고하여야 한다.

Answer   6.② 7.④ 8.③

9 다음은 인공구조물 등의 점유자가 없는 경우의 조치이다. 빈칸에 들어갈 알맞은 말을 순서대로 나열한 것은?

> • 경찰서장은 공고를 한 날부터 (   )이 지나도 해당 인공구조물 등을 반환받을 점유자 등을 알 수 없거나 점유자 등이 반환을 요구하지 아니하는 경우에는 그 인공구조물 등을 매각하여 그 대금을 보관할 수 있다.
> • 매각대금은 공고한 날부터 (   )이 지나도 그 대금을 반환받을 자를 알 수 없거나 점유자 등이 반환을 요구하지 아니하는 경우에는 국고에 귀속한다.

① 3개월, 3년
② 5개월, 4년
③ 6개월, 5년
④ 9개월, 10년

10 경찰서장이 인공구조물을 보관한 때 공고 또는 열람부에 작성하여야 할 사항이 아닌 것은?

① 보관한 인공구조물 등의 종류
② 보관한 인공구조물 등의 가격
③ 보관한 인공구조물 등의 명칭
④ 보관한 인공구조물 등의 수량

Answer   9.③   10.②

기출 PLUS

01 운전면허

❶ 운전면허의 종류

(1) 운전면허의 종류

① 제1종 운전면허 : 대형면허, 보통면허, 소형면허, 특수면허(대형견인차면허, 소형견인차면허, 구난차면허)

② 제2종 운전면허 : 보통면허, 소형면허, 원동기장치자전거면허

③ 연습운전면허 : 제1종 보통연습면허, 제2종 보통연습면허

기출 2020. 10. 17. 충청북도 시행

다음 중 도로교통법상 운전면허 종별로 맞는 것은?

① 1종 운전면허, 2종 운전면허, 3종 운전면허
② 1종 운전면허, 2종 운전면허, 특수면허
③ 1종 운전면허, 2종 운전면허, 연습면허
④ 1종 운전면허, 2종 운전면허, 국제운전면허, 연습면허

> ☆ **Plus tip**
>
> **연습운전면허**
> ㉠ **효력** : 연습운전면허는 그 면허를 받은 날로부터 1년간의 효력을 가진다. 다만, 그 이전이라도 연습운전면허를 받은 사람이 제1종 보통면허 또는 제2종 보통면허를 받은 경우에는 연습운전면허의 효력이 상실된다.
> ㉡ **연습운전면허를 받은 사람의 준수사항**
> • 운전면허를 받은 날부터 2년이 경과된 사람(소지하고 있는 운전면허의 효력이 정지기간 중인 사람 제외)과 함께 승차하여 그 사람의 지도를 받아야 한다.
> • 사업용 자동차를 운전하는 등 주행연습 외의 목적으로 운전하여서는 아니된다.
> • 주행연습 중이라는 사실을 다른 차의 운전자가 알 수 있도록 연습 중인 자동차에 표지를 붙여야 한다.

(2) 운전면허의 조건

① 운전면허에 필요한 조건

㉠ 시·도경찰청장은 운전면허를 받을 사람의 신체상태 또는 운전능력에 따라 운전할 수 있는 자동차등의 구조를 한정하는 등 운전면허에 필요한 조건을 붙일 수 있다.

㉡ 시·도경찰청장은 적성검사를 받은 사람의 신체상태 그 밖의 운전능력에 따라 운전면허에 필요한 조건을 새로이 붙이거나 바꿀 수 있다.

〈정답 ③

② 운전면허의 조건 변경

   ㉠ 통보 : 한국도로교통공단은 적성검사 결과가 운전면허에 조건을 붙여야 하거나 변경이 필요하다고 판단되는 경우에는 그 내용을 시·도경찰청장에게 통보하여야 한다.

   ㉡ 조건구분 : 한국도로교통공단으로부터 통보를 받은 시·도경찰청장이 운전면허를 받을 사람 또는 적성검사를 받은 사람에게 붙이거나 바꿀 수 있다.

     • 자동차등의 구조를 한정하는 조건
      –자동변속기장치 자동차만을 운전하도록 하는 조건
      –삼륜 이상의 원동기장치자전거(이하 "다륜형 원동기장치자전거"라 한다)만을 운전하도록 하는 조건
      –가속페달 또는 브레이크를 손으로 조작하는 장치, 오른쪽 방향지시기 또는 왼쪽 엑셀러레이터를 부착하도록 하는 조건
      –신체장애 정도에 적합하게 제작·승인된 자동차등만을 운전하도록 하는 조건
     • 의수·의족·보청기 등 신체상의 장애를 보완하는 보조수단을 사용하도록 하는 조건
     • 청각장애인이 운전하는 자동차에는 별표 19의 청각장애인표지와 충분한 시야를 확보할 수 있는 볼록거울을 별도로 부착하도록 하는 조건

   ㉢ 병합부과 : 운전면허를 받을 사람 또는 적성검사를 받은 사람의 신체상의 상태 또는 운전능력에 따라 2 이상의 조건을 병합하여 부과할 수 있다.

❷ 면허의 종류에 따라 운전할 수 있는 차량

(1) 제1종 운전면허

① 대형면허

   ㉠ 승용자동차

   ㉡ 승합자동차

   ㉢ 화물자동차

   ㉣ 건설기계 : 덤프트럭, 아스팔트살포기, 노상안정기, 콘크리트믹서트럭, 콘크리트펌프, 천공기(트럭 적재식), 도로보수트럭, 3톤 미만의 지게차, 트럭지게차, 콘크리트믹서트레일러, 아스팔트콘크리트재생기

   ㉤ 특수자동차(대형견인차, 소형견인차 및 구난차는 제외)

   ㉥ 원동기장치자전거

기출PLUS

기출 2022. 6. 18. 경상북도 시행

한국도로교통안전공단으로 부터 통보 받은 시도경찰청장이 운전면허를 받을 사람 또는 적성검사를 받은 사람에게 붙이거나 바꿀 수 있는 자동차 등의 구조를 한정하는 조건으로 옳지 않은 것은?

① 신체장애에 적합하게 제작 및 승인된 자동차 조건
② 가속페달과 브레이크를 손으로 조작하는 장치, 왼쪽 방향지시기, 오른쪽 가속페달을 부착하는 조건
③ 삼륜이상 원동기장치자전거만 운전하는 조건
④ 자동변속기장착 자동차만 운전하는 조건

기출 2016. 6. 18. 충청북도교육청

제종 대형면허로 운전할 수 있는 차의 종류로 바른 것은?

① 250cc이륜차, 원동기장치자전거
② 3륜 화물 자동차, 긴급자동차
③ 트레일러, 건설기계
④ 화물자동차, 원동기장치자전거

❮정답 ②, ④

제1종 보통면허로 운전할 수 있는 차량에 해당하지 않는 것은? (단, 차량의 형식·구조·장치의 변경승인이나 위험물 등의 적재는 없다)

① 승차정원 15명 이하의 승합자동차
② 적재중량 12톤 미만의 화물자동차
③ 도로를 운행하는 3톤 미만의 지게차
④ 총중량 3.5톤 미만의 구난차

② 보통면허
　㉠ 승용자동차
　㉡ 15인 이하 승합자동차
　㉢ 적재중량 12톤 미만 화물자동차
　㉣ 원동기장치자전거
　㉤ 건설기계(도로를 운행하는 3톤 미만의 지게차에 한정)
　㉥ 총중량 10톤 미만의 특수자동차(구난차 등은 제외)

③ 소형면허
　㉠ 3륜화물자동차
　㉡ 3륜승용자동차
　㉢ 원동기장치자전거

④ 특수면허
　㉠ 대형견인차
　　• 견인형 특수자동차
　　• 제2종 보통면허로 운전할 수 있는 차량
　㉡ 소형견인차
　　• 총중량 3.5톤 이하의 견인형 특수자동차
　　• 제2종 보통면허로 운전할 수 있는 차량
　㉢ 구난차
　　• 구난형 특수자동차
　　• 제2종 보통면허로 운전할 수 있는 차량

(2) 제2종 운전면허

① 보통면허
　㉠ 승용자동차
　㉡ 승차정원 10인 이하 승합자동차
　㉢ 적재중량 4톤 이하 화물자동차
　㉣ 원동기장치자전거
　㉤ 총중량 3.5톤 이하의 특수자동차(구난차 등은 제외)

② 소형면허
　㉠ 이륜자동차(운반차 포함)
　㉡ 원동기장치자전거

③ 원동기장치자전거면허 : 원동기장치자전거

◀정답 ④

(3) 연습면허

① 제1종 보통

 ㉠ 승용자동차

 ㉡ 승차정원 15인 이하의 승합자동차

 ㉢ 적재중량 12톤 미만의 화물자동차

② 제2종 보통

 ㉠ 승용자동차

 ㉡ 승차정원 10인 이하의 승합자동차

 ㉢ 적재중량 4톤 이하의 화물자동차

> **🌟 Plus tip**
>
> **운전할 수 있는 자동차의 범위**
>
> | 구분 | 승용 및 승합자동차 | 화물자동차 | 위험물운반 자동차 | 특수자동차 (트레일러, 레커 제외) |
> |---|---|---|---|---|
> | 제2종 보통면허 | 10인 이하 | 4톤 이하 | 운전 못함 | 3.5톤 이하 |
> | 제1종 보통면허 | 15인 이하 | 12톤 미만 | 3톤 이하 3,000리터 이하 | 10톤 미만 |
> | 제1종 대형면허 | 모든 자동차(트레일러, 레커, 이륜자동차는 제외) | | | |
> | 긴급자동차는 차종에 따라 일반 자동차 규정을 적용함 | | | | |

❸ 운전면허의 결격사유 및 기간

(1) 운전면허의 결격사유

① 18세 미만(원동기장치자전거의 경우에는 16세 미만)인 사람

② 교통상의 위험과 장해를 일으킬 수 있는 정신질환자 또는 뇌전증[=간질(癲疾)]환자로서 대통령령으로 정하는 사람

> **대통령령으로 정하는 사람**
>
> 치매·조현병·조현정동장애(情動障碍)·양극성 정동장애(조울병)·재발성 우울장애등의 정신질환 또는 정신 발육지연·뇌전증(간질환자) 등으로 인하여 해당 분야 전문의가 정상적인 운전을 할 수 없다고 인정하는 사람

「도로교통법」상 운전면허의 결격사유에 대한 설명으로 가장 옳지 않은 것은?

① 무면허운전 금지를 위반하여 자동차를 운전한 경우에는 그 위반한 날부터 1년간 운전면허를 받을 수 없다.

② 음주운전 금지를 위반하여 운전을 하다가 사람을 사상한 후 사고발생 시의 조치에 따른 필요한 조치 및 신고를 하지 아니한 경우에는 그 위반한 날부터 3년간 운전면허를 받을 수 없다.

③ 자동차 등을 이용하여 범죄행위를 하거나 다른 사람의 자동차 등을 훔치거나 빼앗은 사람이 무면허운전 금지를 위반하여 그 자동차 등을 운전한 경우에는 그 위반한 날부터 3년간 운전면허를 받을 수 없다.

④ 음주운전 금지를 위반하여 운전을 하다가 교통사고를 일으킨 경우에는 운전면허가 취소된 날부터 2년간 운전면허를 받을 수 없다.

◀ 정답 ②

기출 PLUS

기출 2021. 4. 10. 대구광역시 시행

운전면허의 결격사유로 옳은 것은?

① 치매, 조현병, 조현정동장애, 양극성 정동장애(조울병), 재발성 우울장애 등의 정신질환 또는 정신 발육지연, 뇌전증 등으로 인하여 정상적인 운전을 할 수 없다고 해당 분야 전문의가 인정하는 사람

② 한쪽 팔의 팔꿈치관절 이상을 잃은 사람이나 양쪽 팔을 전혀 쓸 수 없는 사람

③ 제1종 대형면허 또는 제1종 특수면허를 받으려는 경우로서 20세 미만이거나 자동차(이륜자동차는 제외한다)의 운전경험이 2년 미만인 사람

④ 듣지 못하는 사람(제1종 운전면허 중 보통면허·특수면허만 해당한다), 앞을 보지 못하는 사람(한쪽 눈만 보지 못하는 사람의 경우에는 제1종 운전면허 중 보통면허·특수면허만 해당한다)이나 그 밖에 대통령령으로 정하는 신체장애인

기출 2018. 4. 7. 경기도 운전직 시행

운전면허취득 결격사유로 틀린 것은?

① 다리, 머리, 척추, 그 밖의 신체의 장애로 인하여 앉아 있을 수 없는 대통령령으로 정하는 신체장애인

② 마약, 대마, 향정신성의약품 또는 알코올관련 장애 등으로 인하여 정상적인 운전을 할 수 없다고 해당 분야 전문의가 인정하는 사람

③ 정신 발육지연, 뇌전증 등으로 인하여 정상적인 운전을 할 수 없다고 해당 분야 전문의가 인정하는 사람

④ 술에 취한 상태 외에 과로, 질병 또는 약물의 영향과 그 밖의 사유로 운전면허 취소 처분을 받은 사람

정답 ①, ④

③ 듣지 못하는 사람(제1종 운전면허 중 대형면허·특수면허만 해당한다), 앞을 보지 못하는 사람이나 그 밖에 대통령령으로 정하는 신체장애인 : 다리, 머리, 척추, 그 밖에 신체의 장애로 인하여 앉아 있을 수 없는 사람을 말한다.

④ 양쪽 팔의 팔꿈치관절 이상을 잃은 사람이나 양쪽 팔을 전혀 쓸 수 없는 사람. 다만, 본인의 신체장애 정도에 적합하게 제작된 자동차를 이용하여 정상적인 운전을 할 수 있는 경우에는 그러하지 아니하다.

⑤ 교통상의 위험과 장해를 일으킬 수 있는 마약·대마·향정신성의약품 또는 알코올 중독자로 서 대통령령으로 정하는 사람

> **대통령령으로 정하는 사람**
> 마약·대마·향정신성의약품 또는 알코올 관련 장애 등으로 인하여 정상적인 운전을 할 수 없다고 해당 분야 전문의가 인정하는 사람

⑥ 제1종 대형면허 또는 제1종 특수면허를 받으려는 경우로서 19세 미만이거나 자동차(이륜자동차는 제외)의 운전경험이 1년 미만인 사람

⑦ 대한민국의 국적을 가지지 아니한 사람 중 「출입국관리법」에 따라 외국인 등록을 하지 아니한 사람(외국인등록이 면제된 사람은 제외)이나 「재외동포의 출입국과 법적지위에 관한 법률」에 따라 국내 거소 신고를 하지 아니한 사람

⑧ 국제운전면허증 또는 상호인정외국면허증으로 운전하는 운전자가 운전금지 처분을 받은 경우에는 그 금지기간

(2) 운전면허의 결격기간

5년	㉠ 무면허 (면허 정지 기간 중 운전) – 도주 ㉡ 운전면허발급 제한기간 중에 국제운전면허증으로 운전 – 도주 ㉢ 음주운전 – 도주 ㉣ 과로 (질병, 약물)운전 – 도주 ㉤ 공동위험행위 중에 사람을 사상한 후 구호 조치 및 신고를 하지 아니하고 도주한 경우 ㉥ 음주운전·무면허운전·국제운전면허증 결격 기간 중 사망사고 야기 무면허는 위반한 날부터 음주, 과로, 공동위험행위는 취소된 날부터 기산
4년	5년의 제한사유 이외의 사유로 교통사고를 야기한 후에 도주한 경우 (일반교통사고 야기 후 도주)

3년	㉠ 2회 이상 음주운전 교통사고 야기(측정거부 포함) (취소한 때로부터) (면허 유무 무관)
	㉡ 자동차 등을 이용하여 범죄를 범한 자가 무면허 운전을 한 경우(위반한 날부터)
	㉢ 자동차를 강, 절도한자가 무면허 운전한 경우 (위반한 날부터)
2년	㉠ 2회 이상 음주 측정거부 (면허 유무 무관)
	㉡ 2회 이상 음주운전 (취소된 날부터)
	㉢ 1회 음주 운전 교통사고로 면허취소
	㉣ 무면허 운전 3회 이상 위반 또는 운전면허 발급제한기간 중에 국제운전면허증으로 자동차 등을 운전 3회 이상 위반한 자 (위반한 날 또는 취소된 날부터)
	㉤ 2회 이상 공동위험 행위(취소된 날부터) (면허 유무 무관)
	㉥ 다른 사람의 자동차 등을 훔치거나 빼앗은 자가 운전면허가 있는 상태에서 운전한 경우 (취소된 날부터)
	㉦ 운전면허시험 대리응시 (취소된 날부터)
	㉧ 운전면허를 받을 자격이 없는 사람이 운전면허를 받았을 경우
	㉨ 운전면허효력의 정지기간 중 운전면허증 또는 운전면허증에 갈음하는 증명서를 교부받은 사실이 드러난 때
1년	2-5년 제한 사유 이외의 사유로 운전면허가 취소된 경우
	㉠ 누적벌점초과에 의한 취소 → 1년간(121점), 2년간(201점), 3년간(271점)
	㉡ 공동 위험 행위 (원동기 면허 취득 포함)
	㉢ 음주운전으로 운전면허가 취소된 때
	㉣ 교통사고로 인하여 운전면허가 취소된 때 (사고야기도주는 제외)
	㉤ 무면허 운전 (위반한 날부터)
	㉥ 운전면허를 받은 사람이 자동차 등을 이용하여 범죄행위 (아래 기타사항에서 상술함)를 한 때
	㉦ 음주측정불응, 약물운전
	㉧ 면허증대여 또는 대여받아 운전
	㉨ 면허 정지 기간 중에 자동차 등을 운전한 자
	㉩ 무등록 차량운전
	㉪ 경찰공무원을 폭행한 경우
	㉫ 연습면허 취소사유가 있었던 경우
	㉬ 허위 등 부정한 방법으로 면허증 또는 증명서를 교부받은 때
6월	원동기장치자전거 면허를 받고자 하는 경우는 6개월이 경과하면 취득이 가능 (단 1년간 운전면허발급이 제한되는 공동위험행위는 제외)
즉시응시 가능	적성검사를 받지 아니하거나 그 적성검사에 불합격한 사유로 운전면허가 취소된 사람 또는 제1종 운전면허를 받은 사람이 적성검사에 불합격되어 다시 2종 운전면허를 받으려 하는 경우에는 그러하지 아니하다

기출 2017. 6. 17. 강원도교육청 시행

운전면허 결격기간의 내용이 바르게 연결된 것은?

① 자동차 등을 이용하여 범죄행위를 하거나 다른 사람의 자동차 등을 훔치거나 빼앗은 사람이 무면허로 그 자동차등을 운전한 경우 : 그 위반한 날부터 5년

② 운전면허 정지 기간 중에 사람을 사상한 후 구호조치 및 신고 없이 도주한 경우 : 그 위반한 날부터 5년

③ 허위 또는 부정한 방법으로 운전면허를 받은 자 : 1년

④ 2회 이상의 공동 위험행위(면허유무 무관) : 3년

기출 2021. 4. 10. 대구광역시 시행

다음 중 운전면허 발급제한이 2년이 되는 것은 모두 몇 개인가?

┌ 보기 ┐
가. 무면허인 자가 원동기장치자전거를 운전한 경우
나. 음주운전의 규정을 2회 이상 위반해서 취소된 경우
다. 음주운전 또는 음주측정을 위반하여 운전을 하다가 교통사고를 일으켜 취소된 경우
라. 공동위험행위 2회 이상 위반으로 취소된 경우
└─────────────┘

① 1개　　② 2개
③ 3개　　④ 4개

◀정답 ②, ③

기타	㉠ 운전면허의 효력정지처분을 받고 있는 경우, 그 정지처분기간동안 면허발급이 제한된다. ㉡ 자동차이용범죄의 유형 : 국가보안법위반, 살인, 사체유기, 방화, 강도, 강간, 강제추행, 약취·유인·감금, 상습절도(절취한 물건을 운반한 경우에 한한다), 교통방해(단체에 소속되거나 다수인에 포함되어 교통을 방해한 경우에 한한다) ㉢ 면허가 취소되어 벌금 미만의 형이 확정되거나 선고유예의 판결이 확정된 경우 또는 기소유예나 소년법에 따른 보호처분의 결정이 있는 경우에는 면허 발급 제한 기간 이내라고 운전면허를 받을 수 있다. ㉣ 운전면허 취소처분을 받은 사람은 운전면허 결격기간이 끝났다 하더라도 그 취소 처분을 받은 이후에 특별교통안전의무교육을 받지 아니하면 운전면허를 받을 수 없다.

> **☆ Plus tip**
>
> 운전면허취소 후 발급제한기간
> ㉠ 2회 이상 음주운전(측정거부포함) 적발 – 2년
> ㉡ 음주운전을 하다가 교통사고를 일으킨 경우 – 2년
> ㉢ 음주운전을 하다가 2회 이상 교통사고를 일으킨 경우 – 3년
> ㉣ 음주운전을 하다가 사람을 사망에 이르게 한 경우 – 5년

❹ 운전면허시험

(1) 운전면허시험 등

① **시행기관** : 한국도로교통공단(제1종 보통면허시험 및 제2종 보통면허시험 제외)

② **시험내용**
   ㉠ 자동차등의 운전에 필요한 적성
   ㉡ 자동차등 및 도로교통에 관한 법령에 대한 지식
   ㉢ 자동차등의 관리방법과 안전운전에 필요한 점검의 요령
   ㉣ 자동차등의 운전에 필요한 기능
   ㉤ 친환경 경제운전에 필요한 지식과 기능

③ **제1종 보통면허시험과 제2종 보통면허시험**
   ㉠ 한국도로교통공단이 응시자가 도로에서 자동차를 운전할 능력이 있는지에 대하여 실시한다.
   ㉡ 제1종 보통면허시험은 제1종 보통연습면허를 받은 사람을 대상으로 하고, 제2종 보통면허시험은 제2종 보통연습면허를 받은 사람을 대상으로 한다.

④ 자동차등 및 도로교통에 관한 법령에 대한 지식과 자동차 등의 관리방법과 안전운전에 필요한 점검의 요령에 대하여 운전면허시험에 응시하려는 사람은 시험에 응시하기 전에 교통안전교육 또는 자동차운전전문학원에서 학과교육을 받아야 한다.

> **☆ Plus tip**
>
> **운전면허시험의 일부를 면제**
> ㉠ 대학·전문대학 또는 공업계 고등학교의 기계과나 자동차와 관련된 학과를 졸업한 사람으로서 재학 중 자동차에 관한 과목을 이수한 사람
> ㉡ 자동차의 정비 또는 검사에 관한 기술자격시험에 합격한 사람
> ㉢ 외국면허증을 가진 사람 가운데 다음의 어느 하나에 해당되는 사람
> 　• 주민등록이 된 사람
> 　• 등록외국인 또는 외국인등록이 면제된 사람
> 　• 난민인정자
> 　• 국내거소신고를 한 사람(외국국적동포)
> ㉣ 군(軍) 복무 중 자동차등에 상응하는 군 소속 차를 6개월 이상 운전한 경험이 있는 사람
> ㉤ 적성검사를 받지 아니하여 운전면허가 취소된 후 다시 면허를 받으려는 사람
> ㉥ 운전면허를 받은 후 운전할 수 있는 자동차의 종류를 추가하려는 사람
> ㉦ 운전면허가 취소된 후 다시 운전면허를 받으려는 사람
> ㉧ 자동차운전 전문학원의 수료증 또는 졸업증을 소지한 사람
> ㉨ 군사분계선 이북지역에서 운전면허를 받은 사실이 인정되는 사람

(2) 필기시험

① **자동차등 및 도로교통에 관한 법령에 대한 지식에 관한 시험**
　㉠ 「도로교통법」 및 법에 따른 명령에 규정된 사항
　㉡ 「교통사고처리 특례법」 및 같은 법에 따른 명령에 규정된 사항
　㉢ 「자동차관리법」 및 같은 법에 따른 명령에 규정된 사항 중 자동차등의 등록과 검사에 관한 사항
　㉣ 교통안전수칙과 교통안전교육에 관한 지침에 규정된 사항

② **자동차등의 관리방법과 안전운전에 필요한 점검 요령에 관한 시험**
　㉠ 자동차등의 기본적인 점검 요령
　㉡ 경미한 고장의 분별
　㉢ 유류를 절약할 수 있는 운전방법 등을 포함한 운전장치의 관리방법
　㉣ 교통안전수칙과 교통안전교육에 관한 지침에 규정된 사항

기출 PLUS

기출 2022. 4. 23. 경상북도 시행

도로교통법 시행령 상 장내기능 시험에 대한 설명으로 적절한 것은?

① 도로교통법규에 따라 운전하는 능력을 평가한다.
② 장내기능 시험차량은 대통령령으로 지정된 차량을 사용한다.
③ 전자채점기로 채점하고, 다만, 경찰청장의 명령에 따라 기능시험은 운전면허시험관이 직접 채점한다.
④ 장내기능 시험 불합격자는 불합격일자로부터 2일 이내에 재응시가 가능하다.

기출 2025. 6. 21. 서울시 제1회 시행

「도로교통법 시행규칙」상 도로주행시험을 실시하기 위한 도로의 기준에서 총 주행거리의 최소 길이로 가장 옳은 것은?

① 3킬로미터 이상
② 4킬로미터 이상
③ 5킬로미터 이상
④ 6킬로미터 이상

기출 2025. 6. 21. 서울시 제1회 시행

「도로교통법 시행규칙」상 운전면허시험관이 기능시험 또는 도로주행시험을 실시하는 때의 준수사항으로 가장 옳지 않은 것은?

① 시험을 실시하기 전에 시험진행 방법 및 실격되는 경우 등 주의사항을 응시자에게 설명할 것
② 앞 번호의 응시자를 도로주행시험용 자동차에 동승시키는 등 공정한 평가를 위하여 노력할 것
③ 응시자에게 친절한 언어와 태도로 정하여진 순서에 따라 시험을 진행하되, 시험진행과 관련이 없는 대화를 하지 아니할 것
④ 시험진행 중 교통사고가 발생하지 아니하도록 주의하고, 교통사고가 발생한 경우에는 즉시 소속기관의 장에게 보고할 것

◀ 정답 ①, ③, ②

(3) 장내기능 · 도로주행시험

① **장내기능시험** : 자동차등의 운전에 필요한 기능에 관한 시험
  ㉠ 운전장치를 조작하는 능력
  ㉡ 교통법규에 따라 운전하는 능력
  ㉢ 운전 중의 지각 및 판단 능력

> ✿ **Plus tip**
>
> **장내기능시험**
> ㉠ 장내기능시험에 사용되는 자동차등의 종류는 행정안전부령으로 정한다.
> ㉡ 장내기능시험은 전자채점기로 채점한다. 다만, 행정안전부령으로 정하는 기능시험은 운전면허시험관이 직접 채점할 수 있다.
> ㉢ 전자채점기의 규격·설치 및 사용연한 등에 관하여 필요한 사항은 경찰청장이 정한다.
> ㉣ 장내기능시험에 불합격한 사람은 불합격한 날부터 3일이 지난 후에 다시 장내기능시험에 응시할 수 있다.

② **도로주행시험** : 도로에서 자동차를 운전할 능력이 있는지에 대한 시험
  ㉠ 도로에서 운전장치를 조작하는 능력
  ㉡ 도로에서 교통법규에 따라 운전하는 능력

> ✿ **Plus tip**
>
> **도로주행시험**
> ㉠ 도로주행시험은 연습운전면허를 받은 사람에 대하여 실시한다.
> ㉡ 도로주행시험을 실시하는 도로의 기준 및 도로주행시험에 사용되는 자동차의 종류는 행정안전부령으로 정한다.
> ㉢ 도로주행시험에 불합격한 사람은 불합격한 날부터 3일이 지난 후에 다시 도로주행시험에 응시할 수 있다.

(4) 운전면허시험의 면제

① **운전면허시험의 일부 면제**
  ㉠ 대학·전문대학 또는 공업계 고등학교의 기계과나 자동차와 관련된 학과를 졸업한 사람으로서 재학 중 자동차에 관한 과목을 이수한 사람
  ㉡ 자동차의 정비 또는 검사에 관한 기술자격시험에 합격한 사람
  ㉢ 외국면허증 가진 사람 가운데 다음의 어느 하나에 해당되는 사람
    • 주민등록이 된 사람
    • 등록외국인 또는 외국인등록이 면제된 사람
    • 난민인정자

- 외국국적 동포
- 군(軍) 복무 중 자동차등에 상응하는 군 소속 차를 6개월 이상 운전한 경험이 있는 사람
- 적성검사를 받지 아니하여 운전면허가 취소된 후 다시 면허를 받으려는 사람
- 운전면허를 받은 후 운전할 수 있는 자동차의 종류를 추가하려는 사람
- 운전면허가 취소된 후 다시 운전면허를 받으려는 사람
- 자동차운전 전문학원의 수료증 또는 졸업증을 소지한 사람
- 군사분계선 이북지역에서 운전면허를 받은 사실이 인정되는 사람

② 외국면허증 가진 사람

㉠ 외국면허증(그 운전면허증을 발급한 국가에서 90일을 초과하여 체류하면서 그 체류기간 동안 취득한 것으로서 임시면허증 또는 연습면허증이 아닌 것을 말한다)을 가진 사람에 대하여는 국내면허 인정국가인지 여부에 따라 대통령령으로 정하는 바에 따라 면제하는 운전면허시험을 다르게 정할 수 있다.

㉡ 외교, 공무(公務) 또는 연구 등 대통령령으로 정하는 목적으로 국내에 체류하고 있는 사람이 가지고 있는 외국면허증은 국내면허 인정국가의 권한 있는 기관에서 발급한 운전면허증으로 보며, 국내면허 인정국가 가운데 우리나라와 운전면허의 상호인정에 관한 약정을 체결한 국가에 대하여는 그 약정한 내용에 따라 운전면허시험의 일부를 면제할 수 있다.

❺ 운전면허증

(1) 운전면허증의 발급 등

① 운전면허를 받으려는 사람은 운전면허시험에 합격하여야 한다.

② 시 · 도경찰청장은 운전면허시험에 합격한 사람에 대하여 행정안전부령으로 정하는 운전면허증을 발급하여야 한다.

③ 운전면허의 효력은 본인 또는 대리인이 운전면허증을 발급받은 때부터 발생한다.

④ 시 · 도경찰청장은 운전면허를 받은 사람이 다른 범위의 운전면허를 추가로 취득하는 경우에는 운전면허의 범위를 확대하여 운전면허증을 발급하여야 하고, 운전면허를 받은 사람이 운전면허의 범위를 축소하기를 원하는 경우에는 운전면허의 범위를 축소하여 운전면허증을 발급할 수 있다.

다음 중 운전면허에 대한 설명으로 틀린 설명은?

① 국제운전면허증을 발급받은 사람은 국내에 입국한 날부터 1년 동안만 그 국제운전면허증으로 자동차 등을 운전할 수 있다.

② 운전면허의 결격사유로 교통상의 위험과 장해를 일으킬 수 있는 정신질환자 또는 뇌전증 환자로서 경찰서장이 정하는 사람은 운전면허를 받을 수 없다.

③ 연습운전면허는 그 면허를 받은 날부터 1년 동안 효력을 가진다. 다만, 연습운전면허를 받은 날부터 1년 이전이라도 연습운전면허를 받은 사람이 제1종 보통면허 또는 제2종 보통면허를 받은 경우 연습운전면허는 그 효력을 잃는다.

④ 운전면허를 받지 아니하거나 운전면허의 효력이 정지된 경우에는 자동차 등 운전한 경우에는 그 위반한 날(운전면허효력 정지기간에 운전하여 취소된 경우에는 그 취소된 날)부터 1년, 원동기장치자전거면허를 받으려는 경우에는 6개월의 결격기간이 주어진다.

◀정답 ②

(2) 운전면허증의 재발급

① **신청** : 운전면허증을 잃어버렸거나 헐어 못 쓰게 되었을 때에는 시 · 도경찰청장에게 신청하여 다시 발급받을 수 있다.

② **신청서제출** : 신청서를 한국도로교통공단에 제출하고, 신분증명서를 제시해야 한다(신청인이 원할 경우 전자적 방법으로 지문정보를 대조하여 본인 확인).

③ **면허증 수령** : 재발급된 운전면허증을 수령할 때에는 기존의 운전면허증(운전면허증을 잃어버린 경우 제외)을 반납해야 한다.

(3) 운전면허증의 갱신과 정기 적성검사

① **운전면허증 갱신** : 운전면허를 받은 사람은 다음의 구분에 따른 기간 이내에 대통령령으로 정하는 바에 따라 시 · 도경찰청장으로부터 운전면허증을 갱신하여 발급받아야 한다.

ㄱ **최초의 운전면허증 갱신기간**
- 운전면허시험에 합격한 날부터 기산하여 10년이 되는 날이 속하는 해의 1월 1일부터 12월 31일까지
- 운전면허시험 합격일에 65세 이상 75세 미만인 사람은 5년, 운전면허시험 합격일에 75세 이상인 사람은 3년, 운전면허시험 합격일에 한쪽 눈만 보지 못하는 사람으로서 제1종 운전면허 중 보통면허를 취득한 사람은 3년

ㄴ ㄱ 외의 운전면허증 갱신기간
- 직전의 운전면허증 갱신일부터 기산하여 매 10년이 되는 날이 속하는 해의 1월 1일부터 12월 31일까지
- 직전의 운전면허증 갱신일에 65세 이상 75세 미만인 사람은 5년, 75세 이상인 사람은 3년, 한쪽 눈만 보지 못하는 사람으로서 제1종 운전면허 중 보통면허를 취득한 사람 : 3년

② 다음의 어느 하나에 해당하는 사람은 ①에 따른 운전면허증 갱신기간에 대통령령으로 정하는 바에 따라 도로교통공단이 실시하는 정기 적성검사를 받아야 한다.

ㄱ 제1종 운전면허를 받은 사람
ㄴ 제2종 운전면허를 받은 사람 중 운전면허증 갱신기간에 70세 이상인 사람

③ **운전면허증 갱신 제외 대상**
ㄱ 75세 이상인 사람으로 교통안전교육을 받지 아니한 사람
ㄴ 정기 적성검사를 받지 아니하거나 이에 합격하지 못한 사람

기출 2024. 2. 24. 서울시 제1회 시행

「**도로교통법**」상 〈보기〉의 (가), (나)에 들어갈 내용으로 가장 옳은 것은?

— 보기 —
최초의 운전면허증 갱신기간은 제83조 제1항 또는 제2항에 따른 운전면허시험에 합격한 날부터 기산하여 10년(운전면허시험 합격일에 65세 이상 75세 미만인 사람은 ___(가)___, 75세 이상인 사람은 ___(나)___)이 되는 날이 속하는 해의 1월 1일부터 12월 31일까지 이다.

	(가)	(나)
①	5년	2년
②	5년	3년
③	7년	2년
④	7년	3년

◀ 정답 ②

④ **적성검사 일정 변경**: 운전면허증을 갱신하여 발급받거나 정기 적성검사를 받아야 하는 사람이 해외여행 또는 군 복무 등 대통령령으로 정하는 사유로 그 기간 이내에 운전면허증을 갱신하여 발급받거나 정기 적성검사를 받을 수 없는 때에는 대통령령으로 정하는 바에 따라 이를 미리 받거나 그 연기를 받을 수 있다.

(4) 자동차 등의 운전에 필요한 적성의 기준

① 다음의 구분에 따른 시력(교정시력을 포함)을 갖출 것

구분	내용
제1종 운전면허	두 눈을 동시에 뜨고 잰 시력이 0.8 이상이고, 두 눈의 시력이 각각 0.5 이상일 것 다만, 한쪽 눈을 보지 못하는 사람이 보통면허를 취득하려는 경우에는 다른 쪽 눈의 시력이 0.8 이상이고, 수평시야가 120도 이상이며, 수직시야가 20도 이상이고, 중심시야 20도 내 암점(暗點) 또는 반맹(半盲)이 없어야 한다.
제2종 운전면허	두 눈을 동시에 뜨고 잰 시력이 0.5 이상일 것. 다만, 한쪽 눈을 보지 못하는 사람은 다른 쪽 눈의 시력이 0.6 이상이어야 한다.

② 붉은색·녹색 및 노란색을 구별할 수 있을 것

③ 55데시벨(보청기를 사용하는 사람은 40데시벨)의 소리를 들을 수 있을 것

④ 조향장치나 그 밖의 장치를 뜻대로 조작할 수 없는 등 정상적인 운전을 할 수 없다고 인정되는 신체상 또는 정신상의 장애가 없을 것. 다만, 보조수단이나 신체장애 정도에 적합하게 제작·승인된 자동차를 사용하여 정상적인 운전을 할 수 있다고 인정되는 경우에는 그러하지 아니하다.

> ☆ **Plus tip**
>
> **수시적성검사**
>
> ㉠ 제1종 운전면허 또는 제2종 운전면허를 받은 사람(국제운전면허증 또는 상호인정외국면허증을 받은 사람 포함)이 안전운전에 장애가 되는 후천적 신체장애 등 대통령령으로 정하는 사유에 해당되는 경우에는 한국도로교통공단이 실시하는 수시 적성검사를 받아야 한다.
>
> ㉡ 수시 적성검사의 기간·통지와 그 밖에 수시 적성검사의 실시에 필요한 사항은 대통령령으로 정한다.

「도로교통법 시행규칙」상 임시운전
증명서의 유효기간에 대한 설명으로
가장 옳지 않은 것은?

① 임시운전증명서의 유효기간은
20일 이내로 한다.
② 운전면허의 취소처분 대상자의
경우에는 임시운전증명서의 유
효기간을 40일 이내로 할 수
있다.
③ 운전면허의 정지처분 대상자의
경우에는 임시운전증명서의 유
효기간을 40일 이내로 할 수
있다.
④ 경찰서장이 필요하다고 인정하
는 경우에는 임시운전증명서의
유효기간을 1회에 한하여 30일
의 범위에서 연장할 수 있다.

「도로교통법」상 운전면허증을 발급
받으려는 사람이 모바일운전면허증
을 추가로 신청하는 경우 발급권자
로 가장 옳은 것은?

① 시·도 경찰청장
② 주민등록상 지자체장
③ 행정안전부장관
④ 주민등록상 행정복지센터장

(4) 임시운전증명서

① **임시운전증명서 발급 대상**: 시·도경찰청장은 다음의 어느 하나의 경우에 해당하는 사람이 임시운전증명서 발급을 신청하면 행정안전부령으로 정하는 바에 따라 임시운전증명서를 발급할 수 있다.

  ㉠ 운전면허증을 받은 사람이 제86조에 따른 재발급 신청을 한 경우

  ㉡ 정기 적성검사 또는 운전면허증 갱신 발급 신청을 하거나 수시 적성검사를 신청한 경우→ 소지하고 있는 운전면허증에 행정안전부령으로 정하는 사항을 기재하여 발급함으로써 임시운전증명서 발급을 갈음할 수 있다.

  ㉢ 운전면허의 취소처분 또는 정지처분 대상자가 운전면허증을 제출한 경우

② **임시운전증명서의 효력**: 임시운전증명서는 그 유효기간 중에는 운전면허증과 같은 효력이 있다.

(5) 운전면허증 휴대 및 제시 등의 의무

① **운전 중 휴대해야 될 운전면허증 등**

  ㉠ 운전면허증, 국제운전면허증 또는 상호인정외국면허증, 건설기계조종사면허증

  ㉡ 운전면허증 등을 갈음하는 증명서 : 임시운전증명서, 범칙금 납부통고서 또는 출석지시서, 출석고지서

② **경찰공무원의 제시요구** : 운전자는 운전 중에 교통안전이나 교통질서 유지를 위하여 경찰공무원이 운전면허증등 또는 이를 갈음하는 증명서를 제시할 것을 요구하거나 운전자의 신원 및 운전면허 확인을 위한 질문을 할 때에는 이에 응하여야 한다.

📢 **영문운전면허증 및 모바일운전면허증의 신청**

> ㉠ 영문운전면허증 : 영문운전면허증을 발급받으려는 사람은 신청서에 사진 1장을 첨부하여 경찰서장 또는 한국도로교통공단에 제출하고, 신분증명서를 제시해야 한다. 영문운전면허증을 수령할 때에는 기존의 운전면허증을 반납해야 한다.
>
> ㉡ 모바일운전면허증 : 운전면허증 또는 영문운전면허증을 발급받은 사람(발급 신청한 사람 포함)이 원하는 경우에는 추가로 모바일운전면허증의 발급을 신청할 수 있다. 모바일운전면허증의 발급에 필요한 정보를 암호화하기 위해 이동통신단말장치에 설치·사용하는 전자적 정보의 유효기간은 3년으로 한다.
>
> ☞ 신청인이 원하는 경우에는 신분증명서 제시를 대신하여 전자적 방법으로 지문정보를 대조하여 본인 확인을 할 수 있다.

❮정답 ④, ①

⑥ 운전면허의 행정처분 등

(1) 운전면허의 취소 · 정지처분

필요적 취소사유 (운전면허를 반드시 취소하여야 하는 사유)	임의적 취소 또는 정지사유 (면허를 취소하거나 1년의 범위에서 운전면허의 효력을 정지시킬 수 있는 경우)
기속행위	재량행위
① 음주운전 금지 위반자가 다시 음주운전금지 위반하여 운전면허정지 사유에 해당된 경우 (음주운전 2진 아웃)	① 음주운전
② 경찰공무원의 음주측정에 응하지 아니한 경우 (음주측정거부)	② 약물운전
③ 운전면허를 받을 수 없는 사유에 해당된 경우 (후천적 결격사유, 마약 등의 중독자)	③ 공동 위험 행위
④ 운전면허 결격자가 운전면허를 받은 경우	④ 난폭운전
⑤ 거짓 · 부정한 수단으로 운전면허를 받은 경우	⑤ 교통사고로 사람을 사상 후 조치 등 신고를 하지 않은 경우
⑥ 운전면허효력의 정지 기간 중 운전면허증을 발급받은 사실이 드러난 경우	⑥ 고의 또는 과실로 교통사고를 일으킨 경우
⑦ 정기적성검사 등 수시적성검사 미필자 및 불합격자	⑦ 보복운전(운전면허를 받은 사람이 자동차등을 이용하여 특수상해, 특수폭행, 특수협박 또는 특수손괴 등의 범죄를 행한 경우)
⑧ 경찰공무원 및 시 · 군공무원을 폭행한 경우	⑧ 자동차 등을 범죄의 도구나 장소로 이용하여 죄를 범한 경우(국가보안법, 살인, 시체유기 또는 방화, 강도, 강간 또는 강제추행, 약취유인 또는 감금, 상습절도, 교통 방해 등)
⑨ 미등록된 자동차나 임시운행허가증을 받지 아니한 자동차(이륜자동차 제외)를 운전한 경우	⑨ 다른 사람의 자동차 등을 훔치거나 빼앗은 경우
⑩ 연습운전면허의 취소사유가 있었던 경우	⑩ 운전면허 시험 대리응시
⑪ 관계행정기관의 장이 운전면허의 취소 · 정지처분을 요청한 경우	⑪ 운전면허증을 타인에게 빌려주거나 타인의 운전면허증을 빌려서 사용한 경우
⑫ 운전면허를 받은 사람이 자신의 운전면허를 실효시킬 목적으로 시 · 도경찰청장에게 자진하여 운전면허를 반납하는 경우	⑫ 적재물 제한위반(적재용량 및 적재중량)
⑬ 음주측정방해행위를 한 경우	⑬ 적재물 추락 방지를 위반하여 화물자동차를 운전한 경우(고정조치위반)
⑭ 음주운전 방지장치가 설치된 자동차등을 시 · 도경찰청에 등록하지 아니하고 운전한 경우	⑭ 최고속도보다 시속 100킬로미터를 초과한 속도로 3회 이상 자동차등을 운전한 경우
⑮ 음주운전 방지장치가 설치되지 아니하거나 설치기준에 부합하지 아니한 음주운전 방지장치가 설치된 자동차등을 운전한 경우	⑮ 이 법이나 이 법에 따른 명령 또는 처분을 위반한 경우
⑯ 음주운전 방지장치가 해체 · 조작 또는 그 밖의 방법으로 효용이 떨어진 것을 알면서 해당 장치가 설치된 자동차등을 운전한 경우	⑯ 다른 법률에 따라 관계 행정기관의 장이 운전면허의 취소처분 또는 정지처분을 요청한 경우

(2) 운전면허 취소 · 정지처분 기준

① 벌점의 종합관리

　㉠ 누산점수의 관리 : 법규위반 또는 교통사고로 인한 벌점은 행정처분기준을 적용하고자 하는 당해 위반 또는 사고가 있었던 날을 기준으로 하여 과거 3년간의 모든 벌점을 누산하여 관리한다.

기출PLUS

기출 2017. 9. 23. 서울특별시 시행

반드시 운전면허를 취소해야 하는 사유(필요적 운전면허 취소사유)로 볼 수 없는 것은?

① 적성검사를 받지 아니한 경우
② 운전면허를 받을 수 없는 사람이 운전면허를 받거나 거짓이나 그 밖의 부정한 수단으로 운전면허를 받은 경우 또는 운전면허효력의 정지 기간 중 운전면허증 또는 운전면허증을 갈음하는 증명서를 발급받은 사실이 드러난 경우
③ 단속 경찰공무원을 폭행한 경우
④ 운전면허증을 다른 사람에게 빌려주어 운전하게 하거나 다른 사람의 운전 면허증을 빌려서 사용한 경우

◀정답 ④

기출 PLUS

기출 2019. 6. 15. 서울시 제2회 시행

운전면허 취소 기준이 되는 벌점·
누산점수의 기준은?

① 1년간 101점 이상
② 2년간 201점 이상
③ 3년간 251점 이상
④ 4년간 271점 이상

ⓒ 무위반·무사고기간 경과로 인한 벌점 소멸 : 처분벌점이 40점 미만인 경우에, 최종의 위반일 또는 사고일로부터 위반 및 사고 없이 1년이 경과한 때에는 그 처분벌점은 소멸한다.

② 벌점 공제
　ⓐ 인적 피해 사고의 경우 : 인적 피해 있는 교통사고를 야기하고 도주한 차량의 운전자를 검거하거나 신고하여 검거하게 한 운전자(교통사고의 피해자가 아닌 경우로 한정)에게는 검거 또는 신고할 때마다 40점의 특혜점수를 부여하여 기간에 관계없이 그 운전자가 정지 또는 취소처분을 받게 될 경우 누산점수에서 이를 공제한다. 이 경우 공제되는 점수는 40점 단위로 한다.
　ⓑ 무위반·무사고 서약을 하고 1년간 이를 실천한 운전자의 경우 : 경찰청장이 정하여 고시하는 바에 따라 무위반·무사고 서약을 하고 1년간 이를 실천한 운전자에게는 실천할 때마다 10점의 특혜점수를 부여하여 기간에 관계없이 그 운전자가 정지처분을 받게 될 경우 누산점수에서 이를 공제한다. 이 경우 공제되는 점수는 10점 단위로 한다. 다만 교통사고로 사람을 사망에 이르게 하거나 음주운전, 난폭운전, 보복운전, 자동차 등을 범죄의 도구나 장소로 이용하여 죄를 범한 경우, 타인의 자동차 등을 훔치거나 빼앗은 경우 중 어느 하나에 해당하는 사유로 정지 처분을 받게 될 경우는 공제할 수 없다.

③ 정지처분 대상자의 임시운전 증명서 : 경찰서장은 면허 정지처분 대상자가 면허증을 반납한 경우에는 본인이 희망하는 기간을 참작하여 40일 이내의 유효기간을 정하여 임시운전증명서를 발급하고, 동 증명서의 유효기간 만료일 다음 날부터 소정의 정지처분을 집행하며, 당해 면허 정지처분 대상자가 정지처분을 즉시 받고자 하는 경우에는 임시운전 증명서를 발급하지 않고 즉시 운전면허 정지처분을 집행할 수 있다.

> **🏳 Plus tip**
> 용어 정리
> ⓐ **벌점** : 행정처분의 기초자료로 활용하기 위하여 법규위반 또는 사고야기에 대하여 그 위반의 경중, 피해의 정도 등에 따라 배점되는 점수
> ⓑ **누산점수** : 위반·사고시의 벌점을 누적하여 합산한 점수에서 상계치(무위반·무사고 기간 경과 시에 부여되는 점수 등)를 뺀 점수
> ⓒ **처분벌점** : 구체적인 법규위반·사고야기에 대하여 앞으로 정지처분기준을 적용하는데 필요한 벌점으로서, 누산점수에서 이미 정지처분이 집행된 벌점의 합계치를 뺀 점수

❮정답 ②

(3) 벌점 등 초과로 인한 운전면허의 취소 · 정지

① **벌점 · 누산점수 초과로 인한 면허 취소** : 1회의 위반 · 사고로 인한 벌점 또는 연간 누산점수가 다음 표의 벌점 또는 누산점수에 도달한 때에는 그 운전면허를 취소한다.

기간	벌점 또는 누산점수
1년간	121점 이상
2년간	201점 이상
3년간	271점 이상

② **벌점 · 처분벌점 초과로 인한 면허 정지** : 운전면허 정지처분은 1회의 위반 · 사고로 인한 벌점 또는 처분벌점이 40점 이상이 된 때부터 결정하여 집행하되, 원칙적으로 1점을 1일로 계산하여 집행한다.

(2) 운전면허 처분에 대한 이의신청

① **이의신청 기간** : 운전면허의 취소처분 또는 정지처분이나 연습운전면허 취소처분에 대하여 이의(異議)가 있는 사람은 그 처분을 받은 날부터 60일 이내에 행정안전부령으로 정하는 바에 따라 시 · 도경찰청장에게 이의를 신청할 수 있다.

② **이의심의위원회 설치** : 시 · 도경찰청장은 이의신청에 대한 이의를 심의하기 위하여 행정안전부령으로 정하는 바에 따라 운전면허행정처분 이의심의위원회를 두어야 한다.

③ **행정심판의 청구** : 이의를 신청한 사람은 그 이의신청과 관계없이 행정심판을 청구할 수 있다. 이 경우 이의를 신청하여 그 결과를 통보받은 사람(결과를 통보받기 전에 행정심판을 청구한 사람 제외)은 통보받은 날부터 90일 이내에 행정심판을 청구할 수 있다.

(3) 운전면허증의 반납

① **운전면허증의 반납** : 운전면허증을 받은 사람이 다음의 어느 하나에 해당하면 그 사유가 발생한 날부터 7일 이내에 주소지를 관할하는 시 · 도경찰청장에게 운전면허증을 반납하여야 한다.
   ㉠ 운전면허 취소처분을 받은 경우
   ㉡ 운전면허효력 정지처분을 받은 경우
   ㉢ 운전면허증을 잃어버리고 다시 발급받은 후 그 잃어버린 운전면허증을 찾은 경우

운전면허의 취소처분 또는 정지처분에 대한 이의신청 기간으로 옳은 것은?

① 그 처분을 받은 날부터 15일 이내
② 그 처분을 받은 날부터 30일 이내
③ 그 처분을 받은 날부터 60일 이내
④ 그 처분을 받은 날부터 90일 이내

「도로교통법」상 운전면허증의 반납에 대한 설명으로 가장 옳지 않은 것은?

① 운전면허 취소처분을 받은 경우 그 사유가 발생한 날부터 7일 이내에 반납하여야 한다.
② 경찰공무원은 취소처분을 받고 법정 기한 내에 운전면허증을 반납하지 아니한 사람이 소지한 운전면허증을 직접 회수할 수 있다.
③ 시 · 도경찰청장이 운전면허효력 정지처분을 받은 사람으로부터 운전면허증을 회수하였을 때에는 이를 보관하였다가 정지기간이 끝난 6개월 후 돌려주어야 한다.
④ 운전면허증을 갱신 받았을 때, 기존 운전면허증은 반납하여야 한다.

◀ **정답** ③, ③

다음 중 보복운전으로 입건 시 처분 벌점으로 맞는 것은?

① 30점   ② 50점
③ 60점   ④ 100점

「도로교통법 시행규칙」 제91조에서 운전면허 정지처분 개별기준상 벌점 40점을 받는 경우가 아닌 것은?

① 정차 · 주차 위반에 대한 조치 불응(단체에 소속되거나 다수인에 포함되어 경찰공무원의 3회 이상의 이동명령에 따르지 아니하고 교통을 방해한 경우에 한한다.)
② 안전운전의무위반(단체에 소속되거나 다수인에 포함되어 경찰공무원의 3회 이상의 안전운전 지시에 따르지 아니하고 타인에게 위험과 장해를 주는 속도나 방법으로 운전한 경우에 한한다.)
③ 승객의 차내 소란행위 방치운전
④ 고속도로 버스전용차로 통행위반

다음 보기에서 벌점이 동일한 것을 묶은 것은?

┌ 보기 ┐
㉠ 공동위험행위로 형사입건된 때
㉡ 운전 중 휴대용 전화사용
㉢ 고속도로 버스전용차로 · 다인 승전용차로 통행위반
㉣ 앞지르기 방법위반
㉤ 철길건널목 통과방법위반
└────┘

① ㉠, ㉤   ② ㉡, ㉣
③ ㉢, ㉤   ④ ㉣, ㉤

《정답 ④, ④, ③

㉣ 연습운전면허증을 받은 사람이 제1종 보통면허증 또는 제2종 보통면허증을 받은 경우
㉤ 운전면허증 갱신을 받은 경우

② **경찰공무원의 직접 회수**: 경찰공무원은 운전면허증을 반납하지 아니한 사람이 소지한 운전면허증을 직접 회수할 수 있다.

❼ 정지처분 개별기준

(1) 이 법이나 이 법에 의한 명령을 위반한 때

구분	벌점
• 속도위반(100km/h 초과) • 술에 취한 상태의 기준을 넘어서 운전한 때(혈중알코올농도 0.03퍼센트 이상 0.08퍼센트 미만) • 자동차 등을 이용하여 형법상 특수상해 등(보복운전)을 하여 입건된 때	100
• 속도위반(80km/h 초과 100km/h 이하)	80
• 속도위반(60km/h 초과 80km/h 이하)	60
• 정차 · 주차위반에 대한 조치불응(단체에 소속되거나 다수인에 포함되어 경찰공무원의 3회이상의 이동명령에 따르지 아니하고 교통을 방해한 경우에 한한다) • 공동위험행위, 난폭운전으로 형사입건된 때 • 안전운전의무위반(단체에 소속되거나 다수인에 포함되어 경찰공무원의 3회 이상의 안전운전 지시에 따르지 아니하고 타인에게 위험과 장해를 주는 속도나 방법으로 운전한 경우에 한한다) • 승객의 차내 소란행위 방치운전 • 출석기간 또는 범칙금 납부기간 만료일부터 60일이 경과될 때까지 즉결심판을 받지 아니한 때	40
• 통행구분 위반(중앙선 침범에 한함) • 속도위반(40km/h 초과 60km/h 이하) • 철길건널목 통과방법위반 • 어린이통학버스 특별보호 위반 • 어린이통학버스 운전자의 의무위반(좌석안전띠를 매도록 하지 아니한 운전자는 제외) • 고속도로 · 자동차전용도로 갓길통행 • 고속도로 버스전용차로 · 다인승전용차로 통행위반 • 운전면허증 등의 제시의무위반 또는 운전자 신원확인을 위한 경찰공무원의 질문에 불응	30

<table>
<tr><td>

- 신호 · 지시위반
- 속도위반(20km/h 초과 40km/h 이하)
- 속도위반(어린이보호구역 안에서 오전 8시부터 오후 8시까지 사이에 제한속도를 20km/h 이내에서 초과한 경우에 한정)
- 앞지르기 금지시기 · 장소위반
- 적재 제한 위반 또는 적재물 추락 방지 위반
- 운전 중 휴대용 전화 사용
- 운전 중 운전자가 볼 수 있는 위치에 영상 표시
- 운전 중 영상표시장치 조작
- 운행기록계 미설치 자동차 운전금지 등의 위반

</td><td>15</td></tr>
<tr><td>

- 통행구분 위반(보도침범, 보도 횡단방법 위반)
- 지정차로 통행위반(진로변경 금지장소에서의 진로변경 포함)
- 일반도로 전용차로 통행위반
- 안전거리 미확보(진로변경 방법위반 포함)
- 앞지르기 방법위반
- 보행자 보호 불이행(정지선위반 포함)
- 승객 또는 승하차자 추락방지조치위반
- 안전운전 의무 위반
- 노상 시비 · 다툼 등으로 차마의 통행 방해행위
- 돌 · 유리병 · 쇳조각이나 그 밖에 도로에 있는 사람이나 차마를 손상시킬 우려가 있는 물건을 던지거나 발사하는 행위
- 도로를 통행하고 있는 차마에서 밖으로 물건을 던지는 행위
- 자율주행자동차 운전자의 준수사항 위반

</td><td>10</td></tr>
</table>

(2) 자동차 등의 운전 중 교통사고를 일으킨 때

① 사고결과에 따른 벌점기준

구분		벌점	내용
인적 피해 교통 사고	사망 1명마다	90	사고발생 시부터 72시간 이내에 사망한 때
	중상 1명마다	15	3주 이상의 치료를 요하는 의사의 진단이 있는 사고
	경상 1명마다	5	3주 미만 5일 이상의 치료를 요하는 의사의 진단이 있는 사고
	부상신고 1명마다	2	5일 미만의 치료를 요하는 의사의 진단이 있는 사고

- ㉠ 교통사고 발생 원인이 불가항력이거나 피해자의 명백한 과실인 때에는 행정처분을 하지 아니한다.
- ㉡ 자동차 등 대 사람 교통사고의 경우 쌍방과실인 때에는 그 벌점을 2분의 1로 감경한다.

기출 2021. 4. 17. 경기도 시행

다음 중 벌점이 가장 낮은 것은?

① 앞지르기 금지시기장소위반
② 철길건널목 통과방법위반
③ 승객의 차내 소란행위 방치운전
④ 속도위반(60km/h 초과)

기출 2021. 4. 10. 대구광역시 시행

다음 중 위반 시 벌점이 가장 낮은 경우는?

① 일반도로 전용차로 통행 위반
② 신호 · 지시 위반
③ 철길 건널목 위반
④ 20km/h 초과 속도 위반

◀ 정답 ①, ①

ⓒ 자동차 등 대 자동차 등 교통사고의 경우에는 그 사고원인 중 중한 위반 행위를 한 운전자만 적용한다.

ⓔ 교통사고로 인한 벌점산정에 있어서 처분 받을 운전자 본인의 피해에 대하여는 벌점을 산정하지 아니한다.

② 조치 등 불이행에 따른 벌점기준

불이행사항	적용법조 (도로교통법)	벌점	내용
교통사고 야기시 조치 불이행	제54조 제1항	15	1. 물적 피해가 발생한 교통사고를 일으킨 후 도주한 때
		30	2. 교통사고를 일으킨 즉시(그때, 그 자리에서 곧)사상자를 구호하는 등의 조치를 하지 아니하였으나 그 후 자진신고를 한 때 가. 고속도로, 특별시·광역시 및 시의 관할구역과 군(광역시의 군을 제외)의 관할구역 중 경찰관서가 위치하는 리 또는 동 지역에서 3시간(그 밖의 지역에서는 12시간) 이내에 자진신고를 한 때
		60	나. 가목에 따른 시간 후 48시간 이내에 자진신고를 한 때

❽ 취소처분 개별기준

위반사항	내용
교통사고를 일으키고 구호조치를 하지 아니한 때	교통사고로 사람을 죽게 하거나 다치게 하고, 구호조치를 하지 아니한 때
술에 취한 상태에서 운전한 때	• 술에 취한 상태의 기준(혈중알코올농도 0.03퍼센트 이상)을 넘어서 운전을 하다가 교통사고로 사람을 죽게 하거나 다치게 한 때 • 혈중알코올농도 0.08퍼센트 이상의 상태에서 운전한 때 • 술에 취한 상태의 기준을 넘어 운전하거나 술에 취한 상태의 측정에 불응한 사람 또는 음주측정방해행위를 한 사람이 다시 술에 취한 상태(혈중알코올농도 0.03퍼센트 이상)에서 운전한 때
술에 취한 상태의 측정에 불응한 때	술에 취한 상태에서 운전하거나 술에 취한 상태에서 운전하였다고 인정할 만한 상당한 이유가 있음에도 불구하고 경찰공무원의 측정 요구에 불응한 때

다른 사람에게 운전면허증 대여(도난, 분실 제외)	• 면허증 소지자가 다른 사람에게 면허증을 대여하여 운전하게 한 때 • 면허 취득자가 다른 사람의 면허증을 대여 받거나 그 밖에 부정한 방법으로 입수한 면허증으로 운전한 때
결격사유에 해당	• 교통상의 위험과 장해를 일으킬 수 있는 정신질환자 또는 뇌전증환자 • 앞을 보지 못하는 사람(한쪽 눈만 보지 못하는 사람의 경우에는 제1종 운전면허 중 대형면허 · 특수면허로 한정) • 듣지 못하는 사람(제1종 운전면허 중 대형면허 · 특수면허로 한정) • 양 팔의 팔꿈치 관절 이상을 잃은 사람, 또는 양팔을 전혀 쓸 수 없는 사람. 다만, 본인의 신체장애 정도에 적합하게 제작된 자동차를 이용하여 정상적으로 운전할 수 있는 경우는 제외 • 다리, 머리, 척추 그 밖의 신체장애로 인하여 앉아 있을 수 없는 사람 • 교통상의 위험과 장해를 일으킬 수 있는 마약, 대마, 향정신성 의약품 또는 알코올 중독자
약물을 사용한 상태에서 자동차 등을 운전한 때	약물(마약 · 대마 · 향정신성 의약품 및 「유해화학물질 관리법 시행령」에 따른 환각물질)의 투약 · 흡연 · 섭취 · 주사 등으로 정상적인 운전을 하지 못할 염려가 있는 상태에서 자동차 등을 운전한 때
공동위험행위	공동위험행위로 구속된 때
난폭운전	난폭운전으로 구속된 때
속도위반	최고속도보다 100km/h를 초과한 속도로 3회 이상 운전한 때
정기적성검사 불합격 또는 정기적성검사 기간 1년 경과	정기적성검사에 불합격하거나 적성검사기간 만료일 다음 날부터 적성검사를 받지 아니하고 1년을 초과한 때
수시적성검사 불합격 또는 수시적성검사 기간 경과	수시적성검사에 불합격하거나 수시적성검사 기간을 초과한 때
운전면허 행정처분기간 중 운전행위	운전면허 행정처분 기간 중에 운전한 때
허위 또는 부정한 수단으로 운전면허를 받은 경우	• 허위 · 부정한 수단으로 운전면허를 받은 때 • 결격사유에 해당하여 운전면허를 받을 자격이 없는 사람이 운전면허를 받은 때 • 운전면허 효력의 정지기간 중에 면허증 또는 운전면허증에 갈음하는 증명서를 교부받은 사실이 드러난 때
등록 또는 임시운행 허가를 받지 아니한 자동차를 운전한 때	「자동차관리법」에 따라 등록되지 아니하거나 임시운행 허가를 받지 아니한 자동차(이륜자동차를 제외)를 운전한 때

자동차 등을 이용하여 형법상 특수상해 등을 행한 때(보복운전)	자동차 등을 이용하여 형법상 특수상해, 특수폭행, 특수협박, 특수손괴를 행하여 구속된 때
다른 사람을 위하여 운전면허시험에 응시한 때	운전면허를 가진 사람이 다른 사람을 부정하게 합격시키기 위하여 운전면허 시험에 응시한 때
운전자가 단속 경찰공무원 등에 대한 폭행	단속하는 경찰공무원 등 및 시·군·구 공무원을 폭행하여 형사입건된 때
연습면허 취소사유가 있었던 경우	제1종 보통 및 제2종 보통면허를 받기 이전에 연습면허의 취소사유가 있었던 때(연습면허에 대한 취소절차 진행 중 제1종 보통 및 제2종 보통면허를 받은 경우를 포함)
음주측정방해행위를 한 경우	술에 취한 상태에 있다고 인정할만한 상당한 이유가 있는 사람이 자동차등을 운전한 후 음주측정방해행위를 한 경우
음주운전 방지장치 부착 조건부 운전면허를 받은 운전자등이 준수사항을 위반한 경우	• 음주운전 방지장치가 설치된 자동차등을 시·도경찰청에 등록하지 않고 운전한 경우 • 음주운전 방지장치가 설치되지 않거나 설치기준에 부합하지 않은 음주운전 방지장치가 설치된 자동차등을 운전한 경우 • 음주운전 방지장치가 해체·조작 또는 그 밖의 방법으로 효용이 떨어진 것을 알면서 해당 자동차등을 운전한 경우

02   국제운전면허

1 국제운전면허증

(1) 국제운전면허증 또는 상호인정외국면허증에 의한 자동차등의 운전

① **유효기간** : 국제운전면허증 또는 상호인정외국면허증을 외국의 권한 있는 기관에서 발급받은 사람은 입국한 날로부터 1년의 기간에 한하여 국내에서 국제운전면허증 또는 상호인정외국면허증으로 자동차를 운전할 수 있다.

> **Plus tip**
> 우리나라에서 인정되는 협약·협정 또는 약정
> ㉠ 1949년 제네바에서 체결된 「도로교통에 관한 협약」
> ㉡ 1968년 비엔나에서 체결된 「도로교통에 관한 협약」
> ㉢ 우리나라와 외국 간에 국제운전면허증을 상호 인정하는 협약, 협정 또는 약정
> ㉣ 우리나라와 외국 간에 상대방 국가에서 발급한 운전면허증을 상호 인정하는 협약·협정 또는 약정

② **운전할 수 있는 차종** : 국제운전면허증으로 운전할 수 있는 차종은 그 국제운전면허증에 기재된 것에 한한다.

③ **운전의 제한**

　㉠ 국제운전면허증을 외국에서 발급받은 사람 또는 상호인정외국면허증으로 운전하는 사람은 「여객자동차 운수사업법」 또는 「화물자동차 운수사업법」에 따른 사업용 자동차를 운전할 수 없다.

　㉡ 다만, 「여객자동차 운수사업법」에 따른 대여사업용 자동차를 임차(賃借)하여 운전하는 경우에는 그러하지 아니하다.

(2) 국제운전면허증의 발급

① **신청** : 운전면허를 받은 사람이 국외에서 운전하기 위하여 「도로교통에 관한 협약」에 의한 국제운전면허증을 발급받고자 하는 때에는 시·도경찰청장에게 신청하여야 한다.

② **유효기간** : 국제운전면허증의 유효기간은 발급받은 날로부터 1년으로 한다.

③ **효력 상실** : 국내운전면허의 효력이 없어지거나 취소된 때에는 국제운전면허증의 효력도 없어진다.

④ **효력 정지** : 국내운전면허의 효력이 정지된 때에는 그 정지기간 중 국제운전면허증도 효력이 정지된다.

⑤ 국제운전면허증의 발급에 필요한 사항은 행정안전부령으로 정한다.

(3) 국제운전면허증의 발급 방법

① **신청서 제출**

　㉠ 운전면허를 받은 사람(원동기장치자전거면허 및 연습운전면허를 받은 사람 제외)이 국제운전면허증을 발급받으려는 경우에는 신청서에 사진 1장을 첨부하여 시·도경찰청장 또는 한국도로교통공단에 제출하고, 신분증명서를 제시해야 한다.

　㉡ 신청인이 원하는 경우에는 신분증명서 제시를 갈음하여 전자적 방법으로 지문정보를 대조하여 본인 확인을 할 수 있다.

② **여권정보 확인**

　㉠ 국제운전면허증 신청을 받은 시·도경찰청장 또는 한국도로교통공단은 행정정보의 공동이용을 통하여 신청인의 여권정보를 확인하여야 한다.

　㉡ 신청인이 행정정보의 공동이용 확인에 동의하지 아니하는 경우에는 여권의 사본을 제출(여권을 제시하는 것으로 갈음할 수 있다)하도록 하여야 한다.

③ **발급** : 시 · 도경찰청장 또는 한국도로교통공단은 신청서를 받은 때에는 국제운전면허증을 발급하고, 국제운전면허 발급대장에 그 내용을 기록하여야 한다.

(4) 국제운전면허증 발급의 제한

① 시 · 도경찰청장은 국제운전면허증을 발급받으려는 사람이 납부하지 아니한 범칙금 또는 과태료(도로교통법을 위반하여 부과된 범칙금 또는 과태료)가 있는 경우 국제운전면허증의 발급을 거부할 수 있다.

② 다만, 범칙금 납부기간 또는 따른 과태료로서 대통령령으로 정하는 납부기간 중에 있는 경우에는 그러하지 아니하다.

❷ 자동차 등의 운전

(1) 국제운전면허 운전 금지

① **자동차운전금지 조치** : 국제운전면허증 또는 상호인정외국면허증을 가지고 국내에서 자동차등을 운전하는 사람이 다음의 어느 하나에 해당하는 경우에는 그 사람의 주소지를 관할하는 시 · 도경찰청장은 행정안전부령으로 정한 기준에 따라 1년을 넘지 아니하는 범위에서 국제운전면허증 또는 상호인정외국면허증에 의한 자동차등의 운전을 금지할 수 있다.

② 적성검사를 받지 아니하였거나 적성검사에 불합격한 경우

③ 운전 중 고의 또는 과실로 교통사고를 일으킨 경우

④ 대한민국 국적을 가진 사람이 운전면허가 취소되거나 효력이 정지된 후 법에 규정된 기간이 지나지 아니한 경우

⑤ 자동차등의 운전에 관하여 이 법이나 이 법에 따른 명령 또는 처분을 위반한 경우

(2) 운전면허증 제출

① **면허증 제출** : 자동차등의 운전이 금지된 사람은 지체 없이 국제운전면허증 또는 상호인정외국면허증을 제출하여야 한다.

② **면허증 제출처** : 운전을 금지한 시 · 도경찰청장

(3) 운전면허증 반환

① 반환대상

　　㉠ 운전 금지기간이 끝난 경우

　　㉡ 금지처분을 받은 사람이 그 금지기간 중에 출국하는 경우에는 그 사람의
　　　반환청구가 있는 경우

② 면허증 반환처 : 시 · 도경찰청장

📢 국제운전면허증 관련 개정 및 신설 내용

㉠ 상호인정국제면허증도 국제운전면허증의 범위에 추가 확대
㉡ 상호인정국제면허증도 국제 운전 면허증으로 본다(확대)
㉢ 상호인정국제면허증도 수시적성검사 등 요건에 국제운전면허증과 동일하게 적용
㉣ 운전면허증의 휴대 및 제시 등 의무에 국제운전면허증은 물론 상호 인정 국제면허
　증도 당연히 의무가 준수된다.
㉤ 상호인정국제면허증도 국제운전면허증으로 인정하기 때문에 무면허운전금지 규정
　등 모든 국제운전면허증에 적용되는 규정을 동일하게 적용한다.

출제예상문제

1 다음 중 도로교통법상 운전면허의 종류를 바르게 나열한 것은?

① 제1종 면허, 제2종 면허, 제3종 면허
② 제1종 면허, 제2종 면허, 특수면허
③ 제1종 면허, 제2종 면허, 국제면허, 연습운전면허
④ 제1종 면허, 제2종 면허, 연습운전면허

2 다음 중 조건부 운전면허를 받아야 하는 경우는?

① 음주운전으로 1회 위반 후 5년이 지난 경우
② 개인형 이동장치를 운전한 경우
③ 음주운전금지사항 위반 후 5년 이내에 다시 음주운전을 하여 면허 취소 처분을 받은 경우
④ 음주운전 방지장치를 부착하지 않고 운전한 경우

3 다음 중 운전면허에 따라 운전할 수 있는 자동차 등의 기준으로 옳지 않은 것은?

① 12톤 이상의 화물자동차 – 제1종 대형면허
② 승차정원 10인 이하의 승합자동차 – 제2종 보통면허
③ 3륜 승용자동차 – 원동기장치자전거면허
④ 적재중량 4톤 이하의 화물자동차 – 제2종 보통면허

4 다음의 운전면허에 관한 설명 중 옳지 않은 것은?

① 필기시험은 필기시험 합격일로부터 1년간 유효하다.
② 도로주행시험 불합격자는 불합격한 날 2일 후 다시 응시할 수 있다.
③ 운전면허시험의 일부 면제가 가능하다.
④ 적성검사기간이 경과되어 취소된 자는 즉시 면허시험에 재응시할 수 있다.

1.

운전면허의 종류
㉠ 제1종 운전면허 : 대형면허 · 보통면허 · 소형면허 · 특수면허
㉡ 제2종 운전면허 : 보통면허 · 소형면허 · 원동기장치자전거면허
㉢ 연습운전면허 : 제1종 보통연습면허 · 제2종 보통연습면허

2.

음주운전금지사항을 위반(자동차등 또는 노면전차를 운전한 경우로 한정한다. 다만, 개인형 이동장치를 운전한 경우는 제외한다)한 날부터 5년 이내에 다시 음주운전금지사항을 위반하여 운전면허 취소처분을 받은 사람이 자동차등을 운전하려는 경우에는 시 · 도경찰청장으로부터 음주운전 방지장치 부착 조건부 운전면허(이하 "조건부 운전면허'라 한다)를 받아야 한다〈법 제80조의2 제1항〉.

3.

㉠ 3륜 승용자동차 : 제1종 소형면허
㉡ 원동기장치자전거 : 원동기장치자전거면허

4.

도로주행시험 불합격자는 불합격한 날 3일 후 다시 응시할 수 있다.

Answer　　1.④　2.③　3.③　4.②

5 다음 중 임시운전증명서에 관한 설명으로 옳은 것은?

① 유효기간 중이라도 운전면허증과 같은 효력은 없다.
② 면허증의 재발급, 적성검사 또는 갱신 발급 신청, 운전면허증을 제출한 경우 발급받는다.
③ 유효기간은 20일이며, 회수에 관계없이 연장할 수 있다.
④ 외국인들을 대상으로 발행하는 면허증이다.

6 다음 중 제1종 대형면허를 받을 수 있는 사람은?

① 19세 미만인 사람
② 연령이 70세인 자가 운전경력이 2년 이상인 때
③ 제2종 소형면허를 받은 후 6개월이 경과된 자
④ 듣지 못하는 사람

7 운전면허시험 합격자가 면허증을 발급받을 수 있는 것은 합격일로부터 며칠 이내인가?

① 7일 이내　　　　② 10일 이내
③ 15일 이내　　　　④ 30일 이내

8 음주운전 중 사람을 사상케 한 후 도주한 경우의 면허결격기간으로 옳은 것은?

① 운전면허가 취소된 날로부터 5년간
② 운전면허가 취소된 날로부터 3년간
③ 교통사고를 야기 도주한 날로부터 3년간
④ 교통사고를 야기 도주한 날로부터 2년간

5.

① 운전면허증과 같은 효력이 있다.
③ 유효기간은 20일로 하되 1회에 한하여 연장할 수 있다.
④ 면허증의 재발급, 기재사항 변경 및 운전면허증 반납시 발급받는 면허증이다.

6.

제1종 대형면허 또는 제1종 특수면허를 받으려는 경우로서 19세 미만이거나 자동차(이륜자동차는 제외)의 운전경험이 1년 미만인 사람은 운전면허를 받을 수 없다.

7.

운전면허시험 합격자는 합격일로부터 30일 이내에 면허증을 발급받아야 한다.

8.

음주운전, 과로, 질병 또는 약물의 영향으로 운전 중 사람을 사상한 후 필요한 조치 및 신고를 하지 아니한 경우에는 면허가 취소된 날로부터 5년간 운전면허를 받을 수 없다.

Answer　　5.② 6.② 7.④ 8.①

9 다음 적성검사에 대한 설명 중 옳지 않은 것은?

① 군인, 경찰은 정기적성검사 면제대상자이다.
② 적성검사를 기간 내에 받지 않을 때에는 행정처분을 받는다.
③ 부득이한 사유가 발생한 때에는 유효기간 전에 연기신청을 할 수 있다.
④ 안전운전에 장애가 되는 신체장애 등이 있다고 인정할 만한 사유가 있는 사람은 수시적성검사 대상자이다.

10 다음 중 구술시험을 치를 수 있는 사람은?

① 듣지 못하는 사람
② 신체장애인과 문맹인
③ 앞을 보지 못하는 사람
④ 고졸 이상의 가정주부

11 정기적성검사 연기신청 대상자가 될 수 없는 사람은?

① 운전면허가 취소된 지 3년이 경과한 사람
② 부상을 입어 거동하기 어려운 사람
③ 재해로 적성검사를 받을 수 없는 사람
④ 법령의 규정에 의하여 신체의 자유를 구속당한 사람

9.

운전면허증을 갱신하여 발급받거나 정기 적성검사를 받아야 하는 사람이 해외여행 또는 군 복무 등 대통령령으로 정하는 사유로 그 기간 이내에 운전면허증을 갱신하여 발급받거나 정기 적성검사를 받을 수 없는 때에는 대통령령으로 정하는 바에 따라 이를 미리 받거나 그 연기를 받을 수 있다.

10.

신체장애인 또는 글을 알지 못하는 사람으로서 필기시험을 치르는 것이 곤란하다고 인정되는 사람의 경우에는 구술시험으로 대신할 수 있다.

11.

정기적성검사의 연기신청 대상자
㉠ 해외에 체류 중인 경우
㉡ 재해 또는 재난을 당한 경우
㉢ 질병이나 부상으로 인하여 거동이 불가능한 경우
㉣ 법령에 따라 신체의 자유를 구속당한 경우
㉤ 군 복무 중(「병역법」에 따라 의무경찰 또는 의무소방원으로 전환복무 중인 경우를 포함하고, 사병으로 한정한다)인 경우
㉥ 그 밖에 사회통념상 부득이하다고 인정할 만한 상당한 이유가 있는 경우

Answer   9.① 10.② 11.①

12 학과시험의 필기시험에서 합격기준에 대한 설명 중 옳지 않은 것은?

① 제1종 대형면허시험은 100점 만점에 90점 이상
② 원동기장치자전거면허시험은 100점 만점에 60점 이상
③ 제1종 보통면허시험은 100점 만점에 70점 이상
④ 제2종 보통면허시험은 100점 만점에 60점 이상

13 모바일운전면허증 발급에 대한 설명으로 옳은 것은?

① 운전면허를 신청할 때에는 반드시 모바일운전면허증을 발급받아야 한다.
② 직접 운전면허증을 신청하는 사람에게만 시·도경찰청장이 발급할 수 있다.
③ 운전면허증 발급을 신청한 사람이 모바일운전면허증을 추가로 신청하는 경우 발급할 수 있다.
④ 모바일운전면허증은 특정 운전면허에만 발급이 가능하다.

14 다음 중 무면허운전에 해당되는 것은?

① 제2종 보통면허로 승용자동차 운전
② 제1종 대형면허로 덤프트럭 운전
③ 제1종 보통면허로 12톤 이상의 화물자동차 운전
④ 제1종 소형면허로 3륜승용자동차

15 다음 중 운전면허의 결격사유가 아닌 것은?

① 17세인 자로 원동기장치자전거 면허시험에 응시하려는 사람
② 18세 미만인 사람
③ 듣지 못하는 사람(제1종 운전면허 중 대형면허·특수면허에 한함)
④ 정신질환자 또는 뇌전증 환자

12.

학과시험 합격기준
㉠ 제1종 : 100점 만점에 70점 이상
㉡ 제2종 : 100점 만점에 60점 이상

13.

시·도경찰청장은 운전면허증을 발급받으려는 사람이 모바일운전면허증을 신청하는 경우 이를 추가로 발급할 수 있다〈법 제85조의2 제1항〉.
※ 모바일운전면허증 … 이동통신단말장치에 암호화된 형태로 설치된 운전면허증을 말한다.

14.

③ 제1종 보통면허로는 12톤 미만의 화물자동차를 운전할 수 있다.

15.

① 원동기장치자전거는 16세 미만인 사람이 결격사유에 해당한다.

Answer　12.①　13.③　14.③　15.①

16 다음 중 자동차 등의 운전에 필요한 기능에 관한 시험을 면제 받을 수 있는 경우는?

① 자동차 정비나 검사에 관한 기술자격시험에 합격한 사람이 제1종 보통면허를 받고자 하는 때
② 제2종 보통면허를 받은 사람이 제1종 대형 운전면허를 받고자 하는 때
③ 규정에 의한 전문학원의 수료증을 소지한 사람이 해당 연습운전면허를 받고자 하는 때
④ 원동기장치자전거면허를 받은 사람이 제2종 소형면허를 받고자 하는 때

16.

① 자동차 등의 관리방법 및 안전운전에 필요한 점검 요령에 관한 시험 면제
② 자동차 등 및 도로교통에 관한 법령의 지식에 대한 시험, 자동차 등의 관리방법 및 안전운전에 필요한 점검요령에 관한 시험 면제
④ 자동차 등의 운전에 필요한 적성검사, 자동차 등 및 도로교통에 관한 법령의 지식에 대한 시험, 자동차 등의 관리방법 및 안전운전에 필요한 점검요령에 관한 시험 면제

17 다음 중 나머지 넷과 벌점이 다른 경우는?

① 앞지르기금지 위반
② 안전거리 미확보
③ 안전운전의무 위반
④ 승객 · 승하차자 추락방지조치 위반

17.

① 15점
②③④ 10점

18 다음 중 벌점이 가장 무거운 것은?

① 혈중알코올농도 0.08%의 음주운전
② 통행구분 중 중앙선 침범
③ 교통사고로 사망 1명인 경우
④ 매시 30km 이상 속도위반

18.

① 100점
② 30점
③ 90점
④ 15점

Answer　16.③　17.①　18.①

19 다음 중 면허가 반드시 취소되는 경우인 것은?

① 난폭운전을 한 경우

② 다른 사람의 자동차 등을 훔치거나 **빼앗은** 경우

③ 교통단속 임무를 수행하는 경찰공무원 등 및 시·군공무원을 폭행한 경우

④ 운전 중 고의 또는 과실로 교통사고를 일으킨 경우

20 국제운전면허증에 의한 자동차 등의 운전을 금지할 수 있는 경우가 아닌 것은?

① 적성검사를 받지 아니하였거나 적성검사에 불합격한 경우

② 운전 중 고의 또는 과실로 교통사고를 일으킨 경우

③ 금고 이상의 형의 선고를 받은 경우

④ 대한민국 국적을 가진 사람이 운전면허가 취소된 경우

21 국제운전면허증을 발급받고자 할 때 신청은 누구에게 하는가?

① 경찰서장

② 시·도경찰청장

③ 외무부장관

④ 행정안전부장관

19.

①②④의 경우는 운전면허를 취소하거나 1년 이내의 범위에서 운전면허정지처분을 받게 되는 경우에 해당한다.

20.

국제운전면허증에 의한 자동차 등의 운전을 금지할 수 있는 경우

㉠ 적성검사를 받지 아니하였거나 적성검사에 불합격한 경우

㉡ 운전 중 고의 또는 과실로 교통사고를 일으킨 경우

㉢ 대한민국 국적을 가진 사람이 운전면허가 취소되거나 효력이 정지된 후 규정된 기간이 지나지 아니한 경우

㉣ 자동차 등의 운전에 관하여 도로교통법이나 이 법에 따른 명령 또는 처분을 위반한 경우

21.

국내운전면허를 받은 사람이 국외에서 운전하기 위하여 「도로교통에 관한 협약」에 의한 국제운전면허증을 발급 받으려면 시·도경찰청장에게 신청하여야 한다.

Answer　19.③　20.③　21.②

22 국제운전면허증으로 우리나라에서 운전하려 할 때 가장 옳은 것은?

① 도로교통법에 의거 입국일로부터 1년간 운전할 수 있다.

② 우리나라 면허증을 교부받고 국제면허증을 반납 후에만 운전할 수 있다.

③ 관할경찰서장에게 신고한 후 차종에 관계없이 운전할 수 있다.

④ 입국한 날로부터 2년간 운전할 수 있다.

23 「도로교통법」상 사상자 기준에 의한 부상신고를 가장 바르게 설명한 것은?

① 5일 미만의 치료를 요하는 부상

② 10일 미만의 치료를 요하는 부상

③ 14일 미만의 치료를 요하는 부상

④ 15일 미만의 치료를 요하는 부상

24 벌점 누산점수가 몇 점이 되면 면허취소사유가 되는가?

① 1년간 90점 이상

② 1년간 121점 이상

③ 2년간 200점 이상

④ 3년간 250점 이상

22.

도로교통에 관한 협약(국제협약)의 규정에 의한 운전면허증(국제운전면허증)을 외국에서 발급받은 사람은 입국한 날로부터 1년간에 한하여 국내에서 그 국제운전면허증으로 자동차 등을 운전할 수 있다. 이 경우에 운전할 수 있는 차종은 그 국제운전면허증에 기재된 것에 한한다.

23.

부상신고 : 의사의 진단결과 5일 미만의 치료를 요하는 부상의 신고

24.

면허가 취소되는 벌점 · 누산 점수

㉠ 1년간 121점 이상

㉡ 2년간 201점 이상

㉢ 3년간 271점 이상

Answer　　22.①　23.①　24.②

25 다음 중 무면허운전에 해당하는 행위는?

① 제1종 보통면허 소지자가 도로보수트럭을 운전한 경우
② 제1종 대형면허 소지자가 덤프트럭을 운전한 경우
③ 제1종 소형면허 소지자가 원동기장치자전거를 운전한 경우
④ 제1종 보통면허 소지자가 원동기장치자전거를 운전한 경우

26 외국인의 운전면허증과 관련한 내용으로 틀린 것은?

① 국내면허 인정국가 가운데 우리나라와 운전면허의 상호인정에 관한 약정을 체결한 국가에 대하여는 그 약정한 내용에 따라 운전면허시험의 일부를 면제할 수 있다.
② 「재외동포법」에 따라 국내거소 신고를 하지 아니한 사람은 운전면허시험의 일부를 면제 할 수 없다.
③ 한국도로교통공단은 외국인의 국내면허증 교환, 발급 시 외국 운전면허증을 회수할 수 있다.
④ 외교부장관은 대한민국 운전면허증을 가진 사람에게 적성시험을 제외한 모든 운전면허시험과정을 면제하는 국가를 연 1회 이상 조사하고 그 결과를 경찰청장에게 통보하여야 한다.

27 국제운전면허증 또는 상호인정외국면허증에 의한 자동차등의 운전과 관련한 내용으로 틀린 설명은?

① 운전할 수 있는 자동차의 종류는 그 국제운전면허증 또는 상호인정 외국면허증에 기재 된 것으로 한정한다.
② 국제운전면허증 또는 상호인정외국면허증을 발급받은 사람은 국내에 입국한 날부터 1년 동안 그 국제운전면허증 또는 상호인정외국면허증으로 자동차등을 운전할 수 있다.
③ 적성검사를 받지 아니하였거나 적성검사에 불합격한 경우 시·도경찰청장은 1년의 범위 안에서 국제 운전면허증 또는 상호인정외국면허증에 의한 자동차등의 운전을 금지할 수 있다.
④ 운전면허 소지자가 국제 운전면허증을 발급받으려면 관할 경찰서장에게 신청한다.

25.

① 도로보수트럭은 제1종 대형면허 소지자가 운전할 수 있다.

26.

외국인의 국내면허증 교환, 발급 시 외국 운전면허증 회수를 상대국의 요청이 있는 경우등 일정 경우에만 하도록 그 사람의 외국면허증을 회수 할 수 있다.

27.

운전면허소지자가 국제 운전 면허증을 발급받으려면 관할 경찰서장(X) 시·도경찰청장 (O)에게 신청한다.

Answer   25.① 26.③ 27.④

기출 2021. 4. 10. 대구광역시 시행

경찰공무원이 다음 사항에 해당되어 현장에서 범칙금 납부통고서 또는 출석지시서를 발급하고, 운전면허증 등의 제출을 요구하여 이를 보관할 수 있는 사항으로 옳은 것을 모두 고른다면 몇 개인가?

┌ 보기 ─
가. 교통사고를 일으킨 경우
나. 운전면허의 취소처분 또는 정지처분이 아닌 교통법규를 위반한 경우
다. 외국에서 발급한 국제운전면허증을 가진 사람으로서 제162조 제1항에 따른 과태료 처분을 받은 경우
└─────

① 가　　　　② 가, 나
③ 나, 다　　　④ 가, 다

기출 2024. 6. 22. 제2회 서울사 시행

「도로교통법 시행령」에서 〈보기〉의 ㈎에 들어갈 내용으로 가장 옳은 것은?

┌ 보기 ─
제83조(출석지시불이행자의 처리) 「도로교통법」 제138조 제1항에 따라 출석지시서를 받은 사람은 출석지시서를 받은 날부터 ＿㈎＿일 이내에 지정된 장소로 출석하여야 한다.
└─────

① 10　　　　② 15
③ 20　　　　④ 30

◀정답 ①, ①

01　보칙

❶ 면허증 보관

(1) 출석지시서 및 범칙금 납부통고서

① 통지서 교부

　㉠ 경찰공무원은 자동차의 운전자가 다음의 어느 하나에 해당하는 경우에는 현장에서 범칙금 납부통고서 또는 출석지시서를 발급하고 운전면허증 등의 제출을 요구하여 이를 보관할 수 있다.
　　• 교통사고를 일으킨 경우
　　• 운전면허의 취소처분 또는 정지처분의 대상이 된다고 인정되는 경우
　　• 외국에서 발급한 국제운전면허증 또는 상호인정외국면허증을 가진 사람으로서 범칙행위를 한 경우
　㉡ ㉠의 경우에 범칙금 납부통고서 또는 출석지시서에 운전면허증 등의 보관 사실을 기록하여야 한다.

② **효력** : 출석지시서 또는 범칙금 납부통고서는 그 출석기일 또는 범칙금의 납부기일까지 운전면허증(연습운전면허증 제외)과 같은 효력이 있다.

③ **출석** : 출석지시서를 받은 사람은 출석지시서를 받은 날로부터 10일 이내에 출석하여야 한다.

(2) 출석지시불이행자의 처리

① 즉결심판 출석통지서를 발송

　㉠ 경찰서장은 출석지시서를 받고 기간 이내에 지정된 장소로 출석하지 아니한 사람 중 즉결심판의 대상이 되는 출석지시불이행자에 대해서는 출석기간 만료일부터 30일 이내에 즉결심판을 위한 출석의 일시·장소 등을 알리는 즉결심판 출석통지서를 발송하여야 한다.

　㉡ ㉠의 경우 즉결심판을 위한 출석일시는 출석기간 만료일부터 40일이 초과되어서는 아니 된다.

② 즉결심판 출석최고서를 발송

　　㉠ 경찰서장은 출석지시불이행자가 즉결심판기일에 출석하지 아니하여 즉결심판절차가 진행되지 못한 경우에는 그 출석지시불이행자에게 지체 없이 즉결심판을 위하여 다시 정한 출석의 일시·장소 등을 알리는 즉결심판 출석최고서를 발송하여야 한다.

　　㉡ ㉠의 경우 즉결심판을 위한 출석일시는 법원의 사정으로 즉결심판을 할 수 없는 경우 등 다른 부득이한 사정이 없으면 출석기간 만료일부터 60일이 초과되어서는 아니 된다.

③ **출석불이행시 조치**: 시·도경찰청장은 즉결심판의 출석 최고에도 불구하고 출석지시불이행자가 출석하지 아니하여 즉결심판절차가 진행되지 못한 경우에는 그 출석지시불이행자의 운전면허의 효력을 일시 정지시킬 수 있다.

❷ 전용차로 운행 등에 대한 시·군공무원의 단속

(1) 고지서 발급

① 시·군공무원은 다음의 어느 하나을 위반한 운전자가 있으면 행정안전부령으로 정하는 바에 따라 현장에서 위반행위의 요지와 경찰서장에게 출석할 기일 및 장소 등을 구체적으로 밝힌 고지서를 발급하고, 운전면허증의 제출을 요구하여 이를 보관할 수 있다.

　　㉠ 전용차로 통행 금지 의무 위반

　　㉡ 긴급자동차에 대한 진로양보 의무 위반

　　㉢ 정차 및 주차 금지 의무 위반

② ①의 경우 그 고지서는 출석기일까지 운전면허증과 같은 효력이 있다.

(2) 통보 및 확인

① **위반행위의 통보**: 시·군공무원은 고지서를 발급한 때에는 지체 없이 관할 경찰서장에게 운전면허증을 첨부하여 통보하여야 한다.

② **위반행위 확인**: 경찰서장은 통보를 받으면 위반행위를 확인하여야 한다.

(3) 권한 남용의 금지

시·군공무원은 고지서를 발급하거나 조치를 할 때에는 본래의 목적에서 벗어나 직무상 권한을 남용하여서는 아니 된다.

아래 법 조항에 따라 시·군공무원이 발급하는 출석고지시의 발급대상에 해당되지 않는 운전자는?

▶ 보기 ◀

시·군공무원은 위반한 운전자가 있으면 행정안전부령으로 정하는 바에 따라 현장에서 위반행위의 요지와 경찰서장(제주특별자치도의 경우 제주특별자치도지사로 한다. 이하 이 조에서 같다)에게 출석할 기일 및 장소 등을 구체적으로 밝힌 고지서를 발급하고, 운전면허증의 제출을 요구하여 이를 보관할 수 있다.

– 도로교통법 제143조의 일부 –

① 제15조 제3항에 따른 전용차로 통행금지 의무 위반

② 제24조 제1항에 따른 철길건널목 일시정지 의무 위반

③ 제29조 제4항·제5항에 따른 긴급자동차에 대한 진로양보 의무 위반

④ 제32조부터 제34조까지의 규정에 따른 정차 및 주차 금지 의무 위반

◀정답 ②

기출PLUS

❸ 교통안전수칙과 교통안전에 관한 교육지침의 제정과 수수료

(1) 교통안전수칙

① **제정 · 보급** : 경찰청장은 교통안전수칙을 제정하여 보급하여야 한다.

② **교통안전수칙에 포함되어야 하는 사항**
- ㉠ 도로교통의 안전에 관한 법령의 규정
- ㉡ 자동차 등의 취급방법, 안전운전 및 친환경 경제운전에 필요한 지식
- ㉢ 긴급자동차에 길 터주기 요령
- ㉣ 그 밖에 도로에서 일어나는 교통상의 위험과 장해를 방지 · 제거하여 교통의 안전과 원활한 소통을 확보하기 위하여 필요한 사항

(2) 교통안전교육에 관한 지침

① **제정 · 공표** : 경찰청장은 도로를 통행하는 사람을 대상으로 교통안전에 관한 교육을 하는 자가 효과적이고 체계적으로 교육을 할 수 있도록 하기 위하여 교통안전교육에 관한 지침을 제정하여 공표하여야 한다.

③ **교통안전교육에 관한 지침**
- ㉠ 자동차 등의 안전운전 및 친환경 경제운전에 관한 사항
- ㉡ 교통사고의 예방과 처리에 관한 사항
- ㉢ 보행자의 안전한 통행에 관한 사항
- ㉣ 어린이 · 장애인 및 노인의 교통사고 예방에 관한 사항
- ㉤ 긴급자동차에 길 터주기 요령에 관한 사항
- ㉥ 그 밖에 교통안전에 관한 교육을 효과적으로 하기 위하여 필요한 사항

(3) 수수료

① 다음의 어느 하나에 해당하는 사람은 행정안전부령으로 정하는 바에 따라 수수료를 내야 한다. 다만, 경찰청장 또는 시 · 도경찰청장이 업무를 대행하게 한 경우에는 그 업무를 대행하는 공단이 경찰청장의 승인을 받아 결정 · 공고하는 수수료를 공단에 내야 한다.
- ㉠ 긴급자동차의 지정을 신청하는 사람
- ㉡ 차로의 너비를 초과하는 차의 통행허가를 신청하는 사람
- ㉢ 안전기준을 초과한 승차 허가 또는 적재 허가를 신청하는 사람
- ㉣ 교통안전교육기관의 지정을 신청하는 사람
- ㉤ 운전면허증을 발급 또는 재발급받으려고 신청하는 사람

ⓑ 국제운전면허증 발급을 신청하는 사람

ⓢ 전문학원의 지정을 신청하는 사람

ⓞ 강사 또는 기능검정원의 자격시험에 응시하거나 그 자격증의 발급(재발급 포함)을 신청하는 사람

② 다음의 어느 하나에 해당하는 사람은 공단이 경찰청장의 승인을 받아 결정·공고하는 수수료를 내야 한다.

㉠ 운전면허시험의 응시를 신청하는 사람

㉡ 정기 적성검사 또는 수시 적성검사를 신청하거나 적성검사 연기를 신청하는 사람

02 범칙행위에 관한 처리의 특례

❶ 통칙

(1) 용어의 정의

① **범칙** : 범칙이란 본질적으로는 범죄의 구성요건을 충족하고 있으나 형벌 및 형사절차를 적용하지 않고 행정처분으로서의 통고처분에 의한 제재를 하는 위반행위를 의미한다.

② **범칙금** : 범칙자가 「도로교통법」에 따른 통고처분에 따라 국고 또는 제주특별자치도의 금고에 내야 할 금전을 가리킨다.

(2) 범칙행위

① **범칙행위** : 「도로교통법」에서 범칙행위는 주로 경미한 교통법규 위반행위로서 범칙행위를 한 운전자의 경우에는 차량종류별로 범칙금액을 부과받는다.

② **통고처분** : 범칙행위를 하여 범칙자로 인정하는 사람에 대하여는 이유를 분명하게 밝힌 범칙금 납부통고서로 범칙금을 낼 것을 통고할 수 있으며 다음에 해당하는 경우에는 즉결심판을 받는다.

㉠ 성명이나 주소가 확실하지 않은 사람

㉡ 달아날 우려가 있는 사람

㉢ 범칙금 납부통고서 받기를 거부한 사람

기출 PLUS

> **☆ Plus tip**
>
> **과태료** … 과태료는 교통법규위반에 대하여 과해지는 벌금이나 과료와 달리 형벌의 성질을 가지지 않는 금전벌의 일종으로 교통법규를 위반한 사람뿐만 아니라, 특정한 교통법규에 있어서 그 위반행위자를 알 수 없는 경우에는 차의 고용주 등도 과태료를 부과 받을 수 있다.

③ **일사부재리 원칙** : 범칙금을 낸 사람은 범칙행위에 대해 다시 처벌되지 않는다.

❷ 범칙금의 납부

(1) 범칙금 납부

① **납부기간** : 범칙금 납부통고서를 받은 사람은 10일 이내(천재지변이나 그 밖의 부득이한 사유로 범칙금을 낼 수 없는 경우에는 부득이한 사유가 없어지게 된 날부터 5일 이내)에 국고은행, 지점, 대리점, 우체국 또는 제주특별자치도지사가 지정하는 금융회사 등이나 그 지점에 범칙금을 내야 한다.

② **가산금** : 납부기간 이내에 범칙금을 납부하지 않은 사람은 납부기간이 끝나는 날의 다음 날부터 20일 이내에 통고받은 범칙금의 100분의 20을 더한 금액을 납부해야 한다.

(2) 범칙행위 및 범칙금액

① **운전자**〈도로교통법 시행령 별표 8〉

범칙행위	차량 종류별 범칙금액
• 속도위반(60km/h 초과) • 어린이통학버스 운전자의 의무 위반(좌석안전띠를 매도록 하지 않은 경우는 제외한다) • 인적 사항 제공의무 위반(주 · 정차된 차만 손괴한 것이 분명한 경우에 한정한다)	1) 승합자동차등 : 13만원 2) 승용자동차등 : 12만원 3) 이륜자동차등 : 8만원
• 개인형 이동장치 무면허 운전 • 약물의 영향과 그 밖의 사유로 정상적으로 운전하지 못할 우려가 있는 상태에서 자전거등을 운전	자전거등 : 10만원
• 속도위반(40km/h 초과 60km/h 이하) • 승객의 차 안 소란행위 방치 운전 • 어린이통학버스 특별보호 위반	1) 승합자동차등 : 10만원 2) 승용자동차등 : 9만원 3) 이륜자동차등 : 6만원

기출 2019. 6. 15. 서울시 제2회 시행

제한속도가 100km/h인 도로에서 150km/h로 과속운행을 한 승합자동차의 운전자에게 부과되는 범칙금은?

① 8만 원
② 10만 원
③ 12만 원
④ 15만 원

❰정답 ②

• 안전표지가 설치된 곳에서의 정차 · 주차 금지 위반 • 승차정원을 초과하여 동승자를 태우고 개인형 이동장치를 운전	1) 승합자동차등 : 9만원 2) 승용자동차등 : 8만원 3) 이륜자동차등 : 6만원 4) 자전거등 및 손수레등 : 4만원
• 신호 · 지시 위반 • 중앙선 침범, 통행구분 위반 • 자전거 횡단보도 앞 일시정지 의무위반 • 속도위반(20km/h 초과 40km/h 이하) • 횡단 · 유턴 · 후진 위반 • 앞지르기 방법 위반 • 앞지르기 금지 시기 · 장소 위반 • 철길건널목 통과방법 위반 • 회전교차로 통행방법 위반 • 횡단보도 보행자 횡단 방해(신호 또는 지시에 따라 도로를 횡단하는 보행자의 통행 방해와 어린이 보호구역에서의 일시정지 위반을 포함한다) • 보행자전용도로 통행 위반(보행자전용도로 통행방법위반을 포함한다) • 긴급자동차에 대한 양보 · 일시정지 위반 • 긴급한 용도나 그 밖에 허용된 사항 외에 경광등이나 사이렌 사용 • 승차 인원 초과, 승객 또는 승하차자 추락 방지조치 위반 • 어린이 · 앞을 보지 못하는 사람 등의 보호 위반 • 운전 중 휴대용 전화사용 • 운전 중 운전자가 볼 수 있는 위치에 영상 표시 • 운전 중 영상표시장치 조작 • 운행기록계 미설치 자동차 운전 금지 등의 위반 • 고속도로 · 자동차전용도로 갓길 통행 • 고속도로버스전용차로 · 다인승전용차로 통행 위반	1) 승합자동차등 : 7만원 2) 승용자동차등 : 6만원 3) 이륜자동차등 : 4만원 4) 자전거등 및 손수레등 : 3만원
• 통행 금지 · 제한 위반 • 일반도로 전용차로 통행 위반 • 노면전차 전용로 통행 위반 • 고속도로 · 자동차전용도로 안전거리 미확보 • 앞지르기의 방해 금지 위반 • 교차로 통행방법 위반 • 회전교차로 진입 · 진행방법 위반 • 교차로에서의 양보운전 위반 • 보행자의 통행 방해 또는 보호 불이행 • 정차 · 주차 금지 위반(제10조의3 제2항에 따라 안전표지가 설치된 곳에서의 정차 · 주차 금지 위반은 제외한다) • 주차금지 위반	1) 승합자동차등 : 5만원 2) 승용자동차등 : 4만원 3) 이륜자동차등 : 3만원 4) 자전거등 및 손수레등 : 2만원

기출PLUS

기출 2024. 2. 24. 서울시 제1회 시행

「도로교통법 시행령」상 승합자동차 운전 중 범칙금액 7만원에 해당하는 범칙행위가 아닌 것은?

① 속도위반(40km/h 초과 60km/h 이하)
② 신호 · 지시 위반
③ 앞지르기 금지 시기 · 장소 위반
④ 철길건널목 통과방법 위반

◀정답 ①

위반 행위	범칙금
• 정차 · 주차방법 위반 • 경사진 곳에서의 정차 · 주차방법 위반 • 정차 · 주차 위반에 대한 조치 불응 • 적재 제한 위반, 적재물 추락 방지 위반 또는 영유아나 동물을 안고 운전하는 행위 • 안전운전의무 위반 • 도로에서의 시비 · 다툼 등으로 인한 차마의 통행 방해 행위 • 급발진, 급가속, 엔진 공회전 또는 반복적 · 연속적인 경음기 울림으로 인한 소음 발생 행위 • 화물 적재함에의 승객 탑승 운행 행위 • 개인형 이동장치 인명보호 장구 미착용 • 자율주행자동차 운전자의 준수사항 위반 • 고속도로 지정차로 통행 위반 • 고속도로 · 자동차전용도로 횡단 · 유턴 · 후진 위반 • 고속도로 · 자동차전용도로 정차 · 주차 금지 위반 • 고속도로 진입 위반 • 고속도로 · 자동차전용도로에서의 고장 등의 경우 조치 불이행	
• 혼잡 완화조치 위반 • 차로통행 준수의무 위반, 지정차로 통행위반, 차로 너비보다 넓은 차 통행 금지 위반(진로 변경 금지 장소에서의 진로 변경을 포함한다) • 속도위반(20km/h 이하) • 진로 변경방법 위반 • 급제동 금지 위반 • 끼어들기 금지 위반 • 서행의무 위반 • 일시정지 위반 • 방향전환 · 진로변경 및 회전교차로 진입 · 진출 시 보호 불이행 • 운전석 이탈 시 안전 확보 불이행 • 동승자 등의 안전을 위한 조치 위반 • 시 · 도경찰청 지정 · 공고 사항 위반 • 좌석안전띠 미착용 • 이륜자동차 · 원동기장치자전거(개인형 이동장치는 제외한다) 인명보호 장구 미착용 • 등화점등 불이행 · 발광장치 미착용(자전거 운전자는 제외한다) • 어린이통학버스와 비슷한 도색 · 표지 금지 위반	1) 승합자동차등 : 3만원 2) 승용자동차등 : 3만원 3) 이륜자동차등 : 2만원 4) 자전거등 및 손수레 등 : 1만원

• 최저속도 위반 • 일반도로 안전거리 미확보 • 등화 점등·조작 불이행(안개가 끼거나 비 또는 눈이 올 때는 제외한다) • 불법부착장치 차 운전(교통단속용 장비의 기능을 방해하는 장치를 한 차의 운전은 제외한다) • 사업용 승합자동차 또는 노면전차의 승차 거부 • 택시의 합승(장기 주차·정차하여 승객을 유치하는경우로 한정한다)·승차거부·부당요금징수행위 • 운전이 금지된 위험한 자전거등의 운전	1) 승합자동차등 : 2만원 2) 승용자동차등 : 2만원 3) 이륜자동차등 : 1만원 4) 자전거등 및 손수레등 : 1만원
• 술에 취한 상태에서의 자전거등 운전	1) 개인형 이동장치 : 10만원 2) 자전거 : 3만원
• 술에 취한 상태에 있다고 인정할만한 상당한 이유가 있는 자전거등 운전자가 경찰공무원의 호흡조사 측정에 불응, 또는 음주측정방해행위를 한 경우	1) 개인형 이동장치 : 13만원 2) 자전거 : 10만원
• 돌, 유리병, 쇳조각, 그 밖에 도로에 있는 사람이나 차마를 손상시킬 우려가 있는 물건을 던지거나 발사하는 행위 • 도로를 통행하고 있는 차마에서 밖으로 물건을 던지는 행위	모든 차마 : 5만원

• 특별교통안전교육의 미이수
  가. 과거 5년 이내에 법 제44조를 1회 이상 위반하였던 사람으로서 다시 같은 조를 위반하여 운전면허효력 정지처분을 받게 되거나 받은 사람이 그 처분기간이 끝나기 전에 특별교통안전교육을 받지 않은 경우
  나. 가목 외의 경우
	차종 구분 없음 :
	
	15만원
	
	10만원

• 경찰관의 실효된 면허증 회수에 대한 거부 또는 방해	차종 구분 없음 : 3만원

※ 참고
1. 위 표에서 "승합자동차등"이란 승합자동차, 4톤 초과 화물자동차, 특수자동차, 건설기계 및 노면전차를 말한다.
2. 위 표에서 "승용자동차등"이란 승용자동차 및 4톤 이하 화물자동차를 말한다.
3. 위 표에서 "이륜자동차등"이란 이륜자동차 및 원동기장치자전거(개인형 이동장치는 제외한다)를 말한다.
4. 위 표에서 "손수레등"이란 손수레, 경운기 및 우마차를 말한다.
5. 위 표에서 돌, 유리병, 쇳조각, 그 밖에 도로에 있는 사람이나 차마를 손상시킬 우려가 있는 물건을 던지거나 발사하는 행위 및 도로를 통행하고 있는 차마에서 밖으로 물건을 던지는 행위의 경우 동승자를 포함한다.

② 보행자〈도로교통법 시행령 별표 9〉

범칙금액	범칙행위
5만원	돌, 유리병, 쇳조각, 그 밖에 도로에 있는 사람이나 차 마를 손상시킬 우려가 있는 물건 을 던지거나 발사하는 행위
3만원	• 신호 또는 지시 위반 • 차도 통행 • 육교 바로 밑 또는 지하도 바로 위로의 횡단 • 횡단이 금지되어 있는 도로부분의 횡단 • 술에 취하여 도로에서 갈팡질팡하는 행위 • 도로에서 교통에 방해되는 방법으로 눕거나 앉거나 서있는 행위 • 교통이 빈번한 도로에서 공놀이 또는 썰매타기 등의 놀이를 하는 행위 • 도로를 통행하고 있는 차 마에 뛰어오르거나 매달리거나 차마에서 뛰어내리는 행위
2만원	• 통행금지 또는 제한의 위반 • 도로 횡단시설이 아닌 곳으로의 횡단(제4호의 행위는 제외) • 차의 바로 앞이나 뒤로의 횡단
1만원	• 교통 혼잡을 완화시키기 위한 조치 위반 • 행렬 등의 차도 우측통행 의무 위반(지휘자를 포함)

③ 어린이보호구역 및 노인·장애인보호구역에서의 범칙행위 및 범칙금액〈도로교통법 시행령 별표 10〉

범칙행위	차량 종류별 범칙금액
• 신호·지시 위반 • 횡단보도 보행자 횡단 방해	1) 승합자동차등 : 13만원 2) 승용자동차등 : 12만원 3) 이륜자동차등 : 8만원 4) 자전거등 및 손수레등 : 6만원
• 속도위반 　가. 60km/h 초과	1) 승합자동차등 : 16만원 2) 승용자동차등 : 15만원 3) 이륜자동차등 : 10만원
나. 40km/h 초과 60km/h 이하	1) 승합자동차등 : 13만원 2) 승용자동차등 : 12만원 3) 이륜자동차등 : 8만원
다. 20km/h 초과 40km/h 이하	1) 승합자동차등 : 10만원 2) 승용자동차등 : 9만원 3) 이륜자동차등 : 6만원

위반 행위	범칙금액
라. 20km/h 이하	1) 승합자동차등 : 6만원 2) 승용자동차등 : 6만원 3) 이륜자동차등 : 4만원
• 통행금지 · 제한 위반 • 보행자 통행 방해 또는 보호 불이행	1) 승합자동차등 : 9만원 2) 승용자동차등 : 8만원 3) 이륜자동차등 : 6만원 4) 자전거등 및 손수레등 : 4만원
• 정차 · 주차 금지 위반 　가. 어린이보호구역에서 위반한 경우	1) 승합자동차등 : 13만원 2) 승용자동차등 : 12만원 3) 이륜자동차등 : 9만원 4) 자전거등 : 6만원
나. 노인 · 장애인보호구역에서 위반한 경우	1) 승합자동차등 : 9만원 2) 승용자동차등 : 8만원 3) 이륜자동차등 : 6만원 4) 자전거등 : 4만원
• 주차금지 위반 　가. 어린이보호구역에서 위반한 경우	1) 승합자동차등 : 13만원 2) 승용자동차등 : 12만원 3) 이륜자동차등 : 9만원 4) 자전거등 : 6만원
나. 노인 · 장애인보호구역에서 위반한 경우	1) 승합자동차등 : 9만원 2) 승용자동차등 : 8만원 3) 이륜자동차등 : 6만원 4) 자전거등 : 4만원
• 정차 · 주차방법 위반 　가. 어린이보호구역에서 위반한 경우	1) 승합자동차등 : 13만원 2) 승용자동차등 : 12만원 3) 이륜자동차등 : 9만원 4) 자전거등 : 6만원
나. 노인 · 장애인보호구역에서 위반한 경우	1) 승합자동차등 : 9만원 2) 승용자동차등 : 8만원 3) 이륜자동차등 : 6만원 4) 자전거등 : 4만원

• 정차 · 주차 위반에 대한 조치 불응 가. 어린이보호구역에서의 위반에 대한 조치에 불응한 경우	1) 승합자동차등 : 13만원 2) 승용자동차등 : 12만원 3) 이륜자동차등 : 9만원 4) 자전거등 : 6만원
나. 노인 · 장애인보호구역에서의 위반에 대한 조치에 불응한 경우	1) 승합자동차등 : 9만원 2) 승용자동차등 : 8만원 3) 이륜자동차등 : 6만원 4) 자전거등 : 4만원

※ 참고
1. 위 표에서 "승합자동차등"이란 승합자동차, 4톤 초과 화물자동차, 특수자동차, 건설기계 및 노면전차를 말한다.
2. 위 표에서 "승용자동차등"이란 승용자동차 및 4톤 이하 화물자동차를 말한다.
3. 위 표에서 "이륜자동차등"이란 이륜자동차 및 원동기장치자전거(개인형 이동장치는 제외한다)를 말한다.
4. 위 표에서 "손수레등"이란 손수레, 경운기 및 우마차를 말한다.
5. 위 표 60km/h 초과하는 속도위반을 위반하여 범칙금 납부 통고를 받은 운전자가 통고처분을 이행하지 않아 가산금을 더할 경우 범칙금의 최대 부과금액은 20만원으로 한다.

(3) 통고처분 불이행자 등의 처리

① 경찰서장 또는 제주특별자치도지사는 다음 각 호의 어느 하나에 해당하는 사람에 대해서는 지체 없이 즉결심판을 청구하여야 한다. 다만, 제2호에 해당하는 사람으로서 즉결심판이 청구되기 전까지 통고받은 범칙금액에 100분의 50을 더한 금액을 납부한 사람에 대해서는 그러하지 아니하다.

    ㉠ 제163조(통고처분) 제1항 각 호의 어느 하나에 해당하는 사람

    ㉡ 제164조(범칙금 납부) 제2항에 따른 납부기간에 범칙금을 납부하지 아니한 사람

② 즉결심판이 청구된 피고인이 즉결심판의 선고 전까지 통고받은 범칙금액에 100분의 50을 더한 금액을 내고 납부를 증명하는 서류를 제출하면 경찰서장 또는 제주특별자치도지사는 피고인에 대한 즉결심판 청구를 취소하여야 한다.

📣 전동 킥 보드등 PM(personal, mobility) 처벌규정

위반행위	범칙금
인도주행	3만원
음주운전	10만원
음주측정거부	13만원
약물, 과로운전	10만원
무면허운전	10만원
승차정원위반	4만원
헬멧 미착용	2만원
방향지시등 미착용	1만원
어린이 운전시킨 보호자	10만원 (보호자 과태료)
동승자 안전모 미착용	2만원 (운전자 과태료)

※ PM은 전동킥보드, 세그웨이(1인용 소형이륜차) 전기자전거 등 포함
※ 전동킥보드와 세그웨이(1인용 소형이륜차) 승차정원은 1명, 전기자전거는 2명

1 경찰청장이 제정하여 보급하는 교통안전수칙에 포함되는 사항이 아닌 것은?

① 긴급자동차에 길 터주기 요령
② 운전면허 취소·정지 처분 기준
③ 자동차 등의 취급방법
④ 도로교통의 안전에 관한 법령 규정

2 범칙금에 대한 설명으로 옳지 않은 것은?

① 범칙금을 낸 사람은 범칙행위에 대하여 다시 벌 받지 아니한다.
② 경찰서장은 납부기간에 범칙금을 납부하지 아니한 사람에 대하여는 지체 없이 즉결심판을 청구하여야 한다.
③ 범칙금을 내지 아니한 사람은 납부기간이 끝나는 날의 다음 날부터 20일 이내에 통고받은 범칙금에 100분의 20을 더한 금액을 내야 한다.
④ 범칙금 납부통고서를 받은 사람은 15일 이내에 범칙금을 내야 한다.

3 승용자동차의 운전 중 휴대전화를 사용한 경우 부과되는 벌칙으로 알맞은 것은?

① 벌점 15점 및 7만 원의 범칙금 부과
② 벌점 15점 및 6만 원의 범칙금 부과
③ 벌점 10점 및 3만 원의 범칙금 부과
④ 5만 원의 범칙금 부과

1.

교통안전수칙에 포함되어야 하는 사항
㉠ 도로교통의 안전에 관한 법령의 규정
㉡ 자동차 등의 취급방법, 안전운전 및 친환경 경제운전에 필요한 지식
㉢ 긴급자동차에 길 터주기 요령
㉣ 그 밖에 도로에서 일어나는 교통상의 위험과 장해를 방지·제거하여 교통의 안전과 원활한 소통을 확보하기 위하여 필요한 사항

2.

④ 범칙금 납부통고서를 받은 사람은 10일 이내에 경찰청장이 지정하는 국고은행, 지점, 대리점, 우체국 또는 제주특별자치도지사가 지정하는 금융회사 등이나 그 지점에 범칙금을 내야 한다.

3.

운전자는 긴급자동차를 운전하거나, 자동차가 멈춰있는 경우, 범죄신고 및 재해신고 등 긴급한 경우와 손으로 잡지 않고 휴대용 전화를 사용할 수 있는 장치를 이용하여야만 휴대전화를 사용할 수 있으며, 이를 위반시는 벌점 15점과 7만 원 이하의 범칙금(승합자동차 7만 원, 승용자동차 6만 원, 이륜자동차 4만 원, 자전거 3만 원)이 부과된다.

Answer   1.②   2.④   3.②

4 범칙금 납부서 등의 교부에 관한 설명 중 옳지 않은 것은?

① 자동차등의 운전자가 사고를 일으킨 경우 범칙금 교부대상이 된다.

② 경찰공무원은 운전자가 사고를 일으킨 경우 현장에서 규정에 의한 범칙금 납부통고서 또는 출석지시서를 발급하여야 한다.

③ 자동차 등의 운전자가 사고를 일으켜 경찰공무원에게 운전면허증을 제출한 후 출석지시서 등으로 운전하는 경우에는 운전면허증 휴대 위반에 해당된다.

④ 경찰공무원이 면허증을 보관한 경우 그 범칙금 납부통고서 또는 출석지시서에 운전면허증 등의 보관사실을 기록하여야 한다.

5 다음 중 운전면허와 관련된 수수료를 지불하지 않아도 되는 경우는?

① 운전면허증 발급
② 면허시험 응시
③ 기능시험 연습
④ 적성검사 신청

4.

출석지시서 또는 범칙금 납부통고서는 그 출석기일 또는 범칙금의 납부기일까지 운전면허증(연습운전면허증 제외)과 같은 효력이 있다.

5.

수수료〈법 제139조〉
㉠ 행정안전부령으로 정하는 바에 따라 수수료를 내야 하는 경우
• 긴급자동차의 지정을 신청하는 사람
• 차로의 너비를 초과하는 차의 통행허가를 신청하는 사람
• 안전기준을 초과한 승차 허가 또는 적재 허가를 신청하는 사람
• 교통안전교육기관의 지정을 신청하는 사람
• 운전면허증을 발급 또는 재발급 받으려고 신청하는 사람
• 국제운전면허증 발급을 신청하는 사람
• 전문학원의 지정을 신청하는 사람
• 강사 또는 기능검정원의 자격시험에 응시하거나 그 자격증의 발급(재발급을 포함한다)을 신청하는 사람
㉡ 공단이 경찰청장의 승인을 받아 결정·공고하는 수수료를 내야 하는 경우
• 운전면허시험의 응시를 신청하는 사람
• 정기 적성검사 또는 수시 적성검사를 신청하거나 적성검사 연기를 신청하는 사람

Answer　4.③　5.③

6 다음 중 통고처분 대상자는?

① 달아날 우려가 있는 사람
② 성명이나 주소가 확실하지 아니한 사람
③ 범칙금 납부통고서 받기를 거부한 사람
④ 범칙 행위를 한 신원이 확실한 사람

7 다음 중 가장 높은 범칙금은?

① 개인형 이동장치 무면허 운전
② 승용차의 앞지르기 방법 위반
③ 손수레의 철길건널목 통과방법 위반
④ 승용자동차의 고속도로버스전용차로 통행 위반

8 다음은 승용자동차의 법규 위반행위이다. 범칙금액은?

> • 횡단 · 유턴 · 후진 위반
> • 앞지르기 방법 위반
> • 앞지르기 금지 시기 · 장소 위반
> • 회전교차로 통행방법 위반

① 3만 원   ② 6만 원
③ 8만 원   ④ 10만 원

6.

④의 경우 통고처분 대상이다. 통고처분이란 안전벨트를 착용하지 않고 운전을 하던 중, 경찰관에게 단속이 되는 경우와 같이 위반 행위에 해당하는 금액을 납부할 것을 알리는 행정 처분이다. 통고처분을 할 수 없을 경우에는 즉결심판 대상이 된다. ①②③의 경우 통고처분을 할 수 없어 즉결심판을 받는다(법 제163조).

7.

① 자전거등 : 10만 원
② 승용자동차등 : 6만 원
③ 자전거등 및 손수레등 : 3만 원
④ 승용자동차등 : 6만 원

8.

표 안의 범칙금액
㉠ 승합자동차등 : 7만원
㉡ 승용자동차등 : 6만원
㉢ 이륜자동차등 : 4만원
㉣ 자전거등 및 손수레등 : 3만원

Answer   6.④ 7.① 8.②

9 다음 중 범칙금 납부통고서를 받은 사람이 범칙금을 납무해야 하는 기간은?

① 5일　　　　　　　② 10일

③ 15일　　　　　　④ 20일

10 다음에 해당하는 사람의 범칙금은?

> 돌, 유리병, 쇳조각, 그 밖에 도로에 있는 사람이나 차 마를 손상시킬 우려가 있는 물건 을 던지거나 발사하는 행위를 한 사람

① 1만 원　　　　　　② 2만 원

③ 3만 원　　　　　　④ 5만 원

9.

범칙금의 납부

㉠ 범칙금 납부통고서를 받은 사람은 10일 이내에 경찰청장이 지정하는 국고은행. 지점. 대리점. 우체국 또는 제주특별자치도지사가 지정하는 금융회사 등이나 그 지점에 범칙금을 내야 한다.

㉡ 천재지변이나 그 밖의 부득이한 사유로 말미암아 그 기간에 범칙금을 낼 수 없는 경우에는 부득이한 사유가 없어지게 된 날부터 5일 이내에 내야 한다.

10.

돌. 유리병. 쇳조각. 그 밖에 도로에 있는 사람이나 차 마를 손상시킬 우려가 있는 물건 을 던지거나 발사하는 행위를 한 사람에게는 5만 원의 범칙금이 부과된다.

Answer　　9.②　10.④

11

자전거 등이 자전거 횡단도를 통행하고 있을 때 일시정지를 하지 않은 승용자동차의 범칙금은 ?

① 7만원
② 6만원
③ 5만원
④ 4만원

12

승용자동차의 운전자가 차로를 따라 통행하지 아니한 (차로통행준수의무위반) 경우 부과되는 범칙금은?

① 5만원
② 4만원
③ 3만원
④ 2만원

13

고속도로에서 앞지르기 통행방법을 준수하지 아니한 승합차의 고용주에게 부과되는 과태료의 액수는?

① 8만원
② 7만원
③ 6만원
④ 5만원

11.

자전거 횡단도 앞 일시정지 의무 위반
- 승합자동차 7만원
- 승용자동차 6만원
- 이륜자동차등 4만원
- 자전거 등 손수레 3만원

12.

차로통행 준수 의무 위반, 지정차로 통행위반 등
- 승합자동차 3만원
- 승용자동차 3만원
- 이륜자동차등 2만원
- 자전거등 및 손수레등 1만원

13.

고속도로에서 앞지르기 통행방법을 준수하지 않은 차의 고용주등
- 승합자동차등 8만원
- 승용자동차등 7만원

Answer　　11.② 12.③ 13.①

14 20만원 이하의 벌금이나 구류 또는 과료를 선고하는 벌칙규정에 있어서 보행자관련 설명으로 틀린 것은?

① 술에 의하여 도로에서 갈팡질팡하는 행위등 도로에서의 금지행위를 한 사람

② 실외이동로봇 운용자의 의무를 위반한 실외이동로봇 운용자

③ 신호 또는 지시위반, 차도통행, 육교 바로 밑 또는 지하도 바로 위로의 횡단 등의 규정을 위반한 보행자(실외이동로봇이 위반한 경우에는 실외이동로봇 운용자는 제외)

④ 행렬 등의 차도 우측통행 의무를 위반하거나 경찰공무원의 조치를 위반한 행렬 등의 보행자나 지휘자

14.

③ 신호 또는 지시위반, 차도통행, 육교 바로 밑 또는 지하도 바로 위로의 횡단 등의 규정을 위반한 보행자(실외이동로봇이 위반한 경우에는 실외이동로봇 운용자는 제외 (X) 포함(O)

Answer   14.③

기출 PLUS

01 총칙

❶ 목적 및 용어의 정의

(1) 목적

「교통사고처리특례법」은 업무상 과실 또는 중대한 과실로 교통사고를 일으킨 운전자에 관한 형사 처벌 등의 특례를 정함으로써 교통사고로 인한 피해의 신속한 회복을 촉진하고 국민생활의 편익을 증진함을 목적으로 한다.

(2) 용어의 정의

① **차**: 「도로교통법」상의 자동차, 건설기계, 원동기장치자전거, 자전거, 사람 또는 가축의 힘이나 그 밖의 동력으로 도로에서 운전되는 것과 「건설기계관리법」상의 건설기계를 말한다.

② **교통사고**: 교통으로 인하여 사람을 사상하거나 물건을 손괴하는 것을 말한다.

❷ 처벌의 원칙

(1) 교통사고로 사람을 사상케 했을 때

차의 운전자가 교통사고로 인하여 사람을 사상(사망·부상)에 이르게 한 때에는 5년 이하의 금고 또는 2,000만 원 이하의 벌금에 처한다.

(2) 공소제기를 할 수 없는 경우

차의 교통으로 업무상과실치상죄 또는 중과실치상죄와 「도로교통법」 제151조의 죄를 범한 운전자에 대하여는 피해자의 명시적인 의사에 반하여 공소를 제기할 수 없다.

기출 2015. 8. 8. 전라남도 시행

교통사고처리 특례법의 목적은?

① 교통상의 모든 위험과 장애를 방지하고 제거하여 안전하고 원활한 교통을 확보함을 목적으로 한다.

② 자동차를 효율적으로 관리하고 자동차의 성능 및 안전을 확보함으로써 공공복리를 증진함을 목적으로 한다.

③ 교통사고로 인한 피해의 신속한 회복을 촉진하고 국민생활의 편익을 증진함을 목적으로 한다.

④ 종합보험에 가입된 가해자에게 형사 처벌 면책의 특례를 주는 데 목적이 있다.

◀ 정답 ③

> **💡 Plus tip**
>
> 「도로교통법」 제151조(벌칙) … 차의 운전자가 업무상 필요한 주의를 게을리 하거나 중대한 과실로 다른 사람의 건조물이나 그 밖의 재물을 손괴한 경우에는 2년 이하의 금고나 500만 원 이하의 벌금에 처한다.

(3) 공소제기를 할 수 있는 경우

차의 운전자가 업무상과실치상죄 또는 중과실치상죄를 범하고도 피해자를 구호하는 등 「도로교통법」에 따른 조치를 하지 아니하고 도주하거나 피해자를 사고 장소로부터 옮겨 유기하고 도주한 경우, 같은 죄를 범하고 「도로교통법」을 위반하여 음주측정 요구에 따르지 아니하거나(운전자가 채혈 측정을 요청하거나 동의한 경우는 제외) 음주측정방해행위를 한 경우와 다음의 어느 하나에 해당하는 행위로 인하여 같은 죄를 범한 경우에는 공소를 제기할 수 있다.

① 「도로교통법」에 따른 신호기가 표시하는 신호 또는 교통정리를 하는 경찰공무원등의 신호를 위반하거나 통행금지 또는 일시정지를 내용으로 하는 안전표지가 표시하는 지시를 위반하여 운전한 경우

② 「도로교통법」을 위반하여 중앙선을 침범하거나 횡단, 유턴 또는 후진한 경우

③ 「도로교통법」에 따른 제한속도를 시속 20킬로미터 초과하여 운전한 경우

④ 「도로교통법」에 따른 앞지르기의 방법·금지시기·금지장소 또는 끼어들기의 금지를 위반하거나 고속도로에서의 앞지르기 방법을 위반하여 운전한 경우

⑤ 「도로교통법」에 따른 철길건널목 통과방법을 위반하여 운전한 경우

⑥ 「도로교통법」에 따른 횡단보도에서의 보행자 보호 의무를 위반하여 운전한 경우

⑦ 「도로교통법」, 「건설기계관리법」을 위반하여 운전면허 또는 건설기계조종사면허를 받지 아니하거나 국제운전면허증을 소지하지 아니하고 운전한 경우(이 경우 운전면허 또는 건설기계조종사면허의 효력이 정지 중이거나 운전의 금지 중인 때에는 운전면허 또는 건설기계조종사면허를 받지 아니하거나 국제운전면허증을 소지하지 아니한 것으로 본다)

⑧ 「도로교통법」을 위반하여 술에 취한 상태에서 운전을 하거나 약물의 영향으로 정상적으로 운전하지 못할 우려가 있는 상태에서 운전한 경우

⑨ 「도로교통법」을 위반하여 보도가 설치된 도로의 보도를 침범하거나 보도횡단방법을 위반하여 운전한 경우

다음 중 교통사고처리 특례법과 관련된 설명으로 올바른 것은?

① 교통사고를 일으킨 차가 「여객자동차 운수사업법」 또는 「화물자동차 운수사업법」에 따른 보험 또는 공제에 가입된 경우에는 업무상 과실치상죄 또는 중과실치상죄를 범한 운전자에 대하여는 피해자의 명시적인 의사에 반하여 공소를 제기할 수 없다.

② 차의 운전자가 교통사고로 인하여 업무상과실 또는 중과실로 인하여 사람을 사상한 자는 2년 이하의 금고 또는 5백만 원 이하의 벌금에 처한다.

③ 제한속도를 매시 20킬로미터를 초과해서 피해자가 발생한 경우는 보험가입 시 공소를 제기할 수 없다.

④ 건널목 통과방법을 위반하여 피해자가 발생한 경우는 보험 가입 시 공소를 제기할 수 없다.

‹정답 ①

⑩ 「도로교통법」에 따른 승객의 추락 방지의무를 위반하여 운전한 경우

⑪ 「도로교통법」에 따른 어린이 보호구역에서 규정을 준수하고 어린이의 안전에 유의하면서 운전하여야 할 의무를 위반하여 어린이의 신체를 상해에 이르게 한 경우

⑫ 「도로교통법」을 위반하여 자동차의 화물이 떨어지지 아니하도록 필요한 조치를 하지 아니하고 운전한 경우

치상사고를 일으킨 자가 종합보험에 가입된 경우의 특례	
원칙	교통사고를 야기한 자가 종합보험 또는 공제에 가입된 경우에는 운전자에 대하여 공소를 제기할 수 없다. (반의사불벌죄)
예외(공소권이 있다) 무조건 처벌한다.	인피사고 야기도주 (미신고 포함)
	사망사고
	음주측정거부
	특례조항(중대법규위반) 12개 항목 위반하여 치상사고 유발
	피해자의 생명이 위험하거나 불구, 불치, 난치의 상태 유발 (중상해)
	보험계약 등의 무효 등 보험회사 등의 보험금 지급의무가 없어진 경우

기출 2022. 7. 16. 전라남도 시행

교통사고 처리 특례법 상 12대 중과실 위반이 아닌 것은?

① 제한속도를 15km/h 초과
② 일시정지 등 안전표지 지시 위반
③ 횡단보도에서 보행자 보호 위반
④ 앞지르기 금지 위반

★ 교통사고처리 특례법상 특례조항(중대법규위반) 12개 항목 ★

1. 신호지시위반
2. 중앙선침범 (고속도로 등에서 유턴. 횡단. 후진 위반 등 모두 포함)
3. 제한속도위반 (제한속도를 시속 20킬로 초과하여 운전)
4. 앞지르기위반 (방법. 시기. 장소 금지 모두 포함)
5. 철길건널목 통과방법위반
6. 횡단보도 보행자 보호 의무위반
7. 무면허운전
8. 음주운전
9. 보도침범사고
10. 승객추락방지의무위반(개문발차)
11. 어린이 보호구역 안전운전 의무위반
12. 화물 적재물 낙하 추락 방지 의무위반

12개 항목 중에서 인적 교통사고를 발생시키지 않아도 형사처벌이 가능한 것은 2개이다. (무면허 운전과 음주운전)

❮정답 ①

> **☆ Plus tip**
>
> **교통사고 후 처벌 시 적용되는 법**
>
> | 구분 | 사고 | 도주, 음주, 약물 |
> |------|------|------------------|
> | 인피사고 | 교통사고처리 특례법 | 특정범죄 가중처벌 등에 관한 법률 |
> | 물피사고 | 도로교통법 | |

02 보험 등에 가입된 경우의 특례

❶ 공소를 제기할 수 없는 경우

(1) 원칙

교통사고를 일으킨 차가 「보험업법」상의 보험업의 허가, 정관변경의 보고, 기초서류의 신고·확인, 「여객자동차 운수사업법」상 조합 및 연합회의 공제사업, 공제조합의 설립 또는 「화물자동차 운수사업법」상 공제사업규정에 따른 보험 또는 공제에 가입된 경우에는 규정된 죄를 범한 차의 운전자에 대하여 공소를 제기할 수 없다.

(2) 공소제기가 가능한 경우

① 처벌의 원칙의 공소 제기를 할 수 있는 경우의 단서에 해당하는 경우

② 피해자가 신체의 상해로 인하여 생명에 대한 위험이 발생하거나 불구가 되거나 불치 또는 난치의 질병이 생긴 경우

③ 보험계약 또는 공제계약이 무효로 되거나 해지되거나 계약상의 면책 규정 등으로 인하여 보험회사, 공제조합 또는 공제사업자의 보험금 또는 공제금 지급의무가 없어진 경우

(3) 보험 또는 공제의 의미

보험 또는 공제란 교통사고의 경우 「보험업법」에 따른 보험회사나 「여객자동차 운수사업법」 또는 「화물자동차 운수사업법」에 따른 공제조합 또는 공제사업자가 인가된 보험약관 또는 승인된 공제약관에 따라 피보험자와 피해자 간 또는 공제조합원과 피해자 간의 손해배상에 관한 합의 여부와 상관없이 피보험자나 공제조합원을 갈음하여 피해자의 치료비에 관하여는 통상비용의 전액을, 그 밖의 손해에 관하여는 보험약관이나 공제약관으로 정한 지급기준금액을 대통령령으로 정하는 바에 따라 우선 지급하되, 종국적으로는 확정판결이나 그 밖에 이에 준하는 집행권원상 피보험자 또는 공제조합원의 교통사고로 인한 손해배상금 전액을 보상하는 보험 또는 공제를 말한다.

❷ 우선 지급할 치료비에 관한 통상비용의 범위

(1) 우선 지급하여야 할 치료비에 관한 통상비용의 범위

① 진찰료

② 일반병실의 입원료. 다만, 진료상 필요로 일반 병실보다 입원료가 비싼 병실에 입원한 경우에는 그 병실의 입원료

③ 처치 · 투약 · 수술 등 치료에 필요한 모든 비용

④ 인공팔다리 · 의치 · 안경 · 보청기 · 보철구 및 그 밖에 치료에 부수하여 필요한 기구 등의 비용

⑤ 호송 · 다른 보호시설로의 이동, 퇴원 및 통원에 필요한 비용

⑥ 보험약관 또는 공제약관에서 정하는 환자식대 · 간병료 및 기타 비용

(2) 치료비에 관한 통상비용의 계산에 있어서 피해자가 외국에서 치료를 받은 경우의 비용은 국내의료기관에서 동일한 치료를 하는 경우 그에 상당한 비용으로 한다. 다만, 국내의료기관에서 치료가 불가능하여 외국에서 치료를 받은 경우에는 그에 소요되는 비용으로 한다.

❸ 우선 지급할 치료비 외의 손해배상금의 범위

(1) 부상의 경우

보험약관 또는 공제약관에서 정한 지급기준에 의하여 산출한 위자료의 전액과 휴업손해액의 100분의 50에 해당하는 금액

(2) 후유장애의 경우

보험약관 또는 공제약관에서 정한 지급기준에 의하여 산출한 위자료 전액과 상실수익액의 100분의 50에 해당하는 금액

(3) 대물손해의 경우

보험약관 또는 공제약관에서 정한 지급기준에 의하여 산출한 대물배상액의 100분의 50에 해당하는 금액

1 교통사고처리특례법의 목적으로 가장 옳은 것은?

① 피해의 신속한 회복 촉진 및 국민생활의 편익 증진
② 가해 운전자의 형사 처분 면제
③ 교통사고 피해자에 대한 신속한 보상과 처리
④ 종합보험에 가입된 가해자의 법적 특례

2 다음 중 교통사고 발생시 가해 운전자가 종합보험 등에 가입하였거나 피해자와 합의하였더라도 형사 처분을 받는 경우는?

① 제한속도를 매시 10㎞ 초과하여 운전하다 중상 2명인 사고
② 자가용이 운전 미숙으로 교각을 들이받은 사고
③ 교차로 통과방법을 위반하여 사람을 다치게 한 사고
④ 고속도로에서 후진하다 사망 2명인 사고

3 다음 중 교통사고처리특례법상 보험 등에 가입되었어도 공소권이 있는 것은?

① 경상 이상 사고
② 타인의 재물을 손괴한 사고
③ 사망사고
④ 중상이 1명 이상인 사고

1.

교통사고처리특례법의 목적: 이 법은 업무상과실 또는 중대한 과실로 교통사고를 일으킨 운전자에 관한 형사 처벌 등의 특례를 정함으로써 교통사고로 인한 피해의 신속한 회복을 촉진하고 국민생활의 편익을 증진함을 목적으로 한다.

2.

고속도로 등을 횡단하거나 유턴 또는 후진해서 사람을 치사시킨 경우에 종합보험에 가입하였거나 피해자와 합의하였더라도 형사 처분을 받는다.

3.

교통사고를 일으킨 차가 「보험업법」, 「여객자동차 운수사업법」 또는 「화물자동차 운수사업법」에 따른 보험 또는 공제에 가입된 경우에는 죄를 범한 차의 운전자에 대하여 공소를 제기할 수 없다. 다만, 처벌의 원칙의 공소제기를 할 수 있는 경우의 단서에 해당하는 경우와 피해자가 신체의 상해로 인하여 생명에 대한 위험이 발생하거나 불구가 되거나 불치 또는 난치의 질병이 생긴 경우, 보험계약 또는 공제계약이 무효로 되거나 해지되거나 계약상의 면책 규정 등으로 인하여 보험회사, 공제조합 또는 공제사업자의 보험금 또는 공제금 지급의무가 없어진 경우에는 공소를 제기할 수 있다.

Answer 1.① 2.④ 3.③

4 다음 중 교통사고처리특례법 시행령에 있어서 우선 지급할 치료비의 통상비용에 해당하지 않는 것은?

① 간병료
② 수술비
③ 위자료
④ 퇴원 비용

4.

우선 지급할 치료비의 통상비용 : 진찰료, 일반병실의 입원료, 처지·투약·수술 등 치료에 필요한 모든 비용, 인공팔다리·의치·안경·보청기·보철구 및 그 밖에 치료에 부수하여 필요한 기구 등의 비용, 호송·다른 보호시설로의 이동, 퇴원 및 통원에 필요한 비용, 보험약관 또는 공제약관에서 정하는 환자 식대, 간병료 및 기타 비용

5 다음 중 교통사고에 대한 정의로 가장 알맞은 것은?

① 일반적인 교통수단에 의해 발생하는 모든 사고
② 차가 손괴되거나 사람이 사상하는 것
③ 차의 운전자가 운전중 사고를 일으키는 것
④ 차의 교통으로 인하여 사람을 사상하거나 물건을 손괴하는 것

5.

교통사고란 차의 교통으로 인하여 사람을 사상(死傷)하거나 물건을 손괴(損壞)하는 것을 말한다.

6 교통사고처리특례법 시행령에서 우선 지급하여야 할 치료비 외의 손해배상금의 범위에 대한 설명으로 옳은 것은?

① 부상의 경우 보험약관 또는 공제약관에서 정한 지급기준에 의하여 산출한 위자료의 전액과 상실수익액의 100분의 50에 해당하는 금액
② 후유장애의 경우 보험약관 또는 공제약관에서 정한 지급기준에 의하여 산출한 위자료 전액과 휴업손해액의 100분의 50에 해당하는 금액
③ 대물손해의 경우 보험약관 또는 공제약관에서 정한 지급기준에 의하여 산출한 대물배상액의 100분의 50에 해당하는 금액
④ 부상과 후유장애에 의한 위자료가 중복되는 경우에는 제외하고 지급

6.

우선 지급하여야 할 치료비 외의 손해배상금의 범위
1. 부상의 경우
   보험약관 또는 공제약관에서 정한 지급기준에 의하여 산출한 위자료의 전액과 휴업손해액의 100분의 50에 해당하는 금액
2. 후유장애의 경우
   보험약관 또는 공제약관에서 정한 지급기준에 의하여 산출한 위자료 전액과 상실수익액의 100분의 50에 해당하는 금액
3. 대물손해의 경우
   보험약관 또는 공제약관에서 정한 지급기준에 의하여 산출한 대물배상액의 100분의 50에 해당하는 금액
4. 부상과 후유장애의 경우 위자료가 중복되면 보험약관 또는 공제약관이 정하는 바에 의하여 지급한다.

Answer   4.③   5.④   6.③

기출PLUS

01 벌칙 규정

❶ 징역 또는 벌금

(1) 5년 이하의 징역이나 1천500만 원 이하의 벌금

① 교통사고 발생 시의 조치를 하지 아니한 사람(주·정차된 차만 손괴한 것이 분명한 경우 피해자에게 인적 사항을 제공하지 아니한 사람은 제외)

② 함부로 신호기를 조작하거나 교통안전시설을 철거·이전하거나 손괴한 행위로 인하여 도로에서 교통위험을 일으키게 한 사람

(2) 1년 이상 5년 이하의 징역이나 500만 원 이상 2천만 원 이하의 벌금

① 술에 취한 상태에 있다고 인정할 만한 상당한 이유가 있는 사람으로서 경찰공무원의 측정에 응하지 아니하는 사람(자동차등 또는 노면전차를 운전하는 사람으로 한정)

② 술에 취한 상태에 있다고 인정할 만한 상당한 이유가 있는 사람으로서 자동차등 또는 노면전차를 운전한 후 음주측정방해행위를 한 사람

(3) 술에 취한 상태에서 자동차등 또는 노면전차를 운전한 사람의 처벌기준

음주 1회 기준	
혈중 알콜 농도	**형사처벌**
0.2% 이상	2년 이상 5년 이하의 징역이나 1천만 원 이상 2천만 원 이하의 벌금
0.08%이상~0.2% 미만	1년 이상 2년 이하의 징역이나 500만 원 이상 1천만 원 이하의 벌금
0.03% 이상~0.08% 미만	1년 이하의 징역이나 500만 원 이하의 벌금

★ 음주운전의 형사처벌기준(2진 아웃)
(음주운전, 음주측정불응)을 위반하여 벌금이상의 형을 선고받고 그 형이 확정된 날로 부터 10년 이내에 다시 같은 내용을 위반한 사람(개인 형 이동장치는 제외)

혈중 알콜 농도	형사처벌
음주측정불응	1년 이상 6년 이하의 징역이나 500만원 이상 3천만원 이하의 벌금
0.2% 이상	2년 이상 6년 이하의 징역이나 1천만원 이상 3천만원 이하의 벌금
0.03% 이상 0.2% 미만	1년 이상 5년 이하의 징역이나 500만원 이상 2천만원 이하의 벌금

〈보기〉는 「도로교통법」상 술에 취한 상태에서 자동차등 또는 노면전차를 운전한 사람에 대한 처벌규정이다. ㈎와 ㈏에 들어갈 말로 가장 옳은 것은?

┌ 보기 ─
혈중 알코올농도가 0.2% 이상인 사람은 ___㈎___ 년 이상 ___㈏___ 년 이하의 징역이나 1천만 원 이상 2천만 원 이하의 벌금

	㈎	㈏
①	1	2
②	1	3
③	2	4
④	2	5

정답 ④

(4) 3년 이하의 징역 또는 3천만 원 이하의 벌금

음주운전 방지장치를 해체·조작하거나 그 밖의 방법으로 효용을 해친 자

(5) 3년 이하의 징역이나 1천만 원 이하의 벌금

약물로 인하여 정상적으로 운전하지 못할 우려가 있는 상태에서 자동차등 또는 노면전차를 운전한 사람

(6) 3년 이하의 징역이나 700만 원 이하의 벌금

함부로 신호기를 조작하거나 교통안전시설을 철거·이전하거나 손괴한 사람

(7) 2년 이하의 징역이나 500만 원 이하의 벌금

① 공동 위험행위를 하거나 주도한 사람

② 수강 결과를 거짓으로 보고한 교통안전교육강사

③ 교통안전교육을 받지 아니하거나 기준에 미치지 못하는 사람에게 교육확인증을 발급한 교통안전교육기관의 장

④ 거짓이나 그 밖의 부정한 방법으로 학원의 등록을 하거나 전문학원의 지정을 받은 사람

⑤ 전문학원의 지정을 받지 아니하고 수료증 또는 졸업증을 발급한 사람

⑥ 대가를 받고 자동차등의 운전교육을 한 사람

⑦ 운전면허증, 강사자격증 또는 기능검정원 자격증을 빌려주거나 빌린 사람 또는 이를 알선한 사람

⑧ 다른 사람의 명의의 모바일운전면허증을 부정하게 사용한 사람

(8) 2년 이하의 금고나 500만 원 이하의 벌금

차 또는 노면전차의 운전자가 업무상 필요한 주의를 게을리 하거나 중대한 과실로 다른 사람의 건조물이나 그 밖의 재물을 손괴한 경우

(9) 1년 이하의 징역이나 500만 원 이하의 벌금

① 자동차 등을 난폭운전한 사람

② 최고속도보다 시속 100킬로미터를 초과한 속도로 3회 이상 자동차등을 운전한 사람

기출 PLUS

「도로교통법」상 벌칙에 대한 설명으로 가장 옳지 않은 것은?

① 운전면허의 효력이 정지된 경우 자동차를 운전한 사람은 6개월 이하의 징역이나 200만 원 이하의 벌금 또는 구류에 처한다.
② 정비 불량차를 운전하도록 시킨 사람은 6개월 이하의 징역이나 200만 원 이하의 벌금 또는 구류에 처한다.
③ 교통단속용 장비의 기능을 방해하는 장치를 한 차를 운전한 사람은 6개월 이하의 징역이나 200만 원 이하의 벌금 또는 구류에 처한다.
④ 고속도로에서 고의로 중앙선의 좌측 부분으로 통행한 운전자는 100만 원 이하의 벌금 또는 구류에 처한다.

❮정답 ①

⑽ **1년 이하의 징역이나 300만 원 이하의 벌금**

① 운전면허(원동기장치자전거면허는 제외)를 받지 아니하거나(운전면허의 효력이 정지된 경우를 포함) 또는 국제운전면허증 또는 상호인정외국면허증을 받지 아니하고(운전이 금지된 경우와 유효기간이 지난 경우를 포함) 자동차를 운전한 사람

② 운전면허를 받지 아니한 사람(운전면허의 효력이 정지된 사람을 포함)에게 자동차를 운전하도록 시킨 고용주등

③ 거짓이나 그 밖의 부정한 수단으로 운전면허를 받거나 운전면허증 또는 운전면허증을 갈음하는 증명서를 발급받은 사람

④ 교통에 방해가 될 만한 물건을 함부로 도로에 내버려둔 사람

⑤ 교통안전교육강사가 아닌 사람으로 하여금 교통안전교육을 하게 한 교통안전교육기관의 장

⑥ 유사명칭 등을 사용한 사람

⑦ 조건부 운전면허를 발급받고 음주운전 방지장치가 설치되지 아니하거나 설치기준에 적합하지 아니하게 설치된 자동차등을 운전한 사람

⑾ **6개월 이하의 징역이나 200만 원 이하의 벌금 또는 구류**

① 정비불량차를 운전하도록 시키거나 운전한 사람

② 경찰공무원의 요구·조치 또는 명령에 따르지 아니하거나 이를 거부 또는 방해한 사람

③ 교통단속을 회피할 목적으로 교통단속용 장비의 기능을 방해하는 장치를 제작·수입·판매 또는 장착한 사람

④ 교통단속용 장비의 기능을 방해하는 장치를 한 차를 운전한 사람

⑤ 교통사고 발생 시의 조치 또는 신고 행위를 방해한 사람

⑥ 함부로 교통안전시설이나 그 밖에 그와 비슷한 인공구조물을 설치한 사람

⑦ 운전면허 조건을 위반하여 운전한 사람

❷ 벌금 또는 구류

(1) 100만 원 이하의 벌금 또는 구류

① 고속도로, 자동차전용도로, 중앙분리대가 있는 도로에서 고의로 위반하여 운전한 사람

② 최고속도보다 시속 100킬로미터를 초과한 속도로 자동차등을 운전한 사람

(2) 30만 원 이하의 벌금이나 구류

① 자동차등에 도색·표지 등을 하거나 그러한 자동차등을 운전한 사람

② 원동기장치자전거를 운전할 수 있는 운전면허를 받지 아니하거나(원동기장치자전거를 운전할 수 있는 운전면허의 효력이 정지된 경우를 포함) 국제운전면허증 또는 상호인정외국면허증 중 원동기장치자전거를 운전할 수 있는 것으로 기재된 국제운전면허증을 발급받지 아니하고(운전이 금지된 경우와 유효기간이 지난 경우를 포함) 원동기장치자전거를 운전한 사람(다만, 개인형 이동장치를 운전하는 경우는 제외)

③ 과로·질병으로 인하여 정상적으로 운전하지 못할 우려가 있는 상태에서 자동차등 또는 노면전차를 운전한 사람(다만, 개인형 이동장치를 운전하는 경우는 제외)

④ 보호자를 태우지 아니하고 어린이통학버스를 운행한 운영자

⑤ 어린이나 영유아가 하차하였는지를 확인하지 아니한 운전자

⑥ 어린이 하차확인장치를 작동하지 아니한 운전자. 다만, 점검 또는 수리를 위하여 일시적으로 장치를 제거하여 작동하지 못하는 경우는 제외

⑦ 보호자를 태우지 아니하고 운행하는 어린이통학버스에 보호자 동승표지를 부착한 자

⑧ 사고발생 시 조치상황 등의 신고를 하지 아니한 사람

⑨ 원동기장치자전거를 운전할 수 있는 운전면허를 받지 아니하거나(원동기장치자전거를 운전할 수 있는 운전면허의 효력이 정지된 경우를 포함) 국제운전면허증 또는 상호인정외국면허증 중 원동기장치자전거를 운전할 수 있는 것으로 기재된 국제운전면허증을 발급받지 아니한 사람(운전이 금지된 경우와 유효기간이 지난 경우를 포함)에게 원동기장치자전거를 운전하도록 시킨 고용주등

⑩ 고속도로등을 통행하거나 횡단한 사람

⑪ 도로공사의 신고를 하지 아니하거나 조치를 위반한 사람 또는 교통안전시설을 설치하지 아니하거나 안전요원 또는 안전유도 장비를 배치하지 아니

기출 2019. 6. 15. 서울시 제2회 시행

「도로교통법」상 교통 단속을 회피할 목적으로 교통 단속용 장비의 기능을 방해하는 장치를 제작·수입·판매 또는 장착한 사람에 대한 벌칙은?

① 3년 이하의 징역이나 1,000만 원 이하의 벌금 또는 구류

② 2년 이하의 징역이나 500만 원 이하의 벌금 또는 구류

③ 1년 이하의 징역이나 300만 원 이하의 벌금 또는 구류

④ 6개월 이하의 징역이나 200만 원 이하의 벌금 또는 구류

‹ 정답 ④

한 사람 또는 교통안전시설을 원상회복하지 아니한 사람

⑫ 경찰서장의 명령을 위반한 사람

⑬ 최고속도보다 시속 80킬로미터를 초과한 속도로 자동차등을 운전한 사람 (시속 100킬로미터를 초과한 속도로 운전한 경우 제외)

(3) 20만 원 이하의 벌금 또는 구류

경찰공무원의 운전면허증 등의 제시 요구나 운전자 확인을 위한 진술 요구에 따르지 아니한 사람

(4) 20만 원 이하의 벌금이나 구류 또는 과료(科料)

① 신호 또는 지시에 따를 의무, 차마의 통행(고속도로, 자동차전용도로, 중앙 분리대가 있는 도로에서 고의로 위반하여 운전한 사람은 제외), 차로의 설 치, 전용차로의 설치, 자전거횡단도의 설치, 노면전차 전용로의 설치, 자동 차등과 노면전차의 속도, 횡단 등의 금지, 안전거리 확보, 앞지르기 방법, 철길 건널목의 통과, 교차로 통행방법, 교통정리가 없는 교차로에서의 양보 운전, 보행자의 보호, 보행자전용도로의 설치, 정차 및 주차의 금지, 주차 금지의 장소, 경사진 곳에서의 정차 또는 주차의 방법, 차와 노면전차의 등 화, 차의 신호, 승차 또는 적재의 방법과 제한, 안전운전 및 친환경 경제운 전의 의무, 모든 운전자의 준수사항(차 또는 노면전차를 운전한 사람과 교통 단속용 장비의 기능을 방해하는 장치를 한 차를 운전한 사람은 제외), 특정 운전자의 준수사항, 어린이통학버스의 특별보호, 어린이통학버스 운전자 및 운영자 등의 의무(좌석안전띠를 매도록 하지 아니한 운전자는 제외), 횡단 등의 금지 또는 교통안전교육 규정을 위반한 차마 또는 노면전차의 운전자

② 통행의 금지·제한 또는 조치를 위반한 차 또는 노면전차의 운전자

③ 앞지르기 금지의 시기 및 장소, 끼어들기의 금지, 긴급자동차의 우선 통행, 어린이통학버스 운전자 및 운영자 등의 의무, 갓길 통행금지, 고속도로등에 서의 정차 및 주차의 금지, 고속도로 진입 시의 우선순위 또는 고장 등의 조치규정을 위반한 사람

④ 서행 또는 일시정지할 장소, 정차 또는 주차의 방법 및 시간의 제한 또는 어린이통학버스의 신고규정을 위반하거나 주차위반에 대한 조치규정에 따 른 명령을 위반한 사람

⑤ 승차 또는 적재의 방법과 제한에 따른 시·도경찰청장의 제한을 위반한 사람

⑥ 좌석안전띠를 매지 아니하거나 인명보호 장구를 착용하지 아니한 운전자

⑦ 자율주행시스템의 직접 운전 요구에 지체 없이 대응하지 아니한 자율주행 자동차의 운전자

⑧ 경찰공무원의 운전면허증 회수를 거부하거나 방해한 사람

⑨ 주·정차된 차만 손괴한 것이 분명한 경우에 피해자에게 인적 사항을 제공하지 아니한 사람

⑩ 술에 취한 상태에서 자전거등을 운전한 사람

⑪ 술에 취한 상태에 있다고 인정할 만한 상당한 이유가 있는 사람으로서 경찰공무원의 측정에 응하지 아니한 사람(자전거등을 운전한 사람으로 한정)

⑫ 술에 취한 상태에 있다고 인정할 만한 상당한 이유가 있는 사람으로서 제44조제5항을 위반하여 자전거등을 운전한 후 음주측정방해행위를 한 사람

⑬ 원동기장치자전거를 운전할 수 있는 운전면허를 받지 아니하거나 국제운전면허증 또는 상호인정외국면허증 중 원동기장치자전거를 운전할 수 있는 것으로 기재된 국제운전면허증을 발급받지 아니하고 개인형 이동장치를 운전한 사람

⑭ 신호 또는 지시에 따를 의무, 보행자의 통행, 도로의 횡단규정을 위반한 보행자

⑮ 통행의 금지 및 제한규정 또는 교통 혼잡을 완화시키기 위한 조치규정에 따른 금지·제한 또는 조치를 위반한 보행자

⑯ 경찰공무원의 조치를 위반한 행렬 등의 보행자나 지휘자

⑰ 도로에서의 금지행위를 한 사람

⑱ 실외이동로봇 운용자의 의무를 위반한 실외이동로봇 운용자

❸ 형의 병과 및 양벌규정

(1) 형의 병과

죄를 범한 사람에 대하여는 정상(情狀)에 따라 벌금 또는 과료와 구류의 형을 병과(竝科)할 수 있다.

(2) 형의 감경이나 면제

긴급자동차(소방차·구급차·혈액 공급차량과 대통령령으로 정하는 경찰용 자동차만 해당)의 운전자가 그 차를 본래의 긴급한 용도로 운행하는 중에 교통사고를 일으킨 경우에는 그 긴급활동의 시급성과 불가피성 등 정상을 참작하여 형을 감경하거나 면제할 수 있다.

(3) 양벌규정

법인의 대표자나 법인 또는 개인의 대리인, 사용인, 그 밖의 종업원이 법인 또는 개인의 업무에 관하여 위반행위를 하면 그 행위자를 벌하는 외에 그 법인 또는 개인에게도 해당 조문의 벌금 또는 과료의 형을 과(科)한다. 다만, 법인 또는 개인이 그 위반행위를 방지하기 위하여 해당 업무에 관하여 상당한 주의와 감독을 게을리하지 아니한 경우에는 그러하지 아니하다.

02 과태료

❶ 과태료 부과기준

(1) 일반적인 과태료 부과기준〈도로교통법 시행령 별표 6〉

위반행위 및 행위자	과태료 금액
신호 또는 지시를 따르지 않은 차 또는 노면전차의 고용주 등	• 승합자동차등 : 8만원 • 승용자동차등 : 7만원 • 이륜자동차등 : 5만원
통행을 금지하거나 제한한 도로를 통행한 차 또는 노면전차의 고용주 등	• 승합자동차등 : 6만원 • 승용자동차등 : 5만원 • 이륜자동차등 : 4만원
어린이가 개인형 이동장치를 운전하게 한 어린이의 보호자	10만원
보도를 침범한 차의 고용주 등	• 승합자동차등 : 8만원 • 승용자동차등 : 7만원 • 이륜자동차등 : 5만원
다음 어느 하나에 해당하는 차의 고용주 등 ㉠ 중앙선을 침범한 차 ㉡ 회전교차로에서 반시계방향으로 통행하지 않은 차 ㉢ 고속도로에서 갓길로 통행한 차 ㉣ 고속도로에서 전용차로로 통행한 차	• 승합자동차등 : 10만원 • 승용자동차등 : 9만원 • 이륜자동차등 : 7만원
안전지대 등 안전표지에 의하여 진입이 금지된 장소에 들어간 차의 고용주등	• 승합자동차등 : 8만원 • 승용자동차등 : 7만원 • 이륜자동차등 : 5만원
다음 각 목의 어느 하나에 해당하는 차의 고용주 등 ㉠ 차로를 따라 통행하지 않은 차 ㉡ 시·도 경찰청장이 지정한 통행방법에 따라 통행하지 않은 차 ㉢ 안전표지가 설치되어 특별히 진로 변경이 금지된 곳에서 진로를 변경한 차 ㉣ 진로를 변경하려는 방향으로 오고 있는 다른 차의 정상적 통행에 장애를 줄 우려가 있음에도 진로를 변경한 차 ㉤ 방향전환·진로변경 및 회전교차로 진입·진출하는 경우에 신호하지 않은 차	• 승합자동차등 : 4만원 • 승용자동차등 : 4만원 • 이륜자동차등 : 3만원

기출 2021. 6. 5. 서울특별시 시행

「도로교통법」상 위반 사례 중 과태료 금액이 가장 높은 것은?

① 제한속도보다 20km/h를 초과하여 위반한 승용자동차
② 고속도로에서 갓길로 통행하여 법을 위반한 승용자동차
③ 창유리의 가시광선 투과율 기준을 위반한 차의 운전자에 부과하는 과태료
④ 교차로에서 우회전 통행방법을 위반한 승용자동차

❮정답 ②

위반행위	과태료 금액
일반도로에서 전용차로로 통행한 차의 고용주 등	• 승합자동차등 : 6만원 • 승용자동차등 : 5만원 • 이륜자동차등 : 4만원
제한속도를 준수하지 않은 차 또는 노면전차의 고용주 등 ㉠ 60km/h 초과	• 승합자동차등 : 14만원 • 승용자동차등 : 13만원 • 이륜자동차등 : 9만원
㉡ 40km/h 초과 60km/h 이하	• 승합자동차등 : 11만원 • 승용자동차등 : 10만원 • 이륜자동차등 : 7만원
㉢ 20km/h 초과 40km/h 이하	• 승합자동차등 : 8만원 • 승용자동차등 : 7만원 • 이륜자동차등 : 5만원
㉣ 20km/h 이하	• 승합자동차등 : 4만원 • 승용자동차등 : 4만원 • 이륜자동차등 : 3만원
다음 어느 하나에 해당하는 차의 고용주 등 ㉠ 법 제18조를 위반하여 횡단 · 유턴 · 후진을 한 차 ㉡ 법 제21조 제1항 및 제3항을 위반하여 앞지르기를 한 차 ㉢ 앞지르기가 금지된 시기 및 장소인 경우에 앞지르기를 한 차 ㉣ 고속도로 등에서 횡단 · 유턴 · 후진을 한 차	• 승합자동차등 : 8만원 • 승용자동차등 : 7만원 • 이륜자동차등 : 5만원 • 승합자동차등 : 6만원 • 승용자동차등 : 5만원 • 이륜자동차등 : 4만원
끼어들기를 한 차의 고용주 등	• 승합자동차등 : 4만원 • 승용자동차등 : 4만원 • 이륜자동차등 : 3만원
다음 어느 하나에 해당하는 차 또는 노면전차의 고용주 등 ㉠ 법 제25조제1항을 위반하여 우회전을 한 차 ㉡ 법 제25조제2항을 위반하여 좌회전을 한 차 ㉢ 법 제25조제5항을 위반하여 다른 차 또는 노면전차의 통행에 방해가 될 우려가 있음에도 교차로(정지선이 설치되어 있는 경우에는 그 정지선을 넘은 부분을 말한다)에 들어간 차 또는 노면전차 ㉣ 법 제25조의2제2항을 위반하여 회전교차로에 진입한 차	• 승합자동차등 : 6만원 • 승용자동차등 : 5만원 • 이륜자동차등 : 4만원

기출PLUS

기출 2020. 10. 17. 충청북도 시행

다음 중 과태료 부과가 가장 큰 것은?

① 안전표지선이 있는 소화전 주변 1시간 주정차한 승용차
② 제한 속도 40km/h 도로에서 60km/h 이하로 운행한 승합차
③ 운전면허 갱신을 하지 않은 사람이 자동차를 운행한 사람
④ 정기적성 검사 또는 수시적성 검사를 받지 아니한 사람

◀정답 ②

다음 어느 하나에 해당하는 차 또는 노면전차의 고용주 등 ㉠ 보행자의 횡단을 방해하거나 위험을 줄 우려가 있음에도 일시정지하지 않은 차 또는 노면전차 ㉡ 어린이 보호구역 내의 횡단보도 앞에서 일시정지하지 않은 차 또는 노면전차	• 승합자동차등 : 8만원 • 승용자동차등 : 7만원 • 이륜자동차등 : 5만원
법 제29조제4항 및 제5항을 위반하여 도로의 오른쪽 가장자리에 일시정지하지 않거나 진로를 양보하지 않은 차 또는 노면전차의 고용주 등	• 승합자동차등 : 8만원 • 승용자동차등 : 7만원 • 이륜자동차등 : 5만원
법 제32조(제6호는 제외한다)부터 제34조까지의 규정을 위반하여 정차 또는 주차를 한 차의 고용주 등	• 승합자동차등 : 5만원 (6만원) • 승용자동차등 : 4만원 (5만원)
법 제32조 제6호를 위반하여 정차 또는 주차를 한 차의 고용주 등 ㉠ 안전표지가 설치된 곳에 정차 또는 주차를 한 경우 ㉡ 가목 외의 곳에 정차 또는 주차를 한 경우	• 승합자동차등 : 9만원 (10만원) • 승용자동차등 : 8만원 (9만원) • 승합자동차등 : 5만원 (6만원) • 승용자동차등 : 4만원 (5만원)
법 제37조제1항 제1호·제3호 및 같은 조 제2항을 위반하여 등화점등·조작을 불이행(안개가 끼거나 비 또는 눈이 올 때는 제외한다)한 차 또는 노면전차의 고용주 등	• 승합자동차등 : 3만원 • 승용자동차등 : 3만원 • 이륜자동차등 : 2만원
다음의 어느 하나에 해당하는 차 또는 노면전차의 고용주 등 ㉠ 승차 인원에 관한 운행상의 안전기준을 넘어선 상태로 운전한 차 ㉡ 적재중량 및 적재용량에 관한 운행상의 안전기준을 넘어선 상태로 운전한 차 ㉢ 운전 중 실은 화물이 떨어지지 않도록 덮개를 씌우거나 묶는 등 확실하게 고정될 수 있도록 필요한 조치를 하지 않은 차 ㉣ 안전운전의무를 지키지 않은 차 또는 노면전차	• 승합자동차등 : 8만원 • 승용자동차등 : 7만원 • 이륜자동차등 : 5만원 • 승합자동차등 : 6만원 • 승용자동차등 : 5만원 • 이륜자동차등 : 4만원

위반행위	범칙금액
고인 물 등을 튀게 하여 다른 사람에게 피해를 준 차 또는 노면전차의 운전자	• 승합자동차등 : 2만원 • 승용자동차등 : 2만원 • 이륜자동차등 : 1만원
창유리의 가시광선 투과율 기준을 위반한 차의 운전자	2만원
다음 각 목의 어느 하나에 해당하는 차 또는 노면전차의 고용주 등 ㉠ 운전 중 휴대용 전화를 사용한 차 또는 노면전 차 ㉡ 법 제49조제1항 제11호를 위반하여 운전 중 운전자가 볼 수 있는 위치에 영상을 표시한 차 또는 노면전차 ㉢ 법 제49조제1항 제11호의2를 위반하여 운전 중 영상표시장치를 조작한 차 또는 노면전차	• 승합자동차등 : 8만원 • 승용자동차등 : 7만원 • 이륜자동차등 : 5만원
동승자에게 좌석안전띠를 매도록 하지 않은 운전자 ㉠ 동승자가 13세 미만인 경우 ㉡ 동승자가 13세 이상인 경우	6만원 3만원
동승자에게 인명보호 장구를 착용하도록 하지 않은 운전자(자전거 운전자는 제외한다)	2만원
운전자 및 동승자가 인명보호 장구를 착용하지 않은 이륜자동차 · 원동기장치자전거(개인형 이동장치는 제외한다)의 고용주등	3만원
어린이통학버스를 신고하지 않고 운행한 운영자	30만원
어린이통학버스 안에 신고증명서를 갖추어 두지 않은 어린이통학버스의 운영자	3만원
요건을 갖추지 아니하고 어린이통학버스를 운행한 운영자	30만원
어린이통학버스에 탑승한 어린이나 유아의 좌석안전띠를 매도록 하지 않은 운전자	6만원
안전운행기록을 제출하지 아니한 어린이통학버스 운영자	8만원
어린이통학버스 안전교육을 받지 않은 사람	8만원
어린이통학버스 안전교육을 받지 않은 사람에게 어린이통학버스를 운전하게 하거나 어린이통학버스에 동승하게 한 어린이통학버스의 운영자	8만원
고속도로 등에서 자동차의 고장 등 부득이한 사정이 없음에도 행정안전부령으로 정하는 차로에 따라 통행하지 않은 차의 고용주등	• 승합자동차등 : 6만원 • 승용자동차등 : 5만원
고속도로 등에서의 준수사항을 위반한 운전자	• 승합자동차등 : 2만원 • 승용자동차등 : 2만원 • 이륜자동차등 : 1만원
도로를 통행하고 있는 차에서 밖으로 물건을 던지는 행위를 한 차의 고용주등	6만원
긴급자동차의 안전운전 등에 관한 교육을 받지 않은 사람	8만원

교통안전교육기관 운영의 정지 또는 폐지 신고를 하지 않은 사람	100만원
운전면허증 갱신기간에 운전면허를 갱신하지 않은 사람	2만원
정기 적성검사 또는 수시 적성검사를 받지 않은 사람	3만원
강사의 인적 사항과 교육 과목을 게시하지 않은 사람	100만원
수강료등을 게시하지 않거나 같은 조 제3항을 위반하여 게시된 수강료등을 초과한 금액을 받은 사람	100만원
수강료등의 반환 등 교육생 보호를 위하여 필요한 조치를 하지 않은 사람	100만원
학원이나 전문학원의 휴원 또는 폐원 신고를 하지 않은 사람	100만원
간판이나 그 밖의 표지물의 제거, 시설물의 설치 또는 게시문의 부착을 거부·방해 또는 기피하거나 게시문이나 설치한 시설물을 임의로 제거하거나 못 쓰게 만든 사람	100만원
음주운전 방지장치가 설치된 자동차등을 등록한 후 행정안전부령에 따른 음주운전 방지장치 부착 자동차등의 운행기록을 제출하지 아니하거나 정상 작동 여부를 검사받지 아니한 사람	500만원 이하
자율주행자동차 안전교육을 받지 않은 사람	8만원

(2) **어린이보호구역 및 노인·장애인보호구역에서의 과태료 부과기준**〈도로교통법 시행령 별표 7〉

위반행위 및 행위자	차량 종류별 과태료 금액
신호 또는 지시를 따르지 않은 차 또는 노면전차의 고용주 등	• 승합자동차등 : 14만원 • 승용자동차등 : 13만원 • 이륜자동차등 : 9만원
제한속도를 준수하지 않은 차 또는 노면전차의 고용주 등 ㉠ 60km/h 초과	• 승합자동차등 : 17만원 • 승용자동차등 : 16만원 • 이륜자동차등 : 11만원
㉡ 40km/h 초과 60km/h 이하	• 승합자동차등 : 14만원 • 승용자동차등 : 13만원 • 이륜자동차등 : 9만원
㉢ 20km/h 초과 40km/h 이하	• 승합자동차등 : 11만원 • 승용자동차등 : 10만원 • 이륜자동차등 : 7만원
㉣ 20km/h 이하	• 승합자동차등 : 7만원 • 승용자동차등 : 7만원 • 이륜자동차등 : 5만원

규정을 위반하여 정차 또는 주차를 한 차의 고용주 등	
㉠ 어린이보호구역에서 위반한 경우	• 승합자동차등 : 13만원(14만원) • 승용자동차등 : 12만원(13만원)
㉡ 노인 · 장애인보호구역에서 위반한 경우	• 승합자동차등 : 9만원(10만원) • 승용자동차등 : 8만원(9만원)

(3) 과태료처분을 할 수 없는 경우

① 차 또는 노면전차를 도난당하였거나 그 밖의 부득이한 사유가 있는 경우

② 운전자가 해당 위반행위로 벌칙규정에 따라 처벌된 경우(범칙금 통고처분을 받은 경우를 포함)

③ 「질서위반행위규제법」에 따른 의견 제출 또는 이의제기의 결과 위반행위를 한 운전자가 밝혀진 경우

④ 자동차가 「여객자동차 운수사업법」에 따른 자동차대여사업자 또는 「여신전문금융업법」에 따른 시설대여업자가 대여한 자동차로서 그 자동차만 임대한 것이 명백한 경우

> ☆ Plus tip
>
> 그 밖의 부득이한 사유 : 당해 위반행위가 다음 어느 하나에 해당하는 경우
> ㉠ 범죄의 예방 · 진압이나 그 밖에 긴급한 사건 · 사고의 조사를 하는 경우
> ㉡ 도로공사 또는 교통지도단속을 위한 경우
> ㉢ 응급환자의 수송 또는 치료를 위한 경우
> ㉣ 화재 · 수해 · 재해 등의 구난작업을 위한 경우
> ㉤ 「장애인 복지법」에 따른 장애인의 승 · 하차를 돕는 경우
> ㉥ 그 밖에 부득이한 사유라고 인정할 만한 상당한 이유가 있는 경우

❷ 과태료의 부과 · 징수 및 납부

(1) 과태료의 부과 · 징수 및 절차

① **징수주체** : 시 · 도경찰청장(시 · 도경찰청장은 과태료 징수와 관련된 업무의 일부를 한국자산관리공사에 위탁할 수 있다.) 제주특별자치도지사, 시장 등, 교육감

② **과태료의 부과·징수 절차**

㉠ 시·도경찰청장, 시장 등 또는 교육감은 과태료를 부과하려는 경우에는 행정안전부령으로 정하는 단속대장과 과태료 부과대상자 명부에 그 내용을 기록하여야 한다. 이 경우 단속대장은 특별한 사유가 없으면 전자적 처리가 가능한 방법으로 작성·관리하여야 한다.

㉡ 시장 등은 규정을 위반한 차의 운전자를 고용하고 있는 사람이나 직접 운전자나 차를 관리하는 지위에 있는 사람 또는 차의 사용자(이하 "고용주 등")에게 과태료를 부과하려는 경우에는 주차·정차위반 차에 과태료 부과대상차표지를 붙인 후 해당 차를 촬영하거나 무인 교통단속용 장비로 주차·정차위반 차를 촬영한 사진증거 등의 증거자료를 갖추어 부과하여야 하고, 증거자료는 관련 번호를 부여하여 보존하여야 한다.

㉢ 시장 등은 차의 고용주등에게 과태료처분을 할 수 없을 때에는 위반행위를 한 운전자를 증명하는 자료를 첨부하여 관할 경찰서장에게 그 사실을 통보하여야 한다.

㉣ 「질서위반행위규제법」에 따른 자진납부자에 대한 과태료 감경 비율은 감경 범위에서 다음의 기준에 따라 행정안전부령으로 정하는 비율로 한다.
  • 과태료 체납률
  • 위반행위의 종류, 내용 및 정도
  • 범칙금과의 형평성

㉤ 시장 등은 과태료의 납부 고지를 받은 자가 납부기간 이내에 과태료를 내지 아니하면 「질서위반행위규제법」에 따른 체납처분을 하기 전에 지방세 중 자동차세의 납부고지서와 함께 미납과태료(가산금을 포함)의 납부를 고지할 수 있다.

㉥ 시·도경찰청장 또는 시장 등은 차의 등록원부가 있는 지역 또는 노면전차 운영자의 소재지(법인인 경우에는 주된 사무소의 소재지)가 있는 지역(이하 "차적지")이 다른 관할구역인 경우에는 행정안전부령으로 정하는 바에 따라 차적지를 관할하는 시·도경찰청장 또는 시장 등에게 과태료 징수를 의뢰하여야 한다. 이 경우 과태료 징수를 의뢰한 시장 등은 차적지를 관할하는 시장 등에게 징수된 과태료의 100분의 30 범위에서 행정안전부령으로 정하는 징수 수수료를 지급하여야 한다.

㉦ 규정한 사항 외에 과태료의 부과 및 징수 등에 필요한 사항은 행정안전부령으로 정한다.

(2) 과태료의 납부

① **과태료 납부기한**: 과태료는 과태료 납부고지서를 받은 날부터 60일 이내에 내야 한다. 다만, 천재지변이나 그 밖의 부득이한 사유로 과태료를 낼 수 없을 때에는 그 사유가 없어진 날부터 5일 이내에 내야 한다.

② **과태료의 납부**

  ㉠ 과태료납부고지서 또는 과태료납부 사전통지서를 받은 사람이 과태료를 납부하고자 하는 때에는 과태료납부고지서 등을 수납기관에 제시하여야 한다.

  ㉡ 과태료를 징수한 과태료수납기관은 과태료를 납부한 사람에게 과태료영수증을 교부하여야 한다.

  ㉢ 과태료수납기관이 과태료를 수납한 때에는 지체 없이 그 과태료납부고지서를 발행한 경찰서장, 특별시장·광역시장, 제주특별자치도지사 또는 구청장 등에게 전자매체 등을 이용하여 과태료를 수납한 사실을 통보하여야 한다.

③ **신용카드 등을 이용한 과태료 납부방법**

  ㉠ 과태료 납부금액이 대통령령으로 정하는 금액(200만 원) 이하인 경우에는 대통령령으로 정하는 과태료 납부대행기관을 통하여 신용카드 직불카드 등(이하 "신용카드 등")으로 낼 수 있다. 이 경우 "과태료 납부대행기관"이란 정보통신망을 이용하여 신용카드 등에 의한 결제를 수행하는 기관으로서 대통령령으로 정하는 바에 따라 과태료 납부대행기관으로 지정받은 자(금융결제원, 경찰청장이 지정하여 고시한 기관)를 말한다.

  ㉡ 신용카드 등으로 내는 경우에는 과태료 납부대행기관의 승인일을 납부일로 본다.

  ㉢ 과태료 납부 대행기관은 납부자로부터 신용카드 등에 의한 과태료 납부대행 용역의 대가로 대통령령으로 정하는 바에 따라 납부대행 수수료를 받을 수 있다.

  ㉣ 납부대행 수수료는 경찰청장이 과태료 납부대행기관의 운영경비 등을 종합적으로 고려하여 승인하며, 해당 과태료금액(부가되는 가산금 및 중가산금을 포함한다)의 1천분의 15를 초과할 수 없다.

  ㉤ 경찰청장은 신용카드, 직불카드 등에 의한 과태료 납부에 필요한 사항을 정할 수 있다.

1 교통사고 발생 시의 조치를 하지 아니한 사람에 대한 벌칙은?

① 5년 이하의 징역이나 1,500만 원 이하의 벌금

② 1년 이상 3년 이하의 징역이나 500만 원 이상 1천만 원 이하의 벌금

③ 3년 이하의 징역이나 700만 원 이하의 벌금

④ 2년 이하의 징역이나 500만 원 이하의 벌금

1.

교통사고 발생 시의 조치를 하지 아니한 사람은 5년 이하의 징역이나 1,500만 원 이하의 벌금에 처한다.

2 다음 중 30만 원 이하의 벌금이나 구류에 해당하지 않는 경우는?

① 원동기장치자전거면허를 받지 아니하고 원동기장치자전거를 운전한 사람

② 경찰공무원의 운전면허증 등의 제시 요구나 운전자 확인을 위한 진술 요구에 따르지 아니한 사람

③ 사고발생 시 조치상황 등의 신고를 하지 아니한 사람

④ 고속도로 등을 통행하거나 횡단한 사람

2.

② 경찰공무원의 운전면허증 등의 제시 요구나 운전자 확인을 위한 진술 요구에 따르지 아니한 사람은 20만 원 이하의 벌금 또는 구류에 처한다.

3 다음은 과태료 납부 기한에 관한 규정이다. 빈칸에 들어갈 숫자를 순서대로 나열한 것은?

> 과태료는 과태료 납부고지서를 받은 날부터 (   )일 이내에 내야 한다. 다만, 천재지변이나 그 밖의 부득이한 사유로 과태료를 낼 수 없을 때에는 그 사유가 없어진 날부터 (   )일 이내에 내야 한다.

① 50, 5

② 60, 5

③ 50, 10

④ 60, 10

3.

과태료는 과태료 납부고지서를 받은 날부터 60일 이내에 내야 한다. 다만, 천재지변이나 그 밖의 부득이한 사유로 과태료를 낼 수 없을 때에는 그 사유가 없어진 날부터 5일 이내에 내야 한다.

Answer 1.① 2.② 3.②

4 「도로교통법」상 벌칙에 관한 규정으로 옳지 않은 것은?

① 차의 운전자가 업무상 필요한 주의를 게을리 하거나 중대한 과실로 다른 사람의 건조물이나 그 밖의 재물을 손괴한 경우에는 2년 이하의 금고나 500만 원 이하의 벌금에 처한다.

② 혈중알코올농도가 0.2% 이상인 사람은 2년 이상 5년 이하의 징역이나 1천만 원 이상 2천만 원 이하의 벌금에 처한다.

③ 벌칙 규정에 따른 죄를 범한 사람에 대하여는 정상에 따라 벌금 또는 과료와 구류의 형을 병과할 수 없다.

④ 법인의 종업원이 법인 또는 개인의 업무에 관하여 위반행위를 하면 그 행위자를 벌하는 외에 그 법인 또는 개인에게도 해당 조문의 벌금 또는 과료의 형을 과한다.

5 다음 중 과태료를 부과 · 징수할 수 없는 사람은?

① 시 · 도경찰청장
② 시장
③ 교육감
④ 관할 경찰서장

6 과태료처분을 할 수 없는 부득이한 사유가 아닌 것은?

① 응급환자의 수송 또는 치료를 위한 경우
② 도로공사 또는 교통지도단속을 위한 경우
③ 범죄의 예방 · 진압을 위한 경우
④ 어린이의 승 · 하차를 돕는 경우

4.

③ 죄를 범한 사람에 대하여는 정상(情狀)에 따라 벌금 또는 과료와 구류의 형을 병과(竝科)할 수 있다.

5.

과태료 부과 · 징수자 … 시 · 도경찰청장, 시장 등, 교육감

6.

과태료처분을 할 수 없는 부득이한 사유(행정안전부령)
㉠ 범죄의 예방 · 진압이나 그 밖에 긴급한 사건 · 사고의 조사를 위한 경우
㉡ 도로공사 또는 교통지도단속을 위한 경우
㉢ 응급환자의 수송 또는 치료를 위한 경우
㉣ 화재 · 수해 · 재해 등의 구난작업을 위한 경우
㉤ 「장애인 복지법」에 따른 장애인의 승 · 하차를 돕는 경우
㉥ 그 밖에 부득이한 사유라고 인정할 만한 상당한 이유가 있는 경우

Answer 4.③ 5.④ 6.④

7 과태료 부과 · 징수에 대한 설명으로 옳지 않은 것은?

① 납부기간 이내에 과태료를 내지 아니하면 체납처분을 하기 전에 미납과태료(가산금 포함)의 납부를 고지할 수 있다.

② 과태료를 부과하려는 경우에는 단속대장과 과태료 부과대상자 명부에 그 내용을 기록하여야 한다.

③ 단속대장은 특별한 사유가 있는 경우에만 전자적 처리가 가능하도록 작성 · 관리하여야 한다.

④ 과태료 자진납부자에 대해서는 감경비율에 따라 감경한다.

8 다음 중 과태료 부과 금액이 가장 많은 경우는?

① 어린이통학버스를 신고하지 않고 운행한 운영자

② 교통안전교육기관 운영의 정지 또는 폐지 신고를 하지 않은 사람

③ 운전면허증 갱신기간에 운전면허를 갱신하지 않은 사람

④ 정기 적성검사 또는 수시 적성검사를 받지 않은 사람

9 승용자동차의 운전 중 휴대전화를 사용한 경우 부과되는 벌칙으로 알맞은 것은?

① 벌점 15점 및 7만 원의 범칙금 부과

② 벌점 15점 및 6만 원의 범칙금 부과

③ 벌점 10점 및 3만 원의 범칙금 부과

④ 5만 원의 범칙금 부과

7.

③ 단속대장은 특별한 사유가 없으면 전자적 처리가 가능한 방법으로 작성 · 관리하여야 한다.

8.

① 30만 원
② 100만 원
③ 2만 원
④ 3만 원

9.

운전자는 긴급자동차를 운전하거나, 자동차가 멈춰있는 경우, 범죄신고 및 재해신고 등 긴급한 경우와 손으로 잡지 않고 휴대용 전화를 사용할 수 있는 장치를 이용하여야만 휴대전화를 사용할 수 있으며, 이를 위반시는 벌점 15점과 7만 원 이하의 범칙금(승합자동차 7만 원, 승용자동차 6만 원, 이륜자동차 4만 원, 자전거 3만 원)이 부과된다.

Answer   7.③ 8.② 9.②

10 다음 중 행정형벌이 가장 무거운 것은?

① 난폭운전을 한 사람
② 최고속도 보다 시속 100킬로미터를 초과한 속도로 3회 이상 자동차등을 운전한 사람
③ 혈중알코올농도가 0.03 퍼센트 이상 0.08 퍼센트 미만인 사람
④ 신호기를 조작하거나 교통안전시설을 철거, 이전하거나 손괴한 사람

11 다음 중 30만 원 이하 벌금 또는 구류의 처벌을 하는 경우가 아닌 것은?

① 어린이 하차확인 장치를 작동하지 아니한 운전자
② 교통사고발생시 조치 상황 등의 신고를 하지 아니한 사람
③ 어린이나 영유아가 하차하였는지를 확인하지 아니한 운전자
④ 최고속도보다 100킬로미터를 초과한 속도로 자동차등을 운전한 사람

12 다음에 해당하는 벌칙은?

> 차 또는 노면전차의 운전자가 업무상 필요한 주의를 게을리하거나 중대한 과실로 다른 사람의 건조물이나 그 밖의 재물을 손괴한 경우

① 1년 이하의 금고나 200만 원 이하의 벌금
② 1년 이하의 금고나 500만 원 이하의 벌금
③ 2년 이하의 금고나 300만 원 이하의 벌금
④ 2년 이하의 금고나 500만 원 이하의 벌금

10.
①②③ 1년 이하 징역 또는 500만 원 이하의 벌금
④ 3년 이하의 징역 또는 700만 원 이하의 벌금

11.
①②③ 30만 원 이하의 벌금 또는 구류
④ 100만 원 이하의 벌금 또는 구류

12.
차 또는 노면전차의 운전자가 업무상 필요한 주의를 게을리하거나 중대한 과실로 다른 사람의 건조물이나 그 밖의 재물을 손괴한 경우에는 2년 이하의 금고나 500만 원 이하의 벌금에 처한다.

Answer　10.④　11.④　12.④

13 다음 중 행정형벌이 6개월 이하의 징역 또는 200만 원 이하의 벌금 또는 구류가 아닌 것은 모두 몇 개인가?

> ㉠ 운전면허에 붙은 조건을 위반하여 운전한 사람
> ㉡ 교통사고 발생 시에 조치 또는 신고행위를 방해한 사람
> ㉢ 함부로 교통안전시설이나 그 밖에 인공구조물을 설치한 사람
> ㉣ 교통단속을 회피할 목적으로 교통단속용 장비의 기능을 방해하는 장치를 제작, 수입, 판매 또는 장착한 사람
> ㉤ 정비 불량차를 운전하거나 운전하도록 시킨 사람
> ㉥ 자동차운전학원이 아님에도 유사 명칭을 사용한 사람
> ㉦ 난폭운전을 한 사람

① 0개 　　　　　② 1개
③ 2개 　　　　　④ 3개

13.

㉠㉡㉢㉣㉤ 6개월 이하의 징역 또는 200만 원 이하의 벌금
㉥ 1년 이하의 징역 또는 300만 원 이하의 벌금
㉦ 1년 이하의 징역 또는 500만 원 이하의 벌금

Answer　13.③

시사용어사전 1228

매일 접하는 각종 기사와 정보! 공기업/언론사/기업체/공무원 채용을 준비하는 수험생과
현대인이 꼭 알아야 할 최신 시사상식을 쏙쏙 뽑아 이해하기 쉽도록 영역별로 정리

경제용어사전 1050

주요 경제용어는 거의 다 실었다! 금융권/공기업/언론사/기업체/공무원 채용을 준비하기 전에,
경제 공부를 시작하기 전에 읽어보면 경제가 쉬워지도록 사전식으로 구성

부동산용어사전 1310

부동산에 대한 이해를 높이고 부동산의 개발과 활용, 투자 및 부동산 용어 학습에도
적극적으로 이용할 수 있는 교재, 공인중개사 출제용어도 수록

자격증
한번에 따기 위한 서원각 교재
한 권에 준비하기 시리즈 / 기출문제 정복하기 시리즈를 통해 자격증 준비하자!
2024
동물보건사
실력평가모의고사
3회
2024
신변보호사
1차
필기
민간경비론
경호학
경비업법
2025
2급 생활·전문
스포츠지도사
한 권으로 준비하기
2급 생활·전문
스포츠지도사
한 권으로 준비하기
황태식, 정재영 공저
자격증 한 번에 따기
생활스포츠지도사
전문스포츠지도사
국민체육진흥공단 체육지도자 자격검정
2급(생활/전문) 스포츠지도사 대비
스포츠교육학, 스포츠사회학,
스포츠심리학, 스포츠윤리, 운동생리학,
운동역학, 한국체육사 전과목 수록
출제예상문제로 실력점검에 도움
2022~2024년 최근 3개년
기출문제 분석 및 수록
80
5
2025
신중평가사
1차 시험
기출문제 정복하기